KB077936

Insurance Business Law

보험업법

보험업법

Insurance Business Law

이성남 저

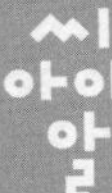

머리말

보험업은 은행업, 금융투자업과 더불어 금융업의 일종이며, 금융의 중개기능, 개별 경제주체의 위험보장 기능 등을 수행하는 매우 중요한 산업이다. 근대적인 보험업이 도입된 이후 보험업은 엄청난 변화와 발전을 거쳐 현재는 그 규모 면에서 보면 세계에서 상위의 위치를 점하고 있다.

보험업을 규율하는 법률로는 상법 보험편의 보험계약법과 보험감독법규로서 보험업법이 있다. 이와 같이 우리 보험법의 체제는 보험거래법과 감독법규가 별도로 존재하는 규제 틀을 형성하고 있는 것이 하나의 특징이다.

보험업법과 보험계약법은 모두 보험업을 규율 대상으로 한다는 점에서 공통된다. 보험계약법은 보험거래 당사자의 권리 의무를 규율하고, 보험업법 보험산업의 기본법으로 보험시장의 구조와 보험사업 범위, 시장 참여자의 진입과 탈퇴, 보험업 주체에 관한 지배구조 및 보험업의 건전성 제고 등 각종의 감독장치를 두고 있다.

이러한 점에서 보험업법은 보험사업자의 이해관계에 직접적인 영향을 미치는 중요한 법규에 속한다고 볼 수 있다.

그동안 보험업계에서는 보험감독법규의 중요성을 크게 인식하지 못하였으나 2003년 금융기관보험대리점제도의 도입 여부와 관련한 논란을 거치면서 보험감독법규에 대한 인식의 변화가 생긴 것 같다.

저자는 20여 년 동안의 금융당국에 근무하면 보험감독정책 및 소비자 보호·검사 및 제재업무부에서 근무한 경험이 있고, 금융당국에서 퇴직 한 이후 국내 유수의 법률사무소에서 보험업 관련 소송사건의 조언자로서 경험을 쌓았다.

이러한 경험을 바탕으로 보험업법에 대한 해설작업을 시작하게 되었으며, 대강의 얼개는 이미 2016년도에 마쳤으나 더욱 가치 있고 의미 있는 연구서를 발간하고자 출간을 미뤄왔는데, 더 이상 미룰 수 없어 급히 출간하게 되었다.

법에 관한 이론서는 기존의 이론이나 판례의 법리를 단순히 되풀이하는 것을 넘어 법조문이 가지고 있는 기본적인 내용을 적확하게 해석하고, 법 문언이 가지고 있는 새로운 법적 쟁점을 도출하여 판례의 향도자로서 역할을 수행할 수 있어야 한다. 이렇게 함으로써 새로운 법적 쟁점이 대두될 때, 보험감독정책당국, 법률실무가나 보험업계 업무 담당자에게 미지의 세계에 대한 올바른 길잡이 역할을 제대로 수행할 수 있다.

이러한 소신에 따라 현재 존재하는 법규의 문언을 기본 바탕으로 나름대로 고민과 상상력을 동원해 새로운 법적 쟁점을 상정해보고 문제될 수 있는 쟁점에 대한 해설을 시도하려고 노력하였다. 그러나 능력의 한계로 충분하게 해결하지 못한 것 같다.

보험업법의 해석은 법률뿐만 아니라 하위 법령의 내용까지 포함하여야 그 온전한 모습을 볼 수 있다. 그래서 저자는 이 책을 저술하면서 보험업법 및 그 하위 법령을 모두 포함하여 해석하고자 하였다. 그러나 하위 법령 등의 개정이 너무 빈번하여 이루어지고 그 내용이 너무 전문적이고, 기술적인 내용이 포함되어 있어 우선 보험감독법규의 기본적인 이해를 목표로 보험업법 중심의 해설에 충실을 기하였다. 보험업법은 기본적으로 행정법규의 성격을 띠고 있어 보험거래법인 보험계약법과 달리 복잡한 법적 쟁점과 이론적 논쟁이 많지 않다. 이러한 점에서 보면 보험업법 해설서가 다소 무미건조하고 재미가 없는 서술이 되어 독자들의 흥미를 유발하는 데 한계를 가지고 있다. 조금이라도 독자의 흥미를 유발하고자 보험업법의 이슈를 다루면서 민법 및 상법 등 다른 법규와 유기적 통합적 해석을 시도하였다. 그러나 첫 술에 배부를 수 없듯이 여러 아쉬운 문제점을 남겨놓았다. 이러한 미비점은 더욱 심도 있는 연구를 통해 보완하기로 하고 미완의 졸저를 세상에 내놓으려 한다. 본 서와 관련한 내용에 대해 독자들의 허심탄회한 충고와 조언을 부탁드린다.

이 책이 담고 있는 내용은 목차를 통해 확인해주기 바란다. 특히 모집행위규제 관련 논의는 졸저인 『보험모집규제론』의 내용을 바탕으로 한 것임을 알려드리며, 향후 이 책의 내용 및 의문점에 대해 독자 여러분의 많은 관심과 충고를 부탁드린다.

본 서가 세상에 나오는 데는 여러 사람의 도움이 컸다. 특히 보험업법에 관한 연구서를 집필해주신 선배 저자들의 도움과 금융감독원의 선후배님들, 보험업계의 지인들에게 감사의 말씀을 올린다. 마지막으로 본서를 출간해주신 도서출판 씨아이알의 김성배 대표이사님, 편집을 맡아주신 박영지 편집장님께 감사를 드리며, 원고를 꼼꼼하게 읽어준 이지이 소장과 오승창 팀장에게도 감사드린다. 마지막으로 항상 저자의 건강을 챙겨주며 웃음을 선사해준 멋진 아내와 예쁜 두 딸에게도 사랑한다는 말을 전하고 싶다.

2022년 깊은 겨울 길목에 들어선 승달산에서
이성남

제1장 총 칙

제2장 보험업의 진입규제

제3장 보험회사

제4장 모 집

제5장 자산운용 규제

제6장 계 산

제7장 감 독

제8장 해산 및 청산

제9장 관계자에 대한 조사

제10장 손해보험계약의 제3자 보호

제11장 보험관계단체 등

제12장 보 칙

제13장 벌 칙

제1장
총 칙

●●● 제1장

총 칙

제1절 인간의 경제생활과 위험

1. 위험의 출현

사람은 태어나서 죽을 때까지 안전하고 평화로운 삶을 추구한다. 그런데 이러한 안전하고 평화로운 삶은 자동적으로 보장되지 않는다. 사람이 가지고 있는 생물학적 불안정성과 삶을 일구어나가는 과정에서 마주하게 되는 외부적 환경에 존재하는 여러 위험은 평화로운 인간의 삶을 무한정 허용하지 않는다. 사람은 영원불멸하는 존재가 아니고 언젠가는 죽음을 맞이하여야 하는 운명적 삶 속에서 살아간다. 사람의 생존은 경제활동을 통해 이루어지며 이러한 경제활동 속에는 사람의 생존에 위협이 되는 위험요소들이 여기저기 도사리고 있다. 국어사전에 의하면 위험이란 “해로움이나 손실이 생길 우려가 있음” 또는 “그런 상태”라고 한다. 이러한 위험과 관련된 영어의 개념들을 살펴보면 risk, hazard, peril이 있다. 이러한 영어의 각 개념은 서로 혼용되어 사용되면서도 개념상 구별되기도 한다. 통상 risk는 위험, hazard는 위태, peril은 손인으로 번역되어 사용하고 있다. 위험이란 손실 발생 가능성이 있는 상황을 말한다. 이것은 우리가 희망하는 이상적인 결과에서 벗어나서 바라지 않은 반대의 방향의 결과가 발생할 가능성을 말한다. 손인이란 손해 또는 손실의 원인을 말하는데, 화재·폭풍·해일·절도 등을 손인의 예로 들 수 있다. 위태란 손인으로부터 야기되는 손해나 손실을 증가하거나 창출하는 상황을 말한다.

위험은 크게 자연적 위험과 인위적 위험으로 분류할 수 있는데, 자연적 위험이란 바람·비·지진·해일 등 지구의 자연적 작용에 의하여 발생하는 위험이고, 인위적 위험이란 사람이 스스로 만들어내는 전쟁이나 폭력 등의 위험과 테러와 항공기·배·자동차·철도·공장시설 등 인류의 물질문명이 일으킬 수 있는 사고 위험이다. 또한 위험은 사람의 내적 속성에서 발생하는 위험과 사람의 밖으로부터 발생하는 위험이 있고, 이 중에서 상해나 질병의 위험 등은 인간의 내적 속성에 기인한 위험이라고 할 수 있다.

이러한 위험은 일정하게 고정되어 불변하는 것이 아니라 지구 환경의 변화 내지 물질문명의 발전에 따라 삼라만상의 운행원리와 같이 생겨났다가 사라지는 과정을 반복한다.

인간의 삶 속에서 발생하는 위험은 인류가 지구상에 나타나기 이전부터 존재했으며, 앞으로도 새로운 형태의 위험이 출현하고 사라지는 과정을 반복할 것이고, 위험의 종류도 매우 다양하게 나타날 것이다.

독일의 사회학자 울리히 벡(UlrichBeck, 1944-2015)은 『위험사회』라는 저서에서 산업화와 근대화에 의한 과학기술의 발전으로 현대인은 물질적 풍요를 누리고 있지만 한편으론 위험사회가 도래했는데, 이러한 위험사회는 기회와 위해(危害)가 동시에 존재하는 이중적·복합적 사회라고 기술한 바 있다.

위험은 인간의 존재와 더불어 시작되었고, 사회의 발전 단계에 따라 그 위험의 종류와 내용은 변화되었다. 문명과 문화가 미개한 시대에서는 지진, 태풍, 홍수, 해일 등 자연적인 위험과 맹수 등 동물의 공격에 의한 위험, 다른 부족과의 충돌 등에 의한 위험이 대부분이었다. 그러나 인간의 사회·경제생활이 점차 산업화되어감에 따라 인간이 부닥치고 감내하여야 하는 새로운 위험들이 등장하고 있다. 자동차, 해양선박의 침몰사고, 유류오염사고, 항공기 추락사고 등 일일이 열거할 수 없을 만큼 그 종류는 대단히 많다. 인간의 만들어낸 기계 등의 물질문명은 인간이 스스로 만들어낸 위험이다. 가령 비행기나 기차, 자동차 및 선박의 운항 등에 따라 교통사고의 위험이 등장하게 된 것이다. 그 밖에도 전쟁 위험, 핵 위험, 각종 문명의 출현이나 기계의 발달에 의한 그 기계 등의 위험, 인간의 경제활동에 따른 각종의 사고 위험이 발생하게 된다. 특히 최근에는 인터넷의 발달에 따라 사이버 공간에서의 해킹사고, 개인정보의 유출 등의 사이버 위험이 중요 위험으로 등장하고 있다. 역사적으로 인류는 세균과 바이러스, 즉 흑사병, 천연두, 스페인독감, 에이즈, 사스, 조류독감, 신종플루, 코로나바이러스를 경험해왔다. 그 결과 수많은 사람들이 생명을 잃거나 정상적인 경제활동의 제약으로 고통을 당하였고, 앞으로도 그럴 것이다.

2. 위험의 의의

보험제도는 위험을 전제로 하여 성립한다. 따라서 보험제도에서 위험이라는 말은 알갱이 용어에 속하므로 이것이 의미하는 바가 무엇인지 명확히 할 필요가 있다. 일반적으로 위험이란 손실에 관한 불확실성을 의미한다. 특히 보험에서 사용되는 위험의 정의에서는 어떤 상황과 시기에 영향을 받을 불확실성이 존재하며, 여기서 누군가 손실을 경험할 것이라고 가정한다.

보험은 보통 도박의 한 형태로 취급되기도 하는데, 위험과 불확실성의 개념은 보험과 도박의 차이를 구별하는 중요한 역할을 수행한다. 보험이 내포하고 있는 위험의 중요한 요소는 어떠한 이익도 없는 손실을 입을 확실성이 존재한다는 것이다. 보험료의 지출은 특정한 손실이고 이익이 없다는 의미는 손실을 입은 것에 비례하여 수리되고, 대체되고, 실제 손해액이 지급된다는 것이다.

그러므로 손실을 입지만 보험상품으로부터 결코 이익을 얻는 일은 없다. 이러한 손실보상의 원칙이 도박의 영역에서 보험을 제외시키는 것이다. 도박에서는 손실과 이익의 기회가 동시에 존재한다. 이것을 투기위험이라고 하는데 이러한 투기위험은 보험에서 포용할 수 없는 위험이며, 보험에서 취급 가능한 위험은 우연한 사고가 발생한 경우 손실만을 초래하게 되는 순수위험이다.

보험은 우연하고 불확실한 위험을 담보하거나 보증하는 것이다. 그러나 모든 위험이 보험의 대상이 되는 것은 아니다. 보험의 대상이 되는 위험이 되기 위해서는 몇 가지 조건을 충족하여야 한다. 첫째, 동질적 위험을 가진 다수의 구성원 단체가 있어야 한다. 즉, 대수의 법칙에 의하여 운용될 수 있도록 동질의 단위 위험의 다수가 상대적으로 동일한 형태 혹은 결과로서 손실의 위험에 노출되어 있어야 한다. 이러한 대수의 법칙은 통계적 과정을 거쳐 발생 가능한 손실위험의 가능성을 측정할 수 있는 확률의 계산이 가능하여야 하고, 이렇게 해서 갹출된 보험료의 총합은 보험금의 지급과 균형을 이루어야 한다.

둘째, 보험사고에 의하여 발생하는 어떠한 손실도 금액으로 혹은 금전으로 측정할 수 있어야 한다. 이러한 금전적 손실은 경제적 손실을 의미하기 때문에 잠재적 손실을 내포하는 재화와 용역에 계산될 수 있는 금전적 가치를 가져야 한다.

셋째, 대량적 손실, 즉 대재해 손실이 아니어야 한다. 보험이 성립되기 위해서는 여러 단위 위험들 중의 하나가 우연한 사고 발생의 위험에 노출되어 있어야 한다. 만약 고려된 모든 위험의 대상이 대재해 손실에 노출되어 있다면, 가령 사고 가능성이 높은 취약해진 댐의 길목에 모든 위험이 놓여 있다면 확률적인 손실법칙은 적용될 수 없다. 확률적인 법칙이 적용될 수 없다면 위험은 보험의 대상이 될 수 없다.

넷째, 손실은 우연한 사건에 의하여 발생하여야 한다. 책임을 부담하는 자가 고의적인 행위를 한 경우 보험보호의 대상이 될 수 없다. 그 이유는 불확실성과 가능성의 측정값과 충돌할 것이기 때문이다. 위험단위는 어떠한 경제적 이익이 상실될 수 있는 불확실성이 항상 존재하여야 한다.

3. 위험의 특성 및 측정

우리의 삶은 불확실하다. 왜냐하면 미래가 어떻게 될지는 인간의 능력으로 정확하게 예측할 수 없기 때문이다. 미래의 위험을 안다면 미리 대비를 하여 그러한 위험을 회피할 수 있을 것이다. 인간의 예측 능력의 한계와 신의 영역에 속하는 자연의 변화, 인류가 만들어낸 물질문명에 의한 위험의 현실화 가능성 등 이러한 불확실성은 보험에서는 위험이라는 용어로 표현된다. 사람은 행복하고 건강하게 살아가는 것을 최고의 가치로 삼고 살아간다. 그러나 불행이도 사람의 생명은 유한하고 유한한 삶에서도 천수를 누리지 못하고 조기에 사망할 위험에 노출되어 있다. 한 사람이 태어나 죽음에 이르는 위험의 총계는 보험통계표 내지 사망표에 의하여 측정되어 나타난다. 자동차를 운행하는 경우 상해를 야기하거나 당할 수 있는 위험이 존재하고 그러한 위험은 여러 가지 복합적 요소를 변수로 하는 함수라고 볼 수 있다. 위험의 결과를 초래하는 독립변수로는 운전자의 기술, 운행거리, 자동차의 지리적 위치, 운행차량의 안전특성 및 연식 등이 있다.[1] 빌딩이나 주택은 화재나 날씨 등에 의하여 파괴될 수 있는데, 건축연한, 건축 재료 및 건축물의 위치, 건축물의 구조 등을 기초로 위험을 측정할 수 있다.

1 Robert H, Jerry, Douglas R. Richmond, *Understanding Insurance Law*, 5th ed., (LexisNexis, 2012). p.7.

4. 위험의 분류

위험은 다양한 기준에 의하여 분류할 수 있는데, 보험에서 담보할 수 있는 전형적인 위험은 순수위험이 된다. 순수위험은 손실과 손실을 입지 않을 가능성을 말한다. 순수위험은 자산의 소유를 둘러싼 손해 발생의 가능성이다. 가령 자동차를 구입하면 자동차 소유자는 파손시키거나 파손을 당할 가능성에 직면한다.

모든 위험을 일일이 모두 열거할 수는 없지만 개인과 기업이 가지고 있는 위험은 인적 위험과 자산위험, 배상책임위험 및 다른 사람의 행위로 인한 위험 등을 들 수 있다.

첫째, 사람은 누구나 건강하게 태어나서 충분한 수명을 향유하며 고통 없는 편안한 죽음을 맞이하는 것을 희망한다. 삶의 과정에서 사람은 가족의 일원으로서 또는 사회의 구성원으로서 개인 생활과 사회생활을 함께 영위해간다. 사람의 생애를 개인이나 가족의 생활에서 발생하는 커다란 변화를 기준으로 하여 일정한 단계로 구분할 수 있는데, 보통 개인생애주기는 일반적으로 개인의 발달단계에 따라 영아기, 유아기, 아동기, 청소년기, 성년기, 중년기, 노년기 등으로 구분할 수 있다. 보통 사람들은 성년기에 이르러 직업을 가지게 되고 본격적인 경제활동을 하게 되는데, 이때부터 자신의 생애주기뿐만 아니라 자신이 부양하는 피부양자의 생애주기에 따라 각 생애주기별로 발생하는 경제적 수요사건을 고려하여 경제적 수요량을 측정하고 자산이 벌어들이는 소득을 고려하여 미래 재무계획을 세우고 추진하는 것이 필요하다.

그런데 가족 구성원을 부양할 의무를 부담하는 가장이 조기에 사망한다면 이러한 재무계획은 달성이 불가능하게 되고, 남겨진 유가족은 경제적 궁핍을 경험할 위험에 놓이게 된다. 인간의 생애주기에 따른 인적위험으로는 수입능력의 상실로 인한 소득과 자산의 손실 발생 가능성이다. 수입능력의 상실은 네 가지 위험에 의하여 발생하는데, (i) 조기 사망, (ii) 노령화, (iii) 질병과 장해, (iv) 실업 등이다.

둘째, 자산을 소유한 사람은 그 재물이 파손될 수 있고 절도를 당할 수 있는 위험에 노출되어 있다. 이러한 위험을 자산위험이라고 할 수 있는데 자산 위험은 두 개의 손실로 구별되어 나타난다. 하나는 직접손실이고, 다른 하나는 간접 또는 결과손실이다. 만약 주택이 화재로 손실되었다면 소유자는 주택의 가치에 해당하는 손실을 직접 입는다. 이것을 직접손실이라고 한다. 이러한 주택가치의 소멸 외에도 그것이 원인이 되어 추가적인 손실이 발생하게 되는데, 그 주택의 손실로 주택의 소유자는 재건축기간 동안 다른 사람의 집을 임차하여 거주하여야 하고, 재건축에 소요되는 기간 동안 임차료라는 추가적인 비용이 들어간다. 이와 같이 사고로 소멸 된 자산을 사용할 수 없게 됨으로써 간접적인 손해가 추가로 발생한다. 또한 영업시설 등이나 영업용 장비 등이 파괴되면 그 시설 등의 가치뿐만 아니라 그 시설 등의 사용으로 인하여 얻을 수 있는 소득도 동시에 상실하게 된다. 따라서 재산위험은 두 가지 종류의 손실이 발생할 수 있는데, 재산의 직접 손실과 그 재산의 사용손실로 인한 소득상실 또는 추가적 비용이 포함될 수 있다.

셋째, 사람은 고의 또는 과실로 인하여 다른 사람에 대하여 인적 피해나 물적인 손해를 입힐 수 있다. 특히 비의도적인 상해 및 사망 결과를 초래할 위험 또는 타인의 재물손해 위험이 현실화되는 경우 그 사람은 타인에 대해 불법행위 또는 채무불이행에 따른 배상책임을 부담할 수 있다. 우리 민법에 의하면 타인의 신체의 손상 또는 사망을 초래하거나 타인의 재물을 파손시킨 경우에 손해배상책임을 부담한다(민법 제750조).

넷째, 사람들은 경제생활을 영위하면서 누군가와 계약을 체결하고 필요한 경제적 수요를 충족할 수 있다. 이 경우 다른 사람이 이행기에 정해진 채무를 제대로 이행하지 않을 경우 손해를 입을 수 있다. 이러한 위험을 채무 불이행 위험이라고 할 수 있다. 가령 건축공사에서 건축 일정에 맞춰 공사를 완료하지 못한 경우 또는 채무자가 지급기일에 채무를 이행하지 않아 발생하는 위험이다. 이러한 위험은 인터넷의 발전과 전자상거래의 급속한 진전, 대형 사업에 대한 위탁의 증가 추세에 따라 다양한 새로운 채무불이행 위험이 등장하고 있다.

5. 위험에 대한 대응제도로서 보험제도

위험이 현실화되어 나타나는 경우 그 결과는 인적 손실과 재산적 손실이고 그러한 손실은 궁극적으로 경제적 손실로 귀착된다. 그렇기 때문에 사람들은 삶의 안정적 유지 보장을 위하여 다양한 제도를 고안하여 시행하고 발전시키며 때로는 없애기도 한다. 위험에 대비하는 방법으로는 여러 가지 방법이 있을 수 있다. 사람들이 공동으로 노력하여 대처하는 방법, 즉 공동체, 계, 두레, 장례조합 등이 있고, 이러한 사람의 노동력의 출연을 통한 공동 대응제도는 보험계약을 통한 위험의 이전과 인수를 통하여 회피하는 경제적 제도로 발전하였다.

보험제도는 공동체 사회에서 살아가는 구성원들의 경제적 위험으로부터 발생하는 손해를 보상하여 정상적인 경제생활이 가능하도록 도와주고, 개인·기업·국가의 지속적인 유지, 개인 및 유가족의 보호 등을 위하여 고안된 제도이다.

보험제도는 각종의 사고를 직접적으로 예방하고 억제하는 물리적 방어제도가 아니라 사고로 인하여 발생할 수 있는 물적·인적 손실에 의하여 발생하는 경제적 손실을 금융적 수단을 통하여 회복할 수 있는 경제적 제도 중의 하나이다.

과학 기술의 발전과 사회·문화제도의 창조와 인간이 만들어낸 정치공동체와 정치공동체를 지탱하는 인간이 만들어낸 각종의 제도는 보편적 인간으로서 삶을 행복하게 하거나 개선하기 위한 것이다. 건축가는 손실의 개연성을 제한하기 위하여 주어진 구조하에서 나무 대신 석조를 사용하는 것을 선택할 수 있다.

다음으로 고려해볼 있는 방안은 사고의 발생 기회를 줄이는 것이다. 가령 방어운전을 하는 것이 이에 해당한다. 또한 위험한 작업을 하는 작업자를 감시하기 위한 감시원의 배치 또는 안전장구를 사용하도록 하는 것이다. 또 다른 하나의 방법은 손실의 결과를 제한하는 것이다. 빌딩은 사용된 재료에 관계없이 화재의 위험이 따른다. 화재의 결과를 줄이기 위하여 다수의 빌딩 소유주는 스프링클러 시스템을 설치하기도 한다. 또한 사람들은 소득의 일정 부분을 저축하여 위험이 현실화되는 경우에 자신의 자산에서 부담하는 자가보험으로 위험을 관리할 수도 있다. 그런데 통상적으로 사람들은 자신이 가지고 있는 위험을 다른 사람에게 이전시키는 방법으로 위험을 관리한다. 보험제도가 위험의 이전과 분산제도로서 대표적인 것이다.

이와 같이 보험제도는 위험에 대비하는 제도이고, 경제주체가 지니고 있는 위험을 이전하고 분산하는 기법을 통해 유지·발전되고 있다. 또한 오늘날 보험제도가 보장하는 대상은 전통적 위험인 자연재해 등 각종 물리적·유형적 위험을 포함하여 경제·사회생활에서 발생하는 거래상의 위험 등으로 그 보장 대상이 점차 확대되고 있다.

사람들은 매일 위험에 대한 판단을 한다. 개별적인 경제 및 사회활동을 시작하기 전에 본능적으로 그 활동으로 인한 이익과 비용을 계산하고, 그러한 활동을 실행할 것인지 여부를 결정한다. 어떠한 행동을 시도하기로 결정한 경우 동시에 앞으로 발생 가능한 손실의 위험을 관리하기 위한 대비를 하게 된다. 이때 동원되는 위험을 대처하는 방법 중의 하나가 손실의 가능성을 제한하는 것이다. 가령 벽돌로 만들어진 빌딩은 나무로 지어진 집보다 화재를 입을 가능성이 낮아지므로 가급적 빌딩을 선호하게 된다.[2]

사람의 안전과 평화, 건강한 삶은 파괴하는 위험에 대해 여러 가지 사회제도로 예방하거나 사후적 보장을 통하여 위험이 초래하는 상흔을 정상상태로 복원시키고자 하나 그것은 결코 쉬운 일이 아니며 우리에게 던져주고 있는 영원한 숙제일지도 모른다.

위험관리는 인간의 삶과 생명을 보호하고, 우리들의 자산을 보호하는 과정이다. 따라서 위험관리의 역사는 인류의 문화와 더불어 시작되었다고 볼 수 있다. 위험에 대하여 사회나 국가 등이 집단적인 대처를 하고 있으나 다양하게 발생하는 위험의 관리는 궁극적으로는 개인책임영역에 속한다.

인간은 운명적으로 길흉화복을 겪으면서 살아가야 하며 불행하게도 인간에게 주어지는 사회·경제 환경은 항상 인간이 원하는 성스러운 죽음을 결코 보장하지 않는다. 보험은 결국 경제적 위험에 대비하는 제도인데, 그 본질적 속성상 위험이라는 요소를 포함한다. 그러나 세상에 존재하는 모든 위험이 보험보호의 대상이 될 수 없는 관계로 보험이 담보하지 못하거나 담보하지 않은 위험은 존재할 수 있겠으나 보험은 항상 그 속에 위험을 내포하고 그것과 생사고락을 같이한다.

제2절 보험제도

1. 보험의 개념

(i) 자동차 제조회사가 자동차를 갑에게 팔면서 만약 갑의 자동차의 타이어가 1년 이내에 구멍이 나면 수리대금을 부담하기로 약정하고, 그 약속의 대가로 10,000원을 수령하였다.
(ii) 갑이 을에 대하여 만약 을이 1년 이내에 사망하면 을의 상속인에게 1,000만 원을 주기로 하고 50만 원을 받았다.

보험이란 무엇인가에 관하여 한마디로 정의를 내리는 것은 어려운 과제 중의 하나이다. 역사적으로 보면 수많은 보험 연구자들에 의하여 보험에 관한 정의를 찾는 노력이 꾸준히 있었지만 명확하고 통일된 만족스러운 정의를 내리고 있는 문언은 찾아보기

2 Robert H, Jerry, Douglas R. Richmond, *Understanding Insurance Law*, 5th ed., (LexisNexis, 2012). p.8.

어렵다. 이것은 애초부터 보험이란 개념이 사회경제제도로서 변화하는 시대와 환경에 따라 포용적 여지를 남겨두고 있는 유동적 특징이 내재되어 있어 그 개념을 일의적으로 정의할 수 없는 것일지도 모른다. 그러나 보험에 대한 개념 정의는 어느 시대를 막론하고 결코 소홀히 해서는 안 되는 과제라고 할 수 있다. 보험에 관한 개념 정의는 보험학 또는 보험법학의 연구의 기초 개념에 속하고, 보험법의 적용 대상 영역의 한계를 설정한다는 점에서 필요하다. 또 보험과 다른 금융업, 즉 은행업·금융투자업 등 다른 금융제도와 구별을 명확히 하는 작업이기도 하다. 그러나 이러한 보험에 관한 개념 정의의 필요성에도 불구하고 다른 일반적인 거래와 구별되는 기준으로 작용하며, 언제 어디에서나 적용될 수 있는 보험에 관한 정의를 내리는 것은 결코 쉬운 일이 아니다.

보험에 관한 정의를 굳이 내린다면 보험이란 경제주체가 미래의 불확실한 우연한 사고로 입을 수 있는 경제적 손실을 관리할 목적으로 주로 사용되는 위험관리기법의 하나의 형태라고 볼 수 있다. 보험에 관한 경제적 측면에서 관심은 전체 경제 질서에서 보험의 작용, 보험시장의 수요와 공급, 보험상품의 생산과 고용, 보험가격의 결정, 독점 및 과점시장 등의 문제가 될 것이다. 그러나 보험법학적 관점에서는 보험의 구입과 보험금의 지급을 구체화하는 법적 실현 수단으로서 보험계약의 성립과 그 효과로서 보험회사와 보험계약자 간의 권리의무의 내용이 무엇이며, 보험계약의 당사자, 나아가 이해관계자 간의 이해관계의 조정을 어떻게 조정할 것인지가 주요 관심의 대상이 된다.

2. 보험의 의의

모든 계약은 어떤 위험이전과 위험의 할당에 관한 내용이 명시적 또는 묵시적으로 포함되어 있다고 보아도 과언이 아니다. 가령 계약서를 작성함에 있어서 조건을 포함한 용어 내지 언어들이 위험을 할당하는 데 사용되는 것이 보통이다. 만약 갑이 을의 집을 구입하면서 차입을 조건으로 을의 집을 사기로 하였다면 을은 갑에게 차입이 성공적으로 이루어질 수 있다는 위험을 떠안게 된다. 만약 차입이 불가능하게 되면 갑은 그 집을 구입할 의무를 부담하지 않는다. 이러한 조건이 없는 경우에는 갑은 차입이 불가능하게 되는 위험을 부담하고 비록 차입이 이루어지지 아니하였다고 하더라도 갑은 여전히 그 집을 구입할 의무를 부담하기 때문에 적절한 차입 가능성을 염두에 두고 그 집을 매입하는 조건부 의무를 부담하는 위험을 갑으로부터 을로 이전되었을지라도 이것이

갑과 을 사이의 계약이 보험계약이라는 의미는 아니다. 보험계약은 다른 추가적인 특성을 가지고 있다.

보험계약자 갑을 포함한 100명이 보험회사와 동일한 보험계약을 체결한 경우에는 보험회사는 갑의 위험뿐만 아니라 다른 99명의 위험을 떠안게 되고, 보험회사는 동일한 위험을 가진 사람들의 단체를 통하여 위험을 분산할 수 있게 된다. 이러한 위험분산의 특성은 다른 종류의 일반계약과 구별되는 점이다. 따라서 보험계약이란 일방의 당사자, 즉 보험자가 다른 상대방 당사자, 즉 보험계약자로부터 제공된 상당한 대가와 교환으로 피보험자의 위험을 부담하고, 동일한 위험에 놓여 있는 단체를 통하여 위험을 분산하는 계약을 말한다.

보험제도의 핵심이자 실체적 내용인 보험이 무엇인지에 관하여 정의하고 있는 명문의 규정은 존재하지 않는다. 그러나 일반적으로 보험이란 "동일한 경제상의 위험을 가지고 있는 다수의 경제주체가 위험단체를 구성하고, 대수의 법칙과 통계적 수리적 방법에 따라 산출된 일정한 금전을 갹출하여 공동의 자금을 비축하여 각 경제주체가 현실적인 경제적 불이익을 입은 경우에 재산적 급여를 함으로써 경제생활의 불안을 제거하거나 줄이고자 하는 경제적 제도이다"라고 정의된다.[3]

우리 상법에서도 보험이 무엇인지에 관하여 규정하지 않고 있다. 다만 보험계약의 의의에 대하여 규정하고 있어 그 의미를 간접적으로 확인할 수 있을 뿐이다. 상법에 따르면 보험계약은 당사자 일방이 약정한 보험료를 지급하고 재산 또는 생명이나 신체에 불확정한 사고가 발생할 경우에 상대방이 일정한 보험금이나 그 밖의 급여를 지급할 것을 약정함으로써 효력이 생긴다고 규정하고 있다(상법 제638조). 이러한 상법상의 정의가 보험에 관한 정의를 완벽하게 표현하고 있다고 볼 수 없다.

이러한 보험계약법상의 정의에 의할 때 보험의 정의와 보험계약의 정의가 구별되는 것이냐 하는 점이 논란이 될 수 있다. 상법은 보험계약의 정의에 관한 규정에 의하면 보험계약에 해당하기 위한 요건으로 (i) 당사자 일방이 일정의 사유가 발생하는 조건으로 재산상의 급부를 이행할 것을 약정할 것, (ii) 상대방은 재산상 급부에 대한 대가로서 보험료를 지급할 것을 약속할 것, (iii) 보험료는 당해 일정한 사유의 발생의 가능성에

3 정찬형, 『상법강의(하)』(제18판), 박영사, 2016, 495면; 山下友信 · 竹濱 修 · 洲崎博史 · 山本哲生, 「保險法」, 第3版補訂版, 有斐閣, 2면.

상응하여 책정될 것을 요구한다. 이러한 요건에 비추어보면 기업 등의 단체 내부에서 복리후생의 일환으로 종업원이 일정액을 적립하여 종업원의 사망 등 일정한 사유가 발생하는 경우에 위로금을 지급하는 제도는 위 (iii)의 요건을 결하여 보험계약에 해당하지 않는다.

보험계약은 보험계약, 공제계약 등 그 명칭에 구애되지 않고, 당사자 일방이 일정한 사유, 즉 보험사고가 발생하면 재산상의 급부를 행할 것을 약속하고, 상대방은 이러한 급부의 대가로서 일정한 사고의 발생 가능성에 상응하는 보험료를 부담하기로 약속하는 계약을 지칭한다.

보험제도는 보험거래를 통하여 형성되는데, 보험계약법에 따르면 보험거래의 당사자를 보험계약자와 보험자로 부른다. 보험은 보험계약자가 보험자에게 위험에 상응하는 보험료를 지불하고 손실발생위험을 이전하는 것이다. 이러한 보험의 거래행위는 보험계약이라는 일종의 채권계약이다. 보험자는 보험을 판매하는 보험회사가 되고, 보험계약자는 보험증권을 구입하는 사람이다. 보험요율은 위험보장의 급부 수준에 따라 부과되는 보험료의 수준을 결정하는 데 이용되는 것이다. 보험거래에서는 보험계약자는 확정된 보험료를 지급하는데, 이는 보험계약자의 지출비용이다. 반대로 보험회사는 보험약관에서 정하고 있는 보험사고가 발생할 경우 보험료에 비하여 상당히 규모가 큰 금액인 보험금액을 지급받게 된다. 그런데 이러한 보험자의 보험금액은 보험자의 비용지출 요소가 되고 보험금액의 지급 여부는 미확정적이라는 점에서 보험계약자가 지불하는 보험료는 확정되고 인식된 비용이라는 점에서 특징을 가지고 있다. 보험계약을 체결하는 경우에는 원칙적으로 보험계약자는 보험계약의 조건이나 내용이 상세하게 기재된 보험약관을 수령할 수 있고(상법 제638조의3), 보험계약이 성립하면 보험계약의 주요 사항이 기재된 보험증권을 수령하게 된다(상법 제640조).

3. 보험 유사 제도

(1) 저축

보험과 유사한 제도로서 저축, 자가보험, 보증, 도박, 복권, 옵션 공제 등이 있다. 저축은 경제적 손실 위험에 대비하여 사전에 준비하는 것이라는 점에서 보험과 공통점이 있지만 저축은 각 경제주체가 개별적으로 준비하는 것이라는 점에서 차이가 있다. 저축은 특정한 위험에 한정하지 않고 다양한 일반적 위험에 대비하는 것이라는 점에서 다수의 경제주체가 협력하여 경제적 불이익을 생기게 하는 특정의 위험에 대비하는 보험과 다르다. 오늘날 생명보험과 일부 손해보험의 경우에도 경제적인 관점에서 저축이라는 성질을 가지고 있기 때문에 보험가입자 측에서도 저축목적으로 보험상품을 구매하는 경우도 있다.

저축과의 유사성을 생명보험의 종류에 따라 설명하면 다음과 같다. 생명보험의 일종인 정기보험은 보험기간 내에 피보험자가 사망한 경우에만 보험금이 지급되는 보험이다. 따라서 정기보험에서 보험료가 연납으로 납입되는 경우에 만약 매년 사망률에 대응하여 보험료가 징수된다면, 사망률은 당해 피보험자의 연령이 고령화됨에 높아지고 이에 따라 징수되는 보험료도 매년 높아지게 된다. 이러한 경우에는 보험료 납입기간의 후반부에는 보험가입자의 보험료 부담능력을 초과하게 되므로 합리적인 방식이 아니다. 이러한 이유로 보험기간 중 매년 부담하는 보험료가 균등한 평준보험료로 징수한다. 이에 따라 보험계약자는 보험료 납입기간의 초기에는 자연보험료를 상회하는 보험료를 지불하게 되고 초과 지불된 보험료는 보험료 납입기간 후반부의 자연보험료의 부족분에 충당된다. 이런 경우 전반기간에 여분으로 남아도는 보험료 부분은 보험료적립금으로 보험자에 의하여 축적된다.

(2) 보증

채권관계에서는 채무자의 채무불이행 가능성이 상존한다. 이러한 채무자의 채무불이행 발생 위험은 채권자 입장에서는 매우 관심 있는 위험에 속하고, 이러한 위험의 크기에 따라 채권자는 금리를 높여 받거나 보증을 세우는 등 다양한 방법을 통하여 위험회피 노력을 강구한다.

이처럼 보증은 채무자의 채무불이행에 의하여 채권자가 입을 수 있는 손해에 대처하는 제도이지만 다수의 경제주체가 공동으로 결합하여 이에 대비할 필요성이 그렇게 크지 않고 유상 또는 무상으로 보증이 가능하다는 점에서 보험제도와 다르다. 다만 채무자의 채무불이행에 의하여 채권자가 입을 수 있는 손해를 다수의 가입자를 한데 모아 보험의 방식을 사용하여 전보하는 것도 가능하다. 이러한 목적의 보험으로 개발된 보험이 신용보험이나 보증보험이다.

(3) 도박 및 복권

보험계약의 법적 성질 중에서 사행계약성이라는 성질은 보험계약에서 두드러진 특징이다. 사행계약이란 계약의 당사자 일방 또는 쌍방의 급부의무의 발생 여부가 우연한 사실의 발생에 좌우되는 계약을 말한다. 즉, 당사자의 급부의무의 발생 여부 및 급부의 대소 여부가 모두 우연한 사건에 의해 좌우되는 계약을 일반적으로 사행계약이라고 한다. 대표적인 것으로 도박, 복권, 보험, 종신연금, 종신정기금, 금융파생상품 등이 있다. 여기서 사행계약이라는 개념 속에는 반윤리성이라는 성질은 그 본질적인 것이 아니다. 도박 및 복권은 우연한 사건에 의해 적극적 이득을 취할 목적으로 하는 것이라는 점에서 경제적 손실에 대하여 사전에 준비하는 성질을 가진 보험제도와 구별된다.

(4) 공제

공제는 일정한 지역이나 직업 및 직종과 관련을 맺고 있는 자들이 단체를 형성하고 상호 부금을 내고 단체구성원이 재해나 불행한 사고가 발생할 경우 일정의 급부를 하는 제도를 말한다. 공제는 단체 구성원의 범위가 비교적 협소하고, 공제금액도 위문금·조의금 정도로서 각종의 협동조합이 행하고 있는 공제와 같이 보험과 동일한 기술을 응용하여 대규모로 행하는 것에 이르기까지 다양한 형태가 있다. 공제가 보험과 동일한 기술을 이용하여 행해지는 경우 그의 실질은 보험과 동일하다. 그러나 공제는 단체 구성원의 상호부조를 위하여 비영리목적으로 사업이 이루어지는 것이고, 영리목적으로 행해지는 것은 아니다. 보험계약의 적용 여부가 문제되었다. 그러나 2014년 3월 11일 상법 개정에 따라 공제도 상법의 보험계약에 관한 규정이 준용되는 것으로 명문화하였다(상법 제664조).

공제가 보험과 동일한 기술을 사용하여 행하는 경우에는 보험감독면에서 규율도 문제된다. 명칭이 어떠하든 실질적으로 보험업에 해당하는 것을 보험업법에 의하여 허가를 받지 아니하고 영위하면 무허가 보험영업이 되고, 이는 곧 보험업법 위반이 된다. 그러나 각종 협동조합법이 공제사업을 행하는 것을 각각의 협동조합에 인정하고 있는 한에서는 공제의 실질이 보험이나 다름없는 경우에도 공제는 오로지 각각의 협동조합법에 의해 규제될 것이 예정되어 있는 것이라고 하여야 하고, 따라서 보험업법의 위반도 생기지 않는다고 보아야 한다.

일본에서는 최근 각종 협동조합법에 근거하지 않고 불특정의 다수인을 상대로 보험사업에 유사한 형태로 공제를 행하는 무인가 공제영업이 증가함에 따라 2005년 보험업법을 개정하여 소액단기보험업으로서 보험업법의 감독하에 두기 위하여 관련 규정을 개정하였다.

소액단기보험업은 보험기간, 보험금액이 일정한도 이하의 보험만을 행하는 것이므로 일반의 보험사업보다도 간소화된 감독으로 충분하다고 본다.

현재 일본의 경우, (i) 보험계약의 체결을 업으로 행하는 것에는 보험업법에 의해 보험업의 허가를 받아서 보험업을 영위하든지, (ii) 공제사업을 허용하는 각종 협동조합법에 의하여 공제사업이라는 형태로 행하든지, (iii) 보험업법에 의하여 소액단기보험업자로 등록하여 소액단기보험업 중 어느 하나의 방법을 선택하여 보험업을 영위할 수 있다. (i)은 보험회사가 행하는 협의의 보험을 말하고, (ii)와 (iii)은 종래공제라고 이해되고 있는 것이다. 공제에 적용되는 감독상의 규율은 보험회사가 행하는 보험업에 적용되는 감독상의 규율보다 대체로 완화되어 있다. 보험회사에 적용되는 생명보험과 손해보험의 겸영 금지 및 다른 업무 겸영 금지 규제는 공제에 적용되지 않고 각종 협동조합이 공제사업을 행하는 경우에는 당해 사업체가 생명보험 및 손해보험을 동시에 행하고 금융업 및 그 밖의 다른 보험업 이외의 사업을 겸영하고 있는 것이 드물지 않다.[4]

제3절 보험의 대체수단

1. 의의

경제주체가 노출된 위험(리스크)를 헤지(hedge)하는 방법으로 과거에는 보험만을 생각했으나 최근 금융공학의 발전에 따라 전통적인 보험 이외의 방법으로 리스크를 헤지하는 방법이 개발되고 있다. 이와 같이 보험제도 이외의 방법으로 타인에게 리스크를 이전하는 방법을 총칭하여 대체적 위험이전기법(ART, Alternative Risk Transfer)이라고 한다. 이러한 대체적 위험이전기법으로는 다양한 방법이 존재하는데, 자가보험과 대체보험시

4 山下友信, 23-24면.

장 및 자본시장에 의한 위험인수제도가 있다.

2. 자가보험

자가보험(自家保險, self-insurance)이란 자신이 보유하고 있는 타인에게 전가하지 않고 스스로 위험 발생에 따른 경제적 손실에 대비하는 것을 말한다. 자가보험 기법으로는 자기조달과 캡티브(captive) 제도가 있는데, 자기조달이란 일개의 기업이 다수의 공장이나 점포, 시설을 가지고 있는 경우에 그러한 공장 등에서 발생할 수 있는 화재 등의 사고에 의해 생기는 손해액을 사전에 예측하고 그에 상응한 준비금을 그의 기업의 내부에 적립해두는 제도를 말한다. 즉, 자기조달이란 경제주체가 보험에 가입하지 않고 사고 발생에 따른 비용을 자신의 재원에 의존하는 현금흐름 정책이라 할 수 있다. 손실 정도가 작은 위험은 경제주체가 스스로 책임지며 안전성보다는 보험료 절약이라는 경제적 측면이 강조된다. 보유하는 점포나 시설이 다수라면 대수의 법칙이 적용될 수 있는 있기 때문에 보험제도와 유사한 제도로 평가된다. 그러나 자가보험은 기업 내부에서 경제적 불이익을 대비하는 제도라는 점에서 다수의 경제주체 간에 위험을 분산하는 것이 아니므로 보험제도는 아니다. 한편 캡티브 제도는 보험업을 영위하지 않는 모회사에 의해 설립된 자회사로 정의되고 있다. 기업이 자신의 위험을 보험회사나 재보험회사에 전가하지 않고 자회사 형태로 보험회사를 설립하여 위험을 인수하는 방법이다.

3. 대체재보험시장

오늘날 전통적인 보험(traditional insurance)제도 외에도 캡티브, 금융재보험, 보험리스크의 증권화 등 위험이전수단이 발달하고 있고, 보험계약자는 대체위험 이전수단을 통해 다양한 보험보호, 세제상의 혜택 및 주주가치를 극대화할 수 있게 되었다.

(1) 금융재보험

금융재보험(finite risk reinsurance)은 보험계약자의 보험위험뿐만 아니라 금리위험 등과 같은 보험 외적 위험을 한정해서 담보하는 것으로 특정 연도의 손해경험을 기간적으로 분산해서 충격을 완화하는 방식이다. 금융재보험은 재보험자에게 전가되는 위험의 한도가 제한된다는 면에서 책임한정재보험이라고도 불린다. 재보험자의 책임 제한, 일시적인 자본 조달, 투자수익의 원보험자와 재보험사 간 공유, 다년간 계약 등이 전통적인 재보험과는 차이점이라 할 수 있다.

(2) 통합위험관리

다수의 보험종목 또는 보험·비보험 위험을 하나의 보험프로그램으로 결합해서 담보하는 솔루션으로 위험을 총체적으로 관리하는 기법이다. 이것은 화재보험, 배상책임보험 등 종류가 다른 보험종목들을 종합적으로 다년간 담보하는 재보험기법으로 중장기 계약으로 가능하며, 단일보험회사와 계약하므로 비효율성을 높이면서 위험분산을 가능하게 한다.

4. 자본시장을 통한 위험의 인수

(1) 보험의 증권화

보험위험의 증권화는 보험회사, 재보험회사, 투자은행이 보험계약 포트폴리오를 패키지화하여 증권의 형태로 자본시장의 투자자들에게 판매함으로써 위험을 전가하는 것을 의미한다. 대재해 위험에 대한 담보부족을 해결하기 위한 방안으로 대재해 채권(catastrophe bond)을 발행하는 것이 대표적인 사례이다. 일반적으로 특수목적회사를 설립하고 이를 통해 채권발행과 자본조달, 자금운용, 보험금 지급 등의 제반사무를 처리하게 한다.

(2) 보험과 파생상품

금융공학의 발전에 따른 다양한 파생금융상품을 이용해 보험위험을 통제하고자 하는 새로운 상품이 등장하고 있다. 자본시장에서 활용되는 대재해 파생상품의 종류는 옵션(option), 선물(forward), 스왑(swap) 등이 있다. 대재해 파생상품의 가격은 손해지수를 근거로 산출되는데, 시카고 시장의 지수는 보험자의 전체 대재해 손실(cat loss)에 기초하고 버뮤다시장(BCX)의 지수는 보험자의 주택소유자 보험증권에서의 날씨 관련 손해액에 기초하고 있다. 한편 보험 관련 지수는 손해액 또는 사고발생률에 기초하는 것 이외에도 온도, 강우량 등의 기후 관련 요소에 기초하는 경우도 있다. 현재 세계시장의 추세는 대재해 위험보다는 날씨 위험을 파생상품화하는 경향이다.

옵션이란 일정의 상품 혹은 일정의 증권을 일정 기간 내에 소정의 가격에서 상대방으로부터 매수할 수 있는 권리 또는 상대방에게 매도할 권리를 말한다. 옵션의 종류에는 콜옵션과 풋옵션이 있다. 콜옵션이란 옵션거래에서 특정한 기초자산을 만기일이나 만기일 이전에 미리 정한 행사가격으로 살 수 있는 권리를 말한다. 이에 반해 풋옵션이란 옵션거래에서 특정한 기초자산을 장래의 특정 시기에 미리 정한 가격으로 팔 수 있는 권리를 매매하는 계약을 말한다.

옵션은 원래 자산 가격변화에 따라 보유자가 손해를 입거나, 투자기회를 잃어버리는 사태를 방지하는 위험회피, 헤지의 목적으로 도입되었다. 자산을 살 권리인 콜옵션은 가격 상승, 자산을 팔 권리인 풋옵션은 가격하락에 따른 위험을 사전에 없애는 효과가 있다.

주식의 풋옵션을 예로 들면, 갑 보험회사의 주식 1,000주를 3개월의 권리행사기간 내에 1주당 10,000원으로 팔 권리를, 매수한 자가 3개월 이내에 의사표시를 하면 언제라도 갑 보험회사의 주식 1,000주를 1주당 10,000원으로 살 수 있다. 그때 갑 보험회사의 주가가 5,000원이라면 시장에서 1주 5,000원에 조달하고, 이것을 1주 10,000원으로 매도하면 합계 5000원×1,000주의 이득을 얻는 것이 가능하다.

또한 보험회사 주식을 보유한 자가 풋옵션을 매도하고 바로 리스크를 헤지할 수 있다. 이와 같은 옵션은 건물이나 그 밖의 물건에도 가능하다. 예를 들면, 현재의 가치 1억 원 상당의 건물을 100만 원의 프리미엄을 주고 1년 내에 비록 건물이 화재로 소실되었다고 하더라도 1억 원에 팔 수 있는 풋옵션을 구입했다고 생각해보자. 건물 소유자가 풋옵션을 매입했다면 건물이 소실되어 피해를 입은 경우에도 풋옵션을 행사하여 1억 원을 취득할 수 있다.

건물이 소실되지 않았다면 풋옵션의 행사를 포기해도 좋다. 옵션을 포기한 경우 옵션을 매입하기 위하여 지출한 비용이 무용한 것으로 생각되겠지만 그렇지 않고 화재라고 하는 리스크를 헤지하기 위하여 투입된 것이므로 건물소유자의 입장에서 보면 이것은 보험금액 1억 원의 화재보험에 가입하기 위하여 100만 원의 보험료를 지불한 것과 같은 경제적 효과를 거둘 수 있다.

만약 이와 같은 옵션이 1개 기업에 대한 것으로 동종의 리스크에 노출된 경제주체에 대하여 대량으로 판매되면 그것의 효과는 화재보험과 유사한 것으로 이해될 수 있다.

보험과 옵션이 유사성 내지 동질성을 가지고 있고, 최근 옵션의 구조를 이용하여 리스크를 헤지하는 상품이 현재 개발되어 있는바, 향후 그 전개가 주목된다.

제4절 보험의 역사

1. 고대의 보험제도

경제주체가 가지고 있는 경제상의 손실위험을 회피하는 방법은 각 시대 상황에 맞게 다양한 방법이 강구되었다. 고대에는 집단생활을 하면서 장례비용을 공동으로 부담하거나 구성원 가운데 천재지변 등으로 불행한 일을 당한 사람이 생기거나 여행 중에 도난이나 재해로 인하여 손해가 발생할 경우 공동으로 도움을 주었다.

중국 상인들은 이미 기원전 3000년경에 위험을 분산하는 기술을 사용하였다. 선박을 이용하여 강을 통해 물건들을 운송하는 과정에서 빠르게 흐르는 강물로 인하여 안전하게 화물을 실어 나를 수 없었다. 이에 따라 상인들은 여러 선박에 물건을 나누어 싣는 방법을 통하여 위험을 분산하였고, 운송하던 선박 중 급류로 침몰하거나 바위 등에 충돌하여 파손되는 사고가 발생한 경우 상인들이 연대하여 나누어 부담하였다.

한편 함무라비 법전에 의하면 바빌로니아인들은 기원전 1750년에 상인에게 돈을 빌려준 대주에게 손실의 위험을 전가하도록 규정하였다. 즉, 대주는 선박 또는 화물을 담보로 잡고 무역에 종사하는 상인과 선박의 소유주들에게 대출을 제공하고, 선박이나 화물이 바다에서 사고로 멸실되는 사고가 발생하면 대출을 무효로 하는 데 동의한다는 조건을 달고 대신 상인들은 다소 높은 이자를 대주에게 지급하는 방법으로 선주나 화주가 갖게 되는 손실의 위험을 대주에게 전가하였다.

이때 선박이 저당 잡힌 경우에는 선박저당계약(bottomry contracts), 화물이 담보되었을 경우에는 화물저당계약(respondentia contracts)으로 지칭되었다. 이러한 혁신적인 제도는 페니키아인의 해상거래에서도 이용되었고 그리스인에게도 채택되었다.

기원전 1000년이 지나 지중해 로도스섬 주민은 공동해손(general average)제도를 고안하였다. 이 제도는 상인단체에 적하물에 대한 공동의 위험을 상호 부담하도록 한 제도이다. 보험료는 운송 중 폭풍과 선박의 침몰에 따라 투하된 화물의 소유주에게 보상하는 자금으로 사용되었다.

대출 또는 다른 계약과 하나의 꾸러미로 체결되지 않은 독립적인 보험계약은 14세기에 제노아에서 발명되었다. 이때 보험계약은 부동산에 의하여 저당으로 보증된 보험풀이었다. 최초로 알려진 보험계약은 1347년에 제노아에서 출현하였다. 15세기에는 해상보험이 폭 넓게 발전하였고 보험료는 위험의 정도에 따라 직관적으로 책정되었다. 이러한 새로운 형태의 보험계약은 해상보험에서 유용하게 여겨졌던 모험대차로부터 분리되는 계기가 되었다.

생명보험은 사회의 구성원들이 가난하고 어려운 처지에 있는 자들을 돕기 위하여 기금을 출연하는 고대 사회의 구호제도로부터 발전되었다. 기원전 2500년 전에 이집트의 석공들이 회원의 장례에 필요한 자금을 충당하기 위하여 공제를 만들었다. 기원전 3세기경 회원들의 기부에 의하여 조성된 자금으로 그리스 상조협회는 장례비용 및 유족의 경제적인 수요를 충당하기 위한 일반적인 제도였다. 콜레지아(collegia)라고 알려진 로마 상조회도 동일한 기능을 수행하였다. 그리스와 로마인들은 기원후 600년경에 회원이 사망하면 장례비에 충당하고 그 유가족의 생활을 보장하기 위하여 공제조합이라고 불리는 길드를 조직하였다. 중세에는 길드(guild) 조직을 중심으로 한 상호부조제도와 함께 항해 도중 일어난 선박이나 선박에 적재된 화물의 손해를 공동으로 부담하는 일종의 공제제도가 생겨났다.

2. 근대의 보험제도

보험은 계몽시대를 맞이하여 더욱 정교하게 발전하였다. 오늘날 우리가 알고 있는 재물보험(property insurance)은 13,200가구를 폐허로 만든 1666년 런던 대화재에서 연원하였다. 이러한 재난의 영향으로 경제학자 니콜라스 바본(Nicholas Barbon) 등은 1681년 벽돌로 된 주택을 대상으로 하는 보험회사(insurance office for houses)를 설립하였다. 미국에서는 1732년에 South Carolina Charles Town에서 최초의 보험회사가 화재보험을 인수하기도 하였다.

런던이 17세기 말에 이르러 무역의 중심지로서 부상함에 따라 해상보험에 대한 수요도 증가하였다. 1680년대 말 에드워드 로이드(Edward Lloyd)는 커피하우스를 열었고, 이곳은 선박과 적하를 보험에 가입하려는 사람들과 선박 및 적하보험을 인수하고자 하는 사람들의 모임 장소가 되었다. 근대적 생명보험은 18세기 초에 판매되었다. 생명보험을 제공한 최초의 보험회사는 윌리암 탈봇(William Talbot)과 토마스 알렌(Thomas Allen) 경이 1706년에 런던에 세운 우애조합(amicable society)이었다. 에드워드 로웨 모레스(Edward Rowe Mores)는 1762년 유족들의 경제안정을 위한 보험회사(society for equitable assurances)를 설립하였다. 이 회사는 세계 최초의 상호보험회사로서 나이와 사망률에 따른 보험료를 부과함으로써 현대 생명보험의 기초를 세웠다. 19세기 후반에는 상해보험이 출시되었으며, 상해보험은 오늘날 장해보험과 같이 운영되었고 상해보험을 판매한 최초의 보험회사는 1848년 영국의 초창기 철도사고의 사망자를 보장하기 위하여 설립된 철도승객보험회사(Railway Passengers Assurance Company)이다.

독일의 경우 19세기 말 질병과 고령자를 위하여 정부차원으로 국가 보험프로그램을 시작하였다. 독일은 1840년대 초에 프러시아와 작센에서 복지프로그램의 전통을 확립하였다. 그 후 1880년대 비스마르크(Otto von Bismarck) 수상은 노령 연금, 질병보험 및 의료보험을 도입하여 복지국가를 위한 기틀을 마련하였다.

영국에서도 자유당 정부에 의하여 1911년에 노동자들을 위하여 질병과 실업보험을 제공하였다. 이러한 시스템은 최초의 근대 복지국가를 구축하기 위한 비버리지 보고서(beveridge report)의 영향하에 크게 확대되었다.

3. 우리나라의 보험 역사

(1) 고대

우리나라에서 보험의 원형으로 거론되고 있는 것이 일반적으로 계제도이다. 계는 전통적으로 우리나라에서 어느 시대에서든지 보편적으로 존재했던 협동단체의 하나로서 부락 주민의 필요에 따라 자생적으로 발생하여 유지되어온 제도이다. 계는 구성원의 상호부조, 친목, 통합, 공동이익 등을 목적으로 일정한 규약을 만들고 그에 따라 운영된다. 계와 유사한 제도로서 '보'라는 제도가 있었다.[5] 신라·고려시대에 특정한 공공사업을 영위하기 위하여 일정한 기본재단을 설치하고 그 기금의 대출 활용에서 생기는 이자로서 경비를 충당하던 제도가 바로 '보'이다. 보는 불교가 전파된 뒤 사원교단의 경제활동에서

5 金三壽, 韓國社會經濟史硏究, 박영사, 1964; 申守植, 韓國保險前史의硏究學說, 保險學會誌, 제4집, 1968.

많이 활용되었다. 고려시대에는 보가 공적기관으로 확대되었으며 계와 더불어 공동체의 상호부조제도로서 인식되고 있다. 보험과 계는 공동체적인 성격과 단체적 성격을 가진 제도라는 점에서 공통점을 발견할 수 있다. 공동체적 성격은 원시보험이나 상호보험에서 일관되게 유지되어온 것이며, 보험의 단체적 성격은 원시보험에서는 물론 현대 자본주의 보험에서도 지배적 원리로 작용하고 있다.

(2) 근대적 보험제도

근대적 보험제도는 대외 개방을 통하여 유입되었다. 1876년 강화도 조약체결 이후 미국, 영국, 일본 등의 보험회사가 대리점 형태로 보험영업을 영위하기 시작하였고, 1891년 1월 일본보험회사인 제국생명이 우리나라에 최초로 부산에 지점을 개설하였다. 1921년 1월에는 우리나라 최초의 손해보험회사인 조선화재해상보험(주)[현 메리츠화재해상보험(주)]이 설립되었다. 그 후 1946년 9월에 우리나라 최초의 생명보험회사인 대한생명이 설립되었고, 대한손해보험협회가 설립되었다. 1947년에는 협동생명 및 고려생명이 연이어 설립되었다. 1950년 2월 조선생명보험협회가 설립되었고, 1956년 1월 한국손해재보험공사가 설립되었으며, 1958년 11월 조선생명보험협회가 대한생명보험협회로 명칭을 변경하였다.

1960년 2월 대한생명보험협회를 사단법인 생명보험협회로 명칭을 변경하고, 1963년 3월 대한손해재보험공사가 설립되었으며, 1969년 2월 개인과 기업에게 신용을 제공하여 국민경제 활동과 산업발전에 기여하기 위한 대한보증보험(주)이 설립되었다. 또한 대한재보험공사에서 수출보험업무를 개시하였고, 1973년 5월 한국화재보험협회가 설립되었다. 1977년 1월 재무부는 1977년을 보험의 해로 지정하여 보험약관 정비 등 보험업 근대화를 위한 대책을 시행하고, 대한재보험공사의 수출보험업무를 수출입은행으로 이관하였다. 1977년 3월 대한손해재보험공사를 대한재보험공사로 명칭을 변경하고, 1977년 12월 보험업의 근대화를 추진하고 한국보험공사의 설립 등을 주요 내용으로 하는 보험업법을 개정하였다. 이에 따라 1978년 3월 대한재보험공사를 대한재보험(주)로 명칭을 변경하고, 한국보험공사를 설립하는 등 보험업의 체재를 새롭게 정비하였다.

1989년 4월에는 한국보험공사를 보험감독원으로 개편하고, 1989년 11월 한국보증보험 설립하였다. 1990년 1월 보험업 등 금융업에 포괄적으로 적용되는 독점규제 및 공정거래에 관한 법률(이하 '공정거래법'이라 한다)을 개정하였다.

그러나 1997년 외환위기를 맞이하여 1997년 12월 정부 및 IMF(International Monytary Fund) 간에 총 570억 달러 규모의 자금지원 안에 합의하고, 14개 종금사, 2개 증권사 및 1개 투신사에 대해 영업정지 조치가 단행되었다. 1998년 4월 금융감독위원회가 설립되고, 1998년 8월 4개 생명보험회사(국제, BYC, 태양, 고려생명보험)가 퇴출되었다. 1998년 11월 대한보증보험(주)이 한국보증보험(주)을 흡수·합병하여 서울보증보험(주)로 상호를 변경하였고, 1999년 1월 금융감독원이 설립(은행감독원, 증권감독원, 보험감독원, 신용관리기금을 통합)되었다. 2003년 8월 보험업법을 개정하여 금융기관보험대리점제도를 도입하여 시행하였고, 2007년 4월 한·미 FTA(Free Trade Agreement) 협상 타결, 단기 세이프가드 도입, 국책금융기관의 특수성 인정, 국경 간 금융거래와 신금융서비스의 제한적 허용 등에 합의하였다. 금융위원회의 유가증권시장 상장규정개정 승인으로 생명보험회사의 상장근거를 마련하는 등 보험업의 국제화 시기를 맞이하였다.[6]

제5절 보험법

1. 보험법의 의의와 체계

보험시장은 보험계약을 통하여 거래가 이루어지는 시장을 말한다. 보험시장이 건전하고 자유롭고 공정하게 작동하기 위해서는 시장참여자의 불공정거래를 규율하고 보험제도를 발전시키는 질서가 필요하다. 보험시장의 참여자는 보험업을 영위하는 상인으로서 보험회사, 보험회사와 보험계약자의 사이에서 보험계약을 매개하는 역할을 수행하는 보험모집종사자가 있으며, 그 밖에 보험협회 및 보험요율산출기관 등 다양한 기관이 설립되어 운용되고 있다.

무릇 보험산업과 보험시장의 건전한 발전과 보험거래에서의 거래당사자 간의 이해관계의 조정을 통한 건전한 보험거래질서의 확립을 위하여 보험시장의 구조 설계, 보험시

6 참고로 일본의 경우 1879년 유한책임 동경해상보험회사(현재 동경해상화재보험주식회사의 전신 중 1개사)가 화물보험을 1881년에 주식회사 메이지(明治)생명이 생명보험을 시작한 것이 일본의 근대적 민영보험의 시작이었다. 이들은 모두 동경부 지사의 인가를 받아 설립된 것으로 당시의 보험회사는 면허제가 아니었다.

장 참여자의 역할 및 기능 분배, 보험거래 당사자의 이해관계의 규율 등 일정한 질서가 요구되는데, 바로 보험법은 보험시장 전체의 공정하고 자유로운 거래, 원활한 작동을 위하여 가이드라인 역할을 수행하는 보험시장의 기본 규범이다. 보험업법의 규율은 종국적으로 보험거래의 적정화를 위한 제도적 구축이라는 점에 초점이 있고, 따라서 보험거래제도의 이해와 밀접한 관련성을 갖고 있으므로 보험계약법의 내용 이해가 선행하여야 한다.

보험시장이 작동되기 위해서는 보험시장에서 영업을 수행하는 영업의 주체, 즉 보험회사와 그 보조 역할을 수행하는 보험모집종사자, 영업의 주체인 보험회사의 주인인 주주, 영업의 주체에 소속되어 업무를 수행하는 임직원과 보험시장에서 거래되는 보험상품의 제조 및 유통과정을 규율하는 보험업의 감독법과 보험거래 당사자인 보험회사와 보험계약자 간의 권리의무 관계를 규율하는 보험거래법이 있다. 보험업과 보험시장을 규율하는 법을 크게 보험공법과 보험사법으로 나누어볼 수 있는데, 보험공법이란 보험업에 관한 공법적 법규의 총체를 지칭하는바, 이에는 보험업감독법과 공보험에 관한 법 등이 포함된다. 보험업감독법에는 보험업법이 있고, 공보험에 관한 법은 다시 사회보험법과 경제정책보험법이 있는데, 사회보험법에 속하는 것으로는 국민건강보험법, 산업재해보상보험법, 선원보험법 등이 있고, 경제정책보험에 속하는 것으로는 수출보험법 등이 있다.[7] 보험사법이란 보험에 관한 사법적 법규의 총체를 말하는데, 이에는 보험기업조직법과 보험기업활동법이 있다. 보험기업조직법은 기본적으로 민법의 법인에 관한 규정, 상법의 회사편의 규정과 밀접한 관련성을 가지고 있다. 보험기업조직법에 관한 사항은 보험업법이 규율하고 있다. 보험기업활동법은 기본적으로 민법의 채권법 등의 규정과 상법의 상행위, 상행위 각칙의 규정이 있으며 주로 상법 제4편 보험편에서 규정한다.[8] 보험에 관련된 법률체계는 보험계약을 중심으로 보험자와 보험가입자 간의 사법적 법률관계를 규율함을 목적으로 하는 보험계약법과 보험업이 가지는 공공적 특성으로 인해 이에 대한 규율을 중심으로 하는 보험업법의 이원적 체제로 이루어져 있다.[9] 영리보험인 사보험의 보험계약은 사법상의 채권계약이고, 보험계약의 체결은 기본적 상행위로서

7 정찬형, 앞의 책, 504면.

8 정찬형, 앞의 책, 504면.

9 보험업법 이외에도 의료보험, 산재보험 등의 공보험에 관한 법규도 보험 관련 법규에 포함된다고 할 수 있다.

상법의 적용을 받아야 하나, 사보험업이 가지는 공공적 성격으로 인하여 엄격한 국가의 감독 필요성이 제기되는바, 보험업법은 이러한 감독의 적정성을 확보하기 위하여 제정된 것이며, 그 규율 목적은 보험가입자보호와 보험경영의 안정성 확보 등을 통한 보험시장의 건전성을 유지하는 데 있다.

2. 보험업법

(1) 헌법의 하위법으로서 국회에서 제정한 법률

헌법은 국가의 통치 질서를 정하는 규범이다. 오늘날 헌법은 국민에 의하여 제정되고 개정되는 것이 보통이다. 보험업법은 헌법의 하위에 놓여 있는 법률로서 국회에서 제정되고 개정된다. 보험업법은 이와 같이 헌법의 하위법이기에 헌법의 기속을 받고, 헌법에 위반되는 내용을 규율은 위헌으로서 그 효력은 무효가 된다. 이하에서는 보험 관련 규정의 헌법 위반 여부에 대한 몇 가지 사례를 본다.

1) 보험업감독업무시행세칙 제5-13조의 [별표 15] 표준약관 중 자동차보험 표준약관 〈별표 2〉 위헌확인

청구인들이 주장하는 이 사건 표준약관의 적용이란 기본권 제한사유는, 보험회사가 임의적으로 이 사건 표준약관을 따르거나 금융위원회의 기초서류 변경명령에 의하여 이 사건 표준약관을 따르게 되고, 그 결과 보험계약자가 위 보험회사와 특약 없이 보험계약을 체결하게 됨으로써 비로소 발생하는 것이지, 금융감독원장이 정한 이 사건 표준약관 그 자체에 의하여 청구인들에게 표준약관을 준수하여야 할 법적 의무가 직접 발생한다고 보기 어려우므로, 이 사건 심판청구는 기본권침해의 직접성이 인정되지 아니한다.

2) 보험업감독규정 제7-62조 제6항 위헌확인

결국 이 사건 고시 조항은 실손의료보험에 대한 기초서류의 제출기준을 정한 것으로서, 보험회사는 이 사건 고시 조항의 기준을 충족하는 상품은 금융위원회에 기초서류를 제출함으로써 판매할 수 있고, 충족하지 아니하는 상품은 금융위원회에 기초서류를 신고하여 금융위원회가 이를 심사한 후 신고를 수리하면 판매할 수 있게 된다.

한편 청구인들은 이 사건 고시 조항의 의미가 보험회사에 대하여 이 사건 고시 조항에서 정한 기준을 충족하지 아니하는 보험상품의 판매를 사실상 금지하는 것이라고 주장하나, 금융위원회의 보험회사에 대한 일반적인 감독권과 그 감독의 대상이 되는 보험회사와의 관계를 고려하면 보험회사가 이 사건 고시 조항의 기준을 충족하지 아니하는 상품을 판매하는 것에 대하여 위축될 가능성이 있다 하더라도, 이 사건 고시 조항이 직접적으로 그러한 보험상품의 판매를 금지하는 것이라고 보기는 어렵다.

따라서 이 사건 고시 조항 자체에 의하여 이 사건 고시 조항의 기준을 충족하지 아니하는 전액보장보험 등의 판매와 가입 등이 금지되는 것으로 볼 수 없고, 신고된 기초서류가 수리거부 사유에 해당하는지 여부에 대한 금융위원회의 판단을 거쳐 금융위원회의 수리거부처분이라는 구체적인 집행행위를 통하여 비로소 청구인들의 기본권 침해 문제가 발생할 수 있으므로, 이 사건 고시 조항에 대한 심판청구는 '집행행위에 의하지 아니하고 법령 그 자체에 의하여 자유의 제한, 의무의 부과, 권리 또는 법적 지위의 박탈이 생긴 경우'라고 할 수 없어 헌법소원의 직접성 요건을 흠결하여 부적법하다.

3) 상법 제648조 위헌확인

헌법재판소법 제68조 제1항은 "공권력의 행사 또는 불행사로 인하여 헌법상 보장된 기본권을 침해받은 자는 법원의 재판을 제외하고는 헌법재판소에 헌법소원심판을 청구할 수 있다"라고 하여 법원의 재판을 헌법소원의 대상에서 제외하고 있다.

청구인이 다투고자 하는 것은 심판 대상으로 삼은 이 사건 법률조항 자체에 내포된 위헌성이 아니라 법원이 위와 같은 특수한 상황에서도 이 사건 법률조항을 적용하는 것 자체가 청구인의 기본권을 침해한다는 것이다. 결국 청구인들이 주장하는 위헌사유는 이 사건 법률조항의 규율내용에 기인하는 것이 아니라 단지 법원에 의한 사실관계의 판단과 법률의 해석·적용에 기인하는 것이므로, 청구인들이 헌법소원의 대상이 되지 않는 법원의 재판을 심판 대상으로 삼고 있다는 점에서 이 부분 심판청구는 부적법하다.

법령에 대한 헌법소원은 법령시행과 동시에 기본권의 침해를 받게 되는 경우에는 그 법령이 시행된 사실을 안 날로부터 90일 이내에, 법령이 시행된 날로부터 1년 이내에 헌법소원을 청구하여야 하고, 법령이 시행된 뒤에 비로소 그 법령에 해당하는 사유가 발생하여 기본권의 침해를 받게 되는 경우에는 그 사유가 발생하였음을 안 날부터 90일 이내에, 그 사유가 발생한 날부터 1년 이내에 헌법소원을 청구하여야 한다.

전주지방법원이 2012년 1월 27일 이 사건 법률조항을 적용하여서 청구인의 보험료

반환청구의 소를 기각하였고, 이 사건 결정문을 우편으로 발송한 사실, 청구인이 이에 불복하여 항소한 사실 등이 인정되므로 청구인은 그 무렵 이미 이 사건 법률조항에 의한 기본권침해의 사유가 발생하였음을 알았다고 봄이 상당하다. 그런데 이 사건 심판청구는 그로부터 90일이 경과하였음이 명백한 2016년 2월 23일에 제기되었으므로, 이 사건 심판청구는 청구기간을 도과하여 부적법하다.

4) 자동차손해배상보장법 제3조 위헌소원

헌법재판소법 제68조 제2항에 따른 헌법소원심판청구는 그 적법요건으로 문제된 법률규정의 위헌 여부에 대하여 재판의 전제성이 요구된다. 이때 법률의 위헌 여부가 재판의 전제가 된다고 하려면, 그 법률이 당해사건의 재판에 적용되는 것이어야 하고, 그 법률의 위헌 여부에 따라 재판의 주문이 달라지거나 재판의 내용과 효력에 관한 법률적 의미가 달라지는 경우이어야 한다.[10]

심판 대상 조항이 물적 손해를 제외한 것이 평등권 등을 침해한다는 취지의 위헌결정이 내려지고 입법자가 그 결정 취지에 따라 물적 손해에 대해서도 운행자책임을 인정하는 것으로 자배법을 개정할 경우 당해사건에 그 개정된 법률이 적용될 수는 있다. 그러나 청구인이 개정된 자배법에 따라 운행자책임을 주장하게 되더라도 현대해상이 '부부한정특약'을 내세워 청구인이 입은 손해에 대한 책임을 면할 수 있다는 재판의 결론이 변하지 않음은 물론 그 결론을 이끌어내는 이유에도 아무런 영향이 없다.

청구인은 보험계약자 등의 '고의로 인한 손해'의 경우 자배법상 직접청구권을 행사하는 피해자에 대해서는 보험회사가 면책주장을 할 수 없도록 규정한 자동차보험 표준약관 조항을 근거로 내세우며, 당해사건에서도 청구인이 자배법상 직접청구권을 행사하게 되면 현대해상이 피해자인 청구인에 대해 '부부한정특약'에 의한 면책을 주장할 수 없을 것이라고 주장한다. 그러나 위 약관조항은 보험계약자 등의 '고의로 인한 손해'의 경우 '대인배상 I'에 대한 면책을 제한한 것일 뿐 '부부한정특약'에 의한 면책사유와 '대물배상'이 문제된 당해사건에는 적용될 여지가 없다. 오히려 자동차보험 표준약관에서는 청구인의 주장과는 반대로 '대물배상'에 대해서는 보험계약자 등의 '고의로 인한 손해'의 경우 보험회사가 아무런 예외 없이 면책주장을 할 수 있는 것으로 규정하고 있다.

10 헌법재판소 1993. 12. 23. 93헌가2; 헌법재판소 2002. 11. 28. 2000헌바70 등 참조.

따라서 심판 대상 조항이 헌법에 위반되는지 여부는 당해 사건에서 재판의 전제가 되지 아니한다.

(2) 공사혼합법, 실체법

보험업법은 보험이라는 경제생활을 다루는 법이고, 보험행정에 관한 행정법규의 일종이다. 또한 보험회사 등에게 각종의 의무를 부과하고 위반의 경우에 형벌 및 과징금 등을 부과할 수 있다. 보험업법은 기본적으로 공익을 위하여 보험사업자를 감독하는 것을 주요 내용으로 하는 공법에 속한다. 그러나 보험업법 속에도 보험계약 당사 간의 권리의무 관계를 규율하는 내용이 규정이 있다. 대표적인 것으로 보험계약의 철회에 관한 규정(보험업법 제102조의4 및 제102조의5) 및 모집종사자의 모집과정상의 위법행위에 대한 보험회사 손해배상책임규정(보험업법 제102조) 등이 있었으나 모두 금융소비자 보호에 관한 법률로 이관되었다(금융소비자보호법 제46조 및 제44조 내지 제45조). 현행 법 규정으로 보험계약자 등의 의무에 관한 규정(보험업법 제102조의2), 금리인하 요구에 관한 규정(보험업법 제110조의3) 등을 들 수 있다. 또한 보험업법은 보험감독관계와 보험계약자의 권리의무의 발생·변경·소멸 등의 보험관계의 판단의 실질적인 기준으로 작용하는 실체법에 속한다.

(3) 보험업에 관한 경제질서 규제법

우리 헌법은 전문 및 제119조 이하의 경제에 관한 장에서 "균형 있는 국민경제의 성장과 안정, 적정한 소득의 분배, 시장의 지배와 경제력남용의 방지, 경제주체 간의 조화를 통한 경제의 민주화, 균형 있는 지역경제의 육성, 중소기업의 보호육성, 소비자보호" 등 경제영역에서의 국가목표를 명시적으로 규정함으로써 국가가 경제정책을 통하여 달성하여야 할 공익을 구체화하고 있다. 이와 같이 우리 헌법의 경제질서는 사유재산제를 바탕으로 하고 자유경쟁을 존중하는 자유시장 경제질서를 기본으로 하면서도 이에 수반되는 갖가지 모순을 제거하고, 사회복지·사회정의를 실현하기 위하여 국가적 규제와 조정을 용인하는 사회적 시장경제질서로서의 성격을 띠고 있다.[11]

11 헌재 1996. 4. 25. 92헌바47, 판례집 8-1, 370, 380면; 1998. 5. 28. 96헌가4 등, 판례집 10-1, 522, 533-534면.

보험업법은 이러한 경제질서에 관한 헌법적 정신을 구현하고자 하는 보험업에 관한 기본질서를 규율하는 법으로서 보험시장의 형성 및 구조에 관한 기본적인 사항, 보험업의 주체, 보험업의 주체가 준수하여야 할 건전성 기준의 제정 및 이행의 확보, 자산운용 및 보험상품의 기본구조 및 내용에 관한 사항, 보험의 판매조직으로서 보험대리점, 보험설계사, 보험중개사 등 보험보조상에 대한 감독법규이다. 보험업법은 보험업을 수행하는 주체인 보험회사의 진입 및 퇴출, 보험의 모집, 자산운용, 계산에 관한 사항과 보험회사의 감독에 관한 사항 등 보험업의 기본구조와 운영 등에 관한 사항을 규율하는 보험업에 관한 기본법이다.

3. 보험계약법

(1) 일반사법으로서 민법의 특별법

민법은 국민 일반의 경제생활을 규율하는 것이고, 보험계약법은 보험계약이라는 법률행위를 규율하는 민법의 특별법에 속한다.

(2) 특수한 계약법

사법적 거래관계를 규율하는 민법은 계약에 관한 총론 규정과 각론 규정을 두고 있다. 특히 각론 규정에서는 각종 계약의 유형에 대하여 규율하고 있는데, 증여, 매매 임대차, 사용대차, 소비대차, 조합 등에 관하여 규정하고 있다. 보험계약은 계약의 일종으로서 민법상의 계약에 관한 규정의 규율을 받는다. 그러나 보험계약은 민법의 계약각론에서 포섭하지 못하는 특수한 보험원리적 사항이 포함되어 있는 계약이므로 상법의 제4편에서 별도로 규정하고 있으므로 보험계약법은 민법상의 일반 계약과 다른 특수성을 갖는다. 이러한 의미에서 보험계약법은 특수한 계약법으로서 지위를 갖는다고 볼 수 있다.

(3) 보험계약법의 구성

보험계약에 관해서는 상법 제4편에서 규정하고 있다. 보험계약에 관하여 상법 전에 따로 두고 있는 입법례는 찾아보기 어렵다.[12] 독일 스위스 등 대부분의 국가는 상법전과 분리하여 보험계약법으로서 입법하고 있다.[13]

상법은 보험계약에 관한 규정을 손해보험(제2장)과 인보험(제3장)으로 구분하고 양자에 공통되는 통칙규정을 두고 있다. 이와 같이 각종 보험계약에 공통되는 통칙 규정을 앞에 두고 있는 체제는 독일 보험계약법, 스위스 보험계약법, 오스트리아 보험계약법 등에서 그 입법례를 볼 수 있다.

보험계약법은 보험업법의 법원으로서 기능을 수행하는 경우가 있다. 이러한 측면에서 보험계약법과 보험업법은 서로 별개의 것이 아니라 상호 교차하여 밀접한 관련성을 가지고 있으며 이에 따라 통일적으로 규율되고 해석될 필요가 있다.

보험계약법은 기본적으로 보험계약의 당사자인 보험계약자와 보험자의 권리·의무에 관한 사항을 규율하고 있다. 보험계약법은 제1장 통칙, 제2장 손해보험, 제3장 인보험으로 구성되어 있다. 제1장은 통칙으로서 보험계약의 의의(상법 제638조), 보험계약의 성립(상법 제638조의2), 보험약관의 교부·설명의무(상법 제638조의3), 타인을 위한 보험(상법 제639조) 등을 규정하고 있다. 제2장은 손해보험에 관한 장으로서 제1절 통칙, 제2절 화재보험, 제3절 운송보험, 제4절 해상보험, 제5절 책임보험, 제6절 자동차보험, 제7절 보증보험에 관하여 규정하고 있다. 제3장은 인보험에 관한 장으로서 제1절 통칙, 제2절 생명보험, 제3절 상해보험, 제4절 질병보험에 관하여 규정하고 있다.

4. 보험업법과 보험계약법의 기본원리

보험업법은 기본적으로 보험에 관한 행정법규이므로 법치주의 원리와 적법절차의 원리가 적용되고, 반면 보험계약법은 보험계약자와 보험회사 간의 거래관계를 규율하는 사법에 속하므로 사적 자치의 원리와 그 파생원리로서 인격의 보호, 계약의 자유, 소유권 존중, 과실책임, 인격의 평등, 사적 자치의 제한원리로서 사회적 형평의 고려 및 거래의 안전 위한 신뢰보호 원칙이 적용된다.[14]

12 종래 일본상법전(제3편 상행위 제10장 보험)은 우리나라와 같이 보험편을 상법전의 일부에 속하게 하였으나 최근 보험계약법을 따로 떼어내어 보험법으로 단행법화하였다.

13 보험법 주석서 제1장 통칙, 33면.

14 이에 관한 상세한 논의는 김준호, 『민법강의』(제22판), 법문사, 2016, 26-28면 참조.

제6절 보험업법의 연혁과 구성

1. 보험업법의 제정 전

우리나라에서의 보험업은 생명보험업에서 출발하였는데, 1891년 1월 일본 제국생명이 대리점 형태로 국내에 진출하면서 시작되었으며, 당시에는 보험업을 규율할 법규범이 존재하지 않았다. 한일 합방 이후 조선총독부는 조선 내에서의 회사설립 및 외국회사의 본점 및 지점 설치 시에 총독부의 허가를 받도록 하는 회사령을 1910년 12월 29일 공포하고, 1911년 6월 1일부터 시행하였는데, 이 회사령이 최초의 보험감독관계법이라 할 수 있다.

회사령은 1920년 4월 1일 폐지되었으나 경과규정에 의하여 1947년까지 계속 보험업의 구제법률로 기능하였다. 미군정 시대에는 1947년 4월 8일자 당시 군정고문관인 Clifford J.E. Stanton 소령의 지시에 의하여 일본의 보험업법 및 시행규칙이 우리나라 보험업에 적용되었다.[15]

2. 보험업법의 제정

보험업법은 1961년 5·16 군사혁명정부 이후 법제정작업이 본격적으로 추진되어 1962년 1월 15일에 제정되었다. 이윽고 1962년 1월 20일 보험업법 시행령·보험모집단속법 및 외국보험사업자에 관한 법률이 차례대로 제정되었다. 1962년 4월 11일에는 보험모집단속법 시행규칙, 동년 4월 17일에는 보험업법 시행규칙, 동년 12월 29일에는 대한재보험공사법이 제정되어 보험관계법령의 기초가 완성되었다. 이와 같이 보험법제의 초기에는 보험에 관한 감독법제가 다기화되어 있었으나 1977년 보험모집단속법이 폐지되어 보험업법에 통합 흡수되면서 보험업법에서 모집에 관한 사항을 포함하여 보험감독법규가 보험업법으로 일원화되었다(1977. 12. 31. 법률 제3043조).[16]

15 성대규, 『보험업법』(개정판), 두남, 2012, 16면.

16 우리나라 보험업법의 기초가 되었던 일본 보험업법의 경우도 우리나라 보험업법의 발달과 동일하게 '보험모집의 거래에 관한 법률'이라는 별도의 법에 의하여 규율하였으나 1996년 4월 1일 일본의 신보험업법에 흡수 통합되었다.

(1) 제정배경

신 상법의 제정에 따라 종래 시행상 많은 문제가 되어온 보험관계법령을 정비하여 보험사업자의 합법적 지도감독과 보험계약자, 피보험자 기타 이해관계인의 이익을 보호함으로써 국민경제의 건전한 발전을 도모하고자 제정되었다.

(2) 주요 내용

(i) 보험사업은 재무부장관의 면허를 얻도록 하고 재무부장관은 필요하다고 인정할 때는 면허신청자에게 상당한 금액을 공탁시킬 수 있게 하였다.

(ii) 보험사업은 자본금 또는 기금의 총액 5억 환 이상의 주식회사 또는 상호회사로서 그 2분의 1 이상을 납입하지 아니하면 이를 영위할 수 없도록 하였다.

(iii) 보험회사의 다른 사업의 겸영을 제한하고, 그 임원이 다른 업무에 종사하고자 할 때는 재무부장관의 인가를 받도록 하며, 보험회사가 생명보험사업과 손해보험사업을 동일체 내에서 겸영할 수 없도록 하였다.

(iv) 재무부장관은 보험회사에 대하여 보고의 요구 및 서류 등의 검사권을 가지며, 필요한 경우 업무집행방법의 변경 또는 재산의 공탁 기타 감독상 필요한 명령을 할 수 있도록 하였다.

(v) 보험회사의 기초서류의 변경은 재무부장관의 인가사항으로 하고 보험회사의 상호협정은 신고사항으로 하고, 재무부장관은 필요한 경우 기초서류의 변경명령, 상호협정명령을 할 수 있도록 하며, 보험회사가 법령 등에 위반할 경우와 공익 저해 시 임원의 해임, 사업정지·면허취소 등을 할 수 있도록 하였다.

(vi) 보험회사는 주주총회 또는 사원총회의 의결을 거쳐 계약으로써 다른 보험회사에 그 업무와 재산의 관리를 위탁할 수 있도록 하고 이에 필요한 사항을 정하도록 하였다.

(vii) 재무부장관은 보험회사의 업무 또는 재산상태에 의하여 다른 보험회사와의 합병·업무와 재산관리의 위탁 또는 계약의 이전 등을 권고할 수 있도록 하며, 그 사업의 계속이 곤란하다고 인정할 경우 등에는 사업의 정지등 정리명령을 할 수 있도록 하였다.

(viii) 보험회사의 합병, 해산 및 청산에 관하여 필요한 절차 등을 규정하였다.

3. 보험업법의 개정

보험업법은 1962년 1월 15일 제정된 이후 보험업의 발전 및 대내외 여건의 변화 등에 따라 수차례의 개정이 이루어졌다. 변화하는 경제 및 금융 환경에 탄력적으로 적용하기 위해서는 이러한 개정은 지속적으로 이루어질 것으로 전망되며, 보험업법 제정 이후 중요한 개정은 1997년 개정, 2003년 보험업법 개정, 2010년 보험업법 개정이다.

4. 보험업법의 구성 및 주요 내용

보험업법은 총 13장 230여 개 조문으로 구성되어 있다. 보험업법의 대강을 살펴보면 제1장은 총칙에 관한 조문으로 법의 목적(보험업법 제1조)과 용어의 정의(보험업법 제2조)에 관한 규정을 두고 있다. 제2장은 보험업의 허가 등에 관한 장으로서 보험업의 허가의 요건(보험업법 제6조) 등을 규정하고 있다. 제3장은 보험회사에 관한 장으로서 임원의 자격에 관한 사항(보험업법 제13조), 임원의 겸직제한 규정(보험업법 제14조), 사외이사에 관한 규정(보험업법 제14조) 등을 두고 있었으나 이러한 규정은 금융회사의 지배구조에 관한 법률(이하 '금융사지배구조법'이라 한다) 제정으로 동법으로 이관되었고, 자본감소(보험업법 제18조), 조직변경(보험업법 제20조), 상호회사에 관한 규정(보험업법 제34조부터 제73조)을 두고 있다. 제4장은 모집에 관한 장으로서 모집 주체에 관한 규정(보험업법 제83조 내지 제94조), 모집행위에 관한 규정을 두고 있다(보험업법 제95조 내지 보험업법 제101조). 제5장은 자산운용에 관한 장으로 금지 또는 제한되는 자산운용(보험업법 제105조), 자산운용의 방법 및 비율(보험업법 제106조) 등을 규정하고 있다. 제6장은 계산에 관한 장으로 재무제표 등의 제출(보험업법 제118조), 책임준비금 등의 적립(보험업법 제120조) 등에 관하여 규정한다. 제7장은 감독에 관한 장으로서 재무건전성의 유지(보험업법 제123조), 공시 등(보험업법 제124조), 기초서류의 신고(보험업법 제127조) 등을 규정하고 있다. 제8장은 해산 및 청산에 관한 장으로 해산사유(보험업법 제137조), 해산·합병 등의 결의(보험업법 제138조), 보험계약의 이전(보험업법 제140조) 등에 관한 사항을 규정한다. 제9장은 관계자에 대한 조사장으로 보험사기에 대한 조사근거 등을 규정하고 있다(보험업법 제162조 내지 제164조). 제10장은 손해보험회사의 배상책임제보험 등에 대한 제3자의 손해를 보장하기 위한 규정을 두고 있다(보험업법 제166조 내지 제174조). 제11장은 보험관계단체에 관한 장으로 보험협회 등에 관한 규정을 두고 있다(보험업법 제175조 내지 제192조). 제12장 보칙은 공제에 대한 협의(보험업법 제193조), 업무의 위탁(보험업법 제194조). 과징금(보험업법 제196조) 등에 관하여 규정하고 있다. 제13장은 벌칙에 관한 장으로 형사벌칙, 과태료 등에 관한 사항을 규정하고 있다(보험업법 제197조 내지 제209조).

제7절 보험의 분류

국내에서 보험이라고 불리는 것으로 크게 공보험과 사보험으로 나눌 수 있다. 또한 사보험은 영리보험과 상호보험, 보험회사가 운용하는 보험과 그 밖의 기관이 운용하는 공제, 물보험과 인보험, 손해보험과 정액보험 등 다양한 기준에 따라 분류할 수 있다.[17]

1. 공보험과 사보험

보험업이란 보험을 영업으로 하는 것을 말한다. 보험은 상법상 기본적 상행위의 하나에 속한다(상법 제46조 제17호). 보험을 영업으로 행하는 보험업은 여러 가지 기준에 따라 그 종류를 나누어볼 수 있다. 첫째, 보험업을 운영하는 목적에 따라 공보험과 사보험으로 나누어볼 수 있다. 공보험은 보통 국가 또는 공공단체가 공동경제적 목적으로 운영하는 보험을 말한다. 이에 반해 사보험은 보통 개인이나 사법인이 사경제적 목적으로 운용하는 보험을 말한다. 둘째, 영리성의 유무에 따라 영리보험과 상호보험으로 나눌 수 있으며 여기서 영리보험이란 보험자가 보험의 인수를 영업으로 하는 보험을 말한다(상법 제46조 제17호). 상호보험이란 보험자가 그 구성원 상호의 이익을 위하여 하는 보험이다. 상호보험에서는 보험계약자가 피보험자인 동시에 보험자인 단체의 구성원이므로 이의 법률관계는 보험관계를 매개로 하는 사단관계라 볼 수 있다.[18] 셋째, 보험사고의 객체에 따라 재산보험과 인보험으로 구분하고 재산보험에는 물건보험과 재산보험이 있다. 그 밖에 보험금 지급방법에 따라 손해보험과 정액보험, 보험사고의 발생장소에 의하여 해상보험, 육상보험, 항공보험으로 나눌 수 있고, 보험인수의 순서에 따라 원보험

17 한기정, 『보험업법』, 박영사, 2019, 31면.
18 정찬형, 앞의 책, 500면

과 재보험으로 분류할 수 있다. 또한 보험목적의 수에 따라 개개의 물건 또는 사람을 보험목적으로 하는 개별보험과 복수의 물건 또는 사람을 집단적으로 보험목적으로 하는 집합보험, 보험계약자가 기업이냐 여부에 따라 기업보험과 가계보험으로 분류하기도 한다. 한편 보험가입의 강제 유무에 따라 임의보험과 강제보험으로 구분한다.[19]

2. 공보험과 사보험의 운영원리

(1) 개관

공보험 내지 사회보험은 사보험에서 적용되는 수지상등 및 급부반대급부 균등의 원칙, 위험률에 따른 보험료 부과 등의 원칙이 엄격하게 준수되지 않는다. 이하의 헌법재판소 판례를 통하여 사회보험의 원리를 이해해보도록 한다.

(2) 사회보험으로서의 현행 의료보험제도

의료보험의 형태는 사회보험과 사보험으로 구분되는데, 사보험에서는 보험가입의 여부가 계약자유의 원리에 따라 당사자 간의 자유로운 의사결정에 의하여 이루어지고, 보험법적 관계가 민사법적 계약에 의하여 성립되는 반면, 사회보험에서는 법이 정하는 요건을 충족시키는 국민에게 가입의무가 부과됨으로써 사회보험에의 가입이 법적으로 강제되며, 이로써 보험법적 관계가 당사자의 의사와 관계없이 법률의 규정에 의하여 성립한다. 사회보험에서는 보험가입의무가 인정되면서 보험료 납부의무가 발생하고, 동시에 보험법적 보호관계가 성립하며, 피보험자는 사회적 위험의 발생 시 법에 규정된 급여청구권을 가진다.

사보험에서는 상업적·경제적 관점이 보험재정운영의 결정적인 기준이 되지만, 사회보험에서는 사회정책적 관점이 우선하기 때문에, 사회보험의 이러한 성격은 특히 보험료의 산정에 있어서 뚜렷하게 표현된다. 보험료의 산정에 있어서 사보험에서는 성별, 연령, 가입연령, 건강상태 등의 피보험자 개인이 지니는 보험위험, 즉 위험 발생의 정도나 개연성에 따라 보험료가 산정되지만, 사회보험에서의 보험료는 피보험자의 경제적 능력, 즉 소득에 비례하여 정해진다. 따라서 사보험의 보험료는 보험료와 보험급여 간의 보험

19 정찬형, 앞의 책, 501-503면 참조.

수리적인 개인별 등가원칙에 의하여 산정되는 반면, 사회보험의 목적은 사회연대의 원칙을 기반으로 하여 경제적인 약자에게도 기본적인 사회보험의 급여를 주고자 하는 것이므로, 보험료의 산정에 있어서 개인별 등가의 원칙이 철저히 적용되지 아니한다. 사회보험의 목적은 국민 개개인에게 절실히 필요한 의료보험을 제공하고 보험가입자 간의 소득재분배효과를 거두고자 하는 것이며, 이러한 목적은 동일위험집단에 속한 구성원에게 법률로써 가입을 강제하고 소득재분배를 하기에 적합한 방식으로 보험료를 부과함으로써 달성될 수 있는 것이다.

(3) 의료보험료의 법적 성격 및 사회보험료 형성의 원칙

사회보험료란 피보험자 또는 그 사용자가 보험자의 보험급여를 위한 재정을 충당할 목적으로 법률에 근거하여 납부하는 공과금이다. 사회보험의 주된 재원은 보험료이며, 세금에 의한 국가의 지원은 단지 보충적으로 사회보험재정의 보조적인 역할을 수행한다.

사회보험료는 기존의 공과금체계에 편입시킬 수 없는 독자적 성격을 가진 공과금이다. 특정의 반대급부 없이 금전납부의무를 부담하는 세금과는 달리, 보험료는 반대급부인 보험급여를 전제로 하고 있으며, 한편으로는 특정 이익의 혜택이나 특정 시설의 사용가능성에 대한 금전적 급부인 수익자부담금과는 달리, 급여혜택을 받지 못하는 제3자인 사용자에게도 보험료 납부의무가 부과된다는 점에서 수익자부담금과 그 성격을 달리한다.

사회보험료를 형성하는 2가지 중요한 원리는 '보험의 원칙'과 '사회연대의 원칙'이다. 보험의 원칙이란 소위 등가성의 원칙이라고도 하는데, 이는 보험료와 보험급여간의 등가원칙을 말한다. 물론 사회보험에서는 사보험에서와 달리 각 피보험자에 대한 개별적인 등가원칙이 적용되는 것은 아니지만, 사회보험 또한 보험료를 주된 재원으로 하는 보험의 성격을 가지고 있기 때문에, 보험자의 전체적 재정과 관련하여 보험자의 수입이 보험급여를 포함한 전체 지출을 충당할 수 있도록 개인의 보험료가 산정되어야 한다.

한편 사회보험은 사회국가원리를 실현하기 위한 중요한 수단이라는 점에서, 사회연대의 원칙은 국민들에게 최소한의 인간다운 생활을 보장하여야 할 국가의 의무를 부과하는 사회국가원리에서 나온다. 보험료의 형성에 있어서 사회연대의 원칙은 보험료와 보험급여 사이의 개별적 등가성의 원칙에 수정을 가하는 원리일 뿐만 아니라, 사회보험체계

내에서의 소득의 재분배를 정당화하는 근거이며, 보험의 급여수혜자가 아닌 제3자인 사용자의 보험료 납부의무를 정당화하는 근거이기도 하다. 또한 사회연대의 원칙은 사회보험에의 강제가입의무를 정당화하며, 재정구조가 취약한 보험자와 재정구조가 건전한 보험자 사이의 재정조정을 가능하게 한다.[20]

(4) 강제가입에 관한 국민연금법 규정이 행복추구권을 침해하는지 여부

우리 헌법 제10조는 모든 국민이 인간으로서의 존엄과 가치를 가지고 있으며 행복추구권을 가진다고 규정하고 있고, 행복추구권은 그 구체적인 표현으로서 일반적인 행동자유권과 개성의 자유로운 발현권을 포함하며 또한 일반적인 행동자유권에는 당사자 자신이 자유롭게 계약을 체결할 수 있고 원하지 않는 계약을 체결하지 않을 자유인 이른바 계약자유의 원칙이 포함되므로 개인의 의사를 묻지 않고 강제 가입과 연금보험료의 강제징수를 전제로 한 국민연금제도는 국민연금에 가입하지 않고 자신 스스로 사회적 위험에 대처하고자 하는 개인들의 행복추구권을 침해한다고 볼 수도 있다.

그러나 국민의 기본권도 과잉금지의 원칙에 위배되지 않는 한 국가안전보장, 질서유지, 공공복리를 위하여 필요한 경우에 법률로써 제한할 수 있는바, 국민연금제도는 국민의 노령·폐질 또는 사망에 대하여 연금급여를 실시함으로써 국민의 생활안정과 복지증진에 기여할 것을 그 목적으로 하고 있고(국민연금법 제1조), 이러한 국민연금제도의 목적은 국민들의 일반적 생존권 보장 규정인 헌법 제34조 제1항과 국가의 사회보장증진 의무를 규정한 헌법 제34조 제2항에서 직접 비롯된 것으로 그 입법목적은 정당성이 있다 할 것이며, 국민들에게 노령·폐질 또는 사망과 같은 사태가 발생한 때 그 부담을 국가적인 보험기술을 통하여 대량적으로 분산시킴으로써 구제를 도모하는 사회보험제도의 일종으로서 그 방법 또한 적정하다 할 것이다. 또한 국민연금법은 그 강제가입 대상을 단계적으로 확대해왔으며, 연금보험료의 납부에 있어서도 소득상한선을 360만원을 최고소득으로 간주하여(국민연금법시행령 제5조와 별표 1 참조), 이에 대하여만 보험료를 부과하고 있으므로 고소득자들의 경우 위 소득을 넘는 부분에 대해서는 국민연금법상 아무런 보험료 부과 없이 각자의 자율적인 선택에 맡겨져 있어 필요한 최소한도

20 헌재 2000. 6. 29. 99헌마289, 판례집 12-1, 913면.

로 그 선택권이 제한된다고 볼 것이다. 한편 국민연금제도를 통하여 달성하려고 하는 공익은, 기본적으로 전체 국민을 모두 포괄한다는 사회보험의 원칙에 따라 국민 개개인의 사회적 위험을 국민 전체 또는 사회 전반으로 분산시켜 국민연금제도가 진정으로 노후소득보장을 위한 사회안전망의 역할을 하도록 하는 것으로서, 청구인들이 침해되었다고 주장하는 개별적인 내용의 저축에 대한 선택권이라는 개인적 사익보다 월등히 크다고 보아야 할 것이다.

우리 헌법의 경제질서 원칙에 비추어보면, 사회보험방식에 의하여 재원을 조성하여 반대급부로 노후생활을 보장하는 강제저축 프로그램으로서의 국민연금제도는 상호부조의 원리에 입각한 사회연대성에 기초하여 고소득계층에서 저소득층으로, 근로세대에서 노년세대로, 현재세대에서 미래세대로 국민간의 소득재분배 기능을 함으로써 오히려 위 사회적 시장경제질서에 부합하는 제도라 할 것이므로, 국민연금제도가 헌법상의 시장경제질서에 위배된다는 위 주장은 이유가 없다 할 것이다.[21]

제8절 보험법제론

1. 서설

보험업에 대하여 규율하고 있는 법을 공법과 사법으로 이분하여 구분한다면 보험계약법은 사법에 속하고 보험업법은 공법에 속한다고 볼 수 있다. 이러한 사법과 공법은 사적자치와 공공복리와 같은 서로 다른 이념에 바탕을 두고 있다. 하나의 법적용의 대상 내지 영역에 대해 복수의 법이 존재하는 경우에 법 간의 충돌현상이 불가피하게 발생하고, 하나의 법 영역에 하나의 법이 존재할 경우에는 법의 과도한 규제 또는 법 내용의 미비점이 문제될 수 있으며 공법과 사법 간의 충돌 현상은 보기 드물다.[22] 또한 공법과 사법의 이분법적 구별론에 의할 때는 공법적 규정이 사법에 속해 있거나 반대로 사법적 규정이 공법에 위치하게 된다면 체계상 불합리를 초래하게 된다. 우리나라의 보험법제는 공법과 사법을 구별하여 규율하는 대륙법의 체제를 따른 것이다.[23]

21 헌재 2001. 2. 22. 99헌마365, 판례집 13-1, 301면.
22 이유봉, "공법과 사법 간의 갈등에 대한 분석 연구", 법학박사학위논문, 서울대, 2008. 2., 111면.

2. 일원적 보험법제와 이원적 보험법제의 장점

보험법제의 방향은 상법에서 보험계약법 부분을 따로 떼어내고 보험업법과 통합하여 보험법으로 단일화하는 방안을 생각해볼 수 있고, 현행체제와 동일한 형태로 보험법제를 분리하여 운용하는 방안이 있을 수 있다.

(i) 보험업법과 보험계약법을 통합한 단일화된 보험법제는 보험계약자 등의 보호와 보험산업의 발전에 있어 긍정적인 영향을 미칠 것으로 기대되며 다음과 같은 장점이 있을 것으로 생각된다.[24] i) 하나의 규율 대상에 대하여 하나의 법이 존재하므로 법의 통일적 운용과 적용이 가능하게 되고 법 간의 상호 충돌 및 모순을 극복할 수 있다. 또한 ii) 오늘날 순수한 공법과 사법은 드문 현상이며 특히 경제 관련 규제법은 대부분 공사혼합법의 성격을 가지고 있는 점에 부합하고, 공법규정인지 사법규정인지 구별이 애매한 사항이 늘어가고 있는 점을 효과적으로 극복할 수 있다. iii) 어느 법규가 공법관계의 규율인지 사법관계의 규율인지 하는 무익한 논쟁을 제거할 수 있다. iv) 규율의 경제성과 효율성을 기할 수 있다. v) 법률의 개정권한의 통합으로 인한 법률체계의 일관성 유지 및 법률환경 변화에 부응하는 탄력적 대응이 가능하다.

(ii) 이에 대응하여 보험계약법과 보험업법의 이원적 법제의 장점은 다음과 같은 것이 있을 수 있다. i) 공법과 사법을 분리해온 우리나라의 전통적 법체계와 부합하는 것으로 볼 수 있다. ii) 사법과 공법이 지향하는 각 법의 목적이 다르므로 별개의 법으로 존재하는 것이 각 법이 지향하는 목적을 효과적으로 달성할 수 있다. iii) 각 기관 간 선의의 경쟁을 통하여 법 발전을 기할 수 있다. iv) 보험공법과 보험사법의 각 특성을 살릴 수 있고 보험법제의 치밀성과 공익과 사익을 구분하여 의무의 강도를 달리 조정할 수 있다. v) 보험법제가 깔끔하고 간명해질 수 있다.

3. 우리나라 보험법제

우리나라의 보험법제는 제정 당시부터 사법적 거래법규로서 보험계약법과 보험사업에 대한 감독법규로서 보험업법이라는 이원체제로 출발하여 오늘에 이르고 있다. 현재

23 이에 관한 상세는 이성남, "상법과 보험업법의 조화로운 발전방안에 관한 연구" 참조.
24 장덕조, "보험계약에 관한 보험법제 및 보험약관의 연구", 법무부 연구용역과제보고서, 2011, 197-198면 참조.

보험계약법의 제·개정에 관한 사항의 권한은 법무부소관사항이고, 보험업법의 제·개정은 금융위원회의 소관사항이다.

보험계약법은 보험거래관계에서 보험계약 당사자 간의 권리·의무 관계를 규율하는 법규로 구성되어 있다. 그러나 보험업법은 법 내용 자체로 볼 때 상당수의 규정이 사법적 규정이나 위반 시에 사법적 효과를 부여하는 규정이 아니라 행정상의 제재나 행정처분이 부여되는 점에서 공법적 규정으로 평가된다. 보험업법의 개별규정들을 그 성격에 따라 공법적 규정, 사법적 규정, 혼합적 규정으로 구별해볼 수 있는데, 보험업법의 규정 중 순수한 공법적 규정은 각종 신고 및 보고에 관한 규정「제93조(신고사항), 제117조(자회사에 관한 보고의무 등), 제126조(정관변경의 보고), 제127조(기초서류의 신고), 제130조(보고사항)」등, 인허가 및 등기·등록에 관한 규정「제4조(보험업의 허가) 내지 제9조(자본금 또는 기금), 제74조(외국보험회사 국내지점의 허가 취소 등), 제78조(등기), 제84조(보험설계사의 등록), 제86조(등록의 취소 등), 제87조(보험대리점의 등록), 제88조(보험대리점의 등록취소 등), 제89조(보험중개사의 등록), 제90조(보험중개사의 등록취소) 등」, 각종 의무부과에 관한 규정「제95조의4(모집광고 관련 준수사항), 제96조(통신수단을 이용한 모집·철회 및 해지 등 관련 준수사항), 제97조(보험계약의 체결 또는 모집에 관한 금지행위), 제127조(기초서류 기재사항 준수의무), 제95조의5(중복계약 체결 확인 의무), 제98조(특별이익 제공 금지), 제99조(수수료 지급 등의 금지)」등, 검사 및 제재에 관한 규정「제133조(자료제출 및 검사 등), 제134조(보험회사에 대한 제재)」등, 각종 벌칙에 관한 규정(제13장) 등이 대표적이다.

또한 법 규정 자체는 사법적 규정이나 제재규정과 결합해볼 때는 공사혼합법적 규정이 되는 것이 있다. 예컨대 보험업법 제3조는 보험회사가 아닌 자와 보험계약의 체결을 제한하고, 보험업법 제209조 제3항 제1호에서는 이 규정을 위반한 경우 1천만 원 이하의 과태료에 처할 수 있다고 규정하고 있는바, 여기서 보험업법 제3조 자체는 거래의 상대방을 제한하고 있는 사법적 규정이나 보험업법 제209조 제3항 제1호의 벌칙규정과 결합하여 볼 경우에는 과태료의 부과를 위한 요건에 관한 규정으로서 순수한 사법적 규정으로만 취급할 수 없다. 이러한 규정으로는 설명의무에 관한 규정(보험업법 제95조의2), 적합성 원칙 규정(보험업법 제95조의3), 자기계약금지(보험업법 제101조), 타인을 위한 채무보증의 금지(보험업법 제113조), 자회사와의 금지행위(제116조), 대주주와 거래제한(보험업법 제111조) 등이 있다.

나아가 순수한 사법적 규정에 가까운 것으로 보험업법 제102조(모집을 위탁한 보험회사의 배상책임), 제102조의2(보험계약자의 의무), 제103조(영업보증금에 대한 우선변제권) 등이 있고, 보험업법 제95조의3의 적합성원칙에 관한 규정이 있다. 한국 보험법제의 특징은 보험업법에서 사법적 거래관계에서 중요한 보험약관을 통제하고 있는 점이다. 그러므로 보험업법의 관할 부서 입장에서는 사법적 거래관계에 관한 규정을 보험업법에 도입하거나 보험약관의 개선을 통하여 거래관계에서 발생하는 보험소비자 보호라는 공익적 목적을 용이하게 달성해왔다. 이러한 이유로 보험업법과 보험계약법의 이원체제로 인한 문제가 그렇게 심각하게 받아들여지지 아니한다.[25]

4. 외국의 보험법제

(1) 서설

보험법제는 보험계약법인 사법과 보험감독법인 보험업법이 하나의 법으로 통일되어 있느냐 여부에 따라 일원적 법제와 이원적 법제로 나누어진다.[26] 우리나라를 비롯한 일본, 독일, 스웨덴, 스위스 등의 대부분의 국가에서는 감독법규인 보험업법과 거래법규인 보험계약법의 이원체제를 유지하고 있다. 반면 미국이나 중국에서는 보험법이라는 단행법으로 일원화하여 보험업에 관한 사항을 통일적으로 규율하고 있다. 또한 프랑스는 1930년의 보험계약법을 폐지하고, 1976년에 보험법전(code des assurances)을 제정하여 보험계약법뿐만 아니라 보험감독법 및 보험기구에 관련되는 규정을 하나의 법전에 망라하여 운용하고 있다.[27] 보험법제화가 비교적 최근에 이루어진 중국도 영미법의 영향을

25 이러한 점에서 보험업법은 공사혼합법적 성격을 가진 상법의 특별법이다(이용석, 『최신보험업법』, 두남, 2011, 26면).

26 영미법상의 커먼로(common law)는 비교법적인 관점에서 대륙법의 시민법(civil law)과 견주어서 파악되고 있다. 대륙법체계하에서 발전되어온 시민법의 법전통과 영미법체계하에서 발전되어온 커먼로의 전통의 차이는 점점 좁혀져가고 있는 추세이지만[John Henry Merryman, "On the Convergence(and Divergence) of the Civil Law and the Common Law", 17 Stan. J. Int'l L. 357, 1981, p.357-388. 이유봉, "공법과 사법 간의 갈등에 대한 분석 연구", 법학박사학위논문, 서울대, 2008. 2., 112면에서 재인용]. 그 발전과정에서 서로 다른 길을 걸어왔으므로 몇 가지 점에서 뚜렷한 차이를 보이고 있다. 대륙법체계하에서는 유스티아누스의 로마법대전에 나타난 공법과 사법의 구별론은 19세기 유럽에서의 법전화와 법개혁과정에서 철저히 연구되어 당시의 법질서의 체계적인 재구성에 있어서 기본적인 틀이 되었다. 따라서 대륙법체계하에서 교육받은 법학도들에게는 공사법의 이원론은 무비판적으로 받아들여질 만큼 전제적이 사실이 되었다(John Henry Merryman, "On the Convergence(and Divergence) of the Civil Law and the Common Law", 17 Stan. J. Int'l L. 357, 1981, p.150).

27 양승규, "보험법의 원리와 개정의 문제," 한국상사법학회 추계학술대회 발표자료, 2009. 10. 30., 8면 참조.

받아 보험법을 단행법으로 제정하여 운용하고 있다. 일본은 전통적으로 공법과 사법을 구별하는 대륙법제에 속하는 나라로 우리나라의 보험법제 모태가 된 독일보험법제의 영향을 강하게 받은 것으로 일본의 보험법의 운용상황은 우리에게 많은 참고가 되고 있다.[28]

(2) 중국

1) 현행 중국 보험법제의 성립

중국은 보험계약법과 보험업법이 서로 분리되어 존재하다가 1995년 6월 30일 제8기 중국 전국인민대표대회 상임위원회 제14차 회의에서 중국에서 최초로 보험법이 입법되면서 보험계약법과 보험업법이 통합된 법제를 가지게 되었다.[29] 1995년 보험법은 제1장 총칙, 제2장 보험계약, 제3장 보험회사, 제4장 보험경영규칙, 제5장 보험업의 감독관리 제6장 보험대리인과 보험중개인 제7장 법률책임 제8장 부칙 등 총 8장 152개 조문으로 구성되었다. 동법은 현행 중국 보험법의 기초로서 2002년과 2009년 두 차례의 개정을 거친 바 있다.[30] 2009년 개정 보험법은 2009년 2월 28일 제11기 전국인민대표대회 상무위원회 제7차 회의에서 통과되었다.

2) 보험법의 내용

현행 중국보험법은 총 8장으로 구성되어 있고 조문 수는 187개이다. 현행 중국보험법은 2009년 보험법의 개정으로 새로운 체계를 갖추었는데, 제1장 총칙, 제2장 보험계약, 제3장 보험회사, 제4장 보험경영규칙, 제5장 보험대리인과 보험중개인, 제6장 보험업의

---

28 공·사법론의 기원과 발전이 시대적 이념의 배경하에 전개해온 데 반하여 우리나라에서의 논의에서는 이러한 시대적 고찰에 대해서는 그다지 논의가 없다. 다만 현재 우리나라에서 공법과 사법 간의 관계를 논의하는 설명은 주로 일원론과 이원론이라는 설명의 틀 속에서 이루어지고 있다. 이원론은 법체계가 공법과 사법의 체계로 구성되어 있다고 하는 데 반하여, 일원론은 이러한 구별을 부인하고 하나의 단일한 법체계만이 존재한다고 한다. 2000년대를 지나는 현재에 있어서는 이러한 공·사법구별에 대한 일원론과 이원론의 논쟁은 당연한 것으로 받아들여지고 일원론적 견해가 점점 더 설득력을 얻어 가는 감이 없지 않지만, 실제 우리나라에서는 1960년대까지만 해도 공사법의 이원론이 당연한 것으로 받아들여졌고 일원론이 등장하기 시작한 것은 1970대에 이르러 행정법상의 특별권력관계론이 재검토되기 시작하면서였다.

29 중국 보험법의 연혁은 김만홍, "2009년 개정 중국보험법의 특색", 「중국법연구」, 제15집, 한중법학회, 2011, 35-42면 참조; 김동훈, "한국과 중국의 보험계약법 비교", 「비교법학연구」, 제1집, 2002. 12., 1-16면 참조; 이홍구, "중국보험법의 체계와 특성", 「기업법연구」, 제12집, 2003, 147-179면 참조.

30 김만홍, 앞의 논문, 38면.

감독관리 제7장 법률책임 제8장 부칙으로 구성되어 있다.

제1장 총칙 규정에서는 법의 목적(제1조)과 보험의 정의(제2조), 적용 범위(제3조), 보험활동의 원칙(제4조) 등을 규정한다. 제2장 보험계약의 경우 제1절 일반규정, 제2절 인보험, 제3절 재산보험을 규정하고 제3장 보험회사에서는 회사의 설립요건(제68조), 최저자본금(제69조), 설립신청서류(제70조), 심사허가(제71조), 영업신청(제73조), 지사 설립(제74조~제80조), 이사·감사·임원의 선임과 책임(제81조~제83조), 변경승인(제84조), 회사해산과 도산(제89조~제93조) 등을 규정한다.

제4장 보험경영규칙에서는 보험회사의 업무 범위(제95조), 지급준비금(제97조), 법정 준비금 적립(제98조), 보험회사의 지급여력(제101조), 보험업무활동상 금지행위(제116조) 등을 규정한다. 제5장 보험대리와 중개인에서는 보험대리인의 정의(제117조), 보험중개인의 정의(제118조), 영업허가와 영업면허증의 취득(제119조), 보험대리인, 보험중개인의 금지행위(제131조) 등을 규정한다. 제6장 보험업 관리감독에서는 보험감독기구의 기능(제134조), 보험계약조항과 보험요율(제136조), 지급여력부족회사에 대한 조치(제139조), 보험감독기구의 권한(제155조) 등을 규정한다. 제7장 법률책임에서는 행정책임(제159조~제176조), 민사책임(제177조), 형사책임(제181조) 등을 규정한다.

(3) 일본

1) 개관

일본은 대륙법계에 속하는 국가이고 약 130년 前 명치유신에 의하여 서양으로부터 보험경영제도를 도입하였다. 또한 최초의 보험회사인 동경해상보험회사가 설립되었고, 동시에 보험 관련 입법 작업도 개시되었다. 일본에서 보험 관련 입법은 해상보험과 육상보험으로 분류되어 있다. 육상보험은 다시 보험계약법과 보험업법으로 분리되어 있다. 1890년대 최초의 상법이 공포되었고, 보험계약법은 제2편 상업행위의 제10장 보험에 들어가 있었다. 해상보험의 일부는 제3편 해상의 제6장 보험에 들어가 있었다. 1939년에 이르러 보험업법이 제정되었고 동법은 1995년에 전면적으로 개정이 이루어졌다. 보험계약법은 전술한 바와 같이 상법의 체제하에 있다가 2008년 5월 독립 단행법으로 분리되어 보험법이라는 명칭으로 제정되었다.

2) 보험법

일본 보험법은 1899년 상법의 일부(제2편 제10장)로 제정되어 1912년 일부 개정되었으나 그동안 100년 가까이 개정되지 않아 격심한 사회경제적 변화를 제대로 반영하지 못한다는 지적을 받아오다가 2008년 5월 30일 공포되고 2010년 4월부터 시행되었다. 일본의 보험법 개정의 특징은 종래 상법의 일부였던 보험법의 규정이 보험법이라는 이름으로 독립법전이 되었다는 점이다. 종래 상법전의 보험편은 상법 제2편 제10장에 54개 조문(제629조~제683조)으로 구성되어 있었는데, 독립법전화 하면서 전문 9장 본문 96조와 부칙 6조로 이루어졌다. 보험법의 구성은 제1장 총칙, 제2장 손해보험, 제3장 생명보험, 제4장 상해질병정액보험, 제5장 잡칙으로 되어 있다.[31] 제1장 총칙은 취지(제1조)와 용어의 의미(제2조)에 관하여 규정한다. 제2장 손해보험은 성립에 관한 사항(제3조~제7조), 효력에 관한 사항(제8조~제12조), 보험급부에 관한 사항(제13조~제26조), 종료(제27조~제33조), 상해·질병손해보험의 특칙(제34조 및 제35조), 적용 제외(제36조)에 관한 사항을 규정하고 있다.[32]

제3장 생명보험은 성립에 관한 사항(제37조~제41조), 효력에 관한 사항(제42조~제49조), 보험급부에 관한 사항(제50조~제53조), 종료(제54조~제65조) 등에 관한 사항을 규정하고 있다. 제4장 손해·질병정액보험은 성립에 관한 사항(제66조~제70조), 효력에 관한 사항(제71조~제78조), 보험급부에 관한 사항(제79조~제82조), 종료(제83조~제94조)에 관한 사항을 규정하고 있다. 제5장 잡칙은 소멸시효(제95조), 보험자의 파산(제96조)에 관하여 규정하고 있다.[33]

3) 보험업법

일본 보험업법은 1900년에 제정되었고, 1939년에 대폭적인 개정이 있었다. 그 후 특별한 개정이 없었으나 1995년 6월 전면적인 개정이 이루어졌고, 이때 외국보험사업자에 관한 법률과 보험모집의 단속에 관한 법률이 보험업법으로 통합되었다. 최근에는 2008년 12월 16일 법률 제19호로 개정된 바 있다. 현행 일본 보험업법은 제1편 총칙, 제2편

31 김선정, "일본의 보험법개정과 시사점－총론과 공통규정을 중심으로－", 「상사법연구」, 제28권, 제4호, 한국상사법학회, 2010, 12-13면 참조.

32 김선정, 앞의 논문, 12-13면 참조.

33 김은경, "일본 보험법", 「외법논집」, 제33권, 제2호, 한국외국어대학교, 2009. 5., 559-594면 참조.

보험회사 등, 제3편 보험모집, 제4편 잡칙, 제5편 벌칙 규정으로 구성되어 있다. 제1편 총칙 편은 보험업법의 목적(일본 보험업법 제1조)과 용어의 정의(일본 보험업법 제2조)의 규정을 두고 있다. 제2편 보험회사 등에서는 제1장 통칙(일본 보험업법 제18조 내지 제21조), 제2장 보험업을 영위하는 주식회사 및 상호회사, 제3장 업무, 제4장 자회사, 제5장 회계처리, 제6장 감독, 제7장 보험계약의 포괄이전, 제8장 해산, 합병, 회사분할 및 청산, 제9장 외국보험업자, 제10장 보험계약자 등의 보호를 위한 특별조치 등, 제11장 주주, 제12장 소액단기보험업자의 특례, 제13장 잡칙 규정을 두고 있다. 제3편 보험모집에서는 제1장 통칙, 제2장 보험모집인 및 소속 보험회사 등, 제3장 보험중개인, 제4장 업무, 제5장 감독에 관한 사항을 규정하고 있다.

5. 상호교차 영역 및 향후 방향

주지하다시피 우리나라 보험법제는 공사혼합법에 속하는 보험업법과 사법에 속하는 보험계약법의 규정이 각기 다른 법률로 존재하는 이원체제를 유지하고 있다. 이러한 보험법제의 출발은 일본의 영향에서 비롯된 것이다. 그러나 점차 이러한 공사법 이원적 체제는 유행이 지나가고 있다. 이러한 현상은 공법과 사법을 구별하는 기준이 명확하지 아니하고, 공법과 사법의 규정을 물리적으로 분리하여 규정하는 것이 매우 어렵기 때문이다. 또한 공법에 담아야 할 내용과 사법에 담아야 할 내용이 무엇인지 그 구별 잣대가 무엇인지 분명하지 아니한 상태에서 어느 항목이 공법사항이라거나 사법사항이라고 쉽게 결론내리기도 곤란하다.

보험법제를 일원화할 것인가 아니면 이원화할 것인가 하는 문제는 당위적인 문제가 아니라 각 나라의 법문화적 현실 등을 반영하여 선택하여야 할 입법정책에 관한 문제로 보인다. 또한 시급하게 공법과 사법을 통합하여야 할 필요성도 그렇게 크지 않다. 다만 하나의 사업영역에 대한 공법인 감독법규와 사법인 거래법이 이원적으로 존재하는 경우 상호 간의 충돌현상은 불가피하고 점차적으로 확대될 가능성이 있다.

그러므로 단기적인 관점에서는 보험계약법과 보험업법의 상호 포용과 조화로운 발전이 필요하다. 이를 위해서는 보험업법이나 보험계약법의 개정 시에는 정부 당국자 간의 긴밀한 협조와 논의가 선행되어야 하고, 순수한 사법적 규율을 가지고 있는 규정이나 거래관계에서 필요한 규정들 중 일부를 조정하는 방안이 필요하다. 보험업법의 규정 중 적합성원칙, 손해배상책임 규정, 모집인의 지위에 관한 규정, 보험설계사와 보험회사 간의 계약, 보험대리점의 대리점계약에 관한 사항 등을 보험계약법으로 통합하는 것을 생각해볼 수 있다. 그러나 보험업법 제102조의 손해배상책임규정도 각종의 공법상의 의무규정의 위반을 전제로 하므로 이를 따로 떼어내어 보험계약법으로 규정하는 것도 체계상 부자연스러운 측면도 있으므로 이에 대해서는 좀 더 신중한 검토가 있어야 한다.[34] 또한 보험업법이 채택하고 있는 모범적인 입법례는 보험계약법에 반영할 필요가 있으며, 특히 보험업법의 설명의무 규정의 입법례를 참고하여 설명 범위, 설명 방법, 설명 사항의 구체화 등 설명의무규정을 개선할 필요가 있다.

상법상의 제도로서 대리상에는 중개대리상과 체약대리상이 모두 존재한다. 그러나 현행 보험업법상 인정되는 보험대리점은 체약대리점만 인정되며 적어도 보험대리점 형태로서 중개대리점은 인정하고 있지 않다. 그러나 보험현실에서는 보험대리점이 보험업법상의 정의와 달리 체약대리점의 기능과 중개대리점의 기능을 모두 수행하고 있거나 오히려 중개대리점에 가까운 기능을 수행하고 있는 것으로 보인다. 이러한 현실을 감안해볼 때 보험업법에서 일률적으로 보험대리점에 관한 정의 규정을 체약대리점으로 한정하여 규정한 것은 문제가 있다고 본다. 인수심사절차가 요청되는 보험계약의 특성상 보험계약의 대리점의 형태는 오히려 중개대리점이 보다 현실에 적합한 제도로 보이므로 보험대리점 형태로서 중개대리점을 인정하여야 할 것이다.

최근 보험소비자의 보호가 한층 강화되고 보험계약법의 보완이 필요한 사항은 보험계약 체결 이전 단계에서 보험상품에 대한 정확하고 상세한 정보를 보험계약자에게 전달되도록 하여 정보의 비대칭을 해소하는 것이 중요한 관건이다. 그런데 보험계약법은 보험약관의 교부 및 설명의무만을 규정하고 있을 뿐 보험계약에서 발생할 수 있는 정보의 비대칭 문제를 근본적으로 해소할 수 있는 장치를 두고 있지 않다. 따라서 이에 관한 대폭적인 정비가 필요하고 그러한 문제의 해결방안의 하나로 보험모집종사자의 법적 지위 고지의무, 적합성 및 적정성 원칙, 정보제공, 설명의무제도를 도입하여야 할 것으로 생각된다. 또한 이러한 제도의 도입에 따른 위반 시의 사법적 효과는 적합성이나 적정성 원칙을 위반한 경우에는 일정 기간 보험계약자에게 취소권을 부여하되, 취소권의 행사기간은 안 날로부터 30일 계약이 성립한 날로부터 6개월(단기보험) 또는 1년(장기보험)

34 보험업법 제102조의 규정 등은 금융소비자 보호에 관한 법률로 이관되었다.

내에 보험계약을 취소할 수 있도록 하고, 계약자 등에게 손해가 발생한 경우 민법상 계약체결상의 과실책임에 준하는 손해배상의무를 부담하도록 하는 것이 타당하다.[35] 또한 정보제공의무나 설명의무를 위반한 경우에는 계약해제권을 인정하고 하자담보책임을 준용하여 손해배상책임을 부담하도록 하는 것이 타당하다.

제9절 보험업법의 목적

1. 의의 및 연혁

보험업법은 자신의 존재 목적을 분명하게 밝히고 있다. 즉, 보험업법은 보험업을 영위하는 자의 건전한 운영을 도모하고, 보험계약자·피보험자 그 밖의 이해관계인의 권익을 보호함으로써 보험업의 건전한 육성과 국민경제의 균형 있는 발전에 기여하는 것이다(보험업법 제1조). 이러한 보험업법의 목적규정은 왜 필요하고 그 지위와 기능은 무엇일까? 보험업법과 같은 행정법규에서는 대부분 법률 조문의 맨 처음에 목적조항을 두고 있는 것이 통례이다. 이러한 목적규정에서는 대개 해당 법규가 규율하고자 하는 생활의 범위와 대강을 밝히고, 당해 법규가 지향하여야 하는 이념과 방향을 제시한다. 보험업법에서 차지하는 목적규정의 지위는 이념적으로 최상위에 있는 조항이라고 볼 수 있고, 그 기능은 보험업법이 지향하는 정책의 목표와 보험업법의 올바른 해석을 위한 핵심적인 기준을 제공하는 것이다. 보험업법의 목적조항을 구체적으로 보면 보험업법의 적용 대상 내지 규제 대상이 보험업이라는 점을 직접적으로 밝히고 있고, 나아가 보험업법이 지향하는 궁극적인 목적이 보험업의 건전한 육성과 국민경제의 균형 있는 발전이라는 점과 이러한 목적에 도달하기 위한 직접적인 목표로써 보험업을 영위하는 자의 건전한 운영을 도모하는 것과 보험계약자·피보험자 그 밖의 이해관계인의 권익보호라는 점을 선언하고 있다.

이러한 보험업법의 목적규정은 보험업법이 제정된 당시부터 존재하는 규정이다. 그 후 특별한 변화가 없다가 2003년 보험업법 개정 시 '보험업을 효율적으로 지도·감독'이

35 캘리포니아 보험법은 설명의 중요한 사항이 부실한 경우, 손실을 받은 당사자는 계약을 무효로 하는 것이 가능하다는 것 등이 규정되어 있다(CA 제330조~제359조).

라는 문구를 삭제하여 시장의 자율성을 제고하고 규제의 합리적 완화를 촉진하고자 동 문구를 삭제하였다.

2. 보험업을 경영하는 자의 건전한 운영 도모

오늘날 보험제도는 사회·경제적으로 여러 가지 중요한 기능을 담당하고 있다. 인간이 살아가면서 인간답게 살아가기 위해서는 위험으로부터 안전과 경제적 안정이 보장되어야 한다. 그런 점에서 비추어보면 보험제도는 개인 및 기업의 경제적 안정망 구실을 수행하므로 중요한 제도 중의 하나이다. 우선 보험업은 우연한 사고로 인한 경제적인 손실을 보상하여주는 기능, 즉 위험관리기능을 담당함으로써 개인과 기업의 경제생활의 안정을 유지하는 역할 담당한다. 또한 보험으로 축적된 자산을 이용하여 보험계약자 및 개인에게 대출을 하거나 기업의 산업자금의 공급자로서 역할을 수행함으로써 국민경제발전에 기여하기도 한다. 이와 같은 중요한 기능을 충실하게 수행하기 위해서는 무엇보다도 보험업을 경영하는 주체인 보험회사의 건전한 운영이 전제되어야 한다.

보험회사의 건전한 운영은 업무의 모든 면에서 보험회사와 보험계약자 간, 보험계약자 상호 간에 있어서 보험요율과 보험계약 내용을 포함한 공정·형평을 확보하는 것을 말한다.

보험업법은 보험업을 영위하는 자의 건전한 운영을 도모하기 위하여 구체적으로 보험회사의 허가제도(보험업법 제4조 이하), 각종 자산운용규제제도(보험업법 제104조 이하), 건전성 규제제도(보험업법 제123조 이하), 계산에 관한 규제(보험업법 제118조 이하) 등을 두고 있다.

3. 보험계약자와 피보험자 및 기타 이해관계인의 권익을 보호

보험상품은 보험시장에서 거래되는 대상물이다. 보험상품의 제조자 내지 공급자는 보험회사이고, 이를 구매하여 소비하는 자는 보험계약자이다. 보험계약은 일회적으로 소비하고 효용을 느낄 수 있는 일반상품과 달리 지속적으로 소비되고 일정 기간 지속하여 효용을 느끼는 특성을 가지고 있다. 따라서 일시적 단기적 계약이 아닌 지속적·계속적 계약으로써 특징을 가지고 있다. 보험계약이 체결되고 소멸하기까지는 장기간이 소요되고, 보험의 종류에 따라 보험기간 내지 보험계약 기간이 사망 시까지 지속하는 것도 있다. 보험회사는 사망률 등의 위험률과 이자율 등과 같은 각종 경제적 지표나 통계적 자료를 기초로 적정한 보험가격을 책정하여 보험상품을 개발하여 판매한다. 또한 보험상품은 가격의 책정이 어려운 수학 공식 등을 활용하여 매겨지고 및 상품 내용이 어려운 법률 용어로 채워져 있어 보험계약자는 이에 대하여 정확한 정보를 알지 못한 채 보험상품을 구입하게 된다. 또한 보험상품이 판매된 후에 보험금이 당초 약속에 따라 적정하게 지급되지 않거나 보험회사가 중도에 파산하여 보험계약상의 보험금 지급채무를 제대로 이행하지 못하게 되는 경우에는 보험제도에 대한 신뢰성은 상실되며, 나아가 국가경제질서에 심대한 타격을 주게 된다. 이에 따라 보험소비자에게 보험상품에 대한 정보의 접근을 용이하게 하고 보험회사의 파산 시 보험금 지급채무의 이행확보를 위한 제도적인 장치를 마련할 필요가 생긴다. 이러한 점을 고려하여 보험업법은 보험계약자 등의 보호를 위한 다수의 규정을 두고 있는데, 보험계약자 등 보험소비자 보호를 위하여 보험계약자 등의 우선취득권(보험업법 제32조), 예탁자산에 대한 우선변제권(보험업법 제33조), 외국보험회사 국내지점의 국내자산 보유의무(보험업법 제75조), 보험설계사 등 모집종사자제도(보험업법 제83조), 모집 관련 준수사항(보험업법 제4장 제2절), 보험계약자의 권리(보험업법 제4장 제3절) 등의 규정을 두고 있다. 특히 보험금 지급 관련 분쟁을 해결하기 위하여 금융분쟁조정제도를 두고 있다. 보험계약자 이외에 보험의 대상으로서 또는 보험금을 청구할 수 있는 권리자로서 피보험자는 보험계약상의 이익을 보장받아야 하며 그 밖에 보험수익자는 물론 자동차보험 등 각종 배상책임보험에서 피해자 등도 이에 포함된다.

4. 보험업의 건전한 육성 및 국민경제의 균형 있는 발전에 기여

보험업법의 궁극적인 목적은 보험업의 건전한 육성과 국민경제의 균형 있는 발전이다. 보험업은 은행, 증권과 함께 금융업의 한축을 형성하고 있는 중요한 사업이다. 따라서 보험업이 금융업으로서 성장 발전하기 위하여 은행, 증권업의 발전과 궤를 같이하여 함께 육성하여야 하고, 금융의 세계화 추세에 부응하여 보험회사가 세계보험시장에서 글로벌 플레이어로 성장할 수 있는 법적 기반을 마련하여야 할 필요가 있다. 우리 보험업법은 보험업의 건전한 육성을 도모하기 위하여, 대주주 관련 규제 및 자회사 관련 규제를 두고 있다.

5. 은행법과 자본시장과 금융투자업에 관한 법률의 목적 규정

은행법에서는 은행업, 은행업을 영위하는 주체인 은행에 관한 정의 규정을 두고 있고(은행법 제2조), 은행법의 목적을 은행의 건전한 운영을 도모하고 자금중개기능의 효율성을 높이며 예금자를 보호하고 신용질서를 유지함으로써 금융시장의 안정과 국민경제의 발전에 이바지함을 목적으로 한다고 밝히고 있다(은행법 제1조).

자본시장과 금융투자업에 관한 법률(이하 '자본시장법'이라 한다)에서도 금융투자업에 관한 정의 규정을 두고 있으며(자본시장법 제6조), 금융투자업의 영위 주체인 금융투자업자(자본시장법 제8조), 자본시장 거래의 대상인 금융투자상품에 대한 규정을 두고 있다(자본시장법 제3조). 자본시장법은 자본시장에서의 금융혁신과 공정한 경쟁을 촉진하고 투자자를 보호하며 금융투자업을 건전하게 육성함으로써 자본시장의 공정성·신뢰성 및 효율성을 높여 국민경제의 발전에 이바지함을 목적으로 한다(자본시장법 제1조).

우리나라의 자본시장법과 비교되는 일본의 금융상품거래법 제1조는 "이 법률은 기업내용 등의 개시제도를 준비함과 동시에 금융상품거래업을 행하는 자에게 관계된 필요한 사항을 정하고, 금융상품거래소의 적절한 운영을 확보함으로써 유가증권의 발행 및 금융상품 등의 거래 등을 공정하게 하고 유가증권의 유통을 원활하게 함과 동시에 자본시장의 기능의 만전한 발휘에 따른 금융상품 등의 공적한 유가형성을 목적으로 국민경제의 건전한 발전 및 투자자의 보호에 이바지할 것을 목적으로 한다"라고 목적규정을 정하고 있다.

6. 외국에서의 논의

일본에서는 금융상품거래법의 전신인 증권거래법의 목적규정의 의의에 관해서는 은행법이나 보험업법과 비교해서 많은 논의가 있었다. 증권거래법의 목적규정과 비교했을 때 보험업법의 목적규정의 특색을 이하에서 살펴본다. 증권거래법 제1조는 "이 법률은 국민경제의 적절한 운영 및 투자자의 보호에 이바지하기 위해 유가증권의 발행 및 매매 그 외의 거래를 공정하게 하는 동시에 유가증권의 유통을 원활하게 하는 것을 목적으로 한다"라고 규정하고 있다. 그리고 동법의 목적에 관한 학설에 대해 우에무라 타츠오(上村達男) 교수는 첫 번째로 동법을 증권「거래법」으로서 사법적으로 파악하여 거래 상대인 투자자의 보호를 강조하는 견해(투자자 보호론), 두 번째로 투자자 보호론을 전제로 증권업자 규제법이라는 업법적 성격을 가미하여 이해하는 견해(이원론), 세 번째로 동법을 증권 「시장법」으로서 이해하는 견해(시장법론)로 나누어 정리하였다. 우에무라 교수는 "국민경제의 적절한 운영이라는 공익과 투자자의 보호라는 사익을 연결하는 것은 '시장' 이외에는 없다"라고 하며 시장법론을 주장하였다.

7. 목적규정의 기능

보험업법의 목적규정은 여러 방면에서 의외로 중요한 기능을 맡고 있다. 우선 첫 번째로 어느 사업규정이 헌법에 적합한가 아닌가에 대해 판단을 내릴 때 해당 업법의 목적규정이 참조된다.

이러한 기능과 관련하여 일본의 예를 보면 상장회사의 임원·주요주주가 자사주의 단기매매에 의해 얻은 이익을 해당회사에 대한 제공을 정한 증권거래법 제164조 제1항(금융상품 거래법 제164조 제1항)이 재산권을 보장한 헌법 제29조에 위반하여 무효인가 아닌가가 논쟁이 되었던 사건에 있어, 최고재판소는 증권거래법의 규정은 증권거래시장의 공평성·공정성을 유지함과 동시에 여기어 대한 일반투자가의 신뢰를 확보한다고 하는 정당한 목적을 가진 점, 그리고 그 목적을 달성하기 위한 규제수단으로서 필요성·합리성에 결여된 점이 명확하다고는 할 수 없다는 점에서 헌법 제29조에는 위반되지 않는다고 결정하였다. 같은 의미로 사후적인 손실보전의 실행을 금지하고 있는 증권거래법 제42조2 제1항 제3호(금융상품 거래법 제39조 제1항 제3호)의 규정이 재산권을 보장한 헌법 제29조에 위반하여 무효인지 아닌지 논쟁이 된 사건에 있어 최고재판소는 증권거래법상의 규정은 증권시장의 중립성 및 공정성에 대한 일반 투자가의 신뢰상실을 방지한다는 정당한 목적을 가지고 있고 해당 입법목적을 당성하기 위해 이익제공행위를 금지한다는 수단도 필요성 또는 합리성이 결여된 것은 아니기에 헌법 제29조에 위반되지 않는다고 결정하였다. 이처럼 어느 업법의 목적과 이것을 달성하기 위한 업법이 용의되는 수단으로서 합리성의 유무가 헌법적합성의 마지막 판단권자인 최고재판소에 의해 검증된 것은 분명 중요한 의미를 가지며 미래의 업법해석·운용에 있어서 큰 영향을 준다.[36]

36 小川 宏幸, "保険業規制の対象, 目的および公共性ー銀行業規制および証券業規制との比較ー", 「生命保険論集第 177 号」.

그러나 본고에서 문제의식과 관련해서 말하면 업법에서의 목적규정도 중요한 기능은 사법 룰과의 '연결점'으로서의 기능이다. 여기서 '연결점'으로서의 기능이란, 예를 들면 "… 피고회사는 원고의 사용자로서 노동안전위생법, 노동안전위생규칙 등으로 정해진 업무를 맡고 있는데, … 각 규정은 이른바 행정적인 단속규정으로 각 규정에서 정한 의무는 사용자의 나라에 대한 공법상의 의무라고 해석된다. … 그러나 각 규정의 궁극적 목적은 노동자의 안전과 건강의 확보에 있다(노동안전위생법 제1조 참조)고 해석하는 것이 옳기 때문에, 이 규정의 내용은 사용자의 노동자에 대한 사법상의 안전배려의무의 내용이 될 수도 있고, 그 규준이 된다고 해석하는 것이 옳다"라고 재판소의 판시에 단적으로 보이는 것처럼, 업법에 위반된 것이 업법에 있어서 목적규정을 포함하여 사법상의 손배배상청구권을 근거로 한다는 기능을 가리킨다. 이 점은 상기 1. (3)에 있어서 보험계약자보호를 의도한 정보제공의무라는 사법 룰이, 보험법이 아닌 감독법규인 보험업법상에 규정된 것의 시비를 논하는데, 이것은 목적규정의 '연결성'으로서의 기능을 확인하는 상기의 판례법리가 확립되면 큰 문제가 되지 않을 것이라고 기대된다. 그러나 목적규정이 가진 업법 룰과 사법 룰을 '연결'하는 기능은 비교법적으로 보아도 진귀한 것은 아니다. 예를 들면, 우리나라의 증권법제의 모국인 미국에서도 본래는 행정적 감독법규인 1934년 증권거래소법(securities exchange act of 1934)의 룰 10b(사기방지조항)을 위반한 것이 사인에 의한 손해배상청구의 근거가 되는지 아닌지를 결정함에 있어(묵시의 사적 소권, implied private cause of action) 연방 대법원에 의해 해당 법규의 입법목적이 결정적으로 중요하다고 판결된 적이 있다.

제10절 보험업법의 적용 대상으로서 보험업

1. 서설

보험업법은 제정 이후 보험업에 관한 정의 규정을 두지 않았다. 그런데 2003년 보험업법 개정 시 다른 금융영역 및 유사 보험제도와 구별을 명확히 하고 금융겸업화의 기준 및 효율적인 시장구축을 위한 토대를 마련하기 위하여 보험업에 관한 정의 규정을 신설하였다. 그 후 2010년 개정 보험업법에서 '보험상품'의 정의 규정을 신설하였다(보험업법 제2조 제1호). 이로써 보험업의 영위 주체인 보험회사(보험업법 제2조 제6호), 보험회사가 생산하고 판매하는 보험상품(보험업법 제2조 제1호), 보험회사의 영업활동의 내용이 되는 보험업의 정의 규정이 마련되어(보험업법 제2조 제2호), 보험업의 통일된 규제체계가 확립되었다고 볼 수 있다.

보험업법은 기본적으로 보험업을 그 규율 대상으로 하고 있다. 따라서 금융업 중 은행업이나 금융투자업은 그 적용 대상이 아니다. 보험업법은 보험업에 관한 정의 규정을 두고 있는 해외 입법례와 균형을 도모하고, 공제 등 유사보험을 규제할 수 있는 법적 근거를 마련하며 금융겸업화 시대를 맞이하여 보험업법의 적용 대상이 보험업임을 분명히 밝히면서 다른 금융권역과의 업무영역을 명확하게 구별하고자 하는 의지를 반영하기 위하여 보험업에 관한 정의 규정을 둔 것이다. 이러한 보험업에 관한 정의 규정은 실무적으로 무허가 보험업을 영위하는 자를 처벌하는 데 판단의 기초를 제공하는 보험업의 개념 정의 및 획정의 기준으로서 작용하는 중요한 의미를 가진 규정이다.

보험업은 금융산업을 구성하는 업종의 하나이다. 금융업은 은행업, 금융투자업 및 보험업 등으로 대별할 수 있는데, 이 중에서 은행업은 예금의 수입, 유가증권 기타 채무증서의 발행에 의하여 불특정다수인으로부터 채무를 부담함으로써 조달한 자금을 대출하는 것을 업으로 행하는 것을 말한다(은행법 제2조 제1항 제1호). 또한 금융투자업은 자본시장과 금융투자업에 관한 법률(이하 '자본시장법'이라 한다)에 따라 투자매매업, 투자중개업, 집합투자업, 투자자문업, 투자일임업, 신탁업 등을 업으로 행하는 것을 말한다(자본시장법 제6조). 통계청이 작성한 한국표준산업분류에 의하면 금융업, 보험 및 연금업, 보험 관련 서비스업을 포괄하여 금융 및 보험업이라고 분류하고 있다.

영업으로 하는 보험의 인수는 기본적 상행위에 속한다(상법 제46조 제17호). 보험이 무엇인지에 관하여 직접적인 정의 규정은 없고, 다만 우리 상법은 보험계약에 관하여 그 의의를 밝히고 있는데, 이에 따르면 보험계약이란 당사자 일방이 약정한 보험료를 지급하고 재산 또는 생명이나 신체에 불확정한 사고가 발생할 경우에 상대방이 일정한 보험금이나 그 밖의 급여를 지급할 것을 약정함으로써 효력이 생긴다는 것이다(상법 제638조).

보험을 영업으로 하는 상인은 보험회사에 한정되고, 상호보험회사나 국민건강보험공단, 국민연금 등의 기관은 상법상의 상인으로 볼 수 없고, 다만 상호보험회사 등이 하는 보험의 인수는 성질에 반하지 않는 한 영리보험에 관한 상법의 규정이 적용된다(상법 제64조).

2. 보험업의 개념

동질적인 경제상의 위험에 놓여 있는 다수회원이 사망이라는 우연한 사고가 발생한 경우의 재산상의 수요를 충족시키기 위하여 입회비, 상조회비라는 명목으로 일정한 금액을 출연시키고 사고가 발생한 때 일정한 금액을 지급한 경우 이러한 상조사업은 보험업에 해당하는가?

(1) 의의

보험업법은 보험업이 무엇인지 규정하고 있다. 이에 따르면 보험업이란 보험상품의 취급과 관련하여 발생하는 보험의 인수(引受), 보험료 수수 및 보험금 지급 등을 영업으로 하는 것으로서 생명보험업, 손해보험업 및 제3보험업을 말한다(보험업법 제2조 제2호). 보험업의 구성요소는 취급 대상이 보험상품이어야 함을 전제로 하고 있다. 또한 보험상품의 취급과 관련하여 발생하는 일련의 법적·사실적 행위인 보험의 인수, 보험료의 수수 및 보험금 지급 등을 영업으로 할 것을 보험업의 구성요소로 하고 있다.

보험업에 관한 정의 규정이 없던 상황에서 판례는 보험사업이 무엇인지에 관하여 정의를 내린 바 있다. 이에 따르면 보험사업이라 함은 같은 위험에 놓여 있는 다수의 보험가입자로부터 위험을 인수하여 그 대가로서 위험률에 따른 보험료를 받아 이를 관리·운영하고, 그 가입자에게 불확정한 사고가 생길 때는 일정한 보험금액 기타 급여를 지급하는 것을 내용으로 하는 사업으로서, 보험사업의 범위는 그 사업의 명칭이나 법률적 구성형식에 구애됨이 없이 그의 실체 내지 경제적 성질을 실질적으로 고찰하여 판단하여야 하고,[37] 그 본질적인 특징은, 첫째 우연한 사고의 발생에 대한 경제적인 불안에 대비하는 제도일 것, 둘째 경제적인 불안을 제거·경감하기 위하여 다수의 경제주체가 공동으로 비축금을 마련하는 제도일 것, 셋째 그 방법으로써 이른바 대수의 법칙을 응용한 확률계산에 의하여 급부와 반대급부의 균형을 유지하도록 하는 제도일 것이 요구된다고 하였다.[38] 이하에서는 개정된 보험업법상의 보험업의 정의 규정을 중심으로 보험업의 개념 정의를 구성하는 요소를 구체적으로 살펴본다.

37 대법원 1990. 6. 26. 선고 89도2537 판결; 대법원 2001. 12. 24. 선고 2001도205 판결; 헌법재판소 2003. 2. 27. 선고 2002헌바4 판결 등.

38 대법원 1989. 1. 31. 선고 87도2172 판결(서울형사지판 1987. 2. 19. 86노1545 판결).

(2) 보험상품 취급 관련성

> 할부금융사 등으로부터 돈을 빌린 차주들이 기한 내 채무 변제를 하지 못하는 사례가 증가함에 따라 일부 할부금융사 및 카드사가 채무면제 및 채무유예서비스 계약(debt cancellation contracts 및 debt suspension agreements)을 판매하였다. 이때 채무면제 및 채무유예서비스 계약은 보험상품에 해당하는가? 그리고 날씨보험 및 날씨파생상품, 신용스왑(CDS, Credit Default Swap), 보증기간유료연장서비스(extended warranty or extended service contract)는 보험상품인가?

1) 보험상품 규제 개요

보험업법은 종래 보험상품에 대한 별도의 정의 없이 보험업과 생명보험업, 손해보험업 및 제3보험업을 규정하고 있었는데, 2010년 개정 보험업법에서 보험업에 관한 정의 규정을 신설하고 보험업의 내용을 이루는 보험상품에 대한 정의 규정도 별도로 두었다.

> **제2조(정의)** 이 법에서 사용하는 용어의 뜻은 다음과 같다.
>
> 1. "보험상품"이란 위험보장을 목적으로 우연한 사건 발생에 관하여 금전 및 그 밖의 급여를 지급할 것을 약정하고 대가를 수수(授受)하는 계약(「국민건강보험법」에 따른 건강보험, 「고용보험법」에 따른 고용보험 등 보험계약자의 보호 필요성 및 금융거래 관행 등을 고려하여 대통령령으로 정하는 것은 제외한다)으로서 다음 각 목의 것을 말한다.
>   가. 생명보험상품: 위험보장을 목적으로 사람의 생존 또는 사망에 관하여 약정한 금전 및 그 밖의 급여를 지급할 것을 약속하고 대가를 수수하는 계약으로서 대통령령으로 정하는 계약
>   나. 손해보험상품: 위험보장을 목적으로 우연한 사건(다목에 따른 질병·상해 및 간병은 제외한다)으로 발생하는 손해(계약상 채무 불이행 또는 법령상 의무불이행으로 발생하는 손해를 포함한다)에 관하여 금전 및 그 밖의 급여를 지급할 것을 약속하고 대가를 수수하는 계약으로서 대통령령으로 정하는 계약
>   다. 제3보험상품: 위험보장을 목적으로 사람의 질병·상해 또는 이에 따른 간병에 관하여 금전 및 그 밖의 급여를 지급할 것을 약속하고 대가를 수수하는 계약으로서 대통령령으로 정하는 계약

금융상품을 규정하는 형식은 그 금융상품의 형태에 따라 예금, 유가증권, 보험상품, 파생상품 등으로 구분하는 '열거주의' 방식이 있고, 이와 대조적으로 금융상품을 경제적

기능에 따라 개념적으로 정의하여 경제적으로 동일 기능을 수행하는 모든 금융상품을 하나의 법률로 규제하는 '포괄주의' 방식이 있는데, 보험업법은 보험상품을 포괄적으로 정의하는 일반적 정의 규정을 두고, 명시적 포함, 명시적 제외를 통해 구체성을 확보하는 정의방식을 취하고 있다.

보험업법은 경제적 기능에 따라 보험상품을 포괄적으로 정의한 후, 그에 해당하는 보험상품을 예시적으로 열거하여 보험상품 분류의 예측 가능성을 제고하고, 보험상품에 속하나 다른 법률의 규율을 받거나, 보험업법으로 규제할 필요가 없는 상품은 명시적으로 제외하여 규제 부담을 줄이기 위한 장치를 마련하고 있다.

한편 금융규제의 통합화에 추세에 따라 금융소비자보호법은 규제 대상으로서 금융상품을 별도로 정의하고 있다.

제2조(정의) 이 법에서 사용하는 용어의 뜻은 다음과 같다.
1. "금융상품"이란 다음 각 목의 어느 하나에 해당하는 것을 말한다.
   가. 「은행법」에 따른 예금 및 대출
   나. 「자본시장과 금융투자업에 관한 법률」에 따른 금융투자상품
   다. 「보험업법」에 따른 보험상품
   라. 「상호저축은행법」에 따른 예금 및 대출
   마. 「여신전문금융업법」에 따른 신용카드, 시설대여, 연불판매, 할부금융
   바. 그 밖에 가목부터 마목까지의 상품과 유사한 것으로서 대통령령으로 정하는 것

2) 보험상품의 정의

보험업은 보험상품을 취급하는 것을 영업으로 하는 것이다. 보험상품은 위험보장을 목적으로 우연한 사건 발생에 관하여 금전 및 그 밖의 급여를 지급할 것을 약정하고, 대가를 수수(授受)하는 계약으로서, 생명보험상품, 손해보험상품 및 제3보험상품이 있다(보험업법 제2조 제1호). 즉, 보험상품이란 (i) 위험보장을 목적으로, (ii) 우연한 사건 발생에 관하여, (iii) 금전 및 그 밖의 급여를 지급할 것을 약정하고 대가를 수수하는 계약을 말한다.

3) 보험상품의 일반적 개념 요소

가. 위험보장 목적성

보험상품은 위험을 보장하는 것을 목적으로 하여야 한다. 따라서 투기적 목적이나 도박을 목적으로 하는 것은 보험상품이라고 볼 수 없다. 위험보장 목적성은 금융투자상품과 비교되는 요소로서 보험상품의 위험보장 기능 및 피보험이익을 제시한 것으로, 기대이익을 목적으로 하는 사행적 성격의 상품인 복권, 경마권 등을 보험상품에서 제외하고자 한 것이다.

여기서 위험의 내용이 무엇인지 명확하지 않은데, 위험이란 사람의 경제생활과 관련하여 발생할 수 있는 유·무형의 위험을 포함하며 물리적 위험뿐만 아니라 제도상의 위험을 포함하여 경제주체에게 경제적 손실을 초래할 수 있는 위험이 모두 포함된다. 위험의 종류로는 다양한 기준에 따라 분류할 수 있는데, 투기적 위험을 제외한 순수위험을 그 대상으로 한다. 순수위험이란 우연한 사건의 발생에 따라 경제적 손실만을 초래하는 위험을 말하며, 우연한 사건의 발생에 따라 손실 또는 이익을 얻을 수 있는 가능성이 존재하는 투기적 위험과 구별된다.

보험상품이 위험보장을 목적으로 한다는 것은 그 보장의 대상이 위험뿐만 아니라 위험에 더하여 위험이 현실화되어 발생할 수 있는 경제적 손실을 보전하는 것도 포함된다. 위험보장 이외에 다른 목적도 일부 포함하고 있는 경우에 보험상품으로 볼 수 있을지 문제되는데, 주된 목적이 위험보장을 목적으로 한다면 보험상품으로 보아야 할 것이다.

판례는 보험상품의 개념요소로서 '위험보장의 목적'을 판단하는 기준을 다음과 같이 제시하고 있다.

보험의 본질이 우연한 사고로 입을 수 있는 경제적인 불안을 제거 또는 경감시킬 목적을 달성하는 데 있음에 비추어 보험업법이 규정하는 보험상품의 개념요소로서의 '위험보장의 목적'은 단지 경제적 가치 있는 급부의 제공으로 손해가 보전되는 측면이 있다는 이유만으로 쉽게 인정하여서는 아니 되고, 그러한 경제적 위험보장의 목적이 보험업 영위가 문제되는 대상 영업의 주된 목적인지에 따라 판단하여야 한다.[39]

---

39 대법원 2014. 5. 29. 선고 2013도10457 판결.

나. 우연한 사건성

보험상품은 보험회사의 보험금 지급채무를 발생하게 하는 특정의 사건 내지 사고를 필수적으로 포함하고 있어야 한다. 보험사고란 사람의 사망 또는 생존, 화재사고, 자동차 사고, 선박의 침몰사고 등 보험자에게 보험금 지급의무를 발생하게 하는 단초가 되는 구체적 특정의 사고 내지 사건을 말한다.

보험사고이기 위해서는 첫째, 보험사고는 현실의 세계에서 발생 가능한 사고여야 한다. 둘째, 사고발생 가능성이 불확정하고 우연한 것이어야 한다. 셋째, 보험사고는 특정되어 있어야 한다.

사고 발생 가능성은 보험계약 체결 시를 기준으로 미래에 사고가 일어날 가능성을 의미한다. 따라서 보험계약을 체결할 당시에 보험사고가 이미 발생하였거나 미래 물리적으로 사고 발생 가능성이 없는 사고를 목적으로 하는 보험계약은 무효이다.

☞ 보험계약이 체결되기 전에 보험사고가 이미 발생하였을 경우, 보험계약의 당사자 쌍방 및 피보험자가 이를 알지 못한 경우를 제외하고는 그 보험계약을 무효로 한다는 상법 제644조의 규정은, 보험사고는 불확정한 것이어야 한다는 보험의 본질에 따른 강행규정으로, 당사자 사이의 합의에 의해 이 규정에 반하는 보험계약을 체결하더라도 그 계약은 무효임을 면할 수 없다.[40]

그러나 보험사고가 객관적으로 확정되어 있다고 하더라도 계약체결 당시에 보험계약자, 보험자 및 피보험자가 보험사고의 객관적 확정 사실을 알지 못한 때는 유효하다(상법 제644조 단서).

보험계약 체결 당시에는 사고 발생 가능성이 있었으나 보험계약이 성립하고 효력이 발생한 이후에 보험사고의 발생이 불가능하게 된 경우에는 보험계약의 유효성에는 문제가 없다고 한다.[41]

그러나 보험계약이 성립된 이후에 보험사고의 발생이 불가능하게 된 경우에는 보험계약을 목적을 달성할 수 없게 되는 경우에 해당하여 당해 보험계약은 무효가 된다고 보아야 할 것이다. 그러나 일단 유효한 보험계약이 소급하여 무효가 된다는 의미는 아니고, 보험사고의 발생이 객관적으로 불가능하게 된 시점 이후부터는 다시 당해 보험계약은

40 대법원 2002. 6. 28.선고 2001다59064판결.

41 정찬형, 앞의 책, 581-582면; 박세민, 『보험법』(제5판), 박영사, 2019, 151면.

무효로 돌아간다고 보아야 할 것이다. 이때 보험사고의 발생 가능성은 물리적 사고 발생 가능성을 의미하며 물리적 사고 발생 가능성 여부는 사회 관념에 의하여 판단하여야 할 것이다.

하나의 보험계약에서 담보하는 보험사고가 복수로 존재하는 경우에는 보험사고의 발생 가능성 여부는 개별적으로 보아야 하고, 이러한 경우에는 개별 담보 하나하나를 별개의 계약으로 볼 수 있는지 여부를 따져 별개의 계약으로 분리 가능하고 그 무효부문이 없더라도 보험계약을 체결하였을 것이라고 인정될 경우에는 나머지 부분의 담보에 대한 보험계약은 유효로 보아야 할 것이다(민법 제137조).

한편 갑이 1995년 4월 29일 보험회사와 자신을 피보험자로 하고, 일반재해 또는 교통재해로 인한 사망 및 장해와 암진단의 확정 및 그와 같이 확진이 된 암을 직접적인 원인으로 한 사망 등을 보장 대상으로 하는 무배당 대형보장보험계약을 체결한 후 보험료를 지급하다가 같은 해 11월 12일 다른 사람으로부터 폭행을 당하여 사망한 후 보험회사에 보험계약상의 보장 대상의 하나인 일반재해로 사망하였으므로 보험금을 지급하여 달라고 청구한 사건에서 원심은 이 사건 보험계약의 보험약관상 피보험자가 보험계약일 이전에 암 진단이 확정되어 있는 경우에는 보험계약을 무효로 한다는 조항이 있고, 갑이 이 사건 보험계약을 체결하기 이전인 1991년 8월 11일 이미 위암으로 확진을 받은 사실을 인정할 수 있지만, 이 사건 약관조항은 보험사고가 암과 관련하여 발생한 경우에 한하여 피고가 보험금 지급을 면할 수 있는 근거로 적용할 수 있을 뿐이고, 일반재해와 같이 암과 무관한 보험사고가 발생한 경우까지 이를 근거로 보험금 지급을 면할 수는 없다고 판단하였으나 대법원에서는 보험사고의 객관적 확정의 효과에 관하여 규정하고 있는 상법 제644조는 사고 발생의 우연성을 전제로 하는 보험계약의 본질상 이미 발생이 확정된 보험사고에 대한 보험계약은 허용되지 아니한다는 취지에서 보험계약 당시 이미 보험사고가 발생하였을 경우에는 그 보험계약을 무효로 한다고 규정하고 있고, 암 진단의 확정 및 그와 같이 확진이 된 암을 직접적인 원인으로 한 사망을 보험사고의 하나로 하는 보험계약에서 피보험자가 보험계약일 이전에 암 진단이 확정되어 있는 경우에는 보험계약을 무효로 한다는 약관조항은 보험계약을 체결하기 이전에 그 보험사고의 하나인 암진단의 확정이 있었던 경우에 그 보험계약을 무효로 한다는 것으로서 상법 제644조의 규정 취지에 따른 것이라고 할 것이므로, 상법 제644조의 규정 취지나 보험계약은 원칙적으로 보험가입자의 선의를 전제로 한다는 점에 비추어볼 때, 그 약관조항은 그 조항에서 규정하고 있는 사유가 있는 경우에 그 보험계약 전체를 무효로 한다는 취지라고 보아야 할 것이지, 단지 보험사고가 암과 관련하여 발생한 경우에 한하여 보험계약을 무효로 한다는 취지라고 볼 수는 없다고 판시하여 원심과 견해를 달리하였다.[42]

또한 보험사고가 발생하였다고 하여 곧바로 보험회사에 보험금 지급의무가 발생하는 것은 아니며 추상적 보험금 청구권이 구체적 보험금 청구권으로 전환되었다는 의미를 가지며 구체적인 보험자의 보험금 지급의무는 각 개별 보험약관에서 규정하는 보험금 지급 요건을 별도로 충족하여야 발생한다.

보험사고의 발생은 가능하여야 하고, 이러한 사고 발생 가능성은 불확정적이고 우연하여야 한다. 보험상품은 우연한 사건성을 보험사고의 조건으로 하여야 한다. 보험의 본질이 우연한 사고가 발생할 경우 경제적 손해를 입을 수 있는 위험을 보장하는 제도이기 때문이다. 따라서 우연성이 결여되어 있는 경우에는 보험상품의 적격을 상실하게 한다. 우연한 사건성이란 보험사고가 인위적 조작에 의한 것이 아닌 우연성을 가져야 한다는 점을 말하는 것으로 고의에 의하여 발생하는 사고는 보험사고에서 제외된다.

우리나라 상법에서는 보험계약이 무엇인지에 관한 정의 규정을 두고 있는데, 보험계약의 정의 규정을 보면 보험계약의 요소로서 보험사고는 재산 또는 생명이나 신체에 불확정한 사고가 발생할 것을 요한다(상법 제638조). 여기서 보험상품의 정의 규정에서 말하는 '우연한 사건성'과 상법상의 보험계약의 정의 규정에서 말하는 '불확정한 사고'는 동일한 의미를 가지고 있는 것인가 문제된다.

먼저 우연성(contingency)은 어떤 일이 당연히 일어날 것으로 예정되어 있어 그것이 실제 일어났을 때 이를 필연적 사건이라 하고, 그렇지 않은 경우에는 우연적 사건이라고 한다. 가령 물을 100℃로 가열했을 때 끓는 것은 필연적인 현상이며, 어떤 암살사건이 금요일에 일어난 것은 우연적 사건이라고 한다. 그러나 무엇이 필연적인 것인가에 관해서는 사람에 따라 의견을 달리하는 경우가 많기 때문에 그러한 정의도 충분하지 않다.

예컨대 논리적인 필연성 밖에 있는 것을 인정하지 않는 사람이 있는가 하면, 이 세상에서 일어나는 일은 모두 결정론적으로 일어난다고 생각하며, 따라서 우연적인 사건은 있을 수 없다고 생각하는 사람도 있다. 심지어 우리가 우주의 근원적인 법칙을 모르고 있기 때문에 필연적인 현상이 우연적인 것으로 보이는 것이라고 하는 사람도 있다.

42 대법원 1998. 8. 21.선고 97다50091판결.

한편 확률론적인 취급을 할 수 있는 현상을 우연적인 것이라고 말하는 사람도 있고 확률론적 계산도 적용할 수 없는 절대적으로 무규칙한 현상을 우연적 현상이라고 말하는 사람도 있다.

불확정한 사건에서 불확정(uncertainty)이란 위험과 연결되어 자주 사용되는 용어로서 일이나 계획 따위가 확실히 결정되어 있지 않다는 것을 의미한다. 이것은 어떤 상황에 대한 확신이나 틀림이 없음을 의미하는 확실성에 대한 반대의미이다.

우연한 사고란 사고의 발생 자체나 발생의 시기, 규모, 상태 등이 불확정한 것을 말한다. 불확정성은 객관적임을 요하지 아니하고 주관적으로 계약당사자에게 불확정하면 되는 것이다. 다만 손해보험상품 중 보증보험의 경우 보험계약자의 고의적인 불법행위 또는 채무 불이행도 보장의 대상으로 한다는 점에서나 책임보험에서도 피보험자의 고의에 의한 사고의 경우도 보장하는 경우가 있다는 점에서 우연한 사건성의 요건은 보험상품의 적격성을 판단하는 절대적 기준이 되기 힘들다.

우리 상법은 이러한 우연한 사건성의 요건을 반영하여 상법 제659조에서 보험사고가 보험계약자 또는 피보험자나 보험수익자의 고의 또는 중대한 과실로 인하여 생긴 때는 보험자는 보험금액을 지급할 책임이 없다고 규정하고 있다. 그러나 생명보험 표준약관에서 피보험자가 심신상실 등으로 자유로운 의사결정을 할 수 없는 상태에서 자신을 해친 경우와 계약의 보장개시일 또는 부활청약일부터 2년이 지난 후에 자살한 경우에는 재해 이외의 원인에 해당하는 사망보험금을 지급하는 것으로 규정하고 있다(제5조). 이것은 우연한 사건성을 전제로 하는 보험상품의 요건을 배제하여 적용한 것으로 자살면책 규정 외에도 보증보험이나 그 밖에 일부 보험상품에서 보험금을 지급할 수 있는 예외를 허용하고 있다. 예외적으로 우연한 사건성을 결한 경우라도 보험금을 지급하는 규정은 상법 제663조에 반하지 않을 뿐만 아니라 사회상규에서 어긋나는 규정으로 보고 있지 않다는 점을 의미한다(민법 제103조). 또한 보증보험의 경우 보험계약자가 고의에 의하여 사고를 야기한 경우에도 보증보험회사는 보험금을 지급할 책임을 부담한다.

☞ 상해보험에서 상해사고의 요건으로서 우연성의 개념

상해보험계약에 의하여 담보되는 보험사고의 요건 중 '우연한 사고'라고 함은 사고가 피보험자가 예측할 수 없는 원인에 의하여 발생하는 것으로서, 고의에 의한 것이 아니고 예견하지 않았는데 우연히 발생하고 통상적인 과정으로는 기대할 수 없는 결과를 가져오는 사고를 의미한다.

상해보험의 피보험자가 후복막강종괴를 제거하기 위한 개복수술과정에서 의료진의 과실로 인한 감염으로 폐렴이 발생하여 사망한 사안에서, 피보험자가 위 수술에 동의하였다는 것만으로 의료과실로 인한 상해의 결과까지 동의하고 예견하였다고 볼 수는 없고, 위 사고는 오히려 피보험자의 고의에 의한 것이 아니고 그가 예측할 수 없는 원인에 의하여 발생한 것으로 '우연한 사고'에 해당한다고 볼 가능성을 배제할 수 없다.

"외과적 수술, 그 밖의 의료처치로 인한 손해를 보상하지 아니한다. 그러나 회사가 부담하는 상해로 인한 경우에는 보상한다"라는 상해보험약관 면책조항의 취지는 피보험자에 대하여 보험회사가 보상하지 아니하는 질병 등을 치료하기 위한 외과적 수술 기타 의료처치(이하 '외과적 수술 등'이라고 한다)가 행하여지는 경우, 피보험자는 일상생활에서 노출된 위험에 비하여 상해가 발생할 위험이 현저히 증가하므로 그러한 위험을 처음부터 보험보호의 대상으로부터 배제하고, 다만 보험회사가 보상하는 보험사고인 상해를 치료하기 위한 외과적 수술 등으로 인한 위험에 대해서만 보험보호를 부여하려는 데 있다. 위와 같은 면책조항의 취지에 비추어볼 때, 특정 질병 등을 치료하기 위한 외과적 수술 등으로 인하여 증가된 위험이 현실화된 결과 상해가 발생한 경우에는 위 면책조항 본문이 적용되어 보험금 지급 대상이 되지 아니하고, 외과적 수술 등의 과정에서 의료과실에 의하여 상해가 발생하였는지 여부는 특별한 사정이 없는 한 위 면책조항의 적용 여부를 결정하는 데 있어서 고려할 요소가 되지 아니한다.

상해보험의 피보험자가 병원에서 복막암 진단을 받고 후복막강종괴를 제거하기 위한 개복수술을 받았으나 그 과정에서 의료진의 과실로 인한 감염으로 폐렴이 발생하여 사망한 사안에서, 위 사고는 보험자가 보상하지 않는 질병인 암의 치료를 위한 개복수술로 인하여 증가된 감염의 위험이 현실화됨으로써 발생한 것이므로 그 사고 발생에 의료진의 과실이 기여하였는지 여부와 무관하게 상해보험약관상 면책조항이 적용된다.[43]

☞ 인보험계약에서 우연한 사고의 의미

인보험계약에 의하여 담보되는 보험사고의 요건 중 '우연한 사고'라 함은 사고가 피보험자가 예측할 수 없는 원인에 의하여 발생하는 것으로서, 고의에 의한 것이 아니고 예견치 않았는데, 우연히 발생하고 통상적인 과정으로는 기대할 수 없는 결과를 가져오는 사고를 의미하는 것이며, 이러한 사고의 우연성에 관해서는 보험금 청구자에게 그 입증책임이 있다.[44]

보험사고는 보험기간 중 발생하는 불확정한 사고 중 보험계약에서 정한 범위 내의 사고로 한정된다. 가령 화재보험에서는 화재에 따른 직접손해, 소방손해 및 피난손해를 보상하는 손해로 규정하고 있다(화재보험표준약관 제3조).

따라서 건물이 홍수로 소실되는 사고가 발생한 경우에는 보험자는 보험금 지급책임이 없고, 이웃집에 연소되어 발생한 사고에 대해서도 책임을 부담하지 않으며 보험목적물에 포함되지 아니한 곳에서 발생한 사고에 대해서도 보험금 지급책임이 없다.

보험계약의 종류에 따라 보험사고가 한 개 또는 수개로 특정되어 있거나 보험사고의 내용이 포괄적으로 규정되어 있는 경우도 있다. 당사자의 약정에 따라 보험사고를 확대하거나 축소할 수 있음은 당연하다. 이러한 경우에는 특약의 형태로 운영되는 경우가 보통이다.

43 대법원 2010. 8. 19. 선고 2008다78491·78507 판결.

44 대법원 2001. 11. 9. 선고 2001다55499·55505 판결.

☞ 손해보험에 있어서 전세금담보에 관한 "보험의 목적이 보통약관 소정의 손해(화재에 따른 손해, 화재에 따른 소방손해, 화재에 따른 피난손해)를 입고 전세계약이 유지될 수 없을 경우에 점포임대자로부터 임차한 점포의 전세금을 돌려받지 못함으로써 발생한 손해를 임대차계약시에 명시된 전세금을 한도로 보상하는 것"을 내용으로 하는 특약은 화재로 인하여 임대차목적물이 소실되는 등의 사유로 임대차계약이 종료되는 경우에 임차인이 임대인으로부터 전세금의 전부나 일부를 반환받지 못하게 되는 손해를 담보하기 위한 것으로서, 이 경우 "전세금을 돌려받지 못한다"라고 함은 임차인이 전세금을 사실상 반환받지 못하는 상태에 있으면 족한 것이고, 임차인이 임대인에 대하여 전세금반환청구권을 가지고 있는지 여부 및 그 전세금을 반환받을 가능성이 있는지 여부 등은 위 특약에 따른 보험금청구권의 행사에 아무런 영향이 없다고 봄이 상당하다.[45]

다. 금전 등의 지급약정 및 대가의 수수

보험상품은 금전 및 그 밖의 급여를 지급할 것을 약정하고, 대가를 수수하는 계약이다. 이 점에서 보험상품은 결국 보험계약을 지칭하는 것임을 알 수 있다. 그러나 이러한 정의가 타당한지는 의문이다. 보험상품과 보험계약은 구별되는 개념이고, 따라서 그 내용을 달리하여야 하는 것이 아닌가 하는 것이다.

여기서 금전 및 그 밖의 급여를 지급할 것을 약정하는 것은 보험자의 보험계약상의 급부의무의 내용을 말하는 것이다. 보험자의 보험사고에 따른 보험금 급부의무는 현금의 지급이 보통이다. 그러나 그 밖의 급여란 무엇을 말하는 것인가? 보험계약상의 급부의무를 부담하는 보험자가 반대급부로서 보험금이라는 현금 외에 현금 등가물과 현물 급여 및 용역이 보험자의 급여채무의 내용이 포함될 수 있다는 것을 의미이다.

판례는 "보험업법이 규정하는 보험상품의 개념요소 중 '그 밖의 급여'에 용역을 포함하는 것은 보험사업자가 다양한 보험수요에 맞추어 보험급부를 다양하게 구성하는 것을 가능하게 하려는 의미이지, 계약 당시 용역제공 여부가 미리 정하여지지 아니한 방식으로 용역계약을 체결하는 경우를 모두 보험상품으로 규제하려는 의도는 아니라 할 것이므로, 보험업법이 규정하는 '그 밖의 급여'에 포함되는 용역은 경제적 위험보장을 목적으로 제공되는 용역, 즉 위험에 대한 보상으로서 원칙적으로 금전으로 급부가 이루어져야 하지만, 보험사 내지는 고객의 편의 등을 위하여 금전에 대한 대체적 의미에서 용역이 제공되는 경우만을 의미하는 것이라고 보아야 할 것이다"라고 판시하였다.[46]

45 대법원 2003. 1. 24. 선고 2002다33496 판결.
46 대법원 2014. 5. 29. 선고 2013도10457 판결.

라. 보험상품성 해당 여부가 문제되는 사례

가) 용역제공 상품[47]

사례

피고 회사가 정부기관, 공공기관 및 일반기업 등의 해외파견 직원을 대상으로 제공하는 긴급의료지원 서비스는 의료상담과 의료기관 알선 서비스(이하 '의료상담 서비스' 라고 한다) 및 심각한 의료 상태에 있는 회원의 이송과 본국 송환 서비스(이하 '이송 및 송환 서비스' 라고 한다)를 주된 내용으로 하는 사실, 피고인 회사가 이러한 서비스를 제공함에 있어서 Service Membership Program 방식(이하 'SMP 방식' 이라고 한다)으로 계약을 체결하는 경우에는 가입자로부터 모든 서비스 비용을 미리 지급받아 약정된 서비스를 제공하게 되고, Access Membership Program 방식(이하 'AMP 방식' 이라고 한다)으로 계약을 체결하는 경우 의료상담 서비스에 대해서는 가입자로부터 미리 비용을 지급받고, 이송 및 송환 서비스에 대해서는 심각한 의료상태가 발생한 회원에게 먼저 서비스를 제공하고 사후에 그 비용을 지급받는 사실, 이송 및 송환 서비스는 회원들을 다른 지역의 의료기관으로 이송하거나 본국으로 송환하는 서비스를 제공하는 것이므로 직접적인 치료나 치료비 지급과는 차이가 있고, 피고인 회사에서 필요하다고 판단될 경우에만 제공되는 것으로서 서비스 제공 여부에 관한 결정권이 피고인 회사에 있는 사실 등을 알 수 있다.

판단

피고인 회사가 SMP 방식으로 제공한 긴급의료지원서비스(이하 '이 사건 SMP 서비스' 라고 한다)가 보험상품에 해당하는지 여부는 제공된 용역이 위험보장을 위한 금전의 대체물로 지급된 것인지, 아니면 용역의 제공 그 자체가 주된 목적이었는지에 따라 판단되어야 한다.

이 사건 SMP 서비스는 심각한 의료상태라는 우연적 사건의 발생으로 인하여 경제적 가치 있는 급부인 이송 내지 송환 서비스를 제공한다는 점에서 우연성 및 경제적 보상의 요소가 있다고 볼 수 있지만, 이러한 서비스를 제공받음으로써 가입자가 결과적으로 비용을 지출하지 아니하게 되는 것은 서비스 제공에 따른 부수적 효과에 불과할 뿐이고 이러한 비용보상의 효과만으로 당연히 이 사건 SMP 서비스가 경제적 위험보장을 주된 목적으로 하고 있다고 볼 수는 없다.

오히려 이 사건 SMP 서비스에서 제공하는 이송 및 송환 서비스는 단순히 병원으로 이송하거나 본국으로 송환하는 비용을 보상하는 것이 아니라, 심각한 의료상태에 처한 회원을 어느 지역의 병원으로 이송할 것이냐 하는 의학적인 판단, 이용할 수 있는 운송수단에 관한 판단 및 현실적인 이송 및 송환서비스까지 포함하는 종합적이고 전문적인 서비스를 제공하는 것이고, 서비스 제공 여부, 그 제공의 방식과 시기 등에 대한 판단을 서비스제공자인 피고인 회사가 하는 것이므로, 단순히 이송비용만 지급하거나 정산함으로써 피보험자 등이 부담하게 되는 경제적 손해의 전보를 목적으로 하는 보험급여와는 성격을 달리하고 있다.

그리고 이 사건 SMP 서비스 가입자들은 정부기관, 공공기업 및 일반기업으로 그들은 소속 직원들의 건강과 안전을 보호하기 위하여 이 사건 SMP 서비스에 가입하였고, 실제로 가입자들은 해당 직원들의 건강과 안전을 위한 전문적인 상담 및 이송서비스 등을 피고인 회사로부터 제공받는 것으로 인식하였다고 봄이 상당하다.

따라서 피고인 회사의 이송 및 송환 서비스의 주된 목적은 금전적 손실의 보상에 있는 것이 아니라 해외에 체류하는 회원이 '심각한 의료상태' 에 처한 경우 병원으로의 이송 및 본국으로의 송환이라는 서비스 자체를 제공하는 데 있다고 보아야 할 것이다.

---

47 용역의 보험급여성 여부에 대해서는 한기정, 『보험업법』, 박영사, 2019, 23-28면 참조.

이와 같이 이 사건 SMP 서비스는 경제적인 위험보장이 아니라 서비스 제공 자체에 그 주된 목적이 있다고 봄이 상당하다 할 것이므로, 이 사건 SMP 서비스는 보험업법에서 규정하고 있는 보험상품에 해당한다고 볼 수 없다.[48]

나) 행정벌 대납 상품

사례

갑은 당국의 허가 없이 '라이센스보장' 이라는 이름 아래 회원이 연회비를 납부하면 회원가입일로부터 1년간 차량운행 중 도로교통법시행령 제73조에 규정된 59종의 위반행위(일부 위반행위는 보상하는 범위에서 제외)로 적발되어 범칙금을 통보받는 경우 회수 및 금액에 불문하고 회원에게 그 범칙금 상당액을 지급하는 대신 국가에 이를 전부 대납함으로써 보상해주는 내용의 상품을 내걸고 회원과 계약을 체결하였다.

판단

보험사업이라 함은 같은 위험에 놓여 있는 다수의 보험가입자로부터 위험을 인수하여 그 대가로서 위험률에 따른 보험료를 받아 이를 관리·운영하고, 그 가입자에게 불확정한 사고가 생길 때는 일정한 보험금액 기타의 급여를 지급하는 것을 내용으로 하는 사업으로서, 보험사업의 범위는 그 사업의 명칭이나 법률적 구성형식에 구애됨이 없이 그의 실체 내지 경제적 성질을 실질적으로 고찰하여 판단하여야 한다. 교통범칙금 상당액을 보상해주기로 약정하고 연회비를 납부받은 영업행위가 실질적으로 무허가 보험사업으로 유사수신행위의규제에관한법률 제2조 제4호 소정의 '유사수신행위' 에 해당한다.[49]

한편 위 사건은 헌법재판소에 위헌소원이 제기되어 '유사수신행위의규제에관한법률' 등이 위헌이 아닌가 하는 판단을 받았는데, 헌법재판소는 합헌 판단을 내렸다. 헌법재판소의 주요 결정 내용을 보면 다음과 같다.[50]

유사수신행위의 규제에 관한 법률의 제정경위와 목적

아이엠에프(IMF) 사태 이후 은행과 종합금융회사 중 일부가 퇴출되는 등 제도금융권의 급격한 변화가 이루어진 가운데 제도금융권과 사채시장의 틈새 사이에서 사설 파이낸스사, 교통범칙금 대행업체, 유사투자자문업체, 상조회사 등 다양한 형태의 유사금융업체가 집중적으로 설립되기 시작하였다. 이러한 유사금융업체들은 은행법, 종합금융회사에관한법률, 보험업법, 증권거래법, 여신전문금융업법 등 각종 금융 관련 법률에서 인허가한 경우에만 허용되는 예금 및 대출, 어음할인 등의 업무를 인허가 없

48 대법원 2014. 5. 29. 선고 2013도10457 판결.
49 대법원 2001. 12. 24. 선고 2001도205 판결.
50 헌재 2003. 2. 27. 2002헌바4, 판례집 15-1, 205[전원재판부].

이 취급하였다. 이에 따라 유사금융업체들은 금융 관련 법률에 의한 규제나 감독은 전혀 받지 않으면서 사실상 금융 관련 업무를 취급함으로써 금융지식이 부족한 일반인들을 상대로 제도권 금융기관보다 몇 배나 높은 고금리, 고배당을 약속하는 등의 수법으로 자금을 유치한 후 체계적이지 못한 경영과 임직원의 횡령사고 등으로 금융질서를 어지럽히고 고객들에게 막대한 피해를 입히는 일이 자주 발생하였다. 은행법 등의 금융 관련 개별 법률로 유사금융업체를 규제하는 것이 불가능한 것은 아니나 개별 법률에 의할 경우 적용에 어려움이 있을 수 있고 규제의 실효성 측면에서도 한계가 있을 수 있기 때문에 유사금융업체의 영업행위를 실질적으로 규제하기 위하여 법이 제정되었다.

직업선택의 자유 침해 여부

법 제2조 제4호의 유사수신행위에 있어 어느 한 거래상대방이 입은 경제적 손실의 보전은 다른 모든 거래상대방이 출연한 금원을 바탕으로 한다는 점에서 각각의 거래상대방들 사이에 일정한 관계가 형성되어 상호 간에 영향을 주고받게 되며, 이러한 단체적 성격으로 말미암아 사업자가 파산이나 임직원의 횡령사고 등으로 당초 약정한 보장금 지급능력이 없어질 경우 그 피해는 어느 특정 거래상대방에 그치는 것이 아니라 다수의 모든 거래상대방에게 미치게 된다. 특히 법규에 의한 관리 · 감독의 손길이 전혀 미치지 않기 때문에 사업자는 재정상태나 건정성 등에 관하여 아무런 외부의 제약을 받지 아니한 채 마음대로 사업을 영위할 수 있어 자금유용, 횡령 등의 위법행위가 발생할 소지가 많고 회사의 부실이 초래될 가능성이 농후한 데 그로 인한 피해는 고스란히 고객들에게 돌아가게 된다.

4) 보험상품의 종류

가. 상법에서 보험의 분류

상법에서는 보험을 손해보험과 인보험으로 나누고 있다. 손해보험은 화재보험, 운송보험, 해상보험, 책임보험, 재보험, 자동차보험, 보증보험으로 구분한다. 인보험은 생명보험, 상해보험 및 질병보험으로 구분한다(상법 제720조, 제730조 및 제737조).

나. 보험업법상의 보험상품 구분

가) 생명보험상품

생명보험상품이란 위험보장을 목적으로 사람의 생존 또는 사망에 관하여 약정한 금전 및 그 밖의 급여를 지급할 것을 약속하고 대가를 수수하는 계약으로서 대통령령으로 정하는 계약을 말한다(보험업법 제2조 제1호 가목). 생명보험상품에 해당하는 것으로 생명보험계약, 연금보험계약, 퇴직보험계약이 있다(보험업법 제2조 제1호 및 시행령 제1조의2 제2항). 각각의 보험종목 내지 계약의 구분 기준은 보험업감독규정에서 규정하고 있다(보험업감독규정 제1-2조의2).

이러한 감독규정의 정의에 의하면 생명보험계약이란 사람의 생존 또는 사망에 관하여 약정한 금전 및 그 밖의 급여를 지급할 것을 약속하고 대가를 수수하는 보험계약을 말한다. 또한 연금보험계약이란 사람의 생존에 관하여 약정한 금전 및 그 밖의 급여를 연금으로 지급할 것을 약속하고 대가를 수수하는 보험계약을 말하고, 퇴직보험계약이란 사람의 퇴직에 관하여 약정한 금전 및 그 밖의 급여를 연금 또는 일시금으로 지급할 것을 약속하고 대가를 수수하는 보험계약을 말한다.

이러한 정의는 상법의 보험계약법을 바탕으로 정의한 것이며 상법상의 생명보험자의 책임에 관한 아래의 규정을 토대로 한 것으로 볼 수 있다.

상법 제730조(생명보험자의 책임) 생명보험계약의 보험자는 피보험자의 사망, 생존, 사망과 생존에 관한 보험사고가 발생할 경우에 약정한 보험금을 지급할 책임이 있다.

위 규정에서는 생명보험계약의 경우 피보험자의 사망, 생존, 사망과 생존을 보험사고로 한다는 점을 알 수 있다.

이러한 점에서 살펴볼 때 보험사고는 모든 보험계약에서 핵심 내용이 되는 중요한 요소가 된다. 생명보험계약은 보험사고의 대상이 사람인 점, 보험사고의 내용이 사망 또는 생존이라는 점을 밝히고 있으며 결국 보험사고의 대상이 무엇인지와 그 사고의 실체적 내용이 무엇인지를 분명하게 나타내고 있다.

그런데 개별 보험약관에 의하면 보험사고가 무엇인지에 관하여 규정하지 않으면서 보험사고라는 용어를 그대로 사용하는 규정들이 다수 존재한다. 가령 다음과 같은 규정에서 보험사고라는 용어가 사용되고 있다.

생명보험표준약관

제2조(용어의 정의) 이 계약에서 사용되는 용어의 정의는 이 계약의 다른 조항에서 달리 정의되지 않는 한 다음과 같습니다.

1. 계약 관련 용어

   가. 계약자: 회사와 계약을 체결하고 보험료를 납입할 의무를 지는 사람을 말합니다.

나. 피보험자: 보험사고로 인하여 손해를 입은 사람(법인인 경우에는 그 이사 또는 법인의 업무를 집행하는 그 밖의 기관)을 말합니다.
다. 보험증권: 계약의 성립과 그 내용을 증명하기 위하여 회사가 계약자에게 드리는 증서를 말합니다.
라. 보험의 목적: 이 약관에 따라 보험에 가입한 물건으로 보험증권에 기재된 건물 등을 말합니다.

생명보험표준약관에서는 보험금의 지급사유라는 별도의 개념을 사용하여 보험금 지급요건을 규정하고 있다.

생명보험표준약관

제3조(보험금의 지급사유) 회사는 피보험자에게 다음 중 어느 하나의 사유가 발생한 경우에는 보험수익자에게 약정한 보험금을 지급합니다.

1. 보험기간 중의 특정시점에 살아 있을 경우: 중도보험금
2. 보험기간이 끝날 때까지 살아 있을 경우: 만기보험금
3. 보험기간 중 사망한 경우: 사망보험금
4. 보험기간 중 진단 확정된 질병 또는 재해로 장해분류표(<부표 3> 참조)에서 정한 각 장해지급률에 해당하는 장해상태가 되었을 때: 장해보험금
5. 보험기간 중 질병이 진단 확정되거나 입원, 통원, 요양, 수술 또는 수발이 필요한 상태가 되었을 때: 입원보험금 등

그렇다면 보험사고와 보험금 지급사유는 동일한 개념인가 어떠한 차이가 있는 것인가? 생각하건대 표준약관에 의하면 때로는 보험사고라는 추상적인 용어를 그대로 사용하고 보험금 지급의무가 발생하는 경우를 보험금 지급사유라는 개념을 도입하여 사용하고 있는데, 보험금 지급사유는 추상적인 보험사고의 개념을 약관에 따라 개별적으로 보다 구체적인 사고형태로 표현한 것이며, 나아가 보험자의 보험금 지급채무를 발생하는 경우, 즉 보험사고의 개념을 포함하는 보험금 지급요건을 규정한 것으로 볼 수 있다.

한편 손해보험에서는 보험금 지급사유라는 개념을 사용하지 않고, 주로 보상하는 손해라는 개념을 사용하고 있다.

화재보험표준약관

제3조(보상하는 손해)

① 회사는 보험의 목적이 화재로 입은 아래의 손해를 보상하여 드립니다.

1. 사고에 따른 직접손해
2. 사고에 따른 소방손해(화재진압과정에서 발생하는 손해)
3. 사고에 따른 피난손해(피난지에서 5일 동안에 보험의 목적에 생긴 위 제1호 및 제2호의 손해를 포함합니다)

② 회사는 제1항에서 보장하는 위험으로 인하여 손해가 발생한 경우 계약자 또는 피보험자가 지출한 아래의 비용을 추가로 지급합니다.

1. 잔존물 제거비용: 사고현장에서의 잔존물의 해체비용, 청소비용 및 차에 싣는 비용. 다만 제1항에서 보장하지 않는 위험으로 보험의 목적이 손해를 입거나 관계법령에 의하여 제거됨으로써 생긴 손해에 대해서는 보상하여 드리지 않습니다.
2. 손해방지비용: 손해의 방지 또는 경감을 위하여 지출한 필요 또는 유익한 비용
3. 대위권 보전비용: 제3자로부터 손해의 배상을 받을 수 있는 경우에는 그 권리를 지키거나 행사하기 위하여 지출한 필요 또는 유익한 비용
4. 잔존물 보전비용: 잔존물을 보전하기 위하여 지출한 필요 또는 유익한 비용. 다만 제13조(잔존물)에 의해 회사가 잔존물을 취득한 경우에 한합니다.
5. 기타 협력비용: 회사의 요구에 따르기 위하여 지출한 필요 또는 유익한 비용

[청소비용] 사고현장 및 인근 지역의 토양, 대기 및 수질 오염물질 제거비용과 차에 실은 후 폐기물 처리비용은 포함되지 않습니다.

③ 아래의 물건은 보험증권에 기재하여야만 제1항의 보험의 목적이 됩니다.

1. 통화, 유가증권, 인지, 우표 및 이와 비슷한 것
2. 귀금속, 귀중품, 보옥, 보석, 글·그림, 골동품, 조각물 및 이와 비슷한 것
3. 원고, 설계서, 도안, 물건의 원본, 모형, 증서, 장부, 금형(쇠틀), 목형(나무틀), 소프트웨어 및 이와 비슷한 것
4. 실외 및 옥외에 쌓아둔 동산

[귀중품] 무게나 부피가 휴대할 수 있으며, 점당 300만 원 이상

④ 아래의 물건은 다른 약정이 없으면 제1항의 보험의 목적에 포함됩니다.

1. 건물인 경우
   가. 건물의 부속물: 피보험자의 소유인 칸막이, 대문, 담, 곳간 및 이와 비슷한 것
   나. 건물의 부착물: 피보험자 소유인 간판, 네온사인, 안테나, 선전탑 및 이와 비슷한 것
2. 건물 이외 경우: 피보험자 또는 그와 같은 세대에 속하는 사람의 소유물(생활용품, 집기·비품 등)

나) 손해보험상품

손해보험상품이란 위험보장을 목적으로 우연한 사건으로 발생하는 손해에 관하여 금전 및 그 밖의 급여를 지급할 것을 약속하고 대가를 수수하는 계약으로서 대통령령으로 정하는 계약을 말한다(보험업법 제2조 제1호 나목). 이에 따라 대통령령에서는 화재보험, 해상보험(항공·운송보험), 자동차보험, 보증보험, 재보험, 책임보험, 기술보험, 권리보험, 도난보험, 유리보험, 동물보험, 원자력보험, 비용보험, 날씨보험 계약을 손해보험상품으로 분류하고 있다(시행령 제1조의2 제3항).

또한 위험보장을 목적으로 우연한 사건에서 질병·상해 및 간병은 제외시키고 있으며, 위험보장을 목적으로 우연한 사건으로 발생하는 손해에서 계약상 채무 불이행 또는 법령상 의무불이행으로 발생하는 손해를 포함시키고 있다. 손해보험사건에서 질병, 상해 및 간병을 제외한 이유는 이들 사건은 제3보험상품에서 별도로 보장하는 것으로 분류하고 있기 때문이다(보험업법 제2조 제1호 다목).

손해보험 종목 구분(보험업감독규정 제1-2조의2 관련)

보험계약(종목)	구분 기준
화재보험(계약)	화재로 인하여 발생하는 손해에 관하여 금전 및 그 밖의 급여를 지급할 것을 약속하고 대가를 수수하는 보험(계약)
해상보험(계약) (항공·운송보험 계약포함)	해상사업에 관한 사고로 인하여 발생하는 손해에 관하여 금전 및 그 밖의 급여를 지급할 것을 약속하고 대가를 수수하는 보험(계약). 이 경우 항공기·육상운송물·인공위성 등에 관하여 사고로 인하여 생긴 손해를 보상하는 항공·운송보험(계약)은 해상보험(계약)으로 본다.
자동차보험(계약)	자동차를 소유·사용·관리하는 것과 관련한 사고로 인하여 발생하는 손해에 관하여 금전 및 그 밖의 급여를 지급할 것을 약속하고 대가를 수수하는 보험(계약)
보증보험(계약)	계약에 따른 채무의 불이행 또는 법령에 따른 의무의 불이행으로 발생하는 손해에 관하여 금전 및 그 밖의 급여를 지급할 것을 약속하고 대가를 수수하는 보험(계약)
재보험(계약)	보험회사가 인수한 보험계약상의 보험금 지급 등 기타 급여책임의 일부 또는 전부를 다시 다른 보험자에 전가하는 보험(계약)
책임보험(계약)	피보험자가 사고로 인하여 제3자에게 배상책임을 지게 됨으로써 발생하는 손해에 관하여 금전 및 그 밖의 급여를 지급할 것을 약속하고 대가를 수수하는 보험(계약)
기술보험(계약)	기계설비 및 장치, 전자기기, 조립공사, 건설공사 등 이와 유사한 목적물과 관련된 사고로 인하여 발생하는 손해에 관하여 금전 및 그 밖의 급여를 지급할 것을 약속하고 대가를 수수하는 보험(계약)
권리보험(계약)	동산·부동산에 대한 권리상의 하자로 인하여 발생하는 손해에 관하여 금전 및 그 밖의 급여를 지급할 것을 약속하고 대가를 수수하는 보험(계약)
도난보험(계약)	도난으로 인하여 발생하는 손해에 관하여 금전 및 그 밖의 급여를 지급할 것을 약속하고 대가를 수수하는 보험(계약)

손해보험 종목 구분(보험업감독규정 제1-2조의2 관련)(계속)

보험계약(종목)	구분 기준
유리보험(계약)	유리파손으로 인하여 발생하는 손해에 관하여 금전 및 그 밖의 급여를 지급할 것을 약속하고 대가를 수수하는 보험(계약)
동물보험(계약)	동물에 발생한 사고로 인하여 발생한 손해에 관하여 금전 및 그 밖의 급여를 지급할 것을 약속하고 대가를 수수하는 보험(계약)
원자력보험(계약)	원자력손해배상법에 의한 배상책임을 지게 됨으로써 발생하는 손해에 관하여 금전 및 그 밖의 급여를 지급할 것을 약속하고 대가를 수수하는 보험(계약)
비용보험(계약)	상금, 상품, 소송비용, 기타비용을 발생시키는 사고로 인하여 발생하는 손해에 관하여 금전 및 그 밖의 급여를 지급할 것을 약속하고 대가를 수수하는 보험(계약). 이 경우 법률서비스나 법률서비스의 비용을 발생시키는 사고로 인하여 발생한 손해를 보상하는 법률비용보험(계약)을 포함한다.
날씨보험	날씨로 인하여 발생하는 손해에 관하여 금전 및 그 밖의 급여를 지급할 것을 약속하고 대가를 수수하는 보험(계약)

다) 제3보험상품

제3보험상품이란 위험보장을 목적으로 사람의 질병·상해 또는 이에 따른 간병에 관하여 금전 및 그 밖의 급여를 지급할 것을 약속하고 대가를 수수하는 계약으로서 대통령령으로 정하는 계약을 말한다(보험업법 제2조 제1호 다목). 보험업감독규정에 의하면 제3보험상품에 속하는 보험종목으로 상해, 질병, 간병보험계약으로 구분한다.

제3보험업의 보험종목 구분(보험업감독규정 제1-2조의2 관련)

보험계약(종목)	구분 기준
상해보험(계약)	사람의 신체에 입은 상해에 대하여 치료에 소요되는 비용 및 상해의 결과에 따른 사망 등의 위험에 관하여 금전 및 그 밖의 급여를 지급할 것을 약속하고 대가를 수수하는 보험(계약)
질병보험(계약)	사람의 질병 또는 질병으로 인한 입원·수술 등의 위험(질병으로 인한 사망을 제외한다)에 관하여 금전 및 그 밖의 급여를 지급할 것을 약속하고 대가를 수수하는 보험(계약)
간병보험(계약)	치매 또는 일상생활장해 등 타인의 간병을 필요로 하는 상태 및 이로 인한 치료 등의 위험에 관하여 금전 및 그 밖의 급여를 지급할 것을 약속하고 대가를 수수하는 보험(계약)

손해보험상품의 경우 '위험보장을 목적으로 우연한 사건으로 발생하는 손해'라고 규정하고 있는 것으로 볼 때 우리는 손해보험상품은, 즉 사건성과 손해성을 필수적 요건으로 하고 있는 것으로 파악할 수 있다. 한편 제3보험상품의 경우 위험보장을 목적으로 '사람의 질병·상해 또는 이에 따른 간병에 관하여'라고 표현하고 있다. 즉, 제3보험상품

의 경우 보험상품의 공통요건으로서 위험보장의 목적성이 있어야 하고, 다음으로 보험금 지급의 전제가 되는 보험사고의 내용이 사람의 질병과 상해 또는 이와 관련한 간병을 포함하고 있는 것으로 볼 수 있다. 그런데 사람의 경우 질병이나 상해가 발생하고 사망이라는 사건이 연속하여 발생하는 경우가 있는데, '상해보험이나 질병보험에서 상해사망이나 질병사망의 경우 상해 또는 질병보험의 보험사고의 내용이 될 수 없는 것인가?' 하는 의문이 있을 수 있다.

이러한 논점에 대하여 우선 보험사고가 무엇인지 살펴보아야 할 것이다. 질병 또는 상해로 인한 사망은 제3보험의 보험사고에서 제외된다고 보는 견해이다. 그 근거는 질병 또는 상해로 인한 사망을 제3보험업의 보험계약에서 담보하는 보험사고로 볼 경우 생명보험계약에서의 보험사고와 동일하게 되어 보험종목의 체계에 혼란을 초래할 수 있다는 것이다. 보험업법이나 보험업감독규정상의 문언에 의할 때 질병 또는 상해 사망이라는 사건이 제3보험의 보험사건의 내용에서 제외되는 것인가 여부에 대해 명확하지 않고, 질병·상해보험 표준약관의 보험금 지급사유로서 상해사망을 보험사고로 명시하고 있는 점을 고려해보면 상해사망 사고가 상해보험의 보험사고에서 제외할 이유가 없다.

질병·상해보험 표준약관

제3조(보험금의 지급사유) 회사는 피보험자에게 다음 중 어느 하나의 사유가 발생한 경우에는 보험수익자에게 약정한 보험금을 지급합니다.

1. 보험기간 중에 상해의 직접결과로써 사망한 경우(질병으로 인한 사망은 제외합니다): 사망보험금
2. 보험기간 중 진단확정된 질병 또는 상해로 장해분류표(<부표 9> 참조)에서 정한 각 장해지급률에 해당하는 장해상태가 되었을 때: 후유장해보험금
3. 보험기간 중 진단확정된 질병 또는 상해로 입원, 통원, 요양, 수술 또는 수발(간병)이 필요한 상태가 되었을 때: 입원보험금, 간병보험금 등

① 상해보험

상해보험은 사람의 신체에 입은 상해에 대하여 치료에 소요되는 비용 및 상해의 결과에 따른 사망 등의 위험에 관하여 금전 및 그 밖의 급여를 지급할 것을 약속하고 대가를 수수하는 보험계약을 말한다.

이러한 보험계약의 구분에 따르면 상해가 발생하는 대상이 신체라는 점은 나타나 있으나 상해보험의 보장 대상인 상해의 개념이 무엇을 의미하는지 어떠한 뜻인지 명확하게 규정되어 있지 않다. 또한 상해는 그 원인이 되는 사고가 어떠한 내용을 갖추어야 하는지 여부에 대해서도 규명되어야 하는데, 이에 대해서는 아래의 표준약관을 통하여 확인할 수 있다.

상해가 발생하였을 경우 상해의 정도에 따라 소정의 보험료를 지급하는 보험을 상해보험이라 하며, 상해보험에서 지급되는 보험금에는 통상 사망보험금, 후유장해보험금 및 의료비보험금이 있다.

질병상해보험표준약관(손해보험 회사용)

제2조(용어의 정의) 이 계약에서 사용되는 용어의 정의는, 이 계약의 다른 조항에서 달리 정의되지 않는 한 다음과 같습니다.

2. 지급사유 관련 용어

가. 상해: 보험기간 중에 발생한 급격하고도 우연한 외래의 사고로 신체(의수, 의족, 의안, 의치 등 신체보조장구는 제외하나, 인공장기나 부분 의치 등 신체에 이식되어 그 기능을 대신할 경우는 포함합니다)에 입은 상해를 말합니다.

실무상 상해보험약관의 담보조항에 의하면 원인사고에 의하여 피보험자가 상해를 입은 것이 상해보험금 지급의 필요조건으로 되어 있다. 즉, 급격성·우연성·외래성이라는 3요건을 충족하는 원인사고로 피보험자의 신체에 입은 상해와 사이에 상당인과관계가 존재하는 것이 필요하다.

위의 정의에 의하면 상해를 유발하는 원인사고는 급격하고도 우연한 외래의 사고에 해당하여야 한다. 이러한 상해사고의 정의에 의하면 보험사고가 갖추어야 할 불확정성과 우연성, 사고 발생 가능성, 특정성의 요건을 전제로 하여 정의한 것으로 이해된다. 상해는 이러한 급격하고 우연한 외래의 사고로 발생하여야 한다. 우선 상해의 원인사고의 요건을 하나하나 살펴본다.

상해보험에 있어서는 지급사유의 발생도 보험금 지급책임 발생의 필요조건이다. 여기서 보험금 지급사유란 상해질병에 의한 치료, 사망 그 밖에 보험금을 지급하기 위한 요건으로서 각 상해보험 및 질병보험약관에서 규정하고 있다. 따라서 상해의 원인사고의

3요건을 충족하는 원인사고로 피보험자가 상해를 입었더라도 구체적인 보험금 지급사유, 즉 사망, 후유장해, 입원, 수술, 통원 등이 발생하지 않으면 보험금의 지급 대상이 되지 못한다.

이상의 요건에 추가하여 상해와 보험금 지급사유 간에 상당인과관계가 필요하다. 상해보험약관에서 보험금 지급사유에 관한 정의 규정으로서 상해질병에 의한 치료, 사망 또는 그 밖의 보험급부라고 규정되어 있는 점이 이를 암시하고 있다.

상해보험에서는 상해의 직접결과로써 사망, 후유장해, 입원, 통원이라는 보험금 지급사유를 규정하는 것이 통상적이다. 여기서 직접이라는 문언은 상당인과관계보다도 직접적인 인과관계에 한정하는 것이라고 해석하는 것이 불가능하지 않지만 상당인과관계의 의미로 해석한다. 판례도 민사분쟁에 있어서의 인과관계는 의학적·자연과학적 인과관계가 아니라 사회적·법적 인과관계이고, 그 인과관계는 반드시 의학적·자연과학적으로 명백히 입증되어야 하는 것은 아닌바, 보험약관상의 '상해의 직접결과로 사망하였을 때'의 의미도 이와 같은 견지에서 이해되어야 한다고 하여 이러한 취지로 해석하고 있고,[51] 실무상으로도 의학적 견해에 기초하여 상당인과관계의 범위에 있는지 여부를 기준으로 개별적으로 판단한다.

가령 자동차운전 중에 경미한 충돌사고 후 약 1시간 후에 지주막하 출혈로 운전자가 사망한 사안에 대해서 뇌동맥류 파열에 의해 막하출혈이 발생한 경우 원인사고인 충돌사고와 사망 사이에 상당인과관계가 없다고 본 판례가 있다.[52]

또한 교통사고 후 경도의 우울증으로 피보험자가 자살한 사안에서 자살의 원인은 그 밖의 다른 요인에 의한 것도 고려해보더라도 적어도 교통사고에 의한 우울증과 자살 사이에 상당인과관계를 인정하기 어렵다고 보았다.[53]

:: 급격성

급격성의 의미와 내용에 대해 학설은 의견이 갈리고 있다. 하나의 견해는 급격성이란 시간적으로 빠른 것이 아니라 피보험자가 예견하지 아니하였거나 예견할 수 없는 순간에 생긴 것이라고 본다.[54]

51 대법원 2002. 10. 11. 선고 2002다564 판결.

52 千葉地裁八日市場支判昭62.11.18判時 1260號 31頁 参照.

53 仙台高判平 6.3.28判タ 878號 274頁 参照.

또 하나의 견해에 의하면 급격성이란 예측 불능의 사고가 돌발적으로 발생하여 직접적으로 상해가 발생한 것이라고 본다.[55]

또 다른 견해로서 급격성이란 예기하지 않은 순간에 돌발적으로 발생한 것으로서 원인인 사고로부터 결과인 상해까지 시간적 간격 없이 발생하는 것으로 본다.[56]

한편 급격성과 관련하여 판례는 상해보험계약상 보험사고로 규정된 '급격하고도 우연한 외래의 사고'에서, '급격하다'는 것은 사고의 원인되는 사실이 돌발적으로 발생하여 그 사실의 직접적인 결과로써 상해가 발생할 것을 의미하는 것으로 피보험자가 예견하지 아니하였거나 예견할 수 없는 순간에 사고가 생긴 것을 뜻한다고 본다.[57]

급격성이 쟁점이 되어 급격성이 인정된 사례를 보면, 술을 마시고 잠을 자다가 구토를 하여 기도폐색으로 질식하여 사망한 경우 급격성을 인정하였다.[58] 또한 약물에 의한 부작용의 경우 약물을 계속적으로 장기간 복용함으로써 그 효과가 계속 누적되어 어느 시점에 나타나는 것이 일반적이고, 그 부작용을 예상할 수 없었던 사람의 입장에서는 급격하게 상해가 발생한 것으로 본다.[59]

:: **우연성**

판례에 의하면 '우연한 사고'라는 것은 사고가 피보험자가 예측할 수 없는 원인에 의하여 발생하는 것을 의미하는 것으로 고의에 의한 것이 아니고 예견치 않았는데 발생하고 통상적인 과정으로는 기대할 수 없는 결과를 가져오는 사고임을 뜻한다.[60]

이러한 판례의 문언에 초점을 맞추어 우연한 사고의 개념을 주관적 측면과 객관적 측면으로 나누어 분석하는 시도가 있는데, 주관적 측면에서 우연한 사고란 고의에 의해서 또는 예견하지 않은 상황에서 발생한 것이라고 이해한다.[61] 즉, 우연한 사고란 우선 의도하지 않는 사고(unintended)를 의미한다. 이것은 피보험자가 작위적으로 작출하지

54 박세민, 앞의 책, 862면; 양승규, 앞의 논문, 486면.
55 최기원, 『보험법』(제3판), 박영사, 2002, 633면.
56 정동윤, 『상법(하)』(제3판), 법문사, 2008, 721면; 정찬형, 앞의 책, 808면.
57 부산고등법원 1998. 5. 22. 선고 98나130 판결.
58 대법원 1998. 10. 13. 선고 98다28114 판결.
59 서울고등법원 2004. 7. 9. 선고 2003나37183 판결.
60 부산고등법원 1998. 5. 22. 선고 98나130 판결.
61 한기정, 앞의 책, 798면.

아니한 것을 의미한다.

사람의 행위에 있어서 주관적 측면은 선의와 악의, 고의와 과실 등으로 나누어 보통분석을 하는데, 이러한 측면에서 우연한 사고에서 우연한 사고란 비의도적인 고의가 아닌 것이라는 주관적 요건은 당연해 포함되고 다만 예견하지 않았다는 의미는 과실을 의미하는 것으로 볼 수 있는지 논란이 있다.

이와 관련하여 판례는 피보험자가 술에 취한 상태에서 출입이 금지된 지하철역 승강장의 선로로 내려가 지하철역을 통과하는 전동열차에 부딪혀 사망한 경우, 피보험자에게 판단능력을 상실 내지 미약하게 할 정도로 과음을 한 중과실이 있더라도 보험약관상의 보험사고인 우발적인 사고에 해당한다고 보았다.[62]

또 평소 술을 좋아하고 주벽이 심한 편이었던 피공제자가 술에 취한 상태에서 타고 있던 택시를 세워 내린 후 교량 난간을 타고 넘어 도합 8.32m의 다리 아래로 뛰어내려 강물에 빠져 익사한 경우, 피공제자가 사고 직전 택시 안에서 뒷좌석에 타고 있는 여자 승객들에게 강에 떨어뜨려 죽이겠다고 욕설을 하였다고 하여 사고 당시 사람이 강물에 뛰어들면 사망할 수도 있음을 분별할 수 있을 정도로 변별능력을 갖추고 있었다고 보기보다는, 기억 및 판단 등의 능력이 미약한 상태에서 아무런 사고작용 없이 단순히 반사적으로 반응하다가 급기야 명정상태(명정상태)에서 목적성을 상실한 나머지 충동적으로 다리 아래로 뛰어내려 익사한 것으로 봄이 상당하고, 이와 같이 피공제자가 추락 당시 병적인 명정상태에 있었던 이상 그 사고는 위 망인이 예견하지 못한 우발적인 사고에 해당한다.[63]

이러한 판례의 취지에 따르면 우연한 사고에서 피보험자의 주관적인 측면의 고려요소는 고의에 한정하여 이해하는 것이 타당하고, 과실 내지 중대한 과실의 경우를 우연한 사고의 범위에서 제외할 수 없다고 본다.[64]

우연한 사고의 객관적 측면으로 우연한 사고란 통상적인 과정으로는 기대할 수 없는 결과를 야기한 것이라고 이해한다.

그런데 객관적인 측면과 관련하여 특별히 문제가 되고 있는 사례는 없으며, 이에 따라 우연한 사고의 경우 주관적 측면에서 비의도성 내지 고의성의 요건만을 충족하면

62 대법원 2001. 11. 9. 선고 2001다55499, 55505 판결.

63 대법원 1998. 10. 27. 선고 98다16043 판결.

64 한기정, 앞의 책, 800면.

된다는 견해도 있다.

그러나 통상적인 과정으로 기대할 수 있는 결과를 야기하는 사고를 우연한 사고로 볼 수 없다는 측면에서 우연한 사고의 객관적 측면을 인정하여야 하는 것으로 보는 견해가 있다.[65]

영국에서는 사고가 우발적이고 예상하지 않은 원인(fortuitous and unexpected cause)에 의한 자연적 결과(natural result)인 경우, 자연적 원인(natural cause)에 의한 우발적이고 예상하지 않은 결과(fortuitous and unexpected result)인 경우는 우연성을 인정한다.[66]

이러한 원칙에 따르면 자연적 원인에 의한 자연적 결과는 우연성이 인정되지 않고, 따라서 열대지방에서 뜨거운 태양의 열기에 노출되어 생긴 열사병은 상해가 아닌 것으로 된다.

우리 판례에서 우연성이 인정되는 사고를 경우를 살펴보면 아래와 같다.

(i) 상해보험의 피보험자가 후복막강 종괴를 제거하기 위한 개복수술과정에서 의료진의 과실로 인한 감염으로 폐렴이 발생하여 사망한 사안에서, 피보험자가 위 수술에 동의하였다는 것만으로 의료과실로 인한 상해의 결과까지 동의하고 예견하였다고 볼 수는 없고, 위 사고는 오히려 피보험자의 고의에 의한 것이 아니고 그가 예측할 수 없는 원인에 의하여 발생한 것으로 '우연한 사고'에 해당한다고 볼 가능성을 배제할 수 없다.[67]

(ii) 피보험자가 술에 취한 나머지 판단능력이 극히 저하된 상태에서 신병을 비관하는 넋두리를 하고 베란다에서 뛰어내린다는 등의 객기를 부리다가 마침내 음주로 인한 병적인 명정으로 인하여 심신을 상실한 나머지 자유로운 의사결정을 할 수 없는 상태에서 충동적으로 베란다에서 뛰어내려 사망한 사안에서, 이는 우발적인 외래의 사고이다.[68]

(iii) 부부싸움 중 극도의 흥분되고 불안한 정신적 공황상태에서 베란다 밖으로 몸을 던져 사망한 경우, 위 사고는 자유로운 의사결정이 제한된 상태에서 망인이 추락함으로써 사망의 결과가 발생하게 된 우발적인 사고이다.[69]

65 한기정, 앞의 책, 800면.
66 한기정, 앞의 책, 800면.
67 대법원 2010. 8. 19. 선고 2008다78491,78507 판결.
68 대법원 2008. 8. 21. 선고 2007다76696 판결.
69 대법원 2006. 3. 10. 선고 2005다49713 판결.

:: **외래성**

외래의 사고란 피보험자의 신체적 또는 체질적 요인 등 내부적 원인이 아닌 외부적 원인에 의해서 야기하는 것을 말한다. 외부적 원인으로 인해 발생한 사고이면 그로 인하여 초래된 상해가 신체의 내부 또는 외부에서 발생하면 된다.

판례에 의하면 '외래의 사고'라 함은 상해 또는 사망의 원인이 신체의 내부에서 기인하는 것이 아닌 것, 즉 신체상해의 발생 원인이 피보험자의 신체에 내재하는 신체적 결함과는 달리 명백히 가시적으로 인식할 수 있는 외부에 있는 사고에 기인하는 것을 의미하는 것으로, 여기서 '외래'란 것은 상해의 원인 그 자체가 외래에 있다는 것이고 상해 자체가 신체의 외부에 흔적이 있음을 요하는 것은 아니라고 본다.[70]

외래성은 상해의 원인이 피보험자의 신체 외부에서 작용하여야 한다는 것이다. 이러한 외해성의 요건은 신체의 내부 원인에 의한 사고를 제외한다는 취지이고, 이로 인하여 질병과 구별하는 기준으로 작용한다. 피보험자 스스로 가한 자상은 이러한 원인사고의 외래성의 요건을 충족하지 못하여 상해보험의 보험사고로 볼 수 없다.

☞ 보험약관에서 정한 보험사고의 요건인 '급격하고도 우연한 외래의 사고' 중 '외래의 사고'라는 것은 상해 또는 사망의 원인이 피보험자의 신체적 결함, 즉 질병이나 체질적 요인 등에 기인한 것이 아닌 외부적 요인에 의해 초래된 모든 것을 의미하고, 이러한 사고의 외래성 및 상해 또는 사망이라는 결과와 사이의 인과관계에 관해서는 보험금 청구자에게 그 증명책임이 있다.[71]

판례에 의하여 외래성이 인정되는 사례는 다음과 같다.

(i) 보험약관상의 '외래의 사고'란 상해 또는 사망의 원인이 피보험자의 신체적 결함, 즉 질병이나 체질적 요인 등에 기인한 것이 아닌 외부적 요인에 의해 초래된 모든 것을 의미한다고 보는 것이 상당하므로, 위 사고에서 피보험자의 술에 만취된 상황은 피보험자의 신체적 결함, 즉 질병이나 체질적 요인 등에서 초래된 것이 아니라 피보험자가 술을 마신 외부의 행위에 의하여 초래된 것이어서 이는 외부적 요인에 해당한다고 할 것이고, 따라서 위 사고는 위 보험약관에서 규정하고 있는 '외래의 사고'에 해당하므로 보험자로서는 수익자에 대하여 위 보험계약에 따른 보험금을 지급할 의무가 있다.[72]

---

70 부산고등법원 1998. 5. 22. 선고 98나130 판결.

71 대법원 2010. 9. 30. 선고 2010다12241, 12258 판결.

72 대법원 1998. 10. 13. 선고 98다28114 판결.

(ii) 생명보험계약상의 보험약관에 특약보험금의 지급사유인 재해를 '우발적인 외래의 사고'라고 정의하고 질병 또는 체질적 요인이 있는 자로서 경미한 외인에 의하여 발병하거나 그 증상이 더욱 악화되었을 때는 그 경미한 외인은 우발적인 외래의 사고로 보지 아니한다고 규정하고 있는 경우에 있어 피보험자가 방 안에서 술에 취하여 선풍기를 틀어놓고 잠을 자다가 사망한 것을 우발적인 외래의 사고로 보지 아니한 원심판결에 심리를 다하지 아니하거나 보험약관의 해석에 관한 법리를 오해한 위법이 있다.[73]

(iii) 평소 주벽이 심한 피공제자가 술에 취한 상태에서 다리 아래로 뛰어내려 익사한 경우, 공제약관상의 재해사고인 '우발적인 외래의 사고'에 해당한다.[74]

(iv) 토사물 오연도 외래의 사고에 해당한다고 해석한다. 오연은 원래 신체의 외부에 있던 음식을 구강 내에서 음식물 덩어리를 형성하여 체내로 들어가는 섭식 과정 중 삼킨 음식물이 기관으로 들어가는 것으로, 일단 피보험자의 위 속에 들어간 음식물이 소화되어 섭식 전의 원형을 유지하지 않은 토사물이 기관에 들어가는 것도 동일하게 해석하고 있다. 오연이란, 일반적인 의학용어 사전에 의하면 본래 구강에서 인두를 거쳐 식도로 들어가야 할 액체 또는 고체가 삼켜질 때 기관에 들어가는 것을 말하는 것이고, 오연 자체가 외래의 사고이며, 오연의 대상물이 구강에 도달하게 된 경위의 여하, 즉시 경구섭취나 토사물(토물, 토혈을 포함), 구강 내의 원인(구강 내 출혈, 깨진 치아 등)에 의한 것인지는 묻지 않는다. 이에 따르면 구강은 소화관의 일부지만 소화관은 의학적으로는 체외이며, 삼킬 때 구강이라는 체외에서 기도라는 체내에 이물이 진입하는 현상이 오연이므로, 오연은 인체에 있어서 외적 작용에 의한 사고로 이해한다.[75]

(v) 지적 장애자의 갱생시설에서 입욕 중에 지병인 간질 발작을 일으켜 의식을 잃고, 익사 경우 외래의 사고로 본다.[76]

판례에서 외래성이 인정되지 않은 사례는 다음과 같다.

(i) 피보험자가 욕실에서 페인트칠 작업을 하다가 뇌교(腦橋)출혈을 일으켜 장애를 입게 되었으나, 뇌교출혈이 페인트나 시너의 흡입으로 발생한 것이 아니라 피보험자가 평소 가지고 있던 고혈압증세로 인하여 발생한 것으로 보아 보험계약에서 정한 우발적인

73 대법원 1991. 6. 25. 선고 90다12373 판결.
74 대법원 1998. 10. 27. 선고 98다16043 판결.
75 最判平成25年4月16日, 判時2218号120頁.
76 最判平成19年7月19日, 生命保険判例集19巻334頁.

외래의 사고가 아니다.[77]

(ii) 상해보험은 피보험자가 급격한 외부적인 우연의 사고로 인하여 신체에 손상을 입는 것을 보험사고로 하는 것인바, 겨드랑이 밑의 악취방지를 위한 수술 중에 급성심부전증에 인하여 사망한 경우는 갑자기 신체의 외부에서 생긴 사고로 뜻하지 않게 신체상의 손상을 입었다는 상해보험사고의 범주에 속한다고 할 수 없다.[78]

(iii) 농작업 중 과로로 지병인 고혈압이 악화되어 뇌졸중으로 사망한 경우 위 '가'항의 약관상 공제금 지급 대상인 '외부의 급격하고도 우발적인 사고'에 해당한다고 볼 수 없다.[79]

(iv) 협심증을 앓고 있는 피보험자가 차량을 운행하여 가다가 저수지에 추락하여 익사한 사례에서는 피보험자의 질병에 의해서 생긴 운행사고로 보았다.[80]

:: 상해의 발생

위와 같은 요건을 갖춘 원인사고에 의해 상해의 결과가 발생하여야 하는데, 상해가 무엇인지에 관해서는 아무런 규정이 없다. 상해란 보통 신체에 입은 손상을 의미하는 것으로 풀이한다. 그러나 실제 상해보험에서 보장하는 상해는 신체에 입은 손상을 포함하여 특별한 신체상의 손상이 초래되지 아니한 경우도 포함하고 있다. 신체의 손상은 신체의 내부 또는 외부를 모두 포함하며, 신체의 직접적이고 물리적인 손상이 발생한 경우뿐만 아니라 익수사고나 유독가스 및 유독물질에 의한 사망, 연기 등에 의한 질식사 등도 포함한다. 따라서 신체의 손상은 물리적 유형적 신체의 변화를 초래하는 경우뿐만 아니라 유형적 변화를 초래하지 것이더라도 상해로 포함하는 경우도 있다.

결국 상해란 일상생활 및 업무를 수행하는 과정에서 부상이나 질병, 사망 등을 초래하는 것을 말한다고 볼 수 있다.

한편 상해보험약관에서는 특별한 언급은 없으나 실손의료보험표준약관에서는 유독가스 또는 유독물질을 우연히 일시에 흡입, 흡수 또는 섭취한 결과로 생긴 중독증상을 상해에 포함시키고 있다. 그러나 유독가스 또는 유독물질을 상습적으로 흡입, 흡수 또는

77 대법원 2001. 7. 24. 선고 2000다25965 판결.
78 대법원 1980. 11. 25. 선고 80다1109 판결.
79 대법원 1992. 2. 25. 선고 91다30088 판결.
80 最判平成19年10月19日, 判時1990号144頁.

섭취한 결과로 생긴 중독증상과 세균성 음식물 중독증상은 상해로 보지 않는다(제3조).

이러한 규정이 없는 상해보험의 경우도 보험약관의 통일적 해석을 기한다는 측면에서 볼 때 위와 같은 중독증상도 상해로 보아야 할 것이다. 그러나 의사의 치료 행위 또는 치료유사한 행위로 생긴 상해는 우연성과 사고성을 결하여 상해사고의 요건을 갖추었다고 볼 수 없다.

상해와 구별되는 개념으로 장해가 있는데, '장해'라 함은 상해 또는 질병에 대하여 치유된 후 신체에 남아 있는 영구적인 정신 또는 육체의 훼손상태 및 기능상실 상태를 말한다. 다만 질병과 부상의 주증상과 합병증상 및 이에 대한 치료를 받는 과정에서 일시적으로 나타나는 증상은 장해에 포함되지 않는다.

:: 형법상의 상해의 개념

형법상의 상해는 사람의 신체에 대한 침해를 내용으로 하는 범죄이다. 상해죄의 보호법익은 신체의 건강이고 보호의 정도는 침해범이다.

상해의 수단방법에는 제한이 없다. 따라서 폭행 등에 의한 유형적 방법이나 공포 등으로 정신장애를 유발하는 것도 포함하며 직접적 간접적, 작위 또는 부작위에 의한 것도 포함한다.

형법상의 상해를 무엇으로 볼 것인가에 관해서는 신체의 완전성 침해설, 생리적 기능훼손설, 절충설이 대립한다. 생리적 기능훼손설이 다수설이며 상해란 생리적 기능의 훼손, 즉 건강침해로서 육체적·정신적·병적 상태의 야기와 증가를 의미한다. 신체의 상처, 신체의 일부박리, 질병감염, 기능장애 등이 상해에 포함될 수 있다.

생각하건대 형법상의 상해는 다른 사람에 의한 상해행위를 처벌하는 데 초점이 있으므로 사람의 결부되어 있는 상해행위가 전제되는 것이며, 상해보험에서 상해는 상해사고의 원인이 자기 또는 타인의 행위에 의한 것이 포함되고, 뜻밖에 일어난 불행한 일이라면 그 원인사고가 사람에 의한 것이든 동물 등에 의한 것이든, 자연력에 의한 것이든 모두 포함된다. 따라서 사람의 폭행 행위 등에 의하여 발생하여야 하는 형법상의 상해의 범위보다 그 원인사고의 범위가 광범위하다고 볼 수 있다.

:: 상해 원인사고와 그 결과로서 상해와 인과관계

상당인과관계 존재 여부는 실제로는 상당히 판단하기 곤란한 문제이다. 가령 과격한 운동 중에 급격하게 생기는 심장질환에 의해 사망한 경우 비교적 경미한 사고가 발생하고, 그 다음 날 사고 전부터 가지고 있던 소인이 영향을 미쳐 사망에 이르게 된 경우 고령자가 사고에 의해 입원하고 활동량이 저하되어 동반하여 나타나는 각종 합병증이 발병한 경우이다.

원인사고와 상해 사이의 인과관계와 관련하여 정면충돌사고를 야기한 자동차운전자가 좌전두부의 두피 내 출혈의 상해를 입고, 그 3일 후에 심근경색으로 사망하였지만 교통사고와 심근경색과의 사이에는 인과관계가 없다는 판례가 있다.[81]

원인사고와 상해와의 인과관계 자체가 문제되는 때 판단기준과 입증의 정도, 비례적인 보험금 지급의 가부에 대해서는 구체적인 사례에 따라 판단이 갈리게 된다.

원인사고가 한정된 경우에는(가령 교통사고상해보험) 해당 원인사고와 상해와의 상당인과관계가 문제가 되고 있다. 가령 피보험자동차를 운행 중에 고속자동차국도에서 자손사고 발생하여 도로상에 주행 불능이 되어 피보험자가 도로 옆에 피난한 직후에 후속 차에 의해 사망한 사고에 대해 자손사고와 피보험자의 사망 사이에 상당인과관계를 인정한다.[82]

☞ 상해보험에서 담보되는 위험으로서 상해란 외부로부터의 우연한 돌발적인 사고로 인한 신체의 손상을 뜻하므로, 그 사고의 원인이 피보험자의 신체의 외부로부터 작용하는 것을 말하고, 신체의 질병 등과 같은 내부적 원인에 기한 것은 상해보험에서 제외되고 질병보험 등의 대상이 된다.[83]

☞ 상해보험은 피보험자가 급격한 외부적인 우연의 사고로 인하여 신체에 손상을 입는 것을 보험사고로 하는 것이므로 피보험자가 겨드랑 밑의 악취제거를 위한 수술 중에 급성심부전증으로 사망한 경우에는 상해보험사고에 해당되지 아니한다.[84]

상해보험에서 상해원인사고와 상해의 결과 사이에 인과관계가 필요하다. 민사분쟁에 있어서의 인과관계는 의학적·자연과학적 인과관계가 아니라 사회적·법적 인과관계이고, 그 인과관계는 반드시 의학적·자연과학적으로 명백히 입증되어야 하는 것은 아닌바,

81 大阪地判平6, 7. 12. 交通民集27券 4號 928頁.

82 最判平19. 5. 29. 判時 1989號 131頁.

83 대법원 2014. 4. 10. 선고 2013다18929 판결; 대법원 2001. 8. 21. 선고 2001다27579 판결; 대법원 2003. 7. 25. 선고 2002다57287 판결 등 참조.

84 대법원 1980. 11. 25. 선고 80다1109 판결.

보험약관상의 '상해의 직접결과로 사망하였을 때'의 의미도 이와 같은 견지에서 이해되어야 한다.[85]

인과관계의 존부는 조건적 인과관계설, 원인설, 상당인과관계설 등으로 나누어 판단해 볼 수 있다. 상해의 원인사고와 상해 간에 조건적 인과관계가 인정되는 경우에는 인과관계를 인정하는 것이 타당하다고 생각한다. 판례는 민사 분쟁에서의 인과관계는 의학적·자연과학적 인과관계가 아니라 사회적·법적 인과관계이므로, 그 인과관계가 의학적·자연과학적으로 명백히 증명되어야 하는 것은 아니고, 보험약관에 정한 '우발적인 외래의 사고'로 인하여 사망하였는지를 판단함에 있어서도 마찬가지이나, 문제된 사고와 사망이라는 결과 사이에는 상당한 인과관계가 있어야 한다.[86]

☞ 상해보험계약에 적용된 임시생활비담보 특별약관에 정한 '사고로 상해를 입고 그 직접결과로서 생활기능 또는 업무능력에 지장을 가져와 입원하여 치료를 받은 경우'나 의료비담보 특별약관에 정한 '사고로 상해를 입고 그 직접결과로서 요양기관에서 치료를 받은 경우'라 함은, 사고로 입은 상해가 주요한 원인이 되어 생활기능 또는 업무능력에 지장을 가져와 피보험자가 입원하여 치료를 받게 되거나, 요양기관에서 치료를 받은 경우를 말하고 사고로 입은 상해 이외에 피보험자가 가진 기왕의 질환 등이 공동원인이 되었다 하더라도 사고로 인한 상해와 (입원)치료 사이에 통상 일어나는 원인결과의 관계가 있다고 인정되는 이상 여기서 말하는 직접결과에 해당한다고 봄이 상당하다.[87]

:: 상해원인 사고와 질병 등의 사정의 경합

상해의 결과가 순수하게 그리고 전적으로 급격하고 우연한 외래의 사고에서 비롯되는 것이 아니라 상해원인으로 피보험자의 신체의 장해나 기왕증, 체질적 요인 등이 함께 작용한 경우에 외래적 사고에 의한 것으로 볼 수 있는지 문제된다. 이는 상해의 원인사고의 외래성의 문제가 아니라 사고와 상해의 인과관계성 여부를 판단하는 데 미치는 영향요소로 보아야 하고, 기왕증 등의 다른 요소를 고려함이 없이 인과관계의 존부를 판단하면 족하고 인과관계가 인정된 상해로 판명이 난 경우 비로소 상해의 증가나 확대에 신체 내부의 체질적 요인이 일부 작용한 것으로 판명되는 경우에는 지급보험금의 감액 등의 방식에 영향을 미치는 사항으로 고려하면 족하다.

85 대법원 2002. 10. 11. 선고 2002다564 판결.
86 대법원 2010. 9. 30. 선고 2010다12241,12258 판결.
87 대법원 2002. 3. 29. 선고 2000다18752, 18769 판결.

이에 따라 판례는 상해보험은 피보험자가 보험기간 중에 급격하고 우연한 외래의 사고로 인하여 신체에 손상을 입는 것을 보험사고로 하는 인보험으로서, 일반적으로 외래의 사고 이외에 피보험자의 질병 기타 기왕증이 공동 원인이 되어 상해에 영향을 미친 경우에도 사고로 인한 상해와 그 결과인 사망이나 후유장해 사이에 인과관계가 인정되면 보험계약 체결 시 약정한 대로 보험금을 지급할 의무가 발생하고, 다만 보험약관에 계약체결 전에 이미 존재한 신체장해, 질병의 영향에 따라 상해가 중하게 된 때는 그 영향이 없었을 때 상당하는 금액을 결정하여 지급하기로 하는 내용이 있는 경우에는 지급될 보험금액을 산정함에 있어서 그 약관 조항에 따라 피보험자의 체질 또는 소인 등이 보험사고의 발생 또는 확대에 기여하였다는 사유를 들어 보험금을 감액할 수 있다고 한다.[88]

:: 감액약정의 유효성

기왕증이나 체질 등이 상해의 공동원인으로 작용한 경우에 그러한 사정에 터 잡아 보험자가 지급할 보험금액을 감액하여 지급할 수 있다는 약관규정이 있는데, 이러한 기왕증 기여 감액약관이 정액보험적 성격의 상해보험에 반하는 것으로 무효가 아닌가 하는 논란이 있다.[89]

이에 대해 판례는 이러한 약정은 사적 자치에 의한 것으로 유효라고 본다.

☞ 상해보험은 피보험자가 보험기간 중에 급격하고 우연한 외래의 사고로 인하여 신체에 손상을 입는 것을 보험사고로 하는 인보험으로서, 보험금의 지급 범위와 보험료율 등 보험상품의 내용을 어떻게 구성할 것인가는 그 보험상품을 판매하는 보험자의 정책에 따라 결정되는 것이므로(대법원 2001. 12. 27. 선고 2001다55284 판결 참조), 피보험자에게 보험기간 개시 전의 원인에 의하거나 그 이전에 발생한 신체장해가 있는 경우에 그로 인한 보험금 지급의 위험을 인수할 것인지 등도 당사자 사이의 약정에 의하여야 할 것이다.[90]

생각하건대 상해의 원인사고가 있고, 상해가 발생한 이상 상해 후 기왕증 등이 기여하여 상해의 결과가 가중적으로 나타났다고 하더라고 가중적 결과를 포함한 최종 상태를

88 대법원 2005. 10. 27. 선고 2004다52033 판결.
89 한기정, 앞의 책, 804면.
90 대법원 2013. 10. 11. 선고 2012다25890 판결.

중심으로 상해보험금의 급여가 이루어져야 한다. 다만 상해의 결과와 기왕증의 상태가 구별되는 경우 등 특별한 경우에는 기왕증의 결과에 의한 상해의 변화는 상해사고로 인한 것은 아니므로 이를 보상 대상에서 제외하는 것이 타당하다. 가령 기왕에 후유장해를 가지고 있는 상태에서 상해사고가 발생하여 후유장해가 확대된 경우에는 확대된 장해에 대해서만 상해보험금의 지급 대상으로 할 수 있으며, 이러한 점을 고려하여 기왕증 감액규정이 존재하는 것이다. 이러한 점에서 보면 기왕증 감액규정은 기존의 정액보험성을 무력화하고자 하는 것은 아니며, 인과법칙의 원리상 상해사고와 인과관계가 없는 부분에 대한 상해를 제거하고자 하는 확인적 규정에 지나지 않는다.

☞ 상해보험은 피보험자가 보험기간 중에 급격하고도 우연한 외래의 사고로 인하여 신체에 손상을 입는 것을 보험사고로 하는 인보험으로서, 상해사고가 발생하기 전에 피보험자가 고지의무에 위배하여 중대한 병력을 숨기고 보험계약을 체결하여 이를 이유로 보험자가 상법의 규정에 의하여 보험계약을 해지하거나, 상해보험약관에서 계약체결 전에 이미 존재한 신체장해 또는 질병의 영향에 따라 상해가 중하게 된 때는 보험자가 그 영향이 없었을 때 상당하는 금액을 결정하여 지급하기로 하는 내용의 약관이 따로 있는 경우를 제외하고는 보험자는 피보험자의 체질 또는 소인 등이 보험사고로 인한 후유장해에 기여하였다는 사유를 들어 보험금의 지급을 감액할 수 없다(대법원 1999. 8. 20. 선고 98다40763, 40770 판결; 2002. 3. 29. 선고 2000다18752, 18769 판결 등 참조).[91]

:: 감액약관규정의 구체적인 적용

가령 후유장해 50% 이상인 경우에 보상하는 상해보험에서 피보험자가 상해사고로 한쪽 다리에 후유장해가 50%가 발생하였으나 기존의 장해로 20%의 장해가 있었던 경우 일정비율 이상의 후유장해를 입은 경우 그 장해율에 보험가입금액을 곱하여 보험금을 지급한다는 규정과 기왕증을 감액한다는 규정을 둔 경우에 피보험자는 위 상해사고로 입은 상해의 결과에 대해 보험금을 청구할 수 있을 것인가?

이러한 경우 기왕증에 상응하는 장해율을 고려한 장해율을 우선 확정하고, 그 장해율이 50% 이상인 경우에만 보험금을 지급하는 방식과 기왕증을 고려하지 않고 기왕장해를 포함한 전체 장해율에서 기준으로 보험금을 산정하되 기왕증의 기여도를 고려하여 보험금액을 삭감하여 지급하는 방식을 고려해볼 수 있다. 전자의 방식에 의하면 피보험자는 보험금을 청구할 수 없으며 후자의 방식에 따르면 피보험자는 기왕증 부분이 감액된

91 대법원 2007. 4. 13. 선고 2006다49703 판결.

부분에 대하여 보험금을 지급받을 수 있게 된다. 우리 대법원은 후자의 방식을 채택하고 있는 것으로 볼 수 있다.

☞ 이 사건 특별약관 조항의 '그 신체의 동일한 부위에 또다시 제8항에 규정하는 후유장해상태가 발생하였을 경우'란 '새로이 발생한 후유장해가 이미 후유장해가 있었던 신체의 동일 부위에 가중된 때'를 의미하는 것으로 보이는 점, 이 사건 특별약관 제5조 제6항, 제7항은 원칙적으로 동일한 사고로 두 가지 이상의 후유장해가 생긴 경우에는 후유장해지급률을 더하여 지급하되, 동일한 신체부위에 장해분류표상의 2가지 이상의 장해가 발생한 경우에는 더하지 않고 그중 높은 지급률을 적용한다고 규정하고 있는 점 등에 비추어보면, 이 사건 특별약관 조항은 보험기간 개시 전의 원인에 의하거나 그 이전에 발생한 신체장해가 있었던 피보험자에게 그 신체의 동일 부위에 외래의 사고로 인하여 새로이 후유장해가 발생한 경우에는 기존의 신체장해에 대한 후유장해보험금이 지급된 것으로 간주하고 최종 후유장해상태에 해당하는 후유장해보험금에서 이미 지급된 것으로 간주한 기존의 신체장해에 대한 후유장해보험금을 차감하여 지급하기로 하는 내용의 조항이라고 봄이 타당하다고 할 것이다.[92]

☞ 상해보험의 약관에서 후유장해보험금 지급의무의 발생 요건을 후유장해지급률 합계 80% 이상의 후유장해를 입은 경우로 규정하고, 이와 별도로 보험금액 산정에 있어서 기왕증 기여도의 감액 요건과 방법에 관한 규정을 두고 있는 경우 위 약관에 정한 바에 따라 산정된 후유장해지급률 합계가 80% 이상이면 보험금 지급의무가 발생하고, 기왕증은 보험금액 산정에 있어 그 기여분을 감액하면 된다.

원심이 인정한 사실에 의하면, 이 사건 보험약관도 제17조에 후유장해보험금 지급의무의 발생 요건에 관하여 '사고로 상해를 입고 그 직접결과로 별표에 따른 후유장해지급률 합계 80% 이상의 후유장해를 입은 경우'로 규정하는 한편 이와는 별도로 제19조에 보험금액 산정에 있어서 기왕증 기여도의 감액 요건과 방법에 관하여 '보험사고 이전에 존재한 신체장해, 질병의 영향으로 사고로 인한 상해가 중하게 된 경우 피고는 그 영향이 없었을 때 상당한 금액을 결정하여 지급한다'라는 취지의 이 사건 약관 조항을 두고 있다.

따라서 원심 판시와 같이 이 사건 사고와 원고의 두개골골절, 시신경손상, 제2, 3경추체 압박골절의 상해 및 그 결과로서의 좌안 실명, 인지기능저하, 경도의 척추 기형 또는 운동장해라는 후유장해 사이에 인과관계가 인정된다면, 그 후유장해에 관하여 별표에 따라 산정한 후유장해지급률 합계가 95%(=60%+25%+10%)에 달하여 보험금지급의무의 요건인 80%를 초과하므로 보험계약 체결 시 약정한 대로 후유장해보험금 지급의무는 발생하였다고 할 것이고, 다만 기왕의 신체장해나 질병으로 인하여 상해가 중하게 된 부분이 있다면 보험금액을 산정함에 있어서 이 사건 약관 조항의 취지에 따라 그 기여분을 감액하면 족하다고 할 것이다.

그럼에도 불구하고 원심은 이 사건 보험사고로 인한 원고의 후유장해에 관하여 별표에 따라 산정된

92 대법원 2013. 10. 11. 선고 2012다25890 판결.

후유장해지급률에서 기왕의 신체장해나 질병이 기여한 부분을 감액하고 난 이후의 지급률이 80%를 초과하여야 비로소 보험금지급의무가 발생한다고 보아 원고의 청구를 배척하였는바, 이러한 원심의 판단에는 이 사건 보험계약에 있어서 보험금지급의무의 발생 요건에 관한 법리를 오해하여 이 사건 보험약관의 해석을 그르침으로써 판결 결과에 영향을 미친 위법이 있다.[93]

:: 주장 입증 책임

우연한 사고, 외래적인 사고성 여부에 대해서는 보험금 청구권자가 입증하여야 한다. 따라서 보험금 청구권자는 외부로부터의 작용에 의한 사고와 피공제자의 상해 사이에 상당한 인과관계가 있는 것을 주장·입증하면 충분하다.

인보험계약에 의하여 담보되는 보험사고의 요건 중 '우연한 사고'라 함은 사고가 피보험자가 예측할 수 없는 원인에 의하여 발생하는 것으로써, 고의에 의한 것이 아니고 예견치 않았는데 우연히 발생하고 통상적인 과정으로는 기대할 수 없는 결과를 가져오는 사고를 의미하는 것이며, 이러한 사고의 우연성에 관해서는 보험금 청구자에게 그 입증책임이 있고 사고의 외래성 및 상해라는 결과와 사이의 인과관계에 대해서도 보험금청구자에게 그 입증책임이 있다.[94]

☞ 보험계약에 의하여 담보되는 보험사고의 요건 중 '우연한 사고'라 함은 사고가 피보험자가 예측할 수 없는 원인에 의하여 발생하는 것으로써, 고의에 의한 것이 아니고 예견치 않았는데, 우연히 발생하고 통상적인 과정으로는 기대할 수 없는 결과를 가져오는 사고를 의미하는 것이며, 이러한 사고의 우연성에 관해서는 보험금 청구자에게 그 입증책임이 있다.[95]

:: 상해와 재해의 구별

상해보험에서는 급격하고 우연한 외래의 사고에 의하여 발생하는 상해에 대하여 각종의 보험금을 지급하는 것이다. 상해와 유사한 개념으로 보험에서는 재해라는 개념을 사용하고 있는데, 특히 생명보험에서 재해는 보험금의 지급사유의 원인사고로 규정하고 있다.

93 대법원 2005. 10. 27. 선고 2004다52033 판결.
94 대법원 2003. 11. 28. 선고 2003다35215, 35222 판결.
95 대법원 2001. 11. 9. 선고 2001다55499, 55505 판결.

생명보험표준약관

제3조(보험금의 지급사유) 회사는 피보험자에게 다음 중 어느 하나의 사유가 발생한 경우에는 보험수익자에게 약정한 보험금을 지급합니다.

4. 보험기간 중 진단 확정된 질병 또는 재해로 장해분류표(<부표 3> 참조)에서 정한 각 장해지급률에 해당하는 장해상태가 되었을 때: 장해보험금

생명보험에서 재해는 우발적인 외래의 사고를 의미하는 것으로 보고 있다. 상해사고는 급격성, 우연성, 외래성을 요한다는 점에서 급격성을 요하지 아니하는 점에서 차이를 보이고 있다. 그러나 실질적으로 상해와 재해의 개념 자체는 차이가 거의 없다. 생명보험에서는 한국표준질병사인분류의 범위 내에서 보장하는 재해와 보험금을 지급하지 않는 재해를 구분하여 사용하고 있으므로 재해 관련 보험금 지급 여부를 결정함에 있어서는 재해와 한국표준질병사인분류의 기준에 따라야 하지만 상해보험에서는 상해사고의 개념이 급격하고 우연한 외래의 사고라는 개방 개념으로 설정되어 있다는 점에서 그 논리 구조를 달리한다.

재해분류표(생명보험표준약관 제2조 제2호 나목)

1. 보장 대상이 되는 재해
   다음 각호에 해당하는 재해는 이 보험의 약관에 따라 보험금을 지급합니다.
   ① 한국표준질병·사인분류상의 (S00~Y84)에 해당하는 우발적인 외래의 사고
   ② 감염병의 예방 및 관리에 관한 법률 제2조 제2호에서 규정한 제1급감염병
2. 보험금을 지급하지 않는 재해
   다음 각호에 해당하는 경우에는 재해분류에서 제외하여 보험금을 지급하지 않습니다.
   ① 질병 또는 체질적 요인이 있는 자로서 경미한 외부 요인으로 발병하거나 그 증상이 더욱 악화된 경우
   ② 사고의 원인이 다음과 같은 경우 <개정 2020.7.31.>
   - 과잉노력 및 격심한 또는 반복적 운동(X50)
   - 무중력 환경에서의 장시간 체류(X52)
   - 식량 부족(X53)
   - 물 부족(X54)
   - 상세불명의 결핍(X57)

– 고의적 자해(X60～X84)

– 법적 개입 중 법적 처형(Y35.5)

③ '외과적 및 내과적 치료 중 환자의 재난(Y60～Y69)' 중 진료기관의 고의 또는 과실이 없는 사고(단, 처치 당시에는 재난의 언급이 없었으나 환자의 이상반응 또는 이후 합병증의 원인이 된 외과적 및 기타 내과적 처치(Y83～Y84)는 보장)

④ '자연의 힘에 노출(X30～X39)' 중 급격한 액체손실로 인한 탈수

⑤ '우발적 익사 및 익수(W65～W74), 호흡과 관련된 기타 불의의 위협(W75～W84), 눈 또는 인체의 개구부를 통하여 들어온 이물(W44)' 중 질병에 의한 호흡장해 및 삼킴장해

⑥ 한국표준질병·사인분류상의 (U00～U99)에 해당하는 질병

:: 산업재해와 생명보험의 재해

산업재해보상보험법상의 재해는 업무상의 재해라는 점에서 생명보험의 재해는 특별히 업무와 관련성을 요하지 않는다는 점에서 차이가 있다. '업무상의 재해'란 업무상의 사유에 따른 근로자의 부상·질병·장해 또는 사망을 말한다(산업재해보상보험법 제5조 제1호).

따라서 산업재해의 경우에는 재해가 업무와의 관련성을 가지고 있는지 여부가 핵심 쟁점으로 다루어진다. 산업재해보상보험법상 근로자가 업무상 사고, 업무상 질병, 출퇴근 재해에 해당하는 사유로 부상·질병 또는 장해가 발생하거나 사망하면 업무상 재해로 본다(제37조 제1항). 그러나 근로자의 고의·자해행위나 범죄행위 또는 그것이 원인이 되어 발생한 부상·질병·장해 또는 사망은 업무상의 재해로 보지 아니한다. 다만 그 부상·질병·장해 또는 사망이 정상적인 인식능력 등이 뚜렷하게 낮아진 상태에서 한 행위로 발생한 경우로서 대통령령으로 정하는 사유가 있으면 업무상의 재해로 본다(제37조 제2항).

출퇴근 경로 일탈 또는 중단이 있는 경우에는 해당 일탈 또는 중단 중 사고 및 그 후의 이동 중의 사고에 대해서는 출퇴근 재해로 보지 아니한다. 다만 일탈 또는 중단이 일상생활에 필요한 행위로서 대통령령으로 정하는 사유가 있는 경우에는 출퇴근 재해로 본다(제37조 제3항).

출퇴근 경로와 방법이 일정하지 아니한 직종으로 대통령령으로 정하는 경우에는 그

밖에 통상적인 경로와 방법으로 출퇴근 하는 중 발생한 사고의 경우 출퇴근 재해를 적용하지 아니한다(제37조 제4항).

:: 상해보험의 생명보험에 관한 규정의 적용 범위

상법에 의하면 상해보험에 관해서는 제732조를 제외하고 생명보험에 관한 규정을 준용한다(상법 제739조). 상법 제732조는 심신박약자가 보험계약을 체결하거나 단체보험의 피보험자가 될 때 의사능력이 있는 경우를 제외하고, 15세 미만자, 심신상실자 또는 심신박약자의 사망을 보험사고로 한 보험계약을 무효로 취급한다. 상해보험에서는 본 규정이 적용되지 아니하므로 15세 미만자, 심신상실자 또는 심신박약자를 피보험자로 하여 상해보험계약을 체결할 수 있다. 그런데 상해사망을 보험사고로 하는 상해보험계약도 아무런 제약 없이 체결할 수 있고, 그러한 보험계약은 유효한 것으로 볼 수 있느냐 하는 문제에 관하여 논란이 있다.

생명보험계약의 보험자는 피보험자의 사망, 생존, 사망과 생존에 관한 보험사고가 발생할 경우에 약정한 보험금을 지급할 책임이 있다(상법 제730조). 여기서 따라서 피보험자의 사망, 생존, 사망과 생존은 생명보험에서 담보하는 사고로 볼 수 있다.

이러한 피보험자의 사망을 보험사고로 하는 생명보험에서 15세 미만자, 심신상실자 또는 심신박약자를 피보험자로 하는 보험계약의 체결을 절대적으로 금지하고 있고, 이 규정의 취지는 판단능력이나 의사능력이 미약한 자를 대상으로 하는 보험계약의 체결로 인한 도덕적 위해를 방지하고자 하는 것이므로 비록 상해보험에서 상해사망을 보험사고로 포함할 수 있다고 하더라도 15세 미만자 등에 대한 상해사망을 담보로 하는 보험계약도 여전히 무효로 보아야 할 것이다.

이와 관련하여 판례는 갑과 을 보험회사가 피보험자를 만 7세인 갑의 아들 병으로 하고 보험수익자를 갑으로 하여, 병이 재해로 사망하였을 때는 사망보험금을 지급하고 재해로 장해를 입었을 때는 소득상실보조금 등을 지급하는 내용의 보험계약을 체결하였는데, 병이 교통사고로 보험약관에서 정한 후유장해진단을 받은 사안에서, 갑이 보험계약을 체결한 목적 등에 비추어 갑과 을 회사는 보험계약 중 재해로 인한 사망을 보험금 지급사유로 하는 부분이 상법 제732조에 의하여 무효라는 사실을 알았더라도 나머지 보험금 지급사유 부분에 관한 보험계약을 체결하였을 것으로 봄이 타당하다는 이유로 위 보험계약이 그 부분에 관해서는 여전히 유효하다고 보았다.[96]

:: **민법의 일부 무효의 법리의 적용**

☞ 민법 제137조는 임의규정으로서 법률행위 자치의 원칙이 지배하는 영역에서 그 적용이 있다. 그리하여 법률행위의 일부가 강행법규인 효력규정에 위반되어 무효가 되는 경우 그 부분의 무효가 나머지 부분의 유효·무효에 영향을 미치는가의 여부를 판단함에 있어서는, 개별 법령이 일부 무효의 효력에 관한 규정을 두고 있는 경우에는 그에 따르고, 그러한 규정이 없다면 민법 제137조 본문에서 정한 바에 따라서 원칙적으로 법률행위의 전부가 무효가 된다. 그러나 같은 조 단서는 당사자가 위와 같은 무효를 알았더라면 그 무효의 부분이 없더라도 법률행위를 하였을 것이라고 인정되는 경우에는, 그 무효 부분을 제외한 나머지 부분이 여전히 효력을 가진다고 정한다. 이때 당사자의 의사는 법률행위의 일부가 무효임을 법률행위 당시에 알았다면 의욕하였을 가정적 효과의사를 가리키는 것으로서, 당해 효력규정을 둔 입법 취지 등을 고려할 때 법률행위 전부가 무효로 된다면 그 입법 취지에 반하는 결과가 되는 등의 경우에는 여기서 당사자의 가정적 의사는 다른 특별한 사정이 없는 한 무효의 부분이 없더라도 그 법률행위를 하였을 것으로 인정되어야 한다.[97]

② 질병보험

:: **질병의 개념**

질병을 어떻게 보고 개념화할 것인가의 문제는 의학의 핵심 문제이다. 질병을 정의하는 문제, 혹은 질병을 개념화하는 문제는 단지 의학에만 해당되는 것이 아니다. 이 문제는 다음과 같은 의학 철학의 핵심 물음과 직접 연결되어 있다.

'질병은 실체적 존재인가 아니면 하나의 과정인가?', '질병은 객관적 실재의 반영인가 아니면 인위적인 구성물인가?' 물론 이러한 물음을 유명론자와 실재론자 사이의 해묵은 철학적 대립을 의학에서 다시 재현하는 것으로 생각할 수도 있다. 그러나 의학에서 이와 같은 대립은 질병이라는 현상에 현실적 근거를 두고 있다는 점에서 오히려 추상적인 철학 논쟁에 새로운 빛을 던져줄 수도 있을 것이다.

질병의 개념을 규정하는 것과 관련해 의학의 역사를 살펴보면 두 가지 대립되는 병리 이론이 번갈아 등장하는 것을 볼 수 있다. 하나는 실체론적 질병관으로, 이것은 원시적 질병관에서 기원하였다. 원시적 질병관은 귀신이나 악령이 몸속에 침범해 질병을 일으키는 것으로 보기 때문에 치료법은 귀신이라는 악한 실체를 몸 바깥으로 쫓아내는 것이다. 이러한 관념은 반드시 원시적이라고만 할 수는 없는데, 현대 의학의 미생물병인론 역시 동일한 개념에 근거를 두고 있기 때문이다.

---

96 대법원 2013. 4. 26. 선고 2011다9068 판결.

97 대법원 2013. 4. 26. 선고 2011다9068 판결.

실체론적 질병관은 우리 몸 안에 질병의 자리가 있다는 관념과도 연결되어 있다. 밖에서 들어온 질병의 원인이 어느 부위에 가서 자리를 잡느냐에 따라 질병이 생기는 부위가 달라지고 종류도 달라진다. 질병은 몸 전체가 겪는 실존적 사건이기도 하지만 특정 부위에 생기는 현상이기도 하다. 이러한 관념 역시 원시적 기원과 함께 해부병리학이라는 현대 의학적 관념으로 표현되고 있다.

다음으로 질병을 동적인 관점에서 바라보는 또 다른 병리 이론에서는 건강이란 인체와 각 구성 요소들 사이의 균형과 조화를 이룬 것이며, 그것이 깨진 것을 질병이라고 본다. 이러한 관념은 고대 자연철학자들과 히포크라테스를 비롯한 고대 의학자들이 보통 가지고 있던 질병관이다. 이러한 관념은 고대 서양 의학의 대표적 병리이론인 4체액설과도 밀접한 관계가 있다.

이러한 전통적인 질병관 말고도 현대에는 질병의 심리적 기원을 중요하게 생각하는 정신·신체적 질병관이 중요한 관점으로 등장하였다. 이는 질병을 단순히 생물학 차원의 사건으로만 보는 것이 아니라 정신적 차원과 나아가서는 사회적 차원까지도 포함해서 바라볼 수 있게 하였다.

질병은 사람 몸에서 일어나는 사건이다. 그런 의미에서 질병은 '몸'이라는 실체적 근거를 가지는 현상이다. 그런데 이는 단순히 질병의 원인이 무엇이라는 뜻은 아니다. 그것은 질병의 개념 규정에 관한 것이기도 하고, 또한 질병의 존재 방식에 대한 물음이기도 하다. 사람들이 질병이라는 현상을 어떻게 생각해왔으며 이를 어떻게 개념화해왔는가 하는 문제는 단순히 의학사에 한정된 문제가 아니다. 그 역사를 더듬어보면 그 과정은 다소 거창하게 들리겠지만, 인류가 지적인 진보를 한 과정과 같다고 볼 수 있다.

그리고 질병을 설명하는 방식은 결국 당대의 지적인 패러다임 위에서 이루어진다는 사실을 알 수 있다. 그런 의미에서 우리가 질병 이론의 역사적 변천 과정을 살펴보는 것은 단순히 의학 이론의 변천사를 따라가는 것만이 아니라 인류 지성사의 중요한 측면을 살펴보는 것이다. 그렇다고 해서 이것이 하나의 절대적 시대정신이 먼저 존재하고 그것이 문학, 예술, 의학 등 각 분야에 구현된다는 식의 관념론적 역사 인식은 아니다. 각 영역이 갖는 독자성과 자율성은 충분히 인정하면서 동시에 한 시대의 사상적 특징들이 각 시대의 질병 이론에 반영되어 표현된다는 의미이다. 이는 어찌 보면 당연한 것이다. 왜냐하면 질병을 이해하는 것은 결국 인간 자신과 그를 둘러싼 환경을 이해하는 것이기 때문이다.

질병의 개념 정의와 질병과 상해의 구별문제 등은 보험법학에서도 핵심쟁점이 된다.

:: 질병보험의 개념

질병보험이란 사람의 질병 또는 질병으로 인한 입원, 수술 등의 위험에 관하여 금전 및 그 밖의 급여를 지급할 것을 약속하고 대가를 수수하는 보험계약을 말한다.

우리 상법은 제739조의2에서 질병보험계약의 보험자는 피보험자의 질병에 관한 보험사고가 발생할 경우 보험금이나 그 밖의 급여를 지급할 책임이 있다고 규정하고 있을 뿐 질병의 의미가 구체적으로 무엇인지 명확하게 밝히지 않고 있다. 또한 실무계에서 사용하는 보험약관에서도 질병의 의미를 규정하고 있는 조항을 발견하기 어렵다.

국어사전에 의하면 질병이란 몸의 온갖 병을 가리킨다고 정의하고 병이란 생물체의 전신이나 일부분에 이상이 생겨 정상적 활동이 이루어지지 않아 괴로움을 느끼게 되는 현상을 말한다고 규정한다. 구체적으로는 간질병, 심장병, 암 등을 말한다.

질병을 어떻게 보고 개념화할 것인가의 문제는 의학의 핵심 문제이다. 나아가 법률적 관점에서도 질병의 의미가 중요하며 특히 상해와 질병을 구분할 경우에도 유용한 개념으로 작용한다. 보험법학적 관점에서 질병이란 신체의 내부적 작용에 의하여 생기는 신체 기능의 상실 또는 고장을 말한다고 볼 수 있다.

:: 상해보험과 구별

그런데 사람의 신체에 이상을 초래하는 원인은 질병과 상해로 크게 나눌 수 있다. 이 경우 사람의 상해를 대상으로 하는 것이 상해보험이다.

상해보험에서 보상하는 손해는 피보험자가 급격하고 우연한 외래의 사고로 상해를 입고 일정의 급부사유, 즉 입원, 통원, 후유장해, 사망 등이 발생한 경우에 정해진 금액을 지급하는 보험이다.

상해보험에서 담보하는 보험금 지급조건은 급격하고 우연한 외래의 사고에 의해 그의 신체에 상해를 입고, 그 직접적인 결과로서 사망 및 입원 등의 보험 지급유가 생기는 경우에 보험금이 지급된다. 이러한 점에서 원인사고와 보험금 지급사유 간에 상당한 인과관계의 존재가 요구된다.

우리 판례도 위와 동일한 취지로 상해보험에서 담보되는 위험으로서 상해란 외부로부터의 우연한 돌발적인 사고로 인한 신체의 손상을 말하는 것이므로, 그 사고의 원인이 피보험자의 신체의 외부로부터 작용하는 것을 말하고 신체의 질병 등과 같은 내부적 원인에 기한 것은 제외되며, 이러한 사고의 외래성 및 상해 또는 사망이라는 결과와 사이의 인과관계에 관해서는 보험금청구자에게 그 입증책임이 있다고 한다.

질병보험의 보험사고로 질병으로 인한 사망사고는 제외되어 있다. 이점은 상해로 인한 결과, 즉 상해사망을 보험사고로 보는 상해보험과 대비된다.

보험 종목(계약) 구분 기준(제1-2조의2 관련)

3. 제3보험업

보험계약(종목)	구분 기준
상해보험(계약)	사람의 신체에 입은 상해에 대하여 치료에 소요되는 비용 및 상해의 결과에 따른 사망 등의 위험에 관하여 금전 및 그 밖의 급여를 지급할 것을 약속하고 대가를 수수하는 보험(계약)
질병보험(계약)	사람의 질병 또는 질병으로 인한 입원·수술 등의 위험(질병으로 인한 사망을 제외한다)에 관하여 금전 및 그 밖의 급여를 지급할 것을 약속하고 대가를 수수하는 보험(계약)

:: 감염병의 문제

질병이란 심신의 전체 또는 일부가 일차적 또는 계속적으로 장애를 일으켜서 정상적인 기능을 할 수 없는 상태를 말한다. 질병은 크게 감염성 질환과 비감염성 질환으로 나눌 수 있다. 감염성 질환은 바이러스·세균 ·곰팡이·기생충과 같이 질병을 일으키는 병원체와 병원체가 증식하고 생활하는 장소인 병원소가 있어, 이 병원소에서 탈출한 병원체가 동물이나 인간에게 전파·침입하여 질환을 일으킨다. 감염성 질환에서는 그 질환을 일으키는 병원체가 명확하고 중요하나 병원체가 인간이나 동물인 숙주에 접촉하여도 모두 질환을 일으키는 것은 아니다. 즉, 인간의 병원체에 대한 저항력 정도가 질병에 이환되는 데 또 하나의 중요한 요소가 된다.

비감염성 질환은 고혈압이나 당뇨와 같이 병원체 없이 일어날 수 있으며, 대부분 발현기간이 길어 만성적 경과를 밟는 경우가 많다. 비감염성 질환이 감염성 질환보다 중요성이 더욱 커지고 있는 이유는 항생제의 발견으로 감염성 질환의 치료가 쉬워졌고, 인구구조의 변화로 노인인구가 증가하였다. 또한 의학 분야의 진단기술 발달로 과거에 발견하지 못하였던 비감염성 질환의 진단을 가능하게 하였다는 점을 들 수 있다. 비감염성 질환의 원인은 명확히 밝혀지지 않은 경우가 많으며 여러 가지 위험인자가 복합적으로 질환을 유발시키는 데 관여하는 것으로 알려져 있다.

감염병의 예방 및 관리에 관한 법률에 의하면 에볼라, 페스트, 사스, 메르스, 신종감염병증후군(코로나19 포함) 등 17종에 대해 감염병으로 분류하고, 국민 건강에 위해(危害)가 되는 감염병의 발생과 유행을 방지하고, 그 예방 및 관리를 위하여 필요한 규제를 시행하고 있다.

:: 감염병에 대한 보험처리

제1급 감염병은 우발적인 외래의 사고에 의한 질병으로 보아 생명보험표준약관상 재해로 인정하고 있다. 그러나 한국표준질병·사인분류(KCD, Korea Standard Classification of Diseases)상 U코드에 해당하는 감염병은 제외하고 있다.

생명보험표준약관 부표 4. 재해분류표

1. 보장 대상이 되는 재해

다음 각호에 해당하는 재해는 이 보험의 약관에 따라 보험금을 지급합니다.

① 한국표준질병·사인분류상의 (S00~Y84)에 해당하는 우발적인 외래의 사고

② 감염병의 예방 및 관리에 관한 법률 제2조 제2호에서 규정한 제1급감염병

한국표준질병사인분류는 의무기록자료, 사망원인통계조사 등 질병이환 및 사망자료를 그 성질의 유사성에 따라 체계적으로 유형화한 것이다. 질병분류란 설정된 기준에 따라 질병명을 묶어놓은 하나의 범주체계라 할 수 있다. 질병사인분류의 목적은 여러 나라와 지역에서 상이한 시기에 수집된 사망과 질병이환 자료의 체계적 기록 분석, 해석 및 비교를 가능하게 하는 데 있다. KCD는 질병의 진단명과 기타 보건문제에 관한 용어들을 알파벳과 숫자가 결합된 분류부호로 바꾸어서 자료를 손쉽게 저장하고 찾아보며 분석하는 데 사용된다.

KCD의 기본은 3단위의 단일분류 목록으로, 각각은 최대 10개까지의 4단위 분류로 세분할 수 있다. 분류부호의 첫 자리에 알파벳 문자를 사용하였고 둘째, 셋째 및 넷째는 숫자를 사용하였다. 4단위 세분류는 소수점 뒤에 위치한다. 결과적으로 사용 가능한 분류부호는 A00.0에서 Z99.9이다.

제22장(특수목적 부호) 분류부호 U00-U19는 불확실한 병인 또는 응급사용의 신종질

환의 잠정적 지정을 위하여, U82-U85는 항균제 및 항암제 내성 분류를 위하여, U99는 재발한 악성 신생물 분류를 위하여 사용한다. U20-U33은 한의(韓醫) 병명, U50-U79는 한의(韓醫) 병증의 분류를 위하여 사용한다.

질병에 관한 통계자료는 실제적이고 역학적 목적을 위해 유행성 질환(epidemic diseases), 체질 또는 전신 질환(constitutional or general diseases), 부위에 따른 국소질환(local diseases arranged by site), 발육질환(developmental diseases), 손상(injuries)과 같은 방법으로 묶어주어야 한다.

생각하건대 생명보험표준약관에 의하면 감염병의 예방 및 관리에 관한 법률에서 규정하고 있는 제1급감염병에 대해서만 재해로 인정하고 있다. 이에 따라 제1급감염병은 재해 관련 보험금을 지급하여야 하고, 그 밖에 제1급 감염병을 제외한 감염병의 경우 생명보험표준약관상의 재해가 아닌 것으로 해석되므로 재해 관련 보험금을 지급할 수 없다. 그런데 감염병에 대하여 상해보험에서 보험금을 지급하여야 하는 상해로 볼 것인지 여부는 여전히 논란이 될 수 있다. 생명보험에서 말하는 재해와 상해보험의 재해는 우발적인 외래의 사고라는 점에서 공통점을 가지고 있다. 그런데 생명보험에서 재해는 우발적인 외래의 사고로서 한국표준질병사인분류표의 범주에 속하는 재해에 포함되어야 하나, 상해보험에서의 상해는 급격하고 우연한 외래의 사고로서 상해를 입은 경우에 보험금 지급사유로 규정하고 있으므로 보험금의 지급요건이 개방되어 있다고 볼 수 있다. 그러나 한국표준질병사인분류표가 열거적·한정적으로 재해를 분류하고 있는 것이 아니라 예시적 열거적 재해를 규정한 것으로 해석되므로 실질적인 차이점을 없을 것으로 보인다.

코로나 19를 포함한 감염병에 대해 상해보험금을 지급할 것인지 여부는 급격하고 우연한 외래의 사고로 인한 상해에 해당하는지 여부에 달려 있다. 생명보험에서 감염병 중에서 중한 1급 감염병에 대해서 재해로 인정하고 있고, 상해를 손상에 국한하여 해석하는 것이 아니라 손상이 없는 질병상태의 초래도 포함하는 것으로 넓게 해석하는 경향이 있으므로 바이러스에 의한 감염병를 상해에서 제외할 근거는 희박한 것으로 보인다. 그러나 감염병을 상해보험에서 담보하는 위험에서 제외하는 것은 약관작성 기술상 가능할 것으로 보인다.

한편 질병상해보험을 생명보험회사 및 손해보험회사가 겸영함에 따라 종래 상해보험약관이 질병상해보험약관으로 통합·운용되고 있는데, 손해보험회사용 질병상해보험약관에 의하면 상해를 "보험기간 중에 발생한 급격하고도 우연한 외래의 사고로 신체에 입은 상해를 말합니다"라고 규정하고 있다. 또한 특별히 감염병을 보상하지 아니하는 손해에서 규정하고 있지 않다. 그런데 바이러스에 감염되는 사고는 외래적 사고에 해당한다. 그리고 상해의 개념을 신체의 손상으로 엄격하게 제한하지 않는 한 신체의 기능상의 장애초래를 상해로 본다면 감염병의 경우 상해사고로 볼 수도 있다고 본다.

③ 간병보험

간병보험이란 치매 또는 일상생활장해 등 타인의 간병을 필요로 하는 상태 및 이로 인한 치료 등의 위험에 관하여 금전 및 그 밖의 급여를 지급할 것을 약속하고 대가를 수수하는 보험계약을 말한다(보험업감독규정 제1-2조의2).

질병상해보험표준약관에 의하면 보험기간 중 진단확정된 질병 또는 상해로 수발(간병)이 필요한 상태가 되었을 때 간병보험금을 지급할 수 있도록 규정하고 있다.

질병·상해보험표준약관

제3조(보험금의 지급사유) 회사는 피보험자에게 다음 중 어느 하나의 사유가 발생한 경우에는 보험수익자에게 약정한 보험금을 지급합니다.

1. 보험기간 중에 상해의 직접결과로서 사망한 경우(질병으로 인한 사망은 제외합니다): 사망보험금
2. 보험기간 중 진단확정된 질병 또는 상해로 장해분류표(<부표 9> 참조)에서 정한 각 장해지급률에 해당하는 장해상태가 되었을 때: 후유장해보험금
3. 보험기간 중 진단확정된 질병 또는 상해로 입원, 통원, 요양, 수술 또는 수발(간병)이 필요한 상태가 되었을 때: 입원보험금, 간병보험금 등

☞ 인신사고의 피해자가 치료 종결 후에도 개호가 필요한지 여부 및 그 정도에 관한 판단은 전문가의 감정을 통하여 밝혀진 후유장애의 내용에 터잡아 피해자의 연령, 정신상태, 교육 정도, 사회적·경제적 조건 등 모든 구체적인 사정을 종합하여 경험칙과 논리칙에 비추어 규범적으로 행하는 평가이어야 한다(대법원 2003. 3. 28. 선고 2002다68515 판결; 2004. 3. 26. 선고 2003다64794 판결 등 참조).[98]

98 대법원 2004. 6. 25. 선고 2004다6917 판결.

5) 보험상품에서 명시적 제외

국민건강보험이나 고용보험 등은 개념상 보험상품의 범위에 포함될 수 있다. 그러나 보험업법은 기본적으로 민영보험을 그 규율 대상으로 하기 때문에 내용 및 기능면에서 실질적으로 보험상품에 해당하더라도 국민건강보험이나 고용보험 등은 보험상품에서 제외할 필요가 있다. 이에 따라 보험업법은 국민건강보험법에 따른 건강보험, 고용보험법에 따른 고용보험 등 보험계약자의 보호 필요성 및 금융거래 관행 등을 고려하여 대통령령으로 정하는 것을 보험상품에서 제외하고 있다(보험업법 제2조 제1호). 보험상품에서 제외되는 것으로 국민연금, 장기요양보험, 산업재해보상보험, 선불식 할부계약 등이 있다.

6) 보험상품의 취급 관련성

보험업은 보험상품의 취급과 관련되어 있어야 하는데, 취급이라는 것을 일의적으로 정의하기는 어려우나 보험상품을 개발하여 판매하고 그에 따른 유지 및 관리를 하는 모든 행위를 총체적으로 취급이라 할 수 있을 것이다.

7) 보험상품의 구분과 허가단위 보험종목과의 관계

보험업법은 보험상품을 생명보험상품, 손해보험상품, 제3보험상품으로 구분하고, 각각의 보험상품에 속하는 보험계약을 나열하여 규정하고 있다. 또한 보험업법은 보험상품의 구분에 의한 보험계약 외에 허가단위인 보험종목을 별도의 규정으로 규율하고 있다(보험업법 제2조 제1호 및 제4조 제1항). 생명보험상품과 제3보험상품은 이미 살펴본 바와 같이 보험상품의 구분과 허가 단위가 되는 보험종목이 일치하나 손해보험의 경우에는 허가단위가 되는 보험종목은 (i) 책임보험, (ii) 기술보험, (iii) 권리보험, (iv) 도난·유리·동물·원자력 보험, (v) 비용보험, (vi) 날씨보험으로 구분하여 운용한다.

8) 보험계약과의 관계

보험계약이란 당사자 일방이 약정한 보험료를 지급하고 재산 또는 생명이나 신체에 불확정한 사고가 발생할 경우에 상대방이 일정한 보험금이나 그 밖의 급여를 지급할 것을 약정하는 것을 말한다(상법 제638조). 보험상품과 보험계약은 양자가 보험계약이라는 점은 공통적이나 상법상의 보험계약은 추상적인 표지로서 보험계약의 내용을 규정한 것인 데 반해 보험상품은 보험회사가 보험계약자와 보험계약을 체결하기 위하여 만든 구체적인 계약내용을 담고 있는 것을 말하고 그 계약의 특성을 고려하여 보험계약의 내용이 구체화되고 개별화된 현실적으로 판매되는 보험계약의 묶음 내지 단위를 말한다. 그런데 보험상품의 정의에서 대가를 수수하는 계약이라고 한 것은 유상성을 강조한 것으로 해석되나 보험계약이 요물계약이 아닌 낙성불요식의 계약이라는 점에서 이렇게 정의하는 것은 법체계상 문제가 있다.

(3) 보험의 인수

보험의 인수란 보험계약자에 대한 청약의 권유, 청약에 따른 위험의 평가, 보험료의 결정, 보험계약의 승낙 여부를 결정하는 일련의 과정을 말한다. 좁은 의미에서는 보험계약에 대한 승낙을 보험의 인수라 한다. 본래 인수라는 용어는 런던의 로이드에서 유래한 것이다. 역사적으로 보면 선박의 전복 위험 등 바다의 항해와 관련된 위험, 즉 일정한 모험사업에서 발생할 수 있는 위험을 인수하는 대신 보험료를 받은 금융업자 등이 로이드 슬립위에 기재된 위험정보 아래에 문자 그대로 그들의 이름을 기재하는 관행에서 유래하였다. 보험인수자들은 잠재고객의 위험 및 발생정도를 평가하고, 고객이 받을 수 있는 보장액을 결정한다. 또한 고객이 얼마의 보험료를 지급하여야 할 것인지와 리스크를 인수하고 보장을 제공할 것인지 여부를 결정한다. 인수는 리스크를 보장하는 데 필요한 보험료를 결정하고, 위험의 노출정도를 측정하는 것을 포함한다.

증권의 인수라는 측면에서 보면 상법상으로는 인수란 새로이 발행되는 증권을 취득하는 행위를 말한다. 자본시장법에서의 인수란 공모를 용이하게 하기 위하여 필요한 업무를 담당하거나 나아가 발행된 증권이 소화되지 않는 경우에 발행인이 부담하는 위험을 떠맡은 행위(underwriting)를 의미한다.[99] 자본시장법은 인수에 관하여 제3자에게 증권을 취득시킬 목적으로 (i) 그 증권의 전부 또는 일부를 취득하거나 취득하는 것을 내용으로 하는 계약을 체결하는 것 또는 (ii) 그 증권의 전부 또는 일부에 대하여 이를 취득하는 자가 없는 때 그 나머지를 취득하는 것을 내용으로 하는 계약을 체결하는 것에 해당하는

99 김건식·정순섭, 『자본시장법』(제2판), 두성사, 2010, 70면.

행위를 하거나 그 행위를 전제로 발행인 또는 매출인을 위하여 증권의 모집·사모·매출을 하는 것을 말한다(자본시장법 제9조 제11항, 제1호 및 제2호).

요컨대 이와 같이 인수라는 개념은 다양한 의미로 정의할 수 있다. 인수란 은행, 증권회사, 보험회사 등이 판매하는 상품을 제공하기 위하여 고객이 적정한 자격을 갖추고 있는지 평가하는 과정을 말한다.

(4) 보험료의 수수 및 보험금의 지급 등

보험료의 수수란 보험상품의 구입대가를 주고받는 행위를 말하다. 보험료는 통상 부가보험료와 순보험료로 구성되며 부가보험료는 보험회사의 사업비에 쓰이고 순보험료는 보험금 등의 지급재원으로 사용된다. 보험료의 지급은 보험계약자의 의무이고 보험계약자 측이 가지고 있는 위험에 대한 보장의 대가로서 의미를 갖는다.

보험금의 지급은 보험회사의 의무이다. 보험회사는 보험계약에서 정하고 있는 보험사고가 발생하면 보험금을 지급하여야 한다. 보험료는 현금지급이 원칙이나 어음이나 수표 등 현금과 등가성이 있는 것은 보험료의 지급수단이 될 수 있다. 다만 보험계약의 책임 개시 시기와 관련하여 현금과 달리 취급될 수 있다.

(5) 영업성

보험업은 보험상품의 취급과 관련하여 발생하는 보험의 인수, 보험료 수수 및 보험금 지급 등을 영업으로 하는 것이다. 여기서 영업의 의미가 무엇인지 명확하지 않다. 상법에 의하면 영업으로 하는 보험을 상행위라고 규정하고 있다(상법 제46조 제17호). 보험이 기본적 상행위가 되기 위해서는 영업성과 기업성이라는 추가 요건이 필요하다. 여기서 영업성이란 영리를 목적으로 동종행위를 반복하는 것을 의미한다. 이러한 측면에서 영업성은 영리성, 계속성 및 영업의사를 그 요건으로 한다. 또한 보험이 기본적 상행위가 되려면 기업성이 있어야 한다. 따라서 오로지 임금을 받을 목적으로 제조하거나 노무에 종사하는 자의 행위는 기업성이 없으므로 상행위에서 제외한다.[100] 그런데 보험회사는 주식회사와 상호회사, 외국보험회사 국내지점이 있으며, 이 중 주식회사의 경우에는

100 정찬형, 『상법강의(상)』(제19판), 박영사, 2016, 56-57면.

영리를 목적으로 보험업을 경영하는 자이므로 보험업의 영업성의 정의에 부합하는 것으로 볼 수 있으나 상호회사나 외국보험회사의 국내지점, 특히 외국보험회사가 상호회사인 경우에는 상호회사가 영위하는 보험을 영리보험으로 볼 수 있는지 그렇지 않다면 어떻게 보험업에 포섭할 것인가 하는 문제가 대두된다.

보험업법은 상법상의 회사형태와 다른 독특한 형태의 회사인 상호회사를 인정하고 있다. 이러한 상호회사는 다수설의 견해에 의하면 비영리법인에 해당한다. 이러한 비영리법인인 상호회사가 영위하는 보험업은 영리보험에 해당하는 것인가? 상호보험은 보험가입자가 사단구성원이 되어 보험가입자 상호의 보험을 행하는 것을 목적으로 하는 사단법인을 설립하고, 그러한 법인이 보험자가 되어 보험을 인수하는 제도를 상호보험이라 한다. 상호보험의 인수는 보험가입자에 대하여 보험을 제공하는 것 자체를 목적으로 하고, 영리목적이 없으므로 상행위에 해당하지 않는다. 상호보험에서 보험자가 되는 것은 비영리법인인 상호회사이고, 보험가입자가 되는 것은 상호회사의 사원이 되는 것이다. 이러한 측면에서 보면 보험업에 관한 정의가 상호 보험업을 포섭하지 못하는 것으로 볼 여지도 있다. 한편 보험계약법은 그 성질에 반하지 아니하는 범위에서 상호보험(相互保險), 공제(共濟), 그 밖에 이에 준하는 계약에 준용된다(상법 제664조).

3. 외국에서 보험업의 정의

(1) 미국

미국의 대법원에서 보험업이란 무엇인가에 관하여 논의한 판례는 그리 많지 않다. 대표적인 사례로서 Group Life & Health Insurance Co. v. Royal Drug Co. 사건과 Union Labor Life Insurance Co. v. Pireno. 등의 사건이 있다.

어떠한 활동이 보험업에 해당하는지 여부를 결정할 경우 세 가지 테스트를 통하여 해결한다. 세 가지 테스트는 첫째, 어떤 활동이 위험을 인수하거나 분산하고 있는가? 둘째, 그러한 활동이 보험회사와 보험산업의 통합적 역할을 포함하고 있는가? 셋째, 그러한 활동이 보험산업 내에 존재하는 보험자에 제한되어 있는가의 여부이다. Pireno 사례에서 미국의 대법원은 세 가지 요건을 모두 충족하여야 한다고 판시하였다. 첫 번째 시험을 통과하기 위해서는 보험자의 어떤 활동이 보험계약자의 위험을 분산하고 이전하는 효과를 가지고 있어야 한다. 이 요소는 1959년 법원이 Sec v. Variable Annuity Life Insurance

Co. 사건에서 법원이 변액연금계약은 보험사업의 범위를 벗어났다고 하는 데 그 뿌리를 두고 있다. 다수의견은 변액연금에서 모든 투자위험은 연금수익자에게 있고 회사는 아무런 위험이 없다고 판시하였다.

두 번째 시험을 충족하기 위해서 보험자의 업무는 보험자와 보험계약자 사이에 보험증권 관계로서 필수 불가결한 부분을 포함하고 있어야 한다.

이 테스트는 SEC V. National Securities, Inc. 사건에서 법원의 결정에 그 뿌리를 두고 있다. SEC는 두 개의 보험사의 합병에 대해 연방증권법의 의하여 금지하는 조치를 제기하였는데, 사실심 법정은 SEC의 가처분 요구를 기각하였다. 그 후 주주와 아리조나주 보험감독관은 합병을 승인하였다. 이어서 SEC는 가처분 요구를 수정하여 합병을 취소하는 것을 요구하였는데, 지방법원은 SEC의 조치는 McCarran-Ferguson Act 제2조 제b항에 반한다고 하면서 기각하였다. 그러나 대법원은 McCarran-Ferguson Act 제2조 제b항은 의회의 조치에 의한 불공정, 무효, 우선권으로부터 보험회사와 보험계약자 사이의 관계에 관한 주법을 보호하기 위하여 고안되었다고 판시하였다.

미국에서 보험업은 (i) 보험자로서, 본 주 내 거주자 혹은 본 주 내에서 영업허가를 받은 개인, 조합 또는 단체에 대한 보험증권 또는 보험계약서의 발행 또는 교부 및 그와 같은 보험증권 혹은 보험계약의 신청 유인과 보험계약을 체결하거나 체결의 신청을 행할 것, (ii) 보증인이 적절한 업무 또는 활동의 단순한 부대 업무로서가 아닌, 본업으로 보증계약을 체결하고 또는 체결의 신청하는 것, (iii) 보험증권 또는 보험계약에 대한 보험료, 회비(membership fee), 부과금(assessment) 또는 기타의 대가를 징수하는 것, (iv) 재보험 업무를 포함하여 보험업의 영위에 해당하는 것으로 인정되는 구체적 보험종목의 업무를 영위하는 것, (v) 법의 규정을 회피하기 위해 의도된 방법으로, 실질적으로 상기의 어느 것에 상당하는 사업을 경영하고 또는 그 기획하는 것 등을 행하는 것이 보험업에 해당, (vi) 보험업의 부수업무로 보험업의 정상적인 영업활동과 관련되는 투자관리업무(investment management service)와 감독당국의 허가업무의 영위 가능, (vii) 뉴욕주 보험법 제3222조에 의하여 연금을 취급할 수 있는 보험자에 허용한 기금적립협정(funding agreement) 업무란 보험계약의 정의와 관계없이 기금적립협정의 체결 또는 교부를 보험업(doing aninsurance business)으로 간주, (viii) 연금은 보험계약의 포괄적 정의에는 해당되지 않지만 열거된 보험종목 중 하나의 영위도 보험업 영위로 인정하고 연금을 보험종목의 하나로 열거하고 있어 연금의 취급은 보험업에 해당하는 것이라고 규정하고 있다.

(2) 일본

보험업이란 "불특정한 자를 상대방으로 하여 사람의 생사에 관하여 일정액의 보험금을 지불할 것을 약속하고 보험료를 수수하는 보험, 일정한 우연의 사고에 의하여 발생하는 손해를 보상할 것을 약속하고 보험료를 수수하는 보험 또는 기타의 보험의 인수를 하는 사업"으로 정의하고 보증증권업무를 보험업으로 간주하는 추가규정을 두고 있다.

보험업법 제98조에서 보험회사의 부수업무로서 ① 다른 보험회사 및 다른 금융업자의 업무의 대리 및 대행이 가능하고 다른 금융업자의 대출업무의 대행, ② 국채, 지방채 또는 정부보증채 등의 인수업무, ③ 유가증권 사모의 취급, 금융선물거래 및 금융선물거래 등의 수탁 및 금융 등 파생거래, 금융 등 파생거래의 매개, 취급 또는 대리업무 등과 제99조에서 보험금에 대해서는 신탁의 인수를 행하는 업무도 가능하다.

(3) 호주

손해보험과 생명보험의 규제법률이 별도로 존재한다. 보험법(insurance act 1973)은 보험업을 "보험(재보험 포함)의 방법으로 특정사건의 발생과 관련한 어떤 손해 또는 손상(손상 또는 보상을 지급할 책임을 포함한다)과 관련한 책임을 인수하는 것을 업으로 하는 것과 보험업에 부수하는 업무를 말한다"라고 정의하고, 생명보험법(life insurance act 1995)에서 생명보험업(life insurance business)이란 ① 생명보험증권의 발행, ② 감채기금증권의 발행, ③ 생명보험증권에서의 책임에 대한 인수, ④ 감채기금증권에서의 책임에 대한 인수와 기타 이와 관련된 업무 중 일부 또는 모두로 구성된다. 보험부수업무에 대한 의심을 회피하거나 제한을 피하기 위해 보험본업과 관련된 업무는 법정펀드의 자산을 투자, 관리하는 것과 연관된 업무도 포함한다.

4. 보험상품 해당 여부 논란

(1) 개요

보험상품에 대한 정의 규정에도 불구하고 보험상품인지 여부가 논란이 될 수 있는 주요 상품으로는 채무면제·채무유예 서비스 계약(debt cancellation and debt Suspension), 날씨파생상품계약, 신용스왑(credit default swap)계약, 보증기간유료연장서비스(extended warranty or extended service contract)계약이 있다. 이러한 주요 상품에 대해 현행 보험업법 규제체계하에서 보험상품에 해당하는지 여부에 대해 알아보기로 한다.

(2) 채무면제 및 채무유예 서비스 계약

할부금융사 등으로부터 돈을 빌린 차주들이 기한 내 채무 변제를 하지 못하는 사례가 증가함에 따라 일부 할부금융사 및 카드사가 채무면제 및 채무유예 서비스 계약(debt cancellation contracts & debt suspension agreements)을 판매하였다. 채무면제 계약과 채무유예 협약은 불의의 사고에 대비하여 채무자의 신용도를 보호해준다는 점에서는 신용보험(credit insurance)과 기능적으로 동일하다. 이러한 점에서 이와 같은 서비스 계약이 보험계약이 아닌가 하는 문제가 제기되었다. 한편 캐피탈사가 신용보호 서비스를 도입하고, 보험상품에서 보장하는 위험 이외에 추가 위험을 자체 약관에서 보장하는 대가로 서비스 구매자에 대하여 보험료의 약 3.6배에 달하는 금액을 추가 금리로 받아 금융당국으로부터 경고 조치를 받은 바도 있다.

이와 관련하여 미국에서는 DCDS의 감독권이 어느 기관에 속하는지에 관하여 오랫동안 논쟁이 되었다. 국법은행(national banks)을 감독하는 통화감독청(office of the comptroller of the currency) 등은 DCDS가 주 (州)보험감독당국의 감독 대상이 아닌 은행 상품이라고 유권해석을 내렸다. 이러한 유권해석에 대해 주보험감독당국이 소송을 제기하여 1990년 연방항소법원이 은행업무라고 판시함으로써 일단락되었다.

2008년 보험업법 일부 개정 논의 시에 보험상품의 정의 규정을 신설하면서 DCDS가 보증보험상품의 일종임을 분명히 하고자 하였으나 반영되지 못하였다. 그러나 보험상품의 정의에 의할 때 DCDS가 보험상품의 개념에 속하는 것으로 해석되므로 소비자 보호 관점에서 보험당국의 적극적인 보험업법의 적용이 필요하다.

(3) 날씨파생상품

날씨보험은 손해보험의 하나의 종목으로 열거되었으나 날씨보험은 기상재해, 기후 변동 등 날씨로 인하여 발생하는 손해를 보상하는 보험이다. 이는 크게 (i) 기상재해로 인한 직접적 재산손실 위험을 담보하는 자연재해보험, (ii) 일상적인 기후 변동으로 인한 간접적인 재무적 피해를 담보하는 일상적 날씨위험 담보보험으로 나뉘며, 후자는 다시

(i) 실손해보상 방식의 전통적 날씨보험 및 (ii) 비, 눈, 기온 등의 기상자료를 지수(index)화하고 지수에 따라 보험계약자와 보험회사 간에 미리 협정한 보험금을 지급하는 신종날씨보험으로 구분된다.

한편 날씨파생상품(weather derivatives)은 파생금융상품기법인 선물, 옵션과 스왑을 이용하여 기온, 강우량, 강설량 등의 기상변동에 의하여 기업이 입게 되는 손실을 헤지하는 금융투자상품의 일종이다. 날씨보험과 날씨파생상품은 (i) 위험의 정도 측면에서, 날씨보험의 경우 낮은 위험(low-risk)과 큰 금융손실(high-financial loss)이 발생하는 사건에 대비하여 가입하고, 실제 금융손실이 발생할 경우만 보험금을 지급받을 수 있지만, 날씨파생상품의 경우 더 낮은 위험(lower-risk)과 더 높은 발생 가능성(higher-probability)이 있는 사건에 비하여 현금흐름을 보호하기 위해 주로 사용되며, 실제 손실 발생을 증명할 필요가 없고, (ii) 위험전가시장 측면에서 날씨보험은 전통적 보험시장 내에서 이루어지는 보험거래인 반면, 날씨파생상품은 파생금융기법을 이용해 리스크를 자본시장으로 이전하는 금융거래의 일종이고, (iii) 피해 존재 유무 측면에서 날씨보험이 성립되기 위해서는 날씨위험으로 인한 피해의 존재 및 피해액 산출 가능성(실손보상)이 있어야 하나, 날씨파생상품은 피해 존재 유무와 상관없이 정해진 지수의 변동에 따라 약정된 금액(정액보상)을 보상한다는 점에서 차이가 있다.

날씨파생상품의 규제와 관련하여 전미보험감독관협회(NAIC)는 날씨파생상품이 상품구조적 측면에서 보험상품은 아니지만 본질적인 구매목적이 보험상품과 동일하게 담보위험으로부터 발생하는 재정손실의 위험을 분산하는 것임에도 보험규제의 회피를 위해 비보험금융상품으로 포장하고 있으므로 적정 준비금의 적립 및 지급여력(solvency) 규제 등을 통해 일반 소비자 보호가 가능하도록 보험상품으로 규제되어야 한다는 입장을 취한다. 한편 자본시장법은 파생상품의 기초자산에 날씨위험을 포함함으로써 금융투자상품으로서 날씨파생상품의 법적 근거를 마련하면서 위험이라는 개념적 특징을 통해 금융투자상품을 포괄적으로 정의하였다.

(4) 신용스왑(Credit Default Swap)

일정 기간 동안 신용보장매수자(protection buyer)가 신용보장매도자(protection seller)에게 고정수수료를 지급하고, 약정한 기간 내에 기초자산에서 신용사건(credit event)이 발생할 경우 신용보장매도자로부터 기초자산의 액면금액에 해당하는 금액을 받고 기초자산을 양도하기로 약정한 스왑을 말한다. CDS는 신용파생상품의 일종으로, 위험전가와 우연성을 지닌다는 측면에서 보험상품과 공통점을 갖는다. 특히 보증보험회사가 취급하는 신용보험의 경우는 구조가 CDS와 유사하다.

CDS의 보험상품성과 관련하여 보다 실천적 논의는 보험회사의 CDS 발행 허용 여부이다. 보험상품의 일반적 정의에 CDS가 포함될 뿐 아니라, CDS의 구조가 실질적으로 보험상품과 매우 유사함에도 불구하고 보험회사의 경우 파생상품의 취급이 허용되지 않는다. 제3자를 위한 보증금지 조항에 저촉되어 이를 취급하지 못한다고 하는 것은 지나친 규제 및 금지 위주의 접근방식으로 이를 완화하여줄 필요가 있다는 것이다.

상품의 본질적 성격은 CDS와 동일함에도 증권화된 형태의 신용연계채권(credit linked vote), 합성담보부증권(synthetic collateralized debt obligation)의 취급은 보험업법령상 허용하고 있는 점을 고려할 때 보험회사의 CDS 취급만 허용하지 않을 이유가 없다(보험업법 시행령 제57조의2 제1항).

금융의 겸업화 확대와 금융공학의 발달로 선물, 옵션, 스왑 등 파생상품과 보험상품의 구별이 더욱 모호해지고 있는 상황이다. 또한 신용디폴트 스왑의 경우에는 다음과 같은 점에서 보험상품과 유사한 성격을 갖는다. 보장 매도자인 디폴트 스왑 매도인의 경우 (i) 동일한 위험에 놓여 있는 자로부터 신용위험을 인수하는 점, (ii) 보험료(premium)에 해당하는 일정 수수료를 받는 점, (iii) 신용 사건이라는 미래의 우연하고 불확정한 사고를 전제로 하고 있는 점, (iv) 보험금에 해당하는 약정 내용을 지급하는 구조라는 점이다. 향후 금융업의 융합화·겸업화가 더욱 확대되고 금융공학 기술의 발전 등에 따라 보험유사 상품 및 금융복합 상품이 등장할 것으로 예상되는바, 이에 대한 적절한 감독지침이 마련이 필요하다고 생각한다.

CDS와 보증보험의 비교

구분	담보하는 사고의 성격	계약당사자	수익자	계약의 성격
CDS	채무 불이행, 파산, 신용등급하락 등 신용사건의 발생	신용보장 매수자와 매도자	채권자	자기를 위한 계약
보증보험	채무 불이행, 불법행위 등	채무자와 보험회사	피보험자	타인을 위한 보험계약 또는 자기를 위한 보험계약

(5) 보증기간유료연장서비스(Extended Warranty or Extended Service Contract) 계약

보증기간유료연장계약이란, 공급자가 일정한 대가를 받고 장래의 수리 또는 유지비용을 부담하기로 하는 계약으로, 통상 가전제품 및 소비재와 함께 판매되는 서비스이다. 보증기간유료연장계약도 보험상품의 일반적 정의에 부합하여 보험상품에 해당하나, 서비스 제공자가 제품의 제조자나 판매자인 경우에는 자신이 제조하거나 판매한 제품에 대해 일정 기간 품질을 보장하는 것일 뿐, 서비스 제공자의 입장에서 부지의 위험을 인수하는 것이 아니어서 보험상품에 해당하지 않는다는 견해가 있다. 또한 보험은 우연한 사고로 인한 손해를 보장하는 것이므로, 보증기간 유료연장계약과 같이 물건 자체의 하자 및 일상적인 소모와 마모(wear and tear)를 보장하는 것은 제공자가 누구인지 여부와 무관하게 보험으로 볼 수 없다는 견해가 있다. 제3자에 의한 보증기간 연장서비스가 개념적으로 보험상품과 유사한 면이 있더라도 규제적 측면에서 보험회사에 한하여만 이러한 서비스 제공을 허용하는 것은 적절하지 않다고 생각한다.

5. 금융투자상품

(1) 금융투자상품의 의의

자본시장법에 의하면 '금융투자상품'이란 이익을 얻거나 손실을 회피할 목적으로 현재 또는 장래의 특정(特定) 시점에 금전, 그 밖의 재산적 가치가 있는 것을 지급하기로 약정함으로써 취득하는 권리로서, 그 권리를 취득하기 위하여 지급하였거나 지급하여야 할 금전 등의 총액(판매수수료 등 대통령령으로 정하는 금액을 제외한다)이 그 권리로부터 회수하였거나 회수할 수 있는 금전 등의 총액(해지수수료 등 대통령령으로 정하는 금액을 포함한다)을 초과하게 될 위험이 있는 것을 말한다.

(2) 금융투자상품에서 제외

다만 다음 어느 하나에 해당하는 것은 금융투자상품에서 제외한다(제3조 제1항).

1) 원화로 표시된 양도성 예금증서
2) 신탁법 제78조 제1항에 따른 수익증권발행신탁이 아닌 신탁으로서 아래의 어느 하나에 해당하는 신탁(제103조 제1항 제1호의 재산을 신탁받는 경우는 제외하고

수탁자가 「신탁법」 제46조부터 제48조까지의 규정에 따라 처분 권한을 행사하는 경우는 포함한다)의 수익권

(i) 위탁자(신탁계약에 따라 처분권한을 가지고 있는 수익자를 포함한다)의 지시에 따라서만 신탁재산의 처분이 이루어지는 신탁

(ii) 신탁계약에 따라 신탁재산에 대하여 보존행위 또는 그 신탁재산의 성질을 변경하지 아니하는 범위에서 이용·개량 행위만을 하는 신탁

3) 그 밖에 해당 금융투자상품의 특성 등을 고려하여 금융투자상품에서 제외하더라도 투자자 보호 및 건전한 거래질서를 해할 우려가 없는 것으로서 대통령령으로 정하는 금융투자상품

(3) 금융투자상품의 구분

금융투자상품은 증권과 파생상품으로 구분하고 파생상품은 다시 장내 파생상품과 장외 파생상품으로 구분한다(자본시장법 제3조 제2항).

자본시장법의 제정으로 투자성, 즉 원본손실 가능성이라는 특징을 갖는 모든 금융상품을 포괄하는 개념으로 금융투자상품을 정의하였다. 금융투자상품의 종류를 열거하지 않고 추상적으로 정의하여 동 정의에 해당하는 모든 금융투자상품을 자본시장법의 규율 대상으로 하여 금융투자회사가 취급할 수 있도록 허용하고 투자자 보호규율을 적용한 것이다.

금융투자상품을 금융상품의 특성 내지 경제적 실질에 따라 증권, 장외 파생상품, 장내 파생상품으로 분류한 후 그 개념도 추상적으로 정의하여 포괄주의로 전환하고 다만 추상적 정의만으로 개념을 규정할 경우 법적 안정성이 저해될 수 있으므로 일부 금융상품을 예시적으로 열거한 후, 마지막에 추상적으로 정의하는 예시적 열거주의가 가미된 포괄주의 방식을 채택하였다.

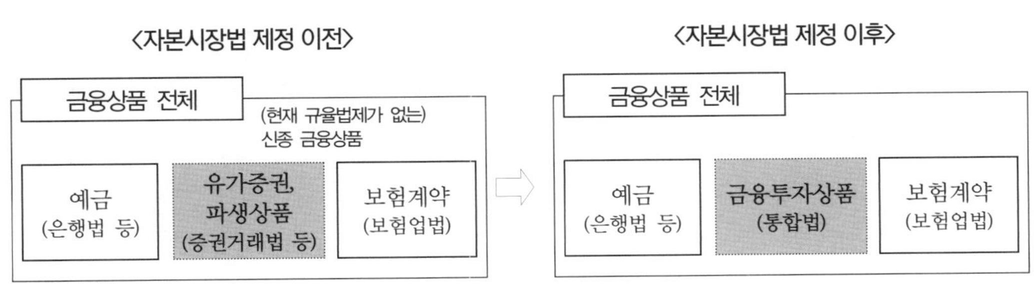

6. 보험업의 종류

보험업의 종류로는 생명보험업, 손해보험업 및 제3보험업이 있다. 생명보험업이란 생명보험상품의 취급과 관련하여 발생하는 보험의 인수, 보험료 수수 및 보험금 지급 등을 영업으로 하는 것을 말한다(보험업법 제2조 제3호). 손해보험업이란 손해보험상품의 취급과 관련하여 발생하는 보험의 인수, 보험료 수수 및 보험금 지급 등을 영업으로 하는 것을 말한다(보험업법 제2조 제4호). 그리고 제3보험업이란 제3보험상품의 취급과 관련하여 발생하는 보험의 인수, 보험료 수수 및 보험금 지급 등을 영업으로 하는 것을 말한다(보험업법 제2조 제5호).

7. 은행업과 금융투자업

(1) 은행업

은행업이란 예금을 받거나 유가증권 또는 그 밖의 채무증서를 발행하여 불특정 다수인으로부터 채무를 부담함으로써 조달한 자금을 대출하는 것을 업으로 하는 것을 말한다(은행법 제2조 제1호).

은행법은 이와 같은 은행업 외에 특별히 상업금융업무와 장기금융업무를 별도로 정의하고 있는데, 상업금융업무란 대부분 요구불예금을 받아 조달한 자금을 1년 이내의 기한으로 대출하거나 금융위원회가 예금 총액을 고려하여 정하는 최고 대출한도를 초과하지 아니하는 범위에서 1년 이상 3년 이내의 기한으로 대출하는 업무를 말하고, 장기금융업무란 자본금·적립금 및 그 밖의 잉여금, 1년 이상의 기한부 예금 또는 사채(社債)나 그 밖의 채권을 발행하여 조달한 자금을 1년을 초과하는 기한으로 대출하는 업무를 말한다(은행법 제2조 제3호 및 제4호).

은행업무의 범위는 예금·적금의 수입 또는 유가증권, 그 밖의 채무증서의 발행, 자금의 대출 또는 어음의 할인, 내국환·외국환 업무가 있다(은행법 제27조 제2항). 은행은 은행업무에 부수하는 업무와 은행업이 아닌 업무로서 일정한 업무를 겸영할 수 있다(은행법 제27조의2 및 제28조).

(2) 금융투자업

자본시장법에 의하면 '금융투자업'이란 이익을 얻을 목적으로 계속적이거나 반복적인 방법으로 행하는 행위로서 투자매매업, 투자중개업, 집합투자업, 투자자문업, 투자일임업, 신탁업에 해당하는 업을 말한다(자본시장법 제6조 제1항). 금융투자업의 종류와 의미를 정리하면 다음과 같다(자본시장법 제6조 제2항 내지 제9항).

금융투자업의 분류

업종	정의
투자매매업	누구의 명의로 하든지 자기의 계산으로 금융투자상품의 매도·매수, 증권의 발행·인수 또는 그 청약의 권유, 청약, 청약의 승낙을 영업으로 하는 것을 말한다.
투자중개업	누구의 명의로 하든지 타인의 계산으로 금융투자상품의 매도·매수, 그 중개나 청약의 권유, 청약, 청약의 승낙 또는 증권의 발행·인수에 대한 청약의 권유, 청약, 청약의 승낙을 영업으로 하는 것을 말한다.
집합투자업	집합투자를 영업으로 하는 것을 말한다.
투자자문업	금융투자상품, 그 밖에 대통령령으로 정하는 투자 대상 자산(이하 '금융투자상품 등'이라 한다)의 가치 또는 금융투자상품 등에 대한 투자판단(종류, 종목, 취득·처분, 취득·처분의 방법·수량·가격 및 시기 등에 대한 판단을 말한다. 이하 같다)에 관한 자문에 응하는 것을 영업으로 하는 것을 말한다.
투자일임업	투자자로부터 금융투자상품 등에 대한 투자판단의 전부 또는 일부를 일임받아 투자자별로 구분하여 그 투자자의 재산상태나 투자목적 등을 고려하여 금융투자상품등을 취득·처분, 그 밖의 방법으로 운용하는 것을 영업으로 하는 것을 말한다.
신탁업	신탁을 영업으로 하는 것을 말한다.

(3) 집합투자

'집합투자'란 2인 이상의 투자자로부터 모은 금전 등을 투자자로부터 일상적인 운용지시를 받지 아니하면서 재산적 가치가 있는 투자 대상 자산을 취득·처분, 그 밖의 방법으로 운용하고 그 결과를 투자자에게 배분하여 귀속시키는 것을 말한다(제6조 제5항).

(4) 집합투자에서 제외

다음 어느 하나에 해당하는 경우는 집합투자에서 제외한다(제6조 제5항 단서).

(i) 대통령령으로 정하는 법률에 따라 사모(私募)의 방법으로 금전 등을 모아 운용·배분하는 것으로서 대통령령으로 정하는 투자자의 총수가 대통령령으로 정하는 수 이하

인 경우

(ii) 「자산유동화에 관한 법률」 제3조의 자산유동화계획에 따라 금전 등을 모아 운용·배분하는 경우

(iii) 그 밖에 행위의 성격 및 투자자 보호의 필요성 등을 고려하여 대통령령으로 정하는 경우

(5) 집합투자로 의제

다음 어느 하나에 해당하는 자로부터 위탁받은 금전 등을 그 자로부터 일상적인 운용지시를 받지 아니하면서 재산적 가치가 있는 투자 대상 자산을 취득·처분, 그 밖의 방법으로 운용하고 그 결과를 그 자에게 귀속시키는 행위는 집합투자로 본다(제6조 제6항).

(i) 「국가재정법」 제8조 제1항에 따른 기금관리 주체(이에 준하는 외국기관으로서 대통령령으로 정하는 자를 포함한다)

(ii) 「농업협동조합법」에 따른 농업협동조합중앙회

(iii) 「수산업협동조합법」에 따른 수산업협동조합중앙회

(iv) 「신용협동조합법」에 따른 신용협동조합중앙회

(v) 「상호저축은행법」에 따른 상호저축은행중앙회

(vi) 「산림조합법」에 따른 산림조합

(vii) 「새마을금고법」에 따른 새마을금고중앙회

(viii) 「우체국예금·보험에 관한 법률」에 따른 체신관서

(ix) 제251조 제1항 전단에 따라 보험회사가 설정한 투자신탁

(x) 법률에 따라 설립된 법인 또는 단체로서 다음 각 목의 어느 하나에 해당하는 자 중에서 대통령령으로 정하는 자

i) 공제조합

ii) 공제회

iii) 그 밖에 이와 비슷한 법인 또는 단체로서 같은 직장·직종에 종사하거나 같은 지역에 거주하는 구성원의 상호부조, 복리증진 등을 목적으로 구성되어 공제사업을 하는 법인 또는 단체

(xi) 그 밖에 금융투자상품 등에 대한 투자를 목적으로 2인 이상의 자로부터 금전

등을 모아 설립한 기구 또는 법인 등으로서 효율적이고 투명한 투자구조, 관리 주체 등 대통령령으로 정하는 요건을 갖춘 자

제11절 보험업 해당 여부

1. 문제의 제기

종래 보험업법은 보험업에 관한 정의 규정을 두고 있지 않았다. 이에 따라 보험업 해당 여부와 관련하여 어떠한 내용의 활동이 보험업에 해당하는 것인지 여부가 자주 논란이 되었다. 무허가 보험업은 형사처벌의 대상이므로 보험업 해당 여부에 관한 사항은 주로 형사법원에서 논의가 되었다.

2. 보험업의 해당 여부

그동안 보험업에 해당되는지 여부와 관련하여 기소된 사건은 상조업과 교통법칙금 보상업, 지급보증업무 등이다. 최근 보험업 해당 여부가 문제된 대표적인 사례를 통해 보험상품 및 보험업 해당 여부에 대하여 심화학습해보도록 하자.

(1) 사실관계

갑 회사는 해외 파견 근로자 등을 대상으로 다음과 같은 서비스를 제공하였다. 즉, (i) 해당 직원이 출국하기 이전에 해외 현지에서 유의하여야 할 풍토병, 자연재해, 보안상황 등에 관하여 안전교육을 실시하고, (ii) 해당 직원이 현지에 있는 동안에는 수시로 전염병, 자연재해, 보안상황 등 건강과 안전에 영향을 미칠 수 있는 정보를 실시간으로 제공하며, (iii) 해외에서 체류 중인 직원이 현지에서 부상을 당하거나 질병에 걸린 경우에는 해당 직원이 24시간 알람센터에 연락하여 자신의 상태를 알릴 수 있고, 이때 알람센터의 의료진이 해당 직원과 상담하여 부상 또는 질병의 정도를 파악하며, 적절한 치료방법 등에 관하여 의학적 판단을 내리고 적절한 의료기관을 안내·주선하고, (iv) 상담 결과에 따라 필요하다고 판단될 경우 피고인 회사가 속한 인터내셔널 에스오에스가 직접 보유하거나 통제하는 이송수단과 전문인력을 이용하여 해당 직원을 가장 적절한 다른 지역의

의료기관으로 이송하여 치료를 받을 수 있게 하거나 본국으로 송환하는 서비스를 제공하였다. 갑 회사는 위 이송 및 송환서비스를 제공한 경우에 있어 추가 비용 정산 유무에 따라 AMP(Access Membership Program) 방식(사후에 비용 정산) 내지 SMP(Service Membership Program) 방식(사후에 비용 정산 없음)으로 계약을 체결하는데, 두 가지 방식에 있어 모두 추가비용 정산 없이 나머지 상담서비스 등을 제공하였다.

(2) 대법원의 판단

(i) 보험의 본질이 우연한 사고로 입을 수 있는 경제적인 불안을 제거 또는 경감시킬 목적을 달성하는 데 있음에 비추어 보험업법이 규정하는 보험상품의 개념요소로서의 '위험보장의 목적'은 단지 경제적 가치 있는 급부의 제공으로 손해가 보전되는 측면이 있다는 이유만으로 쉽게 인정하여서는 아니 되고, 그러한 경제적 위험보장의 목적이 보험업 영위가 문제되는 대상 영업의 주된 목적인지에 따라 판단하여야 한다.

(ii) 그리고 보험업법이 규정하는 보험상품의 개념요소 중 '그 밖의 급여'에 용역을 포함하는 것은 보험사업자가 다양한 보험수요에 맞추어 보험급부를 다양하게 구성하는 것을 가능하게 하려는 의미이지, 계약 당시 용역제공 여부가 미리 정하여지지 아니한 방식으로 용역계약을 체결하는 경우를 모두 보험상품으로 규제하려는 의도는 아니라 할 것이므로, 보험업법이 규정하는 '그 밖의 급여'에 포함되는 용역은 경제적 위험보장을 목적으로 제공되는 용역, 즉 위험에 대한 보상으로서 원칙적으로 금전으로 급부가 이루어져야 하지만 보험사 내지는 고객의 편의 등을 위하여 금전에 대한 대체적 의미에서 용역이 제공되는 경우만을 의미하는 것이라고 보아야 한다.

(iii) 이 사건 SMP 서비스는 심각한 의료상태라는 우연적 사건의 발생으로 인하여 경제적 가치 있는 급부인 이송 내지 송환 서비스를 제공한다는 점에서 우연성 및 경제적 보상의 요소가 있다고 볼 수 있지만, 이러한 서비스를 제공받음으로써 가입자가 결과적으로 비용을 지출하지 아니하게 되는 것은 서비스 제공에 따른 부수적 효과에 불과할 뿐이고 이러한 비용보상의 효과만으로 당연히 이 사건 SMP 서비스가 경제적 위험보장을 주된 목적으로 하고 있다고 볼 수는 없다.

오히려 이 사건 SMP 서비스에서 제공하는 이송 및 송환 서비스는 단순히 병원으로 이송하거나 본국으로 송환하는 비용을 보상하는 것이 아니라, 심각한 의료상태에 처한 회원을 어느 지역의 병원으로 이송할 것이냐 하는 의학적인 판단, 이용할 수 있는 운송수단에 관한 판단 및 현실적인 이송 및 송환서비스까지 포함하는 종합적이고 전문적인 서비스를 제공하는 것이고, 서비스 제공 여부, 그 제공의 방식과 시기 등에 대한 판단을 서비스제공자인 피고인 회사가 하는 것이므로, 단순히 이송비용만 지급하거나 정산함으로써 피보험자 등이 부담하게 되는 경제적 손해의 전보를 목적으로 하는 보험급여와는 성격을 달리하고 있다.

그리고 이 사건 SMP 서비스 가입자들은 정부기관, 공공기업 및 일반기업으로 그들은 소속 직원들의 건강과 안전을 보호하기 위하여 이 사건 SMP 서비스에 가입하였고, 실제로 가입자들은 해당 직원들의 건강과 안전을 위한 전문적인 상담 및 이송서비스 등을 피고인 회사로부터 제공받는 것으로 인식하였다고 봄이 상당하다.

따라서 피고인 회사의 이송 및 송환 서비스의 주된 목적은 금전적 손실의 보상에 있는 것이 아니라 해외에 체류하는 회원이 '심각한 의료상태'에 처한 경우 병원으로의 이송 및 본국으로의 송환이라는 서비스 자체를 제공하는 데 있다고 보아야 할 것이다.[101]

(3) 보험업 해당 여부 판단 기준

판례는 그동안 보험업의 의의에 관하여 "같은 위험에 놓여 있는 다수의 보험가입자로부터 위험을 인수하여 그 대가로서 위험률에 따른 보험료를 받아 이를 관리·운영하고 그 가입자에게 불확정한 사고가 생길 때는 일정한 보험금액 기타의 급여를 지급하는 것을 내용으로 하는 사업으로서 보험사업의 범위는 그 사업의 명칭이나 법률적 구성형식에 구애됨이 없이 그의 실체 내지 경제적 성질을 실질적으로 고찰하여 판단하여야 한다"라고 판시하고 있다.[102]

또한 최근 판례는 보험업 해당 여부에 관한 판단기준을 제시하고 있는데, 동 판례에 의하면 "보험의 본질이 우연한 사고로 입을 수 있는 경제적인 불안을 제거 또는 경감시킬 목적을 달성하는 데 있음에 비추어, 보험업법이 규정하는 보험상품의 개념요소로서의 '위험보장의 목적'은 단지 경제적 가치 있는 급부의 제공으로 손해가 보전되는 측면이 있다는 이유만으로 쉽게 인정하여서는 아니 되고, 그러한 경제적 위험보장의 목적이

101 대법원 2014. 5. 29. 선고 2013도10457 판결.

102 대법원 2001. 12. 24. 선고 2001도205 판결.

보험업 영위가 문제되는 대상 영업의 주된 목적인지에 따라 판단하여야 할 것이다"라고 판시하였다.[103]

요컨대 허가를 받아야 하는 보험업에 해당하는 것인지 여부는 일단 보험상품을 취급하는 것이어야 하므로 제공하는 용역이 보험상품성을 가지고 있어야 한다. 그 성질이 보험상품적 성격을 갖는 것이라고 하더라도 모두가 보험업에 해당하는 것은 아니고, 결국 현행 보험업법 규정상 '보험업'의 판단기준은 '보험상품'의 판단을 어떻게 하느냐에 달려 있다고 본다. 그리고 기존에 논의한 '보험'의 본질적 특징도 여전히 그 판단 기준으로서 작용할 것으로 본다.[104]

이에 대하여 보험상품 내지 보험업 해당 여부를 판단하는 하나의 기준으로 '위험보장의 목적'은 보험의 개념 내지 본질과의 관계에서 이해하는 것이 바람직하다는 견해가 있으며,[105] 실제로 문제되는 사안에서 논란이 있을 것으로 예상된다. 또한 가사 경제적 위험보장의 목적이 '주된 목적'이 아니라 하더라도, 부수적인 목적으로 경제적 위험보장을 목적으로 하는 경우라 하더라도, 이를 규제할 필요성은 여전히 있다고 보인다. 다시 말해 허가 없이 '보험업'을 영위할 경우 형사처벌될 위험이 있다. 이를 회피하기 위하여 경제적 위험보장의 목적을 부수적인 목적으로 한다고 주장하면서 주된 목적을 다른 것으로 만들어낼 수도 있는바, 이러한 경우에도 여전히 규제할 실익이 있다는 것이다.[106]

생각하건대 보험업 해당 여부는 보험업을 허가사업으로 규정하는 취지 및 목적, 보험계약자 등 소비자 보호 필요성, 영위하는 대상 영업의 실질적 내용 및 주된 목적성 여부를 종합하여 판단하여야 한다.

103 대법원 2014. 5. 29. 선고 2013도10457 판결.

104 이와 같은 취지로, 어떤 사업이 보험업에 해당하는지 여부를 판단함에 있어서 보험의 개념 정의를 활용하는 것은 의미가 있다고 보는 견해가 있다. 김선정, "무허가 보험업의 판단기준 – 대법원 2014. 5. 29. 선고 2013도10457 판결", 월간생명보험, 2015. 12., 53면 참조.

105 김진오, "보험업법이 규정하는 보험상품의 개념요소로서 '위험보장의 목적'을 판단하는 기준 – 대상 판결: 대법원 2014. 5. 29. 선고 2013도10457 판결; 공2014하, 1364", BFL, 68호, 2014. 11., 67면.

106 보험업의 판단기준 및 위 대법원 판례에 대한 비판적 견해로서 한기정, "보험업의 개념에 관한 연구", 보험법연구, 제9권, 제2호, 2015, 1-37면 참조.

(4) 적용사례

1) 보험업에 해당한다고 본 사례

(i) 교통 범칙금 상당액을 보상해주기로 약정하고 연회비를 납부 받는 행위나 상조회의 상조 사업 등은 그 사업 명칭이나 출연 또는 지급금의 명칭에도 불구하고 보험업에 해당한다.[107]

(ii) 갑, 을 주식회사의 임직원인 피고인들이 지급보증서를 발급해주고 대가로 채무자들로부터 일정 금액의 수수료를 받는 방법으로 허가 없이 보험업을 영위하였다고 하여 구 보험업법 위반으로 기소된 사안에서, 피고인들의 행위는 같은 법 제2조 제1, 3호에서 정한 '보증보험업'에 해당하고, 대부업체에 불과한 갑, 을 회사가 허가 없이 보증보험업을 경영한 것은 같은 법 제4조 제1항을 위반한 것이다.[108]

(iii) 자동차운송사업조합이 영위한 자차, 자손 상조회사업이 우연한 사고 발생으로 조합원들에게 생긴 손해의 보상을 위하여 조합원들이 공동으로 비축한 자금으로 대수의 법칙을 응용한 확률계산방법에 의하여 급부와 반대급부의 균형을 유지하는 것이라면, 이는 보험업법 제5조 제1항 소정의 보험사업으로서의 실질을 갖추고 있고, 그 사업이 비영리적이라거나 구성원이 한정되어 있다는 사유만으로 보험사업에 해당하지 않는다고 볼 것은 아니다. 자동차운수사업법에 의하여 설립된 자동차운송사업조합이 육운진흥법에 의한 공제사업을 하기 위해서는 같은 법 제8조 제1항에 의한 허가를 받아야 되고, 또 같은 법시행령 제10조는 공제사업을 할 수 있는 주체를 한정적으로 열거하고 있다 할 것이므로, 위 시행령 제10조에 열거되지 아니하고, 허가도 없는 위 조합이나 상조회가 공제사업의 성질을 가진 상조회사업을 운영하는 것은 무허가보험사업을 영위한 것이다.

(iv) 상조회의 상조사업은 동질적인 경제상의 위험에 놓여 있는 다수회원이 사망이라는 우연한 사고가 발생한 경우의 재산상의 수요를 충족시키기 위하여 입회비, 상조회비라는 명목으로 일정한 금액을 출연시키고 사고가 발생한 때 일정한 금액을 지급한다는 점에서 실질적으로는 보험사업을 영위한 것이다.[109]

---

107 대법원 2001. 12. 24. 선고 2001도205 판결.

108 대법원 2013. 4. 26. 선고 2011도13558 판결.

109 대법원 1993. 3. 9. 선고 92도3417 판결; 대법원 1990. 6. 26. 선고 89도2537 판결; 대법원 1989.10.10. 선고 89감도117 판결; 대법원 1989. 9. 26. 선고 88도2111 판결; 대법원 1989. 1. 31. 선고 87도2172 판결.

2) 보험업에 해당하지 않는다고 본 사례

회사가 일정한 자본금으로 관혼상제의 실시에 관한 저준비 및 알선업 등을 목적으로 하여 설립되어서 회사와 가입자 간의 계약에 의하여 가입자가 매월 일정액씩 일정 기간 회비를 적립하면 결혼 및 장의행사제공을 청구할 권리를 갖게 되고 회사는 가입자의 청구에 따라 결혼 또는 장의행사와 같은 역무를 제공할 의무를 부담하는 경우라면 이러한 회사의 업무내용을 가리켜 보험업법 소정의 보험사업이라고 할 수는 없다.[110]

3. 외국에서의 보험업 해당 여부에 대한 논의

우리나라의 경우 보험업의 시장 경쟁력, 즉 보험사업자간의 내부독점력 확보, 금융업 간의 경쟁 영역 획정, 무허가 보험업의 형사처벌 등을 이유로 하여 보험업이 무엇인가에 관하여 해석상의 논란이 된다. 미국에서는 국가의 체제가 연방국가 체제인 까닭에 보험업(business of insurance)의 감독에 대한 연방 내지 주의 선점권(pre-emption) 소재를 밝히는 것과 관련하여 주로 논의되었다.

미국에서는 보험업에 대한 감독은 은행업과 마찬가지로 주 감독권한 사항이었다. 특히 보험업의 감독에 관한 맥카렌 퍼거슨법(McCarran-Ferguson act of 1945, 15 U.S.C. 제1011조~제1015조)은 주가 계속해서 보험업에 관한 규제와 과세를 행하는 것은 공익에 도움이 되는 것이고, 이 점에 관한 연방의회의 침묵은 보험업에 관한 주의 규제와 과세에 대해 어떠한 방해도 하지 않았다고 해석하면 안 된다(§1011).

맥카렌 퍼거슨법에서 「보험업」에 해당하는지 아닌지는, (i) 어느 사업이 보험계약자의 리스크를 이전 또는 분산하는 효과를 가지는지 아닌지, (ii) 어느 사업이 보험자와 피보험자와의 계약관계의 중심적인 부분을 구성하는지 아닌지, (iii) 어느 사업이, 보험업계(insurance industry)에서 조직체(entities)에 의해서만 행해지는지 아닌지, 이상의 3가지 요소를 고려하여 판단하게 된다.

이러한 기준에 따라 실제로 「보험업」에 해당한다고 판단된 예로는, 특정 회사를 대표하여 혹은 산정기관(rating bureau)와 함께 보험료율표의 준비·제출을 하는 행위나 보험료율의 등급을 나누는 행위, 더욱이 대리인에게 개인 또는 단체보험의 권유를 할 권한을

110 대법원 1987. 9. 8. 선고 87도565 판결.

주는 행위나 브로커로부터 제공된 보험금의 수락·거부를 하는 행위 등을 들 수 있다. 또 퇴직예금증서(retirement certificate of deposit)의 발행도 그것이 정액연금(fixed annuity)이라는 이유로 「보험업」에 해당한다고 판단한다.

미국에서는 맥카렌 퍼거슨법상의 보험사업 규제 대상의 범위 설정으로서의 정의론 외에, 증권규제에서 투자상품과 구별하기 위해 정의론이 반복된 역사가 있다. 즉, 미국 증권법·거래소법에서 '증권'의 정의 규정에 있어서는 '문맥상, 다르게 해석되지 않는 한'이라는 한정이 있고, 이것은 상당거래의 경제적 실질을 고려한 것을 의미한다.

그리고 '증권'의 정의해당성의 판단에 관해 예를 들면, Marine Bank v. Weaver 사건에서는 예금증서에 대해서는 이것을 대상으로 하는 연방은행규제가 광범히 하게 존재하고 있기에 투자자보호의 위에서 문제는 없다는 것을 근거로 증권규제는 적용할 수 없다고 연방 최고재판소는 판시하였다. 이처럼 미국에서는 증권규제적용의 제1보인 적용 대상의 정의론에 있어 증권법과 그 외법과의 사이에서 중복이 발생하는 것은 당연하다는 전제위에 다른 규제의 존재 유무를 고려하는 것에 의해 최종적으로 '증권'의 정의해당성, 즉 증권규제가 적용되는지 아니지를 결정한다.

'어느 법률(=A)'에 있어 '다른 법률(=B)에 특별한 규정이 있는' 경우를 제외한다는 규정이 설정되면, 일단 '다른 법률(=B)'의 존재가 인정되면 자동적으로 '어느 법률(=A)'의 적용이 완전히 배제되게 된다. 여기에서는 구체적 사안에 있어 '어느 법률(=A)'을 적용하여 타당한 해결을 원하는 경우에도 그 길이 막혀버리게 된다. 그렇다고 해도 반대로 각 법률이 각각의 중시적용을 완전히 피하려고 하는 것을 불가능한 것만은 아니고, 법 규제에 틈이 생기는 것을 의미하며, 오히려 법 적용의 '중시'는 그러한 틈을 만들지 않는다는 의미로 바람직하다고 하여야 한다. 그리고 이 경우 각 법률 간의 적용의 조정에 대해서는 앞서 본 미국의 '증권'의 정의해당성의 판단으로 이용된 것처럼 다른 규제의 존재 유무를 고려함에 따라 재판소는 중시하는 각 법의 목적규정을 참고하여 정의해당성의 판단을 유연하게 행하는 것이 가능하게 될 것이다.

4. 무허가 보험업 해당 사례

(1) 금융기관이 아닌 자가 지급보증한 경우

은행법 제8조, 제27조의2, 여신전문금융업법 제2조 제15호, 제3조, 제46조 제1항 제5

호, 여신전문금융업법 시행령 제16조 제2호와 구 보험업법(2010. 7. 23. 법률 제10394호로 개정되기 전의 것, 이하 같다) 제2조 제1호, 제3호, 제4조 제1항, 제200조 제1호를 종합해 보면, 은행법과 여신전문금융업법 등 관련 법령에 따라 인가 또는 허가 등을 받은 금융기관이 지급보증 업무의 형태로 실질적으로 보증보험업을 하는 것은 적법하다고 할 것이나, 관련 법령에 따라 인가 또는 허가 등을 받은 금융기관이 아닌 자가 금융위원회의 허가 없이 실질적으로 보증보험업을 경영하는 경우에는 구 보험업법 제4조 제1항에 위배된다고 보는 것이 타당하다.[111]

(2) 교통범칙금의 보상

교통범칙금 상당액을 보상해주기로 약정하고 연회비를 납부받은 영업행위가 실질적으로 무허가 보험사업으로 유사수신행위의규제에관한법률 제2조 제4호 소정의 '유사수신행위'에 해당한다.[112]

(3) 자동차운송사업조합의 상조사업

자동차운송사업조합이 영위한 자차, 자손 상조회사업이 우연한 사고 발생으로 조합원들에게 생긴 손해의 보상을 위하여 조합원들이 공동으로 비축한 자금으로 대수의 법칙을 응용한 확률계산방법에 의하여 급부와 반대급부의 균형을 유지하는 것이라면 이는 보험업법 제5조 제1항 소정의 보험사업으로서의 실질을 갖추고 있고, 그 사업이 비영리적이라거나 구성원이 한정되어 있다는 사유만으로 보험사업에 해당하지 않는다고 볼 것은 아니며, 자동차운수사업법에 의하여 설립된 자동차운송사업조합이 육운진흥법에 의한 공제사업을 하기 위해서는 같은 법 제8조 1항에 의한 허가를 받아야 되고, 또 같은 법 시행령 제10조는 공제사업을 할 수 있는 주체를 한정적으로 열거하고 있다 할 것이므로, 위 시행령 제10조에 열거되지 아니하고, 허가도 없는 위 조합이나 상조회가 공제사업의 성질을 가진 상조회사업을 운영하는 것은 무허가 보험사업을 영위한 것이다.[113]

---

111 대법원 2013. 4. 26. 선고 2011도13558 판결.
112 대법원 2001. 12. 24. 선고 2001도205 판결.
113 대법원 1993. 12. 24. 선고 93도2540 판결.

(4) 상조사업의 영위

상조회의 상조사업은 동질적인 경제상의 위험에 놓여 있는 다수회원이 사망이라는 우연한 사고가 발생한 경우의 재산상의 수요를 충족시키기 위하여 입회비, 상조회비라는 명목으로 일정한 금액을 출연시키고 사고가 발생한 때 일정한 금액을 지급한다는 점에서 실질적으로는 보험사업을 영위한 것이다.[114]

(5) 상조사업 영위

보험사업을 규제하는 보험업법의 정신에 비추어볼 때 보험사업의 범위는 그 사업의 명칭이나 법률적 구성형식에 구애됨이 없이 그의 실체 내지 경제적 성질을 실질적으로 고찰하여 해석하여야 할 것인바, 피고인이 운영한 이 사건 상조사업은 실질적인 면에서 고찰할 때 동질적인 경제상의 위험에 놓여 있는 다수의 회원이 사망이라는 우연한 사고가 발생한 경우의 재산상의 수요를 충족시키기 위하여 가입회비, 상조비라는 명목으로 일정한 금액을 출연하고 사고가 발생할 때 상조부의금의 명목으로 일정한 금액을 지급한다는 점에서 그 사업명칭이나 출연 또는 지급금의 명칭에 불구하고 보험사업을 영위한 것이라고 하여야 할 것이므로 피고인이 허가 없이 위 상조사업을 영위한 것은 보험업법 위반행위에 해당한다고 할 것이다.[115]

(6) 사망회원에 대한 상포금액의 지급

보험업법에서 규정하는 보험사업의 범위는 그 사업의 명칭이나 법률적 구성형식에 구애됨이 없이 그의 실체 내지 경제적 성질에 즉응하여 해석하여야 할 것이므로, 피고인이 운영한 상조회가 사망이라는 우연한 사고를 당할 위험이 있는 다수인이 그들의 경제적 불안에 대비하여 미리 납부하는 가입비와 상포회비 명목의 일정한 돈을 받고 회원의 사망이라는 사고가 발생한 경우 일정한 재산상 급여를 하였다면 실질적으로는 보험사업으로서의 성격을 가지고 있다고 할 것이고, 고유의 의미의 보험이 가지는 특질과 일치하지 않는 부분이 있다고 하여 보험업법 소정의 보험사업에 해당하지 않는다고 할 수는 없다.[116]

114 대법원 1993. 3. 9. 선고 92도3417 판결.
115 대법원 1990. 6. 26. 선고 89도2537 판결.

(7) 상조 부의금의 지급

동질적인 경제상의 위험에 놓여 있는 다수의 회원이 사망이라는 우연한 사고가 발생한 경우의 재산상 수요를 충족시키기 위하여 가입회비, 상조회비라는 명목으로 일정한 금액을 출연하고 사고가 발생할 때 상조 부의금의 명목으로 일정한 금액을 지급한다는 내용의 상조사업은 그 사업의 명칭이나 출원 또는 지급금의 명칭에 불과하고 보험사업에 해당한다.[117]

제12절 보험계약의 체결

(i) 갑은 보험회사가 아닌 자와 보험계약을 하였다.
(ii) 을은 해외여행을 가기 위하여 미국 소재 보험회사와 보험계약을 체결하였다.

위의 각 사례에서 갑의 행위와 을의 행위의 적법성에 대해 논하라.

1. 서설

보험업법은 그 법적 성격상 사인 간에 체결하는 계약에 관한 권리의무를 규정하는 것을 직접적인 임무로 하지 않는다. 그런데 특이하게도 보험업법은 보험계약의 체결제한이라는 조항을 두고 있다(보험업법 제3조). 이 규정 내용을 보면 보험계약의 구체적인 관계를 정하고자 하는 것이 아니므로 법체계상의 문제는 없어 보인다. 이 규정은 우선 그 적용 대상이 보험회사나 보험업종사자에 국한된 것이 아니라 누구든지 적용을 받는 규정이라는 점이 특징이다. 이 규정은 국내에서의 보험거래를 제한할 뿐만 아니라 외국 소재 보험회사 등과의 보험거래를 제한하는 의미를 가지고 있다. 그러나 실제로는 보험계약의 체결에 관한 본 규정은 국내 보험거래를 제한하기 위한 것보다는 우리나라에 있는 거주자와 외국에 있는 보험회사와의 거래를 규제하고자 하는 데 중점이 있고, 이러

116 대법원 1989. 10. 10. 선고 89감도117 판결; 대법원 1989. 1. 31. 선고 87도2172 판결 등.
117 대법원 1989. 9. 26. 선고 88도2111 판결.

한 측면에서 본 규정은 보험상품의 국경 간 거래(cross-border)에 관한 규제의 근거가 되는 규정이다. 또한 이 규정은 무허가 영업행위의 금지 규정과 상호 보완관계에 있다. 만약 보험회사와 아닌 자와 보험계약을 체결하는 경우 등에는 과태료에 처해질 수 있다(보험업법 제211조 제3항 제1호).

2. 보험계약의 개념

(1) 보험계약의 의의

甲이 그의 친구에 乙에 대하여 만약 乙의 자동차의 타이어가 1년 이내에 구멍이 나면 그의 수리대금을 부담하기로 약속하고, 그 대가로 10,000원을 수취하고 또한 甲이 乙에 대하여 乙이 1년 이내에 사망하면 상속인에게 1,000만 원을 지급하기로 약속하고 그의 약속의 일환으로 5만 원을 수취한 경우에 이러한 계약은 보험계약에 해당하는가?

보험계약이란 당사자의 일방이 약정한 보험료를 지급하고 상대방이 피보험자의 재산 또는 생명·신체에 관하여 불확정한 사고가 생길 경우에 일정한 보험금액 기타의 급여를 지급할 것을 약정하는 것이다(상법 제638조). 일반적으로 계약이란 법률행위의 일종으로서 그 의미를 광협에 따라 나누어볼 수 있다. 넓은 의미에서 계약이라고 하면 둘 이상의 서로 대립하는 의사표시의 일치에 의하여 성립하는 법률행위를 말한다. 이는 반드시 여러 개의 의사표시가 필요하다는 점에서 단독행위와 다르고 그 여러 개의 의사표시의 방향이 평행적·구심적이 아니고, 대립적·교환적인 점에서 합동행위와 차이가 있다. 넓은 의미의 계약에는 채권계약뿐만 아니라 물권계약·준물권계약·가족법상의 계약 등이 포함된다. 그에 비하여 좁은 의미의 계약은 채권계약, 즉 채권의 발생을 목적으로 하는 계약만을 가리킨다.[118] 보험계약의 경우 민법상의 전형계약을 제외한 일종의 특수한 채권계약에 해당하며, 이러한 보험계약은 낙성·불요식, 유상·쌍무, 사행계약, 선의계약, 계속적 계약, 독립계약, 부합계약성 등의 특성을 가지고 있다. 보험계약의 구체적 종류에는 생명보험계약, 상해보험계약, 손해보험계약 등이 있다. 또한 보험계약에는 상호보험회사와 체결하는 상호보험계약도 포함된다.

118 송덕수, 『신민법강의』(제9판), 박영사, 2016, 86면.

보험계약이라고 하기 위해서는 동일한 위험에 노출된 다수의 경제주체가 보험자와 사이에 보험료와 보험급부를 약정하고 더불어 보험료와 보험급부는 대수의 법칙을 응용하여 계산된 수리적 관계가 있는 것이 요구된다. 또한 보험계약은 보험계약법의 정의를 충족하는 보험자와 보험계약자 간의 개개의 계약을 지칭하나 실질적으로는 다수의 보험계약이 집적된 보험제도라고 하는 것을 암묵적으로 전제하고 있다고 볼 수 있다. 다수의 계약의 집적과 대수의 법칙의 응용은 보험계약이 성립하기 위한 근본적인 요소이지만 이러한 요소는 보험계약법상의 보험계약의 정의에 있어서 명시되어 있지 않다.

(2) 보험계약의 성질

보험계약의 성질로서 통상적으로 거론되는 것으로 (i) 낙성·불요식 계약성, (ii) 유상계약성, (iii) 쌍무계약성, (iv) 사행계약성, (v) 선의계약성, (vi) 부합계약성 등이 있다. 낙성계약은 보험계약은 보험자와 보험계약자 간의 합의에 의하여 성립하고, 보험료 지급과 같은 어떠한 급부의 교환을 계약성립의 요건으로 하지 않는다는 것을 의미한다. 그러나 법형식상으로는 보험료의 지급이 없이도 합의에 의하여 보험계약이 성립하나 보험계약법은 보험료의 지급을 보험자의 책임개시요건으로 하고 있으므로 실제로는 요물계약으로 접근하고 있는 것으로도 볼 수 있다. 또한 보험계약의 성립에는 서면의 작성 및 교부 등 계약체결의 형식에 있어 특별한 방식을 요하지 아니하므로 불요식계약이라고 한다. 그러나 실무에서는 보험계약의 체결 시에 청약서를 작성하고, 보험계약자의 자필서명을 받은 후에 이를 보험계약자에게 전달하는 것이 통례이므로 요식화되고 있다고 볼 수 있다.

보험계약이 성립하면 보험자는 보험금을 지급하여야 할 의무를 부담하고, 보험계약자는 보험료를 지급하여야 할 의무를 부담한다. 이러한 보험자와 보험계약자의 의무는 대가적 관계에 있으므로 보험계약은 쌍무계약에 해당한다. 게다가 보험자의 보험금 지급의무는 보험사고의 발생을 조건으로 하는 조건부 채무이고 일반손해보험과 정기 생명보험 등 보장성 보험에 있어서는 보험기간 중에 보험사고가 발생하지 않으면 보험금은 지급될 수 없다. 이와 같이 보험자가 보험금을 지급하지 않은 경우를 상정해보면 유상계약성과 쌍무계약성을 인정하기 어려운 것인가 하는 의문이 제기될 수 있다. 그러나 보험자는 이미 보험사고가 발생하면 보험금을 급부하겠다고 약속함으로써 위험을 부담한 것이므로 이러한 보험자의 추상적 급부의무가 보험료와 대가관계에 있다고 볼 수 있다.

3. 보험계약의 성립 및 효력 발생

(1) 보험계약의 성립

일반적인 계약의 성립에 관하여 민법 제527조 이하에서 규율하고 있다. 일반적으로 계약의 성립 모습은 청약에 대한 승낙(민법 제527조~제531조, 제534조), 교차청약(민법 제533조), 의사실현(민법 제532조)의 세 가지 방식이 있다. 보험계약도 이러한 모습으로 성립이 가능하며 보험계약은 원칙적으로 보험계약자의 청약에 대하여 계약의 상대방인 보험자가 승낙함으로써 성립하고, 보험자가 보험계약자로부터 보험계약의 청약과 함께 보험료 상당액의 전부 또는 일부의 지급을 받은 때는 다른 약정이 없으면 30일 내에 상대방에 대하여 낙부의 통지를 발송하여야 하며, 보험자가 기간 내에 낙부의 통지를 해태한 때는 승낙한 것으로 본다(상법 제638조의2 제1항 및 제2항). 이와 같이 보험계약의 성립은 보험자가 승낙함으로써 성립한다고 하고 있는데, 그 구체적인 성립시기가 어느 때인지 확정하는 것은 실무상 쉽지 않다. 일반적으로 채권계약의 경우 계약의 성립 시기는 승낙의 통지를 발송한 때 성립한다(민법 제531조). 보험계약의 경우에 계약의 성립시기에 관하여 보험계약법에서 별도의 규정을 두고 있지 아니하므로 대화자 사이에서는 승낙의 의사표시가 도달한 때 격지자 사이의 보험계약의 경우에는 보험계약자의 청약에 대하여 보험회사가 승낙의 통지를 발송한 때 성립하는 것으로 볼 수 있다(민법 제531조). 보험계약에서 청약은 구두 또는 서면으로 할 수 있으나 통상적으로 보험계약청약서에 의하여 청약을 하게 되므로 그 시기나 표시가 비교적 명확하다. 그러나 보험회사의 승낙의 경우 현실적으로 보험회사가 별도의 승낙의 의사표시를 발송하는 것은 아니므로 승낙의 통지를 무엇으로 보아야 하는지 불명확하고 그 시기도 애매한 경우가 있다. 특히 보험대리점은 보험계약의 체결을 대리할 수 있는 권한이 있는 자로서 보험자의 승낙권한을 대리할 수 있으므로 보험계약은 보험대리점이 승낙의 의사표시를 발하는 시점에 성립한다고 볼 수 있다. 그러나 실무상 보험업법과 달리 보험대리점에 승낙의 권한을 인정하지 않고 있는 것이 보통이므로 보험자의 승낙통지를 무엇으로 볼 것인지 여부에 달려 있다. 여러 가지 정황과 자료를 통하여 보험자의 승낙이 언제 있었는지 여부를 따져보아야 할 것이고 아무리 늦어도 보험증권이 발송한 때는 보험자의 승낙이 있는 것으로 보아야 할 것이다.

보험계약의 성립 시기와 관련하여 중요한 의미를 가지고 있는 것은 고지의무 위반 여부의 판단시기와 관련되어 있다. 판례는 보험계약자 또는 피보험자는 상법 제651조에서 정한 '중요한 사항'이 있는 경우 이를 보험계약의 성립 시까지 보험자에게 고지하여야 하고, 고지의무 위반 여부는 보험계약 성립 시를 기준으로 하여 판단하여야 한다고 하기 때문이다.[119]

하지만 계약이 성립하기 위해서는 당사자의 서로 대립하는 수 개의 의사표시의 객관적 합치가 필요하고 객관적 합치가 있다고 하기 위해서는 당사자의 의사표시에 나타나 있는 사항에 관해서는 모두 일치하고 있어야 하는 한편 계약 내용의 '중요한 점' 및 계약의 객관적 요소는 아니더라도 특히 당사자가 그것에 중대한 의의를 두고 계약성립의 요건으로 할 의사를 표시한 때는 이에 관하여 합치가 있어야 한다. 그리고 계약이 성립하기 위한 법률요건인 청약은 그에 응하는 승낙만 있으면 곧 계약이 성립하는 구체적·확정적 의사표시여야 하므로, 청약은 계약의 내용을 결정할 수 있을 정도의 사항을 포함시키는 것이 필요하다.[120]

(2) 보험계약의 효력

보험계약이 유효하게 성립하였다고 하더라도 민법상의 무효 및 취소사유나 보험계약법상의 무효 및 취소 사유가 없어야 보험계약의 효력이 완전히 유효하게 효력이 발생하며 이에 따라 당자가 간의 권리의무도 생기게 된다. 민법상의 무효 사유에는 민법 제103조 선량한 사회질서 위반행위, 제104조 불공정한 법률행위, 제105조 강행규정 위반 등이고 보험계약법상 무효사유로는 보험계약자의 사기로 인한 초과보험(상법 제669조 제4항), 사기로 인한 중복보험(상법 제672조 제3항), 타인의 사망을 보험사고로 하는 보험계약에서 서면동의를 결한 경우(상법 제731조), 15세 미만자 등에 대한 사망을 보험사고로 한 보험계약(상법 제732조) 등이다.

(3) 보험증권의 발급

보험증권은 보험계약이 성립하였음을 증명하는 증거증권이다. 보험계약은 당사자 사이의 의사합치에 의하여 성립되는 낙성계약으로서 별도의 서면의 작성을 요하지 아니

119 대법원 2012. 8. 23. 선고 2010다78135,78142 판결.
120 대법원 2003. 4. 11. 선고 2001다53059 판결 등 참조.

하므로 보험계약을 체결할 때 작성·교부되는 보험증권이나 보험계약의 내용을 변경하는 경우에 작성·교부되는 배서증권은 하나의 증거증권에 불과한 것이어서 보험계약의 성립 여부라든가 보험계약의 당사자, 보험계약의 내용 등은 그 증거증권만이 아니라 계약체결의 전후 경위, 보험료의 부담자 등에 관한 약정, 그 증권을 교부받은 당사자 등을 종합하여 인정할 수 있다.[121]

4. 보험계약의 체결 제한

1) 甲은 미국의 유수한 보험회사에서 자동차 보험을 직접 구매하고자 한다. 가능한가?
2) 乙은 독일 보험회사인 알리안츠 생명보험회사에서 생명보험상품을 구입하고자 한다. 구매가 가능한가?

(1) 의의

보험업법은 보험회사가 아닌 자와 보험계약의 체결, 중개 또는 대리행위를 원칙적으로 금지하고 있다(보험업법 제3조 본문). 여기서 말하는 보험회사가 아닌 자란 보험업을 경영하기 위하여 보험종목 별로 금융위원회부터 허가를 받은 자가 아닌 자를 말한다(보험업법 제2조 제6호). 보험계약은 사인 간의 채권·채무를 발생시키는 채권계약의 일종으로서 근대 민법의 3대 원칙 중의 하나인 법률행위 자유원칙 또는 사적 자치원칙에 따라 계약의 체결 여부, 상대방의 선택 및 계약 내용의 결정 등을 당사자의 협의로 자유롭게 결정할 수 있는 것이 원칙이다. 따라서 본 조항은 거래 상대방을 보험회사로 제한하고 있다는 점에서 보면 계약체결의 자유 원칙의 예외에 해당하는 조항이다. 이 규정에 따라 보험거래는 보험회사가 아닌 자와의 보험거래를 제한하게 되며 특히 비록 외국의 보험회사가 국내의 보험회사와 동일한 보험상품을 취급하고 있더라도 그러한 보험상품을 국내에서 판매를 할 수 없게 된다. 다만 이러한 보험거래의 상대방 제한은 대통령령이 정하는 일정한 경우에는 예외가 허용된다(보험업법 제3조 단서).

121 대법원 1996. 7. 30. 선고 95다1019 판결 등.

(2) 보험계약 체결 제한의 연혁

1962년 보험업법 제정 당시에는 본 조의 규정은 없었다. 그러나 1962년 12월 29일 본 조가 신설되었으며 당시에는 "누구든지 다른 법령에 특별한 규정이 있거나 각령으로 정하는 경우"[122]를 제외하고는 본 법 또는 외국보험사업자에 관한 법률에 의한 면허를 받지 아니한 자와 보험계약을 종결하지 못한다고 규정하였다(구 보험업법 제15조의2). 1977년 보험업법 개정 시 "대통령령이 정하는 경우"가 삭제되었고,[123] 다시 1997년 보험업법 개정 시 본 조의 단서 규정이 신설되었다.[124] 다만 1977년 보험업법에서 대통령령이 정하는 경우를 삭제하였지만 여전히 보험업법시행령에서 보험회사가 아닌 자와 보험계약의 체결이 허용된 경우를 규정하고 있었다.

(3) 적용 범위

이 규정의 적용 대상은 우리 국민 일반이다. 이러한 의미로 누구든지를 그 대상으로 한다고 규정한다. 누구든지 대한민국의 법의 적용을 받는 모든 자가 그 대상이며 대한민국의 국적을 가지고 있는 국민은 물론 외국인, 무국적자도 포함된다.

보험거래를 그 거래행위가 일어나는 장소와 거래당사자의 국적을 중심으로 나누어 살펴보면, (i) 내국인이 국내에서 국내보험회사와 거래하는 경우, (ii) 내국인이 국내에서 보험회사가 아닌 자와 거래하는 경우, (iii) 내국인이 국내에서 외국 소재 보험회사와 거래하는 경우, (iv) 내국인이 국내에서 외국 소재 무허가 보험회사와 거래하는 경우, (v) 내국인이 해외에서 외국보험회사와 보험거래를 하는 경우, (vi) 내국인이 해외에서 보험회사가 아닌 자와 거래하는 경우, (vii) 외국인이 외국에서 국내 보험회사와 거래하는 경우, (viii) 외국인이 외국에서 외국보험회사와 거래하는 경우, (ix) 외국인이 국내에서

122 **제1조의2(보험계약의 체결)** 법 제15조의2의 규정에서 각령으로 정하는 경우라 함은 다음 각호의 1의 경우를 말한다.
1. 법 또는 외국보험사업자에관한법률에 의한 면허를 받지 아니한 종류의 보험계약을 외국보험사업자(외국보험사업자에관한법률에 의한 외국보험사업자를 말한다)와 체결하는 경우
2. 국제조약이나 협정(외국과의 차관계약을 포함한다)에 의하여 보험계약을 체결하는 경우
3. 외국에서 보험계약을 체결하고 보험기간이 경과하기 전에 국내에서 그 계약을 지속하는 경우
4. 기타 재무부장관이 승인하는 경우 <본 조 신설 1963.5.31.>

123 **제4조(보험계약의 체결)** 누구든지 법령에 특별한 규정이 있는 경우를 제외하고는 보험사업자가 아닌 자와 보험계약을 체결하거나 이를 중개 또는 대리하지 못한다.

124 **제4조(보험계약의 체결)** 누구든지 보험사업자가 아닌 자와 보험계약을 체결하거나 이를 중개 또는 대리하지 못한다. 다만 대통령령이 정하는 경우에는 그러하지 아니하다. <개정 1997.8.28.>

보험회사와 거래하는 경우, (x) 외국인이 국내에서 국내 보험회사가 아닌 자와 거래하는 경우 등이다. 이러한 유형의 보험거래 중 이 규정에 의하여 규제를 받는 거래 유형은 (ii), (iii), (iv), (v), (vi), (x)이 여기에 해당한다.

유사수신행위의 규제에 관한 법률에서 이와 유사한 규정을 두고 있는데, 동법에서는 누구든지 유사수신행위를 하여서는 안 된다고 규정하고 있고(제3조) 이를 위반한 경우 5년 이하의 징역 또는 5천만 원 이하의 벌금에 처한다고 규정하고 있다(제6조).

(4) 보험계약 체결 제한의 내용

1) 보험회사와 아닌 자와 보험계약의 체결행위

보험회사가 아닌 자란 보험업법이 규정하는 절차에 따라 보험업에 관한 허가를 얻지 아니한 자를 말한다. 보험업의 허가를 받지 않는 자나 외국에서 보험업을 영위하고 있으나 우리나라에서 보험업에 관한 허가를 받지 아니한 자도 포함된다. 보험계약의 체결이란 보험계약자의 청약과 보험회사의 승낙에 의하여 보험계약이 성립하는 과정 또는 그 결과를 말한다. 보험계약의 유·무효, 취소, 해지 및 해제 사유의 존재 여부는 동 조의 적용에 영향을 미치지 않는다. 보험계약을 체결하는 자에는 보험계약상의 일방 당사자인 보험계약자를 가리키고 피보험자나 보험수익자 등 보험계약의 관계자는 제외된다. 보험계약을 체결한 자인지 여부는 보험계약자 명의와 관계없이 실질적으로 판단하여야 하므로 단순히 보험계약자의 명의를 대여한 자는 보험계약을 체결한 자에 포함되지 않는다.

2) 보험계약의 체결의 중개 또는 대리행위

누구든지 보험회사가 아닌 자와 보험계약의 체결의 중개 또는 대리행위를 하지 못한다. 국내에서 보험계약의 체결의 대리 또는 중개를 할 수 있는 보험모집 자격이 있는 보험모집종사자뿐만 아니라 일반인도 보험회사가 아닌 자와 보험계약의 대리 또는 중개를 할 수 없다. 보험계약의 체결의 중개행위란 보험회사와 보험계약자 사이에서 보험계약의 체결에 힘쓰는 사실행위이다. 중개행위를 영업으로 하여야 하는지 여부에 대해서는 보험회사가 아닌 자와의 보험계약의 중개행위를 금지하는 이유가 영업적인 중개행위를 규제하고자 하는 취지는 아닌 것으로 해석되므로 반드시 보험계약의 중개행위가 영업성을 띠어야 하는 것은 아닌 것으로 해석된다. 보험계약의 체결의 대리란 보험회사 또는 보험계약자로부터 보험계약에 관한 대리권을 수여받아 보험계약의 체결을 대리하는 것을 말한다.

(5) 보험계약 체결 제한의 예외

1) 의의

보험업법은 보험회사가 아닌 자와 보험계약의 체결을 원칙적으로 금지하면서 일정한 경우에는 외국보험회사와 보험계약의 체결을 허용하고 있다(보험업법 제3조 및 시행령 제7조). 이것은 국내에 지점을 설치한 외국보험회사는 보험회사로서 취급되어 국내 보험소비자와 보험계약의 체결이 허용되는 반면 국내에 지점을 설치하지 아니한 외국보험회사와 보험계약의 체결을 금지한다. 이것은 일종의 외국과의 직접적인 보험거래를 금지하는 제도이자 보험시장의 영역을 국내에 한정하는 것이다.

보험업법이 외국보험회사와의 직접적인 보험거래를 금지하는 이유는 외국보험회사는 원칙적으로 국내법의 적용을 받지 않아 각종 탈법적이고 불공정한 행위로 국내보험시장을 혼란시킬 우려가 있고, 외국보험회사와 보험거래를 하는 과정에서 국내 보험계약자에게 불측의 손해를 입힐 우려가 있기 때문이다. 그러나 보험회사와의 보험계약체결만을 허용할 경우 국내 보험소비자에게 외국의 선진 보험상품에 대한 수요를 충족시킬 수 없는 문제가 발생하고, 국내에서 개발되어 판매되지 아니한 보험상품의 구입 기회를 제한하는 문제가 있으며, 외국의 시장개방 압력에 대한 조화 필요성을 고려하여 외국과의 직접적인 보험거래를 규제할 필요성이 낮은 보험종목에 대해서는 이를 허용하여 국내 보험시장의 글로벌 경쟁력을 확보할 필요가 있다.[125] 또한 정보·통신 기술 발전에 따른 인터넷 등의 일반화로 국내에 지점을 설치하지 아니한 외국보험회사가 직접 국내 보험소비자에 대하여 접근할 수 있는 기회가 증대되고 있으므로 이러한 규제의 실효성 확보가 하나의 과제로 등장하고 있다.[126]

125 우리나라와 같이 외국도 보험계약의 체결에 관하여 일정한 제한을 두고 있는 것이 일반적이다. 미국의 경우 보험계약의 체결에 있어 보험회사 외에 일반국민을 대상으로 하는 규제는 없다(뉴욕주 보험법 제1102조). 일본의 경우에는 보험회사는 물론 일반국민의 경우도 일본에 지점 등을 설치하지 아니한 보험회사와 보험계약을 체결하기 위해서는 허가를 요하는 것으로 규정하고 있다(일본 보험업법 제186조 제2항).

126 安居孝啓, 『最新 保險業法の 解說』, 大成出版社, 2010, 544면.

2) 허용되는 경우

보험업법은 국제거래와 관련된 계약이거나 국내에서 보험가입이 거절되거나 판매되지 않은 계약 등 해외 보험 구입의 필요성이 인정되는 보험계약의 경우 보험계약의 체결제한을 완화하고 있다. 이에 따라 외국보험회사와 보험계약의 체결이 허용되는 경우 보험계약의 확인방법 및 외국보험회사의 대한민국 안에서의 보험계약의 체결 또는 모집방법 등에 관하여 필요한 사항은 금융위원회가 정하도록 하고 있다. 외국 보험회사와 보험계약의 체결이 가능한 경우는 (i) 외국보험회사와 생명보험계약·수출적하보험계약·수입적하보험계약·항공보험계약·여행보험계약·선박보험계약·장기상해보험계약 또는 재보험계약을 체결하는 경우, (ii) 대한민국에서 취급되는 보험종목에 관하여 셋 이상의 보험회사로부터 가입이 거절되어 외국보험회사와 보험계약을 체결하는 경우, (iii) 대한민국에서 취급되지 아니하는 보험종목에 관하여 외국보험회사와 보험계약을 체결하는 경우, (iv) 외국에서 보험계약을 체결하고, 보험기간이 지나기 전에 대한민국에서 그 계약을 지속시키는 경우, (v) 기타 보험회사와 보험계약을 체결하기 곤란한 경우로서 금융위원회의 승인을 얻은 경우이다.

(i) 생명보험계약·수출적하보험계약·수입적하보험계약·항공보험계약·여행보험계약·선박보험계약·장기상해보험계약 또는 재보험계약의 체결: 수출적하보험계약·수입적하보험계약·항공보험계약이나 재보험계약은 국제적 성격을 강하게 띠고 있는 보험종목이다. 이 중 재보험계약은 국내에서 위험을 보유할 수 없는 경우 등 불가피한 경우가 있으므로 가장 빨리 명시적으로 허용되었다. 그 밖에 생명보험계약, 여행보험계약, 장기상해보험계약의 국경 간 거래허용은 우리나라가 경제협력개발기구(OECD, Organization for Economic Cooperation and Development) 가입 과정에서 대외 개방 요구에 따라 확대 허용된 것이다.[127]

(ii) 셋 이상의 보험회사로부터 가입이 거절된 경우: 국내에서 영위되는 보험종목이라고 하더라도 국내의 보험회사에서 인수를 거절당하는 경우에는 국외에서라도 보험가입이 허용되어야 한다. 이러한 점을 고려하여 국내의 3개 이상의 보험회사로부터 보험가입이 거절되는 경우에 외국보험회사와 보험계약의 체결이 가능하도록 허용한 것이다.

127 회원국 및 세계경제발전에 기여하고 개발도상국을 지원하자는 취지로 1961년 공식 출범하였다. 제2차 세계대전 후 유럽의 부흥과 경제협력을 추진해온 구주 OECD를 개발도상국 문제 등 새로운 세계정세에 적응시키기 위해 개편한 것이다. 우리나라는 1995년 3월 가입을 신청, 1996년 10월 29번째 회원국이 되었다.

(iii) 국내에서 취급되지 아니하는 보험종목: 국내에서 취급되지 아니한 보험종목의 경우 보험소비자가 해외에서 이를 구입할 수 있는 길이 열려 있어야 한다. 보험상품은 위험을 보장하는 상품이므로 보험소비자가 원하는 위험보장의 길이 국내에서 막혀 있다면 외국보험회사에서 이를 보장받을 수 있는 길을 터놓아야 한다. 그런데 보험가입 당시에는 국내에서 영위되지 않은 보험종목이 보험가입 후에 국내 보험회사가 해당 보험종목을 영위하게 된 경우 기존에 체결한 보험계약을 해지하여야 하는지 여부와 갱신기간이 도래하여 보험계약을 갱신하고자 하는 경우에 동일 상품에 대해 외국보험회사와 보험계약의 체결이 금지되는지 하는 문제가 제기될 수 있다. 기존에 체결한 보험계약의 유지에는 아무런 문제가 없을 것으로 보인다. 보험가입 당시를 기준으로 국내에서 영위되지 아니한 보험종목에 대한 보험가입이 사후에 국내의 보험회사가 영위하게 되었다고 하더라도 동 보험계약의 유지를 불가능하게 하는 것은 외국보험회사 보험계약을 체결한 자의 이익을 크게 침해하게 되므로 이를 유지하지 못하도록 하는 것은 타당하지 않다. 따라서 기존에 체결한 보험계약의 경우 보험계약의 유지는 물론 보험계약의 내용변경 행위도 가능한 것으로 보인다. 보험계약의 갱신의 경우에는 어떻게 보아야 할 것인지 문제되는데, 보험계약의 갱신을 새로운 보험계약의 체결로 보는 경우에는 국내의 보험회사와 보험계약을 체결하여야 할 것이나 자동갱신조항에 따라 갱신하는 경우, 국내에서 보험가입이 거절될 것으로 예상되는 경우 등 특별한 사정이 있는 경우 예외를 허용하는 것이 타당하다고 생각된다.

(iv) 외국에서 보험계약을 체결한 경우: 해외에 나가 있는 동안 외국 보험회사와 현지에서 보험계약을 체결한 경우가 있을 수 있는데, 이러한 경우에도 해당 보험계약의 보험기간이 종료되지 아니한 경우에는 보험계약을 그대로 유지할 수 있다. 국경 간 보험거래가 허용된 보험종목은 당연히 그대로 유지할 수 있으며 국경 간 보험거래 허용 종목이 아니라도 해외에서 보험계약을 체결한 경우 귀국 후에도 당해 보험계약을 유지할 수 있다. 본 규제는 외국에서 보험계약을 체결하여야 하는 것을 요건으로 하므로 장소적인 제약 요건이 가미된 것이다. 외국에서 보험계약을 체결한 경우란 보험가입의 청약과 승낙이 외국에서 있어야 하는 것인지 아니면 청약행위는 국내에서 이루어졌다고 하더라도 승낙행위가 외국에서 이루어진 경우도 포함하는 것으로 보아야 하는 것인지 문제될 수 있다.

(v) 보험회사와 보험계약을 체결하기 곤란한 경우로서 금융위원회의 승인을 얻은 경

우: 보험소비자가 여러 사정으로 보험회사와 보험계약을 체결하기 곤란한 경우에는 금융위원회의 승인을 얻어 외국보험회사와 보험계약을 체결할 수 있다. 여기서 보험계약의 체결이 곤란한 경우란 보험가입이 거절되거나 국내에서 영위되지 아니한 보험종목에 대한 보험계약의 체결의 경우를 제외하고 국내 보험회사와 사실상 법률상의 제약에 따라 보험계약의 체결이 어려운 경우를 말한다. 가령 보험료의 급상승에 따라 보험료의 부담이 사실상 불가능한 경우 등이 하나의 예다.[128]

5. 외국보험회사와 직접 거래에서의 규제

(1) 서설

보험업법 제3조 등에 따라 외국보험회사와 국경 간 보험가입이 허용된 경우라고 하더라도 국내 보험소비자를 보호하고 국내에서 허가받아 보험영업을 하고 있는 보험회사와의 공정한 경쟁을 도모하기 위해서는 외국보험회사와의 거래에 있어서도 동일하게 규제를 할 필요가 있으며 국내 보험회사에 대해 역차별이 있어서는 안 된다. 종래 국경 간 보험거래와 관련하여 특별한 규제를 하고 있지 아니하였으나 외국보험회사의 국경 간 보험상품 판매 관련 가이드라인을 제정하여 2012년 5월 1일부터 시행하였고, 2012년 9월 25일 동 가이드라인의 내용을 보험업감독규정에 반영한 바 있다(금융위원회 고시 제2012-23호). 보험업감독규정에 의하면 외국보험회사의 보험계약체결방법, 광고 등에 관한 사항을 규제하고, 국내 거주자의 보험가입방법 및 확인 등에 관한 사항을 마련해놓고 있다.

(2) 광고규제

1) 광고수단

외국보험회사는 대한민국 안에서 신문, 텔레비전, 라디오, 잡지, 컴퓨터통신 등을 이용하여 보험상품을 광고할 수 있다(보험업감독규정 제1-7조 제1항). 따라서 외국보험회사의 보험상품에 관한 광고는 국내 보험회사의 그것과 동일하게 허용되어 있다.

128 성대규·안종민, 『한국보험업법』(개정2판), 두남, 2015, 90면.

2) 광고 전 신고

외국보험회사가 광고를 하고자 하는 경우에는 금융감독원장에게 (i) 광고하고자 하는 외국보험회사의 상호 및 그 본점 소재지, (ii) 광고하고자 하는 내용을 미리 신고하여야 한다(보험감독규정 제1-7조 제2항).

3) 광고 시 준수사항

외국보험회사가 광고를 하는 경우에는 당해 외국보험회사와 체결된 보험계약에 대해서는 대한민국 보험업법에 의하여 계약자보호제도가 적용되지 않는다는 뜻의 문언을 한국어로 사용하여 광고하여야 한다(보험업감독규정 제1-7조 제3항).

또한 외국보험회사는 광고를 함에 있어 (i) 보험계약에 관한 허위의 사실 또는 보험계약자를 기만하거나 오인시킬 우려가 있는 사항, (ii) 장래의 이익배당 또는 잉여금 분배의 예상에 관한 사항, (iii) 보험계약의 일부에 대하여 다른 보험회사와 비교한 사항을 그 내용으로 하지 못한다(보험업감독규정 제1-7조 제4항).

4) 광고규제 위반 시 조치

금융감독원장은 상기 사항을 위반한 외국보험회사에 대해서는 광고를 제한하거나 이를 공시하는 등의 필요한 조치를 할 수 있다(보험업감독규정 제1-7조 제5항).

(3) 보험계약의 체결방법에 관한 규제

1) 국경 간 보험계약의 거래구조

국경 간 보험거래가 일어나는 구조를 보면 재보험 이외에 원수보험거래는 (i) 외국보험회사와 국내 거주자가 직접적으로 체결하는 경우, (ii) 외국보험회사의 보험대리인에 의하여 체결하는 경우, (iii) 보험중개조직을 통하여 체결하는 경우 등 간접적으로 체결하는 방법이 있을 수 있다.

재보험거래는 (i) 원수보험회사가 해외 재보험회사와 직접적으로 체결하는 경우, (ii) 원수보험회사가 국내 재보험회사에 출재하고 다시 국내 재보험자가 재재보험으로 해외 재보험자 등에 출재하는 경우 등이다.

2) 체결방법의 제한

보험업법 제3조 등에 의하여 외국보험사가 보험계약의 체결이 허용된 경우에 외국보험회사가 국내 거주자와 보험계약을 체결하기 위해서는 우편, 전화, 모사전송, 컴퓨터통신을 이용하여 모집할 수 있고, 대면방식에 의한 모집은 허용되어 있지 않다. 즉, 외국보험회사는 우편, 전화, 모사전송, 컴퓨터통신을 이용하여 거주자와 보험계약을 체결할 수 있다(보험업감독규정 제1-6조 제1항). 여기서 거주자란 대한민국에 주소 또는 거소를 둔 개인과 대한민국에 주된 사무소를 둔 법인을 말한다(외국환거래법 제3조 제1항 제14호). 이와 대비되는 개념인 비거주자란 거주자 외의 개인 및 법인을 말한다. 다만 비거주자의 대한민국에 있는 지점, 출장소, 그 밖의 사무소는 법률상 대리권의 유무에 상관없이 거주자로 본다(외국환거래법 제3조 제1항 제16호).

따라서 예외적으로 외국보험회사와 보험계약이 체결된 경우라도 외국보험회사가 국내에서 대면의 방법으로 모집할 수는 없고, 비대면 방식, 즉 우편, 전화 등 각종 통신방법으로 모집을 할 수 있다. 외국 보험회사가 외국에서 국내 모집종사자에게 위탁하여 통신수단을 통하여 모집행위를 할 수 있는지 여부가 문제될 수 있는데, 특별히 이러한 방법을 제한하는 규제는 없으므로 가능하다고 생각된다. 외국보험회사가 국내에 사무소를 직접 설치하고, 통신수단을 갖추어 모집을 할 수 있는지 의문인데, 국내사무소의 경우 보험모집을 할 수 없는 것에 비추어볼 때 외국보험회사가 국내에 임의로 사무소를 설치하고 보험을 모집하는 것도 불가능한 것으로 보아야 할 것이다.

외국보험회사는 대한민국에 소재하는 보험회사, 보험설계사, 보험대리점 및 보험중개사에게 보험계약체결의 중개 또는 대리를 의뢰하거나 위임할 수 없다. 다만 보험중개사를 통하여 재보험계약을 체결하는 경우에는 위임이 가능하다(보험업감독규정 제1-6조 제2항). 따라서 외국 보험회사는 국내의 모집종사자를 활용할 수 없는 것이 원칙이다. 그러나 재보험의 경우에는 그동안 국내의 보험중개사를 통하여 재보험계약을 체결하는 것이 관행이었으므로 이를 고려하여 재보험의 경우에는 국내 보험중개사를 통하여 모집할 수 있도록 허용한 것이다. 이 경우에도 보험대리점이나 보험설계사, 다른 보험회사를 통하여 모집할 수는 없다.

한편 국내 거주자의 경우 국제보험거래(cross-border)가 허용된 보험계약을 어떻게 체결하여야 할까? 보험업법은 거주자의 경우에도 대한민국에 소재하는 보험회사, 보험설계사, 보험대리점 및 보험중개사를 통하여 외국보험회사와 보험계약을 체결할 수 없도록 금지하고 있다. 다만 보험중개사를 통하여 재보험계약을 체결하는 경우에는 가능하다(보험업감독규정 제1-8조). 따라서 재보험을 제외한 국제보험거래가 허용된 보험계약의 경우 외국보험회사가 체결할 수 있는 방법과 동일한 방법으로 통신수단을 이용하여 보험계약을 체결할 수 있다. 거주자는 외국보험회사와 체결하고자 하는 보험계약이 국제보험거래가 허용되고 있는 보험계약인지의 여부에 대하여 보험협회에 확인을 요청할 수 있다(보험업감독규정 제1-9조).

(4) 모집과 관련한 업무수행 금지

외국보험회사는 그 임원 또는 직원이 국내에서 보험계약의 체결 또는 모집과 관련된 업무를 하도록 하여서는 안 된다(보험업감독규정 제1-6조 제3항).

6. 보험계약 체결 제한 위반의 효과

보험회사가 아닌 자와 보험계약을 체결한 경우 공법적 효과와 사법적 효과가 문제된다. 동 조 위반행위를 한 자는 5백만 원 이하의 과태료의 처벌을 받을 수 있다(보험업법 제211조 제3항 제1호). 이와 같은 과태료의 처벌 이외에 이와 같은 위반행위에 따라 체결된 보험계약의 유효성 여부가 문제되는바, 이러한 행위의 효력 여부는 보험업법 제3조의 성격에 따라 달라질 수 있다. 생각하건대 이 규정은 강행규정에 해당하나, 거래행위 자체의 효력을 금지하고자 하는 취지는 아니므로 동 규정은 효력규정이 아닌 단순한 단속규정에 불과한 것으로 보인다. 따라서 보험회사가 아닌 자와의 체결한 보험계약의 효력에는 아무런 영향을 미치지 않는다.

제13절 보험약관

1. 약관에 의한 거래의 확산

오늘날 기업과 개별 소비자 간의 거래는 개별적인 협상에 의하여 계약의 내용이 각기 다르게 정해지는 과정을 거치는 것이 아니라 기업이 사전에 일방적으로 작성한 약관이라는 형식의 계약내용에 의하여 체결되는 것이 보통이다. 보험거래에 있어서도 계약의 목적, 보험가격, 보험계약자 및 피보험자, 보험수익자 등 보험계약의 성립에 필요한 계약자별 고유한 정보에 의하여 보험상품을 선택하면 보험자가 미리 일방적으로 작성한 보험약관이 자동적으로 보험계약관계를 지배하는 계약내용으로 되는 것이 통상적이다. 특히 보험거래는 대수의 법칙, 수지상등원칙, 급부반대급부 균등원칙으로 하는 보험계리상의 요청에 따라 특별히 보험약관에 기초한 획일적 계약내용의 확정이 필요하다.

2. 보험약관의 개념

약관의 규제에 관한 법률에서는 약관을 그 명칭이나 형태 또는 범위를 불문하고 계약의 일방 당사자가 다수의 상대방과 계약을 체결하기 위하여 일정한 형식에 의하여 미리 마련한 계약의 내용이 되는 것이라고 규정하고 있다(약관규제법 제2조 제1호).

따라서 보험약관(insurance clauses)이란 보험자가 다수의 보험계약자와 보험계약을 체결하기 위하여 미리 일방적으로 작성한 계약내용을 말한다. 이러한 보험약관은 보험업법상의 기초서류의 하나로서 일정한 경우 금융위원회에 신고 등의 일정한 절차를 거쳐 만들어진다(보험업법 제127조).

보험업감독업무시행세칙에서 각종 표준약관이 마련되어 있다(별표 15). 보험약관은 보험계약의 내용으로서 보험과 관련하여 발생한 분쟁해결에 있어서 가장 중요한 판단자료가 된다.

3. 보험약관의 필요성

일상적으로 발생하는 보험거래에서 매 계약을 체결할 때마다 보험계약자와 계약 내용에 대하여 교섭을 하고 내용을 확정하고 하는 것은 너무 번거로울 뿐만 아니라 상거래의 신속성을 위해서 볼 때 바람직하지 않다. 또한 보험이란 각종의 위험에 대비하기 위한 경제제도로서 동일한 위험에 놓여 있는 다수의 사람들이 어느 특정 단체에 위험을 전가하거나 스스로 위험공동체를 형성하여 자금을 갹출하고 불의의 사고를 당한 구성원에게 보험금을 지급하는 것이다. 다수의 보험계약자를 상대로 다른 내용의 계약이 체결될 유인이 적도 오히려 보험계약의 특성은 그 내용을 표준화 정형화를 요구한다. 이러한 점은 보험의 기술성에도 잘 나타난다.

보험계약이 위험단체 관념에 기초하므로 그 구성원을 평등하게 대우하고 대수의 법칙을 적용하여 다수의 가입자의 위험을 종합평균화함으로써 보험경영을 하게 되므로 이러한 관점에서 볼 때 보험약관에 의한 거래가 요청된다.

또한 보험거래는 동질의 위험을 가진 구성원을 대상으로 거래하므로 보험의 기술성이 강하게 적용되고 보험약관의 문언에 가치적 판단이 개입되지 아니하고, 보험거래가 상행위성을 가지므로 상거래의 신속성의 요청에도 부합할 필요가 있다.

보험약관은 특정한 위험을 전제로 하고 그러한 위험단위에서 발생하는 사고 발생가능성을 통계적 기법을 통하여 계산하고 이러한 사실적 특성을 내포한 위험 및 그 위험을 보장을 위한 법률적 문구로서 보험약관에 기재하므로 가급적 명료하게 기재되어야 하고 통일적인 운용이 필요하다.

4. 보험약관의 종류

보험약관은 해당 보험약관의 내용을 일반적 합의의 대상으로 할지 개별적 합의의 대상으로 할지 여부에 따라 보통약관과 특별보통약관, 특별약관으로 구분된다.

☞ 업무용 자동차종합보험계약상의 관용차 특별약관은 보험계약자의 선택에 의하여 적용되고 그에 따라 보험료나 담보 범위가 달라지는 고유한 의미에서의 특별약관이 아니라 피보험자동차가 관용차인 경우에는 보험계약자의 선택에 관계없이 당연히 적용되는 것이라고 봄이 상당하므로, 위 면책약관의 계약 편입에 있어서 당사자 사이에 별도의 합의가 있어야 하는 것은 아니고 전체 보통약관의 편입 합의만 있으면 충분하다.[129]

(1) 보통보험약관

보험계약의 기본적인 내용을 규정하는 일반적 보편적 표준적인 약관을 말한다. 이러한 보험약관은 특별히 보험계약자 당사가가 편입 여부를 교섭할 필요가 없고, 당연히 계약내용으로 편입되는 것이다.[130]

보통이라는 말은 구체적 위험담보에 필수적으로 적용되며 모든 보험계약자에게 차별없이 적용된다는 뜻이다. 이러한 보통약관에는 상법의 규정내용을 그대로 원용하고 있는 원용조항, 상법의 규정내용을 변경하거나 배제하는 조항, 상법의 규정내용이 없는 사항

129 대법원 1997. 7. 11. 선고 95다56859 판결.
130 한기정, 앞의 책.

을 정하는 보충조항으로 구성된다. 이때 상법의 규정내용을 변경하거나 배제하는 조항의 경우 상법 제663조에 의한 제한을 받게 되어 보험편의 규정보다 보험계약자에게 불리하게 변경할 수 없다.

(2) 특별 보통보험약관

보통보험약관에서 보장하지 않는 보험사고를 추가하거나 담보 범위를 확장하는 것으로 보통약관의 내용을 보충 또는 변경하기 위하여 특별히 작성된 부가약관을 말한다. '특별히'라는 문구에도 불구하고 그 약관의 적용을 원하는 보험계약자에게 차별 없이 적용되기 때문에 보통이라는 문구도 함께 붙여진 것이다.

이러한 특별 보통보험약관은 보험자가 인수하는 위험의 범위를 축소하여 계약자의 보험료 할인 등의 혜택을 주거나 보통보험약관 외에 특약의 형태로 담보위험을 늘려나가는 경우도 있다.[131] 보통약관과 특별 보통약관은 개별적 합의의 대상이 아닌 약관이라는 점에서 보통약관에 속하며, 내용의 일반성과 특수성에 의한 구분 결과이다. 가령 자동차보험에서 피보험자의 범위를 축소하는 운전자연령한정운전특별약관, 가족운전자 한정운전 특별약관은 전자의 예이고, 인보험에서 상해입원 일당, 골절진단비 특약 등은 후자의 예이다. 지진위험특약이나 풍수재위험 담보특약은 화재보험보통보험약관에서 면책사유로 규정하는 위험을 추가하는 형태의 것이다. 자동차보험에서 긴급출동서비스 등의 특별약관도 특별 보통약관에 속한다.

(3) 특별보험약관

특별보험약관이란 보험계약의 당사자가 협상을 통하여 정한 계약내용을 말한다. 해상보험이나 기업보험에서 보험단체의 이익을 해지치 않는 범위 내에서 예외적으로 허용된다. 이는 보험계약당사자의 개별적인 합의에 의하여 계약내용을 정하는 특별계약조항으로서 보통보험약관과 구별되는 개별약정이므로 개별약정 우선의 원칙에 따라 보통보험약관보다 우선하여 적용된다(약관규제법 제4조). 특별약관은 보통약관이나 특별보통약관의 보장 범위에 대한 축소, 확장 등에 이용된다.

131 한기정, 앞의 책, 117면.

5. 보험약관의 구속력

(1) 의의

보험사업자, 즉 보험자가 일방적으로 작성한 보험약관이 도대체 무엇 때문에 계약내용이 되고 상대방을 구속하게 되는가에 관한 논의가 약관의 구속력에 관한 논의의 핵심이다.

보험계약의 청약의 내용은 자신의 위험조건을 상대방 보험자에게 알리고, 상대방 보험회사에 보험가입금액을 설정하여 알리고 이에 대해 상대방 보험회사가 제시하는 보험료로 보험에 가입하려는 의사를 알리는 것이다. 보험자의 승낙은 상대방이 가지고 있는 보험목적물과 동 보험목적물이 가지고 있는 위험특성을 파악하여 보험계약의 인수를 허용하는 의사표시이다.

보험계약은 보험계약자의 청약과 보험자의 승낙에 의하여 성립한다. 물건의 매매와 달리 보험거래의 대상이 보험계약자 측이 가지고 있는 위험이므로 분명하지 아니하다. 보험계약의 주된 급부의무는 보험료의 지급과 반대급부로서 보험금의 지급이다. 따라서 각 보험사고의 내용과 그 보험사고가 발생할 경우 보험금이 지급되기 위한 요건이 중요한 내용이 되고 보험계약에서 보상하지 아니하는 손해 등이 중요한 거래조건에 해당한다. 구체적인 거래 대상물과 거래가격의 결정이 아닌 보상조건의 약정과 보험료의 수준이 주요 협상의 대상이 되고 보험조건은 보험약관에 반영되어 있다.

그런데 일일이 보험약관의 개별조항에 대하여 교섭이나 약정을 거치지 아니하고 포괄적으로 보험상품을 선택하고 보험료를 지급함으로써 계약이 종료된다. 그런데 보험약관에 대해 보험계약의 내용으로 한다는 구체적인 합의가 없어도 보험약관이 보험계약 당사자를 구속하는 근거 내지 이유가 무엇인가에 관하여 학설이 대립하고 있다.

(2) 학설

1) 합의설

법률행위이론에 입각하여 보험약관에 의한 보험계약을 보통의 계약과 동일하게 파악하는 견해이다. 즉, 합의설은 보험약관을 계약내용을 하려는 당사자의 의사표시의 합치, 즉 합의에서 구속력의 근거를 찾는다. 사적 자치의 원칙에 따라 보험약관을 계약내용으로 삼으려는 당사자의 합의에 따라 그 법적 효력이 부여되는 것이므로 그러한 합의가 없었다면 당해 보험약관의 내용은 당사자를 구속하는 효력을 가질 수 없다는 것이다. 보험약관의 계약내용으로 합의는 명시적 묵시적 방법에 의하여 가능하다는 것이다. 이러한 합의설은 다시 합의의 내용에 따라 견해가 갈리고 있다. (i) 계약의 당사자가 약관의 내용을 알 것을 요구하는 내용인식설, (ii) 약관의 내용을 모르더라도 약관을 계약내용으로 할 것을 포괄적으로 합의하면 충분하다는 부합계약설, (iii) 계약의 당사자가 특별히 약관을 배제하겠다는 의사를 표시하지 않는 한 약관을 계약내용으로 할 것을 내용으로 하는 합의가 있었다고 추정하는 의사추정설이 있다. 합의설은 당사자의 주관적인 사정에 따라 보험약관의 효력이 좌우되는 문제점이 있고, 내용인식 여부와 관련하여 분쟁이 자주 발생할 가능성이 있고, 보험계약 체결과정에서 일일이 보험자와 보험약관의 적용에 관한 합의를 한다고 보기도 어렵다는 비판이 제기된다.

2) 규범설

보험약관은 보험계약의 체결 시에 보험계약자가 오로지 그에 따르도록 할 때만 그 기능을 다할 수 있다. 따라서 보험계약은 부합계약으로서 보통보험약관에 따라 이루어지고 있는 것이 거래의 실정이므로 사회학적으로 보면 보험약관은 객관적인 법과 비슷하고 보험계약상의 법원으로 다루지 않을 수 없다. 이에 따라 보험약관의 구속력의 근거를 그 약관의 규범성에서 찾으려고 하는 입장이 생겨났고 이것이 규범설이라 할 수 있다.[132]

보통약관 그 자체가 독자적인 법원이 되므로 당사자의 의사와 관계없이 당연히 보험계약의 계약의 내용이 되고 당사자를 규율하게 된다. 규범설은 규범의 성질에 따라 자치법설과 상관습설로 나눈다. 자치법설은 보험약관을 보험계약의 이해관계자가 제정한 하나의 자치법으로 본다.[133] 상관습설은 보험약관 그 자체로는 법규성을 인정하지 않는 견해로서 보험거래계에서 보험계약은 그 약관에 의한다는 사실이 하나의 상관습법이라고 한다.

132 양승규, "보통보험약관의 구속력", 「서울대학교 법학」(서울대학교), 제27권, 제4호, 1986, 163면; 양승규, 『보험법』(주 49), 2004, 70-71면; 정희철, 『상법학(하)』, 박영사, 1990, 357면; 최준선, 『보험법·해상법』(제6판)(주 77), 34면.

133 박세민, 앞의 책, 61면.

(3) 판례

판례는 "약관의 구속력의 근거와 관련하여 약관이 계약당사자 사이에 구속력을 갖는 것은 그 자체가 법규범이거나 또는 법규범적 성질을 가지기 때문이 아니라 당사자가 그 약관의 규정을 계약내용에 포함시키기로 합의하였기 때문이므로 계약당사자가 명시적으로 약관의 규정과 다른 내용의 약정을 하였다면 약관의 규정을 이유로 그 약정의 효력을 부인할 수는 없다"라고 판시함으로써 약관의 구속력의 근거가 의사설의 입장임을 명백히 하고 있다.[134]

(4) 사견

보험의 개별성을 중요시 하는 주관주의 학자들은 대체로 의사설을 보험의 단체성을 중시하는 객관주의 학자들은 규범설을 취하고 있다. 의사설은 약관규제법 제3조 제4항에 의하여 그 근거를 찾을 수 있다.

보험계약의 실무를 보면 모집종사자가 여러 가지 종류의 보험상품에 대해 설명을 하고 보험계약자의 선택에 의하여 보험상품의 종류가 결정된다. 여기에 보험료 납입기간을 어떻게 할 것인지, 보험기간은 언제부터 언제까지로 할 것인지, 특약은 어떠한 내용의 특약으로 할 것인지, 피보험자 및 수익자는 누구로 할 것인지, 보험가입금액은 얼마로 할 것인지를 결정한 후 이러한 내용이 담긴 보험계약청약서가 작성되고 보험회사에 청약의 의사가 표시되면 보험회사는 내부적인 심사 및 승낙절차를 거쳐 보험계약이 성립하게 된다. 이때 보험계약의 내용이 되는 보험약관은 일일이 하나하나 설명되는 것은 아니고 보험계약의 권유 또는 청약단계에서 모집종사자에 의하여 보험약관의 중요한 사항이 설명되며 보험계약자에게 전달되는바, 보험약관은 보험계약을 체결함에 있어 당사자가 계약의 내용이 될 것임을 전제로 하고 선택하였다는 점을 중시하여야 한다. 다시 말하면 보험약관은 보험계약의 체결 시에 당연히 그 계약의 구성요소가 되는 것을 전제한 것이므로 이에 관한 부동의의 문제는 처음부터 있을 수 없다. 따라서 보험계약이 성립되면 그에 따른 보험약관은 특별한 사정이 없는 계약의 당사자의 의사에 따라 계약의 내용으로 구속력이 당연히 발생하게 된다. 보험약관을 전제로 하지 않는 보험계약의

134 대법원 2003. 7. 11. 선고 2001다6619 판결; 동 1998. 9. 8. 선고 97다53663 판결 등.

체결은 내용이 없는 보험계약으로서 처음부터 보험계약은 성립되지 않는다. 결론적으로 보험약관의 구속력의 근거는 보험계약자가 계약의 내용으로 삼기로 하는 의사표시에 의한 것으로 보아야 할 것이다.

6. 보험약관의 확대

(1) 보험안내장

보험계약을 체결할 때 보험안내장, 보험가입설계서 또는 가입안내장, 상품설명서 등의 보험계약 보조서면 등을 수령하고 계약을 체결하는 것이 관행이다. 그런데 보험가입 시에 보험회사로부터 받은 보험안내장이 보험약관의 내용과 다르게 기재되어 설명된 경우에 보험약관의 내용을 보다 우선시하여 그 내용대로 적용하여야 하는가 문제될 수 있다. 이에 관해서는 후술하기로 한다.

(2) 개별약정

1) 의의

보험계약에서는 대개 보험계약자는 미리 보험자가 마련한 보험약관의 선택 여부만을 결정할 수 있다. 이처럼 보험약관의 내용에 대한 교섭권은 사실상 인정되지 않는다. 개별약정이란 일단 이미 마련되어 있는 약관을 전제로 한다. 따라서 약관이 존재하고 약관을 내용으로 하는 보험계약이 체결되어 있어야 한다. 그런데 경우에 따라 거래 시에 약관에서 정하고 있는 사항에 관하여 사업자와 고객이 다르게 합의한 사항이 있을 수 있다. 이 경우 그러한 합의사항을 개별약정이라고 한다. 개별약정은 서면에 의한 경우뿐만 아니라 구두에 의하는 약정도 가능하다. 또한 개별약정이 계약체결 시에 행하여졌는지 또는 사후에 계약의 변경이나 보충의 방법에 의한 것인지는 문제되지 않는다.

개별약정이 우선하는 경우 개별약정과 다른 약관 조항은 해당 계약에 적용되지 않는다. 그러나 그 약관조항이 곧바로 무효가 되는 것은 아니고 당해 보험계약에서 계약의 내용으로 편입되지 않을 뿐이다. 개별약정은 당사자가 계약의 내용에 관한 사항을 합의하는 것이다. 약정의 의미를 확대하여 보험자가 일방적으로 보험약관의 내용과 달리 설명한 경우에도 개별약정으로 처리하는데, 이것은 계약법의 원리상 부당하다고 생각한다. 설명과 약정은 달리 보아야 하고, 설명은 기존의 약관의 내용에 기초한 풀이 내지 해석이므로 이를 곧바로 약정으로 구성하는 것은 법리상 타당하지 않고, 설명이 잘못되어 피해를 초래한 경우에는 불법행위 등에 의한 손해배상책임으로 해결함이 타당하다.

2) 개별약정의 성립요건

가. 개별적인 교섭을 거칠 것

계약의 일방 당사자가 약관을 마련해두었다가 어느 한 상대방에게 이를 제시하여 계약을 체결하는 경우에도 그 상대방과 사이에 특정 조항에 관하여 개별적인 교섭(또는 흥정)을 거침으로써 상대방이 자신의 이익을 조정할 기회를 가졌다면, 그 특정 조항은 약관의 규제에 관한 법률의 규율 대상이 아닌 개별약정이 된다고 보아야 한다. 이때 개별적인 교섭이 있었다고 하기 위해서는 비록 그 교섭의 결과가 반드시 특정 조항의 내용을 변경하는 형태로 나타나야 하는 것은 아니라 하더라도, 적어도 계약의 상대방이 약관을 제시한 자와 사이에 거의 대등한 지위에서 당해 특정 조항에 대하여 충분한 검토와 고려를 한 뒤 영향력을 행사함으로써 미리 마련된 특정 조항의 내용에 구속되지 아니하고 이를 변경할 가능성이 있었어야 하며, 이처럼 약관 조항이 당사자 사이의 합의에 의하여 개별약정으로 되었다는 사실은 이를 주장하는 사업자 측에서 증명하여야 한다.[135]

나. 당사자 사이의 합의가 보험약관의 내용과 달리 되었을 것

당사자의 약정할 사항을 분명히 인식하고 약관의 내용에도 불구하고 계약의 당사자간 에 특별히 다른 약정을 하여야 하고, 따라서 개별약정의 내용은 약관의 문언과 다른 내용의 것이어야 한다.

다. 상대방이 보험계약에 관한 개별약정의 권한을 가지고 있을 것

계약의 일방 당사자가 일정한 형식에 의하여 미리 계약서를 마련해두었다가 이를 상대방에게 제시하여 그 내용대로 계약을 체결하는 경우에도 특정 조항에 관하여 상대방과 개별적인 교섭을 거침으로써 상대방이 자신의 이익을 조정할 기회를 가졌다면, 그

135 대법원 2014. 6. 12. 선고 2013다214864 판결.

조항은 '약관의 규제에 관한 법률'의 규율 대상이 아닌 개별약정이 된다고 보아야 한다. 이때 개별적인 교섭이 있었다고 하기 위해서는 그 교섭의 결과가 반드시 특정 조항의 내용을 변경하는 형태로 나타나야 하는 것은 아니고, 계약 상대방이 그 특정 조항을 미리 마련한 당사자와 대등한 지위에서 당해 조항에 대하여 충분한 검토와 고려를 한 뒤 그 내용을 변경할 가능성이 있었다고 인정되면 된다.[136]

3) 개별약정의 효력

개별약정 우선의 원칙이란 어떤 법률문제에 관하여 약관조항과 개별약정이 각각 다르게 정하고 있는 경우에 개별약정을 우선적으로 계약의 내용으로 하고 약관은 이에 상반되지 않은 부분에 한해서 적용된다는 법원칙을 의미한다. 따라서 계약당사자가 명시적으로 약관의 규정과 다른 내용의 약정을 하였다면 약관의 규정이 있다는 것을 이유로 하여 그 개별 약정의 효력을 부인할 수 없다. 약관의 규제에 관한 법률에서는 명시적으로 이러한 원칙을 선언하고 있다.

> **제4조(개별 약정의 우선)** 약관에서 정하고 있는 사항에 관하여 사업자와 고객이 약관의 내용과 다르게 합의한 사항이 있을 때는 그 합의 사항은 약관보다 우선한다.

☞ 약관이 계약당사자 사이에 구속력을 갖는 것은 그 자체가 법규범이거나 또는 법규범적 성질을 가지기 때문이 아니라 당사자가 그 약관의 규정을 계약내용에 포함시키기로 합의하였기 때문이므로, 계약당사자가 명시적으로 약관의 규정과 다른 내용의 약정을 하였다면 약관의 규정을 이유로 그 약정의 효력을 부인할 수는 없다 할 것이다(대법원 1998. 9. 8. 선고 97다53663 판결 등 참조).[137]

(3) 판례

1) 보험

(i) 갑 보험회사 등이 을 등에게 부동산담보 대출을 하면서 가산금리 적용 등과 결부시

136 대법원 2013. 9. 26. 선고 2011다53683 전원합의체 판결.

137 대법원 2003. 7. 11. 선고 2001다6619 판결.

켜 "근저당권설정비용의 부담에 관하여 항목별로 제시된 세 개의 난 중 하나에 √표시를 하는 방법으로 비용을 부담한다"라는 취지의 조항(이하 '비용부담조항'이라 한다)이 포함된 대출거래약정서, 근저당권설정계약서 등을 사용하였는데, 을 등이 위 조항에 따른 선택 등으로 근저당권설정비용을 부담한 사안에서, 약관에 해당하는 것으로 보이는 비용부담조항에 따라 이루어진 계약 내용을 합의에 의한 개별약정으로 인정하기 위한 개별·구체적 사정에 관하여 갑 보험회사 등의 주장·증명이 있었는지 살피지 않은 채 을 등의 비용부담이 개별약정에 따른 것이라고 본 원심판결에는 약관 조항에 기초한 약정이 개별약정에 해당하는지의 판단 기준이나 증명책임에 관한 법리오해 등 위법이 있다.[138]

(ii) 계약의 일방 당사자가 다수의 상대방과 계약을 체결하기 위해서 일정한 형식에 의하여 미리 계약서를 마련해두었다가 어느 한 상대방에게 이를 제시하여 계약을 체결하는 경우에도 그 상대방과 사이에 특정 조항에 관하여 개별적인 교섭(또는 흥정)을 거침으로써 상대방이 자신의 이익을 조정할 기회를 가졌다면, 그 특정 조항은 약관의 규제에 관한 법률의 규율 대상이 아닌 개별약정이 된다고 보아야 한다. 이때 개별적인 교섭이 있었다고 하기 위해서는 비록 그 교섭의 결과가 반드시 특정 조항의 내용을 변경하는 형태로 나타나야 하는 것은 아니라 하더라도, 적어도 계약의 상대방이 그 특정 조항을 미리 마련한 계약서의 내용에 구속되지 아니하고 당사자와 사이에 거의 대등한 지위에서 당해 특정 조항에 대하여 충분한 검토와 고려를 한 뒤 영향력을 행사함으로써 그 내용을 변경할 가능성이 있어야 하고, 약관 조항이 당사자 사이의 합의에 의하여 개별약정으로 되었다는 사실은 이를 주장하는 사업자 측에서 증명하여야 한다.[139]

2) 은행

금융기관의 여신거래기본약관에서 금융사정의 변화 등을 이유로 사업자에게 일방적 이율변경권을 부여하는 규정을 두고 있으나, 개별약정서에서는 약정 당시 정해진 이율은 당해 거래기간 동안 일방 당사자가 임의로 변경하지 않는다는 조항이 있는 경우, 위 약관조항과 약정서의 내용은 서로 상충되고, 약관의 규제에 관한 법률 제4조의 개별약정 우선의 원칙 및 위 약정서에서 정한 개별약정 우선적용 조항에 따라 개별약정은 약관조

138 대법원 2014. 6. 12. 선고 2013다214864 판결.

139 대법원 2010. 9. 9. 선고 2009다105383 판결.

항에 우선하므로 대출 이후 당해 거래기간이 지나기 전에 금융기관이 한 일방적 이율 인상은 그 효력이 없다.[140]

3) 금융투자

(i) 투자설명서의 기재 내용 자체가 투자신탁계약의 당사자 사이에서 당연히 계약적 구속력이 있다고 볼 수는 없고, 투자설명서에 기재된 내용이 신탁약관의 내용을 구체화하는 내용인 경우에 신탁약관의 내용과 결합하여 계약적 구속력을 가진다. 다만 그 기재 내용이 개별약정으로서 구속력을 가질 수는 있지만, 개별약정으로서 구속력이 있는지 여부는 투자설명서에 기재된 구체적인 내용, 그러한 내용이 기재된 경위와 당사자의 진정한 의사 등을 종합적으로 고려하여 판단하여야 한다.[141]

(ii) 증권투자신탁에서 투자자인 고객에게 약관의 내용과 다른 투자신탁운용계획서를 교부한 경우에 투자신탁운용계획서의 내용이 개별약정으로서 구속력이 있는지 여부는 투자신탁운용계획서의 내용, 그와 같은 서류가 교부되게 된 동기와 경위, 당사자의 진정한 의사 등을 종합적으로 고찰하여 논리와 경험칙에 따라 합리적으로 판단하여야 한다.[142]

(4) 보험료 및 책임준비금 산출방법서

산출방법서는 보험자가 보험료를 결정하는 기초통계자료 등에 관한 사항과 보험금 지급 등의 재원으로 사용되는 책임준비금의 산출기초가 작성되어 있는 서류를 말한다.

보험료 및 책임준비금 산출방법서는 보험약관, 보험업의 보험종목별 사업방법서 등과 함께 보험회사가 보험영업을 수행하면서 필요한 기초서류 중의 하나이다(보험업법 제5조).

이러한 기초서류는 보험요율산출기관 등에 의하여 검증확인을 받을 수 있도록 하고 있다(보험업법 제128조).

그런데 산출방법서가 보험약관의 내용의 일부를 구성하고 있는 경우, 약관문언의 지시문구에 의하여 계약내용에 포함되어 있는 경우 보험계약의 당사자를 구속하는 약관

140 대법원 2001. 3. 9. 선고 2000다67235 판결.
141 대법원 2013. 11. 28. 선고 2011다96130 판결.
142 대법원 2007. 9. 6. 선고 2004다53197 판결.

이 될 수 있는가?

보험약관과 보험료 및 책임준비금 산출방법서는 기초서류이기는 하지만 보험료 및 책임준비금산출방법서는 보험회사가 보험상품의 가격인 보험료를 결정하는 데 필요한 기초통계자료 및 산식이 포함되어 있고, 보험료 중 보험금 지급 등의 재원으로 사용될 수 있는 준비금의 산출자료 및 산출식이 포함되어 있는 서류를 말하고, 보험약관은 보험거래당사자 간의 권리의무에 관한 사항을 정하고 있는 것으로 그 작성 목적이 다르다(보험업법 제5조 제3호 등).

따라서 보험료 및 책임준비금 산출방법서의 내용이 보험약관의 내용의 일부를 구성하고 있는 경우, 약관문언의 지시 문구에 의하여 계약내용에 포함되어 있는 경우에는 보험계약의 당사자를 구속하는 약관이 될 수 있다. 따라서 예외적으로 보험료 및 책임준비금 산출방법서의 내용이 전문적, 기술적이어서 약관에서 정하기에 기술적 한계가 있을 때는 약관으로 편입시키는 지시문언[143]을 삽입하는 등으로 약관과 내적인 연관관계를 확보할 경우에는 산출방법서의 내용이 그에 한하여 약관의 일부로 편입될 수도 있다. 즉, i) 산출방법서의 내용이 지시조항을 통해 특정되고, ii) 약관이 사법상 권리·의무관계를 획정하는 것을 중핵으로 하는 것을 감안해볼 때 그 내재적 한계로서 산출방법서의 해당 내용이 권리·의무에 관한 사항일 것, iii) 보험자가 산출방법서에 대하여 설명의무를 이행한 경우에 해당 내용이 계약으로 편입된다고 볼 것이다.[144]

7. 보험약관에 대한 규제

(1) 규제의 필요성

산업혁명 이후 산업의 중심축이 농업에서 공업으로 옮겨지고 대규기업 형태를 취하게 되면서부터 대량생산이 가능해지고 이러한 생산형식은 결국 거래기구를 변화시켜 대량거래의 발전을 가져왔다. 이와 같은 대량거래는 같은 내용의 계약을 다수반복해서 체결

143 가령 "…에 관한 사항은 산출방법서에 정한 바에 따릅니다" 등의 문언을 말하며, 사업방법서도 같은 방법으로 편입시킬 수도 있다. 물론 이 경우 그 특정사항이 보험계약의 내용을 이루게 되는 이유는 산출방법서나 사업방법서 자체의 사법적 효력 때문이 아니라 약관의 조항을 통하여 약관의 내용으로 편입되었기 때문이다. 다만 약관조항을 통하여 일정한 사항을 산출방법서 등에 위임하는 것은 약관에 대한 가독성을 저해하는 등 많은 문제가 내포되어 있기 때문에 바람직한 것은 아니다.

144 금융감독원 금융분쟁조정위원회, 조정결정(2017. 11. 14.), 조정번호 제2017-17호 참조.

하도록 하므로 그러한 번거로움을 피하고 신속 확실하게 거래하기 위하여 계약자유의 이름하에 이용하게 된 것이 약관이다. 대량거래에서 사업자는 각 고객과 개별적으로 계약조건을 협의하여 계약을 체결하는 것이 거의 불가능하므로 집단적·대량적·반복적인 거래를 신속 간편하게 하기 위하여 약관을 이용하게 되었다.

고전적 모델에 의하면 보험계약은 대등한 당사자 간에 자유로운 합의에 따라 계약이 체결되는 것으로 생각되었다. 그러나 이러한 고전적 모델은 보험사업의 실제와 거리가 먼 것이다. Williston 교수는 보험계약은 고도의 전문지식을 갖춘 법률전문가 등의 도움으로 작성되므로 보험가입자가 원하는 방향으로 약관이 작성되지 않는다. 이에 반해 보험회사의 인사심사자는 보험자의 이익을 위하여 행동하는 것이 보통이다. 보험가입자가 보험가입을 원한다면 이미 사업자에 의하여 일방적으로 마련한 보험약관을 선택하느냐 아니면 가입하지 않느냐 하는 양자택일만이 강요되고, 교섭의 여지가 없는 상황에서 보험약관이 어떠한 내용으로 제공된다고 하더라도 수용할 수밖에 없는 털 깎인 양에 불과하다고 보고 있다. 요컨대 보험계약자는 보험자와 보험계약의 내용을 교섭할 수 없고, 보험약관 등 기초서류에 대해 금융감독당국이 신고나 제출 등의 의무를 보험자에게 부과함으로써 일정한 규제를 가하고 있지만 보험약관의 내용은 보험업계 전문가에 의하여 작성되고, 보험계약자는 그야말로 보험을 선택하든지 아니면 포기하든지 양자택일의 선택권 밖에 없다.[145] 따라서 오늘날 각국에서는 약관에 대한 통제규정을 두고 약관 작성에서 소외된 소비자의 법적 지위를 보호하기 위한 제도적 장치를 마련하여 시행하고 있다. 우리나라의 보험약관도 보험업법 또는 보험계약법이나 약관규제법 등에 의하여 그 약관의 내용이 통제되고 있는 상황이다.[146]

(2) 약관과 계약자유의 원칙

약관이용이 허용되는 법리상의 근거에 대해서는 종래 근대사법의 원칙 중 하나인 '계약자유의 원칙' 범위 내에 포함되는 것으로 설명되었다. '사적자치의 원칙'으로부터 '계약자유의 원칙'이 도출되고 사적자치의 정당성은 당사자가 자기결정을 관철할 수

145 Robert H. Jerry, II, Douglas R. Richmond, Understanding Insurance Law, fourth edition, LexisNexis, p.159.

146 이성남, "자동차보험 면책약관 규정에 대한 내용통제 및 급부조정의 법리에 관한 연구", 「상사판례연구」, 한국상사판례학회, 제28권, 제3호, 2015, 193-258면 참조.

있는 사실상의 힘 교섭력을 가지고 있는 것을 전제로 한다. 계약자유의 원칙은 당사자가 자유롭게 선택한 상대방과 그 법률관계의 내용을 자유롭게 합의하고 법이 그 합의 계약 자유의원칙의 주요 골자는 '계약내용 형성의 자유'와 '계약체결의 자유'인데, 약관에 의한 계약은 계약내용 형성의 자유가 사실상 부정되고 생활필수품의 경우 계약체결이 사실상 강요되는 결과 계약체결의 자유까지도 부정되는 결과가 초래된다.

근대 시민법은 거래 주체 간 대등한 지위를 전제로 계약자유와 사적자치를 원칙으로 하였지만 현실적으로는 기업 간에 힘의 격차가 현저하게 나타나고 이들 간에 종속관계가 형성되었으며, 거대자본의 집중에 의한 시장지배는 중소기업을 압박하고 시장에서 이들을 배제하는 결과를 초래하였다. 이와 함께 일반소비자와의 거래에 있어서도 계약조건을 일방적으로 결정할 수 있는 우월적 지위에 서게 되어 일반소비자를 지배하게 됨에 따라 국가는 국민경제 전체적인 입장에서 사회적 정의를 실현하기 위하여 이에 개입하기 위한 경제법인 약관법을 제정하게 된 것이다. 우리나라도 1986년 12월 본회의에서 통과되어 1986년 12월 31일부터 불공정한 약관을 규제할 수 있는 법률이 마련되었고, 1987년 7월 1일부터 약관의 규제에 관한 법률이 시행되었다.

(3) 규제의 종류

1) 총설

우리나라의 경우 약관에 대한 추상적 내용통제는 공정거래위원회에서 담당하고 구체적 내용통제는 법원이 담당하는 이원적 구조로 되어 있다. 현행 약관의 규제에 관한 법률의 골격은 약관법제정위원회가 작성한 법률안에서 사실상 마련되었다. 동 위원회에서는 약관규제를 위한 입법의 방법으로 독일의 보통거래약관법. 영국의 불공정계약조항법(unfair contract terms act) 등을 모델로 하였으며 약관규제 방식에 관해서는 프랑스의 불공정조항위원회 등을 참고하였다.

보험약관에 대한 규제는 어떤 기관이 무엇을 수단으로 통제하는가를 기준으로 입법적 통제, 행정적 통제, 사법적 통제로 나눈다. 약관을 규제하는 실체법으로서 약관의 규제에 관한 법률이 적용되고, 특히 보험약관의 경우는 보험업법이나 보험계약법에 의한 규제도 적용되는 것이 다른 일반약관과 다른 특징이다.

2) 입법적 통제

입법적 통제란 입법부인 국회에서 법률의 제정 및 개정을 통하여 보험약관의 효력 및 일반약관에 대한 통제 규제법의 일반법으로 약관의 규제에 관한 법률을 제정하여 운용하고 있다. 입법적 통제의 내용은 약관의 편입통제, 해석통제, 내용통제의 원칙을 규정한다.

3) 행정적 통제

입법적 통제를 기반으로 관할 행정관청이 표준약관을 제정하거나 권고하거나 신고, 인가, 허가, 명령, 검사, 제재 등을 통해서 보험약관의 효력, 내용 등을 통제하는 것을 행정적 통제라고 한다.

보험약관의 경우 대표적인 행정적 통제기관으로서 금융위원회와 공정거래위원회가 있다.

행정적 통제수단으로는 무효 등 선언, 변경권고, 수정명령 등 사전적 사후적 규제수단이 마련되어 있다. 절차적으로 신고, 인가, 허가 등의 규제방식이 있다. 보험약관은 약관의 신고절차 등을 두고 있다. 개별적 사건과 관련한 유무효성 여부를 논하지 않고 사전에 약관의 내용자체의 유무효성을 통제하는 것을 사전적 추상적 통제라고 한다.

4) 사법적 통제

사법적 통제란 보험약관의 효력, 내용 등을 구체적 개별적 사건과 관련하여 법원이 재판을 통하여 규제하는 것을 말한다.

입법적 통제를 기반으로 입법의 결과물인 약관의 규제에 관한 법률과 상법 등 모든 법률 등이 동원되어 사법적 통제의 수단으로 활용된다.

☞ 사업자가 약관을 사용하여 고객과 계약을 체결하는 경우, 고객에게 약관의 내용을 계약의 종류에 따라 일반적으로 예상되는 방법으로 명시함으로써 그 약관내용을 알 수 있는 기회를 제공하고(약관의 규제에 관한 법률 제3조 제2항), 약관에 정하여져 있는 중요한 내용을 고객이 이해할 수 있도록 설명하여야 하는바(같은 조 제3항), 여기서 설명의무의 대상이 되는 '중요한 내용'이라 함은 사회통념에 비추어 고객이 계약체결의 여부나 대가를 결정하는 데 직접적인 영향을 미칠 수 있는 사항을 말하고, 약관조항 중에서 무엇이 중요한 내용에 해당하는지에 관해서는 일률적으로 말할 수 없으며, 구체적인 사건에서 개별적 사정을 고려하여 판단하여야 한다.[147]

(4) 보험계약법에 의한 통제

1) 통제규정 개관

우리나라는 약관에 대한 통제규정으로 약관규제법, 상법 및 보험업법이 있다. 약관의 사용이 일상거래에 보편화됨에 따라 사업자가 그 거래상의 지위를 남용하여 불공정한 내용의 약관을 작성하여 거래에 사용하는 것을 방지하고 불공정한 내용의 약관을 규제함으로써 건전한 거래질서를 확립하고, 이를 통하여 소비자를 보호하고 국민생활을 균형 있게 향상시키는 것을 목적으로 약관규제법을 제정하였다.

약관규제법은 제6조에서 "신의성실의 원칙을 위반하여 공정성을 잃은 약관 조항은 무효이다"라고 규정하고 (i) 고객에게 부당하게 불리한 조항, (ii) 고객이 계약의 거래형태 등 관련된 모든 사정에 비추어 예상하기 어려운 조항, (iii) 계약의 목적을 달성할 수 없을 정도로 계약에 따르는 본질적 권리를 제한하는 조항은 공정성을 잃은 것으로 추정된다. 이러한 일반적 무효조항 외에도 약관규제법은 제7조에서 제14조까지 개별적 사유에 의한 무효조항을 두고 있다.

보험약관은 약관으로서 약관규제법의 규제를 받음과 동시에 보험약관으로서 보험업법에 의한 사전·사후통제를 받고 있다. 보험업법은 보험업의 보험종목별 사업방법서, 보험약관, 보험료 및 책임준비금의 산출방법서를 기초서류라고 규정하고(보험업법 제5조), 사전에 보험회사로 하여금 기초서류를 작성하게 하고 일정한 요건에 해당하는 경우에는 금융위원회에 신고하도록 규제하고 있다(보험업법 제127조). 제출 또는 신고한 기초서류의 내용이 법령을 위반한 경우에는 기초서류의 내용 변경권고를 할 수 있도록 하고(보험업법 제127조의2), 기초서류 준수의무제도(보험업법 제127조의3), 기초서류관리기준(보험업법 제128조의2), 기초서류 작성변경원칙(보험업법 제128조의3) 등의 규정을 두어 기초서류에 대한 규제를 행하고 있다. 아울러 보험회사의 기초서류에 법령을 위반하거나 보험계약자에게 불리한 내용이 포함되어 있는 경우에는 기초서류의 변경 또는 그 사용의 정지를 명할 수도 있다(보험업법 제131조).

또한 상법 보험 편에서는 상법 제633조를 두고 당사자 간의 특약에 의하여 상법 보험 편의 규정 내용보다 불이익하게 변경할 수 없도록 하고 있다. 이 규정을 위반한 경우에는

147 대법원 2008. 12. 16. 판결 2007마1328 결정.

강행법규 위반으로서 당해 보험약관의 효력은 무효가 된다. 위의 약관규제법 및 상법, 보험업법의 규정은 보험약관의 통제에 있어 서로 대등한 위치에서 병렬적으로 적용될 수 있다. 보험약관의 통제에 있어 법원은 상법 제663조 위반 여부만을 판단하는 경우와 상법 제663조 및 약관규제법을 중첩적으로 적용하여 판단하는 경우가 있다. 요컨대 보험약관의 내용통제는 약관규제법과 상법 제663조에 의하여 이루어지고 절차적 통제는 보험업법에 의하여 주로 규율된다. 이와 같이 보험약관의 경우 다른 약관과 달리 약관의 규제에 관한 일반법인 약관규제법외에 상법 및 보험업법에 의하여 통제가 이루어지는 특성을 가지고 있다. 약관규제법에 의한 통제는 일반적 무효조항인 제6조와 개별적 무효조항인 제7조에서 제14조를 근거로 이루어지고, 이러한 통제규정에 위반하여 약관의 전부 또는 일부가 무효인 경우 계약은 나머지 부분만으로 유효하게 존속한다(약관규제법 제16조). 상법에 의한 통제는 보험편의 전 규정과 비교를 통하여 이루어지고 이러한 상법의 규정에 비하여 불이익하게 변경되어 당해 보험약관이 무효가 된 경우 위의 약관규제법과 동일한 규정을 두고 있지 아니하여 전부무효로 보아야 하는지 아니면 나머지 부분만 유효하게 존속하는 것으로 보아야 하는지 문제될 수 있는데, 위 약관규제법을 유추 적용하여 무효인 약관을 제외한 나머지 약관은 유효가 되는 것으로 보아야 한다. 구체적으로 보험약관의 통제수단에 대해서 보다 자세하게 살펴보면 다음과 같다.

2) 보험약관의 통제규정으로서 상법 제663조

가. 의의

보험계약법 제663조(보험계약자 등의 불이익변경금지)에 의하면 "이 편의 규정은 당사자 간의 특약으로 보험계약자 또는 피보험자나 보험수익자의 불이익으로 변경하지 못한다. 그러나 재보험 및 해상보험, 기타 이와 유사한 보험의 경우에는 그러하지 아니하다"라고 규정하고 있다. 동 조문은 대법원이 보험약관의 통제 잣대로 들고 있는 가장 중요한 규정의 하나인바, 이하에서는 동 규정의 해석론과 관련된 판례를 간단하게 살펴본다.

나. 상법 제663조의 해석론

가) 취지

보험계약은 보험자가 일방적으로 작성한 보험약관에 의하여 체결되고 보험계약의 체결에 있어 보험계약자는 보험약관의 내용에 대하여 개별적인 교섭이나 보험약관을 선택하느냐 마느냐의 선택권만 있지 계약의 내용에 대하여 결정하는 데는 거의 개입하지 못하게 된다. 상법에서는 이러한 보험계약자의 불충분한 교섭력과 보험약관 작성으로부터 소외 문제를 해결하고, 보험계약자 등의 보호를 확실하게 하기 위하여 보험편의 규정 전체를 편면적 강행규정으로 정하고 있다. 따라서 당사자 간의 특약에 의하여 보험편의 규정보다 보험계약자 또는 피보험자나 보험수익자에게 불이익하게 변경할 수 없으며 만약 불이익하게 변경한 경우 당해 보험약관의 규정은 무효가 된다(상법 제663조).

이와 같이 임의규정의 내용을 강행규정화함으로써 거래에서 열위에 있는 당사자를 보호하는 규정은 민법 등에서도 찾아 볼 수 있는데, 가령 임대차계약에서 제627조(일부 멸실 등과 감액청구, 해지권), 제628조(차임증감청구권), 제631조(전차인의 권리의 확정), 제635조(기간의 약정이 없는 임대차의 해지통고), 제638조(해지 통고의 전차인에 대한 통지), 제640조(차임연체와 해지), 제641조(차임연체와 해지), 제643조(임차인의 갱신청구권, 매수청구권) 내지 제647조(전차인의 부속물 매수청구권)의 규정 등이 강행 규정에 속하고, 이러한 규정에 위반하는 약정으로 임차인이나 전차인에게 불리한 것은 그 효력이 없다(민법 제652조). 또한 최근 개정 민법에서 여행계약을 입법화하면서 여행 계약 중 제674조의3(여행 개시전의 계약해제), 제674조의4(부득이한 사유로 인한 계약해지), 제674조의6(여행주체자의 담보책임), 제674조의7(여행주체자의 담보책임과 여행자의 해지권), 제674조의8(담보책임의 존속기간)의 규정을 강행규정으로 하였다. 이와 같이 신설된 여행계약에 관한 민법의 규정은 2016년 2월 4일부터 시행된다.

나) 연혁

우리 상법은 1962년 법 제정 당시부터 보험계약자 등의 불이익변경금지 규정을 두고 있었고,[148] 1991년도 법 개정 시에 재보험 및 해상보험 기타 이와 유사한 보험의 경우에는 동 조항이 적용되지 않는 것으로 개정하였다.[149]

148 [법률 제1000호, 1962.1.20., 제정] **제663조(보험계약자등의 불이익변경금지)** 본 장의 규정은 당사자 간의 특약으로 보험계약자 또는 피보험자나 보험수익자의 불이익으로 변경하지 못한다.

149 [법률 제4470호, 1991.12.31., 일부 개정] **제663조(보험계약자 등의 불이익변경금지)** 이 편의 규정은 당사자 간의 특약으로 보험계약자 또는 피보험자나 보험수익자의 불이익으로 변경하지 못한다. 그러나 재보험 및 해상보험 기타 이와 유사한 보험의 경우에는 그러하지 아니하다.

다) 불이익한 변경 금지

상법 제663조 본문에서는 "이 편의 규정은 당사자 간의 특약으로 보험계약자 또는 피보험자나 보험수익자의 불이익으로 변경하지 못한다"라고 규정하고 있다. 상법 제663조의 규정은 강행규정으로서 이에 반하는 보험약관의 내용은 무효가 된다. 상법의 규정은 타인의 사망보험에서 그 타인의 서면동의에 관한 규정(상법 제731조), 15세 미만자의 사망을 보험사고로 하는 보험계약에 관한 규정(상법 제732조), 소멸시효에 관한 규정(상법 제662조) 등 그 성질상 강행규정인 것을 제외하고는 기본적으로 임의규정으로서 약관에서 다르게 정한 경우에는 원칙적으로 약관의 규정이 우선하게 된다. 그러나 보험계약은 부합계약이므로 계약내용에 있어서 보험계약자와 보험자 간에 교섭의 여지가 적고 보험계약법의 규정보다 약관의 내용이 우선하게 되면 보험계약자 등의 보호를 도모하기 위한 보험계약법의 취지가 충분히 발휘되지 않게 되므로 보험계약법은 보험계약법의 모든 규정을 강행규정화 함으로써 보험약관의 내용이 보험계약법보다 불리한 경우에는 당해 약관의 내용을 부정하게 되는 것으로 하였다. 따라서 당사자 간의 특약으로 불이익한 변경이 금지되고, 보험계약자 등에 유리하게 규정하는 것은 얼마든지 가능하다. 그런데 구체적인 경우에 있어 당해 약관의 규정이 보험계약자 등에게 불이익한 것이냐 여부에 대한 판단이 필요하다.

불이익한 약관인지 여부는 당해 특약의 내용으로만 판단할 것이 아니라 당해 특약을 포함한 계약내용의 전체를 참작하여 보험계약법의 규정과 비교·형량함으로써 종합적으로 판단하여야 한다.[150] 보험계약법의 규정보다 불리한지 여부는 관련되는 보험계약법의 규정의 취지 및 보험계약의 상품성 등에 의하여 다르므로 개별 약관의 규정마다 당해 규정의 목적, 요건 및 효과 등을 분석하여 신중한 검토가 필요하다고 생각한다.[151] 또한 불이익한 특약인지 여부는 보험계약법의 규정보다도 형식적으로 보아 불리한 것을 말하는 것이 아니라 실질적인 관점에서 불이익한 변경인지 여부를 판단한다. 불이익하게 변경한 것인지 여부에 관하여 직접적인 판단을 내린 사례는 없고, 임대차와 관련하여 갑이 을에게 건물부분을 임대할 때 그 임차보증금과 임료를 시가보다 저렴하게 해주고 그 대신 을은 임대차가 종료될 때 그가 설치한 부속물에 대한 시설비나 필요비, 유익비,

150 山下友信·米山高生,『保險法解說』, 有斐閣, 2010, 237면.

151 山下友信·米山高生, 앞의 책, 238면.

권리금 등을 일체 청구하지 아니하기로 약정하였고 병 등이 을로부터 위 임차권을 양수할 때도 갑에게 위 시설비 등을 일체 청구하지 아니하기로 약정하였다면 을이나 병 등은 매수청구권을 포기하였다 할 것이고 또 위와 같은 약정이 임차인에게 일방적으로 불리한 것이라고 볼 수도 없다고 보았다.[152]

임차인의 매수청구권에 관한 민법 제643조의 규정은 강행규정이므로 이 규정에 위반하는 약정으로서 임차인에게 불리한 것은 그 효력이 없는바, 임차인에게 불리한 약정인지의 여부는 우선 당해 계약의 조건 자체에 의하여 가려져야 하지만 계약체결의 경위와 제반 사정 등을 종합적으로 고려하여 실질적으로 임차인에게 불리하다고 볼 수 없는 특별한 사정을 인정할 수 있을 때는 위 강행규정에 저촉되지 않는 것으로 보아야 한다. 토지를 점유할 권원이 없어 건물을 철거하여야 할 처지에 있는 건물소유자에게 토지소유자가 은혜적으로 명목상 차임만을 받고 토지의 사용을 일시적으로 허용하는 취지에서 토지 임대차계약이 체결된 경우라면, 임대인의 요구 시 언제든지 건물을 철거하고 토지를 인도한다는 특약이 임차인에게 불리한 약정에 해당하지 않는다.[153]

요컨대 보험약관의 규정내용이 보험계약법의 규정에 비하여 불이익하게 변경된 경우에는 당해 보험약관의 규정은 무효이며, 불이익하게 변경된 것인지 여부에 대한 판단기준이 되는 척도는 보험계약법의 규정내용이므로 당해 보험계약법의 해석을 통하여 그 보험계약법의 적용 범위 등을 확정한 후 보험약관의 규정내용 및 취지 등을 고려하여 실질적으로 보험계약자 등에게 불이하게 변경된 것인지 여부를 따져보아야 할 것이다. 보험약관을 보면 상법상의 면책사유 외에 다양한 사유들이 열거되어 있다. 면책약관의 범위가 넓어질수록 보험계약자 등이 보험금을 지급받지 못할 가능성이 높아진다는 점에서 불이익변경원칙에 위반하여 무효로 될 소지가 있다. 반면 면책의 가능성을 고려하여 보험료를 산정한 것이라면 어떠한 사유를 면책사유로 할 것인지는 계약당자의 부에 영향을 주지 못한다.[154]

152 대법원 1992. 9. 8. 선고 92다24998,92다25007 판결.
153 대법원 1997. 4. 8. 선고 96다45443 판결.
154 송옥열, 『상법강의』(제5판), 홍문사, 2015, 276-277면.

3) 상법 제663조의 적용 범위

보험계약법은 제663조에서 "이 편의 규정은 당사자 간의 특약으로 보험계약자 또는 피보험자나 보험수익자의 불이익으로 변경하지 못한다. 그러나 재보험 및 해상보험 기타 이와 유사한 보험의 경우에는 그러하지 아니하다"라고 규정하고 있다. 즉, 기업보험적 성격을 띤 보험의 경우에는 보험자와 대등한 교섭력이 있다는 것을 전제로 하여 이들과 체결한 보험계약의 경우에는 당사자의 사적자치를 보다 존중하고자 하는 취지인 것으로 파악된다. 따라서 상법 제663조의 규정은 보험계약자와 보험자가 서로 대등한 경제적 지위에서 계약조건을 정하는 이른바 기업보험에 있어서의 보험계약 체결에 있어서는 그 적용이 배제된다. 그리고 이러한 보험계약법은 보험의 종류에 따라 그 적용 범위를 양적으로 축소하고 있는 것으로 볼 수 있다. 대법원은 경우에 따라 약관의 규정내용을 보험계약법의 적용 범위에서 배제함으로써 상법 제663조에 저촉되지 않는다고 판시하고 있는데, 이러한 해석은 상법 제663조의 범위를 질적으로 축소하고 있는 것이라고 볼 수 있다. 이하에서는 보험종목에 따른 것과 질적 평가에 따른 제외사유가 어떻게 된 것인지 살펴본다.

가. 보험종목에 따른 적용 제외

상법 제663조 단서에서는 재보험 및 해상보험 기타 이와 유사한 보험의 경우에는 보험계약자 등의 불이익 변경원칙이 적용되지 않는다고 규정한다. 판례의 해석에 따라 적용이 배제되는 보험계약으로 신원보증보험계약,[155] 기업보험,[156] 수출보험계약,[157] 해상보험 어선공제[158] 등이 있다.

나. 상황면책규정의 적용 제외

대법원은 자동차 보험 대인배상 II 및 대물배상 보험에서 보험자의 면책사유로 규정한 무면허 운전 면책약관에 대하여 당해 보험약관이 상법 제663조에 반하여 무효인 것이 아닌가 하는 문제 상황에 대해 상법 제659조를 척도로 삼아 판단하였는데, 상법 제659조

155 대법원 2006. 6. 30. 선고 2005다21531 판결.
156 대법원 2006. 6. 30. 선고 2005다21531 판결.
157 대법원 2000. 11. 14. 선고 99다52336 판결.
158 대법원 1996. 12. 20. 선고 96다23818 판결.

제1항은 보험사고를 직접 유발한 자, 즉 손해발생원인에 전적인 책임이 있는 자를 보험의 보호 대상에서 제외하려는 것이므로 보험약관에서 이러한 손해발생원인에 대한 책임조건을 경감하는 내용으로 면책사유를 규정하는 것은 상법 제663조의 불이익변경금지에 저촉되겠지만, 손해발생원인과는 관계없이 손해발생 시의 상황이나 인적 관계 등 일정한 조건을 면책사유로 규정하는 것은 위 상법 제659조 제1항의 적용 대상이라고 볼 수 없는 것인바, 자동차종합보험보통약관 제10조 제1항 제6호 소정의 책임보험조항의 "자동차의 운전자가 무면허운전을 하였을 때 생긴 사고로 인한 손해를 보상하지 아니한다" 라는 이른바 무면허운전면책조항은 사고발생의 원인이 무면허운전에 있음을 이유로 한 것이 아니라 사고 발생 시에 무면허운전 중이었다는 법규위반상황을 중시하여 이를 보험자의 보상 대상에서 제외하는 사유로 규정한 것이므로 위 상법 제659조 제1항의 적용 대상이라고 보기 어렵다고 판시하였다.

또한 약관 소정의 무면허운전면책조항을 문언 그대로 무면허운전의 모든 경우를 아무런 제한 없이 보험의 보상 대상에서 제외한 것으로 해석하게 되면 절취운전이나 무단운전의 경우와 같이 자동차보유자는 피해자에게 손해배상책임을 부담하면서도 자기의 지배관리가 미치지 못하는 무단운전자의 운전면허소지 여부에 따라 보험의 보호를 전혀 받지 못하는 불합리한 결과가 생기는바, 이러한 경우는 보험계약자의 정당한 이익과 합리적인 기대에 어긋나는 것으로서 고객에게 부당하게 불리하고 보험자가 부담하여야 할 담보책임을 상당한 이유 없이 배제하는 것이어서 현저하게 형평을 잃은 것이라고 하지 않을 수 없으며, 이는 보험단체의 공동이익과 보험의 등가성 등을 고려하더라도 마찬가지라고 할 것이므로 결국 위 무면허운전면책조항이 보험계약자나 피보험자의 지배 또는 관리가능성이 없는 무면허운전의 경우에까지 적용된다고 보는 경우에는 그 조항은 신의성실의 원칙에 반하는 공정을 잃은 조항으로서 약관의 규제에 관한 법률 제6조 제1·2항, 제7조 제2·3호의 각 규정에 비추어 무효라고 볼 수밖에 없기 때문에 위 무면허운전면책조항은 위와 같은 무효의 경우를 제외하고 무면허운전이 보험계약자나 피보험자의 지배 또는 관리 가능한 상황에서 이루어진 경우에 한하여 적용되는 조항으로 수정해석을 할 필요가 있으며, 무면허운전이 보험계약자나 피보험자의 지배 또는 관리 가능한 상황에서 이루어진 경우라고 함은 구체적으로는 무면허운전이 보험계약자나 피보험자 등의 명시적 또는 묵시적 승인하에 이루어진 경우를 말한다고 판시함으로써 효력유지적 축소 해석을 한 바 있다.[159] 이에 따라 현재 자동차 보험 대인배상 II 및 대물배상 보험의 무면허 운전 면책약관의 규정은 "피보험자 본인이 무면허운전을 하였거나, 기명피보험자의 명시적·묵시적 승인하에서 피보험자동차의 운전자가 무면허운전을 하였을 때 생긴 사고로 인한 손해"라고 규정하고 있다.[160]

4) 외국의 입법례

가. 중국

중국은 1995년에 최초의 보험법을 제정한 후 2002년 제1차 개정을 하였고, 보험업법과 보험계약법을 일원화하여 규정하고 있는 중국 보험법은 2009년 2월에 제2차 개정을 하여 2009년 10월 1일부터 시행되고 있다. 중국 보험법은 약관에 의한 계약은 부합계약적 성격으로 인해 보험계약자의 의사에 반해 보험계약자에게 불리한 내용이 계약내용으로 포함되기 쉽다. 이를 방지하기 위해 신 보험법은 다음과 같은 내용을 신설하였다.

"보험자가 제공하는 약관을 사용하여 체결하는 보험계약에서는 다음과 같은 사항을 보험계약의 내용으로 주장할 수 없다(중국 보험법 제19조). (i) 법적으로 보험자가 부담하여야 할 의무를 면제하거나 보험계약자나 피보험자가 부담할 책임을 가중한 조항, (ii) 보험계약자, 피보험자 또는 보험수익자에게 법적으로 인정된 권리를 배제하는 조항."

나. 일본

일본의 보험법에는 보험계약자 등의 보호를 확실하게 하기 위하여 다수의 규정을 편면적 강행규정화하고 있다. 다만 일본 보험법은 우리나라 입법방식과 달리 각 절마다 강행규정이 되는 것을 구체적·개별적으로 특정하는 입법방식을 취하고 있다. 대표적인 강행규정의 예로서 고지의무, 소급보험, 제3자를 위한 생명보험계약, 위험의 감소에 관한 규정 등이 있다. 그러나 일본 보험법에서 대표적인 면책규정으로 생명보험의 제51조[161]

159 대법원 1991. 12. 24. 선고 90다카23899 전원합의체 판결.

160 무면허 운전 면책 약관과 관련한 평석으로 박영준, "자동차보험의 무면허 운전·음주운전 면책약관에 관한 연구," 「경영법률」, 한국경영법률학회, 제22권, 제2호, 2012, 287-316면; 박세민, "현행자동차보험약관상무면허, 음주운전면책약관의해석론", 「경영법률」, 한국경영법률학회, 제13권, 제1호, 2002, 1-37면; 한창희, "보험약관상의 실효조항과 무면허·음주운전면책조항의 효력", 「상사법연구」, 한국상사법학회, 제18권, 제2호, 1999, 51-80면.

161 **제51조** 사망 보험계약의 보험자는 다음에 열거한 경우에는 보험 급부를 하는 책임을 지지 않는다. 단, 제3호에 경우에는 피보험자를 고의로 사망하게 한 보험금 수취인 이외의 보험금 수취인에 대하는 책임에 관해서는 적용되지 않는다.

와 상해질병정액보험의 제80조[162]를 들 수 있는데, 이러한 면책 규정은 우리나라 상법과 달리 임의규정에 해당한다.[163]

8. 보험약관의 통제

(1) 총설

보험약관은 사업자가 일방적으로 작성한 계약의 내용이라는 점에서 약관의 작성 및 적용에는 여러 절차적·내용적 통제를 거치게 된다. 약관에 대한 내용통제는 통제의 기준에 따라 편입통제, 해석통제, 불공정성 통제의 3단계로 나눌 수 있다.[164]

첫 번째 단계의 편입통제는 약관이 사업자와 고객이 체결한 계약에 편입되었느냐 여부를 심사하고, 두 번째 단계의 해석통제는 약관조항을 여러 해석원칙에 따라 해석하고, 그 해석된 내용을 바탕으로 사업자와 고객의 권리·의무를 확정한다. 마지막 단계인 불공정성 통제는 약관조항의 내용이 고객에게 부당하게 불이익한 것은 아닌지 여부를 심사하여 그 조항의 유·무효를 결정하는 것이다.[165]

보험약관의 해석에는 약관이라는 특성상 다양한 해석방법을 통해 약관을 이용하는 상대방의 이익을 보호하고 있다. 그러한 보험약관의 해석방법으로 객관적 해석 원칙, 신의성실의 원칙, 작성자 불이익원칙, 개별약정우선의 원칙, 합리적 기대원칙(resonable expection)이 있다. 이중 작성자 불이익원칙과 합리적 기대원칙은 보험계약의 해석과 관련하여 발전되어온 핵심 해석원칙이다.[166]

1. 피보험자가 자살을 했을 때
2. 보험계약자가 피보험자를 고의로 사망시킨 경우(전호에 열거한 경우를 제외한다).
3. 보험금 수취인이 피보험자를 고의로 사망시킨 경우(전2호에 열거한 경우를 제외한다)
4. 전쟁 그 외의 변란에 의해 피보험자가 사망했을 때

162 **제80조** 보험자는 다음에 열거하는 경우에는 보험 급부를 책임지지 않는다. 단, 제3호에 경우에는 급부 사유를 발생하게 한 보험금 수취인 이외의 보험금 수취인에 대하는 책임에 관해서는 적용하지 않는다.
1. 피보험자가 고의 또는 중대한 과실에 의해 급부 사유를 발생하게 한 경우
2. 보험계약자가 고의 또는 중대한 과실에 의해 급부 사유를 발생시킨 경우(전호에 열거한 경우를 제외한다)
3. 보험금 수취인이 고의 또는 중대한 과실에 의해 급부 사유를 발생시킨 경우(전2호에 열거한 경우를 제외한다)
4. 전쟁 그 외의 변란에 의해 급부 사유가 발생했을 때

163 山下友信·米山高生, 앞의 책, 428면.

164 이은영, 『약관규제론』, 박영사, 1984, 24면 이하 참조.

165 장경환, "약관의 내용통제의 방식과 체계", 「경희법학」, 경희대학교 법학연구소, 제30권, 1995, 82-83면.

166 Dudi Schwartz, INTERPRETATION AND DISCLOSURE IN INSURANCE CONTRACTS, LOYOLA CONSUMER LAW REVIEW(Vol. 21:2), 2008, p.111.

약관의 중요한 사항은 약관통제의 주요 대상이 되고, 보험계약의 의사표시의 내용임과 동시에 의사표시의 해석 대상으로서의 의미도 가지게 된다.

보험약관 또는 보험계약의 해석 차이로 발생하는 분쟁을 해결하기 위해서는 보험약관에서 초래될 수 있는 세 가지의 부정확성의 내용을 구별하는 것이 필요하다.

보험계약에서 부정확성을 초래하는 원인과 종류에는 불명료한 문언(imprecise language), 모호한 구조(ambiguous organization), 외적 정보(extrinsic information)에 의하여 만들어진 모호성(ambiguity) 등이 있다. 피보험자는 보험자 및 보험모집종사자로부터 안내장, 증명서, 청약서, 보장내용에 대한 구두설명 등 서면 및 구두에 의한 정보를 수령한다. 때때로 이러한 외부정보는 약관에 기재된 조건과 불일치하거나 모순될 수 있다.[167] 이러한 경우에는 해석의 방법을 통하여 해결되어야만 하는 불명확성을 만들어낸다.

만약 보험약관의 체제 및 구조의 불명확성, 요건, 문장, 또는 외부정보가 보다 치밀하고 정치하게 마련되었다면 모호성을 회피할 수 있다. 다른 종류의 계약에서 일어나는 유사한 분쟁사례 몇 가지를 보면 보험계약의 경우에도 참고가 될 수 있다. 보험약관의 문언은 미래의 변화를 정확히 예측하여 작성하는 것이 어렵고, 특히 까다로운 계약내용에 대해서는 일부러 무시하는 경우도 발생한다.

(2) 보험약관의 편입통제

보험약관의 구속력의 근거를 대법원은 합의설에서 찾고 있으므로 보험약관에 대하여 보험자의 설명이 이행됨으로써 당해 보험약관은 계약의 내용으로 구속력을 갖게 된다. 그런데 보험약관의 편입과 관련하여 상법과 약관규제법은 약간 다른 태도를 보이고 있다. 상법에 의하면 보험자로 하여금 보험계약을 체결할 때 보험계약자에게 보험약관을 교부하고, 그 약관의 중요한 내용을 설명하도록 요구하면서 이를 위반한 경우 3개월 이내에 계약을 취소할 수 있다(상법 제638조의3).

또한 약관규제법은 약관에 정하여져 있는 중요한 내용을 고객이 이해할 수 있도록 설명하여야 하고, 이를 위반한 경우에는 해당 약관을 계약의 내용으로 주장할 수 없다(약관규제법 제3조 제3항 및 제4항).

167 Robert H, Jerry, Douglas R. Richmond, *Understanding Insurance Law,* 5th ed., (LexisNexis, 2012), p.147.

보험약관의 편입통제에 따라 보험계약의 중요한 사항은 보험계약자에게 설명하여야 하며, 설명한 경우에는 의사표시의 합치가 있는 것으로 본다. 이때 보험계약의 중요한 사항이란 보상하는 손해 및 보상하지 아니하는 손해 조항을 포함한 핵심규정이다. 비록 보험약관은 보험자에 의하여 일방적으로 작성한 계약내용이지만 보험자가 보험계약자에게 중요한 사항에 대하여 상세하게 설명을 한 경우에는 당사자의 의사표시의 내용이 되어 구속력을 발휘하게 된다.

판례에 의하면 보험자 또는 보험계약의 체결 또는 모집에 종사하는 자는 보험계약을 체결할 때 보험계약자 또는 피보험자에게 보험약관에 기재되어 있는 보험상품의 내용, 보험료율의 체계 및 보험청약서상 기재사항의 변동사항 등 보험계약의 중요한 내용에 대하여 구체적이고 상세하게 설명할 의무를 지고, 보험자가 이러한 보험약관의 설명의무를 위반하여 보험계약을 체결한 때는 약관의 내용을 보험계약의 내용으로 주장할 수 없다(상법 제638조의3 제1항, 약관규제법 제3조 제3·4항).

이와 같은 설명의무 위반으로 보험약관의 전부 또는 일부의 조항이 보험계약의 내용으로 되지 못하는 경우 보험계약은 나머지 부분만으로 유효하게 존속하고, 다만 유효한 부분만으로는 보험계약의 목적 달성이 불가능하거나 그 유효한 부분이 한쪽 당사자에게 부당하게 불리한 경우에는 그 보험계약은 전부 무효가 된다(약관규제법 제16조). 그리고 나머지 부분만으로 보험계약이 유효하게 존속하는 경우에 보험계약의 내용은 나머지 부분의 보험약관에 대한 해석을 통하여 확정되어야 하고, 만일 보험계약자가 확정된 보험계약의 내용과 다른 내용을 보험계약의 내용으로 주장하려면 보험자와 사이에 다른 내용을 보험계약의 내용으로 하기로 하는 합의가 있었다는 사실을 증명하여야 한다(약관규제법 제4조)고 판시함으로써 이를 확인하고 있다.[168]

보험약관의 중요내용은 설명 대상이 되고, 따라서 보험계약의 성립단계에서 의사의 합치가 필요한 중요사항과 구별이 문제되는데, 대체로 보험약관의 중요사항의 범위가 보험계약의 성립 시에 의사합치가 요구되는 중요사항에 비해 넓다고 보아야 한다.

168 대법원 2015. 11. 17. 선고 2014다81542 판결.

(3) 보험약관의 해석

1) 의의

약관규제법은 약관의 해석원칙에 대해 명문으로 규정을 두고 있다.

약관규제법

제5조(약관의 해석)

① 약관은 신의성실의 원칙에 따라 공정하게 해석되어야 하며 고객에 따라 다르게 해석되어서는 아니 된다.

② 약관의 뜻이 명백하지 아니한 경우에는 고객에게 유리하게 해석되어야 한다.

2) 공정해석, 객관적 해석원칙

가. 의의

약관의 해석은 신의성실의 원칙에 따라 당해 약관의 목적과 취지를 고려하여 공정하고 합리적으로 해석하되, 개개 계약 당사자가 기도한 목적이나 의사를 참작함이 없이 평균적 고객의 이해 가능성을 기준으로 객관적·획일적으로 해석하여야 하며, 위와 같은 해석을 거친 후에도 약관 조항이 객관적으로 다의적으로 해석되고 그 각각의 해석이 합리성이 있는 등 당해 약관의 뜻이 명백하지 아니한 경우에는 고객에게 유리하게 해석하여야 하나, 당해 약관의 목적과 취지를 고려하여 공정하고 합리적으로, 그리고 평균적 고객의 이해가능성을 기준으로 객관적이고 획일적으로 해석한 결과 그 약관 조항이 일의적으로 해석된다면 그 약관 조항을 고객에게 유리하게 제한 해석할 여지가 없다.[169] 대법원은 이와 같이 약관의 해석원칙의 순서를 밝히고 있는데, 우선 개개 계약당사자가 기도한 목적이나 의사를 참작함이 없이 평균적 고객의 이해가능성을 기준으로 먼저 해석한 후 그래도 다의적으로 해석되는 경우 보충적으로 고객에게 유리한 해석을 하여야 한다고 본 것이다.

169 대법원 2010. 9. 9. 선고 2007다5120 판결; 대법원 2012. 1. 12. 선고 2010다92841 판결.

나. 보험약관의 구성체계

보험약관의 합리적 해석을 위해서는 보험약관의 구성체계를 이해할 필요가 있다. 보험약관은 위험을 보장하는 것을 목적으로 하므로 각 보험약관은 담보하는 위험을 중심으로 보상하는 손해조항을 설정한다. 그리고 보상하지 아니하는 손해규정을 통하여 보험원리에 맞지 아니하거나 이상 위험으로서 보험보장이 곤란한 사항은 담보하는 손해에서 제외시키는 체계를 취하고 있다. 그리고 이러한 보상하지 아니하는 손해조항은 보상하는 손해조항을 논리적 전제로 하여 보상하는 위험의 범주에 속하는 사항 중에 특히 담보에서 제외되는 위험을 제거하는 형태로 이루어진다.

다. 보험약관의 객관적 해석 원칙 적용

객관적 해석의 원칙이란 약관 작성자인 회사의 의도를 계약자에게 강제하는 것이 아니라 객관적 기준에 의하여 개별 사례의 우연한 사정 및 당사자 간의 개별적인 생각이나 특별한 이익사정으로부터 벗어나 해석되어야 한다는 것을 말한다. 약관에서 사용하고 있는 용어가 단순하고 모호함이 없을 때는 그 용어의 통상적인 의미로(in the ordinary and popular sense) 해석하여야 하며, 보험에 관한 전문용어로서 보통의 의미와는 다른 특별한 의미를 가진 용어는 그 용어가 가지고 있는 특별한 의미가 약관에 명시되어야 한다. 즉, 약관은 그 문언에 충실하게 해석하는 것이 중요하며 그로써 충분하다.

보험계약이 성립된 이후 보험약관에 대한 해석상의 차이로 인하여 분쟁이 발생한 경우 사법당국의 해석통제를 통하여 해결을 모색하는데, 이때 법원은 보험약관의 문언을 바탕으로 보험약관 작성자의 의도를 제3자의 입장에서 판단함으로써 객관성을 담보한다. 법원은 해석자로서 보험약관을 작성한 보험자의 작성의도와 상대방의 이해가능성을 고려하여야 하는데, 상대방은 구체적·개별적 보험계약자를 의미하는 것이 아니라 평균적 고객인 보험계약자를 염두에 두고 해석하면 된다. 보험계약이 성립 된 후에는 보험계약자의 평등대우 및 보험단체의 이익도 전혀 무시할 수 없기 때문이다.

3) 작성자불이익원칙의 적용

가. 의의

작성자불이익원칙이란 보험약관의 내용이 불명확하여 두 가지 이상의 해석이 가능한 상황에서 각각의 해석에 모두 합리성이 인정되는 경우 이를 해결하기 위하여 보충적으로 적용되는 원칙을 말한다(약관규제법 제5조 제2항).[170] 작성자불이익원칙이란 보험계약에서 유래하였는데, 하나의 방법 이상으로 다의적으로 해석될 수 있는 약관규정이 있는 경우 법원은 계약서를 작성하지 않는 당사자에게 보다 유리하게 해석할 수 있다는 원칙이다.[171] 이러한 원칙의 배경에는 계약에서 각 당사자는 종종 평등한 지위에 있지 않다는 사실에서 연원한다.

나. 적용의 정당화 근거

작성자불이익원칙의 근거와 이유는 무엇인가? 이것은 두 가지 가정을 전제로 한다. 그 하나는 약관이 보험자에 의하여 일방적으로 작성되었다는 사실과 보험계약자는 보험계약의 내용결정 등에 대한 교섭력이 없고, 보험자에 비해 협상력이 떨어진다는 것이다.[172] 또한 작성자불이익원칙의 정당성의 근거는 다른 경제적·배분적 그리고 소비자 보호의 고려뿐만 아니라 과실의 개념도 일부 포함한다. 그러한 원칙은 주로 보험 분야에서 적용된다. 이러한 사실은 보험자가 계약서를 작성한다는 사실과 잘못하여 모호한 약관을 작성한데 대한 과실책임을 부담하여야 한다는 사상에 기초한다.

경제적·배분적 및 소비자 보호 측면의 고려는 보험에서 특이한 것이지만 일정한 역할을 수행한다. 경제적 효율성 측면에서 합의는 보험약관의 용어가 명백하고 분명할 때 효율적이라는 것이다. 그 이유는 분명한 용어는 당사자에게 부당한 비용의 전가 없이 또한 계약의 해석에 있어 들어가는 시간적 낭비 없이 계약의 내용을 알 수 있게 한다. 문언의 모호함을 최소화 할 수 있는 최선의 당사자는 약관의 문언을 작성하는 자이다. 따라서 잘못 작성한 책임을 부담하는 당사자도 역시 작성자여야 한다.

경제적·전문적 관점에서 볼 때도 보험자는 일반적으로 보험계약자에 비해 보다 능력 있는 자로서 그리고 약관조항의 모호성에 직접 영향을 미칠 수 있는 당사자로서 책임을 부담한다. 또한 작성자 불이익원칙의 정당화의 근거는 불필요한 비용의 지출을 줄이기 위한 중요한 수단으로서 보험의 추정적 기능에 의존한다.[173]

170 정찬형, 앞의 책, 526면.

171 American Law Institute, "The Scope of Contractual Obligations," Restatement (Second) of Contracts 2. St. Paul, Minnesota: American Law Institute Publishers(1981). §206.

172 약관에서 불명확조항의 해석과 관련하여 상세는 박설아, "약관에서 불명확조항의 해석", 「법조」, Vol.710, 2015. 11., 167-232면 참조.

173 Dudi Schwartz, op. cit, p.116.

다. 적용요건

작성자불이익원칙을 적용하기 위해서는 우선 약관의 뜻이 명백하지 아니한 경우이어야 한다. 그런데 어떤 경우에 보험약관의 규정이 명백하지 않는 것인지 그 판단기준이 무엇인지 문제된다. 판스워스(Farnsworth) 교수는 불명확한 문언을 세 가지 형태의 부류로 구분하고 있다. 단어의 불명확, 용어의 모호성, 문장의 모호성이다. 단어의 불명확성은 사용된 단어가 명확하지 아니하여 적용의 여백을 가지고 있는 경우에 발생한다. 용어가 불명확한 것은 그 용어가 다중적인 의미를 내포하고 있기 때문이다. 불명확한 문언은 문장구조가 모호한 경우에도 발생한다. 보험약관에서 부정확성을 초래하는 주요한 원인은 구조 및 조직의 모호성인데, 종종 보험약관의 구조는 담보의 특성에 대해 오도하거나 피보험자에게 정보를 잘못 전달하게 된다. 보험약관의 부정확성의 범주는 외부적 정보에 의하여 만들어지는 모호성이다.[174] 이처럼 보험약관은 약관조항의 용어나 문장 등 상당수의 경우 해석의 여지가 있으며, 이에 따라 불명확성의 문제가 대두될 수 있다.[175] 약관의 뜻이 명백한지 여부는 누구를 기준으로 판단할 것인지가 문제되는데, 통상인을 기준으로 판단한다.[176]

라. 한계

작성자불이익원칙은 다른 계약 및 약관의 해석론에 의하여도 해석상 모순점이 있을 때 보충적으로 적용되는 원칙이다.[177] 또한 작성자 불이익원칙의 이론적 정당성을 고려해볼 때 가계성 보험계약에 한하여 적용되고, 전문적인 보험계약자나 보험에 상당한 지식을 가지고 있는 기업이나 보험자 간 거래에서는 적용되지 않는다고 보아야 한다.[178]

174 Robert H, Jerry, Douglas R. Richmond, op. cit, p.145.

175 이에 대하여 미국 판결 중에는 단순히 당사자들이 용어의 의미에 대하여 동의하고 있지 않다는 이유로 용어가 모호한 것은 아니라고 판시한 사례(White v. White(1978), 62 Ill. App. 3d 375, 379)가 있는데, 이와 같은 판단기준도 불명확성의 의미에 대하여 고민의 단초를 제공한다. 또한 이은영, 앞의 책, 156면에서는 "조항의 의미에 관하여 양 당사자 사이에 다툼이 있더라도 법적으로 명확한 경우에는 이에 해당하지 않는다"라고 하며, 그 주장의 근거가 되는 독일 문헌을 소개하고 있다.

176 Howard B. Epstein and Theodore A. Keyes, *Contra Proferentum: Sophisticated Entities Negotiating*, New York Law Journal, Vol.236, No.42, wednesday, august 30, 2006,

177 대법원 2009. 5. 28. 선고 2008다81633 판결; 김선정, "약관의 해석에 있어서 작성자 불이익 원칙", 「비교법연구」, 제11권, 제3호, 2011. 12., 35면; Howard B. Epstein and Theodore A. Keyes, Ibid..; J. Robert Renner, Ambiguity and the interpretation of insurance policies in California, Daily Journal(LOS ANGELES), Thursday, May 17, 2012.

178 Howard B. Epstein and Theodore A. Keyes, Ibid.

☞ 보통거래약관 및 보험제도의 특성에 비추어볼 때, 보험약관의 해석은 일반 법률행위와는 달리 개개 계약당사자가 기도한 목적이나 의사를 기준으로 하지 않고 평균적 고객의 이해가능성을 기준으로 하되 보험단체 전체의 이해관계를 고려하여 객관적·획일적으로 해석하여야 하며, 다만 약관을 계약 내용으로 편입하는 개별약정에 약관과 다른 내용이 있을 때 한하여 개별약정이 우선할 뿐이다. 또 약관이 작성자인 기업에 의하여 일방적으로 유리하게 작성되고 고객에게 그 약관 내용에 관한 교섭이나 검토의 기회가 제대로 주어지지 않는 형성의 과정에 비추어 고객보호의 측면에서 약관내용이 명백하지 못하거나 의심스러운 때는 약관작성자에게 불리하게 제한해석하여야 한다는 불명료의 원칙이 적용된다.

그러나 이와 달리 약관조항의 의미가 명확하게 일의적으로 표현되어 있어 다의적인 해석의 여지가 없는 때는 위와 같은 방법으로 제한해석을 할 수 없고, 다만 그 내용이 불공정하거나 불합리한 경우에 강행법규나 공서량속 또는 신의성실의 원칙에 위반됨을 이유로 그 효력의 전부 또는 일부를 부인할 수밖에 없으며 이는 직접적 내용통제로서의 약관의 수정해석에 해당하는 것이다.[179]

9. 보험약관의 개정

(1) 의의

일단 성립되고 이용된 보험약관의 내용을 수정하거나 변경, 추가하는 것을 보험약관의 개정이라고 한다. 보험약관의 개정에서 법적 쟁점은 변경된 약관의 내용이 기존의 보험계약자에게도 적용되는지 여부이다.

(2) 약관개정의 효력

1) 불소급의 원칙

보험계약이 일단 그 계약 당시의 약관에 의하여 유효하게 체결된 이상 그 보험계약 관계에는 계약 당시의 약관이 적용되는 것이고, 그 후 보험자가 그 보통보험약관을 개정하여 그 약관의 내용이 계약자에게 불리하게 변경된 경우는 물론 유리하게 변경된 경우라고 하더라도, 당사자가 그 개정 약관에 의하여 보험계약의 내용을 변경하기로 하는 취지로 합의하거나 보험자가 구 약관에 의한 권리를 주장할 이익을 포기하는 취지의 의사를 표시하는 등의 특별한 사정이 없는 한 개정 약관의 효력이 개정 전에 체결된 보험계약에 미치지 않는다.[180]

179 대법원 1991. 12. 24. 선고 90다카23899 전원합의체 판결.
180 대법원 2010. 1. 14. 선고 2008다89514,89521 판결.

다만 보험실무적으로 계약자에게 불리하게 변경된 약관은 소급효를 인정하지 않고 유리하게 변경된 약관은 소급효를 인정함으로써 계약자의 이익을 우선하여 보호해주는 형태로 약관을 개정하는 경우도 있다.

2) 변경된 약관내용의 불고지 효과

자동차보험을 매 주기마다 갱신함에 있어서 종전계약의 내용이 된 보험약관을 도중에 가입자에게 불리하게 변경하였다면 보험자로서는 새로운 보험계약 갱신 시 그와 같은 약관변경 사실 및 내용을 가입자에게 고지하여야 할 신의칙상의 의무가 있다고 봄이 상당하고, 이러한 고지 없이 체결된 보험계약은 종전 약관에 따라 체결된 것으로 보아야 할 것이다.

우리 대법원도 동일한 보험계약당사자가 일정한 기간마다 주기적으로 동종계약을 반복 체결하는 계속적 거래관계에 있어서 종전계약의 내용이 된 보험약관을 도중에 가입자에게 불리하게 변경하였다면 보험자로서는 새로운 보험계약 체결 시 그와 같은 약관변경사실 및 내용을 가입자인 상대방에게 고지하여야 할 신의칙상의 의무가 있다고 봄이 상당하고, 이러한 고지 없이 체결된 보험계약은 과거와 마찬가지로 종전약관에 따라 체결된 것으로 봄이 타당하다고 보았다.[181]

10. 보험약관의 이해도 평가제도

(1) 의의

보험약관은 보험계약의 내용이 되는 것으로 보험계약자의 정확한 이해가 필요하다. 그러나 약관의 내용은 전문적인 법률 용어 등이 다수 사용되어 보험계약자가 쉽게 이해할 수 없다. 보험약관의 이해도 평가제도는 보험소비자의 보험약관에 대한 이해도를 평가하여 이를 보험약관의 작성에 반영함으로써 보험약관의 적정한 작성을 유도하고, 보다 알기 쉬운 용어를 사용하도록 하여 보험소비자의 알권리를 확보하기 위한 것이다.

181 대법원 1986. 10. 14. 선고 84다카122 판결.

(2) 이해도 평가 및 공시

금융위원회는 보험소비자와 보험의 모집에 종사하는 자 등 대통령령으로 정하는 자를 대상으로 보험약관에 대하여 이해도를 평가하고, 그 결과를 대통령령으로 정하는 바에 따라 공시할 수 있다(보험업법 제128조의4 제1항).

보험소비자 등의 보험약관에 대한 이해도를 평가하기 위해 평가대행기관을 지정할 수 있고(보험업법 제128조의4 제2항), 지정된 평가대행기관은 조사대상 보험약관에 대하여 보험소비자등의 이해도를 평가하고 그 결과를 금융위원회에 보고하여야 한다(보험업법 제128조의4 제3항).

제2장

보험업의 진입규제

●●● 제2장

보험업의 진입규제

제1절 서 설

1. 보험시장의 진입규제의 의의

누가 보험업을 영위할 수 있는 것인가 하는 것이 보험업의 진입규제의 문제이다. 오늘날 금융업은 각 나라별로 규제의 차이는 있지만 전통적으로 정부의 허가사업으로 간주되고 있다. 경제학적인 관점에서 보면 시장참여자를 규제하지 아니하고 완전한 경쟁에 맡겨두는 것이 소비자효용을 극대화하는 것이라고 보는 것이 일반적인 이론이다. 그러나 보험업에서 진입규제를 두지 아니하여 수많은 기업이 보험영업을 할 경우 불필요한 과당경쟁을 촉발하고, 보험업의 실패로 인한 다수의 피해자의 발생 가능성 등 자유경쟁으로 인한 폐해로 인하여 보험시스템의 혼란 및 국가 전체의 후생을 떨어뜨릴 수도 있다.

금융업의 진입제한은 과도한 경쟁 방지의 목적도 있지만 보험시스템의 안정적 유지와 금융시장의 신뢰성 제고, 금융업의 파산으로 인한 이해관계자의 보호 등 여러 정책적인 이유가 진입규제의 근거가 될 수 있다.

과당경쟁이란 국가의 개입이 없는 경우 시장에서 지나치게 많은 수의 기업들이 존재하게 되는 현상을 말한다. 자연독점을 포함한 모든 시장에서 신규진입 또는 경쟁이 오히려 사회 후생을 떨어뜨리는 과당경쟁이 발생하기 때문에 국가가 신규 진입을 규제한다. 그러나 진입규제의 근거를 과잉경쟁이론으로 모두 설명하기는 곤란하다. 보험업의 진입 제한은 과도한 경쟁 방지의 목적도 있지만 보험시스템의 안정적 유지와 금융시장의 신뢰성 제고, 금융업의 파산으로 인한 이해관계자의 보호 등 여러 정책적인 이유가 진입 규제의 근거가 될 수 있다.

보험업의 진입규제(entry barrier)는 보험제도의 안정을 위해 정부가 취하는 규제라는 점에서 생산기술이나 상품의 특성으로 인해 잠재진입자의 신규진입이 제약되는 일반산업의 시장장벽(market barrier)과는 성격이 다르다.[1] 국민은 직업선택의 자유를 헌법상 보장받고 있으므로 자신의 자유로운 결정과 판단에 따라 그가 영위할 영업의 종류와 그 수행 방식 등을 자유롭게 결정할 수 있다. 그러나 실상은 여러 분야의 산업이 시장진입에 있어 국가의 허가·특허 등 진입규제를 받고 있다. 보험업도 국가로부터 진입규제를 받고 있는 대표적인 업종의 하나에 속한다. 금융감독당국은 보험업을 영위하려는 자에 대하여 법인 성격의 적합성, 사업계획의 타당성, 자본금 및 주주구성과 설립·인수자금의 적정성, 발기인·대주주·경영진의 경영능력과 성실성 및 공익성 등을 확인한 후 허가 여부를 결정함으로써 보험업을 수행하기에 부적절한 자가 보험시장에 진출하는 것을 사전에 차단하고 있다.

2. 보험시장 진입규제의 법적 문제

(1) 영업의 자유제한

우리 헌법은 모든 국민은 직업선택의 자유를 가진다고 규정함으로써 직업선택의 자유를 국민의 기본권으로 보장하고 있다(헌법 제15조). 여기의 직업의 선택의 자유에는 자신이 원하는 직업 내지 직종을 자유롭게 선택하는 직업선택의 자유와 선택한 직업을 자기가 결정하는 방식으로 자유롭게 수행할 수 있는 직업 수행의 자유 내지 영업의 자유가 포함된다. 보험업법은 보험업을 영위하기 위해서는 그 주체가 주식회사나 상호회사 또는 외국보험회사여야 하고, 금융위원회의 허가를 받아야 한다고 규정하고 있다(보험업법 제4조). 이러한 보험업법의 규정은 일반 개인 또는 단체나 합명회사 등 주식회사가 아닌

1 강병호, 『금융기관론』(제14판), 박영사, 2008, 77면.

다른 형태의 회사들과의 차별 등 직업선택의 자유를 제한하고 있는 것으로 볼 수 있어 위헌성 여부가 문제될 수 있다(보험업법 제4조).

(2) 영업의 자유 침해 여부

헌법에 의하여 보장되고 있는 직업의 자유 내지는 영업의 자유는 무제한적인 것이 아니고 헌법 제37조 제2항에 따라 국가안전보장·질서유지 또는 공공복리를 위하여 필요한 경우에 한하여 법률로써 제한할 수 있다. 헌법재판소는 직업의 자유의 제한의 한계와 관련하여 "직업의 자유에 대한 제한이라고 하더라도 그 제한 사유가 직업의 자유의 내용을 이루는 직업수행의 자유와 직업선택의 자유 중 어느 쪽에 작용하느냐에 따라 그 제한에 대하여 요구되는 정당화 수준이 달라진다. 그리하여 직업의 자유에 대한 법적 규율이 직업수행에 대한 규율로부터 직업선택에 대한 규율로 가면 갈수록 자유제약의 정도가 상대적으로 강해져 입법재량의 폭이 좁아지게 되고 직업선택의 자유에 대한 제한이 문제되는 경우에 있어서도 일정한 주관적 사유를 직업의 개시 또는 계속수행의 전제조건으로 삼아 직업선택의 자유를 제한하는 경우보다는 직업의 선택을 객관적 허가조건에 걸리게 하는 방법으로 제한하는 경우에 침해의 심각성이 더 크므로 보다 엄밀한 정당화가 요구된다"라고 판시하고 있다.[2] 직업행사 자유의 침해의 심사기준과 관련하여 "기본권의 기본권인 직업행사의 자유를 제한하는 법률이 헌법에 저촉되지 않기 위해서는 그 기본권의 침해가 합리적이고 이성적인 공익상의 이유를 정당화될 수 있어야 한다"라고 판시하고 있다.[3]

생각하건대 보험업은 자가 보험 등 일정한 경우를 제외하고, 보험원리상 상당한 정도의 자산을 보유하고 있는 자로 하여금 보험업을 영위하도록 하는 것이 타당하다. 이에 따라 법정의 허가 조건을 충족하면 보험업을 영위할 수 있도록 허용하고 있다. 보험업의 공공성 및 보험회사의 파산으로 인한 국민경제적 손실 방지 등을 위해서 진입규제가 불가피하다는 점을 고려해볼 때 보험업의 허가제도가 직업을 자유를 침해한 것이라고 보기 어렵다. 또한 보험업에 대한 영위요건으로 허가제를 취할 것인지 등록 내지 신고제를 택할 것인지 여부는 입법자의 입법정책의 문제에 속한 것이다.

2 헌법재판소 2003. 9. 25. 선고 2002헌마519.
3 헌법재판소 2002. 9. 19. 선고 2000헌바84.

3. 허가제도

(1) 개관

일반적으로 시장진입을 위한 규제제도로서 특허·허가·인가·신고·등록 등의 제도가 있다. 어떠한 제도를 취할 것인지 여부는 보험정책적 판단의 문제이며 보험업의 경우에는 허가주의를 채택하고 있다. 따라서 보험업을 영위하기 위해서는 소정의 허가요건을 갖추어 금융위원회의 사전허가를 받아야 한다.

허가란 법규에 의한 일반적·상대적 금지를 특정한 경우에 해제하여 적법하게 일정한 사실행위 또는 법률행위를 할 수 있게 하여주는 행정행위를 말한다. 실정법상 허가·면허·인가·특허·승인 등의 용어가 사용되고 있는데, 당해 행위가 학문상의 허가에 해당하는지 여부는 관계법령의 구체적 규정이나 취지에 비추어 개별적으로 판단되어야 한다.[4] 종래 허가는 상대방에게 금지를 해제하여 자연적 치유를 회복시켜주는 행위이므로 명령적 행위에 속하며 이러한 점에서 상대방에게 법률상의 힘을 설정하여주는 형성적 행위인 특허와 구별된다고 하는 것이 통설이다. 그러나 허가는 단순한 자연적 자유의 회복에만 그치는 것이 아니라 헌법상의 자유권을 적법하게 행사할 수 있게 하여주는 행위, 즉 법적 지위의 설정행위라는 점에서 오히려 형성적 행위의 성질을 가진다고 할 수 있다.[5] 생각하건대 허가에 의하여 사인이 새로운 법적 지위를 향유하며 새로운 법률관계가 창설된다는 점에서 허가는 형성적 행위의 일면을 가지고 있다고 할 것이나, 특허나 허가와 같은 전통적인 형성적 행위와는 다르다.

(2) 보험업 허가제도

보험업을 경영하려는 자는 보험종목별로 금융위원회의 허가를 받아야 한다(보험업법 제4조 제1항). 이것은 보험업의 허가제도가 포괄적 허가주의가 아닌 보험종목별 허가주의를 기본구조로 하는 것임을 밝힌 것이다.[6] 보험종목의 허가는 곧 보험종목의 영업을 허가하는 것을 의미한다. 보험업을 경영하려는 자는 주식회사·상호회사·외국보험회사로

4 홍정선, 『행정법원론(상)』(제24판), 박영사, 2016, 358면.
5 김동희, 『행정법 I』(제22판), 박영사, 2016, 289면.
6 한기정, 『보험업법』, 박영사, 2019, 61면.

제한된다(보험업법 제4조 제6항 전문). 따라서 개인이나 단체, 상법상의 유한·합명·합자회사는 보험업의 허가를 받을 수 없다. 보험업의 허가신청 주체를 주식회사나 상호회사 외국보험회사로 한정하는 이유는 명확하게 들어나 있지 않다. 해외 각국의 보험회사의 형태가 주식회사나 상호회사제도를 취하고 있다는 점을 고려한 것으로 보이고, 보험회사의 법적 형태를 주식회사나 상호회사로 한정함으로써 감독의 수월성과 통일성을 기하고자 한 것으로 볼 수 있다. 보험업을 허가함에 있어서 금융위원회는 허가에 조건을 붙일 수 있다(보험업법 제4조 제7항).

☞ 조건은 법률행위 효력의 발생이나 소멸을 장래의 불확실한 사실의 성립 여부에 의존하게 하는 법률행위의 부관으로서 법률행위 내용의 일부를 구성한다. 특정 법률행위에 관하여 어떠한 사실이 그 효과의사의 내용을 이루는 조건이 되는지와 해당 조건의 성취 또는 불성취로 말미암아 법률행위의 효력이 발생하거나 소멸하는지는 모두 법률행위 해석의 문제이다.[7]

일반적으로 국민에게 수익적인 법적 효과가 발생하는 행정행위에는 부관을 부가하여 일정한 제한이 가해질 수 있다. 행정행위의 부관에는 기한, 조건, 부담, 행정행위의 철회권 유보 등이 있다. 조건은 장래의 도래가 불투명한 사실의 존부에 의하여 행정행위의 효력의 발생과 소멸을 일으키는 행정행위의 대표적인 부관의 하나이다.

☞ 도시공원법 제6조 제2항에 의하여 공원관리청이 도시공원 또는 공원시설의 관리를 공원관리청이 아닌 자에게 위탁하면서 그 공원시설 등을 사용·수익할 권한까지 허용하고 있는 것은 상대방에게 권리나 이익을 부여하는 효과를 수반하는 수익적 행정행위로서, 관계 법령에 행정처분의 요건에 관하여 일의적으로 규정되어 있지 아니한 이상 관리청의 재량행위에 속하고, 이러한 재량행위에 있어서는 관계 법령에 명시적인 금지 규정이 없는 한 행정목적을 달성하기 위하여 부관을 붙일 수 있으며, 그 부관의 내용이 이행가능하고 비례의 원칙 및 평등의 원칙에 적합하며 행정처분의 본질적 효력을 저해하지 아니하는 한도 내의 것인 이상 부관의 한계를 벗어난 위법이 있다고 할 수 없다(대법원 1998. 10. 23. 선고 97누164 판결 참조).[8]

조건이 붙은 보험업 허가를 받은 자는 사정의 변경, 그 밖의 정당한 사유가 있는 경우에는 금융위원회에 그 조건의 취소 또는 변경을 신청할 수 있다. 이 경우 금융위원회

7 대법원 2021. 1. 14. 선고 2018다223054 판결.
8 대법원 2004. 2. 13. 선고 2001다15828, 15835, 15842 판결.

는 2개월 이내에 조건의 취소 또는 변경 여부를 결정하고, 그 결과를 지체 없이 신청인에게 문서로 알려야 한다(보험업법 제4조 제8항). 허가 당시의 사정이 변경되거나 조건이 부당하게 되는 경우 피허가자에게 조건의 변경을 요구할 수 있는 적극적인 권리를 부여한 것이다. 따라서 금융위원회는 스스로의 판단에 따라 조건이 부당하거나 사정변경이 생긴 경우에 피허가자의 신청에 관계없이 조건을 취소하거나 변경조치를 할 수 있다.

☞ 행정행위의부관은 행정행위의 일반적인 효력이나 효과를 제한하기 위하여 의사표시의 주된 내용에 부가되는 종된 의사표시이지 그 자체로서 직접 법적 효과를 발생하는 독립된 처분이 아니므로 현행 행정쟁송제도 아래서는 부관 그 자체만을 독립된 쟁송의 대상으로 할 수 없는 것이 원칙이나 행정행위의부관 중에서도 행정행위에 부수하여 그 행정행위의 상대방에게 일정한 의무를 부과하는 행정청의 의사표시인 부담의 경우에는 다른 부관과는 달리 행정행위의 불가분적인 요소가 아니고 그 존속이 본체인 행정행위의 존재를 전제로 하는 것일 뿐이므로 부담 그 자체로서 행정쟁송의 대상이 될 수 있다.[9]

☞ 행정청이 종교단체에 대하여 기본재산전환인가를 함에 있어 인가조건을 부가하고 그 불이행시 인가를 취소할 수 있도록 한 경우, 인가조건의 의미는 철회권을 유보한 것이다.[10]

보험업의 허가는 보험영업을 할 수 있는 능력을 부여하는 보험업에 대한 허가라는 점에서 보험회사의 설립허가와 구별된다. 현행법상 보험업에 대한 허가를 취득하기 위해서는 주식회사는 미리 상법 등에 정한 절차(상법 제288조 이하)에 따라 설립등기를 하여야 하고, 상호회사의 경우에는 보험업법이 정한 절차(제34조 이하)에 따라 상호회사 설립등기를 마쳐야 한다.

은행은 은행법에 의하여 인가를 받아야 은행업을 영위할 수 있고(은행법 제8조), 금융투자업은 금융투자업의 종류, 금융투자상품, 투자자의 유형을 구성요소로 하여 업무단위의 전부나 일부를 선택하여 금융투자업 인가를 받아야 한다(자본시장과 금융투자업에 관한 법률 제12조).

9 대법원 1992. 1. 21. 선고 91누1264 판결.
10 대법원 2003. 5. 30. 선고 2003다6422 판결.

4. 보험업 허가의 법적 성질

보험업법은 보험업의 자유로운 영위를 허용하지 아니하고, 신고 혹은 등록에 의한 것 보다 완화된 규제제도 대신 엄격한 허가제도를 채택한 이유는 보험경영의 기초를 튼튼하게 하여 보험계약자의 불측의 손해를 방지하기 위함이며, 보험경영의 실패로 인한 국민경제에 미치는 영향을 최소화하기 위한 정책적 고려가 감안된 것으로 볼 수 있다.

보험업을 영위하고자 하는 경우에는 금융위원회로부터 보험업의 영위에 대한 허가를 받아야 한다. 여기서 허가의 성질이 무엇인지 여부가 문제된다. 보험회사가 아닌 자와 보험계약을 체결할 수 없도록 규정한 보험업법 제3조, 직업선택의 자유를 보장하고 있는 헌법 제15조의 규정 등에 비추어볼 때 보험업에 대한 허가의 법적 성격은 일반적 추상적 금지를 특정한 경우에 해제하여 자연적 자유를 회복시켜주는 강학상 허가로 봄이 타당하다. 보험업의 허가는 보험회사의 설립허가와 구별된다. 즉, 비영리법인의 설립의 경우 주무관청의 허가와 같이 법인격을 부여하는 행위와는 그 성질을 달리한다. 그러나 상호회사는 보험업법이 특별히 인정하는 회사형태로서 보험업법에 따라 설립등기 등이 행해지므로 설립허가 내지 영업허가로 볼 수 있다. 보험업에 대한 허가가 기속행위인지 재량행위인지 여부가 문제될 수 있다. 보험업에 대한 허가는 보험시장의 전체 규모, 경쟁구도, 경영성과 등을 고려하면서 허가 여부를 엄격하게 결정하여야 하므로 허가 여부에 대하여 어느 정도 감독당국의 재량 판단이 필요하다고 해석하는 것이 타당하다.

☞ **관련 판례**

어느 행정행위가 기속행위인지 재량행위인지 나아가 재량행위라고 할지라도 기속재량행위인지 또는 자유재량에 속하는 것인지 여부는 이를 일률적으로 규정지을 수는 없는 것이고, 당해 처분의 근거가 된 규정의 형식이나 체재 또는 문언에 따라 개별적으로 판단하여야 한다.[11]

5. 보험업 허가의 방식 및 보험종목별 허가주의 채택

보험업을 허가함에 있어서는 보험종목을 특정하지 아니하고 포괄적으로 허가를 하는 방식과 특정 보험종목별로 허가하는 방식을 상정할 수 있다. 종래 포괄적 허가제도로 운영하였으나 보험업의 국제적 정합성을 제고하고, 보험종목별 전문화를 통한 경쟁력의

11 대법원 1998. 9. 8. 선고 98두8759 판결.

제고, 시장 참여의 활성화 등을 위하여 2003년 개정법에서 보험종목별 허가제도로 전환하였다. 이처럼 보험종목별 허가제도를 취함으로써 다양한 보험종목의 특성을 감안하여 자본금에 관한 요건을 세분화할 수 있고, 소액의 자본금으로 시장진입이 가능하도록 진입규제의 문턱을 낮춤으로써 시장의 자유로운 경쟁을 촉진할 수 있는 긍정적인 측면이 있다. 또 한 모든 보험회사가 일률적으로 백화점식 보험상품을 판매하는 것이 아니라 전문화되고 특화된 보험종목의 영업에 집중하여 보험업의 질적 발전에도 기여할 수 있는 제도이다.

6. 보험종목의 허가단위

보험업의 허가는 개별 보험종목별로 허가를 받는 방법과 생명보험업, 손해보험업 및 제3보험업에 포함되는 모든 보험종목을 종합적으로 영위할 수 있도록 허가를 받는 방법이 있다. 일부 보험종목에 대해서만 허가를 받은 경우에는 보험종목을 추가하는 방식으로 보험종목을 추가할 수 있다(보험업법 제5조 단서).

보험업을 영위하고자 하는 자는 보험종목별로 금융위원회의 허가를 받아야 하는데, 허가를 받을 수 있는 보험종목의 단위는 생명보험업, 손해보험업, 제3보험업으로 구분하여 각 업종별로 세분화되어 있다(보험업법 제4조 제1항).

(1) 생명보험업의 보험종목

생명보험업에 속하는 보험종목으로는 (i) 생명보험, (ii) 연금보험(퇴직보험 포함), (iii) 그 밖에 대통령령이 정하는 보험종목이 있다(보험업법 제4조 제1항 제1호).

(2) 손해보험업의 보험종목

손해보험업에 해당하는 보험종목은 (i) 화재보험, (ii) 해상보험(항공·운송보험 포함), (iii) 자동차보험, (iv) 보증보험, (v) 재보험과(보험업법 제4조 제1항 제2호), (vi) 책임보험, (vii) 기술보험, (viii) 권리보험, (ix) 도난·유리·동물·원자력 보험, (x) 비용보험, (xi) 날씨보험이 있다(보험업법 제4조 제1항 제2호 및 시행령 제8조 제1항).

(3) 제3보험업의 보험종목

제3보험업에 속하는 보험종목으로는 상해보험, 질병보험, 간병보험, 그 밖에 대통령령으로 정하는 보험종목이 있다(보험업법 제4조 제1항 제3호).

7. 재보험 및 제3보험업에 대한 허가의제

(1) 재보험의 허가의제

보험종목별로 허가를 받은 자는 해당 보험종목의 재보험에 대한 허가를 받은 것으로 본다(보험업법 제4조 제2항). 보험종목의 전부에 대해 허가를 받은 그 전부에 대한 재보험을 일부 보험종목에 대해 허가를 받은 경우에는 당해 해당 보험종목의 재보험을 영위할 수 있다. 다만 모집할 수 있는 보험상품의 종류, 보험기간, 보험금의 상한액, 연간 총보험료 상한액 등 대통령령으로 정하는 기준을 충족하는 소액단기전문보험회사의 경우에는 재보험의 허가를 받은 것으로 볼 수 없다(보험업법 제4조 제2항 단서). 따라서 소액단기전문보험회사는 영위할 수 있는 당해 보험종목의 재보험도 영위가 불가능하다.

(2) 제3보험업의 허가의제

보증보험 및 재보험을 제외한 생명보험업이나 손해보험업에 해당하는 보험종목의 전부에 관하여 보험업의 허가를 받은 자는 제3보험업에 해당하는 보험종목에 대한 허가를 받은 것으로 본다(보험업법 제4조 제3항). 따라서 생명보험업이나 손해보험업 전부에 대하여 허가를 받은 경우에는 제3보험업의 허가를 별도로 받을 필요가 없이 영위가 가능하며, 생명보험업이나 손해보험업의 일부 종목만을 영위할 수 있는 허가를 받는 자가 제3보험업을 영위하기 위해서는 별도의 허가절차를 거쳐야 한다. 제3보험업은 생명보험업이나 손해보험업의 전부 종목의 허가를 받는 자가 겸영할 수 있는 보험종목에 속하고 이러한 점에서 제3보험업의 경우 다른 시장에 비하여 생명보험업을 영위하는 자와 손해보험업을 영위하자는 자 간에 경쟁을 벌이는 시장 영역이다.

8. 신설종목에 대한 허가의제

생명보험업 또는 손해보험업에 해당하는 보험종목의 전부에 관하여 보험업의 허가를 받은 자는 경제 질서의 건전성을 해친 사실이 없으면 해당 생명보험업 또는 손해보험업의 종목으로 신설되는 보험종목에 대한 허가를 받은 것으로 본다(보험업법 제4조 제4항). 여기서 경제 질서의 건전성을 해친 사실이란 어떠한 경우를 말하는가? 보험업법은 허가의 요건으로 대주주가 충분한 출자능력과 건전한 재무상태를 갖추어야 하며, 건전한 경제질서를 해친 사실이 없을 것을 요구한다. 이것은 대주주가 사회적으로 보험업을 영위할 만한 신용을 갖추어야 한다는 의미이다.[12] 건전한 경제질서를 해친 사실이 있는지 여부는 허가일시를 기준으로 일정한 기간 내에 금융 관련 법령, 독점규제 및 공정거래에 관한 법률, 조세범 처벌법 등의 위반으로 형사처벌이나 과태료 처분, 금융위원회로부터 기관경고 이상의 조치를 받은 사실 등으로 판단한다(보험업법 제6조 제1항 제4호).

신설종목에 대한 허가의제는 생명보험업이나 손해보험업의 전부에 관하여 허가를 받은 자를 대상으로 인정되는 특칙이며, 일부 보험종목에 대해서만 허가받은 자는 별도로 신설종목에 대해 허가를 받아야 한다.

이러한 신설종목에 대한 허가의제제도는 생명보험업이나 손해보험업의 하위 종목은 새로운 위험의 출현 등에 따라 보험종목이 신설되거나 폐지될 수 있으므로 새로운 보험종목이 신설되는 경우마다 허가를 받도록 하는 것은 무용한 행정절차의 반복으로 인한 낭비만을 초래하므로 허가제도의 효율적인 운용을 위하여 둔 제도이다.

9. 제3보험업에 관한 허가를 받은 자의 질병사망 특약 취급 허용

제3보험업에 속하는 보험종목은 상해보험, 질병보험, 간병보험이다. 따라서 제3보험업의 허가를 받은 사업자는 상해보험, 질병보험, 간병보험을 영위할 수 있음은 물론이다.

그런데 제3보험업에 관하여 허가를 받은 자는 질병을 원인으로 하는 사망을 제3보험의 특약 형식으로 담보하는 보험을 취급하는 경우 다음의 요건을 충족하는 보험을 영위할 수 있도록 규정한다(보험업법 제4조 제5항 및 시행령 제15조 제2항).

(i) 보험만기는 80세 이하일 것, (ii) 보험금액의 한도는 개인당 2억 원 이내일 것, (iii) 만기 시에 지급하는 환급금은 납입보험료 합계액의 범위 내일 것.

이러한 조건에 따라 제3보험업을 영위하는 자는 질병사망을 보험사고로 하는 보험을

12 성대규·안종민, 『한국보험업법』(개정2판), 두남, 2015, 115면.

제한 없이 판매할 수 있는 것은 아니며 위의 조건을 충족한 경우에 한하여 보험종목을 취급할 수 있으므로 질병보험상품의 운용의 폭이 제한되는 측면이 있다. 이러한 제한은 제3보험업을 별도의 허가 종목으로 구성하고 있고, 나아가 질병사망 담보는 질병보험에서 당연히 취급할 수 있는 것이라는 점에서 볼 때 이러한 제한을 가하는 것은 제3보험업의 전문적인 발전을 저해하는 것이다.

한편 여기서 제3보험업의 관하여 허가를 받은 자의 범위가 제3보험업의 전부를 받은 자로 한정하여야 하는지 아니면 제3보험업의 일부 종목에 대한 허가를 받은 자의 경우도 포함되는지 여부가 문제될 수 있다.

법문에서 제3보험업에 관하여 허가를 받은 자라고 규정하고 있고, 특별히 허가의 범위를 문제 삼고 있지 않으므로 제3보험업에 관한 전부허가를 받은 자나 일부만을 허가 받은 경우에도 포함되는 것으로 보아야 할 것이다.

10. 보험업 진입에 대한 외국의 입법례

보험업의 진입에 대한 각 국의 입법례를 보면 미국 뉴욕주 보험법(제1102조)과 캘리포니아 보험법(제680조),[13] 독일 보험감독법(제5조), 프랑스 보험법전(L321-1조), 일본 보험업법(제3조 제1항)[14] 등 대부분의 국가가 허가주의를 취하고 있다.[15]

제2절 보험업의 허가

1. 허가의 신청

(1) 허가 신청서의 제출

보험업의 허가를 받으려는 자는 허가신청서를 금융위원회에 제출하여야 한다(보험업

13 680. An insurer shall not transact any class of insurance which is not authorized by its charter.

14 일본의 경우 우리나라와 달리 보험종목이 세분화되어 있지 아니하고 생명보험업 및 손해보험업의 2종류의 면허로 운용하고 있으며, 소액 단기 보험업을 영위하는 자는 등록제도를 운용하고 있는 점이 특징이다(石田滿, 『保險業法』, 文眞堂, 2007, 13-14면).

15 미국 뉴욕주는 보험업에 대한 종목별 허가주의를 취하고 있고(뉴욕주 보험법 제1102조), 일본의 경우도 허가주의를 취하고 있다(일본 보험업법 제3조 제1항).

법 제5조). 실무상 허가신청서는 원본은 금융위원회에 부본은 금융감독원에 제출한다. 허가신청서에는 (i) 상호, (ii) 주된 사무소의 소재지, (iii) 대표자 및 임원의 성명·주민등록번호 및 주소, (iv) 자본금 또는 기금에 관한 사항, (v) 시설, 설비 및 인력에 관한 사항, (vi) 허가를 받으려는 보험종목을 기재하여야 한다(보험업법 시행령 제9조 제1항).

(2) 허가신청 시 첨부서류

허가신청서에는 (i) 정관, (ii) 업무 시작 후 3년간의 사업계획서(추정재무제표 포함), (iii) 경영하려는 보험업의 보험종목별 사업방법서, 보험약관, 보험료 및 책임준비금의 산출방법서 중 대통령령으로 정하는 서류, (iv) 그 밖에 대통령령으로 정하는 서류를 첨부하여야 한다(보험업법 제5조).

(iii)에 따라 첨부하여야 하는 서류는 보험종목별 사업방법서이다. 따라서 보험약관, 보험료 및 책임준비금의 산출방법서는 첨부서류에 해당하지 않는다. 이는 제출 서류의 간소화를 통해 허가에 관한 규제를 완화한 것이다.

(iv)에 의하여 첨부하여야 하는 서류는 다음의 구분에 따른다.

1) 주식회사 및 상호회사

가. 발기인회의의 의사록
나. 임원 및 발기인의 이력서 및 경력증명서
다. 합작계약서(외국기업과 합작하여 보험업을 하려는 경우만 해당한다)
라. 자본금 또는 기금의 납입을 증명하는 서류
마. 재무제표와 그 부속서류
바. 주주(상호회사의 경우에는 사원)의 성명 또는 명칭과 소유 주식 수(상호회사의 경우에는 출자지분)를 적은 서류
사. 그 밖에 허가 요건의 심사에 필요한 서류로서 총리령으로 정하는 서류

2) 외국보험회사

가. 외국보험회사의 본점이 적법한 보험업을 경영하고 있음을 증명하는 해당 외국보험회사가 속한 국가의 권한 있는 기관의 증명서

나. 대한민국에서 외국보험회사를 대표하는 자의 대표권을 증명하는 서류
다. 외국보험회사 본점의 최근 3년간의 대차대조표와 손익계산서
라. 영업기금의 납입을 증명하는 서류
마. 대표자의 이력서 및 경력증명서
바. 재무제표와 그 부속서류
사. 그 밖에 허가 요건의 심사에 필요한 서류로서 총리령으로 정하는 서류

(3) 보험종목 추가 허가 신청 시

허가 신청 시에 첨부하여야 할 서류는 최초 허가를 받을 때 첨부하여야 할 서류이고, 일부보험종목에 대한 허가를 받은 자가 보험종목을 추가할 경우에는 중복되지 아니하는 범위에서 보험종목 추가 허가 신청 시에 허가신청서에 각종의 서류를 첨부하여야 한다. 추가신청 시에 첨부하여야 하는 서류로서 업무시작 후 3년간의 사업계획서(추정재무제표 포함)와 보험종목별 사업방법서를 제출하여야 하고, 정관과 보험약관 및 보험료 및 책임준비금 산출방법서는 제출할 필요가 없다. 또한 최초 허가 신청 시에 첨부하여야 하는 전술한 (iv)의 서류 중 보험주식회사와 상호보험회사의 경우에는 발기인회의의 의사록, 임원 및 발기인의 이력서 및 경력증명서, 합작계약서(외국기업과 합작하여 보험업을 하려는 경우만 해당한다)를 제출하지 아니할 수 있으며, 외국보험회사의 경우에는 대한민국에서 외국보험회사를 대표하는 자의 대표권을 증명하는 서류, 영업기금의 납입을 증명하는 서류, 대표자의 이력서 및 경력증명서를 제출하지 아니할 수 있다(보험업법 제5조 및 시행령 제9조 제3항).

2. 허가의 요건

(1) 서설

보험업법에 의하면 허가를 받으려는 자는 주식회사, 상호회사, 외국보험회사이어야 한다. 이러한 자는 소정의 허가요건을 갖추어야 허가를 받을 수 있는데, 허가를 받으려는 자가 (i) 주식회사 및 상호회사, (ii) 외국보험회사, (vii) 보험종목을 추가하려는 경우 등에 따라 허가요건이 상이하므로 각각의 경우를 나누어 살펴보기로 한다.

보험업의 허가 요건과 관련하여 1995년 OECD 가입 시 폐지 약속에 따라 2000년

보험업법 개정 시 보험시장의 안정유지를 위하여 필요한 경우 보험업의 허가를 제한할 수 있었던 경제적 수요심사제도(economic need test)가 폐지되었고 2003년 보험업법 개정 시 허가요건과 허가요건유지의무 등을 나누어 규정하였다.

(2) 주식회사 및 상호회사

1) 개관

보험업의 허가를 받으려는 자가 주식회사이거나 상회회사인 경우에는 다음의 요건을 갖추어야 한다. 즉, (i) 일정한 자본금 및 기금을 보유할 것, (ii) 보험계약자를 보호할 수 있고, 경영하려는 보험업을 수행하기 위하여 필요한 전문 인력과 전산설비 등 물적 시설을 충분히 갖추고 있을 것, (iii) 사업계획이 타당하고 건전할 것, (iv) 대주주가 금융회사의 지배구조에 관한 법률(이하 '금융사지배구조법'이라 한다) 제5조 제1항 각호의 어느 하나에 해당하지 아니하고, 충분한 출자능력과 건전한 재무상태를 갖추고 있으며, 건전한 경제 질서를 해친 사실이 없을 것을 요구한다(보험업법 제6조 제1항). 이러한 허가요건 중 (i)에서 (iii)까지의 요건은 보험업의 허가를 신청한 자에 관한 요건이며 (iv)의 요건은 허가를 신청한 자의 투자자 내지는 소유자에 관한 요건이다. 그러나 모든 투자자에 대한 요건이 아니라 투자자 중에서 당해회사에 대한 지배력을 가진 대주주에 관하여 적용한다.

2) 자본금 또는 기금의 보유

가. 의의

자본금이란 기업의 소유자 또는 소유자라고 생각되는 자가 사업의 밑천으로 기업에 출자한 금액을 말한다. 상법에 의하면 회사 설립 시에 발행하는 주식에 관하여 주식의 종류와 수, 액면주식의 경우에 액면 이상의 주식을 발행할 때는 그 수와 금액, 무액면주식을 발행하는 경우에는 주식의 발행가액과 주식의 발행가액 중 자본금으로 계상하는 금액에 대한 사항은 정관으로 달리 정하지 아니하면 발기인 전원의 동의로 이를 정하도록 하고 있다(상법 제291조). 자본금은 발기설립의 경우 납입과 현물출자의 이행에 의하여 형성되고, 모집설립의 경우에는 발기인과 주식 인수인이 주식가액의 납입에 의하여 형성된다(상법 제305조). 보통 계속기업의 경우 자본은 자본금, 자본잉여금, 자본조정, 기타포괄손익누계액, 이익잉여금으로 구성된다.

한편 보험업의 허가를 받으려면 법정의 최저 자본금 또는 기금을 보유하여야 한다. 이와 같이 법정 최저 자본금 요건을 설정한 이유는 보험회사 설립 시에 초기 자본의 투입이 불가피할 뿐만 아니라 지속적이고 안정적인 경영유지를 위해서는 상당한 자금이 소요되므로 출자자는 충분한 자금을 초기에 투입할 필요가 있고, 나아가 납입된 자본금은 보험회사의 채권자인 보험계약자가 행사하는 보험금 청구권의 충족을 위한 책임재산으로서 의미를 가지고 있기 때문이다. 특히 이러한 자본금은 당해 보험회사가 부담하는 리스크에 대한 기본적인 완충장치(buffer) 역할을 한다. 따라서 최저 자본금 요건은 주요 리스크 요인의 성질과 규모 등에 따라 금융권역별, 금융회사 종류별로 달리 설정될 수 있다.

보험계약자 등 이해관계자의 이익을 보다 충실하게 보장하기 위해서는 자본금 요건을 강화하여야 할 것이나 보험회사의 진입을 용이하게 하여 보험시장의 자유경쟁을 촉진한다는 의미에서 보면 너무 과도하지 않은 적정한 자본금 요건이 설정되는 것이 바람직하다. 자칫 자본금 요건을 과도하게 높게 책정하는 것은 보험업의 진입장벽을 높게 하여 공급자 중심의 시장을 만들어 자율경쟁을 통한 경영효율화 노력을 저해하는 요소로 작용하고 혁신적인 금융기업의 진출을 제한하는 등 자유로운 경쟁을 저해할 우려가 있으므로 보험계약자 등 이해관계자의 보호와 보험시장의 자유와 공정한 경쟁질서의 형성 및 유도라는 측면을 고려하여 합리적인 기준에 따라 자본금 요건을 운용하여야 한다.

나. 연혁

그동안 자본금 또는 기금의 요건은 경제규모의 성장 등에 따라 증액되었다. 1962년 보험업법 제정 당시에는 "보험사업은 자본금 또는 기금의 총액 5억 환 이상의 주식회사 또는 상호회사로서 그 2분의 1 이상을 납입하지 않으면 이를 영위할 수 없다"라고 규정하고 있었다(제6조). 그 후 1977년 보험업법 개정 시에는 인보험은 2억 원, 손해보험은 3억 원을 자본금으로 납입하도록 하였고, 1988년에는 인보험업은 100억 원, 손해보험업은 300억 원으로 인상되었으며 1997년 보험업법 개정 시에는 인보험업이 손해보험업과 동일하게 300억 원으로 인상되었다. 2000년 보험업법 개정 시에는 일부보험종목만을 영위하는 보험회사에 대해서는 100억 원 이상의 범위 안에서 대통령령이 정하는 자본금 또는 기금을 납입할 수 있도록 허가 요건을 완화하였다. 2003년 보험업법 개정 시 일부보험종목만을 영위하는 보험회사에 대해서는 자본금 또는 기금을 50억 원 이상의 범위 안에서 대통령령으로 달리 정할 수 있도록 하고 통신판매전문회사의 경우 자본금 또는 기금을 별도로 정하였다.

다. 보험종목별 자본금 또는 기금의 규모

생명보험업 및 손해보험업에 해당하는 모든 보험종목을 영위하고자 하는 주식회사와 상호회사는 300억 원 이상의 자본금 또는 기금을 납입하여야 한다. 그러나 일부 보험종목만을 영위하고자 하는 다음과 같은 자본금 또는 기금을 보유하여야 한다(보험업법 제9조 제1항).

보험종목별 자본금 또는 기금(시행령 제12조) (단위: 억 원)

보험종목	금액	보험종목	금액
생명보험	200	책임보험	100
연금보험(퇴직보험)	200	기술보험	50
화재보험	100	부동산권리보험	50
해상보험(항공·운송보험)	150	상해보험	100
자동차보험	200	질병보험	100
보증보험	300	간병보험	100
재보험	300	기타 보험	50

라. 자본금 또는 기금 요건의 완화

모집수단 또는 모집상품의 종류·규모 등이 한정된 보험회사는 위 자본금 또는 기금의 요건에 대하여 완화된 요건의 적용을 받을 수 있다(보험업법 제9조 제2항). 이러한 자본금 또는 기금에 대하여 특칙의 적용을 받을 수 회사와 그 자본금 또는 기금의 요건은 다음과 같다.

전화·우편·컴퓨터통신 등 통신수단을 이용하여 판매하는 보험회사, 즉 통신판매전문보험회사의 경우에는 전술한 자본금 또는 기금의 3분의 2에 상당하는 금액을 납입하면 된다.

또한 모집할 수 있는 보험상품의 종류, 보험기간, 보험금의 상한액, 연간 총보험료 상한액 등 대통령령으로 정하는 기준을 충족하는 소액단기전문보험회사의 경우는 10억 원 이상의 범위에서 대통령령으로 정하는 금액을 납입하면 보험업을 시작할 수 있다(보험업법 제9조 제2항 제2호).

통신판매 전문보험회사라 함은 총 보험계약건수 및 수입보험료의 100분의 90 이상을 전화·우편·컴퓨터통신 등 통신수단을 이용하여 모집하는 보험회사를 말한다. 이러한 보험회사는 통신판매 방식으로 모집방식이 한정되어 있는 점을 고려하여 자본금이나 기금에 관한 요건을 다소 완화하여 운용하고 있다.

3) 인적·물적 설비의 구축

가. 의의

보험회사는 보험계약자의 보호가 가능하고 그 영위하고자 하는 보험업을 수행함에 충분한 전문 인력과 전산설비 등 물적 시설을 갖추고 있어야 한다(보험업법 제6조 제1항 제2호). 보험업을 영위하려면 필요한 전문 인력과 물적 기반시설이 마련되지 않으면 안 된다. 따라서 보험업법은 보험 업무에 정통한 전문 인력과 업무의 원활한 수행을 위한 물적 기반시설을 사전에 확보하도록 요구하고 있는 것이다.

인적·물적 기반의 확보 여부에 대한 판단기준은 금융권역별·회사종류별로 상이하나, 일반적으로 기존 금융회사들의 평균 수준과 해당 산업의 발전 정도를 감안하여 신축적으로 결정하게 된다. 다만 보험회사의 선임계리사 및 손해사정사 등과 같이 해당 금융업 영위를 위해 반드시 필요한 전문 인력에 대해서는 고용을 법규에서 강제하기도 한다.

나. 전문인력 및 물적 시설의 세부 요건(보험업법 제6조 제1항 제2호 및 시행령 제10조 제1항)

가) 전문인력

임원이 금융사지배구조법「금융회사의 지배구조에 관한 법률」제5조 제1항에 따른 임원의 결격사유에 해당되지 아니하여야 하며, 허가를 받으려는 보험업에 관한 전문성과 건전성을 갖춘 보험 전문 인력과 보험회사의 업무 수행을 위한 전산요원 등 필요한 인력을 갖출 것을 요구한다.

나) 물적 시설

허가를 받으려는 보험업을 경영하는 데 필요한 전산설비를 구축하고 사무실 등 공간을 충분히 확보할 것을 요구한다.

다. 업무의 외부위탁의 경우 특례

보험업의 허가에 필요한 인적·물적 시설요건은 허가를 신청한 자가 직접 구비할 것이 요청된다. 그러나 보험업의 허가를 받으려는 자가 (i) 손해사정업무, (ii) 보험계약 심사를 위한 조사업무, (iii) 보험금 지급심사를 위한 보험사고 조사업무, (iv) 전산설비의 개발·운영 및 유지·보수에 관한 업무, (v) 정보처리 업무를 외부에 위탁한 경우에는 그 위탁한 업무와 관련된 전문 인력과 물적 시설을 갖춘 것으로 본다(보험업법 제6조 제1항 제2호).

4) 사업계획의 타당성과 건전성 보유

가. 의의

보험업의 허가요건으로 허가 신청 시에 제출한 사업계획이 타당하고 건전하여야 한다(보험업법 제6조 제1항 제3호). 사업계획의 타당성 판단기준은 추정 재무제표와 수익 전망 등 계량적 분석과 함께 신설 보험회사의 계속 기업성(going-concern)에 대한 정성적 분석에 따라 해당 보험회사가 장기적인 경쟁력을 확보할 수 있는지 여부와 해당 권역 및 전체 금융업에 미치는 영향 등을 포괄적으로 판단하게 된다.

나. 세부요건

사업계획의 타당성 요건을 충족하기 위해서는 (i) 사업계획이 지속적인 영업을 수행하기에 적합하고 추정재무제표 및 수익 전망이 사업계획에 비추어 타당성이 있을 것, (ii) 사업계획을 추진하는 데 드는 자본 등 자금의 조달방법이 적절할 것, (iii) 사업방법서가 보험계약자를 보호하기에 적절한 내용일 것을 요한다(보험업법 제6조 제1항 제3호 및 시행령 제10조 제3항).

5) 대주주 요건

가. 대주주의 개념

주주는 주식회사의 사원을 지칭하는 말한다. 주식회사외의 다른 회사와 달리 출자를 하여 사원이 된다기보다는 자본금의 구성단위인 주식을 취득함으로써 사원이 된다. 주식의 취득이 주주자격의 전제가 되는 것이다.[16] 주식은 회사의 설립 시에 취득할 수 있고,

회사가 설립된 이후에 증자 등을 통하여 아니면 주식이 거래되는 시장에서 주식을 취득할 수 있다. 대주주란 주식의 보유량이 상당한 정도에 이르는 주주를 말하는데, 소수주주 내지 소액주주와 대립되는 개념도 들어 있다. 대주주의 독단적인 의사결정을 견제하기 하기 위하여 소수주주를 보호하기 위한 제도들이 마련되어 있다. 대주주는 주로 회사의 의사결정에 주도권을 가지고 있으므로 이들에 대한 규제 장치들을 다수 두고 있다.

보험업법에서도 회사설립 시에 대주주에 대한 요건을 정하고 있고, 회사와 대주주 간의 부정한 거래행위를 규제하는 등의 장치를 두고 있다. 보험업법에서는 종래 대주주에 관한 개념을 독자적으로 규정하고 있었으나 지배구주에 관한 규정이 금융사지배구조법으로 이관됨에 따라 대주주의 개념도 금융사지배구조법에서 그대로 차용하여 사용하고 있다.

대주주란 최대주주와 주요주주를 말한다(금융사지배구조법 제2조 제6호).

최대주주는 금융회사의 의결권 있는 발행주식(출자지분을 포함) 총수를 기준으로 본인 및 그와 대통령령으로 정하는 특수한 관계가 있는 자가 누구의 명의로 하든지 자기의 계산으로 소유하는 주식(그 주식과 관련된 증권예탁증권을 포함)을 합하여 그 수가 가장 많은 경우의 그 본인을 말한다.

주요주주는 누구의 명의로 하든지 자기의 계산으로 금융회사의 의결권 있는 발행주식 총수의 100분의 10 이상의 주식(그 주식과 관련된 증권예탁증권을 포함)을 소유한 자, 임원(업무집행책임자는 제외)의 임면(任免) 등의 방법으로 금융회사의 중요한 경영사항에 대하여 사실상의 영향력을 행사하는 주주로서 대통령령으로 정하는 자를 말한다.

보험회사의 대주주는 자연인 법인 등 권리능력이 있는 자이면 누구나 가능하다. 다만 일정한 결격사유에 해당하지 않아야 한다. 또한 보험회사의 경우 은행과 달리 소유주나 소유비율을 엄격하게 규제하고 있지 않다. 은행의 경우 1982년 시중은행의 민영화 과정에서 은행이 재벌기업이나 대기업 등 특정주주의 사금고로 전락되는 것을 방지하고자 금융자본과 산업자본의 분리라는 기조하에 동일이 은행주식을 보유할 수 있는 주식수를 제한하는 규제를 도입하였다. 현재 은행법에 의하면 동일인은 은행의 의결권 있는 발행주식 총수의 100분의 10을 초과하여 은행의 주식을 보유할 수 없는 것이 원칙이다. 다만 정부 또는 른 예금보험공사가 은행의 주식을 보유하는 경우와 지방은행의 의결권 있는

16 이철송, 『회사법강의』(제28판), 박영사, 2020, 313면.

발행주식 총수의 100분의 15 이내에서 보유하는 경우는 예외가 허용된다(은행법 제15조 제1항).

대주주 관련 요건은 보험업법과 금융사지배구조법에서 나눠어 규정하고 있으므로 두 법을 종합하여 요건 충족 여부를 판단할 필요가 있다. 금융사지배구조법은 대주주주의 결격요건을 규정하고 있고(동법 제5조 제1항), 보험업법은 충분한 출자능력과 건전한 재무상태요건 및 건전한 경제질서 준수요건을 규정하고 있다(동법 제6조 제1항 제4호 및 시행령 제10조 제4항).

보험업법은 대주주가 (i) 금융사지배구조법에서 정하고 있는 결격자가 아니어야 하고, (ii) 충분한 출자능력과 건전한 재무상태를 갖추고 있으며, (iii) 건전한 경제 질서를 해친 사실이 없을 것을 허가요건으로 요구한다(보험업법 제6조 제1항 제4호).

대주주는 보험기업의 경영을 좌우할 수 있는 인적 요소이기 때문에 위험 선호적 기업가가 보험회사를 지배하는 역 선택을 방지하고 보험회사가 사금고화 되는 것을 예방하는 한편 보험회사의 건전경영기반을 확보하기 위하여 보험회사 설립 시 대주주 및 경영진의 적합성 여부를 검증하고 있는 것이다.

나. 금융사지배구조법상 대주주 결격사유

대주주가 다음의 어느 하나에 경우에 해당하면 보험회사의 대주주가 될 수 없다(금융사지배구조법 제5조 제1항). 아래의 요건은 주로 대주주가 개인, 즉 사람임을 전제로 하는 것으로 대주주가 법인 등인 경우에는 적용상의 한계가 있다.

(i) 미성년자, 피성년후견인 또는 피한정후견인, (ii) 파산선고를 받고 복권(復權)되지 아니한 사람, (iii) 금고 이상의 실형을 선고받고 그 집행이 끝나거나 집행이 면제된 날부터 5년이 지나지 아니한 사람, (iv) 금고 이상의 형의 집행유예를 선고받고 그 유예기간 중에 있는 사람, (v) 금융사지배구조법 또는 금융관계법령에 따라 벌금 이상의 형을 선고받고 그 집행이 끝나거나 집행이 면제된 날부터 5년이 지나지 아니한 사람, (vi) 금융관계법령에 따른 영업의 허가·인가·등록 등의 취소, 적기 시정조치, 금융산업의 구조개선에 관한 법률(이하 '금산법'이라 한다) 제14조 제2항에 따른 행정처분을 받은 금융회사의 임직원 또는 임직원이었던 사람으로서 해당 조치가 있었던 날부터 5년이 지나지 아니한 사람, 다만 이 경우 그 조치를 받게 된 원인에 대하여 직접 또는 이에 상응하는 책임이 있는 사람으로서 대통령령으로 정하는 사람으로 한정한다. (vii) 금융사지배구조법 또는

금융관계법령에 따라 임직원 제재조치를 받은 사람으로서 조치의 종류별로 5년을 초과하지 아니하는 범위에서 대통령령으로 정하는 기간이 지나지 아니한 사람, (viii) 해당 금융회사의 공익성 및 건전경영과 신용질서를 해칠 우려가 있는 경우로서 대통령령으로 정하는 사람.

다. 충분한 출자능력과 건전한 재무상태를 구비, 건전한 경제 질서를 해친 사실이 없을 것

대주주가 충분한 출자능력과 건전한 재무상태를 갖추고 있는지, 건전한 경제 질서를 해친 사실이 있는지 여부는 무엇을 기준으로 볼 것인가, 어떠한 내용으로 그러한 요건을 갖춘 것으로 볼 수 있는가 하는 점이 문제된다.

보험회사의 영업의 지속성을 보장하고, 보험금 지급채무 등에 대하여 충분한 담보력을 확보하기 위해서는 보험회사의 대주주는 자산의 운용에 따른 위험을 회피할 수 능력을 갖추고, 위험에 따른 적시적인 대처를 위한 충분한 출자능력과 건전한 재무상태를 보유하여야 한다.

보험회사의 대주주가 되려면 건전한 경제 질서를 해친 사실이 없을 것을 요구하는데, 여기서 건전한 경제 질서란 경제에 관한 법질서와 채무 불이행 등 신용질서, 금융거래질서를 포함한다. 보험사업은 신용을 최우선시하는 사업이므로 경제 질서를 해한 사실이 있거나 금융질서를 문란한 적이 있는 경우에는 보험회사의 대주주로서의 자격을 갖게 하는 것은 배제하는 것이 타당하다.

요컨대 대주주가 충분한 출자능력과 건전한 재무상태를 구비하고 있는지 여부는 대주주의 법적 형태에 따라 다르게 요구하는데, 주로 자기자본의 규모, 재무건전성 기준, 부채비율, 출자금의 성격을 심사 대상으로 한다. 또한 건전한 경제 질서를 해친 사실이 있는지 여부는 금융관련법령, 공정거래법 및 조세범처벌법의 위반 여부, 채무 불이행 여부, 부실경영에 대한 책임이 있는 자인지 여부 등을 통하여 판단한다. 이하에서는 대주주의 법적 형태에 따라 대주주의 요건을 본다.

가) 금융기관

① 금융기관의 의의

금융기관은 금융위원회의 설치 등에 관한 법률 제38에 따라 금융감독원의 검사를 받는 기관을 말한다. 즉, 은행, 금융투자업자, 증권금융회사, 종합금융회사 및 명의개서대행회사(名義改書代行會社), 보험회사, 상호저축은행과 그 중앙회, 신용협동조합 및 그 중앙회, 여신전문금융회사 및 겸영여신업자(兼營與信業者), 농협은행, 수협은행, 다른 법령에서 금융감독원이 검사를 하도록 규정한 기관, 그 밖에 금융업 및 금융 관련 업무를 하는 자로서 대통령령으로 정하는 자를 말한다. 다만 경영참여형 사모집합투자기구는 제외된다.

② 요건

(i) 최근 사업연도 말 현재 대차대조표상 자산총액에서 부채총액을 뺀 금액이 출자하려는 금액의 3배 이상으로서 금융위원회가 정하여 고시하는 기준을 충족할 것, 대차대조표상 자기자본을 산정할 때는 최근 사업연도 말 이후 허가신청일까지의 자본금의 증감분을 포함하여 계산한다.

(ii) 해당 금융기관에 적용되는 재무건전성에 관한 기준으로서 금융위원회가 정하여 고시하는 기준을 충족할 것, 보험회사의 경우에는 최근 분기 말 현재 지급여력비율이 150% 이상이어야 한다.

(iii) 해당 금융기관이 공정거래법에 따른 상호출자 제한 기업집단 등에 속하거나 같은 법에 따른 기업집단으로서 금융위원회가 정하여 고시하는 주채무계열에 속하는 회사인 경우에는 해당 상호출자 제한 기업집단 등 또는 주채무계열의 부채비율이 100분의 300 이하로서 금융위원회가 정하여 고시하는 기준을 충족할 것, 이때 부채비율이란 최근 사업연도 말 현재 대차대조표상 부채총액을 대차대조표상 자기자본으로 나눈 비율을 말하며, 이 경우 금융기관은 부채비율 산정 대상에서 제외한다.

(iv) 출자금은 금융위원회가 정하여 고시하는 바에 따라 차입으로 조성된 자금이 아닐 것

(v) 다음의 요건을 충족할 것. 다만 그 위반 등의 정도가 경미하다고 인정되는 경우는 제외한다.

i) 최근 5년간 금융관련법령, 「독점규제 및 공정거래에 관한 법률」 및 「조세범 처벌법」을 위반하여 벌금형 이상에 상당하는 형사처벌을 받은 사실이 없을 것
ii) 최근 5년간 채무 불이행 등으로 건전한 신용질서를 해친 사실이 없을 것
iii) 「금융산업의 구조개선에 관한 법률」에 따라 부실금융기관으로 지정되거나 금융관련법령에 따라 허가·인가 또는 등록이 취소된 금융기관의 대주주 또는 그 특수관계인이 아닐 것. 다만 법원의 판결에 따라 부실책임이 없다고 인정된

자 또는 부실에 따른 경제적 책임을 부담하는 등 금융위원회가 정하여 고시하는 기준에 해당하는 자는 제외한다.

iv) 그 밖에 금융위원회가 정하여 고시하는 바에 따라 건전한 금융거래질서를 해친 사실이 없을 것

나) 내국법인

① 내국법인의 의의

금융기관을 제외한 내국법인을 말하며 여기서 내국법인이란 대한민국의 법령에 의하여 법인으로 인정되는 자를 말한다. 법인이란 자연인에 대비되는 개념으로 인격이 법에 의하여 부여된 권리능력의 주체를 말한다. 내국법인에는 그 성격에 따라 영리법인과 비영리법인으로 대별할 수 있는데, 보험회사의 대주주가 될 수 있는 법인의 경우 특별한 제한이 없으므로 영리법인과 비영리법인의 구분 없이 대주주가 될 수 있다. 다만 보험업이 당해 법인의 정관 등에서 정하고 있는 목적사업의 범위에 속하여야 함은 별개의 문제이다.

② 요건

(i) 최근 사업연도 말 현재 대차대조표상 자기자본이 출자하려는 금액의 3배 이상으로서 금융위원회가 정하여 고시하는 기준을 충족할 것

(ii) 최근 사업연도 말 현재 부채비율이 100분의 300 이하로서 금융위원회가 정하여 고시하는 기준을 충족할 것

(iii) 해당 법인이 상호출자 제한 기업집단 등에 속하거나 주채무계열에 속하는 회사인 경우에는 해당 상호출자 제한 기업집단 등 또는 주채무계열의 부채비율이 100분의 300 이하로서 금융위원회가 정하여 고시하는 기준을 충족할 것

(iv) 출자금은 금융위원회가 정하여 고시하는 바에 따라 차입으로 조성된 자금이 아닐 것

(v) 다음의 요건을 충족할 것. 다만 그 위반 등의 정도가 경미하다고 인정되는 경우는 제외한다.

i) 최근 5년간 금융관련법령, 「독점규제 및 공정거래에 관한 법률」 및 「조세범 처벌법」을 위반하여 벌금형 이상에 상당하는 형사처벌을 받은 사실이 없을 것

ii) 최근 5년간 채무 불이행 등으로 건전한 신용질서를 해친 사실이 없을 것

iii) 「금융산업의 구조개선에 관한 법률」에 따라 부실금융기관으로 지정되거나 금융관련법령에 따라 인허가 또는 등록이 취소된 금융기관의 대주주 또는 그 특수관계인이 아닐 것. 다만 법원의 판결에 따라 부실책임이 없다고 인정된 자 또는 부실에 따른 경제적 책임을 부담하는 등 금융위원회가 정하여 고시하는 기준에 해당하는 자는 제외한다.

iv) 그 밖에 금융위원회가 정하여 고시하는 바에 따라 건전한 금융거래질서를 해친 사실이 없을 것

다) 내국인으로 개인

① 내국개인의 의의

내국개인이란 함은 대한민국의 국민을 말한다. 대한민국에 거주하는 외국인 또는 외국국적 동포는 제외되나 외국에 거주하는 대한민국 국적의 동포는 당연히 포함된다.

② 요건

:: **해당개인이 다음의 어느 하나에 해당하지 않을 것을 요한다.**

(i) 미성년자, 피성년후견인 또는 피한정후견인, (ii) 파산선고를 받고 복권(復權)되지 아니한 사람, (iii) 금고 이상의 실형을 선고받고 그 집행이 끝나거나 집행이 면제된 날부터 5년이 지나지 아니한 사람, (iv) 금고 이상의 형의 집행유예를 선고받고 그 유예기간 중에 있는 사람, (v) 금융사지배구조법 또는 금융관계법령에 따라 벌금 이상의 형을 선고받고 그 집행이 끝나거나 집행이 면제된 날부터 5년이 지나지 아니한 사람, (vi) 금융관계법령에 따른 영업의 허가·인가·등록 등의 취소, 적기 시정조치, 금융산업의 구조개선에 관한 법률(이하 '금산법'이라 한다) 제14조 제2항에 따른 행정처분을 받은 금융회사의 임직원 또는 임직원이었던 사람으로서 해당 조치가 있었던 날부터 5년이 지나지 아니한 사람, 다만 이 경우 그 조치를 받게 된 원인에 대하여 직접 또는 이에 상응하는 책임이 있는 사람으로서 대통령령으로 정하는 사람으로 한정한다. (vii) 금융사 지배구조법 또는 금융관계법령에 따라 임직원 제재조치를 받은 사람으로서 조치의 종류별로 5년을 초과하지 아니하는 범위에서 대통령령으로 정하는 기간이 지나지 아니한 사람, (viii) 해당 금융회사의 공익성 및 건전경영과 신용질서를 해칠 우려가 있는 경우로서 대통령령으로 정하는 사람

:: **출자금은 금융위원회가 정하여 고시하는 바에 따라 차입으로 조성된 자금이 아닐 것**

:: **다음의 요건을 충족할 것. 다만 그 위반 등의 정도가 경미하다고 인정되는 경우는 제외**

(i) 최근 5년간 금융관련법령, 「독점규제 및 공정거래에 관한 법률」 및 「조세범 처벌법」을 위반하여 벌금형 이상에 상당하는 형사처벌을 받은 사실이 없을 것

(ii) 최근 5년간 채무 불이행 등으로 건전한 신용질서를 해친 사실이 없을 것

(iii) 「금융산업의 구조개선에 관한 법률」에 따라 부실금융기관으로 지정되거나 금융관련법령에 따라 허가·인가 또는 등록이 취소된 금융기관의 대주주 또는 그 특수관계인이 아닐 것. 다만 법원의 판결에 따라 부실책임이 없다고 인정된 자 또는 부실에 따른 경제적 책임을 부담하는 등 금융위원회가 정하여 고시하는 기준에 해당하는 자는 제외한다.

(iv) 그 밖에 금융위원회가 정하여 고시하는 바에 따라 건전한 금융거래질서를 해친 사실이 없을 것

라) 외국법인

① 외국법인의 의의

외국법인이란 내국법인에 대비되는 개념으로 외국법인과 내국법인의 구별은 주소지주의 설립준거법주의, 사원의 국적주의 등 다양한 기준이 제시될 수 있으나 여기서 외국법인은 외국의 법령에 의하여 설립된 외국법인을 의미한다. 따라서 그 주주의 국적 등은 불문한다.

대주주인 외국법인이 지주회사여서 대주주 요건의 전부 또는 일부를 그 지주회사에 적용하는 것이 곤란하거나 불합리한 경우에는 그 지주회사가 허가신청 시에 지정하는 회사(해당 지주회사의 경영을 사실상 지배하고 있는 회사 또는 해당 지주회사가 경영을 사실상 지배하고 있는 회사만 해당한다)가 대주주 요건을 전부 또는 일부를 충족하는 때 그 지주회사가 그 요건을 충족한 것으로 본다.

② 요건

(i) 허가신청일 현재 보험업을 경영하고 있을 것

(ii) 최근 사업연도 말 현재 대차대조표상 자기자본이 출자하려는 금액의 3배 이상으로서 금융위원회가 정하여 고시하는 기준을 충족할 것

(iii) 국제적으로 인정받는 신용평가기관으로부터 투자적격 이상의 신용평가등급을 받거나 해당 외국법인이 속한 국가의 감독기관이 정하는 재무건전성에 관한 기준을 충족하고 있는 사실이 확인될 것

(iv) 최근 3년간 금융업의 경영과 관련하여 해당 외국법인이 속한 국가의 감독기관으로부터 법인경고 이상에 상당하는 행정처분을 받거나 벌금형 이상에 상당하는 형사처벌을 받은 사실이 없을 것

(v) 다음의 요건을 충족할 것. 다만 그 위반 등의 정도가 경미하다고 인정되는 경우는 제외한다.

i) 최근 5년간 금융관련법령, 「독점규제 및 공정거래에 관한 법률」 및 「조세범 처벌법」을 위반하여 벌금형 이상에 상당하는 형사처벌을 받은 사실이 없을 것

ii) 최근 5년간 채무 불이행 등으로 건전한 신용질서를 해친 사실이 없을 것

iii) 「금융산업의 구조개선에 관한 법률」에 따라 부실금융기관으로 지정되거나 금융관련법령에 따라 허가·인가 또는 등록이 취소된 금융기관의 대주주 또는 그 특수관계인이 아닐 것. 다만 법원의 판결에 따라 부실책임이 없다고 인정된 자 또는 부실에 따른 경제적 책임을 부담하는 등 금융위원회가 정하여 고시하는 기준에 해당하는 자는 제외한다.

iv) 그 밖에 금융위원회가 정하여 고시하는 바에 따라 건전한 금융거래질서를 해친 사실이 없을 것

마) 경영 참여형 사모집합투자기구 또는 투자목적회사인 경우

① 의의

종래 보험업의 대주주는 실체적 모양을 갖춘 기업이나 개인이 대주주가 되는 것이 통상적이었다. 그러나 금융의 발달로 불특정 다수로부터 자금을 모아 주식·채권·부동산 등에 투자하여 그 수익을 나눠주는 집합투자기구 또는 투자회사가 생겨나고 이들에 의한 금융업의 소유가 가능하게 되면서 이들에 대한 대주주 요건이 마련되었다. 보험의 경우 2007년 10월 보고펀드가 동양생명을 인수한 것을 시발로 하여 2010년 10월 KDB칸사스밸류 펀드의 금호생명 인수, 자베즈펀드의 MG손해보험(주)의 인수 사례가 있다. 그러나 이러한 사모펀드(private equity fund)의 보험회사의 인수가 적정한 것인지에 관한 논란이 제기되었다.

집합투자기구란 집합투자를 수행하기 위한 기구로서 다음과 같은 종류로 나뉜다(자본시장법 제9조 제18항).

집합투자기구

명칭	개념
투자신탁	집합투자업자인 위탁자가 신탁업자에게 신탁한 재산을 신탁업자로 하여금 그 집합투자업자의 지시에 따라 투자·운용하게 하는 신탁 형태의 집합투자기구
투자회사	상법에 따른 주식회사 형태의 집합투자기구
투자유한회사	상법에 따른 유한회사 형태의 집합투자기구
투자합자회사	상법에 따른 유한회사 형태의 집합투자기구
투자유한책임회사	상법에 따른 유한책임회사 형태의 집합투자기구
투자합자조합	상법에 따른 합자조합 형태의 집합투자기구
투자익명조합	상법에 따른 익명조합 형태의 집합투자기구

사모집합투자기구란 집합투자증권을 사모로만 발행하는 집합투자기구로서 대통령령으로 정하는 투자자의 총수가 대통령령으로 정하는 수 이하인 것을 말하고, 경영참여형 사모집합투자기구와 전문투자형 사모집합투자기루로 구분한다(자본시장법 제9조 제19항).

경영 참여형 사모집합투자기구는 경영권 참여, 사업구조 또는 지배구조의 개선 등을 위하여 지분증권 등에 투자·운용하는 투자합자회사인 사모집합투자기구이다. 전문투자형 사모집합투자기구는 경영참여형 사모집합투자기구를 제외한 사모집합투자기구를 말한다.

투자목적회사란 다음의 요건을 모두 충족한 회사를 말한다(자본시장법 제249조의13).

(i) 상법에 따른 주식회사 또는 유한회사일 것, (ii) 자본시장법 제249조의12제1항의 투자를 목적으로 할 것, (iii) 그 주주 또는 사원이, i) 경영참여형 사모집합투자기구 또는 그 경영참여형 사모집합투자기구가 투자한 투자목적회사, ii) 투자목적회사가 투자하는 회사의 임원 또는 대주주, iii) 그 밖에 투자목적회사의 효율적 운영을 위하여 투자목적회사의 주주 또는 사원이 될 필요가 있는 자로서 대통령령으로 정하는 자 중의 어느 하나에 해당하여야 하고, i)에 해당하는 주주 또는 사원의 출자비율이 대통령령으로 정하는 비율 이상일 것을 요한다. (iv) 그 주주 또는 사원인 경영참여형 사모집합투자기구의 사원수와 경영참여형 사모집합투자기구가 아닌 주주 또는 사원의 수를 합산한 수가 49명 이내일 것

② 대주주 요건

보험회사의 대주주가 경영 참여형 사모집합투자기구인 경우 그 기구의 업무집행사원 또는 상당한 지분을 보유하고 있는 유한책임사원이나 당해 사모집합투자기구를 사실상 지배하고 있는 유한책임원사원이 누구냐에 따라 요건을 달리하고 있다. 또한 투자목적회사의 주주나 사원인 경영 참여형 사모집합투자기구의 업무집행사원으로서 그 투자목적회사의 자산운용업무를 수행하는 자가 누구냐에 따라 아래와 같이 요건을 달리 하고 있다.

즉, 경영참여형 사모집합투자기구의 업무집행사원과 그 출자지분이 100분의 30 이상인 유한책임사원(경영참여형 사모집합투자기구에 대하여 사실상의 영향력을 행사하고 있지 않다는 사실이 정관, 투자계약서, 확약서 등에 의하여 확인된 경우는 제외) 및 경영참여형 사모집합투자기구를 사실상 지배하고 있는 유한책임사원이 금융기관 등에 해당하거나 투자목적회사의 주주나 사원인 경영참여형 사모집합투자기구의 업무집행사원과 그 출자지분이 100분의 30 이상인 주주나 사원 및 투자목적회사를 사실상 지배하고 있는 주주나 사원이 금융기관 등에 해당하는 경우에는 다음과 같은 요건을 충족하여야 한다.

:: **금융기관**

(i) 해당 금융기관에 적용되는 재무건전성에 관한 기준으로서 금융위원회가 정하여 고시하는 기준을 충족할 것

(ii) 해당 금융기관이 공정거래법에 따른 상호출자 제한 기업집단 등에 속하거나 같은 법에 따른 기업집단으로서 금융위원회가 정하여 고시하는 주채무계열에 속하는 회사인 경우에는 해당 상호출자 제한 기업집단 등 또는 주채무계열의 부채비율이 100분의 300 이하로서 금융위원회가 정하여 고시하는 기준을 충족할 것, 이때 부채비율이란 최근 사업연도 말 현재 대차대조표상 부채총액을 대차대조표상 자기자본으로 나눈 비율을 말하며, 이 경우 금융기관은 부채비율 산정 대상에서 제외한다.

(iii) 다음의 요건을 충족할 것. 다만 그 위반 등의 정도가 경미하다고 인정되는 경우는 제외한다.

i) 최근 5년간 금융관련법령, 「독점규제 및 공정거래에 관한 법률」 및 「조세범 처벌법」을 위반하여 벌금형 이상에 상당하는 형사처벌을 받은 사실이 없을 것

ii) 최근 5년간 채무 불이행 등으로 건전한 신용질서를 해친 사실이 없을 것

iii) 「금융산업의 구조개선에 관한 법률」에 따라 부실금융기관으로 지정되거나 금융관련법령에 따라 허가·인가 또는 등록이 취소된 금융기관의 대주주 또는 그 특수관계인이 아닐 것. 다만 법원의 판결에 따라 부실책임이 없다고 인정된 자 또는 부실에 따른 경제적 책임을 부담하는 등 금융위원회가 정하여 고시하는 기준에 해당하는 자는 제외한다.

iv) 그 밖에 금융위원회가 정하여 고시하는 바에 따라 건전한 금융거래질서를 해친 사실이 없을 것

:: **내국법인**

(i) 최근 사업연도 말 현재 부채비율이 100분의 300 이하로서 금융위원회가 정하여 고시하는 기준을 충족할 것

(ii) 해당 법인이 상호출자 제한 기업집단 등에 속하거나 주채무계열에 속하는 회사인 경우에는 해당 상호출자 제한 기업집단 등 또는 주채무계열의 부채비율이 100분의 300 이하로서 금융위원회가 정하여 고시하는 기준을 충족할 것

(iii) 다음의 요건을 충족할 것. 다만 그 위반 등의 정도가 경미하다고 인정되는 경우는 제외한다.

i) 최근 5년간 금융관련법령, 「독점규제 및 공정거래에 관한 법률」 및 「조세범 처벌법」을 위반하여 벌금형 이상에 상당하는 형사처벌을 받은 사실이 없을 것

ii) 최근 5년간 채무 불이행 등으로 건전한 신용질서를 해친 사실이 없을 것

iii) 「금융산업의 구조개선에 관한 법률」에 따라 부실금융기관으로 지정되거나 금융관련법령에 따라 허가·인가 또는 등록이 취소된 금융기관의 대주주 또는 그 특수관계인이 아닐 것. 다만 법원의 판결에 따라 부실책임이 없다고 인정된 자 또는 부실에 따른 경제적 책임을 부담하는 등 금융위원회가 정하여 고시하는 기준에 해당하는 자는 제외한다.

iv) 그 밖에 금융위원회가 정하여 고시하는 바에 따라 건전한 금융거래질서를 해친 사실이 없을 것

:: **내국개인**

내국개인이란 전술 바와 같다. 해당 개인이 다음의 어느 하나에 해당하지 않을 것을 요한다.

(i) 미성년자, 피성년후견인 또는 피한정후견인, (ii) 파산선고를 받고 복권(復權)되지 아니한 사람, (iii) 금고 이상의 실형을 선고받고 그 집행이 끝나거나 집행이 면제된 날부터 5년이 지나지 아니한 사람, (iv) 금고 이상의 형의 집행유예를 선고받고 그 유예기간 중에 있는 사람, (v) 금융사지배구조법 또는 금융관계법령에 따라 벌금 이상의 형을 선고받고 그 집행이 끝나거나 집행이 면제된 날부터 5년이 지나지 아니한 사람, (vi) 금융관계법령에 따른 영업의 허가·인가·등록 등의 취소, 적기 시정조치, 금융산업의 구조개선에 관한 법률(이하 '금산법'이라 한다) 제14조 제2항에 따른 행정처분을 받은 금융회사의 임직원 또는 임직원이었던 사람으로서 해당 조치가 있었던 날부터 5년이 지나지 아니한 사람, 다만 이 경우 그 조치를 받게 된 원인에 대하여 직접 또는 이에 상응하는 책임이 있는 사람으로서 대통령령으로 정하는 사람으로 한정한다. (vii) 금융사 지배구조법 또는 금융관계법령에 따라 임직원 제재조치를 받은 사람으로서 조치의 종류별로 5년을 초과하지 아니하는 범위에서 대통령령으로 정하는 기간이 지나지 아니한 사람, (viii) 해당 금융회사의 공익성 및 건전경영과 신용질서를 해칠 우려가 있는 경우로서 대통령령으로 정하는 사람

또한 다음의 요건을 충족할 것을 요한다. 다만 그 위반 등의 정도가 경미하다고 인정되는 경우는 제외한다.

i) 최근 5년간 금융관련법령, 「독점규제 및 공정거래에 관한 법률」 및 「조세범 처벌법」을 위반하여 벌금형 이상에 상당하는 형사처벌을 받은 사실이 없을 것
ii) 최근 5년간 채무 불이행 등으로 건전한 신용질서를 해친 사실이 없을 것
iii) 「금융산업의 구조개선에 관한 법률」에 따라 부실금융기관으로 지정되거나 금융관련법령에 따라 허가·인가 또는 등록이 취소된 금융기관의 대주주 또는 그 특수관계인이 아닐 것. 다만 법원의 판결에 따라 부실책임이 없다고 인정된 자 또는 부실에 따른 경제적 책임을 부담하는 등 금융위원회가 정하여 고시하는 기준에 해당하는 자는 제외한다.
iv) 그 밖에 금융위원회가 정하여 고시하는 바에 따라 건전한 금융거래질서를 해친 사실이 없을 것

:: **외국법인**

(i) 최근 사업연도 말 현재 부채비율이 100분의 300 이하로서 금융위원회가 정하여 고시하는 기준을 충족할 것, 금융업을 경영하는 법인은 제외한다.

(ii) 국제적으로 인정받는 신용평가기관으로부터 투자적격 이상의 신용평가등급을 받거나 해당 외국법인이 속한 국가의 감독기관이 정하는 재무건전성에 관한 기준을 충족하고 있는 사실이 확인될 것

(iii) 최근 3년간 금융업의 경영과 관련하여 해당 외국법인이 속한 국가의 감독기관으로부터 법인경고 이상에 상당하는 행정처분을 받거나 벌금형 이상에 상당하는 형사처벌을 받은 사실이 없을 것

(iv) 다음의 요건을 충족할 것. 다만 그 위반 등의 정도가 경미하다고 인정되는 경우는 제외한다.

i) 최근 5년간 금융관련법령, 「독점규제 및 공정거래에 관한 법률」 및 「조세범 처벌법」을 위반하여 벌금형 이상에 상당하는 형사처벌을 받은 사실이 없을 것

ii) 최근 5년간 채무 불이행 등으로 건전한 신용질서를 해친 사실이 없을 것

iii) 「금융산업의 구조개선에 관한 법률」에 따라 부실금융기관으로 지정되거나 금융관련법령에 따라 허가·인가 또는 등록이 취소된 금융기관의 대주주 또는 그 특수관계인이 아닐 것. 다만 법원의 판결에 따라 부실책임이 없다고 인정된 자 또는 부실에 따른 경제적 책임을 부담하는 등 금융위원회가 정하여 고시하는 기준에 해당하는 자는 제외한다.

iv) 그 밖에 금융위원회가 정하여 고시하는 바에 따라 건전한 금융거래질서를 해친 사실이 없을 것

(3) 외국보험회사

1) 의의

외국보험회사는 일정한 요건을 갖추어 국내에서 보험업 영위를 위한 지점의 허가를 신청할 수 있다(보험업법 제6조 제2항). 외국보험회사가 국내 현지 법인 및 합작법인을 설립하여 보험업을 영위하고자 하는 경우에는 그 허가요건은 위에서 설명한 주식회사 및 상호회사의 허가요건과 동일하게 적용된다.

2) 허가 요건

(i) 30억 원 이상의 영업기금을 보유할 것

(ii) 국내에서 경영하려는 보험업과 같은 보험업을 외국 법령에 따라 경영하고 있을 것

(iii) 자산상황·재무건전성 및 영업건전성이 국내에서 보험업을 경영하기에 충분하고, 국제적으로 인정받고 있을 것

(iv) 보험회사는 보험계약자의 보호가 가능하고 그 영위하고자 하는 보험업을 수행함에 충분한 전문 인력과 전산설비 등 물적 시설을 갖출 것. 업무의 일부를 외부에 위탁하는 경우에는 그 위탁한 업무와 관련된 전문 인력과 물적 시설을 갖춘 것으로 본다.

(v) 사업계획이 타당하고 건전할 것

(4) 보험종목의 추가

1) 의의

보험업법이 종목별 허가주의를 취함에 따라 일부 보험종목에 대하여 이미 허가를 받아 보험업을 영위하는 회사가 중도에 허가를 받지 아니한 다른 보험종목을 추가하고자 하는 경우에는 보험종목 추가에 따른 허가를 별도로 받아야 한다(보험업법 제6조 제3항). 한편 생명보험업 또는 손해보험업에 해당하는 보험종목의 전부에 관하여 보험업의 허가를 받은 자는 경제 질서의 건전성을 해친 사실이 없으면 해당 생명보험업 또는 손해보험업의 종목으로 신설되는 보험종목에 대한 허가를 받은 것으로 본다는 규정을 두고 있다(보험업법 제4조 제4항).

따라서 이러한 경우에 해당하는 범위에서는 보험종목의 추가에 따른 별도의 허가절차는 필요가 없을 것이다. 현행 보험업법에서는 보험종목의 추가허가의 요건을 완화하여 운용하고 있으나 기존의 보험회사가 보험종목을 추가하여 영업 범위를 확장하기 위한 것이므로 허가요건을 대폭 간소화하는 방안을 강구하여야 한다.

2) 허가 요건

가. 원칙

보험종목을 추가하여 허가를 받으려는 보험회사는 (i) 최초 보험업 허가 시에 갖추어야 할 요건을 갖추어야 하고 나아가 대통령령으로 정하는 건전한 재무상태와 사회적

신용을 갖추어야 한다. 다만 허가 시에 대주주가 갖추어야 하는 요건은 완화된 요건을 적용한다(보험업법 제6조 제3항).

나. 대주주 요건에 대한 특칙

가) 대주주가 금융기관, 내국법인 및 개인인 경우

대주주가 아래의 요건을 충족하는지 여부만을 본다.

(i) 출자금은 금융위원회가 정하여 고시하는 바에 따라 차입으로 조성된 자금이 아닐 것

(ii) 최대주주가 최근 5년간 금융관련법령, 독점규제 및 공정거래에 관한 법률 및 조세범 처벌법을 위반하여 5억 원의 벌금형 이상에 상당하는 형사처벌을 받은 사실이 없을 것

(iii) 금융산업의 구조개선에 관한 법률에 따라 부실금융기관으로 지정되거나 금융관련법령에 따라 허가·인가 또는 등록이 취소된 금융기관의 대주주 또는 그 특수관계인이 아닐 것. 다만 법원의 판결에 따라 부실책임이 없다고 인정된 자 또는 부실에 따른 경제적 책임을 부담하는 등 금융위원회가 정하여 고시하는 기준에 해당하는 자는 제외한다.

나) 대주주가 외국법인 또는 경영참여형 사모집합투자기구 또는 투자목적회사인 경우 대주주의 심사 대상이 외국법인 경우

① 심사 대상

대주주가 외국법인의 경우에는 외국법인 자체를 대상으로 요건 구비 여부를 심사한다. 경영참여형 사모집합투자기구의 경우에는 업무집행사원과 출자지분이 100분의 30 이상인 유한책임사원 및 경영참여형 사모집합투자기구를 사실상 지배하고 있는 유한책임사원을 대상으로 요건심사를 한다. 그러나 출자지분이 100분의 30 이상인 유한책임사원이라고 하더라도 경영참여형 사모집합투자기구에 대하여 사실상의 영향력을 행사하고 있지 않다는 사실이 정관, 투자계약서, 확약서 등에 의하여 확인된 경우는 제외한다. 투자목적회사인 경우에는 주주나 투자목적회사를 사실상 지배하고 있는 주주를 대상으로 대주주 요건의 충족 여부를 심사한다. 이러한 경영참여형 사모집합투자기구 또는 투자목적회사의 심사 대상자에 대해서는 아래와 같은 요건을 심사한다.

② 심사 항목

(i) 최대주주가 최근 5년간 금융관련법령, 독점규제 및 공정거래에 관한 법률 및 조세

범 처벌법을 위반하여 벌금형 이상에 상당하는 형사처벌을 받은 사실이 없을 것

(ii) 금융산업의 구조개선에 관한 법률에 따라 부실금융기관으로 지정되거나 금융관련 법령에 따라 허가·인가 또는 등록이 취소된 금융기관의 대주주 또는 그 특수관계인이 아닐 것. 다만 법원의 판결에 따라 부실책임이 없다고 인정된 자 또는 부실에 따른 경제적 책임을 부담하는 등 금융위원회가 정하여 고시하는 기준에 해당하는 자는 제외한다.

(iii) 최대주주가 최근 3년간 금융업의 경영과 관련하여 해당 외국법인이 속한 국가의 사법기관으로부터 5억 원의 벌금형 이상에 상당하는 형사처벌을 받은 사실이 없을 것

다) 경영참여형 사모집합투자기구 또는 투자목적회사인 경우

① 심사 대상

경영참여형 사모집합투자기구 또는 투자목적회사인 경우 대주주의 심사 대상이 외국법인이 아닌 금융기관, 내국법인 및 개인인 경우 심사 항목은 다음과 같다.

② 심사 항목

(i) 최대주주가 최근 5년간 금융관련법령, 독점규제 및 공정거래에 관한 법률 및 조세범 처벌법을 위반하여 5억 원의 벌금형 이상에 상당하는 형사처벌을 받은 사실이 없을 것

(ii) 금융산업의 구조개선에 관한 법률에 따라 부실금융기관으로 지정되거나 금융관련 법령에 따라 허가·인가 또는 등록이 취소된 금융기관의 대주주 또는 그 특수관계인이 아닐 것. 다만 법원의 판결에 따라 부실책임이 없다고 인정된 자 또는 부실에 따른 경제적 책임을 부담하는 등 금융위원회가 정하여 고시하는 기준에 해당하는 자는 제외한다.

다. 대통령령으로 정하는 건전한 재무상태와 사회적 신용을 갖출 것

가) 대통령령으로 정하는 건전한 재무상태

보험회사의 보험금 지급능력과 경영건전성을 확보하기 위한 것으로서 금융위원회가 정하여 고시하는 재무건전성 기준을 충족할 수 있는 상태를 말한다.

① 사회적 신용

사회적 신용 여부는 주로 다음과 같은 법규 준수 상태를 기준으로 판단하고, 법규 위반의 정도가 경미하다고 인정되는 경우는 제외한다(보험업법 제6조 제3항 제2호 및

시행령 제10조 제6항 제2호).

(i) 최근 3년간 금융사지배구조법 시행령 제5조에 따른 법령(이하 '금융관련법령'이라 한다), 독점규제 및 공정거래에 관한 법률 및 조세범 처벌법을 위반하여 벌금형 이상에 상당하는 형사처벌을 받은 사실이 없을 것

(ii) 최근 3년간 채무 불이행 등으로 건전한 신용질서를 해친 사실이 없을 것

(iii) 금융산업의 구조개선에 관한 법률에 따라 부실금융기관으로 지정되거나 금융관련법령에 따라 허가·인가 또는 등록이 취소된 자가 아닐 것. 다만 법원의 판결에 따라 부실책임이 없다고 인정된 자 또는 부실에 따른 경제적 책임을 부담하는 등 금융위원회가 정하여 고시하는 기준에 해당하는 자는 제외한다.

(iv) 금융회사의 지배구조에 관한 법률 제2조 제7호에 따른 금융관계법령에 따라 금융위원회, 외국 금융감독기관 등으로부터 지점이나 그 밖의 영업소의 폐쇄 또는 그 업무의 전부나 일부의 정지 이상의 조치를 받은 후 다음 구분에 따른 기간이 지났을 것

i) 업무의 전부 정지: 업무정지가 끝난 날부터 3년

ii) 업무의 일부 정지: 업무정지가 끝난 날부터 2년

iii) 지점이나 그 밖의 영업소의 폐쇄 또는 그 업무의 전부나 일부의 정지: 해당 조치를 받은 날부터 1년

(5) 유지요건

1) 의의

보험회사의 허가요건은 허가를 받을 당시에 갖추어야 할 요건이다. 따라서 보험사업의 영위과정에서도 이러한 허가 요건을 계속 충족하여야 하는지 여부가 문제된다.

유지요건이란 보험회사가 설립된 이후에도 보험업을 영위하기 위하여 계속하여 유지하여야만 하는 요건을 말한다. 유지요건을 부여한 이유는 설립 시에 적법한 허가요건을 갖춘 보험회사가 회사 계속 중에 허가 요건을 결하게 될 정도의 문제를 야기하는 경우에는 애초에 허가를 받을 수 있는 결격사유를 갖게 되는 것이므로 허가 이후에도 허가요건 사항을 준수하도록 할 필요가 있다. 그렇다면 어떠한 내용이 유지요건에 해당하는가? 보험업법은 이에 관하여 허가요건 중 인적·물적 요건에 대하여 유지요건으로 명시하고 있다(보험업법 제6조 제4항).

2) 유지요건

보험회사가 허가를 받은 이후에도 지속적으로 유지하여야 할 요건으로는 인적·물적 요건이다. 즉, 보험회사는 허가 시에 보험계약자를 보호할 수 있고, 경영하려는 보험업을 수행하기 위하여 필요한 전문인력과 전산설비 등 물적 시설을 충분히 갖추고 있을 것을 요구하는데, 이러한 요건은 허가를 받은 이후에도 계속 유지하여야 할 요건에 해당한다. 보험회사가 보험업 허가를 받은 이후 전산설비의 성능 향상이나 보안체계의 강화 등을 위하여 그 일부를 변경하는 경우에는 물적 시설을 유지한 것으로 본다.

그러나 보험회사의 경영건전성을 확보하고 보험가입자 등의 이익을 보호하기 위하여 대통령령으로 정하는 경우로서 금융위원회의 승인을 받은 경우에는 유지요건이 적용되지 않는다. 여기서 대통령령이 정하는 경우란 보험계약자의 이익 보호에 지장을 주지 아니하고 해당 보험회사의 경영효율성 향상 등을 위하여 불가피한 경우로서 다음의 요건을 모두 충족하는 경우를 말한다. (i) 개인정보 보호에 차질이 없을 것, (ii) 보험서비스 제공의 지연 등으로 인한 민원 발생의 우려가 없을 것, (iii) 보험계약과 관련한 신뢰성 있는 보험통계를 제때 산출할 수 있을 것, (iv) 해당 보험회사에 대한 감독·검사 업무의 수행에 지장을 주지 아니할 것.

(6) 보험업의 허가의 효과

허가에 의하여 일반적 금지가 해제됨으로써 허가를 받은 자는 적법하게 허가된 행위를 할 수 있다. 허가의 효과는 일반적 금지를 해제하여 본래의 자유를 회복하여주는 행위라고 보는 것이 통설이다. 통설에 의하면 허가는 자연적 자유의 회복에 그치고 권리나 능력의 설정행위는 아닌 것이기 때문에 허가의 결과 일정한 독점적 이익을 받더라도 그 것은 반사적 이익에 그치는 것으로 파악하게 될 것이다.[17] 그러나 관계법규의 취지가 적어도 개인의 이익도 보호하려는 것인 때는 법률상 이익이 될 수도 있다.[18] 허가를 받지 않고 행한 행위는 행정상 강제집행이나 처벌의 대상은 되지만 행위자체의 법률적 효력은 영향을 받지 않는 것이 원칙이다. 그러나 예외적으로 무허가 행위에 대하여 처벌 외에도 그 행위의 효력을 무효로 규정하고 있는 경우도 있다[19]. 보험업을 허가 없이

17 김동희, 『행정법 I』(제22판), 박영사, 2016, 291면.
18 박윤흔, 『행정법강의(상)』, 박영사, 1999, 350면.

행한 경우의 허가 없이 행한 자의 사법적 효과는 유효한 것으로 볼 수 있다. 그러나 보험업을 허가 없이 영위한 자에 대해서는 5년 이하의 징역 또는 3천만 원 이하의 벌금이 처해질 수 있다(보험업법 제200조 제1호).

(7) 허가 신청 후 허가 전에 법령의 개정과 허가기준

일반적으로 허가를 신청하면 허가 처분까지는 일정한 처리기간이 소요된다. 그런데 허가신청 후 법령이 개정된 경우에 허가 신청 시의 법령을 기준으로 처분을 할 것인지 아니면 개정된 법령에 의하여 처분을 할 것인지 여부가 문제될 수 있다. 이러한 논의는 경과규정을 명확하게 규정하지 아니한 경우에 문제가 된다. 원칙상 행정행위는 처분 당시에 시행 중인 법령과 허가기준에 의하여 하는 것이 원칙이고 인허가 신청 후 처분 전에 관계 법령이 개정 시행된 경우 신 법령 부칙에 그 시행 전에 이미 허가 신청이 있는 때는 종전의 규정에 의한다는 취지의 경과규정을 두지 아니한 이상 당연히 허가 신청 당시의 법령에 의하여 허가 여부를 판단하여야 하는 것은 아니며, 소관 행정청이 허가 신청을 수리하고도 정당한 이유 없이 처리를 늦추어 그 사이에 법령 및 허가기준이 변경된 것이 아닌 한 변경된 법령 및 허가기준에 따라서 한 불허가처분은 적법하다는 태도를 취하고 있다.[20]

제3절 보험업의 예비허가

1. 서설

보험업은 진입규제로서 허가제도를 취하고 있는데, 보험업의 허가에 있어서는 예비허가와 본허가로 나누어 단계별로 운용하고 있다.

이때 본허가를 위해서 예비허가 절차를 반드시 거쳐야 하는 것이 문제될 수 있는데, 예비허가는 임의적 절차로서 곧바로 본허가를 신청할 수 있다고 보아야 할 것이다.

19 「민법」 제42조 제2항 및 「국토의 계획 및 이용에 관한 법률」 제118조 제6항.

20 대법원 1998. 3. 27. 선고 96누19772 판결.

2. 예비허가의 의의

예비허가란 허가사항에 대한 사전 심사 또는 확실한 실행을 위해 본허가 전에 예비적으로 행하여지는 행정청의 의사표시를 말하는데, 종래 보험업감독규정에서 운용되고 있던 예비허가제도를 2003년 개정법에서 보험업법상의 제도로 도입하였다. 이에 따라 보험업의 영위를 위해 본허가를 신청하고자 하는 자는 일정한 요건을 갖추어 예비허가를 신청할 수 있다(보험업법 제7조). 예비허가의 신청에 따라 행정청은 예비허가 여부를 심사하고 허가 여부를 통보한다. 예비허가제도를 도입한 취지는 허가신청자가 본허가를 받기 위한 요건을 갖추기 위해서 초기에 많은 인적·물적 투자가 이루어져야 하는바, 만약 본허가를 받지 못할 경우 허가신청자의 경제적 손실이 우려되므로 사회적 비용을 최소화하고 보험회사의 설립에 소요되는 기간을 단축시키는 등 보험회사 설립의 편의를 위한 것이다.

초기 비용 투자가 막대하게 소요되며 모든 허가요건을 충족하고, 금융위원회의 허가처분이 있어야 비로소 영업이 가능한바, 보험업법은 이러한 점을 고려하여 보험업의 허가에 있어 예비허가와 본허가로 구분하여 운용하고 있다.

3. 예비허가의 요건

예비허가를 받으려는 자는 본허가의 요건을 갖추고, 사업의 계획 및 실행방법이 법령에 위반되지 아니할 것을 요한다. 다만 자본금·기금 또는 영업기금과 인력, 물적 시설에 대해서는 그 이행계획이 타당할 것을 요건으로 한다(규칙 제10조 제1항).

이와 같이 예비허가는 본허가 요건과 달리 금전적 지출 등이 요구되는 사항에 대해서는 그 이행계획의 타당성만을 심사한다.

4. 예비허가 절차

(1) 예비허가 신청

예비허가를 신청하고자 하는 자는 금융위원회에 미리 예비허가 신청을 할 수 있다(보험업법 제7조 제1항). 이때 예비허가 신청서 및 본허가 시에 제출하여야 할 서류를 첨부하여 함께 제출하여야 한다(규칙 제9조 제1항).

(2) 예비허가 신청 사실의 공고

금융위원회는 예비허가의 신청을 받은 경우에는 이해관계인의 의견 수렴을 위하여 신청 취지, 신청인, 신청일, 신청 보험종목의 범위 등 주요 신청내용, 의견 제시 방법 및 기간에 관한 사항을 인터넷 등을 이용하여 일반인에게 알려야 한다(규칙 제9조 제2항).

또한 금융위원회는 금융시장에 중대한 영향을 미칠 우려가 있다고 판단되는 등 예비허가의 심사를 위하여 필요하다고 인정되는 경우에는 공고와는 별도로 예비허가의 신청에 대하여 이해관계인의 의견을 요청하거나 공청회를 개최할 수 있다(규칙 제9조 제3항).

금융위원회는 접수된 이해관계인의 의견 중 신청인에게 불리한 의견이 있는 경우에는 그 내용을 신청인에게 통보하고 기한을 정하여 소명하게 할 수 있다(규칙 제9조 제4항).

(3) 예비허가의 심사

금융위원회는 예비허가를 받으려는 자가 요건을 갖추고 있는지를 평가하기 위하여 평가위원회를 구성·운영할 수 있으며, 신청내용의 확인, 발기인 및 경영진과의 면담 등을 위하여 실지조사를 실시할 수 있다(규칙 제10조 제2항).

(4) 예비허가의 통지

예비허가 신청을 받은 금융위원회는 2개월 이내에 심사하여 예비허가 여부를 통지하여야 한다. 이때 예비허가 신청에 대한 심사결과 예비허가를 거부하기로 결정한 때는 그 사실 및 거부사유를 신청인에게 서면으로 통보하여야 한다(규칙 제10조 제3항).

예비허가는 총리령으로 정하는 바에 따라 그 기간을 연장할 수 있다(보험업법 제7조 제2항). 통지 기간의 연장은 다음의 사유가 있는 경우에 한 차례만 3개월의 범위에서 연장할 수 있다(규칙 제9조 제5항).

(i) 예비허가의 신청서 및 첨부서류에 적힌 사항 중 내용이 불명확하여 사실 확인 및 자료의 보완이 필요한 경우

(ii) 이해관계인 등의 이해 조정을 위하여 공청회 개최 또는 신청인의 소명이 필요한 경우

(iii) 그 밖에 금융시장 안정 및 보험계약자 보호를 위하여 금융위원회가 필요하다고 인정하는 경우

5. 예비허가의 효과

예비허가를 받은 자는 예비허가를 받은 날부터 6개월 이내에 예비허가의 내용 및 조건을 이행한 후 본허가를 신청하여야 한다. 다만 금융위원회의 예비허가 당시 본허가 신청기한을 따로 정하였거나 예비허가 후 본허가 신청기한의 연장에 대하여 금융위원회의 승인을 받은 경우에는 그 기간을 달리 정할 수 있다(규칙 제9조 제6항).

만약 예비허가를 받은 자가 위 기간 내에도 본허가를 신청하지 않는 경우에는 어떻게 되고, 예비허가 절차를 반드시 거쳐야 본허가를 받을 수 있는가 하는 점이 문제된다. 만약 예비허가를 받은 자가 본허가 신청기간 내에 본허가의 조건을 충족하지 못하여 신청하지 못한 경우에는 예비허가 상태로 남게 되고, 위 신청기간이 경과된 다음 본허가 조건을 갖추어 허가를 신청한 경우에도 다시 절차를 새롭게 진행되어야 한다고 본다. 기간적격을 상실한 제재로서의 의미와 허가조건의 유동성 등을 고려하여야 하기 때문이다. 처음부터 예비허가를 신청하지 않고 본허가를 신청한 경우에는 곧바로 본허가 절차로 들어가 허가 여부를 심사할 수 있다고 보아야 할 것이다 예비허가를 본허가의 조건으로 하지 않는 법문의 규정상 이렇게 해석하는 것이 타당할 것이다.

제4절 보험업에 대한 허가의 취소

1. 의의

허가의 취소는 허가를 득한 보험회사가 처음부터 허가를 받을 수 없는 사유가 존재하거나 허가 이후 중대한 법규 위반 등으로 더 이상 보험업의 영위를 허용하지 않음이 타당한 경우 등 일정한 취소사유가 있는 경우에 보험업의 허가를 취소하는 처분을 말한다. 보험업의 허가취소의 효과는 장래에 향하여 효력이 발생하고 기왕에 이루어진 보험회사의 행위에 대해서는 영향을 미치지 않는다.

2. 허가취소 사유

(i) 거짓이나 그 밖의 부정한 방법으로 보험업의 허가를 받은 경우, (ii) 허가의 내용

또는 조건을 위반한 경우, (iii) 영업의 정지기간 중에 영업을 한 경우, (iv) 위반행위에 대한 시정명령을 이행하지 아니한 경우, (v) 「금융회사의 지배구조에 관한 법률」 별표 각호의 어느 하나에 해당하는 경우(영업의 전부정지를 명하는 경우로 한정한다), (vi) 「금융소비자 보호에 관한 법률」 제51조 제1항 제4호 또는 제5호에 해당하는 경우, (vii) 「금융소비자 보호에 관한 법률」 제51조 제2항 각호 외의 부분 본문 중 대통령령으로 정하는 경우(영업 전부의 정지를 명하는 경우로 한정한다)에는 보험업의 허가를 취소할 수 있다(보험업법 제134조 제2항).

위 규정에 의하면 허가의 취소 사유가 위반 행위의 내용 및 비난 가능성에 비추어 허가취소 사유에 해당되지 않을 가능성이 높은 사항이 모두 포함되어 있어 과잉입법이라는 평가를 받을 수 있으므로 향후 법 개정 시 허가취소 사유를 엄격하게 제한하는 방향으로 개선할 필요가 있다.

3. 허가의 취소 절차

보험업에 대한 허가의 취소는 금융위원회가 행하는 구체적 사실에 관한 법집행으로서의 공권력의 행사에 해당하는 처분으로서 이에 관한 절차는 보험업법에 달리 특별히 정한 경우를 제외하고는 행정절차법의 적용을 받는다(행정절차법 제3조). 행정절차법에 의한 처분절차의 기본요소는 행정청이 처분하고자 하는 원인이 되는 사실을 미리 당사자 및 이해관계인에게 문서나 구술로 알리는 사전통지 행위, 당사자나 이해관계인의 의견수렴과 사실행위 및 증거조사의 과정인 의견청취,[21] 처분 등 각종 행정작용의 이유 및 법적 근거를 명시하는 이유제시로 구성되어 있다.

(1) 처분의 사전통지

금융위원회는 보험업의 허가의 취소처분을 하는 경우에는 미리 해당 보험회사에 통지하여야 한다.[22] 처분의 사전통지는 청문을 실시할 경우에는 청문실시통지와 동시에 한다.

21 행정절차법상의 의견청취의 유형으로 의견제출, 청문, 공청회 등 3가지 유형이 있다.

22 **제21조(처분의 사전 통지)** ① 행정청은 당사자에게 의무를 부과하거나 권익을 제한하는 처분을 하는 경우에는 미리 다음 각호의 사항을 당사자등에게 통지하여야 한다.
1. 처분의 제목
2. 당사자의 성명 또는 명칭과 주소

(2) 청문실시

금융위원회는 보험업의 허가의 취소를 하고자 하는 때는 청문을 실시하여야 한다(보험업법 제134조).

1) 의의

청문이라 함은 행정청이 어떠한 처분을 하기에 앞서 당사자등의 의견을 직접 듣고 증거를 조사하는 절차를 말한다(행정절차법 제2조 제5호). 청문절차는 국민의 자유·권리를 제한·침해하는 행정처분을 발하기 전에 행정청이나 관계인의 주장·증거에 대하여 처분의 상대방이나 대립하는 이해관계인으로 하여금 자기에게 유리한 주장·증거를 제출하여 반박할 수 있는 기회를 부여함을 목적으로 하는 절차이다.

2) 유형 및 적용 범위

청문의 유형으로는 약식청문과 정식청문으로 나뉜다. 전자는 일정한 방식을 따르지 않고 당해 예정된 처분에 대한 의견이나 참고자료를 제출하는 것으로서 행정절차법 제27조의 의견 제출이 이에 해당한다. 후자는 청문주재자가 있어서 가능한 범위 내에서 대심구조를 형성하여 이루어지는 청문이며, 청문주재자가 당사자에 대한 청문의 결과를 최종적으로 조서의 형식으로 행정기관에 제출하고 행정기관은 이를 참작하여 행정결정을 내리게 된다. 청문은 다른 법령 등에서 청문을 실시하도록 규정하고 있거나 행정청이 필요하다고 인정하는 경우에 한하여 실시한다(행정절차법 제22조 제1항).

3) 청문의 진행절차

행정절차법이 정하고 있는 청문절차는 대체로 다음과 같다.

3. 처분하려는 원인이 되는 사실과 처분의 내용 및 법적 근거
4. 제3호에 대하여 의견을 제출할 수 있다는 뜻과 의견을 제출하지 아니하는 경우의 처리방법
5. 의견제출기관의 명칭과 주소
6. 의견제출기한
7. 그 밖에 필요한 사항

가. 청문주재자의 선정

청문은 행정청이 소속직원 또는 대통령령으로 정하는 자격을 가진 자 중에서 선정하는 자가 주재한다. 청문주재자는 독립하여 직무를 수행하고, 그 직무수행상의 이유로 신분상의 불이익을 받지 않는다. 행정절차법은 청문주재자의 공정성을 확보하기 위하여 청문주재자가 될 수 없는 요건을 정하고 당사자의 신청에 따라 청문주재자를 기피하거나 청문주재자가 공정한 청문진행이 어려울 것을 꺼려하여 청문의 주재를 회피함에 관한 규정을 두고 있다(행정절차법 제29조).[23]

나. 청문절차의 개시

행정청이 불이익처분과 관련하여 청문절차를 실시하고자 하는 경우에는 의견제출 절차의 경우에 있어서와 동일한 내용의 처분의 사전통지를 청문이 시작되기 10일 전에 당사자 등에 통지하여야 한다(행정절차법 제21조 제2항). 이 경우 송달은 우편, 교부 또는 정보통신망 이용 등의 방법으로 하되, 송달받을 자의 주소·거소·영업소·사무소 또는 전자우편주소로 한다. 다만 송달받을 자가 동의하는 경우에는 그를 만나는 장소에서 송달할 수 있다(행정절차법 제14조 제1항).

교부에 의한 송달은 수령확인서를 받고 문서를 교부함으로써 하며, 송달하는 장소에서 송달받을 자를 만나지 못한 경우에는 그 사무원·피용자 또는 동거인으로서 사리를 분별할 지능이 있는 사람에게 문서를 교부할 수 있다. 다만 문서를 송달받을 자 또는 그 사무원 등이 정당한 사유 없이 송달받기를 거부하는 때는 그 사실을 수령확인서에 적고, 문서를 송달할 장소에 놓아둘 수 있다(행정절차법 제14조 제2항).

정보통신망을 이용한 송달은 송달받을 자가 동의하는 경우에만 한다. 이 경우 송달받을 자는 송달받을 전자우편주소 등을 지정하여야 한다(행정절차법 제14조 제3항).

우편·교부 등의 방법에 의하되, 송달받을 자의 주소·거소·영업소 또는 사무소로 한다. 다만 대표자 또는 대리인에 대한 송달은 그의 주소 등으로 할 수 있다. 행정청은 신속을 요하는 등 필요하다고 인정하는 경우에는 전신·모사전송 또는 전화에 의한 방법으로 송달할 수 있다. 교부에 의한 송달은 송달받을 자로부터 수령확인서를 받고 문서를 교부함으로써 행한다. 송달받을 자의 주소 등을 통상의 방법으로 확인할 수 없거나 송달

23 오준근, 『행정절차법』, 삼지원, 1998, 390면.

이 불가능한 경우에는 송달받을 자가 알기 쉽도록 게시판·관보·공보 또는 일간신문 등에 공고하여야 한다. 행정청은 송달하는 문서의 명칭, 송달받는 자의 성명 또는 명칭, 발송방법 및 발송연월일을 확인할 수 있는 기록을 보존하여야 한다. 컴퓨터 등 새로운 정보통신기술을 응용한 송달의 방법에 관해서는 필요한 경우 대통령령으로 정한다(행정절차법 제14조).

송달받을 자의 주소 등을 통상적인 방법으로 확인할 수 없는 경우 또는 송달이 불가능한 경우에는 송달받을 자가 알기 쉽도록 관보, 공보, 게시판, 일간신문 중 하나 이상에 공고하고 인터넷에도 공고하여야 한다(행정절차법 제14조 제4항).

행정청은 송달하는 문서의 명칭, 송달받는 자의 성명 또는 명칭, 발송방법 및 발송연월일을 확인할 수 있는 기록을 보존하여야 한다(행정절차법 제14조 제5항).

다. 문서의 열람

당사자 등은 청문의 통지가 있는 날부터 청문이 끝날 때까지 행정청에 해당 사안의 조사 결과에 관한 문서와 그 밖에 해당 처분과 관련되는 문서의 열람 또는 복사를 요청할 수 있다. 이 경우 행정청은 다른 법령에 따라 공개가 제한되는 경우를 제외하고는 그 요청을 거부할 수 없다(행정절차법 제37조 제1항).

라. 청문의 공개 여부

청문은 당사자가 공개를 신청하거나 청문 주재자가 필요하다고 인정하는 경우 공개할 수 있다. 다만 공익 또는 제3자의 정당한 이익을 현저히 해칠 우려가 있는 경우에는 공개하여서는 아니 된다(행정절차법 제30조).

4) 청문의 진행

청문은 청문 주재자가 청문을 시작할 때는 먼저 예정된 처분의 내용, 그 원인이 되는 사실 및 법적 근거 등의 설명, 당사자의 의견진술 및 증거제출, 참고인이나 감정인 등에게 질문(행정절차법 제31조 제1항), 증거조사(행정절차법 제33조 제1항), 청문조서의 작성(행정절차법 제34조 제1항), 청문주재자의 의견서 작성(행정절차법 제34조의2), 청문의 종결(행정절차법제35조) 순으로 진행한다.

5) 청문의 병합심리

행정청은 직권 또는 당사자의 신청에 의하여 수개의 사안을 병합하거나 분리하여 청문을 실시할 수 있다(행정절차법 제32조).

6) 청문의 재개

행정청은 청문을 마친 후 처분을 하기까지 새로운 사정이 발견되어 청문을 재개할 필요가 있다고 인정하는 때는 청문조서 등을 되돌려 보내고 청문의 재개를 명할 수 있다(행정절차법 제36조).

(3) 취소처분의 통지

금융위원회는 허가의 취소처분을 하는 때는 보험회사에 그 근거와 이유를 제시하여야 한다(행정절차법 제23조 제1항). 취소처분은 다른 법령 등에 특별한 규정이 있는 경우를 제외하고는 문서로 하여야 하며, 전자문서로 하는 경우에는 당사자 등의 동의가 있어야 한다. 다만 신속히 처리할 필요가 있거나 사안이 경미한 경우에는 말 또는 그 밖의 방법으로 할 수 있다. 이 경우 당사자가 요청하면 지체 없이 처분에 관한 문서를 주어야 한다(행정절차법 제24조 제1항). 처분을 하는 문서에는 그 처분 행정청과 담당자의 소속·성명 및 연락처(전화번호, 팩스번호, 전자우편주소 등을 말한다)를 적어야 한다(행정절차법 제24조 제2항).

행정청은 처분에 오기(誤記), 오산(誤算) 또는 그 밖에 이에 준하는 명백한 잘못이 있을 때는 직권으로 또는 신청에 따라 지체 없이 정정하고 그 사실을 당사자에게 통지하여야 한다(행정절차법 제25조). 행정청이 처분을 할 때는 당사자에게 그 처분에 관하여 행정심판 및 행정소송을 제기할 수 있는지 여부, 그 밖에 불복을 할 수 있는지 여부, 청구절차 및 청구기간, 그 밖에 필요한 사항을 알려야 한다(행정절차법 제26조).

(4) 공고

금융위원회는 허가를 하거나 허가를 취소한 경우에는 지체 없이 그 내용을 관보에 공고하고 인터넷 홈페이지 등을 이용하여 일반인에게 알려야 한다(보험업법 제195조 제1항).

4. 허가취소의 효과

보험업에 대한 허가취소는 해산사유에 해당한다(보험업법 제137조 제1항). 따라서 보험회사에 대해 허가취소 처분이 있는 때는 그 보험회사는 해산하게 된다.

금융산업의 구조개선에 관한 법률에 따라 부실금융기관으로 지정되거나 금융관련법령에 따라 허가·인가 또는 등록이 취소된 금융기관의 대주주 또는 그 특수관계인의 경우 보험회사의 대주주가 될 수 없다. 다만 법원의 판결에 따라 부실책임이 없다고 인정된 자 또는 부실에 따른 경제적 책임을 부담하는 등 금융위원회가 정하여 고시하는 기준에 해당하는 자는 제외한다(보험업법시행령 제10조 제4항).

허가·인가·등록이 취소된 금융기관의 부실책임이 있는 대주주 또는 그 특수관계인인 경우 금융위원회가 정하는 부실금융기관 대주주의 경제적 책임부담기준에 의하여 경제적 책임부담의무를 이행하거나 면제받은 자인 경우에 한하여 보험회사의 대주주가 될 수 있다(보험업감독규정 제2-6조 제3항).

허가취소 처분을 받은 보험회사의 임직원 또는 임직원이었던 자는 그 조치를 받게 된 원인에 대하여 직접 또는 이에 상응하는 책임이 있는 사람으로서 상근감사 또는 감사위원, 금융위원회 또는 금감독원장으로부터 주의·경고·문책·직무정지·해임요구, 그 밖의 이에 준하는 조치를 받은 임원, 정직요구 이상에 해당하는 조치를 받은 직원에 해당할 경우 취소조치가 있었던 날부터 5년이 지나지 아니한 경우에는 보험회사의 임원이 될 수 없다(금융사지배구조법 제5조 제1항 제6호).

5. 허가의 일부취소의 문제

보험업에 대한 허가를 취소할 경우에 그 허가를 전부취소하여야 하는지 또는 일부취소도 가능한지 여부가 문제된다. 사법적인 거래관계에 있어서는 일부취소의 법리가 일반적으로 받아들여지고 있다.[24] 그 논리는 전부법은 일부법을 포함한다는 법의 일반원칙과 처분의 분할 가능성에서 찾는다. 사법관계에서 받아들여진 일부취소의 법리가 공법관계

24 하나의 법률행위의 일부분에만 취소사유가 있다고 하더라도 그 법률행위가 가분적이거나 그 목적물의 일부가 특정될 수 있다면, 그 나머지 부분이라도 이를 유지하려는 당사자의 가정적 의사가 인정되는 경우 그 일부만의 취소도 가능하다고 할 것이고, 그 일부의 취소는 법률행위의 일부에 관하여 효력이 생긴다(대법원 2002. 9. 10. 선고 2002다21509 판결).

에서 적용이 가능한지 여부가 문제되는데, 공법관계에서도 적용된다. 보험업의 일부취소란 무엇을 의미하는지 여부가 문제된다. 실무상 영업점의 일부폐쇄를 보험업의 일부취소로 보아 보험대리점 등에 대한 제재의 일종으로 활용하고 있는 것으로 보인다. 그런데 이것은 잘못된 것이라고 판단된다. 보험업의 허가는 보험종목별로 취득하도록 규정되어 있으므로 보험업의 일부 취소는 다수의 보험종목에 대한 허가를 취득한 보험회사에 대하여 허가종목 중 그 일부를 취소하는 것을 의미한다고 보아야 한다.

☞ 관련 판례

외형상 하나의 행정처분이라 하더라도 가분성이 있거나 그 처분 대상의 일부가 특정될 수 있다면 그 일부만의 취소도 가능하고 그 일부의 취소는 당해 취소부분에 관하여 효력이 생긴다고 할 것인바, 이는 한 사람이 여러 종류의 자동차 운전면허를 취득한 경우 그 각 운전면허를 취소하거나 그 운전면허의 효력을 정지함에 있어서도 마찬가지이다.[25]

제5절 보험회사의 상호와 명칭

1. 상호의 의의

상호는 문자로서 표시되는 상인의 자기표시 명칭으로서 상품을 표시하는 기호 또는 도형인 상표나 영업자체의 동일성을 표시하는 기호 또는 도형인 영업표와는 다르다.

2. 상호에 관한 상법의 규정태도

상법에 의하면 상호자유주의를 취하고 있으므로 자기가 원하는 상호를 자유롭게 사용할 수 있다(상법 제18조). 그러나 보험회사는 상호자유주의가 그대로 적용되지 않는다.

3. 보험회사의 상호

상법은 상호자유주의를 취하는 반면 보험업법은 보험회사의 상호 또는 명칭의 사용에 대하여 일정한 제한을 두고 있다. 보험회사가 아닌 자는 보험회사의 상호 또는 명칭을

25 대법원 1995. 11. 16. 선고 95누8850 전원합의체 판결.

사용할 수 없고, 보험회사는 상호 또는 명칭에 주로 영위하는 보험업의 종류를 표시하야야 한다(보험업법 제8조 제1항). 보험업법의 이와 같은 규정은 상호자유주의의 예외에 해당된다고 볼 수 있다. 보험회사의 상호 또는 명칭의 사용에 관한규정은 보험계약자 등이 보험업을 영위하는 자를 손쉽게 구별하여 그들과 보험계약을 체결할 수 있도록 함으로써 보험계약자 등의 권익이 용이하게 보호될 수 있도록 하자는 데 있고, 나아가 보험회사의 상호 등의 오·남용으로 인한 보험소비자의 피해를 방지하고, 건전한 보험거래질서를 확립하기 위한 것이다. 아울러 허가를 받지 않고 상호 또는 명칭에 보험회사임을 표시하는 용어를 사용하는 사업자들로 인하여 보험회사가 피해를 입은 것을 방지하기 위한 것이다. 상호에 관한 보험업법의 규정은 외국보험회사 국내지점에는 적용되지 않는다. 한편 손해보험업을 주로 영위하는 보험회사의 경우에는 ○○화재해상보험주식회사 또는 ○○해상화재보험주식회사, ○○손해보험주식회사, 생명보험업을 주로 영위하는 보험회사의 경우에는 ○○생명보험주식회사라는 명칭을 사용하고 있다.

4. 보험회사가 아닌 자의 상호사용 제한

보험회사가 아닌 자는 보험회사임을 표시하는 문자를 사용하여 그 상호 또는 명칭을 정할 수 없다(보험업법 제8조 제2항). 이 규정은 보험회사가 아닌 자에 의한 보험회사의 상호나 명칭사용으로 보험계약자 등 이해관계자의 피해를 방지하기 위한 것이다. 보험업법에 의하여 적법한 허가를 득하지 아니한 자가 보험회사라는 상호 또는 명칭을 사용한 경우에는 1년 이하의 징역 또는 1천만 원 이하의 벌금에 처하도록 규정되어 있다(보험업법 제206조 제1항 제1호). 일본은 상호 또는 명칭 중에 생명보험회사 또는 손해보험회사임을 나타내는 문자로서 시행규칙에서 정한 것을 사용하여야 한다고 규정하고(일본 보험업법 제7조 제1항), 보험회사가가 아닌 자가 그 상호 또는 명칭 중에 오인될 우려가 있는 문자를 사용할 수 없도록 규정하고 있다(일본 보험업법 제7조 제2항). 상호의 사용이란 그 상호가 계약의 체결이나 서류상의 기명날인과 같이 법률행위와 관련하여 사용되는 경우뿐만 아니라 간판·광고·회사의 로고 등으로 사실상 사용되는 경우도 포함된다.

☞ 관련 판례

농협협동조합중앙회가 2003년 3월부터 자신이 영위하는 공제사업에 대한 광고를 하면서 해당 공제서비스의 명칭에 '보험', '생명'이라는 문구를 부기하거나 자신의 공제사업 중 생명공제부분을 나타내는 표지로 '농협생명' 등의 문구를 사용한 사실에 대하여 생명보험회사들이 농협협동조합중앙회를 상대로 제기한 표장사용금지가처분신청에 대하여 법원은 '보험'이라는 용어는 공제, 국영보험과 같은 유사보험까지 포괄하는 의미로 사용되고 '생명'이라는 용어는 농협의 '생명공제'의 줄임말로도 사용 가능하고 실질적으로 농협은 보험사와 동등·유사하게 공제사업을 운영할 권한이 있으며, 향후 공제사업과 보험업이 단일한 감독체계를 갖출 가능성도 배제할 수 없어 '보험', '생명' 등의 용어 사용을 금지하는 것은 부당하다고 하면서 동 신청을 기각하였다(서울지방법원 2003. 11. 7. 판결 2003카합2952 결정).

5. 상호의 등기

공시주의 이념상 회사의 상호는 반드시 등기되어야 하며 상호등기에 관한 사항은 비송사건절차법이 적용된다. 이에 따라 보험회사의 상호등기에 관한 사항도 상법 및 비송사건절차법이 준용된다. 또한 우리 상법은 상호가등기제도를 1995년도에 도입하였다(상법 제22조의2).

6. 상호등기의 실익

(1) 동일등기의 배척력

타인이 등기한 상호는 동일시군에서 동종영업의 상호로 등기하지 못한다(상법 제22조). 이 규정에 따른 효력에 관하여 등기법상의 효력 이외에 실체법상의 효력도 정한 것으로 이해하여 상호전용권상의 등기말소청구권은 이 규정에 의해서도 인정될 수 있다고 보는 실체법설, 등기법상의 효력만 정한 것으로 이해하여 상호의 이중등기가 있을 때 선등기자에게 이의신청권을 준 데 불과한 것이라고 보는 절차법설로 견해가 나뉜다. 실체법설에서는 상법 제23조뿐만이 아니라 본 조에 의하여도 등기말소청구권을 인정하게 되면 상호권 보호에 충실을 기할 수 있다는 점을 근거로 들고 있으나, 등기말소청구권은 상호전용권의 한 내용으로서 인정될 수 있는 것이고 또 그것으로 충분하므로 상법 제22조에서 그 근거를 찾을 것이 아니라 상법 제23조에서 근거를 찾아야 한다는 점에서 절차법설이 타당하다고 본다.

(2) 입증책임의 전환

상호를 등기한 상호권자는 상호전용권을 행사함에 있어서 상대방의 부정한 목적과 자신의 손해염려에 대한 입증이 불필요하다(상법 제23조 제2·4항). 다만 손해염려는 미등기상호권자도 당연히 손해를 받을 염려가 있는 자이어서 상호권의 존재만을 입증하면 되므로 손해받을 염려에 대하여 별개의 입증이 불필요하다는 견해도 있다.

7. 상호의 양도

상호권은 인격권적 성질을 가지는 재산권이므로 원칙적으로 양도할 수 있으나, 거래의 상대방은 상호를 기준으로 영업의 동일성을 인식하므로 영업과 함께하는 경우에만 상호를 양도할 수 있도록 하고 있다. 다만 영업을 폐지하는 경우 영업동일성에 관한 오인 우려가 없으므로 상호만의 양도도 인정한다(상법 제25조). 상호의 양도는 등기하여야 하며, 이는 의식주의 하에서의 물권변동과 같이 등기가 대항요건으로서의 의미를 지닌다. 미등기상호의 양도는 등기상호의 양도와 달리 별개로 대항요건을 갖출 필요가 없다는 견해도 있으나, 미등기상호를 오히려 두터이 보호할 필요가 없다는 점, 대외적 공시의 필요는 동일하다는 점에 비추어 미등기상호를 양도할 때는 새로이 상호등기를 하여 대항요건을 갖추어야 한다고 본다. 상호와 함께 영업양도를 하는 경우 외관주의의 법리에 따라 상호양수인의 책임이 특별히 규정되어 있다(상법 제42조 이하).

이러한 상호의 양도에 관한 상법 규정은 상호회사 및 외국보험회사 국내지점에는 적용되지 않은 것으로 해석된다. 다만 주식회사인 보험회사의 경우에는 이러한 제한이 없고 상법 제25조는 영업을 양도하거나 영업을 폐지하는 경우에 한하여 상호양도를 인정하고 있으므로 이를 인정하여도 무방할 것으로 보인다.

제6절 생명보험과 손해보험의 겸영제한

1. 서설

보험업법은 동일한 회사 본체 내에서 생명보험업과 손해보험업을 겸영하지 못하도록 규정하고 있다(보험업법 제10조). 다만 생명보험의 재보험 및 제3보험의 재보험 등 일정한 보험종목의 경우에는 겸영을 허용하고 있다(보험업법 제10조 단서).

생명보험과 손해보험의 겸영금지제도는 1962년 보험업법 제정 시부터 존재하는 제도이다. 당시에는 생명보험사업을 영위하는 회사에 생명보험의 재보험에 한하여 겸영이 허용되었다. 1977년 보험업법 개정 시에 겸영 가능 종목으로 상해보험 및 인보험과 손해보험으로 구분하기 어려운 보험으로서 재무부 장관이 지정하는 보험으로 확대·허용되었다. 그 후 2003년 보험업법 개정 시에 보험업을 생명보험업, 손해보험업 및 제3보험업으로 구분하면서 겸영의 범위를 더욱 확대하였다. 이와 같은 보험업의 겸영금지제도는 생명보험업과 손해보험업이 가지고 있는 특성 차이를 고려한 것이다. 이를 구체적으로 보면 첫째, 생명보험은 비교적 정확한 통계적 기초에 의하여 보험료를 산정하는 장기계약인 데 비하여, 손해보험은 추정치인 손해율에 의하여 보험료를 산정하는 단기계약이라는 점, 둘째, 생명보험은 사람을 그 보험의 객체로 하는 데 반해 손해보험의 객체는 주로 재산이라는 점, 셋째, 생명보험사업의 리스크는 상대적으로 안정적이나 손해보험사업은 안전성이 상대적으로 낮으므로 양자를 분리하여 손해보험의 리스크를 차단하여 생명보험 계약자를 보호할 필요가 있다는 점 등이 거론된다. 그러나 현재는 보험계리기술의 발달과 재보험제도의 활용으로 사업리스크가 완화되는 추세이며, 우리나라 및 일본 등에서는 장기손해보험이 손해보험회사의 점유율이 높아진 점을 고려해볼 때 생명보험과 손해보험의 분리 운영이 반드시 준수되어야 하는 철칙인지 재검토되어야 한다.

2. 생명보험과 손해보험의 겸영 역사

1969년 11월 국민 저축 장려를 위하여 최초의 장기손해보험상품인 가계장기보험상품을 인가한 것이 최초였다. 그 후 1978년 가계성보험 활성화 및 자동차보험 수지악화 대책으로 장기가정 복지보험 등 4종의 생존 급부형 장기보험상품을 신규 허용해주었다. 1988년 3월 손해보험 수지악화 보전을 위해 보험기간 및 만기환급금 규제 완화 및 손해보험과 생명보험상품 취급을 확대하였다. 1992년에서 1993년에 걸쳐 손해보험회사에 암사망 특약 및 암진단 특약을 허용하였다. 그 후 1994년 6월 손해보험회사의 개인연금(조세특례제한법상) 취급이 허용되고, 1999년 4월 퇴직보험 취급이 허용되었다. 2000년 3월 질병사망특약(만기 80세까지)이 허용되고, 2003년 8월에는 손해보험회사의 질병사망특약 판매의 법적 근거를 마련하였으며, 생명보험회사의 실손보상형 상품 취급을 허용하게 되었다. 2005년 12월 손해보험회사의 실적 배당형 퇴직연금(근로자퇴직급여보장법상) 취급이 허용되었다. 제3보험 분야는 질병·상해·간병에 관한 보험으로서 1997년 7월부터 생명보험회사 및 손해보험회사가 겸영할 수 있도록 허용되었다. 아울러 실손보험과 정액상품도 생명보험회사 및 손해보험회사가 상호 개발할 수 있도록 허용되었다. 다만 생명보험의 실손보장 상품은 신고상품으로 운용할 수 있도록 규정하였다. 이에 따라 손해보험은 1997년 7월 이후 질병보험에 진단·입원·수술보장 등의 담보를 생명보험과 동일하게 정액보장 상품을 개발하여 판매하였다. 그동안 생명보험의 경우에는 상해보험만 정액형으로 판매하게 하고 실손의료보험은 인가하지 않았다. 1997년 7월부터 판매할 수 있었던 실손상품 영역에 생명보험이 새로이 진입할 때는 손해보험회사의 요구로 상당한 양보를 하게 되었다. 즉, 2003년 보험업법 개정 시 생명보험과 손해보험회사 간 합의에 의해 생명보험회사의 실손의료보험 영역진출을 허용하되 생명보험의 질병사망 일부 겸영 등을 허용하였다. 생명보험회사의 실손의료보험은 2003년 8월 30일부터 단체 의료실손보험이, 2005년 8월 30일부터 개인의료실손보험이 허용되었다. 이에 반해 손해보험은 제3보험기간 제한(1~15년)이 폐지되었다. 생명보험의 고유영역인 질병사망에 대해서는 80세 이하, 인당 2억 원, 만기환급금은 납입보험료 이내로 제한하는 조건으로 상품판매가 허용되었다. 손해보험회사는 이에 따라 2003년 말부터 통합보험을 도입해 생명보험의 영역을 크게 잠식하였다. 반면 생명보험회사는 2003년 10월부터 단체 의료실손보험만 4개사가 진출했을 뿐 개인 의료 실손보험은 2008년 6월에야 삼성생명 주도로 도입하기 시작하였다.

3. 생명보험업과 손해보험업의 겸영금지 내용

(i) 제3보험업을 영위하는 보험회사가 손해보험업의 자동차보험업을 영위할 수 있는가?
(ii) 제3보험업을 영위하는 보험회사가 생명보험을 영위할 수 있는가?

(1) 겸영금지 영역

보험회사는 생명보험업과 손해보험업을 겸영(兼營)할 수 없다. 다만 겸영 가능할 수 있는 경우를 예외적으로 허용하고 있다(보험업법 제10조). 이와 같이 보험업법 제10조는 생명보험업과 손해보험업을 겸영할 수 없다고 규정을 하면서 단서에서 겸영이 가능한 경우에 대해 열거하여 규정하고 있다. 위 규정에 의하면 제3보험업의 겸영에 대해서는 금지하고 있지 않으므로 생명보험업을 영위하는 보험회사가 손해보험업을 영위하는 보험회사는 제3보험업을 겸영할 수 있다. 다만 손해보험업을 영위하는 보험회사가 질병보험의 특약의 형식으로 질병사망보험을 부가하고자 하는 경우에는 후술하는 바와 같이 일정한 제한이 따른다.

또한 생명보업업과 손해보험업의 겸영금지 규정에 따라 생명보험업과 손해보험업은 주계약뿐만 아니라 특약의 형식으로 부가하는 형태의 겸영도 허용이 되지 않는다. 따라서 생명보험업을 영위하는 보험회사가 손해보험업의 보험종목인 자동차보험을 주계약뿐만 아니라 특약의 형식으로도 겸영할 수 없다.

제3보험업을 영위하는 보험회사는 손해보험업 또는 생명보험업의 전 종목 또는 일부 종목에 대해 겸영할 수 있다. 그러나 제3보험업을 영위하는 회사도 생명보험업과 손해보험업을 동시에 겸영할 수 없다. 손해보험업의 일부를 영위하는 보험회사도 제3보험업을 영위할 수 있다.

제3보험의 보험종목 구분 기준

보험계약(종목)	구분 기준
상해보험(계약)	사람의 신체에 입은 상해에 대하여 치료에 소요되는 비용 및 상해의 결과에 따른 사망 등의 위험에 관하여 금전 및 그 밖의 급여를 지급할 것을 약속하고 대가를 수수하는 보험(계약)
질병보험(계약)	사람의 질병 또는 질병으로 인한 입원·수술 등의 위험(질병으로 인한 사망을 제외한다)에 관하여 금전 및 그 밖의 급여를 지급할 것을 약속하고 대가를 수수하는 보험(계약)
간병보험(계약)	치매 또는 일상생활장해 등 타인의 간병을 필요로 하는 상태 및 이로 인한 치료 등의 위험에 관하여 금전 및 그 밖의 급여를 지급할 것을 약속하고 대가를 수수하는 보험(계약)

(2) 겸영가능 영역

1) 생명보험의 재보험 및 제3보험업의 재보험

손해보험회사는 어느 보험종목의 재보험의 취급이 가능하므로 동 규정은 생명보험회사 및 제3보험을 영위하는 회사에 의미 있는 규정이다. 이 규정에 따라 생명보험회사와 제3보험업을 영위하는 회사는 생명보험과 제3보험의 재보험을 취급할 수 있다.

2) 다른 법령에 따라 겸영할 수 있는 보험종목으로서 대통령령으로 정하는 보험종목

특정한 목적을 달성하기 위하여 다른 법률에 의하여 보험상품이 설정되고 판매될 수 있는데, 그러한 경우를 대비하여 보험업법은 이와 같은 규정을 두고 있다. 다른 법령에 따라 겸영할 수 있는 보험종목으로 생명보험회사, 손해보험회사 및 제3보험회사가 겸영할 수 있는 보험종목은 (i) 조세특례제한법 제86조의2에 따른 연금저축계약, (ii) 근로자퇴직급여보장법 제29조 제2항에 따른 보험계약 및 근로자퇴직급여보장법 부칙 제2조 제1항에 따른 퇴직보험계약이 있다.

3) 대통령령으로 정하는 기준에 따라 제3보험의 보험종목에 부가되는 보험

제3보험의 보험종목으로는 상해, 질병, 간병보험이 있는데, 생명보험업이나 손해보험업을 영위하는 보험회사가 이들 보험을 겸영하는 것은 아무런 제한이 없다. 이에 관한 적극적 규정은 없지만 보험업법 제10조의 해석상 그렇게 볼 수 있는 것이다. 다만 손해보험업의 보험종목 전부를 취급하는 보험회사가 질병을 원인으로 하는 사망을 제3보험의 특약 형식으로 담보하는 보험을 취급하고자 하는 경우에는 다음과 같은 조건하에 취급이 가능하다. 즉, (i) 보험만기는 80세 이하일 것, (ii) 보험금액의 한도는 개인당 2억 원 이내일 것, (iii) 만기 시에 지급하는 환급금은 납입보험료 합계액의 범위 내일 것.

이러한 규정에 의하면 손해보험종목의 일부만을 취급하는 손해보험회사는 이러한 조건이 부가되는 보험종목을 겸영할 수 없다고 해석된다.

한편 어느 보험회사가 보험업법 제10조에 의하여 질병사망 담보를 제3보험의 특약형식으로 보험만기는 80세 이하로, 보험금액은 개인당 2억 원 이하로 판매하여야 함에도, 전산프로그램에서 상기의 나이와 금액에 대한 확인 기능이 제대로 구축되지 아니하여 동 조건을 위반(나이 80세 초과, 보험금 2억 원 초과)하는 보험계약을 체결하여 보험계약이 정상적으로 유지되고 있는 상황이 초래된 경우 보험업법의 겸영제한사유로 동 계약을 무효, 취소 또는 해지하여야 하는지 여부가 문제될 수 있다.

생각하건대 이것은 보험의 겸영금지 규정을 위반한 것으로서 보험업법상의 제재는 별론으로 하되, 동 규정은 단순한 단속규정으로 해석함이 타당하므로 허가 조건을 위반한 보험계약의 효력은 유효하다고 볼 것이다.

4. 생명보험과 손해보험의 겸영금지 위반의 효과

(1) 공법상의 효과

보험회사가 겸영금지의무를 위반한 경우 5천만 원 이하의 과태료를 부과한다(보험업법 제209조 제1항 제1호).

(2) 사법상의 효과

가령 생명보험회사가 자동차보험 종목을 취급한 경우 다음과 같은 여러 법적 쟁점이 발생한다. 첫째, 그 자동차 보험계약은 무효인가 유효한 계약인가 여부가 문제될 수 있다. 둘째, 자동차보험계약을 취급한 생명보험회사는 무허가 영업을 한 것으로 보험업법 제4조를 위반한 것인가? 셋째, 자동차보험계약을 취급한 생명보험회사는 생명보험과 손해보험의 겸영을 금지하고 있는 보험업법 제10조를 위반한 것인가? 넷째, 보험업법 제4조 위반과 보험업법 제10조의 위반이 경합한 경우 어떻게 조치를 할 것인가 하는 문제가 대두된다.

(i) 생각하건대 이 문제는 보험업법 제10조가 강행규정으로 효력규정에 해당하는지 단순한 단속 규정에 해당하는지 여부에 따라 달라질 수 있다. 보험업법 제10조는 전술한 바와 같이 생명보험과 손해보험의 리스크의 특성의 차이 및 보험단체 간 리스크 전이를 차단하기 위한 것으로 이는 단순한 단속규정에 불과하여 보험계약의 효력은 유효한 것으로 보아야 할 것이다.

(ii) 자동차보험계약은 기본적으로 손해보험회사에 허용되어 있는 종목이다. 따라서 생명보험회사에서 동 종목을 취급한 경우에는 무허가 보험업에 해당한다.

(iii) 보험업법 제10조에서는 보험업 내부 간, 즉 생명보험과 손해보험업의 상호 겸영을 금지하고 있는바, 생명보험회사가 자동차보험종목을 취급한 것은 겸영금지원칙에 반하는 것이다.

(iv) 이 경우 동일한 사실관계가 보험업법 제4조 및 제10조를 동시에 위반하게 된 것으로 볼 수 있다. 이때 두 법규를 적용하는 국면에서는 두 개의 법류를 모두 적용하여야 하는지 아니면 어느 한 법규만이 적용되는지 문제가 발생한다. 보험업법 제4조를 위반한 경우에는 형사처벌의 효과가 부여되고(보험업법 제200조 제1호), 보험업법 제10조를 위반한 경우에는 과태료가 부과되는바(보험업법 제209조 제1항 제1호), 우선 두 개의 법규

의 효과가 다르고, 보험업법 제4조는 무허가 보험업을 금지하여 보험계약자 보호와 보험거래질서를 확립하고자 하는 취지의 규정이고, 보험업법 제10조는 생명보험과 손해보험의 겸영을 방지하여 리스크 확산으로 인한 보험회사의 도산을 방지하여 보험계약자를 보호하기 위한 취지의 규정으로서 두 규정의 취지 및 보호이익에 차기가 있으므로 두 규정이 병합하여 적용될 수 있다고 본다.

☞ 관련 판례

1. 상상적 경합은 1개의 행위가 실질적으로 여러 개의 구성요건을 충족하는 경우를 말하고, 법조경합은 1개의 행위가 외관상 여러 개의 죄의 구성요건에 해당하는 것처럼 보이나 실질적으로 1죄만을 구성하는 경우를 말하며, 실질적으로 1죄인가 또는 수죄인가는 구성요건적 평가와 보호법익의 측면에서 고찰하여 판단하여야 한다.[26]

2. 부정수표단속법 제4조는 수표금액의 지급 또는 거래정지처분을 면할 목적으로 금융기관에 거짓 신고를 한 자를 처벌하도록 규정하고 있는바, 위 허위신고죄는 타인으로 하여금 형사처분 또는 징계처분을 받게 할 목적으로 공무소 또는 공무원에 대하여 허위의 사실을 신고하는 때 성립하는 무고죄와는 행위자의 목적, 신고의 상대방, 신고 내용, 범죄의 성립시기 등을 달리하는 별개의 범죄로서 서로 보호법익이 다르고, 법률상 1개의 행위로 평가되는 경우에도 해당하지 않으므로, 두 죄는 상상적 경합관계가 아니라 실체적 경합관계로 보아야 한다.[27]

5. 외국의 보험업 겸영 사례

(1) 개요

국제보험감독자협의회(international association of insurance supervisors)는 감독당국이 리스크가 적절히 분리되어 관리된다고 할 수 없다면 생명보험과 손해보험의 겸영을 금지할 것을 규정하고 있다(ICP, Insurance Core Principle) 6(licensing) essential criteria g). 또한 보험업 허가를 위하여 최소한 생명보험과 손해보험의 구분을 포함한 유형별 분류를 두되 OECD 기준과 같은 국제기준을 적용할 수 있다고 규정한다.[28]

예외적으로 생명보험과 상해·건강의 개인보험을 같이 영위하는 것은 허용될 수 있으며, 생명보험과 손해보험회사가 상대방을 소유하는 것은 금지할 필요가 없다고 규정하고

26 대법원 1984. 6. 26. 선고 84도782 판결; 대법원 2000. 7. 7. 선고 2000도1899 판결 등 참조.
27 대법원 2014. 1. 23. 선고 2013도12064 판결.
28 Supervisory Standard on Licensing, Scope of licence 18.

있다.[29] OECD는 생명보험을 (i) 생명보험(life assurance), (ii) 결혼, 출산보험(marriage and birth), (iii) 변액보험(linked), (iv) 영구건강보험(permanent health insurance), (v) 톤틴연금(tontines), (vi) 자본보상보험(capital redemption operations) 등으로 분류하고, 손해보험은 (i) 상해(accident), (ii) 질병(sickness), (iii) 육상수송용구, 철도차량, 항공기, 선박 등 18가지로 분류하고 있다.[30]

(2) EU

EU의 생명보험 및 손해보험 분류는 OECD 기준과 거의 동일하며, 생명보험의 범위에 단체연기금운용(management of group pension funds)이 추가되어 있다.[31]

원칙적으로 생명보험업과 손해보험업을 동시에 영위할 수 없도록 규정하고 있으나 예외적으로 생명보험회사도 손해보험업 중 상해 및 질병보험에 한하여 영위할 수 있도록 규정하고 있다.[32]

(3) 영국

영국의 경우 보험업을 생명보험(long-term insurance)과 손해보험(general insurance)으로 분류하고 있다.[33] 그 분류 내용은 기본적으로 OECD 및 EU 기준과 유사하다. 손해보험 중 상해보험에는 사망이 포함되나, 질병보험에는 사망을 제외하고 있으며, 생명보험에 연기금 관리, 단체보험 및 사회보험을 포함한다. 영국은 당초 생명보험과 손해보험의 겸영을 허용하고 있었으나 EC 생명보험 1차 지침 제정에 따라 1983년에 설립된 회사부터 생명보험과 손해보험 겸영을 금지하고 있다. 다만 손해보험으로 분류되는 상해 및 질병보험에 대하여 생명보험회사의 겸영이 허용된다.[34]

29 Supervisory Standard on Licensing, Specialisation 25., 27.

30 Recommendation of the Council concerning a Common Classification of the Classes of Insurance Recognised by the Supervisory Authorities of the Member Countries (C(83)178/Final).

31 Life Assurance Directive(Directive 2002/83/EC) Article 2, Non-Life Insurance Directive(73/239/EEC) Aricle 1, Annex.

32 Life Assurance Directive(Directive 2002/83/EC) Article 18 1.; Life Assurance Directive(Directive 2002/83/EC) Article 18 2.

33 The Financial Services and Markets Act 2000(Regulated Activities) Order 2001, Article 3(1), Schedule 1.

34 FSA Handbook AUTH 3.12.4G.

(4) 미국

뉴욕주 보험업법은 보험종목을 대분류 없이 총 32개로 분류하고, 그중 생명보험회사와 손해보험회사가 영위할 수 있는 종목을 규정하고 있다(제1113조). 이에 따라 생명보험회사(life insurance company)는 생명보험, 연금보험, 상해·건강보험과 법률비용보험, 소득보상보험의 영위가 가능하다(제4205조). 손해보험회사(property/casualty insurance company)는 생명보험, 연금보험을 제외한 나머지 영역을 영위할 수 있으며 상해·건강보험도 영위가 가능하다(제4102(c)조). 또한 변액보험에 대하여 생명보험 또는 연금의 일부로 분류하여 생명보험회사만 영위할 수 있다(제4240(a)조).

(5) 일본

1890년 제정된 구 상법에서는 경영과 계산을 분리할 것을 조건으로 생명보험사업과 손해보험사업의 겸영을 인정하고 있었다.[35] 따라서 당시는 생명보험사업과 손해보험사업을 겸영하는 보험회사도 많이 있었다.[36] 당시의 보험자는 보험금지급 등을 위한 책임준비금의 적립을 하지 않은 채로 당기 순이익을 계상하여 고율의 주식배당 등을 하고 있었으며, 보험사업은 고수익의 사업으로 비춰졌다. 이로 인해 설립기준이 관대한 합자회사 조직에 의한 유사보험사업이 300개사 정도 설립되는 등 다수의 보험회사가 설립되어 보험료할인에 의한 치열한 경쟁이 행해진 결과 도산하는 회사가 속출하게 되었다. 이 같은 사태에 대처하기 위해 1899년에 신상법이 시행됨과 동시에 보험업과 다른 업종의 겸영이 금지되고, 생명보험과 손해보험의 겸영도 금지되어 생명보험사업과 손해보험사업이 분리되게 되었다.

이어 1900년 구 보험업법이 제정되어 상호회사와 주식회사에 한정된 보험사업의 면허주의, 기초서류 인가에 의한 감독방식, 다른 업종·겸영 금지 등을 규정하였다. 또한 대장대신은 보험회사의 업무 또는 장부서류 기타 물건의 검사를 할 수 있도록 하고 보험사업의 실체에 관련하여 계속적인 감독이 행해지는 실질적 감독주의가 채택되었다. 일본은 생명보험과 손해보험의 영역 구분에 대한 기준을 명시하고 겸영 금지를 원칙으로 하고

35 石田 滿, 『保險業法의 硏究I』, 文眞堂. 1989, 22-26면.

36 보험연구소, 「일본보험업사(상권)」, 1980, 172-175면.

있으며, 상해 및 질병보험에 대해서는 생명보험과 손해보험이 겸영할 수 있다(일본 보험업법 제3조). 변액보험은 생명보험의 일종으로 분류되어 생명보험회사만 영위 가능하다.

제7절 보험회사의 업무에 관한 규제

(i) 갑 생명보험회사는 손해보험의 일종인 자동차 보험업을 영위하고자 한다.
(ii) 을 생명보험회사는 자동차 판매업을 겸영하고자 한다.

1. 서설

(1) 의의 및 규제체계

하나의 보험회사가 생명보험과 손해보험을 동시에 영위할 수 있는가? 그리고 보험회사는 보험업무 이외에 은행, 증권 업무 등 그 밖의 다른 업무를 영위할 수 있는가? 하는 문제가 보험회사의 업무영역에 관한 문제이다. 우리나라의 경우 1962년 보험업법 제정 시부터 보험회사가 다른 사업을 겸영하는 것을 엄격히 금지하고(보험업법 제8조),[37] 동일 보험회사 내에서 생명보험사업과 손해보험사업도 겸영을 하지 못하도록 하였다(보험업법 제10조).[38] 그러나 시대적 변화에 따라 보험회사의 다른 업무 겸영과 동일 보험회사 내 보험업의 겸영 금지도 다소 완화되었다.

보험회사의 업무는 고유업무인 보험업, 겸영업무 및 부수업무로 나누어져 있다. 보험업법상 업무영역규제에 관한 직접적인 규정으로는 보험업법 제10조 및 제11조가 있으며, 간접적인 규정으로는 보험업법 제108조 및 제115조를 들 수 있다.

보험업법은 보험업을 생명보험업, 손해보험업, 제3보험업으로 구분하면서 생명보험업과 손해보험업의 겸영을 금지하고(보험업법 제10조), 경영건전성을 해치거나 보험계

37 **제8조(타사업겸영의 금지)** ① 보험회사는 다른 사업을 영위할 수 없다. 그러나 손해보험사업을 영위하는 회사는 재무부장관의 인가를 얻어 다른 손해보험사업을 영위하는 회사를 위하여 그 손해보험사업에 속하는 거래의 대리 또는 중개하는 업무를 영위할 수 있다. ② 전항의 인가를 얻고자 하는 자는 신청서에 업무 종류와 방법을 기재한 서류를 첨부하여야 한다.

38 **제10조(보험회사의 타보험겸영의 금지)** 보험회사는 생명보험사업과 손해보험사업을 겸영할 수 없다. 그러나 생명보험사업을 영위하는 회사는 생명보험의 재보험사업을 영위할 수 있다.

약자 보호 및 건전한 거래질서를 해칠 우려가 없는 금융업무로서 특정한 업무에 대해서는 겸영이 가능하도록 겸영가능업무를 별도로 나열하고 있으며(보험업법 제11조), 부수업무에 대해서는 negative 방식의 규제로 전환하여 특별한 사유를 제외하고 자유롭게 영위할 수 있도록 하였다(보험업법 제11조의2).

따라서 보험회사는 허가를 받은 보험종목의 취급, 법령에 따라 허용된 겸영업무, 보험업과 밀접한 관련이 있는 부수업무를 영위할 수 있다(보험업법 제11조 등). 여기서 업무란 직업 또는 계속적으로 종사하는 사무나 사업을 말하는 것이다. 보험회사의 업무규제 제도는 보험회사의 전문성 또는 장점에 따라 보험 업무를 전문화함으로써 보험회사의 경영을 안정적으로 수행하고자 하는 것이다.

(2) 금융영역에서 업무규제

금융제도는 금융거래에서 일어나는 비대칭정보의 문제를 완화하고 거래비용을 줄임으로써 금융거래를 원활하게 하는 제도적 장치를 말한다.

금융제도의 유형은 직접금융과 간접금융의 중요성을 기준으로 시장중심 금융제도와 은행중심 금융제도로 분류된다. 시장중심 금융제도는 주식과 채권이 거래되는 자본시장이 금융의 중요한 역할을 담당하는 제도이다. 은행 중심 금융제도는 은행이 금융의 중추적인 역할을 담당하는 제도이다. 금융제도는 금융회사의 업무영역을 제한하는 정도에 따라 분업주의 또는 겸업주의로 분류한다.

금융업의 업무영역규제는 특정 금융업종에 의한 금융시장 집중을 방지하며 다양한 분야로의 자금공급을 원활하게 하는 효과도 있다. 시장지배력이 높은 금융회사가 새로운 금융상품을 모두 취급함으로써 금융시장 집중을 악화시켜 다양한 부문으로의 자금공급을 제한할 우려가 있다. 그러나 지나친 업무영역구분은 동일 금융기관이 여러 종류의 상품을 제공하면서 비용을 절감할 수 있는 범위의 경제를 억제함으로써 금융기관의 효율성 향상을 저해할 수 있다. 또한 금융의 국제화로 인해 국제 간 금융기관 경쟁이 심화되고 있는 가운데 지주회사방식의 겸업주의를 채택하였다.

정보통신기술의 발달로 다양한 금융서비스 이용에 익숙해진 고객의 원스톱(one stop) 니즈(needs)를 충족시키지 못함으로써 경쟁력을 상실하게 될 우려도 있다. 더욱이 정보통신기술의 발달로 다양한 위험 및 정보를 가공하여 만들어지는 새로운 금융상품의 취급

금융회가 선정을 둘러싼 금융회사 간 대립도 발생할 수 있다. 업무영역규제는 금융산업 내 경쟁을 억제함으로써 금융기관으로 하여금 일정 정도의 수익을 향유할 수 있게 하여 효율성강화 노력을 억제하는 부작용이 있다. 따라서 업무영역규제는 금융기관의 창의성 발휘 및 효율성 강화 노력을 촉진하기 위해 완화될 필요가 있다. 그러나 이를 위해서는 동일기관 내 상이한 업무를 취급하는 과정에서 발생할 수 있는 이행상충을 방지할 수 있는 방화벽의 설치와 다양한 업무에 대한 규제를 종합적으로 감독할 수 있는 감독기구의 개편 등의 조치가 필요하다.

(3) 외국의 금융업무 영역규제

금융업무의 규제측면에서 보면 금융업은 과거 전업주의를 실시한 대표적인 국가는 미국, 영국 등이고, 이러한 국가에서는 대부분 은행업, 증권업, 보험업을 구분하여 다른 영역의 금융 업무를 취급하지 못하도록 하였다. 유니버설 뱅킹방식을 채택하고 있는 독일의 경우에는 은행이 아무 제한 없이 증권업무 등 다른 금융 업무를 수행할 수 있다. 미국의 경우 1930년대 은행위기 발생 원인이 은행의 증권업무 겸영이라는 인식에 따라 1933년 글래스 스티걸(glass-steagall) 법을 제정하여 은행으로 하여금 증권업무를 취급하지 못하도록 하였으나 최근 미국은 1999 금융서비스현대화법(gramm-leach-bliley act)의 통과로, 영국은 금융서비스 및 시장법(financial services and markets act 2000)의 시행에 의해 전업주의가 희석되었다. 특히 영국은 기능별 규제의 도입으로 사실상 완전겸업주의를 채택하였으며, 미국은 금융업무의 영역 구분은 금융업종별로 전문성 또는 장점에 따라 위험도와 수익성을 고려하여 취급 가능한 상품을 배분함으로써 금융기관의 과도한 위험 인수 행위를 방지하고 있다.

2. 보험회사의 업무 구분

(1) 서설

보험업법은 보험회사에 대하여 보험업 외에 일정한 업무를 겸영할 수 있도록 하용하고, 또한 부수업무에 대해 사전신고나 보고를 통하여 부수업무를 영위할 수 있도록 허용하고 있다. 보험회사가 수행하는 모든 업무를 그 특성에 따라 고유업무, 겸영업무, 부수업무로 나누어볼 수 있다. 보험업법 제정 시에는 보험회사의 다른 사업 겸영이 엄격히 금지되었다. 그러나 시대 상황의 변화에 따라 점차 겸영 업무 및 부수업무의 범위가 확대되고 있는 추세이며 보험회사의 다른 규제는 2010년 보험업법의 개정에 따라 겸영업무와 부수업무가 별도의 조문으로 분리되었다.

(2) 고유업무

보험업법에서는 보험회사의 고유업무가 무엇인지 언급하고 있지 않다. 그러나 보험회사는 보험업을 영위하는 주체이므로 보험업은 보험회사가 고유하게 수행할 수 업무에 속한다고 볼 수 있다. 보험업법에서 업무규제의 방식은 고유업무와 겸영업무를 나열하는 포지티브(positive) 방식을 취하고, 부수업무는 네거티브(negative) 방식의 규제를 취하고 있다. 이러한 규제방식에 의할 때 보험회사는 보험업 및 보험법령에서 정하고 있는 업무를 제외한 다른 업무를 영위할 수 없다고 해석된다.

고유업무란 보험업의 내용을 이루는 업무를 말한다. 보험업이란 보험상품의 취급과 관련하여 발생하는 보험의 인수, 보험료 수수 및 보험금 지급 등을 영업으로 하는 것이다. 보험업은 취급하는 보험상품의 종류에 따라 생명보험업·손해보험업 및 제3보험업으로 나누어진다. 보험업의 개념에서 보험업의 취급 대상이 보험상품이라는 점, 보험업의 영업내용이 보험의 인수, 보험료의 수수 및 보험금 지급 등을 내용으로 하는 것이라는 점을 천명하고 있다. 또한 보험업은 영업성을 가지고 있어야 한다. 그런데 여기서 보험업의 내용으로서 보험의 인수, 보험료의 수수 및 보험금의 지급의 어느 하나를 내용으로 하는 것이 보험업에 해당될 것이냐 아니면 보험의 인수, 보험료의 수수 및 보험금의 지급이라는 것을 모두 포함하여야 보험업이 될 수 있느냐 하는 문제가 있다.

보험업은 보험회사의 영업의 허용 범위이자 한계로서의 의미를 가지고 있는바, 보험업의 내용으로서 보험의 인수, 보험료의 수수 및 보험금의 지급 등은 보험업의 핵심적 내용을 구성하는 요소로서 이러한 핵심적 구성업무를 모두 포함하여야 보험업이라고 볼 수 있을 것이다. 따라서 보험의 인수만을 영위하는 것은 보험업이라고 보기 어렵다. 또한 보험업은 보험의 인수 등을 영업으로 하는 것을 말하는바, 여기서 영업이라 함은 영리를 목적으로 계속적으로 동종의 행위를 반복하는 것을 말한다. 따라서 이러한 영업성은 영리성, 계속성 및 영업의사를 그 요건으로 한다. 영업으로 되기 위해서는 영리성이 있어야 하므로 영리성이 없는 구내매점의 판매행위는 영업이라고 볼 수 없다. 그러나

이러한 영리성은 실제 있어서의 이익의 발생 유무, 이익의 사용목적 등을 불문한다.[39]

요컨대 보험업은 영리를 목적으로 보험의 인수, 보험료의 수수, 보험금의 지급 등의 행위를 반복하여 행하는 것을 말한다고 볼 수 있다. 동종의 영업은 반드시 동일한 영업뿐만 아니라 경쟁관계를 유발하는 영업 또는 대체관계 있는 영업까지 포함하는 넓은 의미에서의 동종 영업을 의미한다.[40]

3. 겸영업무

(1) 개관

보험회사는 다른 법령에서 보험회사가 영위할 수 있도록 허용한 업무 등 일정한 경우를 제외하고는 보험업외의 업무를 영위하지 못하는 것이 원칙이다(보험업법 제11조). 보험회사의 업무에 대해서는 업무의 자유선택주의를 포기하고 업무 제한주의를 취하고 있다. 이에 따라 보험업법은 보험회사가 영위할 수 있는 겸영업무를 한정적으로 열거해 놓고 있다. 겸영방식은 내부겸영방식과 외부겸영방식이 있다. 외부겸영방식으로는 자회사 방식과 지주회사 방식으로 구분할 수 있다.

보험업법의 겸영업무 규제방식은 내무겸영방식을 전제로 하는 것이다. 자회사의 방식의 외부 겸영방식의 규제는 보험업법 제115조 이하의 규정에서 별도로 규정하고 있다. 또한 보험지주회사 방식의 겸영규제는 금융지주회사법에서 따로 규정하고 있다. 2003년 개정 전 보험업법에서는 보험업무 이외의 다른 업무를 영위하기 위해서는 금융위원회의 허가를 받도록 하였으나 신고로 대체되어 있다. 다른 업무 겸영금지에 관한 외국의 입법례를 보면 대체적으로 보험업무 외의 다른 업무에 대한 겸영을 허용하고 있지 않은 것이 일반적인 태도이나[41] 일본은 다른 업무의 겸영을 광범위하게 허용하고 있는 것이 특징이다(일본 보험업법 제99조).

39 정찬형, 『상법상의(상)』(제19판), 박영사, 2016, 56면.

40 대구지법 2008. 11. 19. 선고 2008카합481 결정.

41 미국 뉴욕주 보험법 제4205조 참조.

(2) 허용된 겸영업무

보험회사는 경영건전성을 해치거나 보험계약자 보호 및 건전한 거래질서를 해칠 우려가 없는 금융업무로서 다음의 업무를 겸영할 수 있다(보험업법 제11조).

1) 대통령령으로 정하는 금융관련법령에서 정하고 있는 금융업무로서 해당 법령에서 보험회사가 할 수 있도록 한 업무

이에 해당하는 업무에는 (i) 자산유동화에 관한 법률에 따른 유동화자산의 관리업무, (ii) 주택저당채권 유동화회사법에 따른 유동화자산의 관리업무, (iii) 한국주택금융공사법에 따른 채권유동화자산의 관리업무, (iv) 전자금융거래법 제28조 제2항 제1호에 따른 전자자금이체업무 등이 있다. 그런데 전자자금이체업무의 경우 전자금융거래법 제28조 제2항, 제2조 제6호에 따른 결제중계시스템의 참가기관으로서 하는 전자자금이체업무와 보험회사의 전자자금이체업무에 따른 자금정산 및 결제를 위하여 결제중계시스템에 참가하는 기관을 거치는 방식의 전자자금이체업무는 겸영업무에서 제외된다.

2) 대통령령으로 정하는 금융업으로서 해당 법령에 따라 인가·허가·등록 등이 필요한 금융업무

여기에 해당하는 업무로는 (i) 자본시장법에 따른 집합투자업, (ii) 투자자문업, (iii) 투자일임업, (iv) 신탁업, (v) 집합투자증권에 대한 투자매매업, (vi) 집합투자증권에 대한 투자중개업, (vii) 외국환거래법에 따른 외국환업무, (viii) 근로자퇴직급여 보장법에 따른 퇴직연금사업자의 업무 등이 있다.

3) 그 밖에 보험회사의 경영건전성을 해치거나 보험계약자 보호 및 건전한 거래질서를 해칠 우려가 없다고 인정되는 금융업무로서 대통령령으로 정하는 금융업무

여기에 해당하는 업무로는 다른 금융기관의 업무 중 금융위원회가 정하여 고시하는 바에 따라 그 업무의 수행방법 또는 업무 수행을 위한 절차상 본질적 요소가 아니면서 중대한 의사결정을 필요로 하지 아니한다고 판단하여 위탁한 업무를 말한다(보험업법 시행령 제16조 제3항).

(3) 겸영업무 개시 전 신고

보험회사는 법이 허용하는 겸영업무를 시작하려는 날의 7일 전까지 금융위원회에 신고하여야 한다(보험업법 제11조). 이때 사전신고 대상 업무는 대통령령으로 정하는 금융관련법령에서 정하고 있는 금융업무로서 해당 법령에서 보험회사가 할 수 있도록 한 업무와 그 밖에 보험회사의 경영건전성을 해치거나 보험계약자 보호 및 건전한 거래질서를 해칠 우려가 없다고 인정되는 금융업무로서 대통령령으로 정하는 금융업무이고, 대통령령으로 정하는 금융업으로서 해당 법령에 따라 인가·허가·등록 등이 필요한 금융업무는 사전신고의무 대상이 아니다.

이러한 신고의무를 부여한 이유는 보험회사의 겸영업무의 적법성을 도모하고, 효율적 관리를 위한 것으로 풀이된다. 문제는 보험회사의 겸영신고에 대해 감독당국의 신고수리 통보가 필요한 것인지 또한 감독당국이 신고서에 대한 심사를 할 수 있는지 여부 등이 문제되는데, 신고의 법적 의미와 그 성격에 의하여 달리 보아야 할 것이다.

1) 신고의 의의

신고란 사인이 공법적 효과 발생을 목적으로 행정 주체에 대하여 일정한 사실을 알리는 행위를 의미한다. 통상의 신고는 행정청에 대한 '통지'로 법적 효력이 발생하고, 별도의 행정청 심사는 필요로 하지 아니한다(행정절차법 제40조 제2항). 신고의 종류에는 자체 완성적 신고와 행정 요건적 신고로 분류되고, 각각의 경우 행정청의 심사 범위는 구분된다.

2) 자체 완성적 신고

가. 의의

행정청에 일정한 사항을 통지함으로써 법령에서 정한 신고의 법적 효과가 발생하는 신고를 말한다(행정절차법 제40조 제1항). 자체 완성적 신고의 경우 신고서의 기재사항 및 필요한 구비서류에 흠이 없을 경우 신고서가 행정청에 접수한 때 신고 의무는 이행된 것으로 본다(행정절차법 제40조 제2항). 신고 중 행정청에 순수하게 정보를 제공하는 기능을 하는 신고를 정보 제공적 신고라고 하고, 정보 제공적 신고의 경우 행정청이 제공된 정보에 대한 수리 여부를 심사·결정할 필요가 없으므로 자기 완결적 신고에 해당한다.

나. 행정청의 심사 범위

행정절차법은 자기 완결적 신고의 경우에도 행정청은 신고서 기재사항의 결격 여부를 심사할 수 있다고 규정하고 있다(행정절차법 제40조 제2항). 대법원은 자기 완결적 신고의 경우 신고서 및 그 첨부서류에 대한 행정청의 형식적 심사권을 인정하는 입장이다.[42] 또한 대법원은 '수리를 요하는 신고'의 경우 실체적 요건에 대한 심사를 거쳐 행정청이 신고 수리를 한 때만 법적 효력을 인정하는 입장이다.[43]

3) 수리를 요하는 신고

가. 의의

수리를 요하는 신고는 행정청에 일정한 사항을 통지한 경우에도 행정청의 수리 행위가 있어야만 법령에서 정한 신고의 법적 효과가 발생하는 신고를 말한다. 수리를 요하는 신고의 경우 신고서의 기재사항 및 필요한 구비서류에 흠이 없을 경우 신고서가 행정청에 접수한 때 신고 의무는 이행된 것으로 본다(행정절차법 제40조 제2항). 신고 중 행정청에 순수하게 정보를 제공하는 기능을 하는 신고를 정보 제공적 신고라고 하고, 정보 제공적 신고의 경우 행정청이 제공된 정보에 대한 수리 여부를 심사·결정할 필요가 없으므로 자체 완성적 신고에 해당한다.

나. 심사 범위

행정절차법은 자체 완성적 신고의 경우에도 행정청은 신고서 기재사항의 결격 여부를 심사할 수 있다고 규정하고 있고(행정절차법 제40조 제2항), 대법원 또한 자체 완성적 신고의 경우 신고서 및 첨부서류에 대한 행정청의 형식적 심사권을 인정하는 입장이다.[44]

4) 검토

보험회사의 겸영업무에 대한 신고가 자체 완성적 신고인지 행정 요건적 신고인지 여부는 명확하지 않으나 겸영이 허용된 업무는 법령상 열거된 업무로서 다른 금융법령에

42 대법원 1990. 10. 29. 선고 90마772 결정; 대법원 2005. 2. 25. 선고 2003다13048 판결 등.

43 대법원 2011. 1. 20. 선고 2010두14954 판결.

44 대법원 1990. 10. 29. 선고 90마772 결정; 대법원 2005. 2. 25. 선고 2003다13048 판결 등.

따라 인가 등을 거친 업무이거나 금융위원회의 고시에 따라 허용된 업무에 한하여 인정되고, 실무상 겸영업무를 영위하고자 하는 보험회사는 사전에 감독당국과의 충분한 협의를 거쳐 신고를 하게 되므로 신고수리 거부 등의 문제는 발생하지 않는다. 그리고 금융당국의 인가 등을 받은 업무를 다시 신고하게 하는 이중 규제적 측면도 가지고 있고, 특별히 겸영업무 허용에 대한 실질적 요건의 검토가 필요하지 않는 점에 비추어 보고적 신고에 해당한다고 보아야 할 것이다.

(3) 다른 업무 겸영의 효과

1) 적법한 겸영의 경우

보험회사가 다른 금융업 또는 부수업무를 하는 경우에는 대통령령으로 정하는 바에 따라 그 업무를 보험업과 구분하여 회계처리 하여야 한다(보험업법 제11조3).

구분회계 처리는 당해 업무에 속하는 자산·부채 및 수익·비용을 보험업과 구분하여 계리하여야 한다. 이 경우 겸영업무 및 부수업무는 직전 사업연도 매출액이 당해 보험회사 수입보험료의 1천분의 1 또는 10억 원 중 많은 금액에 해당하는 금액을 초과하는 업무에 한한다(시행령 제17조 제1항).

2) 위법한 겸영 경우

보험회사가 겸영할 수 없는 업무를 겸영한 경우에는 5천만 원 이하의 과태료를 부과한다(보험업법 제209조 제1항 제1호). 보험회사의 발기인 등이 위반한 경우에는 2천만 원 이하의 과태료를 부과한다(보험업법 제209조 제2항 제1호).

(4) 겸영업무의 개시시점

보험회사가 수행할 수 있는 겸업업무는 보험업의 허가 시부터 겸영업무를 수행할 수도 있고, 보험업을 영위하는 중간에도 겸영업무를 시작할 수 있다. 다만 이 경우에는 신고 등의 절차는 이행하여야 한다.

4. 부수업무

(1) 부수업무의 의의

보험업법은 부수업무가 무엇인지에 별도의 정의 규정을 두지 않고, 보험회사가 보험업에 부수하는 업무를 영위하려면 그 업무를 시작하려는 날의 7일 전까지 금융위원회에 신고 하여야 한다고 규정하고 있다(보험업법 제11조의2 제1항 본문). 다만 다른 보험회사가 이미 신고하여 영위하는 부수업무를 영위하고자 하는 경우에는 신고를 하지 않고 바로 부수업무를 영위할 수 있다((보험업법 제11조의2 제1항 단서).

따라서 우선 부수업무가 무엇인지 밝힐 필요가 있다. 그런데 종래에는 보험회사의 부수업무는 보험업법령에서 상세하게 열거하고 있었지만 2010년 보험업법 개정 시부터 부수업무에 관한 정의 규정 없이 네거티브 규제로 전환하면서 부수업무에 관한 개념 정의가 필요하게 되었다. 보험회사의 부수업무란 보험업과 관련성이 있으며 보험회사의 합리적인 경영을 위하여 보험회사의 업무 범위에 추가되는 것이 적절한 업무를 말한다. 구체적으로 보면 부수업무는 보험업과 관련된 업무, 보험회사가 소유하는 인력·자산 또는 설비 등을 활용한 업무 등이 대개 이에 속한다고 볼 수 있다.

보험회사는 대출주선 및 대리업무, 신용카드 모집업무, IT시스템 수탁운영, 홈페이지를 이용한 광고대행업무 등을 새로운 부수업무로 개발하여 수익사업을 다각화하고 있다. 보험업법에서 부수업무를 신고하도록 한 이유는 보험회사의 부적절한 부수업무 수행을 통제하여 보험회사의 경영건전성을 확보하고, 보험계약자를 보호하고, 보험시장의 안정성을 해치는 일이 없도록 하기 위한 것이다.

(2) 부수업무의 요건

1) 적극적 요건

부수업무는 보험업이라는 고유업무로부터 수반되어 나타나는 업무를 말한다. 즉, 부수업무는 보험업 자체는 아니지만 보험업과 밀접한 관련을 가지고 있는 업무를 말한다.

부수업무는 보험업과 밀접한 관련성을 가지 업무, 보험회사의 인적·물적 자원을 활용할 수 있는 업무, 보험급부의 내용과 관련한 부수적 서비스라는 관점에서 부수업무의 범위를 설정해볼 수 있다.

2) 소극적 요건

보험회사의 부수업무는 (i) 보험 회사의 경영건전성을 해치지 않을 것, (ii) 보험계약자 보호에 지장을 가져오지 않을 것, (iii) 금융시장의 안정성을 해치지 않을 것이라는 소극적 요건을 충족하여야 한다(보험업법 제11조의2).

3) 부수업무의 구체적인 사례

보험회사의 부수업무에는 보험회사의 홈페이지활용을 통한 광고대행 업무, 보증상품 위탁 취급 업무, 재공제 업무, 전산시스템 수탁운영 업무, 부동산 에스크로(escrow) 업무, 신용카드 모집업무, 금융자문 및 대출 주선업무, 보험업무 소프트웨어 사용권 판매업무, 기업의 인수·합병의 중개, 주선 및 대리업무 등이다.

(3) 부수업무의 사전 신고

보험업에 부수하는 업무를 하려면 그 업무를 하려는 날의 7일 전까지 금융위원회에 신고하여야 한다(보험업법 제11조의2 제1항 본문). 신고를 받은 금융위원회는 그 내용을 검토하여 적합하면 신고를 수리하여야 한다(보험업법 제11조의2 제2항). 이에 따라 부수업무의 신고는 그 법적 성질이 수리를 요하는 신고에 해당한다.

신고를 받은 금융당국은 당해 부수업무가 보험회사의 경영 건전성, 보험계약자 보호, 금융시장 안정성 등에 영향을 미치는지 여부를 심사하고 만약 제한 사유에 해당하면 부수업무 영위를 제한할 수 있다.

따라서 부수업무는 신고내용에 대한 형식적 요건 외에 실질적 요건의 검토가 필요한 신고로 행정 요건적 신고에 해당하는 것으로 보는 것이 타당하다. 그리고 부수업무 신고의 효력은 신고내용이 보험업법상 제한사유에 해당하는지 여부를 검토하여 접수 결과를 통보한 때 발생한다.

(4) 부수업무의 제한 또는 시정명령

보험회사가 신고한 부수업무의 내용이 회사의 경영건전성을 해치는 경우이거나 보험계약자 보호에 지장을 가져오는 경우, 또는 금융시장의 안정성을 해치는 경우에는 당해 부수업무를 하는 것을 제한하거나 시정할 것을 명할 수 있다(보험업법 제11조의2 제3항).

제한명령 또는 시정명령은 그 내용 및 사유가 구체적으로 기재된 문서로 하여야 한다(보험업법 제11조의2 제4항).

(5) 공고

금융위원회는 신고받은 부수업무에 대해 공고를 하여야 하고, 부수업무가 보험회사의 경영건전성을 해치는 경우이거나 보험계약자 보호에 지장을 가져오는 경우, 또는 금융시장의 안정성을 해치는 경우에 해당하여 제한명령 또는 시정명령을 한 경우에는 그 부수업무를 대통령령이 정하는 바에 따라 인터넷 홈페이지 등에 공고하여야 한다(보험업법 제11조의2 제5항). 이에 따라 시행령에서는 보험회사가 부수업무를 신고하면 그 신고일로부터 7일 이내에 인터넷 홈페이지에 공고하여야 하고 공고 시에는 (i) 보험회사의 명칭, (ii) 부수업무의 신고일, (iii) 부수업무의 개시 예정일, (iv) 부수업무의 내용, (v) 그 밖에 보험계약자의 보호를 위하여 공시가 필요하다고 인정되는 사항으로서 금융위원회가 정하여 고시하는 사항을 공고하여야 한다(보험업법 시행령 제16조의2 제1항). 부수업무를 하는 것을 제한하거나 시정할 것을 명한 경우에는 그 내용과 사유를 인터넷 홈페이지 등에 공고하여야 한다(보험업법 시행령 제16조의2 제2항).

5. 겸영업무 및 부수업무의 회계처리

보험회사가 겸영업무 또는 부수업무를 하는 경우에는 대통령령으로 정하는 바에 따라 그 업무를 보험업과 구분하여 회계 처리하여야 한다(보험업법 제11조의3).

겸영업무와 부수업무의 구분회계 처리는 직전 사업연도 매출액이 해당 보험회사 수입보험료의 1천분의 1 또는 10억 원 중 많은 금액에 해당하는 금액을 초과하는 경우에 한다(보험업법 시행령 제17조 제1항). 겸영업무 및 부수업무의 회계처리세부기준 등 그 밖에 필요한 사항은 금융위원회가 정하여 고시한다(보험업법 시행령 제17조 제2항).

6. 보험회사 업무의 위탁

(1) 총설

보험회사는 허가나 인가 등을 받은 업무를 영위함에 있어 제3자에게 업무를 위탁하거나 제3자의 업무를 수탁할 수 있다(금융기관의 업무위탁 등에 관한 규정 제3조 제1항 본문). 다만 일정한 업무에 대해서는 제3자에게 위탁할 수 없고, 반드시 보험회사 본체 내에서 수행하여야 한다.

(2) 위탁 불가능 사항(금융기관의 업무위탁 등에 관한 규정 제3조 제1항 단서)

(i) 인가 등을 받은 금융업 또는 다른 금융업의 본질적 요소를 포함하는 업무를 위탁하는 경우. 다만 다음 각 목의 어느 하나에 해당하는 업무의 경우에는 위탁할 수 있다.

i) 위탁하고자 하는 업무가 해당 금융업의 본질적 요소가 아니라 다른 금융업의 본질적 요소인 경우로서 법령에서 해당 업무수행을 허용하고 있는 자에 대하여 위탁하는 경우

ii) 인가 등을 받은 업무를 효율적으로 수행하는 데 필요한 경우로서 해당 업무를 위탁하더라도 금융기관의 건전성 또는 신인도를 저해하거나 금융질서의 문란 또는 금융이용자 피해를 발생시킬 우려가 낮은 것으로 금융위원회가 인정하는 경우

(ii) 관련 법령에서 금융기관이 수행하도록 의무를 부여하고 있는 경우

(iii) 업무의 위탁 또는 수탁으로 인하여 당해 금융기관의 건전성 또는 신인도를 크게 저해하거나 금융질서의 문란 또는 금융이용자의 피해 발생이 심히 우려되는 경우

(3) 보험업의 본질적 요소를 포함하는 업무

보험의 인수 여부에 대한 심사 및 결정, 보험계약의 체결, 보험계약의 변경, 해지 및 부활처리, 보험금 지급 여부에 대한 심사 및 결정, 재보험 출재 및 수재, 대출의 심사 및 승인, 대출계약의 체결 및 해지, 대출의 실행 업무, 채무 보증업무가 있다(금융기관의 업무위탁 등에 관한 규정 제3조 제2항).

제8절 외국보험회사 등의 국내사무소

1. 서설

외국보험회사, 외국에서 보험대리 및 보험중개를 업으로 하는 자 또는 그 밖에 외국에서 보험과 관련된 업을 하는 자는 한국 내의 보험시장에 관한 조사 및 정보의 수집이나 그 밖에 이와 비슷한 업무를 하기 위하여 국내에 사무소를 설치할 수 있다(보험업법 제12조 제1항).

2. 설치요건

외국보험회사, 외국에서 보험대리 및 보험중개를 업으로 하는 자 또는 그 밖에 외국에서 보험과 관련된 업을 하는 자이어야 하고, 설치목적은 보험시장에 관한 조사 및 정보의 수집이나 그 밖에 이와 비슷한 업무를 하기 위한 것이어야 한다. 그리고 국내사무소는 그 명칭 중에 사무소라는 글자를 포함하여야 한다(보험업법 제12조 제4항).

3. 설치신고

외국보험회사 등이 국내사무소를 설치하는 경우에는 그 설치한 날부터 30일 이내에 금융위원회에 신고하여야 한다(보험업법 제12조 제2항).

4. 금지행위

국내사무소는 (i) 보험업을 경영하는 행위, (ii) 보험계약의 체결을 중개하거나 대리하는 행위, (iii) 국내 관련 법령에 저촉되는 방법에 의하여 보험시장의 조사 및 정보의 수집을 하는 행위, (iv) 그 밖에 국내사무소의 설치 목적에 위반되는 행위로서 대통령령으로 정하는 행위를 할 수 없다(보험업법 제12조 제3항).

5. 업무 정지 및 폐쇄

금융위원회는 국내사무소가 보험업법 또는 보험업법에 따른 명령 또는 처분을 위반한 경우에는 6개월 이내의 기간을 정하여 업무의 정지를 명하거나 국내사무소의 폐쇄를 명할 수 있다(보험업법 제12조 제5항). 외국보험회사 국내지점의 경우 보험계약의 이전 후 국내사무소로 지위를 유지하고자 하는 경우에는 그러한 지위를 계속 보유할 수도 있다.

제3장

보험회사

●●● 제3장

보험회사

제1절 서 설

1. 보험회사 규정의 변천

상법은 기업에 관한 일반법으로서 기업의 일반에 적용된다. 보험회사는 기업으로서 상법의 적용을 받는 동시에 보험업법의 규율을 받는다. 보험업법 제3장은 보험기업에 특수한 사항을 규율하는 것을 그 내용으로 하고, 상법의 특별법으로 역할을 수행한다. 특히 보험업법은 상법상에서 예정하고 있는 회사 형태가 아닌 상호회사에 관한 설립 근거 규정을 두고 있다. 종래 보험업법 제3장에서는 상법의 특칙으로 임원 및 지배구조에 관한 여러 규정을 두고 있었다. 그러나 2015년 7월 31일 금융회사의 지배구조에 관한 법률(시행 2016. 8. 1.)이 제정되어 임원의 자격(제13조) 및 겸직제한(제14조), 사외이사의 선임(제15조), 감사위원회(제16조), 내부통제기준 등(제17조)의 규정이 모두 금융사지배구조법으로 이관되었다. 이제는 제2절 주식회사의 자본감소, 조직변경 등에 관한 특례규정과 제3절 상호회사의 설립, 사원의 권리와 의무, 상호회사의 기관, 계산, 정관변경, 사원의 퇴사, 해산, 청산에 관한 사항을 규정, 제4절 외국보험회사의 국내지점의 허가취소, 국내자산보유의무, 국내에서의 대표자에 관한 규정만이 존재하게 되었다.

금융회사의 지배구조에 관한 법률의 제정은 글로벌 금융위기 이후 전 세계적으로 금융회사의 바람직한 지배구조에 관한 중요성이 강조되고, 금융회사의 이사회와 감사위원회의 역할 강화 등 금융회사의 지배구조에 관한 규율을 강화할 필요성이 제기되었다. 이에 따라 이사회, 임원의 자격요건 등에 관한 사항을 통일적으로 규율하여 금융회사의 투명성과 책임성을 제고하고 건전한 운영을 유도하여 금융시장의 안정성을 유지하기 위한 제도적 기반을 마련하기 위한 것이다.

2. 보험회사의 개념

일반적으로 회사(company, corporation)란 상행위 또는 그 밖의 영리 행위를 목적으로 하는 사단 법인을 말한다. 상법상 회사의 종류에는 합명회사, 합자회사, 유한책임회사, 주식회사와 유한회사의 5종이 있다(상법 제170조). 우리 상법은 회사라 함은 상행위나 그 밖의 영리를 목적으로 하여 설립한 법인을 말한다고 규정한다(상법 제169조). 이러한 회사의 개념에서 회사의 개념을 구성하는 요소로서 영리성과 법인성을 도출할 수 있다. 영리의 사전적 의미는 재산상의 이익을 꾀하는 것을 말한다. 영리를 목적으로 한다는 의미와 관련하여 회사가 영리사업을 경영하여 이익귀속의 주체가 된다는 뜻으로 풀이하는 설도 있으나 이익귀속의 주체가 됨과 동시에 그 이익을 사원에게 분배하여야 한다는 뜻으로 해석하여야 한다.[1] 이러한 점에 비추어 사원이 없는 재단법인은 회사가 될 수 없고 공법인이 목적으로서가 아닌 수단으로서 영리사업을 하는 경우라도 회사로 보기 곤란하다. 종래 상법은 회사의 개념구성 요소로서 사단성을 요구하였으나 2011년 4월 개정 상법에서 사단성을 삭제하였다.[2]

보험회사(insurance company)라 함은 업무 내지 영업의 내용이 보험업이고, 보험계약의 당사자로서 보험자이며(상법 제638조의2 등), 보험업을 영위하는 주체를 말한다. 보험업법에서는 보험회사에 관한 정의 규정을 별도로 두고 있는데, 보험회사란 보험업법 제4조의 규정에 의한 허가를 받아 보험업을 영위하는 자이다(보험업법 제2조 제6호). 보험회사는 주식회사 형태의 보험회사와 상호회사 형태의 보험회사 그리고 외국보험회사 국내지점 형태의 보험회사가 있다. 보험회사는 상법상의 주식회사만이 될 수 있고, 그 밖의 회사 형태, 즉 합명회사, 합자회사, 유한회사는 물론 조합형태, 비법인 형태의 보험회사는

1 정찬형, 『상법강의(상)』(제19판), 박영사, 2016, 443면.
2 정찬형, 앞의 책, 445면.

있을 수 없다.

보험회사는 법인이고 기업이다. 경영학적 기업개념은 기업이란 경영의 목적을 달성하기 위하여 활동하는 영리적 조직체이다. 즉, 이윤을 추구할 목적하에 재화와 용역을 사회에 제공하려고 운영되고 있는 조직체이다.

경제학적 기업 개념은 경제학에서는 경제의 주체로서 가계, 기업 및 정부를 들고 있다. 국민경제 흐름에서 생산 소비 유통에서 기업은 생산활동 및 유통활동의 수행하는 자로서 가계는 주로 소비활동을 하는 주체이다. 정부는 기업 및 가계로 구성되는 민간부분의 경제활동을 규제 조정하며 공공재를 생산하는 경제주체이다.

제2절 자본감소

1. 자본의 의의

회사의 자산은 자본과 부채로 구성된다. 자본과 부채는 자산의 원천으로 자본은 기업의 소유자가 투하한 자금이고, 부채는 타인에게서 조달한 자금을 말한다. 보험회사는 설립에는 영위하고자 하는 보험종목별로 최소자본금을 납입하여야 보험업을 영위할 수 있다. 자본은 회사의 종류에 따라 항목이 달라질 수 있는데, 보험회사의 경우 자본금, 자본잉여금, 이익잉여금, 자본조정, 기타 포괄손익누계액으로 구성된다. 이하에서 논의는 자본항목에서 자본금을 전제로 한 것이다. 주식회사의 경우 회사 설립 시에는 회사 설립 시에 생기는 자본금은 실제로 발행된 주식을 가지고 계산한다. 즉, 액면주식이 발행된 경우에는 그 발행액면 주식 수에 1주당 액면금액을 곱한 주금총액에 의해 자본금이 구성된다. 이와 같은 설립 시의 자본금은 신주발행, 법정준비금의 자본전입, 주식배당, 전환사채의 전환 등에 의해 증가하고 주식의 소각, 병합 등에 의한 주식수의 감소 등에 의해 줄어들기도 한다.

2. 자본감소의 의의 및 문제점

자본감소란 회사의 자본금을 감소시키는 것을 말한다. 즉, 자본의 크기를 감소시키는 것으로서 감소분에 해당하는 금원을 주주에게 반환하는 실질적 자본감소와 장부상으로만 자본의 크기를 줄이는 명목상 자본감소가 있다.[3] 실질적 자본감소의 경우 사업규모에 비추어 자본이 과다하거나 합병의 경우 소멸회사의 주주들이 갖게 될 지분을 줄이고자 하거나 해산을 예상하고 청산절차를 간편하게 할 목적으로 사용되고, 명목상의 자본감소는 자본의 결손이 발생한 상태에서 재무구조를 개선할 목적으로 사용되는데, 실무상으로는 명목상의 자본감소가 대부분이다.

자본금은 회사의 창업과 기업유지를 위한 물적 기초가 되고, 기간손익의 계산을 위한 기준이 된다. 따라서 자본금은 회사의 재무상의 지표를 나타내는 사실적인 개념에 불과한 것이 아니라 자본금에 부합하는 실제의 자산을 갖추도록 노력하여야 한다는 의미에서 자본충실의 원칙의 실천을 위한 규범이 된다. 또한 자본감소는 회사의 지급능력 내지는 책임재산을 감소시키는 요인이 되므로 채권자들과 밀접한 이해관계를 갖는 사항이다.[4]

보험업법은 자본감소에 관하여 실체법상의 특칙은 두고 있지 않고 단지 보험계약자의 이익보호를 위한 특별한 절차적 통제규정을 두고 있을 뿐이다.

실질적 자본감소가 있게 되면 기존 주주로서는 출자를 환급받게 되는데, 이 경우 주주가 회사채권자보다 우선하여 투하자본을 회수하는 것이 되고 이로써 책임재산이 약화되게 되므로 주주에게는 유리한 반면 회사채권자에게는 불리하게 되는 것이고, 명목상의 자본감소의 경우 주주들이 주식을 소실당하는 손해를 입게 되는 반면 상대적으로 회사의 신용도가 제고되기 때문에 회사채권자에게는 유리한 것이 된다. 다만 어느 경우나 주주간의 형평성이 제기될 수 있고, 명목상의 자본감소의 경우에도 자본충실의 규범적 기준이 약화된 결과 회사채권자에게 나쁜 영향을 미칠 수도 있으므로, 상법은 어느 경우든지 주주 및 채권자 보호절차를 이행하도록 규정하고 있다. 그러나 결손을 보전하기 위한 자본금 감소는 자산의 사외유출을 수반하지 아니하여 채권자의 이해와는 무관하므로 채권자보호절차를 따로 거칠 필요가 없다(상법 제439조 제2항 단서).[5]

주식회사의 자본감소에 관해서는 상법 제438조 내지 제446조에서 규정하고 있다. 자본감소는 대내적으로 주주의 지위에 변화를 가져오는 것이므로 주주의 이해에 중대한 영향을 미치게 된다. 따라서 자본의 감소에는 주주총회의 특별결의가 있어야 한다(상법 제438조).

3 정찬형, 앞의 책, 1127면; 이철송, 『회사법강의』(제23판), 박영사, 2015, 912-913면.

4 이철송, 앞의 책, 912면.

5 정찬형, 앞의 책, 1131면; 이철송, 앞의 책, 918면.

3. 자본감소의 방법

자본은 발행주식의 액면총액이므로(상법 제451조), 자본의 감소는 발행주식수를 감소시키거나 액면가를 감소하거나 또는 양자를 병행하는 방법으로 할 수 있다.[6] 주식수를 감소시키는 방법으로는 주식의 병합과 소각이 있는데, 병합은 주식병합의 절차에 의하고(상법 제440조 이하), 소각은 주식의 소각 중 자본감소의 절차에 따라 하는 소각, 즉 자본소각의 절차에 의한다. 주식소각은 주주의 동의 여하에 따라 강제소각과 임의소각으로, 대가의 지급 여부에 따라 유가소각과 무상소각으로 각 구분될 수 있다. 액면가를 감액하는 방법으로는 감액된 주금액에 상당하는 금액을 주주에게 반환하는 환급과 반환하지 않는 절기가 있다.[7] 액면가는 정관의 절대적 기재사항이므로 액면가 감액의 경우 정관변경의 절차를 이행하여야 한다. 그 밖의 방법에 의할 때는 정관변경을 할 필요가 없다. 한편 무액면주식을 발행한 경우에는 액면이 없으므로 액면가의 조정에 의한 감자는 있을 수 없고, 자본과 주식이 연결되어 자본을 구성하는 것도 아니므로 자본감소에 주식의 병합이나 소각도 필요하지 않다. 단지 회사가 자본감소의 의사결정을 함으로써 족하다. 물론 자본금감소를 계기로 주식을 소각하거나 병합할 수도 있으나 이는 양자의 단순한 병행에 불과하고 주식의 병합이나 소각으로 인해 자본이 감소되는 것은 아니다.[8]

자본감소는 어느 경우든지 주주 및 채권자의 보호가 요구되고, 주주평등의 원칙에 합치하여야 한다. 특히 주주평등원칙은 업무집행기관의 자의적 업무집행이나 다수파주주의 의결권남용으로부터 소액주주의 지위를 보장하여주는 기능을 하고 있는 것으로서 주식회사제도의 근본 질서 중의 하나이므로 이에 반하는 자본감소는 원칙적으로 무효이다. 주주평등원칙과 관련하여, 주식의 병합이나 액면가의 감액은 모든 주주에게 공통되게 적용되는 것이어서 별다른 문제가 없으나, 주식소각의 경우에는 동 원칙에 반할 위험이 있다. 예를 들어, 특정 대주주의 주식만을 유상으로 임의 소각하여주는 것은 소액주주나 채권자의 이익을 해하는 것으로서 지분환급의 탈법적 수단이 될 수 있고, 반대로 소액주주의 주식만을 무상으로 강제 소각하는 것은 소액주주의 이익을 근본적으로 박탈하는 것이 될 수 있다. 이러한 자본감소는 어느 경우나 무효라고 할 것이다.

6 이철송, 앞의 책, 915면.
7 이철송, 앞의 책, 915면.
8 이철송, 앞의 책, 917면.

4. 자본감소의 절차

(1) 개관

자본감소의 일반적인 절차의 흐름은 (i) 이사회결의(상법 제362조), (ii) 주총 특별결의(상법 제438조 제1항), (iii) 채권자 이의절차(상법 제439조 제2항 및 제232조), (iv) 자본감소 공고 및 보험계약자 이의절차(보험업법 제18조 제2항 및 제141조 제2항), (v) 금융위원회의 승인(보험업법 제18조 제2항, 제139조), (vi) 구 주권 제출권고(상법 제440조), (vii) 자본감소 효력발생(상법 제441조), (viii) 신 주권 교부(상법 제442조), (ix) 자본감소 등기(상법 제317조 제2항 제2·3호, 동조 제4항 및 제183조) 순으로 진행된다.

(2) 주주총회 특별결의

자본금의 감소에는 주총 특별결의가 있어야 한다(상법 제438조 제1항). 그러나 결손보전을 위한 자본금의 감소는 주주총회의 보통결의에 의한다(상법 제438조 제2항). 자본금 감소를 결의하기 위한 주주총회의 소집통지에는 의안의 요령을 적어야 하고, 감자에 관한 주주총회결의에서는 감자의 방법도 결정하여야 한다(상법 제439조 제1항).

또한 주주명부확정절차를 밟아야 한다(상법 제354조). 자본감소 중에서 액면가를 감액하는 경우 이외에는 원칙적으로 정관변경을 요하는 것은 아니나 자본감소 그 자체가 주주의 이해관계에 중대한 영향을 미치므로 자본의 감소에는 주주총회 특별결의가 있어야 한다(상법 제438조). 주주총회 소집을 위해서 이사회의 결의가 있어야 함은 물론이다(상법 제362조).

(3) 채권자 및 보험계약자 보호절차

회사의 자본감소는 주주이외에 회사채권자에게도 중대한 영향을 미치는 사항이다. 왜냐하면 자본의 감소는 회사 채권자의 담보력의 감소, 즉 책임재산의 감소를 의미하기 때문이다. 따라서 상법은 자본감소에 관하여 채권자 보호절차를 마련하고 있다. 한편 보험회사의 경우에는 자금의 차입이 제한되어 있고 대부분의 자산이 보험계약자의 보험료로 구성되어 있으며 보험계약자는 잠재적인 미래의 채권자에 해당하므로 특별히 보험계약자의 보호가 필요하다.

이러한 보험회사의 특성을 고려하여 보험업법은 자본감소결의에 대하여 보험계약자 보호를 위한 특별한 절차를 규정하고 있다.

1) 자본감소의 결의 요지 및 재무상태표 공고

회사는 자본감소의 결의가 있은 날로부터 2주 내에 회사채권자에 대하여 자본감소에 이의가 있으면 1개월 이상의 기간 내에 이를 제출할 것을 공고하고, 알고 있는 채권자에 대해서는 따로따로 이를 최고하여야 한다(상법 제432조 제2항, 제232조 제1항). 보험주식회사의 경우 자본감소의 결의를 한 때는 그 결의를 한 날부터 2주일 이내에 결의의 요지와 재무상태표를 공고하여야 한다(보험업법 제18조 제1항). 이때 결의의 요지란 감소하고자 하는 자본액 및 감소의 방법을 말하는 것으로 해석된다. 재무상태표는 결의일 현재의 것으로 이를 공고하는 취지는 자본감소절차를 간략하게 이해관계자에게 알려주는 반면에 회사의 재산상태를 공시하여 이해관계자의 불이익을 방지하기 위한 것이다.

2) 이의제출

채권자가 위 기간 내에 이의를 제출하지 아니한 때는 자본감소를 승인한 것으로 보나, 이의를 제출한 때는 회사가 그 채권자에 대하여 변제 또는 상당한 담보를 제공하거나 이를 목적으로 하여 상당한 재산을 신탁회사에 신탁하여야 한다(상법 제432조 제2항, 제32조 제2·3항). 사채권자가 이의를 함에는 사채권자집회의 결의가 있어야 하고, 이 경우 법원은 이해관계인의 청구에 의하여 사채권자를 위하여 이의제기기간을 연장할 수 있다(상법 제432조 제3항). 또한 보험주식회사의 경우 자본감소의 공고 시에는 자본감소결의에 이의가 있는 자는 일정한 기간 내에 이의를 제출할 수 있다는 뜻을 부기하여야 하고 이때 이의제출 기간은 1월 미만으로 하지 못한다(보험업법 제18조 제2항, 보험업법 제141조 제2항). 이의제출 기간 내에 이의를 제출한 보험계약자가 보험계약자총수의 10분의 1을 초과하거나 그 보험금액이 보험금총액의 10분의 1을 초과하는 경우에는 자본의 감소를 하지 못한다(보험업법 제18조 제2항, 보험업법 제141조 제3항).

3) 금융위원회의 승인

일반회사가 자본감소를 하고자 할 경우에는 감독당국의 인가절차는 거칠 필요가 없다. 그러나 보험주식회사의 경우 자본감소는 보험계약자에 중대한 영향을 미치는 사항이므로 감독당국인 금융위원회의 승인사항으로 정하고 있다. 따라서 자본감소를 결의한 보험 주식회사는 채권자 및 보험계약자 보호절차를 거친 후 금융위원회의 승인을 받아야 한다(보험업법 제18조 제2항, 보험업법 제139조). 이 규정은 2010년 보험업법 개정 시에 신설되었다. 그러나 모든 형태의 자본감소가 승인 대상이 되는 것은 아니고, 금융위원회의 승인 대상이 되는 자본감소는 주식 금액 또는 주식 수의 감소에 따른 자본금의 실질적 감소가 있는 경우이다(보험업법 시행령 제23조의2). 따라서 자본금의 실질적 감소가 필요 없는 무상 감자는 승인 대상이 아니다. 금융위원회의 승인을 득하지 아니한 자본감소는 승인의 법적 성질에 의하여 다르게 판단할 수 있으나 효력요건으로 보아 금융위원회의 승인 없는 자본감소는 무효가 된다.[9] 또한 보험회사의 발기인 등이 자본감소에 관한 보험업법 제18조의 규정을 위반하여 자본 감소를 한 경우에는 2천만 원 이하의 과태료가 부과된다(보험업법 제209조 제2항 제3호).

4) 실행절차

액면가를 감액하는 경우에는 회사가 주주에게 그 뜻을 통지 또는 공고하고 주권이 발행되어 있는 경우 주권을 회수하여 액면가를 정정해주어야 한다. 주식병합 시에는 주권제출의 공고와 통지를 한 뒤 구 주권을 회수하고 신 주권을 교부하여주며, 주식소각 시에는 주권제출이 공고와 통지를 한 뒤 구 주권을 회수하여 실효시킨다(상법 제440조 내지 제444조, 제343조 제2항). 주식소각의 경우 구 주권을 회수하지 못하더라도 주권제출기간의 만료 또는 늦어도 채권자보호절차의 종료 시에는 주식소각의 효력이 발생한다.

5) 등기

실행절차가 완료되면 자본감소로 금융위원회의 승인서류, 공고 및 이의에 관한 서류 등을 첨부하여 소정의 기간 내에 변경등기를 하여야 한다(보험업법 제149조, 상법 제317조 제2항 제2호, 제4항). 실행절차가 완료되면 자본감소의 효력이 발생하는 것이므로 변경등기는 효력발생요건이 아니다.[10]

---

9 石田 滿, 『保險業法』, 文眞堂, 2015, 37면.

10 이철송, 앞의 책, 922면.

5. 자본감소의 효과

자본감소는 이의를 제출한 보험계약자 그 밖의 보험계약으로 인하여 발생한 권리를 가진 자에 대하여도 그 효력이 미친다(보험업법 제18조 제2항, 법 제151조 제3항). 자본감소의 실행절차가 완료되면 자본감소의 효력이 발생하고 이로써 회사의 자본은 감소하며 질권자는 새로운 주식 및 주주가 환급받는 금전에 대하여 물상대위권을 행사할 수 있다. 감자의 절차나 내용상 하자가 있는 경우에는 주주, 이사, 감사, 청산인, 파산관재인 또는 자본감소를 승인하지 아니한 채권자에 한하여 자본감소로 인한 변경등기가 있은 날로부터 6월 내에 감자무효의 소로써 그 무효를 주장할 수 있다(상법 제445조). 감자무효의 사유는 (i) 주주총회결의가 없거나 하자가 있는 경우, (ii) 채권자보호절차가 흠결된 경우, (iii) 자본감소의 방법이 주주평등원칙에 위배된 경우 등과 같이 감자절차 및 내용상 중대한 하자가 있는 경우로 한정된다. 감자무효의 소에 관하여 구체적인 것은 설립무효의 소에 준하여 취급되고(상법 제446조), 무효판결의 효력은 대세효 및 소급효를 지니게 된다.

6. 금산법상의 자본감소의 특례

금산법은 금융기관이 주식을 소각하거나 병합하여 자본감소를 결의하는 경우 채권자의 이의제출 및 주주총회의 소집기간과 절차에 관하여 특칙을 규정하고 있다(제5조의2).

주식을 병합하는 경우 해당 부실금융기관은 5일 이상의 기간을 정하여 병합 내용과 그 기간 내에 주권(株券)을 회사에 제출할 것을 공고하고, 주식병합기준일부터 1개월 이내에 신주권(新株券)을 교부하여야 한다. 다만 자본시장과 금융투자업에 관한 법률에 따라 주권이 예탁결제원에 예탁되어 있는 주식을 병합하는 경우에는 주식병합기준일에 실질 주주명부의 기재에 따라 구주권(舊株券)의 제출 및 신주권의 교부가 이루어진 것으로 할 수 있으며 이 경우 그 사실을 본문에 따른 공고를 할 때 함께 공고하여야 한다(제12조 제6항).

제3절 조직변경

1. 서설

회사가 다른 회사로 변경하는 경우 일반원칙에 의하면 그 회사를 해산하고 다른 종류의 회사를 설립하는 것이다. 그러나 이러한 절차를 거치다 보면 번잡스러우므로 회사의 인격의 동일성을 유지하면서 다른 종류의 회사로 그 법률상의 조직을 변경하는 것을 인정하고 있다.[11] 조직변경은 변경전의 회사가 소멸하고 변경 후 새로운 별개의 회사가 생기는 것이 아니라 법인격의 동일성이 그대로 유지되는 점에서 합병과 근본적으로 구별된다. 보험업법에 의하여 인정되는 회사형태는 주식회사와 상호회사가 있다. 보험업법이 인정하는 조직변경의 형태로 주식회사에서 상호회사의 변경이 있다(보험업법 제20조 제1항). 이러한 조직의 변경은, 첫째, 주주가 보험업의 영위를 포기하고자 하나 보험계약자들은 보험계약을 유지하고 싶어 하는 경우, 둘째, 주주가 보험회사의 재무건전성 비율(risk base capital)을 충족하지 못하여 퇴출되어야 할 상황이나 보험계약자들은 보험계약을 유지하고 싶어 하는 경우에 필요한 제도이다.[12] 이러한 점에서 볼 때 상법상의 조직변경과 달리 보험업법상의 조직변경은 이해관계의 한축을 형성하고 있는 보험계약자 단체의 이익을 고려한 제도임을 알 수 있다.

2. 허용형태

회사의 조직변경은 그 성질이 비슷한 회사 간에서만 허용된다. 우리 상법상 조직변경은 인적회사, 즉 합명회사와 합자회사 상호 간의 조직변경(상법 제242조 및 제286조)과 물적 회사, 즉 주식회사와 유한회사 상호 간의 조직변경(상법 제604조 및 제607조)만 인정하고 있다. 한편 보험업법은 보험회사의 조직변경에 관한 특별규정을 두고 있는데, 보험업법이 인정하는 조직변경은 주식회사에서 상호회사로 조직변경이 허용되어 있다(보험업법 제20조 제1항).[13] 이에 반하여 상호회사에서 주식회사로의 조직변경은 규정하고 있지 않다. 따라서 이의 허용 여부에 관하여 견해가 대립될 수 있는바, 일본의 경우에

11 정찬형, 앞의 책, 485면.

12 성대규·안종민, 『한국보험업법』(개정2판), 두남, 2015, 194면.

13 미국 뉴욕주 보험법 제7302조 및 일본 보험업법 제68조에서 이러한 형태의 조직변경을 허용하고 있다.

는 상호회사에서 주식회사로의 조직변경을 명문으로 인정하고 있다.[14]

생각하건대 상호회사가 현실적으로 존재하지 않은 우리나라의 경우 그 논의의 필요성은 작아 보이나 상호회사에서 주식회사 형태로의 조직변경을 허용하는 것이 타당하다고 생각된다. 특히 이해관계자의 수나 상호회사의 주식회사로의 변경 수요 등을 고려해보건대 이러한 형식의 변경도 허용하는 것이 바람직하다고 본다. 한편 보험업법이 상호회사에서 주식회사로의 조직변경을 명문으로 인정하지 않는 이유에 대해 상호회사에서의 자금 및 담보력의 부족을 주식자본의 도입에 의해 해결하는 것을 고려할 수 있다. 그러나 상호회사의 경영이 곤란한 상황에서 주식을 발행하여 자금을 조달하는 것이 사실상 곤란하고, 오히려 주식에 대한 배당압력이 있게 되어 실효성이 적기 때문이라고 설명한다.[15]

3. 상호회사의 기금 및 준비금 적립

보험주식회사는 그 조직을 변경하여 상호회사로 전환할 수 있는데, 이 경우 상호회사는 보험업법 제9조의 자본금 요건에도 불구하고 기금의 총액을 300억 원 미만으로 하거나 이를 설정하지 아니할 수 있다(보험업법 제20조 제2항).

보험업법 제9조에 의하면 보험회사는 일정한 경우를 제외하고 300억 원 이상의 자본금 또는 기금을 납입함으로써 보험업을 시작할 수 있도록 하고 있는데, 이와 같이 상호회사로 조직변경의 경우 예외를 허용하고 있는 것은 이미 설립되어 있는 보험회사의 경우 최저납입자본금 요건은 특별한 의미를 갖지 않고, 보험업법 제126조에서 정하고 있는 재무건전성 요건을 충족하고 있는 경우에는 특별히 문제될 것이 없기 때문이라고 설명한다.[16] 한편 주식회사의 조직을 상호회사 조직으로 변경하는 경우에 손실의 보전에 충당하기 위하여 금융위원회가 필요하다고 인정하는 금액을 준비금으로 적립하여야 한다(보험업법 제20조 제3항). 자본금에 상당하는 기금은 이미 기술한 바와 같이 엄격하게 지킬 필요는 없더라도 보험계약자 보호를 위하여 손실보전준비금을 확보하도록 한 것이다.[17]

14 일본 보험업법 제85조.
15 노상봉, 『보험업법해설』, 매일경제신문사, 1998, 262면.
16 성대규·안종민, 앞의 책, 194면.
17 성대규·안종민, 앞의 책, 194면.

4. 조직변경의 절차

(1) 조직변경의 결의

주식회사가 조직을 변경하기 위해서는 주주총회의 의결을 거쳐야 한다(보험업법 제21조 제1항). 이 경우 주주총회의 의결은 출석한 주주의 의결권의 3분의 2 이상의 수와 발행주식 총수의 3분의 1 이상의 수로써 하여야 한다(보험업법 제21조 제2항, 상법 제434조). 조직변경을 위한 주주총회 결의에서는 (i) 조직변경 후의 상호회사의 기금의 총액, (ii) 준비금 및 손실보전 준비금의 액, (iii) 주주 및 신주예약권에 대한 보상에 관한 사항, (iv) 조직변경 후의 보험계약자의 권리에 관한 사항, (v) 조직변경의 효력발생일 등에 관한 사항이 결의에 포함될 내용이다(일본 보험업법 제69조 제4항).

(2) 조직변경 결의의 공고와 통지

1) 의의

주식회사가 주주총회에서 조직변경의 결의를 한 때는 그 결의를 한날로부터 2주 이내에 결의의 요지와 재무상태표를 공고한다(보험업법 제22조 제1항). 이때 주주명부에 적힌 질권자에게는 이와 같은 주주총회의 결의의 요지와 재무상태표를 개별적으로 알려야 한다(보험업법 제22조 제1항). 이와 같이 보험업법에 의한 조직변경의 통지 대상은 등록질권자에 한한다. 일본의 경우 질권자에 대한 통지를 공고로써 갈음할 수 있도록 하고 있다(일본 보험업법 제69조 제6항).

주식회사에서 상호회사로의 조직변경의 경우 이해관계를 갖는 자는 당해 보험회사의 주주와 주식을 담보로 잡고 있는 질권자, 당해 회사의 채권자 등이 있다. 보험업법 제22조 제1항에서는 이 점을 고려하여 주주총회에서 조직변경의 결의의 요지와 대차대조표를 공고하면서 주주명부에 적힌 질권자에게 개별적으로 알리도록 명문화하고 있다.

한편 주식의 경우 재산적 가치를 갖고 있고, 양도가 가능하므로 담보의 대상으로 할 수 있다. 기명주식의 입질 방법에는 약식질과 등록질이 있는데, 약식질은 당사자 간에 질권 설정의 합의와 질권자에 대한 주권의 교부에 의하여 설정하고(상법 제338조 제1항), 등록질은 당사자 간의 질권설정의 합의와 질권자에 대한 주권의 교부 외에 질권설정자의 청구에 의하여 질권자의 성명과 주소가 주주명부에 기재하는 방법으로 설정한다(상법 제340조 제1항).

등록질권자는 유치권, 우선변제권, 전질권, 물상대위권을 갖는다. 또한 잔여재산분배청구권을 갖고, 이익배당청구권 및 신주인수권에 대해서는 긍정하는 견해와 부정하는 견해가 있다.[18] 질권자에 대하여 통지하도록 한 이유는 조직변경에 따른 권리변동에 미리 대비할 수 있는 기회를 제공하고자 하는 것이다.

2) 이의 제출의 공고 및 통지

가. 내용

보험업법 제22조 제1항에 의하여 결의의 요지와 대차대조표를 공고하는 경우 이의가 있는 자는 일정한 기간 내에 이의를 제출할 수 있다는 뜻을 부기하여야 하고 이의 제출기간은 1월 미만으로 하지 못한다(보험업법 제22조 제2항, 보험업법 제141조 제2항).

나. 이의제출 공고 및 통지 대상

보험업법 제22조 제2항은 주식회사가 조직변경을 결의한 경우 상법 제232조를 준용하도록 규정하고 있다. 따라서 보험 주식회사가 조직변경 결의를 한 경우 2주 내에 회사채권자에 대하여 조직변경에 이의가 있으면 1월 이상의 정한 기간 내에 이를 제출할 것을 공고하여야 하고 알고 있는 채권자에 대하여 별도로 이를 최고하여야 한다. 여기서 채권자는 보험계약자도 당연히 포함된다.

보험회사의 주주의 주식에 대하여 질권을 가진 자는 여기서 말하는 공고 및 통지의 대상은 아니다. 질권자는 주주에 대한 채권자일 뿐 회사에 대해서는 직접적인 채권자는 아니기 때문이다.

3) 이의제출의 효과

조직변경 사실에 대하여 질권자에게 통지하고 질권자로부터 이의제출을 받은 경우 효과에 관하여 보험업법 제22조 제2항에서는 보험업법 제141조 제3항의 규정을 준용하도록 하고 있다. 그런데 보험업법 제141조 제3항은 이의제출 기간 내에 이의를 제출한

18 정찬형, 앞의 책, 796-798면 참조.

보험계약자가 변경될 주식회사의 보험계약자총수의 10분의 1을 초과하거나 그 보험금액이 변경될 보험금총액의 10분의 1을 초과하는 경우에는 조직변경을 하지 못한다고 규정하고 있는바, 질권자의 이의제출에 따른 효과를 부여하기 위한 기준을 무엇으로 하여야 하는지 문제된다. 이와 관련하여 질권자는 원칙적으로 보험계약자가 아니기 때문에 보험계약자 총수 또는 보험금 총액을 준용하기 어렵다고 하면서 보험계약자 총수는 총주주의 수로 보험금 총액은 총자본금으로 해석하여야 한다는 견해가 있다.[19] 그러나 이러한 해석론은 질권자에게 이의제출권이 있음을 전제로 한 것인데, 전술한 바와 같이 질권자는 보험회사에 대하여 직접적으로 이의를 제출할 수 있는 권리를 갖고 있다고 볼 수 없기 때문에 타당한 해석으로 볼 수 없다.

조직변경에 대한 이의를 제출할 수 있는 기회는 변경될 주식회사의 채권자에 대하여도 부여하여야 하고, 이때 알고 있는 채권자에 대해서는 개별적으로 이를 통지하여야 한다(보험업법 제22조 제2항, 상법 제232조 제1항). 통지를 받은 채권자가 이의제출 기간 내에 이의를 제출하지 아니한 때는 조직변경을 승인한 것으로 간주한다(보험업법 제22조 제2항, 상법 제232조 제2항). 이의제출 기간 내에 이의를 제출한 채권자에 대해서는 회사는 그 채권자에 대하여 변제 또는 상당한 담보를 제공하거나 이를 목적으로 하여 상당한 재산을 신탁회사에 신탁하여야 한다(보험업법 제22조 제2항, 상법 제232조 제3항).

일본 보험업법은 이의를 진술한 보험계약자의 수가 보험계약의 총수의 5분의 1을 초과하고, 이의를 진술한 보험계약자의 보험계약에 걸린 채권(보험금 청구권을 제외한다)의 액에 상당하는 금액으로써 내각부령에서 정하는 금액이 보험계약자의 금액의 총액의 5분의 1을 초과하는 경우 승인의 결의는 효력이 생기지 않는다고 규정하고 있다(제70조 제6항).

5. 조직변경결의 공고 후의 보험계약

조직변경결의를 한 주식회사는 조직변경결의의 공고를 한 날 이후에 보험계약을 체결하고자 하는 경우에는 보험계약자가 될 자에게 조직변경의 절차가 진행 중이라는 뜻을 통지하고 그 승낙을 받아야 한다(보험업법 제23조 제1항). 본 조항은 조직변경절차가

19 성대규·안종민, 앞의 책, 196면.

진행 중임을 알지 못하고 보험계약을 체결한 자의 불측의 손해를 방지하기 위하여 둔 규정이다. 조직변경의 절차가 진행 중임을 승낙한 보험계약자는 조직변경의 절차관계에 있어서는 보험계약자가 아닌 자로 간주한다(보험업법 제23조 제2항). 따라서 조직변경에 대한 이의제출과 보험계약자 총회에 참가할 권리가 없다.

일본 보험업법도 보험회사가 조직변경을 공고를 한 날 이후에 보험계약을 체결하려고 할 때는 보험계약자가 되려고 하는 자에 대하여 보험계약을 체결하려고 할 때는 보험계약자가 되려고 하는 자에 대하여 조직변경이 진행 중이라는 취지를 통지하고 승낙을 얻어야 한다. 승낙을 한 보험계약자는 조직변경에 관한 보험계약자 총회와 관련하여 보험계약자가 아닌 것으로 간주한다(일본 보험업법 제71조).

6. 보험계약자 총회

(1) 보험계약자 총회의 의의

보험 주식회사를 상호회사로 변경하는 경우 변경되는 상호회사의 사원은 보험계약자가 되므로 보험계약자 총회를 통하여 단체법적 문제들을 결정하여야 한다.

(2) 보험계약자 총회의 소집

조직변경결의의 공고에 대하여 1월 이상의 기간 내에 이의를 제출한 보험계약자의 수와 그 보험금이 소정의 법정비율, 즉 보험계약자총수의 10분의 1, 또는 그 보험금액이 변경될 보험금총액의 10분의 1을 초과하지 아니하는 경우에는 이사는 채권자의 이의 절차의 종료 후 지체 없이 보험계약자 총회를 소집하여야 한다(보험업법 제24조 제1항).

보험업법은 보험계약자 총회의 신속한 소집을 위하여 보험계약자에 대한 소집통지는 보험계약자가 회사에 통지한 주소로 하면 되고 그 통지는 보통 그 도달할 시기에 도달한 것으로 본다고 규정하고 있다(보험업법 제24조 제2항, 상법 제353조 제1항 및 제2항).

(3) 보험계약자 총회의 대행기관

주식회사는 조직변경의 결의에 있어서 보험계약자 총회에 갈음하는 기관에 관한 사항을 정할 수 있다(보험업법 제25조 제1항). 이와 같이 대행기관을 인정하는 이유는 보험계약자의 수가 다수인 경우에는 보험계약자 총회를 개최하는 것이 실제로 불가능하므로 조직변경에 관한 업무처리의 효율성을 기하고자 하는 취지에서 둔 제도이다. 보험계약자 총회 대행기관에 대해서는 보험계약자 총회에 관한 규정이 그대로 준용된다(보험업법 제25조 제2항). 보험계약자 총회 대행기관에 관한 사항을 정한 경우에는 이해관계자 등이 이를 알 수 있도록 조직변경결의의 공고 시 함께 기재하여야 한다(보험업법 제25조 제3항).

(4) 보험계약자 총회의 소집통지

총회의 소집은 회일을 정하여 2주간 전에 각 보험계약자에 대하여 서면 또는 전자문서로 통지를 발송하여야 한다. 다만 그 통지가 보험계약상의 보험계약자 주소에 계속 3년간 도달하지 아니한 경우에는 회사는 당해 보험계약자에 대하여 총회의 소집을 통지하지 아니할 수 있다(보험업법 제26조 제2항, 상법 제363조).

(5) 보험계약자 총회의 소집지

총회는 정관에 다른 정함이 없으면 본점 소재지 또는 이에 인접한 장소에서 소집하여야 한다(보험업법 제26조 제2항, 상법 제364조).

(6) 보험계약자 총회의 결의

1) 결의사항

보험계약자 총회는 정관의 변경 그 밖에 상호회사의 조직에 필요한 사항을 결의하여야 한다(보험업법 제28조 제1항). 그리고 보험계약자 총회는 조직변경의 결의를 변경할 수 있는데, 이 경우 주식회사의 채권자의 이익을 해하지 못한다(보험업법 제28조 제2항). 보험계약자 총회에서 조직변경결의의 변경으로 주주에게 손해를 입히게 되는 경우에는 주주총회의 동의를 얻어야 하고 주주총회의 동의는 상법상의 특별결의에 의하여야 한다(보험업법 제28조 제3항). 정관의 변경 그 밖의 상호회사의 조직에 필요한 사항의 결의에는 보험계약자 총회 소집통지서에 그 뜻의 기재가 없는 경우에도 이를 할 수 있다(보험업법 제28조 제4항).

2) 의결권 및 의결정족수

보험계약자 총회에서 결의는 보험계약자 과반수의 출석과 그 의결권의 4분의 3 이상의 찬성으로 결의한다(보험업법 제26조 제1항). 의결권은 정관에 특별한 규정이 있는 경우를 제외하고는 보험계약자 총회에서 보험계약자는 각각 1개의 의결권을 가진다(보험업법 제26조 제2항, 보험업법 제55조). 이때 보험계약자의 의결권의 행사에 있어 대리행사가 가능한지 여부가 문제되는바, 보험업법은 보험계약자의 대리인으로 하여금 의결권을 행사할 수 있도록 명문으로 규정하고 있다(법 제26조 제2항, 상법 제367조 제3항). 총회의 결의에 관하여 특별한 이해관계가 있는 자는 의결권을 행사하지 못한다(법 제26조 제2항, 상법 제367조 제4항). 총회의 결의에 관해서는 상법 제368조 제4항의 규정에 의하여 행사할 수 없는 의결권의 수는 출석한 주주의 의결권의 수에 산입하지 아니한다(법 제26조 제2항, 상법 제371조 제2항).

(7) 의사록 작성

보험계약자 총회의 의사에는 의사록을 작성하여야 한다. 또한 의사록에는 의사의 경과요령과 그 결과를 기재하고 의장과 출석한 이사가 기명날인 또는 서명하여야 한다(보험업법 제26조 제2항, 상법 제373조).

(8) 회의 속행 및 연기

총회에서는 회의의 속행 또는 연기의 결의를 할 수 있다(보험업법 제26조 제2항 상법 제372조).

(9) 보험계약자 총회 하자에 대한 구제

1) 결의취소의 소

보험계약자 총회의 소집절차 또는 결의방법이 법령 또는 정관에 위반하거나 현저하게 불공정한 때 또는 그 결의 내용이 정관에 위반한 때는 주주·이사 또는 감사는 결의의 날로부터 2월 내에 결의취소의 소를 제기할 수 있다(보험업법 제26조 제2항, 상법 제376조 제1항). 주주가 결의취소의 소를 제기한 때는 법원은 회사의 청구에 의하여 상당한 담보를 제공할 것을 명할 수 있다(보험업법 제26조 제2항, 상법 제377조). 결의한 사항이 등기된 경우 결의취소의 판결이 확정된 경우에는 본점과 지점의 소재지에서 등기하여야 한다(보험업법 제26조 제2항, 상법 제378조). 또한 법원은 결의취소의 소가 제기된 경우에 결의의 내용, 회사의 현황과 제반사정을 참작하여 그 취소가 부적당하다고 인정한 때는 법원은 그 청구를 기각할 수 있다(보험업법 제26조 제2항, 상법 제379조).

2) 결의무효 및 부존재확인의소

보험계약자 총회 결의 무효 및 부존재확인소와 부당결의의 취소 변경의 소에 관한 상법의 규정은 보험계약자 총회에 적용된다(보험업법 제26조 제2항, 상법 제380조 및 제381조).

(10) 보험계약자 총회에서 보고

주식회사의 이사는 조직변경에 관한 사항을 보험계약자 총회에 보고하여야 한다(보험업법 제27조). 그리고 총회는 이사가 제출한 서류와 감사의 보고서를 조사하게 하기 위하여 검사인을 선임할 수 있다(보험업법 제26조 제2항, 상법 제367조).

7. 조직변경의 등기 및 공고

주식회사가 그 조직을 변경한 때는 변경한 날부터 본점과 주된 사무소의 소재지에 있어서는 2주일, 지점과 종된 사무소의 소재지에 있어서는 3주일 이내에 주식회사는 해산의 등기를, 상호회사는 설립등기를 하여야 한다(보험업법 제29조). 등기의 신청서에는 정관과 조직변경결의, 조직변경결의의 공고, 보험계약자 총회의 결의 및 동의, 보험계약이전에 대한 보험계약자의 이의와 채권자의 이의절차의 종료를 증명하는 서류를 첨부하여야 한다(보험업법 제29조 제2항). 보험회사는 조직변경을 한 경우에 지체 없이 그 취지를 공고하여야 한다. 이전을 하지 아니하게 된 경우에도 또한 같다(보험업법 제31조, 제145조).

8. 조직변경의 효과

주식회사의 보험계약자는 조직변경으로 인하여 당해 상호회사의 사원이 된다(보험업법 제30조). 조직이 변경되는 주식회사의 보험계약자는 상호회사의 조직변경에 의해 조직변경의 등기일부터 상호회사의 사원이 되는 것으로 해석된다.

9. 상법 등의 준용

제31조(「상법」 등의 준용) 주식회사의 조직 변경에 관해서는 제145조와 「상법」 제40조, 제339조, 제340조 제1·2항, 제439조 제1항, 제445조 및 제446조를 준용한다. 이 경우 「상법」 제446조 중 제192조는 제238조로 본다.

제4절 소액단기전문보험회사

1. 서설

소액단기보험회사는 모집할 수 있는 보험상품의 종류, 보험기간, 보험금의 상한액, 연간 총보험료 상한액 등 대통령령으로 정하는 기준을 충족하는 보험회사를 말한다(보험업법 제9조 제2항 제2호).

그동안 보험업 영위를 위해서는 리스크 규모와 무관하게 높은 자본금이 요구됨에 따라 신규사업자의 진입이 쉽지 않았다. 이에 따라 소규모·단기보험만을 전문으로 판매하는 보험업을 도입하고, 자본금 요건을 대폭 완화하였다. 소액단기전문보험회사는 일상생활의 다양한 위험을 보장할 수 있는 보험을 개발하여 판매할 수 있다. 이에 따라 기존 보험업권에서 활성화되지 않았던 반려견보험, 골프·레저보험, 자전거보험, 여행자보험, 날씨보험, 티켓보험, 변호사보험 등 다양한 상품이 활성화될 것으로 기대된다.

2. 소액단기전문보험회사의 특례

(1) 자본금 요건의 완화

소액단기전문보험회사의 겨우 10억 원 이상의 범위에서 대통령령으로 정하는 금액을 납입하면 보험업의 허가를 받을 수 있다. 그러나 기본 인프라 구축 비용 등이 초기에 상당히 소요될 것이므로 실질적인 활성화를 위해서는 기존 보험회사의 인프라의 임차 및 연계 사용 허용, 인적·물적 요건의 완화 등을 통하여 규제를 보다 완화할 필요가 있다.

(2) 취급종목의 제한

소액단기전문 보험회사가 취급할 수 있는 보험상품의 종류, 보험기간, 계약당 보험금 상한액, 연간 총 수입보험료 등은 향후 대통령령에서 구체화될 예정이다(보험업법 제9조 제2항 제2호).

3. 외국의 입법례 및 전망

일본은 2006년 보험업법을 개정하여 소액단기보험업을 도입하였으며, 2019년 기준 약 100여개의 소액단기전문 보험회사가 영업 중이다. 여행업자, 가전회사, 부동산회사 등 다양한 산업에서 소액단기전문 보험업에 진출하고 있으며, 소액단기전문 보험사회에서 시작하여 일반 손해보험회사로 전환한 사례도 있다.

한편 정보 통신 기술의 발전에 따라 블록체인, P2P 보험 등과 함께 보험시장의 혁신에 기여할 것으로 기대된다.

제5절 보험계약자 등의 우선취득권

갑은 보험회사와 보험계약을 체결하여 정상 유지 중이다. 보험회사는 갑의 보험금 지급채무의 이행을 위하여 1억 원을 적립하여두고 있다. 그런데 급격한 금리하락 및 자산운용의 실패로 보험회사가 파산하게 되었다. 또한 갑은 가구점을 운영 중이었는데, 갑 보험회사에 대하여 납품대금 채권 10억 원을 가지고 있다. 갑은 보험회사에 대하여 파산에 따른 해지 환급금을 다른 채권자에 비하여 우선 변제받을 수 있는가? 갑은 11억 원에 대해 우선변제권을 주장할 수 있는가?

1. 의의

보험업법은 보험계약자 등이 보험회사에 대해서 가지는 보험금 청구권 등을 확실하게 보장하기 위하여 보험계약자 등의 우선취득권(보험업법 제32조)과 예탁자산에 대한 우선취득권(보험업법 제33조)제도를 두고 있다.

보험계약자 등의 우선취득권이란 보험계약자 또는 보험금을 취득할 자가 보험회사에 대하여 보험회사가 피보험자를 위하여 적립한 금액에 대해 다른 법률에 특별한 규정이 있는 경우를 제외하고는 우선하여 취득할 수 있는 권리를 말한다(보험업법 제32조 제1항).

우선취득권제도는 1962년 보험업법 제정 시부터 존재하였고, 당시에는 생명보험에 대해서만 인정하였으나 1977년 보험업법 개정 시부터 손해보험에도 확대되었다. 우리나라의 우선취득권제도는 생명보험회사에 한하여 인정되고, 손해보험의 경우에는 인정하고 있지 않은 일본의 그것과 대비된다. 일본에서는 생명보험의 경우 생명보험계약의 장기성 및 저축적 성격을 가진 것을 고려하고 보험계약자 보호라고 하는 사회정책적인 의미도 있다고 설명한다. 이에 따라 손해보험의 적립형 상품에 있어서도 그 적용의 당부를 검토하는 것이 타당하다는 견해가 제기된다.

2. 인정 필요성

보험계약자 등은 보험사고가 발생하거나 보험계약을 중도에 해지한 경우 보험회사에 대하여 보험금 등 제지급금을 청구할 권리가 생긴다. 이때 보험계약자 등의 보험금 등 제지급청구권은 보험회사가 적립한 책임준비금으로 지급된다. 보험회사가 정상 유지되고 변제자력이 충분한 경우에는 보험계약자 등은 언제든지 보험회사로부터 보험금을 취득하는 데는 아무런 장애가 없다. 그러나 보험회사가 파산하게 되는 경우에는 문제가 달라진다. 보험회사가 파산하는 경우 보험금 청구권 등은 파산채권에 속하게 되고, 잔여재산으로부터 배당을 받게 되는데, 잔여재산이 충분하지 못한 경우에 채권자 평등의 원칙에 따라 보험계약자의 보험금 및 제지급 청구권은 일반채권자와 동일한 지위에서 변제를 받는 것이 원칙이므로 보험계약자 등은 채권을 충분하게 변제받지 못할 가능성이 있다. 이러한 점을 고려하여 보험업법은 보험회사의 파산의 경우 잔여재산 분배에 있어서 다른 권리자 보다 우선순위를 확보해주기 위하여 우선취득권제도를 두게 된 것이다.

보험회사인 주식회사의 자산의 대부분이 다수의 보험계약자가 갹출한 보험료로 구성되고 그중 일부는 보험계약자 등의 보험금 채권에 충당하기 위하여 적립이 강제되므로 보험계약자는 책임준비금에 상당하는 자산의 범위 내에서는 회사의 일반채권자에 비하여 두터운 보호를 받을 필요가 있다. 이러한 차별은 합리적 이유가 있는 차별로서 헌법에서 보장하는 평등권을 침해하는 규정으로 보기 어렵다.

3. 우선취득권의 대상 자산

보험계약자 우선취득권의 행사 대상이 되는 자산은 보험주식회사가 피보험자를 위하여 적립한 금액이다. 여기서 피보험자를 위하여 적립한 금액이라 함은 보험료적립금, 미경과보험료, 지급준비금, 계약자 배당준비금 등 책임준비금이 이에 해당한다. 손해보험회사의 경우 비상위험준비금도 이에 포함된다고 해석된다. 이러한 범위에서 보험회사의 책임준비금은 일종의 신탁재산으로서의 성격을 가진다고 볼 수도 있다.

피보험자는 손해보험의 경우 보험금 청구권자, 인보험의 경우에는 단순히 보험의 객체로서의 의미를 가진다. 따라서 인보험의 경우에는 보험료적립금 등이 피보험자를 위하여 적립한 것인가 하는 의문이 들 수 있다.

4. 우선취득권자

보험계약자 등의 우선취득권이 인정되는 자는 보험계약자 또는 보험금을 취득할 자이다. 보험계약자는 보험계약상의 당사자로서 보험계약상의 채무인 보험료 지급채무를 지고 있는 자이다. 보험계약자에 재보험의 보험계약자가 포함되는지 여부가 문제될 수 있는데, 우선취득권을 인정하는 취지가 보험계약자의 보호라고 하는 사회적·정책적 의미도 갖고 있는 것이므로 재보험의 보험계약자는 포함되지 않는 것으로 해석된다.

보험금을 취득할 자란 생명보험에서 보험수익자, 손해보험계약의 피보험자, 타인을 위한 보험에서 제3자, 책임보험에 있어서 피해자 등이 이에 포함된다.

우선취득권이 인정되는 채권이 범위는 보험계약자 등의 모든 권리가 아니라 보험금 청구권, 손해보상청구권, 환급금, 잉여금, 계약자배당금, 그 밖에 보험계약으로부터 발생하는 권리이고 재보험금은 제외된다.

5. 일반계정과 특별계정의 구분 처리

보험업법은 1995년도에 특별계정의 설정에 관한 근거조문을 신설하였는바, 이에 따라 특별계정이 설정된 경우에는 특별계정과 그 밖의 계정을 구분하여 각각 적용한다(보험업법 제32조 제2항). 따라서 특별계정을 구성하는 보험계약의 보험계약자 등은 특별계정자산에서 우선취득권이 보장된다.

6. 우선취득권자의 순위

(1) 권리상호 간 우선순위 원칙

채권은 채권자 평등의 원칙이 지배되므로 성립의 순서를 가리지 않고 평등하게 배당을 받을 수 있다. 어느 물건에 관하여 채권과 물권이 성립하고 있는 경우에는 그 성립시기를 불문하고 항상 물권이 우선한다.

이러한 물권의 우선적 효력은 채무자가 파산하거나 다른 채권자가 강제집행을 하는 경우에 효력을 발휘한다. 물권과 물권 간의 효력은 시간적으로 먼저 성립한 물권이 후에 성립한 물권보다 우선한다.

(2) 채권에 우선하는 물권의 효력의 예외

부동산 물권의 변동에 관한 청구권을 가등기 한 경우, 등기한 부동산 임차권, 주택의 인도와 주민등록을 마친 주택임차권, 근로기준법상의 임금우선특권, 주택임대차보호법상의 소액보증금, 상법상의 우선특권 등은 물권의 우선적 효력의 예외에 해당한다.

(3) 경매에서 배당순위

경매의 경우 각 채권자간의 구체적인 배당순위는 (i) 경매실행비용, (ii) 경매목적물의 제3취득자가 지출한 필요비 및 유익비, (iii) 주택임대차보호법상의 소액임차보증금중 일정금액, 상가건물임대차보호법상의 소액임차보증금중 일정금액, 근로기준법상 임금채권(3개월 임금, 3년간의 퇴직금, 재해보상금), (iv) 집행목적물에 부과된 국세 및 지방세와 가산금(당해세), 이때 국세채권은 법정기일과 근저당권설정일을 비교하여 우선순위를 정한다. (v) 당해세를 제외한 국세 및 지방세, 근저당권, 전세권, 담보가 등에 의한 채권, 대항요건과 확정일자를 갖춘 임차보증금 채권, (vi) 최우선 변제권을 제외한 임금채권, (vii) 법정기일이 전세권, 저당권, 질권 설정일보다 늦은 국세 및 지방세 등, (viii) 의료보험법, 산업재해보상보험법 및 국민연금법에 의한 보험료 등 공과금, (ix) 가압류 및 일반채권이다.

(4) 보험계약자 등의 우선취득권의 순위

보험업법은 우선취득권은 다른 법률에 특별한 규정이 없으면 주식회사의 자산에서 우선하여 취득한다고 규정하고 있다. 여기서 다른 법률이란 민법 및 상법, 근로기준법 등 노농관계법, 국세 및 지방세법, 의료보험법 등의 법률규정을 말한다. 따라서 보험계약자의 우선취득권은 전술한 (viii) 의료보험법, 산업재해보상보험법 및 국민연금법에 의한 보험료 등 공과금 등의 다음 순위의 채권으로 보아야 할 것이다(일본 민법 제306조 제1호 참조).

7. 해외 입법례

프랑스의 경우 생명보험계약, 혼인·출산보험계약 등에 대해 우선취득권을 인정한다(프랑스 보험법 제327-2조). 독일의 경우 생명보험에서 책임준비금에 대하여 다른 채권자에 우선하며 손해보험의 경우 미경과보험료 부분의 청구권 및 보험금 청구권에 한하여 다른 채권에 우선한다(독일 보험감독법 제80조).

일본의 경우 생명보험 주식회사의 경우에 보험계약자 및 보험금 수취인은 피보험자를 위하여 적립한 금액에 대하여 회사의 총재산에 우선취득권을 가지는 취지로 규정하였으나 1995년 보험업법 개정 시 일반채권자들이 보험계약자보다 후순위가 되어야 할 정당한 근거가 없다는 이유로 폐지하였지만 2000년 개정 보험업법에서 위의 우선취득권에 관한 규정을 변경하여 상호회사에 있어서도 보험계약자가 우선취득권을 가지는 것으로 규정하였다. 즉, 생명보험회사의 경우 보험계약자는 피보험자를 위하여 적립한 금액에 대하여 보험금 청구권을 갖는 자는 그의 권리의 액에 대하여 각각 회사의 총재산에서 우선취득권을 인정한다(보험업법 제117조의2 제1항).[20]

20 石田 滿, 『保險業法』, 文眞堂, 2015, 248-249면 참조.

제6절 예탁자산에 대한 우선변제권

1. 의의

보험계약자 또는 보험금을 취득할 자는 피보험자를 위하여 적립한 금액을 주식회사가 보험업법에 의한 금융위원회의 명령에 따라 예탁한 자산에서 다른 채권자에 우선하여 변제를 받을 권리를 가진다(보험업법 제33조 제1항).

금융위원회는 보험회사의 업무운영이 적정하지 않거나 자산상황이 불량한 경우에 보험계약자 및 피보험자를 위하여 자산의 예탁을 명령할 수 있는데(보험업법 제131조 제1항 제2호), 본 조항은 금융위원회의 명령에 의하여 예탁된 자산은 보통 피보험자를 위하여 적립한 금액일 것이므로 이에 대하여 보험계약자 등에게 우선변제권을 보장한 규정이다.

특별계정이 설정된 경우에는 특별계정과 그 밖의 계정을 구분하여 각각 적용한다(보험업법 제32조 제2항). 본 조항은 주식회사인 보험회사의 경우만 적용되는 것으로 규정하고 있으나 상호회사 및 외국보험회사의 국내지점 등의 경우에도 동일하게 적용될 필요가 있으므로 이들에 대해서도 확대적용을 위한 장치를 마련하여야 할 것으로 보인다. 동 제도는 1962년 보험업법 제정 시부터 존재하는 제도이다.

2. 보험계약자 등의 우선취득권과 비교

보험계약자 등의 우선취득권은 보험회사 내부에 유보된 자산을 그 대상으로 하는 데 반하여 예탁자산에 대한 우선변제권제도는 보험회사 내부에 유보된 자산이 아닌 외부에 예탁된 자산을 대상으로 한다는 점에서 차이가 있다. 그러나 권리의 실질적인 내용에 있어서는 동일하다.

3. 우선취득권의 순위

보험계약자 등의 예탁자산에 대한 우선변제권은 예탁한 자산에서 다른 채권자보다 우선하여 변제를 받을 권리이다. 예탁자산의 우선변제권은 보험계약자 등의 우선취득권과 달리 '다른 법률에 특별한 규정이 없으면'이라는 보충적 규정을 두고 있지 않아 순위에서 예탁자산의 우선취득과 달리 보아야 하는 것이 아닌가 하는 생각이 들 수 있으나 표현상의 차이만 있을 뿐 실질적으로 동일한 순위를 가진 것으로 해석된다.

4. 해외 입법례

일본의 경우 1995년 이전에는 생명보험 주식회사의 경우에 보험계약자 및 보험금 수취인은 피보험자를 위하여 적립한 금액에 대하여 회사의 총재산에 우선취득권을 가지는 취지로 규정하고(일본 보험업법 제32조), 이어서 보험계약자 등은 공탁재산위에 우선변제권을 가지는 취지로 규정하였다(일본 보험업법 제33조). 그러나 이와 같은 규정은 1995년 보험업법 개정 시에 삭제되었다가 2000년 개정 보험업법에서는 생명보험회사에 한하여 우선취득권을 인정하는 것으로 규정하고, 예탁자산의 우선변제권에 관한 구 일본 보험업법 제33조의 취지의 규정은 개정 입법에도 반영되지 않았다.

5. 입법론적 과제

보험계약자 등의 우선취득권과 예탁자산에 대한 우선변제권은 1962년 보험업법 제정 시부터 인정되는 제도로서 파산 시에 다른 채권자에 비해 보험계약자를 보호하고자 하는 취지의 사회정책적 배려의 산물이다. 그러나 그 후 보험회사의 지급불능 사태에 대비하여 예금자 보험제도가 시행되고 있고, 손해보험계약의 제3자 보호제도도 2003년 보험업법 개정 시부터 신설되어 시행되고 있다.

이러한 제도의 시행으로 보험계약자 등은 최소한의 보호를 받게 되었고, 보험계약자 등의 우선취득권과 예탁자산에 대한 우선변제권과 예금자 보호법 및 제3자 보호제도와의 관계가 어떻게 되는지에 관한 법률적 논쟁이 발생할 소지가 있다. 또한 보험가입을 유도할 정책적 고려의 필요성이 어느 정도 해소되었고 다른 권리와의 관계에서 순위확보의 실효성이 떨어지고 오히려 보험회사의 자금조달 등에 있어 장애요인으로 작용하는 문제점도 거론되고 있으므로 이에 대한 제도 개선이 필요하다고 생각한다.

제7절 상호회사

1. 설립

(1) 서설

1) 상호회사의 의의

보험업법은 상법상의 회사 형태가 아닌 특수한 회사형태의 하나로서 상호회사제도를 두고 있는데, 상호회사라 함은 보험업을 경영할 목적으로 보험업법에 의하여 설립된 회사로서 보험계약자를 사원으로 하는 회사를 말한다(보험업법 제2조 제7호). 상호회사는 보험업법 제정 시부터 존재하는 보험회사의 형태이나 현재 우리나라의 경우는 상호회사가 존재하지 않는다. 상호회사에 대해 독일 보험감독법 제15조와 오스트리아 보험감독법 제12조에서는 상호회사의 의의를 사원상호의 보험을 행하는 것을 목적하는 사단법인이라고 설명하고 있다.

2) 법적 성격

상호보험을 경영하는 형식은 조합계약에 의하는 경우와 회사조직을 갖춘 경우로 구분할 수 있다. 그러나 우리나라 보험업법은 회사 형태의 상호회사만을 인정하고 있다. 따라서 조합조직 형태의 기업조직은 보험업법상 인정되지 않고 있다. 조합의 경우는 회사를 이루지 못한 보험의 공동기업조직으로서 원시적인 형태이지만, 이러한 형식의 기업은 여전히 미국 등 외국에서 발전하고 있다. 조합조직으로서의 보험영업조직은 조합원과의 밀접한 사회적 관계가 미리 전제되어 있어야 한다는 점에서 매우 폐쇄적인 성격을 지니게 된다. 그에 비하여 상호회사는 보험계약자가 사단이라는 보험단체를 형성하고 보험계약자 스스로 이에 가입하여 경영하는 형태를 띤다.[21]

법적 성격과 관련하여 다음으로 문제되는 것은 '상호회사가 영리회사인가 또는 비영리법인인가?' 하는 점이다. 상호회사는 사원 상호의 보험을 영위하는 것을 목적으로 하고 영리를 목적으로 하지 않으므로 영리법인도 아니라고 한다. 그러나 오늘날 상호보험회사는 보험업만을 영위하는 것이 아니라 각종의 부수업무 겸영업무를 영위할 수 있도록

21 MacGillivray · Parkington, Insurance Law, Sweet & Maxwell, 1975, pp.143-144.

허용되어 있고, 상호보험회사의 비영리성은 보험업이 충분히 발달하지 못한 초기의 사업 형태에 기초한 결론으로 오늘날 변화된 경제사회적 구조하에서 비영리 법인이라고 간주하는 것이 타당한 해석인지 의문이 든다.

본질적으로 상호회사의 구성도 영리성에서 찾아야 한다. 적극적인 영리추구의 목적은 다소 미약할 수 있으나 상호회사를 구성하여 보험료 미사용에 따른 이익을 스스로 취하겠다는 이익 동기가 상호회사의 밑바닥에는 깔려 있는 것이다.

또한 상호회사는 이익의 출연이 상호 대가적이라는 점을 가지고 있다 보험료와 보험금 지급이 그것이다. 그런데 대표적인 비영리 사단법인의 경우 대가적 출현이란 없다. 일방적인 출연이 있을 뿐이다. 영리와 비영리를 구별하는 가장 중요한 기준으로 작용하는 이익의 분배 및 잔여재산의 분배의 면에서 보아도 상호회사는 이익의 분배 및 잔여재산의 분배 모두를 인정하고 있다. 잔여재산의 분배가 아무리 수익성 활동과 무관한 것이라고 하더라도 잔여재산의 분배를 통한 수익의 분배를 막을 길이 없다.

대부분의 비영리법인은 국가의 직접적인 감독을 받지 않는 것이 상식이다. 그러나 상호보험회사에 대해서는 보험업법에서 주식회사의 형태의 보험회사와 무차별하게 감독법규가 적용되고, 공적자금의 투입도 이를 배제하지 않고 있다. 이러한 점을 종합해볼 때 기본적으로 상호보험회사는 상행위에 속하는 보험이라는 사업을 위해 구성된 사단이라고 볼 수 있다. 동창회 등과 같이 목적의 비영리성이 확연한 단체와 그 특성이 뚜렷이 구별된다.

또한 상호회사는 당연상인도 아니고 의제상인도 아니라고 한다. 그러나 상호회사의 보험계약의 인수업무는 주식회사와 동일하게 영리적 기업적 입자에서 영위하고 게다가 사원은 보험료를 한도로 유한책임을 부담할 뿐 그의 사업의 관리는 사원 이외의 이사에 맡겨져 있다. 그래서 보험업법은 회사법의 주식회사에 관한 법률의 규정을 준용하고 있다.[22] 일본의 경우 보험업법에서 상행위에 관한 규정을 준용하는 규정을 두고, 사원이 아닌 보험계약을 인정하고 또한 자금조달의 방법으로 기금의 증액과 사채의 발행을 인정하고 게다가 상호회사에 상법 제3편 상행위의 규정을 준용하는 등 상호회사의 실질에 입각하여 영립법인인 주식회사의 접근하게 하게 있다고 해석되고 있으나 상호회사를 영리법인으로 보기는 곤란하다고 보고 있다.

22 石田 滿, 41면.

3) 상호회사의 필요성

오늘날 우리나라에 현실적으로 상호회사가 존재하지 아니한 점을 내세워 상호회사제도의 무용론을 주장하는 견해가 제기될 수 있다. 그러나 보험제도의 역사나 상호 부조라는 보험이념에 가장 부합하는 제도는 상호회사이다. 오늘날 수협공제, 우체국보험, 신협공제, 새마을 공제, 생활협동조합의 공제 등 다수의 공제제도가 존재하는바, 이러한 공제를 상호보험제도로 흡수하는 방안을 고려해볼 필요가 있다. 상호회사의 진입규제를 대폭 낮추고 기존의 공제 등이 용이하게 상호회사로 전환할 수 있는 제도적 기반을 마련함으로써 소액보험업자가 생겨날 수 있는 생태계를 조성할 필요가 있다.

4) 상호회사의 명칭

상회회사는 그 명칭 중에 상호회사라는 글자를 포함하여야 한다(보험업법 제35조). 상호회사라는 명칭을 명확히 하도록 하여 상호회사와 이해관계를 형성하려는 자에게 사전에 인지하여 참고할 수 있는 기회를 제공하고자 하는 취지이다.

5) 상호보험

상호보험은 보험계약으로 인해 이익을 갖는 자들이 다수를 이루어 자금을 출연하고 그 구성원 중에서 보험사고를 당하게 되면 보험금을 지급하기로 하는 비영리 보험이다. 상호보험은 보험계약법의 역사로 본다면 보험제도의 시초로서 오히려 영리보험제도보다 시대적으로 앞선다. 상호보험은 개인주의와 자유주의적 생산조직인 상사회사제도에 대한 반항현상으로 이해할 수 있다. 보험의 영역에서 소비자의 자치사상과 이윤배척사상이 결합된 게르만적 사고방식의 발현이라고 할 수 있는 이러한 제도는 상호부조의 도덕적 색채를 다분히 지니고 있다. 상호보험에서는 보험계약자가 소유주로서 지위를 갖게 되고 그 보험계약자가 보험회사와 계약법적 지위뿐만 아니라 사원으로서 회사의 업무집행에도 관여하게 된다.

☞ 관련 판례

1. 「건설산업기본법」에 따라 건설공제조합이 조합원으로부터 보증수수료를 받고 조합원이 다른 조합원 또는 제3자와 하도급계약을 체결하는 경우 부담하는 하도급대금 지급채무를 보증하는 보증계약은 그 성질에 있어서 조합원 상호의 이익을 위하여 영위하는 상호보험으로서 보증보험과 유사한 것으로, 건설공제조합은 보증서에 기재된 보증기간 내에 발생한 보증사고에 대하여 보증금액의 한도

안에서 보증책임을 부담하고, 주채무자와 보증채권자 사이에서 주채무의 이행기를 보증기간 이후로 연기하는 변경계약을 체결하더라도 건설공제조합의 보증계약상의 보증기간도 당연히 변경된다고 할 수는 없다.[23]

2. 수산업협동조합법 제132조 제1항 제6호의 규정에 의하여 수산업협동조합중앙회가 회원을 위하여 행하는 선원보통공제는 그 가입자가 한정되어 있고 영리를 목적으로 하지 아니한다는 점에서 보험법에 의한 보험과 다르기는 하지만 그 실체는 일종의 보험으로서 상호보험과 유사한 것이고, 단기소멸시효에 관한 상법 제662조의 규정은 상법 제664조에 의하여 상호보험에도 준용되므로, 공제금청구권의 소멸시효에 관하여도 상법 제664조의 규정을 유추 적용하여 상법 제662조의 보험금 지급청구에 관한 2년의 단기소멸시효에 관한 규정을 준용하여야 한다.[24]

3. 보험금청구권에 대한 시효기간을 단축할 필요성에 있어서는 상호보험이나 주식회사 형태의 영리보험 간에 아무런 차이가 있을 수 없으므로, 단기시효에 관한 상법 제662조의 규정은 상법 제664조에 의하여 상호보험에도 준용된다고 보아야 할 것인데, 육운진흥법 제8조, 같은 법시행령 제11조의 규정에 의하여 자동차운송사업조합이나 자동차운송사업조합연합회가 하는 공제사업은 비록 보험업법에 의한 보험사업은 아닐지라도 그 성질에 있어서 상호보험과 유사한 것이므로, 결국 공제사업에 가입한 자동차운수사업자가 공제사업자에 대하여 갖는 공제금청구권의 소멸시효에 관하여도 상법 제664조의 규정을 유추 적용하여 상법 제662조의 단기소멸시효에 관한 규정을 준용하여야 할 것이다.[25]

4. 신용협동조합이 설립목적상 비영리법인이라고 하더라도 조합원이 아닌 비조합원에 대한 이자수입을 목적으로 한 장기간에 걸친 대출행위는 상법 제46조 제8호의 여신행위를 영업으로 한 경우에 해당하여 상행위로 보는 것이 타당하다.[26]

6) 상호회사와 주식회사의 비교

구분	(보험)주식회사	상호(보험)회사
법인의 성격	상법에 의거 설립된 영리법인	보험업법에 의거 설립된 법인
설립시의 출자관계	회사구성원인 주주가 출자한 자본(자기자본)	기금 각출자에 의한 기금(추후 동일한 금액의 적립을 조건으로 기금상각 가능)
구성원	주주	사원(=보험계약자)
최고의사결정기관	주주총회	사원총회
업무집행기관	이사회	이사회

23 대법원 2001. 2. 13. 선고 2000다5961 판결; 대법원 2008. 5. 15. 선고 2007다68244 판결 등 참조.
24 대법원 1998. 3. 13. 선고 97다52622 판결.
25 대법원 1995. 3. 28. 선고 94다47094 판결.
26 대법원 2005. 7. 22. 2002다63749 판결.

회계감사기관		감사	감사
계약자 권리	의결권	없음	사원당 1표 (정관으로 별도 규정 가능)
	잔여재산 청구권 순위	일반채무보다 계약자의 보험금 청구권 순위가 선순위	일반채무보다 사원의 보험금 청구권 순위가 후순위
계약자 의무	채권자에 대한 의무	없음	납입한 보험료를 한도로 책임
	회사 지급 불능 시	여타 채권에 비해 보험금 등의 선취권은 보유하나, 회사재산이 보험금지급 등에 부족 시 일부 삭감 발생 가능	원칙적으로 보험금 등의 삭감 가능

(2) 설립

1) 개관

회사의 설립에 관한 입법주의에는 자유설립주의, 특허주의, 허가주의, 준칙주의가 있다. 우리나라에서 보험회사의 설립은 보험주식회사의 경우 준칙주의와 허가주의에 의하고, 상호회사의 경우는 허가주의를 따른다. 회사의 설립이란 회사의 실체를 갖추어 회사라는 하나의 법인을 성립시키는 여러 가지 행위로 이루어진 법률요건이다. 이러한 여러 가지 행위 중 법률행위만이 설립행위가 된다.[27] 보통 설립행위는 기본적인 내부 규범을 마련하는 정관작성과 사원을 확정하는 행위가 여기에 해당한다. 회사의 설립행위의 법적 성질은 합동행위로 보는 것이 통설이다. 회사의 실체를 형성하는 절차는 여러 절차로 구성되는데, 정관작성과 사원확정절차가 가장 중요한 설립행위이고 유한책임회사의 경우에는 출자 이행절차가 별도로 있고, 주식회사 및 유한회사 등 물적 회사는 출자이행절차 및 기관구성절차가 별도로 존재한다. 상호회사의 설립의 경우에도 발기설립과 모집설립의 경우가 있을 수 있다. 그러나 보험업법은 모집설립의 경우를 원칙적인 모습으로 보고 상호회사의 설립에 관한 절차를 규율하고 있다.

2) 정관작성

가. 의의

정관(memorandum, articles)은 회사의 근본규칙이다. 회사라는 공동체를 규율하는 최고

27 정찬형, 앞의 책, 474면.

의 자치 규범으로서 회사의 조직, 구성 등을 그 주요 내용으로 한다.

나. 법적 성격

정관의 법적 성격에 관하여 사원간의 계약으로 보는 견해도 있고, 정관작성행위는 계약이지만 일단 작성한 정관은 자치법규라고 보는 견해도 있으나 회사라는 단체의 자치법규라고 본다.[28]

다. 정관작성

통상 정관은 일정한 사항을 기재하고 사원(발기인)이 기명날인 또는 서명한다(상법 제179조 등). 물적 회사의 경우 공증인의 인증절차를 추가하여야 한다(상법 제292조 등). 정관의 기재사항으로는 절대적 기재사항, 상대적 기재사항 및 임의적 기재사항이 있다. 보험업법은 상호회사의 경우 발기인이 정관을 작성하고, 기명날인할 것을 요구한다(보험업법 제34조).

정관작성 시에 정관에 필수적으로 기재하여야 할 사항은 (i) 취급하려는 보험종목과 사업의 범위, (ii) 명칭, (iii) 사무소 소재지, (iv) 기금의 총액, (v) 기금의 갹출자가 가질 권리, (vi) 기금과 설립비용의 상각 방법, (vii) 잉여금의 분배 방법, (viii) 회사의 공고 방법, (ix) 회사 성립 후 양수할 것을 약정한 자산이 있는 경우에는 그 자산의 가격과 양도인의 성명, (x) 존립시기 또는 해산사유를 정한 경우에는 그 시기 또는 사유이다.

라. 정관의 변경

가) 사원총회의 결의

상호회사의 정관변경에는 사원총회의 결의가 필요하다(보험업법 제65조 제1항). 정관에 특별한 경우가 있는 경우 외에는 사원총의 결의에 있어 상호회사의 사원은 각각 1개의 의결권을 가진다(보험업법 제55조). 의결권이란 사원 또는 주주 등이 사원총회나 주주총회에 출석하여 결의에 참석할 권리를 말한다. 주식회사의 경우에 상호회사와 달리 1주식마다 1개의 의결권을 갖는 것이 원칙이다.

28 정찬형, 앞의 책, 476면.

나) 상법규정의 준용

상호회사의 정관변경에 있어서는 총회소집의 통지 및 공고(상법 제363조 제1·2항), 소집지(상법 제364조), 총회의 결의방법과 의결권의 행사(상법 제368조 제3·4항), 의결권 수의 계산(상법 제371조 제2항), 총회의 연기, 속행의 결의(상법 제372조), 총회의 의사록(상법 제373조), 결의취소의 소, 제소주주의 담보제공의무, 결의취소의 등기, 법원의 재량에 의한 청구기각, 결의무효 및 부존재 확인의 소, 부당결의의 취소 변경의 소(상법 제376조 내지 상법 제381조), 정관변경의 방법(상법 제433조 제2항) 등에 관한 상법의 규정이 준용된다.

3) 기금의 납입

가. 의의

상호회사의 기금이란 주식회사의 자본금에 비교되는 것으로 상호회사의 설립 초기의 사업자금 성격과 보험금 지급을 위한 담보자금적 성격을 가지고 있으므로 기금납입을 확실히 하여야 할 필요가 있다. 또한 상호회사의 기금은 일종의 대외 채무적 성질도 가지고 있다. 주식회사의 자본금도 사업자금과 담보자금적 성격을 갖고 있는 면에서 상호회사의 기금과 비슷하나, 주식회사의 주주는 경영참가권과 의결권이 있으며 회사조직의 구성분자인 것에 반하여 상호회사의 기금 갹출자는 회사조직의 구성원이 아닌 법률적·경제적으로 독립한 지위에 있는 채권자에 불과하다. 이러한 면에서 상호회사의 기금의 성격은 차입금에 가까우며 일종의 대외부채에 속하는 것으로 이해되어 주식회사의 자본금의 성격과 다르다. 따라서 기금은 일종의 대외채무의 성질을 갖고 있어 일반차입금 및 사채 등의 소비대차와 유사하다고 할 수 있다.[29]

나. 금전납입주의

기금의 사업자금적 성격과 보험금 지급을 위한 담보자금적 성격으로 상호회사의 기금의 납입은 현물출자는 엄격히 금지되며 금전으로만 납입하여야 한다(보험업법 제36조). 현물출자는 현물의 평가방법 및 상호회사의 기금을 충실하게 함으로써 보험계약자를 보호하기 위한 것이다.

29 노상봉, 앞의 책, 335면.

다. 기금납입 이행절차의 상법 준용

(i) 발기인이 기금의 총액을 인수한 때는 지체 없이 전액을 납입하여야 한다. 이 경우 발기인은 납입을 맡을 은행 기타 금융기관과 납입장소를 지정하여야 한다(보험업법 제36조 제2항, 상법 제295조 제1항).

(ii) 회사설립 시에 납입되어야 할 기금의 갹출자가 정하여진 때는 발기인은 기금 갹출자에게 갹출금의 전액을 납입시켜야 한다(보험업법 제36조 제2항, 상법 제304조).

(iii) 납입금을 보관한 은행 기타 금융기관은 발기인 또는 이사의 청구가 있는 때는 그 보관금액에 관하여 증명서를 교부하여야 한다(보험업법 제36조 제2항, 상법 제318조 제1항). 이 경우 은행 기타 금융기관은 증명한 보관금액에 대하여 납입의 부실 또는 그 금액의 반환에 관한 제한이 있음을 이유로 회사에 대항하지 못한다(보험업법 제36조 제2항, 상법 제318조 제2항).

4) 설립에 필요한 최소 사원수

상호회사의 설립에 필요한 사원수는 100인 이상이 있어야 한다(보험업법 제37조). 따라서 발기인은 상호회사의 사원을 모집하여야 한다. 상호회사의 설립 시에 보험단체로서 어느 정도 규모를 갖추지 아니하면 보험업을 원활하게 영위할 수 없게 되므로 사원수를 최소한 100명 이상으로 정한 것이다. 100인 이상의 사원수는 설립 이후에도 유지하여야 하는지에 대한 문제가 있는데, 100인 이상의 사원수 요건은 설립요건에 해당하고 유지요건은 아닌 것으로 해석된다.

5) 사원의 입사

가. 입사의 청약

발기인이 아닌 자가 상호회사의 사원이 되고자 하는 경우에는 입사청약서에 보험의 목적과 보험금액을 기재하고 서명·날인하여야 한다. 다만 상호회사의 성립 후에 사원이 되고자 하는 자는 이러한 절차가 필요 없다(보험업법 제38조 제1항).

나. 입사청약서 작성 및 기재사항

발기인은 입사청약서에 정관의 인증 연월일과 그 인증을 한 공증인의 성명, 보험업법

제34조에 따른 정관의 기재 사항, 기금 갹출자의 성명·주소와 그 각자가 갹출하는 금액, 발기인의 성명과 주소, 발기인이 보수를 받는 경우에는 그 보수액, 설립 시에 모집하고자 하는 사원의 수, 일정한 시기까지 창립총회가 종결되지 아니하는 경우에는 입사의 청약을 취소할 수 있다는 뜻을 기재하여 작성하여야 하고 이를 비치하여야 한다(보험업법 제38조 제2항).

다. 입사청약의 효과

상호회사가 청약 당시에 입사청약자의 청약의 의사표시가 진의가 아님을 알았거나 알 수 있었다고 하더라도 무효로 할 수 없다(보험업법 제38조 제3항). 민법에 의하면 의사표시는 표의자가 진의 아님을 알고 한 것이라도 그 효력이 있다. 그러나 상대방이 표의자의 진의아님을 알았거나 이를 알 수 있었을 경우에는 무효로 한다(민법 제107조 제1항).

그런데 이러한 민법의 규정을 상호회사의 성립 전 입사청약에 대해서는 적용을 배제함으로써 비록 상호회사의 입사 청약자가 비진의 의사표시를 하더라도 언제나 유한 것으로 취급한다.[30] 본 조항을 규정한 취지는 다수인이 관계되는 법률관계를 조속히 확정하고자 하는 취지에서 둔 것이다. 비진의 표시는 표의자가 자기가 하는 표시행위의 객관적인 의미가 자신의 내심의 진의와는 다르다는 것을 알면서 한 의사표시이다. 예컨대 사립대학 조교수가 사직의 의사가 없으면서도 사태의 수습방안으로 스스로 사직서를 낸 경우 등이 이에 해당한다.[31] 그러나 보험업법 제38조 제3항의 적용 범위와 관련하여 성립 전의 입사청약에 한하여 적용되고 성립 후의 입사청약에는 적용되지 않는다. 따라서 성립 후의 입사청약의 경우에는 민법 제107조가 그대로 적용된다.

(3) 창립총회

1) 소집

기금의 납입이 완료되고 사원이 예정 수에 달한 경우에는 발기인이 지체 없이 창립총

30 이러한 비진의 표시의 적용 범위와 관련하여 당사자의 진의를 절대적으로 필요로 하는 가족법상의 법률행위에 대해서는 민법 제107조의 규정은 적용되지 않으며, 상법 제302조 제3항의 청약의 인수에 관해서는 민법 제107조 제1항 단서의 규정을 적용하지 않은 것으로 정하고 있다(김준호, 『민법강의』(제22판), 법문사, 2016, 276면).

31 대법원 1988. 5. 10. 선고 87다카2578 판결 참조.

회를 소집한다(보험업법 제39조 제1항).

2) 의사정족수

창립총회에서 의사정족수는 사원의 과반수 출석이며, 의사정족수는 출석사원 의결권의 4분의 3 이상이다(보험업법 제29조 제2항). 이때 각 사원은 정관에 특별히 정한 바가 없으면 각 1개의 의결권을 가진다(보험업법 제55조).

3) 상법 규정의 준용

주주총회의 소집 통지, 공고, 소집지, 결의방법과 의결권의 행사, 정족수, 의결권 수의 계산, 총회의 연기 및 속행에 관한 규정(상법 제363조 제1·2항, 상법 제364조, 상법 제368조 제3·4항, 상법 제371조 제2항, 상법 제372조, 상법 제373조)과, 주총결의 취소의 소, 결의무효 및 부존재확인의 소에 관한 규정(상법 제376조 내지 상법 제381조)이 준용된다.

(4) 설립등기

1) 개관

상호회사가 법인격을 취득하기 위해서는 설립등기를 하여야 하고 상호회사의 설립등기는 창립총회가 종결된 날부터 2주일 이내에 하여야 한다(보험업법 제40조 제1항). 이 경우 상호회사의 설립등기는 창설적 등기로서 상호회사는 설립등기를 함으로써 성립한다.[32] 상호회사의 등기를 위해서 관할등기소는 상호회사 등기부를 비치하여야 한다(보험업법 제41조). 상호회사의 등기는 상법의 규정에 의하여 등기할 사항을 등기하는 상업등기와 구별된다. 보험업법은 설립등기의 시기와 등기사항, 신청권자에 관한 사항만을 규정하고 있을 뿐이며 설립등기에 관한 세부절차에 관한 사항은 규정하고 있지 아니하고 비송사건절차법 제3편 제4장 제3절을 따르도록 하고 있다.

2) 등기사항

등기사항이란 보험업법의 규정에 의하여 상호회사의 등기부에 등기하도록 정하여진

32 회사의 설립등기, 회사의 합병 등기, 상호의 양도 등기는 창설적 등기이다.

사항이다. 상호회사 설립등기에 포함될 내용은 (i) 보험의 종류와 사업의 범위, 명칭, 사무소 소재지, 기금의 총액, 기금의 갹출자가 가질 권리, 기금과 설립비용의 상각방법, 잉여금 분배방법, 회사가 공고를 하는 방법, 회사의 성립 후 양수할 것을 약정한 자산이 있는 경우에는 그 자산가격과 양도인의 성명, 존립시기 또는 해산사유를 정한 경우에는 그 시기 또는 사유, (ii) 이사와 감사의 성명 및 주소, (iii) 대표이사의 성명, (iv) 수인의 대표이사가 공동으로 회사를 대표할 것을 정한 경우에는 그 규정이다(보험업법 제40조 제2항).

3) 등기절차

가. 신청주의

설립등기는 이사 및 감사의 공동신청에 의하여(보험업법 제40조 제3항) 창립총회가 종결된 날로부터 2주일 이내에 하여야 한다(보험업법 제40조 제1항). 설립등기 신청은 서면의 신청서로 하여야 하고(보험업법 제45조, 비송사건절차법 제150조 제1항) 이 신청서에는 일정한 사항을 기재하고 신청인이 기명날인 또는 서명하여야 한다(비송사건절차법 제150조 제2항).

나. 등기관할

가) 관할등기소

상호회사의 등기에 관한 관할은 영업소 소재지를 관할하는 지방법원, 그 지원 또는 등기소이다(보험업법 제45조, 비송사건절차법 제129조).

나) 등기관

지방법원, 그 지원 또는 등기소에 근무하는 법원서기관, 등기사무관, 등기주사 또는 등기주사보 중에서 지방법원장 또는 지원장이 지정한 자가 등기관이다.

다. 등기소의 심사권

등기관은 신청사항이 등기사항이 아닌 경우 등에는 이유를 기재한 결정으로써 신청을 각하하여야 하는데(비송사건절차법 제159조), 이때 등기관은 등기신청사항의 적법성에 관하여 어느 정도의 심사권을 보유하는지에 대하여 형식적 적법성만을 심사할 수 있을 뿐이다. 실체적 진실성까지 심사할 권한이 없다고 보는 형식적 심사주의, 형식적 적법성은 물론 실체적 진실성까지도 심사할 수 있다는 실질적 심사주의, 등기관은 실체적 진실성까지 심사할 수는 없으나, 등기사항에 관하여 착오가 있거나 누락된 것이 있음을 발견할 때는 이를 경정할 수 있다는 규정(비송사건절차법 제233조)에 근거한 절충주의가 대립되어 있다.

4) 설립등기의 효과

상호회사는 본점 소재지에서 설립등기를 함으로써 성립한다(법 제44조, 상법 제172조). 이사 등이 설립등기를 해태한 경우에는 5백만 원 이하의 과태료 처벌을 받는다(보험업법 제211조 제2항 제39호).

(5) 상법규정의 준용

지배인(제10조 내지 제15조), 상업사용인의 의무(제17조), 상호등기의 효력(제22조), 주체를 오인시킬 상호의 상호금지(제23조), 상호불사용의 효과(제27조), 상업장부(제29조 내지 제33조), 상업등기에 관한 규정(제35조 내지 제40조), 대리상에 관한 규정(제87조 내지 제89조, 제91조, 제92조), 회사의 법인성 및 주소, 회사의 성립, 권리능력의 제한(제171조 내지 제173조) 등기기간의 기산점(제177조), 지점의 설치, 이전, 변경등기(제181조 내지 제183조), 발기인(제288조), 회사의 공고(제289조 제3항), 정관의 인증(제292조), 변태설립의 경우 조사, 발기인의 보고, 임원의 선임, 이사·감사의 조사·보고, 변태설립사항의 변경, 발기인에 대한 손해배상청구(제310조 내지 제316조), 발기인의 손해배상책임, 발기인 임원의 연대책임, 발기인의 책임면제·주주의 대표소송, 검사인의 손해배상책임, 회사불성립의 경우 발기인의 책임, 유사발기인의 책임(제322조 내지 제327조) 등의 규정은 상호회사에 관하여 적용된다(제44조).

(6) 비송사건절차법의 준용

비송사건절차법 제72조(관할) 제1·2항, 제73조(검사인 선임신청의 방식), 제77조(검사인의 보수), 제78조(즉시항고), 제80조(업무·재산상태의 검사, 총회소집허가의 신청),

第81条(업무·재산상태의 검사 등의 신청에 대한 재판), 第84条(직무대행자 선임의 재판), 第85条(직무대행자의 상무외의 행위의 허가신청), 第90条(해산을 명하는 재판) 내지 第100条(합병회사의 채무부담부분 결정에 대한 재판), 第117条(관할법원) 내지 第121条(청산인의 결격사유), 第123条(청산인·검사인의 보수) 내지 第127条(서류의 보존인의 선임의 재판)의 규정은 상호회사에 관하여 이를 준용한다(보험업법 第45条).

(7) 상법등기법의 준용

상호회사에 관해서는 「상업등기법」 제3조, 제5조 제2·3항, 제6조부터 제11조까지, 제14조, 제17조부터 제30조까지, 제53조부터 제55조까지, 제61조 제2항, 제66조, 제67조, 제94조, 제95조, 제102조, 제114조부터 제128조까지 및 제131조를 준용한다(보험업법 제45조의2).

(8) 이사의 배상책임

이사가 다음 중 하나의 행위, 즉 (i) 위법한 이익 배당에 관한 의안을 사원총회에 제출하는 행위, (ii) 다른 이사에게 금전을 대부하는 행위, (iii) 그 밖의 부당한 거래를 하는 행위로 상호회사에 손해를 입힌 경우에는 사원총회의 동의가 없으면 그 손해에 대한 배상책임을 면제하지 못한다(보험업법 제42조).

2. 상호회사 사원의 권리·의무

(1) 상호회사 사원의 법적 지위

상호회사의 사원은 이면적 지위를 가지고 있다. 보험자로서 상호회사의 사원임과 동시에 상호회사와 보험계약을 체결하고 있는 계약의 상대방으로서 지위를 가지고 있다. 따라서 상호회사의 사원의 지위를 갖지 않으면 상호회사의 보험에 가입하는 것은 가능하지 않다. 또한 반대로 사원이면서 보험에 가입하지 않을 수도 없다. 그런데 상호회사의 사원의 지위와 보험계약자로서의 지위는 사원이 아닌 보험계약을 제외하고는 밀접 불가분한 관계에 놓여 있다. 상호회사 사원의 보험계약자로서 지위와 사원으로서 관계가 어떠한 관계인가에 대해서는 학설이 대립하고 있다. 학설은 크게 보험관계와 사원관계의 분리

독립성을 강조하는 견해, 즉 중첩설 내지 결합설과 보험관계와 사원관계 중 어느 하나에 흡수될 수 있다고 주장하는 보험관계설 내지 사원관계설로 크게 나누어 논의된다.[33]

1) 중첩설

보험관계와 사원관계가 상호독립성을 보유하고 중첩적으로 병존할 수 있다고 보며 보험관계는 보험계약에 기초한 것이고, 사원관계는 사단에 입사하는 것에 근거한 것이라고 한다. 즉, 상호보험의 가입행위를 보험계약과 입사계약의 두 개로 분리하는 것이다.

2) 결합설

상호보험에 가입하는 행위는 사원관계와 보험관계의 양자를 동시에 발생하는 것을 목적으로 하는 입사계약이라고 하는 일종의 특별한 행위이고, 이에 따라 가입자는 사원관계상의 지위와 보험관계상의 지위라고 하는 평등한 입장에서 결합된 일종의 독특한 법적 지위를 취득하는 것이라고 한다. 그래서 사원관계상의 권리는 사원자격에 기초한 것이고 보험관계상의 내용적인 어떤 관계가 아니고 사원관계는 회사법적 법규에 의하여 규율되고 보험관계상의 내용적 관계는 주식회사가 영위하는 보험에 있어서와 동일하게 보험계약법규의 규율을 받게 된다.

3) 보험관계설

회사와 사원과의 관계는 본질적으로 보험관계이외의 아무것도 아니다. 보험관계가 우월적 지위를 점하고 사원관계는 그의 부수적인 것에 불과하다. 이에 따라 회사와 사원 간에 체결된 계약은 보험계약이고, 그의 효과로서 사원의 지위가 발생한다. 따라서 사원관계상의 권리의무는 법에 의하여 부여된 것에 지나지 않는다.

4) 사원관계설

회사와 사원 간의 관계는 일체로서 사단법적인 사원관계이고 그의 내용으로서 보험관계가 포함되는 것에 불과하고 상호보험계약을 개인법적 채권계약은 아니고 보험관계는

33 石田 滿, 41-42면.

그의 사단관계의 하나의 구성요소에 불과하다고 한다. 상호보험에 있어서 보험가입자는 사원적 권리의무와 보험계약상의 권리의무를 갖는다. 즉, 보험가입자는 상호회사의 사원인 동시에 그를 보험자로 하는 보험계약을 체결하는 상대방이 된다.

5) 검토 및 사견

실정법상은 보험가입자는 이중적 지위를 갖고 있는 점을 부인할 수 없으나 상호회사에 입사를 가지고 보험계약과 입사계약의 두 개로 분해하여 각각 독립성을 가지는 것으로 하는 것은 보험계약자가 아닌 사원의 존재를 인정하지 않는 경우에 타당하지 않고, 결합설은 비사원계약을 인정하는 경우에는 이론상의 설득력이 떨어진다. 보험업법에서는 통상 상호회사에 있어서 단순한 개인적 채권법적 권리의무인 보험관계만이 아니고 회사의 관리에 직접적인 참여가 인정되고 있으므로 이러한 점은 사원관계설의 입장에 있다고 이해될 수 있다.

(2) 사원의 권리

1) 의의

상호회사의 사원의 권리라 함은 사원이 회사에 대하여 가지는 권리로서 상호회사의 사원의 경우도 주식회사의 주주와 동일하게 공익권과 자익권을 갖는다. 또한 상호회사의 사원은 보험계약상의 권리도 함께 보유하는 것이 특징이다.

2) 공익권

사원은 공익권으로서 상호회사의 구성원의 자격으로 회사의 운영·관리에 참여할 목적으로 권리를 갖는다. 이러한 공익권은 사원단독으로 행사할 수 있는 권리 이른바 단독사원권과 일정 수 이상의 사원이 행사할 수 있는 권리, 즉 소수 사원권으로 구분할 수 있다.

가. 단독사원권

상호회사 사원의 단독 사원권으로는 의결권(보험업법 제55조), 총회결의 취소·무효·부존재확인의 소 제기권(보험업법 제59조, 상법 제376조, 제380조), 부당결의의 취소·변경의 소제기권(법 제59조, 상법 제381조), 정관, 의사록, 사원명부 열람, 등사 및 교부청구권이 있다(보험업법 제57조 제2항).

나. 소수사원권

상호회사에서 특별히 규정하고 있는 소수 사원권은 총회소집청구권이 있다(보험업법 제56조). 그 밖에 상호회사의 소수 사원권에 관한 사항은 보험주식회사의 소수 사원권에 관한 규정이 준용된다. 이 경우 발생주식총수는 사원총수로 주식을 보유한 자는 사원으로 본다(보험업법 제58조).

다. 자익권

상호회사의 사원이 사원의 단체에서 경제적 이익을 받을 것을 목적으로 한 권리로서, (i) 잉여금분배청구권(보험업법 제63조), (ii) 환급청구권(보험업법 제67조), (iii) 잔여재산분배청구권(보험업법 제72조 제2항)이 있다.

3) 보험계약상의 권리

보험계약상의 권리는 보험업법에 특별히 정한 바가 없으므로 상법의 규정 및 보험약관에 따라 권리가 발생한다. 따라서 보험계약자는 당연히 보험계약의 해지·해제, 보험금청구권 등이 인정된다.

(3) 사원의 의무

상호회사의 사원은 보험계약자로서 회사에 대하여 보험료 납입의무를 부담한다(상법 제650조). 그리고 상호회사의 사원은 보험료의 납입에 관하여 상계로써 회사에 대항하지 못한다(보험업법 제48조). 상호회사가 사원에 대한 채무를 보험료 채권으로 상계하는 것은 가능하다. 사원의 보험료 납입책임은 직접적으로는 보험인수에 대한 반대급부로서 보험계약상의 의무이지만 이것은 궁극적으로는 사원이 상호보험의 목적달성을 위하여 회사에 대한 갹출금으로 해석하는 것이 유력하다.[34]

34 石田 滿, 보험업법(신판), 42면.

(4) 상호회사 사원의 책임

상호회사의 사원은 간접·유한 책임을 진다. 따라서 회사의 채권자에 대하여 직접적으로 의무를 부담하지 않고(보험업법 제46조), 상호회사의 채무에 관한 사원의 책임은 보험료를 한도로 한다(보험업법 제47조). 이러한 점에서 상호회사의 사원은 주식회사의 주주의 지위와 유사하다.

(5) 사원명부

사원명부는 사원에 관한 사항을 명확히 할 목적으로 작성한 장부이다. 이러한 사원명부에는 (i) 사원의 성명과 주소, (ii) 각 사원의 보험계약의 종류, 보험금액과 보험료를 기재하여야 한다(보험업법 제52조).

(6) 통지와 최고

상호회사의 입사청약서 또는 사원에 대한 통지와 최고는 사원명부에 기재된 주소 또는 사원이 회사에 통지한 주소로 하면 된다(보험업법 제53조 본문, 상법 제353조). 이때 통지 또는 최고의 도달시점은 통상적인 경우 도달할 시기에 도달한 것으로 의제한다(보험업법 제53조, 상법 제304조 제2항). 이러한 규정을 둔 취지는 집단적 법률관계를 간이 신속하게 처리하고자 하는 데 있다. 다만 보험관계에 속하는 사항의 통지와 최고에 있어서는 적용되지 않는다(보험업법 제53조 단서). 보험관계에 관한 통지 및 최고는 상법 및 보험약관에 정한 바에 따른다.

(7) 사원지위의 변동

1) 의의

상호회사의 사원은 사원으로서의 지위와 보험계약자로서의 지위를 동시에 가지고 있다. 사원지위의 변동원인에는 사원의 퇴사, 사망, 보험관계의 소멸, 보험계약의 승계, 목적물의 양도, 기타 새로운 보험계약의 체결 등이 있다. 보험계약의 체결은 사원의 지위의 취득이고 사원의 퇴사 및 사망, 보험관계의 소멸은 사원지위의 상실이라고 볼 수 있다. 또한 보험계약의 승계 및 목적물의 양도는 사원지위의 변경에 해당한다. 이러한 사원지위의 취득, 변경, 소멸을 사원지위의 변동이라고 한다. 보험업법은 사원지위의 변동 중 사원의 퇴사 및 사망, 보험관계의 소멸, 보험계약의 승계 및 목적물의 양도에 관하여 규정하고 있다.

2) 사원의 퇴사

보험관계의 소멸이 퇴사이유로 되어 있으면서도(보험업법 제66조 제1항 제2호), 또 다른 한편으로 정관이 정하는 사유의 발생이 퇴사 이유로 되어 있어서(보험업법 제66조 제1항 제1호) 보험계약법적 성격이 크게 후퇴하고 단체주의적 성격이 많이 반영되고 있다.[35]

가. 퇴사 사유

가) 정관에 정한 사유의 발생(보험업법 제66조 제1항 제1호)

정관에 특별히 사원의 퇴사 사유를 정할 수 있다. 이러한 사원의 퇴사 사유는 정관의 임의적 기재사항에 해당한다.

나) 보험관계의 소멸

상호회사에서 사원관계와 보험관계는 표리의 관계에 있다. 따라서 보험관계의 소멸은 당연히 사원관계를 소멸시키게 된다. 일반적으로 보험관계의 소멸원인에는 약관에서 정한 보험사고의 발생, 보험계약의 해지·해제, 보험계약의 무효·취소, 보험기간의 종료 등이다(보험업법 제66조 제1항 제2호).

나. 퇴사의 효과

가) 환급청구권

상호회사의 사원이 정관에서 정한 사유가 발생하거나 보험관계의 소멸로 퇴사하게 되면 사원과 회사 사이에는 권리·의무 관계의 정산을 하여야 한다. 먼저 퇴사하는 사원은 정관 또는 보험약관이 정하는 바에 따라 그 권리에 속하는 금액의 환급을 청구할

35 野津 務, 「相互保險の研究」, 有斐閣, 1935, 117면.; 이러한 점을 두고 사실상 보험계약적관계가 후퇴하고 사단관계가 강조되는 것으로 이해하기도 한다(山下友信, "相互會社と生命保險", ジュリスト, 제948호, 1990, 111頁).

권리가 발생하고(보험업법 제67조 제1항), 회사는 퇴사하는 사원이 회사에 대하여 부담하는 채무가 있는 경우에는 회사는 퇴사하는 사원이 받게 될 금액에서 그 채무액을 공제할 수 있다(보험업법 제67조 제2항).

나) 환급기한

회사는 사원이 퇴사하는 날이 속하는 사업연도 종료일부터 3개월 이내에 사원의 퇴사로 회사에서 지급하여야 할 금액을 지급하여야 한다(보험업법 제68조 제1항).

다) 환급청구권의 시효

퇴사하는 사원이 행사할 수 있는 환급청구권은 사업연도 종료일부터 3개월이 경과한 후 2년간 행사하지 아니하면 시효로 소멸한다(보험업법 제68조 제2항).

3) 상호회사의 사원이 사망한 경우

상호회사의 사원이 사망한 경우에는 그 상속인이 그 지분을 승계하여 사원이 된다. 상속인이 수인인 경우에는 사원의 권리를 행사할 자 1인을 정하여야 한다. 이를 정하지 아니한 때는 회사의 통지 또는 최고는 그중의 1인에 대하여 하면 전원에 대하여 그 효력이 있다(보험업법 제66조 제2항, 상법 제283조).

다만 손해보험의 경우에는 보험의 목적물을 상속한 자가 피보험이익을 가지게 되는 경우부터 사원의 지위를 상속하고 보험의 목적물을 상속한 자라고 한다(상법 제679조).

4) 사원지위의 승계

사원지위의 변동원인에는 앞서 설명한 바와 같이 사원의 퇴사 및 사망, 보험관계의 소멸 이외에 보험계약의 승계 및 목적물의 양도 등이 있다.

가. 생명보험계약 등의 승계

생명보험 및 제3보험을 목적으로 하는 상호회사의 사원은 회사의 승낙을 받아 타인으로 하여금 그 권리와 의무를 승계하게 할 수 있다(보험업법 제50조). 이는 보험계약자의 지위를 포괄적으로 이전하는 관계이므로 민법상 계약의 이전에 해당한다. 따라서 당사자

간에 채권·채무 및 계약당사자의 지위를 이전하는 계약이 체결되어야 하고, 이러한 계약의 이전에 관하여 회사의 승낙을 필요로 한다. 여기서 회사의 승낙은 효력요건으로 파악된다. 생명보험계약의 승계 계약은 회사의 승낙 유무와 관계없이 성립하며 다만 회사의 승낙이 있는 경우 비로소 권리와 의무를 승계받게 되는 것이다.

나. 손해보험의 목적물의 양도

손해보험계약에서 목적물이 변동이 일어나면 보험계약관계는 목적물에 종속하여 따라가는가 아니면 단절되는가 하는 문제가 발생한다. 우리나라 상법에 의하면 피보험자가 보험목적을 양도한 때는 양수인은 보험계약상의 권리와 의무를 승계한 것으로 추정하는 것으로 규정하고, 이 경우 보험목적의 양도인 또는 양수인은 지체 없이 양도사실을 보험회사에 알리도록 규정하고 있다(상법 제679조). 상법 제679조는 손해보험의 통칙규정이므로 손해보험에만 적용되고 인보험에는 적용되지 않는다. 또한 동 규정은 손해보험 중 원칙상 물건보험에만 적용되고 책임보험에는 적용되지 않는다. 한편 보험업법은 손해보험을 목적으로 하는 상호회사의 사원이 보험의 목적을 양도한 경우에는 양수인은 회사의 승낙을 받아 양도인의 권리와 의무를 승계할 수 있다고 규정하고 있다(보험업법 제51조). 보험업법의 이 규정은 상법 제679조의 특칙에 해당한다.

3. 상호회사의 기관

(1) 서설

상호회사는 주식회사와 같이 의사결정기관으로서 사원총회, 업무집행기관으로서 이사와 이사회, 감사기관으로서 감사 및 감사위원회가 있다. 보험업법은 이러한 기관의 구성권한에 관하여 상법의 주식회사에 관한 규정을 준용하고 있고, 상호회사의 특성을 고려하여 약간의 특별규정을 두고 있을 뿐이다.

(2) 사원총회

1) 사원총회의 의의

사원총회는 사원의 전원으로 구성되고 법령과 정관에서 정한 사항에 관하여 회사의 의사를 결정하는 기관으로 주식회사의 주주총회에 해당하는 기관이다.

2) 사원총회의 권한

사원총회의 권한에 관한 사항은 상법 등의 규정이 광범위하게 적용된다. (i) 회사의 기초의 변경에 관한 사항으로서, i) 정관의 변경(보험업법 제65조), ii) 보험계약의 이전의 결의(보험업법 제138조), iii) 해산, 합병의 결의(보험업법 제138조)의 권한을 갖는다. 보험계약의 이전에 관한 결의, 해산합병에 관한 결의는 사원총회에서 사원 과반수의 출석과 그 의결권의 4분 3 이상의 찬성으로 결의한다. (ii) 기관의 선임·해임 등과 관련하여, i) 이사의 선임·해임(보험업법 제59조 제2항, 상법 제382조, 제385조), ii) 감사의 선임·해임(보험업법 제59조 제2항, 상법 제382조, 제385조), iii) 감사인의 선임(보험업법 제59조 제1항, 상법 제767조), iv) 청산인의 선임·해임(보험업법 제73조, 상법 제531조, 제539조) 권한을 갖는다. 또한 (iii) 계산에 관한 사항으로서, i) 재무제표의 승인(보험업법 제64조, 상법 제449조), ii) 청산개시 시의 재산목록, 대차대조표의 승인(보험업법 제73조, 상법 제450조)의 권한을 갖는다.

3) 사원총회의 소집

가. 소집권자

가) 원칙

사원총회의 소집은 원칙적으로 이사회가 결정한다(보험업법 제59조 제1항, 상법 제362조). 이사회의 사원총회 소집결정에 따른 소집통지 등 집행은 상호회사의 대표이사가 한다(보험업법 제59조 제2항, 상법 제389조, 제209조). 청산 중의 회사의 경우에는 청산인회가 소집을 결정하고, 대표청산인이 결정한다(보험업법 제73조, 상법 제254조).

나) 예외

사원총회는 예외적으로 소수사원(보험업법 제56조) 또는 감사(보험업법 제59조 제3항, 상법 제412조의3)에 의하여 소집되는 경우가 있다.

① 소수사원에 의하여 소집되는 경우

상호회사의 100분의 5 이상의 사원은 이사에게 사원총회의 소집을 청구할 수 있고,

이때 회의의 목적 사항과 그 소집 이유를 기재한 서면을 제출하여야 한다(보험업법 제56조 제1항). 소수사원의 사원총회의 소집청구가 있음에도 이사가 지체 없이 소집절차를 밟지 아니한 때는 그 소수사원이 법원의 허가를 얻어 직접 총회를 소집할 수 있다(보험업법 제56조 제2항, 상법 제366조 제2항). 이때 소수사원이 법원에 총회소집의 허가를 신청하는 경우에는 이사가 그 소집을 게을리한 사실을 소명하여야 한다(비송사건절차법 제80조). 법원은 총회소집 허가신청에 대해서는 이유를 붙인 결정으로서 재판을 하여야 한다(비송사건절차법 제81조 제1항). 이때 신청을 인용한 법원의 결정에 대해서는 불복의 신청을 할 수 없다(비송사건절차법 제81조 제2항).

② 감사에 의하여 소집되는 경우

감사도 소수사원과 동일한 절차에 의하여 사원총회를 소집할 수 있다. 즉, 감사는 먼저 회의의 목적사항과 소집의 이유를 기재한 서면을 이사회에 제출하여 총회의 소집을 청구하여야 하고(상법 제412조의3 제1항), 이러한 청구가 있음에도 이사회가 지체 없이 총회소집의 절차를 밟지 아니한 때는 감사는 법원의 허가를 얻어 직접 총회를 소집할 수 있다(상법 제412조의3 제2항).

나. 소집시기

사원총회는 그 소집시기를 기준으로 하여 정기총회와 임시총회로 나뉜다. 정기총회는 매년 1회 일정한 시기에 소집하여야 한다(보험업법 제59조 제1항, 상법 제365조 제1항). 임시총회는 필요한 경우 경우에 수시로 소집한다(보험업법 제59조 제1항, 상법 제365조 제3항).

다. 소집지와 소집장소

사원총회의 소집지는 정관에 다른 정함이 없으면 본점 소재지 또는 이에 인접한 장소여야 한다. 소집장소에 대해서는 보험업법에 규정이 없으나 소집지 내의 특정한 장소로 해석하는 것이 통상적이고 보통 총회소집의 통지 또는 공고에 함께 기재된다. 소집장소와 관련한 판례에 의하면 건물의 옥상이나 다방을 소집장소로 정한 경우에도 유효하다고 한다.

라. 소집절차

사원총회의 소집은 각 사원에게 총회출석의 기회와 준비의 시간을 주기 위하여 회일을 정하여 2주 전에 서면 또는 전자문서로 통보하여야 한다(보험업법 제59조 제1항, 상법 제363조 제1·2항).

4) 사원의 의결권

가. 1사원 1의결권의 원칙

사원은 사원총회에서 각각 1개의 의결권을 가진다. 주식회사의 경우에는 물적 회사의 성질로 인해 의결권은 1주식마다 1개만이 부여된다(상법 제369조 제1항). 주식회사의 1주 1의결권의 원칙은 강행규정으로 해석된다. 이에 비해 상호회사의 1사원 1의결권에 관한 규정은 임의규정으로 해석된다. 따라서 사원의 의결권에 정관에 달리 정할 수도 있다(보험업법 제55조).

나. 의결권의 행사방법

사원은 의결권을 자기 스스로 행사할 수 있지만 대리인을 통하여 행사할 수도 있다(보험업법 제59조 제1항, 상법 제368조 제3항). 이때 그 대리인은 대리권을 증명하는 서면을 총회에 제출하여야 한다. 사원이 총회에 출석하지 않고 서면에 의한 의결권을 행사할 수 있는지 여부에 대해 보험업법은 상법의 준용규정을 두고 있지 아니하므로 부정적으로 해석된다(보험업법 제59조 제1항). 그러나 서면에 의한 의결권의 행사제도를 도입하는 것이 타당하다고 생각된다.

5) 사원총회의 의사와 결의 방법

가. 의사

사원총회의 의사방법에 관해서는 보험업법에 특별한 규정을 두고 있지 아니하고 상법에도 명문의 규정이 없으므로 정관 또는 총회결의에 의하고 이것이 없으면 관습에 의하고, 관습도 없으면 회의의 일반원칙에 의한다. 사원총회의 의장은 보통정관의 규정에 의하여 정해지는 것이 보통이지만 정관에 정하지 아니한 경우에는 사원총회에서 선임하게 된다. 사원총회의 의사에는 의사록을 작성하여야 하는데, 이 의사록에는 의사의 경과

요령과 그 결과를 기재하고 의장과 출석한 이사가 기명날인 또는 서명하여야 한다(보험업법 제59조 제1항, 상법 제373조).

나. 사원총회의 결의방법

사원총회의 결의는 다수결의 원칙에 의하지만 그 요건은 결의사항에 따라 다르다.

가) 보통결의

본법 또는 상법이나 정관에서 특별결의사항으로 정한 것을 제외한 보통결의사항에 관해서는 상법 또는 정관에 특별히 정한 경우를 제외하고는 출석사원 과반수와 총사원의 4분의 1 이상의 수로써 하여야 한다(보험업법 제59조 제1항, 상법 제368조 제1항).

나) 특별결의

특정한 사항에 관한 결의는 사원과반수 출석과 그 의결권의 4분의 3 이상의 찬성에 의하여 결의한다. 법정 특별결의사항은 창립총회의 결의(보험업법 제39조 제2항), 합병의 경우 설립위원의 선임(보험업법 제70조 제2항)이 있다. 정관에 이와는 별도로 특별결의 사항을 추가할 수도 있다.

6) 사원총회의 결의하자

사원총회의 결의의 절차상 또는 내용상 하자가 있는 경우에는 보험업법은 상법을 준용하고 결의취소의 소(상법 제376조), 결의무효 및 부존재확인의 소(상법 제380조)의 제도를 인정하고 있다.

(3) 사원총회 대행기관

1) 의의

상호회사는 정관으로 사원총회에 갈음하는 기관을 정할 수 있다(보험업법 제54조 제1항). 사원총회 대행기관을 둘 수 있도록 한 것은 상호회사의 경우 원칙적으로 보험계약자는 사원자격을 보유하고 있고 사원의 수가 다수인 관계로 사원총회를 개최하는 것은 무리가 따른다. 그래서 보험업법은 정관으로 사원총회에 갈음하는 기관을 정할 수 있도록 규정한 것이다. 정관에는 사원총회 대행기관의 구성원 수, 구성원의 임기, 구성원의 선출방법, 구성원의 결원이 생긴 경우 조치 등에 관한 사항을 정할 수 있다.

2) 사원총회 대행기관의 권한

사원총회 대행기관은 사원총회에 갈음하는 기관이므로 사원총회와 동일한 권한을 보유한다. 그 밖에 사원총회 대행기관의 회의 소집, 의결권, 의사 및 결의 방법 등에 관한 사항은 사원총회에 관한 규정이 준용된다(보험업법 제54조 제2항).

(4) 이사 및 대표이사

상법 규정 중 이사의 선임 및 회사와의 관계(상법 제382조), 이사의 임기(상법 제383조 제2·3항), 이사의 해임(상법 제385조), 이사의 결원이 생긴 경우 업무계속(상법 제386조), 대표이사(상법 제389조), 이사회의 권한(상법 제393조), 표현대표이사의 행위와 회사의 책임(상법 제395조), 이사와 회사 간의 거래(상법 제398조), 회사에 대한 책임(상법 제399조 제1항), 제3자에 대한 책임(상법 제401조 제1항), 직무집행정지 및 직무대행자선임(상법 제407조), 직무대행자의 권한(상법 제408조)의 사항은 상호회사의 이사에 관하여 적용된다. 상법 중 이사에 관한 사항중 이와 같은 규정 이외에 나머지 규정은 적용되지 않는다.

(5) 감사 및 감사위원회

보험업법 제19조의 주식회사의 소수주주권의 행사에 관한 규정, 상법 감사의 선임 및 해임(상법 제382조 및 제385조), 결원의 경우(상법 제386조), 이사의 보수(상법 제388조), 이사와 회사 간의 소에 관한 대표(상법 제394조), 회사에 대한 책임(상법 제399조 제1항), 제3자에 대한 책임(상법 제401조 제1항), 직무집행정지 및 직무대행자 선임(상법 제407조), 임기, 직무와 보고요구, 이사의 보고의무, 총회의 소집청구, 자회사의 조사권, 조사 보고의 의무, 감사록의 작성(상법 제410조 내지 제413조의2), 감사의 책임(상법 제414조 제3항)에 관한 규정은 상호회사의 감사에 관하여 적용된다.

4. 상호회사의 계산

(1) 서설

상호회사의 계산에 관해서는 보험업법 제60조에서 제63조까지 4개의 조문을 두고 있다. 손실보전준비금(보험업법 제60조), 기금이자지급 등의 제한(보험업법 제61조), 기금상각적립금(보험업법 제62조), 잉여금의 분배(보험업법 제63조)에 관한 규정이 상호회사의 계산에 특유한 규정이고 나머지 사항에 관해서는 상법의 계산에 관한 규정이 적용된다.

(2) 상호회사에 특유한 계산 규정

1) 손실보전준비금

가. 의의

손실보전준비금이란 상호회사가 향후 발생 가능한 손실에 대비하기 위하여 각 사업연도의 잉여금 중에서 일정액을 적립해놓은 준비금이다. 주식회사에 있어서의 이익준비금에 상당하는 것이다.

나. 손실보전준비금의 적립

상호회사는 손실을 보전하기 위하여 각 사업연도의 잉여금 중에서 준비금을 적립하여야 하고, 적립할 준비금의 총액과 매년 적립할 그 최저액은 정관으로 정한다(보험업법 제60조). 여기서 손실이란 회사의 순자산액이 기금액과 법정준비금을 합한 금액보다 작은 차액을 말한다.[36]

다. 손실보전준비금 사용

손실보전준비금의 사용은 결손을 보전하는 경우에 한하여 사용할 수 있으며, 상호회사의 손실은 대차대조표상의 부채가 자산을 초과하는 경우로 계산상의 관념으로 해석된다. 상호회사는 손실보전준비금 외에 임의준비금을 적립할 수 있고, 손실 발생 시 결손보

36 石田 満, 『보험업법』(신판), 76면.

전의 순서에 관해서는 법상 규정된 바는 없으나 임의준비금이 있는 경우에는 먼저 결손보전에 충당하는 것이 타당하다고 생각된다.[37]

라. 손실보전준비금의 미적립 시 효과

보험회사의 발기인 등이 준비금을 적립하지 아니하거나 이를 사용한 경우에는 5백만 원 이하의 과태료에 처한다(보험업법 제209조 제2항 제9호).

2) 기금이자 지급 등의 제한

가. 기금이자 지급의 제한

상호회사는 손실을 보전한 후가 아니면 기금이자를 지급하지 못한다(보험업법 제61조 제1항). 본래 상호회사의 기금은 사원의 출자금은 아니고 일종의 외부부채이지만 상호회사가 기금 갹출자에 대하여 무조건 기금상당액을 반환하거나 손실이 발생하였음에도 기금이자를 지급하게 되면 재무구조의 악화를 초래할 우려가 있으므로 손실을 보전한 후가 아니면 기금이자 등을 지급하지 못하도록 한 것이다.[38] 이러한 규정은 주식회사의 이익배당제한 규정과 유사한 규정으로 이월결손금을 보전하고 잉여금이 있는 경우에 한하여 잉여금을 한도로 기금이자를 지급할 수 있는 것으로 해석된다.

나. 기금의 상각 또는 잉여금의 분배에 대한 제한

기금의 상각 또는 잉여금의 분배는 설립비용과 사업비의 전액을 상각하고 손실보전준비금을 공제한 후가 아니면 기금의 상각 및 잉여금의 분배를 할 수 없다(보험업법 제61조 제2항). 기금의 상각 및 잉여금의 분배는 설립비용과 사업비의 전액을 상각하고 손실보전준비금을 공제한 후가 아니면 기금의 상각 및 잉여금의 분배를 할 수 없다. 이러한 제한에 위반한 경우에는 상호회사의 채권자는 반환을 청구할 수 있다.

3) 기금상각적립금

기금을 상각하는 경우에는 상각하는 금액과 같은 금액을 적립하여야 한다(보험업법

37 노상봉, 앞의 책, 334면.
38 노상봉, 앞의 책, 335면.

第62조). 이것은 기금의 반환에 의해서 상호회사의 담보력이 감소하는 것을 방지하는 데 있다. 기금상각적립금은 손실의 보전에 충당하는 경우를 제외하고는 사용이 불가능하다.

4) 잉여금의 분배

상호회사의 사원은 원칙적으로 잉여금의 분배를 받을 수 있다. 상호회사의 잉여금은 정관에 특별한 규정이 없으면 각 사업연도 말 당시 사원에게 분배한다(보험업법 제63조). 기타 잉여금의 분배에 관한 기준 등에 관하여 아무런 규정을 두고 있지 아니하나 공평한 방법에 따라야 할 것이다.

5) 상법의 규정 준용

재무제표의 작성(상법 제447조), 영업보고서의 작성(상법 제477조의2), 감사보고서의 작성(상법 제477조의4)에 관한 사항, 재무제표의 제출(상법 제477조의3), 재무제표 등의 비치·공시(상법 제448조), 재무제표 등의 승인 공고(상법 제449조), 이사·감사의 책임해제(상법 제450조) 등에 관한 규정이 준용된다.

5. 해산

(1) 해산결의의 공고

상호회사가 해산을 결의한 경우에는 그 결의가 해산인가를 받은 날부터 2주 이내에 결의의 요지와 재무상태표를 공고하여야 한다(보험업법 제69조 제1항). 해산의 공고는 해산에 이의가 있는 자는 일정한 기간 동안 이의를 제출할 수 있다는 뜻을 덧붙여야 한다. 다만 그 기간은 1개월 이상으로 하여야 한다(보험업법 제69조 제2항 및 보험업법 제141조 제2항).

(2) 해산에 관한 이의

해산에 이의를 제기한 보험계약자가 이전될 보험계약자 총수의 10분의 1을 초과하거나 그 보험금액이 이전될 보험금 총액의 10분의 1을 초과하는 경우에는 해산하지 못한다(보험업법 제69조 제2항 및 제141조 제3항). 상호회사가 사원총회 대행기관에 의하지 아니하고 보험계약이전의 결의를 한 경우에는 해산 공고 등의 규정은 적용하지 아니한다.

(3) 해산 후 공고

상호회사가 해산한 경우에는 7일 이내에 그 취지를 공고하여야 한다. 해산하지 아니하게 된 경우에도 또한 같다(보험업법 제69조 제2항 및 제145조).

(4) 해산등기 신청

상호회사의 해산등기 신청서에는 (i) 사원총회 등의 의사록, (ii) 공고 및 이의에 관한 서류, (iii) 해산의 인가를 증명하는 서류 등을 첨부하여야 한다(보험업법 제69조 제2항 및 제149조).

(5) 상법의 준용

상호회사에 관해서는 상법 제174조(회사의 합병)제3항, 제175조(회사의 합병-설립위원)제1항, 제228조(해산등기), 제232조(채권자의 이의), 제234조(합병의 효력 발생)부터 제240조까지, 제522조 제1·2항, 제526조 제1항, 제527조 제1·2항, 제528조 제1항 및 제529조를 준용한다. 이 경우 상법 제528조 제1항 중 제317조는 보험업법 제40조로 본다.

6. 청산

(1) 청산규정의 적용 범위

상호회사가 해산한 경우에는 합병과 파산의 경우가 아니면 이 관의 규정에 따라 청산을 하여야 한다(보험업법 제71조).

(2) 청산인의 자산처분의 순위

상호회사의 청산인은 다음과 같은 순위에 따라 회사자산을 처분하여야 한다(보험업법 제72조 제1항). (i) 일반채무의 변제, (ii) 사원의 보험금액과 사원에게 환급할 금액의 지급, (iii) 기금의 상각.

(3) 잔여재산의 처리

남은 자산은 상호회사의 정관에 특별한 규정이 없으면 잉여금을 분배할 때와 같은 비율로 사원에게 분배하여야 한다(보험업법 제72조 제2항).

(4) 상법의 준용

상호회사의 청산에 관해서는 보험업법 제19조, 제56조, 제57조와 상법 제245조, 제253조부터 제255조까지, 제259조, 제260조 단서, 제264조, 제328조, 제362조, 제367조, 제373조 제2항, 제376조, 제377조, 제382조 제2항, 제386조, 제388조, 제389조, 제394조, 제398조, 제399조 제1항, 제401조 제1항, 제407조, 제408조, 제411조, 제412조, 제412조의2부터 제412조의4까지, 제413조, 제414조 제3항, 제448조부터 제450조까지, 제531조부터 제537조까지, 제539조 제1항, 제540조 및 제541조를 준용한다(보험업법 제73조).

제8절 외국보험회사 국내지점

1. 서설

외국기업 내지 외국자본이 국내에 회사를 설치하여 영업을 하기 위해서는 자본을 투자하여 국내법에 따라 회사를 설립 또는 인수하여 회사를 영위하는 방법과 국내에 지점을 설치하여 영업을 하는 방법, 국내기업과 전략적 업무제휴를 통하여 영업을 하는 방법 등이 있다. 보험업법에서도 외국회사의 영업활동과 관련하여 약간의 규정을 두고 있는데, 동 규정에 의하면 국내에서 보험영업을 위하여 보험회사를 신설하는 방법, 기존의 보험회사를 인수하는 방법, 국내에 지점을 설치하여 보험업을 영위하는 방법이 있다. 그리고 보험업을 영위하지는 않으나 국내에서 보험에 관한 정보 등을 수집하기 위하여 국내사무소를 설치할 수도 있다(보험업법 제12조).

2. 외국보험회사의 국내지점

외국보험회사라 함은 대한민국 외의 국가의 법령에 의하여 설립되어 대한민국 이외의 국가에서 보험업을 영위하는 자를 말한다(보험업법 제2조 제8호). 이러한 외국보험회사는 금융위원회로부터 보험업의 허가를 받아 국내에서 보험업을 영위할 수 있다. 외국보험회사가 국내에서 보험업의 영위를 위하여 설립한 영업소를 외국보험회사 국내지점이라고 한다. 외국보험회사 국내지점은 보험업을 영위한다는 점에서 보험업을 영위하지 아니하고 보험시장에 관한 조사 및 정보의 수집 등을 위하여 설치한 외국보험회사 등의 국내사무소와 구별된다.

3. 허가 요건

외국보험회사의 국내지점의 허가 요건은 이미 설명한 바 있으므로 여기서는 별도로 논하지 않는다.

4. 허가취소

(1) 의의

외국보험회사의 국내지점은 국내 금융감독당국의 감독은 물론 본국의 감독당국에 의하여 이중의 감독을 받고 있다. 이러한 특성을 고려하여 보험업법은 외국보험회사의 국내지점에 대하여 별도의 절을 마련하여 규정하고 있는데, 다음과 같은 사유가 있는 경우 보험업에 대한 허가의 취소조치가 내려질 수 있다.

(2) 허가취소 사유

외국보험회사의 국내지점이 합병·영업의 양도 등으로 인하여 소멸하거나 위법행위 또는 불건전한 영업행위 등의 사유로 인하여 외국감독기관으로부터 영업의 전부 정지 또는 허가취소 처분에 상당하는 조치를 받은 때는 보험업에 관한 허가를 취소할 수 있다. 휴업하거나 영업을 중지한 때도 마찬가지이다(보험업법 제74조 제1항).

(3) 영업의 정지 또는 허가 취소

외국보험회사 국내지점이 보험업법 또는 동법에 따른 명령이나 처분을 위반하거나 외국보험회사의 본점이 그 본국의 법령을 위반하는 등의 사유로 해당 외국보험회사국내지점의 보험업 수행이 어렵다고 인정되면 공익 또는 보험계약자 보호를 위하여 영업정지 또는 그 밖에 필요한 조치를 하거나 보험업의 허가를 취소할 수 있다(보험업법 제74조 제2항).

(4) 청문 및 허가취소 사실의 공고

외국보험회사 국내지점의 허가취소의 경우 청문절차를 거쳐야 한다. 그러나 영업의 정지나 그 밖의 필요한 조치를 취하는 경우 청문절차를 거쳐야 하는지 여부는 불분명하나 국내지점에 대한 불이익한 행정조치의 경우에는 청문이 필요하다고 본다. 금융위원회는 허가를 취소한 때는 지체 없이 그 내용을 관보에 공고하고 컴퓨터 등을 이용하여 일반인에게 알려야 한다(보험업법 제195조 제1항).

(5) 보고의무

외국보험회사 국내지점은 그 외국보험회사의 본점이 (i) 합병, 영업양도 등으로 소멸한 경우, (ii) 위법행위, 불건전한 영업행위 등의 사유로 외국감독기관으로부터 영업정지 또는 허가 취소 처분에 상당하는 조치를 받은 경우, (iii) 휴업하거나 영업을 중지한 경우에는 그 사유가 발생한 날부터 7일 이내에 그 사실을 금융위원회에 알려야 한다(보험업법 제74조 제3항).

5. 자산의 국내 보유의무

(1) 의의

외국보험회사의 국내지점은 대한민국에서 체결한 보험계약에 관하여 보험업법 제120조에 따라 적립한 책임준비금 및 비상위험준비금에 상당하는 자산을 대한민국에서 보유하여야 한다(보험업법 제75조 제1항).

이와 같이 자산의 국내 보유의무를 부여한 취지는 보험계약자 등에 대한 부채에 상응하는 자산을 국내에 머물게 함으로써 보험금 등의 지급을 담보하여 국내 보험계약자를 보호하고자 한 것이다.

(2) 보유자산의 종류 및 범위

책임준비금 및 비상위험준비금에 상당한 자산은 다양한 형태로 존재할 수 있다. 그러나 실제로 외화채권 또는 외국 금융기관에 이러한 자산이 예탁되어 있는 경우에는 국내자산 보유의무를 무력하게 할 위험성을 내포하고 있다. 이러한 점을 고려하여 책임준비금 등에 상응하는 자산을 (i) 현금 또는 국내금융기관에 대한 예금, 적금 및 부금, (ii) 국내에 예탁하거나 보관된 증권, (iii) 국내에 있는 자에 대한 대여금, 그 밖의 채권, (iv) 국내에 있는 고정자산, (v) 미상각 신계약비, (vi) 국내에 적립된 제63조 제2항에 따른 재보험자산, (vii) 금융위원회가 정하여 고시하는 자산형태로 유지하도록 하고 있다(보험업법 제75조 제2항 및 동법 시행령 제25조의2).

그런데 미상각신계약비는 자산의 구체적인 형태가 아니라 장부상의 수치에 불과함에도 보유자산의 하나의 형태로 인정한 것은 문제가 있어 보이나 보험회사의 준비금 적립방식이 순보험료식이고, 미상각신계약비를 일종의 자산으로 인정하고 있으므로 국내지점의 경우에도 미상각신계약비를 국내보유자산의 한 형태로 인정하는 것이 타당하다고 설명한다.[39]

6. 외국보험회사 국내지점의 대표자

(1) 대표권

외국보험회사의 국내지점의 대표자는 국내에서의 보험영업에 관하여 재판상 또는 재판 외의 모든 행위를 할 권한이 있다. 국내지점의 대표자에 대한 권한의 제한은 선의의 제3자에게 대항하지 못한다(보험업법 제76조 제1항 및 상법 제209조).

(2) 퇴임 후 대표권의 행사 여부

외국보험회사의 국내지점의 대표자는 퇴임한 후에도 이에 대신할 대표자의 성명 및 주소에 관하여 상법 제614조 제3항의 규정에 의한 등기가 있을 때까지 계속하여 대표자의 권리와 의무를 가진다(보험업법 제76조 제2항).

39 성대규·안종민, 앞의 책, 260-261면.

(3) 보험회사의 임원 의제

외국보험회사의 국내지점의 대표자는 이 법에 의한 보험회사의 임원으로 본다(보험업법 제76조 제3항). 따라서 임원의 자격 등에 관한 규정이 적용된다.

7. 잔무처리

(1) 잔무처리자의 선임 및 해임

외국보험회사의 해산 등으로 국내 지점이 국내에서의 영업을 폐지하거나 허가가 취소된 경우라고 하더라고 청산이나 파산절차가 완전히 종료하기까지 국내에서 잔무를 처리하여야 하고, 이에 대하여 그러한 업무를 수행할 자가 필요하다.

이러한 경우에는 우선 국내지점의 대표자가 잔무처리자로서 임무를 수행하는 것이 보통이나 경우에 따라서는 감독당국이 개입하여 잔무처리자를 선임하거나 해임할 수 있는 사태가 발생할 수 있다.

이에 따라 허가를 받은 외국보험회사의 본점이 보험업을 폐지하거나 해산한 때 또는 대한민국에서의 보험업을 폐지하거나 당해 허가가 취소된 때 금융위원회는 필요하다고 인정하는 경우에는 잔무를 처리할 자를 선임 또는 해임할 수 있도록 하고 있다(보험업법 제77조 제1항). 잔무처리자의 법적 지위는 잔무처리의 범위의 내에서는 국내지점의 대표자와 동일한 지위를 가지며 또한 잔무처리자에게 외국보험사 국내지점으로 하여금 금융위원회가 정하는 보수를 지급하게 할 수 있다(보험업법 제77조 제2항).

(2) 잔무처리의 감독

금융위원회는 외국보험사 국내지점의 잔무처리업무와 자산상황을 검사하고, 자산의 공탁을 명하며 그 밖에 잔무처리의 감독상 필요한 명령을 할 수 있다(보험업법 제77조 제3항).

8. 총회결의 의제

(1) 의의

외국보험회사의 국내지점이 계약이전을 할 경우에 있어 국내 보험회사와 동일한 절차를 밝게 하는 것은 여러 가지 어려운 점이 따른다. 따라서 보험업법은 외국보험회사의 국내지점이 계약이전을 함에 있어 필요한 총회결의를 의제하는 조항을 두고 있다.

(2) 총회결의 의제 내용

보험업법 제141조, 제142조, 제144조 제1항 및 제146조 제2항을 외국보험회사의 국내지점에 적용함에 있어 보험업법 제141조 제1항 중 보험업법 제138조의 규정에 의한 결의를 한 날은 이전계약서를 작성한 날로, 보험업법 제142조 및 제144조 제1항 중 주주총회 또는 사원총회의 결의가 있은 때는 각각 이전계약서를 작성한 때로, 보험업법 제146조 제2항 중 보험계약이전의 결의를 한 후는 이전계약서를 작성한 후로 본다(보험업법 제81조).

9. 적용 제외

(1) 의의

외국보험사 국내지점은 외국의 법령에 의하여 설립된 회사를 본점으로 하여 설립된 국내 지점이다. 외국보험회사 국내지점은 본국 및 국내법의 규율을 받으며 규모도 지점 규모이기 때문에 완전한 규모를 갖추고 있는 보험회사와 동일하게 보험업법을 적용하는 것은 무리가 따르므로 보험업법은 일부조항에 대하여 외국보험회사의 국내지점에는 적용을 제외하도록 하고 있다.

(2) 적용 제외 규정

보험업법 제8조(상호 또는 명칭), 제15조(사외이사의 선임), 제16조(감사위원회), 제138조(해산 합병 등의 결의), 제139조(해산합병 등의 인가)중 해산 및 합병에 관한 부분, 제141조(계약이전의 공고와 이의제출)제4항, 제148조(해산후의 계약이전 결의), 제149조(해산등기의 신청), 제151조(합병결의의 공고) 내지 제154조(정리계획서의 제출), 제156조(청산인), 제157조(청산인의 보수) 및 제159조(채권신고기간 내 변제) 내지 제161조(해산후의 강제관리)의 규정은 외국보험회사의 국내지점에 관해서는 이를 적용하지 아니한다(법 제82조 제1항). 또한 제8장중 총회의 결의에 관한 규정은 외국보험회사의 국내지점에 관해서는 이를 적용하지 아니한다(보험업법 제82조 제2항).

10. 외국 보험회사 국내지점의 현지법인 전환, 국내지점의 폐쇄

외국회사의 국내지점의 경우 경우에 따라 지점의 규모를 확대하여 현지법인화 하거나 국내 지점을 폐쇄하는 경우도 있다. 이 경우 현지법인의 설립, 현지법인의 보험업 예비허가 및 보험업에 대한 본인가, 기존 지점의 보험계약 전부이전, 영업양수도 및 신용정보 이전 승인 등의 제반 업무를 진행하여야 한다.

현행 법령은 외국보험회사의 국내지점을 그대로 현지법인으로 전환하는 절차를 정하고 있지 않아, 외국보험회사 국내지점의 현지법인 전환을 위해서는 현지법인 설립, 현지법인의 보험업 허가, 기존 국내지점의 보험계약의 이전 및 영업양수도, 국내법인 청산 등의 일련의 절차를 거쳐야 한다.

제9절 상호회사인 외국보험사의 국내지점

1. 등기비치의무

상호회사는 보험업법이 인정하는 회사이므로 보험업법은 관할 등기소로 하여금 등기부를 비치할 것을 규정하고 있고 상호회사인 외국보험회사 국내지점의 등기부도 비치하도록 규정하고 있다(보험업법 제78조 제1항).

2. 등기신청서 기재사항 및 첨부서류

외국상호회사의 국내지점이 등기를 신청하는 때는 당해 외국상호회사 국내지점의 대표자는 신청서에 대한민국에서의 주된 영업소와 대표자의 성명 및 주소를 기재하고, 대한민국 안에서의 주된 영업소의 존재를 인정할 수 있는 서류, 대표자의 자격을 인정할 수 있는 서류, 회사의 정관 그 밖에 회사의 성격을 식별할 수 있는 서류를 첨부하여야 한다(보험업법 제78조 제2항). 이러한 서류는 당해 외국상호회사의 본국의 관할관청이 증명한 것이어야 한다(보험업법 제78조 제3항).

제10절 상법 등의 준용

1. 상법의 준용

상법 제1편 제3장(제16조를 제외한다), 제22조 내지 제24조, 제26조, 제5장, 제6장, 제2편 제5장(제90조를 제외한다) 및 제177조의 규정은 외국상호회사의 국내지점에 관하여 이를 준용한다(제79조 제1항). 상법 제619조 및 제620조 제1·2항의 규정은 외국보험회사의 국내지점이 대한민국 안에서 종된 영업소를 설치하거나 외국보험회사의 국내지점을 위하여 모집을 하는 자가 영업소를 설치한 경우에 이를 준용한다(보험업법 제79조 제2항).

2. 비송사건절차법의 준용

비송사건절차법 제72조 제3항, 제101조 제2항, 제128조를 준용한다.

3. 상업등기법의 준용

제80조의2(「상업등기법」의 준용) 외국상호회사의 국내지점에 관해서는 「상업등기법」 제3조, 제5조 제2·3항, 제7조부터 제11조까지, 제14조, 제17조부터 제19조까지, 제22조부터 제24조까지, 제26조부터 제30조까지, 제53조, 제55조, 제61조 제2항, 제66조, 제67조, 제113조부터 제119조까지, 제121조부터 제128조까지 및 제131조를 준용한다.

제4장

모 집

●●● 제4장

모 집

제1절 보험모집규제제도

1. 서설

(1) 개관

보험소비자 보호와 보험거래의 건전한 질서를 확립하기 위해서는 모집종사자가 보험모집업무를 수행하는 과정에서 의무적으로 하여야 하거나 하지 말아야 할 행위들을 규정하고 그 준수를 의무화하고 있다. 보험모집행위 시에 준수 또는 금지하는 행위들의 목록을 보험모집 주체에 관한 규제와 대비하여 보험모집 행위규제(이하 '모집행위규제'라 한다)라고 한다. 모집행위규제는 주로 정보의 비대칭에서 비롯되는 문제를 통제하고 관리하기 위한 규제가 주를 이룬다. 그리고 이러한 정보의 비대칭 문제는 이익충돌, 즉 대리인 문제라고 한다.[1]

모집종사자의 모집행위규제에 관한 법률로서 대표적인 것은 보험업법과 보험계약법이 있다. 이 중에서 보험업법은 기본적으로 그 성격이 공법으로서 보험회사 또는 모집종

1 Skipper Harold D., Financial Services Integration Worldwide: Premises and Pitfalls, Policy Issues in Insurance, OECD, 2001. p.46.

사자로 하여금 보험소비자에게 불공정하고 부당한 방법으로 모집하는 것을 금지하고 이를 위반한 경우에 공법상의 각종 제재조치를 가함으로써 소비자를 보호하고 있다. 한편 보험계약법도 모집에 관한 규정을 두고 있는데, 사법이라는 성격상 공법적 제재에 관한 내용을 담고 있지 않으며 계약 당사자 간의 권리의무 관계를 주로 규율하고 있다. 상법 중 모집행위에 관한 규제조항은 상법 제638조의3(보험약관의 교부·설명의무)이 대표적인 것이다.

2010년 개정 보험업법에서는 설명의무(보험업법 제95조의2), 적합성원칙(보험업법 제95조의3), 모집광고 관련 준수사항(보험업법 제95조의4), 중복계약 체결 확인의무(보험업법 제95조의5)를 신설하는 등 모집행위에 관한 규제를 대폭 강화하였다. 그러나 이에 관한 이론적 검토가 제대로 이루어지지 않고 있고, 동 규제의 의미에 관한 정확한 해석론도 많지 않은 실정이다. 이러한 모집행위에 관한 규제는 대부분은 보험계약의 체결 시에 보험회사가 지켜야 할 의무를 규정한 것인데, 이러한 규정은 공법인 보험업법에서 담고 있어야 할 내용인지 의문이 든다. 이것은 보험업법과 보험계약법의 이원적 체계하에서 흔히 나타날 수 있는 현상인데, 앞으로 양 법의 역할 분담 및 조화로운 보험법의 발전을 위하여 법 제정자의 보다 깊이 있는 논의와 신중한 접근이 요청된다.

그런데 최근 금융소비자 보호에 관한 법률(이하 '금소법'이라고 한다)이 제정(2020. 3. 24.)·시행(2021. 3. 25.)됨에 따라 종래 보험모집 관련 준수사항에 관한 규정들 중 핵심 규제 사항이 삭제되고 금소법으로 이관됨에 따라 보험모집행위에 관한 규제는 더욱 복잡한 체계를 갖추게 되었다.

모집행위에 관한 규제는 보험법 외에도 금소법, 약관의 규제에 관한 법률(이하 '약관규제법'이라 함), 소비자기본법, 독점규제 및 공정거래에 관한 법률(이하 '공정거래법'이라 함) 등이 적용될 수 있다.

그런데 이와 같은 모집행위 규제가 필요한 이유는 무엇일까? 보험상품 등 금융상품의 경우 그 약관내용의 추상성과 복잡성으로 인하여 일반 소비자가 그 내용을 이해하기가 매우 곤란하다. 또한 보험시자의 치열한 경쟁에서 살아남기 위하여 보험회사는 자사의 상품판매 실적을 제고하기 위하여 판매활동을 독려하게 되고, 보험모집종사자는 자신의 수입을 극대화하기 위하여 보험상품의 내용을 과장하여 설명하거나 보험목적물의 위험도에 대해 낮게 평가하여 가급적 보험계약이 체결될 수 있도록 하는 유인에 굴복할 우려가 있다. 이것은 보험상품의 판매에서 보험회자의 이익과 보험모집종사자의 이익이

상충되는 구조적인 모순점의 표현이기도 하다.

보험모집행위의 규제는 직접적으로 보험상품의 내용을 과장하거나 부실한 설명으로 인한 보험소비자의 피해를 차단하고, 보험상품에 대한 정보의 비대칭성 등의 모순을 극복하기 위하여 충실한 정보제공 및 정확한 설명을 제도적으로 보장할 필요가 있으며, 광고 및 모집방법 등에 대한 규제를 통하여 건전한 보험거래질서와 소비자의 보호를 기하기 위한 것이다.

최근 금융상품이 복잡화·다양화됨에 따라 보험모집행위 규제의 중심은 소비자에게 적합한 상품을 권유하고 동시에 보험상품에 관한 정보를 충분히 알려 정보의 비대칭에서 발생하는 소비자의 피해를 최소화하는 제도적인 노력은 더욱 중요하게 되었다.

(2) 보험모집의 특수성

보험회사가 보험상품을 판매하는 全과정을 보험모집활동이라고 하는데, 이러한 모집활동에 종사할 수 있는 자는 보험업법에 의하여 일정한 자격을 가진 자로 한정되어 있다. 보험회사의 영업활동은 보험회사의 존립의 기초가 되는 가장 중요하고도 핵심적인 업무에 속하고, 보험영업활동의 성적에 따라 회사의 성공 여부가 결정된다. 보험회사는 보험시장에서 매출증가 등을 통하여 자신의 사회적 경제적 영향력을 행사할 기회를 얻고자 시장점유율의 지속적인 확대를 위한 외형경쟁의 압력에 구속될 수밖에 없다.

보험시장은 다른 금융시장과 달리 보험업이라는 고유 업무를 수행하는 보험회사가 있고, 보험상품의 판매를 위한 조직으로서 상법상의 중개상인 보험중개사, 대리상인 보험대리점 등의 모집조직이 존재한다.

한편 보험회사가 취급하는 보험상품은 다른 금융상품과 마찬가지로 그 물리적 형태가 없고, 관념적이고 추상적인 것이므로 보험상품의 구매에 대한 시각적인 욕구를 불러일으킬 수 없다. 이에 따라 보험상품에 대한 판매를 촉진하고 증대하기 위하여 모집종사자의 활용이 필수적으로 요청된다.

보험업법이 보험모집활동에 대하여 규제를 하게 된 이유는 보험시장에서 거래되는 객체인 보험상품이 가지고 있는 고유한 특성, 즉 통계적 기술을 활용한 보험가격결정, 보험약관의 보험회사에 의한 일방적인 작성, 보험용어의 이해곤란성 등으로 인한 정보의 비대칭의 문제가 상존하기 때문이다. 이에 따라 우리 보험업법은 은행법이나 자본시장법에 비해 상세하고 엄격한 규제제도를 두고 있다.

보험의 모집은 보험계약의 체결이라는 성과를 달성하기 위한 여러 활동이며 이러한 점에서 보험모집활동은 고객과의 법률행위를 하는 과정이다. 또한 보험모집은 보험회사의 운영에 있어서 가장 기본적이고 중요한 요소 중의 하나인 어떤 특정한 위험과 어떤 위험들의 집합체에 대하여 인수 여부를 결정하는 절차도 포함된다.

보험거래는 보험모집종사자에 의하여 시작된다. 그리고 그 시작의 주도권은 보험을 구입하고자 하는 고객에게 청약을 하도록 유도하는 것으로 구조화되어 있다.

2. 우리나라 모집규제법규의 연혁 및 모집조직의 변화

보험모집에 관한 규제는 처음에는 보험업법에 의하여 규율하지 아니하였고, 보험모집단속법(제정 1962. 1. 20. 법률 제990호)이라는 별도의 법규에 의하여 규율되었다. 그러다가 1977년 보험모집단속법이 보험업법에 통합 흡수되었다(법률 제3043호, 1977. 12. 31. 전부개정, 시행 1978. 3. 1.).

보험모집단속법은 생명보험설계사와 손해보험대리점 등록에 관한 사항(제4조), 손해보험대리점의 임원 또는 사용인의 신고에 관한 사항(제10조), 보험회사의 배상책임(제13조), 모집문서도화(제16조), 체결 또는 모집에 관한 금지행위(제18조), 자기대리점금지(제19조), 수수료의 지급금지에 관한 사항(제20조) 등 오늘날 모집에 관한 장의 근간이 되는 대부분의 내용을 포함하고 있었다. 보험모집 종사자는 최초 생명보험모집인과 손해보험대리점체계로 출발하였고, 1977년 개정 보험업법에 의하여 보험모집인, 보험대리점, 보험중개사 체제를 갖추게 되었다.

보험모집종사자의 진입규제는 보험업법 제정 시에는 생명보험모집인과 손해보험대리점은 감독당국에 등록하도록 하였고, 1977년 개정 보험업법은 보험모집인은 등록제, 보험대리점 및 보험중개사는 허가제로 운영하였었다. 그리고 2003년 개정 보험업법(제6891호, 2003. 5. 29.)에 의하여 모든 보험모집종사자는 등록제로 일원화 되었고, 보험모집인의 명칭이 보험설계사로 보험중개인이 보험중개사로 개정되었으며 보험대리점의 특수형태로서 금융기관보험대리점제도가 도입되었다.

3. 모집의 개념

(1) 모집의 의의

모집이란 보험계약의 체결을 중개하거나 대리하는 것을 말한다(보험업법 제2조 제12호). 여기서 보험계약이 무엇인지 여부에 관해서는 보험제도의 성질과 관련하여 다양하게 정의될 수 있다.[2] 우리 상법은 보험계약이 어떠한 것인지에 관하여 별도로 규정하고 있는데, 보험계약이란 "당사자의 일방이 약정한 보험료를 지급하고 상대방이 피보험자의 재산 또는 생명·신체에 관하여 불확정한 사고가 생길 경우에 일정한 보험금액 기타의 급여를 지급할 것을 약정하는 것"을 말한다고 한다(상법 제638조 참조). 당사자 일방이란 보험료의 지급채무를 부담하는 보험계약자를 말하고, 상대방이란 일정한 보험사고 발생시 약정한 보험금액 등을 지급할 의무를 부담하는 보험자, 즉 보험회사를 말한다.

보험계약의 체결의 중개란 보험회사와 보험계약자 사이에서 보험계약이 성립될 수 있도록 힘쓰는 사실행위를 말하고, 보험계약의 체결을 중개하는 자로서 보험설계사와 보험중개사가 있다. 보험계약의 체결의 대리란 보험회사와 위탁계약을 체결한 보험대리점이 보험계약자로부터 청약의 의사표시를 수령하고 보험회사를 위하여 승낙의 의사표시를 하면 그 법률효과가 직접 보험회사에 귀속하게 되는 것을 말한다. 즉, 보험계약이라는 법률행위는 보험대리점이 하지만 그 법률행위에 따른 법률적 효과는 보험회사가 받는 것을 보험계약의 대리라고 한다. 보험업법은 보험회사를 위하여 보험계약의 체결을 대리하는 자로서 보험대리점을 두고 있다.

모집의 개념에 대한 정의 규정은 보험모집단속법(제정 1962. 1. 20. 법률 제990호)에서부터 규정되어 있었으며 현행 보험업법은 보험모집단속법에서 규정하고 있는 모집의 개념을 그대로 사용하고 있다(보험업법 제2조 제13항). 일본보험업법에서도 우리나라 보험업법과 동일하게 모집이란 보험계약의 체결의 대리 또는 중개를 행하는 것을 말한다고 규정하고 있다(일본 보험업법 제2조 제26항) 미국 뉴욕주 보험법도 모집에 관한 정의 규정을 두고 있는데, 모집이란 보험을 판매하려고 시도하거나, 허가 받은 특정 보험사업자, 공제조합 또는 건강관리기구에서 제공하는 보험에 타인이 가입하도록 권유하는 행위

2 보험제도의 성질과 관련하여 손해보상계약설, 수요충족설, 금액급여설, 기술설, 위험부담설, 이원설, 특수계약설, 부정설 등 다양한 견해가 제시되고 있다. 이에 관한 상세한 사항은 정찬형, 『상법강의(하)』(제18판), 박영사, 2016, 531-533면 참조.

를 의미한다고 규정하고 있다(미국 뉴욕주 보험법 제2101조). 미국 뉴욕주 보험법은 모집의 행위의 사실적 측면을 강조하여 보험계약의 체결의 대리 또는 중개행위의 이전의 보험가입을 위한 요청이나 촉구 등의 행위도 모집의 개념에 포함시키고 있다.

(2) 모집행위와 비모집행위 구별

1) 문제의 소재

보험계약의 체결과정을 보면 보통 보험회사의 보험계약권유, 즉 보험계약의 유인활동, 보험계약자의 청약, 보험회사의 인수심사, 보험회사의 보험계약의 승낙 및 보험증권의 발송 등을 통하여 이루어진다. 그런데 보험계약의 유인활동이나 고객의 유인 및 소개활동 등 모집과정의 일부에 개입된 행위를 모집으로 보아야 하는지 여부가 문제가 된다. 모집할 수 있는 자격을 갖추지 못한 무자격자의 단순한 고객 소개, 보험료 수령 등을 모집행위로 본다면 이러한 행위를 한 자를 무자격 모집행위로 처벌하여야 하는 문제가 되는데, 이러한 점에서 바로 모집 개념의 획정은 매우 중요한 의미를 가진다(보험업법 제204조 제1항 제2호).

2) 모집행위 해당 여부에 대한 판단기준

모집행위에 해당하는지 여부는 모집에 관한 정의 규정과 보험계약자 등의 보호필요성 등을 종합하여 객관적 기준에 따라 판단하여야 한다. 보험업법은 모집에 관한 정의를 보험계약의 체결을 중개하거나 대리하는 것이라고 정의하므로 보험계약의 체결을 위한 보험계약의 유인행위 및 보험상품의 판매를 전제로 하는 보험계약 내용 설명 등이 이에 해당될 수 있고 보험계약의 청약의사의 수령, 고지의무의 수령 및 보험계약의 승낙의 의사표시 등이 모집행위에 해당한다.

3) 모집에 해당하는 행위

보험모집에 속하는 사항으로는 보험계약체결의 권유, 보험계약의 체결의 권유를 목적으로 하는 보험상품에 대한 내용 설명, 보험계약청약서의 내용 및 기재 사항 설명, 보험료의 산출과정 및 내용설명, 보험금의 지급에 관한 사항의 설명 등이 모집행위에 해당하는 것으로 볼 수 있다.

4) 모집행위에 해당하지 아니한 행위

가령 고객에 대한 만기안내엽서, 팸플릿, 변경신청서, 고객보관신청서 등의 우송작업, 전화에 의한 계약모집에서 중요사항 설명서, 확인고지서, 고객보관용신청서 우송작업, 대리점의 내무사무담당자가 고객과의 접촉하지 아니하고 보험계약신청서, 보험료 영수증, 자배책증명서 등을 작성하는 것, 수지명세표의 기장업무, 보험료전용계좌의 관리[3] 정산업무, 신청서사본, 보험증권 등의 보관업무, 전화의 단순한 연결 업무 등은 모집행위에 해당하지 아니한 것으로 본다.

제2절 모집종사자

1. 서설

상법상 대리상은 일정한 상인을 위하여 상업사용인이 아니면서 상시 그 영업부류에 속하는 거래의 대리 또는 중개를 하는 자라고 규정하고 있다(상법 제87조). 이러한 대리상제도는 기업이 영업활동의 영역을 확대할 필요가 있어 도입된 제도로서 무역, 운송, 은행, 보험 등과 같은 넓은 지역에서 많은 계약을 계속적 반복적으로 체결하는 기업에 있어서 그 필요성이 크다.[4] 여기서 상시 그 영업부류에 속하는 거래를 대리하는 자를 체약대리상(sales agent)이라고 하고, 이를 중개하는 자를 중개대리상(marketing agent)이라고 한다.[5]

또한 상법은 대리상의 권리와 의무에 관한 사항을 규정하고 있다. 본인에 대한 대리상의 의무로서 통지의무(상법 제88조), 경업피지의무(제89조), 영업비밀 준수의무(상법 제92조의3) 등을 규정하고 있고, 반면에 대리상이 본인에 대하여 가지고 있는 권리로서 보수청구권(상법 제61조), 유치권(상법 제91조), 보상청구권(상법 제92조의2) 등을 규정하고 있다. 대리상과 제3자와의 관계를 보면 체약대리상이 한 법률행위에 대해서는 대리

3 쿨링오프, 고지의무 및 통지의무 내용, 책임개시시기, 지급사유에 해당하지 아니한 경우 및 면책사유 등의 보험금 등을 지급하지 않는 경우 중 주된 것, 보험료의 납입유예기간, 계약의 실효, 계약의 부활 등 해약규정과 해약환급금의 유무, 계약자보호제도, 특히 법령 등에서 주의를 환기하도록 하고 있는 사항 등.

4 정찬형, 『상법강의(상)』(제19판), 박영사, 2016, 281면.

5 정찬형, 앞의 책, 284면.

의 법리에 의하여 당연히 본인이 의무와 책임을 부담하고 대리상은 특별한 사정이 없는 한 책임과 의무를 부담하지 아니한다. 중개대리상이 한 행위에 대해서는 대리상은 당사자로서 처음부터 관여하지 않으므로 제3자에 대하여 계약상의 의무와 책임을 부담할 여지가 없다.[6] 그러나 대리상이 그의 업무수행중 제3자에게 불법행위를 한 경우에는 특별한 사정이 없는 한 대리상만이 책임을 부담하고 본인은 책임을 지지 않는다. 대리상의 경우 계약의 해지에 관하여 규정하고 있다. 즉, 당사자가 계약의 존속기간을 약정하지 아니한 때는 각 당사자는 2월 전에 예고하고 계약을 해지할 수 있다(상법 제92조 제1항).

한편 상법상 중개인(broker)은 타인 간의 상행위의 중개를 영업으로 하는 자이다(상법 제93조). 상법이 규정하고 있는 중개인의 의무로는 견품보관의무(상법 제95조), 결약서교부의무(상법 제96조), 장부작성 및 등본교부의무(상법 제97조), 성명 상호묵비의무(상법 제98조), 중개인의 이행책임(상법 제99조) 등을 규정하고 있다. 중개인의 권리로서 보수청구권을 인정하고 있는데, 중개인의 보수는 당사자 쌍방이 균분하여 부담하도록 규정하고 있다(상법 제100조). 중개인은 비용상환청구권 및 급여수령권이 원칙상 인정되지 않는다(상법 제94조).

2. 모집할 수 있는 자

보험업법상 보험을 모집할 수 있는 자는 보험설계사, 보험대리점, 보험중개사, 보험회사의 임원 또는 직원으로 한정되어 있다. 다만 보험회사의 대표이사, 사외이사, 감사 및 감사위원은 모집을 할 수 없다(보험업법 제83조 제1항).

보험설계사, 보험대리점 및 보험중개사는 보험을 모집하는 것이 자신들의 고유한 업무이므로 당연히 모집에 종사할 수 있다. 그러나 보험회사의 대표이사는 보험계약의 당사자인 보험회사의 대표기관이므로 보험계약의 현실적 당사자이고 모집업무의 투명성과 건전한 모집질서의 확립과 비자금 조성 등의 불법행위를 방지하기 위하여 모집에 종사할 수 있는 자에서 제외하였다. 감사나 감사위원은 업무집행기관의 감독자 역할을 수행하는 자이므로 그 업무의 성질상 모집할 수 없는 자로 규정하는 것이고, 사외이사는 직무수행의 독립성과 중립성을 담보하기 위하여 모집할 수 있는 자에서 제외하였다.

6 정찬형, 앞의 책, 290면.

3. 보험회사가 모집에 종사할 수 있는 자에 해당하는지 여부

보험회사의 경우 보험을 모집할 수 있는 자로 규정되어 있지 아니하여 보험회사가 모집업무에 종사할 수 있는지 여부가 문제된다. 보험회사는 보험의 인수를 영업으로 하는 자이고, 보험모집 및 계약체결 업무는 보험업의 본질적 요소를 구성하는 업무이다.[7] 그러나 보험업법은 모집에 관한 정의를 보험계약 체결의 중개 또는 대리하는 것을 말한다고 규정하고, 이러한 모집에 종사하는 자를 별도로 열거하고 있으며 보험회사는 보험계약 체결의 당사자로서 모집조직의 중개행위에 따라 보험계약을 체결하거나 대리권을 가진 모집조직이 체결한 보험계약의 효과를 귀속 받는 당사자이므로 보험계약을 직접 체결하는 자에 해당할 수는 있으나 보험계약의 체결을 대리하거나 중개하는 자로 보기는 어렵다.

따라서 보험계약의 모집업무는 보험회사의 업무에 속하나 보험회사는 보험계약의 체결을 중개 또는 대리하는 자로서 모집종사자는 아니며 보험회사가 모집업무를 수행한다고 할 때의 모집의 개념은 보험계약의 대리 또는 중개와 다른 의미로 해석하여야 할 것이다. 그러나 이러한 자기모집에서 모집종사자는 될 수 없으나 타인을 위한 모집행위는 이와 달리 보아야 할 것이다. 따라서 보험회사가 다른 보험회사로부터 보험계약의 모집업무를 위탁받아 수행할 수 있는지 여부는 다른 차원의 문제에 속한다.

4. 금융기관보험대리점 등의 모집제한

금융기관보험대리점 등은 대통령령으로 정하는 바에 따라 그 금융기관 소속 임직원이 아닌 자로 하여금 모집을 하게 하거나, 보험계약 체결과 관련한 상담 또는 소개를 하게하고 상담 또는 소개의 대가를 지급하여서는 아니 된다. 일반보험대리점과 달리 금융기관보험대리점에 대하여 이러한 특별한 제한을 둔 이유는 새로운 제도도입으로 인한 기득권을 보호하기 위한 점이 고려된 것이다.

7 금융기관의 업무위탁 등에 관한 규정 제3조 제2항 참조.

제3절 보험설계사

1. 보험설계사의 개념

(1) 의의

보험설계사라 함은 보험회사·보험대리점 또는 보험중개사에 소속되어 보험계약의 체결을 중개하는 자로서 금융위원회에 등록을 마친 자를 말한다(보험업법 제2조 제9호). 종래에는 보험회사를 위하여 보험계약의 체결을 중개하는 자만이 보험설계사로 정의하고 있었으나 2010년 개정 보험업법은 보험회사 외에도 보험대리점, 보험중개사에 소속되어 모집업무에 종사하여온 사용인을 보험설계사로 포함하여 규정하였다. 이와 같이 보험설계사의 범위를 확대한 이유는 보험대리점 및 보험중개사 소속사용인은 실질적으로 보험설계사와 동일한 업무를 수행하고 있음에도 이들이 모집질서 관련 규정 등 보험업법을 위반한 경우에 제재조치를 취할 수 있는 마땅한 법적 근거가 없어 문제가 되었다.[8] 이에 따라 보험설계사와 사용인 간의 제재의 형평성을 제고하고 모집사용인에 대한 제재를 통하여 모집질서에 대한 규율을 강화하고자 사용인을 보험설계사로 흡수하여 규정하였다.

(2) 보험설계사제도의 연혁

보험설계사제도는 1962년 생명보험모집인제도로 출발하였고, 1977년 12월 31일 개정 보험업법에 의하여 손해보험 모집인을 포괄하는 보험모집인으로 통일하여 규정하였으며, 2003년 개정 보험업법에 의하여 보험모집인의 명칭이 보험설계사로 변경되었다. 보험설계사는 자연인 이외에 그 법적 형태는 불문한다. 따라서 법인이 아닌 사단과 재단도 보험설계사로서 활동할 수 있다.

8 보험설계사는 모집에 관한 보험업법의 규정을 위반하거나 보험업법에 명령이나 처분을 위반한 경우에 업무정지를 명하거나 등록을 취소할 수 있다(보험업법 제86조 참조).

(3) 법적 지위

1) 내부관계에서의 지위

보험설계사 등의 법적 지위는 보험회사 등과의 내부관계와 보험모집 활동을 하는 과정에서 가지는 보험계약자와의 대외적인 관계로 나누어 파악해볼 수 있다. 보험설계사는 보험회사 등에 소속되어 모집업무를 수행하는 자이므로 보험회사 등과 법률관계를 우선적으로 형성하게 된다. 보험회사 등과 보험설계사와 내부관계에서의 법적 지위는 양자 간에 체결한 계약의 내용에 따라 달라질 수 있는데, 보통 보험설계사가 보험회사 등을 위하여 모집업무를 수행하게 되는 법적 계기는 보험회사 등과의 고용계약이나 위임계약에 터 잡은 것이다. 실무에서는 보험회사 등은 소속 보험설계사와 고용계약이 아닌 위임계약을 체결하는 것이 보통이다. 따라서 법 형식상으로만 보면 보험설계사는 보험회사 등의 피고용인이 아니다. 그러나 보험설계사와 보험회사 등과의 체결한 내부적인 계약관계의 성질이 무엇이냐에 대해 논란이 있으며, 보험설계사와 보험회사 간에 체결한 계약의 성질에 대해 보험설계사는 보험회사에 종속되어 보험모집사무를 수행하는 점에서 고용 내지는 위임계약과 비슷한 성질을 띠고 있는 혼합계약이라고 풀이하는 견해도 있다.[9]

보험대리점 등에 소속된 보험설계사의 경우도 보험대리점 등과 동일한 법률관계를 형성하고 있다. 생각하건대 고용은 노무자 자신에 의한 노무의 공급 그 자체를 목적으로 하고 제공되는 노무에 의한 어떤 일의 완성은 고려되지 아니하고, 사용자가 노무자를 지휘·감독하여 노무의 공급만을 받는 계약이기 때문에 순수한 고용계약[10]이라고 보기 어렵고, 보험설계사는 독립적인 지위에서 그 중개업무를 처리하지 못하고 보험사업자의 지휘 감독을 받고 있는 점에서 순수한 의미에서 위임이라고 보기도 어려운 면이 있다. 한편 우리나라 대법원은 보험설계사의 근로자성을 부인하고 있고,[11] 나아가 보험설계사의 교육을 담당하는 트레이너에 대해서도 근로자성을 부인하는 태도를 취하고 있다.

9 양승규, 『보험법의 법리』, 삼지원, 2000, 155면.
10 곽윤직, 『채권각론』(제6판), 박영사, 2000, 337면.
11 대법원 2000. 1. 28. 선고 98두9219 판결.

2) 외부관계에서의 지위

한편 보험설계사가 보험을 모집하면서 가지는 법적 지위가 무엇이냐 하는 점도 논란이 되고 있는데, 보험설계사는 보험계약자와 보험회사 등과의 사이에서 보험계약의 체결을 중개하는 자이다. 이처럼 보험설계사는 보험계약의 체결에 대한 대리권이 인정되지 않으므로 보험설계사가 보험계약자로부터 보험계약의 청약에 대해 승낙을 할 수 없고 보험계약자나 피보험자 등으로부터 고지의무를 수령할 권한이나[12] 보험료 수령권한도 없다.[13] 다만 보험설계사가 보험료를 영수하는 것은 보험설계사의 지위자체에서 인정된 권한으로서가 아니라 보험계약자의 편의를 위한 보험회사의 영업정책적인 이유로 보험회사가 보험설계사에게 보험료를 수령할 수 있도록 위임한 것에 불과하다.

그러나 현실적으로 보험계약 체결 시 보험계약자는 보험설계사로부터 보험 가입권유와 보험상품에 대한 설명을 들으며 보험계약청약서 등을 작성하여 건네주는 등 보험회사의 대리인으로서 권한을 가지고 있는 듯한 인식을 강하게 주는 것이 보통이므로 보험설계사에게 고지·통지의무 수령권한을 인정하는 등 법적 지위의 재검토가 요청된다는 주장이 제기되고 있다.[14] 상법의 규정에 의하면 보험자가 작성한 영수증을 보험계약자에게 교부하는 경우에 한정하여 보험계약자로부터 보험료를 수령할 수 있는 권한, 보험자가 작성한 보험증권을 보험계약자에게 교부할 수 있는 권한을 가진다(상법 제646조의2 제3항).

또한 보험설계사는 보험계약의 체결과 관련하여 중개행위를 하는 자일 뿐만 아니라 계약법적 관점에서 보면 보험설계사는 보험자의 채무이행을 위하여 사용되는 자이므로 보험설계사의 고의나 과실은 보험자의 고의나 과실로 본다(민법 제391조).

☞ 관련 판례

민법 제391조는 이행보조자의 고의·과실을 채무자의 고의·과실로 본다고 규정하고 있는데, 이러한 이행보조자는 채무자의 의사 관여 아래 채무이행행위에 속하는 활동을 하는 사람이면 족하고 반

12 대법원 1979. 10. 30. 선고 79다1234 판결; 1978.5.22. 78-7 양지보험분쟁 등.

13 양승규·장덕조, 『보험법의 쟁점』, 법문사, 2000, 120면.

14 한편 보험계약의 당사자가 명시적으로 약관의 내용과 달리 약정한 경우에는 배제된다고 보아야 하므로 보험회사를 대리한 보험대리점 내지 보험외판원이 보험계약자에게 보통보험약관과 다른 내용으로 보험계약을 설명하고 이에 따라 계약이 체결되었으면 그때 설명된 내용이 보험계약의 내용이 되고 그와 배치되는 약관의 적용은 배제된다고 판시하고 있다(대법원 1989. 3. 28. 선고 88다4645 판결). 이러한 판례의 내용으로 볼 때 보험설계사를 단순한 보험계약 체결의 중개자로 보아야 하는지 의문이다.

드시 채무자의 지시 또는 감독을 받는 관계에 있어야 하는 것은 아니므로, 그가 채무자에 대하여 종속적 또는 독립적인 지위에 있는가는 문제되지 않으며, 이행보조자가 채무의 이행을 위하여 제3자를 복이행보조자로서 사용하는 경우에도 채무자가 이를 승낙하였거나 적어도 묵시적으로 동의한 경우에는 채무자는 복이행보조자의 고의·과실에 관하여 민법 제391조에 의하여 책임을 부담한다.[15]

2. 보험설계사 등록제도

(1) 의의

등록이란 일정한 법률사실이나 법률관계를 정해진 등록기관에 비치하고 있는 공적 장부에 기재하는 것을 말한다. 국가는 국민이 특정한 직업이나 영업을 위하여 일정한 자격을 갖추도록 하거나 영업개시 요건으로 특허, 허가 인가, 등록, 신고 등을 요구하는 등 급부의 제공자를 규제하는 경우가 있다. 예컨대 은행업을 영위하기 위해서는 금융위원회의 사전 인가를 받도록 하거나(은행법 제8조), 금융투자업을 영위하기 전에 인가나 등록을 받도록 하는 것이 그것이다(자본시장법 제12조). 보험회사의 경우 보험업을 개시하기 위해서는 사전에 허가를 받아야 하고, 보험의 모집업무에 종사하는 보험설계사 등의 경우 일정한 자격을 갖추도록 하며 영업을 개시하기 위해서는 사전에 금융위원회에 등록하도록 하고 있다. 보험설계사 등록제도는 일정한 자격을 가진 유자격자로 하여금 금융위원회에 등록하도록 함으로써 보험설계사의 관리 감독을 효율적으로 수행하고자 한 것이다.

(2) 등록제도의 법적 성질

등록제도는 특허나 허가보다는 완화된 진입규제로 이해된다. 그러나 이러한 등록제도는 일정한 경우 허가로서의 성격을 가진 경우도 있으므로 일률적으로 등록의 법적 성격을 재단하기 곤란하므로 규제의 취지 등을 종합하여 판단하여야 할 것이다.[16] 등록의 효과는 일정한 법률관계가 공적으로 공시 또는 증명되는 공법적 효과와 그 밖에 개별법

15 대법원 2011. 5. 26. 선고 2011다1330 판결.

16 게임산업진흥에 관한 법률 제26조 제2항과 그 시행규칙이 규정하는 등록 요건 및 위 법률 제29조 제3항이 인터넷컴퓨터게임시설 제공업자의 영업양도, 사망, 합병의 경우뿐만 아니라 경매 등의 절차에 따라 단순히 영업자의 시설·기구(대통령령이 정하는 주요 시설 및 기구를 말한다)만의 인수가 이루어진 경우에도 인터넷컴퓨터게임시설 제공업자의 지위 승계를 인정하고 있는 점 등을 종합하여보면, 인터넷컴퓨터게임시설 제공업 등록은 원칙적으로 대물적 허가의 성격을 갖는다고 할 것이다(대법원 2009. 11. 26. 선고 2009도9187 판결).

에서 정하고 있는 효과가 있다. 예를 들어, 의장 또는 상품등록의 경우 그 등록은 권리발생의 요건이고 자동차 또는 항공기 등의 등록은 권리취득에 대한 제3자에 대한 대항요건이며 건설업자 또는 의사의 등록은 영업을 개시하기 위한 요건이다. 이러한 점에서 볼 때 보험설계사의 등록은 의사의 등록과 같이 영업을 개시하기 위한 요건과 유사한 것으로 볼 수 있다.[17]

(3) 보험설계사 등록제도의 연혁

보험설계사는 1977년부터 한국보험공사에 등록하기 시작하였다. 1988년 한국보험공사가 보험감독원으로 변경됨에 따라 보험설계사의 등록은 보험감독원에 하도록 되었고, 2003년 개정 보험업법에서 등록처가 금융위원회로 변경되었다.

(4) 보험설계사 등록 주체

2003년 개정 보험업법은 보험설계사가 되려는 자에게 등록의무를 부과하지 아니하고 보험회사·보험대리점 및 보험중개사에 대해 소속 보험설계사에 대한 등록의무를 부과하고 있다(보험업법 제84조 제1항). 이와 같이 보험회사 등에 대하여 보험설계사 등록의무를 부과한 것은 보험설계사의 보험계약체결의 중개행위에 대한 법적 안정성이 보장되지 아니하여 소비자 피해문제가 제기되고 보험설계사의 교차모집허용으로 이러한 소비자 피해는 더욱 심각해질 우려가 있으므로 보험설계사의 등록 및 관리책임을 강화하는 측면에서 보험설계사에 대한 등록의무를 보험회사 등에 부여한 것이다.[18]

(5) 보험설계사가 될 수 있는 자

보험설계사는 누가 될 수 있는가? 자연인의 경우 피성년후견인 또는 피한정후견인은 보험설계사가 되지 못한다. 그러나 미성년자에 대해서는 아무런 규정을 두고 있지 않는바, 미성년자의 경우 민법상 대리인이 될 수 있고, 보험설계사는 보험계약의 체결의 중개하는 자이므로 보험회사가 별도로 자격을 제한하지 않는 한 보험설계사가 될 수

17 성대규·안종민, 『한국보험업법』(개정2판), 두남, 2015, 274면.

18 국회 재정경제위원회, 「보험업법 개정법률안 심사보고서」, 2003, 43-44면.

있는 것으로 해석된다. 또한 법인이 보험설계가 될 수 있는가 하는 점이 문제되는데, 보험업법의 규정을 보면 법인의 경우도 보험설계사가 될 수 있는 것으로 해석된다.

3. 보험설계사의 구분 및 등록요건

(1) 보험설계사의 구분

보험업법은 보험설계사의 구분 및 등록요건 등을 직접 규정하지 아니하고, 시행령에 위임해놓고 있다(보험업법 제84조 제3항). 보험업법시행령에서는 보험설계사를 생명보험설계사, 손해보험설계사, 제3보험설계사로 구분하고 있다. 제3보험설계사는 2003년 개정법에 의하여 새롭게 도입된 제도이다.

(2) 보험설계사 등록요건

보험설계사의 등록요건은 적극적 요건과 소극적 요건으로 나누어볼 수 있다. 현행법은 보험설계사에 대한 적극적 요건은 대통령령으로 정하도록 규정하고 있으며 소극적 요건은 보험업법 제84조 제2항에서 규정하고 있다.

1) 적극적 요건

보험설계사의 등록요건 중 적극적 요건은 보험설계사의 구분, 즉 종류별로 규정하고 있는데, 생명보험설계사의 경우 금융위원회가 정하는 기관에서 생명보험 모집에 관한 연수과정을 이수하거나 생명보험 관련 업무에 1년 이상 종사한 경력이 있는 자, 생명보험대리점의 등록요건을 갖춘 자, 생명보험중개사 등록요건을 갖춘 자 중 어느 하나에 해당하는 자는 보험설계사가 될 수 있다. 손해보험설계사와 제3보험설계사 등 보험설계사별 구체적인 등록요건에 관해서는 보험업법시행령 제27조 제2항에서 규정하고 있다.

2) 소극적 요건

보험업법에서 규정하고 있는 보험설계사 등록결격자는 한정치산자 또는 금치산 자 등 행위무능력자와 신용상태에 문제가 있는 자, 즉 파산선고를 받은 자로서 복권되지 아니한 자, 보험업법에 의하여 형벌을 받거나 처분 등을 받은 자로로서 일정한 기간이 경과되지 아니한 자, 보험료·대출금·보험금을 유용한 자 등은 보험설계사가 될 수 없다(보험업법 제84조 제2항). 보험업법이 규정하고 있는 등록결격자를 보면 다음과 같다.

(i) 피성년후견인 또는 피한정후견인

(ii) 파산선고를 받은 자로서 복권되지 아니한 자

(iii) 보험업법 또는 「금융소비자 보호에 관한 법률」에 따라 벌금 이상의 형을 선고받고 그 집행이 끝나거나(집행이 끝난 것으로 보는 경우를 포함한다) 집행이 면제된 날부터 2년이 지나지 아니한 자

(iv) 보험업법 또는 「금융소비자 보호에 관한 법률」에 따라 금고 이상의 형의 집행유예를 선고받고 그 유예기간 중에 있는 자

(v) 보험업법에 따라 보험설계사·보험대리점 또는 보험중개사의 등록이 취소(위 (i) 또는 (ii)에 해당하여 등록이 취소된 경우는 제외한다)된 후 2년이 지나지 아니한 자

(vi) 보험업법에 따라 보험설계사·보험대리점 또는 보험중개사 등록취소 처분을 2회 이상 받은 경우 최종 등록취소 처분을 받은 날부터 3년이 지나지 아니한 자

(vii) 보험업법 또는 「금융소비자 보호에 관한 법률」에 따라 과태료 또는 과징금 처분을 받고 이를 납부하지 아니하거나 업무정지 및 등록취소 처분을 받은 보험대리점·보험중개사 소속의 임직원이었던 자(처분사유의 발생에 관하여 직접 또는 이에 상응하는 책임이 있는 자로서 대통령령으로 정하는 자만 해당한다)로서 과태료·과징금·업무정지 및 등록취소 처분이 있었던 날부터 2년이 지나지 아니한 자

(viii) 영업에 관하여 성년자와 같은 능력을 가지지 아니한 미성년자로서 그 법정대리인이 위 (i)부터 (vii)까지의 규정 중 어느 하나에 해당하는 자

(viii) 법인 또는 법인이 아닌 사단이나 재단으로서 그 임원이나 관리인 중에 위 (i)부터 (vii)까지의 규정 중 어느 하나에 해당하는 자가 있는 자

(ix) 이전에 모집과 관련하여 받은 보험료, 대출금 또는 보험금을 다른 용도에 유용(流用)한 후 3년이 지나지 아니한 자

4. 보험설계사의 업무규제제도

(1) 보험업법에 따른 업무 범위

보험설계사는 생명보험설계사, 손해보험설계사, 제3보험설계사로 구분되는데, 생명

보험설계사는 생명보험, 연금보험, 퇴직보험, 그 밖에 대통령령으로[19] 정하는 보험종목을 취급할 수 있고, 손해보험설계사의 경우 화재보험, 해상보험, 항공·운송보험, 자동차보험, 보증보험, 재보험(再保險), 그 밖에 대통령령으로 정하는 보험종목[20]을 취급할 수 있으며 제3보험설계사의 경우 상해보험, 질병보험, 간병보험, 그 밖에 대통령령으로 정하는 보험종목을 취급할 수 있다.

(2) 보험업법 이외의 법률에 따른 업무 범위

보험설계사 등의 보험모집종사자는 금융투자업자로부터 투자권유 업무를 위탁받아 집합투자증권의 투자권유를 대행하는 업무를 수행할 수 있다. 투자권유대행인(introducing broker)의 등록은 투자권유를 위탁한 금융투자업자가 등록하여야 한다(자본시장법 제51조 제3항). 금융투자업자는 일정한 요건을 갖춘 자에게 파생상품 등에 대한 투자권유를 제외하고 투자권유를 위탁할 수 있다. 보험설계사는 보험업법 이외의 법에 따라 보험회사가 취급할 수 있도록 허용된 보험종목의 모집업무를 수행할 수 있다. 근로자퇴직급여보장법에 의한 퇴직연금, 조세특례제한법에 의하여 정되는 세제적격보험 등에 대해서는 관련 법에 의하여 취급 범위가 결정되고, 모집종사자에 대한 취급허용 여부 및 범위 등에 관해서도 관련 법률의 규율에 따른다. 보험설계사와 개인인 보험대리점으로서 해당 분야에서 1년 이상 경력이 있는 경우 고용노동부장관이 정하는 교육과정을 이수하고 등록을 한 후에 퇴직연금사업자로부터 모집업무를 위탁받아 퇴직연금을 취급할 수 있다(근로자퇴직급여보장법 제31조 참조).

5. 보험설계사의 전속주의

(1) 의의

보험회사, 보험대리점 및 보험중개사는 다른 보험회사 등에 소속된 보험설계사에게 모집을 위탁하지 못하고, 보험설계사는 자기가 소속된 보험회사, 보험대리점, 보험중개사 이외의 자를 위하여 모집하지 못한다(보험업법 제85조 제1항 및 제2항). 즉, 보험회사

19 별도로 규정하고 있는 보험종목은 없다.

20 책임보험, 기술보험, 권리보험, 도난보험, 유리보험, 동물보험, 원자력보험, 비용보험, 날씨보험.

등은 다른 소속 보험설계사에게 모집을 위탁할 수 없고, 보험설계사는 자기가 소속된 보험회사 이외의 자를 위하여 모집업무를 수행할 수 없다. 이러한 제도를 일사 전속주의라 한다. 보험설계사의 일사 전속주의 규정은 보험모집단속법(제정 1962. 1. 20. 법률 제990호) 제12조에서 연원한다.[21]

(2) 교차모집제도

1) 의의 및 연혁

종래 보험업법은 보험설계사에 대해서 1개의 보험회사에 전속되어 모집업무에 종사할 수 있도록 하였다. 그러나 2003년 개정 보험업법은 금융기관보험대리점제도의 도입에 따라 보험설계사의 업무 범위를 확대할 필요가 있다고 판단하여 전속주의 제도를 다소 완화하여 보험설계사가 소속 보험회사 이외의 이종의 업종을 영위하는 보험회사의 보험도 함께 취급할 수 있도록 하였다. 이러한 교차모집제도는 2006년 8월 30일 시행될 예정이었으나 2006년에 부칙 제1조 단서를 개정하여 그 시행시기를 2008년 8월 30일로 2년간 연기된 후 시행되었다.

교차모집을 허용한 이유는 금융기관보험대리점제도, 즉 방카슈랑스의 허용 및 통신판매 증가 등으로 보험시장에서의 보험설계사의 입지가 좁아지는 것에 대비하여 보험설계사의 수익성을 고려한 것이며 나아가 보험계약자의 입장에서는 한 명의 보험설계사로부터 동시에 생명 및 손해보험상품을 제공받을 수 있도록 한 것이다. 보험모집인제도를 두고 있는 일본의 경우 보험모집인은 일사전속이 원칙이나 다른 보험종목을 취급하는 자회사의 보험판매는 허용하고 있다.

2) 보험설계사의 교차모집 허용 범위

보험설계사는 자기가 소속된 보험회사 등을 위하여만 모집하여야 한다. 다만 다음과 경우에는 예외가 허용된다(보험업법 제85조 제3항).

(i) 생명보험회사 또는 제3보험업을 전업으로 하는 보험회사에 소속된 보험설계사가 1개의 손해보험회사를 위하여 모집을 하는 경우

21 보험설계사의 일사전속주의에 대한 배경 및 이유, 새로운 흐름에 대해서는 성대규·안종민, 앞의 책, 282-283면 참조.

(ii) 손해보험회사 또는 제3보험업을 전업으로 하는 보험회사에 소속된 보험설계사가 1개의 생명보험회사를 위하여 모집을 하는 경우

(iii) 생명보험회사나 손해보험회사에 소속된 보험설계사가 1개의 제3보험업을 전업으로 하는 보험회사를 위하여 모집을 하는 경우

3) 위반 시 효과

보험회사가 다른 보험회사에 소속된 보험설계사에 대하여 모집을 위탁한 경우 그 보험회사의 이사 등은 2천만 원 이하의 과태료가 부과된다(보험업법 제209조 제2항 제16호). 보험설계사가 소속되지 않은 다른 보험회사를 위하여 모집한 때는 1천만 원 이하의 과태료가 부과된다(보험업법 제209조 제3항 제2호).

6. 보험설계사 등의 교육제도

(1) 의의

보험회사 등은 소속 보험설계사에 대하여 보험계약의 모집에 관한 교육을 실시하여야 한다. 보험설계사 등의 교육제도는 2010년 개정 보험업법에서 최초로 도입되었다. 보험설계사에 대한 교육의무를 부여함으로써 보험설계사에게 업무수행에 필요한 지식의 재교육 기회를 제공하고, 준법의식을 고양함으로써 불완전판매 등에 따른 소비자의 피해를 방지하고자 한 것이다.

(2) 교육 주체 및 대상

보험설계사에 대한 교육은 보험회사, 법인인 보험대리점 및 보험중개사가 실시하여야 한다(보험업법 제85조의2). 법인이 아닌 보험대리점 및 보험중개사는 교육을 받아야 한다(보험업법 제85조의2 제2항). 교육의무는 보험회사 등에 부여되어 있지만 실제로 교육을 담당하는 자는 보험회사 등이 실시하거나 다른 교육기관을 통하여 교육을 실시를 위탁할 수도 있다.

7. 보험회사 등의 보험설계사에 대한 불공정 행위 금지규제

(1) 보험설계사에 대한 불공정 행위 금지제도의 의의

보험회사는 통상적으로 보험설계사와 보험의 모집에 관한 위탁을 위하여 위탁계약을 체결한다. 이 경우 우월적 지위에 있는 보험회사가 보험설계사에게 불공정 행위를 할 우려가 있으므로 보험회사와 보험설계사 간의 공정한 거래를 도모하고자 2010년 개정 보험업법에서 최초로 도입하였다.

(2) 금지되는 불공정 행위

보험모집 위탁계약서를 교부하지 아니하는 행위, 위탁계약서상 계약사항을 이행하지 아니하는 행위, 그 밖에 대통령령으로 정하는 불공정한 행위가 금지된다(보험업법 제85조의3 제1항). 대통령령에 의하여 규정된 불공정한 행위는 위탁계약서에서 정한 해지요건 외의 사유로 위탁계약을 해지하는 행위, 정당한 사유 없이 보험설계사가 요청한 위탁계약 해지를 거부하는 행위, 위탁계약서에서 정한 위탁업무 외의 업무를 강요하는 행위, 정당한 사유 없이 보험설계사에게 지급되어야 할 수수료의 일부 또는 전부를 지급하지 아니하거나 지연하여 지급하는 행위, 정당한 사유 없이 보험설계사에게 지급한 수수료를 환수하는 행위, 보험설계사에게 보험료 대납을 강요하는 행위가 있다(시행령 제29조의3).

(3) 공정거래 규약의 제정

보험협회는 보험설계사에 대한 보험회사 등의 불공정한 모집위탁행위를 방지하기 위하여 보험회사 등이 지켜야 할 규약을 제정할 수 있다(보험업법 제85조의3 제2항).

8. 보험설계사의 등록 취소제도

(1) 보험설계사 등록취소제도의 의의

보험설계사가 등록당시에 등록결격자에 해당하여 등록을 할 수 없는 자임에도 불구하고 등록이 되었거나 부정한 방법으로 등록하거나 등록 후에 비로소 등록결격자에 해당하는 사유가 발생한 경우 등 보험설계사로서 업무를 계속하여 수행하도록 하는 것이 부적정한 경우에는 금융위원회는 보험설계사에 대한 등록을 취소할 수 있다(보험업법 제86조).

보험설계사에 대한 등록취소는 필요적 등록취소와 임의적 등록취소로 구분하여 운영한다. 보험설계사의 등록취소제도는 행정행위의 취소 또는 철회에 해당하는 행정처분에 해당한다. 행정행위의 취소란 그 성립에 흠이 있음에도 불구하고 공정력의 작용에 의해서 일단 유효하게 성립한 행정행위를 그 성립상의 흠을 이유로 권한 있는 기관이 그 효력의 전부 또는 일부를 원칙적으로 기왕에 소급하여 상실시키는 행위를 말한다. 취소원인의 하자는 무효원인인 하자를 제외한 모든 하자이다.

등록취소의 효과는 소급효가 원칙이나 취소의 의미가 철회로서의 의미를 가지고 있을 경우에는 장래효가 인정될 뿐이다. 행정행위의 취소는 당해행위에 불복이 있는 자의 신청에 의해서 쟁송취소와 신청에 의하지 않는 직권취소로 구별된다. 쟁송취소는 원래 쟁송절차에 의한 구제제도이므로 법원 및 재결청은 행정행위의 하자가 있다고 판단했을 때는 원칙으로 이것을 취소하지 않으면 안 된다. 통상적으로 보험설계사의 등록취소는 감독관청이 이러한 하자를 발견하여 취소하게 되므로 대부분 직권취소에 해당한다.

(2) 연혁

등록취소제도는 보험모집단속법(1962. 1. 20. 법률 제990호) 제8조 및 제22조에 그 뿌리를 두고 있다. 1977년 보험모집단속법이 보험업법에 통합되면서부터 정비된 규정이다. 종래 보험설계사의 등록제도는 등록취소제도(제8조) 외에 등록거부제도(제5조), 등록말소제도(제9조)를 가지고 있었으나 등록거부제도는 등록결격사유로 등록말소제도는 등록취소제도로 흡수되었다.

(3) 등록취소제도의 법적 성격

보험설계사의 등록취소가 행정법상 본래적 의미의 수익적 행위의 취소에 해당하는지 혹은 철회에 해당하는지 그 법적 성격이 문제된다. 행정행위의 취소는 일단 유효하게 성립한 행정행위를 그 행위에 위법 또는 부당한 하자가 있음을 이유로 소급하여 그 효력을 소멸시키는 별도의 행정처분이고, 행정행위의 철회는 적법요건을 구비하여 완전히 효력을 발하고 있는 행정행위를 사후적으로 그 행위의 효력의 전부 또는 일부를 장래에 향해 소멸시키는 행정처분이다. 행정행위의 취소사유는 행정행위의 성립 당시에 존재하였던 하자를 말하고, 철회사유는 행정행위가 성립된 이후에 새로이 발생한 것으로서 행정행위의 효력을 존속시킬 수 없는 사유를 말한다.[22]

보험설계사 등록취소 사유를 보면 등록 당시에 하자가 있는 사유와 등록취소 이유에 새로이 발생하는 사유가 있으며, 이러한 사유가 있으면 등록을 취소하도록 규정되어 있는바, 보험설계사의 등록취소는 행정행위의 취소와 철회의 성격을 모두 가지고 있으므로 취소 사유에 해당하는 사유에 따라 등록취소의 성격을 구별하여야 한다. 가령 보험업법 제86조 제1항 제1호(등록결격 사유에 해당하게 된 경우) 및 제4호(보험업법에 의하여 업무정지처분을 2회 이상 받은 경우)의 사유에 따른 보험설계사의 등록취소는 행정행위의 철회에 해당하고 동조 동항 제2호(등록 당시 보험설계사 등록결격 사유였음이 나중에 밝혀진 경우) 및 제3호의 사유(거짓이나 그 밖의 부정한 방법으로 등록을 한 경우)에 의한 등록취소는 행정행위의 취소에 해당한다. 보험설계사의 등록취소는 수익적 행정행위를 취소 또는 중지시키는 침익적 행정행위에 해당한다. 그러므로 법률에 규정된 바에 따라 엄격하게 집행되어야 한다. 또한 이러한 수익적 행정행위의 취소 또는 철회는 신뢰보호의 요청과 법률적합성에 부합하여야 한다.

(4) 필요적 등록취소

금융위원회는 보험설계사가 (i) 등록결격 사유에 해당하게 된 경우, (ii) 등록 당시 보험설계사 등록결격 사유였음이 나중에 밝혀진 경우, (iii) 거짓이나 그 밖의 부정한 방법으로 등록을 한 경우, (iv) 보험업법에 의하여 업무정지처분을 2회 이상 받은 경우에는 등록을 취소하여야 한다(보험업법 제86조 제1항).

1) 보험설계사의 등록결격사유에 해당하게 된 경우

보험설계사가 등록당시에는 이러한 결격사유가 없었으나 사후적인 사정으로 등록결격사유에 해당하게 된 경우에 금융위원회는 해당 보험설계사에 대해 등록취소 처분을 하여야 한다. 구체적인 등록결격사유는 전술한 내용을 참고하시기 바란다. 등록취소 처분을 받은 보험설계사는 등록취소처분이 있기까지는 적법 유효하게 보험모집행위를

22 대법원 2003. 5. 30. 선고 2003다6422 판결.

할 수 있으나 처분을 수령한 이후에는 무자격 모집이 되어 처벌을 받을 수 있다. 이러한 사유에 의한 등록취소 처분의 효력을 과거로 소급하지 아니하고 장래를 향하여 취소의 효력이 미치며 따라서 보험설계사의 등록취소는 철회로서의 의미를 갖는다.

2) 보험설계사 등록 당시 등록결격자였음이 나중에 밝혀진 경우

등록 당시에 보험설계사로서 등록할 수 없는 사유가 존재하였으나 이를 간과함으로써 등록이 이루어지고 이러한 사실이 사후에 발견된 경우에는 금융위원회는 등록을 필요적으로 취소하여야 한다. 등록당시에 결격사유였음을 밝히지 않거나 등록당국의 허술한 심사에 의하여 기인한 경우 등을 포함한다.

3) 거짓이나 그 밖의 부정한 방법으로 등록을 한 경우

등록당시에 작위 또는 부작위, 적극적·소극적 방법을 동원하여 등록할 자격이 있다고 꾸미거나 등록요건에 해당하는 사실을 거짓으로 알리는 행위가 포함되며 그 밖에 부정한 방법이란 위법한 행위나 기망이나 착오 유발 등을 통하여 등록을 받아낸 경우를 말한다. 이러한 부정한 방법에 의한 등록 사실이 사후에 밝혀져 등록취소 처분을 한 경우 등록취소의 효력은 소급적 미치고 이에 따른 법적 쟁점도 상기에서 설명한 대로 처리하면 될 것이다. 거짓이나 그 밖의 부정한 방법으로 등록을 한 경우 행정법상의 등록취소 이외에 형사상의 문제가 제기될 수 있다. 즉, 위계에 의한 공무집행방해죄가 성립되거나 업무방해죄에 해당될 소지가 있다. 위계에 의한 공무집행방해죄의 구성요건을 보면 위계로써 공무원의 직무집행을 방해하는 행위이므로 보험설계사의 등록업무는 공무로서의 성격이 있으며 공무원에는 법령에 의하여 국가 또는 공공단체의 공무에 종사하는 자이므로 금융위원회 직원 또는 금융감독원의 직원은 공무원의 범위에 포섭될 수 있다. 그러나 현재 보험설계사의 등록업무는 협회가 수행하므로 협회의 직원을 공무원으로 보는 데는 무리가 따른다. 따라서 거짓 등으로 보험설계사 등록을 마쳤다고 하더라도 그러한 자를 위계에 의한 공무집행방해로 처벌하는 것은 곤란할 것으로 보인다.

다음으로 업무방해죄의 구성요건은 허위사실을 유포하거나 위계 또는 위력으로써 사람의 업무를 방해함으로써 성립하는 범죄이다. 보험설계사의 등록업무는 업무방해죄의 보호 대상인 업무에 해당하고 위계란 행위자의 행위목적을 달성하기 위하여 상대방에게 오인, 착각 또는 부지를 일으키게 하여 이를 이용하는 것을 말하며 상대방이 이에 따라 그릇된 행위나 처분을 하였다면 위계에 의한 업무방해죄가 성립하므로 거짓으로 등록을 하게 한 경우는 업무방해죄로 처벌할 수 있을 것이다.[23]

4) 보험업법에 의하여 업무정지처분을 2회 이상 받은 경우

업무정지 처분을 2회 이상 받은 경우 필요적으로 등록을 취소하여야 한다. 사유 여하는 불문한다. 업무정지 처분은 보험업법 위반으로 인한 것이어야 한다. 이규정은 반복되는 위규행위에 대하여 대처하기 위한 것이다. 그러나 보험설계사의 등록취소는 보험설계사로서 유효한 영업행위를 금지시키는 제재로서 국민의 직업수행의 자유를 제한한 것이다. 특히 필요적 등록취소는 목적이 정당할 뿐만 아니라 과잉금지 원칙에 위반되지 않아야 한다. 이러한 관점에서 볼 때 업무정지가 2회 이상 반복되었다고 하여 반드시 등록취소 처분을 하도록 한 것은 헌법상의 과잉금지원칙에 어긋날 소지가 있으며 2회째 업무정지를 받은 기간과 취소처분을 할 당시와의 시간적 간격이 아무리 멀리 떨어져 있어도 3회째 업무정지 사유가 발생하였다고 하여 필요적으로 등록을 취소하도록 한 것은 비례의 원칙에도 부합하지 아니하다.

이와 관련하여 우리 헌법재판소는 건설업자가 명의대여행위를 한 경우 그 건설업 등록을 필요적으로 말소하도록 규정하고 있는 법률조항에 대한 위헌 여부와 관련하여 이 사건 법률조항은 건설업등록제도의 근간을 유지하고 부실공사를 방지하여 국민의 생명과 재산을 보호하려는 것으로 그 목적의 정당성이 인정되고, 명의대여행위가 국민의 생명과 재산에 미치는 위험과 그 위험방지의 긴절성을 고려할 때 반드시 필요하며, 또한 등록이 말소된 후에도 5년이 경과하면 다시 건설업등록을 할 수 있도록 하는 등 기본권 제한을 완화하는 규정을 두고 있음을 고려하면 피해최소성의 원칙에도 부합될 뿐 아니라, 유기적 일체로서의 건설공사의 특성으로 말미암아 경미한 부분의 명의대여행위라도 건축물 전체의 부실로 이어진다는 점을 고려할 때 이로 인해 명의대여행위를 한 건설업자가 더 이상 건설업을 영위하지 못하는 등 손해를 입는다고 하더라도 이를 두고 침해되는 사익이 더 중대하다고 할 수는 없으므로 청구인의 직업수행의 자유 및 재산권을 침해한다고 볼 수 없다고 판시하였다.[24]

23 대법원 1992. 6. 9. 선고 91도2221 판결.

(5) 임의적 등록취소 및 업무정지

금융위원회는 다음과 같은 사유가 있는 경우 6개월 이내의 기간을 정하여 그 업무의 정지를 명하거나 그 등록을 취소할 수 있다(보험업법 제86조 제2항). (i) 모집에 관한 보험업법의 규정을 위반한 경우, (ii) 보험계약자, 피보험자 또는 보험금을 취득할 자로서 보험업법 제102조의2를 위반한 경우, (iii) 보험업법 제102조의3을 위반한 경우, (iv) 보험업법에 따른 명령이나 처분을 위반한 경우, (v) 보험업법에 따라 과태료 처분을 2회 이상 받은 경우, (vi) 「금융소비자 보호에 관한 법률」 제51조 제1항 제3호부터 제5호까지의 어느 하나에 해당하는 경우, 즉 i) 업무의 정지기간 중에 업무를 한 경우, ii) 금융위원회의 시정명령 또는 중지명령을 받고 금융위원회가 정한 기간 내에 시정하거나 중지하지 아니한 경우, iii) 그 밖에 금융소비자의 이익을 현저히 해칠 우려가 있거나 해당 금융상품 판매업 등을 영위하기 곤란하다고 인정되는 경우로서 대통령령으로 정하는 경우, (vii) 「금융소비자 보호에 관한 법률」 제51조 제2항 각호 외의 부분 본문 중 대통령령으로 정하는 경우(업무의 정지를 명하는 경우로 한정한다)이다.

(6) 등록취소절차

1) 등록취소권자

보험설계사에 대한 취소처분은 금융위원회가 할 수 있다. 만약 금융감독장이 보험설계사에 대한 등록취소 처분을 내린 경우 무권한자에 의한 처분으로써 동 처분은 절차상의 중대한 하자에 해당할 수 있어 취소 또는 무효로 될 수 있다.

2) 청문의 실시

보험설계사에 대한 등록을 취소하거나 업무의 정지 처분을 하고자 하는 경우에는 당해 보험설계사에게 청문을 실시하여야 한다(보험업법 제86조 제3항). 보험설계사의 등록취소처분을 할 경우에 있어 청문절차를 거치게 한 이유는 불이익 처분을 받을 자로부터 의견제출의 기회를 부여하여 행정처분의 적정성을 확보하고자 하는 데 그 의의가 있다. 의견청취는 행정청이 불이익한 처분 등을 하기에 앞서 당사자 등의 의견을 듣는

---

24 헌법재판소 2001. 3. 21. 2000헌바27 전원재판부.

것을 말하며, 행정절차법에서는 의견청위방법으로 청문·공청회·의견 제출의 세 가지 방식을 규정하고 있다.[25]

3) 등록취소 사실 등 통지

금융위원회는 보험설계사의 등록을 취소하거나 업무의 정지를 명한 때는 지체 없이 이유를 기재한 문서로 그 뜻을 보험설계사 및 보험회사에 통지하여야 한다(보험업법 제86조 제4항).

(7) 등록취소의 효과

행정행위의 취소의 효과는 원칙적으로 과거에 소급하여 처음부터 행정행위가 없었던 것과 같이 취급된다. 반면 행정행위의 철회는 그 행위의 효과를 더 이상 존속시킬 수 없는 원인이 행정행위의 성립 시에 있었던 것이 아니라 후발적으로 발생한 사정에 의한 것이므로 장래에 향해서만 그 효과가 미친다. 부담적 행정행위란 권리를 제한하거나 의무를 부과하는 등 상대방에게 불리한 효과를 발생시키는 행정행위를 말한다. 명령·금지·권리박탈행위 또는 수익적 행정행위의 취소나 철회 등이 이에 해당한다. 수익적 행정행위란 상대방에게 권리 이익을 부여하거나 권리의 제한을 없애는 행정행위이다.[26] 특허·허가·인가·면제 또는 부담적 행정행위의 철회 등이 있다. 부담적 행정행위의 취소는 행정행위의 효력을 행위 시로 소급하여 효력을 소멸하는 것이 원칙이다.[27] 수익적 행정행위의 취소의 경우는 법적 안정성 및 신뢰보호의 관점에서 장래에 향하여 발생한다. 보험설계사의 등록의 취소는 장래를 향하여 그 법적 효과가 미치므로 법적문제의 발생 가능성은 없으나 보험설계사의 등록 취소는 일종의 수익적 행정행위의 취소로서 소급효가 있으므로 몇 가지 법적 문제를 야기한다.

먼저 보험설계사의 등록이 취소되어 소급적으로 등록의 효과가 소멸된 경우 동 보험

25 '청문'이라 함은 행정청이 어떠한 처분을 하기에 앞서 당사자 등의 의견을 직접 듣고 증거를 조사하는 절차를 말한다(행정절차법 제2조 제5호). '공청회'라 함은 행정청이 공개적인 토론을 통하여 어떠한 행정작용에 대하여 당사자 등 전문지식과 경험을 가진 자 기타 일반인으로부터 의견을 널리 수렴하는 절차를 말한다(행정절차법 제2조 제6호). '의견제출'이라 함은 행정청이 어떠한 행정작용을 하기에 앞서 당사자등이 의견을 제시하는 절차로서 청문이나 공청회에 해당하지 아니하는 절차를 말한다(행정절차법 제2조 제7호).

26 장태주, 『행정법개론(신정판)』, 현암사, 2004, 195면.

27 대법원 1999. 12. 28. 98두1985 판결.

설계사가 모집한 보험계약은 무자격자가 모집한 계약으로서 사법상의 효과에 어떠한 영향을 미치는지 문제되는데, 보험설계사의 등록취소에도 불구하고 동 보험설계사가 모집한 보험계약은 유효하고 어떠한 영향도 받지 않는다.

대법원은 행정행위의 취소와 철회를 구별하고 있는데, 행정행위의 취소는 일단유효하게 성립한 행정행위를 그 행위에 위법 또는 부당한 하자가 있음을 이유로 소급하여 그 효력을 소멸시키는 별도의 행정처분이라고 하고, 철회란 적법요건을 구비하여 완전히 효력을 발한다.[28]

9. 고객응대직원에 대한 보호 조치 의무

(1) 의의

고객을 대하는 업무를 수행하는 직원의 경우 고객으로부터 이유 없이 폭언이나 폭행, 인격 무시 등의 피해를 입을 수 있는 위험에 상시 노출되어 있다. 이러한 점을 고려하여 고객 대면 업무를 수행하는 직원들에게 일정한 보호조치를 취할 수 있도록 하고, 고객응대직원은 보험회사에 보호조치를 요청할 수 있도록 제도화하였다. 이 제도는 2016년 보험업법 개정에 의하여 도입되었다.

(2) 의무의 내용

고객응대직원을 보호하기 위하여 보험회사가 취하여야 할 구체적인 조치내용은 (i) 직원이 요청하는 경우 해당 고객으로부터의 분리 및 업무담당자 교체, (ii) 직원에 대한 치료 및 상담 지원, (iii) 고객을 직접 응대하는 직원을 위한 상시적 고충처리 기구 마련이다. 다만 근로자참여 및 협력증진에 관한 법률 제26조에 따라 고충처리위원을 두는 경우에는 고객을 직접 응대하는 직원을 위한 전담 고충처리위원의 선임 또는 위촉, (iv) 그 밖에 직원의 보호를 위하여 필요한 법적 조치 등 대통령령으로 정하는 조치이다(보험업법 제85조의4 제1항). 해당 직원은 보험회사에 대해 전술한 보호조치를 취하여줄 것을 적극적으로 요구할 수 있다(보험업법 제85조의4 제2항). 이에 대해 보험회사는 직원의 요구를 이유로 불이익을 주어서는 안 된다(보험업법 제85조의4 제3항).

28 대법원 2003. 5. 30. 선고 2003다6422 판결.

보호조치를 취하지 아니하거나 불이익을 준 자에 대해서는 1천만 원 이하의 과태료가 부과된다(보험업법 제209조 제3항).

제4절 보험대리점제도

1. 서설

(1) 보험대리점의 의의

보험업은 보험을 인수하는 것을 영업으로 하는 상행위에 속한다. 보험회사의 내부적 영업보조자로서 직원 등이 있고, 외부적 보조자로서 보험대리점, 보험중개사 등이 있다. 보험대리점이라 함은 보험회사를 위하여 보험계약의 체결을 대리하는 자로서 보험업법 제89조의 규정에 의하여 등록된 자를 말한다(보험업법 제2조 제10호). 상법은 일정한 상인을 위하여 상업사용인이 아니면서 상시 그 영업부류에 속하는 거래의 대리 또는 중개를 영업으로 하는 자를 대리상으로 규정하고 있다.

보험대리점은 보험회사와 체결한 대리점위탁계약에 기초하여 보험회사를 대신하여 보험계약을 체결하고 보험료를 수령하는 것을 기본적 업무로 하는 모집종사자이다. 보험대리점은 보험계약의 체결권을 가지는 보험체약대리점과 보험계약의 중개만을 하는 보험중개대리점으로 나눌 수 있는데, 일반적으로 손해보험의 경우는 보험체약대리점이 이용되고 생명보험의 경우에는 그 특수한 성격으로 인하여 승낙권을 보험회사에 집중시킬 필요에서 보험중개대리점이 많이 이용된다.[29]

(2) 보험대리점의 법적 지위

보험대리점의 법적 형태는 개인과 법인이 가능하며 법인 아닌 사단이나 재단도 가능하다. 그러나 조합형태의 보험대리점은 법문상 불가능하다. 보험대리점에 대한 사법적 규율은 상법, 민법상의 대리 및 위임에 관한 규정이 적용된다. 보험대리점은 보험회사의 임의대리인으로서 보험계약의 체결에 따른 업무를 수행하고, 동시에 보험계약의 체결이

29 Keeton & Widiss, Insurance Law, 1988, at 36.

라는 법률행위를 대리하는 자이다. 따라서 보험대리점이 보험계약자와 보험계약을 체결한 경우 그 법률상의 효과는 제3자인 보험회사에 귀속된다.

판례도 이러한 취지에서 "보험회사를 대리하여 보험료를 수령할 권한이 부여되어 있는 보험대리점이 보험계약자에 대하여 보험료의 대납약정을 하였다면, 그것으로 곧바로 보험계약자가 보험회사에 대하여 보험료를 지급한 것과 동일한 법적 효과가 발생하는 것이고, 실제로 보험대리점이 보험회사에 대납을 하여야만 그 효과가 발생하는 것은 아니며 보험계약의 효력이 의사흠결·사기·강박 또는 일정한 사정의 지(知)·부지(不知)에 의하여 영향을 받을 경우에, 그 사실의 유무는 보험대리점을 표준으로 하여 결정한다"라고 판시하고 있다.[30] 보험계약의 체결을 대리하는 보험대리점은 보험계약체결의 대리권과 함께 고지수령권, 통지수령권 및 보험료수령권도 갖는 것으로 보는 것이 일반적이다.[31]

(3) 보험대리점제도의 연혁

보험모집단속법 시행당 시에 보험상품의 공급채널은 손해보험회사의 임원·사용인, 생명보험모집인·손해보험대리점이 있었다. 생명보험모집인에는 생명보험회사의 임원, 사용인과 그런 자의 사용인이 포함되어 있었다. 1977년 개정 보험업법(1977. 12. 31. 법률 제3043호)부터 손해보험과 생명보험을 포괄하는 보험대리점제도로 통합되었다. 보험대리점은 보험업의 개방화 자유화 진전에 부응하여 전속 보험대리점에서 복수 보험대리점(1993. 4.), 손해보험 독립대리점(1996. 4.)제도로 발전하였다. 이러한 제도 변화는 보험상품의 공급체계에서 보험상품의 제조와 판매망이 점차 분리되고 보험회사에 의한 판매망에 대한 통제 및 지배력이 약화되어 가는 추세를 반영한다.

2. 보험대리점의 등록제도

(1) 의의

보험대리점은 보험계약자와 보험회사를 연결시켜주는 역할을 하는 접점에 위치하고 있는 자인바, 보험업법은 건전한 보험모집질서 형성하고 보험계약자의 이익을 보호하기

30 대법원 1995. 5. 26. 선고 94다60615 판결 등.
31 양승규·장덕조, 앞의 책, 138면.

위하여 모집종사자의 이중적인 지위 취득을 금지하고 특히 불공정한 모집을 할 우려가 있는 자에 대해서는 보험대리점 자격을 취득할 수 없도록 등록제도를 설정·운영하고 있다.

(2) 보험대리점제도의 연혁

보험모집단속법에 의하면 손해보험대리점의 경우 재무부의 등록을 받아야 했다(제3조). 그 후 1977년 개정법(1977. 12. 31. 법률 제3043호)부터 재무부장관의 허가를 받아야 하였다.[32] 그러나 1995년 개정법부터(1995. 1. 5. 법률 제4865호) 다시 보험대리점에 대한 허가제도가 등록제도로 환원되어 현재까지 유지되고 있다. 2003년 개정법에서 외국의 법령에 의하여 보험설계사의 자격이 없는 경우 보험대리점이 되지 못하도록 하는 제2항 제4호가 신설되었다.

(3) 보험대리점 등록 결격자

보험대리점이 되려고 하는 자는 금융위원회에 등록하여야 한다. 그러나 다음의 자들은 보험대리점이 될 수 없다.

1) 보험설계사가 될 수 없는 자

보험설계사 등록 결격자는 보험대리점도 될 수 없다. 보험설계사가 될 수 없는 자가 보험대리점이 될 수 있도록 하는 것은 보험설계사 결격제도를 형해화시키는 것이기 때문이다.

2) 보험설계사 또는 보험중개사로 등록된 자

보험설계사 또는 보험중개사로 등록한 자는 보험대리점이 될 수 없다. 보험대리점과 보험설계사 또는 보험중개사의 겸직을 금지와 지위의 충돌을 방지하기 위한 것이다.

32 **제149조(보험대리점등의 허가)** ① 보험대리점 또는 보험중개인이 되고자 하는 자는 대통령령이 정하는 바에 의하여 재무부장관의 허가를 받아야 한다.
② 재무부장관은 제1항의 허가를 받은 자에 대하여 영업보증금을 재무부장관이 지정하는 기관에 예탁하게 할 수 있다.
③ 보험대리점과 보험중개인의 허가기준 및 영업보증금의 한도액은 대통령령으로 정한다.

보험대리점은 보험계약의 체결의 대리 업무를 수행하는 자이므로 이러한 자가 다시 보험계약의 체결을 중개하는 자의 지위에 있는 보험설계사 또는 보험중개사가 되는 것은 지위의 혼동을 가져오므로 보험계약자 보호를 위하여 겸직을 금지하고 있다.

3) 다른 보험회사 등의 임직원

다른 보험회사 등의 임직원은 보험대리점이 되지 못한다. 즉, 다른 보험회사·보험대리점 및 보험중개사의 임직원은 보험대리점이 되지 못한다. 이는 보험회사 등의 보험대리점 겸직을 금지하기 위한 것이다. 이 규정의 반대해석상 동일 보험회사 등의 임직원은 보험대리점이 될 수 있다.

4) 외국의 법령에 따라 보험설계사가 될 수 없는 것으로 취급되는 자

외국의 법령에 의하여 보험설계사가 될 수 없는 자로 취급되는 자는 보험설계사가 될 수 없다. 이 규정은 외국인도 보험설계사가 될 수 있다는 전제하에 외국인을 특별히 우대할 필요가 없다는 이유 등을 고려한 것이다.

5) 그 밖에 경쟁을 실질적으로 제한하는 등 불공정한 모집행위를 할 우려가 있는 자로서 대통령령이 정하는 자

보험업법의 위임에 따라 시행령에서 보험대리점이 될 수 없는 자로 규정하고 있는 사항은 아래와 같다(시행령 제32조).

(i) 국가기관과 특별법에 의하여 설립된 기관 및 동 기관의 퇴직자로 구성된 법인 또는 단체

(ii) 위 (i)의 법인 및 단체, 금융지주회사법에 따른 금융지주회사 또는 법 제91조 제1항 각호의 금융기관(겸영업무로 자본시장과 금융투자업에 관한 법률에 따른 투자매매업 또는 투자중개업 인가를 받은 보험회사는 제외한다)이 출연·출자하는 등 금융위원회가 정하여 고시하는 방법과 기준에 따라 사실상의 지배력을 행사하고 있다고 인정되는 법인 또는 단체

(iii) 금융위원회의 설치 등에 관한 법률 제38조 각호의 기관(보험업법 제91조 제1항 각호의 금융기관은 제외한다)

(iv) (i) 내지 (iii)까지의 법인·단체 또는 기관의 임원 또는 직원

(v) 그 밖에 보험대리점을 운영하는 것이 공정한 보험거래질서 확립 및 보험대리점 육성을 저해한다고 금융위원회가 인정하는 자

(4) 보험대리점의 구분 및 등록 요건

보험대리점은 개인보험대리점과 법인보험대리점으로 구분하고, 각각 생명보험대리점, 손해보험대리점, 제3보험대리점으로 구분한다. 손해보험대리점의 특수한 형태로서 특정 재화의 판매 또는 용역의 제공을 본업으로 하는 자가 그 본업과 관련 있는 보험상품을 모집하는 단종 손해보험대리점이 있다(시행령 제31조 제1항).

이러한 보험대리점의 구분은 취급하는 보험종목에 따라 구분한 것으로 각각의 보험대리점이 취급할 수 있는 보험종목이 다르다. 즉, 생명보험대리점은 생명보험, 연금보험, 퇴직보험 등 생명보험업의 보험종목, 손해보험대리점은 화재보험, 해상·항공·운송보험, 자동차보험, 보증보험, 재보험 등 손해보험업의 보험종목, 제3보험대리점은 상해보험, 질병보험, 간병보험 등 제3보험업의 보험종목을 취급할 수 있다(시행령 제31조 제1항). 금융기관보험대리점의 영업 범위에 관해서는 별도로 설명한다.

보험대리점을 등록하고자 하는 자는 전술한 등록결격자에 해당하지 아니하여야 하고, 금융위원회가 고시하는 바에 따라 생명보험·손해보험·제3보험대리점에 관한 연수과정을 이수하거나 금융위원회가 정하여 고시하는 생명보험·손해보험·제3보험 관계업무에 2년 이상 종사한 경력이 있는 사람으로서 소정의 교육을 이수한 사람이면 보험대리점 등록이 가능하다. 그리고 경력자의 경우 최근 경력자임을 요하며 등록신청일로부터 4년 이내에 종사한 사람이어야 한다.

3. 영업보증금제도

(1) 의의

영업보증금이라 함은 보험대리점이 영업을 개시하기 위하여 예탁하여야 하는 보증금을 말한다. 보험대리점이 보험계약을 모집하는 과정에서 보험료 횡령 등 보험계약자에게 불법적인 행위를 함으로써 손해를 야기할 우려가 있다는 점에서 영업보증금을 예탁하지 않고는 영업을 개시하지 못하도록 하고 있다(보험업법 제87조 제4항, 시행령 제33조

제3항) 보험대리점의 영업보증금은 영업의 개시요건이지 등록요건이 아니다. 또한 보험대리점의 영업보증금은 보험업법 제102조 및 제103조에 비추어볼 때 보험중개사가 예탁하는 영업보증금에 비하여 제3자에 대한 손해배상금적 성격 보다는 오히려 보험회사에 대한 보증금적 성격이 강하다.

(2) 예탁기관 등

금융위원회는 등록을 한 보험대리점으로 하여금 금융위원회가 지정하는 기관에 영업보증금을 예탁하게 할 수 있는데(시행령 제33조 제3항), 금융위원회가 지정하는 기관은 대리점 계약을 체결한 당해 보험회사이다. 영업보증금의 예탁의무자는 보험대리점의 등록을 한 자이다(시행령 제33조 제3항). 그러나 금융기관보험대리점은 영업보증금의 예탁의무가 면제된다(시행령 제33조 제1항 단서).

(3) 영업보증금 및 납입 한도액 등

보험대리점의 영업보증금은 1억 원의 범위 안에서 보험회사와 대리점이 협의하여 정할 수 있다. 다만 법인대리점의 경우는 3억 원의 범위에서 정할 수 있다. 금융위원회는 보험계약자의 보호와 모집질서의 유지를 위하여 필요하다고 인정되는 때는 영업보증금의 증액을 명할 수 있다(시행령 제33조 제2항).

(4) 영업보증금 납입 수단 등

영업보증금은 현금 또는 한국증권거래소에 상장된 증권 중 금융위원회가 인정하는 증권[33] 또는 금융위원회가 인정하는 보증보험증권[34] 또는 금융위원회가 인정하는 기관이 발행한 지급보증서로[35] 예탁할 수 있다(시행령 제33조 제4항).

33 금융위원회가 인정하는 유가증권은 증권거래법 제2조 제1항 제1호 내지 제4호의 규정에 의한 유가증권, 증권투자신탁업법에 의하여 위탁회사가 발행하는 채권형 수익증권, 신탁업법에 의하여 신탁회사가 발행하는 공사채형 수익증권이다(규정 제4-1조 제2항).

34 이 경우 보증보험증권은 보험회사를 피보험자로 하고 국내 보증보험회사가 발행하는 이행보증보험증권을 말한다.

35 금융위원회가 인정하는 금융기관은 은행법 제2조 제1항 제2호의 규정에 의한 금융 기관을 말한다(규정 제4-1조 4항).

보험대리점의 등록을 한 자는 예탁된 증권 등이 그 평가액의 변동으로 예탁하여야 할 영업보증금에 미달하게 된 때는 금융위원회가 정하는 기간 내에 그 부족금액을 보전하여야 한다(시행령 제33조 제5항). 예탁된 증권 등의 평가방법 및 평가액의 결정은 금융감독원장이 정하는 바에 의한다(시행령 제33조 제6항).

4. 보험대리점의 영업기준

소속 보험설계사가 100명 이상인 법인보험대리점으로서 금융위원회가 정하여 고시하는 법인보험대리점은 (i) 법령을 준수하고 보험계약자를 보호하기 위한 업무지침을 정하여야 하고, (ii) 동 업무지침의 준수 여부를 점검하고 그 위반사항을 조사하는 임원 또는 직원을 1명 이상 두어야 한다. 현재 금융위원회가 정하여 고시하는 법인보험대리점은 매 분기 말 기준 소속 보험설계사가 500명 이상인 법인보험대리점으로서 해당 조건 충족 후 3개월이 경과한 법인보험대리점을 말한다. 금융기관보험대리점은 보험대리점의 영업기준의 적용 대상이 아니다.

5. 법인보험대리점의 임원자격제도

(1) 의의 및 연혁

2010년 개정 보험업법에서는 보험대리점의 대형화로 보험시장에 미치는 영향력이 증대되고 보험계약자 등 이해관계자에게 미치는 사회적·경제적 파급효과가 커짐에 따라 보험계약자 등 이해관계자의 권익을 보호하고, 보험대리점의 건전한 운영과 보험거래 질서의 확립을 위하여 법인보험대리점의 지배구조를 강화하고자 법인보험대리점의 임원자격을 제한하는 제도를 도입하였다.

(2) 법인보험대리점의 임원의 범위

법인보험대리점의 임원자격제도의 적용을 받는 임원은 이사 및 감사, 회사에 대한 자신의 영향력을 이용하여 이사에게 업무집행을 지시한 자, 이사의 이름으로 직접 업무를 집행한 자, 이사가 아니면서 명예회장·회장·사장·부사장·전무·상무·이사 기타 업무를 집행할 권한이 있는 것으로 인정될 만한 명칭을 사용하여 회사의 업무를 집행한 자가 포함된다(보험업법 제87조의2 제1항). 보험대리점의 임원의 범위는 보험회사의 임원의 범위와 동일하다.

(3) 법인보험대리점의 임원결격 사유

법인 보험대리점의 임원이 될 수 없는 자는 다음과 같다(보험업법 제87조의2).

(i) 미성년자·피성년후견인 또는 피한정후견인

(ii) 파산선고를 받고 복권(復權)되지 아니한 사람

(iii) 금고이상의 형의 집행유예를 선고받고 그 유예기간 중에 있는 자

(iv) 보험업법에 따라 보험설계사·보험대리점 또는 보험중개사의 등록이 취소((i) 또는 (ii)에 해당하여 등록이 취소된 경우는 제외한다)된 후 2년이 지나지 아니한 자

(v) 보험업법에 따라 보험설계사·보험대리점 또는 보험중개사 등록취소 처분을 2회 이상 받은 경우 최종 등록취소 처분을 받은 날부터 3년이 지나지 아니한 자

(vi) 보험업 법 또는 「금융소비자 보호에 관한 법률」에 따라 과태료 또는 과징금 처분을 받고 이를 납부하지 아니하거나 업무정지 및 등록취소 처분을 받은 보험대리점·보험중개사 소속의 임직원이었던 자(처분사유의 발생에 관하여 직접 또는 이에 상응하는 책임이 있는 자로서 대통령령으로 정하는 자만 해당한다)로서 과태료·과징금·업무정지 및 등록취소 처분이 있었던 날부터 2년이 지나지 아니한 자

(vii) 금고 이상의 실형을 선고받고 그 집행이 끝나거나(집행이 끝난 것으로 보는 경우를 포함한다) 집행이 면제된 날부터 3년이 지나지 아니한 자

(viii) 보험업법 또는 「금융소비자 보호에 관한 법률」에 따라 벌금 이상의 형을 선고받고 그 집행이 끝나거나(집행이 끝난 것으로 보는 경우를 포함한다) 집행이 면제된 날부터 3년이 지나지 아니한 자

6. 법인보험대리점의 업무규제

(1) 의의 및 연혁

초창기의 보험대리점은 특정 보험회사에 소속되어 개인대리점 형태로 운용되었으나 보험대리점이 점차 독립대리점으로 발전하면서 이제는 하나 또는 다수의 보험회사의 대리점으로 업무를 수행할 수 있게 되었다. 또한 보험대리점은 그 소속하에 여러 명의

보험설계사를 두어 영업활동을 할 수 있게 되었고, 이에 따라 보험대리점의 규모가 급성장하였다. 이러한 시장 상황에 맞추어 종래 보험대리점에 대한 규제 및 감독 체계도 변화가 요구되었고, 2010년 개정 보험업법에서는 이러한 시장의 변화에 대응하여 법인보험대리점에 대한 다양한 규제를 도입하였으며 그중의 하나가 법인보험대리점의 업무규제이다.

(2) 규정의 취지

보험업법에서는 법인보험대리점이 수행할 수 있는 업무범위를 정하고 있다. 즉, 법인보험대리점은 보험계약자 보호 등을 해칠 우려가 없는 업무로서 대통령령으로 정하는 업무 또는 보험계약의 모집 업무 이외의 업무를 하지 못하도록 규정하고 있는 것이다(보험업법 제87조의3 제1항).

이러한 규정의 취지는 보험대리점의 본질적 업무인 보험계약의 모집 업무를 허용하고, 다만 보험계약자 보호 관점에서 보험계약자의 이익을 침해할 우려가 있는 업무를 하지 못하도록 함으로써 법인보험대리점의 건전한 운용과 보험계약자의 보호 및 신뢰를 확보하기 위한 것이다. 따라서 이 규정에 따라 법인보험대리점은 보험계약의 모집업무와 시행령에서 정하고 있는 업무 이외의 업무를 할 수 없게 된다.

법인보험대리점의 업무 규제 규정은 법인보험대리점의 업무를 특정하여 허용함으로써 법인보험대리점의 대형화에 따라 건전한 보험거래질서를 확보하고, 다른 업무겸영으로 인한 이익충돌을 방지하여 대리점 경영의 건전성을 확보하기 위한 것이다. 또한 법인보험대리점의 업무의 전문화를 유도하여 보험의 유통거래질서를 확보하고자 하는 취지도 포함되어 있다

그러나 이러한 업무는 법인보험대리점의 본체 내에서의 업무 규제일 뿐 법인보험대리점의 자회사의 업무까지 규제하는 것은 아니다.

(3) 법인보험대리점의 업무

1) 보험계약의 모집업무

보험대리점의 기본업무는 보험계약의 체결의 대리 업무이다. 따라서 보험계약의 체결을 위한 모집업무를 모두 수행할 수 있고, 여기서 계약의 모집 업무란 보험계약의 청약

의 유인부터 시작하여 보험계약의 체결에 이르기까지의 모든 업무를 말한다. 그 밖에 보험계약의 모집과 관련하여 부수하는 업무 이외에 보험계약의 모집을 위한 홍보, 보험료 수령, 보험증권의 발급 등의 업무 등을 위탁받아 수행할 수 있다.

보험모집 업무 이외에 보험계약의 관리 업무 및 보험사고의 접수 등의 업무도 수행할 있는 것으로 보인다.

2) 보험계약자 보호 등을 해칠 우려가 없는 업무로서 대통령령으로 정하는 업무

법인보험대리점의 업무규제의 기본구조는 법인보험대리점이 수행할 수 있는 업무를 정해주는 positive 규제 방식을 채택하고 있다. 이에 따라 보험계약의 모집업무와 보험계약자 보호 등을 해칠 우려가 없는 업무로서 대통령령으로 정하는 업무를 수행할 수 있도록 규정한다.

그런데 시행령을 보면 법인보험대리점이 수행할 수 있는 업무를 열거하고 있는 것이 아니라 보험업법의 위임취지와 반대로 법인보험대리점이 할 수 없는 업무를 규정하고 있다. 즉, 법인보험대리점은 다단계판매업이나 대부업 또는 대부중개업을 하지 못하도록 규정하고 있다(보험업법 시행령 제33조의4 제1항).

(4) 법인보험대리점의 그 밖의 영위 업무

보험업법 제87조의3 제1항에 의하면 법인보험대리점의 업무로서 그 업무는 보험계약자 보호 등을 해칠 우려가 없는 업무이어야 함을 전제하고 있다. 그리고 구체적인 업무내용은 시행령에서 정하도록 규정하고 있다. 그런데 시행령은 보면 다단계 판매업, 대부업 또는 대부중개업을 금지하고 있을 뿐 보험업법에서 위임하고 있는 법인보험대리점이 영위할 수 있는 업무에 대해서는 규정하지 않고 있다.

현행 보험업법 제87조의3 제1항 및 시행령의 해석에 의하면 법인보험대리점이 영위할 수 업무는 보험계약의 모집업무 중 하나이다. 이러한 해석은 시행령에서 법인보험대리점의 영위업무를 규정하도록 한 보험업법의 위임과 달리 시행령에서는 다단계 판매업, 대부업 또는 대부중개업을 영위하지 못하도록 금지하고 있을 뿐 법인보험대리점이 영위할 수 있는 업무에 대해서는 별도의 규정을 두고 있지 않는 데서 비롯된다.

그렇다면 법인보험대리점은 보험모집업무 이외의 업무를 할 수 없는 것인가? 결론적으로 그렇지 않다. 보험업법 제87조의3 제1항은 보험모집 업무 외에 보험계약자 보호 등을 해칠 우려가 업무에 대해서 법인보험대리점의 업무로 허용하고자 하는 취지의 규정으로 해석되므로 법인보험대리점 업무가 보험모집에 한정된다고 볼 수 없다. 그렇다면 어떠한 업무를 수행할 수 있는 것인가 여부가 문제되는데, 우선 시행령에서 명시적으로 금지하고 있는 다단계 판매업 등이 아니어야 한다. 법인 보험대리점이 영위할 수 있는 업무인지 여부를 판단하는 기준은 보험계약자 보호 등이 하나의 기준이 될 수 있다. 따라서 어떤 특정 업무를 법인보험대리점이 영위할 수 있는 것인지 여부를 판단한 때는 보험계약자보호, 건전한 보험거래질서 등을 해칠 우려가 없는 것이라면 허용되는 업무로 볼 수 있다. 따라서 법인보험대리점이 수행하고자 하는 업무가 보험계약자 보호 등을 해칠 우려가 없는 업무라면 영위가 가능할 것으로 보인다. 가령 본인신용정보관리업은 개인인 신용정보주체의 신용관리를 지원하기 위하여신용정보를 대통령령으로 정하는 방식으로 통합하여 그 신용정보주체에게 제공하는 행위를 영업으로 하는 것을 말하는데 (신용정보의 이용 및 관리에 관한 법률 제2조 9의3호), 이러한 업무는 보험계약자 보호 등을 해칠 우려가 있는 업무라고 볼 수 없으므로 허용되어야 할 것으로 생각된다.

생각건대 보험업법에서는 대통령령에 정하여야 할 사항으로 법인보험대리점이 영위할 수 있는 업무를 적극적으로 규정하도록 하고 있으나 시행령은 다단계 판매업 등의 금지업무를 규정하여 소극적인 내용의 규정을 두고 있는바, 이러한 법률 규정체계는 법률유보 법률우위의 원칙에 어긋나는 입법태도로 위임입법의 한계를 벗어한 것으로 위헌성 여부가 문제될 소지가 있다.

7. 보험대리점의 등록취소

(1) 의의 및 연혁

보험대리점의 등록취소라 함은 보험대리점이 법규를 위반하는 등 일정한 사유가 있는 경우에 보험대리점의 등록을 취소하는 불이익한 행정처분을 말한다. 보험업법은 특정한 사유가 있는 경우에 반드시 보험대리점의 등록을 취소하여야 하는 필요적 등록취소제도와 일정한 사유가 있는 경우에 보험대리점의 등록취소 여부에 재량이 있는 임의적 등록취소제도를 두고 있다. 제도의 연혁을 보면 손해보험대리점의 등록취소에 관한 조항은 보험모집단속법부터 있던 조항이다(제8조 및 제22조). 당시에는 등록취소제도 외에 등록말소제도가 별도로 존재하였다. 1995년 보험대리점이 허가제에서 등록제로 전환되면서 등록취소의 요건이 상세하게 열거되었다. 2003년 보험업법 개정 시에는 허위가 부정한 방법의 한 예로 추가되는 등 일부 자구수정이 있었다.

(2) 등록취소 사유

1) 필요적 등록취소

보험대리점이 (i) 보험대리점이 보험업법 제87조 제2항에서 정하고 있는 등록결격자에 해당하게 된 때, (ii) 등록 후 보험대리점 등록 결격 사유가 밝혀진 경우, (iii) 거짓이나 그 밖에 부정한 방법으로 등록을 한 경우, (iv) 법인보험대리점이 보험업법 제87조의3 제1항에서 규정하는 업무규제를 위반한 경우, (v) 자기대리점 금지 규제(제101조)를 위반한 경우에는 필요적으로 등록을 취소하여야 한다.

필요적 등록취소는 보험대리점업을 전면적으로 금지하는 것으로 헌법 제15조가 보장하고 있는 직업의 자유를 침해한 것이 아닌지 여부가 논란이 될 수 있다. 직업의 자유는 제3공화국 헌법에서 최초로 명문화되었는데, 직업의 자유라 함은 자신의 원하는 직업을 자유롭게 선택하고 이에 종사하는 등 직업에 관한 종합적이고 포괄적인 자유를 말한다.[36] 또한 우리 헌법재판소는 직업의 개념과 관련하여 생활의 기본적 수요를 충족시키기 위한 계속적인 소득활동을 의미하며 그 종류나 성질은 불문한다고 판시하고 있다.[37]

우리 헌법재판소는 직업의 자유의 침해 여부를 심사함에 있어 독일의 이른바 약국판결을 통하여 확립된 단계이론을 수용하고 있다. 단계이론이란 직업의 자유의 제한을 직업행사의 자유의 제한(1단계), 주관적 사유에 의한 직업결정의 자유의 제한(2단계), 객관적 사유에 의한 직업결정의 자유의 제한(3단계)으로 구별하여 직업의 자유를 제한하려는 경우 가장 적은 침해를 가져오는 단계에서 제한하여야 하며 입법자가 달성하려는 목적을 경미한 단계의 제한으로 달성할 수 없는 경우에 비로소 다음 단계의 제한을 할 수 있음을 의미한다. 필요적 등록취소의 위헌성 여부와 관련하여 우리 헌법재판소는 건축사가 업무 범위를 위반하여 업무를 행한 경우 2년간 등록을 필요적으로 취소한 경우(93헌가1), 여객운송업자가 지입제 경영을 하는 경우에는 사업면허를 필요적으로

36 정회철, 『기본강의 헌법』(개정5판), 도서출판 여산, 2010, 589면.

37 헌법재판소 1992. 5. 13. 결정, 92헌마80.

취소하도록 한 경우(99헌가11), 자동차를 이용한 범죄행위에 대해 운전면허를 필요적으로 취소하도록 한 경우(2004헌가24) 위헌이라고 판시하고, 교통사고를 일으켜 사람을 다치게 하고도 구호조치와 신고의무를 이행하지 아니한 경우 운전면허를 필요적으로 취소한 경우(2001헌가19등), 건설업자가 명의대여행위를 한 경우 그 건설업등록을 필요적으로 말소한 경우(2000헌바27), 자동차대여사업을 부정한 방법으로 등록한 경우에 필요적으로 등록을 취소한 경우(2005헌바87), 보험모집인이 보험모집에 관하여 현저하게 부적당한 행위를 하였다고 인정되는 경우 보험모집인의 등록을 취소한 경우(2000헌가8) 합헌이라고 판시하였다.

2) 임의적 등록취소 및 정지사유

보험대리점이 (i) 모집에 관한 보험업의 규정을 위반한 경우, (ii) 보험계약자, 피보험자 또는 보험금을 취득할 자로서 제102조의2를 위반한 경우, (iii) 보험 관계 업무 종사자의 의무(제102조의3)를 위반한 경우, (iv) 보험업법에 따른 명령이나 처분을 위반한 경우, (v)「금융소비자 보호에 관한 법률」 제51조 제1항 제3호부터 제5호까지의 어느 하나에 해당하는 경우, 즉 i) 업무의 정지기간 중에 업무를 한 경우, ii) 금융위원회의 시정명령 또는 중지명령을 받고 금융위원회가 정한 기간 내에 시정하거나 중지하지 아니한 경우, iii) 그 밖에 금융소비자의 이익을 현저히 해칠 우려가 있거나 해당 금융상품판매업 등을 영위하기 곤란하다고 인정되는 경우로서 대통령령으로 정하는 경우, (vi)「금융소비자 보호에 관한 법률」 제51조 제2항 각호 외의 부분 본문 중 대통령령으로 정하는 경우(업무의 정지를 명하는 경우로 한정한다), (vii) 해당 보험대리점 소속 보험설계사가 위 (i), (iv)부터 (vi)에 해당하는 경우에는 6개월 이내의 기간을 정하여 그 업무의 정지를 명하거나 그 등록을 취소할 수 있다(보험업법 제88조 제2항).

(3) 보험대리점 등록취소 절차

1) 청문 실시

금융위원회는 보험대리점에 대하여 등록을 취소하거나 업무의 정지를 명하고자 하는 때는 청문을 실시하여야 한다(보험업법 제88조 제3항). 청문절차 및 방법 등에 관해서는 보험설계사의 등록취소부분에서 설명한 바 있으므로 여기서는 생략하기로 한다.

2) 이유기재 통지의무

보험업법은 보험대리점 등의 등록을 취소하거나 정지를 명한 때는 지체 없이 이유를 기재한 문서 그 뜻을 보험대리점 등 처분의 상대방 및 관련 보험회사에 통지하도록 의무를 부과하고 있다(보험업법 제88조 제3항).

(4) 대리점 등록취소 처분의 효력

보험대리점 등록취소처분을 받은 자는 처분을 받은 후 2년이 경과되지 아니하면 보험대리점이 될 수 없다(보험업법 제87조 제2항 제1호).

제5절 금융기관보험대리점제도

갑은 은행에 대출을 받기 위하여 은행점포를 방문하였다. 갑은 기왕에 은행에 온 김에 자동차보험을 은행에서 가입할 수 있으면 가입을 하려한다. 갑은 은행에서 자동차보험을 구매할 수 있을까?

(i) 금융기관보험대리점은 어떤 기관이 될 수 있는가? 저축은행이나 대부업체는 금융기관보험대리점이 될 수 있는가?
(ii) 금융기관대리점 직원은 보험판매를 위해 보험설계사의 자격이 필요한가, 금융기관보험대리점 직원이 고객의 집을 방문하여 보험판매를 할 수 있는가?
(iii) 금융기관보험대리점 점포에서 모든 직원이 보험판매를 할 수 있는가?
(iv) 금융기관보험대리점은 특정 보험회사와 전속보험대리점 계약을 체결할 수 있는가?
(v) 금융기관보험대리점은 자동차보험계약을 모집할 수 있는가?

1. 금융기관보험대리점제도의 개념

금융기관보험대리점제도란 은행 등의 금융기관이 보험회사의 대리점 또는 중개사 자격으로 보험상품을 판매하는 제도이다(보험업법 제91조 제1항). 금융의 겸업화·종합화의 진전에 따라 금융기관 간 영업장벽이 완화되고, 한곳의 금융기관에서 각종 금융서비스를 한 번에 제공받을 수 있는 금융수요자의 욕구가 증대됨에 따라 보험상품의 판매

방식도 새로운 방식으로 변화가 불가피하였다.

금융업은 은행·금융투자·보험으로 크게 나뉘어 각기 고유한 영역에서 발전을 하였다. 금융업은 그 업무의 특성상 국민경제에 미치는 영향이 크므로 국가의 각종의 규제가 가해지고 있는 대표적인 규제산업에 속한다. 금융기업에 대하여 국가가 행하는 규제에는 진입규제, 업무영역 규제, 가격 규제, 건전성 규제, 공시 등 소비자보호를 위한 규제 등이 있다.

그중 업무영역 규제는 금융업에 속하는 세부 금융업종에 대한 영위 주체와 영역을 설정하고, 이를 토대한 한 업무영역의 제한 및 완화 등에 관한 규제제도이다. 규제방식은 개별 금융업법에 의하여 해당 금융회사의 업무에 대하여 전업주의 원칙을 선언하는 직접적인 제한 방식과 해당 금융회사가 소유할 수 있는 자회사의 업무 범위를 제한하는 간접적 규제방식이 있다.

금융기관보험대리점제도는 단순히 보험대리점의 특수한 형태의 하나인 금융기관보험대리점을 추가로 도입한 것이 아니라 금융권역 간의 업무영역의 재조정이라는 거시적인 관점에서 바라보아야 한다.

미국은 1930년대 대공황 시기에 시행된 입법의 결과 미국에서 금융업은 상업은행, 보험, 증권으로 3분되었다. 1933년 Glass-Steagall Act가 은행이 보험회사나 증권사를 소유하는 것을 금지하였기 때문이다. 그 후 1999년 11월 1일 미국의 대통령이 GLB(Gramm-Leach-Bliley)에 서명하였는데, GLB는 Glass-Steagall Act 이래 가장 중요한 은행입법중의 하나이다. GLB는 금융기관에서 은행, 증권, 보험업무를 제공하는 여러 장벽을 없앴다.

금융기관보험대리점제도는 금융회사의 영무영역 구분에 따른 결과물이다. 즉, 하나의 회사에 금융적 기능을 모두 수행할 수 없게 한 장벽이 존재하는 것이다. 이러한 장벽은 만리장성이나 천리장성처럼 높거나 굳건한 것은 아니며 언제든지 무너질 수 있는 일종의 모래성일 수 있다.

2. 도입과정 및 배경

우리나라에서는 경쟁을 실질적으로 제한하는 등 불공정한 보험모집행위를 할 우려가 있다는 이유로 2003년 개정 전 보험업법 제149조와 동법 시행규칙 제47조의2 제2호에 근거하여 은행·증권회사·종합금융회사·투자신탁회사·상호신용금고 및 시설대여업자 등 금융업무를 주로 영위하는 기관에 대해 보험대리점 등록을 허용하지 아니하였다. 그러나 2000년 8월 규제개혁위원회의 권고에 따라 은행 등이 보험모집조직이 될 수 없도록 하는 시행규칙 제47조의2 제2호에 대하여 유효시한이 2003년 8월 4일자로 규정됨에 따라 금융기관보험대리점제도의 시행시기와 관련된 법령개정이 불가피하게 되었다. 이에 따라 금융이용자 편익 증대 및 금융업의 경쟁력을 제고시키고, 금융의 종합화·겸업화 추세에 부응하기 위하여 주로 유럽제도를 참고하여 금융기관보험대리점제도를 도입하였다.

3. 금융기관보험대리점 등이 될 수 있는 금융회사의 범위

(1) 의의

금융기관보험대리점제도에서는 보험대리점 및 보험중개사로 등록할 수 있는 금융기관의 종류를 규정하고 있다. 당초 정부안은 보험대리점이 될 수 있는 금융기관의 범위를 대통령령에서 정할 수 있도록 포괄 위임하였으나 국회심의과정에서 보리점이 될 수 있는 금융기관의 범위의 설정문제는 법률상의 자격을 새로이 부여하는 것이고, 이는 국민의 권리·의무에 영향을 미치는 사항으로 법률에서 규정함이 타당하다는 의견이 제시되어 고 은행법상의 금융기관, 증권회사(투자매매업자 또는 투자중개업자), 상호저축은행이 열거되고 그 밖의 금융기관은 대통령령에서 정하도록 수정되었다.[38]

이러한 금융기관보험대리점제도의 도입은 보험모집시장에서 새로운 경쟁자의 출현으로서 기존의 모집종사자에게 큰 위협이 되는 존재로 부상하는 것이 예견되었고, 이에 따라 기존의 시장 참여자의 기득권과 어떻게 조화를 이뤄낼 것인지가 하나의 과제로 등장하였고, 이에 따라 정책당국에서는 어떤 자에게 신규 사업권이라고 할 수 있는 대리점 자격을 부여할 것인지, 대리점에게 대하여 어떠한 상품을 팔도록 할 것인지, 대리점의 규모와 인적 구조에 대해서는 어떻게 설정할 것인지 여부에 대한 규제 여부를 생각하게 된다.

2003년 개정 보험업법에서는 은행, 증권, 상호저축은행 등 판매망을 갖춘 모든 금융기관에 대하여 보험대리점 등록을 허용하고, 다만 공제상품을 개발·판매하는 농·수협,

38 국회 재정경제위원회, 「보험업법 개정법률안 심사보고서」, 2003, 48면 참조.

신협, 우체국 등은 제외하여 공제상품과 보험상품의 혼용 판매에 따른 불공정 판매행위 및 소비자 혼란 등의 방지하였다. 보험대리점 및 보험중개사로 등록할 수 있는 금융기관은 아래와 같다.

(2) 은행

은행법상 은행이란 은행업을 규칙적·조직적으로 경영하는 한국은행 외의 모든 법인을 말한다(은행법 제2조 제1항 제2호). 은행업은 예금을 받거나 유가증권 또는 그 밖의 채무증서를 발행하여 불특정 다수인으로부터 채무를 부담함으로써 조달한 자금을 대출하는 것을 업으로 하는 것을 말한다(은행법 제2조 제1항 제1호). 은행업을 경영하려는 자는 금융위원회의 인가를 받아야 한다(은행법 제8조 제1항).

(3) 투자매매업자 또는 투자중개업자

자본시장법에 의하면 금융투자업을 투자매매업, 투자중개업, 집합투자업, 투자자문업, 투자일임업, 신탁업으로 구분하고 있다(자본시장법 제6조 제1항). 이러한 금융투자업을 영위하는 자 중 투자매매업자 또는 투자중개업자만이 금융기관보험대리점이 될 수 있는 것이다. 투자매매업자란 투자매매업, 즉 누구의 명의로 하든지 자기의 계산으로 금융투자상품의 매도·매수, 증권의 발행·인수 또는 그 청약의 권유, 청약, 청약의 승낙을 영업으로 하는 자를 말한다. 또한 투자중개업자란 투자중개업, 즉 누구의 명의로 하든지 타인의 계산으로 금융투자상품의 매도·매수, 그 청약의 권유, 청약, 청약의 승낙 또는 증권의 발행·인수에 대한 청약의 권유, 청약, 청약의 승낙을 영업으로 하는 자를 말한다.

(4) 상호저축은행법에 따른 상호저축은행

상호저축은행이란 서민과 중소기업의 금융편의를 도모하고 거래자를 보호하며 신용질서를 유지함으로써 국민경제의 발전에 이바지함을 목적으로 하는 금융기관을 말한다(상호저축은행법 제1조). 상호저축은행은 주식회사 형태로 운영되고(상호저축은행법 제3조) 일정한 영업구역이 있으며(상호저축은행법 제4조) 금융위원회로부터 인가를 받아야 한다(상호저축은행법 제6조).

(5) 그 밖에 다른 법률에 따라 금융 업무를 하는 기관으로서 대통령령으로 정하는 기관

다른 법률에 따라 금융 업무를 하는 기관으로서 대통령령으로 정해진 기관으로는 한국산업은행, 중소기업은행, 여신전문금융업법에 따라 허가를 받은 신용카드업자가 있다(시행령 제40조 제1항). 신용카드회사의 경우 삼성·신한·비씨·현대·롯데 등은 2003년 금융기관보험제도 도입 이전부터 보험대리점으로 등록되었으며 2003년 제도도입 이후 KB국민카드,[39] 하나SK카드사가 추가로 보험대리점 등록을 마쳤다. 따라서 2003년 이전부터 보험대리점 등록을 한 신용카드사 보험대리점에 대해서는 신뢰보호의 원칙상 기득권을 보호하여야 할 필요가 있으며 이에 따라 다수규정은 이들에 대해 예외규정을 허용하고 있다.

4. 금융기관보험대리점 등의 규제 내용

(1) 금융기관보험대리점 등의 취급상품 규제

2003년 개정 보험업법은 금융기관대리점제도 도입에 의한 보험시장의 충격을 완화하기 위하여 금융기관 대리점에서 취급할 수 있는 보험상품의 범위를 한꺼번에 모두 허용하지 아니하고, 은행 등에서의 판매용이성, 불공정거래 소지, 보험업에 미치는 영향 등을 종합적으로 고려하여 3단계에 걸쳐 단계적으로 확대하는 것으로 규정하였다. 우선 저축성·가계성 보험부터 허용하되 2007년 4월 이후에는 모든 보험상품의 판매를 허용하도록 할 계획이었다(보험업법 제91조 제2항, 영 제40조 제2항).[40] 그러나 금융기관보험대리점제도의 도입이후 보험요율 인하, 소비자의 편익 증대 등 긍정적인 효과보다는 꺾기, 불완전 판매 등으로 인한 소비자 피해가 발생하고, 은행과 보험회사 간 불공정계약과

39 국민카드의 전신인 국민신용카드가 1988. 9. 29.에 보험대리점으로 등록하였으며, 2003. 10. 1. 국민은행과의 합병으로 폐업한 바 있다.

40 당초 보험상품별 세부 판매허용 일정

구분	1단계(2003. 8. 이후)	2단계(2005. 4. 1. 이후)	3단계(2007. 4. 1. 이후)
생명보험	연금, 교육, 생사혼합(양로) 등 개인저축성 보험, 신용생명보험	개인 보장성 보험	모든 생명보험상품 (퇴직 보험 등 단체보험)
손해보험	개인연금, 주택화재 보험, 장기저축성보험, 신용손해보험	자동차보험(개인용), 장기보장성 보험	모든 손해보험상품(기타 자동차보험, 기타 화재보험, 해상보험, 퇴직보험 등 단체보험)

같은 부작용이 크게 나타남에 따라 2005년 3월에 부작용방지대책을 마련하고[41] 금융기관보험대리점의 보험상품 취급 범위 확대 방안을 재조정하였다.[42] 그러나 이러한 일정 조정에도 불구하고 4단계 시행에 대한 보험권의 반발이 커지고, 보험설계사의 실직 등의 우려에 따라 2008년 국회 재정경제위원회의 논의과정에서 4단계 시행을 철회하기로 결정하였다.

(2) 보험상품의 취급 범위

금융기관보험대리점 등이 취급할 수 있는 보험상품은 일정한 제한이 따른다. 금융기관보험대리점 등이 취급할 수 있는 보험상품은 생명보험의 경우 연금, 교육, 생사혼합보험 등 저축성 보험, 신용생명보험과 손해보험의 경우 개인연금, 주택화재, 장기저축성보험, 신용손해보험 등이고 제3보험의 경우에는 전종목이 허용되어 있는 상태이다. 연혁적으로 보면 금융기관보험대리점 등이 모집할 수 있는 보험상품의 범위는 단계별로 확대되었는데, 그 내용을 보면 아래와 같다.

금융기관보험대리점 등이 모집할 수 있는 보험상품의 범위(보험업법시행령 제40조 제2항)

1. 제1단계: 이 영 시행일부터 2005년 3월 31일까지

생명보험	손해보험
가. 개인저축성 보험 1) 개인연금 2) 일반연금 3) 교육보험 4) 생사혼합보험 5) 그 밖의 개인저축성 보험 나. 신용생명보험	가. 개인연금 나. 장기저축성 보험 다. 화재보험(주택) 라. 상해보험(단체상해보험은 제외한다) 마. 종합보험 바. 신용손해보험

41 불공정행위 방지를 위한 제도개선대책으로 금융회사의 1개 보험회사 판매비중 축소(49% → 25%), 은행의 우월적 지위 남용방지 기준 마련, 금융기관보험대리점 상품의 사전신고제 도입, 보험상품 불완전판매 시 은행의 자율적 리콜(Recall)제도 시행 등이다.

42 방카슈랑스 시행일정 조정 현황

<table>
<tr><th rowspan="2">구분</th><th rowspan="2">1단계(2003. 8.)</th><th colspan="3">기존 2단계(2005. 4.)</th><th>기존 3단계(2007. 4.)</th></tr>
<tr><th>2단계(2005. 4.)</th><th>3단계(2006. 10.)</th><th>4단계(2008. 4.)</th><th>보류</th></tr>
<tr><td>생명보험</td><td>저축성(연금포함)·신용생명보험</td><td rowspan="2">제3보험(상해·간병·질병) 중 순수보장성</td><td rowspan="2">제3보험(상해·간병·질병) 중 만기환급형</td><td>개인 보장성보험</td><td>기업성보험
(단체보험 등)</td></tr>
<tr><td>손해보험</td><td>장기저축성·신용손해보험</td><td>개인 장기보장성 및 개인용 자동차보험</td><td>기업성보험
(단체보험 등)</td></tr>
</table>

2. 제2단계: 2005년 4월 1일 이후(보험기간 만료 시 환급금이 지급되는 상품은 2006년 10월 1일 이후)

생명보험	손해보험
가. 제1단계 허용상품 나. 개인보장성 보험 중 제3보험(주계약으로 한정하고, 저축성보험 특별약관 및 질병사망 특별약관을 부가한 상품은 제외한다)	가. 제1단계 허용상품 나. 개인장기보장성 보험 중 제3보험(주계약으로 한정하고, 저축성보험 특별약관 및 질병사망 특별약관을 부가한 상품은 제외한다)

(3) 금융기관보험대리점 등의 보험모집방법 규제

금융기관보험대리점 등은 (i) 당해 금융기관보험대리점 등의 점포 내 지정된 장소에서 보험계약자와 직접 대면하여 모집하는 방법, (ii) 인터넷 홈페이지를 이용하여 불특정 다수를 대상으로 보험상품을 안내 또는 설명하여 모집하는 방법, (iii) 전화, 우편, 컴퓨터 통신 등의 통신수단을 이용하여 모집하는 방법으로 모집하여야 한다(시행령 제40조 제3항). 다만 (iii)의 방법에 의한 모집은 신용카드업자만 허용되어 있다. 금융기관보험대리점 등의 점포라 함은 본점이나 지점 등 금융회사의 영업소의 단위를 말하며 금융회사의 본질적 업무를 수행하는 공간적 물리적 장소를 말한다.

인터넷 홈페이지를 이용하여 불특정 다수를 대상으로 보험상품을 안내 또는 설명하여 모집하는 방법은 직접 해당 금융기관보험대리점 등의 홈페이지뿐만 아니라 다른 포탈이나 사이트를 통해 모집하는 것도 허용되는 것으로 보아야 할 것이다.

(4) 금융기관보험대리점의 모집종사자 수 규제

금융기관보험대리점 등은 당해 금융기관보험대리점 등의 본점·지점 등 점포별로 2명의 범위에서 등록된 소속 임원 또는 직원으로 하여금 모집에 종사하게 할 수 있다(시행령 제40조 제4항). 이러한 제한은 겸영여신사업자를 제외한 신용카드업자의 경우에는 적용되지 않는다.

신용카드업, 시설대여업, 할부금융업 또는 신기술사업금융업을 여신전문금융업이라고 하고, 신용카드업은 신용카드이 이용과 관련한 대금의 결제 업무를 포함하여 신용카드의 발행 및 관리, 신용카드가맹점의 모집 및 관리 등의 어느 하나의 업무를 업으로 하는 사업을 말한다(여신전문금융업법 제2조).

한편 금융기관보험대리점 등에서 모집에 종사하는 사람은 대출 등 불공정 모집의 우려가 있는 업무를 함께 취급할 수 없다. 이러한 규제는 금융기관보험대리점이 우월적 지위를 이용하여 자사 금융상품에 끼워팔기를 하거나 꺾기 등을 통한 금융기관과 거래하는 소비자를 보호하고자 한 것이다.

(5) 금융기관보험대리점 등의 보험상품 판매비율 규제

1) 의의 및 적용 범위

금융기관보험대리점 등은 보험시장에서 가장 선호하고 좋은 상품을 소비자에게 소개하고 그 수수료를 취득하는 것이 원칙이다. 그러나 보험업법은 금융기관보험대리점 등이 취급할 수 특정 보험상품의 판매량을 규제하고 있다. 이러한 규제는 금융기관보험대리점 등이 여러 보험회사의 상품을 취급하여 판매 상품의 편중에서 얻을 수 있는 거래상의 남용행위를 방지하고자 한 것이다. 즉, 특정 보험회사와의 전속적인 거래관계를 통한 우월적 지위 남용을 방지하고 공정한 경쟁 풍토를 조성하기 위한 취지에서 도입된 제도이다.

보험업법은 보험상품 판매비율 규제 이른바 25% 또는 33% 규칙을 도입하여 금융기관보험대리점 등이 가급적 여러 보험회사와 모집위탁계약을 체결하도록 유도하여 1개 대형 금융기관보험대리점에 의하여 보험회사의 영업이 종속되거나 좌우되는 것을 방지하고 있다. 특히 33% 제한 규칙은 금융지주회사 소속 보험회사가 아닌 보험회사나 규모가 작은 보험회사라 하더라도 금융기관보험대리점을 통한 보험상품 판매의 기회를 확대하고자 하는 취지도 포함되어 있다. 이러한 보험상품 판매비율 규제가 적용되는 금융기관보험대리점 등은 최근 사업연도 말 현재 자산총액이 2조 원 이상인 기관에 한한다.

2) 내용

최근 사업연도 말 현재 자산총액이 2조 원 이상인 금융기관대리점 등이 모집할 수 있는 1개 생명보험회사 또는 1개 손해보험회사 상품의 모집액은 매 사업연도별로 당해 금융기관보험대리점 등이 신규로 모집하는 생명보험회사 상품의 모집총액 또는 손해보험회사 상품의 모집총액 각각의 100분의 25를 초과할 수 없다(시행령 제40조 제6항).

다만 1개의 보험회사 상품의 모집액 산정 시 금융기관보험대리점 등과 대리점계약을 체결한 보험회사와 다음 어느 하나에 해당하는 관계에 있는 보험회사 상품의 모집액은 합산하여 계산하되, 이 경우 모집총액의 100분의 33을 초과할 수 없다(시행령 제40조 제6항).

(i) 최대주주가 동일한 보험회사, (ii) 체약보험회사 지분의 100분의 15 이상을 소유한 금융기관보험대리점 등이 지분의 100분의 15 이상을 소유한 보험회사, (iii) 체약보험회사 지분의 100분의 15 이상을 소유한 금융기관보험대리점 등의 지주회사가 지분의 100분의 15 이상을 소유한 보험회사, (iv) 금융위원회가 정하여 고시하는 관계에 있는 보험회사(시행령 제40조 제7항).

(6) 금융기관보험대리점 등의 공시의무 규제

금융기관보험대리점 등은 해당 금융기관에 적용되는 모집수수료율을 모집하는 점포의 창구 및 인터넷 홈페이지에 공시하여야 하며 보험회사는 모집을 위탁한 금융기관보험대리점 등의 모집수수료율을, 보험협회는 전체 금융기관보험대리점 등의 모집수수료율을 각각 비교·공시하여야 한다(시행령 제40조 제8항). 모집수수료율을 공시함으로써 수수료 측면에서 당해 금융기관보험대리점에 유리한 상품판매를 차단하고, 거래하는 보험회사에 대해 우월적 지위를 남용한 모집수수료의 부당한 요구를 억제하며 보험계약에게 보험가격에 대한 정보를 투명하게 전달함으로써 보험계약자의 보험상품 선택의 자유를 보장하기 위한 것이다.

(7) 금융기관보험대리점 등의 설명의무 규제

금융기관보험대리점 등은 보험계약의 체결을 대리하거나 중개할 때는 금융위원회가 정하여 고시하는 바에 따라 (i) 대리하거나 중개하는 보험계약의 주요 보장 내용, (ii) 대리하거나 중개하는 보험계약의 환급금, (iii). 그 밖에 불완전 판매를 방지하기 위하여 필요한 경우로서 금융위원회가 정하여 고시하는 사항을 보험계약자에게 설명하여야 한다(시행령 제40조 제9항).

5. 금융기관보험대리점 등의 금지행위 등

(1) 의의

은행 등 금융기관보험대리점은 고유한 업무로서 대출 등의 업무를 수행하고 있다. 이러한 과정에서 다수의 고객과 거래관계를 맺게 되고, 은행 등이 보험상품의 대리 내지

중개 업무를 수행할 수 있게 됨에 따라 고객과의 거래상의 지위남용 등 여러 폐해가 나타날 수 있다. 이러한 우려에 따라 보험업법은 금융기관보험대리점 등의 금지 행위 규정을 두어 엄격하게 대처하고자 한 것이다.

보험업법은 금융기관보험대리점 등이 모집을 할 경우 금지행위 및 준수사항을 규정하고, 금융기관보험대리점과 보험회사와의 관계를 고려하여 금융기관보험대리점의 우월적 지위남용을 금지하는 규정을 두고 있다(보험업법 제100조). 금융기관보험대리점의 금융시장에서의 지위와 새로운 제도 도입으로 인한 보험시장에 미치는 영향 등을 고려하여 모집행위 또는 보험회사와 보험대리점계약의 체결 등에 있어 금융기관보험대리점 등의 우월적 행위를 방지하고, 보험거래와 관련하여 꺾기 등의 불공정거래행위를 규제하며 나아가 보험시장에 미치는 영향력의 고려하여 금융기관보험대리점 등의 영업행위를 규제하고자 한 것이다.

(2) 금융기관보험대리점 등의 모집 관련 금지행위

1) 의의

보업업법은 금융기관보험대리점의 도입에 따른 부작용을 최소화하기 위해서 금융기관보험대리점의 금지행위를 규정하고 있다. 이는 금융기관과 보험소비자와의 관계에서 금융기관보험대리점이 우월적 지위를 이용하여 불공정한 모집을 하지 못하도록 하여 보험계약자 등의 피해를 사전에 방지하기 위한 것이다.

2) 금지행위유형(보험업법 제100조 제1항)

(i) 대출 등 해당 금융기관이 제공하는 용역을 제공하는 조건으로 대출 등을 받는 자에게 그 금융기관이 대리 또는 중개하는 보험계약을 체결할 것을 요구하거나 특정한 보험회사와 보험계약을 체결할 것을 요구하는 행위

(ii) 대출 등을 받는 자의 동의를 미리 받지 아니하고 보험료를 대출 등의 거래에 포함시키는 행위

(iii) 해당 금융기관의 임직원에게 모집을 하도록 하거나 이를 용인하는 행위

(iv) 해당 금융기관의 점포 외의 장소에서 모집을 하는 행위

(v) 모집과 관련이 없는 금융거래를 통하여 취득한 개인정보를 미리 그 개인의 동의를

받지 아니하고 모집에 이용하는 행위

(vi) 기타 대통령령으로 정하는 행위

시행령에서 금융기관보험대리점 등의 금지행위로 추가된 사항은 모집에 종사하는 자 외에 소속 임직원으로 하여금 보험상품의 구입에 대한 상담 또는 소개를 하게 하거나 상담 또는 소개의 대가를 지급하는 행위이다(시행령 제48조 제1항).

(3) 금융기관보험대리점 등의 준수사항

1) 의의

금융기관보험대리점 등에게 그와 거래하는 상대방에게 일정한 사항을 알리도록 함으로써 보험계약자 등 보험소비자의 보험상품 구매에 따른 혼동을 방지하고, 보험계약의 체결에 있어 올바른 선택권을 보장하여 금융기관보험대리점의 업무의 적정을 도모하고 있다.

2) 준수사항(보험업법 제100조 제2항)

(i) 해당 금융기관이 대출 등을 받는 자에게 보험계약의 청약을 권유하는 경우 대출 등을 받는 자가 그 금융기관이 대리하거나 중개하는 보험계약을 체결하지 아니하더라도 대출 등을 받는 데 영향이 없음을 알릴 것

(ii) 해당 금융기관이 보험회사가 아니라 보험대리점 또는 보험중개사라는 사실과 보험계약의 이행에 따른 지급책임은 보험회사에 있음을 보험계약을 청약하는 자에게 알릴 것

(iii) 보험을 모집하는 장소와 대출 등을 취급하는 장소를 보험계약을 청약하는 자가 쉽게 알 수 있을 정도로 분리할 것

(iv) 기타 대통령령으로 정하는 사항

(4) 금융기관보험대리점 등의 보험회사와 거래상 지위 남용 금지행위

1) 의의

금융기관보험대리점제도를 도입한 취지는 보험계약자 등 보험소비자에게 보험상품 구입에 대한 편의성을 제공하고, 금융기관보험대리점제도를 통한 보험모집에 따른 사업

비의 절감효과를 보험료 인하로 연결시켜 보험소비자의 효용을 증대하고자 한 것이다. 이러한 제도도입의 본래의 취지가 제대로 구현되기 위해서는 은행 등 금융기관보험대리점의 우월적 지위의 남용을 방지할 필요가 있다(보험업법 제100조 제3항).

2) 금지행위의 내용

(i) 해당 금융기관을 계약자로 하는 보험계약의 할인을 요구하거나 그 금융기관에 대한 신용공여, 자금지원 및 보험료 등의 예탁을 요구하는 행위

(ii) 보험계약 체결을 대리하거나 중개하면서 발생하는 비용 또는 손실을 보험회사에 부당하게 떠넘기는 행위

(iii) 그 밖에 금융기관의 우월적 지위를 이용하여 부당한 요구 등을 하는 행위로서 대통령령으로 정하는 행위

3) 금지행위 여부에 대한 판단기준

금융기관보험대리점 등 또는 금융기관보험대리점 등이 되려는 자의 금지행위 기준은 (i) 금융기관보험대리점 등이 요구하는 행위가 일반적인 거래조건에 비추어 명백히 보험회사의 이익에 반하는 것으로 인정될 수 있을 것, (ii) 해당 행위가 보험회사의 경영건전성이나 보험계약자의 이익, 그 밖에 건전한 모집질서를 명백히 해치는 것으로 인정될 수 있을 것 등이다(시행령 제48조 제4항).

☞ 우월적 지위 남용 사례

1. 사실관계

○○생명은 2005년 5월 1일 △△생명과 신용생명보험 단체계약을 체결하였고, 같은 달 17일 ○○생명의 전화상담전용 상품 광고를 △△생명 홈페이지에 게재하고, 이에 대한 대가로 매월 5,000만 원을 △△생명에 지급하기로 하는 내용의 계약을 체결하였다.

△△생명은 원래 □□화재와 동종의 단체계약을 체결하면서 □□화재와 광고계약을 체결하고 있었는데, ○○생명으로 보험회사를 변경하면서 ○○생명에 대해 같은 조건의 광고계약 체결을 요구하였다.

○○생명은 2005년 6월부터 2006년 2월까지 총 6억 8,300만 원을 광고비 명목으로 △△생명 방카슈랑스팀 계좌로 입금하였다.

○○생명은 2005년 10월부터 △△생명 방카슈랑스팀 계좌로 광고계약서에서 약정한 5,000만 원을 초과하여 광고비를 지급하였는데, 그 직후인 11월에 △△생명과 금융기관보험대리점 제휴계약을 체결하였다.

2. 검토

보험업법 제100조 제3항에서는 금융기관보험대리점 등 또는 금융기관보험대리점 등이 되고자 하는 자가 보험계약체결을 대리 또는 중개하는 조건으로 보험회사에 대하여 자금지원을 요구하는 행위 등 일정한 행위를 금지하고 있다.

본 건에서는 (i) △△생명이 ○○생명으로부터 광고비 명목으로 지급받은 금원이 위 조항의 '자금지원'에 해당하는지 여부와 (ii) 동 금원지급이 금융기관보험대리점 제휴계약의 체결을 조건으로 한 것인지 여부가 문제된다.

본 건 광고계약 자체는 단체계약(신용생명보험)의 인수와 관련하여 체결된 것이고, △△생명이 광고계약에 따른 광고게재의무를 충실히 이행하였다면 ○○생명도 약정된 광고비를 지급하여야 하므로 이러한 경우 약정 광고비 지급을 자금지원이라고 하기는 어렵다.

그러나 ○○생명은 △△생명과 금융기관보험대리점 제휴계약을 체결하기 직전에 광고계약상 약정금액을 초과하여 광고비를 지급(이하 '초과 지급금')하였는데, 기존 계약에서 약정된 광고비가 통상적인 수준과 비교하여 현저히 저렴하였다거나 관련 비용이 상승하여 광고비 인상 요인이 발생하였다는 등의 사정으로 변경계약을 체결한 것이 아니라면 계약기간 중 약정금액을 초과하여 광고비를 지급하는 것은 특별한 사정이 없는 한 그 정당성이 인정되기 어려우므로 초과 지급금 상당은 광고계약의 대가가 아닌 자금지원의 성격에 해당될 여지가 있는 것으로 보인다.

본 건 광고계약 자체는 단체계약의 인수와 관련하여 체결된 것이므로 그 이후의 금융기관보험대리점 제휴계약 체결과는 직접적인 관련성은 없어 보이나 초과지급금의 경우 앞서 본 것처럼 광고게재의 대가로 보기 어렵고, 지급시점이 금융기관보험대리점 제휴계약체결 직전이며 광고비 수취의 원인이 되는 광고계약이나 단체보험의 체결과는 관련성이 없어 보이는 방카슈랑스팀이 위 금원의 수취계좌주인 점 등을 종합하면 초과지급금은 금융기관보험대리점 제휴계약의 체결과 관련하여 지급된 것으로 볼 여지가 있어 보인다.

제6절 보험중개사제도

1. 서설

(1) 보험중개사의 개념

일반적으로 보험중개사(insurance broker)는 보험회사 또는 불특정 다수의 보험계약자로부터 위임을 받아 그들 사이의 보험계약체결을 중개하는 것을 영업으로 하며 그 대가인 중개수수료를 보험회사로부터 받는 독립된 상인이라고 한다.[43]

43 김영국, "보험중개사의 법적 지위에 관한 고찰", 「한양법학」, 제18집, 2005. 12., 309면.

보험업법은 보험중개사에 관하여 별도의 정의 규정을 두고 있는데, 보험중개사란 독립적으로 보험계약의 체결을 중개하는 자(법인이 아닌 사단과 재단을 포함한다)로서 제89조에 따라 등록된 자를 말한다(보험업법 제2조 제11호). 보험중개사는 보험계약의 체결을 중개하는 자라는 면에서 보험대리점과 구별되고 보험회사 등에 소속되지 아니하고 독립적인 지위에서 보험계약을 중개하는 자라는 면에서 보험설계사와 구별된다.

보험중개사의 종류는 생명보험중개사·손해보험중개사·제3보험중개사가 있으며 각 종류별 보험중개사는 취급할 수 있는 보험의 종목이 다르다(시행령 제34조 제1항 및 제35조). 또한 보험중개사는 법적 형태에 따라 개인보험중개사와 법인보험중개사로 구분한다. 이러한 법적형태에 의한 구분은 등록기준과 영업보증금의 예탁 및 계산 서류의 제출 등에서 차이가 난다. 영국 등 주요국의 보험거래에 있어서도 보험중개사는 방대한 정보축적 및 위험평가능력을 기초로 보험자에 대한 요율제시 등 극히 중요한 역할을 담당하며 보험거래에 있어서 결정적인 매개기능을 수행하고 있다.

(2) 보험중개사제도의 도입취지 및 연혁

보험중개사제도는 16세기경부터 해상보험계약의 체결에 필요한 서비스의 제공과 관련하여 생성·발전되었다. 오늘날 세계보험시장의 중심지라고 할 수 있는 영국의 로이즈 보험시장에서는 보험계약은 주로 보험중개사를 통하여 체결되고 있다.[44] 보험중개사제도는 금융기관보험대리점제도와 함께 비교적 최근에 도입된 제도로서 기존의 보험모집조직의 비전문성과 높은 유지비용을 해결하고 보험계약자에게 보다 좋은 상품을 공급할 수 있으며 보험거래질서의 공정성을 강화하고자 하여 도입된 제도이다.

보험중개사제도는 1977년 보험업법 개정 시에 도입되었으나 정부에 의하여 인가된 보험상품이 획일적인 요율로 판매되는 상황이었으므로 종래의 보험설계사나 보험대리점 외에 새로운 형태의 모집조직인 보험중개사제도의 필요성은 긴급한 현안이 아니었다. 오히려 보험업계에서는 보험중개사에 대한 관리 감독상의 문제점 등을 이유로 그 시행을 반대하였다. 이에 따라 정부는 보험업계와 기존의 모집종사자의 반발을 고려하여 보험중개사의 허가절차에 관한 세부적인 시행령을 마련하지 아니하였고 그 결과 20여 년 동안

44 John Birds, Modern Insurance Law, 1997, p.173.

보험중개사제도는 시행되지 못하였다.[45]

그런데 보험업의 정보화의 진전과 규제완화, 기업의 국제화가 가속화되면서 우리나라의 기업들이 재보험을 중심으로 해외에서 보험중개사와 거래하는 사례가 증가하고, 매년 새롭게 개발 판매되는 각종 보험상품에 대하여 보다 자세한 정보를 얻고자 하는 보험소비자의 현실적인 욕구가 증대됨에 따라 보험중개사제도의 필요성이 크게 대두되었다. 여기에 WTO 체제의 출범 및 OECD 가입에 따른 보험시장 개방으로 손해보험중개사는 1997년 4월부터 인보험중개사의 경우 1998년 4월부터 시행하게 되었다.[46]

(3) 법적 지위

> 갑은 보험중개사에게 자신의 질병에 대해 고지를 하였다. 그런데 중개사는 이러한 내용의 고지내용을 보험회사에 알리지 아니하였다. 보험회사는 고지의무 위반을 이유로 보험계약을 해지할 수 있는가?

우리 상법 제93조에 의하면 타인 간의 상행위의 중개를 영업으로 하는 자를 중개인이라 한다. 보험중개사의 법적 지위와 관련하여 보험중개사가 상법상의 상인에 해당하는가 여부이다. 상법상 상인에는 당연상인과 의제상인이 있다. 회사는 상행위를 하지 않더라도 상인으로 본다(상법 제5조 제2항). 또 회사가 기본적 상행위를 영위하면 당연상인이 되깎이고(상법 제4조), 상행위를 영위하지 않는 경우에는 의제상인이 된다. 법인인 보험중개사는 회사로서 당연상인이 되고, 개인보험중개사의 경우도 상법 제46조 제11호의 중개에 관한 행위를 영업으로 하는 자이므로 상인에 해당한다고 보아야 한다.[47]

보험업법상의 중개사의 정의에 의할 때 보험중개사는 보험계약의 체결을 중개하는 자이다. 보험계약의 체결의 중개란 보험계약자와 보험회사 사이에서 보험계약이 성립될 수 있도록 힘쓰는 사실행위를 하는 것을 말한다. 보험중개사는 독립적인 지위에서 보험모집에 종사할 수 있는 자로서 보험계약자에게 다양한 보험상품 정보를 제공하고 최적의 조건으로 보험거래를 할 수 있도록 알선하는 자이다.

---

45 이형규, "보험중개인의 법적 지위", 「법학논총」, 한양대학교 법학연구소, 제15집, 1998. 10., 127면.

46 김영국, 앞의 논문, 307-308면.

47 보험중개사의 상사중개인성과 특수성에 대해서는 김영국, "앞의 논문, 310-311면 참조.

보험중개인은 보험계약의 체결에 힘쓰는 사실행위 하는 자이므로 보험계약을 체결할 대리권이 없고 보험계약의 당사자가 아닌 제3의 독립적인 지위에 있는 자로서 고지수령권 및 통지의무 수령권한이 없다. 다만 보험업법상의 지위와 별도로 보험중개사가 보험회사 또는 보험계약자와 보험중개사간에 별도의 약정에 따라 보험계약의 대리권한을 위임받은 경우에는 보험계약의 대리권은 인정된다. 미국 뉴욕주 보험법 제2101조는 보험중개인이라고 함은 보험계약자를 위하여 모든 종류의 보험이나 연금계약을 권유·교섭·주선하는 제 행위 또는 위험을 인수시키는 데 도움을 주거나 그 대가로 보수·수당을 수수하는 개인·영리단체(firm)·협회(association)·회사(corporation)를 말한다고 규정하고 있고 영국, 미국에서는 특별한 반대약정이 없는 한 보험중개사는 보험계약자의 대리인으로 보기 때문에 보험계약자를 위한 체약대리권을 갖는다고 본다. 그러나 우리나라, 일본, 독일의 경우에는 보험중개사는 보험계약자로부터 특별한 수권이 없는 한 계약체결의 대리권이 없고 계약체결의 중개권한만 갖는다는 점에서 보험설계사와 공통된다. 보험중개사는 보험회사와는 독립적이고 대등한 지위에서 보험회사와 보험계약자 간의 중개하는 점에서 보험회사에 전속되어 있고 비독립적으로 보험모집을 하는 보험설계사와 구별된다.

미국에서 보험중개사는 전통적으로 생명보험보다는 손해보험에서 주로 활약하였다. 왜냐하면 대부분의 생명보험회사는 자기가 제휴하고 있는 대리점으로부터만 보험을 모집하기 때문이다. 그러나 보험중개사와 보험대리점의 차이는 분명하다. 보험대리점이 안 것은 보험회사가 안 것으로 간주되나 보험중개사의 경우에는 이러한 효과가 주어지지 않는다. 그 이유는 보험중개사에게 제공된 정보는 보험회사의 책임으로 귀속시킬 수 없기 때문이다.[48]

영국 보험시장에서 보험중개사는 전업 직종의 보험전문가로서, 피보험자의 대리인으로서 보험계약의 체결이나 보험금 청구를 대리한다. 이러한 측면에서 보험계약의 중개권한만 있는 우리나라의 보험중개사제도와 차이가 있다. 또한 영국법상 보험중개인은 피보험자와 함께 고지의무를 부담하고, 보험중개사가 피보험자를 대리하여 보험계약을 체결한 경우 보험중개사가 직접 보험회사에 대하여 보험료를 지급할 의무를 부담한다.

48 Vaughan, Emmett J. & Therese Vaughan, *Fundamentals of Risk and Insurance*, 9th ed, New York: John Wiley & Sons, Inc., 2003, p.81.

뉴욕주 보험법에서는 소정의 보수나 수수료를 받고 자기 외의 보험계약자를 위하여 보험계약의 체결을 권유·교섭 또는 주선하거나 위험의 판정 또는 보험가입에 조력하는 자라 하여 보험중개사가 보험계약자를 위한 보험모집종사자임을 분명히 하고 있다.[49]

(4) 보험중개계약

보험중개사에게 보험의 중개를 의뢰하는 자는 보험중개사와 중개계약을 체결하는데 중개계약이란 상행위의 중개를 위탁하는 자가 중개인에게 중개로 인하여 계약이 성립하면 보수를 지급하기로 하고 중개인은 중개인수를 하기로 한 합의를 말한다. 이러한 중개계약에는 일방적 중개계약과 쌍방적 중개계약이 있는바, 일방적 중개계약은 중개로 인하여 성립하는 계약, 즉 본 계약의 일방으로부터 위임을 받은 경우를 말하며 쌍방적 중개계약은 본 계약의 당사자 쌍방으로부터 위임이 있는 중개계약을 말한다. 어떤 계약이 일방적 중개인지 쌍방적 중개계약인지 여부는 구체적 사정에 따라 판단하여야 한다. 또한 보험중개사는 보험회사와 보험계약자에 대한 관계에서 원칙적으로 독립적인 제3자의 지위에 있으므로 보험중개사가 보험자를 기망하고 그 기망으로 인하여 보험회사가 보험계약을 체결한 때는 보험계약자가 그 사실을 알았거나 알 수 있었을 경우에 한하여 보험자는 그 계약을 취소할 수 있다(민법 제110조 제2항). 보험업법은 보험중개사와 고객과의 중개위탁 계약에 대해 별도로 규제를 하고 있지 않다.

2. 보험중개사의 진입규제제도

(1) 의의

보험중개사가 되려는 자는 사전에 등록의무를 이행하여야 한다. 또한 일정한 경우에는 등록이 제한된다. 보험업법에서는 보험중개사의 영업보증금 예탁에 관한 사항을 규정하고 보험중개사의 구분, 등록요건 등에 관한 사항을 대통령령에 위임해놓고 있다. 보험중개사의 등록제도는 보험중개사의 체계적 관리 및 규제 등을 위하여 결격사유는 보험계

49 (c) In this article, "insurance broker" means any person, firm, association or corporation who or which for any compensation, commission orother thing of value acts or aids in any manner in soliciting, negotiating or procuring the making of any insurance or annuity contract or in placing risks or taking out insurance, on behalf of an insured other than himself or itself or on behalf of any licensed insurance broker, except that such term shall not include.

약자 보호를 위하여 부적격자의 중개사 진입을 차단하고자 한 것이다. 또한 보험중개사로 하여금 영업보증금을 예탁하게 하여 보험계약자에 대한 손해보상을 보장하기 위한 것이다.

(2) 보험중개사 등록제도의 연혁

1977년 개정법에서 등록제도와 유사한 규정을 두고 있었고, 결격사유는 보험중개사 제도 도입 당시에는 보험업법 시행령에 규정하고 있었으나 1997년 8월 법 개정 시 국민의 권리의무에 관한 사항은 법률에 규정하여야 한다는 원칙에 따라 법률로 격상되어 규정되었다. 1999년 2월 법 개정 시 규제완화 차원에서 허가제에서 등록제로 전환하였다. 2003년 개정 보험업법에서 보험중개인의 명칭이 보험중개사로 변경되는 등 일부 자구 수정이 있었다.

(3) 보험중개사의 등록의무

보험중개사가 되려는 자는 개인과 법인을 구분하여 대통령령으로 정하는 바에 따라 금융위원회에 등록하여야 한다(보험업법 제89조 제1항).

(4) 보험중개사 등록결격사유

다음의 어느 하나에 해당하는 자는 보험중개사가 되지 못한다(보험업법 제89조 제2항).

(i) 보험설계사 등록 결격자

(ii) 보험설계사 또는 보험대리점으로 등록된 자

(iii) 다른 보험회사 등의 임직원

(iv) 외국의 법령에 따라 보험설계사 등록결격자에 해당하는 것으로 취급되는 자

(v) 그 밖에 경쟁을 실질적으로 제한하는 등 불공정한 모집행위를 할 우려가 있는 자로서 대통령령으로 정하는 자

(vi) 부채가 자산을 초과하는 법인

(5) 보험중개사의 구분 및 등록요건

보험중개사는 개인보험중개사와 법인보험중개사로 구분하고 각각 생명보험중개사·손해보험중개사 및 제3보험중개사로 구분한다(시행령 제34조 제1항). 보험중개사 등록의 신청방법과 그 밖에 보험중개사의 등록에 필요한 사항은 금융위원회가 정하여 고시한다(시행령 제34조 제3항). 개인보험중개사가 되려는 사람의 등록신청 유효기간은 교육이수 또는 시험 합격 후 2년이다. 보험중개사의 구분에 따른 세부 등록요건을 보면 다음과 같다(보험업법시행령 제34조 제2항).

1) 개인보험중개사

가. 생명보험중개사

(i) 소정의 교육을 이수하고 생명보험중개사 시험에 합격한 자

(ii) 개인인 생명보험중개사로 2년 이상 종사한 경력이 있는 사람(등록신청일부터 4년 이내에 해당 업무에 종사한 사람으로 한정)으로서 소정의 교육을 이수한 사람

(iii) (i)의 요건을 충족하는 사람으로서 법인보험중개사의 소속 보험설계사로 2년 이상 종사한 경력이 있는 사람(등록신청일로부터 4년 이내에 해당 업무에 종사한 사람으로 한정)으로서 소정의 교육을 이수한 사람

나. 손해보험중개사

(i) 소정의 교육을 이수하고 손해보험중개사 시험에 합격한 사람

(ii) 개인인 손해보험중개사로 2년 이상 종사한 경력이 있는 사람(등록신청일부터 4년 이내에 해당 업무에 종사한 사람으로 한정)으로서 보험업법시행령에 따른 교육을 이수한 사람

(iii) (i)의 요건을 충족하는 사람으로서 법인보험중개사의 소속 보험설계사로 2년 이상 종사한 경력이 있는 사람(등록신청일로부터 4년 이내에 해당 업무에 종사한 사람으로 한정)으로서 소정의 교육을 이수한 사람

다. 제3보험중개사

(i) 소정의 교육을 이수하고 제3보험중개사 시험에 합격한 사람

(ii) 개인인 제3보험중개사로 2년 이상 종사한 경력이 있는 사람(등록신청일부터 4년 이내에 해당 업무에 종사한 사람으로 한정)으로서 보험업법시행령에 따른 교육을 이수한 사람

(iii) (i)의 요건을 충족하는 사람으로서 법인보험중개사의 소속 보험설계사로 2년 이상 종사한 경력이 있는 사람(등록신청일로부터 4년 이내에 해당 업무에 종사한 사람으로 한정)으로서 소정의 교육을 이수한 사람

2) 법인보험중개사

(i) 생명보험법인중개사는 임직원의 3분의 1 이상이 소정의 교육을 이수하고 생명보험중개사 시험에 합격한 개인생명보험중개사가 상근하는 법인

(ii) 손해보험법인중개사의 경우 임직원의 3분의 1 이상이 소정의 교육을 이수하고 손해보험중개사 시험에 합격한 개인손해보험중개사가 상근하는 법인

(iii) 제3보험법인보험중개사의 경우 임직원의 3분의 1 이상이 소정의 교육을 이수하고 제3보험중개사 시험에 합격한 제3보험중개사가 상근하는 법인

3. 보험중개사에 대한 주요 규제

법인보험중개사의 임원의 경우 자격 제한이 있는데, 법인보험대리점이 임원의 자격제도와 동일하다(보험업법 제89조의2). 법인보험중개사는 보험계약자 보호 등을 해칠 우려가 없는 업무로서 대통령령으로 정하는 업무 또는 보험계약의 모집 업무 이외의 업무를 하지 못한다(보험업법 제89조3 제1항). 법인보험중개사의 금지업무는 다단계판매업, 대부업 또는 대부중개업이다(시행령 제38조의2). 법인보험중개사는 경영현황 등 대통령령으로 정하는 업무상 주요사항을 대통령령이 정하는 바에 따라 공시하고 금융위원회에 알려야 한다(보험업법 제89조의3 제2항). 보험중개사는 보험회사의 임직원이 될 수 없으며, 보험계약의 체결을 중개하면서 보험회사·보험설계사·보험대리점·보험계리사 및 손해사정사의 업무를 겸할 수 없다(보험업법 제92조 제2항). 보험중개사가 보험계약 체결 중개와 관련하여 보험계약자에게 입힌 손해의 배상을 보장하기 위하여 보험중개사로 하여금 금융위원회가 지정하는 기관에 영업보증금을 예탁하게 하거나 보험 가입, 그 밖에 필요한 조치를 하게 할 수 있다(보험업법 제89조 제3항).

4. 보험중개사에 대한 보험계약자의 권리 등

보험계약자가 보험중개사에게 보험계약의 중개의 위탁을 하는 것은 일종의 위임 또는 도급계약이라고 볼 수 있다. 그러나 민법상의 위임 또는 도급의 법리가 그대로 적용되는 것은 아니고, 상법상의 중개인에 관한 규정이 그대로 적용되는 것도 아니다.

보험업법 등에서 규정하고 있는 사항은 민법이나 상법에 대해 특별법적 지위를 가지고 있는 규정사항이므로 민법이나 상법에 비하여 우선하여 적용된다. 보험계약자는 보험중개사와 체결한 중개약정에 의하여 권리·의무가 발생하고, 그에 따라 규율된다. 보험중개사는 보험계약자로부터 중개위탁을 의뢰받은 경우 고객을 위하여 성실하게 보험계약의 체결을 중개하여야 하고, 어떠한 경우에도 보험계약자 등의 이익에 상반되는 행위를 하지 않아야 한다. 만약 보험중개사가 약정상에 정해진 의무를 제대로 이행하지 아니한 경우에는 채무 불이행 또는 불법행위에 의한 손해배상책임이 발생한다. 보험계약자의 손해배상청구권의 이행을 담보하기 위하여 우선적으로 영업보증금에서 충당하도록 규정하는 제도를 마련해놓고 있다. 보험중개사의 보험계약 체결의 중개행위와 관련하여 손해를 입은 보험계약자 등은 그 보험중개사의 영업보증금의 한도에서 영업보증금예탁기관에 손해배상금의 지급을 신청할 수 있다(시행령 제38조 제1항).

영업보증금예탁기관의 장은 손해배상금의 지급신청을 받았을 때는 총리령으로 정하는 절차에 따라 해당 보험중개사의 영업보증금에서 손해배상금의 전부 또는 일부를 지급할 수 있다(시행령 제38조 제2항). 보험중개사는 영업보증금예탁기관의 장으로부터 손해배상금의 전부 또는 일부를 지급받은 보험계약자 등에 대하여 그 금액만큼 손해배상책임을 면한다(시행령 제38조 제3항).

5. 보험중개사의 의무

(1) 의의 및 연혁

보험중개사의 중개행위에 따른 보험계약자의 보호를 위하여 보험업법은 보험중개사에게 여러 가지 의무를 부과하고 있다. 보험중개인은 아래와 같이 보험업법상의 의무 외에도 민법 제681조 등에 의하여 경영건전성이 양호한 보험회사를 선택하여야 할 의무, 성실하게 정보를 획득하여 조언하여야 할 의무, 보험계약의 체결사실 여부에 대한 통지의무, 신의성실의무 등을 부담한다. 보험중개사의 의무제도는 1995년 1월 보험업법 개정으로 신설된 조문이다. 그 후 별다른 내용의 변화가 없었다. 2010년 개정 보험업법에서도 약간의 자구수정만 있었다.

(2) 장부기재의무 등

보험중개사는 보험계약의 체결을 중개할 때 그 중개와 관련된 내용을 대통령령이 정하는 방에 따라 적고 보험계약자에게 알려야 하며 그 수수료에 관한 사항을 비치하여 보험계약자자 열람할 수 있도록 하여야 한다(보험업법 제92조 제1항).

6. 보험중개수수료의 청구

(1) 보험중개사의 보수청구권

보험중개사는 상인이므로 특약이 없는 경우에도 보험계약의 중개행위로 인하여 보험계약이 성립한 경우 상당한 보수를 청구할 수 있다(상법 제61조). 보험중개사가 중개수수료를 청구하기 위해서는 보험중개사의 노력에 의하여 보험계약이 성립되어야 하고, 중개와 보험계약의 성립 사이에 인과관계가 있어야 하며 그 중개계약에서 예정된 것과 본질적으로 동일성이 있는 보험계약이어야 한다. 명시적인 규정은 없으나 보험중개사는 보험계약이 성립되지 않는 한 아무리 많은 노력을 투입하였더라도 수수료를 청구하지 못한다. 보험계약이 성립된 이상 그 보험계약의 이행 여부와 관계없이 수수료를 청구할 수 있다.[50]

다만 수수료는 보험회사에 대하여만 청구할 수 있고, 별도로 보험계약자에게 청구하지 못한다. 보험중개사가 보험계약자로부터 위임을 받아 중개행위를 한 경우 위임인의 지위에 있는 보험계약자에게 수수료를 청구하는 것이 당연하리라 여겨지지만 보험회사에 청구하도록 규정하고 있다. 그 이유는 보험계약자가 납입한 보험료에 보험계약모집비용 등이 반영되어 있고 그러한 모집행위를 보험중개사가 수행한 결과가 되므로 보험회사로 하여금 보험중개사에게 수수료를 지급하도록 한 것이다. 영국의 경우도 보험중개사가 보험회사로부터 수수료를 지급받고 있는 것이 관례이다. 그러나 우리 상법상에서는 중개

50 이형규, 앞의 논문, 134-135면.

인의 보수는 계약이 성립된 것을 전제로 당사자 쌍방이 균분하여 부담한다고 규정한다(상법 제100조). 따라서 부동산거래에서 공인중개사는 매도인과 매수인 양쪽으로부터 수수료를 지급받고 있다.

(2) 보험중개 수수료 청구의 상대방

보험중개사는 보험계약체결의 중개와 관련하여 영업보험료의 일정률로 표시되는 수수료·보수 그 밖의 대가를 보험회사에게 청구하여야 하며, 보험계약자에게 청구하여서는 아니 된다(보험업감독규정 제4-28조 제1항). 그러나 보험계약 체결의 중개와는 별도로 보험계약자 등에게 제공한 서비스의 대가로서 일정금액으로 표시되는 보수 및 그 밖의 대가를 청구하고자 하는 경우에는 사전에 보험계약자등과 합의한 서면약정서에 의한 경우에 한하여 보험계약자 등에게 직접 청구할 수 있다(보험업감독규정 제4-28조 제2항). 이 경우 제공할 서비스별 내역이 표시된 보수명세표를 당해 서비스를 제공하기 전에 보험계약자 등에게 알려야 한다(보험업감독규정 제4-28조 제3항). 이러한 보험중개사의 수수료 청구 등에 관한 규제는 사적 자치에 따라 보험중개사와 고객 간에 체결한 약정에 따라 정하여야 할 사항이나 보험업의 특수성을 고려하여 특별히 정하고 있는 것이다.

7. 보험중개사의 등록취소 등

(1) 필요적 등록취소 사유

금융위원회는 다음의 사유가 있는 때는 보험중개사의 등록을 취소하여야 한다(보험업법 제90조 제1항).

(i) 보험중개사의 결격사유 중 어느 하나에 해당하는 때 다만 보험업법 제89조 제2항 제5호의 경우 일시적으로 부채가 자산을 초과하는 법인인 경우에는 그러하지 아니하다.[51]

(ii) 등록 당시 등록결격자에 해당하는 자였음이 밝혀진 경우

(iii) 거짓이나 그 밖의 부정한 방법으로 등록을 한 경우

51 부채가 자산을 초과하는 법인이라 함은 보험중개사의 사업 개시에 따른 투자비용의 발생, 급격한 영업환경의 변화, 그 밖에 보험중개사에게 책임을 물을 수 없는 사유로 보험중개사의 재산상태에 변동이 생겨 부채가 자산을 초과하게 된 법인으로서 등록취소 대신 6개월 이내에 이를 개선하는 조건으로 금융위원회의 승인을 받은 법인을 말한다.

(iv) 법인보험중개사가 허용된 업무 범위를 초과하여 업무를 영위하는 경우

(v) 자기계약금지 규정을 위반한 때

(2) 임의적 취소 및 정지사유

금융위원회는 아래와 같은 사항에 해당되는 경우 6개월 이내의 기간을 정하여 그 업무의 정지를 명하거나 그 등록을 취소할 수 있다(보험업법 제90조 제2항).

(i) 모집에 관한 이 법의 규정을 위반한 경우

(ii) 보험계약자, 피보험자 또는 보험금을 취득할 자로서 보험업법 제102조의2(보험계약자 등의 의무)를 위반한 경우

(iii) 보험업법 제102조의3(보험관계업무 종사자의 의무)을 위반한 경우

(iv) 보험업법에 따른 명령이나 처분을 위반한 경우

(v) 금융소비자 보호에 관한 법률 제51조 제1항 제3호부터 제5호까지의 어느 하나에 해당하는 경우, 즉 업무의 정지기간 중에 업무를 한 경우, 금융위원회의 시정명령 또는 중지명령을 받고 금융위원회가 정한 기간 내에 시정하거나 중지하지 아니한 경우, 그 밖에 금융소비자의 이익을 현저히 해칠 우려가 있거나 해당 금융상품판매업 등을 영위하기 곤란하다고 인정되는 경우로서 대통령령으로 정하는 경우 등이다.

(vi) 금융소비자 보호에 관한 법률 제51조 제2항 각호 외의 부분 본문 중 대통령령으로 정하는 경우(업무의 정지를 명하는 경우로 한정한다), 즉 아래와 같은 경우를 말한다.

i) 임원의 퇴임 또는 직원의 퇴직으로 금융소비자보호법 제12조 제2항 제1호 또는 같은 조 제3항 제3호에 따른 인력 요건을 갖추지 못하게 된 경우로서 그 요건을 갖추지 못하게 된 날부터 60일 이내에 해당 인력 요건을 다시 갖춘 경우

ii) 임원이 금융소비자 보호법 제12조 제2항 제4호 또는 같은 조 제3항 제2호에 따른 요건을 갖추지 못하게 된 경우로서 그 요건을 갖추지 못하게 된 날부터 6개월 이내에 해당 임원을 개임(改任)한 경우

iii) 금융상품판매업자등이 본인의 귀책사유 없이 금융소비자보호법 제12조 제2항 제1호(인력 요건은 제외한다) 또는 같은 항 제2호에 따른 요건을 갖추지 못하게 된 경우로서 그 요건을 갖추지 못하게 된 날부터 6개월 이내의 범위에서 금융위원회가 정하여 고시하는 기간 이내에 해당 요건을 다시 갖춘 경우

(vii) 해당 보험중개사 소속 보험설계사가 (i), (iv)부터 (vi)까지에 해당하는 경우

(3) 등록취소 절차

1) 청문 실시

금융위원회는 등록을 취소하거나 업무의 정지를 명하고자 하는 때는 보험중개사에게 청문을 실시하여야 한다(보험업법 제90조 제2항).

2) 이유기재 통지의무

금융위원회는 보험중개사의 등록을 취소하거나 업무의 정지를 명한 때는 지체 없이 이유를 기재한 문서로 그 뜻을 보험중개사 및 보험회사에 통지하여야 한다(보험업법 제88조 제2항).

☞ 보험중개사 제재 사례 연구

1. 재보험료·재보험금 유용

(1) 제재 대상 사실

(주)□□보험중개서비스는 2010년 4월 16일 현재, 전용계좌에 입금된 재보험료 및 재보험금 중에서 총 16억 13백만 원을 인출하여 카드대금(424백만 원), 급여(354백만 원) 등 회사 운영경비로 유용한 사실이 발견되었다.

(2) 조치내용

이는 「보험업법」 제84조 제2항 제7호 및 「보험업감독규정」 제4-29조 제3항을 위반한 것으로서, 동법 제86조 제2항, 제90조 제2항, 제134조 제1항, 제136조 제1항에서 정하고 있는 제재 대상에 해당되므로 기관에 대해 손해보험의 재보험 신계약중개 업무정지 및 과태료부과를 조치하고, 행위자에 대하여 업무집행정지 조치하였다.

2. 허위 재보험요율 제시 등 부당한 보험중개

(1) 제재 대상 사실

(주)△△보험중개서비스는 2008년 1월~2010년 3월 기간 중 동부화재가 인수한 보험계약자 하이마트의 재물보험 등 국내 9개 손해보험회사로부터 33건의 계약에 대해 재보험 출재의뢰를 받고 출재결과통지서(cover note)에 재보험자와 협의된 출재보험료보다 12억 62백만 원을 과다하게 기재하여 출재보험사에 제시한 사실이 있었다.

(2) 제재조치 내용

이는 「보험업법」 제97조 제1항 제1호를 위반한 것으로서, 동법 제86조 제2항, 제90조 제2항, 제134조 제1항, 제136조 제1항, 제209조 제3항에서 정하고 있는 제재 대상에 해당되므로 기관에

대하여 업무정지, 행위자에 대하여 업무집행정지조치를 하였다.

3. 무자격 업무보조자에 의한 보험중개업무 취급
(1) 제재 대상 사실
○○보험중개인(주)는 2008년 12월 31일~2009년 11월 26일 기간 중 무자격 업무보조자 5명에게 총 24건(보험료 762백만 원)의 보험중개업무를 취급하게 하고 그 대가로 91백만 원을 동 무자격 업무보조자에게 지급하였다.
(2) 제재조치 내용
이는 「보험업법」 제99조 제2항을 위반한 것으로서, 동법 제83조 제1항 제86조 제2항, 제90조 제2항, 제134조 제1항, 제136조 제1항, 제209조 제3항에서 정하고 있는 제재 대상에 해당되므로 기관에 대하여 원보험 신계약중개 업무정지 및 과태료부과를 부과하고 행위자에 대하여 업무집행정지조치를 하였다.

4. 보험중개법인의 준수사항 위반
(1) 제재 대상 사실
(주)◇◇보험중개는 보험계약자 '대신1호 유한회사'의 특종보험에 대한 재보험 중개업무를 수행함에 있어, 재보험 출재업무에 기여한 바가 확인되지 않은 ◎◎보험중개(주)에게 Co-Broking 수수료 1억 2,600만 원을 송금하는 등 보험중개업무를 소홀히 함으로써 결과적으로 재보험계약의 당사자(○○손보, ◇◇재보험사) 및 원보험계약자에게 동 수수료 금액만큼 손실이 발생하도록 하였다.
(2) 제재조치 내용
이는 「보험업법시행규칙」 제26조 제1호, 「보험업감독규정」 제4-22조 제4항을 위반한 것으로서, 보험업법 제86조 제2항, 제90조 제2항, 제134조 제1항, 제136조 제1항에서 정하고 있는 제재 대상에 해당되므로 기관에 대하여 기관경고 및 과태료를 부과하고 행위자에 대해 견책 조치하였다.

제7절 보험모집종사의 신고의무 규제

1. 서설

보험업법은 일정한 경우 보험설계사 등에게 신고의무를 부과하고, 구체적인 신고사항을 열거하고 있다. 이와 같이 보험설계사 등에게 대하여 신고의무를 부과하고 있는 이유는 보험모집종사자의 체계적인 관리와 감독의 효율성을 기하기 위해서이다. 신고의무제도는 1977년 개정 보험업법에서 도입된 제도이고, 2003년에는 보험설계사의 교차모집제도가 시행됨에 따라 교차모집에 관한 내용이 신고의무 내용으로 추가되었다. 또한 2010년 개정 보험업법은 약간의 자구수정과 함께 보험대리점 등의 사용인 제도가 폐지됨에 따라 동 내용을 삭제하였다.

2. 신고의무의 주체

신고의무의 주체는 보험설계사·보험대리점 또는 보험중개사이다. 개인의 경우에는 본인이 사망한 경우에는 상속인이 신고의무의 주체가 되며 법인이 해산경우에는 그 청산인·업무집행임원이었던 자 또는 파산관재인이 신고의무의 주체가 된다. 또한 법인이 아닌 사단 또는 재단의 경우에는 그 단체가 소멸한 경우에는 관리이었던 자가 신고의무를 부담한다. 이와 더불어 보험회사는 모집을 위탁한 보험설계사 또는 보험대리점에게 신고사항이 발생한 사실을 알게 되었을 경우 보험중개사 및 보험대리점은 소속 보험설계사에게 신고사유가 발생한 사실을 알게 된 경우에는 보충적으로 신고의무의 주체가 될 수 있다.

3. 신고사유

보험설계사·보험대리점 또는 보험중개사는 아래의 사실이 발생한 경우에는 지체 없이 그 사실을 금융위원회에 신고하여야 한다.

(i) 등록을 신청할 때 제출한 서류에 적힌 사항이 변경된 경우

(ii) 보험설계사 등록결격 사유의 하나에 해당하게 된 경우

(iii) 모집업무를 폐지한 경우

(iv) 개인의 경우에는 본인이 사망한 경우

(v) 법인의 경우에는 그 법인이 해산한 경우

(vi) 법인이 아닌 사단 또는 재단의 경우에는 그 단체가 소멸한 경우

(vii) 보험대리점 또는 보험중개사가 소속 보험설계사와 보험모집에 관한 위탁을 해지한 경우

(viii) 보험설계사가 다른 보험회사를 위하여 모집을 한 경우나 보험대리점 또는 보험중개사가 생명보험계약의 모집과 손해보험계약의 모집을 겸하게 된 경우

4. 등록수수료의 납부

보험설계사·보험대리점 또는 보험중개사가 되려는 자가 등록을 신청하는 경우에는 총리령으로 정하는 바에 따라 수수료를 내야 한다(보험업법 제94조).

제8절 보험안내자료제도

1. 서설

(1) 보험안내자료의 의의

보험안내자료는 보험회사 또는 모집에 종사하는 자가 보험영업을 극대화하기 위하여 사용하는 각종의 모집 관련 안내자료이다. 이러한 안내자료는 복잡한 보험상품을 간략하게 정리하여 보험모집종사자가 보험상품을 효과적으로 설명하고, 이해의 용이성을 제고하기 위하여 사용하는 자료로서 여기에는 소속 보험회사의 상호나 명칭 또는 보험설계사나 보험대리점 또는 보험중개사의 성명·상호나 명칭, 보험가입에 따른 권리·의무에 관한 주요사항 등이 기재된다.

보험계약의 내용이 되는 보험약관은 그 내용이 방대할 뿐만 아니라 어려운 법률용어나 의학용어 등 전문용어 등이 다수 포함되어 있어 보험에 가입하고자 하는 자로서는 이를 쉽게 이해할 수 없다. 이러한 이유로 보험모집에 종사하는 자는 보험소비자에게 판매하고자 하는 보험상품이 어떠한 상품인지를 효과적으로 설명하기 위하여 보험약관의 내용을 그대로 사용하기보다는 그림이나 도표 등을 활용하여 간편하게 요약된 보험안내자료를 제작하여 사용하는 것이 통상적이다.

문제는 이러한 보험안내자료가 보험약관의 내용을 제대로 반영하지 아니하거나 허위나 기만적인 내용을 포함하고 있을 경우 그 피해는 보험소비자에 고스란히 돌아가 불측의 손해를 야기하게 된다. 이에 따라 보험업법은 보험안내자료의 적정한 관리 등을 통하여 보험소비자의 알권리를 실질적으로 보장하고자 보험안내자료의 기재사항, 작성 주체, 기재금지사항 등을 규정하고 있다.

(2) 보험안내자료의 연혁

보험안내자료는 1962년에 제정된 보험모집단속법에서 처음으로 규정되었고, 제정 당시에는 모집단속법 제16조와 제17조에서 두 개의 조문을 두고 있었으나,[52] 1977년 보험업법으로 일원화되면서 하나의 조문으로 통합되었고, 이후 1995년 개정 보험업법에서 조문의 제목을 모집문서도화에서 보험안내자료로 수정되었다.

(3) 구별 개념

보험안내자료는 보험가입을 유도할 목적으로 보험회사나 모집에 종사하는 자가 제작하여 사용하는 보험계약체결을 위한 자료를 말한다. 이러한 점에서 보험가입을 증명하기 위하여 보험계약이 체결된 후에 발행하는 보험증권과 구별되고 또한 보험안내자료는 보험회사 및 보험모집종사자가 작성하는 자료라는 점에서 보험가입 시에 보험계약자가 보험계약에 관한 기본정보와 고지사항을 기재하는 보험계약청약서와 구별된다. 또한 보험안내자료는 보험계약의 가입을 유도할 목적하에 작성되고 보험소비자에게 제공되는 자료라는 점에서 보험회사가 모집에 종사하는 자에 대하여 사용하는 교육 자료와 구별된다.

2. 보험안내자료의 법적 성질

보험안내자료는 보험약관 등의 일부견해에 의하면 약관의 규제에 관한 법률 제조 제1항의 약관의 정의 규정에 관한 규정을 들어 보험안내자료는 회사가 다수의 상대방과 계약을 체결하기 위하여 미리 마련한 계약의 내용을 포함하고 있기 때문에 그 자체가 약관이라고 보고 있다.[53] 그러나 보험안내자료와 보험약관은 우선 용어상 구별되는 것이

52 **제16조(모집문서도화)** 손해보험회사의 임원, 사용인 또는 생명보험모집인이나 손해보험대리점(제10조 제1항의 규정에 의하여 신고한 손해보험대리점의 임원과 사용인을 포함한다. 이하 본 조와 제21조에 있어서 같다)이 사용하는 모집문서도화에는 이런 자의 소속보험회사의 상호나 명칭 또는 생명보험모집인이나 손해보험대리점의 성명, 상호나 **제17조(모집문서도화의 기재금지사항)** ① 모집문서도화에 보험회사의 자산과 부채에 관한 사항을 기재하는 경우에는 보험업법 제73조 제1항의 규정에 의하여 재무부장관에게 제출한 서류에 기재한 사항과 다른 내용의 것을 기재하여서는 아니 된다. ② 모집문서도화에는 보험회사의 장래의 이익의 배당 또는 잉여금의 분배에 대한 예상에 관한 사항을 기재하여서는 아니 된다. ③ 전2항의 규정은 방송, 영화, 연설 기타의 방법으로 모집하기 위하여 보험회사의 자산 및 부채에 관한 사항과 장래의 이익의 배당 또는 잉여금의 분배에 대한 예상에 관한 사항을 불특정인에게 알리는 경우에 준용한다.

53 유관우·이현열, 『인보험약관해석』, 엘림 G&P, 2006, 517면.

고 보험안내자료의 작성 주체는 보험회사뿐만 아니라 보험모집에 종사하는 자도 포함되므로 이를 계약의 일방당사자가 작성하는 계약내용이라고 보기 곤란하다는 점, 생명보험표준약관 제37조 등에서는 보험안내자료가 보험약관과 다르다는 전제하에서 보험계약자의 보호 때문에 계약의 내용으로 고양시키고자 하는 제도를 별도로 마련하고 있는 점 등을 고려해볼 때 보험안내자료가 곧바로 보험약관이라고 보는 것은 무리가 있다고 생각한다. 다만 보험안내자료가 보험약관의 내용을 요약하고 있는 자료라는 점에서 그러한 내용의 보험안내자료가 보험계약의 자료로 사용되었다면 그 본질에 있어 보험약관과 동일시할 수 있고 때로는 보험약관의 내용을 수정하기도 한다.

3. 보험약관과 다른 보험안내자료의 효력

생명보험표준약관 제37조에 의하면 "보험설계사 등이 모집과정에서 사용한 회사 제작의 보험안내자료 내용이 이 약관의 내용과 다른 경우에는 계약자에게 유리한 내용으로 계약이 성립된 것으로 봅니다"라고 규정하고 있다.[54] 따라서 회사가 제작하여 모집종사자가 사용하는 보험안내자료가 보험약관의 내용보다 유리할 경우에는 보험계약자에게 보다 유리하게 작성된 보험안내자료가 보험계약의 내용으로 의제된다. 이렇게 함으로써 보험회사 및 모집에 종사하는 자에 의한 보험안내자료의 오용으로 인한 보험계약자의 피해를 방지할 수 있다. 따라서 보험안내자료가 보험약관의 내용보다 불리한 경우에는 당연히 보험약관이 적용되고, 보험안내자료가 그 계약의 내용을 구성하는 것은 아니다.

한편 보험약관과 다른 보험안내자료의 효력에 대하여 보험회사가 제작한 안내자료에 대해서만 적용하도록 규정하고 있으나 모집종사자가 제작한 보험안내자료에 대해서는 아무런 언급이 없다. 모집종사자가 제작하여 사용하는 보험안내자료의 경우 보험회사의 관리하에 제작·사용되는 보험안내자료는 보험회사가 제작한 보험안내자료와 동일하게 적용하여야 할 것이다. 다만 모집종사자가 임의적으로 제작하여 사용하는 보험안내자료가 보험약관의 내용과 다르게 되어 있는 경우에는 어떻게 처리하여야 하는지 문제된다. 모집종사자가 임의적으로 제작·사용하는 보험안내자료는 보험회사 또는 보험회사의

54 ㉑ 보험안내장 등의 효력: 보험회사(점포, 보험설계사 및 보험대리점을 포함합니다)가 보험모집과정에서 제작·사용한 보험안내장(서류, 사진, 도화 등 모든 안내자료를 포함합니다)의 내용이 보험약관의 내용과 다른 경우에는 보험계약자에게 유리한 내용으로 보험계약이 성립된 것으로 봅니다.

통제하에 사용되고 있는 보험안내자료와 동일하게 볼 수는 없을 것이다. 그러나 보험회사 또는 해당 모집종사자는 잘못 제작된 보험안내자료의 사용으로 보험계약자 등에게 손해를 초래한 경우 손해배상책임을 부담하게 될 수 있다.

4. 보험안내자료 기재 사항

(1) 필수기재사항(보험업법 제95조 제1항)

(i) 보험회사의 상호나 명칭 또는 보험설계사·보험대리점 또는 보험중개사의 이름·상호나 명칭

(ii) 보험 가입에 따른 권리·의무에 관한 주요 사항

(iii) 보험약관으로 정하는 보장에 관한 사항

(iv) 보험금 지급제한 조건에 관한 사항

(v) 해약환급금에 관한 사항

(vi) 예금자보호와 관련된 사항

(vii) 그 밖에 보험계약자를 보호하기 위하여 대통령령으로 정하는 사항

(2) 기재 금지 사항

(i) 보험안내자료에 보험회사의 자산과 부채에 관한 사항을 적는 경우에는 금융위원회에 제출한 서류에 적힌 사항과 다른 내용(보험업법 제95조 제2항)

(ii) 보험회사의 장래의 이익배당 또는 잉여금 분배에 대한 예상 내용, 다만 보험계약자의 이해를 돕기 위하여 연금보험의 경우 직전 5개연도 실적을 근거로 장래의 계약자 배당을 예시할 수 있다(보험업법 제95조 제3항).

(iii) 방송·인터넷 홈페이지 등 그 밖의 방법으로 모집을 위하여 보험회사의 자산 및 부채에 관한 사항과 장래의 이익 배당 또는 잉여금 분배에 대한 예상에 관한 사항을 불특정다수인에게 알리는 경우에도 위의 기재금지 사항에 관한 규제가 적용된다(보험업법 제95조 제4항).

5. 위반 시 효과

보험회사가 보험업법 제95조를 위반한 경우에는 5천만 원 이하의 과태료를 부과한다(제209조 제1항 제2호). 그리고 보험회사의 발기인, 설립위원, 이사 감사 등이 보험업법 제95조를 위반한 경우에는 2천만 원 이하의 과태료를 부과하고(제209조 제2항 제17호), 제95조를 위반한 자에게는 1천만 원 이하의 과태료를 부과한다(제209조 제3항 제5호).

제9절 설명의무제도

1. 의의

설명의무란 금융판매업자 등이 일반금융소비자에게 계약체결을 권유하는 경우 및 일반금융소비자가 설명을 요청하는 경우에 금융상품에 관한 중요한 사항을 일반금융소비자가 이해할 수 있도록 설명하여야 하는 의무를 말한다.

보험상품은 물질적 산출물이 아니고 법적·수리적·공학적 기술이 결합하여 낳은 관념적 산출물이기 때문에 일반상품의 거래와 다른 여러 가지 특성을 나타낸다. 무엇보다 법적 산출물 내지 제조물(rechtsprudukt)이기 때문에 거래를 함에 있어 구매자에게 판매자의 설명이 매우 중요한 의미를 가지고 있을 수밖에 없다.

보험거래에서 다른 거래와 다른 특성으로 보험계약자에게 고지의무가 부여되듯이 보험자 내지 보험회사에게는 설명의무가 강력하게 요구된다.

특히 보험시장은 대표적으로 정보의 비대칭이 존재하는 시장 유형의 하나이다. 그러므로 시장의 실패를 막기 위해서 보험계약의 선의성을 선언하고 정보의 비대칭을 해소할 수 있는 여러 가지 제도적 장치를 강구하고 있다. 그중의 하나가 보험약관 명시·설명의무제도이다.

이러한 설명의무제도는 신의성실의 원칙 내지 고객보호의무에 기초한다. 설명의무는 보험자 측이 가지고 있는 정보를 보험계약자 측에 잘 흐르게 함으로써 정보의 비대칭으로부터 초래될 수 있는 소비자의 상품선택권의 자유를 보호하기 위한 것으로도 풀이할 수 있다. 보험자 측의 적정한 설명의무의 이행을 기초로 하여 보험계약자는 보험상품의 내용을 파악하고 그 가격의 적정성 평가 등을 통해 계약체결 여부를 합리적으로 판단할 수 있게 된다. 한편 보험거래에서 보험계약자 측에 편중되어 있는 각종의 위험상황에 대한 보험계약자의 정보는 고지의무제도를 통하여 보험자 측에 전달될 수 있도록 하여 보험자의 보험계약의 위험선택 여부 및 조건 등을 정할 수 있도록 규정하고 있다.

2. 보험업법의 설명의무제도 도입과 금융소비자보호법으로 이관

보험계약에 존재하는 정보의 비대칭을 해소하여 보험계약자를 보호할 필요가 있다. 이러한 관점에서는 보험업법은 보험회사 등이 일반보험계약자에게 설명하여야 할 중요사항에 대하여 규정하고 있고, 보험계약의 주요과정에 대한 설명의무, 보험금 지급절차 등에 대한 설명의무를 규정하고 있었다(보험업법 제95조의2). 이러한 보험회사의 설명의무제도는 보험계약에 관한 보장내용, 보험료, 보험금 등의 주요사항에 대한 설명의무가 공법적으로 법제화 되어 있지 않아 설명의무 불이행 또는 부실이행에 따른 소비자 피해발생에 대하여 적절히 대처하지 못한 점을 고려하여 보험소비자에 대한 알권리를 실질적으로 보장하기 위하여 종래 보험업감독규정에서 규정하고 있었던 보험판매 권유 시 상품내용 및 보험금 지급사유 등 주요사항에 대한 설명의무를 보험업법으로 상향 규정한 것이다.

이러한 보험업법상의 설명의무제도는 2010년 개정 보험업법에서 신설된 것으로 보험계약법상의 설명의무조항과 별도로 보험계약자의 이익보호를 위하여 보험모집종사자가 설명하여야 할 사항과 그 방법 등을 구체적으로 규정하고 있었다. 그런데 최근 각국의 금융소비자 중심의 정책 변화에 발맞추어 보험업법상의 모집 관련 행위규제의 내용이 금융소비자보호법으로 통합 운용되게 종래 설명의무에 관한 규제는 금융소비자보호에 관한 법률이 제정(2020. 3. 24.)됨으로써 보험상품을 비롯한 모든 금융상품에 관한 설명의무 규제를 통합하여 규제하게 되었고 동법은 2021년 3월 25일부터 시행되었다.

여기서는 설명의무 규제 내용 중 일부 보험업법에 잔존하고 있는 규제 내용을 중심으로 설명하기로 한다.

3. 설명의무의 주체

보험계약법상 교부·설명의무의 주체는 보험자라고 규정하고 있다. 그러나 보험자는 구체적인 설명의무를 이행할 능력이 없으므로 보험자의 설명의무는 보험을 모집할 수 있는 임직원이나 모집업무를 위탁받은 보험모집종사자가 행한다.[55] 보험업법상 설명의무의 주체는 그 내용에 따라 다르게 규정되어 있다. (i) 보험계약의 중요사항에 대한 설명의무는 보험회사 또는 모집종사자이고, (ii) 보험계약의 체결과 보험금 지급과정에 대한 설명의무의 주체는 보험회사이다. 이와 같이 설명의무의 주체를 달리한 이유는 설명내용에 대한 업무 주체를 고려하여 규정한 것이다. 그러나 비록 보험회사가 설명의무의 주체인 경우에도 설명의무의 이행은 자연인이 할 수밖에 없으므로 보험회사가 소속 보험설계사 또는 임직원, 기타 모집종사자 등을 통하여 이행하는 것이 일반적이다. 이러한 경우 모집종사자는 보험회사의 이행보조자 내지 기관으로서 행위하는 것이 되어 그 효과는 보험회사에 귀속한다.

약관규제법은 설명의무의 주체를 사업자라고 규정하고 있다(약관규제법 제3조 제3항). 여기서 사업자라 함은 계약의 한쪽 당사자로서 상대 당사자에게 약관을 계약의 내용으로 할 것을 제안하는 자를 말한다(약관규제법 제2조 제2호).

4. 설명의무이행의 상대방

(1) 일반보험계약자와 전문보험계약자의 구분

보험업법은 보험계약자를 일반보험계약자와 전문보험계약자로 구분하고 설명의무 이행 등에서 보호의 강도를 달리하고 있다. 여기서 '일반보험계약자'란 전문보험계약자가 아닌 보험계약자를 말하고(보험업법 제2조 제20호), '전문보험계약자'란 보험계약에 관한 전문성, 자산규모 등에 비추어 보험계약의 내용을 이해하고 이행할 능력이 있는 자로서 (i) 국가, (ii) 한국은행, (iii) 대통령령으로 정하는 금융기관, (iv) 주권상장법인, (v) 그 밖에 대통령령으로 정하는 자를 말한다. 다만 전문보험계약자 중 대통령령으로 정하는 자가 일반보험계약자와 같은 대우를 받겠다는 의사를 보험회사에 서면으로 통지하는 경우 보험회사는 정당한 사유가 없으면 이에 동의하여야 하며, 보험회사가 동의한 경우에는 해당 보험계약자는 일반보험계약자로 본다(보험업법 제2조 제19호). 자본시장법의 경우도 일반투자자와 전문투자자로 구분하여 그 보호의 범위를 달리하고 있다.[56]

55 양승규, 『보험법』(제5판), 삼지원, 2004, 113면.
56 일반투자자와 전문투자자의 구분 등에 관하여 임재연, 『자본시장법』(2012년판), 박영사, 2012, 169-172면 참조.

미국의 보험관계법령에서는 일반보험계약자와 전문보험계약자로 고객을 분류하는 특별한 규정은 없다. 다만 증권거래와 관련하여 전문투자가에 해당하는 적격계약참가자(accredited investor)제도를 도입하고 있다(미국 증권법 §4(5)(6)). 증권법은 증권의 사모 등과 관련하여 적격투자자에 대해서는 발행공시 규제를 적용하지 않으며 증권거래규칙에 따라 적격투자자를 구체적으로 열거하고 있다(SEC Rule 501(a), SEC Rule 215).[57]

(2) 전문보험계약자의 일반보험계약자로의 전환

전문보험계약자 중 지방자치단체, 주권상장법인, 외국금융기관, 법률에 따라 설립된 기금 및 그 기금을 관리·운용하는 법인, 해외 증권시장에 상장된 주권을 발행한 국내법인, 그 밖에 보험계약에 관한 전문성, 자산규모 등에 비추어 보험계약의 내용을 이해하고 이행할 능력이 있는 자로서 금융위원회가 정하여 고시하는 자의 경우 일반보험계약자와 같은 대우를 받겠다는 의사를 보험회사에 서면으로 통지하는 경우 보험회사는 정당한 사유가 없으면 이에 동의하여야 하며, 보험회사가 동의한 경우에는 해당 보험계약자는 일반보험계약자로 본다(보험업법 제2조 제19호 단서).

(3) 보험업법상 설명의무의 상대방

보험계약법에 의한 명시·설명의무의 상대방은 보험계약자이다. 대법원도 보험약관의 설명의무의 상대방은 반드시 보험계약자 본인에 국한되는 것이 아니라, 보험자가 보험계약자의 대리인과 보험계약을 체결할 경우에는 그 대리인에게 보험약관을 설명함으로써 족하다고 보고 있다.[58] 보험계약자와 피보험자가 다른 경우 피보험자에게 별도로 설명하지 않더라도 동 규정을 위반한 것은 아니다. 이와 동일한 취지로 하급심은 양돈축협이 개별 농가를 피보험자로 하여 보험계약을 체결한 경우 양돈축협 직원에게 약관의 중요한 내용을 설명하였다면 보험자로서는 그 설명의무를 다하였다고 판시하고 있다.[59] 보험업법상 설명의무의 상대방은 일반보험계약자에 국한하고 전문보험계약자는 설명의무의 상대방이 아니다. 또한 보험회사는 보험계약의 체결 시부터 보험금 지급 시까지

57 임재연, 『미국증권법』, 박영사, 2009, 218면 참조.
58 대법원 2001. 7. 27. 선고 2001다23973 판결.
59 서울고법 2001. 9. 22. 선고 2001나42556 판결.

의 주요 과정을 대통령령으로 정하는 바에 따라 일반보험계약자에게 설명하여야 한다. 보험계약의 중요사항에 대한 설명의무는 절대적 의무이나 보험계약의 체결에서 지급에 이르기까지 주요과정에 대한 설명의무는 일반보험계약자가 설명을 거부하지 아니한 경우에 한하여 설명하여야 하는 상대적 의무조항이다.

5. 설명내용

(1) 보험계약의 주요과정

보험회사는 다음과 같이 단계별로 중요 사항을 일반보험계약자에게 설명하여야 한다. 설명방법에 대해서는 아무런 제한이 없으나 보험계약 체결 단계(보험계약 승낙 거절 시 거절사유로 한정한다), 보험금 청구 단계 또는 보험금 심사·지급 단계의 경우 일반보험계약자가 계약 체결 전에 또는 보험금 청구권 자가 보험금 청구 단계에서 동의한 경우에 한정하여 서면, 문자메시지, 전자우편 또는 모사전송 등으로 중요 사항을 통보하는 것으로 이를 대신할 수 있다(시행령 제42조의2 제3항).

(2) 보험계약 체결 단계

(i) 보험의 모집에 종사하는 자의 성명, 연락처 및 소속

(ii) 보험의 모집에 종사하는 자가 보험회사를 위하여 보험계약의 체결을 대리할 수 있는지 여부

(iii) 보험의 모집에 종사하는 자가 보험료나 고지의무사항을 보험회사를 대신하여 수령할 수 있는지 여부

(iv) 보험계약의 승낙 절차

(v) 보험계약 승낙 거절 시 거절 사유

(vi) 3개월 이내에 해당 보험계약을 취소할 수 있다는 사실 및 그 취소 절차·방법

(vii) 그 밖에 일반보험계약자가 보험계약 체결 단계에서 설명받아야 하는 사항으로서 금융위원회가 정하여 고시하는 사항

(3) 보험금 청구 단계

(i) 담당 부서, 연락처 및 보험금 청구에 필요한 서류

(ii) 보험금 심사 절차, 예상 심사기간 및 예상 지급일

(iii) 일반보험계약자가 보험사고 조사 및 손해사정에 관하여 설명 받아야 하는 사항으로서 금융위원회가 정하여 고시하는 사항

(iv) 그 밖에 일반보험계약자가 보험금 청구 단계에서 설명받아야 하는 사항으로서 금융위원회가 정하여 고시하는 사항

(4) 보험금 심사·지급 단계

(i) 보험금 지급일 등 지급 절차

(ii) 보험금 지급 내역

(iii) 보험금 심사 지연 시 지연 사유 및 예상 지급일

(iv) 보험금을 감액하여 지급하거나 지급하지 아니하는 경우에는 그 사유

(v) 그 밖에 일반보험계약자가 보험금 심사·지급 단계에서 설명받아야 하는 사항으로서 금융위원회가 정하여 고시하는 사항

6. 설명시기

보험계약에 관한 중요내용 설명의무의 제공시기와 관련하여 우리 상법은 보험계약을 체결할 때 설명하여야 한다고 규정하고 있다.

상법상의 설명의무의 시기로 규정된 보험계약을 체결할 때가 어느 때인지 불분명하나 보험계약체결은 보험계약의 성립, 즉 보험계약자의 청약과 보험자의 승낙의 의사가 합치하는 때로 해석된다. 그러므로 설명의무 이행 시기는 보험계약이 성립하기 전까지 의미하는 것으로 해석이 가능하다. 그러나 보험계약자는 약관의 내용을 보험자로부터 설명을 받은 후 약관의 구체적인 내용을 인지하고 청약을 하는 것이 바람직하므로 그 시기를 청약 시까지로 한정하는 것이 타당하다.[60]

60 김은경, "상법상 보험약관 교부 및 설명의무와 독일 보험계약법 개정안의 소비자정보제공 등의 의무에 관한 고찰", 「외법논집」, 제25집, 2007. 2., 213면.

보험업법상 보험계약의 체결과 관련한 설명의무는 보험계약의 체결을 권유하는 때 그리고 보험금 지급과 관련해서는 일반보험계약자가 보험금 지급을 요청하는 때 설명하도록 그 시기를 규정하고 있다. 또한 보험계약의 주요 과정에 대한 설명은 보험계약체결단계, 보험금 청구단계, 보험금 심사·지급단계에서 일정한 사항을 설명하여야 한다. 그런데 보험업법상의 설명의무 이행시기와 관련하여 보험업법은 보험계약의 청약을 권유하는 때라고 그 시기를 특정하고 있는데, 청약의 권유 여부와 관련하여 그 유무를 판단하기 곤란하고 보험계약자가 스스로 보험가입을 원하는 경우에도 설명의무이행을 생략하여야 할 타당한 이유가 없기 때문에 청약을 권유하는 때 설명하도록 하는 것은 문제가 있다.

보험회사가 보험계약의 중요사항에 대해 설명의무를 이행한 경우 설명한 내용을 일반보험계약자가 이해하였음을 서명, 기명날인, 녹취, 그 밖에 대통령령으로 정하는 방법으로 확인을 받아야 한다.

약관규제법은 중요사항의 설명시기와 관련하여 특별히 규정하고 있지 않다. 그러나 약관규제법상의 중요사항도 계약을 체결할 때 고객에게 설명하는 것이 요구된다고 본다(약관규제법 제3조 제3항).

7. 설명의무 위반의 효과

(1) 보험계약의 취소 및 계약내용 부적용 주장

보험계약법은 보험약관의 교부·설명의무를 위반한 경우 보험계약자에게 보험계약이 성립한 날로부터 3개월 이내에 계약을 취소할 수 있는 권리를 부여하고 있다(상법 제638조의3). 여기서 규정하고 있는 계약의 취소기간은 권리의 행사기간을 정하고 있는 제척기간이며 권리 행사 여부는 보험계약자의 자유에 따라 결정된다. 한편 약관규제법에 의하면 사업자가 보험약관에 정하여진 내용을 설명하지 아니하고 계약을 체결한 때는 해당약관을 계약의 내용으로 주장할 수 없다고 규정하고 있다(약관규제법 제3조 제4항). 이와 같이 상법과 약관규제법은 설명의무 위반의 효과에 대하여 서로 다른 효과를 부여하고 있는바, 상법 제638조의3의 설명의무 규정과 약관규제법 제3조의 설명의무 규정 간의 관계에 대해 해석론상 논란이 있다.

보험계약법상의 설명의무 규정과 약관규제법상의 설명의무 규정간의 관계, 즉 상호

병존적 규정으로서 양 규정이 모두 적용되는 관계인지 아니면 상호 배척되는 규정으로서 어느 하나의 규정이 특별법으로 우선 적용되고 다른 법의 규정은 적용이 배제되는 관계인지 여부가 문제된다.

(2) 학설의 대립

1) 중첩적용설

이 설은 보험계약법과 약관규제법이 모두 중첩적으로 적용되므로 보험계약자는 상법의 규정에 의해 취소기간 내에 계약을 취소할 수도 있고 또한 취소기간 내에 취소하지 못한 경우에는 약관규제법의 규정에 의해 설명의무에 위반한 당해 약관조항의 부적용을 주장할 수 있다고 한다.[61] 이 설의 논거는 다음과 같다. (i) 설명의무에 위반한 약관조항의 부적용을 결과하는 약관규제법 제3조를 적용하는 것이 보험계약자에게 유리하다. (ii) 상법 제638조의3에 의한 취소권은 보험계약자에게 주어진 권리일 뿐 의무가 아니므로 이를 행사하지 않고 약관규제법 제3조의 적용을 주장할 수 있다.

2) 상법적용설

이 설은 상법 제638조의3은 약관규제법 제3조에 대한 특별법이므로 상법 제638조의3만이 적용되고 보험계약자가 취소기간 내에 계약을 취소하지 않는 이상 설명의무를 위반한 당해 약관조항은 그대로 적용된다고 한다. 즉, 보험계약자에게 그 계약 성립일로부터 3개월 이내에 계약취소권을 부여한 것은 약관규제법 제3조 제3항이 규정하는 효과와는 달리 규정하고 있다는 점에서 그 뜻이 있으며 보험계약자가 보험사고 발생 전에 그리고 일정 기간 내에 보험계약을 취소하지 않으면 설명되지 아니한 보험약관 조항이라고 하더라도 그대로 보험계약에 편입될 수 있다고 한다.[62] 또한 설명되지 아니한 보험약관이 그대로 보험계약에 편입될 수 있다는 것은 약관의 3단계의 내용통제(편입·해석·불공정성통제) 중에서 첫 단계의 편입통제에 속하는 '약관의 명시·설명의무에 관한 통

61 최기원, 『보험법』(제3판), 박영사, 2002, 126-127면; 최준선, 『보험법·해상법』(제6판), 삼영사, 2012, 39면; 정찬형, 앞의 책(주 12), 519면; 박세민, 『보험법』, 박영사, 2011, 170-171면; 정동윤, 『상법(하)』(제3판), 법문사, 2008, 510면; 송옥열, 『상법강의』(제2판), 홍문사, 2012, 245-246면.

62 양승규, 앞의 책(주 49), 114-115면; 양승규, "보험계약의 성립과 약관의 교부·명시의무", 「사법행정」, 한국사법행정학회, 제377호, 1992. 5., 69면.

제'를 통과한다는 의미라고 해석한다.[63]

또한 학계의 다수설적 견해는 상법과 약관규제법과의 관계에 대하여 보험약관의 직간접적 내용통제에 관한 한 약관규제법은 일반규정이고, 상법 제4편은 특별규정이라고 보고 있다. 이러한 견해에 따를 때 보험약관의 설명의무에 대해서는 상법 제638조의3이 우선적으로 적용되고 그 한도 내에서 약관규제법 제3조는 적용이 배제되는 것으로 해석한다. 또한 이 설의 논거로서 어떤 보험계약자에게는 약관을 설명했다고 해서 약관을 적용하고, 어떤 보험계약자에 대해서는 약관을 설명하지 않았다고 해서 약관을 적용하지 않게 되면 보험계약자 평등대우를 구현할 수 없게 되어 보험단체성을 깨뜨리게 된다. 또 계약취소권을 취소기간 내에 행사하지 않으면 불확정적인 계약관계가 확정적으로 유효해진다는 것이 취소의 법리라는 점을 들고 있다.[64]

(3) 판례의 태도

약관의 설명의무 위반과 관련하여 상법과 약관규제법은 그 효과를 달리 규정하고 있는바, 이에 관하여 대법원은 "상법 제638조의3 제2항에 의하여 보험자가 약관의 설명의무를 위반한 때 보험계약자가 보험계약 성립일로부터 3개월 이내에 행사할 수 있는 취소권은 보험계약자에게 주어진 권리일 뿐 의무가 아님이 그 법문상 명백하므로, 보험계약자가 보험계약을 취소하지 않았다고 하더라도 보험자의 설명의무 위반의 법률효과가 소멸되어 이로써 보험계약자가 보험자의 설명의무 위반의 법률효과를 주장할 수 없다거나 보험자의 설명의무 위반의 하자가 치유되는 것은 아니다"라고 판시함으로써[65] 상법의 규정과 함께 약관규제법도 함께 적용될 수 있다는 취지의 판시를 하고 있다.

일반적으로 보험자 및 보험계약의 체결 또는 모집에 종사하는 자는 보험계약을 체결할 때 보험계약자 또는 피보험자에게 보험약관에 기재되어 있는 보험상품의 내용, 보험료율의 체계 및 보험청약서상 기재사항의 변동 등 보험계약의 중요한 내용에 대하여 구체적이고 상세한 명시·설명의무를 지고 있으므로 보험자가 이러한 보험약관의 명시·설명의무에 위반하여 보험계약을 체결한 때는 그 약관의 내용을 보험계약의 내용으로

63 장경환, "보험약관의 교부·설명의무 – 입법취지와 성격을 중심으로", 「보험학회집」, 한국보험학회, 제46집, 1995. 10., 103면 이하 참조.

64 장경환, 앞의 논문(주 31), 95면.

65 대법원 1996. 4. 12. 선고 96다4893 판결.

주장할 수 없다고 할 것이나, 이러한 약관의 명시·설명의무가 인정되는 것은 어디까지나 보험계약자가 알지 못하는 가운데 약관의 중요한 사항이 계약내용으로 되어 보험계약자가 예측하지 못한 불이익을 받게 되는 것을 피하고자 하는 데 그 근거가 있으므로, 약관에 정하여진 사항이라고 하더라도 거래상 일반적이고 공통된 것이어서 보험계약자가 별도의 설명 없이도 충분히 예상할 수 있었던 사항이거나 이미 법령에 의하여 정하여진 것을 되풀이하거나 부연하는 정도에 불과한 사항이라면, 그러한 사항에 대해서까지 보험자에게 명시·설명의무가 있다고는 할 수 없다.[66]

(4) 검토

생각하건대 약관규제법은 모든 약관거래에 적용되는 일반법이므로 약관규제법의 조항을 보험거래에 그대로 적용하는 것은 보험거래가 가지고 있는 특수성을 제대로 반영하지 못하는 경우가 있다. 또한 일반약관거래와는 달리 보험계약에서는 그 단체적 성격이 강하므로 보험약관의 적용을 받은 고객, 즉 보험계약자에 대하여 평등한 대우가 어떠한 약관거래보다 요청되고 보험자가 설명의무를 위반하여 특정 고객에게 보험금을 지급하는 경우에는 다른 선량한 보험계약자에게 그 피해가 전가된다.

이와 같은 보험약관거래의 특수성을 이유로 입법자는 약관규제법 제3조 제3항과 달리 상법 제638조의3을 신설하여 규정한 것이므로, 상법적용설이 타당하다고 본다. 따라서 보험계약자의 평등대우의 원칙의 준수, 보험거래의 대량성을 고려하고 보험거래의 안정성 유지를 위하여 보험계약자가 3개월 이내에 취소권을 행사하지 않은 경우에는 보험약관의 내용에 편입되는 것으로 해석함이 타당하다.[67]

그러나 보험계약자가 3개월 이내에 취소권을 행사하지 아니함으로써 보험계약자의 보험계약 취소권이 소멸되고, 설명의무에 위반한 보험약관의 내용이 보험계약의 내용으로 편입되더라도 보험자의 설명의무 위반에 대한 하자는 여전히 존재하는 것으로 보아야 하고, 동 설명의무 위반에 대해서는 손해배상책임을 추궁할 수 있는 것으로 볼 수 있다. 다만 약관규제법의 중첩적용설에 따라 설명의무의 하자가 완전히 치유되어 보험계약상의 본래적 목적을 달성하는 데 아무런 장애사유가 없는 경우까지 별도로 손해배상책임을

66 대법원 2003. 5. 30. 선고 2003다15556 판결 참조.

67 유관우·이현열, 『인보험약관해설』, 엘림 G&P, 2006, 98면 이하.

인정하는 것은 곤란하다고 생각된다. 입법론으로는 상법이 약관규제법의 특별법임을 명시적으로 규정하고 보험계약자의 취소권의 행사기간도 연장하는 방안도 고려해볼 필요가 있다.

그리고 보험업법은 자본시장법 제48조 제1항과 달리 보험업법상 설명의무를 위반한 경우 보험계약의 취소 외에 손해배상책임에 관한 규정을 별도로 두고 있지 않는바, 이러한 경우 손해배상책임은 인정되는지 여부가 문제된다. 또한 설명의무를 위반하여 개별적인 합의정도에 이른 경우, 또는 설명의무를 제대로 이행하지 아니하여 보험계약자가 고지의무 위반을 한 경우에 해지 가능성 여부 등도 문제된다. 한편 설명의무를 위반한 경우 동 보험계약의 효력에 대해 판례는 “구 보험업법(1988. 12. 31. 법률 제4069호로 개정되기 전의 것) 제156조 제1항 제1호는 보험계약의 체결 또는 모집에 종사하는 자는 보험계약자 또는 피보험자에 대하여 부실한 사항을 알리거나 보험계약의 계약조항 중 중요한 사항을 알리지 아니하는 행위를 하지 못하도록 규정하고 있으나, 위 규정은 보험모집인의 모집행위에 대한 단속규정으로서 보험모집인이 위 규정을 위반한 경우 보험사업자가 경우에 따라서 같은 법 제158조에 의하여 손해배상책임을 부담할 수 있음은 별론으로 하고, 그와 같은 사정만으로 보험모집인이 체결한 보험계약의 일부 또는 전부가 당연히 무효로 되는 것은 아니다. 그리고 보험모집인이 같은 법 제156조 제1항 제1호를 위반하였다는 점에 대한 증명책임은 그 위반행위를 이유로 보험사업자를 상대로 같은 법 제158조에 기하여 손해배상을 청구하는 자에게 있다”라고 판시하고 있다.[68]

(5) 보험약관의 운명

보험자 또는 보험계약의 체결 또는 모집에 종사하는 자는 보험계약을 체결할 때 보험계약자 또는 피보험자에게 보험약관에 기재되어 있는 보험상품의 내용, 보험료율의 체계 및 보험청약서상 기재사항의 변동사항 등 보험계약의 중요한 내용에 대하여 구체적이고 상세하게 설명할 의무를 지고, 보험자가 이러한 보험약관의 설명의무를 위반하여 보험계약을 체결한 때는 약관의 내용을 보험계약의 내용으로 주장할 수 없다(상법 제638조의3 제1항, 약관의 규제에 관한 법률(이하 ‘약관규제법’이라고 한다) 제3조 제3·4항).

68 대법원 2007. 6. 29. 선고 2007다9160 판결.

이와 같은 설명의무 위반으로 보험약관의 전부 또는 일부의 조항이 보험계약의 내용으로 되지 못하는 경우 보험계약은 나머지 부분만으로 유효하게 존속하고, 다만 유효한 부분만으로는 보험계약의 목적 달성이 불가능하거나 그 유효한 부분이 한쪽 당사자에게 부당하게 불리한 경우에는 그 보험계약은 전부 무효가 된다(약관규제법 제16조).

그리고 나머지 부분만으로 보험계약이 유효하게 존속하는 경우에 보험계약의 내용은 나머지 부분의 보험약관에 대한 해석을 통하여 확정되어야 하고, 만일 보험계약자가 확정된 보험계약의 내용과 다른 내용을 보험계약의 내용으로 주장하려면 보험자와 사이에 다른 내용을 보험계약의 내용으로 하기로 하는 합의가 있었다는 사실을 증명하여야 한다(약관규제법 제4조).[69]

(6) 설명의무 위반에 따른 손해배상책임 인정 여부

자본시장법 제47조 제1항은 금융투자업자에게 투자권유를 하는 때 투자에 따르는 위험 등을 설명하도록 하고 있다. 동조 제2항에서는 설명한 사항을 이해하였는지 여부에 대하여 확인을 받도록 하고 있다. 나아가 설명의무를 위반하여 일반투자자가 손해를 입은 경우 손해배상을 할 의무가 있으며(자본시장법 제48조 제1항), 이때 손해액은 금융투자상품의 취득으로 인하여 일반투자자가 지급하였거나 지급하여야 할 금전 등의 총액에서 그 금융투자상품의 처분, 그 밖의 방법으로 그 일반투자자가 회수하였거나 회수할 수 있는 금전 등의 총액을 뺀 금액이 손해액이라고 추정하는 규정을 두고 있다(자본시장법 제48조 제2항). 그런데 보험업법은 설명의무 위반에 대한 직접적인 손해배상책임을 인정하는 규정을 두고 있지 않다. 그 이유는 보험업법은 자본시장법과 달리 모집종사자의 보험모집 과정상의 위법행위에 대한 손해배상책임 규정을 별도로 두고 있기 때문이다. 따라서 모집종사자가 설명의무를 제대로 이행하지 아니함으로써 보험계약자에게 손해를 가한 경우 이에 대하여 보험회사는 보험업법 제102조에 의하여 손해배상책임을 부담할 수 있다.[70] 판례도 “보험자의 임직원 또는 보험설계사가 계약자에게 보험상품의 가입을 권유할 때는 당해 보험상품의 특성과 주요 내용을 명확히 설명함으로써 계약자가 그 정보를 바탕으로 합리적인 판단을 할 수 있도록 계약자를 보호하여야 할 주의의무가

69 대법원 2015. 11. 17. 선고 2014다81542 판결.

70 대법원 2007. 9. 6. 선고 2007다30263 판결.

있고, 이러한 주의의무를 위반한 결과 계약자에게 손해가 발생한 때는 불법행위로 인한 손해배상책임이 성립한다"라고 보고 있다.[71]

그런데 자본시장법과 달리 설명의무 위반에 따른 손해액에 관한 추정규정은 두고 있지 아니한바, 이것은 보험거래에서 설명의무 규정 위반에 따른 손해의 형태는 일률적으로 재단하기 곤란하고, 발생하는 손해의 유형이 다양하게 생길 수 있는 점을 고려하면 손해액의 추정 규정의 입법 필요성은 떨어진다고 생각된다.

(7) 설명의무 위반에 따른 개별약정 인정 여부

상법상의 설명의무의 위반형태는 중요한 사항을 설명하지 아니한 경우, 부실하게 설명한 경우, 다른 내용으로 설명한 경우 등을 형태를 상정해볼 수 있다.

모집종사자가 중요한 내용을 설명하지 아니하거나 부실하게 설명한 경우에는 상법적용설에 의하면 취소기간의 도과로 인하여 그러한 보험약관은 약관의 내용으로 유효하게 편입되어 계약의 내용이 된다. 그리고 다른 내용으로 설명하여 개별적인 합의에 이를 정도에 이른 경우에는 개별약정의 법리에 의하여 모집종사자가 개별약정을 체결할 수 있는 권리를 가지고 있느냐 여부에 따라 결론이 달라진다. 보험설계사나 보험중개사의 경우 개별약정 권한이 없으므로 이들에 의한 개별약정은 성립되지 아니하며, 보험대리점의 경우 계약체결의 대리권한을 가지고 있으므로 계약의 내용과 다르게 설명한 경우 개별약정이 성립한다. 보험회사의 임직원의 경우 보험계약의 체결에 있어서 보험기업의 인적설비로서 보험업의 유통 및 판매에 종사하는 임직원의 경우에는 상업사용인으로서 상법상의 지배인 등에 관한 규정이 적용된다. 그러나 나머지의 직원은 기술적 보조자에 불과하므로 대외적인 법률관계의 형성이 곤란하나 이들이 불법행위를 범한 경우 민법 제756조에 의하여 보험회사가 책임을 지는 경우가 있을 수 있다. 상법적용설에 의하더라도 설명의무 위반의 하자는 그대로 존재하므로 설명의무에 위반된 약관조항이 적용됨으로 인해 보험금을 지급받지 못하게 되는 보험계약자는 설명의무를 위반한 당해 모집종사자의 행위가 위법한 행위인 경우에는 보험업법 제102조에 의하여 보험회사에게 보험금 상당액 내에서 손해배상을 청구할 수 있다고 한다.[72] 그러나 보험회사가 지는 제102조에

71 서울고법 2010. 3. 31. 선고 2009나97606 판결.
72 장경환, 앞의 논문, 95-96면.

의한 손해배상책임은 불법행위책임으로서 과실상계가 허용된다(민법 제763조, 제396조).

또한 중첩적용설에 의하면 상법상의 취소기간이 도과하더라도 약관규제법의 규정에 의해 설명의무 위반한 당해 약관조항의 부적용을 주장할 수 있다. 중첩적용설에 따라 약관규제법 제3조에 의해 보험자가 지는 보험금지급책임은 보험계약상의 책임으로서 이른바 전부 또는 전무의 원칙에 따라 과실상계가 인정되지 않는다.

(8) 고지의무 해지 주장 불가

보험자 및 보험계약의 체결 또는 모집에 종사하는 자는 보험계약의 체결에 있어서 보험계약자 또는 피보험자에게 보험약관에 기재되어 있는 보험상품의 내용, 보험료율의 체계 및 보험청약서상 기재사항의 변동사항 등 보험계약의 중요한 내용에 대하여 구체적이고 상세한 명시·설명의무를 지고 있으므로, 보험자가 이러한 보험약관의 명시·설명의무에 위반하여 보험계약을 체결한 때는 그 약관의 내용을 보험계약의 내용으로 주장할 수 없고, 보험계약자나 그 대리인이 그 약관에 규정된 고지의무를 위반하였다 하더라도 이를 이유로 보험계약을 해지할 수 없다.[73]

(9) 보험업법상의 효과

보험회사의 소속 임직원 또는 보험설계사가 보험업법 제95조의2를 위반한 경우 해당 보험계약 수입보험료의 100분의 50 이하의 범위 내에서 과징금을 부과할 수 있다. 다만 상당한 주의와 감독을 게을리하지 아니한 경우에는 과징금을 부과하지 않는다(보험업법 제196조 제2항). 상당한 주의와 감독을 게을리하지 아니하였음을 보험회사가 스스로 입증하여야 한다.

8. 각국의 입법례

금융업법 중 자본시장법은 금융투자업자에게 일반투자자에 대한 설명의무를 부과하고 있다.[74] 설명의무에 부과 여부와 관련한 해외사례를 보면 미국, 영국, 프랑스, 독일에서

73 대법원 1996. 4. 12. 선고 96다4893 판결.

74 **제47조(설명의무)** ① 금융투자업자는 일반투자자를 상대로 투자권유를 하는 경우에는 금융투자상품의 내용,

설명의무를 명시적으로 규정하고 있고, 보험브로커 자신에 대한 정보와 보험상품 정보로 대별하고 보험계약에 대해서는 보험계약 개요(policy summary) 등의 이름으로 '중요사항'에 대한 설명의무를 부여하고 있다.

설명사항과 관련해서는 영국은 (i) 보험브로커 현황 관련 정보(status disclosure),[75] (ii) 보험증권 약식설명서(policy summary),[76] (iii) 가입수요 확인서(statement of demands and needs),[77] (iv) 기타 보험료 정보(statement of price)[78]와 EU의 지침(EU directive)[79]에 따라 제공하여야 하는 정보[80] 등을 설명 대상으로 한다.[81]

독일의 경우 (i) 보험브로커 관련 정보로서 독립대리점인지 브로커인지 명확화, 상호에 있어 오해유발 금지, 대리점의 경우 신분증명 등이 포함되고,[82] (ii) 중요사항에 대한 명시설명의무 사항으로서 보험회사 개요, 준거법, 급부종류·범위·이행시기, 보험존속기간, 보험료, 청약철회권 또는 해지권 등이다.[83]

프랑스의 경우 (i) 보험판매조직 관련 정보로서 신원, 소송 및 클레임 처리방법, 등록여부의 증명 등이 포함되고, (ii) 보험상품에 대한 명시설명의무 대상으로서 상품명, 계약기간, 보험료납입방법, 철회기간, 사고 발생 시 절차, 면책조항, 최저보증이율 및 배당,

---

투자에 따르는 위험, 그 밖에 대통령령으로 정하는 사항을 일반투자자가 이해할 수 있도록 설명하여야 한다. ② 금융투자업자는 제1항에 따라 설명한 내용을 일반투자자가 이해하였음을 서명, 기명날인, 녹취, 그 밖의 대통령령으로 정하는 방법 중 하나 이상의 방법으로 확인을 받아야 한다. ③ 금융투자업자는 제1항에 따른 설명을 함에 있어서 투자자의 합리적인 투자판단 또는 해당 금융투자상품의 가치에 중대한 영향을 미칠 수 있는 사항(이하 '중요사항'이라 한다)을 거짓 또는 왜곡(불확실한 사항에 대하여 단정적 판단을 제공하거나 확실하다고 오인하게 할 소지가 있는 내용을 알리는 행위를 말한다)하여 설명하거나 중요사항을 누락하여서는 아니 된다. 시행령: **제52조(투자목적 등의 확인방법)** 법 제46조 제2항에서 "대통령령으로 정하는 방법"이란 다음 각호의 어느 하나에 해당하는 방법을 말한다. 1. 전자우편, 그 밖에 이와 비슷한 전자통신, 2. 우편, 3. 전화자동응답시스템; **제53조(설명의무)** ① 법 제47조 제1항에서 "대통령령으로 정하는 사항"이란 다음 각호의 사항을 말한다. 1. 금융투자상품의 투자성(법 제3조 제1항 각 호 외의 부분 본문에 따른 투자성을 말한다. 이하 같다)에 관한 구조와 성격, 2. 법 제58조 제1항에 따른 수수료에 관한 사항, 3. 조기상환조건이 있는 경우 그에 관한 사항, 4. 계약의 해제·해지에 관한 사항.

75 이름 및 주소, 법적형태, 보험회사와의 관계, 클레임 신청방법 등.

76 보험회사 명칭, 보험종목 및 조건, 면책조건, 해당 보험상품의 특성, 보험계약기간, 청약철회 관련 사항 등.

77 고객의 요구 등 필요정보를 수집하고 수집된 정보에 따라 고객의 가입필요성을 기입한 문서를 작성(권유이유를 명시하여 계약체결 이전에 고객에게 설명).

78 보험료 총액, 모집수수료.

79 EU 위원회가 회원국의 법제도를 표준화하기 위해 만든 것으로 각국은 EU 지침에 따라 국내법으로 입법화할 의무가 있다.

80 손해보험 제3차 지침, 생명보험통합지침, 비대면금융서비스 판매지침의 규정사항.

81 FSA 핸드북 규정 중 하나인 보험업준칙(ICOB, Insurance: Conduct of Business) 제4·5장.

82 보험사업경쟁기준.

83 보험감독법(VAG) 10a조.

분쟁처리 수속 등이다.[84]

미국의 경우 손해보험 대하여 이렇다 할 규제가 없으며 생명보험 위주로 명시설명 의무에 관해 규제하고, NAIC(전미보험감독자협의회)에 설명모델 규정(life insurance solicitation model regulation)이 존재한다.[85]

일본의 경우 보험업법에서는 모집종사자에 대한 설명의무를 직접적으로 규정하지 않고 보험계약의 계약조항의 중요한 사항에 대하여 불고지하는 행위를 금지하고 있다.[86]

9. 정보제공의무와 설명의무제도

(1) 정보제공의무의 등장배경

근대 민법의 3대 원칙의 하나인 계약자유의 원칙의 실질적 보장을 위해서는 계약에 참여하는 당사자가 관련 정보를 상호 대등하게 알고 있어야 한다. 그러나 금융상품 등은 금융회사가 일방적으로 제조하고, 여기에 복잡한 금융공학 등의 과학적 기법과 복잡한 법률제도 등으로 구성되어 판매하고 있으나 거래의 상대방인 금융소비자는 관련 지식의 부족 등으로 자신이 구입하게 될 상품에 관한 정보를 제대로 알지 못하고 있을 가능성이 높다. 이에 따라 사법의 근본이념인 정의 내지 형평 구현 등을 추구하기 위해 금융상품에 대한 충분한 정보제공이 필요하고 이를 사전에 금융소비자에게 제공될 것이 요청되고 있다. 그리고 개인 상호 간에 자유롭고 자치적으로 형성되는 법률관계인 계약에 대해서는 사적자치에 대한 제한을 가해 계약의 이념을 '계약의 자유에서 계약 공정으로', 즉 당사자의 의사결정을 중시하는 의사중심적인 계약이념에서 계약내용의 실질적인 공정성의 확보를 중시하는 객관적인 계약이념으로 이동시켰다.[87]

84 보험법 제5편.

85 NAIC Model Law.

86 일본보험업법 제300조: 第三百条 保険会社等若しくは外国保険会社等, これらの役員(保険募集人である者を除く.), 保険募集人又は保険仲立人若しくはその役員若しくは使用人は, 保険契約の締結又は保険募集に関して, 次に掲げる行為(次条に規定する特定保険契約の締結又はその代理若しくは媒介に関しては, 第一号に規定する保険契約の契約条項のうち重要な事項を告げない行為及び第九号に掲げる行為を除く.) をしてはならない.
一 保険契約者又は被保険者に対して, 虚偽のことを告げ, 又は保険契約の契約条項のうち重要な事項を告げない行為.

87 김재완, "계약체결상의 과실과 불완전이행의 책임체계 구성에 관한 연구", 경상대학교 박사학위논문, 2010, 16면.

(2) 정보제공의무의 의의

금융상품거래의 계약체결 전후, 계약체결과정에서의 정보제공의무라 함은 계약내용에 대하여 보다 많은 정보를 보유하고 있는 금융업자가 금융소비자에게 제반 사정을 충분히 알리고 계약체결의 결정적인 역할을 할 수 있는 중요한 사항에 대하여 정보를 제공하는 의무를 말한다.[88] 정보제공의무를 설명의무, 고지의무, 통지의무, 조언의무와 동의어로 이해하는 견해[89]와 정보제공의무를 계약 성립 전에 계약의 의사를 결정할 수 있는 중요한 사항을 제공할 의무로 보고, 반면 설명의무는 계약 성립 시 계약이 내용에 대하여 중요한 사항을 설명하여야 할 의무 또는 계약 성립 후 자기결정권을 위한 중요한 사항의 설명의무라는 점에서 양자의 차이가 있다는 견해가 있다. 생각하건대 정보제공의무와 설명의무는 구별하여야 한다. 정보제공의무는 그야말로 계약의 상대방에게 계약체결 여부의 판단에 필요한 정보 및 계약 성립과 관련하여 계약의 내용을 이루는 정보를 상대방에게 제공하여야 할 의무를 말하며, 설명의무란 보험계약의 모든 정보가 아니라 중요한 정보에 대하여 정보의 제공과 함께 설명하여야 할 의무를 말하는 것으로 보아야 할 것이다. 이와 같이 이해할 때 보험계약법상의 설명의무는 보험계약의 성립과 관련한 중요한 내용을 설명하여야 할 의무를 말하며, 보험업법상의 설명의무는 보험계약의 성립 및 보험계약의 체결 전후의 계약체결 과정에 대한 중요정보의 설명의무를 포괄하는 개념이라고 볼 수 있다.

(3) 각국의 입법례

1) 미국

미국은 1933년 증권법(Securities Act of 1933)과 1934년 증권거래법(securities exchange act of 1934)을 기초로 시장 자체의 공정성 확보에 주안점을 두는 경향이 있어 금융소비자인 투자자 보호를 염두에 둔 규정들은 법규보다는 자율규제기관인 FINRA(Financial Industry Regulatory Association)의 영업행위 규정에 자세히 마련되어 있다.[90] 투자자를 보호하기

88 최상호, "계약상의 정보제공의무에 관한 연구-사기와 착오법리의 적용관계를 중심으로", 「법학논고」, 경북대학교 법학연구소, 제9권, 1993, 65-66면.

89 위계찬, "계약체결과정에서 설명의무의 근거", 「원광법학」, 원광대학교 법학연구소, 제23권, 제2호, 2009, 87면.

90 안수현, "금융소비자 보호와 자본시장법의 과제", 「기업법연구」, 한국기업법학회, 제22권, 제4호, 2008, 79면.

위한 규제강도는 투자자의 전문성 및 위험감수능력을 고려하는 경향이 있다. 미국 증권법제상의 투자자보호 장치는 주로 공시제도를 통해 보호되는 경향이 있는 경우 투자자의 유형을 구분하여 보호강도를 달리하고 있다. 반면 자율기관인 FINRA의 경우 영업행위 규제를 통하여 투자자를 보호하기 위해 투자유형을 구분하고 있다. SEC Rule에서는 일정액 이상의 자산보유자인 개인과 기관투자자를 공인투자로 분류한다(SEC Rule 501).

2) 영국

금융업자는 일반고객에게 금융회사, 수행업무, 상품에 관한 정보와 보수 등 이해상충에 관한 정보를 설명하여야 한다. 비용과 수수료에 관련된 정보 이외 COBS 6(information about the firm. its services and remuneration)에서 규정한 정보를 제공하여야 한다. 일반적으로 설명의무에 포함되는 것으로 금융회사와 그 업무에 관한 사항, 고객자산의 보호에 관한 사항, 수수료와 그 밖의 비용에 관한 사항, 금융상품에 관한 사항이 있다. 또한 집합투자상품을 일반고객에게 판매, 권유 또는 판매를 주선하는 경우 수수료 내지 수수료 상당액을 현금기준으로 공시하여야 한다(COBS 6.3, COBS 13(preparing product information))에서는 상품정보 제공과 관련하여 특히 집합상품(종신투자상품, 개인연금상품, 집합투자상품 등)의 경우 주요 특징서면(KFD, Key Features Document)과 주요 특징예시(KFI, Key Features Illustration)를 작성하고 있다.

3) 독일

독일의 경우 계약내용의 투명성 보장을 위한 정보제공의무를 규정한 약관규제법(AGBG), 소비자신용법(VerKRG) 등은 이미 채권법의 개정에 의하여 독일 민법에 통합되었으나 그 이외에도 계약내용의 투명성 보장을 위한 특별법이 존재한다. 한편 보험자의 계약정보에 관한 정보제공의무와 관련해서 독일보험계약법은 우리 상법의 보험약관의 설명의무에 비하여 매우 구체적인 정보제공의무를 정하고 있다. 독일 보험계약법 제6조의 보험자의 상담의무, 제7조의 보험계약자에 대한 정보제공의무, 제8조의 보험계약자의 철회권 및 제9조의 철회의 효과 등이 소비자 정보제공의무와 관련된 규정이다. 이는 우리 상법상의 보험자의 설명의무와 크게 차이가 나는 매우 포괄적이고 구체적인 보험자의 의무를 정한 것이라고 할 수 있다.[91] 독일 보험계약법 제7조 제1항에 따라 보험자는 보험계약자에게 보통보험약관을 포함하여 동조 제2항에 의한 시행령에 의하여 정하여진 정보를 계약체결에 대한 의사표시를 하기 전, 적시에 텍스트형식으로 통보하여야 한다.[92] 독일에서는 개정 보험계약법에서 14일의 철회기간을 연결하여 부여하였다(독일 보험계약법 제8조). 보험자와 보험계약자의 정보의 불균형 상황에 대처한다는 데도 동조의 목적이 있다.[93] 정보제공의무를 위반한 경우에는 보험계약법 제8조 제2항에 의거하여 철회권의 행사기간이 개시되지 않는다는 점을 통하여 보험회사에 불이익이 가해진다. 또한 적정한 정보를 제공하는 것은 보험회사의 법률적인 의무로서 인정되며 이러한 의무를 이행하지 않는다면 보험계약자는 독일 민법 제280조 제1항에 의하여 손해배상청구권을 행사할 수 있다. 보험계약자가 철회권까지 행사하는 경우에는 보험보호를 받을 수 없다. 철회권을 행사하지 않는 경우에도 보험계약자가 다른 보험에 가입하였다면 그 보험자로부터 더 유리한 보상을 받을 수 있었을 경우에는 그 사실을 내세워 손해배상을 청구할 수 있다.[94]

4) 일본

2001년 4월에 시행된 일본의 금융상품 판매 등에 관한 법률은 예금, 보험, 연금 등 금융거래의 중요성 증대 및 다양하고 복잡한 금융상품의 등장에 따라 고객의 금융상품에 대한 지식 부족으로 인한 분쟁이 자주 발생하게 되자 금융서비스 이용자 보호를 통해 국민의 시장에 대한 신뢰확보를 위하여 횡단적인 금융상품의 판매, 권유에 대한 규칙 제정을 목적으로 제정되었다.[95] 이 법과 별도로 2006년 6월에 제정된 금융상품거래법은 기존의 증권거래법을 개정한 것 외에도 금융선물거래법, 상품펀드법, 투자자문법, 투자신탁법의 5개의 법률을 통합하였다. 우리나라의 자본시장법과 대응되는 법률이다.[96] 일

91 김은경, “독일 보험계약법상 소비자의 정보제공의무 등에 관한 고찰”, 「기업법연구」, 한국기업법학회, 제23권, 제2호, 2009, 170면.

92 최병규, “보험자의 정보제공의무 도입방안에 관한 연구”, 「상사판례연구」, 한국상사판례학회, 제24집, 제3권, 2011, 314면.

93 이에 관해서는 장덕조, 『보험법』, 법문사, 2011, 31면 참조.

94 최병규, 앞의 논문(주 92), 323면.

95 정순섭, “일본의 금융기관 설명의무 입법에 대한 연구”, 「홍익법학」, 홍익대학교 법학연구소, 제18권, 제1호, 2007, 205면.

96 우리나라 자본시장과 금융투자업에 관한 법률은 기존의 증권거래법, 선물거래법, 간접투자자산운용업법, 신탁업법, 종합금융회사에 관한 법률, 한국증권선물거래소법 등을 통합한 법이다. 동법은 2007년 8월 3일에 제정되고 2009년 2월 4일부터 시행되었다. 이 법의 특징은 포괄주의에 의한 금융투자상품 개념 도입, 금융투자

본의 금융상품거래법은 투자권유를 규제하기 위하여 동법 제37조의3에서 설명의무를 명시하고, 금융상품을 판매하거나 투자를 권유함에 있어서 해당 금융기관이 일정 규칙에 따라 손실위험 및 상품체계 등을 상세히 설명하도록 의무화하고, 이를 위반한 금융기관이나 상품판매자를 행정처분의 대상으로 하였다.[97]

2008년 보험법을 독립시키는 과정에서 보험계약에 대한 신의칙과 보험자의 정보제공의무를 신설하려고 하였었다. 즉, "보험자, 보험계약자, 피보험자 및 보험수익자는 보험계약이 상호 신뢰관계에 기하여 성립됨에 따라 보험계약의 체결 또는 존속에 있어서 신의에 따라 성실히 행동하여야 하고 아울러 적정하고 신속한 보험급부의 실시 기타 보험계약상의 권리의 행사 또는 의무의 이행에 필요한 정보를 제공하기 위하여 노력하여야 한다"라고 규정하려고 하였다. 그러나 이러한 입법적 노력은 반대에 부딪혀 결실을 거두지 못하고 포기되었다. 그 이유는 이미 금융상품거래법에서 판매업자에게 중요사항의 설명의무를 부과하고 있었고, 그 위반 시에는 무과실의 손해배상의무 및 손해액의 추정의 규정을 두어 금융상품판매에 있어서 포괄적으로 대처하고 있었기 때문이다. 이러한 일본의 사정은 우리나라와 구별되는 것으로 우리의 경우에는 자본시장법이 보험상품의 일반을 포괄하지 못하므로 보험업법의 독자적 규정 필요성이 의미를 갖고 있다.

(4) 정보제공의무 위반의 처리

계약의 협상단계에서 각 당사자는 상대방에게 계약체결에 있어 결정적인 역할을 하는 중요한 내용에 대하여 정보를 제공할 의무가 있다. 상대방에게 부정확한 정보를 주거나 제공하여야 할 정보를 주지 않는 경우 성실한 협상의무에 반하는 것으로 법적 책임이 발생한다.[98] 정보제공의무 위반으로 인하여 계약의 목적을 달성하기 어렵게 되거나 계약을 유지하는 것이 계약의 일방당사자에게 부당하게 되는 경우 계약해소의 필요성이 제기된다. 정보제공의무 위반의 문제를 민법상의 법리로서 프랑스, 독일 및 영미에서처럼 착오취소(민법 제109조), 사기 또는 강박에 의한 취소(민법 제110조), 채무 불이행(민법 제390조), 계약체결상의 과실책임(민법 제535조), 불법행위책임(민법 제750조), 선량한

업에 대한 기능별 규제, 금융투자업자의 업무 범위 확대, 투자자 보호의 강화 등이다.

97 정순섭, 앞의 논문(주 95), 200-201면.

98 황진자, "금융상품의 불완전판매와 소비자보호 – 사법적 규율을 중심으로", 고려대학교 박사학위논문, 2010. 12., 38면.

풍속 및 사회질서 위반(민법 제103조), 불공정한 법률행위(민법 제104조)에 의하여 규율이 가능하다.[99]

(5) 정보제공의무의 도입 여부

상법에서는 보험계약자에 대한 정보제공의무로서 보험약관의 설명의무(상법 제638조의3), 보험증권의 교부의무(상법 제640조 제1항) 규정을 두고 있을 뿐 보험계약의 체결과정에서 보험계약자에게 알릴 필요가 있는 보험가입조건, 보장내용 및 보험금, 담보별 보험료 등 그 밖의 정보제공에 대해서는 침묵하고 있다. 그리고 보험업감독규정에서는 보험계약의 체결단계에 따라 보험계약의 체결에 필요한 정보를 제공하도록 규정하고 있으나 그 위반의 효과에 관한 규정을 두고 있지 않는 등 정보제공의무 관련 규정이 미흡한 상태이다. 보험계약처럼 장기적·계속적 계약에서는 보험계약의 체결과정에서 정보제공 및 설명의무, 적합성 의무 등이 핵심적인 보험회사의 의무이므로 이에 대한 상법 및 보험업법의 규정의 정비가 필요하고, 정보제공의무 위반에 대하여 사법상의 효과로서 계약의 취소권을 인정하고, 아울러 공법적 제재규정도 신설하는 것이 타당하다.

제10절 중복계약 체결 확인 의무

1. 서설

(1) 손해보험과 실손보상원칙

손해보험이란 보험사고로 인하여 생길 피보험자의 재산상의 손해를 보상하는 보험이다(상법 제665조). 재산상의 손해에 따라 지급할 보상금액이 정해진다는 점에서 부정액보험이다. 이러한 손해보험의 개념상 피보험자에게 재산상의 손해 이상을 보상할 수 없는 이득금지 내지 실손보상원칙이 도출된다.

이는 보험의 도박화를 방지하고, 보험계약의 사행계약적 성격으로 인한 폐해를 방지하기 위한 것이다. 이득금지 내지 실손보상원칙을 구현하기 위한 구체적인 법제도로서

99 송오식, “소비자계약에서 정보제공의무”, 「법학논총」, 전남대학교 법률행정연구소, 제29권, 제1호, 2009, 111면.

중복보험(상법 제672조), 일부보험(상법 제674조), 초과보험(상법 제669조), 보험자 대위제도(상법 제681조 및 제682조) 등이 있다. 중복계약 체결 확인의무제도는 손해보험의 중복보험 법리와 관련되어 있는 제도이다.

(2) 실손보상원칙의 예외

손해보험에서 보험금의 지급관계는 실손보상원칙이 지배하지만 예외적으로 이러한 원칙이 엄격하게 적용되지 않는 경우도 있다. 이러한 실손보상원칙의 예외로서 당사자 간에 미리 보험가액을 정할 수 있고(상법 제670조)나 보험자가 보상할 손해액은 원칙적으로 손해가 발생한 때와 곳의 가액에 의하여 산정하나 당사자 간에 다른 약정이 있는 때는 그 신품가액에 의하여 손해액을 산정할 수 있도록 하는 것이 가능하다(상법 제676조).

(3) 중복계약 체결 확인 의무제도의 도입 배경

최근 들어 재해 또는 질병으로 인하여 발생하는 피보험자의 의료비를 실제 지출한 의료비를 기준으로 보장하는 이른바 실손의료보험의 판매가 급증하고 있는 가운데 동일 보험계약자가 여러 보험회사 또는 동일한 회사에 중복해서 다수의 실손의료보험상품에 가입한 사례가 발견되고 있다. 다수의 보험계약을 체결하고 있는 경우에도 실손의료보험의 보험금은 각각의 보험계약에서 보험금이 개별적으로 모두 지급되는 것이 아니고 손해보험의 대원칙인 실손보상원칙과 상법 제672조의 중복보험의 법리에 따라 보험사고 발생으로 보험금을 청구하면 실제 손해액 범위에서 각 보험계약별로 비례보상이 이루어진다.[100] 또한 실손의료보험의 중복가입에 따라 보험가입금액이 늘어나 실제 보험사고 시 사실상 발생 가능성이 거의 없는 보험가입금액까지 보험이 과도하게 가입되어 보험계약자의 불필요한 보험료 부담을 초래하였다.

보험계약 체결 시 중복가입 사실 및 중복계약에 따른 비례보상 여부 등에 대한 정확한 정보를 보험계약자에게 제대로 제공하지 아니하고 보험계약 체결을 권유함으로써 보험

---

100 상법 제672조에 의하면 "동일한 보험계약의 목적과 동일한 사고에 관하여 수개의 보험계약이 동시에 또는 순차적으로 체결된 경우에 그 보험금액의 총액이 보험가액을 초과한 때는 보험자는 각자의 보험금액의 한도에서 연대책임을 진다. 그리고 이 경우에는 각 보험자의 보상책임은 각자의 보험금액의 비율에 따른다"라고 규정하고 있다.

계약자의 민원이 발생하였으며, 과다 중복가입으로 인한 보험료 중복부담의 문제 등 소비자의 피해사례가 발생함으로써 사회적 문제로 대두하였다. 이에 따라 보험계약자의 불필요한 중복 보험가입을 막기 위하여 보험가입 시에 동일한 위험을 담보로 하는 보험계약이 존재하는지 여부를 조사하여 이를 보험계약자에게 알려 불필요한 중복가입을 방지하기 위한 제도로서 중복계약 체결 확인제도가 2010년 개정 보험업법에 의하여 신설되었다.

(4) 중복계약 체결 확인 의무제도의 의의

보험회사 등은 동일 위험을 담보하는 보험계약의 가입 여부를 확인하여 보험계약자에게 고지하여야 하고, 중복계약의 확인절차 등에 대해서는 대통령령에서 정하도록 위임하고 있다(보험업법 제95조의5). 이와 같은 중복계약 체결 확인제도는 보험계약자로 하여금 적정한 수준의 보험을 가입할 수 있는 선택권을 보장하기 위해 보장내용이 유사한 다수보험 가입 여부를 사전에 확인하여 이를 보험계약자에게 고지하도록 한 것이다. 이는 보험소비자가 중복 가입으로 인한 보험료의 과다지출을 억제하고, 추가보장 등의 이유로 중복가입을 원하는 경우 외에는 보험회사가 중복 가입을 권유할 수 없도록 하는 등 소비자의 보험가입의도에 적합하지 않은 상품 권유를 금지함으로써 보험계약자의 권익을 보호하고, 공정한 보험거래 관행을 확립하기 위하여 종래 감독규정에 반영된 내용을 보험업법에 상향 규정하였다.

2. 중복계약 체결 확인 의무자

보험회사 또는 보험의 모집에 종사하는 자가 확인의무자이다. 통상 보험계약의 모집은 보험모집종사자에 의하여 행해지므로 보험회사가 중복계약체결 확인의무가 있는지 의문이나 보험회사는 모집종사자가 확인의무를 제대로 이행할 수 있도록 계약확인시스템과 내규 등의 제도를 구축하고 최종적인 확인의무를 져야 하므로 보험회사도 확인의무자에 포함한 것이다.

3. 중복확인 대상 보험계약 및 확인 내용

(1) 중복확인 대상 보험계약

중복확인의무의 대상이 되는 보험계약은 실제 부담한 의료비만 지급하는 제3보험상품 계약이 이에 해당한다. 다만 (i) 여행 중 발생한 위험을 보장하는 보험계약으로서 다음의 어느 하나에 해당하는 보험계약, 즉 i) 관광진흥법 제4조에 따라 여행업자가 여행자를 위하여 일괄 체결하는 보험계약, ii) 특정 단체가 그 단체의 구성원을 위하여 일괄 체결하는 보험계약, (ii) 국외여행, 연수 또는 유학 등 국외체류 중 발생한 위험을 보장하는 보험계약은 중복확인 의무 대상 계약이 아니다. 여기서 동일한 위험이 무엇을 의미하는지 여부가 문제된다. 위험의 동일성 여부는 피보험자의 동일성 여부, 담보 내용의 동일성 여부로 판단한다.

(2) 확인 내용

확인 내용은 모집하고자 하는 보험계약과 동일한 위험을 보장하는 보험계약을 체결하고 있는지 여부이고, 구체적으로는 보험회사 또는 보험의 모집에 종사하는 자가 실손의료보험계약을 모집하는 경우에는 피보험자가 되려는 자가 이미 다른 실손의료보험계약의 피보험자로 되어 있는지를 확인하여야 한다(시행령 제42조의5 제2항). 확인 결과 피보험자가 되려는 자가 다른 실손의료보험계약의 피보험자로 되어 있는 경우에는 보험금 비례분담 등 보장금 지급에 관한 세부 사항을 안내하여야 한다(시행령 제42조의5 제3항).

4. 위반의 효과

보험회사가 중복계약 체결 확인의무를 제대로 이행하지 아니한 경우에 관하여 벌칙이나 과징금, 과태료 부과 규정은 따로 마련되어 있지 않다. 그러나 보험업법 제134조에 의한 일반적 제재규정에 따라 제재조치가 가능하다.

제11절 통신수단을 이용한 모집 관련 준수사항

1. 서설

보험업법은 통신수단을 이용한 모집과 관련하여 그 모집방식의 특수성을 고려하여 규제를 하고 있는 데 통신수단을 이용한 자의 모집원칙을 규정하고, 보험계약자가 통신수단을 활용하여 업무를 처리할 수 있는 경우를 규정하고 있다. 또한 통신수단을 이용하여 청약철회 등을 하는 방법을 대통령령에 위임하고 있다(보험업법 제96조).

통신이란 정보나 의사를 전달하는 것을 말한다. 통신수단은 정보나 의사를 전달하는 데 이용하는 각종의 물질적·기술적 수단을 말한다. 즉, 통신수단이란 전화, 우편, 컴퓨터 통신 외에 의사를 표시하는 자와 의사를 수령하는 자 사이에 의사전달의 매개체를 말한다. 보험을 모집하는 방법으로는 고객과의 대면 여부에 따라 대면모집방식과 비대면 모집방식, 고객의 집이나 사무실을 방문하여 모집하는 방식과 직접 고객의 대면 접촉 없이 통신수단을 이용하여 모집하는 방식, 대면과 비대면 방식을 혼합한 혼합모집방식이 있다. 보험설계사 등을 통한 전통적인 대면 모집은 정보통신기술의 발달로 전화, 우편, TV, 인터넷 등 통신수단을 활용하여 비대면 모집으로 점차 진화하고 있다. 통신수단을 이용한 모집은 비대면성 등으로 인한 특수성 때문에 기존의 전통적인 모집방식과 다른 규제를 할 필요가 있고, 비대면 방식의 모집으로 인한 부작용을 방지하기 위하여 2003년 개정 보험업법부터 신설된 조문이다. 그리고 통신수단을 이용한 계약철회 규정은 2007년 개정 보험업법(2007. 4. 27. 법률 제8386호)에서 처음으로 도입되었다.

2. 통신수단을 이용한 모집의 의의

통신수단을 이용한 모집이란 보험모집종사자가 모집의 방식의 하나로 통신수단을 이용하여 모집하는 것을 말한다. 홈쇼핑 TV를 통한 모집을 통신수단을 이용한 모집으로 볼 수 있는지 문제되나, 통신수단을 활용한 모집은 보험계약의 청약의 권유와 청약의 의사표시의 수령이 통신수단을 통하여 이루어지는 경우를 말하므로 홈쇼핑 TV를 통하여 광고를 본 자가 전화를 이용하여 청약의 의사표시를 하였다면 이는 결과적으로 전화를 이용한 모집으로서 통신수단을 이용한 모집에 해당한다.

3. 통신수단을 이용하여 모집할 수 있는 자 및 모집원칙

전화, 우편, 컴퓨터통신 등 통신수단을 이용하여 모집을 하는 자는 보험업법 제83조에 따라 모집을 할 수 있는 자이어야 한다. 통신수단을 이용하여 모집하는 경우에는 다른 사람의 평온한 생활을 침해하는 방법으로 모집을 하여서는 안 된다(보험업법 제96조 제1항).

다른 사람의 평온한 생활을 침해한다 함은 협박·강요 등의 불법적 방법, 심야에 전화를 이용하여 모집하면서 공포심이나 불안감을 유발하는 방법, 계속적·반복적으로 전화, 우편, 이메일 발송하는 방법으로 모집하는 것 등을 말한다. 판례에 의하면 금융기관이 파산과 면책결정으로 면책된 채무에 대하여 강제집행을 경고하며 변제를 요구하는 내용의 통지를 수차례 발송한 행위는 채무자의 생활의 평온 및 경제활동의 자유를 부당히 침해한 것으로 불법행위가 된다고 한 사례가 있다.[101]

4. 보험회사의 통신수단 이용 편의 제공의무

전화, 우편, 컴퓨터 통신 등 통신수단에 의한 모집에 응하여 보험계약을 청약하거나 보험계약을 체결한 경우 그 보험계약의 철회수단에 대하여 보험계약법이나 보험업법은 별도의 규정을 두고 있지 아니하고 전자상거래 등에서의 소비자 보호에 관한 법률은 통신판매업자로 하여금 계약체결 전에 소비자가 청약의 내용을 확인하고 정정 또는 취소할 수 있도록 적절한 절차를 갖추도록 의무화하고 있는 규정(전자상거래 등에서의 소비자 보호에 관한 법률 제14조 제2항)을 두고 있으나 금융상품의 거래에 대해서는 적용을 배제하고 있다. 따라서 보험계약의 청약 및 체결은 통신수단을 이용하였으나 청약의 철회나 계약의 해지 등의 절차를 청약절차에 비하여 까다롭게 정하는 경우에 착오나 충동적 동기에 의하여 보험계약을 청약한 자가 청약을 철회하거나 해지하는 데 불편이 따르므로 청약철회 등의 과정에서 소비자의 권익을 보호하고 편의성을 제고하기 위하여 (i) 보험계약을 청약한 자가 청약의 내용을 확인·정정 요청하거나 청약을 철회하고자 하는 경우, (ii) 보험계약자가 체결한 계약의 내용을 확인하고자 하는 경우, (iii) 보험계약자가 체결한 계약을 해지하고자 하는 경우, 다만 보험계약자가 계약을 해지

101 서울중앙지방법원 2006. 6. 7. 선고 2005가합100354 판결.

하기 전에 안전성 및 신뢰성이 확보되는 방법을 이용하여 보험계약자 본인임을 확인받은 경우에 한정한다.

5. 통신수단을 이용하여 모집할 수 있는 대상자

통신수단을 이용한 모집 시 모집을 할 수 있는 대상자는 통신수단을 이용한 모집에 대하여 동의를 한 자를 대상으로 하여야 한다(시행령 제43조 제1항). 이와 같이 통신수단을 이용하여 모집할 수 대상자를 제한하고 있는 이유는 통신수단의 무분별한 활용을 통한 보험영업활동을 규제하여 보험소비자를 보호하기 위한 것이다.

6. 통신수단 이용 시 준수사항

(1) 전화 이용 모집

1) 보험계약의 청약

전화를 이용하여 모집하는 자는 보험계약의 청약이 있는 경우 보험계약자의 동의를 받아 청약 내용, 보험료의 납입, 보험기간, 고지의무, 약관의 주요 내용 등 보험계약 체결을 위하여 필요한 사항을 질문 또는 설명하고 그에 대한 보험계약자의 답변 및 확인 내용을 음성 녹음하는 등 증거자료를 확보·유지하여야 한다. 그리고 우편이나 팩스 등을 통하여 지체 없이 보험계약자로부터 청약서에 자필서명을 받아야 한다(시행령 제43조 제2항). 그러나 청약자의 신원을 확인할 수 있는 증명자료가 있는 등 금융위원회가 정하여 고시하는 경우에는 자필서명을 받지 아니할 수 있다(시행령 제43조 제3항).

2) 청약내용의 확인·정정 및 청약철회

보험회사는 보험계약을 청약한 자가 전화를 이용하여 청약의 내용을 확인·정정 요청하거나 청약을 철회하려는 경우에는 상대방의 동의를 받아 청약 내용, 청약자 본인인지를 확인하고 그 내용을 음성 녹음하는 등 증거자료를 확보·유지하여야 한다(시행령 제43조 제5항). 보험회사는 보험계약자가 전화를 이용하여 체결한 계약의 내용을 확인하려는 경우에는 상대방의 동의를 받아 보험계약자 본인 여부를 확인하고 그 내용을 음성 녹음하는 등 증거자료를 확보·유지하여야 한다(시행령 제43조 제7항).

3) 보험계약의 해지

보험계약자가 전화를 이용하여 체결한 계약을 해지하려는 경우에는 상대방의 동의를 받아 (i) 보험계약자 본인인지 여부, (ii) 계약체결 전에 통신수단을 이용한 계약해지에 동의하였는지 여부를 확인하고 그 내용을 음성 녹음하는 등 증거자료를 확보·유지하여야 한다(시행령 제43조 제8항).

(2) 사이버 몰 이용 모집

1) 사이버 몰의 의의

사이버 몰이란 컴퓨터 등과 정보통신 설비를 이용하여 재화 등을 거래할 수 있도록 설정된 가상의 영업장을 말한다(전자상거래 등에서의 소비자보호에 관한 법률 제2조 제4호).

2) 준수사항(시행령 제43조 제4항)

(i) 사이버 몰에는 보험약관의 주요 내용을 표시하여야 하며 보험계약자의 청약 내용에 대해서는 다음의 경우, 즉 i) 전자서명법 제2조 제3호에 따른 공인전자서명을 받은 경우, ii) 그 밖에 금융위원회가 정하는 기준을 준수하는 안전성과 신뢰성이 확보될 수 있는 수단을 활용하여 청약 내용에 대하여 보험계약자의 확인을 받은 경우 외에는 보험계약자로부터 자필서명을 받을 것

(ii) 보험약관 또는 보험증권을 전자문서로 발급하는 경우에는 보험계약자가 해당 문서를 수령하였는지를 확인하여야 하며 보험계약자가 서면으로 발급해줄 것을 요청하는 경우에는 서면으로 발급할 것

3) 청약내용의 확인 정정 및 청약철회

보험계약을 청약한 자가 컴퓨터통신을 이용하여 청약의 내용을 확인·정정 요청하거나 청약을 철회하려는 경우에는 (i) 전자서명법 제2조 제3호에 따른 공인전자서명 또는 (ii) 그 밖에 금융위원회가 정하는 기준을 준수하는 안전성과 신뢰성이 확보될 수 있는 수단을 활용하여 청약자 본인인지를 확인하는 방법을 이용하여 청약자 본인인지를 확인하여야 한다(시행령 제43조 제6항).

4) 보험계약의 해지

보험계약자가 컴퓨터통신을 이용하여 체결한 계약을 해지하려는 경우에는 (i) 보험계약자 본인인지 여부를 확인하여야 한다. 이 경우 본인 확인은 i) 공인전자서명 또는 그 밖에 금융위원회가 정하는 기준을 준수하는 안전성과 신뢰성이 확보될 수 있는 수단을 활용하여 보험계약자 본인 여부를 확인하는 방법으로 하여야 한다. (ii) 계약체결 전에 통신수단을 이용한 계약해지에 동의하였는지 여부를 확인하여야 한다(시행령 제43조 제9항).

7. 위반 시 효과

보험회사의 소속 임직원 또는 소속 보험설계사가 다른 사람의 평온한 생활을 침해하는 방법으로 모집하는 경우에는 그 보험회사에 대하여 해당 보험계약의 수입보험료의 100분의 20 이하의 범위에서 과징금을 부과할 수 있다. 다만 보험회사가 그 위반행위를 막기 위하여 해당 업무에 관하여 상당한 주의와 감독을 게을리하지 아니한 경우에는 과징금을 부과할 수 없다(보험업법 제196조 제2항). 보험회사가 통신수단을 이용한 준수사항을 위반한 경우 5천만 원 이하의 과태료를 부과한다(보험업법 제209조 제1항 제3호). 보험회사의 발기인·설립위원·이사·감사·검사인·청산인 등이 위반한 경우에는 2천만 원 이하의 과태료를 부과하고(보험업법 제209조 제2항 제19호), 제96조 제1항을 위반한 자는 1천만 원 이하의 과태료를 부과한다(보험업법 제209조 제3항 제9호).

제12절 보험계약의 체결 또는 모집에 관한 금지제도

1. 서설

보험업법 제97조는 보험계약체결 또는 모집에 종사하는 자의 금지사항을 열거하고 있고, 보험상품에 대한 비교가 가능한 예외사유와 기존보험계약의 부당한 소멸의제 규정을 두고 있다. 또한 부당하게 소멸한 보험계약의 청구권에 대한 규정과 부활청구에 대한 보험회사의 승낙의무 규정 등을 두고 있다. 보험계약의 체결 또는 모집과정에서 발생할 수 있는 각종 불공정·불건전 행위를 금지함으로써 보험소비자 보호 및 건전한 보험거래질서를 확보하고자 한 것이다.

보험모집단속법(제정 1962. 1. 20. 법률 제990호) 제18조에서 보험계약의 체결 또는 모집에 관한 금지 규정이 시작되었고, 그동안 특별한 변경이 없었으나 2003년 개정 보험업법에서 대폭적인 수정이 이루어졌다. 부당한 보험계약 전환금지제도는 2003년 개정 보험업법에서 신설되었는데, 종래에도 부당한 보험계약의 전환을 금지하고 있었으나 구체적인 요건이 명시되지 아니하여 부당한 보험계약의 전환 관행이 지속되었다. 이에 부당한 보험계약전환의 구체적인 요건을 명시하고 부당한 보험계약의 전환이 있는 경우 소멸한 기존보험계약을 부활시킬 수 있도록 하였다.

2. 규제 대상자

보험업법 제97조의 규제 대상은 보험계약의 체결 또는 모집에 종사하는 자이다. 보험계약의 모집에 종사하는 자는 보험설계사, 보험대리점, 보험중개사 등이 있다. 또한 보험계약의 모집에 종사하고 있는 보험회사의 임원 또는 직원도 이에 속한다고 보아야 한다. 보험회사의 임원 또는 직원이 보험계약의 모집업무에 종사하고 있어야 하므로 모집에 종사하지 아니하는 보상담당 임원 및 보상직원 등은 규제 대상자에 포함되지 않는다고 보아야 한다. 보험계약의 모집업무의 종사 여부는 그 자의 직무나 직책에 의하여 결정되는 것은 아니고 사실상 그 업무에 종사하고 있으면 된다. 그런데 보험계약의 체결에 종사하는 자가 누구를 말하는 것인지 분명하지 않다. 생각하건대 보험계약의 체결의 당사자로서 보험회사가 이에 포함된다고 볼 것이다. 또한 보험계약의 인수 등 보험계약의 체결과 관련하여 업무를 수행하고 있는 보험회사의 임직원도 포함되는 것으로 보는 것이 타당한 해석이라고 생각된다. 다만 보험업법상 보험회사라는 용어를 별도로 사용하고 있으므로 보험계약의 체결에 종사하는 자를 보험회사로 개정하는 것이 바람직한 것으로 생각된다. 만약 보험회사를 보험계약의 체결에 종사하는 자로 보지 않을 경우 보험회사에 의한 조직적인 보험계약의 부당전환행위 등에 대하여 동 규정에 근거하여 보험회사를 처벌할 수 없는 공백이 발생할 수 있다.

모집 관련 규제 중 보험회사 또는 모집에 종사하는 자를 규제 대상으로 하는 대표적인 규정은 설명의무 규정(보험업법 제95조의2), 적합성원칙 규정(보험업법 제95조의3), 모집광고 관련 준수사항(보험업법 제95조의4), 중복계약의 체결 확인의무(보험업법 제95조의

5)이다. 그리고 보험계약의 체결 또는 모집에 종사하는 자를 규제 대상으로 하는 규정은 본 조와 특별이익제공금지 규정(보험업법 제98조)이 있다.

보험모집단속법에서는 앞에서 본 바와 같이 보험계약의 체결 또는 모집에 관한 금지행위의 규제 대상자를 손해보험회사의 임원 등 모집종사자로 한정하고 있었다. 즉, 보험모집단속법에서는 보험계약의 체결 또는 모집에 관한 금지행위 규제의 대상자를 손해보험회사의 임원, 사용인 또는 생명보험모집인이나 손해보험대리점으로 한정하고, "보험계약의 체결 또는 모집에 관하여"라는 규제상황을 요건으로 하고 있었다(보험모집단속법 제18조). 그런데 보험모집단속법이 보험업법으로 흡수 통합되면서 체결 또는 모집에 관한 금지행위의 규제 대상자를 "보험계약의 체결 또는 모집에 종사하는 자"로 개정하였다. 이러한 규정 내용에 비추어볼 때 보험모집단속법규에서는 보험모집 관련 금지행위의 규제 대상자가 누구인지 법문상 분명하여 논란의 여지가 없었다. 그러나 현행법에서는 규제 대상자를 보험계약의 체결 또는 모집에 종사하는 자로 규정하고 있는바, 여기서 모집에 종사하는 자라 함은 보험업법 제83조에 따라 모집할 수 있는 자 중 현실적으로 모집업무에 종사하고 있는 자를 말하는 것으로 볼 수 있다.

보험계약의 체결에 종사하는 자란 보험회사를 대표하여 보험계약의 체결권을 행사할 수 있는 보험회사의 대표이사 등이 포함된다고 보아야 한다. 모집 관련 규제는 보험회사는 물론 모집에 종사하는 자를 포함하여 규제하고자 하는 것이고 보험계약의 체결이란 보험모집과 다른 개념으로 보험계약의 인수, 즉 승낙행위를 의미하는 것으로 보아야 하며 보험계약의 체결 또는 금지행위 규정의 수범자를 보험모집에 종사하는 자뿐만 아니라 보험계약의 당사자인 보험회사도 포함시켜야 소기의 목적을 달성할 수 있기 때문이다. 다만 법문에서 보험회사라고 하지 않고, 보험계약의 체결에 종사하는 자로 규정한 것은 개별적인 실제 행위자를 염두에 둔 것으로 보험회사의 대표기관으로서 보험계약의 체결행위를 현실적으로 행하는 자임을 강조한 것이라고 볼 수 있다. 이러한 점은 보험업법 제97조에 위반한 경우에 보험회사나 보험대리점 또는 보험중개사를 법위반자로 전제하지 아니하고 현실적인 보험모집업무 내지는 보험계약체결업무를 수행하는 자, 즉 소속 임직원 또는 보험설계사의 위반행위를 전제로 보험회사, 보험대리점 또는 보험중개사가 그 위반에 따른 제재를 받을 수 있도록 규정하고 있는 것으로 비추어 보아도 그렇다(보험업법 제196조 제2항, 제209조 제2항 제18호, 제209조 제3항 제7호 및 제10호).[102]

또한 보험회사도 보험계약의 체결에 종사하는 자로 포함되는 것으로 보아야 할 것이다. 보험회사를 보험계약의 체결에 종사하는 자로 보지 않을 경우 보험회사에 의한 조직적인 보험계약의 부당전환행위 등에 대하여 동 규정에 근거하여 보험회사를 처벌할 수 없는 규제공백이 발생할 수 있다. 일본의 보험업법에서도 우리 보험업법과 유사한 규정을 두고 있는데, 일본의 보험모집에 관한 금지행위 규정의 규제 대상자는 보험모집인을 비롯하여 보험회사가 당연히 포함되는 것으로 규정되어 있는 점을 고려해볼 때도 보험회사를 보험계약의 체결에 종사하는 자로 보아야 할 것이다.[103]

3. 금지행위의 유형

(1) 보험계약의 부당전환 권유행위 등

1) 의의

보험계약자 또는 피보험자로 하여금 이미 성립된 기존 보험계약을 부당하게 소멸시킴으로써 새로운 보험계약을 청약하게 하거나 새로운 보험계약을 청약하게 함으로써 기존 보험계약을 부당하게 소멸시키거나 그 밖에 부당하게 보험계약을 청약하게 하거나 이러한 것을 권유하는 행위가 금지된다(보험업법 제97조 제1항 제5호). 새로운 보험계약은 대통령령으로 정하는 바에 따라 기존보험계약과 보장 내용 등이 비슷한 경우여야 한다. 보험계약의 내용이 다른 계약은 기존계약과 관련성이 희박하여 새로운 보험계약의 체결이 계약자의 자발적인 보험계약가입 필요성 등에 의한 것으로 인정될 가능성이 높기 때문이다. 동 규정은 구 보험업법 제156조 제1항 제5호와 동일한 취지의 규정으로 보험회사가 이차역마진 등 이유로 부당하게 보험계약을 전환시켜 보험계약자에게 피해를 주는 사례가 급증하고 있는 실정을 감안하여 이를 효과적으로 규제하고자 한 것이다.[104]

102 보험업법 제98조는 보험업법 제97조와 동일하게 그 규제 대상자를 보험계약의 체결 또는 모집에 종사하는 자로 규정하고 있는데, 금지행위의 위반에 대한 제재의 효과로서 보험회사를 당연히 위규행위자로 포함하여 과징금을 부과할 수 있도록 규정하고 있다(보험업법 제196조 제1항). 이러한 점에 비추어볼 때 규제 대상자와 규제의 효과를 받는 자에 대한 입법이 일목요연하게 정리되지 못한 측면이 있으므로 이에 관한 대대적인 법 개정이 있어야 할 것이다.

103 安居孝啓, 『最新 保険業法の 解說』, 大成出版社, 2010, 987면.

104 **제156조 (체결 또는 모집에 관한 금지 행위)** ① 보험계약의 체결 또는 모집에 종사하는 자는 그 체결 또는 모집에 관하여 다음 각호의 행위를 하지 못한다. <改正 1995.1.5.>
1. 보험계약자 또는 피보험자에 대하여 사실과 다르게 알리거나 보험계약의 계약조항의 일부에 대하여 비교한 사항을 알리거나 보험계약의 계약조항 중 중요한 사항을 알리지 아니하는 행위

2) 규제 대상 행위의 범위

부당하게 소멸한 기존 보험계약과 새로운 보험계약이 동일한 보험회사가 취급하는 것이어야 하는가? 통상 기존 보험계약의 부당소멸과 새로운 보험계약의 체결의 권유는 동일한 보험회사에서 영업정책이나 상품정책의 일환으로 추진될 가능성이 높다. 따라서 동일 보험회사 내에서 발생한 보험계약의 부당전환이 본 조항의 1차적 적용 대상이 될 것이다. 보험업법시행령 제45조 제5항 등에 비추어볼 때 소멸된 계약과 새로이 가입한 보험계약이 동일 보험회사임을 전제로 한 것으로 볼 수 있다. 그러나 보험회사가 다른 보험계약이 상호 관련될 가능성을 전혀 배제할 수 없다. 기본 보험계약의 소멸과 새로운 보험계약의 체결에 보험회사 외에 모집종사자의 이해관계도 개입되기 때문에 모집종사자가 실적달성과 수수료 수입의 증대를 목적으로 기존보험계약을 소멸시키고, 새로운 보험가입을 유도할 가능성도 있기 때문이다. 생각하건대 동 규정의 규제 대상 행위는 기존보험계약의 부당한 소멸과 새로운 보험계약의 체결에 일정한 관련성을 요하며 기존 보험계약과 신규보험계약의 보험회사가 동일하여야 한다는 명문상의 요건이 없는 상황에서 동일 보험회사 내의 보험계약에 국한하여 해석하여야 할 이유가 없다고 본다.[105]

3) 구별 개념

보험계약의 부당전환은 보험계약의 변경제도와 구별된다. 보험계약의 변경은 보험기간 중 당사자 간의 합의로 종래의 보험계약을 소멸시키고 새로운 보험계약을 체결하거나 기존계약의 담보위험을 확장하거나 보험의 목적물을 추가하거나 보험금액을 증액하거나 보험기간 및 보험료를 변경하는 것을 말한다. 이러한 보험계약의 변경은 계약자유원

2. 보험계약자 또는 피보험자가 보험사업자에 대하여 중요한 사항을 알리는 것을 방해하거나 알리지 아니할 것을 권유하는 행위
3. 보험계약자 또는 피보험자가 보험사업자에 대하여 중요한 사항에 관하여 불실한 사항을 알릴 것을 권유하는 행위
4. 보험계약자 또는 피보험자에 대하여 특별한 이익의 제공을 약속하거나 보험료의 할인 기타 특별한 이익을 제공하는 행위
5. 보험계약자 또는 피보험자에 대하여 이미 성립된 보험계약(이하 이 호중 '기존보험계약'이라 한다)을 부당하게 소멸시킴으로써 새로운 보험계약을 청약하게 하거나 새로운 보험계약을 청약하게 함으로써 기존보험계약을 부당하게 소멸하게 하거나 기타 부당하게 보험계약을 청약하게 하거나 이러한 것을 권유하는 행위

105 공정경쟁질서 유지에 관한 상호 협정에서 구 보험업법 제156조 제1항 제5호의 행위를 승환계약이라고 정의하고 있으며, 동 협정 세칙에 의하면 모집인이 소속하였던 기존보험계약이 해지 등으로 소멸되고 현 소속회사에 신계약이 체결된 경우를 승환계약이라고 규정하고 있다(생명보험 공정경쟁질서유지에 관한 상호협정 제3조 제9호 참조).

칙에 의하여 얼마든지 가능하다. 한편 표준사업방법성에 의하면 보험상품의 변경, 즉 보험종목의 변경을 보험계약의 전환이라고 보고 있는바, 표준사업방법서가 예정하고 있는 보험계약의 전환제도는 보험계약자의 필요에 의한 정당한 변경인 점에서 부당한 보험계약의 전환과 구별된다.[106] 부당한 보험계약의 소멸에 따른 부활에 관한 사항은 보험업법이 특별이 규정하고 있기 때문에 1차적으로 보험업법의 규정에 따라 해결하여야 하고 법 규정의 공백이 있는 경우 사법상의 제도를 유추·적용할 수 있을 것이다.

4) 보험계약 부당전환의 유형

가. 기존 보험계약을 부당하게 소멸시킴으로써 새로운 보험계약을 청약하게 하는 행위

보험계약의 체결 또는 모집에 종사하는 자는 기존의 보험계약을 부당하게 소멸하게 하고 새로운 보험계약을 청약하게 하는 행위를 할 수 없다. 여기서 기존의 보험계약이란 보험계약이 유효하게 성립하고, 정상 유지되고 있는 보험계약을 말한다. 기본보험계약을 부당하게 소멸시키는 행위란 보험계약의 소멸이 보험계약자의 자유로운 의사에 따라 이루어진 것이 아니라 보험계약의 소멸과정에 모집종사자의 부당한 간섭이나 강요·권유가 개입되는 것을 말한다. 따라서 보험계약자의 자유로운 의사에 따라 보험계약이 전환되는 경우는 제외된다. 부당성 유무는 보험계약의 소멸동기, 대가의 제공 여부 등 소멸 당시의 모든 사정을 종합하여 판단하여야 한다. 또한 기존보험계약을 부당하게 소멸시키고 새로운 보험계약을 청약하여야 하므로 기존보험계약의 소멸과 새로운 보험계약의 청약 간에는 일정한 관련성이 있어야 한다.

나. 새로운 보험계약을 청약하게 함으로써 기존보험계약을 부당하게 소멸시키는 행위

새로운 보험계약을 청약하게 함으로써 기존보험계약을 부당하게 소멸시키는 행위를 하여서는 안 된다. 동 행위는 기존보험계약과 새로운 보험계약의 체결이 시간적으로 뒤바뀐 경우를 규제하기 위한 것이다.

106 보험업감독업무시행세칙(표준사업방법서), 제20조, 제1항 참조.

다. 기타 부당한 보험계약의 청약 유도 행위

기타 부당한 방법으로 보험계약을 청약하게 하거나 권유하는 행위가 금지된다. 기타 부당한 방법이란 보험계약을 청약하거나 권유하는 행위에 강요나 착오, 사기의 개입 등 법규에 위반하는 불법적인 방법이 동원되거나 위법한 행위는 아니더라도 보험계약자의 자유로운 의사결정을 침해할 정도의 것이어야 한다. 부당성 판단기준은 객관적으로 기존계약의 소멸과 새로운 보험계약의 체결이라는 사실이 종합적인 관점에서 이익형량을 해볼 때 새로운 보험계약의 체결이 보험계약자에게 불이익한 결과를 초래하고, 전체적인 행위가 선량한 풍속, 신의성실, 권리남용금지원칙 등에 반하는 것을 의미한다고 볼 것이다.

5) 보험계약 전환의 부당성 의제

보험계약의 전환은 부당하게라는 위법성 요건을 필요로 한다. 이러한 위법성의 입증책임은 제재나 처벌을 담당하는 금융감독당국에게 있다. 그러나 현실적으로 이러한 부당성을 입증하는 것은 쉽지 않다. 이러한 입증상의 어려움을 감안하여 일정한 경우 부당한 보험계약의 전환을 의제하는 규정을 두고 있다. 즉, 보험계약의 체결 또는 모집에 종사하는 자가 (i) 기존보험계약이 소멸된 날부터 1개월 이내에 새로운 보험계약을 청약하게 하거나 새로운 보험계약을 청약하게 한 날부터 1개월 이내에 기존보험계약을 소멸하게 하는 행위를 하거나 (ii) 기존보험계약이 소멸된 날부터 6개월 이내에 새로운 보험계약을 청약하게 하거나 (iii) 새로운 보험계약을 청약하게 한 날부터 6개월 이내에 기존보험계약을 소멸하게 하는 경우로서 해당 보험계약자 또는 피보험자에게 기존보험계약과 새로운 보험계약의 보험기간 및 예정 이자율 등 대통령령으로 정하는 중요한 사항을 비교하여 알리지 아니하는 행위를 한 경우에는 기존 보험계약을 부당하게 소멸시키거나 소멸하게 하는 행위를 한 것으로 본다. 다만 (i)의 경우에 보험계약자가 기존 보험계약 소멸 후 새로운 보험계약 체결 시 손해가 발생할 가능성이 있다는 사실을 알고 있음을 자필로 서명하는 등 대통령령으로 정하는 바에 따라 본인의 의사에 따른 행위임이 명백히 증명되는 경우에는 보험계약의 부당전환이 의제되지 않는다.

6) 위반효과

가. 기존 보험계약의 부활청구 및 신계약의 취소

보험계약자는 보험계약의 체결 또는 모집에 종사하는 자(보험중개사는 제외한다)가 기존보험계약을 소멸시키거나 소멸하게 하였을 때는 그 보험계약의 체결 또는 모집에 종사하는 자가 속하거나 모집을 위탁한 보험회사에 대하여 그 보험계약이 소멸한 날부터 6개월 이내에 소멸된 보험계약의 부활을 청구하고, 새로운 보험계약은 취소할 수 있다. 보험계약의 부활 및 취소는 당해 보험계약이 동일한 보험회사를 대상으로 한 계약이어야 한다(시행령 제45조 제5항). 6월의 기간은 소멸시효기간이 아니라 제척기간으로 해석된다. 새로운 보험계약의 취소는 상대방 있는 단독행위로서 보험계약자의 취소의 의사표시가 상대방인 보험회사에 도달하면 그 효과가 발생한다. 보험계약의 취소로 당사자는 이행된 급부를 청산하여야 할 의무가 발생하고, 보험회사는 민사상 법정이자와 이미 수령한 보험료를 반환하여야 한다.

나. 부활청약에 대한 승낙

보험계약의 부활의 청구를 받은 보험회사는 특별한 사유가 없는 한 소멸한 보험계약의 부활을 승낙하여야 한다(보험업법 제97조 제5항). 보험계약의 부활 및 새로운 보험계약의 취소의 효력은 기존보험계약의 소멸로 인하여 보험계약자가 수령한 해약환급금을 반환하거나 새로운 보험계약으로부터 보험계약자가 제급부금을 수령한 경우 그 반환을 한 때 발생한다(시행령 제45조 제4항). 보험계약자는 보험모집종사자에 의하여 부당하게 소멸된 보험계약의 부활을 청구하고, 새로운 보험계약을 취소하고자 하는 보험계약자는 보험계약 부활청구서에 기존보험계약의 소멸을 입증하는 서류 및 새로운 보험계약의 보험증권을 첨부하여 보험회사에 제출하여야 한다(시행령 제45조 제1항).

다. 부활청구 및 취소 청구기간

보험계약의 부활청구 및 취소청구는 당해 보험계약이 소멸한 날로부터 6개월 이내에 할 수 있다(보험업법 제97조 제4항). 보험업법상이 부활제도는 상법 제650조의2에 의한 보험계약의 부활과 그 요건 및 효과에 있어 상이한 제도이다. 보험계약의 부활은 사법적인 영역에서 규율하여야 할 사항으로써 이러한 사법적 거래에서 발생하는 행위를 공익을 위하여 규제하는 공법적 영역에서는 공법적 제재수단을 통하여 해결하면 충분하지 사법상의 제도와 별도로 부활제도를 규정하는 것이 타당한 입법인지는 의문이다.[107]

보험계약의 부당전환 권유행위 등이 단순히 부당성을 넘어 사기 또는 강박이나 불공정한 경우에는 보험업법상의 취소 및 부활제도와 별개로 민법상의 제도에 의하여 구제될 수 있다. 즉, 부당전환이 착오에 의하여 이루어진 경우에는 착오에 의한 취소(민법 제109조), 부당전환이 사기나 강박에 의하여 이루어진 경우에는 사기·강박에 의한 취소를 할 수 있다(민법 제110조). 또한 부당전환이 당사자의 궁박, 경솔 또는 무경험으로 인하여 현저하게 공정을 잃은 경우에는 무효이다(민법 제104조). 보험계약의 부당전환 규제는 이러한 사기나 강박에 이르지 않은 정도의 경우에 그 의미를 가지며 부당전환 규제제도와 민법적 구제제도가 중첩적으로 적용되는 국면에서 두 제도를 통하여 구제받을 수 있다. 즉, 부활청구기간을 도과하더라도 민법적인 제도에 의하여 취소 또는 무효의 주장이 가능하다.

7) 상법상 보험계약의 부활제도

갑은 일전에 가입한 생명보험계약에 대한 보험료를 1년 동안 납입하지 아니하여 실효상태에 있었다. 그런데 생활형편이 나아져 보험계약을 체결하고자 하는 생각이 들어 새로운 보험계약을 체결하기보다는 실효상태에 있는 기존의 보험계약을 되살리는 것이 좋겠다고 생각되어 보험회사에 대해 보험계약을 다시 살릴 수 있는지 문의하였다.
갑의 보험계약 부활청구는 가능한가?

가. 의의

보험회사와 보험계약을 체결한 후 계속보험료의 미납으로 실효상태에 있는 보험계약을 되살릴 수 있는 제도가 보험계약의 부활제도이다. 우리 상법은 보험계약이 계속보험료가 약정한 시기에 납입되지 아니함으로써 보험계약이 해지된 후에도 해지환급금이 보험계약자에게 지급되지 아니한 경우에는 보험계약자는 일정한 기간 내에 연체보험료에 약정이자를 붙여 보험자에게 지급하고 그 계약의 부활을 청구할 수 있도록 부활제도

107 부당하게 소멸된 보험계약에 관해서는 민법 제110조나 보험업법 제102조에 의한 손해배상의 청구 등으로 충분하다고 본다.

를 두고 있다(상법 제650조의2).

상법상의 이러한 부활제도는 보험계약자의 이익을 보호하기 위한 제도로 이해된다. 즉, 보험계약이 해지되어 새로운 보험계약을 체결하려면 모집수수료 등의 부가보험료를 부담하여야 하고, 사망보험계약의 경우 나이가 들어 가입하고자 하는 경우에는 위험보험료가 높아져 종래 보험계약시의 보험료에 비하여 높아질 개연성이 있으므로 보험료를 절약하는 효과가 있고, 기존의 상품이 새로운 상품에 비하여 보장이나 예정이율 등의 조건이 좋은 경우에 이러한 부활제도를 이용할 실익이 있다.

나. 생명보험표준약관상의 부활 규정

가) 개요

생명보험표준약관에 의하면 보험료의 납입연체로 인한 해지계약의 부활과 강제집행 등으로 인한 해지계약의 특별부활제도를 두고 있다.

나) 관련 규정

제27조(보험료의 납입연체로 인한 해지계약의 부활(효력회복)) ① 제26조(보험료의 납입이 연체되는 경우 납입최고(독촉)와 계약의 해지)에 따라 계약이 해지되었으나 해지환급금을 받지 않은 경우(보험계약대출 등에 따라 해지환급금이 차감되었으나 받지 않은 경우 또는 해지환급금이 없는 경우를 포함합니다) 계약자는 해지된 날부터 3년 이내에 회사가 정한 절차에 따라 계약의 부활(효력회복)을 청약할 수 있습니다. 회사가 부활(효력회복)을 승낙한 때 계약자는 부활(효력회복)을 청약한 날까지의 연체된 보험료에 평균공시이율 +1% 범위 내에서 각 상품별로 회사가 정하는 이율로 계산한 금액을 더하여 납입하여야 합니다. 다만 금리연동형보험은 각 보험상품별 사업방법서에서 별도로 정한 이율로 계산합니다.

② 제1항에 따라 해지계약을 부활(효력회복)하는 경우에는 제13조(계약 전 알릴 의무), 제14조(계약 전 알릴 의무 위반의 효과), 제15조(사기에 의한 계약), 제16조(보험계약의 성립) 제2항 및 제3항 및 제23조(제1회 보험료 및 회사의 보장개시)를 준용합니다.

제28조(강제집행 등으로 인한 해지계약의 특별부활(효력회복)) ① 회사는 계약자의 해지환급금 청구권에 대한 강제집행, 담보권실행, 국세 및 지방세 체납처분절차에 따라

계약이 해지된 경우 해지 당시의 보험수익자가 계약자의 동의를 얻어 계약 해지로 회사가 채권자에게 지급한 금액을 회사에 지급하고 제20조(계약내용의 변경 등) 제1항의 절차에 따라 계약자 명의를 보험수익자로 변경하여 계약의 특별부활(효력회복)을 청약할 수 있음을 보험수익자에게 통지하여야 합니다.

② 회사는 제1항에 따른 계약자 명의변경 신청 및 계약의 특별부활(효력회복) 청약을 승낙합니다.

③ 회사는 제1항의 통지를 지정된 보험수익자에게 하여야 합니다. 다만 회사는 법정상속인이 보험수익자로 지정된 경우에는 제1항의 통지를 계약자에게 할 수 있습니다.

④ 회사는 제1항의 통지를 계약이 해지된 날부터 7일 이내에 하여야 합니다.

⑤ 보험수익자는 통지를 받은 날(제3항에 따라 계약자에게 통지된 경우에는 계약자가 통지를 받은 날을 말합니다)부터 15일 이내에 제1항의 절차를 이행할 수 있습니다.

다. 법적 성질

보험계약의 부활이 부활하겠다는 일방의 의사표시에 의하여 기존의 해지된 계약이 되살아나는 것인가 아니면 부활의 청약과 이에 대한 승낙에 따라 성립하는 계약인가 하는 논쟁이다. 이에 대해서는 부활의 경우 상법 제638조의2가 준용된다고 규정하고 있는 점을 들어 계약이라고 보는 것이 통설적 견해이다. 그런데 부활을 계약으로 볼 경우 새로운 계약인가 아니면 특수한 계약인가에 대하여 견해 대립이 있다.

계약이라고 볼 경우 통상의 신계약과 동일한 것인가에 관해 특수계약이라고 보는 견해가 있다. 부활계약이란 해지된 보험계약을 해지되지 않는 것으로 되살리는 특수한 계약이라는 입장이다. 특수계약설이 우리나라의 통설이라고 한다.[108]

다음으로 신계약설이 있다. 이는 부활계약이란 해지된 보험계약과 동일한 내용의 새로운 보험계약이라는 입장이다.

보험계약의 실효와 부활의 법적 실질에 대하여 일본에서도 예전부터 학설상의 논쟁이 있었다. 종래의 통설은 약관에 있어 부활제도가 정해져 있는 경우의 보험계약의 실효는 부활을 해제요건으로 하는 것이고, 보험계약이 부활한 경우에는 전 계약은 처음부터 그 효력을 잃지 않은 것으로 본다.

108 한기정, 앞의 책, 391면.

부활에 대해 계약당사자 간의 합의에 의해, 실효한 보험계약의 소멸한 효력을 잃게 하여 계약실효 전의 상태로 회복하게 하는 것을 내용으로 한 특수한 계약이라고 보는 것이다.

이러한 견해는 해제요건이 성취하지 않는 한 실효에 의해 보험계약은 완전히 소멸되는 것이 된다. 이에 대해 실효에 의해 보험계약자와 보험자의 계약관계가 완전히 소멸해 버렸다고 한다면, 부활에 관한 합의이나 해약반환금 지불에 관한 합의까지 소멸하는 것이 되어 부활과 해약환급금 지급의 법적 기초가 사라지기 때문에, 이러한 한도에서 계약관계는 지속되고 이러한 사항을 제외한 그 외의 보험계약의 효력은 소멸되는 것이 실효라는 견해도 있다. 나아가 실효에 의해 보험계약에 기초한 보험자의 책임이 소멸할 뿐이며 보험계약관계자체는 소멸하지 않는다고 보는 견해도 존재한다.

라. 부활요건

보험계약의 부활이 인정되기 위해서는 계속보험료의 미납을 인한 해지의 경우여야 한다. 따라서 보험계약자에 의한 임의해지의 경우나 고지의무 위반으로 인한 해지 등의 경우에는 부활이 인정되지 않는다. 다만 보험계약자와 보험자가 따로 합의 한 경우에는 특별히 이를 인정할 사유가 없는 한 사적 자치의 원칙에 따라 인정될 수 있다.

마. 부활의 효과

부활의 효과와 관련하여 보험계약의 복구에 따른 청약과 승낙의 절차, 고지의무의 이행, 설명의무의 이행, 책임 개시 시기 등과 관련한 각론상의 논의가 생길 수 있다.

현행 부활제도에 의하면 부활에 있어 고지의무를 요구하고, 부활청약에 대한 보험자의 승낙의무도 최초 보험계약의 성립에 준하여 적용되며, 보험자의 책임 개시시기도 부활보험료의 납입에 따라 시작되는 것으로 규정하고 있다.

자살면책 시기와 계약 전 발병부담보조항 등의 적용과 관련하여도 문제 상황이 발생할 수 있다. 생각하건대 현행 부활제도는 보험자에게 유리하게 규정되어 있으므로 보험료의 부담과 신의칙의 관점에서 이해조정이 필요하다고 생각된다.

(2) 허위·가공계약 및 무단차명계약 모집 금지

1) 의의

보험계약의 체결 또는 모집에 종사하는 자는 그 체결 또는 모집에 관하여 실제 명의인이 아닌 자의 보험계약을 모집하거나 실제 명의인의 동의가 없는 보험계약을 모집하는 행위를 할 수 없다(보험업법 제97조 제1항 제6호). 보험계약에서 보험계약의 당자로서 보험계약자 외에 피보험자, 보험수익자 등의 명의가 보험계약 시에 기재되는 것이 보통이다. 그리고 이러한 자들은 보험계약에서 각기 이해관계를 갖는 자로서 실존적 명의자이거나 곧 실존이 가능한 자이어야 한다. 보험거래는 금융실명거래 및 비밀보장에 관한 법률에서 규정하고 있는 금융거래가 아니므로 이론상 보험거래에서 실지명의에 의하지 아니한 거래가 가능하였다.[109] 그러나 2010년 개정 보험업법에서 실제명의인이 아닌 자의 보험계약을 모집하거나 실제명의인의 동의가 없는 보험계약을 모집할 수 없도록 함으로써 보험거래에서도 실명거래가 간접적으로 강제된 것이다.

실제명의인이 아닌 보험계약이란 보험계약자가 실재하지 않은 허위·가공의 명의자를 내세운 계약을 말한다. 또한 실제명의인의 동의가 없는 계약이란 명의인은 실제로 존재하는 사람이나 그 사람의 명의를 무단으로 사용하여 체결한 차명보험계약을 말한다. 이러한 허위·가공 계약 및 차명계약은 대개 모집종사자가 부족한 보험계약의 모집실적을 억지로 맞추기 위하여 또는 보험회사 등이 실시하는 프로모션에 선정되기 위하여 무리하게 영업하는 과정에서 발생할 소지가 있다.

실제명의인이 아닌 자의 보험계약을 모집하는 경우란 계약의 체결 또는 모집에 종사하는 자가 스스로 허위 가공 계약을 작출하여 모집하거나 보험계약자에 의하여 작성된 실제명의인이 아닌 계약을 모집하는 경우로 나누어볼 수 있다. 또한 보험계약 체결 또는 모집에 종사하는 자가 실제 명의인의 동의가 없는 보험계약을 모집하는 경우란 명의인은 실존인물이나 그로부터 정당한 동의를 득하지 아니하고 그 명의를 무단 도용하거나

109 우리나라는 금융거래의 정상화를 꾀하고 경제정의를 실현하고자 금융거래를 실지명의(實地名義)에 의한 거래를 하도록 의무화하였다. 여기서 "금융거래"란 금융회사 등이 금융자산을 수입(受入)·매매·환매·중개·할인·발행·상환·환급·수탁·등록·교환하거나 그 이자, 할인액 또는 배당을 지급하는 것과 이를 대행하는 것 또는 그 밖에 금융자산을 대상으로 하는 거래로서 총리령으로 정하는 것을 말한다(금융실명거래 및 비밀보장에 관한 법률 제2조 제3호). 그리고 금융자산은 "금융자산"이란 금융회사 등이 취급하는 예금·적금·부금(賦金)·계금(契金)·예탁금·출자금·신탁재산·주식·채권·수익증권·출자지분·어음·수표·채무증서 등 금전 및 유가증권과 그 밖에 이와 유사한 것으로서 총리령으로 정하는 것을 말한다(금융실명거래 및 비밀보장에 관한 법률 제2조 제2호).

차용하여 체결하는 보험계약을 모집하는 것이다. 이러한 보험계약의 모집행위에 대해서는 당해 모집자에 대해서는 보험업법에 의한 제재가 가해지게 된다. 그런데 이와 같이 모집된 당해 보험계약의 사법상의 효력은 어떻게 되는지 문제된다.

2) 허위·가공 보험계약 및 무단차명 보험계약의 형식

허위·가공계약, 즉 실제명의인이 아닌 자의 보험계약은 (i) 보험계약의 체결 또는 모집에 종사하는 자가 스스로 만들어내는 경우, (ii) 보험계약자에 의하여 작출된 경우로 나누어볼 수 있다. 또한 차명계약의 경우, 즉 실제 명의인의 동의가 없는 보험계약의 경우도 (iii) 보험계약의 체결 또는 모집에 종사하는 자가 스스로 차명계약을 만들어내고 그 계약을 모집하는 경우와 (iv) 보험계약자가 차명계약을 만들어내고 이를 모집종사자가 모집하는 경우가 있을 수 있다.

3) 보험계약의 효력

가. 문제의 소재

(i)의 경우 계약의 체결 행위는 모집종사자가 하는 것이고, 계약의 명의는 가공의 인물로 되어 있는 것인데, 이러한 경우에 실제 계약을 체결하는 행위자는 모집종사자이고 보험계약상의 명의자는 가공인물이 되며 이 경우 명의자와 행위자가 다른 사람이 된다. 이러한 사례에서는 계약의 당사자를 누구로 보아야 하는지 여부가 우선적으로 규명될 필요가 있다. 이러한 논의는 (iii) 또는 (iv)의 차명계약의 경우에도 동일하게 제기되는 문제이다. 즉, 차명으로 계약이 체결되는 경우에는 모집자가 스스로 실제 명의인의 동의 없이 무단으로 차명계약을 체결하거나 보험계약자가 자신의 명의를 사용하지 아니하고 다른 사람의 명의를 무단으로 차용하여 체결하는 것인데, 이러한 경우에도 계약상의 명의자와 실제로 보험계약을 체결하는 행위를 하는 자가 불일치가 발생하여 동일한 문제가 제기된다.

나. 보험계약의 당사자 확정 이론 및 판례

타인명의를 사용하여 다른 사람이 법률행위에 하는 경우에 있어서 중요한 것은 그 법률행위를 행위자의 것으로 보아야 하는지 아니면 명의자로 보아야 하는지 여부, 즉

계약의 당사자를 누구로 보아야 할 것인지 여부에 대한 규명이 필요하다. 타인명의를 사용하여 행한 법률행위에 있어서 누가 행위당사자로 되는가는 법률행위의 해석에 의하여 결정되어야 한다. 따라서 행위자 또는 명의인 가운데 누구를 당사자로 보아야 하는지에 관하여 행위자와 상대방의 의사가 일치하는 경우에는 그 일치하는 의사대로 확정되어야 한다. 만약 일치하지 않는 경우에는 규범적 해석을 하여야 한다. 즉, 구체적인 경우의 제반 사정 위에서 합리적인 인간으로서 상대방이 행위자의 표시를 어떻게 이해했어야 하는가에 의하여 당사자가 결정되어야 한다. 이때 행위자의 내적 의사는 중요하지 않다.[110]

이와 같은 방법에 의하여 해석한 결과 법률행위가 행위자 자신의 것으로 인정되는 경우에는 명의인의 표시는 이름을 잘못 표시한 것에 불과하여 명의인에게는 아무런 효과도 발생하지 못하고 따라서 명의인은 추인에 의하여 법률효과를 자기에게 귀속시킬 수도 없다. 이에 비하여 명의인의 행위로 인정되는 경우 대리행위가 되므로 거기에는 대리에 관한 규정이 적용되어야 한다. 행위자에게 대리권이 없는 때도 마찬가지이다.[111] 행위자와 명의자가 다른 경우 계약의 당사자가 누구인가에 관한 판례를 소개하면 다음과 같다.

(i) 계약을 체결하는 행위자가 타인의 이름으로 법률행위를 한 경우에 행위자 또는 명의인 가운데 누구를 계약의 당사자로 보아야 할 것인가에 관해서는, 우선 행위자와 상대방의 의사가 일치한 경우에는 일치한 의사대로 행위자 또는 명의인을 그 계약의 당사자로 확정하여야 하고, 행위자와 상대방의 의사가 일치하지 않는 경우에는 그 계약의 성질 · 내용 · 목적 · 체결 경위 등 그 계약 체결 전후의 구체적인 제반 사정을 토대로 상대방이 합리적인 사람이라면 행위자와 명의자 중 누구를 계약 당사자로 이해할 것인가에 의하여 당사자를 결정하여야 한다. 그러므로 일방 당사자가 대리인을 통하여 계약을 체결하는 경우에 있어서 계약의 상대방이 대리인을 통하여 본인과 사이에 계약을 체결하려는 데 의사가 일치하였다면 대리인의 대리권 존부 문제와는 무관하게 상대방과 본인이 그 계약의 당사자라고 할 것이다.[112]

(ii) 지입차주가 지입회사의 승낙 하에 지입회사 명의로 지입차량의 할부구입계약

110 송덕수, 『신민법강의』(제4판), 박영사, 2011, 245면.

111 송덕수, 앞의 책, 245면.

112 대법원 2009. 12. 10. 선고 2009다27513 판결; 동 1995. 5. 15. 선고 97다53045 판결; 동 1997. 2. 28. 선고 96다49933 판결; 동 1995. 9. 29. 선고 94다4912 판결; 동 2001. 5. 29. 선고 2000다3897 판결 등.

및 그 할부대금의 지급보증을 위한 할부판매보증보험계약을 체결하면서 그 할부대금을 완전히 자신이 부담하기로 하였다면 그 내심의 의사는 자신이 계약 당사자가 될 의사였을지 모르지만, 상대방인 자동차회사 및 보험회사에 대해서는 지입회사의 승낙하에 그 명의를 사용하였을 뿐만 아니라 그 상대방 회사로서도 지입관계를 알면서 보증보험계약을 체결하였다고 볼 만한 아무런 사정이 없는 이상, 그 보증보험계약의 당사자는 지입회사이다.[113]

(iii) 갑이 을 명의를 도용하여 보험회사와 보증보험계약을 체결하고 그 보험증권을 이용하여 금융기관으로부터 을 명의로 차용한 금원을 상환하지 않아 보험회사가 보험금을 지급한 경우, 그 보험계약을 무효로 보아 보험회사의 부당이득 반환청구를 인용하였다.[114]

다. 보험계약의 당사자

실제 명의인이 아닌 자의 보험계약이나 실제 명의인의 동의를 득하지 아니한 보험계약의 경우 보험계약의 당사자는 보험계약의 상대방인 보험회사의 의사와 일치한 경우에는 일치한 대로 일치하지 아니한 경우에는 보험회사의 입장에서 누구를 당사자로 보았을 것인가 여부가 문제된다.

그런데 실제명의인이 아닌 자의 보험계약은 모집종사자가 체결하거나 보험계약자에 의하여 체결된 것이므로 보험계약의 체결행위는 모집종사자나 보험계약자가 한 것이지만 계약상의 명의인은 실제명의인이 아닌 제3자로 표시되었을 것이다. 실제 명의인으로 된 보험계약의 경우에는 모집종사자가 실제명의자의 동의 없이 계약상의 명의를 무단 차용하여 체결하거나 보험계약자가 실제 명의자의 동의 없이 계약상의 명의를 실제 명의인으로 표시하여 체결하였을 것이다.

이러한 경우 모집종사자 및 보험계약자와 보험회사 사이에 가공인물 또는 제3자의 명의의 보험계약을 체결하기로 합의를 하였다는 특별한 사정이 없는 한 보험회사는 보험계약 청약서에 표시된 명의상의 계약자, 즉 실제 명의인이 아닌 자 또는 실제 명의인을 보험계약의 당사자로 보았을 것이다. 그러나 실무상 본인 여부 확인, 자필서명 확인, 신계약 모니터링 절차에 의하여 허위·가공계약은 거의 걸러지게 되므로 허위신분증을

113 대법원 1998. 3. 13. 선고 97다22089 판결.
114 대법원 1995. 10. 13. 선고 94다55385 판결.

위조하는 등의 특별한 경우가 아니라면 허위 가공계약의 가능성은 거의 발생하지 않을 것으로 보인다.

라. 보험계약의 효력

보통 명의인과 행위자 중 명의인으로 계약의 당사자로 확정된 경우에는 명의자인 본인과 보험회사 간 법률행위의 구도가 성립되고 실제 행위자는 이러한 법률행위에서 대리인의 지위에서 한 것으로 평가되므로 이러한 계약의 유효 여부는 대리법의 법리에 의하여 검토해볼 필요가 있다.

그런데 (i)과 (ii)처럼 보험계약의 당사자가 실제 명의인이 아닌 자로 확정된 경우에는 계약 체결 행위자인 모집종사자가 당해 보험계약에 대한 대리권을 갖고 있었는지 여부를 따져볼 필요 없이 이러한 경우의 보험계약은 계약의 일반적 성립요건의 하나인 계약의 당사자가 존재하지 않는 것이므로 처음부터 무효인 계약으로 된다. 따라서 실제로 계약을 체결한 당사자는 상대방에 대하여 부당이득의 법리에 따라 계약관계를 청산하여야 한다.

한편 (i) 또는 (ii)의 경우 실제 행위를 한 모집종사자 또는 보험계약자를 당사자로 상호 의사의 합치가 있는 경우에는 실존하는 모집종사자 또는 보험계약자를 당사자로 하는 보험계약이 성립된 것으로 볼 수도 있을 것이다(민법 제108조). 그리고 모집종사자가 당사자로 확정된 경우에는 자기계약 금지 위반 여부를 추가적으로 검토하여야 한다. 이 경우에는 모집종사자의 법적 지위에 따라 적용 범위가 달라질 수 있다.

또한 (iii) 또는 (iv)의 경우에서 실제 명의인을 보험계약의 당사자로 볼 경우 다시 대립법의 법리에 의하여 그 효력 여부를 살펴보아야 하고, (iii)의 경우 보험계약의 당사자로서 모집종사자나 보험계약자로 확정되는 경우에는 자기계약 쌍방 대리금지 규정 위반 여부를 검토해보아야 한다.

판례는 "망인(亡人)을 기명피보험자로 한 자동차보험계약의 효력에 관하여 자동차보험계약에서 기명피보험자가 누구인지의 문제는 그 계약의 중요한 요소이므로 계약 당시 기명피보험자가 생존해 있어야 하나, 계약 당시 기명피보험자가 이미 사망한 경우라 하여도 보험자와 보험계약자 쌍방 모두가 제3자의 사망사실을 잘 알면서도 자동차등록원부상 소유자 명의 정리에 시일이 소요되는 등의 사정으로 편의상 계약체결 당시 자동차등록원부에 보험차량 소유자로 등재된 사망자를 자동차보험계약의 기명피보험자로 기재한 것에 불과하고, 실질적인 기명피보험자에 관하여 쌍방의 의사가 합치되어 있는 경우라면 자동차보험계약이 유효하다고 할 수도 있겠지만, 그렇지 않고 보험자와 보험계약자 모두가 제3자의 사망사실을 모른 채 사망자를 기명피보험자로 하여 체결한 것이라면 그 자동차보험계약은 효력이 없다"라고 판시하였다.[115]

(iii) 또는 (iv)의 차명계약의 경우 법률행위를 한자와 보험회사 간에 의사가 일치하지 아니한 경우 실제명의인이 보험계약의 당사자가 될 것이고 이 경우 모집종사자나 보험계약자로 행위 한 자는 실제 명의인으로부터 동의를 받지 않고 정당한 대리권을 득하지 아니한 채 보험계약을 체결한 것이므로 모집종사자나 실제 계약을 체결한 자에 의한 보험계약의 체결은 무권대리행위가 된다.

이 경우에는 실제명의인의 추인이 있는 경우와 그렇지 않은 경우로 나누어 그 효과가 갈리게 된다. 우선 계약의 당사자로 취급된 실제명의인이 추인을 한 경우에는 처음부터 유효한 계약으로 존재하게 된다(민법 제133조 본문). 그러나 추인의 소급효는 제3자의 권리를 해하지 못한다(민법 제133조 단서). 그리고 추인이 없거나 추인을 거절한 경우에는 무효가 된다. 한편 모집종사자가 실제명의인의 동의를 받지 않고 보험계약을 체결하고 이를 모집종사자 스스로 모집한 경우 우선 법률행위의 자연적 해석에 따라 당사자를 확정하고 확정이 되지 않을 경우에는 규범적 해석에 따라 보험회사가 상대방을 누구로 보았는지 여부에 의하여 결정하여야 한다. 따라서 보험회사가 해당 모집종사자가 보험계약자라는 사실을 알지 못한 경우 등 특별한 사정이 없는 한 실제명의인과 보험회사가 계약의 당사자가 되고, 보험계약의 체결을 한 모집종사자는 무권대리인으로서 계약을 체결한 것이므로 실제명의인과 보험회사 사이의 보험계약은 무효가 된다.

그러나 무권대리행위를 한 모집종사자는 그 대리권을 증명하지 못하고 또 본인의 추인을 얻지 못한 때는 보험회사의 선택에 좇아 계약의 이행 또는 손해배상의 책임이 있다(민법 제135조 제1항). 다만 보험회사가 모집종사가가 대리권 없음을 알았거나 알 수 있었을 때는 계약의 이행 또는 손해배상의 책임이 없다(민법 제135조 제2항). 미성년자인 모집종사자가 보험계약자로 기재된 실제명의인의 동의 없이 무권대리행위로서 보험계약을 체결한 경우 민법 제135조 제1항의 무권대리인의 상대방에 대한 책임조항이 적용될 것인가? 생각하건대 특별히 보험계약의 경우 무권대리인의 상대방에 대한 책임

115 서울남부지법 2005. 6. 17. 선고 2004가합18874 판결.

조항을 면제하는 규정이 없는 한 모집종사자의 보험계약의 무권대리행위에도 적용되는 것으로 보아야 할 것이다.

마. 자기계약 쌍방대리 금지 위반 여부

모집종사자에 의하여 작성된 허위·가공계약이나 차명계약에서 모집종사자가 대리인으로서 지위를 가지는 경우가 있는데, 이때 모집종사자가 보험업법상 부여된 모집종사자로서의 지위 이외에 보험계약자 측의 대리인의 지위를 가질 수 있는지 여부가 문제될 수 있다.

특히 모집종사자에 의한 허위·가공계약 및 무단 차명계약의 경우 자기계약 금지 규정의 적용문제가 발생할 수 있다. 즉, 모집종사자가 보험대리점인 경우 보험회사의 대리인으로서 그리고 자신이 보험계약의 당사자가 되므로 자기계약 금지 규정에 위반한 것은 아닌가 하는 의문이 든다.

그런데 보험설계사나 보험중개사의 경우 보험계약 체결의 대리권이 없으므로 민법상의 자기계약 금지 규정의 직접 적용은 불가능하다고 보인다. 그러나 자기계약 금지 규정의 취지상 이들에게 민법의 자기계약 금지 규정을 유추하여 적용할 수 있는지 여부는 추가적인 검토가 필요한 문제이다.

생각하건대 보험업법 제101조가 자기계약의 허용을 전제하는 규정이고 보험거래는 사전에 거래조건이 명확하게 설정되어 있으므로 보험계약의 대리점 등이 자기계약을 체결한다고 하더라도 본인인 보험회사에 불리하게 작용되는 것은 극히 드물다고 볼 수 있으므로 특별히 보험회사가 금지하지 않는 한 모집종사자의 자기계약 체결행위는 허용되는 것으로 볼 수 있다. 또한 보험설계사나 보험중개사는 보험계약의 체결의 중개 권한만 있으므로 자기계약의 규정이 직접 적용되지 아니하고 보험대리점의 자기계약을 허용하는 마당에 보험설계사나 보험중개사의 자기계약을 막을 이유는 없다고 본다. 이러한 논의의 실익은 모집종사자의 자기계약 금지가 적용된다면 무권대리규정과 함께 자기계약 금지 규정도 중첩적으로 적용될 수 있다는 점에서 찾을 수 있다고 본다.

바. 모집종사자의 모집행위의 효력

실제명의인이 아닌 자의 보험계약을 모집종사자가 작성한 경우 모집종사자는 법위반에 따른 공법적 제재를 받을 수 있다. 또한 위에서 검토한 바에 따라 당해 보험계약이 무효로 최종 확정된 경우에는 무효인 계약을 모집한 모집행위도 그 효력이 인정되지 아니하므로 무효인 모집에 따른 모집종사자와 보험회사 간의 수수료 정산 등이 이루어지게 된다.

(3) 자필서명의 대행행위 금지 등

보험계약의 체결 또는 모집에 종사하는 자는 보험계약자 또는 피보험자로부터 자필서명을 받지 않고 서명을 대신하거나 다른 사람으로 하여금 서명하게 하는 행위를 할 수 없다(보험업법 제97조 제1항 제7호). 이 규정은 보험계약을 체결할 경우 보험계약의 청약자로부터 보험약관에 대한 설명을 잘 받은 사실을 확인하고, 보험자가 청약서에 질문한 사항 등을 잘 듣고 스스로의 판단에 따라 진실하게 청약서의 내용을 작성하거나 답하였다는 의미로서 자필서명을 하도록 요구하고 있다. 나아가 타인의 생명보험의 경우 타인인 피보험자의 서면동의를 받도록 하고 있다. 그런데 실무에서 모집자가 청약절차를 제대로 이행하지 아니하고 보험계약자의 자필서명을 임의적으로 작출하는 경우가 있다. 이러한 자필서명 대행행위는 설명의무 및 고지의무 이행 등과 관련하여 불필요한 분쟁을 야기하고, 타인의 생명보험에서 타인의 서명을 득하지 아니한 경우에는 당해 보험계약이 무효로 되어 보험계약자 등의 이익을 침해할 소지가 있으므로 금지할 필요가 있다.

피보험자로부터 자필서명을 받지 않은 사실만으로는 동 규정의 위반이 아니며 자신이 서명을 대신하거나 다른 사람으로 하여금 서명을 하게 하는 행위까지 나아가야 한다. 자필서명이란 서명자 본인이 직접 스스로 자신의 이름을 쓰는 것을 말한다. 이러한 자필서명의 성질상 대행행위는 인정되지 않는다. 따라서 보험업법은 보험계약의 체결 또는 금지행위의 하나로 규정하고 있고 이를 통하여 보험계약 체결의 자기책임과 유효성을 강화하고자 한 것이다. 보험자는 자필서명이 안 되었을 경우 해당 계약청약서의 작성행위를 보험계약자 등이 스스로 하였다는 증명력이 떨어지는 불이익을 감수하여야 한다.

(4) 타인명의 모집행위 금지

1) 규제의 의의 및 취지

모집종사자는 다른 모집종사자의 명의를 이용하여 보험계약을 모집할 수 없다(보험업법 제97조 제1항 제8호). 이러한 타인명의 모집행위는 보험계약상의 책임관계를 모호하게 할 뿐만 아니라 부실한 보험계약 관리로 인한 보험계약자 등의 피해를 야기할 수 있고, 보험설계사의 원칙적 일사전속주의를 잠탈할 수 있으며 모집업무의 재위탁을 금지하고 있는 규제를 회피할 수 있다. 그리고 타인의 영업력을 활용한 수당의 과다 수령 등의 폐해도 발생할 소지가 있으므로 이를 규제하고자 한 것이다. 또한 이 규정은 이른바 보험계약의 경유처리를 금지하는 것으로 모집수당이 많은 자가 모집수당이 적은 자가 모집한 것처럼 모집 경로를 다르게 할 경우 누진소득세제에 따른 탈세가 가능하므로 소득세 포탈을 방지하는 효과도 거둘 수 있고, 모집수당의 부당집행, 보험계약자에 대한 지속적인 관리곤란 등의 문제가 있으므로 이를 금지한 것이다.[116]

타인명의 모집행위는 모집자격을 가지고 있는 자가 다른 모집자의 명의를 빌리는 유형, 보험모집에 관한 원천적인 무자격자 또는 등록취소 또는 업무정지로 인하여 모집자격이 없는 자가 유효하게 살아 있는 다른 모집종사자의 명의를 빌리는 유형이 있을 수 있다.

2) 규제의 요건

이 규제는 모집종사자를 규제 대상으로 하는 점에서 일종의 신분적 규제제도이다. 여기서 모집종사자는 현실적인 모집업무의 종사자를 말하는 것인지 자격을 가진 모집종사자를 대상으로 한 것인지 명확하지 않으나 자격을 가기고 있는 모집종사자를 그 규제 대상으로 한 것으로 볼 수 있다. 무자격자가 타인명의를 사용하는 경우에는 동 규정에 의하여 제재를 하는 것이 아니라 보험업법 제83조를 위반하는 것으로 보아야 할 것이다.

한편 보험업법 제196조 제2항에 의하면 보험회사의 소속 임직원 또는 소속 보험설계사가 제97조 제1항을 위반한 경우에는 그 보험회사에 대하여 해당 보험계약의 수입보험료의 100분의 20 이하의 범위에서 과징금을 부과할 수 있다. 다만 보험회사가 그 위반행위를 막기 위하여 해당 업무에 관하여 상당한 주의와 감독을 게을리하지 아니한 경우에는 그러하지 아니하다고 규정하고 있는바, 명의이용자 소속 보험회사와 명의대여자의 소속 보험회사가 다른 경우에 어느 보험회사에 대하여 과징금을 부과하여야 하는지 문제된다. 명의이용자가 일방적으로 타인명의를 이용한 경우에는 피이용자의 소속 보험회사에 보험계약가입이 이루어지는데, 이러한 경우에는 실질적으로 위반행위는 명의이

116 성대규·안종민, 앞의 책(주 158), 403면.

용자가 주도적으로 하는 것이고 그러한 경우에는 명의이용자의 소속 보험회사에게 책임을 귀속시켜야 하는 것이 적합한 것이 아닌가 하는 의문이 든다. 그러나 현행 모집실무상 피이용자가 속해 있는 보험회사의 소속 직원 등의 도움이 없이는 타인명의 모집에 따른 보험가입이 이루어지기 어려우므로 보험계약이 체결된 피용자 소속 보험회사에 대하여 과징금이 부과되는 것도 문제는 없다고 본다. 명의이용자와 피이용자의 합의에 따라 공동으로 타인명의 모집행위가 행해진 경우, 이들이 속해 있는 보험회사의 감독책임이 모두 문제될 수 있으나 과징금은 결국 피이용자 소속 보험회사에 대하여 부과될 수밖에 없다. 타인명의 모집행위와 관련하여 보험대리점이 변액보험 판매자격을 보유하지 아니한 소속 보험설계사가 모집한 변액보험계약을 변액보험 모집자격이 있는 동일 보험대리점 소속 보험설계사가 모집한 것으로 처리하고 모집수수료를 지급한 사례에 대해 문책 및 과태료 부과조치를 취한 사례가 있다.

보험설계사 자격을 취득하는 과정에 있는 자가 타인명의를 모용하거나 회사 이동과정 중에 있는 보험설계사가 등록 대기기간 동안에 타인명의를 사용하고 모집에 대한 대가를 수령한 경우에는 실질적인 관점에서 스스로 모집하고 실질적인 모집인에게 수수료가 지급된 경우이고 타인은 단순한 도관으로서 역할만 한 것이므로 이를 제재하지 않아야 한다는 주장도 제기될 수 있으나 이러한 경우도 다른 모집종사자의 명의를 이용하여 보험계약을 모집한 것으로 볼 수밖에 없다.

(5) 금전대차 이용 모집 금지

보험계약자 또는 피보험자와의 금전대차의 관계를 이용하여 보험계약자 또는 피보험자로 하여금 보험계약을 청약하게 하거나 이러한 것을 요구하는 행위가 금지된다(보험업법 제97조 제1항 제9호). 이 규정은 모집종사자와 보험계약자 등과의 사적 금전대차관계를 방지하고 모집종사자에 의하여 꺾기를 방지하고자 한 것이다. 이 규정의 위반에 해당하려면 금전대차 관계를 이용하여야 한다. 금전대차 관계를 이용한다 함은 이미 설정된 금전대차관계를 이용하든 앞으로 금전대차를 설정할 것을 예정하고 이용하던 모두 대차관계를 이용하는 것이다. '이용'이라 함은 금전대차 관계를 기화로 보험계약을 청약하게 하거나 청약을 요구하는 것으로 보험계약의 체결이 금전대차 관계가 원인이 되어 있는 것을 말하며 금전대차 관계가 있다고 하더라도 순수하게 자발적으로 가입하는 경우는 제외될 것이다. 그러나 일단 금전대차관계가 있는 자에 대하여 보험가입을 유도하거나 요구하는 것은 금전대차 관계를 이용한 것으로 추정할 수 있다. 이러한 행위는 공정거래법상 불공정거래행위의 유형의 하나에 해당할 수도 있다. 동법은 자기의 거래상의 지위를 부당하게 이용하여 상대방과 거래하는 행위를 금지하고 있다(공정거래법 제23조 제1항 제4호).

(6) 장애인 보험가입 거부 금지

1) 장애인 보험가입 차별 문제제기

보험가입에 있어서 장애인 보험가입 차별 문제는 장애우 권익문제 연구소가 1999년 4월경 보험가입 차별사례를 수집하며 문제제기를 하면서 부각되기 시작하였다. 2000년 4월경에는 언어청각장애를 가진 특수학교 교사가 상해보험 가입을 거부당한 사실이 '장애인의 날'을 계기로 각종 언론에 크게 보도되었다. 이에 금융감독원이 장애인에 대한 보험가입 개선방안을 검토하기 시작하였다. 그 결과 생명보험협회는 보험인수를 금지하거나 제한하던 71종의 장애 항목 중 57개 항목을 '정상'으로 완화하는 '장애인보험 공통계약심사기준'을 마련하였다(2000. 9. 4.). 그 후 2002년에는 국가인권위원회가 인권상황 실태조사의 하나로 '민간보험에서 장애인 차별 실태조사'를 실시하였다.[117]

2) 장애인 보험가입 거절에 대한 소송

이런 가운데 뇌성마비 장애인이 어느 외국계 생명보험회사로부터 종신보험 가입을 거절당한 사례가 발생하였다. 이는 보험회사를 상대로 한 손해배상청구소송으로 이어졌다. 뇌성마비 장애를 이유로 보험가입을 거절한 것은 정당한 이유 없이 장애인을 차별한 것으로 불법행위에 해당한다는 것이었다. 서울지방법원은 2004년 2월 "원고에 대한 보험가입 거절은 장애인에 대한 차별을 금지하는 장애인복지법 제8조를 위반한 위법한 행위에 해당한다"라고 판시하면서 원고의 손해배상청구를 받아들이는 판결을 선고하였다.[118]

117 국가인권위원회, 장애인 보험차별 개선을 위한 정책토론회 자료: 발간등록번호(11-1620000-01), 2012. 5. 9., 26면.
118 서울지방법원 2004. 2. 12. 선고 2003가단150990 판결.

3) 관계기관의 시정조치

2005년 7월경 금융감독위원회(현 금융위원회), 생명보험협회, 손해보험협회 등 관계기관이 장애인 보험개선안을 마련했는데, 그 주요 내용은 '장애인보험 공통계약 심사기준'을 폐지하는 것이었다. 한편 생명보험협회는 2005년 8월 장애인 보험계약 인수를 위한 모범규준을 제정하였다. 모범규준은 장애인도 비장애인과 차별 없이 동일한 심사과정을 거쳐 보험계약 인수를 결정하도록 하였다.[119]

4) 장애인차별금지 및 권리구제 등에 관한 법률 제정

장애인차별금지 및 권리구제 등에 관한 법률(이하 '장애인차별금지법'이라 함)이 2007년 4월 10일 제정되어 2008년 4월 11일부터 시행되었는데(법률 제8341호), 이때 보험차별을 금지하는 명시적인 규정이 마련되었다. 즉, 장애인차별금지법 제17조는 "금융상품 및 서비스의 제공자는 금전대출, 신용카드발급, 보험가입 등 각종 금융상품과 서비스의 제공에 있어서 정당한 사유 없이 장애인을 제한, 배제, 분리, 거부하여서는 아니 된다"라고 명시한 것이다. 이를 어길 경우 법무부장관의 시정명령과 법원의 구제조치가 가능하다. 나아가 악의적인 차별행위라고 인정될 때는 형사처벌이 따를 수 있고, 시정명령을 이행하지 않을 경우 최대 3천만 원 이하의 과태료를 부과할 수도 있게 되었다.

5) 보험업법의 개정

정당한 이유 없이 장애인의 보험가입을 거부하는 행위는 금지된다(보험업법 제97조 제1항 제10호). 장애인이라는 이유만으로 보험가입 자체를 거부하는 행위를 금지함으로써 장애인의 인권과 복지향상을 보장하는 데 기여하기 위한 입법이라 할 수 있다.[120] 반대해석상 장애인의 경우라 하더라도 정당한 이유가 있는 경우에는 보험가입을 거부할 수 있다. 여기서 정당한 이유가 무엇인지 문제되는데, 객관적 통계적 관점에서 볼 때 그리고 보험단체의 원리상 보험가입을 거부할 중대한 사유라고 볼 수 있다. 일반인의 경우에도 거절하는 사유가 있을 경우에는 정당한 사유가 될 수 있고 위험이 높이 평가되어 보험료를 높게 받으려고 하는데, 이를 거부하는 경우에 보험가입을 거절한 경우는

119 국가인권위원회, 장애인 보험차별 개선을 위한 정책토론회 자료: 발간등록번호(11-1620000-01), 2012. 5. 9., 27면.
120 성대규·안종민, 앞의 책(주 158), 404면.

정당한 이유가 인정될 수 있다. 보험회사가 정당한 이유 없이 장애인의 보험가입을 거절한 경우 공정거래법 제23조 제1항 제1호의 부당하게 거래를 거절하거나 거래의 상대방을 차별하여 취급하는 행위로서 불공정거래행위에 해당될 여지가 있다.

6) 상법 제732조 개정

정신적 장애인의 보험가입을 불가능하게 하는 상법 제732조의 개정 또는 폐지논의가 국회 차원에서 제기되었다. 이러한 논의를 반영하여 2014년 개정 상법에서는 심신박약자의 보험계약 체결을 허용하고, 단체 보험의 피보험자의 지위를 가질 수 있도록 하였다(상법 제732조 참조).

(7) 보험계약의 청약철회 또는 계약 해지를 방해하는 행위

2014년 보험업법의 개정에 따라 일반보험계약자는 보험증권을 받는 날로부터 15일(거래 당사자 사이에 15일보다 긴 기간으로 약정한 경우에는 그 기간) 이내에 청약철회의 의사를 표시할 수 있도록 허용하고 보험회사는 이를 거부할 수 없도록 규정하였다(보험업법 제102조의4 제1항). 또한 보험계약자는 상법에 의하여 보험계약기간 중에 언제든지 해지할 수 있다(상법 제649조). 보험업법은 보험업법에 의하여 인정되는 철회와 보험계약법에 의하여 인정되고 있는 보험계약에 대한 청약철회권과 해지권 자유로운 행사를 보장하기 위하여 도입된 것이다. 따라서 모집종사자 등이 보험계약자로부터 청약철회 또는 계약해지를 요청받았으나 부당하게 이를 무시하거나 청약철회 또는 의사표시를 하지 못하도록 강요하거나 기망수단을 사용하여 보험계약자의 청약철회권의 행사를 방해하는 것은 동 규정에 위반될 수 있다.

4. 보험계약의 체결에 관한 금지행위 위반 시 효과

(1) 과징금

보험회사의 소속 임직원 또는 소속 보험설계사가 제97조 제1항을 위반한 경우에는 그 보험회사에 대하여 해당 보험계약의 수입보험료의 100분의 50 이하의 범위에서 과징금을 부과할 수 있다. 다만 보험회사가 그 위반행위를 막기 위하여 해당 업무에 관하여 상당한 주의와 감독을 게을리하지 아니한 경우에는 그러하지 아니하다(보험업법 제196조 제2항).

(2) 과태료

보험회사의 발기인 등이 제97조를 위반한 경우는 2천만 원 이하의 과태료를 부과한다(보험업법 제209조 제2항 제18호). 제97조 제1항을 위반한 자에게는 1천만 원 이하의 과태료를 부과한다(보험업법 제209조 제3항 제10호).

(3) 손해배상청구

부활제도에 대해 잘못 설명하여 손해를 본 경우 보험계약자 등은 보험업법 제102조에 의하여 손해배상을 청구할 수 있고, 이때 그 위반행위에 대한 증명책임은 손해배상을 청구하는 측에 있다.[121]

제13절 특별이익의 제공 금지

1. 서설

(1) 특별이익 제공 금지제도의 의의

보험업법은 보험회사 등이 보험거래에 있어서 보험료를 할인해주거나 보험의 모집과 관련하여 금품을 제공하는 것을 원칙적으로 금지하고 있다.

따라서 보험계약의 체결 또는 모집에 종사하는 자는 그 체결 또는 모집과 관련하여 보험계약자나 피보험자에게 특별이익을 제공하거나 제공하기로 약속하여서는 안 된다(보험업법 제98조). 특별이익 제공을 금지하는 이유는 첫째, 보험계약자 간의 형평대우원칙의 유지, 둘째, 보험회사의 재무건전성 확보, 셋째, 보험업의 부패 방지, 넷째, 보험회사 간의 불공정한 고객확보 등 불공정한 경쟁방지 등이다.

121 대법원 2010. 11. 25. 선고 2010다39192 판결.

일반상품의 경우 매출을 높이기 위해서 각종 할인행사를 하거나 매출채널별로 가격의 차이가 다양하게 발생하는 것이 오히려 자연스러운 현상인데, 보험업에 있어서는 보험회사가 기초서류에서 책정한 가격을 함부로 변경하거나 보험상품 판매 시에 임의적으로 할인해줄 수 없다. 이것은 보험의 단체성이 강하게 작용하는 하나의 국면을 보여주는 것이다. 또한 보험업에 있어서 보험회사 간 가격경쟁은 인정되지만 동일 보험회사 내에서 보험상품의 판매단계별 가격의 경쟁은 제한된다. 그러나 채널별로 별도의 보험상품을 개발함으로써 채널 간 가격의 경쟁은 일어나고 있다. 이하에서는 특별이익 제공 금지와 관련하여 규제의 의의·연혁·근거·특별이익의 개념에 대하여 살펴보고 미국의 규제역사와 국내의 유사입법례를 검토해본다. 또한 특별이익제공 금지의 내용을 해설하고 특별이익제공 금지 위반의 효과, 외국의 입법례 및 특별이익 제공 관련 미국의 판례를 분석해본다.

(2) 입법연혁

특별이익 제공 금지 규제는 1962년 법률 제990호로 제정된 보험모집단속법 제18조 제1항 제4호에서부터 시작되었다.[122] 그 후 1977년도에 보험모집단속법은 보험업법에 흡수·통합되었으며 동일한 형태의 조문체계를 유지해오다가, 2003년 개정 보험업법에서 체결 또는 모집에 관한 금지행위 규정에서 떨어져 나와 독립적인 규정으로 만들어져 현재와 같은 법체계를 구성하였다. 보험업법의 특별이익 제공 금지 규정에 의하면 특별이익을 수령한 자에 대한 처벌규정은 두고 있지 않았으나 2003년 개정법부터는 특별이익을 제공하는 자는 물론 제공받은 자도 처벌할 수 있도록 하였다.

(3) 특별이익 제공 금지의 근거

특별이익의 제공을 금지하는 제도는 보험업법이 제정된 당시부터 존재하였던 제도이다. 특별이익의 제공을 금지하는 근거가 무엇인지에 대해서는 다음과 같이 다양한 견해

122 현행 보험업법 제97조의 모태인 보험모집단속법 제18조에서 체결 또는 모집에 관한 금지행위의 하나로서 규정하고 있었다. **제18조(체결 또는 모집에 관한 금지행위)** ① 손해보험회사의 임원, 사용인 또는 생명보험모집인이나 손해보험대리점은 보험계약의 체결 또는 모집에 관하여 다음에 게기한 행위를 하여서는 아니 된다. 4. 보험계약자 또는 피보험자에 대하여 특별한 이익의 제공을 약속하거나 보험료의 할인 기타 특별한 이익을 제공하는 행위.

가 제시되고 있다. 첫째 보험계약자 간의 형평대우 원칙의 유지, 둘째 보험회사의 재무건전성 확보, 셋째 보험업의 부패 방지, 넷째 보험회사 간의 불공정한 고객확보, 불공정한 경쟁방지 등이다.

왜 특별이익 제공을 금지하고 있는가에 대해서 일본의 山下友信 교수는 다음과 같이 설명하고 있다. 일반 상거래에서는 공정거래법에 위반되지 않는 할인, 리베이트에 상당하는 보험료의 할인과 수취금액의 일부 환급 행위가 보험모집에 있어서 금지되는 것은 이러한 행위 자체가 당해 보험계약자의 이익을 침해하는 것은 아니지만, 다른 보험계약자와의 사이에서 불공평이 생기고 보험회사의 사업 및 보험시장 전체의 건전성이 침해될 우려가 있기 때문이다. 그 밖에 보험회사 사이 또는 보험모집종사자 사이에서 벌어지는 불공정한 경쟁의 방지라는 취지도 들 수 있다. 그러한 의미에 있어서는 직접적인 보험계약자의 이익이 침해되는 행위에 관한 다른 금지 행위의 유형과 성격을 달리한다.[123]

그러나 오늘날 보험요율 규제가 완화되고 영업의 자율성과 효율적인 영업활동 측면에서 볼 때 특별이익 제공 규제가 필요한 것인가에 대한 의문이 제기되고 있다. 보험회사는 보험금 지급청구에 응하기 위하여 충분한 유동성 있는 자산을 가지고 있어야 한다. 이것은 결국 보험료의 많은 부분이 비용 등으로 지출되어서는 안 된다는 것을 의미한다. 그럼에도 불구하고 보험회사는 치열한 경쟁에서 살아남기 위해 보험료를 할인해주거나 특별이익을 제공할 가능성이 높다. 특히 대규모 보험회사는 최소의 이익으로 보험을 판매함으로써 소규모 보험회사를 시장에서 퇴출시키려고 한다. 또한 특별이익 제공을 통한 가격경쟁은 이익을 축소시킬 수 있고 결국은 보험계약자에 대한 채무이행이 불가능하게 될 수도 있기 때문에 다른 산업분야에서 일상적인 것이라고 하더라도 보험업에서는 명백하게 금지하여야 하는 당위성이 도출된다.

(4) 특별이익의 개념

특별이익이란 보험상품의 구매에 대한 대가로서 금전적 가치가 있는 것을 고객에게 제공하는 것을 말한다. 우리나라 보험업법은 특별이익에 관한 일반적 정의를 규정하지 않고 그 유형을 나열하여 금지하고 있다(보험업법 제98조). 통상 특별이익에는 고가의

123 山下友信, 『保険法』, 有斐閣, 2005, 174-175면.

선물·무료 여행, 콘서트 티켓·경품, 이와 같은 상당한 가치가 있는 것들이 포함되며 미국의 여러 주에서는 달력·크리스마스카드와 같은 것도 포함시키고 있다.

보험에서 특별이익이란 보험회사, 보험대지점 또는 보험중개사 등 보험모집종사자가 고객에게 보험을 판매할 목적으로 보험료를 할인해주거나 대가 없이 서비스를 제공하는 등 유인책을 사용하는 행위를 의미한다.

2. 특별이익의 제공 행위의 요건

보험설계사가 기도원을 보험계약자로 하는 보험계약을 체결하고 기도원에 수당금액의 상당액을 감사헌금 목적으로 기부한 경우 특별이익에 해당하는 것인가?

(1) 행위의 주체

특별이익 제공 금지 조항의 직접적인 규제 대상자는 보험계약의 체결 또는 모집에 종사하는 자이다. 여기서 보험계약의 체결하는 자는 보험회사이다. 그리고 모집에 종사하는 자란 보험업법 제83조에서 열거하고 있는 모집에 종사할 수 있는 자가 여기에 속한다. 보험계약의 체결 또는 모집에 종사하는 자에 보험회사 또는 보험업법 제83조에 의하여 모집할 수 있는 자가 포함되는 것은 의문이 없으나 보험업법 제98조는 행위의 주체로서 보험계약의 체결 또는 모집에 종사하는 자라고 규정하고 있을 뿐 자격의 유무에 대해서는 특별히 언급하고 있지 않아 무자격자이면서 사실상 보험계약의 체결 또는 모집에 종사하고 있는 자의 경우에 동법의 적용을 받아야 하는 것은 아닌지 의문이 제기된다. 무자격자를 유자격자에 비하여 특별히 보호하여야 할 이유가 없고, 법문상 보험계약의 체결 또는 모집에 종사하는 자라고 표현하고 있을 뿐 보험업법 제83조에 의하여 모집할 수 있는 자로 한정하고 있지 않은 점을 고려하여 본 조가 적용된다고 하는 보는 견해와 본 조는 조문의 위치상 보험업의 허가나 등록을 한 모집종사자를 전제로 한 규정으로 이들 유자격자에 의한 특별이익제공행위를 규제하고자 한 것이므로 일종의 신분범에 해당하는 것이므로 유자격 보험회사 또는 모집종사자의 특별이익 제공행위에 한정하여 적용하는 것이 타당하다는 견해가 대립할 수 있다. 생각하건대 본 조는 일종의 신분범에 해당하고, 무자격자에 의한 보험계약의 체결 또는 모집행위는 별도의 처벌규정이 존재하므로 이러한 자에게 본 조를 확대 적용하는 것은 무리라고 생각한다. 다만 무자격 모집인 등이 유자격자에 가담하여 특별이익을 제공한 경유에는 공범과 신분에 관한 법리에 따라 제재가 가능할 것으로 생각한다.

(2) 상대방

특별이익의 제공을 받는 상대방과 관련하여 보험계약자 또는 피보험자로 한정하고 있다. 보험계약자는 보험계약의 당사자로서 보험료 지급채무를 지고 있는 자를 말하고 피보험자란 손해보험과 인보험에 따라 그 의미가 달리 파악되는데, 손해보험에서 피보험자란 피보험이익의 주체로서 손해의 보상을 받을 권리를 갖는 자를 의미하고, 인보험에서는 보험에 붙여진 자로서 보험계약상 아무런 권리를 갖지 못하다. 보험업법은 특별이익 제공의 상대방을 이와 같이 보험계약자와 피보험자로 한정하고 있으나 손해보험의 피보험자의 지위와 동일한 인보험 계약에서 보험금 청구권을 가지고 있는 보험수익자를 제외할 이유가 없다고 본다.

보험계약자 및 피보험자 이외의 제3자에게 제공한 경우는 특별이익에 해당한다고 보기 어려우나 보험계약자 및 피보험자와 친족관계에 있는 자로서 사실상 보험계약자 및 피보험자와 동일한 지위에 있다고 볼 수 있는 자에게 지급한 것은 보험계약자 또는 피보험자에게 지급한 것으로 볼 수 있다. 이 경우 제3자에게 지급한 것을 보험계약자나 피보험자에게 지급한 것과 동일한 것으로 평가될 수 있어야 한다.

상대방은 자연인에 한하지 않고 법인이거나 법인격 없는 단체라도 포함될 수 있다. 따라서 회사, 동창회, 향우회, 종단, 문중, 종교단체, 정당, 각종 사회단체 등에 금품을 제공한 경우에도 특별이익 제공의 상대방이 될 수 있다.

(3) 보험계약의 체결 또는 모집과의 관련성

특별이익의 제공은 보험계약의 체결 또는 모집과 관련성을 가져야 한다. 여기서 보험계약의 체결 또는 모집과 관련하여가 무엇을 의미하는지 문제되는데, 체결 또는 모집과의 관련성은 특별이익의 제공이 보험계약의 체결 또는 모집의 유일한 동기가 되었다거나 보험가입을 용이하게 하여야 한다는 의미는 아니고 보험계약 또는 보험모집의 기회의 의미, 즉 포괄적인 관련성으로 족하다 할 것이다.

(4) 특별이익의 유형

보험업법은 보험회사 또는 모집종사자에게 보험계약의 체결 또는 모집과 관련하여 보험계약자 등에게 특별한 이익을 제공하는 것을 금지하면서 그의 유형을 열거하고 있다(보험업법 제98조).[124] 특별이익 제공 금지는 보험료에 대한 일체의 할인을 금지함으로써 공정거래법에서 금지하고 있는 재판매가격 유지행위를 허용하는 것이다(공정거래법 제29조).

보험업법은 특별이익에 대하여 직접적으로 개념 정의를 하지 아니하고 특별이익의 종류를 다음과 같이 나열하고 있다. 여기서 열거한 특별이익 이외의 이익은 그것이 무엇이든 특별이익에 해당하지 아니하는 것으로 보아야 할 것이다.

특별이익제공 금지 규제는 보험거래를 이용한 비자금의 조성을 방지하고, 보험거래와 관련하여 주고받은 각종 금전 수수행위 등을 규제함으로써 보험거래질서를 확립하며 보험회사의 건전한 운용을 도모하고자 하는 제도이다. 특별이익 제공행위는 보험거래에서 발생하는 대표적인 사회적 부정거래행위로서 깨끗하고 신뢰받는 보험문화 정착을 위해서는 반드시 근절되어야 할 과제이다. 실무에서는 다음과 같은 행위를 특별이익 제공 행위로 보고 있다. (i) 보험가입과 관련하여 보험가입자 등에게 사무기기나 고가의 특정물품 등을 제공하는 행위, 보험계약 만기 시에 일정율의 이율을 지급하겠다고 구두 또는 서면으로 약속하는 행위, (ii) 보험계약과 관련하여 보험료의 일부 또는 전부를 현금이나 계좌이체를 통해 제공하는 행위, 보험료 영수 시 계약자에게 일부만 영수하고 차액분을 대신 납부하는 행위, 단체계약 인수 시 정당보험료에서 임의 할인된 보험료로 인수하는 행위, 보험회사 또는 모집종사자가 보험료의 전부 또는 일부를 대신 납부하는 행위, 보험회사 또는 모집종사자가 제3자를 이용하여 보험료의 전부 또는 일부를 대납하는 행위, 보험계약의 외상모집행위, (iii) 보험모집과 관련하여 대출금 또는 이자 등을 부당하

124 자본시장법 제71조는 불건전 영업행위에 대한 금지조항을 두고 있고 동법에 의하여 투자매매업자 또는 투자중개업자는 그 밖에 투자자 보호 또는 건전한 거래질서를 해할 우려가 있는 행위로서 대통령령으로 정하는 행위를 금지하고 있고, 동법 시행령 제68조 제5항 제3호에서 투자자(투자자가 법인, 그 밖의 단체인 경우에는 그 임직원을 포함) 또는 거래상대방(거래상대방이 법인, 그 밖의 단체인 경우에는 그 임직원을 포함) 등에게 업무와 관련하여 금융위원회가 정하여 고시하는 기준을 위반하여 직접 또는 간접으로 재산상의 이익을 제공하거나 이들로부터 재산상의 이익을 제공받는 행위를 금지하고 있다.
은행법은 시장의 역학관계를 고려하여 은행 및 은행의 임직원의 우월적 지위의 남용을 방지하는 규정이 있으나(은행법 제52조의2), 은행법에서 은행이 특별이익을 제공하는 것을 금지하는 규정은 없다. 다만 은행의 경우도 시장구조가 변화되고 있고 주요 고객에 대해서 사은품이나 이자를 올려주거나 대출이자를 할인해주는 행위가 있음을 고려할 때 이와 같은 행위에 대한 규제 도입 여부도 신중히 검토할 필요도 있을 것이다.

게 대신 납부하는 행위, 최저요율 적용, 고수익 보장을 약정하는 행위, 대위청구권의 포기 등을 약정하는 행위, (iv) 보험가입금액을 축소하여 인수하면서 보험사고 발생 시 전액보상을 약정하는 행위, 보험모집과 관련하여 보험계약자 또는 피보험자와 관련된 기업의 주식, 채권, 양도성 예금증서 등을 구입하기로 약정하는 행위, (v) 할인업체, 인터넷 사이트 등에서 보험료 할인, 사은품 제공, 카드 무이자 할부 및 포인트 적립 등을 계약자에게 제공하고 보험회사가 이에 대한 재원을 지원하는 행위, (vi) 보험계약과 관련하여 포괄적으로 사은품 등을 제공한다고 시사하는 광고물을 설치 또는 전단 배포행위, 부당한 경품 행사를 등을 통한 특별이익 약속행위 등이다.

1) 금품의 제공 또는 제공 약속

보험계약자나 피보험자는 보험계약의 체결 또는 모집과 관련하여 금품을 제공하거나 금품을 제공하기로 약속하는 행위를 할 수 없다. 그러나 대통령령으로 정하는 금액을 초과하지 아니하는 금품은 제공 또는 제공약속이 가능하다. 여기서 대통령령으로 정하는 금액이란 보험계약 체결 시부터 최초 1년간 납입되는 보험료의 100분의 10과 3만 원 중 적은 금액을 말한다(보험업법시행령 제46조).

금품이란 돈과 물품을 통칭하는 개념이다. 따라서 화폐 등의 금전은 물론 유가증권 등 금전과 유사한 가치를 가지고 있는 것과 일반상품 등의 유형물을 모두 포함하며 기타 경제적 이익을 누릴 수 있는 모든 것을 말한다. 가령 선물, 무료 여행권 및 콘서트 관람권 등 상당한 금전적 가치를 가진 것이라면 금품에 해당할 수 있다. 그런데 용역 및 서비스의 제공이 금품에 해당할 수 있는지 여부가 문제되는데, 금품은 금전적 속성을 가진 유체물로 해석되므로 입법론으로는 검토해볼 수 있겠으나 해석론상 용역 및 서비스는 금품에 해당한다고 포섭하기 어렵다. 특별이익제공과 관련하여 우리 판례는 "보험계약의 체결에 있어서 보험약관상의 이율에 의한 보험금을 초과하는 이익을 지급하기로 한 초과이자 약정은 무효이고, 그 약정에 따라 지급하는 금전은 보험금이 아니라 사례금이다"라고 하여 특별이익제공을 인정하였다.[125] 한편 금품의 제공이라 함은 반드시 금품을 상대방에게 귀속시키는 것만을 뜻하는 것은 아니고 그 금품을 지급받는 상대방이 금품의 귀속 주체가 아닌 이른바 중간자라 하더라도 그에게 금품의 배분 대상이나 방법,

125 대법원 2001. 7. 10. 선고 2001다16449 판결.

배분액수 등에 대한 어느 정도의 판단과 재량의 여지가 있는 한 비록 그에게 귀속될 부분이 지정되어 있지 않은 경우라고 하더라도 그에게 금품을 주는 것은 위 규정에서 말하는 제공에 포함된다고 할 것이나 그 중간자가 단순한 보관자이거나 특정인에게 특정금품을 전달하기 위하여 심부름을 하는 사자에 불과한 경우에는 그에게 금품을 주는 것은 위 규정에서 말하는 제공에 포함된다고 볼 수 없다.[126]

2) 기초서류에서 정한 사유에 근거하지 아니한 보험료의 할인 또는 수수료의 지급의 제공 또는 제공 약속

기초서류에서 미리 보험료 할인 등에 관한 조건을 마련한 경우에는 이를 근거로 보험계약자 등에게 할인율을 적용할 수 있다. 수수료 등의 지급에 관해서는 보험약관 또는 보험요율서상 할인 등 기초서류에 근거한 보험료의 할인 및 수수료의 지급의 제공 또는 제공약속은 허용된다. 이와 관련하여 보험회사 보험계약자에게 보험상품을 무료로 제공할 수 있는지 여부가 문제되는데, 특별이익제공 금지 규정의 취지나 보험계약의 유상계약성에 비추어 허용되지 않는다고 보아야 할 것이다.

3) 기초서류에서 정한 보험금액보다 많은 보험금액의 지급 약속

보험약관에 의하여 정해진 보험금액을 초과하여 보험금액을 지급하거나 지급하기로 약속한 것은 특별이익제공 행위에 속한다. 보험금액이란 보험사고가 발생한 때 피보험자 또는 보험수익자에게 지급하여야 할 금액을 말한다.

4) 보험계약자나 피보험자를 위한 보험료의 대납

보험계약자나 피보험자를 위한 보험료의 대납 또는 대납의 약속이 특별이익의 하나의 유형으로 취급된다. 보험료의 대납이란 보험료 지급채무를 지고 있는 보험계약자 등이 납입하여야 할 보험료 납입 채무를 보험모집종사자가 대신 납부하는 것을 말한다. 모집에 종사하는 자가 우선 보험료를 납입하되 납입보험료와 이에 대한 이자상당액을 보험계약자가 모집종사자에게 지급하기로 한 약정이 있는 경우에는 실질적으로 보험계약자가

126 대법원 2004. 11. 12. 선고 2004도5600 판결.

특별이익을 제공받았다고 보기 어려우므로 특별이익제공행위에 해당한다고 볼 수 없다. 모집종사자가 보험계약자에게 채무를 부담하고 있었는데, 보험료로 대납으로 대신 이행에 갈음하기로 한 경우 등도 특별이익제공이라고 보기 어렵다. 다만 모집종사자가 보험료를 납입하고 사후에 보험료 상당액을 보험계약자가 모집종사자에게 지급하였다고 하더라도 이자 상당액을 지급하지 않거나 지급하지 않기로 약정한 것은 보험업법 제98조 제6호에 비추어 관계상 특별이익 제공행위에 해당한다고 보아야 할 것이다. 금품제공의 경우에는 일정한 예외가 설정되어 있으나 보험료의 대납의 경우에는 이러한 예외가 허용되지 아니하므로 대납금액이 3만 원 또는 1년간 납입되는 보험료의 10% 내라고 할지라도 법위반이 된다. 보험료의 대납도 전부 또는 일부의 대납이라도 허용되지 않는다.

5) 보험계약자나 피보험자가 해당 보험회사로부터 받은 대출금에 대한 이자의 대납

보험회사는 자금의 수요자와 공급자 사이에 금융을 중개하는 중개기관으로서 중요한 역할을 담당하고 있다. 이러한 대출자금의 재원은 보험계약자의 보험료로 형성된 보험자산을 기반으로 한다. 보험거래에 있어 금품의 제공이나 보험료의 할인 등은 직접적으로 이익을 상대방에게 제공하는 행위에 속하나 대출금에 대한 이자의 대납은 간접적인 이익제공행위의 구체적인 모습이다. 대출금에는 신용대출, 부동산 담보대출, 약관대출금 등 보험회사로부터 차용한 원금에 대한 이자의 납부를 말한다.

6) 보험료로 받은 수표 또는 어음에 대한 이자 상당액의 대납

보험료는 현금 수납이 원칙이겠으나 수표 또는 어음 등의 대체 수단에 의하여 수납될 수 있다. 수표란 발행인이 증권상에 기재되어 있는 수취인 또는 증권의 소지인에게 일정한 금액을 지급하여 줄 것을 제3자에게 무조건적으로 위탁하는 유가증권이다(수표법 제1조). 수표는 지급위탁증권이라는 점에서 환어음과 유사하다. 수표는 어음과 달리 상거래에 있어서 현금 수수에 따르는 불편을 덜고자 고안 된 것이다. 따라서 수표는 주로 지급수단으로 활용되고 당좌수표의 경우 지급수단으로 기능 이외에 신용수수의 기능도 일부 수행한다. 예컨대 장래의 일자를 미래의 일자로 기재하는 이른바 선일자 수표는 선일자까지 신용을 부여하는 기능을 수행한다고 볼 수 있다. 어음이란 약속어음과 환어음을 통칭하는 개념으로서 약속어음이란 어음의 발행인이 자신이 일정 일에 일정금액을 어음상의 권리자에게 지급할 것을 무조건으로 약속하는 유가증권이다.[127] 환어음이란 어음의 발행인이 제3자에게 일정금액을 일정 일에 어음상의 권리자에게 지급할 것을 무조건으로 위탁하는 유가증권이다.[128]

7) 상법 제682조에 따른 제3자에 대한 청구권 대위행사의 포기

상법 제682조는 손해가 제3자의 행위로 인하여 생긴 경우에 보험금액을 지급한 보험자는 그 지급한 금액의 한도에서 그 제3자에 대한 보험계약자 또는 피보험자의 권리를 취득한다. 그러나 보험자가 보상할 보험금액의 일부를 지급한 때는 피보험자의 권리를 해하지 아니하는 범위에서 그 권리를 행사할 수 있다고 규정하고 있다. 이 규정은 보험금 지급에 의하여 보험계약자 또는 피보험자가 가지게 된 제3자에 대한 대위권을 포기함으로써 사실상 보험계약자 및 피보험자의 이익취득을 금지하고자 한 것이다. 그런데 상법 제681조에 의한 보험목적에 관한 보험대위의 포기는 특별이익의 제공 유형에 포함되어 있지 않다. 달리 취급하여야 할 이유가 무엇인지 궁금한데, 아마도 보험목적물 대위에 대한 가치가 높지 않다는 점이 반영된 것으로 볼 수 있다. 대위의 목적물 내지 상대방의 책임재산 등을 고려하여 대위의 가치가 없거나 많은 비용이 소요되거나 하여 부득이하게 대위권을 포기하는 것은 적법한 것으로 보아야 할 것이다.

3. 위반 시 효과

(1) 과징금의 부과

특별이익을 제공하거나 그 제공을 약속하는 경우에는 과징금을 부과할 수 있다. 과징금 부과기준금액은 특별이익의 제공 대상이 된 해당 보험계약의 연간 수입보험료의 100분의 50 이하다(보험업법 제196조 제1항 제1호).

(2) 형사처벌

보험업법 제98조의 규정을 위반하여 금품 등을 제공한 자 또는 이를 요구하여 수수한

127 정찬형, 앞의 책, 33면.
128 정찬형, 앞의 책, 31면.

자는 3년 이하의 징역 또는 2천만 원 이하의 벌금에 처한다(보험업법 제202조 제2호).

☞ 관련 판례

1. 보험계약자가 보험회사와의 사이에 보험계약상의 급부와 별도로 특별한 이익을 제공받기로 하는 이면계약을 체결하고 추가로 돈을 지급받은 경우, 특정경제범죄 가중처벌 등에 관한 법률 제9조 제1항에 정해진 '이익'을 수수한 것으로 보았다.[129]

2. 보험회사의 임원이 보험계약의 유치를 위하여 보험계약자가 발행한 회사채를 유통금리보다 싼 표면금리에 의하여 매입하였다면, 이는 실질적으로 보험계약자에게 보험료를 할인하여 주는 것과 동일하여 구 보험업법 제156조 제1항 제4호에서 금지하고 있는 '특별한 이익을 제공하는 행위'에 해당한다.[130]

4. 특별이익제공 금지에 관한 재검토

주유소나 백화점, 할인마트에서 물건을 구입할 경우 특별한 경우가 아니라면 고객유인을 위한 경품의 제공이나 상품의 할인판매 나아가 구입자에 대한 cash back 등은 판매촉진을 위한 유효한 수단으로서 활용되고 이를 금지하지 않는 것이 통상적이다. 이러한 관점에서 보면 보험상품의 경우도 고객이 특별이익을 제공받는 것은 당해 고객에 피해가 가는 것도 아니고 오히려 보험상품을 싸게 구입하게 되므로 소비자에게 이익이 되는 것임에도 보험상품 판매 시 특별이익을 제공할 수 없도록 규제하는 것은 과도한 것은 아닌지 의문이 들 수 있다.

그러나 특별이익 제공행위는 보험거래에서 발생하는 대표적인 사회적 부패행위로서 깨끗하고 신뢰받는 보험문화 정착을 위해서는 반드시 근절되어야 할 과제라는 점, 특별이익제공은 보험회사의 사업비의 증가를 초래하여 보험회사의 재무건전성에 악영향을 미칠 뿐만 아니라 사업비의 증가는 곧바로 보험가격의 상승을 초래하여 궁극적으로 전체 보험계약자에게 피해를 야기하고 특별이익의 제공 등은 사회전체의 부패를 초래하여 사회질서를 무너뜨리는 폐해를 가져오고 계약자 간의 형평에도 어긋나므로 정당한 근거에 의하지 않는 특별이익 제공 행위 등은 규제하는 것이 타당하다.

129 대법원 2006. 3. 9. 선고 2003도6733 판결.

130 대법원 2005. 7. 15. 선고 2004다34929 판결.

5. 특별이익제공 위반 사례

(1) 신상품 독려 이벤트

회사는 2009년 10월 1일부터 2009년 11월 15일까지 보험상품을 가입한 계약자를 대상으로 경품 이벤트 실시하고, 청약 시 경품응모권을 배포하며, 경품응모권은 동일 피보험자 기준 최대 2매로 한정, 신문매체를 통한 상품설명 및 고객 이벤트 광고 실시하고 경품을 제공한 경우는 특별이익제공에 해당한다.

(2) 하절기 판매 독려 이벤트

회사는 2010년 7월 1일부터 2010년 8월 31일까지 보험에 가입한 계약자를 대상으로 경품 이벤트 실시, 설계사가 신규 청약 시 고객에게 리조트 제공 이벤트 내용 안내하는 방식으로 고객에게 리조트 이용권을 제공한 것은 특별이익에 해당한다.

6. 미국의 특별이익제공 금지 규제

(1) 개관

미국은 보험료의 할인 등을 금지하는 취지의 규정을 두고 있는데, 이러한 법을 '반리베이트법(anti-rebate law)'이라고 한다. 미국의 대부분의 주에서는 모집인이 소비자에게 자기의 수수료를 할인하여주는 것을 금지하고 있는 주법을 제정 운용하고 있다. 반리베이트 법은 대리인과 중개인이 소비자에 대하여 자기의 수수료를 나누어주는 것을 금지하는 광범위한 규정을 두고 있다. 이를 위반한 경우 대리인 및 중개인의 등록취소, 갱신거절, 업무정지명령, 보험회사의 면허취소, 벌금, 경우에 따라서는 자유형을 부과하는 등 다양한 민형사적 제재가 가해진다.

(2) 입법의 역사적 배경

남북전쟁 전의 19세기에 보험업은 비약적 발전을 하였다. 이러한 성장에는 다양한 요인이 작용하였으나 다수의 보험대리인을 사용하여 보험회사가 적극적인 마케팅 전략을 펼친 것이 주효하였다. 19세기 말 엄청난 성장을 이룩한 생명보험업에서 많은 문제가 나타나기 시작하였다. 대리인에게 과다한 고액의 보수를 지불하고 장래의 배당에 대한 허위설명을 하는 사례가 증가하고, 현실적으로 얻을 수 없는 장래의 배당약속 및 승환계약, 리베이트 약속행위는 보험회사의 대리인에 대한 치열한 스카우트 경쟁과 대리인 간의 경쟁의 결과를 초래하였다. 또한 보험계약자 간의 차등대우 등으로 인한 보험계약자들의 불만을 초래하고, 소비자의 보험회사에 대한 신뢰의 상실을 가중시켰다. 보험회사 입장에서는 리베이트는 비용을 증가시키는 문제를 낳았고, 보험회사는 마케팅 조직을 확보하기 위하여 다액의 수수료 선 지급을 약속하기도 하였다. 그러한 결과 계약의 초년도에 지불한 수수료의 액은 보험계약자가 지불하는 보험료에 비해 그 규모가 크게 되어 그 이후 연도에 지불하는 수수료의 총액에 비하여 높게 되었다.

(3) 입법의 역사

미국에서는 19세기 말경 보험대리점의 일부와 보험대리점 단체가 리베이트를 포함하는 부적절한 시장관행을 개혁하기 위하여 윤리규범을 촉구하고, 리베이트를 근절하는 법안이 채택되었다. 1889년 초 뉴욕주에서 채택한 반리베이트법은 그 하나의 결실이다. 이어서 1895년까지 21개 주가 반리베이트법을 제정하였다. 1985년 30개의 생명보험회사들이 위법한 리베이트를 제공하지 않기로 협약하고 위법행위를 한 보험대리점을 채용하지 않겠다는 취지의 합의를 하였다. 그러나 그러한 합의는 4년 후에는 경쟁압력으로 소멸되었다. 20세기 초에는 보험업에 대한 불신이 확산되었지만 1905년부터 1906년에 걸쳐 뉴욕주가 설치한 암스트롱 위원회의 권고에 따라 뉴욕주는 보험대리점의 수수료에 대하여 엄격한 규제를 하였고 다른 주도 이에 따랐다. 1930년까지는 대부분의 주의 보험감독청은 부실표시, 부당한 차별, 리베이트, 승환계약 권유 같은 불건전한 보험거래관행에 대한 포괄적인 규제를 하기 시작하였다.

(4) 미국 판례의 전개

미국에서 반리베이트법은 영업상의 자유를 과도하게 제한하는 것은 아닌지에 관하여 위헌 문제가 제기되었으나 20세기 후반까지 각주의 반리베이트법은 주의 헌법에는 위반하지 않는다는 취지로 판단되었다. 그렇지만 경제환경의 변화 등에 따라 반리베이트법이 주의 헌법에 위반한다는 취지의 판결을 플로리다 주 최고법원은 두 차례에 걸쳐 내렸다.

이러한 영향으로 리베이트 규제를 완화하려는 움직임이 일부 주에서 나타나고 있다.

미국에서 리베이트금지법은 이러한 행위를 금지하는 법을 지칭한다. 리베이트금지법은 다른 보험서비스제공자가 시장에서의 경쟁력을 상실하는 것을 방지하고, 소비자를 불공정 행위나 사기, 차별적인 보험료의 적용으로부터 방지하기 위한 목적을 지닌다. 리베이트금지법은 유사하거나 동일한 조건으로 가입한 보험 가입자들이 일관되게 모든 같은 서면의 보험조건을 적용 받을 수 있게 하는 것을 목표로 한다. 리베이트는 미국 대부분의 주 및 워싱턴 D.C.에서 금지되어 있으며, 이러한 법들은 NAIC의 Model Unfair Trade Practices Act를 기본으로 하여 제정되어 있으므로 기본적으로 동일한 내용을 포함하고 있다.

제14절 수수료 지급 등 금지

블로거들은 불특정 다수인이 접속할 수 있는 자신의 블로그에 다양한 종류의 내용 글을 게시하는데, 그 중 일부 게시물에서 실손의료보험, 어린이 보험, 운전자보험과 같은 보험상품의 기본적인 내용과 필요성을 설명하고, 보험상품을 선택하기 위한 방법으로 보험상품 및 보험료 비교견적사이트를 이용하는 방법이 있음을 알려주면서 비교견적사이트의 링크를 게시하였다. 게시된 보험비교 견적사이트 링크를 통하여 접속한 고객이 보험대리점에 보를 제공하고 보험가입상담을 받은 경우에는 고객 1인당 35,000원 상당의 금액을 블로거에게 지급하고 상담을 받은 고객이 실제로 보험계약을 체결하는 경우에는 추가로 70,000원을 지급하였다. 보험업법 제99조 위반에 해당하는 것인가?

1. 서설

(1) 수수료 지급 등 금지제도의 의의

보험업법은 무자격자에 대한 모집위탁 및 수수료 등의 지급을 금지하고, 모집에 종사하는 자에 의한 제3자에 대한 모집위탁과 모집에 관한 수수료 등의 지급을 금지하고 있으며, 보험중개사에 의한 보험계약의 체결의 중개와 관련한 수수료 그 밖의 대가를 보험계약자에게 청구할 수 없다고 규정하고 있다(보험업법 제99조).

(2) 연혁

수수료 지급 등 금지제도는 보험모집단속법(제정 1962. 1. 20. 법률 제990호) 제20조에서 연원한다. 2003년 보험업법 개정 시 위탁금지의 예외에 관한 규정을 종전 "보험설계사는 다른 보험설계사에 대한 경우, 보험대리점은 다른 보험대리점에 대한 경우"를 현행과 같이 수정하였다.

2. 보험회사에 의한 수수료 지급 등 금지

(1) 의의

보험회사는 모집을 할 수 있는 자 이외의 자에게 모집을 위탁하거나 모집에 관하여 수수료·보수 그 밖의 대가를 지급하지 못한다(보험업법 제99조 제1항 본문). 보험회사는 보험을 인수하는 것을 영업으로 하는 자이므로 모집할 수 있는 자에 대하여 보험계약의 모집을 위탁할 수 있고, 이들에 대하여 그 대가로서 소정의 수수료 등 보수를 지급할 수 있다. 그러나 무자격자에 대해서는 모집을 위탁할 수 없고, 나아가 이러한 자에게 수수료, 기타 보수 등을 지급할 수 없는 것이 원칙이다. 보험업법이 무자격자에 대한 보험모집의 위탁 또는 수수료 등의 지급을 금지한 이유는 유자격자에 의한 모집행위를 보장하고, 무자격 모집으로 인한 보험계약자 등의 피해 방지하며 보험계약의 부실화를 예방하고 건전한 보험거래질서를 유지하기 위한 것이다.

(2) 금지행위요건

수수료 지급 등 금지제도에 의하면 (i) 보험회사가 무자격자에게 모집을 위탁하는 행위와 (ii) 보험회사가 무자격자에게 모집에 관하여 수수료, 보수, 그 밖의 대가를 지급하는 행위가 금지되고 있다. 보험회사는 보험업법 제4조에 따라 허가를 받고 보험업을 경영하는 자이다. 허가를 득하지 않고, 보험업을 영위하는 사실상의 보험회사는 동 조항의 행위 주체가 될 수 없다. 행위의 상대방은 모집할 수 있는 자격을 가진 자를 제외한 무자격자이다. 금지행위 유형별로 요건을 살펴보면 다음과 같다.

1) 무자격자에 대한 모집위탁 금지

보험회사는 제83조에 따라 모집할 수 있는 자 이외의 자에게 모집을 위탁할 수 없다(보험업법 제99조 제1항 전단). 모집의 위탁이란 보험계약의 모집이라는 사무처리를 위임하는 것을 말한다. 보험회사가 보험계약의 모집을 위하여 광고를 부탁하거나 홍보를 부탁하는 것은 모집과 관련한 업무의 위탁이기는 하나 이러한 행위를 곧바로 모집의 위탁이라고 볼 수 없다. 모집의 위탁에 해당하려면 보험계약의 중개 또는 대리행위 자체를 위탁하는 것을 말하며 보험계약의 중개 또는 대리행위에 이르지 않은 광고행위 및 기타 모집 유인행위는 이에 속한다고 볼 수 없다. 따라서 단순한 사무처리의 위임 가령 보험설계 등의 처리 등은 모집의 위탁이라고 보기 어렵다.

2) 무자격자에 대한 수수료 등 보수 지급 금지

보험회사는 모집할 수 있는 자를 제외한 무자격자에 대하여 모집을 위탁할 수 없을 뿐만 아니라 이들에 대하여 수수료, 보수, 그 밖의 대가를 지급하지 못한다(보험업법 제99조 제1항). 수수료 등의 대가는 모집과 관련된 것이어야 한다. 모집 관련성 여부는 객관적인 상황을 통하여 그 대가성 여부를 판단하여야 하고, 모집종사자의 주관적인 진술에 의존하여 판단할 것은 아니다. 모집과 관련하여 대가가 지급되었다면 그 명칭이 어떠한 것이든 모집과 관련한 대가로 볼 수 있다. 무자격자에 대한 모집의 위탁과 그에 따른 보수를 지급하는 행위는 무자격 모집위탁 행위보다 불법성이 더 크다고 볼 수 있다. 그러나 무자격 모집위탁 행위나 무자격 모집위탁에 더하여 대가를 지급한 행위 모두에 대해 1천만 원 이하의 과태로 처할 수 있도록 규정하고 있다(법 제209조 제1항 제4호). 모집위탁과 동시에 수수료까지 지급하는 행위는 비난 가능성 측면에서 모집위탁보다 중한 행위라고 볼 수 있으므로 입법론으로 별도의 효과가 부여될 수 있도록 하는 것이 타당한 입법이 아닌가 한다.

대법원은 인터넷 사이트에서 불특정 다수인을 상대로 병원 및 수술에 관한 내용을 게재한 사안에 대해서 고객의 소개, 알선 또는 유인행위가 아니라 단순한 광고행위라고 보았다.[131]

131 대법원 2012. 9. 13. 선고 2010도1763 판결.

한편 최근 인터넷 등에 의한 사이버 개인 블로그 등의 개인정보를 수집하고 클릭하여 보험회사로 연결하여 보험계약이 체결되는 경우 이에 대한 대가를 지급하는데, 이러한 사이버상의 정보수집 등의 행위가 모집행위에 해당하는지 여부와 보험회사 이러한 업체에 지급하는 광고료 또는 정보사용에 대한 대가 지급이 보험업법 제99조에 위반되는 행위가 아닌지 자주 쟁점이 되고 있다.

단순히 블로그에 보험대리점의 배너 광고를 실어주는 것은 모집에 해당하지 아니하며, 일종의 광고장소를 제공 해준 것에 불과하고 모집과 관련하여 수수료를 지급하는 것은 그 수수료의 대가 명목이 보험계약의 체결의 대리 또는 중개와 관련된 것이어야 하고 단순히 전단지를 나눠주거나 사이버상의 광고 장소를 제공해주는 것에 불과하며, 보험계약을 스스로 유인하거나 청약의 권유활동을 스스로 했다거나 기타 모집 관련 행위를 적극적으로 수행한 사실이 없다면 설사 광고에 따라 체결된 계약에 비례하여 광고료를 지급하였다고 하더라도 이것을 수수료 지급이라고 보기 곤란하다.

실무에서는 보험대리점이 보험설계사로 등록되지 아니한 자에게 기업재정컨설팅 상담 등을 통해 확보한 가망고객을 발굴하여 소속 보험설계사와 면담주선을 하게 하는 섭외업무를 전담시키고 이들의 주선을 통해 실제 보험계약이 체결된 보험계약과 관련하여 보험사로부터 지급받은 모집수수료 중 일부를 모집에 관한 대가로 지급한 사실에 대해 해당자에 대하여 문책 및 보험대리점에 과태료를 부과하였다.

또한 보험대리점이 새마을 금고로부터 자동차보험 기초자료 및 개인 신용정보 수집·조회 동의서를 제공받고 그 대가로 동 금고 등에 수수료를 지급한 사실에 대해 해당 보험대리점 등록을 취소하였다.

(3) 예외

무자격자에 대한 모집위탁 및 수수료 등의 지급을 금지하면서 다음과 같은 경우에는 예외를 허용하고 있다.

1) 기초서류에서 정하는 방법에 의한 경우(보험업법 제99조 제1항 제1호)

보험회사는 기초서류에 정하는 방법에 따라 무자격자에 대한 모집위탁 및 그에 대한 수수료 등을 지급할 수 있다. 여기서 기초서류라 함은 보험종목별 사업방법서, 보험약관,

보험료 및 책임준비금 산출방법서를 말한다(보험업법 제5조). 그러나 이러한 예외 규정은 그 타당성이 의문시된다. 아무리 기초서류에 의한 것이라도 무자격자에 대하여 모집위탁과 수수료를 지급하는 것은 합리적 근거가 없는 것이다.

2) 보험회사가 대한민국 밖에서 외국보험사와 공동으로 원보험계약을 인수하거나 대한민국 밖에서 외국의 모집조직을 이용하여 원보험계약 또는 재보험계약을 인수하는 경우(보험업법 제99조 제1항 제2호)

보험회사는 외국에서 외국보험사와 공동으로 보험계약을 인수하거나 외국의 모집조직을 이용하여 원보험계약 또는 재보험계약을 인수하는 경우에는 무자격자에 대한 보험모집의 위탁이나 무자격자에 대한 수수료의 지급을 할 수 있다. 외국에서 보험회사가 보험영업을 하는 경우에 있어 현실적으로 보험업법에 의한 적법한 모집조직을 활용할 수 없는 사정을 고려하여 둔 규정으로 보인다. 다만 국내보험회사가 단독으로 보험계약을 인수하는 경우에도 동일한 예외조항을 적용받아야 한다고 보이는데, 이에 관해서는 보험업법이 규정을 하고 있지 않다.

보험업법 제3조에 의하면 내국인 또는 우리나라 거주 외국인이 보험회사가 아닌 자와 보험계약을 체결하거나 중개 또는 대리할 수 있는 예외적인 경우를 규정하고 있는데, 동 조항은 주로 국내의 보험계약자가 외국의 보험회사와 보험계약을 체결할 수 있는 예외적인 경우를 규정하고 있지만 그 반대, 즉 외국에 거주하는 외국인이 국내보험회사와 보험계약을 체결하는 경우에 관해서는 규정하고 있지 않다. 외국에서 외국보험회사와 공동으로 원보험계약을 인수한다 함은 외국에 거주하는 보험계약자 등으로부터 보험계약을 외국보험회사와 공동하여 인수하는 것을 말한다. 보험계약의 체결 등이 사무처리의 필요상 외국에서 체결하여야 하는 불가피한 경우를 말하며 단순히 보험계약의 체결에 대한 청약이 외국에서 있었다 하여 외국에서 보험계약을 공동으로 인수한 경우라고 볼 수 없다. 보험회사가 외국에서 보험계약을 단독으로 인수한 경우에는 예외가 허용되지 않은 것인가? 예컨대 보험회사가 현지 지점에서 보험을 단독으로 인수하는 경우 외국의 관계 법규에 따라 적법하게 보험모집을 무자격자에게 위탁하는 경우도 발생할 수 있는데, 이러한 경우에는 예외를 허용하지 아니하고 공동으로 인수하는 경우에만 예외를 허용하는 것은 문제라고 생각한다. 외국의 모집조직을 이용하여 원보험계약 또는 재보험계약을 인수하는 경우라 함은 보험회사가 외국에 지점 등 형태로 진출하여 외국의 모집조직을 이용하여 원보험계약 또는 재보험계약을 인수하는 것을 말한다. 이 경우 국내의 모집조직에 의한 모집위탁은 불가능하므로 외국의 모집조직에 대한 모집위탁 및 수수료의 지급 등의 예외를 허용하고자 한 것이다.

3) 그 밖에 대통령령으로 정한 경우

대통령에서 규정하고 있는 사항은 아직까지 없다.

3. 위반행위에 대한 효과

(1) 과징금

보험회사가 제99조 제1항을 위반하여 모집을 할 수 있는 자 이외의 자에게 모집을 위탁한 경우에는 해당 보험계약의 수입보험료의 100분의 50 이하의 범위에서 과징금을 부과할 수 있다(보험업법 제196조 제1항).

(2) 과태료

보험회사 소속 임직원 또는 보험설계사가 제99조 제2항을 위반한 경우 해당 보험회사에 대하여 5천만 원 이하의 과태료를 부과한다(보험업법 제209조 제1항 제4호).

다만 그 위반행위를 방지하기 위하여 해당 업무에 관하여 상당한 주의와 감독을 게을리하지 아니한 경우는 제외한다.

제15절 자기계약의 금지제도

1. 서설

(1) 자기계약금지 규제의 의의

보험대리점이나 보험중개사는 보험계약의 체결을 대리하거나 중개하는 자이다. 보험계약의 중개 및 대리행위는 보험계약의 당사자가 아니면서 보험계약의 체결에 힘쓰거나 대리하는 행위를 말한다. 그런데 보험계약의 당사자, 즉 보험계약자가 당해 보험대리점이나 보험중개사인 경우에 스스로 자신이 보험계약의 당사자이면서 모집을 하는 자로서 역할을 수행할 수 있는 것인지 문제된다.

보험계약의 당사자는 보험회사와 보험계약자이다. 이들은 보험계약을 통하여 법적 유대관계를 형성하게 되고 서로 급부와 반대급부라는 상호 대립되는 이해관계를 갖는다. 보험대리점 및 보험중개사는 보험계약의 일방당사자로서 자기 계약을 체결할 수 있으며, 이 경우 보험계약은 보험회사와 직접 체결하거나 다른 모집종사자를 통하여 체결할 수 있다.

그런데 보험대리점 및 보험중개사가 자신이 계약의 당사자인 보험계약을 다른 모집종사자를 통하지 않고 스스로 모집할 수 있는 것인가? 이 문제는 보험계약의 대리와 보험계약의 중개를 나누어 달리 보아야 할 것이다. 보험대리의 경우 보험대리점이 보험계약이라는 법률행위를 하면서 한편으로는 보험회사의 대리인으로 또 한편으로는 보험계약의 상대방으로서 보험계약을 체결하는 것이므로 민법 제124조에서 규정하고 있는 자기계약에 해당되어 무효가 아닌가 하는 문제가 제기된다.[132] 그러나 보험대리점 등이 보험계약의 일방당사자여야 하므로 쌍방대리의 문제는 발생하지 않는다. 한편 보험중개사의 경우에는 보험계약의 대리권을 갖고 있지 아니하고 단지 보험계약의 체결을 중개하는 자이므로 민법 제124조의 적용을 받지 않게 되어 일단 문제는 없는 것으로 보인다.

보험대리점은 보험회사의 대리인이고, 상법상 자기계약 쌍방대리를 허용하는 별도의 규정이 없으므로 민법 제124조의 자기계약 쌍방대리 금지 규정이 그대로 적용된다. 그러므로 본인의 허락을 득하지 아니하고 자기계약을 체결한 경우 그 보험계약은 무효가 된다. 그러므로 보험대리점이 자기계약 쌍방대리를 하고자 하는 경우 본인, 즉 보험회사의 허락을 득하여야 한다. 자기계약에서 본인의 허락은 명시적 묵시적 허락이 모두 허용되고, 사후 추인도 가능하다. 보험중개사는 독립적으로 보험계약의 체결을 중개하는 자이므로 민법 제124조의 자기계약 쌍방대리 금지 규정이 적용되지 않는다.[133]

보험업법은 이러한 민법상의 자기계약 금지 규정과 달리 자기계약이 유효함을 전제로

132 상법에서는 대리와 관련하여 다음과 같은 특칙규정을 두고 있다. **제48조(대리의 방식)** 상행위의 대리인이 본인을 위한 것임을 표시하지 아니하여도 그 행위는 본인에 대하여 효력이 있다. 그러나 상대방이 본인을 위한 것임을 알지 못한 때는 대리인에 대하여도 이 이행의 청구를 할 수 있다. **제49조(위임)** 상행위의 위임을 받은 자는 위임의 본지에 반하지 아니한 범위 내에서 위임을 받지 아니한 행위를 할 수 있다. **제50조(대리권의 존속)** 상인이 그 영업에 관하여 수여한 대리권은 본인의 사망으로 인하여 소멸하지 아니한다.

133 그러나 사견으로 중개행위에 대해서도 자기계약 쌍방대리의 금지 규정을 유추 적용할 필요가 있다고 생각한다.

하여 어떤 특정 보험대리점 등에서 모집한 보험계약이 당해 보험대리점 등이 모집한 보험계약의 보험료의 일정비율을 초과하지 못하도록 규제하고 있는 것이다. 또한 보험업법상의 자기계약의 금지규제에는 보험계약의 대리 외에도 보험계약의 체결의 중개행위도 포함하여 규제하고 있는 것이 특징이다.

(2) 자기계약의 의의

민법상 자기계약이란 어떤 법률행위에 있어서 일방 당사자가 상대방의 대리인이 되는 것, 즉 갑의 대리인 을이 일면으로는 갑을 대리하고 타면으로는 자기의 자격으로 갑과 을 간의 계약을 체결하는 것을 말한다(민법 제124조). 또한 민법에서는 대리인의 쌍방대리를 금지하고 있는데, 쌍방대리란 한 사람이 어떤 법률행위에 있어서 쌍방당사자를 대리하는 것, 즉 갑의 대리인 을이 일면 갑을 대리하고 타면 병을 대리하여서 갑과 을 간의 계약을 체결하는 것을 말한다. 자기계약은 보통 계약에서 문제가 되지만 상대방 있는 단독행위에 관해서도 적용이 가능하다. 즉, 대리인이 본인명의로 자기 자신에 대하여 단독행위를 하거나 또는 자기명의로 하는 단독행위를 본인을 위하여 수령하는 경우 등에도 일반으로 자기계약이란 용어를 사용하고 있다.

(3) 자기계약 금지의 근거

민법상 대리인의 자기계약을 금지하는 이유는 보험계약 등 법률행위에 있어서는 일반적으로 계약당사자의 이해가 서로 부합하지 아니하고 오히려 대립하는 것이 보통이므로 동일인이 자기 자신의 이익과 상대방의 이익을 위한 대리인으로서 또한 쌍방 당사자의 이익을 위한 공동대리인으로서 법률행위를 하게 된다면 자기계약의 경우에는 자기의 이익을 위하여 대리인의 지위가 남용될 우려가 크기 때문이다. 그러나 보험업법은 자기계약 자체를 금지하고 있지 아니하므로 이러한 근거가 보험업법의 자기계약 금지 규제에 그대로 적용되지는 않는다. 보험업법은 오히려 자기계약이 허용됨을 전제로 하여 보험업법이 규정하는 자기계약이 일정비율 이상을 초과하지 말 것을 요구하고 있기 때문이다. 보험업법상 자기계약 금지 규정의 취지는 간접적으로는 보험계약에서 고지의무, 통지의무 등의 형해화 방지, 보험대리점의 권한 남용으로 인한 보험회사의 보호, 보험계약의 사행적 성격으로 인한 보험사기 예방 필요성 등이고 보다 직접적으로는 보험대리점을 통한 보험계약자의 이익취득 및 비자금 조성 등 사회질서 문란행위를 방지하고, 나아가 보험료 할인이 행해지는 것을 방지하고, 보험대리점 및 보험중개사의 자립을 도모하기 위한 것이다.

(4) 자기계약 금지 규제의 연혁

진입규제 등 다른 규제와 달리 모집에 관한 규제는 보험업법 제정 당시에는 보험업법에 의하여 규제를 하지 아니하고 모집단속법(제정 1962. 1. 20. 법률 제990호)이라는 별도의 법률에 따라 규제되었다. 이 당시에는 동 규정의 표제가 자기대리점금지라는 명칭으로 규정되었다.[134] 그 후 2003년 개정 보험업법에서 법조문의 명칭을 자기계약의 금지라고 변경하였고 현행 보험업법의 규정체제와 같은 내용으로 규정되었다.

2. 규제내용

(1) 규제의 범위

보험의 모집에 종사할 수 있는 자는 보험대리점, 보험중개사, 보험설계사 등이 있다. 그런데 자기계약 금지 규제의 대상은 보험대리점과 보험중개사에 한정된다. 따라서 보험대리점과 보험중개사를 제외한 여타의 모집종사자는 자기계약금지 규제를 받지 아니한다. 따라서 보험설계사는 자신을 보험계약자로 하는 보험계약이 전부더라도 법적으로는 아무런 문제가 되지 않는다.

보험설계사 등 여타의 모집종사자에 대해서는 자기계약 금지규제 대상에서 제외한 이유는 무엇일까? 보험업법의 모태가 된 일본 보험업법에서도 자기계약금지 규정을 두고 있다.[135] 이러한 일본의 보험업법에서도 손해보험대리점과 보험중개인에 대하여 동

134 **제19조(자기대리점의 금지)** ① 손해보험대리점은 주되는 목적으로써 자기 또는 자기가 고용되고 있는 자를 보험계약자 또는 피보험자로 하는 보험계약을 모집하지 못한다.
② 손해보험대리점이 모집한 자기 또는 자기가 고용되고 있는 자를 보험계약자 또는 피보험자로 하는 보험계약의 보험료의 누계액이 당해손해보험대리점이 모집한 보험계약의 보험료의 누계액의 100분의 50을 초과하게 되었을 때는 당해손해보험대리점은 전항의 규정의 적용에 있어서 이를 자기 또는 자기가 고용되고 있는 자를 보험계약자 또는 피보험자로 하는 보험계약을 모집함을 주되는 목적으로 한 것으로 본다.

135 第二百九十五条 損害保険代理店及び保険仲立人は, その主たる目的として, 自己又は自己を雇用している者を保険契約者又は被保険者とする保険契約(保険仲立人にあっては, 内閣府令で定めるものに限る. 次項において「自己契約」という.) の保険募集を行ってはならない.
2 前項の規定の適用については, 損害保険代理店又は保険仲立人が保険募集を行った自己契約に係る保険料の合計額

규제를 적용하도록 규정하고 있다. 이러한 일본의 입법례가 우리 보험업법에 그대로 영향을 미친 것으로 보인다. 또한 일본의 보험모집인은 개인인 경우를 상정하고 있으므로 개인 이외에 법인 등이 모집자가 될 수 있는 손해보험대리점과 보험중개인을 동 규제의 적용 대상으로 삼은 것으로 볼 수 있다. 그러나 우리나라의 경우 법인 등도 보험설계사가 될 수 있으므로 자기계약 금지 규정의 적용 대상에 포함시켜 규제하는 것이 타당하다고 생각된다.

(2) 자기계약 금지 요건

기업이 이사가 개인자격으로 손해보험대리점을 등록하고 기업소유의 물건의 보험계약을 인수한 경우, 이러한 보험계약은 자기 계약의 범위에 포함될 수 있는가?

1) 객관적 요건

자기계약 금지 규정의 위반 여부의 판단에 고려될 수 있는 보험계약은 당해 보험대리점·보험중개사가 보험계약자이거나 피보험자인 보험계약과 당해 보험대리점·보험중개사를 고용하고 있는 자가 보험계약자이거나 피보험자인 보험계약이 포함된다.

자기계약인지 여부는 보험계약 관련 자료를 징구하여 이를 기초로 판단하여야 한다. 여기서 보험계약자나 피보험자는 자연인이나 법인 또는 단체가 될 수 있으므로 '고용하고 있는'이라는 표현은 고용·피용 관계를 고려해볼 때 자연인의 경우에만 적절한 표현이고 법인 등의 경우에는 적절한 표현이 아니므로 보험대리점과 보험중개사와의 관련성을 판단할 수 있는 표현으로 변경하여 규정할 필요가 있다. 따라서 여기서 고용은 협의 고용을 의미하는 것이 아니라 위임 등을 포함하는 의미로 넓게 해석하여야 한다.

일본의 경우 자기계약의 범위와 관련하여 개인보험대리점과 중개사의 경우에는 대표자, 대표자와 생계를 같이 하는 친족이 포함되고, 법인보험대리점과 중개사의 경우에는 그의 법인이 포함되는 것으로 해석한다.[136]

として内閣府令で定めるところにより計算した額が，当該損害保険代理店又は保険仲立人が保険募集を行った保険契約に係る保険料の合計額として内閣府令で定めるところにより計算した額の百分の五十を超えることとなったときは，当該損害保険代理店又は保険仲立人は，自己契約の保険募集を行うことをその主たる目的としたものとみなす.

136 石田 満, 681-682면.

2) 주관적 요건

보험대리점은 자기계약의 체결을 대리할 수 있으나 그 것이 주된 목적이 되어서는 안 된다. 또한 보험중개사는 자기계약의 체결을 중개할 수 있으나 그 것이 주된 목적이 되어서는 안 된다. 주된 목적성 여부는 주관적인 사정에 속하는 것으로 객관적인 사실에 의하여 판단하여야 할 것이고, 이러한 주된 목적성 여부의 입증책임은 이러한 금지규제의 위반을 주장하는 금융감독당국에 있다. 그러나 현실적으로 주된 목적성을 입증하는 것은 매우 곤란하다. 이러한 점을 고려하여 보험업법은 주된 목적 여부에 대한 간주규정을 두고 있는데, 보험대리점 또는 보험중개사가 모집한 보험의 보험료의 100분의 50을 초과하게 된 경우에는 자기계약을 주된 목적으로 한 것으로 의제된다.

3. 위반효과

자기계약 금지 규정을 위반한 경우 본인의 허락을 얻은 경우에는 사법상의 효과는 영향을 미치지 아니한다. 따라서 보험회사의 허락을 얻어 보험계약의 체결을 대리하거나 중개한 경우에는 비록 자기계약금지 규정에 위반한 것이라도 당해 보험계약의 효력은 유효하다. 다만 동 법규를 위반한 보험대리점은 보험업법 제88조 제1항에 의하여 보험대리점의 등록 취소처분을 받을 수 있다. 또한 보험중개사의 경우 보험업법 제90조 제1항 제4호에 의하여 등록취소 처분을 받을 수 있다.

제16절 보험사기 방지제도

1. 서설

보험사기를 통제할 수 있는 법적 제도로서 우선 보험사기로 체결된 보험계약의 효력을 무효화시키는 사법적 방법을 고려해볼 수 있다. 또한 보험사기 행위를 범한 자에 대하여 형사적 제재를 가하는 방법과 행정상 부여된 자격을 박탈하는 방안이 있을 수 있다.

보험사기로 인한 피해를 방지하기 위한 현행 법제도상의 통제장치를 간략히 살펴보자. 우선 사법상 통제제도로서 사기보험계약의 반사회성을 이유로 한 무효(민법 제103

조) 및 취소제도(민법 제110조)가 있고, 상법상의 제도로서 사기에 의한 초과보험(상법 제669조 제4항), 사기에 의한 중복보험계약(상법 제672조 제3항) 등이 있다. 사기에 의한 초과보험과 중복보험의 경우 보험계약은 무효가 되고, 보험자는 그 사실을 안 때까지의 보험료를 청구할 수 있다는 점이다(상법 제669조 제4항 및 제672조 제3항).

보험사기에 대한 공법상의 방어제도로서 형법상의 사기죄(형법 제347조 등) 규정, 보험사기조사와 관련된 제도로서 보험계약자 등의 보험사기 금지의무제도(보험업법 제102조의2), 보험업법상의 관계자에 대한 조사제도(보험업법 제162조~제164조) 등이 있다. 보험계약자 등의 보험사기 금지 의무 규정은 2010년 보험업법 개정 시 신설되었고, 보험사기 조사에 관한 규정은 1988년 보험업법 개정 시 처음으로 도입되었으며 그 후 2003년 보험업법 개정 시 보험조사협의회제도 등을 보완하여 일부조문이 추가되었다.[137] 한편 1999년 금융감독기구의 통합에 따라 금융감독원 내에 보험사기조사 부서가 신설되었고, 보험사기 조사 관련 보험업법상의 제도가 정비됨에 따라 보험 관련 정보의 통합집중 및 이러한 정보의 활용을 통한 보험사기 조사업무가 본격화되기 시작하여 현재 상당한 성과를 거두고 있다.

2. 보험계약자 등의 의무

보험계약자, 피보험자, 보험금을 취득할 자, 그 밖에 보험계약에 관하여 이해관계가 있는 자는 보험사기행위를 하여서는 아니 된다(보험업법 제102조의2). 이 규정은 현재 모집장에서 규정하고 있는데, 보험업법 제9장 관계자의 조사장에서 규정하는 것이 위치상 타당한 것으로 보인다. 어떠한 행위가 보험사기 행위인가 문제되는데, 보험사기의 주요 유형으로는 (i) 보험사고 유발 및 조작, (ii) 피해의 과장이다. 진료기록 등을 허위로 작성하여 요양급여비용 등을 편취한 행위,[138] 입원 필요성이 없는 환자들을 유치하여

137 **제182조(관계자에 대한 조사 등)** ① 보험감독원장은 이 법 및 이 법에 의한 명령 또는 지시에 위반된 사실이 있거나 공익 또는 건전한 보험거래질서의 확립을 위하여 필요하다고 인정하는 때는 보험사업자·보험계약자 기타 관계자에 대한 조사를 할 수 있다.
② 보험감독원은 제1항의 규정에 의한 조사를 위하여 필요한 때는 관계자에 대하여 다음 각호의 사항을 요구하거나 조사사항에 대한 증언을 들을 수 있다.
1. 조사사항에 관한 사실과 상황에 대한 진술서의 제출
2. 필요하다고 인정되는 장부·서류 등의 제출
③ 보험감독원장은 보험관계단체의 임원 또는 직원이 이 법에 의하여 제출하는 자료를 허위로 작성하거나 그 제출을 게을리한 때 또는 조사를 방해한 때는 그 단체의 장에게 당해 임원 또는 직원에 대한 문책 등을 요구할 수 있다.

요양급여비용을 편취한 행위,[139] 입원한 것처럼 허위서류를 발급받아 보험금을 청구한 행위[140] 등이 대표적인 보험사고 유발 및 조작행위에 해당한다. 피해과장 사례로는 선견적서 조작을 통하여 부품판매가격을 부풀린 행위, 사고차량의 사용 가능한 부품(알루미늄휠, 범퍼, 등)을 물 세척 및 단순 도장 등의 방법으로 마치 신품으로 교환된 것처럼 사진촬영을 실시한 후 보험회사에 고가의 신품부품을 청구하였으며, 또한 실제 작업하지 않은 외부패널(차량외부)의 도장 작업을 보험회사에 허위도장비용을 청구하는 행위[141] 등이 있다.

3. 보험관계 업무 종사자의 의무

(1) 의의

최근 보험설계사 70여 명 등이 주민, 병원 등과 공모하여 150억 원의 보험금을 편취한 보험사기 사건이[142] 발생하는 등 보험지식이 많고, 보험회사의 업무처리 방식을 잘 알고 있는 모집종사자의 경우 보험사기로 적발된 인원의 증가율이 다른 직종에 비해 상대적으로 큰 것으로 나타나고 있으며 모집종사자와 관련된 보험사기범죄가 다발적으로 반복 발생하고 있다.[143]

보험관계 업무 종사자의 보험사기 방지 의무제도는 보험설계사, 보험대리점, 보험중개사 등 모집종사자를 포함하여 보험 관계 업무에 종사하는 자에 대해 보험사기 금지의무를 명시적으로 부과하고, 이를 위반하는 경우 등록을 취소하는 등 강력한 제재를 통해 보험 관계자의 보험사기의 유인을 제거함으로써 보험사기로 인한 사회적 손실을 경감시키기 위하여 2014년 보험업법 개정 시 신설하였다.[144]

138 부산지법 2012. 2. 22. 선고 2011고정1112 판결.

139 부산지법동부지원 2012. 1. 13. 선고 2011고단1348 판결.

140 서울서부지방법원 2011. 4. 27. 선고 2010고단2209-1(분리), 2010고단2557(병합) 판결.

141 금융감독원 보도자료(외제차량 수리비 및 부품값을 조작한 외제차량 정비업체 적발, 2011. 2. 14.) 참조.

142 보험설계사 70여 명, 주민 300여 명, 3개 병원이 공모하여 거액의 보험에 가입한 뒤 병원은 가짜 입·퇴원 확인서를 발급해주는 대가로 요양급여비와 입원치료비를 받고, 보험설계사는 보험가입자와 병원을 연결시켜주고 부당하게 보험금을 타낼 수 있는 수법을 알려주면서 보험가입수수료를 챙김(연합뉴스 2011. 11. 4., "법·도덕 실종 보여준 태백 보험사기").

143 송윤아, "보험모집종사자의 보험사기 적발현황", KIRI WEEKLY 포커스, 보험연구원, 2011. 11. 24.

144 보험업법 일부개정법률안[박대동 의원 대표발의], 검토보고서(2013. 4.) 참조.

(2) 보험사기 개입 금지의무의 내용

보험회사의 임직원, 보험설계사, 보험대리점, 보험중개사, 손해사정사, 그 밖에 보험 관계 업무에 종사하는 자는 보험계약자, 피보험자, 보험금을 취득할 자, 그 밖에 보험계약에 관하여 이해가 있는 자로 하여금 (i) 고의로 보험사고를 발생시키거나 발생하지 아니한 보험사고를 발생한 것처럼 조작하여 보험금을 수령하도록 하는 행위가 금지되고, (ii) 이미 발생한 보험사고의 원인, 시기 또는 내용 등을 조작하거나 피해의 정도를 과장하여 보험금을 수령하도록 하는 행위가 금지된다.

보험사기 개입 금지의무가 부여된 자는 보험회사의 임직원, 보험설계사 등 모집종사자, 손해사정사, 그 밖에 보험 관계 업무종사자이다. 그 밖에 보험 관계 업무에 종사하는 자에는 보험계리사, 보험협회, 보험요율산출기관에 재직 중인 자, 법인보험대리점 및 법인보험중개사, 보험계리업자에 소속되어 있는 직원 등이 포함될 수 있는 것으로 보인다. 그러나 보험수리, 견인 업체 종사자 및 병원 등에서 근무하는 자가 이에 포함될 것인지 의문이나 이러한 의무 위반의 효과가 등록취소 등의 행정적 조치가 가해질 뿐이라는 점을 고려해보건대 이들에 대해서까지 확대하여 해석하는 것은 타당하지 않은 것으로 생각된다. 한편 보험 관계 업무 종사자가 스스로 주체가 되어 보험사고를 유발하거나 조작하거나 보험사기의 원인, 시기 등을 조작하는 행위는 보험업법 제102조의3의 규정이 적용될 사안은 아니고 보험업법 제102조의2의 적용 여부가 문제된다.

그동안 보험 관계 업무 종사자에 의한 사기 개입금지 규정은 보험설계사 등이 보험사기 행위를 범하거나 연루되어 형사처벌을 받았더라도 이들에 대해 등록을 취소할 수 있는 법적인 근거가 없었다. 그러나 보험업법의 개정으로 보험설계사 등에게 특별히 보험사기 개입금지 의무를 부여하고, 이를 위반한 경우에 사기로 인한 형사처벌과 별개로 행정상의 제재로서 등록을 취소할 수 있게 되었다는 데 의의가 있다.

(3) 보험사기 금지의무 위반의 효과

1) 보험업법상의 효과

보험설계사, 보험대리점, 보험중개사가 보험계약자, 피보험자 또는 보험금을 취득할 자로서 보험사기 금지의무를 위반하거나 보험 관계 업무 종사자로서 보험사기 개입금지 의무를 위반한 경우에는 등록이 취소될 수 있다(보험업법 제86조 제2항, 제88조 제2항,

제90조 제2항). 보험회사의 임직원, 그 밖에 보험 관계 업무에 종사하는 자에 대해서는 특별한 행정적 조치가 따르지 않는다. 그런데 손해사정사의 경우 명시적인 규정이 없어 손해사정사가 보험업법 제102조의2 및 제102조의3을 위반한 경우 등록을 취소할 수 있는지 의문이다.

생각하건대 보험업법 제190조가 보험계리사·선임계리사·보험계리업자·손해사정사 및 손해사정업자에 관해서는 제86조를 준용한다고 규정하고 있고, 보험업법 제86조 제2항에서 보험업법 제102조의2 및 제102조의3의 규정을 위반하면 등록을 취소할 수 있도록 규정하고 있으므로 손해사정사가 보험업법 제102조의2 및 동법 제102조의3을 위반한 경우에도 등록을 취소할 수 있을 것으로 생각된다. 보험계리사의 경우 명시적인 규정은 없으나 그 밖의 보험 관계 업무에 종사하는 자에 포함하는 해석론에 의할 경우 보험계리사에 대한 등록취소도 가능할 것으로 판단된다.

다만 보험회사의 임직원 등은 별도의 등록제도를 두고 있지 않으므로 등록취소 등의 행정적 조치는 불가능 하나 이러한 자의 경우에도 보험업법 제134조에 의한 검사 및 제재조치로서 문책 등의 조치는 가능할 것으로 생각된다.

2) 형사법상의 효과

보험회사의 임직원이나 보험설계사 등 보험 관계 업무 종사자가 스스로 보험사기 행위를 하거나 교사행위를 한 경우에는 형법에 따라 처벌될 수 있다. 특히 보험업법 제102조의3에 의한 보험사기 개입행위는 형법상의 사기죄의 교사 내지 방조에 해당할 가능성이 높으므로 이러한 교사 내지 방조의 요건에 해당하는 것으로 판단될 경우 행정상의 조치와 별개로 형사적 제재가 내려질 수 있음은 물론이다.

3) 민사법상의 효과

민사법상으로 보험 관계 업무 종사자에 의한 보험사기 개입 행위만을 고려한 별도의 규정은 존재하지 않는다. 다만 보험계약자 등의 보험사기 행위에 대하여 적용될 수 있는 다수의 규정이 존재한다. 보험업법 제102조의2나 동법 제102조의3의 행위는 민법 제103조 위반으로 무효가 될 수 있고, 보험계약이 사기에 의하여 체결된 경우에는 그러한 보험계약은 보험회사에 의하여 취소될 수 있다(민법 제110조). 또한 초과보험(상법 제669

조 제4항)이나 중복보험(상법 제672조 제3항)이 보험계약자의 사기에 의하여 체결된 경우에는 동 보험계약은 무효가 된다. 한편 자동차 보험 등 표준약관에 의하면 보험계약이 사기로 체결된 경우 보험회사가 일정한 기간 내에 당해 보험계약을 취소할 수 있다(자동차보험표준약관 제50조 참조).[145] 또한 보험사기의 경우 보험계약의 무효 또는 취소 이외에 보험금 지급이 면책되거나 계약을 해지할 수 있는 효과도 발생할 수 있다.[146]

☞ 관련 판례

1. 갑이 자신이나 그 처인 을을 보험계약자로, 을을 피보험자로 하는 다수의 보험계약을 체결하였다가 을이 교통사고로 사망하자 보험금의 지급을 청구한 사안에서, 갑이 을을 살해하도록 교사하였던 전력, 석연치 않은 보험사고 경위, 경제형편에 비해 지나치게 과다한 보험료 등 제반 사정에 비추어 볼 때, 위 다수의 보험계약은 보험금을 부정취득할 목적으로 체결한 것으로 추인되므로 민법 제103조에 정한 선량한 풍속 기타 사회질서에 반하여 무효라고 판시하였다.[147]

2. 공사도급계약과 관련하여 체결되는 이행(계약)보증보험계약이나 지급계약보증보험에 있어 보험사고에 해당하는 수급인의 채무 불이행이 있는지 여부는 보험계약의 대상으로 약정된 도급공사의 공사금액, 공사내용 및 공사기간과 지급된 선급금 등을 기준으로 판정하여야 하므로, 이러한 보증보험계약에 있어 공사기간이나 선급금액도 공사대금 등과 함께 계약상 중요한 사항으로서 이를 허위로 고지하는 것은 기망행위에 해당할 수가 있고, 따라서 이러한 경우에는 민법의 일반원칙에 따라 보험자가 그 보험계약을 취소할 수 있다고 한다.[148]

145 **제50조(보험계약의 취소)** 보험회사가 보험계약자 또는 피보험자의 사기에 의해 보험계약을 체결한 점을 증명한 경우, 보험회사는 보험기간이 시작된 날부터 6개월 이내(사기 사실을 안 날부터는 1개월 이내)에 계약을 취소할 수 있습니다.

146 자동차보험 표준약관 제53조 참조, **제59조(보험사기행위 금지)** 보험계약자, 피보험자, 피해자 등이 보험사기 행위를 행한 경우 관련 법령에 따라 형사처벌 등을 받을 수 있습니다.
생명보험표준약관 **제15조(사기에 의한 계약)** 계약자 또는 피보험자가 대리진단, 약물사용을 수단으로 진단절차를 통과하거나 진단서 위·변조 또는 청약일 이전에 암 또는 인간면역결핍바이러스(HIV) 감염의 진단 확정을 받은 후 이를 숨기고 가입하는 등의 뚜렷한 사기의사에 의하여 계약이 성립되었음을 회사가 증명하는 경우에는 보장 개시일부터 5년 이내(사기사실을 안 날부터는 1개월 이내)에 계약을 취소할 수 있습니다.

147 대법원 2009. 5. 28. 선고 2009다12115 판결.

148 대법원 1998. 6. 12. 선고 97다53380 판결.

제5장

자산운용 규제

●●● 제5장

자산운용 **규제**

제1절 서 설

1. 자산운용의 의의

보험회사의 자산은 보통의 회사와 마찬가지로 타인자본과 자기자본으로 구성된다. 보험회사의 설립 시에는 주주가 출자한 자본이 자산의 대부분을 구성하지만 보험회사가 설립되고 보험영업을 개시하게 되면 수입보험료가 쌓여 주주가 출자한 자본보다 많은 자산이 형성된다. 이렇게 보험료 수입에 의하여 형성된 자산은 일정 기간의 운용기간을 거쳐 궁극적으로 보험계약자 등에게 지급하여야 할 재원으로 사용된다. 현금자산으로 유입된 보험료는 주식, 국채 등 각종 채권, 부동산 담보대출 등 각종의 대출, 부동산 등의 취득, 새로운 사업의 투자, 각종 외국자산에 대한 투자, 선물·옵션거래, 파생상품거래 등 다양한 형태로 변화되어 운용된다. 자산운용이란 이와 같이 보험회사가 보험료 등의 수입으로 형성된 자산을 사용·수익·처분하는 일체의 활동을 말한다고 볼 수 있다.

2. 자산운용업무의 중요성

보험회사를 비롯한 각 보험회사는 자산운용의 내용 및 실적에 따라 회사의 재무건전성이 좌우되므로 자산운용업무는 보험회사의 중요한 핵심 업무로 인식되고 있다. 특히 보험회사의 경우 자산규모가 확대 증가함에 따라 자산운용의 투자 대상이 다양화되고 그 운용형태 면에서도 외부위탁을 통한 자산운용 등 다양한 자산운용기법이 필요한 실정이다. 보험회사의 자산은 고정되어 있는 것이 아니라 유동적으로 변화하는데, 신규 보험계약 및 기존보험계약의 보험료 등의 수입으로 자산이 증가하고 보험금 및 해지환급금 등의 지급으로 자산이 감소된다. 보험자산은 장래에 보험금 등의 지급재원으로 사용되어야 하기 때문에 보험회사는 보험자산을 안정적이고 투명하게 관리하여야 한다. 보험회사의 자산운용은 금리와 환율의 변동, 주식시장 및 부동산시장의 변동 등 각종 외부위험 요인에 의하여 영향을 받는다. 보험회사의 자산운용실패는 보험회사의 파산 및 보험계약자 등의 피해로 이어질 수 있기 때문에 자산운용 업무는 매우 중요하다(은행과 유사한 수신 기능 및 산업자본의 제공 기능 수행).

3. 자산운용전략

보험회사는 보험계약에 의하여 보험계약자로부터 보험료를 수입하여 보험금 등의 재원으로 지출될 자산을 보유하고 실제로 보험금 등으로 지급될 때까지 일정한 기간 그 자산을 운용 및 관리하여 수익을 달성한다. 확정금리형 보험상품과 변동금리형 보험상품, 자산운용의 성과의 위험을 보험회사가 지지 않고 보험계약자가 부담하는 변액보험, 보장성 보험 등이 존재한다. 따라서 보험회사는 보험상품의 형태에 따라 보험자산운용의 책임이 다르고 이에 따라 다른 자산운용전략을 구사할 수 있다.

4. 자산운용규제제도

(1) 의의

보험회사의 자산운용규제는 보험회사가 운용자산을 건전하게 운용·보전하고 보험계약자의 보험금 청구에 대하여 적기에 충분히 응할 수 있는 재원을 충실히 확보하기 위해 필요하다. 보험회사의 자산이 불건전하게 운용되는 경우에는 금융시장에 악영향을 초래하고 금융시스템을 불안하게 하여 경제 질서를 크게 해칠 수 있으며, 궁극적으로 다수의 보험계약자에게 보험금 지급불능으로 인하여 막대한 손해를 야기할 수 있다. 또한 보험자산의 편중운용, 대주주에 의한 사금고화를 방지할 필요가 있다. 보험업법은 보험회사 자산의 적정한 운용을 도모하기 위하여 투기적 목적의 대출 등을 금지하는 여신규제와 업무용 부동산이 아닌 부동산의 소유 금지, 동일인 및 동일차주 등에 대한 여신 및 자산취득 규제, 대주주 및 자회사 등에 대한 여신 및 자산취득 규제를 두고 있으며 무분별한 출자를 제한하기 위하여 출자제한 규제, 불공정한 대출규제, 대주주 등과의 거래규제 및 자회사 관련 규제제도를 두고 있다.

(2) 규제연혁

2003년 개정 보험업법에 의하여 본장이 신설되었으며, 종래에는 자산운용의 원칙조항과 특별계정의 설정 및 운용에 관한 근거 규정 등 극히 일부 사항만을 법률에서 규정하였고 자산운용에 관한 구체적인 규제는 대통령령 등 하위규정에 위임하였다. 보험업법 제정 당시에는 자산운용규제에 관한 사항을 직접 규제하는 법률적 차원의 규정은 존재하지 않았으나 제1차 개정 보험업법 제74조의2가 "보험회사의 재산의 이용은 각령의 정하는 방법과 비율에 따라야 한다"라고 규정함으로써 보험업법상의 규율이 시작되었다. 이에 따라 1963년 시행령에 의하여 재산이용의 방법(제7조의2), 재산이용의 비율(제7조의3)에 관한 규정이 마련되었다.

보험회사의 자산운용방법은 자산의 규모가 커짐에 따라 운용 대상 자산의 종류도 점차 다양화되었다. 2003년을 기준으로 그 이전까지는 보험회사는 유가증권의 취득, 부동산의 취득 및 이용, 대출 및 어음의 할인, 대통령령이 정하는 금융기관에 예금, 신탁회사에 대한 금전·유가증권 또는 부동산의 신탁, 기타 대통령령이 정하는 방법으로 자산을 운용할 수 있었다(구 보험업법 제19조).

그러나 2003년부터는 보험회사의 자산운용에 관한 규제의 중요성이 부각됨에 따라 자산운용규제에 대한 법률적 근거를 명확히 하였으며, 규제의 투명성을 제고하고자 자산운용에 관한 장을 신설하였고, 종래 대통령령에서 규정하였던 자산운용방법 및 비율에 관한 조항 등을 법률로 상향하여 규정하였다. 또한 보험회사의 자산운용 방법을 법률에 열거하여 규정하는 방식에서 금지되거나 제한되는 자산운용 방법을 규정하고 이것을 제한 자산운용을 원칙적으로 허용하는 방식의 규제태도로 전환하였다.

제2절 자산운용원칙

1. 서설

자산(asset)이 무엇을 의미하는지 별도의 정의 규정은 없고, 보험업법은 총자산의 범위 등에 대하여 규정하고 있다(보험업법 제2조 제14호).

자산은 여러 시각에 따라 정의해볼 수 있다. 경제적으로 보면 자산이란 개인이나 법인이 소유하고 있는 경제적 가치가 있는 유형·무형의 재산을 말한다. 자산은 유동 자산과 고정 자산으로 대별된다. 보통 자산은 일반적으로 재산과 같은 뜻으로 쓰이며, 유형·무형의 물품·재화나 권리와 같은 가치의 구체적인 실체를 말한다. 우리는 보통 자산이 무엇으로 구성되는지는 재무제표의 하나인 대차대조표를 통하여 구체적인 목록을 확인할 수 있다.

자산은 운용 측면의 것으로 자기자본과 타인자본에 의하여 형성된 재원을 통하여 이룩된 유형·무형의 가치를 가진 것이다. 자산은 부채와 자본의 조달로 구성된다. 자산운용에서 중요한 점은 '자산을 언제 어떻게 회득하고, 이용하고, 처분할 것인가? 어떻게 회계처리하고 관리할 것인가? 자산의 구성 및 평가는 어떻게 할 것인가? 자산운용에 따른 리스크를 어떻게 관리하고 통제할 것인가?' 등이다.

보험회사의 자산은 대부분 보험계약자가 납입한 보험료로 이루어지고, 이와 같이 형성된 자산은 종국적으로는 보험계약자 등에 대한 보험금 지급 등에 충당되어야 할 책임재산으로서의 역할을 하므로 보험회사가 자산을 운용하는 데 지켜야 할 기본적인 원칙과 주의의무를 특별히 규정하고 있는 것이다. 보험회사의 자산이 보험계약자에 대한 책임재산으로서의 기능을 충실히 수행할 수 있도록 하기 위해서 보험회사의 자산운용의 자율성을 최대한 보장하면서 보험회사의 파산 등으로 인한 보험계약자의 피해를 방지하기 위해 자산운용에 대한 엄격한 규제가 가해질 필요가 있다.

보험회사의 자산운용의 건전성 및 그 성과는 보험회사의 재무상태에 결정적인 영향을 미친다. 또한 보험회사의 자산은 다수의 보험계약자의 보험료로 구성되기 때문에 신탁재산적 성격을 가지고 있다고 볼 수 있다. 이러한 보험자산의 공공적 특성을 고려하여 자산운용에 대한 규제를 강화하고 있다. 보험업법은 자산운용의 원칙을 제시하고 보험회사가 자산운용을 함에 있어 선량한 관리자로서의 주의의무를 다할 것을 요구하고 있다 (보험업법 제104조). 2003년 개정 보험업법은 보험회사의 자산운용의 자율성을 최대한 보장하되 이에 상응하는 책임성을 고양시키기 위하여 자산운용의 원칙 규정을 신설함과 동시에 보험회사로 하여금 자산운용을 함에 있어 선량한 관리자로서의 주의의무를 다하도록 하였다.

2. 보험회사 자산운용의 리스크

(1) 의의

보험회사가 취득하고 보유하는 자산은 자산의 종류에 따라 다양한 위험에 노출되어 있다. 주식의 경우는 발행하는 회사의 경영 상황 및 주식 시장의 수급, 국내외적 경제·정치상황, 국제경제의 주요 지표 등의 변화에 따라 가격이 변동하고, 국채 등의 채권은 채권 발행자의 채무변제 능력 및 금융시장의 금리 변화 등에 따라 가격의 변동이 발생하며, 부동산의 경우도 각종 정부정책 및 수급상황, 금리 등의 경제변수에 따라 등락할 위험성을 내포하고 있다. 보험회사의 미래 부채에 충당될 보험회사의 자산은 그 자산의 특성에 따라 위험의 종류를 달리하지만 다음과 통상 같은 위험들이 문제될 수 있다.

(2) 신용위험

신용리스크란 채무자의 부도, 거래상대방의 계약불이행 등 채무 불이행으로 발생할 수 있는 잠재적인 경제적 손실 위험을 의미한다. 그리고 신용위험액이란 채무자 등의 채무 불이행으로 발생할 수 있는 손실 중 예상손실을 초과하는 위험액을 의미한다. 예상손실(expected loss)에 대해서는 대손충당금 및 대손준비금을 적립하므로, 요구자본 산출을 위한 신용위험액은 미예상손실(unexpected loss)로 측정한다.

신용리스크는 은행의 경우 영업을 영위하면서 직면하는 가장 중요한 리스크이다. 건전한 계속 경영을 위해서는 신용리스크에 상응하는 적절한 자본을 보유하여야 하며, 관리되는 리스크에 대해서는 적절한 보상이 주어져야 한다. 보험회사의 경우 신용리스크의 중요성이 은행보다는 떨어지지만 보험회사의 자산운용이 그간의 국채 등 안전자산 위주에서 회사채, 대출채권 등 신용위험이 높은 자산으로 다변화되고 있는 추세임을 감안할 때 그 중요성이 향후 증가하리라고 예상된다.

국제결제은행(BIS)은 1988년 신용리스크에 대한 자기자본규제방안, 즉 바젤협약(바젤 I)을 마련한 바 있으며, 2004년 6월에는 기존의 표준방법을 보다 정교하게 개선함과 아울러 내부 등급법을 새로운 신용리스크 관리 방법으로 허용하는 신바젤협약(바젤II)을 도입하였다. 보험회사에 적용되는 RBC 제도는 신용위험액 산출을 위해 바젤II의 표준방법을 준용하고 있다.[1]

(3) 시장위험

시장리스크(market risk)란 시장가격 변화로 인해 유가증권, 파생상품 등의 자산가치가 하락하여 손실을 볼 수 있는 가능성을 의미한다. 여기에서 시장가격이란 금리, 주식가격, 환율, 상품가격 등을 의미한다. 시장리스크의 측정 대상은 금융회사의 트레이딩 계정 포지션이다. 따라서 유가증권(채권·주식 등)이라고 하더라도 트레이딩 계정으로 분류되지 않으면 금리리스크 또는 신용리스크의 측정 대상이 되며, 시장리스크의 측정 대상은 되지 않는다.[2]

시장리스크는 일반시장리스크와 개별리스크로 구분할 수 있다. 일반시장리스크는 금리, 주가, 환율 등 시장 전체에 영향을 미치는 사건과 연관되어 발생하는 가격변동성으로부터의 손실을 의미하고, 개별리스크는 채권 및 주식 등 유가증권 발행자의 개별적인 사건(issuer-specific events)과 연관되어 발생하는 가격변동성으로부터의 손실을 의미한다. 바젤II 표준방법은 각 포지션 집단별로 측정된 일반시장리스크와 개별리스크를 단순히 더해서 자기자본을 산출하는 구성요소 합계(building-block) 방식을 취하고 있다. 이에 반해 RBC 제도에서는 개별리스크를 별도로 산출하지 않고 일반시장리스크만을 산출하고 있다. 이는 국내 보험회사의 경우 은행에 비해 자산구성이 상대적으로 단순하여 개별리스크를 별도로 산출할 필요성이 적은 데 따른 것이다.

(4) 이자율 위험

보험회사의 금리위험은 미래 시장금리 변동 및 자산과 부채의 만기구조 차이로 인해 발생하는 손실위험을 의미한다. 즉, 보험회사에 있어 금리위험은 부채의 평균 만기가 자산의 평균 만기를 상회 또는 하회함에 따라 금리하락 또는 상승 시 순자산가치가

1 금융감독원, 「보험회사 위험기준 자기자본(RBC)제도 해설서」, 2012. 10., 69면.
2 금융감독원, 앞의 책, 99면.

하락할 위험과 보험계약의 적립이율과 시장이율 내지 운용수익률의 차이로 인한 금리역마진위험으로 구분할 수 있다.[3]

일반적으로 자본적정성 규제에 있어 금리역마진위험은 보장이율이 시장이율을 초과하여 향후 1년간 발생할 예상손실을 의미하므로 가용자본에 반영함이 바람직한 반면, 경제적 관점에 의한 금리위험은 금리변동에 따른 예상치 않은 순자산 가치 감소를 의미하므로 요구자본에 반영함이 타당하다. 현행 RBC 제도는 금리변동에 의한 순자산 가치 하락 금액을 금리 위험액으로 정의하고 있다.

(5) 환위험

해외자산운용의 증가 및 해외투자의 증가 등으로 인하여 보험회사의 자산운용에 있어 환위험이 증가되고 있다. 환위험이란 자국의 통화와 외국통화간의 환율변동으로 초래되는 환차손 및 해외 투자자산의 투자수익률 하락 위험을 말한다.

3. 자산운용의 원칙

(1) 의의

보험회사는 그 자산을 운용함에 있어 안정성·유동성·수익성 및 공익성을 확보하여야 한다(보험업법 제104조 제1항). 또한 보험회사는 그 자산을 운용함에 있어 선량한 관리자로서의 주의의무를 다할 것을 요구된다(보험업법 제104조 제2항). 이 규정은 보험회사가 그 자산을 운용함에 있어서 준수하여야 할 기본원칙이 무엇인지 밝히고 있고, 그 자산운용을 함에 있어 보험회사가 베풀어야 할 주의의무를 규정하고 있다. 이러한 규정의 취지는 보험자산의 운용에는 안정성에 보다 중점을 두고 운용하여야 할 것과 보험회사가 관리하는 자산의 대부분은 타인 자본에 의하여 조달되므로 자기재산과 동일한 주의능력보다 강화된 주의력을 요구한다. 자산운용의 안정성 및 유동성과 수익성은 상호 모순되는 원칙처럼 보이나 보험영업에 필요한 안정성과 유동성을 도모하면서 수익성을 극대화하는 방향의 자산운용을 강조한 것이라고 봄이 타당하다.

그런데 보험회사가 자산을 운용함에 있어서 자산운의 기본원칙에 부합되게 운용하는

3 금융감독원, 앞의 책, 54면.

지 여부는 무엇을 통해서 알 수 있는가 문제된다. 어느 보험회사가 자산을 안정성·유동성·수익성 및 공익성에 부합하게 운용하는지 여부는 결국 해당 보험회사의 재무제표의 분석을 통하여 추정해볼 수 있다. 분석의 정확도를 높이기 위해 계량적 지표뿐만 아니라 비계량적 지표도 분석의 대상으로 한다.

(2) 안정성 원칙

자산운용의 안정성이란 투자자산의 가치를 하락시킬 수 있는 신용위험, 시장위험, 환위험 등에 노출이 되어 있지 않은 정도를 말한다. 보험회사의 자산은 궁극적으로 보험계약자 등의 보험금 청구권 등에 대한 책임재산으로서의 성격이 강하므로 무엇보다도 안정적인 자산운용이 요청된다. 보험회사의 자산운용의 안정성은 각종의 재무비율의 분석을 통하여 볼 수 있는데, 안정성 분석을 위한 재무비율은 유동성비율과 레버리지비율이 있다. 유동비율은 유동자산을 유동부채로 나누어 여기에 100을 곱하여 산출한다. 레버리지비율은 기업이 어느 정도 타인의 자본에 의존하고 있는가를 측정하기 위한 비율이고, 부채비율을 의미한다. 레버리지 비율은 유동성비율과 함께 단기 채권자의 재무위험을 측정하는 데 이용된다. 보험회사의 자산운용의 안정성은 보험리스크, 신용리스크, 금리리스크, 투자리스크, 유동성리스크 비율이 낮고, 구성자산이 건전하고, 지급여력비율, 유동성 및 수익성이 높은 상태에 있으면 보험회사는 대체로 안정적이라고 볼 수 있다.

(3) 유동성 원칙

유동성 원칙이란 가격의 하락 없이 단기간에 자산을 현금화할 수 있는 능력을 말한다.

보험회사에서는 보험료의 수납과 보험금 등의 지급이라는 자금의 유입과 유출이 연속하여 일어난다. 이와 같은 자금의 유출과 유입이 딱 들어맞는다면 가장 이상적인 것이겠으나 자금의 유입과 유출이 항상 같을 수가 없다. 특히 보험회사는 보험사고 발생에 따른 보험금 청구, 보험계약의 중도 해지에 따른 해지환급금의 지급 청구, 보험계약의 만기 도래에 따른 만기 보험금 지급 청구에 필요한 자금을 예측하여 적정한 유동자금을 확보하고 있어야 한다. 만약 유동성이 부족하여 보험금의 청구에 제때 응하지 못한 경우 흑자 파산 등 큰 위험이 초래될 수 있다. 바로 이러한 이유 때문에 자산운용에 있어

유동성의 원칙이 부각되는 것이다. 보험회사의 유동성 리스크 비율은 평균지급보험금의 규모가 불안정하여 크게 변동하는 경우 예상하지 못한 유동성리스크가 발생할 가능성이 있다. 이에 따라 예측하지 못한 유동성 문제를 해결할 수 있는 유동성 자산의 상대적 규모에 따라 유동성리스크를 평가한다. 유동성리스크는 다음과 같이 산출한다.

보험회사 자산의 유동성은 유동성 비율에 의하여 측정하는데, 유동성 비율은 보험계약자의 보험금 및 제지급금 청구에 대한 보험회사의 지급능력을 판단하는 데 유용하게 이용되는 지표이다. 유동성 비율은 다음과 같이 산출한다.

$$\text{산식: } \frac{\text{유동성자산}}{\text{평균 지급보험금}} \times 100$$

(4) 수익성 원칙

수익성이란 투자수입의 현재가치와 투자비용의 현재가치와의 비율을 말한다. 안전성과 유동성만큼 중요한 보험자산 운용의 원칙이다. 가령 시장위험만을 고려하여 지나치게 안정적인 투자 대상에만 자산을 운용할 경우 수익률이 낮아질 수 있다. 낮은 운용수익률은 보험료를 결정하는 요소 중의 하나인 예정이율을 낮추게 되어 보험료 인상을 유발하게 되고, 보험회사의 재무건전성에 악영향을 미치게 된다.[4] 자산운용의 수익성을 증대하기 위해서는 공격적인 자산운용이 필요하겠으나 보다 중요한 것은 보험자산의 안정적인 관리와 보험금 지급채무의 완전한 이행이므로 안정성의 원칙에 양보를 하여야 한다.

보험료는 통상 순보험료와 부가보험료로 구성된다. 순보험료는 보험계약자 단체를 위하여 적립하여야 하는 금액인데, 다수의 보험계약자의 출연에 의하여 적립된 순보험료는 보험사고가 발생한 경우 보험금 지급재원이 되거나 만기에 환급해주어야 할 재원으로 사용된다. 이 경우 보험상품의 종류에 따라 보험계약자가 낸 저축보험료에 일정한 이율을 부가하여 보험계약자에게 돌려주어야 의무를 부담하기도 한다. 이러한 경우 보험회사가 예정된 이율보다 낮은 자산운용수익률을 기록한 경우에는 이른바 역마진이 발생하게

4 성대규·안종민, 『한국보험업법』(개정2판), 두남, 2015, 433면.

된다. 수익성에 관한 재무비율로 매출액순이익률이 있다. 매출액순이익률이란 매출 1원에 당기순이익이 얼마인가를 나타내는 비율로서 매출액순이익률이 높을수록 회사의 수익성은 좋다고 볼 수 있다. 매출액순이익률은 당기순이익을 순매출액으로 나누어 100을 곱한 것을 말한다. 다음으로 총자산이익률(ROA, Return On Assets)이 있는데, 총자산이익률은 기업의 자산 1원당 얼마의 순이익을 얻었는지를 나타내는 재무비율이다. 당기순이익을 자산평균으로 나누고 100을 곱하여 산출한다.

마지막으로 자기자본이익률(ROE, Return On Equity)이 있다. 기업의 자기자본 대비 당기순이익을 나타내는 지표로서 이는 다시 매출액순이익률, 총자산회전율, 재무레버리지의 조합으로 표시할 수 있다. 당기순이익을 자기자본으로 나누고 100을 곱하여 산출한다.

수익성은 기업이 소유하고 있는 자산의 효율적 효과적 운용과도 관련되고, 그것을 평가하는 척도는 일반기업의 경우 매출채권회전율이나 재고자산회전율 등으로 평가한다.

매출채권회전율은 매출액을 매출채권평균으로 나누고 100을 곱하여 산출한다. 재고자산회전율은 매출원가를 재고자산 평균으로 나누고 100을 곱하여 산출한다.

보험회사의 수익은 보험영업이익과 투자영업이익을 합한 영업이익과 영업 외 이익으로 구분한다. 운용자산이익률은 다음과 같이 산출한다.

$$\frac{\text{투자영업이익}}{\text{경과운용자산}} \times 100$$

운용자산의 수익률이 악화되는 것은 여러 가지 원인이 있을 수 있으나 자산포트폴리오 구성이 잘못되어 나타날 수 있으므로 적절한 자산 포트폴리오 구성을 통해 수익구조를 개선할 필요가 있다.

(5) 공익성의 원칙

공익성이란 보험업에서 요구되는 고유한 자산운용의 원칙보다는 금융업으로서 보험의 공익적 성격을 감안한 보험회사의 자산운용의 원칙이라 할 수 있다.[5] 공익성이란 보험업에서 요구되는 자산운용의 동기와 그 결과가 공익 목적을 지향할 것을 요구하는

5 성대규·안종민, 앞의 책, 434면.

원칙이다. 동 원칙은 금융업 전반에서 요구되는 원칙이며 동 원칙이 반영된 것은 대주주 등과의 거래제한, 대출자산의 중소기업대출 유도, 임대아파트 건설투자, 사회복지사업 등에 투자할 수 있도록 허용하는 취지도 동 원칙에 기초한 것이라 할 수 있다. 결국 공익성 원칙 준수 여부는 보험회사 자산의 공익 투자량에 비례하여 평가할 수 있다. 최근 기업의 사회적 책임이 강조됨에 따라 공익성은 보다 중요한 성격을 띠게 된다.

(6) 보험자산의 각 운용원칙 간의 상호관계

보험자산의 4대 원칙 중 안정성과 수익성 간의 관계, 유동성과 수익성 간의 관계, 수익성과 공익성 간의 관계는 상호 배척되는 관계에 있다고 볼 수 있다. 보험자산의 운용에 있어 상호 배척되는 듯한 원칙을 준수하도록 하는 것은 모순처럼 보인다. 그러나 본 조에서 보험자산의 운용원칙을 밝히고 있는 것은 각 원칙간의 이념이 상호 상승 작용하도록 조화롭게 해석하여야 한다. 보험자산의 운용원칙은 보험상품의 특성에 따라 각 원칙간의 수정해석이 필요하다. 예컨대 변액보험 등 보험계약자가 납입한 보험료의 일부를 특정 자산에 투자하여 그 투자이익을 되돌려주는 보험상품의 경우 보험계약자의 선택에 따라 안정성보다는 수익성이 강조될 수도 있을 것이다.

4. 보험회사의 자산관리의무

(1) 의의

보험업법은 보험회사에 대해 그 자산을 운용함에 있어 베풀어야 할 주의의무를 부과하고 있다. 즉, 보험회사는 선량한 관리자의 주의로 그 자산을 운용하여야 한다(보험업법 제104조 제2항). 보험회사가 보유하는 자산 중 특히 자신 소유의 자산은 자산을 관리하고 운용함에 있어 어떻게 관리하는가는 기본적으로 보험회사의 자유에 맡겨져 있는 것이 보통이다. 보험회사는 보험계약자 등에 대하여 보험금 지급채무를 지고 있는 자에 불과하고, 일단 보험회사에 들어온 보험료는 보험회사의 자신의 것이므로 이를 어떻게 처분하든 보험계약자 등 제3자적 지위에 있는 자가 간섭할 일은 아니라고 할 수 있다. 그러나 보험회사는 다수의 보험계약자와 보험계약관계를 체결하고 있고, 보험료로 구성된 자산은 보험계약의 효과로서 발생하는 보험금 지급재원이 되므로 이를 충실히 관리 유지되어야 하고, 만약 보험자산을 부실하게 운용하여 보험회사가 도산할 경우 보험계약자에 대한 피해는 물론 국민경제질서에 지대한 영향을 미치므로 일정한 제한을 가할 필요가 있다. 본 조항은 이와 같은 공익적 필요에 따라 보험자산의 관리자인 보험회사에 보험자산의 관리에 있어 주의를 환기시켜주는 데 본 조항의 취지가 있다.

(2) 자산관리주의 의무의 내용

자산관리자인 타인은 본인의 자산을 적정하게 관리하기 위한 각종 법률상 계약상 의무가 부여되어 있다. 타인의 자산을 관리하는 자의 주의의무는 자기재산과 동일한 주의의무와 선량한 관리자로서 주의 의무가 있다. 자기재산과 동일한 주의의무란 관리자의 구체적 주관적 주의능력에 상응하는 주의를 말한다. 추상적 과실에 비하여 낮은 단계의 주의의무로서 자기사무에 대한 주의를 위반한 경우에만 책임을 부담한다. 이러한 것으로 무상수치인(민법 제695조), 친권자(민법 제922조) 또는 상속인(민법 제1022조)의 주의의무가 이에 속한다. 따라서 채무자가 평소에 자기 일에 기울이는 정도의 주의를 다하였다면 비록 추상적 과실이 인정되더라도 책임을 부담하지 않는다.[6]

자기사무에 대한 주의의무의 불이행을 구체적 경과실이라고 한다. 이러한 과실에서 책임비난의 기준은 채무자의 구체적 주관적 주의능력에 상응하는 주의가 문제된다. 한편 선량한 관리자의 주의란 거래상 일반적으로 평균인에게 요구되는 정도의 주의를 말한다. 다시 말하면 주의의무를 부담하는 자가 속하는 직업·지역·사회적 지위에 있는 사람들에게 평균적 일반적으로 요구되는 정도의 주의를 말한다. 이러한 선관의무는 민법상의 주의의무의 원칙적인 모습이다.[7] 선량한 관리자로서의 주의의무란 자산관리자의 개별적이고, 구체적인 사정을 고려하지 아니하는 그 사람이 속하는 사회 평균인의 관점에서 그 사람이 속하는 사회적 지위, 종사하는 직업 등에 따라서 보통 일반적으로 평균인에게 요구되는 정도의 주의의무이다.

(3) 보험회사의 선량한 관리자로서의 주의의무

보험회사의 자산은 법률적으로 분명 보험회사의 자산임에 틀림없다. 그러나 보험계

6 지원림, 『민법강의』(제14판), 홍문사, 2016, 20면.

7 지원림, 앞의 책, 880면.

약의 종류에 따라 반드시 보험자의 자산이라고 보기 어려운 경우도 있다. 변액보험이 그 하나의 예이다. 보험상품의 다양화에 따라 자산운용에 따른 책임을 보험계약자가 직접 부담하는 경우가 발생함에 따라 보험회사의 선량한 관리자로서 주의의무는 선언적 의미를 넘어 실질적인 의미를 가지게 되었다. 선량한 관리자로서의 주의의무는 문언상으로는 보험회사에만 부여되어 있는바, 보험회사의 임직원에게도 선관의무가 부여된 것으로 볼 수 있는지 의문이다. 보험회사의 기관인 이사의 경우 당연히 선관의무의 주체가 되는 것으로 볼 수 있으나 자산운용 업무를 구체적으로 담당하는 보험회사의 직원에까지 동 의무의 수범자로 확대하는 것은 어려울 것으로 보인다. 다만 보험회사의 대표자가 아닌 일반 직원의 의무위반 행위에 대해서는 근로계약 등 사법관계에 의하여 주의의무가 부여되어 있고, 그 위반에 대해서도 그러한 계약내용에 의하여 규율되면 충분하다.

저축성 보험 등의 경우에는 보험계약 외에 일종의 소비임치로서의 성격 내지 신탁재산으로서 성격을 포함하고 있다고 볼 수 있다. 민법 제2조 신의칙과 보험계약의 성격에 비추어볼 때 보험회사는 개별 보험계약에 따른 선관의무가 존재한다고 볼 수 있다. 따라서 보험업법 제104조에 의한 선량한 관리자로서 자산운용의무는 창설적 의미를 가지는 것이 아니라 확인적 선언적 의미를 갖는 것이고 이러한 의무는 민법상의 대원칙인 신의성실의 원칙에 근거하여 보험업법이 이를 특별히 명문화하여 법정의무로서 부과한 것이다.

☞ **관련 판례**

금융기관의 임직원은 소속 금융기관에 대하여 선량한 관리자의 주의의무를 지므로, 그 의무를 충실히 한 때에야 임직원으로서의 임무를 다한 것이지만, 금융기관이 그 임직원을 상대로 대출과 관련된 임무 해태를 내세워 채무 불이행으로 인한 손해배상책임을 구함에 있어서는 임직원이 한 대출이 결과적으로 회수곤란 또는 회수불능으로 되었다고 하더라도 그것만으로 바로 대출결정을 내린 임직원에게 그러한 미회수금 손해 등의 결과가 전혀 발생하지 않도록 하여야 할 책임을 물어 그러한 대출결정을 내린 임직원의 판단이 선량한 관리자로서의 주의의무 내지 충실의무를 위반한 것이라고 단정할 수 없고, 대출과 관련된 경영판단을 함에 있어서 통상의 합리적인 금융기관 임직원으로서 그 상황에서 합당한 정보를 가지고 적합한 절차에 따라 회사의 최대이익을 위하여 신의성실에 따라 대출심사를 한 것이라면 그 의사결정과정에 현저한 불합리가 없는 한 그 임직원의 경영판단은 허용되는 재량의 범위 내의 것으로서 회사에 대한 선량한 관리자의 주의의무 내지 충실의무를 다한 것으로 볼 것이며, 금융기관의 임직원이 위와 같은 선량한 관리자의 주의의무에 위반하여 자신의 임무를 해태하였는지의 여부는 그 대출결정에 통상의 대출담당 임직원으로서 간과해서는 안 될 잘못이 있는지의 여부를 대출의 조건과 내용, 규모, 변제계획, 담보의 유무와 내용, 채무자의 재산 및 경영상황, 성장 가능성 등 여러 가지 사항에 비추어 종합적으로 판정하여야 하고, 이 사건과 같은 새마을금고의 경우 그 임직원이 대출을 결정함에 있어서 임직원이 법령이나 정관에 위반한 대출이었음을 알았거나 또는 어떤 부정한 청탁을 받거나 당해 대출에 관한 어떤 이해관계가 있어 자기 또는 제3자의 부정한 이익을 취득할 목적으로 대출을 감행한 경우 또는 조금만 주의를 기울였으면 임직원으로서의 주의의무를 다 할 수 있었을 것임에도 그러한 주의를 현저히 게을리하여 쉽게 알 수 있었던 사실을 알지 못하고 대출을 실행한 경우에 한하여 고의 또는 중과실로 인한 책임을 진다.[8]

(4) 상법상 이사의 의무와의 관계

보험회사의 이사는 회사와 위임관계에 따라 다양한 의무를 부담하고 있다. 이사는 회사에 대하여 선량한 관리자로서의 주의의무를 부담하고(상법 제382조 제2항, 민법 제681조), 또한 이사는 법령과 정관의 규정에 따라 회사를 위하여 그 직무를 충실하게 수행하여야 할 충실의무를 부담하고 있다(상법 제382조의3). 그 밖에 이사의 상법상 의무로서 경업피지의무, 자기거래 금지의무, 비밀 유지의무 등이 부여되어 있다. 이러한 의무는 회사와 이사 간의 내부관계에서 발생하는 의무이고 보험업법에 의하여 부여된 선량한 관리자로서의 주의의무는 대외관계에서 발생하는 공법적 의무라는 점에서 차이가 있다.

(5) 적용 범위

보험회사의 선량한 관리자로서의 주의의무는 보험계약자의 이익보호 등을 위한 것이므로 자산운용뿐만 아니라 보험회사의 업무 수행일반에도 적용될 수 있는 의무라고 해석된다.

(6) 입법례

은행법이나 증권거래법은 은행이나 증권회사에 대하여 자산운용에 있어 준수하여야 할 자산운용원칙을 규정하고 있지 않고 있다. 그렇다고 하여 은행이나 증권회사가 자산운용업무를 수행하는 데 있어 동 의무를 부담하지 않는다고 보기 어렵다. 한편 일본 보험업법은 자산운용에 관한 원칙 규정을 두고 있지 않다.

8 대법원 2011. 5. 13. 선고 2009다62608 판결; 대법원 2002. 6. 14. 선고 2001다52407 판결 등 참조.

제3절 자산운용의 제한

1. 서설

2003년 개정 보험업법의 특징 중의 하나가 보험회사의 자산운용에 관한 규제방식을 보험업법에 열거된 자산운용방법 및 한도 내에서만 가능하도록 한 포지티브 방식에서 특별히 열거하여 금지되는 자산운용방법을 제외하고는 자유로운 자산운용이 가능하도록 한 네거티브방식으로 그 규제방식을 전환하였다는 점이다. 이러한 규제방식의 변화는 감독당국의 입장에서는 보험회사의 자산운용 규제의 투명성을 확보할 수 있고, 자산운용에 대한 직접적인 규제보다는 재무건전성 감독 등 간접규제방식이 보다 효율적이라는 점과 보험회사로서는 자산운용의 자율성을 제고할 수 있다는 점에서 긍정적으로 평가된다.

자산운용에 관한 업무는 적시성이 확보되어야 하며 신속한 판단을 요하는 업무인 만큼 보험회사의 자율에 맡겨놓은 것이 바람직하다고 하겠으나 보험회사의 자산운영의 안정성을 크게 해칠 수 있는 부당한 거래에 대해서는 규제를 하지 않을 수 없다. 보험업법은 자산의 편중운용방지, 대주주에 대한 투융자 규제, 위험자산에 대한 투자제한 등을 자산운용규제의 기본방향을 설정하여 운용한다.

구체적인 자산운용규제의 내용을 보면 (i) 보험자산의 운용의 건전성을 확보하기 위하여 일정한 자산의 소유를 금지하거나 일정한 거래를 제한하거나 일정한 행위를 규제하고, (ii) 자산운용방법 및 비율을 규제하고 있다. 또한 (iii) 특별한 보험계약의 경우 그 자산운용의 손익을 구분하여 운용하기 위하여 특별계정을 설정하도록 하고, (iv) 보험회사의 다른 회사에 대한 출자를 제한한다. 또한 (v) 다른 회사에 대한 부당한 자금을 지원하고, (vi) 불공정한 대출을 금지한다. 나아가 (vii) 대주주와 거래를 제한하고, (viii) 타인을 위한 보증을 금지한다.

보험회사의 자산운용에 대한 각국의 입법례를 보면 미국의 경우에는 생명보험회사의 투자에 대하여 투자운용 대상별로 상한비율을 규제하고 있고,[9] 일본의 경우에는 보험업법시행규칙에서 자산운용방법 및 비율을 규제하고 있다.[10]

9 뉴욕주 보험법 제1405조(investments of life insurers).

10 일본 보험업법 제97조, 시행규칙 제47조 및 제48조.

2. 금지 또는 제한되는 자산운용

(1) 의의

대통령령으로 정하는 업무용 부동산이 아닌 부동산의 소유를 금지하고, 특별계정을 통한 부동산의 소유를 금지하는 소유규제를 두고 있다. 또한 상품이나 유가증권에 대한 투기를 목적으로 하는 자금의 대출, 직접·간접을 불문하고 해당 보험회사의 주식을 사도록 하기 위한 대출 및 정치자금의 대출을 금지하고, 해당 보험회사의 임직원에 대한 대출 등 일정한 종류의 여신행위를 금지하고 있다. 마지막으로 자산운용의 안정성을 크게 해칠 우려가 있는 행위로서 대통령령으로 정하는 행위를 하지 못하도록 자산운용을 제한을 두고 있다(보험업법 제105조).

(2) 비업무용부동산의 소유 금지

보험회사의 자산이 부동산 투기자금으로 사용되는 것을 차단하기 위하여 비업무용 부동산의 소유를 규제하고 있다. 부동산이란 토지 및 그 정착물을 말한다(민법 제99조). 민법에 의하면 토지 이외에 건물을 독립된 부동산으로 취급하고 있고, 입목법에 의한 입목, 명인방법을 갖춘 입목 및 미분리 과실을 부동산으로 취급하고 있다. 보험회사는 대통령령으로 정하는 업무용부동산 이외의 비업무용 부동산의 소유가 금지된다(보험업법 제105조 제1항 제2호). 대통령령으로 정하는 업무용 부동산이란 법인세법 시행령 제49조 제1항 제1호에 해당하지 아니하는 부동산으로서 업무시설용 부동산과 투자사업용 부동산을 말한다(시행령 제49조 제1항).

1) 업무시설용 부동산

업무시설용 부동산이란 영업장(연면적의 100분의 10 이상을 보험회사가 직접 사용하고 있는 것만 해당한다), 연수시설, 임원 또는 직원의 복리후생시설 및 이에 준하는 용도로 사용하고 있거나 사용할 토지·건물과 그 부대시설을 말한다. 다만 영업장은 원칙적으로 단일 소유권의 객체가 되는 부동산이어야 하며, 단일 건물에 구분소유되어 있는 경우에는 (i) 구분소유권의 객체인 여러 개의 층이 연접해 있거나 물리적으로 하나의 부동산으로 인정할 수 있을 것과 (ii) 부동산의 소유 목적, 경제적 효용 및 거래관행에 비추어 복수 부동산 취득의 불가피성이 인정되어야 한다.

2) 투자사업용 부동산

주택사업, 부동산임대사업, 장묘사업 등 사회복지사업, 도시재개발사업, 사회기반시설사업 등 공공성 사업과 해외부동산업을 위한 토지·건물 및 그 부대시설을 말한다.

☞ 관련 판례

보험사업자는 재산이용방법의 하나로서 총자산의 100분의 15 제한 내에서 부동산을 소유할 수 있으므로 보험사업자로서 보험법령의 규정에 따라 총자산의 15% 범위 내에서 부동산을 취득하여 보유하고 있다면, 이는 구 법인세법시행규칙(1991. 2. 28. 재무부령 제1844호로 개정된 것) 제18조 제1호에서 정하는 비업무용부동산을 보유하고 있는 것이라 볼 수 없다.[11]

(3) 특별계정을 통한 부동산의 소유

보험회사는 연금저축보험계약이나 퇴직보험계약 등 특수한 보험계약의 운용손익을 다른 계약의 것과 구별하기 위하여 특별계정으로 설정하여 운용하도록 규정한다. 특별계정은 보험계약자 보호를 위하여 자산운용의 관리가 일반계정과 엄격히 분리되어 관리되어야 하고, 그 운용도 안정적 운용이 요청되므로 특별계정을 통한 부동산의 소유를 금지한다(보험업법 제105조 제2호).

(4) 상품이나 유가증권에 대한 투기를 목적으로 하는 자금의 대출

상품 또는 유가증권에 대한 투기를 목적으로 하는 자금의 대출이 금지된다(보험업법 제105조 제1항 제3호). 투기목적이라는 주관적 사유에 의한 금지유형이다. 상품이란 상거래를 목적으로 하는 물건을 말하며 물건에는 부동산 및 동산 등이 포함된다. 여기의 금융상품에는 금융상품도 포함된다. 금융상품이란 은행상품, 보험상품, 금융투자상품 등 금융회사가 취급하는 상품을 말한다. 금융투자상품은 증권과 파생상품이 있다. 증권은 채무증권, 지분증권, 수익증권, 투자계약증권, 파생결합증권, 증권예탁증권이 있다. 파생상품은 장내파생상품, 장외파생상품으로 구분한다.

그리고 유가증권이라 함은 재산권이 표창된 증권으로서 권리의 발생·이전·행사의 전부에 증권의 소지를 요하는 것을 말한다.[12] 여기서 유가증권의 범위는 거래의 대상이

11 대법원 2001. 4. 13. 선고 99두11738 판결; 1998. 5. 12. 선고 97누10741판결.

되는 채무증권, 지분증권, 수익증권, 투자계약증권, 파생결합증권, 증권예탁증권 등 자본시장법상의 증권을 포함한다. 그러나 수표나 어음 등 지급수단으로서 유가증권은 제외된다고 보는 것이 타당하다.

투기 목적의 대상이 상품 또는 유가증권이어야 하고, 자금을 차입한 자에게 주관적으로 투기의 목적이 있어야 하는바, 투기란 시세 변동을 예상하여 차익을 얻기 위하여 거래하는 것으로 투기목적이 있는지 여부는 거래의 성질 및 거래조건, 거래당사자, 거래에 이르게 된 경위 등을 종합적으로 고려하여 판단하여야 한다. 투기의 대상을 상품 또는 유가증권에 한정하고 있으나 부동산 등의 투기 목적의 대출도 금지하여야 한다. 자금의 대출목적이 불법적인 것을 추구하는 경우에는 보험자산의 공익성에 비추어보건대 이를 금지하는 것이 타당하다.

☞ 관련 판례

원고가 1987년 11월 7일 금 35,000,000원에 매수한 부동산을 매수한지 3개월이 채 안 된 시기에 미등기인 채로 금 50,000,000원에 전매하여 양도차익을 얻었다면, 이는 재산제세조사사무처리규정 제72조 제3항 제1호 소정의 부동산을 투기목적을 취득하여 미등기인 상태로 단기 전매한 때에 해당하므로 과세관청이 소득세법 제23조 제4항, 같은 법시행령 제170조 제4항 제2호에 의하여 위 양도 및 취득 당시의 실지거래가액에 의한 양도차익금 15,000,000원에 대하여 구 소득세법(1988. 12. 26. 법률 제4019호로 개정되기 전의 것) 제70조 제3항 제3호 소정의 양도소득세율을 적용하여 과세처분을 한 것은 적법하다(대법원 1989. 11. 28. 선고 89누5096 판결).

(5) 주식 매입 목적의 대출

직접·간접을 불문하고 해당 보험회사의 주식을 사도록 하기 위한 대출이 금지된다(보험업법 제105조 제1항 제4호). 보험회사는 직접·간접을 불문하고 당해 회사의 주식을 매입시키기 위한 대출을 할 수 없다. 보험회사는 자기의 계산으로 타인의 명의로 자기주식을 취득하기 위하여 상대방에게 직접 대출을 실행하거나 그 밖에 우회적인 간접적인 방법으로 대출을 실행하는 것이 금지된다. 보험회사의 주식을 매입시키기 위한 대출을 금지하는 것은 자기주식취득을 위한 예비행위를 차단하고자 한 것이다. 상법에서는 회사의 자기주식취득은 실질적으로 출자를 환급하는 결과가 되어 자본충실 내지 유지의

12 정찬형, 『상법강의(상)』(제19판), 박영사, 2016, 3-7면 참조.

원칙에 반하고, 회사는 기업위험을 부담하는 외에 주가변동에 따른 위험을 이중으로 부담하게 되며, 회사의 내부자에 의한 투기거래로 악용될 우려가 있는 등 여러 가지 폐해가 있으므로 이를 금지하고 있다(상법 제341조 본문). 그러나 주식을 소각하기 위한 때 등 일정한 경우에는 예외적으로 자기주식의 취득이 허용된다(상법 제341조 제1호~제5호).[13]

(6) 정치자금의 대출

보험업법은 정치자금이란 무엇인지 정의하고 있지 않다. 따라서 정치자금이 무엇인지는 다른 관련 법에 의하여 차용해서 적용할 수밖에 없는 것으로 보인다. 정치자금법에 의하면 정치자금이란 당비, 후원금, 기탁금, 보조금과 정당의 당헌·당규 등에서 정한 부대수입 그 밖에 정치활동을 위하여 정당(중앙당창당준비위원회를 포함한다), 공직선거에 의하여 당선된 자, 공직선거의 후보자 또는 후보자가 되고자 하는 자, 후원회·정당의 간부 또는 유급사무직원 그 밖에 정치활동을 하는 자에게 제공되는 금전이나 유가증권 그 밖의 물건과 그 자의 정치활동에 소요되는 비용을 말한다(정치자금법 제3조 제1호).

그동안 우리나라는 정격 유착이라는 뿌리 깊은 잘못된 관행이 있었고, 보험자금이 정치자금으로 악용되는 것을 차단하고, 기업을 정치적 중립을 통한 계속기업의 유지를 위하여 기업의 정치적 자유를 제한하는 측면이 있다고 하더라도 이를 규제하고자 한 것이다. 보험자산의 공익성에 비추어볼 때 특정 정당 또는 특정 정치인의 정치자금으로 사용되는 것은 바람직스럽지 아니할 뿐만 아니라 자산운용의 안정성을 현저하게 훼손할 우려가 있기 때문에 금지하는 것이다. 정치자금에 대한 대출을 금지하는 이유는 보험자산의 공익성과 자산운용의 안정성을 현저하게 훼손할 우려가 있기 때문에 금지하는 것이다.

따라서 보험회사는 직접·간접을 불문하고 정치자금의 대출은 할 수 없다(보험업법 제105조 제1항 제5호). 보험업법에서 정치자금에 대한 대출을 금지하는 이유는 정치자금법에 의하면 외국인, 국내외의 법인 또는 단체는 정치자금을 기부할 수 없도록 규정하고 있으므로 법인인 보험회사는 정치자금의 기부가 금지되어 있다고 볼 수 있다(정치자금법 제31조).

13 정찬형, 앞의 책, 751-752면

☞ 관련 판례

1. 정치자금의 의미

정치자금법 제45조 제1항은 그 법에 정하지 아니한 방법으로 정치자금을 기부하거나 기부받은 자를 처벌하도록 규정하고 있고, 같은 법 제3조 제1호는 '정치자금'을 "당비, 후원금, 기탁금, 보조금과 정당의 당헌·당규 등에서 정한 부대수입, 그 밖에 정치활동을 위하여 정당, 공직선거에 의하여 당선된 자, 공직선거의 후보자 또는 후보자가 되고자 하는 자, 후원회·정당의 간부 또는 유급사무직원, 그 밖에 정치활동을 하는 자에게 제공되는 금전이나 유가증권, 그 밖의 물건과 그 자의 정치활동에 소요되는 비용"이라고 규정하고 있다. 따라서 위 법에 의하여 수수가 금지되는 정치자금은 정치활동을 위하여 정치활동을 하는 자에게 제공되는 금전 등 일체를 의미한다.[14]

2. 정치자금의 뇌물성

정치자금·선거자금 등의 명목으로 이루어진 금품의 수수라 하더라도 그것이 정치인인 공무원의 직무행위에 대한 대가로서의 실체를 가지는 한 뇌물로서의 성격을 잃지 아니한다.[15]

회사의 대표이사가 회사 재산을 처분하여 정치자금으로 기부한 행위가 업무상횡령죄에 해당하는 경우 회사의 대표이사가 보관 중인 회사 재산을 처분하여 그 대금을 정치자금으로 기부한 경우 그것이 회사의 이익을 도모할 목적으로 합리적인 범위 내에서 이루어졌다면 그 이사에게 횡령죄에 있어서 요구되는 불법영득의 의사가 있다고 할 수 없을 것이나, 그것이 회사의 이익을 도모할 목적보다는 후보자 개인의 이익을 도모할 목적이나 기타 다른 목적으로 행하여졌다면 그 이사는 회사에 대하여 횡령죄의 죄책을 면하지 못한다.[16]

(7) 임직원에 대한 대출

해당 보험회사의 임직원에 대한 대출이 금지된다. 그러나 보험약관에 따른 대출 및 금융위원회가 정하는 소액대출은 가능하다. 이와 같이 보험회사 임직원에 대한 대출을 원칙적으로 금지한 이유는 보험자산의 사적 이용 방지 및 자산운용의 수익성과 안정성을 확보하고자 함이다. 그리고 보험약관에 의한 대출은 보험계약자 평등의 원칙 및 담보가 어느 정도 확보되어 있으므로 이를 금지하여야 할 이유가 없고, 일정 범위 내의 일반자금 및 주택자금 대출은 통상의 자산운용의 범위에 속하므로 이를 허용하고 있다.

14 대법원 2009. 2. 26. 선고 2008도10422 판결.
15 대법원 1997. 12. 26. 선고 97도2609 판결.
16 대법원 2005. 5. 26. 선고 2003도5519 판결.

(8) 자산운용의 안정성을 크게 해칠 우려가 있는 행위로서 대통령령으로 정하는 행위(시행령 제49조 제2항)

(i) 금융위원회가 정하는 기준을 충족하지 아니하는 외국환 및 파생금융거래: 여기의 말하는 외국환은 외국환 거래법 제3조 제13호에 따른 외국환 중 대외지급수단, 외화증권, 외화채권만 해당한다. 파생금융거래는 외국환 거래법 제3조 제9호에 따른 파생상품에 관한 거래로서 채무 불이행, 신용등급 하락 등 계약 당사자 간의 약정된 조건에 의한 신용사건 발생 시 신용위험을 거래 당사자 한쪽에게 전가하는 거래 또는 이와 유사한 거래를 포함한다.

(ii) 그 밖에 자산운용의 안정성을 크게 해칠 우려가 있는 행위로서 금융위원회가 정하여 고시하는 행위

3. 자산운용의 방법 및 비율 규제

(1) 서설

1) 제도의 의의

보험회사가 보유하는 자산운용은 자율적인 경영판단하에 시행하는 것이 원칙이다. 그러나 보험자산의 편중 운용 및 부당한 거래로 인한 보험계약자의 피해를 방지하기 위하여 자산운용방법 및 그 방법에 대한 자산운용비율을 규제하고 있다(보험업법 제106조). 주요 규제내용은 자산운용의 편중운용방지를 위한 규제와 보험자산의 사금고화 방지, 고위험자산운용 제한을 위하여 동일인에 대한 신용공여, 동일인이 발행한 주식소유, 동일차주에 대한 신용공여 등이다. 자산운용의 방법 및 비율에 관한 규제는 종래 보험업법시행령에서 규제하고 있었으나 자산운용의 중요성과 규제의 투명성을 제고하는 측면에서 2003년 개정 보험업법에서 직접 규정하였다.

자산운용규제의 체계는 대주주 등 일정한 관련자와 특수한 자산거래 형태를 제한하고, 나아가 특수한 자산에 대하여 보유 비율을 규제하는 것이다.

2) 자산운용비율규제의 기준

자산운용한도는 총자산, 인정자산, 자기자본을 기준으로 그 규제비율을 설정할 수

있다. 총자산을 기준으로 하는 비율규제는 대부분의 국가에서 채택하고 있는 방식이다. 투자금액 회수의 안정성과 운용수익률의 안정성이 있는 자산인 인정자산을 기준으로 하는 한도 설정은 미국의 뉴욕주가 선택하고 있다. 자기자본을 기준으로 하는 비율규제는 대주주에 대한 자산운용에 특별히 적용된다. 자산운용비율의 규제는 총자산, 각 특별계정자산, 자기자본을 기준으로 규제하고 있다.

한편 수익성과 안정성이 낮은 자산을 기준으로 자산운용한도 및 비율을 규제할 경우 자산운용한도가 실제보다 부풀려질 우려가 있다. 이에 따라 인정자산을 기준으로 한도를 설정하는 것이 타당하다. 그러나 우리나라는 총자산을 기준으로 하면서 영업권 등 수익성 없는 자산을 총자산의 범위에서 제외시키고 있으므로 인정자산을 기준으로 하는 것과 큰 차이는 없다.[17]

가. 총자산

총자산이란 대차대조표에 표시된 자산에서 미상각신계약비, 영업권 등 대통령령으로 정하는 자산을 제외한 것을 말한다(보험업법 제2조 제14호). 여기서 미상각신계약비, 영업권 등 대통령령으로 정하는 자산이란 미상각신계약비 및 영업권과 근로자퇴직급여보장법 제16조 제2항에 따른 보험계약 및 법률 제7379호 근로자퇴직급여보장법 부칙 제2조 제1항에 따른 퇴직보험계약과 변액보험계약에 속하는 자산을 말한다(시행령 제3조 제1항). 총자산의 구체적인 범위는 금융위원회가 정하여 고시하도록 하고 있다.

나. 각 특별계정자산

특별계정자산 중 보험업법 제108조 제1항 및 제4호의 특별계정자산의 경우에는 일반계정에 통합하여 규제되고, 특별계정 자산 중 보험업법 제1항 제2호에 따른 특별계정자산, 즉 근로자퇴직급여 보장법 제16조 제2항에 따른 보험계약 및 법률 제7379호 근로자퇴직급여보장법 부칙 제2조 제1항에 따른 퇴직보험계약만이 특별계정의 자산운용비율 규제를 받는다(보험업법 제106조 제1항 각호 외의 부분).

17 성대규·안종민, 앞의 책, 445면.

다. 자기자본

자기자본이란 납입자본금·자본잉여금·이익잉여금, 그 밖에 이에 준하는 것으로서 대통령령으로 정하는 항목의 합계액에서 영업권, 그 밖에 이에 준하는 것으로서 대통령령으로 정하는 항목의 합계액을 뺀 것을 말한다(보험업법 제2조 제15호).

자기자본의 범위를 계산함에 있어 합산하여야 할 항목은 납입자본금, 자본잉여금 및 이익잉여금 등 보험회사의 자본 충실에 기여하거나 영업활동에서 발생하는 손실을 보전(補塡)할 수 있는 것이고 빼야 할 항목은 영업권 등 실질적으로 자본 충실에 기여하지 아니하는 것이다(시행령 제4조). 구체적인 범위는 금융위원회가 정하여 고시하도록 하고 있다.

3) 자산운용방법 및 비율규제의 적용 범위

자산운용방법 및 비율에 대한 규제는 일반계정자산과 특별계정자산을 별도로 구분하여 그 운용방법 및 그에 따른 운용비율을 달리 취급하고 있다. 이때 일반계정자산에는 일부 특별계정의 자산도 편입시켜 통합하여 규제를 하고 있다. 일반계정자산에 포함되는 특별계정자산은 연금저축계약과 그 밖에 금융위원회가 필요하다고 인정하는 보험계약이다(보험업법 제108조 제1항). 따라서 특별계정에 의한 자산운용방법 및 비율규제는 받는 특별계정은 오로지 퇴직연금에 속하는 자산이다. 특별계정에 속하는 보험계약 중 보험금이 자산운용의 성과에 따라 변동하는 변액보험 계약에 속하는 자산의 운용방법 및 비율 규제는 자본시장법이 적용된다.[18] 보험업법에 의한 자산운용방법 및 비율 규제는 보험회사가 취득한 자산으로서 그 처분 및 운용이 보험회사의 자율에 맡겨져 있는 것을 전제로 하는 것이다.

자산운용방법 및 비율규제는 보험료에 의하여 적립된 자산의 건전하고 안정적인 운용을 도모하기 하기 위하여 보험업법에 의하여 마련된 제도이다. 그러나 변액보험이나 퇴직연금은 제도의 설정 및 운용 등에 있어서는 그 적용법규가 보험법규 외에도 자본시장법과 근로자퇴직급여보장법의 적용을 받는다.

18 성대규·안종민, 앞의 책, 445면.

(2) 동일한 개인 또는 법인에 대한 신용공여

1) 동일한 개인 또는 법인

자산운용이 동일한 개인 또는 법인에 대하여 과도하게 편중되어 운용되는 것을 방지하기 위하여 운용비율을 규제한다. 거래의 단위는 동일한 개인 또는 법인이다. 동일성 여부는 자연인의 경우 성명, 주민등록번호에 의하여 구별하고 법인의 경우 법인등기부, 상호 등에 의하여 동일성 여부를 판별한다. 보험회사가 자본시장법상 투자신탁 형태의 펀드에 대출을 할 경우 동일인 신용공여 한도를 설정함에 있어 동일인은 형식상 차주가 아닌 실질상 신용위험을 부담하는 자를 말한다.[19]

2) 신용공여

가. 의의

신용공여란 대출 또는 유가증권의 매입(자금 지원적 성격인 것만 해당한다)이나 그 밖에 금융거래상의 신용위험이 따르는 보험회사의 직접적·간접적 거래로서 대통령령으로 정하는 바에 따라 금융위원회가 정하는 거래를 말한다(보험업법 제2조 제13호).

나. 신용공여의 범위

가) 원칙

신용공여의 구체적인 범위는 금융위원회가 정하여 고시한다(보험업법 제2조 제13호). 여기에는 (i) 대출, (ii) 어음 및 채권의 매입, (iii) 그 밖에 거래 상대방의 지급불능 시 이로 인하여 보험회사에 손실을 초래할 수 있는 거래, (iv) 보험회사가 직접적으로 (i)부터 (iii)까지에 해당하는 거래를 한 것은 아니나 실질적으로 (i)부터 (iii)까지에 해당하는 거래를 한 것과 같은 결과를 가져올 수 있는 거래가 포함된다(시행령 제2조 제1항). 보험회사가 대주주인 은행과 퇴직연금 신탁계약을 체결함에 있어 해당적립금이 수탁자 고유재산과 거래되고 지급불능이 발생할 경우 보험회사가 손실을 부담하게 될 경우에는 동 예치금은 신용공여에 해당한다(금융위원회 보험과, 2014. 7. 28.).

19 유권해석, 금융위원회 보험과, 2012. 5. 10.

신용공여의 범위

계정	대분류	소분류
일반 계정	B/S 난내 (대출채권)	콜론, 유가증권담보대출금, 부동산담보대출금, 신용대출금, 어음할인대출금, 지급보증대출금, 기타대출금
	(유가증권)	기업어음, 대여유가증권
	(기타)	기타 예금중 환매조건부채권매수, 여신성 가지급금, 보험영업 이외의 거래에서 발생한 미수금, 대주주 또는 자회사에 대한 예치금
특별 계정	B/S 난내 (대출채권)	콜론, 유가증권담보대출금, 부동산담보대출금, 신용대출금, 어음할인대출금, 지급보증대출금, 기타대출금
	(유가증권)	기업어음, 대여유가증권
	(기타)	기타 예금 중 환매조건부채권매수, 여신성 가지급금, 보험영업 이외의 거래에서 발생한 미수금, 대주주 또는 자회사에 대한 예치금

주: 금융감독원장이 정하는 위험가중치가 0%, 10% 또는 20%인 자산은 신용공여 산출 대상에서 제외. 다만 대주주 및 자회사에 대한 신용공여한도 적용 시에는 신용공여 산출 대상에서 제외하지 않음

나) 예외

금융위원회는 (i) 보험회사에 손실을 초래할 가능성이 적은 것으로 판단되는 거래, (ii) 금융시장에 미치는 영향 등 해당 거래의 상황에 비추어 신용공여의 범위에 포함시키지 아니하는 것이 타당하다고 판단되는 거래는 신용공여의 범위에 포함시키지 않을 수 있다(시행령 제2조 제2항).

3) 규제비율

일반계정의 경우 총자산의 100분의 3, 특별계정의 경우 각 특별계정 자산의 100분의 5를 초과하여 운용할 수 없다(보험업법 제106조 제1항 제1호).

(3) 동일한 법인이 발행한 채권 및 주식 소유의 합계액

1) 동일한 법인

동일한 법인은 상호 또는 명칭, 설립 등기에 따라 특정한 거래 주체로서 권리능력을 갖춘 법인을 말한다.

2) 규제비율

일반계정의 경우 총자산의 100분의 7, 특별계정의 경우 각 특별계정 자산의 100분의

10를 초과할 수 없다(보험업법 제106조 제1항 제2호).

(4) 동일차주에 대한 신용공여 또는 그 동일차주가 발행한 채권 및 주식 소유의 합계액

1) 동일 차주

동일차주란 동일한 개인 또는 법인 및 이와 신용위험을 공유하는 자로서 대통령령으로 정하는 자를 말한다(보험업법 제2조 제16호). 대통령령으로 정하는 자란 공정거래법 제2조 제2호에 따른 기업집단에 속하는 회사를 말한다(시행령 제5조).

경제적 실질을 따져서 경제적 공동체로 볼 수 있는 자들에 대해서는 하나의 차주로 묶어서 이들을 동일인으로 보아 자산의 운용이 편중되어 운용되는 것을 방지하고자 하는 것이다. 경제적 실질을 같이하는 집단에는 이러한 동일차주 외에 대주주가 있다.

2) 기업집단 소속 회사

가. 기업집단

기업집단이란 동일인이[20] 사실상 그 사업내용을 지배하는 2 이상 회사의 집단을 말하고 동일인이 회사인 경우에는 그 동일인과 그 동일인이 지배하는 하나 이상의 회사의 집단을 말하며, 동일인이 회사가 아닌 경우에는 그 동일인이 지배하는 2 이상의 회사의 집단을 말한다(공정거래법 제2조 제2호). 또한 2 이상의 회사가 동일한 기업집단에 속하는 경우에 이들 회사는 서로 상대방의 계열회사라 한다.

나. 동일인이 사실상 사업내용을 지배하는 회사의 판단기준

가) 최다출자자 기준

동일인이 단독 또는 동일인 관련자와 합하여 회사의 발행주식 총수의 100분의 30 이상을 소유하고 있는 회사(최다출자자에 한하며, 최다출자자가 합의, 계약 등에 의하여 소유주식에 대한 주주권의 행사가 제한되어 임원의 임면 등 당해회사의 경영에 대하여

20 공정거래법상 사용되는 용어로서 자연인 또는 법인인 주주 1인을 의미하고, 동법에서는 동일인을 기준으로 그와 일정한 관계에 있는 자를 특수관계인으로 규정하고 있다.

영향력을 행사할 수 없다고 인정되는 경우 제외)이거나 기타 임원의 임면 등으로 당해회사의 경영에 대하여 영향력을 행사하고 있다고 인정되는 회사를 말한다.[21]

나) 영향력 행사기준

다음에 해당하는 회사로서 당해 회사의 경영에 대하여 지배적인 영향력을 행사하고 있다고 인정되는 회사를 말한다.

(i) 동일인이 다른 주요주주와의 계약 또는 합의에 의하여 대표이사를 임면하거나 임원의 100분의 50 이상을 선임하거나 선임할 수 있는 회사

(ii) 동일인이 직접 또는 동일인 관련자를 통하여 당해 회사의 조직변경 또는 신규사업에의 투자 등 주요 의사결정이나 업무집행에 지배적인 영향력을 행사하고 있는 회사

(iii) 동일인이 지배하는 회사(동일인이 회사인 경우에는 동일인을 포함한다)와 당해 회사 간에 다음에 해당하는 인사교류가 있는 회사

i) 동일인이 지배하는 회사와 당해 회사 간에 임원의 겸임이 있는 경우

ii) 동일인이 지배하는 회사의 임직원이 당해 회사의 임원으로 임명되었다가 동일인이 지배하는 회사로 복직하는 경우(동일인이 지배하는 회사 중 당초의 회사가 아닌 회사로 복직하는 경우를 포함한다)

iii) 당해 회사의 임원이 동일인이 지배하는 회사의 임직원으로 임명되었다가 당해 회사 또는 당해 회사의 계열회사로 복직하는 경우

(iv) 통상적인 범위를 초과하여 동일인 또는 동일인 관련자와 자금·자산·상품·용역 등의 거래를 하고 있거나 채무보증을 하거나 채무보증을 받고 있는 회사, 기타 당해 회사가 동일인의 기업집단의 계열회사로 인정될 수 있는 영업상의 표시행위를 하는 등 사회통념상 경제적 동일체로 인정되는 회사

21 **동일인 관련자의 범위(공정거래법시행령 제3조)** 가. 배우자, 8촌 이내의 혈족, 4촌 이내의 인척(친족), 나. 동일인이 단독으로 또는 동일인 관련자와 합하여 총출연금액의 100분의 30 이상을 출연한 경우로서 최다출연자가 되거나 동일인 및 동일인 관련자 중 1인이 설립자인 비영리법인 또는 단체, 다. 동일인이 직접 또는 동일인 관련자를 통하여 임원의 구성이나 사업운용 등에 대하여 지배적인 영향력을 행사하고 있는 비영리법인 또는 단체, 라. 동일인이 사실상 사업내용을 지배하는 회사(계열회사), 마. 동일인 및 동일인과 나 내지 라의 관계에 해당하는 자의 사용인(법인인 경우에는 임원, 개인인 경우에는 상업사용인 및 고용계약에 의한 피용인을 말한다).

3) 규제비율

일반계정의 경우 총자산의 100분의 12, 특별계정의 경우 각 특별계정 자산의 100분의 15를 초과할 수 없다(보험업법 제106조 제1항 제3호).

(5) 동일한 개인 · 법인, 동일차주 또는 대주주에 대한 총자산의 100분의 1을 초과하는 거액 신용공여의 합계액

1) 동일한 개인 · 법인, 동일차주 또는 대주주

가. 대주주

대주주란 보험회사의 최대주주 및 주요주주를 말한다. 최대주주란 회사의 의결권 있는 발행주식(출자지분) 총수를 기준으로 본인 및 그와 대통령령으로 정하는 특수한 관계가 있는 자가 누구의 명의로 하든지 자기의 계산으로 소유하는 주식을 합하여 그 수가 가장 많은 경우의 그 본인을 말한다. 대주주 개념에는 그의 특수관계인을 포함한다.

나. 대주주의 특수관계인(금융사지배구조법 제2조 제6호)

가) 본인이 개인인 경우

(i) 배우자(사실상 혼인관계에 있는 사람을 포함한다)

(ii) 6촌 이내의 부계혈족 및 4촌 이내의 부계혈족의 처

(iii) 3촌 이내의 부계혈족의 남편 및 자녀

(iv) 3촌 이내의 모계혈족과 그 배우자 및 자녀

(v) 배우자의 2촌 이내의 부계혈족 및 그 배우자

(vi) 입양자 생가의 직계존속

(vii) 출양자 및 그 배우자와 출양자 양가의 직계비속

(viii) 혼인 외의 출생자의 생모

(ix) 본인의 금전, 그 밖의 재산에 의하여 생계를 유지하는 사람 및 생계를 함께 하는 사람

(x) 본인이 단독으로 또는 본인과 (i)부터 (ix)까지의 관계에 있는 사람과 합하여 100분의 30 이상을 출자하거나 그 밖에 임원의 임면 등 법인 또는 단체의 주요 경영사항에 대하여 사실상 영향력을 행사하고 있는 경우에는 그 법인 또는 단체와 그 임원

(xi) 본인이 단독으로 또는 본인과 (i)부터 (x)까지의 관계에 있는 자와 합하여 100분의 30 이상을 출자하거나 그 밖에 임원의 임면 등 법인 또는 단체의 주요 경영사항에 대하여 사실상 영향력을 행사하고 있는 경우에는 그 법인 또는 단체와 그 임원

나) 본인이 법인 또는 단체인 경우

(i) 임원

(ii) 계열회사 및 그 임원

(iii) 단독으로 또는 가) 각 목의 관계에 있는 자와 합하여 본인에게 100분의 30 이상을 출자하거나 그 밖에 임원의 임면 등 본인의 주요 경영사항에 대하여 사실상 영향력을 행사하고 있는 개인 및 그와 가) 각 목의 관계에 있는 자 또는 단체(계열회사는 제외한다.)와 그 임원

(iv) 본인이 단독으로 또는 본인과 (i)부터 (iii)까지의 관계에 있는 자와 합하여 100분의 30 이상을 출자하거나 그 밖에 임원의 임면 등 단체의 주요 경영사항에 대하여 사실상 영향력을 행사하고 있는 경우에는 그 단체 및 그 임원

다. 주요주주

(i) 누구의 명의로 하든지 자기의 계산으로 금융회사의 의결권 있는 발행주식 총수의 100분의 10 이상의 주식(그 주식과 관련된 증권예탁증권을 포함한다)을 소유한 자

(ii) 임원(업무집행책임자는 제외한다)의 임면 등의 방법으로 금융회사의 중요한 경영사항에 대하여 사실상의 영향력을 행사하는 주주로서 대통령령으로 정하는 자

(iii) 위 (i), (ii)의 자에 특수관계인을 포함하여 계산한다. 주요주주의 특수관계인의 범위는 대주주의 특수관계인의 범위와 동일하다.

2) 거액신용공여

거액신용공여란 자산의 100분의 1을 초과하는 신용공여를 말한다.

3) 규제비율

일반계정의 경우 총자산의 100분의 20, 특별계정의 경우 각 특별계정 자산의 100분의 20을 초과할 수 없다(보험업법 제106조 제1항 제4호).

(6) 대주주 및 대통령령으로 정하는 자회사에 대한 신용공여

1) 대주주 및 대통령령으로 정하는 자회사

대통령령으로 정하는 자회사에는 다음의 회사를 제외한 자회사를 말한다(시행령 제50조 제1항).

(i) 다음의 표 안에 해당하는 업무를 수행하는 회사로서 보험회사가 해당 회사의 의결권 있는 발행주식(출자지분)의 전부를 소유하는 회사

> 보험회사의 사옥관리업무, 보험수리업무, 손해사정업무, 보험대리업무, 보험사고 및 보험계약 조사업무, 보험에 관한 교육·연수·도서출판·금융리서치·경영컨설팅 업무, 보험업과 관련된 전산시스템·소프트웨어 등의 대여·판매 및 컨설팅 업무, 보험계약 및 대출 등과 관련된 상담업무, 보험에 관한 인터넷 정보서비스의 제공업무, 자동차와 관련된 긴급출동·차량관리·운행정보 등 부가서비스 업무, 보험계약자 등에 대한 위험관리 업무, 건강·장묘·장기간병·신체장애 등의 사회복지사업 및 이와 관련된 조사·분석·조언 업무, 노인복지시설의 설치·운영에 관한 업무 및 이와 관련된 조사·분석·조언 업무

(ii) 중소기업창업투자회사 또는 중소기업창업투자조합

(iii) 집합투자기구

(iv) 부동산투자회사

(v) 선박투자회사

(vi) 한국벤처투자조합

(vii) 신기술사업투자조합

(viii) 외국에서 하는 보험업, 보험수리업무, 손해사정업무, 보험대리업무, 보험에 관한 금융리서치 업무, 투자자문업, 투자일임업, 집합투자업 또는 부동산업을 수행하는 회사

(ix) 사회기반시설사업 및 사회기반시설사업에 대한 투융자 업무를 수행하는 회사

(x) 외국에서 하는 사업를 수행하는 회사

2) 규제비율

일반계정의 경우 자기자본의 100분의 40, 단 자기자본의 100분의 40에 해당하는 금액이 총자산의 100분의 2에 해당하는 금액보다 큰 경우에는 총자산의 100분의 2가 된다.

특별계정의 경우 각 특별계정 자산의 100분의 2이다(보험업법 제106조 제1항 제5호).

(7) 대주주 및 대통령령으로 정하는 자회사가 발행한 채권 및 주식 소유의 합계액

대통령령으로 정하는 자회사의 범위는 바로 위에서 설명한 바와 같다. 일반계정의 경우 자기자본의 100분의 60, 단 자기자본의 100분의 60에 해당하는 금액이 총자산의 100분의 3에 해당하는 금액보다 큰 경우에는 총자산의 100분의 3이다. 특별계정 자산의 경우 특별계정 자산의 100분의 3이다(보험업법 제106조 제1항 제6호).

(8) 동일한 자회사에 대한 신용공여

동일한 자회사에 대한 신용공여 규제는 단일한 자회사에 대한 신용공여 비율을 규제하는 것이다. 이 규제도 편중여신 및 보험회사 자금을 이용한 부당한 거래에 이용하는 것을 막고자 하는 것이다. 규제비율은 일반계정의 경우 자기자본의 100분의 10, 특별계정의 경우 각 특별계정 자산의 100분의 4를 초과할 수 없다(보험업법 제106조 제1항 제7호).

(9) 부동산의 소유

과도한 부동산 소유를 방지하기 위하여 일반계정의 경우 총자산의 100분의 25, 특별계정의 경우 각 특별계정 자산의 100분의 15를 초과하여 운용할 수 없다(보험업법 제106조 제1항 제8호).

(10) 외국환이나 외국부동산의 소유

자산운용의 다양성을 추구하고, 안정적이고 장기적인 자산운용 수단을 위하여 외국환이나 외국부동산의 소유가 허용되는데, 일반계정의 경우 총자산의 100분의 50, 특별계정의 경우 각 특별계정 자산의 100분의 50을 초과하여 운용할 수 없다(보험업법 제106조 제1항 제9호). 외화표시 보험에 대하여 지급보험금과 같은 외화로 보유하는 자산의 경우에는 금융위원회가 정하는 바에 따라 책임준비금을 한도로 자산운용비율의 산정 대상에 포함하지 아니한다.

(11) 파생금융거래를 위한 위탁증거금의 합계액

자본시장법에 따른 파생상품거래를 위한 대통령령으로 정하는 바에 따른 위탁증거금의 합계액은 일반계정의 경우 총자산의 100분의 6(장외파생상품거래에 관해서는 총자산의 100분의 3 미만), 특별계정의 경우 각 특별계정 자산의 100분의 6(장외파생상품거래에 관해서는 각 특별계정 자산의 100분의 3 미만)을 초과하여 운용할 수 없다(보험업법 제106조 제1항 제10호). 파생상품거래는 금융위원회가 정하는 바에 따른 위험회피 수단 요건에 해당하는 경우는 제외하고, 장외파생상품거래의 경우에는 위탁증거금이 아닌 약정금액이 기준이 된다.

(12) 자산운용방법 및 비율위반의 효과

1) 과징금 부과

자산운용방법 및 비율을 위반한 경우에는 다음과 같이 과징금을 부과할 수 있도록 규정하였다. (i) 동일한 개인 또는 법인에 대한 신용공여, 동일한 법인이 발행한 채권 및 주식 소유의 합계액, 동일차주에 대한 신용공여 또는 그 동일차주가 발행한 채권 및 주식 소유의 합계액에 관한 비율규제를 위반한 경우에는 초과한 신용공여액 등의 100분의 10 이하, (ii) 대주주 및 대통령령으로 정하는 자회사에 대한 신용공여의 한도를 초과한 경우에는 초과한 신용공여액의 100분의 20 이하, (iii) 대주주 및 대통령령으로 정하는 자회사가 발행한 채권 및 주식 소유의 합계액의 비율규제를 위반한 경우에는 초과 소유한 채권 또는 주식의 장부가액 합계액의 100분의 20 이하의 금액 범위에서 과징금을 부과한다(보험업법 제196조 제1항).

2) 형사처벌

가. 5년 이하의 징역 또는 3천만 원 이하의 벌금에 처하는 행위는 다음과 같다.

(i) 동일한 개인·법인과 동일차주 또는 대주주(그의 특수관계인을 포함한다)에 대한 총자산의 100분의 1을 초과하는 거액 신용공여의 합계액이 일반계정의 경우 총자산의 100분의 20, 특별계정의 경우 각 특별계정 자산의 100분의 20를 초과하여 신용공여를 한 자

(ii) 대주주 및 대통령령으로 정하는 자회사에 대한 신용공여액이 일반계정의 경우

자기자본의 100분의 40(자기자본의 100분의 40에 해당하는 금액이 총자산의 100분의 2에 해당하는 금액보다 큰 경우에는 총자산의 100분의 2), 특별계정의 경우 각 특별계정 자산의 100분의 2을 초과하여 신용공여를 한 자

(iii) 대주주 및 대통령령으로 정하는 자회사가 발행한 채권 및 주식 소유의 합계액이 일반계정의 경우 자기자본의 100분의 60(자기자본의 100분의 60에 해당하는 금액이 총자산의 100분의 3에 해당하는 금액보다 큰 경우에는 총자산의 100분의 3), 특별계정의 경우 각 특별계정 자산의 100분의 3을 초과하여 채권 및 주식을 소유한 자

나. 3년 이하의 징역 또는 2천만 원 이하의 벌금에 처하는 행위는 다음과 같다.

(i) 동일한 개인 또는 법인에 대한 신용공여액이 일반계정의 경우 총자산의 100분의 3, 특별계정의 경우 각 특별계정 자산의 100분의 5를 초과하여 신용공여를 한 자

(ii) 동일한 법인이 발행한 채권 및 주식 소유의 합계액이 일반계정의 경우 총자산의 100분의 7, 특별계정의 경우 각 특별계정 자산의 100분의 10을 초과하여 소유한 자

(iii) 동일차주에 대한 신용공여 또는 그 동일차주가 발행한 채권 및 주식 소유의 합계액이 일반계정의 경우 총자산의 100분의 12, 특별계정의 경우 각 특별계정 자산의 100분의 15를 초과하여 소유한 자

3) 과징금과 형사처벌의 병과

형사처벌과 과징금이 경합하는 경우에는 형사처벌과 과징금을 병과할 수 있다(보험업법 제196조 제2항).

4) 사법상의 효과

자산운용방법 및 비율 규정을 위반하여 자산운용을 한 행위에 대한 사법상의 효과는 유효하다고 보는 것이 판례의 태도이다.[22]

22 대법원 1989. 1. 31. 선고 87도2172 판결.

4. 자산운용비율의 인하 및 일반계정과 통합 적용

(1) 자산운용비율의 인하

자산운용비율은 자산운용의 건전성 향상 또는 보험계약자 보호에 필요한 경우에는 대통령령으로 정하는 바에 따라 그 비율의 100분의 50의 범위에서 인하하거나, 발행주체 및 투자수단 등을 구분하여 별도로 정할 수 있다(보험업법 제106조 제2항). 이에 따라 일반계정 부동산 소유에 대한 자산운용비율을 총자산의 100분의 15로 인하한다(시행령 제50조 제3항).

(2) 일반계정에 통합 적용

매 분기 말 기준으로 300억 원 이하의 특별계정에 대해서는 일반계정에 포함하여 자산운용비율을 적용한다(보험업법 제106조 제3항 및 시행령 제50조 제4항). 여기서 말하는 특별계정은 조세특례제한법 제86조의2에 따른 연금저축계약, 그 밖에 금융위원회가 필요하다고 인정하는 보험계약에 속하는 특별계정은 보험업법 제106조 제1항에 따라 일반계정에 포함하여 규제되므로 위 금액기준에 따라 일반계정 자산에 포함될 수 있는 특별계정으로는 변액보험계약과 퇴직연금 보험계약이 있는데, 보험업법 제106조의 적용범위와 관련하여 변액보험의 경우에는 동 규정의 적용 대상이 아니고, 퇴직보험계약의 특별계정은 위 규정에 따라 매 분기 말 기준으로 300억 원을 초과하지 못하면 일반계정에 통합하여 비율규제를 받는다.

5. 자산운용방법 및 비율제한의 예외

(1) 의의

자산운용비율은 시장에서의 자산가격의 변동, 담보권의 실행 등 법적조치에 따라 보험회사의 의도와 관계없이 그 비율이 변화하는 경우가 생기게 된다. 이러한 경우 일률적으로 자산운용비율을 준수하도록 강요하는 것은 타당하지 않다. 이에 따라 보험회사가 의도하지 않은 외부적 변수에 의하거나 재무건전성기준의 준수 및 보험계약자 보호를 위하여 필요한 경우로서 불가피하게 자산운용비율을 초과하게 된 경우에는 금융위원회로부터 승인을 얻어 그 비율초과의 예외를 인정받을 수 있도록 하고 있다(보험업법 제107조).

(2) 예외 유형

1) 보험회사의 자산가격의 변동, 담보권의 실행, 그 밖에 보험회사의 의사와 관계없는 사유로 자산상태가 변동된 경우

보험회사의 의사와 관계없는 사유로 자산상태의 변동이 생긴 경우라 함은 보험회사가 보유하고 있는 자산상태의 변동을 야기하는 신규취득 및 매각 또는 증여 등의 새로운 법률행위가 없음에도 외부적 객관적 요인에 의하여 자산상태의 변동이 발생한 경우를 말하며, 따라서 부동산재평가에 따른 평가금액의 상향으로 부동산의 보유한도를 초과하게 된 경우에는 부동산을 신규로 취득하는 등의 새로운 법률행위에 의한 것이 아니고 부동산의 실제 가치를 반영한 결과이므로 금융위원회의 승인을 얻지 않았더라도 적법한 것으로 보는 것이 타당하다.[23]

2) 다음 중 어느 하나에 해당하는 경우로서 금융위원회의 승인을 받은 경우

(i) 재무건전성 기준을 지키기 위하여 필요한 경우

(ii) 기업구조조정 촉진법에 따른 출자전환 또는 채무재조정 등 기업의 구조조정을 지원하기 위하여 필요한 경우

(iii) 그 밖에 보험계약자의 이익을 보호하기 위하여 필수적인 경우

(3) 예외 허용기간

이와 같이 자산가격의 변동, 담보권의 실행, 그 밖에 보험회사의 의사와 관계없는 사유로 자산상태가 변동된 경우에는 그 한도가 초과하게 된 날부터 1년 이내에 자산운용 방법 및 비율에 관한 규정에 적합하도록 하여야 한다. 다만 대통령령으로 정하는 사유에 해당하는 경우에는 금융위원회가 정하는 바에 따라 그 기간을 연장할 수 있다. 기간을 연장할 수 있는 사유란 보험회사가 자산운용비율의 한도를 초과하게 된 날부터 1년 이내에 한도를 초과하는 자산을 처분하는 것이 일반적인 경우에 비추어 해당 보험회사에 현저한 재산상의 손실이나 재무건전성의 악화를 초래할 것이 명백하다고 금융위원회가 인정하는 경우를 말한다.

23 금융감독원, 「금융감독 관련 질의 회신집」, 169-170면.

6. 특별계정의 설정·운용

(1) 의의

일반적으로 보험회사는 보험계약의 종류와 관계없이 보험료를 집중하여 운용·관리한 후 그 성과를 배당보험계약의 경우 주주와 보험계약자가 일정비율로 나누어 가졌다.

그러나 변액보험과 같이 자산의 운용성과가 그대로 보험계약자에게 귀속되는 보험계약의 경우와 보험계약의 성격과 내용에 따라 일반적인 보험단체와 구별하여 손익을 계산하는 것이 타당한 보험종목이 있다. 그러한 보험계약으로 퇴직연금보험, 개인연금보험 등이 있다. 이에 따라 자산운용에 따르는 위험을 보험계약자가 부담하는 보험계약이나 자산운용 성과에 따라 배당을 하여야 하는 보험계약의 경우에는 일반계정과 다른 특별계정을 설정하여 운용한다. 특별계정의 설정 운용은 1995년 개정 보험업법에서부터 시작되었고, 1997년 개정 보험업법은 특별계정을 설치할 수 있는 보험계약을 열거하여 규정하였다.[24] 그 후 2002년 1월 보험업법 개정으로 변액보험 계약이라는 문구가 사용되었고, 종래 금융위원회 규정으로 정하고 있던 특별계정 자산의 운용방법 및 비율 등의 규제를 대통령령으로 상향조정하였다. 이론적으로 보면 성격이 다른 보험계약은 각 보험계약별로 수입된 보험료를 별도의 주머니에 넣어서 독자적으로 관리 운용하는 것이 자산운용을 손익의 귀속을 명확히 할 수 있는 장점이 있다. 그러나 아직까지는 특별계정의 자산을 일반계정 자산과 구분하여 관리 운용하되 자산별로 꼬리표를 달아 관리하는 수준은 아닌 것으로 볼 수 있다.[25]

(2) 특별계정의 의의

특별계정이란 보험회사가 특정보험계약의 자산운용 손익 등을 구별하여 관리하기 위하여 준비금에 상당하는 자산의 전부 또는 일부를 그 밖의 자산과 구별하여 이용하기

24 **제19조의2(특별계정의 설정·운용)** ① 보험사업자는 다음 각호의 1에 해당하는 보험계약에 대해서는 재정경제원장관이 정하는 바에 의하여 그 준비금에 상당하는 재산의 전부 또는 일부를 기타 재산과 구별하여 이용하기 위한 계정(이하 '특별계정'이라 한다)을 설정하여 운용할 수 있다. <개정 1997.8.28.>
1. 조세감면규제법 제80조의2의 규정에 의한 보험계약
2. 근로기준법 제34조의 규정에 의한 퇴직연금보험계약
3. 기타 재정경제원장관이 필요하다고 인정하는 보험계약

25 성대규·안종민, 앞의 책, 458면.

위한 계정을 말한다(보험업법 제108조 제1항). 이러한 특별계정의 설정 운용은 일반계정과 다른 특별계정 간에 자산을 엄격히 구분하여 운용하고 거기서 발생하는 손익을 명확하게 하여 적정한 보험계약가격의 형성을 통한 보험계약자 간의 형평성을 도모하고, 보험경영의 투명성을 제고하기 위한 것이다. 일본의 경우도 특별계정의 설정 및 운용에 관한 규정, 계정 간 대체 금지, 특별계정 자산의 평가에 관한 규정을 두고 있다(일본 보험업법 제118조~제119조).

(3) 구별 개념

구분계리란 일반계정 내에서 상품의 성격이 다른 상품 단위별, 가령 유·무배당 보험, 개인 및 단체보험 등으로 구분하여 공평하게 손익을 배분하기 위한 회계처리 방식을 의미한다. 구체적인 계리 방법은 투자손익을 사후적으로 준비금 비례로 배분하는 방법과 사전적으로 자산을 구분하여 각 자산에 귀속꼬리표를 붙여서 귀속시키는 방법 등이 있다. 분리계정 내지 특별계정은 실적배당형 상품처럼 투자위험이 상이한 보험계약을 일반계정에서 완전히 분리하여 자산을 별도로 운용하고 회계 처리하는 것을 의미한다는 점에서 구분계리와 구분된다. 구분계리는 분리계정과는 달리 보험회사 내부의 관리회계로서 각 구분별로 자산운용상태 및 손익상황을 파악하여 구분별 손익의 귀속을 명확히 하는 데 목적이 있다. 가령 유배당과 무배당으로 판매한 상품에 대해 별도의 독립된 회계처리를 하자는 것이고. 구분계리를 할 경우 유배당상품에 들어온 보험료로 구입한 투자유가증권에서 수익이 날 경우 유배당계약자들에게만 수익배당을 하게 된다.

☞ **관련 판례**

보험업계에서 한때 논란이 일었던 백수보험 사건에서 유배당 상품에 대한 확정배당금 지급 문제가 쟁점이 된 사안에서 법원은 법률행위는 당사자의 내심적 의사 여하에 관계없이 당사자가 그 표시행위에 부여한 객관적 의미를 합리적으로 해석하여야 하는 것인바, 원고들 대부분은 노후안정을 주된 고려요소의 하나로 하여 이 사건 보험계약을 체결하게 된 사실을 인정할 수 있고, '확정'이라는 단어의 의미는 통상 '확실히 정한다'는 것으로 이해되므로 '확정배당금'은 '틀림없이 배당되는 돈' 또는 '배당액수가 이미 정해진 돈'으로 이해될 수 있으나, 위에서 인정된 바와 같은 이 사건 각 보험약관 및 사업방법서의 내용, 이 사건 가입안내장 및 지급예시표, 보험증권의 각 내용, 확정배당금제도의 도입 취지 등 제반 사정에 비추어보면 이 사건 보험계약에는 확정배당금과 관련하여 정기적금 최고이율이 변동하여 보험상품의 예정이율보다 낮게 될 경우 확정배당금이 전혀 발생하지 않을 수도 있다는 것이 객관적으로 나타나 있다고 볼 것이어서 앞에서 본 사정만으로는 원고들의 주장처럼

이 사건 보험계약상 확정배당금의 변동이 다소간의 증감을 의미할 뿐 소멸되는 경우까지 예정한 것이 아니라거나, 피고가 이 사건 지급예시표상의 확정배당금을 무조건 지급하여야 하는 것으로 해석된다고 인정하기에 부족하고, 달리 이를 인정할 증거가 없으므로 원고들의 위 주장은 더 나아가 살펴볼 필요도 없이 이유 없다고 판시하였다.[26]

(4) 특별계정의 설정 · 운용 대상 보험계약

특별계정을 설정하여 운용할 수 있는 보험계약으로는 연금저축계약, 근로자퇴직급여보장법 제16조 제2항에 따른 보험계약 및 퇴직보험계약, 변액보험계약, 그 밖에 금융위원회가 필요하다고 인정하는 보험계약이 있다(보험업법 제108조 제1항).

금융위원회는 특별계정의 설정·운용이 필요한 보험계약을 다음과 같이 구체적으로 규정하고 있다(보험업감독규정 제5-6조 제1항). (i) 연금저축생명보험계약, 연금저축손해보험계약, (ii) 근로자퇴직급여보장법 제16조 제2항의 규정에 따른 보험계약(퇴직연금실적배당보험계약 제외) 및 동법 부칙 제2조 제1항의 규정에 따른 퇴직보험계약, (iii) 생명보험회사가 판매하는 변액보험계약 및 근로자퇴직급여보장법 제16조 제2항의 규정에 따라 보험회사가 판매하는 퇴직연금실적배당보험계약, (iv) 조세특례제한법 제86조의 규정에 의한 세제지원개인연금손해보험계약, (v) 손해보험회사가 판매하는 장기손해보험계약, (vi) 자산연계형보험계약(공시이율을 적용하는 보험계약은 제외)

한편 위에서 본 바와 같이 퇴직연금의 경우 보험업법에서는 근로자퇴직급여보장법 제16조 제2항의 규정에 따른 보험계약에 한하여 특별계정을 설정·운용할 수 있도록 하고 있다. 근로자퇴직급여보장법 제16조 제2항에 따른 보험계약이란 확정급여형퇴직연금제도에 따른 보험계약만을 의미하는데, 그렇다면 확정기여형퇴직연금제도와 개인형퇴직연금제도에 따른 보험계약과 퇴직연금제도를 설정한 사용자 또는 가입자가 보험회사와 신탁계약을 체결한 경우에는 특별계정을 설정하지 못하는 것인가? 이러한 문제는 2012년 7월 26일 근로자퇴직급여보장법이 개정되면서 종전의 제16조 제2항이 현행 근로자퇴직급여보장법 제29조 제2항으로 그 조문의 위치가 변경되었음에도 이를 반영하지 않은 결과로 보인다. 조속한 법 개정이 되어야 할 것이다. 결론적으로 말하면 퇴직연금에서 특별계정의 설치는 자산관리계약 중 보험계약으로 체결한 것에 한하며 신탁계약으로

26 서울고등법원 2006. 12. 27. 선고 2005나78485 판결.

체결한 것은 제외된다. 또한 퇴직연금 중 실적배상 여부에 따라 별로로 특별계정을 달리 설정하여 운용한다.

특별계정의 설정 운용 대상 계약은 보험계약으로서 보험단체의 특성이 별도로 구분되고 그 자산의 운용을 구분하여 관리할 필요성이 있는 것이 전제되는 것으로 변액보험의 자산이나 퇴직연금자산은 이러한 점에서 별도 구분관리의 필요성이 있다고 볼 수 있다.

특히 여기서 주의할 점은 특별계정의 설정 운용 대상 계약과 보험업법 제106조의 특별계정의 자산운용방법 및 비율규제를 적용받는 특별계정은 다르다는 점을 유의할 필요가 있다.

(5) 구분회계

특별계정에 속하는 자산은 다른 특별계정에 속하는 자산 및 그 밖의 자산과 구분하여 회계처리 하여야 한다(보험업법 제108조 제2항). 특별계정에 속하는 이익을 그 계정상의 보험계약자에게 분배할 수 있다(보험업법 제108조 제3항).

(6) 특별계정의 운용방법 및 평가

1) 차입 금지

정상적인 경우라면 보험회사는 보험계약자로부터 보험료 수입에 의해 자금이 유입되고 이렇게 쌓여진 자산은 다양한 형태의 자산의 취득에 사용되는 것이 자산운용의 정상적인 흐름이므로 특별한 경우가 아니면 자금의 차입이 필요하지 않다. 그러나 자산운용 및 보험금 지급 등의 과정에서 자금의 조달이 일시적으로 필요한 경우가 생길 수 있다. 이러한 특수한 상황이 닥치면 보험회사는 일정한 제한 하에 자금을 차입할 수 있다.

이와 관련하여 보험회사는 근로자퇴직급여에 따른 보험계약 및 퇴직보험계약에 대하여 설정된 특별계정의 부담으로 차입할 수 없는 것이 원칙이다. 다만 각 특별계정별로 자산의 100분의 10의 범위에서 다음 중 어느 하나에 해당하는 방법으로 차입하는 경우에는 차입을 허용하고 있다(보험업법 제108조 제4항 및 시행령 제53조 제2항).

(i) 은행으로부터의 당좌차월

(ii) 금융기관으로부터의 만기 1개월 이내의 단기자금 차입

(iii) 일반계정으로부터의 만기 1개월 이내의 단기자금 차입. 이 경우 금리는 금융위원

회가 정하여 고시하는 기준에 따른다.

(iv) 기타 금융위원회가 정하여 고시하는 방법

2) 금지행위

보험회사의 자산운용은 최대한 자율적인 경영판단 하에 운용되는 것이 바람직하고, 특정 보험계약자의 이익을 위하여 운용되거나 구체적인 자산운용거래과정에서 불공정거래행위를 방지할 필요가 있다. 이에 따라 보험회사가 특별계정자산을 운용하면서 다음과 같은 행위를 하지 못하도록 하고 있다(보험업법 제108조 제4항 및 시행령 제53조 제3항).

(i) 보험계약자의 지시에 따라 자산을 운용하는 행위

(ii) 변액보험계약에 대하여 사전수익률을 보장하는 행위

(iii) 특별계정에 속하는 자산을 일반계정 또는 다른 특별계정에 편입하거나 일반계정의 자산을 특별계정에 편입하는 행위. 다만 다음의 행위는 할 수 있다.

i) 특별계정의 원활한 운영을 위하여 금융위원회가 정하여 고시하는 바에 따라 초기투자자금을 일반계정에서 편입받는 행위

ii) 특별계정이 일반계정으로부터 만기 1개월 이내의 단기자금을 금융위원회가 정하여 고시하는 금리 기준에 따라 차입받는 행위

iii) 퇴직보험계약을 같은 법 제16조 제2항에 따른 보험계약으로 전환하면서 자산을 이전하는 행위

iv) 변액보험 특별계정을 자본시장과 금융투자업에 관한 법률 제233조에 따른 모자형집합투자기구로 전환하면서 모집합투자기구로 자집합투자기구의 자산을 이전하는 행위

v) 그 밖에 i)부터 iv)까지에 준하는 행위로서 금융위원회가 정하여 고시하는 행위

(iv) 보험료를 어음으로 수납하는 행위

(v) 특정한 특별계정 자산으로 제3자의 이익을 꾀하는 행위

(7) 이익분배

특별계정에 속하는 자산은 금융위원회가 정하는 방법으로 평가한다. 이 경우 변액보험계약의 경우에는 평가방법을 달리한다(시행령 제54조 제1항). 변액보험 특별계정의

운용수익에서 해당 특별계정의 운용에 대한 보수 및 그 밖의 수수료를 뺀 수익을 해당 특별계정 보험계약자의 몫으로 처리하여야 한다(시행령 제54조 제2항).

(8) 공시

특별계정의 자산운용에 관한 다음의 사항을 공시하여야 한다. 그러나 변액보험 특별계정의 자산운용의 경우에는 이를 적용하지 않는다(시행령 제55조 제1항).

(i) 매월 말 현재의 특별계정별 자산·부채 및 자산구성 내용

(ii) 자산운용에 대한 보수 및 수수료

(iii) 그 밖에 보험계약자의 보호를 위하여 공시가 필요하다고 인정되는 사항으로서 금융위원회가 정하여 고시하는 사항

보험협회는 보험회사별로 보험회사가 설정하고 있는 특별계정별 자산의 기준가격 및 수익률 등 자산운용실적을 비교·공시할 수 있다(시행령 제55조 제2항). 보험회사는 특별계정으로 설정·운용되는 보험계약의 관리 내용을 매년 1회 이상 보험계약자에게 제공하여야 한다(시행령 제55조 제3항). 그러나 변액보험 특별계정의 경우에는 이에 따를 필요가 없다. 공시의 방법·절차, 그 밖에 필요한 사항은 금융위원회가 정하여 고시한다(시행령 제55조 제4항).

(9) 의결권의 행사 제한

1) 주식의 의의

주식이란 주식회사의 사원인 주주가 출자자로서 회사에 대해서 가지는 지분을 주식이라고 한다. 주식은 자본금의 구성단위로서 의미를 가지고 아울러 주식은 주식회사에서 사원으로서의 지위, 즉 사원권을 의미한다.[27]

주식은 액면주식과 무액면주식, 기명주식과 무기명주식으로 분류할 수 있다. 2011년 개정 상법에 의해 무액면주식을 도입되고, 무기명주식제도가 폐지되었다.

또한 2011년 개정 상법은 종래 수종의 주식이라는 용어를 종류주식으로 개칭하였는데, 종류주식이란 이익배당, 잔여재산 분배 등 주주권의 내용이 다른 주식을 말한다.

27 송옥열, 『상법강의』(제2판), 홍문사, 2012, 769면.

이러한 종류주식에는 이익배당·잔여재산분배에 관한 종류주식(상법 제344조의2), 의결권의 배제·제한에 관한 종류주식(상법 제344조의3), 상환주식(상법 제345조), 전환주식(상법 제346조)가 있다.

2) 주주의 권리

주주란 주식회사의 사원을 말하는데, 이러한 주주의 경우 회사에 대하여 포괄적이고 추상적인 권리로서 주주권의 내용이 되는 주주의 권리를 갖게 된다. 주주의 권리는 권리행사의 목적에 따라 자익권과 공익권으로 나눌 수 있다. 자익권이란 주주가 회사로부터 경제적 이익을 받을 권리를 말하는데, 여기에 속하는 권리로서 이익배당 및 중간배당청구권(상법 제462조 및 제462조의3), 신주인수권(상법 제418조), 잔여재산분배청구권(상법 제538조), 주식양도권(상법 제335조), 주권교부청구권(상법 제355조), 명의개서청구권(상법 제337조), 주식매수청구권(상법 제335조의2 및 374조의2) 등이 있다.

공익권은 주식회사의 경영에 참여하거나 이를 감시하는 권리로서 주주총회에서 의결권(상법 제369조), 주주제안권(상법 제363조의2 및 542조의6 제2항), 집중투표청구권(상법 제382조의2 및 542조의7), 대표소송제기권(상법 제403조) 등이 있다.

3) 주주의 의결권

가. 의의

의결권이란 주주가 주주총회에 출석하여 결의에 참가할 수 있는 권리를 말한다. 주식회사에서의 주주는 의결권의 행사를 통해서만 경영에 간섭할 수 있다. 의결권은 주주의 권리 가운데 가장 중요한 공익권이고, 기본적이고 고유한 권리이므로 정관으로도 이를 박탈하거나 제한할 수 없다. 판례도 주주권은 주식의 양도나 소각 등 법률에 정하여진 사유에 의하여서만 상실되고 단순히 당사자 사이의 특약이나 주주권 포기의 의사표시만으로 상실되지 아니하며 다른 특별한 사정이 없는 한 그 행사가 제한되지도 아니한다고 본다.[28]

28 대법원 2002. 12. 24. 선고 2002다54691 판결; 대법원 1999. 7. 23. 선고 99다14808 판결.

나. 의결권의 이론적 근거

회사의 일상적인 경영적인 판단은 경영을 책임지고 있는 이사회나 대표이사 등이 행한다. 주주는 회사의 사원으로서 의결권을 가지는데, 어떠한 의결권을 가지는 것인지에 관해서는 일의적으로 말할 수 없고 주주총회의 권한 사항에 대한 의안에 대한 의결권을 갖는다고 보아야 한다. 주주총회는 상법 또는 그 회사의 정관에 정하는 사항에 한하여 결의할 수 있으므로 이러한 범위에서 주주는 의결권을 가진다.

주주가 의결권을 가지는 것은 주주의 출자로 회사가 설립되었다거나 주주가 회사의 주인이라는 생각에 바탕을 두고 있다. 회사와의 이해관계측면에서 보면 주주보다는 오히려 회사의 채권자나 근로자가 밀접한 이해관계를 맺고 있다. 이러한 측면에서 주주에게만 의결권을 부여하는 것이 타당한지에 관하여 이의를 제기하는 견해가 대두되고 있다.[29]

다. 의결권의 수

의결권은 1주마다 1개로 한다(상법 제369조 제1항). 따라서 특정 주식에 대하여 수개의 의결권을 인정한 복수의결권 주식(dual class stock)이나 황금주(golden share)와 같은 거부권 주식은 허용되지 않는다. 이러한 상법상의 1주 1의결권의 원칙은 강행규정이라는 것이 통설 및 판례의 입장이다.[30]

라. 의결권 행사의 제한

가) 전면적 제한

상법은 일정한 경우 의결권의 행사를 제한한다. 그러한 것으로 (i) 회사가 가진 자기주식은 의결권을 행사할 수 없다(상법 제369조 제2항). 또한 (ii) 회사, 모회사 및 자회사 또는 자회사가 다른 회사의 발행주식의 총수의 10분의 1을 초과하는 주식을 가지고 있는 경우 그 다른 회사가 가지고 있는 회사 또는 모회사의 주식은 의결권이 없다(상법 제369조 제3항). 그 밖에도 상법 제344조의3 무의결권 주식 역시 의결권이 없다.

---

29 송옥열, 앞의 책, 899면 참조.

30 대법원 2009. 11. 26. 선고 2009다51820 판결.

나) 일시적 제한

① 특별이해관계인

주주총회에서 다루는 의안에 따라 의결권이 일시적으로 제한되는 경우로서 상법 제368조의 제4항 특별이해관계인이 있다. 주주가 어떠한 의안과 관련하여 특별이해관계가 있다면 그 의결권의 행사가 회사의 이익에 배치되어 행사될 가능성이 높다. 특별이해관계의 의미와 관련하여, (i) 모든 주주의 이해관계에 관련되지 않고 오로지 특정한 주주에게만 이해관계가 있는 의미라는 특별이해관계설, (ii) 그 결의에 의하여 권리의무의 득실이 생기는 등 법률상 특별한 이해관계가 생기는 것이라는 법률상 이해관계설, (iii) 특정한 주주가 주주의 입장을 떠나서 개인적으로 이해관계를 가지는 경우를 의미하는 것으로 해석하는 개인법설이 대립한다.

판례는 주주총회가 재무제표를 승인한 후 2년 내에 이사와 감사의 책임을 추궁하는 결의를 하는 경우, 당해 이사와 감사인 주주가 그 결의에 관한 특별이해관계인에 해당하는지 여부와 관련하여 주주총회가 재무제표를 승인한 후 2년 내에 이사와 감사의 책임을 추궁하는 결의를 하는 경우 당해 이사와 감사인 주주는 회사로부터 책임을 추궁당하는 위치에 서게 되어 주주의 입장을 떠나 개인적으로 이해관계를 가지는 경우로서 그 결의에 관한 특별이해관계인에 해당한다고 봄으로써 개인법설의 입장을 취하였다.[31]

② 감사·감사위원회위원의 선임·해임 시 의결권 제한

감사는 주주총회에서 선임한다. 이때 의결권 있는 발행주식 총 수의 3%를 초과하는 수의 주식을 보유한 주주는 그 초과하는 주식의 의결권을 행사하지 못한다(상법 제409조 제2항 및 제3항).

감사위원회의 구성에 있어서도 주주의 의결권이 제한된다. 감사위원의 선임·해임은 원칙적으로 이사회의 권한이지만 자산총액 2조 원 이상의 대규모 상장회사는 주주총회에서 선임 및 해임한다. 이 경우에도 3% 의결권 제한이 있다(상법 제542조의12 제3항 및 제4항).

③ 집중투표의 배제결의 시 의결권 제한

집중투표란 2인 이상의 이사의 선임을 하나의 결의로 하는 방법을 말한다. 선임결의

31 대법원 2007. 9. 6. 선고 2007다40000 판결.

시 이사 1인에 대하여 하나씩 투표하는 단순투표제와 대비되는 개념이다.

단순투표제와 집중투표제는 모두 각 주식은 선임할 이사 수만큼의 의결권을 가지는 점에서는 차이가 없지만 단순투표제는 각 후보에게 투표할 수 있는 의결권이 하나로 제한되는 반면 집중투표제는 그러한 제한이 없는 것으로 이해하면 정확하다.[32]

집중투표제에 의한 이사선임을 배제하기 위해서는 정관에 규정이 있어야 하는데, 상장○○회사는 집중투표제를 배제하기 위한 정관변경이 안건인 경우 감사선임과 같이 3% 룰이 적용된다. 집중투표제의 취지가 이사회의 구성을 대주주가 마음대로 할 수 없도록 하는 것에 있다는 점에서 대주주가 임의로 이를 배제할 수 없도록 한 것이다.

4) 보험업법상 의결권행사 제한

가. 의의

정책적 목적에 따라 의결권의 행사가 제한 경우가 있다. 은행법에 의하면 비금융주력자는 은행의 의결권 있는 발행주식 총수의 100분의 4(지방은행의 경우에는 100분의 15)를 초과하여 은행의 주식을 보유할 수 없다(은행법 제16조의2 제1항). 또한 동일인은 은행의 의결권 있는 발행주식 총수의 100분의 10을 초과하여 은행의 주식을 보유할 수 없는 것이 원칙이다(은행법 제15조 제1항). 이를 위반하여 보유한 주식에 대해서는 의결권을 행사할 수 없다(은행법 제16조 제1항). 보험업법에서도 일정한 경우 보험회사가 보유하는 주식이라도 의결권의 행사를 제한하고 있다.

나. 특별계정 자산으로 취득한 주식의 의결권 제한

보험회사가 취득하고 있는 주식에 대해 보험회사는 주주로서 당연히 그 주식에 합당하는 의결권을 행사할 수 있어야 한다. 그러나 보험회사는 특별계정의 자산으로 취득한 주식에 대해 의결권을 행사할 수 없다. 다만 주식을 발행한 회사의 합병, 영업의 양도·양수, 임원의 선임, 그 밖에 이에 준하는 사항으로서 특별계정의 자산에 손실을 초래할 것이 명백하게 예상되는 사항에 관해서는 그러하지 않다(보험업법 제108조 제4항 및 시행령 제53조 제1항).

32 송옥열, 앞의 책, 956면.

변액보험을 상업적으로 상품화하여 최초로 판매한 국가는 네덜란드이다. 1956년 네덜란드의 바르다유(De Waerdye) 회사가 자산운용 실적과 보험금을 연계하여 실질가치를 보전할 수 있는 변액보험을 판매하였는데, 이를 프랙션(fraction) 보험이라고 한다. 그 이후 영국(1957)과 캐나다(1967)에서 변액보험 판매를 시작하였으며, 미국은 1976년, 일본은 1986년에 각각 변액보험을 판매하였다.

다. 변액보험 특별계정으로 취득한 주식의 의결권 제한

가) 의의

변액보험 특별계정으로 취득한 주식에 대해서는 보험업법의 특별계정에 관한 의결권 제한 규정이 적용되지 않는다. 자본시장법은 변액보험의 특별계정을 자본시장법에 따른 투자신탁으로 보기 때문에 변액보험의 특별계정을 통하여 취득한 주식의 경우에는 자본시장법상의 의결권의 행사에 따른 규율에 따라 의결권을 행사할 수 있다(자본시장법 제79조 등).

투자신탁재산 또는 투자익명조합재산에 속하는 지분증권의 의결권의 행사는 그 지분증권의 소유권을 가진 자가 의결권을 행사하는 것이 아니라 그 투자신탁 또는 투자익명조합의 집합투자업자가 수행한다(자본시장법 제87조 제1항).

그러나 투자회사 등의 집합투자재산에 속하는 지분증권의 의결권 행사는 그 투자회사등이 수행한다. 다만 투자회사 등은 집합투자업자에게 그 투자회사 등의 집합투자재산에 속하는 지분증권의 의결권 행사를 위탁할 수 있다(자본시장법 제184조 제1항).

나) 집합투자업자의 의결권 행사 원칙

집합투자업자(투자신탁이나 투자익명조합의 집합투자업자에 한한다) 투자자의 이익을 보호하기 위하여 집합투자재산에 속하는 주식의 의결권을 충실하게 행사하여야 한다(자본시장법 제87조 제1항).

다) 의결권 행사방법의 제한

집합투자업자는 다음과 같은 경우에는 집합투자재산에 속하는 주식을 발행한 법인의 주주총회에 참석한 주주가 소유하는 주식수에서 집합투자재산에 속하는 주식수를 뺀 주식수의 결의내용에 영향을 미치지 아니하도록 의결권을 행사하여야 한다(자본시장법 제87조 제2항).

(i) 다음 각 목의 어느 하나에 해당하는 자가 그 집합투자재산에 속하는 주식을 발행한 법인을 계열회사로 편입하기 위한 경우

i) 그 집합투자업자 및 그와 대통령령으로 정하는 이해관계가 있는 자

ii) 그 집합투자업자에 대하여 사실상의 지배력을 행사하는 자로서 대통령령으로 정하는 자

(ii) 그 집합투자재산에 속하는 주식을 발행한 법인이 그 집합투자업자와 다음 각 목의 어느 하나에 해당하는 관계가 있는 경우

i) 계열회사의 관계가 있는 경우

ii) 그 집합투자업자에 대하여 사실상의 지배력을 행사하는 관계로서 대통령령으로 정하는 관계가 있는 경우

(iii) 그 밖에 투자자 보호 또는 집합투자재산의 적정한 운용을 해할 우려가 있는 경우로서 대통령령으로 정하는 경우

라) 의결권 행사방법 제한의 범위

집합투자업자는 법인의 합병, 영업의 양도·양수, 임원의 임면, 정관변경, 그 밖에 이에 준하는 사항으로서 투자자의 이익에 명백한 영향을 미치는 사항에 대하여 자본시장법 제87조 제2항의 방법에 따라 의결권을 행사하는 경우 집합투자재산에 손실을 초래할 것이 명백하게 예상되는 때는 집합투자업자(투자신탁이나 투자익명조합의 집합투자업자에 한한다. 이하 이 조에서 같다)는 투자자의 이익을 보호하기 위하여 집합투자재산에 속하는 주식의 의결권을 충실하게 행사한다.

다만 독점규제 및 공정거래에 관한 법률 제9조 제1항에 따른 상호출자제한기업집단에 속하는 집합투자업자는 집합투자재산으로 그와 계열회사의 관계에 있는 주권상장법인이 발행한 주식을 소유하고 있는 경우에는 다음 각호의 요건을 모두 충족하는 방법으로만 의결권을 행사할 수 있다(자본시장법 제87조 제3항).

라. 신탁재산으로 취득한 주식에 대한 의결권 제한

가) 의의

퇴직연금의 경우 보험회사는 퇴직연금사업자로서 보험계약과 신탁계약에 의하여 자산관리계약을 체결하고, 이 경우 신탁계약은 보통의 신탁의 법리에 따라야 할 것이므로

보험회사가 퇴직연금사업자로서 신탁재산에 따라 주식을 취득한 경우라면 신탁재산의 의결권의 법리를 적용받게 된다.

나) 의결권의 행사의 원칙

신탁재산으로 취득한 주식에 대한 권리는 신탁업자가 행사한다. 이 경우 신탁업자는 수익자의 이익을 보호하기 위하여 신탁재산에 속하는 주식의 의결권을 충실하게 행사하여야 한다(자본시장법 제112조 제1항).

다) 의결권 행사방법 제한

신탁업자는 신탁재산에 속하는 주식의 의결권을 행사함에 있어서 (i) 신탁업자 또는 그와 대통령령으로 정하는 특수관계에 있는 자나 (ii) 신탁업자에 대하여 사실상의 지배력을 행사하는 자로서 대통령령으로 정하는 자가 그 신탁재산에 속하는 주식을 발행한 법인을 계열회사로 편입하기 위한 경우, 신탁재산에 속하는 주식을 발행한 법인이 그 신탁업자와 계열회사의 관계에 있는 경우나 신탁업자에 대하여 사실상의 지배력을 행사하는 관계로서 대통령령으로 정하는 관계에 있는 경우 및 그 밖에 수익자의 보호 또는 신탁재산의 적정한 운용을 해할 우려가 있는 경우로서 대통령령으로 정하는 경우에는 신탁재산에 속하는 주식을 발행한 법인의 주주총회의 참석 주식 수에서 신탁재산에 속하는 주식수를 뺀 주식수의 결의내용에 영향을 미치지 아니하도록 의결권을 행사하여야 한다. 다만 신탁재산에 속하는 주식을 발행한 법인의 합병, 영업의 양도·양수, 임원의 선임, 그 밖에 이에 준하는 사항으로서 신탁재산에 손실을 초래할 것이 명백하게 예상되는 경우에는 그러하지 아니하다(자본시장법 제112조 제2항). 그러나 이러한 경우라도 상출자제한기업집단에 속하는 신탁업자는 여전히 섀도우보우팅을 하여야 한다(자본시장법 제112조 제5항).

신탁업자는 합병, 영업의 양도·양수, 임원의 선임 등 경영권의 변경과 관련된 사항에 대하여 위와 같이 의결권을 행사하는 경우에는 대통령령으로 정하는 방법에 따라 인터넷 홈페이지 등을 이용하여 공시하여야 한다(자본시장법 제112조 제7항).

라) 의결권 행사의 금지

신탁업자는 신탁재산에 속하는 주식이 (i) 동일법인이 발행한 주식 총수의 100분의

15를 초과하여 주식을 취득한 경우 그 초과하는 주식이거나 (ii) 신탁재산에 속하는 주식을 발행한 법인이 자기주식을 확보하기 위하여 신탁계약에 따라 신탁업자에게 취득하게 한 그 법인의 주식에 해당하는 경우에는 그 주식의 의결권을 행사할 수 없다(자본시장법 제112조 제3항).

마) 의결권 제한 및 금지 규정의 우회 금지

신탁업자는 제삼자와의 계약 등에 의하여 의결권을 교차하여 행사하는 등 의결권 제한이나 금지 규정의 적용을 면하기 위한 행위를 하여서는 아니 된다(자본시장법 제112조 제4항).

바) 주식의 처분명령

금융위원회는 신탁업자가 의결권 행사 규정을 위반하여 신탁재산에 속하는 주식의 의결권을 행사한 경우에는 6개월 이내의 기간을 정하여 그 주식의 처분을 명할 수 있다(자본시장법 제112조 제6항).

(10) 특별계정의 운용전문인력 확보의무

1) 의의

특별계정에 속한 보험계약은 실적배당형 보험이 포함되어 있으므로 자산운용 결과에 따라 보험계약자 등의 이해관계가 밀접하게 관련되어 있고, 자산의 투자 및 운용 대상도 위험성이 비교적 높은 주식·채권 등 유가증권에 투자하므로 특별계정자산의 공정하고 적정한 관리를 위하여 특별계정의 관리 및 운용을 전담하는 조직과 인력을 갖추게 하여야 할 필요성이 인정된다.

2) 특별계정의 운용전담 인력

특별계정을 설정·운용하는 보험회사는 특별계정의 공정한 관리를 위하여 특별계정의 관리 및 운용을 전담하는 조직과 인력을 갖추어야 한다. 다만 특별계정을 통한 대출업무의 경우에는 내부통제기준의 준수 여부에 대한 준법감시인의 확인을 거쳐 일반계정의 운용인력 및 조직을 이용할 수 있다(시행령 제56조 제1항). 변액보험의 경우에는 자본시장법에 따라 운용전문인력 확보의무를 따라야 하므로 보험업법의 당해 규정은 적용받지 않는다.

3) 변액보험계약 모집자의 연수 의무

변액보험계약을 모집하고자 하는 경우에는 변액보험계약의 모집에 관한 연수과정을 이수하여야 한다(시행령 제56조 제2항).

(11) 변액보험 자산 운용 규제

1) 변액보험의 개요

변액보험이란 보험계약자가 납입한 보험료의 일부를 주식이나 채권 등 집합투자기구에 투자하고 투자실적에 따라 발생한 이익을 계약자에게 배분하여주는 실적배당형 보험내지 투자성 있는 보험을 말한다. 변액보험은 자본시장법상의 금융투자상품으로서 투자신탁으로 의제된다.

2) 보험회사의 자본시장법상의 지위

보험회사는 집합투자업, 투자자문업, 투자일임업, 신탁업, 집합투자증권에 대한 투자매매업, 집합투자증권에 대한 투자중개업을 영위할 수 있다(보험업법 제11조). 보험회사가 자본시장법에 따라 집합투자업에 관한 인가를 받은 경우에는 집합투자겸영보험회사로서 인가받은 범위에서 투자신탁의 설정·해지 및 투자신탁재산의 운용업무를 영위할 수 있다. 이 경우 투자신탁의 설정·해지 및 투자신탁재산의 운용업무는 변액보험계약의 특별계정에 한하며 이러한 특별계정은 투자신탁으로 본다고 규정하고 있다(자본시장법 제251조 제1항). 투자신탁의 설정·해지 및 투자신탁재산의 운용업무는 변액보험계약에 한정되어 있다는 점에서 볼 때 집합투자겸영은행과 비교하여 투자신탁의 설정 해지 업무가 제한되어 있다고 볼 수 있다(자본시장법 제250조 제3항).

3) 임원 설치 의무

보험회사는 자본시장법에 따라 집합투자업, 신탁업(집합투자재산의 보관·관리업무를 포함한다) 또는 일반사무관리회사의 업무를 영위하는 경우에는 임원을 두어야 한다

(자본시장법 제251조 제3항 전단). 여기의 임원에는 사실상 임원과 동등한 지위에 있는 자로서 대통령령으로 정하는 자를 포함한다. 사실상 임원 등에는 (i) 회사에 대한 자신의 영향력을 이용하여 이사에게 업무집행을 지시한 자, (ii) 이사의 이름으로 직접 업무를 집행한 자, (iii) 이사가 아니면서 명예회장·회장·사장·부사장·전무·상무·이사 기타 회사의 업무를 집행할 권한이 있는 것으로 인정될 만한 명칭을 사용하여 회사의 업무를 집행한 자가 포함된다(자본시장법 시행령 제273조 제2항 및 상법 제401조의2).

그러나 투자신탁재산을 (i) 운용과 운용지시업무 전체를 다른 집합투자업자에게 위탁하는 방법, (ii) 투자신탁재산 전체를 투자일임으로 운용하는 방법, (iii) 투자신탁재산 전체를 다른 집합투자증권에 운용하는 방법으로 운용하는 경우에는 임원설치의무가 면제된다.

4) 임직원의 겸직 금지

보험회사는 집합투자업, 신탁업(집합투자재산의 보관 관리업무를 포함한다), 일반사무관리회사의 업무를 영위하는 경우 그 임직원에게 (i) 보험업법에 따른 업무, (ii) 집합투자업, (iii) 신탁업, (iv) 일반사무관리회사의 업무를 겸직하게 할 수 없다(자본시장법 제251조 제3항).

보험업법에 따른 업무에는 전자금융거래법 따른 전자자금이체업무, 외국환업무, 다른 금융기관의 업무 중 금융위원회가 정하여 고시하는 바에 따라 그 업무의 수행방법 또는 업무 수행을 위한 절차상 본질적 요소가 아니면서 중대한 의사결정을 필요로 하지 아니한다고 판단하여 위탁한 업무, 부수업무는 포함되지 않는다. 또한 집합투자업, 신탁업, 일반사무관리회사의 업무와 직접적으로 관련되지 아니하는 업무는 제외한다.

다만 임원의 경우 보험업법에 따른 업무 중 집합투자업, 신탁업, 일반사무관리회사의 업무와 이해상충이 적은 업무로서 대통령령으로 정하는 업무를 겸직할 수 있다.

대통령령으로 정하는 업무에는 전자자금이체업무, 외국환업무, 다른 금융기관의 업무 중 금융위원회가 정하여 고시하는 바에 따라 그 업무의 수행방법 또는 업무 수행을 위한 절차상 본질적 요소가 아니면서 중대한 의사결정을 필요로 하지 아니한다고 판단하여 위탁한 업무, 부수업무는 포함되지 않는다. 또한 집합투자업, 신탁업, 일반사무관리회사의 업무와 직접적으로 관련되지 아니하는 업무가 있다.

또한 보험회사의 임원의 경우 집합투자업, 신탁업, 일반사무관리회사의 업무를 겸직할 수 있다. 나아가 신탁업 및 일반사무관리회사의 업무 간에는 겸직이 허용된다.

5) 이해상충방지체계 구축

전산설비 또는 사무실 등의 공동사용 금지 및 다른 업무를 영위하는 임직원 간의 정보교류 제한 등 대통령령으로 정하는 이해상충방지체계를 갖추어야 한다(자본시장법 제251조 제3항).

보험회사는 다음의 사항을 포함하여 이해상충방지체계를 갖추어야 한다(자본시장법 시행령 제273조 제3항).

(i) 독립된 부서로 구분되어 업무처리와 보고가 독립적으로 이루어질 것

(ii) 보험업법에 따른 업무, 집합투자업무, 신탁업무, 일반사무관리회사의 업무 담당자 간에 업무에 관한 회의나 통신을 한 경우에는 내부통제기준이 정하는 방법 및 절차에 따라 그 회의 또는 통신에 관한 사항을 기록·유지하고 준법감시인의 확인을 받을 것

(iii) 보험업법에 따른 업무, 집합투자업무, 신탁업무, 일반사무관리회사의 업무 간에 직원을 파견하지 아니할 것

(iv) 집합투자증권의 판매업무를 담당하는 직원이 집합투자업무, 신탁업무(집합투자재산의 보관·관리업무만 해당한다), 일반사무관리회사의 업무의 어느 하나에 해당하는 업무를 겸직하지 아니할 것

(v) 출입문을 달리하는 등 정보공유를 막을 수 있을 정도로 사무실이 공간적으로 분리될 것

(vi) 보험업법에 따른 업무, 집합투자업무, 신탁업무, 일반사무관리회사의 업무에 관한 전산자료가 공유될 수 없도록 독립되어 저장·관리·열람될 것

(vii) 그 밖에 이해상충을 방지하기 위하여 필요한 사항으로서 금융위원회가 정하여 고시하는 사항

6) 투자신탁재산의 운용규제 등

집합투자겸영보험회사

집합투자겸영보험회사는 자기가 운용하는 투자신탁의 투자신탁재산에 관한 정보를 다른 집합투자증권의 판매에 이용하는 행위를 할 수 없다(자본시장법 제251조 제2항).

집합투자재산의 보관·관리업무를 영위하는 보험회사

보험회사는 그 집합투자기구의 집합투자재산에 관한 정보를 자기가 운용하는 투자신탁재산의 운용 또는 자기가 판매하는 집합투자증권의 판매를 위하여 이용하여서는 아니 된다(자본시장법 제251조 제2항).

일반사무관리회사의 업무를 영위하는 보험회사

보험회사는 해당 집합투자기구의 집합투자재산에 관한 정보를 자기가 운용하는 투자신탁재산의 운용 또는 자기가 판매하는 집합투자증권의 판매를 위하여 이용하여서는 아니 된다(자본시장법 제251조 제2항).

투자매매업 또는 투자중개업 인가를 받아 집합투자증권의 판매를 영위하는 보험회사

보험회사는 (i) 자기가 판매하는 집합투자증권의 집합투자재산에 관한 정보를 자기가 운용하는 투자신탁재산의 운용 또는 자기가 운용하는 투자신탁의 수익증권의 판매를 위하여 이용하는 행위, (ii) 집합투자증권의 판매업무와 보험업법에 따른 업무를 연계하여 정당한 사유 없이 고객을 차별하는 행위를 하여서는 아니 된다(자본시장법 제251조 제2항).

7) 보험약관대출의 허용

집합투자업자는 집합투자재산을 운용함에 있어서 집합투자재산 중 금전을 대여(대통령령으로 정하는 금융기관에 대한 30일 이내의 단기대출을 제외한다)하는 행위를 할 수 없고, 해당 집합투자기구 외의 자를 위하여 채무보증 또는 담보제공을 하여서는 아니 된다(자본시장법 제83조 제4항 및 제5항). 그러나 보험회사의 경우 투자신탁재산에 속하는 자산을 보험업법에서 정하는 방법에 따라 그 보험에 가입한 자에게 대출하는 방법으로 운용할 수 있다(자본시장법 제251조 제4항).

8) 자본시장법의 적용 제외

투자신탁의 등록에 관한 규정(자본시장법 제182조), 집합투자기구의 명칭(자본시장법 제183조 제1항) 등에 관한 사항은 집합투자업겸영보험회사가 운용하는 투자신탁에 관해서는 적용하지 아니한다(자본시장법 제251조 제5항).

또한 자기집합투자증권의 취득제한(자본시장법 제82조), 성과보수의 제한(자본시장법 제86조), 수시공시 중 집합투자자총회의 결의내용에 관한 사항(자본시장법 제89조), 집합투자재산에 관한 보고 등(자본시장법 제90조), 환매연기 등의 통지(자본시장법 제92조)에 관한 규정은 보험회사의 집합투자업 영위에 관해서는 적용하지 아니한다(자본시장법 제251조 제6항).

9) 선관의무 및 충실의무

집합투자업자는 투자자에 대하여 선량한 관리자의 주의로써 집합투자재산을 운용하여야 하고, 투자자의 이익을 보호하기 위하여 해당 업무를 충실하게 수행하여야 한다(자본시장법 제79조).

10) 자산운용의 지시 및 실행

투자신탁의 집합투자업자는 투자신탁재산을 운용함에 있어서 그 투자신탁재산을 보관·관리하는 신탁업자에 대하여 대통령령으로 정하는 방법에 따라 투자신탁재산별로 투자 대상 자산의 취득·처분 등에 관하여 필요한 지시를 하여야 하며, 그 신탁업자는 집합투자업자의 지시에 따라 투자 대상 자산의 취득·처분 등을 하여야 한다. 다만 집합투자업자는 투자신탁재산의 효율적 운용을 위하여 불가피한 경우로서 대통령령으로 정하는 경우에는 자신의 명의로 직접 투자 대상 자산의 취득·처분 등을 할 수 있다(자본시장법 제80조 제1항).

투자신탁의 집합투자업자(그 투자신탁재산을 보관·관리하는 신탁업자를 포함한다)는 투자 대상 자산의 취득·처분 등을 한 경우 그 투자신탁재산으로 그 이행 책임을 부담한다. 다만 그 집합투자업자가 손해배상책임을 지는 경우에는 그러하지 아니하다(자본시장법 제80조 제2항).

집합투자업자는 투자 대상 자산의 취득·처분 등의 업무를 수행하는 경우에는 투자신탁재산별로 미리 정하여진 자산배분명세에 따라 취득·처분 등의 결과를 공정하게 배분하여야 한다. 이 경우 집합투자업자는 자산배분명세, 취득·처분 등의 결과, 배분 결과 등에 관한 장부 및 서류를 총리령으로 정하는 방법에 따라 작성하고 이를 유지·관리하여야 한다(자본시장법 제80조 제3항).

자산배분명세 등에 관하여 필요한 사항은 총리령으로 정한다(자본시장법 제80조 제4항). 투자신탁을 제외한 집합투자기구의 집합투자업자는 그 집합투자재산을 운용함에 있어서 집합투자기구의 명의(투자익명조합의 경우에는 그 집합투자업자의 명의를 말한다)로 대통령령으로 정하는 방법에 따라 집합투자재산(투자신탁재산은 제외한다)별로 투자 대상 자산의 취득·처분 등을 하고, 그 집합투자기구의 신탁업자에게 취득·처분 등을 한 자산의 보관·관리에 필요한 지시를 하여야 하며, 그 신탁업자는 집합투자업자의 지시에 따라야 한다. 이 경우 집합투자업자가 투자 대상 자산의 취득·처분 등을 함에 있어서는 집합투자업자가 그 집합투자기구를 대표한다는 사실을 표시하여야 한다(자본시장법 제80조 제5항).

11) 자산운용의 제한

가. 집합투자업자의 금지행위

집합투자업자는 집합투자재산을 운용함에 있어서 다음의 어느 하나에 해당하는 행위를 하여서는 아니 된다. 다만 투자자 보호 및 집합투자재산의 안정적 운용을 해할 우려가 없는 경우로서 대통령령으로 정하는 경우에는 이를 할 수 있다(자본시장법 제81조 제1항).

(i) 집합투자재산을 증권(집합투자증권, 그 밖에 대통령령으로 정하는 증권을 제외하며, 대통령령으로 정하는 투자 대상 자산을 포함한다) 또는 파생상품에 운용함에 있어서 다음 각 목의 어느 하나에 해당하는 행위

- i) 각 집합투자기구 자산총액의 100분의 10 이내의 범위에서 대통령령으로 정하는 비율을 초과하여 동일종목의 증권에 투자하는 행위. 이 경우 동일법인 등이 발행한 증권 중 지분증권(그 법인 등이 발행한 지분증권과 관련된 증권예탁증권을 포함한다)과 지분증권을 제외한 증권은 각각 동일종목으로 본다.
- ii) 각 집합투자업자가 운용하는 전체 집합투자기구 자산총액으로 동일법인 등이 발행한 지분증권 총수의 100분의 20을 초과하여 투자하는 행위
- iii) 각 집합투자기구 자산총액으로 동일법인 등이 발행한 지분증권 총수의 100분의 10을 초과하여 투자하는 행위
- iv) 대통령령으로 정하는 적격 요건을 갖추지 못한 자와 장외파생상품을 매매하는 행위
- v) 파생상품의 매매에 따른 위험평가액이 대통령령으로 정하는 기준을 초과하여 투자하는 행위
- vi) 파생상품의 매매와 관련하여 기초자산 중 동일법인 등이 발행한 증권(그 법인 등이 발행한 증권과 관련된 증권예탁증권을 포함한다)의 가격변동으로 인한 위험평가액이 각 집합투자기구 자산총액의 100분의 10을 초과하여 투자하는 행위
- vii) 같은 거래상대방과의 장외파생상품 매매에 따른 거래상대방 위험평가액이 각

집합투자기구 자산총액의 100분의 10을 초과하여 투자하는 행위

(ii) 집합투자재산을 부동산에 운용함에 있어서 다음의 어느 하나에 해당하는 행위

i) 부동산을 취득한 후 5년 이내의 범위에서 대통령령으로 정하는 기간 이내에 이를 처분하는 행위. 다만 부동산개발사업(토지를 택지·공장용지 등으로 개발하거나 그 토지 위에 건축물, 그 밖의 공작물을 신축 또는 재축하는 사업을 말한다)에 따라 조성하거나 설치한 토지·건축물 등을 분양하는 경우, 그 밖에 투자자 보호를 위하여 필요한 경우로서 대통령령으로 정하는 경우를 제외한다.

ii) 건축물, 그 밖의 공작물이 없는 토지로서 그 토지에 대하여 부동산개발사업을 시행하기 전에 이를 처분하는 행위. 다만 집합투자기구의 합병·해지 또는 해산, 그 밖에 투자자 보호를 위하여 필요한 경우로서 대통령령으로 정하는 경우를 제외한다.

(iii) 집합투자재산을 집합투자증권(외국 집합투자증권을 포함한다)에 운용함에 있어서 다음의 어느 하나에 해당하는 행위

i) 각 집합투자기구 자산총액의 100분의 50을 초과하여 같은 집합투자업자(외국 집합투자업자를 포함한다)가 운용하는 집합투자기구(외국 집합투자기구를 포함한다)의 집합투자증권에 투자하는 행위

ii) 각 집합투자기구 자산총액의 100분의 20을 초과하여 같은 집합투자기구(외국 집합투자기구를 포함한다)의 집합투자증권에 투자하는 행위

iii) 집합투자증권에 자산총액의 100분의 40을 초과하여 투자할 수 있는 집합투자기구(외국 집합투자기구를 포함한다)의 집합투자증권에 투자하는 행위

iv) 각 집합투자기구 자산총액의 100분의 5 이내에서 대통령령으로 정하는 비율을 초과하여 사모집합투자기구(사모집합투자기구에 상당하는 외국 사모집합투자기구를 포함한다)의 집합투자증권에 투자하는 행위

v) 각 집합투자기구의 집합투자재산으로 같은 집합투자기구(외국 집합투자기구를 포함한다)의 집합투자증권 총수의 100분의 20을 초과하여 투자하는 행위. 이 경우 그 비율의 계산은 투자하는 날을 기준으로 한다.

vi) 집합투자기구의 집합투자증권을 판매하는 투자매매업자 또는 투자중개업자가 받는 판매수수료 및 판매보수와 그 집합투자기구가 투자하는 다른 집합투자기구(외국 집합투자기구를 포함한다)의 집합투자증권을 판매하는 투자매매업자

[외국 투자매매업자(외국 법령에 따라 외국에서 투자매매업에 상당하는 영업을 영위하는 자를 말한다)를 포함한다] 또는 투자중개업자[외국 투자중개업자(외국 법령에 따라 외국에서 투자중개업에 상당하는 영업을 영위하는 자를 말한다)를 포함한다]가 받는 판매수수료 및 판매보수의 합계가 대통령령으로 정하는 기준을 초과하여 집합투자증권에 투자하는 행위

(iv) 그 밖에 투자자 보호 또는 집합투자재산의 안정적 운용 등을 해할 우려가 있는 행위로서 대통령령으로 정하는 행위

나. 위험평가액의 산정방법

위험평가액 및 거래상대방 위험평가액의 산정방법 등에 관하여 필요한 사항은 금융위원회가 정하여 고시한다(자본시장법 제81조 제2항).

다. 투자한도 예외허용 기간

집합투자재산에 속하는 투자 대상 자산의 가격 변동 등 대통령령으로 정하는 사유로 불가피하게 제1항에 따른 투자한도를 초과하게 된 경우에는 초과일부터 대통령령으로 정하는 기간까지는 그 투자한도에 적합한 것으로 본다(자본시장법 제81조 제3항).

12) 금전차입 등의 제한

가. 금전차입의 금지 및 예외

집합투자업자는 집합투자재산을 운용함에 있어서 집합투자기구의 계산으로 금전을 차입(借入)하지 못한다. 다만 다음의 어느 하나에 해당하는 경우에는 집합투자기구의 계산으로 금전을 차입할 수 있다(자본시장법 제83조 제1항).

(i) 집합투자증권의 환매청구가 대량으로 발생하여 일시적으로 환매대금의 지급이 곤란한 때

(ii) 매수청구가 대량으로 발생하여 일시적으로 매수대금의 지급이 곤란한 때

나. 차입한도

집합투자기구의 계산으로 금전을 차입하는 경우 그 차입금의 총액은 차입 당시 집합

투자기구 자산총액에서 부채총액을 뺀 가액의 100분의 10을 초과하여서는 아니 된다(자본시장법 제83조 제2항).

다. 금전차입 방법 등

금전차입의 방법, 차입금 상환 전 투자 대상 자산의 취득 제한 등에 관하여 필요한 사항은 대통령령으로 정한다(자본시장법 제83조 제3항).

다만 보험회사는 대통령령으로 정하는 금융기관에 대한 30일 이내의 단기대출 또는 집합투자재산을 운용함에 있어서 집합투자재산 중 금전을 보험가입자에게 대여할 수 있다.

라. 채무보증 및 담보제공 금지

집합투자업자는 집합투자재산을 운용함에 있어서 집합투자재산으로 해당 집합투자기구 외의 자를 위하여 채무보증 또는 담보제공을 하여서는 아니 된다(자본시장법 제83조 제5항).

13) 이해관계인과 거래 제한 등

가. 이해관계인과 거래 금지

집합투자업자는 집합투자재산을 운용함에 있어서 대통령령으로 정하는 이해관계인과 거래행위를 하여서는 아니 된다. 다만 집합투자기구와 이해가 상충될 우려가 없는 거래로서 다음의 어느 하나에 해당하는 거래의 경우에는 이를 할 수 있다(자본시장법 제84조 제1항).

(i) 이해관계인이 되기 6개월 이전에 체결한 계약에 따른 거래

(ii) 증권시장 등 불특정다수인이 참여하는 공개시장을 통한 거래

(iii) 일반적인 거래조건에 비추어 집합투자기구에 유리한 거래

(iv) 그 밖에 대통령령으로 정하는 거래

이해관계인에는 다음의 자들이 이에 해당한다(자본시장법 시행령 제84조).

(i) 집합투자업자의 임직원과 그 배우자

(ii) 집합투자업자의 대주주와 그 배우자

(iii) 집합투자업자의 계열회사, 계열회사의 임직원과 그 배우자

(iv) 집합투자업자가 운용하는 전체 집합투자기구의 집합투자증권을 100분의 30 이상 판매·위탁판매한 투자매매업자 또는 투자중개업자

(v) 집합투자업자가 운용하는 전체 집합투자기구의 집합투자재산(국가재정법에 따라 여유자금을 통합하여 운용하는 집합투자기구의 집합투자재산은 제외한다)의 100분의 30 이상을 보관·관리하고 있는 신탁업자

(vi) 집합투자업자가 법인이사인 투자회사의 감독이사

나. 이해관계인과의 거래 시 통보의무

집합투자업자는 허용되는 이해관계인과의 거래가 있는 경우 또는 이해관계인의 변경이 있는 경우에는 그 내용을 해당 집합투자재산을 보관·관리하는 신탁업자에게 즉시 통보하여야 한다(자본시장법 제84조 제2항).

다. 자기 발행 증권 취득 금지

집합투자업자는 집합투자재산을 운용함에 있어서 집합투자기구의 계산으로 그 집합투자업자가 발행한 증권(제189조의 수익증권을 제외한다)을 취득하여서는 아니 된다(자본시장법 제84조 제3항).

라. 계열사 발행 증권 초과 소유 금지

집합투자업자는 집합투자재산을 운용함에 있어서 대통령령으로 정하는 한도를 초과하여 그 집합투자업자의 계열회사가 발행한 증권(제189조의 수익증권, 그 밖에 대통령령으로 정하는 증권을 제외하며, 계열회사가 발행한 지분증권과 관련한 증권예탁증권 및 대통령령으로 정하는 투자 대상 자산을 포함한다)을 취득하여서는 아니 된다(자본시장법 제84조 제4항). 계열회사가 발행한 증권의 취득 제한에 관하여 필요한 사항은 대통령령으로 정한다(자본시장법 제84조 제4항).

14) 불건전 영업행위의 금지

집합투자업자는 다음의 어느 하나에 해당하는 행위를 하여서는 아니 된다. 다만 투자

자 보호 및 건전한 거래질서를 해할 우려가 없는 경우로서 대통령령으로 정하는 경우에는 이를 할 수 있다(자본시장법 제85조).

(i) 집합투자재산을 운용함에 있어서 금융투자상품, 그 밖의 투자 대상 자산의 가격에 중대한 영향을 미칠 수 있는 매수 또는 매도 의사를 결정한 후 이를 실행하기 전에 그 금융투자상품, 그 밖의 투자 대상 자산을 집합투자업자 자기의 계산으로 매수 또는 매도하거나 제삼자에게 매수 또는 매도를 권유하는 행위

(ii) 자기 또는 대통령령으로 정하는 관계인수인이 인수한 증권을 집합투자재산으로 매수하는 행위

(iii) 자기 또는 관계인수인이 대통령령으로 정하는 인수업무를 담당한 법인의 특정증권 등에 대하여 인위적인 시세를 형성하기 위하여 집합투자재산으로 그 특정증권 등을 매매하는 행위

(iv) 특정 집합투자기구의 이익을 해하면서 자기 또는 제삼자의 이익을 도모하는 행위

(v) 특정 집합투자재산을 집합투자업자의 고유재산 또는 그 집합투자업자가 운용하는 다른 집합투자재산, 투자일임재산(투자자로부터 투자판단을 일임받아 운용하는 재산을 말한다) 또는 신탁재산과 거래하는 행위

(vi) 제3자와의 계약 또는 담합 등에 의하여 집합투자재산으로 특정 자산에 교차하여 투자하는 행위

(vii) 투자운용인력이 아닌 자에게 집합투자재산을 운용하게 하는 행위

(viii) 그 밖에 투자자 보호 또는 건전한 거래질서를 해할 우려가 있는 행위로서 대통령령으로 정하는 행위

(12) 퇴직연금제도

1) 퇴직연금제도의 의의

퇴직연금제도는 기업이 퇴직급여 재원을 외부 금융회사에 적립하고 금융회사가 기업 또는 근로자의 지시에 따라 운용하여 근로자 퇴직 시 근로자의 선택에 따라 일시금 또는 연금으로 지급하는 제도이다.[33]

33 이하의 내용은 금융감독원에 올라와 있는 '퇴직연금제도의 유형 및 특징안내'라는 파일을 참조하였다.

퇴직연금제도는 급격한 저출산·고령화와 평균 근속기간 단축 등 노동환경의 변화로 노후소득 재원 마련의 중요성이 증가하는 가운데, 기존 퇴직금제도는 퇴직금 재원의 사내 적립으로 기업 도산 시 안전장치가 없는 등 노후소득 보장에 취약한 한계가 있어 보다 강화된 형태의 퇴직연금제도를 2005년에 도입하였으며, 이에 따라 기업은 퇴직금제도 외에도 퇴직연금제도를 선택할 수 있게 되었다.

2) 퇴직연금제도의 유형

퇴직연금제도에는 확정급여형(DB), 확정기여형(DC), 개인형퇴직연금(IRP)제도가 있다. 근로자는 직장의 급여체계 및 안정성과 근로자 자신의 노후계획 및 투자성향을 고려하여 알맞은 유형의 퇴직연금을 선택하여야 한다.

〈퇴직연금제도의 종류〉

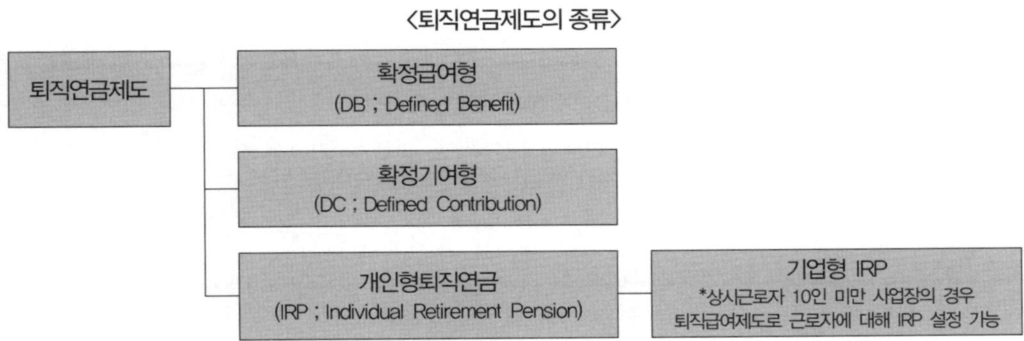

가. 확정급여형(DB)

회사가 퇴직급여 재원을 외부 금융회사에 적립하여 운용하고, 근로자 퇴직 시 정해진 금액(퇴직 직전 3개월 평균급여×근속연수)[34]을 지급한다.

운용 결과에 따라 회사의 적립부담이 변동한다. 운용손익이 회사에 귀속한다.

34 DB형의 퇴직급여 금액은 기존의 퇴직금 금액과 동일하다.

〈예시〉 A부장의 퇴직 직전 3개월 평균 급여가 500만 원, 근속연수가 20년인 경우

→ **(A부장)** 1억 원(=500만 원×20년)을 퇴직급여로 지급받고 연금 또는 일시금으로 수령
(회사) 퇴직급여 예상액을 미리 적립해 운용한 뒤 이 중에서 1억 원을 지급하므로, 적립액과 운용손익 합산액이 1억 원을 초과할 경우 그 초과분은 회사가 갖고 미달하면 회사가 추가로 비용을 부담

근무 마지막 연도의 임금을 기준으로 퇴직급여가 지급되므로 임금상승률이 높고 장기 근속이 가능한 기업의 근로자에게 유리하다.

나. 확정기여형(DC)

회사가 매년 연간 임금총액의 일정비율(1/12 이상)을 적립하고, 근로자가 적립금을 운용한다. 운용성과가 퇴직급여에 직접 반영된다. 따라서 운용손익이 근로자에 귀속한다.

〈예시〉 DC형에 가입한 B대리

→ **(B대리)** 매년 본인의 퇴직연금계좌에 입금되는 금액(ex. 한 달 치 월급)을 금융회사에 직접 지시하여 펀드, 예금 등으로 운용하고 그 누적금액(회사적립분+운용손익)을 퇴직 후 일시금 또는 연금으로 수령
(회사) 매년 B대리의 퇴직연금계좌에 일정액(ex. 한 달 치 월급)을 적립

회사가 근로자 퇴직급여계좌에 매년 일정액을 납입하고 근로자가 직접 운용하므로 파산위험 및 임금체불 위험이 있는 회사에 근무하는 근로자나 임금상승률이 낮거나 임금피크제에 진입한 근로자 등에게 유리하다.

다. 개인형퇴직연금(IRP)

퇴직한 근로자가 퇴직 시 수령한 퇴직급여를 운용하거나 재직 중인 근로자가 DB/DC 이외에 자신의 비용 부담으로 추가로 적립하여 운용하다가 연금 또는 일시금으로 수령할 수 있는 계좌이다. 이는 2017년 7월 26일 이후 자영업자 등 안정적 노후소득 확보가 필요한 사람도 IRP 설정이 가능하다.

퇴직연금제도에 가입한 근로자는 퇴직할 때 본인이 설정한 IRP계좌로 급여를 수령하여야 한다. 이는 퇴직급여의 중도소진을 방지하기 위한 것이다.

그러나 55세 이후에 퇴직하여 급여를 받는 경우, 급여를 담보로 대출받은 금액을 상환하는 경우, 퇴직급여액이 150만 원 이하인 경우 등은 제외한다.

근로자가 IRP에 자기비용 부담으로 추가 적립할 경우, 현재 연 400만 원까지 세액공제(12%)를 받을 수 있으나 2015년부터는 700만 원까지 공제가 가능하다(개인연금 세액공제 한도(400만 원)와 합산).

개인형퇴직연금(IRP) 가입 대상

퇴직 근로자
• 퇴직연금제도(DC, DB) : 퇴직금 수령자 (의무) • 퇴직금제도 : 퇴직급여 또는 중간정산금 수령자(자율)

추가부담금 납부희망자
• 퇴직연금제도 운영 중인 기업의 근로자 • 퇴직금제도에서 일시금을 수령하여 IRP에 납입한 가입자

기업형 IRP의 경우 상시근로자 수 10인 미만인 기업이 개별 근로자의 동의를 받거나 근로자의 요구에 따라 IRP를 설정하는 경우 해당 근로자에 대해 퇴직급여제도를 설정한 것으로 간주한다.

3) 퇴직연금 사업자의 등록

보험회사는 퇴직연금제도의 운용관리업무 및 자산관리업무를 수행하기 위하여 퇴직연금사업자로 등록할 수 있다(근로자퇴직급여보장법 제26조).

4) 운용관리업무에 관한 계약의 체결

퇴직연금제도를 설정하려는 사용자 또는 가입자는 퇴직연금사업자와 운용관리업무를 하는 것을 내용으로 하는 계약을 체결하여야 한다. 다만 연금제도 설계 및 연금 계리(計理) 업무는 확정급여형퇴직연금제도를 설정할 때만 해당한다(근로자퇴직급여보장법 제28조 제1항).

운용관리업무는 (i) 사용자 또는 가입자에 대한 적립금 운용방법 및 운용방법별 정보의 제공, (ii) 연금제도 설계 및 연금 계리(計理), (iii) 적립금 운용현황의 기록·보관·통지, (iv) 사용자 또는 가입자가 선정한 운용방법을 제29조 제1항에 따른 자산관리업무를 수행하는 퇴직연금사업자에게 전달하는 업무, (v) 그 밖에 운용관리업무의 적절한 수행을 위하여 대통령령으로 정하는 업무이다.

운용관리업무를 수행하는 퇴직연금사업자는 대통령령으로 정하는 일부 업무를 인적·물적 요건 등 대통령령으로 정하는 요건을 갖춘 자에게 처리하게 할 수 있다(근로자퇴직급여보장법 제28조 제2항).

5) 자산관리업무에 관한 계약의 체결

사용자 또는 가입자는 자산관리업의 수행을 내용으로 하는 계약을 퇴직연금사업자와 체결하여야 하는데, 근로자 또는 가입자를 피보험자 또는 수익자로 하여 대통령령으로 정하는 보험계약 또는 신탁계약의 방법으로 하여 체결한다(근로자퇴직급여보장법 제29조 제2항).

대통령령으로 정하는 보험계약 또는 신탁계약의 방법이란 보험업법 제108조에 따른 특별계정으로 운영하는 보험계약 또는 자본시장과 금융투자업에 관한 법률 시행령 제103조 제1호에 따른 특정금전신탁계약으로서 다음의 각 요건을 모두 갖춘 것을 말한다(근로자퇴직급여보장법 시행령 제24조).

(i) 근로자퇴직급여보장법에 따라 적립금이 기준책임준비금의 100분의 150을 초과하고 사용자가 반환을 요구하는 경우 퇴직연금사업자는 사용자에게 그 초과분을 반환할 것

(ii) 급여는 가입자가 퇴직하는 경우에 지급하는 것일 것

(iii) 가입자가 퇴직연금사업자에 대하여 직접 급여를 청구할 수 있을 것. 다만 계속근로기간이 1년 미만인 가입자는 급여를 청구할 수 없으며, 그 적립금은 사용자에게 귀속될 것

(iv) 계약이 해지되는 경우 적립금은 가입자에게 지급되는 것일 것. 다만 계속근로기간이 1년 미만인 가입자에 대한 적립금은 사용자에게 귀속될 것

6) 운용실태

보험회사는 가입자 또는 사용자와 보험계약과 신탁계약의 방식으로 퇴직연금을 인수할 수 있다. 보험상품의 경우 원리금보장형상품과 실적배당형상품(주식형, 채권형, 채권혼합형, 인덱스혼합형, 베스트컬렉션 등)이 운용되고 있다. 은행과 금융투자업자의 경우에는 신탁계약으로만 운영되고, 주로 이용되는 상품은 보험회사와 같이 원리금보장형(ESB, 정기예금)과 실적배당형상품이 있다.

7) 퇴직연금제도 관련 주요 이슈

모든 기업들이 반드시 퇴직연금제도를 도입하여야 하나요?

퇴직연금제도 도입은 의무사항이 아니며, 기업은 퇴직급여제도(퇴직금제도, 퇴직연금제도) 중 하나 이상의 제도를 설정하면 됩니다. 다만 세제혜택과 다양한 급여제도의 설정, 근로자의 수급권 보장 등 여러 측면에서 장점이 많기 때문에 퇴직연금제도를 설정하는 것이 유리하며, 향후에는 '사적연금 활성화 대책'의 일환으로 2022년 1월 1일까지 기업규모에 따라 단계적으로 퇴직연금 도입이 의무화될 예정입니다.

〈참고〉 '사적연금 활성화 대책'의 퇴직연금 도입 의무화 일정

기한	2016. 1. 1.	2017. 1. 1.	2018. 1. 1.	2019. 1. 1.	2022. 1. 1.
대상 사업장 (상시근로자수 기준)	300인 이상	300~100인	100~30인	30~10인	10인 미만

퇴직금제도에서 퇴직연금제도로 전환할 경우 기존의 퇴직금 적립분은 어떻게 처리되나요?

퇴직연금제도는 제도 도입 이후 근로를 제공한 기간에 대해 적용하는 것이 원칙이나, 제도 도입 이전의 근무기간도 가입기간에 포함시킬 수 있습니다. 과거 근무기간을 포함하는 경우에는 도입하는 제도 유형, 퇴직금제도에서의 사외적립 여부 등에 따라 기업의 재무 부담이 달라집니다. 과거 근무기간을 퇴직연금 가입기간에 포함하지 않는 경우에는 그 기간에 대하여 퇴직금제도를 계속 유지하여야 하며, 퇴직금제도에서의 중간정산은 법정사유(주택 구입, 전세금·보증금 부담, 개인파산 등)에 한해서만 가능합니다.

DB와 DC 중 어느 방식이 더 유리한가요?

제도 유형 간 우열이 정해져 있는 것은 아니며, 직장의 급여체계, 본인의 투자성향 등 근로자가 처한 환경에 따라 달라집니다.

DB형은 매년 임금이 인상된 결과인 마지막 근무연도의 임금을 기준으로 퇴직급여가 지급되므로 임금인상률을 수익률로 볼 수 있습니다. 따라서 수익률 측면에서 볼 경우, 임금인상률과 본인이 운용하여 낼 수 있는 수익률을 비교하여 임금인상률이 높으면 DB, 낮으면 DC가 유리하다고 할 수 있습니다. 이 경우 장기근속, 꾸준한 임금상승이 가능한 안정적인 기업의 근로자에게는 일반적으로 DB형이 유리한 반면, 재무구조가 취약하거나 임금상승률이 낮은 기업의 근로자, 연봉제/임금피크제 근로자에게는 DC형이 유리합니다.

또한 투자 성향이 보수적이어서 원금 보전을 중시하는 근로자에게는 DC보다 퇴직급여 수준이 사전에 정해진 DB가 더 적합할 수 있는 등 근로자의 투자성향에 따라서도 유불리가 달라질 수 있습니다. 따라서 가입자는 직장의 급여체계 및 안정성과 근로자 자신의 노후 계획 및 투자성향 등을 고려하여 알맞은 유형의 퇴직연금을 선택하는 것이 바람직합니다.

DB, DC 제도 간 전환이 가능한가요?

회사가 DB, DC 제도를 모두 도입하고 노사 간 합의가 된 경우라면, 원칙적으로 DB, DC 제도 간 전환이 가능합니다.

DB 제도에서 DC 제도로의 전환이 보편적인데, 임금피크제나 정년이 가까워져 임금상승률이 낮아지는 근로자들이 DC 전환을 많이 선택합니다. 전환시점의 DB 퇴직급여 총액을 산정하여 DC 계좌에 한꺼번에 넣어 운용하는 형태입니다.

그러나 DC 제도에서 DB 제도로의 전환은 현실적으로 어렵습니다. DB는 근속연수 1년에 대해 지급하여야 할 퇴직급여가 정해져 있는 반면, DC는 운용성과에 따라 적립금 수준이 변동하기 때문에 DC 적립금을 DB로 이전하는 게 불가능합니다. 이에 따라 DC에서 DB로 전환하기 위해서는 전환 전 기간에 대해서는 DC를 유지하고 전환 이후의 근무기간에 대해서만 DB를 적용하는 방식으로 운영하게 되는데, 이는 근로자, 회사 입장에서 실익이 없어 실제 운영되는 사례가 많지 않습니다.

한 근로자가 DB와 DC에 동시에 가입할 수 있나요?

「근로자 퇴직급여보장법」(제6조)에서는 가입자 한 사람이 DB와 DC를 함께 설정할 수 있도록 혼합형 퇴직연금제도를 허용하고 있습니다. DB와 DC를 동시에 도입한 경우에 적용이 가능하며, 퇴직연금규약상 DB와 DC의 설정 비율의 합(a+b)은 1 이상이 되어야 합니다.

예를 들어, DB 80%, DC 20%로 제도가 설정되었다고 가정하면, 근로자는 매년 '연간임금총액×1/12×20%'의 부담금을 DC 계좌로 받아서 운용하고, 퇴직할 때는 그동안 DC계좌에서 운용한 적립금과 DB 퇴직금, 즉 '퇴직시점의 평균임금×근속연수×80%'을 받게 됩니다.

퇴직연금을 자기비용 부담으로 추가 납입하려면 IRP 계좌를 반드시 개설하여야 하나요?

DB형은 퇴직연금 추가 불입이 불가능하기 때문에 세액공제 등을 위해 퇴직연금을 추가 납입하려면 반드시 IRP 계좌를 개설하여야 합니다. DC 가입자는 본인의 DC 계좌에 회사가 불입하는 부담금 외에 개인적으로 부담금을 추가로 납입할 수 있습니다.

퇴직금제도를 설정한 기업에 재직 중인 근로자가 개인형 IRP에 가입할 수 있나요?

「근로자퇴직급여 보장법」에 따라 개인형 IRP에 가입할 수 있는 대상은 ① 퇴직급여제도의 일시금을 수령한 사람, ② 퇴직연금제도의 가입자로서 자기의 부담으로 IRP를 추가로 설정하고자 하는 사람, ③ 자영업자 등 안정적인 노후소득 확보가 필요한 사람(2017년부터 적용)이 해당됩니다. 따라서 퇴직금제도의 적용을 받는 근로자는 재직 중에는 가입할 수 없고 퇴직급여를 받아 이전하는 경우에만 가입할 수 있습니다.

7. 다른 회사에 대한 출자 제한 규제

보험회사는 축적된 자산을 이용하여 다양한 재무활동을 수행하게 되는데, 그 재무활동의 일환으로 다른 회사에 대하여 출자를 할 수도 있고, 다른 회사의 주식을 취득할 수 있다. 그러나 보험회사가 일정 수 이상의 주식을 취득하는 경우에는 규제를 가하고 있다. 보험업법은 보험회사가 다른 회사의 의결권 있는 발행주식 총수 또는 출자지분의 100분의 15를 초과하는 주식을 소유할 수 없도록 제한하고, 다만 금융위원회의 승인을 받거나 승인이 의제되거나 신고 또는 보고로써 승인을 갈음하는 자회사의 주식에 대해서는 의결권 있는 발행주식 총수 또는 출자지분의 100분의 15를 초과하여 주식을 소유할 수 있다(보험업법 제109조).

다른 회사에 대한 출자제한은 사실상의 자기주식 취득으로서 회사지배를 왜곡하고 자본충실을 저해하므로 다른 법률에서도 규제하고 있는 것이다. 상법은 자회사에 의한 모회사의 주식취득을 금지하고 있으며,[35] 회사가 다른 회사의 발행주식 총수의 10분의 1을 초과하여 취득한 때는 그 다른 회사에 대하여 지체 없이 통지할 의무를 부과하고 있다(상법 제342조의3).

또한 모자회사 간이 아닌 회사의 경우 상호주식의 소유는 인정하면서 의결권의 행사를 제한하고 있다.[36] 공정거래법은 상호출자제한 기업집단에 속하는 회사는 자기의 주식을 취득 또는 소유하고 있는 계열회사의 주식을 취득 또는 소유할 수 없도록 하고 있다(공정거래법 제9조).[37]

35 **제342조의2(자회사에 의한 모회사주식의 취득)** ① 다른 회사의 발행주식의 총수의 100분의 50을 초과하는 주식을 가진 회사(이하 '모회사'라 한다)의 주식은 다음의 경우를 제외하고는 그 다른 회사(이하 '자회사'라 한다)가 이를 취득할 수 없다. <개정 2001.7.24.>
1. 주식의 포괄적 교환, 주식의 포괄적 이전, 회사의 합병 또는 다른 회사의 영업전부의 양수로 인한 때
2. 회사의 권리를 실행함에 있어 그 목적을 달성하기 위하여 필요한 때

36 **제369조** ③회사, 모회사 및 자회사 또는 자회사가 다른 회사의 발행주식의 총수의 10분의 1을 초과하는 주식을 가지고 있는 경우 그 다른 회사가 가지고 있는 회사 또는 모회사의 주식은 의결권이 없다.

37 **제9조(상호출자의 금지 등)** ① 일정 규모 이상의 자산총액 등 대통령령이 정하는 기준에 해당되어 **제14조(상호출자제한기업집단 등의 지정)** 제1항의 규정에 따라 지정된 기업집단(이하 '상호출자제한기업집단'이라 한다)에 속하는 회사는 자기의 주식을 취득 또는 소유하고 있는 계열회사의 주식을 취득 또는 소유하여서는 아니 된다. 다만 다음 각호의 1에 해당하는 경우에는 그러하지 아니하다.

8. 자금지원 관련 금지행위

(1) 의의

보험회사가 다른 금융기관 또는 회사와 탈법적인 자금지원 관련 행위를 할 수 없도록 규제한다(보험업법 제110조). 이와 같은 규제를 하는 이유는 거래상대방을 직접규제 대상으로 하는 보험회사의 자산운용규제를 우회적인 방법을 통하여 회피하는 것을 차단하기 위한 것이다.[38] 자금지원 관련 금지행위는 2000년 보험업법 개정으로 신설되었다. 부실금융회사에 대한 실사 결과 기업집단 간 주식의 교차 보유 및 신용공여 등 우회적인 자금지원으로 장부상의 부실보다 실제 부실이 큰 것으로 발견됨에 따라 사회적인 물의를 야기한 바 있다.

(2) 금지 유형

1) 보험업법 제106조와 제108조에 따른 자산운용한도의 제한을 피하기 위하여 다른 금융기관 또는 회사의 의결권 있는 주식을 서로 교차하여 보유하거나 신용공여를 하는 행위

가. 주식의 상호보유

주식의 상호소유란 두 회사가 서로 상대방 회사의 주식을 소유하는 것을 말한다. 상호보유는 소유를 포함하여 관리 지배하는 것까지 포함한다. 이러한 주식의 상호 소유에는 직접적 상호소유와 갑회사가 을회사의 주식을을 회사가 병회사의 주식을 병회사가 갑회사의 주식을 소유하는 순환형 소유 형태, 갑 회사가 을·병·정 회사 주식을 을회사가 갑·병·정 주식을 병회사가 갑·을·정 주식을 정주식회사가 갑·을·병 주식을 소유하는 형태인 행렬형 상호소유 형태도 포함한다.[39]

나. 규제의 이론적 근거

주식의 상호 소유는 자본금의 공동화를 초래하고, 경영진이 출자 없이 회사를 지배함으로써 회사 지배의 왜곡을 초래한다. 보다 근본적인 이유는 상호소유가 적은 지분을

38 성대규·안종민, 앞의 책, 466면.
39 송옥열, 앞의 책, 850면.

가지고 회사를 지배할 수 있는 유력한 방법이기 때문이다. 상호소유가 심화될수록 지배주주가 행사하는 의결권은 자신이 회사로부터 가져가는 몫보다 더 커지고 이러한 지배주주는 다른 주주의 이익을 극대화하기보다는 자시의 사적 이익을 도모하려는 경향이 있다.[40]

다. 상법상의 규제

상법에서는 주식의 상호소유는 두 가지 형태로 규제가 가해진다. 첫째, 자회사는 모회사의 주식을 취득할 수 없다(상법 제342조의2 제1항). 둘째, 모자회사가 아닌 경우에는 주식의 취득은 금지되지 않고 다만 상호주의 의결권이 제한된다(상법 제369조 제3항).

라. 보험업법의 규제

보험회사는 자산운용한도의 제한을 피하기 위하여 다른 금융기관 또는 회사의 의결권 있는 주식을 서로 교차하여 보유하거나 신용공여를 하는 행위를 할 수 없다.

서로 교차하여 보유한다 함은 갑 보험회사가 을 회사의 주식을 보유하고, 을 회사는 갑 보험회사의 거래상대방의 주식을 직접적으로 교차하여 보유하는 것은 물론 순환형·간접형 교차 보유도 포함된다. 이 규정은 자산운용의 한도를 우회하여 회피하고자 하는 유형의 거래를 금지하고자 하는 것이므로 이러한 탈법적 우회적 유형의 교차보유를 금지하려는 취지에 비추어볼 때 직접적인 교차 보유에 한정하여 해석할 필요는 없다고 본다.

2) 상법 제341조와 자본시장법 제165조의3에 따른 자기주식 취득의 제한을 피하기 위한 목적으로 서로 교차하여 주식을 취득하는 행위

가. 자기주식 취득

자기주식이란 회사가 발행한 주식을 말한다. 자기주식의 취득이란 회사가 주주로부터 주식을 양수하여 스스로 당해 회사의 주주가 되는 것을 말한다. 주식은 일종의 재산권으로서 주식의 취득은 회사의 자율에 맡겨져 있는 것이 보통이다. 그러나 회사가 자기주식을 취득하면 자기가 자기의 구성원이 된다는 이론적 모순이 발생하고, 자기주식취득은

40 송옥열, 앞의 책, 850면.

실질적으로 출자를 환급하는 결과가 되어 자본충실의 원칙에 반하고 또 회사는 기업위험을 부담하는 외에 주가변동에 따른 위험을 이중으로 부담하게 되며 또 회사의 내부자에 의한 투기거래로 악용될 우려가 있는 등 여러 가지의 폐해가 있으므로 이는 원칙적으로 금지한다(상법 제341조).[41] 그러나 자기주식의 취득의 경제적 본질은 이익배당과 마찬가지로 회사의 재산을 주주에게 반환하는 하나의 방법에 불과하기 때문에 이익배당이 허용되는 이상 자기주식취득이 금지되어야 할 이유가 없다.

나. 각국의 입법정책

미국은 자기주식 취득을 비교적 관대하게 취급하고, 독일 등 대륙법계 및 일본이나 우리나라에서는 자기주식취득에 대해 엄격한 태도를 견지하였다. 그러나 오늘날 미국법의 영향으로 자기주식의 취득 범위를 확대하고 있다. 이에 따라 상법은 자기주식의 제한적 취득을 허용하고(상법 제341조), 자본시장법에서는 주권상장법인의 경우 일정한 방법과 한도에서 자기주식의 취득을 허용한다(자본시장법 제165조의3).

다. 상법상의 자기주식 취득 제한

상법 제341조는 회사는 (i) 거래소에서 시세가 있는 주식의 경우에는 거래소에서 취득하는 방법, (ii) 상법 제345조 제1항의 주식의 상환에 관한 종류주식의 경우 외에 각 주주가 가진 주식 수에 따라 균등한 조건으로 취득하는 것으로서 대통령령으로 정하는 방법에 따라 자기의 명의와 계산으로 자기의 주식을 취득할 수 있다(상법 제341조 제1항).

다만 그 취득가액의 총액은 직전 결산기의 대차대조표상의 순자산액에서 상법 제462조 제1항 각호의 금액을 뺀 금액을 초과하지 못한다(상법 제341조 제1항 단서). 상법 제462조 제1항 각호의 금액이란 (i) 자본금의 액, (ii) 그 결산기까지 적립된 자본준비금과 이익준비금의 합계액, (iii) 그 결산기에 적립하여야 할 이익준비금의 액, (iv) 대통령령으로 정하는 미실현이익이다.

자기명의란 거래애서 권리와 의무의 주체가 되는 당사자가 된다는 의미이고, 자기의 계산이란 거래 결과 발생하는 이익의 귀속 주체가 자신이 된다는 의미이다.

상법 제341조에 의하면 자기주식의 취득은 특정한 방법으로 취득할 수 있다고만 규정

41 정찬형, 앞의 책, 751-754면.

한다. 따라서 이러한 상법의 규정이 자기주식취득의 원칙적 허용인지 아니면 예외적 허용인지에 관한 해석상의 다툼이 있다. 생각하건대 주식회사에서 출자의 환급을 보호함으로써 대외적인 채권자를 보호하고자 하는 취지가 강력히 요구된다는 점에서 보면 상법의 자기주식취득 규제는 원칙적 금지 규정이라고 해석하는 것이 타당하고 생각한다. 이렇게 해석하면 상법 제341조는 예외적으로 자기주식을 취득할 수 있는 방법을 한정적으로 열거한 것이 되고 이를 위반하면 위법한 자기주식 취득이 된다고 보아야 한다.

개정상법에서는 특히 주의할 점은 자기주식취득이 배당가능이익으로 하는 자기주식 취득과 배당가능이익과 관계없는 자기주식취득으로 이원화되었다는 것이다. 따라서 취득의 요건과 절차, 취득 이후의 관리는 서로 다를 수밖에 없다. 다만 개정 상법은 자기주식의 취득단계에서는 이원화된 구조를 따르고 있으나 이후의 보유 및 처분·소각 단계에서는 어떤 경로로 취득한 것인지 따지지 않고 규제를 일원화하고 있다.[42]

라. 자본시장법상의 자기주식 취득 제한

한편 자본시장법 제165조의3을 보면 상법 제341조의 문언구조와 동일하게 자기주식의 취득을 한정적인 방법에 의해 취득할 수 있는 것으로 규정되어 있다. 그런데 주권상장법인의 자기주식취득은 원칙적으로 허용한 것이라고 해석한다. 그러나 동일한 사실관계에 대하여 다르게 해석하는 것은 상호 모순이고 자기주식 취득 금지 제한의 취지가 주권상장법인에 와서는 갑자기 사라진 것으로 볼 수도 없으므로 이러한 해석론은 문제가 있고 주권상장법인의 경우도 원칙적 금지로 보고 예외적으로 허용한 것으로 해석하는 것이 타당하다.

주권상장법인은 (i) 상법 제341조 제1항에 따른 방법이나 (ii) 신탁계약에 따라 자기주식을 취득한 신탁업자로부터 신탁계약이 해지되거나 종료된 때 반환받는 방법(신탁업자가 해당 주권상장법인의 자기주식을 상법 제341조 제1항의 방법으로 취득한 경우로 한정한다)에 의해 자기주식을 취득할 수 있다(자본시장법 제165조의3 제1항).

자기주식 취득 한도는 상법 제462조 제1항에 따른 이익배당을 할 수 있는 한도 이내이어야 한다(자본시장법 제165조의3 제2항). 자기주식을 취득하는 경우에는 이사회의 결의로써 자기주식을 취득할 수 있다(자본시장법 제165조의3 제3항).

42 송옥열, 앞의 책, 838면.

(3) 위반의 효과

1) 상법상의 효과

상법 제341조 및 제341조의2의 요건 및 절차를 위반하여 자기주식을 취득한 경우에 대해서는 명문의 규정이 없으므로 견해가 다음과 같이 대립하고 있다.

무효설은 자기주식취득은 주식회사의 본질적 요청인 자본금 충실의 원칙을 해치기 때문에 절대적으로 무효가 된다고 본다.[43] 유효설은 자기주식취득에 관한 규정을 단속규정으로 보고 그에 위반한 거래의 효력에는 아무런 영향을 주지 않는다고 본다.[44] 상대적 무효설은 자기주식취득은 원칙적으로 무효라고 하면서 다만 거래의 안전을 고려하여 선의의 상대방을 보호하여야 한다는 견해이다.[45]

판례는 다음과 같은 이유로 자기주식의 취득 금지 규정을 위한 자기주식 취득을 무효라고 보고 있다.[46] 주식회사가 자기의 계산으로 자기의 주식을 취득하는 것은 회사의 자본적 기초를 위태롭게 하여 회사와 주주 및 채권자의 이익을 해하고 주주평등의 원칙을 해하며, 대표이사 등에 의한 불공정한 회사지배를 초래하는 등의 여러 가지 폐해를 생기게 할 우려가 있으므로 상법은 일반 예방적인 목적에서 이를 일률적으로 금지하는 것을 원칙으로 하면서, 예외적으로 자기주식의 취득이 허용되는 경우를 유형적으로 분류하여 명시하고 있으므로 상법 제341조, 제341조의2, 제342조의2 또는 증권거래법 등에서 명시적으로 자기주식의 취득을 허용하는 경우 외에, 회사가 자기주식을 무상으로 취득하는 경우 또는 타인의 계산으로 자기주식을 취득하는 경우 등과 같이, 회사의 자본적 기초를 위태롭게 하거나 주주 등의 이익을 해한다고 할 수 없는 것이 유형적으로 명백한 경우에도 자기주식의 취득이 예외적으로 허용되지만, 그 밖의 경우에 있어서는 설령 회사 또는 주주나 회사채권자 등에게 생길지도 모르는 중대한 손해를 회피하기 위하여 부득이 한 사정이 있다고 하더라도 자기주식의 취득은 허용되지 아니하는 것이고 위와 같은 금지 규정에 위반하여 회사가 자기주식을 취득하는 것은 당연히 무효이다. 상호주의 소유의 위반도 동일한 논리에 의하여 해석론이 갈리고 있다.

43 정찬형, 앞의 책, 681면.

44 채이식, 『상법강의(상)』(개정판), 박영사, 1999, 648면.

45 이철송, 『회사법강의』(제18판), 박영사, 2010, 319면.

46 대법원 2003. 5. 16. 선고 2001다44109 판결.

2) 보험업법상의 효과

보험회사는 자금지원 관련 금지행위를 위반하여 취득한 주식에 대해서는 의결권을 행사할 수 없다(보험업법 제110조 제2항). 또한 금융위원회는 자금지원 관련 금지행위를 위반하여 주식을 취득하거나 신용공여를 한 보험회사에 대하여 당해 주식의 처분 또는 공여한 신용의 회수를 명하는 등 필요한 조치도 취할 수 있다(보험업법 제110조 제3항).

9. 금리인하 요구권

(1) 의의

보험회사는 자산을 운용하는 형태로 대출 등의 행위를 할 수 있는데, 이러한 대출은 소비대차로서 성격을 가지며, 이러한 소비대차는 당사자 간의 계약에 따라 자유롭게 형성할 수 있다. 그러나 대개 소비대차약관에 의하여 그 구체적인 내용이 규율되고 있다. 이러한 대출약정에서는 금리의 조건이 매우 중요한 의미를 지니고 있고, 금리는 대외적인 경제 변수에 의하여 상시적으로 변동될 수 있는 요소이다. 따라서 당초에 당사자가 정한 금리 수준이 경제 환경의 변화나 차주의 신용상태의 변화에 따라 개선되거나 악화될 소지도 있다.

금융법에서는 당사자의 사적자치를 존중하면서 금리 인하에 대한 소비자의 권리를 확보하여 대출거래의 적정을 도모하고자 금리인하 요구권을 도입하였다.

(2) 금리인하 요구의 요건

신용공여계약을 체결한 자가 보험회사에 대해 금리 인하를 요구할 수 있는 요건은 다음과 같다(보험업법 제110조의3 및 시행령 제56조의3).

(i) 개인이 신용공여 계약을 체결한 경우: 취업, 승진, 재산 증가 또는 개인신용평점 상승 등 신용상태의 개선이 나타났다고 인정되는 경우

(ii) 개인이 아닌 자(개인사업자를 포함한다)가 신용공여 계약을 체결한 경우: 재무상태 개선, 신용등급 또는 개인신용평점 상승 등 신용상태의 개선이 나타났다고 인정되는 경우

(3) 금리인하 요구의 수용

상대방의 금리인하 요구가 있더라도 바로 그 효과가 발생하는 것은 아니고 보험회사가 수용 여부를 판단할 수 있고, 수용 여부를 판단할 때는 상태의 개선이 금리 산정에 영향을 미치는지 여부 등 금융위원회가 정하여 고시하는 사항을 고려할 수 있다.

(4) 금리인하 수용 여부의 통지

보험회사는 상대방으로부터 금리인하 요구를 받은 날부터 10영업일 이내(금리인하 요구자에게 자료의 보완을 요구하는 날부터 자료가 제출되는 날까지의 기간은 포함하지 않는다)에 해당 요구의 수용 여부 및 그 사유를 금리인하 요구자에게 전화, 서면, 문자메시지, 전자우편, 팩스 또는 그 밖에 이와 유사한 방법으로 알려야 한다(시행령 제56조의3 제3항).

10. 대주주와 거래 제한

(1) 상법의 자기거래 규제제도 등

1) 개요

상법에서는 회사의 경영에 참여하는 자의 직무수행의 청렴성, 성실성을 보장하고, 회사를 이용한 각종의 이권의 개입을 방지하고자 하는 제도를 두고 있다. 이러한 대표적인 제도로서 이사의 경업 및 겸직제한제도, 자기거래 규제, 회사의 기회유용방지제도가 있다.

2) 이사의 경업 및 겸직 제한

가. 의의

상법은 이사와 회사와의 이해상충을 방지하기 위하여 경업금지 및 겸직금지의무를 부과하고, 이사가 경업 또는 겸직을 하기 위해서는 이사회의의 승인을 얻도록 하고 있다(상법 제397조 제1항).

나. 금지내용

이사는 이사회의 승인이 없으면 자기 또는 제삼자의 계산으로 회사의 영업부류에 속한 거래를 하거나 동종영업을 목적으로 하는 다른 회사의 무한책임사원이나 이사가 되지 못한다(상법 제397조 제1항).

이사가 경업금지 규정에 위반하여 거래를 한 경우에 회사는 이사회의 결의로 그 이사의 거래가 자기의 계산으로 한 것인 때는 이를 회사의 계산으로 한 것으로 볼 수 있고 제3자의 계산으로 한 것인 때는 그 이사에 대하여 이로 인한 이득의 양도를 청구할 수 있다(상법 제397조 제2항). 이러한 권리는 그러한 거래가 있은 날로부터 1년을 경과하면 소멸한다(상법 제397조 제3항).

3) 이사의 자기거래 규제

가. 의의

이사 또는 주요주주 등과 회사 사이의 거래를 자기거래라고 한다. 상법 제398조에 의하면 이사 또는 주요주주 등은 자기 또는 제3자의 계산으로 회사와 거래를 하기 위해서는 미리 이사회에서 해당 거래에 관한 중요사실을 밝히고 이사회의 승인을 받도록 하고 있다.[47] 이사 또는 주요주주는 그 지위나 정보를 이용하여 회사의 이익을 침해하면서 자신의 사적 이익을 추구할 우려가 있기 때문이다.

나. 자기거래 규제 적용 대상자

상법 제398조에 의한 자기거래 규제를 받는 대상자는 종전에는 이사만이 그 대상이었으나 2011년 상법 개정에 따라 이사를 포함하여 주요주주, 그 특수관계인을 모두 그 적용 대상으로 포함시켰다.

다. 자기거래의 개념 및 적용 범위

자기거래란 이사 등과 회사와의 거래로서 회사의 이익을 해할 염려가 있는 모든 재산적 거래를 말한다. 그러나 원인관계와 어음·수표의 거래수단성에 착안하여 어음·수표를 발행하거나 배서하는 거래도 여기서 말하는 거래에 포함될 것인가에 관하여 학설상의

---

47 제542조의8 제2항 제6호. 누구의 명의로 하든지 자기의 계산으로 의결권 없는 주식을 제외한 발행주식 총수의 100분의 10 이상의 주식을 소유하거나 이사·집행임원·감사의 선임과 해임 등 상장회사의 주요 경영사항에 대하여 사실상의 영향력을 행사하는 주주(이하 '주요주주'라 한다) 및 그의 배우자와 직계 존속·비속.

대립이 있다. 그러나 판례는 어음·수표의 행위를 자기거래가 될 수 있는 것으로 전제하면서 회사의 대표이사가 한 이사회의 승인이 없는 자기거래행위는 회사와 이사 간에는 무효이지만 제3자에 대해서는 그 거래의 무효임을 주장하는 회사가 제3자의 악의를 입증하여야 할 것이라고 판시하고 있다.[48] 또한 형식상으로는 자기거래에 해당하나 그 실질적 내용이 회사에 불이익을 가져오지 않은 거래는 이사회의 승인을 요하지 않는다. 가령 기존 채무의 조건을 회사에 유리하게 변경하는 행위, 회사에 대한 무이자 무담보의 대여, 회사에 대한 부담 없는 증여, 상계, 채무의 변제, 보험거래 등이다.[49]

상법 제398조는 자기 또는 제3자의 계산을 모두 포함하므로 거래의 이익귀속 주체가 누구든지 상관없다. 거래의 명의인에 대해서는 별도의 규정이 없다. 따라서 통설은 형식적으로는 회사와 제3자 사이의 거래이나 이상 등에게 실질적으로 이익이 귀속됨으로써 이해상충을 초래할 수 있는 거래도 포함한다. 판례도 상법 제398조에서 말하는 거래에는 이사와 회사 사이에 직접 성립하는 이해 상반하는 행위뿐만 아니라 이사가 회사를 대표하여 자기를 위하여 자기 개인 채무의 채권자인 제3자와의 사이에 자기개인채무의 연대보증을 하는 것과 같은 이사개인에게 이익이 되고 회사에 불이익을 주는 행위도 포함하는 것이라 할 것이므로 별개 두 회사의 대표이사를 겸하고 있는 자가 어느 일방 회사의 채무에 관하여 나머지 회사를 대표하여 연대보증을 한 경우에도 역시 상법 제398조의 규정이 적용되는 것으로 보아야 한다고 보았다.[50]

라. 이사회의 승인

이사 등이 회사의 거래를 하기 위해서는 사전에 이사회의 승인을 받아야 한다. 그리고 승인결의요건은 이사의 3분의 2 이상의 찬성을 요한다. 또한 거래의 내용과 절차는 공정할 것을 요하는데, 이러한 공정성 기준은 미국법상 entire fairness에서 가져온 것으로 단순히 가격의 공정성에 국한되지 않고, 거래조건이나 협상과정, 거래의 구조, 자료의 충분한 검토, 회사의 이익을 보호할 수 있는 절차의 이행 등 다양한 요소를 고려하여 공정성 여부를 판단한다.[51]

48 대법원 1994. 10. 11. 선고 94다24626 판결.
49 송옥열, 앞의 책, 1026면.
50 대법원 1984. 12. 11. 선고 84다카1591 판결.
51 송옥열, 앞의 책, 1030면.

마. 위반의 효과

이사회의 승인 없는 자기거래에 대한 효력에 관해 유효설, 무효설, 상대적 무효설이 대립하고 있다. 판례는 회사가 이사회의 승인을 얻지 못하여 무효라는 것을 거래의 상대방인 제3자에게 주장하기 위해서는 거래의 안전과 선의의 제3자를 보호할 필요상 이사회의 승인을 얻지 못하였다는 것 외에 거래의 상대방인 제3자가 이사회의 승인 없음을 알았다는 사실을 주장 입증하여야만 한다고 하여 상대적 무효설을 취한다.[52] 이사회의 승인을 얻었으나 거래의 내용과 절차가 불공한 거래의 효력도 마찬가지로 해석한다.[53]

4) 이사의 회사 기회 유용 방지

가. 의의

이사는 회사의 기관으로서 회사의 내부정보를 누구보다 잘 파악하고 있다. 이사는 자신이 알고 있는 회사 정보를 바탕으로 은밀하게 새로운 사업을 시작하거나 투자기회를 확보할 가능성이 높다. 이에 따라 상법은 이사로 하여금 회사의 사업기회를 자기 또는 제3자의 이익을 위하여 이용하는 것을 금지한다(상법 제397조의2). 이 제도는 2011년 개정 상법에서 미국의 회사기회 유용의 법리(usurpation of corporate opportunity doctrine)를 수용한 것이다. 이러한 제도적 취지를 가지고 있는 유사한 법제도는 자본시장법에도 마련되어 있는데, 내부자거래(미공개정보이용행위) 규제제도이다(자본시장법 제174조 제1항).

내부자거래란 상장회사의 임직원, 주요주주, 기타 회사와 일정한 관계에 있는 자가 회사의 업무 등에 관한 미공개 중요정보를 특정증권의 매매에 이용하거나 타인으로 하여금 이용하게 하는 것을 말한다.

나. 회사 기회의 개념

상법 제397조의2 제1항에 의하면 회사기회를 (i) 직무를 수행하는 과정에서 알게 되거나 회사의 정보를 이용한 사업기회, (ii) 회사가 수행하고 있거나 수행할 사업과 밀접한 관계가 있는 사업기회로 구체화해놓고 있다.

52 대법원 1984. 12. 11. 선고 84다카1591 판결.
53 송옥열, 앞의 책, 1032면.

다. 적용요건

회사의 기회 및 자산의 유용금지의 적용 대상은 이사에 국한된다. 집행임원도 그 적용 대상이 되지만 주요주주는 그 대상이 아니다. 회사의 기회는 현재 또는 장래에 회사에 이익이 될 수 있어야 한다. 여기서 이익은 수익성의 의미로 좁게 볼 것은 아니고 영리추구의 대상으로 삼을 수 있는 잠재적 가능성 정도로 보아야 할 것이다.[54] 회사를 기회를 이용한다는 의미도 계속적 영업적으로 이용할 필요는 없고, 1회의 비영업성 거래라도 이용행위에 포함된다. 또한 회사의 사업기회 및 자산유용은 이사회의 승인을 얻어 할 수 있다.

라. 위반효과

승인 없이 이사가 회사의 기회 및 자산의 유용을 하였다면 이사회의 승인 없이 이루어진 자기거래가 무효인 것과 달리 이사회의 승인 없이 이루어진 회사의 기회 및 자산의 유용은 완전히 유효하다.[55] 이사가 상법 제397조의2 제1항의 규정을 위반하여 회사에 손해를 발생시킨 이사 및 승인한 이사는 연대하여 손해를 배상할 책임이 있으며 이로 인하여 이사 또는 제3자가 얻은 이익은 손해로 추정한다(상법 제397조의2 제2항).

(2) 보험업법상의 대주주와 거래제한 규제의 의의

1) 의의

상법상의 자기거래 규제제도의 취지를 반영하여 보험업법은 보험회사와 대주주 간의 불건전, 불공정 거래를 규제하고 있다. 대주주는 최대주주와 주요주주를 말하는데, 이들은 보험회사의 경영을 좌지우지 할 수 있는 지위에 있는 자이다. 따라서 대주주는 보험회사에 대하여 부당한 경영간섭, 부당한 거래 강요, 보험자산의 사금고화 등의 불법적인 행위를 할 우려가 높다고 볼 수 있다. 이러한 점을 고려하여 보험업법은 대주주와의 거래제한 규정을 두고 있다. 동 제도는 2003년 보험업법 개정 시에 신설되었다.

54 송옥열, 앞의 책, 1036면.
55 송옥열, 앞의 책, 1037면.

2) 대주주와 거래제한 내용

가. 보험회사와 대주주의 거래금지 행위

보험회사는 (i) 대주주가 다른 회사에 출자하는 것을 지원하기 위한 신용공여, (ii) 대주주에게 자산을 대통령령으로 정하는 바에 따라 무상으로 양도하거나 일반적인 거래조건에 비추어 해당 보험회사에 뚜렷하게 불리한 조건으로 자산에 대하여 매매·교환·신용공여 또는 재보험계약을 하는 행위를 할 수 없다(보험업법 제111조 제1항). (ii)에 해당하는 행위 유형을 대통령에서 구체화해놓고 있는데, i) 증권, 부동산, 무체재산권 등 경제적 가치가 있는 유형·무형의 자산을 무상으로 제공하는 행위, ii) 자산을 정상가격 다시 말하면 일반적인 거래에서 적용되거나 적용될 것으로 판단되는 가격에 비하여 뚜렷하게 낮거나 높은 가격으로 매매하는 행위, iii) 자산을 정상가격에 비하여 뚜렷하게 낮은 가격의 자산과 교환하는 행위, iv) 정상가격에 비하여 뚜렷하게 낮은 가격의 자산을 대가로 신용공여를 하는 행위, v) 정상가격에 비하여 뚜렷하게 낮거나 높은 보험료를 지급받거나 지급하고 재보험계약을 체결하는 행위도 역시 금지된다(시행령 제57조 제1항).

(ii)의 대주주에는 그와 금융사지배구조법 시행령 제3조 제1항 각호의 어느 하나에 해당하는 특수한 관계가 있는 자 중 상속세 및 증여세법 제16조 제1항에 따른 공익법인 등에 해당하는 비영리법인 또는 단체는 포함되지 아니한다. 따라서 공익법인 등에 해당하는 비영리법인 또는 단체에 해당하는 대주주에게는 보험회사는 자산의 무상양도 등이 가능하게 되었다(시행령 제57조 제2항).

나. 대주주의 보험회사에 대한 금지행위

보험회사의 대주주는 그 보험회사의 이익에 반하여 대주주 개인의 이익을 위하여 다음에 해당하는 행위를 할 수 없다(보험업법 제111조 제5항).

(i) 부당한 영향력을 행사하기 위하여 해당 보험회사에 대하여 외부에 공개되지 아니한 자료 또는 정보의 제공을 요구하는 행위

(ii) 경제적 이익 등 반대급부를 제공하는 조건으로 다른 주주 또는 출자자와 담합하여 해당 보험회사의 인사 또는 경영에 부당한 영향력을 행사하는 행위

(iii) 보험업법 제106조 제1항 제4호 및 제5호에서 정한 비율을 초과하여 보험회사로부터 신용공여를 받는 행위

(iv) 보험업법 제106조 제1항 제6호에서 정한 비율을 초과하여 보험회사에게 대주주의

채권 및 주식을 소유하게 하는 행위

(v) 그 밖에 보험회사의 이익에 반하여 대주주 개인의 이익을 위한 행위로서 대통령령으로 정하는 행위, 여기서 대통령령으로 정하는 행위란 다음의 어느 하나에 해당하는 행위를 말한다(시행령 제57조 제5항).

i) 대주주의 경쟁사업자에 대하여 신용공여를 할 때 정당한 이유 없이 금리, 담보 등 계약조건을 불리하게 하도록 요구하는 행위

ii) 보험회사로 하여금 공익법인 등에게 자산을 무상으로 양도하게 하거나 일반적인 거래 조건에 비추어 해당 보험회사에게 뚜렷하게 불리한 조건으로 매매·교환·신용공여 또는 재보험계약을 하게 하는 행위

다. 대주주와 거래 시 이사회 사전 의결사항

보험회사는 그 보험회사의 대주주에 대하여 대통령령으로 정하는 금액 이상의 신용공여를 하거나 그 보험회사의 대주주가 발행한 채권 또는 주식을 대통령령으로 정하는 금액 이상으로 취득하려는 경우에는 미리 이사회의 의결을 거쳐야 한다. 이 경우 이사회는 재적이사 전원의 찬성으로 의결하여야 한다(보험업법 제111조 제2항). 여기서 대통령령으로 정하는 금액이란 단일거래금액이 자기자본의 1천분의 1에 해당하는 금액 또는 10억 원 중 적은 금액을 말한다. 이 경우 단일거래금액의 구체적인 산정기준은 금융위원회가 정하여 고시한다. 이 경우 대주주가 발행한 주식을 취득하는 경우에는 자본시장법에 따른 증권시장·다자간매매체결회사 또는 이와 유사한 시장으로서 외국에 있는 시장에서 취득하는 금액은 제외한다(시행령 제57조 제3항).

라. 대주주와 거래 시 사후 보고 및 공시

보험회사는 대주주와 다음의 행위를 하였을 때는 7일 이내에 그 사실을 금융위원회에 보고하고 인터넷 홈페이지 등을 이용하여 공시하여야 한다(보험업법 제111조 제3항). 아래 (i), (ii)에서 대통령령으로 정하는 금액이란 단일거래금액이 자기자본의 1,000분의 1에 해당하는 금액 또는 10억 원 중 적은 금액을 말한다(시행령 제57조 제3항). 대주주가 발행한 주식을 취득하는 경우에는 자본시장법에 따른 증권시장·다자간매매체결회사 또는 이와 유사한 시장으로서 외국에 있는 시장에서 취득하는 금액은 제외한다. 단일거래금액의 구체적인 산정기준은 금융위원회가 정하여 고시한다.

(i) 대통령령으로 정하는 금액 이상의 신용공여

(ii) 해당 보험회사의 대주주가 발행한 채권 또는 주식을 대통령령으로 정하는 금액 이상으로 취득하는 행위

(iii) 해당 보험회사의 대주주가 발행한 주식에 대한 의결권을 행사하는 행위

보험회사는 대주주에 대한 신용공여나 그 대주주가 발행한 채권 또는 주식의 취득에 관한 사항을 대통령령으로 정하는 바에 따라 분기별로 금융위원회에 보고하고, 인터넷 홈페이지 등을 이용하여 공시하여야 한다(보험업법 제111조 제4항).

이 경우 보험회사는 매 분기 말 현재 대주주에 대한 신용공여 규모, 분기 중 신용공여의 증감액, 신용공여의 거래조건, 해당 보험회사의 대주주가 발행한 채권 또는 주식의 취득 규모, 그 밖에 금융위원회가 정하여 고시하는 사항을 매 분기 말이 지난 후 1개월 이내에 금융위원회에 보고하고, 인터넷 홈페이지 등을 이용하여 공시하여야 한다(시행령 제57조 제4항).

3) 대주주와 거래 제한 조치 등

보험회사의 대주주가 재무 및 경영위험 등 경제적 위기상황에 처한 경우 보험회사에 대하여 불법적인 요구를 할 가능성이 더욱 높아지고 보험회사를 이용한 경제위기의 타계를 도모할 가능성이 높아진다. 이에 따라 보험회사의 대주주가 부채가 자산을 초과하는 등 재무구조가 부실하여 보험회사의 경영건전성을 뚜렷하게 해칠 우려가 있는 경우로서 대통령령으로 정하는 경우에는 대주주가 지배하는 당해 보험회사에 대하여 다음과 같은 조치를 취할 수 있다(보험업법 제111조 제6항). (i) 대주주에 대한 신규 신용공여 금지, (ii) 대주주가 발행한 유가증권의 신규 취득 금지, (iii) 그 밖에 대주주에 대한 자금지원 성격의 거래제한 등 대통령령으로 정하는 조치를 할 수 있다(보험업법 제111조 제6항).

여기서 대통령령이 정하는 경우란 (i) 대주주(회사만 해당하며, 회사인 특수관계인을 포함)의 부채가 자산을 초과하는 경우, (ii) 대주주가 자본시장법에 따른 신용평가회사 중 둘 이상의 신용평가회사에 의하여 투자부적격 등급으로 평가받은 경우를 말한다.

4) 대주주 등에 대한 자료제출 요구 등

대주주에 대한 규제의 실효성을 제고하고, 보험회사와 대주주 간에 지켜야 할 규범을

적법하게 준수하는지 여부를 살펴보기 위해 보험업법 제106조 및 제111조를 위반한 혐의가 있다고 인정되는 경우에는 금융위원회는 보험회사 또는 그 대주주에 대하여 필요한 자료의 제출을 요구할 수 있다(보험업법 제112조).

☞ 관련 판례

보험회사와 대주주의 거래에서, 상대방에게 지원·교부된 자금이 특정한 상품 또는 용역의 거래를 전제로 그와 대가관계에 있는 경우, 대가의 지급조건이 통상적인 거래 관행에 비추어 보험회사에 현저히 불리하더라도 보험업법 제111조 제1항 제2호에 따라 금지되는 자산 매매 행위인지 여부

보험회사와 대주주의 거래제한에 관한 구 보험업법(2010. 7. 23. 법률 제10394호로 개정되기 전의 것, 이하 '보험업법'이라고 한다) 제2조 제12호, 제111조 제1항 제2호, 구 보험업법 시행령(2011. 1. 24. 대통령령 제22637호로 개정되기 전의 것) 제2조 제1항과 구 보험업 감독규정(2010. 4. 1. 금융위원회고시 제2010-7호로 개정되기 전의 것) 제5-4조 [별표 10]의 규정 형식과 내용, 취지와 체계 등을 종합하면, 보험회사가 대주주와 현저하게 불리한 조건으로 자산을 매매하는 행위와 보험회사가 현저하게 불리한 조건으로 대주주에게 신용을 공여하는 행위는 개념상 서로 구별되고, 여기에서 '신용공여'는 금융거래상의 신용위험을 수반하는 거래를 개념적 표지로 하는 것으로서 거래 상대방의 장래의 지급능력에 따라 상환이 지급불능에 빠질 위험이 있거나 그와 실질적으로 동일한 위험을 수반하는 금융상의 거래를 의미하므로, 상대방에게 지원·교부된 자금이 특정한 상품 또는 용역의 거래를 전제로 하여 그와 대가관계에 있는 것임이 인정되는 때는 자산을 매매하는 행위로 볼 수 있다. 따라서 설령 대가의 지급조건이 상대방으로부터 이행의 제공이 불확실한 상태에서 위험에 관한 적정한 담보 없이 이를 선이행하는 등 통상적인 거래 관행에 비추어 보험회사에 현저히 불리하더라도, 이는 보험업법 제111조 제1항 제2호에 의하여 금지되는 자산 매매 행위이며, 이를 가리켜 신용공여를 하는 행위에 해당한다고 볼 수 없다.[56]

자산거래나 신용공여의 거래조건이 보험회사에 객관적으로 현저하게 불리한 경우, 구 보험업법 제111조 제1항 제2호에 해당하는지 여부(원칙적 적극) 및 거래로 인해 보험계약자 등의 권리나 이익을 현저하게 해치는 정도에 이르러야 위 규정에 해당하는지 여부

보험회사의 대주주에 대한 일정한 자산거래와 신용공여를 규제함으로써 보험회사 보유 자산의 부실을 사전에 엄격하게 방지하고자 하는 구 보험업법(2010. 7. 23. 법률 제10394호로 개정되기 전의 것, 이하 '보험업법'이라고 한다) 제111조 제1항 제2호의 입법 취지를 고려할 때, 자산거래나 신용공여의 거래조건이 보험회사에 객관적으로 현저하게 불리한 경우에는 특별한 사정이 없는 한 보험업법 제111조 제1항 제2호에 해당하고, 반드시 해당 거래로 인해 보험회사의 자산운용의 안정성·수익성 등에 악영향을 미치고 그로 인하여 보험금 지급능력을 저하시키는 등으로 보험계약자 등의 권리나 이익을 현저하게 해치는 정도에 이르러야만 위 규정에 해당한다고 볼 것은 아니다.[57]

56 대법원 2015. 10. 29. 선고 2013두23935 판결.
57 대법원 2015. 10. 29. 선고 2013두23935 판결.

11. 타인을 위한 채무보증 금지

(1) 의의

보험회사의 자산은 자기자본보다는 타인의 부채가 대부분을 차지한다. 따라서 대부분의 보험자산은 미래의 부채를 갚기 위한 재원으로 활용된다. 그러므로 보험회사의 자산의 건전한 관리는 무엇보다 중요하다. 채무보증으로 인한 보험료 환급 또는 보험금 지급이 곤란해지는 상황을 막고, 보험자산이 함부로 타인의 담보 등에 사용되는 것을 막아 보험자산의 부당유출을 방지할 필요가 있다.[58] 이에 따라 보험회사의 소유자산의 담보제공행위를 원칙적으로 금지하고 있다(보험업법 제113조).

(2) 소유자산의 담보제공 금지 등

타인을 위한 담보제공 및 채무보증 행위란 오로지 타인에게만 경제적 이익을 귀속시키고 보험회사는 오로지 책임만을 부담하게 하여 결과적으로 자선건전성을 해칠 수 있는 위험을 초래할 가능성이 높아진다. 따라서 보험회사는 타인을 위하여 그 소유자산을 담보로 제공하거나 채무보증을 할 수 없다. 여기서 타인이란 보험회사를 제외한 모든 자를 말하며 개인, 조합, 법인, 권리능력 없는 사단 또는 재단 등 그 법적 형태는 불문하고, 보험회사의 계열회사 또는 자회사도 당연히 타인에 포함된다. 타인을 위한 담보제공 및 보증이 금지되므로 보험회사가 자신을 위하여 담보를 제공하거나 보증채무를 부담하는 것은 허용된다.

채무보증이라 함은 채권자의 채권을 담보하기 위하여 제공하는 인적·물적 담보를 말한다. 따라서 여기의 채무보증에는 보험회사가 보증인 또는 연대보증인이 되거나 타인을 위하여 물상보증인이 되는 경우도 포함한다. 타인을 위한 것인지 여부는 명의의 여부에 관계없이 그 경제적 이익의 귀속 주체가 타인인 경우 이에 해당한다고 보아야 한다. 보험회사가 소유하는 동산 및 부동산, 재산권 등을 목적으로 하는 한 그 담보제공 형태가 양도담보, 가등기 담보, 저당권, 질권설정 등 어떠한 형태이건 불문하며, 나아가 제3자로서 물상보증인이 되는 경우도 금지되고 보증인으로서 인적 담보를 제공하는 경우도 금지된다. 타인을 위한 것인지 여부는 법률행위의 외형이나 형식에 구애되지 않고 주채

58 정경영, 『주석 금융법(II)』(보험업법2), 한국사법행정학회, 2007, 264면; 성대규·안종민, 앞의 책, 483면 참조.

무자가 누구인지, 채무보증에 따른 경제적 이익의 귀속 주체가 누구인지 등을 종합적으로 판단하여야 할 것이다.

(3) 담보 및 채무보증이 허용되는 경우

보험회사의 채무보증행위는 보험업법 또는 보험업법 시행령에서 정한 경우 허용되어 있는데, 보험업법에 의하여 허용된 것으로 보험업법 제2조 제3호의 규정에 의한 보증보험회사의 보증행위와 보험업법 제171조 제2항에 의한 손해보험회사의 보증행위가 있다. 이러한 유형의 보증행위는 타인을 위한 보증행위임에도 보증행위 자체가 자신의 영업행위에 속하거나 정책적 이유에 따라 특별히 보증이 허용되는 경우이다. 또한 대통령령에 따라 보증이 허용된 것으로 (i) 신용위험을 이전하려는 자가 신용위험을 인수한 자에게 금전 등의 대가를 지급하고, 신용사건이 발생하면 신용위험을 인수한 자가 신용위험을 이전한 자에게 손실을 보전해주기로 하는 계약에 기초한 증권 또는 예금을 매수하는 것(시행령 제57조의2 제1항), (ii) 외국에서 보험업을 경영하는 자회사를 위한 채무보증을 할 수 있다. 이 경우에는 다음의 요건을 모두 갖추어야 한다(시행령 제57조의2 제2항). i) 채무보증 한도액이 보험회사 총자산의 100분의 3 이내일 것, ii) 보험회사의 직전 분기말 지급여력비율이 100분의 200 이상일 것, iii) 보험금 지급 채무에 대한 채무보증일 것, iv) 보험회사가 채무보증을 하려는 자회사의 의결권 있는 발행주식(출자지분을 포함한다) 총수의 100분의 50을 초과하여 소유할 것, 이 경우 외국 정부에서 최대 소유 한도를 정하는 경우 그 한도까지 소유하는 것을 말한다.

(4) 위반 시 효과

보험회사가 타인을 위하여 그 소유자산을 담보로 제공한 경우 그 사법적 효과가 문제되는바, 보험업법의 금지 규정의 성격을 효력규정으로 보아야 하는지 단속규정에 불과한 것인지 여부에 따라 달라질 수 있는데, 담보제공 및 보증을 금지하는 규정은 타인을 위한 보증의 효력 자체를 발생하지 않게 하려는 취지의 규정이 아니라 보험자산의 안정적 운용도모라는 정책적 이유에 따라 금지하는 것이므로 동 조항의 성격은 단속규정으로 해석하는 것이 타당하다. 따라서 보험회사가 타인을 위하여 채무보증을 하거나 담보를 제공한 경우 그 사법적 효력은 유효하며 다만 보험업법에 의한 제재를 받을 수 있을 뿐이다. 보험업법에 의하면 보험회사가 본 조를 위반한 경우 1천만 원 이하의 과태료를 부과한다(보험업법 제209조 제1항 제8호). 또한 보험회사의 발기인, 설립위원, 이사, 감사 등은 5백만 원 이하의 과태료의 처분을 받을 수 있다(보험업법 제209조 제2항 제22호). 한편 보험회사가 동 규정을 위반하여 채무를 보증하거나 담보를 제공한 경우 그 해소를 위한 조치를 취할 수 있는지 여부가 문제된다. 보험업법은 명문으로 보증채무 해소를 위한 조치 등 필요한 시정조치권한을 부여하고 있지 않고 있다. 그러나 보험회사의 업무운용이 적정하지 않거나 자산상황이 불량하여 보험계약자 및 피보험자 등의 권익을 해칠 우려가 있다고 인정하는 경우에는 금융위원회는 업무집행방법의 변경 명령을 통하여 법위반 사항을 해소할 수 있는 조치를 할 수 있는 것으로 볼 수 있다(보험업법 제131조 제1항).

☞ 사례 연구

1. LOC의 발행이 타인을 위한 채무보증인지 여부

보험회사가 해외에 있는 현지법인(paper company)이 은행으로부터 차입하여 해외유가증권 및 해외부동산에 투자함에 있어 보험회사가 동 차입과 관련하여 해당은행에 LOC(Letter Of Comfort)를 교부한 경우 보험업법 제113조에 위반하는 행위인지 여부가 문제된 사례에서 LOC라 함은 일반적으로 자회사나 공공단체의 차입행위에 대하여 모회사 또는 정부가 채무자에 대한 지원을 약속하는 서한으로 통상 채무부담사실의 인식, 채무이행 시까지 소유지분의 계속유지, 주채무자에 대한 일정 수준의 지원 등을 보장할 것을 주요 내용으로 하며, 동 서한은 지급보증서와는 달리 법적인 구속력이 약하므로 채권자가 법적 청구권을 확보하기를 원하는 중대한 거래에는 사용되기는 곤란하나 발행자가 내부규정 및 회계원칙 등의 이유로 법적 구속력 있는 보장을 할 수 없는 경우에는 보증에 갈음하는 수단으로 이용되고 있다. 그러나 판례는 각 개별적인 LOC의 법적 효력을 판단함에 있어서는 그 형식이 LOC의 형태로 되어 있더라도 그 LOC의 구체적인 문언내용, 발행동기 등에 따라 통상의 LOC인지 아니면 보증의 효력 또는 법적 구속력이 있는 LOC인지 여부를 판단하여야 하는 것으로 보고 있다(영국항소법원의 Kleinwort Benson Ltd. v. Malaysian Mining Corp. Berhard 사건 판결).

우리 대법원은 처분문서의 해석과 관련하여 "당사자 사이에 계약의 해석을 둘러싸고 이견이 있어 처분문서에 나타난 당사자의 의사해석이 문제되는 경우, 그 해석은 그 문언의 내용, 그와 같은 약정이 이루어진 동기와 경위, 그 약정에 의하여 달성하려는 목적, 당사자의 진정한 의사 등을 종합적으로 고찰하여 논리와 경험칙에 따라 합리적으로 해석하여야 한다"라는 원칙을 제시하고 있다(대법원 1996. 4. 9. 선고 96다1320 판결). 따라서 사안의 경우 보험업법 제113조에 위배될 가능성을 배제할 수 없다.

2. 보험회사의 지급보증이 보험업법 제113조의 '타인을 위한 채무보증'인지 여부

(1) 사실관계

보험회사와 은행이 ○○조선의 유동성 악화로 건조가 중단된 선박을 완공하기 위하여 2010년 4월

1일 본 건 선박에 대한 건조자금을 각 사가 분담하여 지원하기로 하는 업무협약을 체결하였다.

(2) 검토

우선 보험회사의 지급보증은 보험업법 제113조 단서의 "보험업법의 규정에 의하여 채무보증을 할 수 있는 경우"에 해당하지 않는 것으로 판단된다. 또한 아래의 사정에 비추어 흥국화재의 지급보증은 보험업법 제113조 본문의 "타인을 위한 채무보증"에 해당한다.

보험업법 제113조의 법문내용상, 보험업법 규정에 의해 허용되지 않는 보험회사의 채무보증은 엄격하게 금지되어야 한다고 이해되는 점, 보험회사의 지급보증 당시 주채무자는 각각 □□조선소와 △△조선소로서 RG보험의 보험계약자와 동일하나, 채권자는 선박 구매자와 다른 제3자(크레인 회사 등)이므로 RG보험계약과는 전혀 다른 새로운 채무보증이라는 점, 보험회사의 지급보증 이후 각각 보험사고가 발생함으로써 보험회사는 보험금지급책임 이외에 추가적인 보증책임까지 발생하게 된 점, 다만 보험회사는 선박 구매자가 선급금 반환을 청구하였으나 조선소(RG보험의 보험계약자)가 이에 응하지 못할 경우 조선소를 대신하여 선급금을 반환할 책임을 지게 되는 보험자로서, 보험사고(선급급 반환 청구)를 방지하기 위한 노력으로 본 지급보증을 한 것으로 보인다.

보험회사는 □□조선소의 1105호, 1106호와 △△조선소의 110호에 관한 RG보험에 대해 부실한 재보험이 출재됨으로써 손실 최소화를 위해 본 지급보증을 한 것으로 이해되므로 보험회사의 지급보증은 보험업법 제113조 본문의 "타인을 위한 채무보증"에 해당하나, 그 위법성 판단에 있어 참작할 만한 사정이 있다고 사료된다.

3. 관련 판례

(i) 만일 보험회사가 계약상 권리를 취득함과 동시에 책임을 부담하는 경우이거나 또는 다수의 당사자가 존재하는 계약에서 권리를 취득함과 동시에 이에 관련된 채무에 대하여 타인과 연대책임을 지는 경우에는 동 규정의 위반이 아닌 것으로 판시한 바 있다.[59]

(ii) 보험업법 제19조는 보험사업자는 그 재산을 대통령령이 정하는 바에 의하여 운용하여야 한다고 규정하고 보험업법시행령 제14조 제5항은 재무부장관은 보험사업자의 재산의 건전한 운동을 위하여 필요한 경우에는 재산의 운용방법이나 재산이용에 관한 기준을 정할 수 있다고 규정하고 있고, 위 시행령 제14조의 규정을 근거로 하여 재무부장관이 제정한 보험회사의 재산운용에 관한 준칙은 30여 조문에 걸쳐서 보험사업자의 재산의 운용방법과 기준을 규정하면서 제37조에서 보험회사는 제29조에 정하는 유가증권대여의 경우를 제외하고는 그 소유재산을 타인을 위하여 담보로 제공하거나 타인을 위하여 채무의 보증을 할 수 없다고 규정하고 있다.

위 규정들의 입법취지는 원래 보험사업을 영위하는 보험업자의 재산운용은 보험사업자의 자율에 맡기는 것이 원칙이겠지만 보험사업이 갖는 공공성 사회성 때문에 그 재산운용방법과 기준을 법령에 명시하여 일정한 행위를 금지, 제한함으로써 보험사업자를 효율적으로 지도감독하고 보험계약자, 피보험자 기타 이해관계인의 권익을 보호하여 보험사업의 건전한 육성과 국민경제의 균형 있는 발전에 기여하려 함에 있다 할 것이고 한편 위 규정들에 위반한 재산운용행위 자체는 그 사법상의 효력까지도 부인하지 아니하면 안 될 정도로 현저히 반사회성, 반도덕성을 지닌 것이라고 할 수 없을

59 대전고등법원 2008. 11. 20. 선고 2007누2591 판결.

뿐 아니라 그 행위의 사법상의 효력을 부인하여야만 비로소 보험업법의 목적을 이룰 수 있다고 볼 수 없으므로 위 규정들은 강행법규가 아닌 단속법규에 지나지 아니한다 할 것이고 따라서 위 규정들에 위반하여 법률행위가 이루어졌다 하더라도 그 행위의 사법상의 효력에는 아무런 영향이 없다고 할 것이다.[60]

12. 자산의 평가 방법 등

(1) 의의

보험자산은 시간의 경과에 따라 증감 변동하고, 경우에 따라서는 멸실되기도 한다. 보험자산의 건전한 운용 및 유지는 자산운용에서 매우 중요한 원칙이기도 하다. 증감 변동하는 자산의 현재가치를 평가하여 회계에 적시에 정확하게 반영하여야 보험회사의 재무상태나 경영상황이 정확하게 드러난다. 이러한 점을 고려해보건대 보험회사가 취득·처분하는 자산의 공정한 평가는 매우 중요한 의미를 가진다. 보험업법은 보험회사가 취득 처분하는 자산의 평가를 보다 객관적이고, 적정하게 평가하는 방법을 규제하고 채권의 발행 및 차입에 있어 준수하여야 하는 사항을 규제하고 있다. 이 제도는 2003년 보험업법 개정 시 신설되었다.

한편 보험회사의 재무활동과 관련하여 일반 회사와 마찬가지로 보험회사가 채권을 발행할 수 있는지 여부 및 자금의 차입이 가능한 것인지 여부가 문제된다. 보험회사는 기본적으로 보험료 수입으로 구성되는 자산의 소극적 관리가 주 업무이고, 적극적으로 부채를 일으켜 투자하는 것이 주된 사업이 아니므로 제한된 범위에서 채권의 발행 및 자금의 차입이 가능하다고 보아야 한다.

(2) 자산의 평가 방법

보험회사가 자산의 취득·처분 또는 대출 등을 위한 감정을 필요로 하는 경우에는 부동산 가격공시 및 감정평가에 관한 법률에 따라야 한다(보험업법 제114조, 보험업법시행령 제58조 제1항).

60 대법원 1989. 9. 12. 선고 88다카2233 판결.

(3) 채권의 발행 및 자금의 차입

1) 요건

보험회사의 경우 자금의 차입이 예외적인 경우만 허용되어 있고, 그 차입방법도 엄격한 제한을 받고 있다. 보험회사가 자금을 차입할 수 있는 경우는 (i) 보험업법 제123조의 규정에 의한 재무건전성 기준을 충족시키기 위한 경우 또는 (ii) 적정한 유동성을 유지하기 위한 경우로 한정된다(시행령 제58조 제2항).

2) 차입방법

자금의 차입방법도 (i) 은행으로부터의 당좌차월, (ii) 사채 또는 어음의 발행, (iii) 환매조건부채권의 매도, (iv) 후순위차입, (v) 그 밖에 보험회사의 경영건전성을 해칠 우려가 없는 자금 차입방법으로서 금융위원회가 정하여 고시하는 방법으로 제한되어 있다(시행령 제58조 제2항). 사채의 발행한도는 직전 분기 말 현재 자기자본의 범위 내로 한다(시행령 제58조 제3항). 금융위원회는 사채 또는 어음의 발행조건 등 자금차입 방법에 관하여 필요한 세부 사항을 정하여 고시할 수 있다(시행령 제58조 제4항).

제4절 자회사 규제

1. 상법상의 규제

(1) 모자회사의 의의

상법에 의하면 다른 회사의 발행주식의 총수의 100분의 50을 초과하는 주식을 가진 회사를 모회사라고 하고, 그 다른 회사를 자회라고 한다(상법 제342조의2 제1항). 또한 다른 회사의 발행주식의 총수의 100분의 50을 초과하는 주식을 모회사 및 자회사 또는 자회사가 가지고 있는 경우 그 다른 회사는 이 법의 적용에 있어 그 모회사의 자회사로 본다(상법 제342조의2 제2항). 이처럼 상법은 모자회사의 관계를 실질적인 지배관계와 관계없이 주식의 소유 수량을 가지고 형식적인 법적 소유를 기준으로 판단한다.

(2) 자회사에 의한 모회사 주식취득 금지

자회사는 모회사의 주식을 소유할 수 없다. 자기주식취득의 경우와 마찬가지로 자회사의 계산으로 취득하는 이상 타인명의로 취득하는 것도 금지된다. 또한 자회사가 모회사의 전환사채나 신주인수권부사채를 취득하는 것은 가능하나 그 전환이나 신주인수권의 행사를 통하여 신주를 취득하는 것은 금지된다. 사후적으로 모자회사 관계가 성립한 경우 가령 이미 갑회사가 을회사의 주식을 소유하고 있는 상황에서 을회사가 갑회사의 주식을 50% 초과하여 소유하게 된 경우에는 자회사인 갑회사는 을회사에 대한 주식을 6개월 이내에 처분하여야 한다(상법 제342조의2 제2항).

그러나 자회사는 (i) 주식의 포괄적 교환·이전, 회사의 합병 또는 다른 회사의 영업전부의 양수로 인한 때, (ii) 회사의 권리를 실행함에 있어 그 목적을 달성하기 위하여 필요한 때 한하여 모회사의 주식소유가 허용된다. 그러나 자회사는 그 주식을 취득한 날로부터 6월 이내에 모회사의 주식을 처분하여야 한다(상법 제342조의2 제2항). 일반적으로 어느 회사가 다른 회사를 계약이나 자본참가, 임원의 파견 등에 의하여 지배하는 경우에 전자를 지배회사, 후자를 종속회사라 한다.[61]

(3) 위반의 효과

자회사가 모회사의 주식을 취득한 경우에는 그 사법적 효력은 자기주식취득의 경우와 동일하게 유효설, 무효설, 상대적 무효설로 갈리나 무효설이 타당하다.

2. 보험업법상 자회사 규제제도

(1) 의의

보험회사는 본체에서 보험업을 영위하고 범위의 경제를 실현하고자 업무의 확장을 기도하는 것이 보통이다. 이러한 업무의 직접적 확장 이외에 다른 업무를 영위하기 위하여 다른 회사와 제휴를 하거나 자회사를 통하여 업무의 간접적 확장이 가능하다. 그런데 보험회사가 축적된 자산을 통하여 무한정 업무영역을 확장할 경우 보험업 발전에 저해가

61 정찬형, 앞의 책, 462면.

될 수 있고, 자회사의 경영위험이 그대로 보험회사에 전가되어 보험회사가 파산하는 등의 위험을 초래할 소지도 있으므로 무분별한 출자를 통한 자회사의 편입을 규제할 필요가 있다. 보험업법은 자회사가 영위하는 업종에 따라 그 소유를 규제하고, 자회사와의 일정한 거래행위를 제한한다.

(2) 보험업법상 자회사

보험업법상의 자회사란 보험회사가 다른 회사, 민법 또는 특별법에 따른 조합의 의결권 있는 발행주식 총수의 100분의 15, 또한 출자지분의 100분의 15를 초과하여 소유하는 경우의 그 다른 회사 등을 말한다(보험업법 제2조 제18호).

(3) 자회사 소유규제

1) 의의

보험회사는 금융위원회의 승인을 받아 자회사를 소유할 수 있다. 다만 그 주식의 소유에 대하여 금융위원회로부터 승인 등을 받은 경우 또는 금융기관의 설립근거가 되는 법률에 따라 금융위원회로부터 그 주식의 소유에 관한 사항을 요건으로 설립 허가·인가 등을 받은 경우에는 승인을 받은 것으로 본다(보험업법 제115조 제1항).

2) 승인 대상 자회사

보험회사는 다음 어느 하나에 해당하는 업무를 주로 하는 회사를 금융위원회의 승인을 받아 자회사로 소유할 수 있다(보험업법 제115조 제1항).

(i) 금융산업의 구조개선에 관한 법률 제2조 제1호에 따른 금융기관이 경영하는 금융업

(ii) 신용정보의 이용 및 보호에 관한 법률에 따른 신용정보업 및 채권추심업

(iii) 보험계약의 유지·해지·변경 또는 부활 등을 관리하는 업무

(iv) 그 밖에 보험업의 건전성을 저해하지 아니하는 업무로서 대통령령으로 정하는 업무

i) 대통령령으로 정하고 있는 업무에는 외국에서 하는 사업, 이 경우 외국에서 하는 보험업, 보험수리업무, 손해사정업무, 보험대리업무, 보험에 관한 금융리서치 업무, 투자자문업, 투자일임업, 집합투자업 및 부동산업은 제외한다.

ii) 기업의 후생복지에 관한 상담 및 사무처리 대행업무

iii) 신용정보의 이용 및 보호에 관한 법률에 따른 본인신용정보관리업

iv) 그 밖에 보험회사의 효율적인 업무수행을 위해 필요하고 보험업과 관련되는 것으로 금융위원회가 인정하는 업무

3) 신고 대상 자회사

보험회사는 보험업의 경영과 밀접한 관련이 있는 업무 등으로서 대통령령으로 정하는 업무를 주로 하는 회사를 미리 금융위원회에 신고하고 자회사로 소유할 수 있다(보험업법 제115조 제2항). 이러한 업무로는 다음과 같다.

(i) 보험회사의 사옥관리업무, 보험수리업무, 손해사정업무, 보험대리업무, 보험사고 및 보험계약 조사업무

(ii) 보험에 관한 교육·연수·도서출판·금융리서치 및 경영컨설팅 업무, 보험업과 관련된 전산시스템·소프트웨어 등의 대여·판매 및 컨설팅 업무

(iii) 보험계약 및 대출 등과 관련된 상담업무, 보험에 관한 인터넷 정보서비스의 제공 업무

(iv) 자동차와 관련된 긴급출동·차량관리 및 운행정보 등 부가서비스 업무, 보험계약자 등에 대한 위험관리 업무

(v) 건강·장묘·장기간병·신체장애 등의 사회복지사업 및 이와 관련된 조사·분석·조언 업무

(vi) 노인복지법 제31조에 따른 노인복지시설의 설치·운영에 관한 업무 및 이와 관련된 조사·분석·조언 업무

(vii) 건강 유지·증진 또는 질병의 사전 예방 등을 위해 수행하는 업무

(viii) 외국에서 하는 보험업, 보험수리업무, 손해사정업무, 보험대리업무, 보험에 관한 금융리서치 업무, 투자자문업, 투자일임업, 집합투자업 및 부동산업

4) 보고 대상 자회사

보험회사는 자산운용과 밀접한 관련이 있는 업무로서 대통령령으로 정하는 업무를 주로 하는 회사를 금융위원회의 승인을 받지 아니하고 자회사로 소유할 수 있다. 보고

대상 자회사가 수행할 수 있는 업무로는 다음과 같다.

(i) 벤처투자 촉진에 관한 법률에 따른 중소기업창업투자회사 및 벤처투자조합의 업무

(ii) 「부동산투자회사법」에 따른 부동산투자회사의 업무

(iii) 「사회기반시설에 대한 민간투자법」에 따른 사회기반시설사업 및 사회기반시설사업에 대한 투융자사업

(iv) 선박투자회사법에 따른 선박투자회사의 업무

(v) 여신전문금융업법에 따른 신기술사업투자조합의 업무

(vi) 「자본시장과 금융투자업에 관한 법률」에 따른 투자회사 또는 경영참여형 사모집합투자기구가 하는 업무

(vii) 「자산유동화에 관한 법률」에 따른 자산유동화업무 및 유동화자산의 관리업무

(viii) 그 밖에 가부터 사까지의 업무와 유사한 것으로서 금융위원회가 정하여 고시하는 업무

이 경우 보험회사는 해당 자회사를 소유한 날부터 2개월까지 금융위원회에 보고하여야 한다(보험업법 제115조 제3항 및 시행령 제59조 제5항).

5) 자회사 소유 승인 등의 요건

자회사 소유의 승인을 받거나 신고 또는 보고를 하려는 보험회사는 다음의 요건을 모두 갖추어야 한다(시행령 제59조 제6항).

(i) 보험회사의 재무상태와 경영관리상태가 건전할 것

(ii) 자회사의 재무상태가 적정할 것

(iii) 보험업법 제106조 제1항 제6호에 따른 자산운용의 비율 한도를 초과하지 아니할 것

4) 승인 또는 신고의 수리 통지

금융위원회는 자회사 소유의 승인 신청 또는 신고를 받은 경우에는 2개월 이내에 승인 또는 신고의 수리 여부를 신청인 또는 신고인에게 알려야 한다(시행령 제59조 제7항).

(4) 자회사와 행위규제

보험회사는 자회사와 다음의 행위를 할 수 없다.

(i) 자산을 대통령령으로 정하는 바에 따라 무상으로 양도하거나 일반적인 거래 조건에 비추어 해당 보험회사에 뚜렷하게 불리한 조건으로 매매·교환·신용공여 또는 재보험계약을 하는 행위

이에 따라 보험회사는 i) 증권, 부동산, 무체재산권 등 경제적 가치가 있는 유형·무형의 자산을 무상으로 제공하는 행위, ii) i)의 자산을 정상가격(일반적인 거래에서 적용되거나 적용될 것으로 판단되는 가격을 말한다)에 비하여 뚜렷하게 낮거나 높은 가격으로 매매하는 행위, iii) i)의 자산을 정상가격에 비하여 뚜렷하게 낮은 가격의 자산과 교환하는 행위, iv) 정상가격에 비하여 뚜렷하게 낮은 가격의 자산을 대가로 신용공여를 하는 행위, v) 정상가격에 비하여 뚜렷하게 낮거나 높은 보험료를 지급받거나 지급하고 재보험계약을 체결하는 행위를 할 수 없다. 다만 보험회사가 외국에서 보험업을 경영하는 자회사에 대하여 무형의 자산을 무상으로 제공하는 행위는 할 수 있다. 이 경우 자회사로 편입된 지 5년이 경과하지 아니한 경우만 해당한다(시행령 제59조의2).

(ii) 자회사가 소유하는 주식을 담보로 하는 신용공여 및 자회사가 다른 회사에 출자하는 것을 지원하기 위한 신용공여

(iii) 자회사 임직원에 대한 대출, 보험약관에 따른 대출과 금융위원회가 정하는 소액대출은 제외한다.

(5) 자회사에 관한 보고의무 등

1) 소유보고

보험회사는 자회사를 소유하게 된 날부터 15일 이내에 그 자회사의 정관과 대통령령으로 정하는 서류를 금융위원회에 제출하여야 한다(보험업법 제117조 제1항).

이에 해당하는 서류는 (i) 정관, (ii) 업무의 종류 및 방법을 적은 서류, (iii) 주주현황, (iv) 대차대조표 및 손익계산서 등의 재무제표와 영업보고서, (v) 자회사가 발행주식 총수의 100분의 10을 초과하여 소유하고 있는 회사의 현황이 있다(시행령 제60조 제1항).

2) 사업보고

보험회사는 자회사의 사업연도가 끝난 날부터 3개월 이내에 자회사의 대차대조표와 대통령령으로 정하는 서류를 금융위원회에 제출하여야 한다(보험업법 제117조 제2항).

그러한 서류는 (i) 대차대조표 및 손익계산서 등의 재무제표와 영업보고서, (ii) 자회사와의 주요거래 상황을 적은 서류이다(시행령 제60조 제2항).

3) 서류제출 의무의 일부 제외

보험회사의 자회사가 대통령령으로 정하는 자회사인 경우에는 제출서류 일부를 대통령령으로 정하는 바에 따라 제출하지 아니할 수 있다.

그러한 자회사는 자본시장법에 따른 투자회사 및 외국에서 이와 같은 유형의 사업을 수행하는 회사, 설립일부터 1년이 지나지 아니한 회사이다(시행령 제60조 제3항).

자본시장법에 따른 투자회사 및 외국에서 이와 같은 유형의 사업을 수행하는 회사를 자회사로 둔 경우에는 정관, 업무의 종류 및 방법을 적은 서류를 제출하지 않을 수 있다. 설립일부터 1년이 지나지 아니한 회사를 자회사로 둔 경우에는 대차대조표 및 손익계산서 등의 재무제표와 영업보고서를 제출하지 않을 수 있다(시행령 제60조 제4항).

제5절 자산운용 관련 특수 규제

1. 대출규제제도의 의의

가계대출의 증가가 지나치게 확대되는 경우 금융회사의 부담 및 위험이 커지고 경제질서에 악영향을 미치게 된다. 또한 낮은 금리에 따른 자산가격의 상승 및 부동산에 대한 투기수요 등의 발생 등에 따라 과도하게 대출의 수요가 증가하는 경향이 있다.

이에 따라 금융회사 자산의 건전성을 제고하기 위하여 담보목적물을 적정하게 평가하여 담보목적물의 시장가치를 과도하게 상회하는 대출을 금지하여 대출자산을 보전하고자 하는 것이다. 또한 과도한 대출 및 자산시장의 거품으로 인하여 발생하는 가계의 파산을 방지하고자 하는 의미도 있다.

특히 주택 관련 대출은 개인대출에서 신용대출 보다 큰 규모를 차지하므로 부동산시장의 안정화를 기하고 가계대출의 적정을 기하는 것이 무엇보다 금융안정을 위해 필요한 조치이다.

이러한 대출 리스크 관리는 은행 및 보험회사 등의 경영의 건전성을 위하여 시행되는 것이고 은행법 제34조에서 그 근거를 찾을 수 있다.

대출에 대한 규제는 은행만을 대상으로 하면 다른 금융권역으로의 풍선효과가 발생할 수 있으므로 대출규제의 실효성과 국민의 경제생활의 편의성을 고려하여 정책효과가 발휘될 수 있도록 정책의 방법과 수단을 강구할 필요가 있다.

2. 주택 관련 대출 리스크 관리 규제 체계

주택 관련 대출 리스크 관리 규제 체계는 담보목적물의 담보가치, 채무자의 재무능력을 고려한다. 즉, 우선 담보물이 시장가치의 변동위험에 적절히 적응할 수 있도록 규제하고, 채무자의 채무상환능력의 유무와 적정성을 소득 등의 수입을 통하여 측정하여 과도한 이자 부담이 되어 채무불이행상태에 빠지지 않도록 한다. 이에 따라 주택관련 대출의 리스크 관리 규제는 담보인정비율, 총부채상환비율, 총부채원리금상환비율을 통하여 규제한다.

3. 주요 용어

(1) 주택담보대출

주택담보대출이라 함은 은행이 주택을 담보로 취급하는 가계대출(자산유동화된 대출을 포함한다)을 말한다. 다음의 어느 하나에 해당하는 대출은 주택담보대출로 본다.

(i) 분양 주택에 대한 중도금대출 및 잔금대출

(ii) 재건축·재개발(리모델링 포함, 이하 이 규정 별표 6에서 같다) 주택에 대한 이주비대출, 추가분담금에 대한 중도금대출 및 잔금대출

(2) 부동산 소재 지역의 구분

주책 관련 대출의 리스크 관리는 지역별 특성을 고려하여 시행한다. 투기지역, 투기과열지구, 조정대상지역으로 나누고 이러한 지역을 규제지역이라고 한다. 이러한 지역 구분에 속하지 아니하는 지역은 기타지역이다.

1) 지역구분

'투기지역'이라 함은 「소득세법」 제104조의2의 규정에 따라 기획재정부장관이 지정하는 지역을 말한다.

'투기과열지구'라 함은 「주택법」 제63조의 규정에 따라 국토교통부장관 또는 시·도지사가 지정하는 지역을 말한다.

'조정대상지역'이라 함은 「주택법」 제63조의2의 규정에 따라 국토교통부장관이 지정하는 지역 중 같은 조 제1항 제1호에 해당하는 지역을 말한다.

'수도권'이라 함은 서울특별시, 인천광역시 및 경기도를 말한다.

4. 금융회사의 준수 의무 등

(1) 금융회사의 준수의무

은행 등은 주택 관련 담보대출 취급 시 금융회사의 경영의 건전성이 유지되도록 담보인정비율, 총부채상환비율, 기타 주택담보대출 등의 취급 및 만기연장에 대한 제한 등을 준수하여야 한다(은행업감독규정 제29조의2 제1항).

(2) 비율의 탄력적 운용

금융감독원장은 은행의 경영건전성 등을 감안하여 긴급하다고 인정하는 경우 담보인정비율 및 총부채상환비율을 10% 포인트 범위 이내에서 가감 조정할 수 있다. 이 경우 감독원장은 그 내용을 지체 없이 금융위에 보고하여야 한다(은행업감독규정 제29조의2 제2항).

5. 기본적인 규제체계 및 방법

(1) 담보인정비율

1) 의의

'담보인정비율(LTV, Loan-To-Value ratio)'이라 함은 주택담보대출 취급 시 담보가치에 대한 대출취급가능금액의 비율을 말한다.

가. 담보인정비율의 산정

주택담보대출의 담보인정비율은 대출계좌별로 다음의 방식으로 산출한다.

$$\frac{\text{주택담보대출금액} + \text{선순위채권} + \text{임차보증금 및 최우선변제 소액임차보증금}}{\text{담보가치}} \times 100$$

2) 구체적인 비율규제

은행 등은 신규 주택담보대출 취급 시 담보인정비율은 다음과 같다. 이 경우 주택구입 목적 주택담보대출과 생활안정자금 목적 주택담보대출을 합산하여 산출한 담보인정비율이 다음의 담보인정비율을 초과할 수 없다.

가. 원칙

구분	투기지역	투기과열지구	조정대상지역	기타지역
담보인정비율	40% 이내	40% 이내	50% 이내	70% 이내

나. 신규 고가주택 담보대출 취급 시

구분		투기지역	투기과열지구	조정대상지역	기타지역
담보인정비율	9억 원 이하 분	40% 이내	40% 이내	50% 이내	70% 이내
	9억 원 초과 분	20% 이내	20% 이내	30% 이내	

(2) 총부채상환비율

1) 의의

'총부채상환비율(DTI, Debt-To-Income ratio)'이라 함은 차주의 연간 소득에 대한 연간 대출 원리금 상환액의 비율을 말한다.

가. 총부채상환비율의 산정

$$\frac{\text{해당 주택담보대출 및 기존 주택담보대출의 연간 원리금 상환액} + \text{기타 부채의 연간 이자 상환액}}{\text{연소득}} \times 100$$

나. 해당 주택담보대출 연간 원리금 상환액의 산정

(i) 연간 원리금 상환액은 다음의 어느 하나의 방식으로 산출한다.

i) 원(리)금균등분할 상환방식: 분할상환 개시 이후 연간 원리금 상환액

ii) 원금일시상환방식: 연간 이자액 $+ \dfrac{\text{대출 총액}}{\text{대출 기간(연)}^*}$

* 단, 대출기간이 10년 이상인 원금일시상환대출의 경우, 대출기간을 10년으로 계산

iii) 원금일부분할상환방식:

$$\text{분할상환 개시 이후 연간 원리금 상환액} + \frac{\text{만기상황액}}{\text{대출기간} - \text{거치기간}}$$

(ii) 변동금리부 대출의 이자상환액은 취급당시의 적용 금리를 기준으로 산정한다.

(iii)) 중도금대출 또는 이주비대출·추가분담금 대출은 아파트 준공 후 장기 주택담보대출로 전환된다는 특약이 있는 경우 전환 후의 대출조건 기준으로 총부채상환비율을 산정할 수 있다.

(iv) 기존 대출의 채무를 인수하는 경우로서 만기 도래 후 새로운 대출로 전환된다는 특약이 있으면 전환 후의 대출조건 기준으로 총부채상환비율을 산정할 수 있다.

2) 구체적인 비율규제

은행의 신규 주택담보대출 취급 시 총부채상환비율은 다음 표와 같다.

구분	투기지역	투기과열지구	조정대상지역)	수도권[1)2)]
총부채상환비율	40% 이내	40% 이내	50% 이내	60% 이내

주: 1) 해당 지역 소재의 아파트(주상복합아파트 포함) 담보대출에 적용
2) 투기지역, 투기과열지구 및 조정대상지역을 제외한 수도권에 한함

(3) 총부채원리금상환비율

1) 의의

'총부채원리금상환비율(DSR, Debt-Service-Ratio)'이란 차주의 총 금융부채 상환부담을 판단하기 위하여 산정하는 차주의 연간 소득 대비 연간 금융부채 원리금 상환액 비율을 말한다.

가. 총부채원리금상환비율의 산정

은행 등은 한국신용정보원에 집중되는 차주의 총부채원리금상환비율 산출용 대출 원리금 상환정보를 활용하여 다음과 같이 총부채원리금상환비율을 산출한다.

$$\frac{\text{금융회사 대출의 연간원리금 상환액}}{\text{연소득}} \times 100$$

2) 구체적인 비율규제

은행 등이 고가주택 담보대출을 보유한 차주에 대해 대출(해당 고가주택 담보대출을 포함한다) 신규대출 취급 시 총부채원리금상환비율은 다음과 같다.

구분	투기지역	투기과열지구	조정대상지역	기타지역
총부채원리금 상환비율	40% 이내	40% 이내	미적용	미적용

제6장

계 산

●●● 제6장

계 산

제1절 서 설

기업은 필연적으로 자신이 목적하는 사업을 위하여 제3자와 거래를 하게 되고, 이러한 내용은 일정한 장부에 기재되어야 한다. 또한 거래의 기록은 일정한 원칙하에 거래기록이 투명하게 관리·유지될 필요가 있다. 이러한 이유로 상법에서는 상인의 상업장부 및 회계처리에 관한 규정을 두고 이를 규제하고 있다. 또한 보험업법에서는 상업장부 및 계산에 관하여 몇 가지 특칙 규정을 두고 있는바, 재무제표 및 사업보고서의 작성 및 제출, 서류의 비치 등 상업장부에 관한 특칙을 두고 있고, 책임준비금과 비상위험준비금의 계상에 관한 사항, 배당보험계약에 대한 회계처리에 관한 사항, 배당보험계약 이외의 보험계약에 대한 회계처리에 관한 사항, 재평가적립금의 사용에 관한 특례 규정을 두고 있다. 계산에 관한 사항은 매우 기술성이 강하기 때문에 보험업법에서는 계산에 관한 사항을 불과 4개의 조문에 의하여 규율하고 세부사항은 하위 규정에서 정하여 변화하는 환경에 탄력적으로 대응할 수 있도록 하고 있다.

개인기업의 경우 이해관계자는 가족에 국한되나 오늘날 기업이 거대화되면서 주주와 경영자가 분리되고, 기업을 둘러싼 다양한 이해관계자가 등장하면서 회계정보의 작성 및 보고에 있어서 변화를 가져오고 있다. 기업의 회계정보 이용자는 내부이용자(internal user)와 외부이용자(external user)로 구분할 수 있다. 내부이용자는 주로 기업의 경영자이고, 이러한 자를 위한 회계를 관리회계(managerial accounting)라고 한다.

외부정보이용자는 기업과 직접 또는 간접적인 이해관계를 가진 자이고, 주주, 대출채권자, 거래처, 감독기관, 종업원 및 일반 시민 등을 포함한다. 이러한 자에 제공되는 회계정보는 관리회계와 달리 통일된 지침과 규칙에 따라서 작성되어야 하고, 충분한 정보가 제공되어야 한다. 이때 회계정보 작성 및 보고과정에서 준수하여야 할 지침 또는 규칙을 일반적으로 인정된 회계원칙(GAPP, Generally Accepted Accounting Principles)이라고 하고, 외부이용자를 위한 회계를 재무회계(financial accounting)라고 한다. 한편 세무회계(tax accounting)란 재무회계시스템을 통해서 산출된 회계이익으로부터 세법 규정에 의한 과세소득을 산정하는 회계를 말한다.

제2절 상업장부에 관한 상법의 규제

1. 상업장부

상업장부는 상인이 영업상의 재산 및 손익상황을 명백하게 하기 위하여 상법상의 의무로서 작성하는 장부인데, 이에는 회계장부와 대차대조표가 있다.[1] 회계장부란 상인의 영업상의 거래 기타 기업재산의 일상의 동적상태를 기록하기 위한 장부이다(상법 제30조 제1항). 회계장부인지 여부는 그 명칭이나 형식을 불문하고 그 성질에 따라 판단되어야 한다.[2]

2. 상업장부의 작성·보존·제출

상법은 상업장부에 관하여 작성·보존·제출의무를 부과하고 있다. 상법은 소상인을 제외한 모든 상인에게 상업장부를 작성하도록 하고(상법 제29조 제1항), 상업장부의 작성은 상법에 규정한 것을 제외하며, 일반적으로 공정·타당한 회계관행에 의한다고 규정하고 있다(상법 제29조 제2항). 여기에서 일반적으로 공정·타당한 회계관행이라는 것은 기업회계기준이 이에 해당한다.[3]

1 정찬형, 『상법강의(상)』(제19판), 박영사, 2016, 134면.

2 정찬형, 앞의 책, 135면.

상인은 10년간 상업장부와 영업에 관한 중요서류를 보존하여야 한다(상법 제33조 제1항 본문). 영업에 관한 중요서류란 영업활동에 관한 증거로서의 가치가 있는 서류, 즉 주문서, 영수증 등을 말한다. 다만 전표 또는 이와 유사한 서류는 5년간 보존하여야 한다(상법 제33조 제1항 단서). 보존기간의 기산점은 상업장부는 장부폐쇄의 날이고(상법 제33조 제2항), 기타의 서류는 작성한 날 또는 받은 날로부터 기산할 수 있다.[4] 상업장부의 제출과 관련하여 법원은 신청에 의하거나 직권으로 소송담당자에게 상업장부 또는 그 일부분의 제출을 명할 수 있도록 되어 있다(상법 제32조).

제3절 보험업법의 특칙

1. 서설

보험업법은 상법장부와 관련하여 보험회사로 하여금 재무제표를 작성하도록 하고, 사업보고서와 함께 이의 제출의무를 부과하고 있다(보험업법 제118조 제1항). 재무제표는 장부를 폐쇄한 날부터 3개월 이내에 사업보고서는 매달 제출하도록 하고 있다(보험업법 제118조 제1항 및 제2항). 또한 재무제표 및 사업보고서는 일반인이 열람할 수 있도록 금융위원회에 제출하는 날부터 본점과 지점, 그 밖의 영업소에 비치하거나 전자문서로 제공하도록 규정하고 있다(보험업법 제119조).

2. 재무제표

(1) 재무제표의 의의

재무제표란 기업의 재무상태와 재무성과를 체계적으로 표현한 것으로 (i) 대차대조표, (ii) 손익계산서, (iii) 이익잉여금 처분계산서 또는 결손금처리계산서를 말한다(상법 제447조). 그러나 보험회사의 재무제표에는 대차대조표, 손익계산서, 이익잉여금처분계산서 또는 결손금처리계산서 외에도 현금흐름표와 자본변동표가 포함되고, 연결재무제표

3 정찬형, 앞의 책, 138면.
4 정찬형, 앞의 책, 138면.

를 작성하는 경우에는 연결대차대조표, 연결손익계산서, 연결현금흐름표와 연결자본변동표를 포함한다(보험업감독규정 제6-2조 제1항). 이러한 재무제표는 이용자에게 기업의 자산, 부채, 자본, 수익, 비용, 주주의 출자와 배당 및 현금흐름에 관한 정보를 제공한다.

재무제표의 작성은 당해 회계연도분과 직전 회계연도분을 비교하는 형식으로 영문표기를 병행하여 작성한다. 다만 매월 작성하는 대차대조표와 손익계산서는 당해 회계연도분만을 작성할 수 있다(보험업감독규정 제6-2조 제2항). 재무제표의 서식, 계정과목별 회계처리기준 및 외국환거래법시행령에서 위탁한 외국환계정의 계리기준은 금융감독원장이 정한다(보험업감독규정 제6-2조 제3항).

대차대조표는 특정시점의 기업의 재무상태를 명확히 보고하기 위하여 대차대조표일 현재의 모든 자산·부채 및 자본을 차변과 대변의 두 란으로 나누어 표시한 재무제표를 말한다. 손익계산서는 특정기간에 대한 기업의 경영성과를 나타내기 위하여 그 기간에 속하는 모든 수익과 이에 대응하는 모든 비용을 적정하게 기재하여 손익과 그 발생원인을 표시하는 보고서이다.

이익잉여금처분계산서는 이익잉여금의 처분상황을 명확히 보고하기 위하여 이월이익잉여금의 총 변동사항을 표시하여야 한다(기업회계기준 제76조 제1항). 결손금처리계산서는 결손금의 처리상황을 명확히 보고하기 위하여 이월결손금의 총변동사항을 표시하여야 한다(기업회계기준 제76조 제2항).

보험업법은 재무제표 부속명세서를 재무제표와 함께 금융위원회에 제출하도록 하고 있다(보험업법 제118조). 재무제표부속명세서는 대차대조표와 손익계산서의 중요한 항목에 관하여 그 명세를 표시한 보고서이며 대차대조표 및 손익계산서의 기재만으로 충분하지 못한 것을 보충하는 기능을 가진 것이다.

(2) 생명보험회사의 재무제표 작성기준

1) 대차대조표

대차대조표는 자산, 부채 및 자본으로 구분하여 작성하고, 자산은 운용자산, 비운용자산 및 특별계정자산으로, 부채는 책임준비금, 계약자 지분조정, 기타부채 및 특별계정부채로, 자본은 자본금·자본잉여금, 이익잉여금, 자본조정 및 기타 포괄손익누계액으로 각각 구분하여 작성한다(보험업감독규정 제6-9조 제1항).

2) 손익계산서

손익계산서는 생명보험회사의 경영성과 등을 보고하기 위하여 그 회계기간에 속하는 모든 수익과 비용을 그 발생원천에 따라 명확하게 분류하고, 각 수익항목과 이에 관련되는 비용항목을 적정하게 대응 표시하여야 한다(보험업감독규정 제6-9조 제2항).

손익계산서는 보험손익, 투자손익, 책임준비금 전입액(또는 책임준비금 환입액), 영업손익, 영업 외 손익, 특별계정손익, 법인세비용 차감 전 순손익, 법인세비용, 당기순손익, 기타포괄손익, 총포괄손익으로 구분·표시하여야 한다(보험업감독규정 제6-9조 제3항).

수익과 비용은 총액에 의하여 기재함을 원칙으로 하고, 그 수익항목과 비용항목을 직접 상계함으로써 그 전부 또는 일부를 손익계산서에서 제외하여서는 아니 된다. 다만 책임준비금은 순액으로 표시하여야 한다(보험업감독규정 제6-9조 제4항).

(3) 손해보험회사의 재무제표 작성기준

1) 대차대조표

자산, 부채 및 자본으로 분류하고, 자산은 운용자산, 비운용자산과 특별계정자산으로, 부채는 책임준비금, 기타부채 및 특별계정부채로, 자본은 자본금, 자본잉여금, 이익잉여금, 자본조정 및 기타 포괄손익 누계액으로 각각 구분한다(보험업감독규정 제6-16조 제1항).

2) 손익계산서

손익계산서는 손해보험회사의 경영성과 등을 보고하기 위하여 그 회계기간에 속하는 모든 수익과 비용을 그 발생원천에 따라 명확하게 분류하고 각 수익항목과 이에 관련되는 비용항목을 적정하게 대응·표시하여야 한다(보험업감독정 제6-16조 제2항).

손익계산서는 경과보험료, 발생손해액, 보험환급금, 순사업비, 보험료적립금 전입액(환입액), 계약자배당준비금 전입액(환입액), 배당보험 손실보전준비금 전입액(환입액), 보험영업손익, 투자영업손익, 영업 외 손익, 특별계정손익, 법인세비용 차감 전 순손익, 법인세비용, 당기순손익, 기타포괄손익, 총포괄손익으로 구분·표시하여야 한다(보험업감독규정 제6-16조 제3항).

3. 재무제표 등의 제출

(1) 결산

보험회사는 당해 회계연도의 경영성과와 재무상태를 명확히 파악할 수 있도록 제법령이나 금융위원회 또는 금융감독원장의 지시 등을 준수하여 결산서류를 명료하게 작성하여야 한다(보험업감독규정 제6-7조 제1항). 금융감독원장은 필요하다고 인정하는 경우에 결산에 관한 지침을 정할 수 있으며, 회계연도 중에 결산에 준하는 임시결산을 하도록 할 수 있다(보험업감독규정 제6-7조 제2항).

(2) 재무제표 및 사업보고서 제출

보험회사는 매년 12월 31일에 그 장부를 폐쇄하여야 하고 장부를 폐쇄한 날부터 3개월 이내에 금융위원회가 정하는 바에 따라 재무제표(부속명세서를 포함한다) 및 사업보고서를 금융위원회에 제출하여야 한다(보험업법 제118조 제1항).

(3) 업무보고서 제출

보험회사는 매월의 업무 내용을 적은 보고서를 다음 달 말일까지 금융위원회가 정하는 바에 따라 금융위원회에 제출하여야 한다(보험업법 제118조 제2항).

(4) 재무제표 등의 제출 방법

보험회사는 재무제표, 사업보고서 및 업무보고서를 대통령령으로 정하는 바에 따라 전자문서로 제출할 수 있다(보험업법 제118조 제3항).

(5) 서류의 비치 등

보험회사는 재무제표 및 사업보고서를 일반인이 열람할 수 있도록 금융위원회에 제출하는 날부터 본점과 지점, 그 밖의 영업소에 비치하거나 전자문서로 제공하여야 한다(보험업법 제119조).

제4절 계산 규정

1. 서설

(1) 계산제도의 의의

보험회사의 계산 내지 회계규정은 보험기업의 계속적인 유지 존속을 위하여 자본의 충실을 기하고, 보험회사의 건전한 경영을 도모하기 위한 목적하에 보험업만이 가지는 독특한 계산원칙 및 제도를 반영하기 위한 것이다. 보험회사는 일반기업과는 달리 대부분의 자산이 다수의 보험계약자의 보험료로 구성되고 이러한 자산은 보험계약자 등의 보험금 지급 등에 충당된다. 따라서 보험회사의 계산규제의 핵심은 보험계약자 등의 보험금 청구 등에 그 지급이 보장될 수 있도록 지급능력을 확보하는 데 있다고 볼 수 있다. 이와 같은 지급능력의 확보를 위하여 보험료 중 보험금 지급을 위하여 유보되어야 하는 책임준비금을 계상하도록 의무화하고 지급여력제도를 도입하여 시행하고 있다.

보험회사는 보험상품을 생산하고 판매하여 반대급부인 보험료를 받아 자산을 축적하고, 이렇게 축적된 자산을 이용하여 부동산 및 유가증권에 투자하고, 각종 재화와 용역을 소비하는 경제적인 활동을 수행한다. 이러한 보험회사의 모든 경제적 활동은 상업장부에 그 기록이 되어야 하고, 일정한 시점 또는 일정 기간을 기준으로 그 성과가 측정되고 평가된다. 계산이라 함은 보험회사가 주체가 되어 사업연도를 단위로 하여 보험회사의 재산 상태와 손익을 인식·평가하고 이익 또는 손실을 처리하기 위한 의사결정을 하는 일련의 행위를 말한다고 볼 수 있다. 그리고 계산은 재산 상태와 손익을 인식하는 작업이라는 점에서 기업회계와 동일하지만 재산 상태와 손익을 측정한 결과 나타난 이익이나 손실을 처리하는 의사결정과정을 포함하는 것이라는 점에서 회계와 상이한 개념이다.

(2) 계산의 목적과 기능

보험업은 국가경제에 미치는 영향이 크기 때문에 자본의 조달과 자산의 사용처가 투명하게 나타나야 하고, 나아가 자산의 평가도 객관성이 유지되어야 한다. 또한 자본의 조달, 자산의 사용, 자산의 평가 등은 일정한 회계처리 원칙에 따라 기록되어야 한다. 보험회사의 계산에 관한 규제는 주주, 보험계약자, 채권자, 기타 이해관계자에게 중요한 의미를 갖는다. 보험회사의 경영자는 계산 결과를 토대로 경영성과를 분석·평가함으로써 경영 목표와 방향을 설정할 수 있고, 주주는 자신의 투자성과를 측정하고 투자의 지속 여부를 결정하며 회사 경영진의 인사정책을 위한 참고자료로 활용한다. 보험계약자는 보험계약의 체결 여부를 결정하는 중요한 고려 요소로 삼는다. 회사의 채권자는 계산을 통하여 밝혀진 회사의 재산 상태를 기초로 거래 여부 및 채권회수 여부를 결정한다.

(3) 보험회사의 계산에 관한 규정의 체계

기업의 계산에 관한 사항은 일반적으로 상법, 주식회사의 외부감사에 관한 법률(이하 '외감법'이라 한다), 기업회계기준 등에 의하여 규율되고 있다. 보험회사의 계산에 관한 사항은 일반목적과 감독목적으로 나누어 규율하고 있는데, 일반목적의 계산에 관한 사항은 상법, 외감법, 기업회계기준, 보험업회계처리준칙이 적용되고, 감독목적의 계산에 관한 사항은 보험업법령 및 보험업감독규정 등이 우선 적용된다.

감독목적의 계산에 관한 사항과 관련하여 금융위원회는 책임준비금과 비상위험준비금의 적정한 계상과 관련하여 필요한 경우에는 보험회사의 자산 및 비용 그 밖의 장래의 손실보전을 목적으로 하는 준비금의 적립에 관한 사항, 책임준비금 및 비상위험준비금의 계상과 관련된 손익의 처리에 관한 사항에 관하여 회계처리기준을 정할 수 있다고 하여 그 근거규정을 두고 있다(보험업법 제120조 제3항). 다만 보험감독목적의 회계처리에 관하여 보험업감독규정 제6장에서 정하지 아니한 사항은 주식회사의 외부감사에 관한 법률에 따른 국제회계기준위원회의 국제회계기준을 채택하여 정한 회계처리기준을 준용한다(보험업감독규정 제6-1조 제1항).

금융감독원장은 한국채택국제회계기준을 준용함에 있어 동 기준을 구체적으로 적용하거나 동 기준에서 정하지 아니한 사항을 규정하기 위한 보험계리기준을 운용할 수 있다(보험업감독규정 제6-1조 제2항). 이처럼 감독목적의 계산은 보험계약자 보호와 보험회사의 건전한 경영을 도모하기 위하여 금융감독당국이 요구하는 바에 따라 작성되어야 한다.

일반목적의 계산은 보험회사가 회계정보이용자에게 일반목적의 재무정보를 제공하기 위한 재무제표를 작성하는 경우에 적용하는 기준이 되며 외부감사인이 감사를 할 경우에 기준이 된다.

일반목적의 회계의 경우 상법상의 기업회계에 관한 규정을 보강하는 것으로 기업회계처리기준으로는 2010년까지는 기업회계기준이 있었는데, 2011년 이후에는 이에 갈음하여 한국채택국제회계기준과 일반기업회계기준이 있다. 이러한 기업회계처리의 기준은 회계관행의 유동성을 고려하여 금융위원회가 증권선물위원회의 심의를 거쳐 제정하는데, 금융위원회는 기업회계처리의 기준의 제정권을 대통령령이 정하는 바에 따라 전문성을 갖춘 민간법인 또는 단체에 위탁할 수 있다(외감법 제13조 제4항).

2011년 1월 1일부터 주권상장법인·은행·투자매매업자·보험회사·신용카드업자 등은 한국채택국제회계기준(K-IFRS, Korean International Financial Reporting Standard)을 적용하여 재무제표 또는 연결재무제표를 작성하여야 하고, 주권비상장법인은 일반기업회계기준을 적용하여 재무제표 또는 연결재무제표를 작성하여야 한다. 그러나 주권비상장법인은 한국채택국제회계기준을 선택하여 이에 의하여 재무제표 또는 연결재무제표를 작성할 수도 있다.[5]

한국채택국제회계기준은 금융위원회가 증권선물위원회의 심의를 거쳐 국제회계기준위원회의 국제회계기준을 채택하여 정한 회계처리기준이므로 국제회계기준(IFRS)과 그 내용이 거의 동일한데 다만 한국의 법체계에 맞추어 형식을 다소 변경하였다.[6]

한국채택국제회계기준은 기업회계기준서와 기업회계기준해석서로 구성되는데, 이들은 한국회계기준원 회계기준위원회가 2007년에 제정하였고, 이들을 준수하면 동시에 국제회계기준을 준수한 것으로 규정하고 있다. 이러한 국제회계기준의 법적 성격은 국제적으로 인정된 회계관행이 된다. 또한 일반기업회계기준은 한국회계기준원 회계기준위원회가 2009년에 제정하였고, 2011년 1월 1일 이후 최초로 개시하는 회계연도부터 적용된다.

(4) 계산규정의 적용 범위

보험회사의 계산에 관한 본장의 규정은 주식회사, 상호회사, 외국보험회사 국내지점 등 모든 형태의 보험회사에 공통적으로 적용된다. 주식회사는 본장의 규정 이외에도 상법 주식회사의 계산에 관한 규정(상법 제447조 내지 상법 제468조)이 적용되고, 상호회사의 경우 상호회사의 계산에 관한 규정(보험업법 제60조 내지 보험업법 제63조)과 상법

5 정찬형, 앞의 책, 132-133면.
6 정찬형, 앞의 책, 132-133면.

의 규정(상법 제447조 내지 상법 제450조, 상법 제452조 및 상법 제468조)이 적용된다. 외국보험회사의 국내지점의 경우에는 본장의 규정이 적용됨은 물론이나 상법상의 계산에 관한 규정이 적용되는지 여부에 대해서는 명문의 규정이 없어 논란이 있을 수 있으나 외국보험회사의 법적 성격이 우리나라 회사의 형태와 다를 수 있으므로 이를 일률적으로 적용하는 것은 곤란한 것으로 보인다.

2. 상법의 계산규정

(1) 개관

보험회사는 상호회사를 제외하고 보험 주식회사의 경우 상법총칙의 상업장부에 관한 규정(상법 제29조 내지 상법 제33조)이 적용되고, 보험업법에서 특별히 정하고 있는 사항이 아닌 경우에는 상법상의 회계규정의 적용을 받는다. 상법에서는 주식회사의 회계에 관하여 상법 제446조의2부터 상법 제468조까지의 조문을 두고 있다.

(2) 주식회사의 회계규정의 주요 내용

1) 회계의 원칙

회사의 회계는 상법과 대통령령으로 규정한 것을 제외하고는 일반적으로 공정하고 타당한 회계관행에 따른다(상법 제446조의2).

2) 재무제표, 연결재무제표의 작성 및 승인

이사는 결산기마다 (i) 대차대조표, (ii) 손익계산서, (iii) 그 밖에 회사의 재무상태와 경영성과를 표시하는 것으로서 대통령령으로 정하는 서류와 그 부속명세서를 작성하여 이사회의 승인을 받아야 한다(상법 제447조). 그리고 대통령령으로 정하는 회사의 이사는 연결재무제표를 작성하여 이사회의 승인을 받아야 한다(상법 제447조 제2항).

또한 이사는 매 결산기에 영업보고서를 작성하여 이사회의 승인을 얻어야 하고, 영업보고서에는 대통령령이 정하는 바에 의하여 영업에 관한 중요한 사항을 기재하여야 한다(상법 제447조의2). 이사는 정기총회회일의 6주간 전에 대차대조표, 손익계산서 등과 영업보고서를 감사에게 제출하여야 한다(상법 제447조의3).

감사는 영업보고서를 제출받은 날로부터 4주 내에 감사보고서를 이사에게 제출하여야 한다(상법 제447조의4 제1항). 이때 감사보고서에는 감사방법의 개요, 회계장부에 기재될 사항이 기재되지 아니하거나 부실기재된 경우 또는 대차대조표나 손익계산서의 기재 내용이 회계장부와 맞지 아니하는 경우에는 그 뜻 등 일정한 사항을 기재하여야 한다(상법 제447조의4 제2항).

이사는 정기총회회일의 1주간 전부터 상법 제447조 및 제447조의2의 서류와 감사보고서를 본점에 5년간, 그 등본을 지점에 3년간 비치하여야 한다(상법 제448조 제1항). 주주와 회사채권자는 영업시간 내에 언제든지 위에서 비치한 서류를 열람할 수 있으며 회사가 정한 비용을 지급하고 그 서류의 등본이나 초본의 교부를 청구할 수 있다(상법 제448조 제2항).

이사는 상법 제447조의 각 서류를 정기총회에 제출하여 그 승인을 요구하여야 하고(상법 제449조 제1항), 상법 제447조의2의 서류를 정기총회에 제출하여 그 내용을 보고하여야 한다(상법 제449조 제2항). 또한 정기총회의 승인을 얻은 때는 지체 없이 대차대조표를 공고하여야 한다(상법 제449조 제3항).

그러나 회사의 정관에 따라 일정한 경우 이사회의 결의로 위의 절차를 생략할 수 있다. 회사는 (i) 상법 제447조의 각 서류가 법령 및 정관에 따라 회사의 재무상태 및 경영성과를 적정하게 표시하고 있다는 외부감사인의 의견이 있을 것, (ii) 감사(감사위원회 설치회사의 경우에는 감사위원을 말한다) 전원의 동의가 있을 것을 요건으로 이사회의 결의로 승인할 수 있다(상법 제449조의2 제1항). 이사회가 승인한 경우에는 이사는 상법 제447조의 각 서류의 내용을 주주총회에 보고하여야 한다(상법 제449조의2 제2항).

3) 이사, 감사의 책임 해제

정기총회에서 각 서류에 대한 승인을 한 후 2년 내에 다른 결의가 없으면 회사는 이사와 감사의 책임을 해제한 것으로 본다. 그러나 이사 또는 감사의 부정행위에 대해서는 그러하지 아니하다(상법 제450조).

4) 자본금

회사의 자본금은 상법에서 달리 규정한 경우 외에는 발행주식의 액면총액으로 한다(상법 제451조 제1항). 무액면주식을 발행하는 경우 자본금은 주식 발행가액의 2분의

1 이상의 금액으로서 이사회에서 자본금으로 계상하기로 한 금액의 총액으로 한다. 이 경우 주식의 발행가액 중 자본금으로 계상하지 아니하는 금액은 자본준비금으로 계상하여야 한다(상법 제451조 제2항). 회사의 자본금은 액면주식을 무액면주식으로 전환하거나 무액면주식을 액면주식으로 전환함으로써 변경할 수 없다(상법 제451조 제3항).

5) 준비금

준비금에 관해서는 후술하는 책임준비금제도에서 통합하여 설명한다.

6) 이익배당

가. 한도

회사는 대차대조표의 순자산액으로부터 (i) 자본금의 액, (ii) 그 결산기까지 적립된 자본준비금과 이익준비금의 합계액, (iii) 그 결산기에 적립하여야 할 이익준비금의 액, (iv) 대통령령으로 정하는 미실현이익을 공제한 액을 한도로 하여 이익배당할 수 있다(상법 제462조 제1항).

나. 절차

이익배당은 주주총회의 결의로 정한다. 다만 상법 제449조의2 제1항에 따라 재무제표를 이사회가 승인하는 경우에는 이사회의 결의로 정한다(상법 제462조 제2항).

다. 한도 초과액 배당 효과

이익배당한도액을 위반하여 이익을 배당한 경우에 회사채권자는 배당한 이익을 회사에 반환할 것을 청구할 수 있다(상법 제462조 제3항). 이러한 청구에 관한 소에 대해서는 제186조를 준용한다(상법 제462조 제4항).

7) 기타

주식배당(상법 제462조의2 제1항), 중간배당(상법 제462조의3), 현물배당(상법 제462조의4), 주주의 회계장부열람권(상법 제466조), 회사의 업무, 재산상태의 검사(상법 제467조), 이익공여의 금지(상법 제467조의2)에 관한 사항을 규정하고 있다.

3. 보험업법의 계산 규정

보험업법은 회사의 계산과 관련하여 책임준비금 및 비상위험준비금의 적립에 관한 사항과 배당보험계약과 무배당보험계약의 회계처리에 관한 특칙 규정을 두고 있다. 이하 절을 달리하여 설명한다.

제5절 책임준비금 등의 적립

1. 서설

(1) 책임준비금과 비상위험준비금의 적립 및 감독목적 회계처리 기준의 제정

보험회사는 결산기마다 보험계약의 종류에 따라 대통령령으로 정하는 책임준비금과 비상위험준비금을 계상하고, 따로 작성한 장부에 각각 기재하여야 한다(보험업법 제120조 제1항). 책임준비금과 비상위험준비금의 계상에 관하여 필요한 사항은 총리령으로 정한다(보험업법 제120조 제2항). 금융위원회는 책임준비금과 비상위험준비금의 적정한 계상과 관련하여 필요한 경우에는 보험회사의 자산 및 비용, 그 밖에 대통령령으로 정하는 사항에 관한 회계처리기준을 정할 수 있다(보험업법 제120조 제3항).

(2) 보험업의 공통 회계처리 기준

1) 보험료의 수익인식 기준

보험료수익은 보험료의 회수기일이 도래한 때 수익으로 인식한다. 다만 보험료납입의 유예로 인하여 보험기간 개시일 현재 제1회 보험료(전기납에 한한다) 또는 보험료 전액(일시납인 경우를 말한다)이 회수되지 않은 보험계약의 경우에는 제1회 보험료 또는 보험료 전액은 보험기간 개시일이 속하는 회계연도의 수익으로 인식할 수 있다(보험업감독규정 제6-2조 제1항). 보험료의 연체 등의 사유로 보험료의 납입이 유예되거나 보험계약이 실효된 경우와 보험료의 납입이 면제되는 경우에는 회수 기일이 도래하더라도 수익으로 인식하지 아니한다(보험업감독규정 제6-2조 제2항).

2) 신계약비의 이연 및 상각

가. 의의

신계약비란 신계약의 체결 또는 계약의 갱신과 관련하여 발생하는 비용으로 비례수당, 점포운영비, 판매촉진비 등으로 구성되어 있다. 신계약비의 효과는 해당 보험계약의 기간에 걸쳐 효익을 제공하는 선급비용 또는 재고자산의 성격을 가지고 있다. 신계약비는 미래효익에 대한 자산성이 인정되므로 보험료수입의 기간배분비율에 따라 신계약비를 이연처리하고 있다. 예정사업비의 상당부분을 차지하는 예정 신계약비는 납입보험료의 일부로서 보험료가 납입되는 동안 일정한 반면 모집수당 등 신규계약체결에 소요되는 실제 신계약비는 계약초기에 지출된다. 이러한 경우 수익은 보험료 납입기간 동안 인식되고, 비용은 계약초기에 인식되는 불균형을 시정하기 위하여 실제 신계약비를 일정한 기간 동안 균등하게 비용으로 인식하는 제도가 신계약비 이연상각제도이다.

나. 이연방법

신계약비는 보험계약별로 구분하여 실제 신계약비를 이연한다. 이연한도는 표준해약공제액의 50%(실손의료보험 및 저축성보험은 100%)와 이미 납입한 보험료 중 큰 금액을 한도로 한다. 다만 이연금액이 표준해약공제액을 초과할 수 없다(보험업감독규정 제6-3조 제1항). 표준해약공제액이란 표준해약환급금계산 시 적용되는 해약공제액으로서 연납순보험료의 5%×해약공제계수+보장성보험의 보험가입금액의 1,000분의 10으로 산출한다.

표준해약환급금제도란 보험가격자유화에 따른 과도한 사업비의 부과 방지 보험료산출에 반영되는 사업비를 자유화할 경우 모집수당 등 신계약비의 과도한 지출로 해약환급금 축소 우려가 있으므로, 계약자에게 지급하여야 할 해약환급금의 최저한도를 정하여 보험가입자를 보호하고, 보험요율의 간접적 규제 보험료 덤핑에 따른 시장질서의 혼란과 재무건전성 악화를 방지하기 위해 해약환급금 의 최저한도를 정함으로써 적정보험요율의 산정 및 공정한 가격경쟁 정착을 유도하기 위하여 도입하였다. 해약환급금은 순보험료식 보험료적립금에서 해약공제액을 공제한 금액 이상으로 한다. 다만 순보험료식 보험료적립금에서 해약공제액을 공제한 금액이 음의 값인 경우에는 이를 영으로 처리한다. 한편 해약공제기간은 보험료 납입기간 또는 신계약비 부가기간으로 하되, 보험료 납입기간 또는 신계약비 부가기간이 7년 이상일 때는 7년으로 한다.

다. 상각방법

신계약비는 당해 보험계약의 보험료 납입기간 또는 신계약비 부가기간에 걸쳐 균등하게 상각한다. 다만 보험회사별 미상각신계약비가 당해 회계연도 말 순보험료식 보험료적립금과 해약환급금식 보험료적립금(당해 회계연도 말 순보험료식 보험료적립금에서 해약공제액을 차감한 금액과 영 중 큰 금액)과의 차액보다 큰 경우에는 그 초과금액을 당해 회계연도에 상각하여야 한다(보험업감독규정 제6-3조 제2항).

라. 상각기간

신계약비의 상각은 보험료 납입기간 또는 신계약비 부가기간이 7년을 초과하는 경우에는 상각기간을 7년으로 한다. 해약일(해약 이전에 보험계약이 실효된 경우에는 실효일로 한다)에 미상각 잔액이 있는 경우에는 해약일이 속하는 회계연도에 전액 상각한다(보험업감독규정 제6-3조 제3항). 그러나 보험기간이 1년 이하인 단기보험계약으로 인하여 발생한 신계약비는 발생 시 당기비용으로 처리한다(보험업감독규정 제6-3조 제4항).

마. 신계약비 상각에 따른 손익변동의 이해

신계약비 이연에 따른 손익변동의 사례는 보험료 납입방법 등에 따라 여러 다양한 사례가 발생할 수 있다. 여기서는 가장 간단한 사례를 들어 신계약비 상각에 따른 손익변동의 실례를 살펴본다. 예를 들어, 보험료 납입기간 10년, 매년납, 순보험료식 책임준비금 적립방식 예정신계약비 1,500, 실제신계약비 1,500(1～2차 연도에 집행)이라고 가정할 때 기간별 손익변동현황을 보면 다음 표와 같다.

기간별 손익변동 현황

구분	경과기간										
	1	2	3	4	5	6	7	8	9	10	계
예정신계약비	150	150	150	150	150	150	150	150	150	150	1,500
실제신계약비	800	700									1,500
1차 연도 비용이연	800										800
1차 연도 비용상각	114	114	114	114	114	114	116				800
2차 연도 비용이연		700									700
2차 연도 비용상각		117	117	117	117	117	115				700
손익	36	-81	-81	-81	-81	-81	-81	150	150	150	0

3) 자산의 재평가

자산재평가법에 따라 자산을 재평가한 경우에는 재평가액을 기초로 하여 계상하여야 한다(보험업감독규정 제6-5조).

4) 재공제의 회계처리 방법 등

재공제(관련 법률에 따라 공제업무를 행하는 기관이 보유하고 있는 공제계약의 일부 또는 전부를 인수하는 업무로서 재재공제를 포함한다)를 부수업무로 영위하는 보험회사는 재공제에 따른 손익을 재보험에 대한 회계처리 방식을 준용하여 일반계정 손익계산서에 계정과목별로 합산하여 계상한다(보험업감독규정 제6-6조 제1항). 보험회사는 재공제와 관련하여 교통비와 사무경비 등 실비 외에 신계약비 등 모집실적에 따른 비용을 집행하거나 계상할 수 없다(보험업감독규정 제6-6조 제2항).

(3) 생명보험업 회계처리기준

1) 매도가능 금융자산 평가손익 등의 구분 계상

(i) 공정가치로 평가하는 관계·종속기업투자주식 및 매도가능금융자산의 평가손익은 당해 자산의 취득가액과 공정가액의 차액으로 한다(보험업감독규정 제6-10조 제1항).

(ii) 지분법을 적용하는 관계·종속기업투자주식의 평가손익은 지분법을 적용하는 관계·종속기업의 자본잉여금, 자본조정 및 기타포괄 손익누계액 합계의 누적변동액(취득시와 평가 시의 차액을 말한다) 중 지분비율 해당금액으로 한다(보험업감독규정 제6-10조 제2항).

(iii) 유형자산의 재평가잉여금은 평가시점의 당해 유형자산의 장부금액과 재평가금액과의 차액으로 한다. 다만 당기손익으로 반영되는 재평가잉여금은 제외한다(보험업감독규정 제6-10조 제3항).

(iv) (i) 및 (ii)에 의한 평가손익과 (iii)에 의한 재평가잉여금은 당해 회계년도 배당·무배당보험 평균책임준비금 구성비율(보험업감독규정 제7-80조 제3항의 규정에 의한 투자연도별 투자재원 구성비 방식을 적용하는 보험회사의 경우에는 투자연도별 투자재원 구성비율을 말한다)을 기준으로 계약자 지분조정계정과 기타포괄 손익 누계액 계정으로 구분 계상하며, 연결재무제표를 작성하는 경우에도 이를 준용한다(보험업감독규정

제6-10조 제4항).

(v) 구분계상 대상 평가손익의 범위, 배당·무배당보험 평균책임준비금 구성비율 및 투자연도별 투자재원 구성비율 산출방식 등 (i) 내지 (iv)의 시행에 필요한 세부사항은 감독원장이 정한다(보험업감독규정 제6-10조 제5항).

2) 재평가적립금의 처리방법

가. 처리

생명보험회사는 재평가적립금(자산 재평가법에 의한 자산재평가를 한 경우에 재평가 차익에서 재평가일 1일 전의 대차대조표상의 이월결손금과 재평가세액을 공제한 후의 잔액을 말한다)의 90% 이상을 계약자 지분으로 처리하고 잔여액은 주주 지분으로 처리한다(보험업감독규정 제6-15조 제1항).

나. 주주 지분의 사용

주주 지분은 재평가일 이후 발생한 대차대조표상의 이월결손금의 보전 또는 자본전입 등에 사용할 수 있다(보험업감독규정 제6-15조 제2항). 주주 지분 사용 시에 재평가적립금의 처리방법과 계약자 지분의 처리에 대한 구체적인 계획을 감독원장에게 제출하여야 한다(보험업감독규정 제6-15조 제4항).

다. 계약자 지분의 회계 처리 및 사용

계약자 지분은 부채계정으로 처리하고 금융감독원장의 승인을 받아 다음과 같이 사용한다(보험업감독규정 제6-15조 제3항). (i) 계약자 지분 중 2분의 1 이상을 과거 계약자의 몫으로 하여 공익법인에 출연한다. (ii) 계약자 지분 중 (i)에 의하여 처리된 금액의 잔여액은 재평가일 1일 전 현재 1년 이상 유지된 보험계약에 대하여 보험료적립금에 비례하여 계산한 금액을 당해 계약자에게 지급한다. 공익법인출연과 보험계약자에 대한 지급은 생명보험회사가 자본전입을 시작한 회계연도부터 실시하여야 한다(보험업감독규정 제6-15조 제5항).

(4) 손해보험업 회계처리기준

1) 구상채권의 수익인식

가. 의의

구상채권이란 보험사고발생으로 지급된 금액 중 보험사고의 해결과정에서 취득하는 담보자산의 매각 또는 구상권 등 기타 권리의 행사로 인한 회사가능채권 또는 보험사고 발생시 보험회사가 보험금을 지급한 후에 보험사고로 인한 구상물건의 대위권 또는 소유권을 계약자 또는 피보험자로부터 취득한 채권을 말한다.[7]

나. 구상채권의 수익인식

보험회사는 결산일 현재 보험사고 발생으로 지급된 보험금 중 보험사고의 해결과정에서 취득하는 담보자산의 매각 또는 구상권 등 그 밖의 권리행사로 인한 회수 가능액을 추산하여 수익으로 인식하여야 한다(보험감독규정 제6-17조 제1항).

다. 회수 가능액 추산방법

회수 가능액을 추산하는 방법은 과거 일정 기간(3년 내지 5년) 동안의 실제 구상률에 의한 회수율을 기초로 산출한 경험률을 적용하거나, 보험업감독규정 제7-3조(자산건전성 분류)의 규정을 준용하여 계산된 금액을 적용한다. 다만 그 적용 방법은 매기 계속적으로 적용하여야 한다(보험감독규정 제6-17조 제1항).

2. 상법상 준비금제도

(1) 준비금의 의의

준비금이란 회사가 순재산액에서 자본금을 공제한 금액 가운데 일부를 주주에게 배당하지 않고 사내에 유보해두는 금액을 말한다.

준비금에는 상법이 그 적립을 강제하고 있는 법정준비금과 회사가 자신의 경영 판단하에 정관 또는 주주총회 결의 등으로 적립한 임의준비금이 있다.

7 금융감독원, 「보험회계해설서」, 75면.

(2) 상법에서 규정하고 있는 준비금

1) 준비금의 종류

법정준비금에는 상법 제458조의 이익준비금과 상법 제459조의 자본준비금이 있다. 이익준비금은 손익거래에 의해서 발생한 잉여금이나 이익의 사내유보에서 발생하는 잉여금인 이익잉여금을 재원으로 하고, 자본준비금은 손익거래 이외의 자본거래에서 발생하는 자본잉여금을 재원으로 한다.

2) 적립액 및 한도

이익준비금은 매 결산기 금전 또는 현물에 의한 이익배당의 경우 이익배당액의 10% 이상을 적립하여야 한다. 준비금은 회사재산의 유출을 규제하기 위한 것이므로 그 재산 유출의 정도에 비례하여 적립하도록 한 것이다.[8] 주식배당의 경우에는 회사재산이 유출되는 것은 아니므로 이익준비금의 적립의무가 없다. 적립한도는 무한정 적립하는 것이 아니라 자본금의 50%가 될 때까지 적립하여야 한다. 한도를 초과하여 적립할 수 있으나 그러한 부분은 임의적립금으로 처리된다.

자본준비금은 자본거래에서 발생한 잉여금을 재원으로 적립하는 것인데, 자본거래란 주주와 회사 사이에서 발생하는 거래를 말한다. 자본거래에서 발생한 이익은 손익거래에서 발생한 이익과 달리 본질적으로 주금납입과 동일하다고 보아 주주에게 이익배당 등으로 반환하는 것을 금지한다.[9]

3) 법정준비금의 사용

가. 결손보전

자본금과 준비금은 채권자 보호를 위해 존재해야만 하는 금액이다. 영업부진으로 인하여 손실이 누적되는 경우 자본금을 까먹는 경우도 발생하는데, 이를 결손이라고 한다.

종래에는 상법 제460조가 결손보전의 경우 이익준비금으로 우선 충당하고 부족한

8 송옥열, 앞의 책, 1163면.
9 송옥열, 앞의 책, 1163면.

경우에 한하여 자본준비금을 사용하도록 하였다. 그러나 2011년 개정 상법에서는 이러한 제한을 폐지하였다.

나. 자본금 전입

준비금의 자본금 전입이란 준비금 계정의 금액을 차감하고 동액상당만큼을 자본금 계정으로 이동하여 가산하는 것을 말한다. 결손보전이 자금의 수치를 준비금 계정에서 이익잉여금 계정으로 이동시키는 것이라면 자본금 전입은 준비금 계정에서 자본금 계정으로 이동시키는 것이다.

준비금의 자본 전입에 따라 자본금이 증가하는데, 이러한 의미는 액면주식의 경우 전입액을 액면으로 나눈 만큼의 신주가 발행된다는 의미를 가진다. 이에 비해 회사가 무액면 주식을 발행한 경우에는 발행되는 신주를 자유롭게 정할 수 있다. 이를 일반적으로 무상증자라고 하고 발행되는 신주를 무상주라고 한다. 여기서 무상이란 신주가 발행되지만 주금의 대가의 납입이 없다는 것을 의미한다.[10] 주금의 납입이 없으므로 회사의 순재산에는 변화가 없고 이 경우 주주에게 지분에 비례하여 배정하여야 하고 제3자에게 배정할 수 없다(상법 제461조 제2항).

이처럼 자본 전입으로 인한 신주의 발행의 효력 발생 시기와 관련하여 상법 제461조에서는 자본금 전입결정을 누가 하느냐에 따라 신주의 효력발생시기를 다르게 정하고 있다. 자본금 전입을 이사회가 정하는 경우에는 이사회가 정한 배정기준일이 되고(상법 제461조 제3항), 주주총회에서 정하는 경우에는 주주총회 결의가 있은 날에 효력이 발생한다(상법 제461조 제4항).

다. 준비금의 감소

법정준비금은 사용처를 제한하고 있고 사외 유출이 엄격하게 제한되므로 원칙적으로 위에서 본 결손보전과 자본금 전입으로만 사용할 수 있다. 그러나 2011년 개정 상법 제461조의2는 준비금의 감소제도를 마련하여 과다하게 적립된 준비금을 배당재원으로 활용할 수 있도록 하였다. 준비금의 감소는 회사재산에 실질적 변화를 가져오는 것은 아니고 단지 배당가능이익을 증가시키는 의미에 불과하다.[11]

10 송옥열, 앞의 책, 1164면.

(3) 임의준비금

정관의 규정 또는 주주총회의 결의로 적립하는 준비금을 임의준비금이라고 한다. 보통 사용목적이 특정되어 있으므로 그 용도로 사용하지만 배당의 재원으로 사용할 수도 있다. 임의준비금은 이익잉여금 항목이므로 그 금액이 실제로 존재하고 있는 이상 결손이나 결손보전이라는 개념을 생각할 수 없고 법정준비금이 아니므로 자본금 전입도 불가능하다.[12]

(4) 보험업법상 책임준비금과 차이점

상법상의 준비금은 위에서 본 바와 같이 자본계정에 속해 있는 자본성 준비금이다. 그런데 보험업법에서 적립을 요구하는 책임준비금은 부채성 준비금으로서 그 성격은 판이하게 다르다.

3. 책임준비금제도

(1) 책임준비금의 의의

책임준비금이란 보험계약을 체결한 경우 보험계약자로부터 매년 납입받은 보험료 중에서 예정기초율(표준이율, 표준위험률)대로 비용(예정사업비, 위험보험료)을 지출하고, 보험계약자에게 장래에 지급할 보험금, 환급금, 계약자 배당금 등의 부채에 충당하기 위하여 적립하는 법정준비금이다. 책임준비금은 보험회사의 측에서 보면 보험계약자에 대한 부채이고 보험계약의 가치이다.

또한 보험계약자가 중도에 해약할 경우 환급금의 지급 재원이 된다. 책임준비금은 보험계약자에 대한 부채이고 손익계상의 기준으로 준비금 적립의 충실도는 보험회사 경영의 건전성 유지와 보험계약자 이익보호에 직결되기 때문에 감독당국의 엄격한 규제 대상이 되고 있다.

---

11 송옥열, 앞의 책, 1165면.
12 송옥열, 앞의 책, 1165면.

(2) 책임준비금의 성격

책임준비금은 보험계약의 체결에 따른 장래에 지급할 보험금, 환급금, 계약자배당금 및 이에 관련되는 비용에 충당하기 위하여 적립하여야 하는 금액으로서 평가성 부채이다. 또한 보험계약자로부터 보험료를 받아 예정기초율대로 비용, 예컨대 사망보험금, 만기보험금, 중도해약환급금, 사업비 등을 지출하고 그때까지 예정이율대로 부가된 금액이다.

(3) 책임준비금 등의 계상

1) 책임준비금의 계상

보험회사는 결산기마다 보험계약의 종류에 따라 대통령령으로 정하는 책임준비금과 비상위험준비금을 계상하고 따로 작성한 장부에 각각 기재하여야 한다(보험업법 제120조 제1항). 보험회사는 장래에 지급할 보험금·환급금 및 계약자배당금의 지급에 충당하기 위하여 매 결산기 말 현재 보험금 등의 지급사유가 발생하지 아니한 계약 및 보험금 등의 지급사유가 발생한 계약으로 나누어 책임준비금을 계상하여야 하는데(시행령 제63조 제1항), 보험금 등의 지급사유가 발생하지 아니한 계약의 경우 (i) 보험금을 일정 수준 이상으로 지급하기 위하여 적립한 금액, (ii) 장래에 보험금 및 환급금을 지급하기 위하여 적립한 금액, (iii) 결산기 말 이전에 납입된 보험료 중 결산기 말 후의 기간에 해당하는 보험료를 적립한 금액을 적립하여야 하고, 보험금 등의 지급사유가 발생한 계약의 경우 보험금등에 관한 소송이 계속 중인 금액이나 지급이 확정된 금액과 보험금 지급사유가 이미 발생하였으나 보험금 지급금액의 미확정으로 인하여 아직 지급하지 아니한 금액을 적립하여야 한다. 또한 보험회사가 보험계약자에게 배당하기 위하여 적립한 금액도 책임준비금으로 적립하여야 한다.

2) 재보험의 책임준비금 적립

가. 재보험사의 적립의무

보험회사가 일정한 요건을 충족하는 재보험에 가입한 경우 재보험사가 재보험을 받은 부분에 대한 책임준비금을 적립하여야 한다(시행령 제63조 제2항). 이때 재보험에 가입한 보험회사는 이를 명확히 하기 위하여 재보험회사가 적립한 책임준비금을 별도의 자산, 즉 재보험자산으로 표시하여야 한다. 이와 같이 재보험자가 책임준비금을 적립의무를 부담하기 위해서는 재보험이 보험위험의 전가가 있어야 하고, 해당 재보험계약으로 인하여 재보험을 받은 회사에 손실발생 가능성이 있어야 한다.

나. 재보험자산의 감액

재보험에 가입한 후 재보험사가 국내외 감독기관이 정하는 재무건전성 기준을 충족하지 못하거나 국제적으로 인정받는 신용평가기관 또는 이에 상응하는 국내신용평가기관에서 실시한 최근 3년 이내의 신용평가에서 평가등급이 투자적격이 아닌 경우에는 금융위원회가 정하여 고시하는 방법에 따라 재보험자산을 감액하여야 한다. 다만 외국 정부가 자본금의 2분의 1 이상을 출자한 외국보험회사로서 국제적으로 인정받는 신용평가기관에서 실시한 최근 3년 이내의 신용평가에서 해당 정부가 받은 국가신용등급이 투자적격인 경우는 제외한다(시행령 제63조 제3항).

4. 생명보험업의 책임준비금

(1) 책임준비금의 구분

책임준비금은 보험료적립금, 미경과 보험료적립, 지급준비금, 계약자배당준비금, 계약자이익배당준비금, 배당보험손실보전준비금, 재보험료적립금, 보증준비금으로 구분하여 각각 적립한다(보험업감독규정 제6-11조 제1항).

(2) 보험료적립금

1) 의의

보험료적립금은 대차대조표일 현재 유지되고 있는 계약에 대하여 장래의 보험금 등의 지급을 위해 적립하여야 하는 금액이다. 보험료적립금은 보험료 및 책임준비금 산출방법서에 따라 계산한 금액으로 적립한다(보험업감독규정 제6-12조 제1항).

보험료적립금은 감독원장이 정하는 기초율(표준이율, 표준위험률)을 적용하여 계산하며, 책임준비금의 대부분(90% 이상)을 보험료적립금이 점유하고 있어 통상 책임준비금이라 하면 보험료적립금을 말한다.

보험수리적으로 보험료적립금은 장래에 지급될 보험금의 현가(과거에 납입된 보험료의 종가)에서 미래에 납입될 순보험료의 현가(과거에 지급된 보험금의 종가)를 차감한 금액으로 볼 수 있으며 다음과 같이 월별 기간경과에 따라 산출한다.

산출 공식

$$t+m/12\,V = t\,V + m/12 \times (t+1\,V - t\,V)$$

단, m: 납입경과월수, $t\,V$: 보험연도 말 순보험료식 보험료적립금
※ 예정기초율 및 표준기초율

2) 보험료적립금 적립방식의 변천과정

가. 1978년 이전

보험업계가 당기손을 시현함에 따라 준비금적립방법은 전기 질머식을 사용하고 재무구조가 취약한 회사의 실정을 고려하여 매년 결산지침에 탄력적으로 운용하도록 하였다. 즉, 초과사업비의 적립금 공제, 적립금 예정이율의 별도 사용(보험료 산출 시 예정이율+3% 이하), 부치준비금 인정 및 자산재평가 등의 방법을 허용하였다.

나. 1979~1986년

보험회사의 재무구조가 호전됨에 따라 1980년 결산지침에 의거 기존의 준비금 부담경 감조치를 일소하고 처음으로 순보험료식 준비금을 원칙으로 하되 회사 실정에 따라 단기 또는 전기 질머식으로 적립이 가능하도록 하였다. 단체보험, 5년 이하 양로보험, 중도보험금지급보험 및 저축보험료 등 순보험료비율이 90% 이상인 보험종목에 대해서는 순보험료식 적립이 가능하도록 하였다. 1984년에는 순보험료식의 준비금을 적립하고도 당기순이익이 발생한 보험회사의 경우에는 계약자이익배당준비금을 적립할 수 있게 하였다

다. 1987~1998년

보험회사의 재무구조 건전화를 유도할 목적으로 순보험료식 준비금과 해약환급금식 준비금의 혼합비례 적립방식인 K율 방식($0 \leq K \leq 1$)이 채택되어 사용되었으며, 동 적립

률은 매년 유지 또는 상향 조정하되 전년도보다 하향 조정될 수 없다.

$$tV = K \cdot tV(N) + (1-K) \cdot tV(W)$$
$$K = tV - tV(W) \ \ tV(N) - tV(W)$$

tV: 실제적립준비금, $tV(W)$: 해약환급금식준비금
$tV(N)$: 순보험료식준비금, K: 보험료적립금적립률

라. 1999~2000년

보험업법상 순보험료식 보험료적립금을 원칙으로 하되 금융감독위원회가 인정하는 경우 보험수리상 지장이 없는 범위 안에서 다른 방식으로 적립이 가능하다(장기손해보험의 경우 질머식 준비금의 100%, 개인연금보험의 경우 순보험료식준비금－(예정신계약비×(7-t)/7)로 적립). 따라서 현행 책임준비금은 원칙적으로 순보험료식을 채택하고 있으나 실질적으로는 신계약비를 이연자산으로 처리하여 7년 상각을 인정하므로 과거 7년 상각 해약환급금식을 채택하고 있다고 할 수 있다(실질적 해약환급금식).

마. 2000년 이후 표준책임준비금제도 도입

보험가격자유화에 따른 건전성 규제장치 마련을 위한 것으로, 준비금적립기 초율을 보험료산출기초율과 동일하게 사용하는 현행 방식은 보험가격자유화 시 준비금적립의 부 실화를 초래하여 회사의 재무건전성을 위협할 수 있으므로, 준비금적립 시 객관적이고 보수적인 기초율을 사용하도록 하는 표준책임준비금제도를 도입함으로써 가격자유화 추진 시 초래될 수 있는 재무구조 부실화를 방지하고 보험가입자의 권익을 보호하기 위해 마련된 제도이다.

3) 보험료 적립방식

보험료 적립방식으로는 순보험료식, 질머식, 해약환급금식, 초년도 정기식, 수정 초년도 정기식, 충족보험료식 등 다양한 방식이 있으나 이하에서는 순보험료식, 질머식, 해약환급금식 적립방식에 대하여 설명하고자 한다.

가. 순보험료식

우리나라와 일본에서 채택하고 있는 방식으로 책임준비금을 계산할 때 영업보험료에서 부가보험료를 제외한 평준순보험료만을 고려하는 계산방식으로 가장 보수적이고 충실한 적립방식이다. 재무건정성이 확보되어 이익이 발생하는 회사의 경우 이익의 회사유보가 가능하여 지급능력이 안정화되나, 초기 예정신계약비의 사용으로 초기 준비금 적립에 따른 손실이 발생하여 보장성보험의 판매 확대 시 손익구조가 악화되고 준비금의 과대적립으로 배당금제도에 형평성 문제가 제기될 수 있는 문제점이 있다.

$${}^{h}_{t}V_{x:\overline{n|}} = A_{x+t:\overline{n-t|}} - {}_{h}P_{x:\overline{n|}} \cdot \ddot{a}_{x+t\overline{h-t|}}$$

나. 질머식

보험료 산출 시에는 수입보험료 중 사업비 지출의 재원이 되는 부가보험료는 전 보험료 납입기간 동안 동일하게 부가되어 있다. 그런데 신계약비는 보험계약 초기에 집중되어 지출된다. 이러한 결과 예정 신계약비로 책정된 부가보험료를 초과하여 집행하게 된다. 질머(zillmer)식 책임준비금은 순보험료식 책임준비금에서 계약초기에 사용하는 신계약비를 비용으로 인정하되 그 비용만큼 초기에 준비금을 적게 적립하고, 그 후 일정기간 동안 비용의 경감분을 추가로 적립하여 점차 순보험료식에 접근할 수 있도록 적립하는 방식이다. 순보험료 전용부분의 상각기간에 따라 전기, 5년 및 10년 등으로 나눌 수 있다. 즉, 질머식 책임준비금＝순보험료식 책임준비금-미상각신계약비이다. 영국에서 사용되는 방식이다.

다. 해약환급금식

해약환급금식은 보험계약이 해약될 경우 지급할 해약환급금을 최소금액으로 적립하는 방식이다. 질머식 책임준비금과 마찬가지로 순보험료식 책임준비금에서 초기에 사용하는 신계약비를 차감하는 것은 동일하나 동 신계약비를 일정 기간 동안 균등 배분하여 상각한다는 점에서 차이가 있다. 즉, 해약환급금식 책임준비금은 상각기간이 끝나는 시점에서 순보험료식 책임준비금과 같아지며 상각기간이 짧을수록 해약환급금식 책임준비금의 적립금액이 많아진다. 우리나라의 경우 원칙적으로는 순보험료식 준비금을 채택하고 있으나, 신계약비를 7년 이내 균등 상각할 수 있도록 함으로써 실질적인 해약환급금식 책임준비금제도라고 볼 수 있다.

경과기간이 3년을 초과하는 경우로서 보험료 납입기간이 7년 이상일 때는 보험료 납입기간을 7년으로 하고 있다. 이처럼 7년 상각 방식을 채택하고 있는 것은 일반적으로 보험회사는 다른 금융기관과는 달리 제도적으로 보험료 중 일정금액만큼을 사업비로 사용하도록 되어 있다는 점이 고려된 것이다. 특히 사업비 중 신계약비는 초년도에 모두 집행하는 특징이 있으므로 계약자가 보험계약을 해약할 경우 예정사업비 금액만큼을 공제한 금액을 해약환급금으로 지급하는 것이다.

4) 보험료적립금의 적용 이율 및 위험률 등

가. 금리연동형 보험

금리연동형 보험의 이율 중 보험회사가 공시하는 형태의 이율, 즉 공시이율은 공시기준이율에 조정률을 반영하여 (i) 공시기준이율은 금융감독원장이 정하는 바에 따라 객관적인 외부지표금리 및 운용자산이익률에 대한 가중평균방법을 통해 산출한다(보험업감독규정 제6-12조). 운용자산이익률은 운용자산수익률에서 투자지출률을 차감하여 산출한다(운용자산은 당기손익에 반영되지 않은 운용자산 관련 미실현손익을 제외한 금액을 기초로 계산).

이 경우 운용자산수익률은 산출시점 직전 1년간의 자사의 투자영업수익을 기준으로 산출하며, 투자지출률에 사용되는 투자비용은 동 기간 동안 투자활동에 직접적으로 소요된 비용을 반영하여 합리적인 방법에 의하여 산출한다. 공시이율은 금융감독원장이 정하는 보험상품별로 동일하게 적용하여야 한다. 다만 (i) 유배당보험과 무배당보험간에 달리 적용하는 경우, (ii) 상품별 공시이율 변경주기의 불일치로 인해 특정시점에서 적용이율의 차이가 발생하는 경우, (iii) 농업협동조합법 부칙(법률 제10522호) 제15조 제5항에 따라 농협생명보험 및 농협손해보험으로 인수되는 공제계약과 2012년 3월 2일 이후 보험상품 간에 달리 적용하는 경우, (iv) 기존보험계약의 공시이율 하한 이하로 공시이율을 결정하는 경우에는 상품별로 달리 적용할 수 있다. 금리연동형보험의 경우 최저보증이율 또는 최저보증금액을 설정하여야 한다(보험업감독규정 제6-12조 제4항).

(3) 미경과 보험료적립금

미경과 보험료적립금은 회계연도 말 이전에 납입기일이 도래한 보험료 중 차기 이후의 기간에 해당하는 보험료로서 보험료 및 책임준비금 산출방법서에 의하여 계산한 금액으로 한다(보험업감독규정 제6-11조 제3항).

(4) 지급준비금

1) 지급준비금의 의의

지급준비금은 매 회계연도 말 현재 보험금 등의 지급사유가 발생한 계약에 대하여 지급하여야 하거나 지급하여야 할 것으로 추정되는 금액 중 아직 지급하지 아니한 금액을 말한다(보험업감독규정 제6-11조 제4항).

2) 지급준비금의 산출

지급준비금 산출은 보험사고별로 추산하거나 통계적인 방법 등을 사용하며, 구체적 산출기준은 금융감독원장이 정한다(보험업감독규정 제6-11조 제5항).

(5) 계약자배당준비금

1) 계약자 배당금

가. 의의

계약자배당준비금은 법령이나 약관 등에 의하여 계약자배당(이자율배당, 장기유지특별 배당, 위험률차배당 등)에 충당할 목적으로 적립하는 금액이다.

나. 계약자 배당금의 구분

계약자배당은 이자율차배당, 장기유지특별배당, 위험률차배당, 사업비차배당으로 한다. 계약자배당을 위한 준비금은 계약자배당준비금(이자율차배당준비금, 장기유지특별배당준비금, 위험률차배당준비금, 사업비차배당준비금)과 계약자이익배당준비금으로 구분한다(보험업감독규정 제6-14조 제1항).

다. 계약자 배당금의 산출

계약자배당의 대상 계약 및 배당금산출기준 등은 금융감독원장이 정한다(보험업감독규정 제6-14조 제2항).

라. 계약자 배당금의 지급

계약자배당금은 보험계약별로 보험연도 말에 지급하되 배당 발생 후 실제 지급 시까지 자산운용실적 등을 고려하여 매 회계연도별로 생명보험회사가 정하는 이율로 계산한 이자상당액을 가산한다. 다만 생명보험회사가 정하는 이율은 직전 회계연도 평균공시이율과 같거나 높아야 한다(보험업감독규정 제6-14조 제8항). 생명보험회사는 계약자배당금을 현금지급·납입할 보험료와 상계·보험금 또는 제환급금 지급 시 가산방법 중 계약자가 선택하는 방법에 따라 지급하여야 한다. 다만 조세특례제한법에 의한 개인연금보험계약 및 연금저축보험계약의 계약자배당금은 생명보험회사가 정하는 이율로 하여 계약소멸 시 또는 연금 개시 이후 연금에 증액하여 지급하고 퇴직보험의 계약자배당금은 보험료적립금에 가산하며 종업원퇴직적립보험의 계약자배당금을 납입할 보험료와 상계하는 경우에는 당해보험료 산출 시 사업비를 부가할 수 없다(보험업감독규정 제6-14조 제9항).

2) 계약자배당준비금의 구분

계약자배당준비금은 금리차 보장준비금, 위험률차 배당준비금, 이자율차 배당준비금, 사업비차 배당준비금, 장기유지 특별배당준비금, 재평가 특별배당준비금으로 구분한다(보험업감독규정 제6-11조 제6항).

3) 계약자 배당준비금 적립 전 잉여금의 처리

가. 처리원칙

생명보험회사는 매 회계연도 말에 책임준비금(금리차보장배당 등의 소요액은 포함하고, 직전 회계연도 말 신규로 적립한 계약자 배당준비금을 초과하여 발생한 계약자배당금은 제외한다)을 우선 적립한 후 잔여액을 유·무배당보험손익 및 자본계정운용손익으로 구분하며, 무배당보험손익 및 자본계정운용손익은 주주 지분으로 처리하고 유배당보험 이익에 대한 주주 지분은 100분의 10 이하로 하고 잔여부분은 계약자 지분으로 처리한다(보험업감독규정 제6-13조 제1항).

연결재무제표를 작성하는 보험회사의 경우 책임준비금을 우선 적립한 후 연결손익 중 지배회사 지분 상당액(지배회사 발생손익과 종속기업 발생손익에 대한 지배회사 지분상당액의 합계액을 말한다)을 계약자배당준비금 적립 전 잉여금으로 본다(보험업감독규정 제6-13조 제6항).

회계기준 변경 등에 따라 이익잉여금에서 직접 변동되는 금액은 계약자 배당준비금 적립 전 잉여금에 가산하여 처리한다. 다만 연결재무제표를 작성하는 보험회사의 경우 연결이익잉여금 변동금액을 계약자 배당준비금 적립 전 잉여금에 가산한다(보험업감독규정 제6-13조 제7항).

나. 지분별 처리

가) 주주 지분

주주 지분은 법인세비용의 납부재원, 결손보전 및 주주배당 등으로 사용할 수 있다(보험업감독규정 제6-13조 제2항). 주주배당은 당해 회계연도 말 지급여력비율이 100% 이상인 경우에 정관이 정하는 바에 따라 실시할 수 있다(보험업감독규정 제6-13조 제4항).

나) 계약자 지분

계약자 지분은 계약자배당을 위한 재원과 배당보험손실보전준비금 적립목적 외에 다른 용도로 사용하거나 적립할 수 없다(보험업감독규정 제6-13조 제3항).

4) 계약자 배당준비금 적립

계약자 지분에서 배당보험 손실보전준비금을 우선 적립한 후 계약자 배당준비금으로 적립한다(보험업감독규정 제6-14조 제3항). 계약자배당준비금 적립 전 잉여금이 부족한 경우에도 이익이 발생한 이원(위험률차, 이자율차, 사업비차)에 대하여 계약자 배당준비금을 적립할 수 있다(보험업감독규정 제6-14조 제4항).

(6) 계약자 이익배당준비금

1) 의의

계약자 이익배당준비금은 장래에 계약자배당에 충당할 목적으로 법령이나 보험약관에 의해 영업성과에 따라 총액으로 적립하는 금액을 말한다(보험업감독규정 제6-11조 제7항).

2) 적립

계약자 지분에서 배당보험 손실보전준비금을 우선 적립한 후 계약자 배당준비금으로 적립하고, 잔여지분을 총액으로 계약자 이익배당준비금으로 적립한다(보험업감독규정 제6-14조 제3항).

3) 처리

생명보험회사는 당해회계연도 이전에 총액으로 적립한 계약자 이익배당준비금을 계약자 배당준비금으로 우선 사용하여야 하며, 직전 회계연도 말 신규로 적립한 계약자 배당준비금 중 실제로 발생하지 아니한 계약자배당금은 당해 회계연도 이전에 총액으로 적립한 계약자이익배당준비금에 가산한다. 다만 직전 회계연도 말 신규로 적립한 계약자 배당준비금을 초과하여 발생한 계약자배당금은 당해 회계연도 이전에 총액으로 적립한 계약자이익배당준비금, 계약자 지분, 주주 지분의 순으로 차감한다(보험업감독규정 제6-14조 제5항). 계약자이익배당준비금은 당해회계연도 종료일부터 5년 내에 개별계약자에 대한 계약자배당재원으로 사용하여야 한다(보험업감독규정 제6-14조 제6항).

(7) 배당보험 손실보전준비금

1) 의의

배당보험 손실보전준비금은 배당보험계약의 손실을 보전하기 위한 목적으로 적립하는 준비금을 말한다(보험업감독규정 제6-11조 제8항).

2) 적립

생명보험회사는 매 결산기 이후 배당보험이익 계약자 지분의 100분의 30 이내에서 배당보험손실보전준비금을 적립할 수 있다(보험업감독규정 제6-13조의2 제1항). 배당보험손실보전준비금은 적립한 회계연도 종료일로부터 5년 내의 회계연도에 배당보험계약의 손실을 보전하고, 보전 후 잔액은 개별계약자에 대한 계약자배당재원으로 사용하여야 한다(보험업감독규정 제6-13조의2 제2항).

(8) 재보험료적립금

보험계약을 수재한 경우에는 수재부분에 대한 책임준비금을 재보험료적립금의 과목으로 하여 적립하여야 한다(보험업감독규정 제6-11조 제9항).

(9) 보증준비금

보증준비금은 보험금 등을 일정 수준 이상으로 보증하기 위해 장래 예상되는 손실액 등을 고려하여 적립하는 금액으로서 세부적인 적립방법은 감독원장이 정한다(보험업감독규정 제6-11조 제10항).

(10) 책임준비금의 적정성 평가

보험회사는 책임준비금이 보험계약의 미래현금흐름(보험금처리원가를 포함한다)에 대한 현행추정치를 적용하여 계산한 책임준비금보다 부족한 경우, 그 부족액을 책임준비금에 추가로 적립한다(보험업감독규정 제6-11조의2 제1항). 책임준비금의 적정성 평가의 세부사항은 감독원장이 정한다(보험업감독규정 제6-11조의2 제2항).

5. 손해보험업의 책임준비금

(1) 개요

손해보험업의 경우에도 책임준비금을 적립하여야 하고, 여기에 따로 비상위험준비금을 적립하여야 한다. 이러한 규정체계로 볼 때 책임준비금과 비상위험준비금은 그 성격이 다른 것이다.

(2) 책임준비금

1) 구분

손해보험업에서 책임준비금은 지급준비금, 보험료적립금, 미경과 보험료적립금, 계약자배당준비금, 계약자이익배당준비금 및 배당보험손실보전준비금으로 세분한다(보험업감독규정 제6-18조 제1항).

2) 지급준비금

지급준비금은 매 회계연도 말 현재 보험금등의 지급사유가 발생한 계약에 대하여 아직 지급하지 아니한 금액으로 보험사고별로 추산하여 산출하거나 통계적인 방법 등을 사용하여 산출하며 산출기준은 감독원장이 정한다(보험업감독규정 제6-18조 제4항).

3) 보험료적립금

보험료적립금은 대차대조표일 현재 유지되고 있는 계약에 대하여 장래의 보험금 등의 지급을 위하여 적립하여야 하는 금액으로서 보험업감독규정 제6-12조의 규정에 의하여 계산한 금액으로 한다. 다만 보험료적립금이 영(0)보다 적은 때는 영(0)으로 한다(보험업감독규정 제6-18조 제2항).

4) 미경과 보험료적립금

미경과 보험료적립금은 회계연도 말 이전에 납입기일이 도래한 보험료 중 차기 이후의 기간에 해당하는 보험료를 적립한 금액으로서 산출기준은 감독원장이 정한다(보험업감독규정 제6-18조 제3항).

5) 계약자배당준비금

계약자배당은 이자율차배당, 위험률차배당, 사업비차배당으로 하며, 계약자배당을 위한 준비금은 계약자배당준비금(이자율차배당준비금, 위험률차배당준비금, 사업비차배당준비금)과 계약자이익배당준비금으로 구분한다(보험업감독규정 제6-20조 제1항). 계약자 배당금의 산출 및 지급 등에 관한 사항은 생명보험회사에 관한 규제가 동일하게 준용된다(보험업감독규정 제6-20조 제3항).

계약자배당준비금의 적립 전 잉여금의 처리 등에 관한 사항도 생명보험회사의 규제가 준용된다(보험업감독규정 제6-19조).

6. 비상위험준비금

(1) 의의

비상위험준비금이라 함은 예정위험률을 초과하는 비상위험에 대비하여 적립하는 준비금이다. 예컨대 원자력 발전소의 방사능 누출, 초대형 선박이나 항공기 사고에 대비하여 적립하는 준비금을 말한다.[13]

(2) 적립 필요성

산업구조가 고도화되고 경제활동의 폭이 넓어짐에 따라 각종의 재난위험빈도 및 규모가 증가하게 되었다. 예를 들어, 원자력발전소, 초대형 선박, 항공기, 중화학콤비나트, 초고층 빌딩 등은 언제든지 거대한 사고가 발생할 가능성이 높다. 이러한 거대 위험이 보험사고로 현실화되면 거액의 보험금의 유출이 발생하게 되고, 거액을 보험금을 감당하지 못한 보험회사의 경우 하루아침에 도산되는 경우도 발생하게 된다. 따라서 손해보험사는 언제 발생할지 모르는 비상위험에 대비하여 사전에 준비금을 적립할 필요가 있다.

(3) 적용 범위

비상위험준비금의 적립에 관한 규정은 손해보험업을 영위하는 보험회사에 한하여 적용되는 규정이다. 따라서 생명보험업 및 제3보험업을 영위하는 보험회사는 비상위험준비금을 적립하지 않아도 된다(시행령 제64조 제3항).

(4) 비상위험준비금의 계상

보험업법은 손해보험사로 하여금 비상위험에 대비하여 매 결산기마다 보험계약의

13 금융감독원, 앞의 책, 154면.

종류에 따라 비상위험준비금을 계상하도록 하고 이를 따로 작성한 장부에 기재하도록 규정하고 있다(보험업법 제120조 제1항).

(5) 계상기준

손해보험업을 경영하는 보험회사는 해당 사업연도의 보험료 합계액의 100분의 50(보증보험의 경우 100분의 150) 범위에서 금융위원회가 고시하는 기준에 따라 비상위험준비금을 계상하여야 한다(시행령 제63조 제4항).

1) 비상위험준비금 적립

가. 적립기준

비상위험준비금은 화재보험, 해상보험, 자동차보험, 특종보험, 보증보험, 수재 및 해외원보험의 6개 종목으로 구분하여 경과보험료의 일정비율에 도달할 때까지 매 분기 보험종목별 보유보험료×적립기준율에 의하여 산출된 금액의 100분의 35 이상 100분의 100 이하의 금액을 기존 적립액, 향후 손해율 추이 등을 고려하여 이익잉여금 내 비상위험준비금으로 적립한다. 다만 미처리결손금이 있는 경우에는 미처리결손금이 처리된 때부터 비상위험준비금을 적립한다(보험업감독규정 제6-18조의2 제1호).

나. 비상위험준비금의 환입

비상위험준비금은 보험종목별로 경과위험손해율(발생손해액을 경과위험보험료로 나눈 비율을 말한다)이 일정비율을 초과하고 보험영업손실 및 당기순손실이 발생하는 경우 그 초과금액을 당기순손실 이내에서 미처분 이익잉여금으로 환입할 수 있다(보험업감독규정 제6-18조의2 제2호). 비상위험준비금의 적립과 환입은 보험종목별로 구분하여 관리한다. 다만 특정 보험종목의 비상위험준비금 적립액이 환입가능금액보다 적은 경우 그 부족액의 50% 이내에서 다른 보험종목의 비상위험준비금 적립액에서 각 적립수준에 비례하여 환입할 수 있다(보험업감독규정 제6-18조의2 제3호). 보험종목별 경과보험료, 보유보험료 및 경과위험손해율은 당해 사업연도를 기준으로 한다. 다만 당해 사업연도의 경과보험료가 직전 사업연도의 경과보험료보다 적은 경우 직전 사업연도의 금액을 기준으로 한다(보험업감독규정 제6-18조의2 제4호).

7. 책임준비금의 적정성 검증제도

(1) 의의

책임준비금은 보험금 지급재원이 되는 중요한 자원이므로 가급적 충실하게 적립할 필요가 있고, 회계적으로도 진실한 계상이 필요하다.

이에 따라 책임준비금이 적정하게 적립되고 있는지 여부에 대한 제3의 독립기관으로부터의 검증절차는 매우 필요한 절차이다.

이러한 책임준비금의 특성을 고려하여 경영하는 보험종목의 특성 또는 총자산 규모 등을 고려하여 독립계리업자 또는 보험요율산출기관으로부터 계상된 책임준비금의 적정성에 대하여 검증을 받도록 강제하고 있다(보험업법 제120조2 제1항). 이러한 책임준비금 적정성 검증제도는 종래 보험업감독규정 등에 의하여 시행되었으나 2020년 개정 보험업법에서 법적 제도로 처음으로 도입되었다.

(2) 검증 대상 보험회사

책임준비금의 외부기관에 의한 적정성 검증은 모든 보험회사가 그 대상이 아니고 다음과 같은 보험회사가 그 대상이다. 검증 대상 보험회사는 자산 규모 기준과 보험종목 기준으로 그 대상 여부가 결정된다(시행령 제63조의2).

첫째, 자산 규모에 따라 직전 사업연도 말의 재무상태표에 따른 자산총액이 1조 원 이상인 보험회사, 즉 취급하는 보험종목이 무엇이든 자산총액이 1조 원 이상이면 그 대상이 된다.

둘째, 보험종목 기준으로 생명보험, 연금보험, 자동차보험, 상해보험, 질병보험, 간병보험을 영위하고 있는 보험회사이다. 이러한 회사는 자산총액의 규모와 관계없이 이러한 보험종목을 취급하면 그 검증 대상이 된다.

(3) 책임준비금 적정성 검증 내용

보험회사가 받아야 하는 책임준비금 적정성 검증의 내용은 다음과 같은 사항들이다(시행령 제63조의2 제2항).

(i) 책임준비금의 규모에 관한 사항

(ii) 책임준비금의 산출 기준 및 방법에 관한 사항

(iii) 금융위원회가 정하여 고시하는 사항

(4) 검증 절차

1) 검증 시기

보험회사는 책임준비금을 계상한 날이 속하는 사업연도의 종료 후 6개월 이내에 책임준비금의 적정성 검증을 받아야 한다. 이 경우 보험회사가 같은 독립계리업자 또는 보험요율산출기관으로부터 연속해서 책임준비금의 적정성 검증을 받을 수 있는 기간은 3개 사업연도로 한정한다(시행령 제63조의2 제3항). 이러한 시기적 제한은 적정성 검증기관이 적정성 검증을 의뢰하는 보험회사로부터 독립적이 사무 수행을 위하여 둔 것이다.

2) 보완자료 요청

책임준비금의 적정성 검증을 수행하는 독립계리업자 또는 보험요율산출기관은 해당 보험회사에 대해 적정성 검증에 필요한 추가 또는 보완 자료를 요청할 수 있다(시행령 제63조의2 제4항),

제6절 배당보험계약의 구분계리 등

1. 서설

(1) 배당보험계약의 의의

보험상품은 배당 유무에 따라 유배당보험과 무배당보험으로 구분된다. 배당보험계약이라 함은 보험계약으로부터 발생하는 이익의 일부를 보험회사가 보험계약자에 대하여 배당하기로 약정한 보험계약으로 정의된다. 유배당보험과 무배당보험은 보험료 산정 등 여러 가지 점에서 차이가 있다. 일반적으로 유배당보험의 보험료는 무배당보험에 비해 보험료를 안정적으로 산정하고 계약자 배당으로 사후 정산한다. 유배당보험의 이익은 보험계약자와 주주가 나누어 가지며 유배당보험은 상호회사에서 주로 판매되는 특성을 가지고 있다. 최근 유배당보험의 이익배분비율이 주주에게 불리하게 책정되어 있어 세제지원 연금보험상품 등 극히 일부상품을 제외하고는 유배당상품의 판매가 거의 이루어지지 않고 있다.[14]

유배당과 무배당상품 비교

구분	유배당	무배당
리스크	배당요인 감안한 안정적 기초율 적용으로 리스크 일부 계약자와 공유(계약자배당 축소, 경영위험부담 無)	예정기초율 초과 발생 시 전액 주주 부담
이익처리	발생이익의 효율적 배분	효율적 배분 불가능으로 향후 문제발생 과다
배당측면	사후적 수입보험료 정산을 통한 배당	사전적 보험료 할인을 통한 배당 대체
도입시기	최초	1992년 8월(보장성, 전통양로) → 2000년 4월 (전체 상품)

2. 배당보험계약의 구분계리

(1) 구분계리의 의의

배당보험계약의 구분계리라 함은 배당보험계약자산을 일반계정 내에서 무배당보험계약 자산들과 통합운용하고, 배당보험계약자에 대한 배당가능재원을 산출하기 위하여 다른 계약들과 구분하여 운용이익을 산출하는 것을 말한다.

(2) 배상보험계약과 다른 보험계약의 구분계리

배당보험계약의 이익의 적정한 산출과 분배를 위하여 보험업법은 배당보험계약을 다른 보험계약과 구분 계리하도록 규정하고 있다(보험업법 제121조 제1항). 이에 따라 보험회사는 매 결산기 말에 배당보험계약의 손익과 무배당보험계약의 손익을 구분하여 회계처리하고, 배당보험계약 이익의 계약자 지분 중 일부는 금융위원회가 정하여 고시하는 범위에서 배당보험계약의 손실 보전을 위한 준비금으로 적립할 수 있다(시행령 제64조 제1항).

14 유배당 보험이익 중 주주배분비율 변천 1999년 3월 12일부터 15% 이하, 2000년 3월 25일부터 10% 이하.

(3) 배당보험계약의 배당

보험회사는 대통령령으로 정하는 바에 따라 배당보험계약의 보험계약자에게 배당을 할 수 있다(보험업법 제121조 제2항). 보험회사는 배당을 할 때 이익 발생에 대한 기여도, 보험회사의 재무건전성 등을 고려하여 총리령으로 정하는 기준에 따라 계약자 지분과 주주 지분을 정하여야 한다(시행령 제64조 제2항). 이에 따라 배당보험계약에서 발생하는 이익의 100분의 10 이하를 주주 지분으로 하고, 나머지 부분을 계약자 지분으로 계리하여야 한다(시행규칙 제30조의2 제1항). 보험계약자에 대한 배당기준은 배당보험계약자의 이익과 보험회사의 재무건전성 등을 고려하여 정하여야 한다(보험업법 제121조 제3항).

(4) 배상보험계약의 배당 재원

보험회사는 다음 중 어느 하나의 재원으로 배당보험계약에 대하여 배당을 할 수 있다(시행령 제64조 제3항).

(i) 해당 회계연도에 배당보험계약에서 발생한 계약자 지분, (ii) 해당 회계연도 이전에 발생한 계약자 지분 중 배당에 지급되지 아니하고 총액으로 적립된 금액, (iii) (i) 및 (ii)의 재원으로 배당재원이 부족한 경우에는 주주 지분, 그러나 (i)의 재원은 배당보험계약의 손실 보전을 위한 준비금 적립의 재원으로 사용할 수 있다.

(5) 배당보험계약에서 손실이 발생한 경우 보전

1) 손실보전준비금 우선 사용

배당보험계약에서 손실이 발생한 경우에는 손실보전준비금을 우선 사용하여 보전하고, 그래도 손실이 남는 경우에는 총리령으로 정하는 방법에 따라 이를 보전한다(시행령 제64조 제4항).

2) 주주지분으로 보전

보험회사는 배당보험계약에서 발생한 손실을 배당보험계약 손실보전준비금으로 보전하고도 손실이 남는 경우에는 그 남은 손실을 우선 주주지분으로 보전한 후, 주주

지분으로 보전한 손실을 주주지분의 결손이나 배당보험계약의 이월결손으로 계리할 수 있다(시행규칙 제30조의2 제2항). 배당보험계약의 이월결손은 이월결손이 발생한 해당 사업연도 종료일부터 5년 이내에 신규로 적립되는 배당보험계약 손실보전준비금으로 보전하거나 주주지분의 결손으로 계리하여야 한다(시행규칙 제30조의2 제3항).

(6) 배당보험계약의 계약자지분의 사용 제한

배당보험계약의 계약자지분은 계약자배당을 위한 재원과 배당보험계약의 손실을 보전하기 위한 목적 외에 다른 용도로 사용할 수 없다(시행령 제64조 제5항).

3. 배당보험계약 이외의 보험계약의 구분계리

(1) 의의

보험업법은 배당보험계약과 다른 보험계약의 구분계리에 대해 규정하고 있다. 그리고 배당보험계약 이외 보험계약의 경우도 일정한 경우 금융위원회의 승인을 받아 구분회계 처리할 수 있다.

(2) 배당보험계약 이외의 보험계약에 대한 구분계리

보험회사는 배당보험계약 이외의 보험계약에 대하여 자산의 효율적 관리와 계약자 보호를 위하여 필요한 경우에는 보험계약별로 대통령령으로 정하는 바에 따라 금융위원회의 승인을 받아 자산 또는 손익을 구분하여 처리할 수 있다(보험업법 제121조의2).

(3) 회계처리 방식

배당보험계약 외의 보험계약별 자산 또는 손익의 회계처리는 다음 중 어느 하나에 해당하는 방식으로 한다(시행령 제64조의2).

(i) 자산을 보험계약별로 구분하지 아니하고 통합하여 운용하되, 이 경우 발생한 손익을 전체 보험계약의 평균 책임준비금에 대한 보험계약별 평균 책임준비금의 비율을 기준으로 구분하여 보험계약별로 배분하는 방식, (ii) 자산을 보험계약별로 구분하지 아니하고 통합하여 운용하되, 이 경우 발생한 손익을 자산을 취득할 때 필요한 자금에

대한 보험계약별로 조성된 자금의 비율을 기준으로 구분하여 보험계약별로 배분하는 방식, (iii) 자산을 보험계약별로 구분하여 운용하되, 이 경우 발생한 손익을 보험계약별로 직접 배분하는 방식, (iv) 그 밖에 금융위원회가 합리적이라고 인정하는 배분 방식이다. 그러나 (iii), (iv)의 방식의 경우에는 미리 금융위원회의 승인을 받아야 한다.

4. 재평가적립금의 사용에 관한 특례

(1) 자산의 재평가 의의

자산재평가제도는 법인 또는 개인의 자산을 현실에 적합하도록 재평가하여 적정한 감가상각을 가능하게 하고, 기업자본의 정확을 기함으로써 경영의 합리화를 도모하기 위하여 자산재평가법에 따라 마련된 제도이다. 자산의 재평가라 함은 법인 또는 개인의 기업에 소속된 자산을 현실에 적합한 가액으로 그 장부가액을 증액하는 것을 말한다(자산재평가법 제2조 제1항).

(2) 보험계약자 배당을 위한 처분 가능

보험회사가 자산재평가법에 따른 재평가를 한 경우 그 재평가에 따른 재평가적립금은 자산재평가법 제28조 제2항 각호에 따른 처분 이외에 금융위원회의 허가를 받아 보험계약자에 대한 배당을 위하여도 처분할 수 있다(보험업법 제122조).

(3) 처분허가 신청

보험회사는 재평가적립금의 처분에 관한 허가를 받으려면 신청서에 상법 제447조에 따른 서류를 첨부하여 정기총회 개최일 2주 전에 금융위원회에 제출하여야 한다(시행규칙 제31조). 상법 제447조에 따른 서류에는 대차대조표, 손익계산서, 자본변동표, 이익잉여금 처분계산서 또는 결손금 처리계산서를 말한다. 그리고 외부감사 대상 회사의 경우에는 현금흐름표 및 주석(註釋)을 포함한다.

제7장
감 독

●●● 제7장

감 독

제1절 서 설

1. 금융의 구조

세계 각국의 금융시스템은 매우 복잡하게 그 구조와 기능이 연결되어 있다. 금융시장에서는 은행, 증권회사, 보험회사, 저축은행, 여신전문금융업자 등이 활동하고 있고, 주식 및 채권시장, 외환시장 등의 개별 시장에서 자금의 수요자와 공급자가 수시로 거래를 하고 있다.

보험회사는 국가와 국민, 기업 등의 위험보장 기관으로서 특수한 역할을 수행함으로써 국민경제의 건전한 발전에 기여하고 있다. 보험제도는 사회 및 경제생활영역에서 발생할 수 있는 다양한 위험에 대비하여 만일 사고가 발생한 경우에는 경제적 손실을 메꾸어줌으로써 국민의 경제생활을 보장한다는 중요한 역할을 수행하고 있고, 국민건강보험, 국민연금, 산재보험 등 공적 보장을 보완하고, 각종의 사건 사고 속에서 발생하는 피해자를 구제하는 역할을 수행하고 있다. 또한 보험회사는 보험상품 판매에 따른 보험료로 자금을 축적하고 그와 같이 축적된 자산을 운용하여 자금 수요자에게 공급한다는 금융중개기관으로 중요한 역할을 수행하고 있다.

2. 보험감독 및 규제의 필요성

보험업은 가계나 기업이 가지고 있는 미래의 불확실한 위험을 경제적으로 보장함으로써 국민의 경제생활의 안정에 중요한 역할을 담당하고 있다. 보험업은 다수의 보험계약자로부터 보험료를 수령하여 보험사고가 발생하거나 만기가 도래하는 경우에 보험금을 지급하는 것이 주요업무이다.

그런데 일반기업과 달리 보험회사는 왜 정부의 엄격한 감독과 규제를 받아야 하는가? 그 이유는 여러 가지로 제시될 수 있는데, 한마디로 정리하면 금융업 및 보험업에 대한 특성에서 유래한다고 볼 수 있다. 국민경제적 관점에서 볼 때 보험회사가 보험금을 제대로 지급하지 못하고, 지급불능사태에 빠지면 다수의 보험가입자들은 불측의 경제적 손실을 입게 될 수도 있다. 보험업은 다수의 국민과 보험계약을 통하여 이해관계를 맺고 있을 뿐만 아니라 국민의 경제생활의 안정 보장이라는 중요한 공공적 기능을 수행하는 사업이다. 따라서 보험제도가 충분하게 작동하지 못하여 발생하는 손실은 국민의 생명과 안전의 책임을 부담하는 국가가 개인과 기업의 경제적 손실을 종국적으로 부담할 수도 있게 된다.

또한 보험회사와 거래하는 보험가입자의 관점에서 볼 때 보험가입자는 보험회사가 일방적으로 작성한 보험약관과 통계적 기술을 활용한 보험가격으로 만들어진 보험상품을 구입할 것인지 여부만을 선택할 수 있다. 또한 보험상품의 설계 및 가격결정에 참여할 수 없는 관계로 보험상품의 내용이 적정한 것인지, 보험상품의 가격이 실질적 통계적 기초에 따라 적정하게 산정된 것인지 여부에 대해서 알 수가 없다. 또한 보험상품은 무형의 관념적 상품으로써 보험에 관한 지식이 충분하지 못한 소비자로서는 그 내용을 사전에 이해하고 평가하기가 곤란하다. 또한 보험계약자는 보험회사에 비하여 조직력과 보험계약체결 여부 등 교섭력에서 절대적으로 열위에 놓여 있다는 점이다.

다음으로 정부의 감독 및 규제의 목표는 보험회사에 노출되어 있는 리스크의 종합적 체계적 관리를 통한 보험회사의 보험금 등 보험급부에 대한 지급능력 확보, 보험회사의 건전한 경영의 도모, 보험거래에 있어서 보험소비자의 보호 등이다. 아울러 금융시장에서의 자금의 공급자 및 투자자로서 건전한 역할 도모 등이다.

이러한 감독목표를 달성하기 위한 감독수단으로는 여러 가지가 있지만 중요한 제도로서 건전성 규제제도, 공시제도, 기초서류 규제제도가 있고, 보험업법의 실효성을 확보하기 위한 검사 및 제재제도가 있다.

3. 감독·규제에 관한 경제학적인 이론

정부의 사업에 대한 규제의 필요성 및 정부 규제의 접근방식, 규제의 경제학적인 이론은 다음과 같다.[1]

(1) 보험사업에 대한 정부의 규제의 필요성

국가의 규제에 관하여 경제학자들 사이에 견해의 차이가 있고, 이러한 견해의 차이에 의하여 보험규제에 관한 논쟁이 발생한다. 사업에 대한 어느 정도의 정부규제의 필요성에 대해서는 원칙적으로 공감하고 있으나 정부규제가 어떠한 형태로 취해져야 할 것인지에 관해서는 극심한 의견대립이 있다. 어떤 경제학자들은 효율적인 시장이라는 개념을 신뢰하고 경쟁이 사회에 최대의 이익을 가져다줄 것이라고 주장한다. 이러한 경제학자들도 어떤 형태의 정부규제가 필요하다는 데 동의한다. 그러면서도 정부의 주된 역할은 경쟁을 유지하게 하는 것에 국한하여야 한다는 것이다. 다른 경제학자들은 시장을 불신하고 최소한 시장에 의한 작동을 믿지 않는다. 그들에 의하면 역사적 교훈은 규제는 소비자의 낭비를 방지하는 데 필요하다는 것을 말해주고 시장실패가능성이 있는 곳에는 반드시 규제가 있어야 한다는 것이다.

(2) 정부의 사업규제에 대한 접근 방식

사업에 대한 정부 규제는 반독점과 규제라는 두 가지 형태중 하나의 형태를 취한다. 이러한 규제는 다음과 같은 경제학적 철학에 기반을 두고 있다.

즉, 반독점은 경쟁을 유지하는 것에 기여하며 반면에 규제는 산업에서 회사에 대하여 구체적인 이행규준의 적용을 포함한다. 반독점의 중요한 목적은 독점력을 줄이는 것이다. 과도한 집중을 유발하는 합병을 반대하고, 연합 혹은 결탁을 방지하는 데 초점이 맞추어져 있고 또한 시장권력을 줄이는 데도 초점이 맞추어져 있다. 이러한 반독점 이론은 만약 정부가 독점과 불공정한 경쟁을 방지한다면 경쟁의 촉진으로 공공의 복지를 실현할 수 있다고 본다.

1 Vaughan, Emmett J., & Therese Vaughan, *Fundamentals of Risk and Insurance*, 9th edition, (New York, John Wiley & Sons, Inc.,2003), pp.95-97.

규제는 일상적인 사업에 대한 정부의 보다 직접적인 간여를 말하고 이것은 정부에 의한 두 가지 형태의 조치로 구성된다. 즉, 시장에 대한 진입을 억제하고, 산업에서 개별 회사가 과도한 수익을 얻지 않도록 가격을 규제하는 것이다. 어떤 의미에서 규제는 자연 독점이 있고 규모와 영향 면에서 특별히 중요성을 가진 것으로 생각되는 산업에서 경쟁을 대체하는 것이다.

(3) 규제의 경제학적 이론

보험규제에 관한 현존하는 문제를 해석하는 데 도움을 줄 수 있는 규제에 관한 3가지 이론에 대하여 검토하기로 한다. 이 중 한 이론은 어떤 규제가 취해져야 하는가에 관한 경제학적인 근거를 제공한다. 다른 두 이론은 왜 규제는 규제가 의도한 바대로 작동하지 않을까? 그리고 왜 규제는 때때로 해결하고자 의도했던 경제학적 문제를 처리하는 데 실패하는가에 대하여 설명을 해준다.

1) 시장실패이론

규제를 설명하는 가장 우월한 이론은 시장실패이론(the market failure theory of regulation)이다. 이 이론은 규제의 목적은 시장의 실패를 고치는 것이라는 견해에 기초해 있다. 시장의 실패는 자유시장에서 상품과 용역을 너무 많이 혹은 너무 적게 생산할 때 혹은 상품과 용역의 가격이 지나치게 높거나 낮을 때 발생할 수 있다. 시장실패의 전형적인 예는 생산능력과 유인이 지나치게 적거나 생산품에 대한 과도하게 높은 가격을 부담하게 하여 독점이 발생한 경우에 생겨난다. 또 다른 시장실패는 경쟁을 파괴하는 불안정한 경쟁 과정에서도 발생한다. 또한 금융시장과 산업에 대한 신뢰도에서 소비자가 인식하는 안전성과 확실성의 결핍에서도 발생할 수 있다. 시장실패이론은 규제가 어떻게 작동되어야 하는가에 대한 하나의 설명을 제공하지만 통상적인 경험은 동 이론이 암시하고 있는 바와 같이 항상 동일하게 작동하지 않는다. 규제시스템들은 복잡하고, 번거로우며, 비용이 많이 들고 나아가 규제가 본래 의도한 목적을 달성할 수 있는지 여부에 대하여 심각한 의문이 제기된다. 실제로 규제는 의도한 목적과 반대의 결과도 초래하게 된다. 규제에 대한 지지자들도 규제의 결점들은 규제 시스템의 개혁을 통해서 시정할 수 있는 법적 절차적 문제점들 때문에 발생한다고 주장한다. 또 다른 견해는 시장실패이론은 규제가 규범현실에 작동하는 것을 단순하게 설명할 수 없다는 것이다. 후자의 견해는 시장의 실패를 바로잡는 것이 규제기관의 가장 중요한 목적이라는 생각을 포기하고 전혀 다른 동기 하에서 운용되어야 한다고 주장한다.

2) 공공선택이론

포획이론과 같이 공공선택이론(the public choice theory of regulation)은 규제가 종종 시장실패이론에 의해서 의도한 것과 다른 결과를 만들어내는 이유를 설명하려고 시도한다. 이 이론은 규제를 정치경제학적 시스템의 일부로 간주한다. 정치경제학적 시스템은 정치경제적 시장에서 나타난 선호에 기초하여 경쟁하는 그룹들 사이에서 부를 재분배하는 것에 공헌한다. 또한 이 이론은 모든 규제는 자원을 재분배하고 그 과정에서 개인 혹은 단체들을 부유하게 하거나 궁핍하게 만드는 것이라는 사실에 기초한다. 규제자들은 어떤 그룹에서 세금을 부과하여 거두어들이고 이를 다른 그룹에 나누어주는 입법자들과 같은 역할을 수행한다. 모든 규제들은 세금을 지불하는 쪽과 혜택을 받는 자들 모두에게 관심을 불러일으킨다. 규제의 가장 핵심적인 목표는 강제적인 세금에 대한 반대를 최소화하는 방법으로써 그 프로그램에 대한 가장 많은 지지를 만들어낼 수 있는 그룹들에게 자원을 이전시키는 것이다. 공공선택이론의 가장 중요한 의미는 1인당 이해관계가 낮고 조직이 방대하고 조직 결속력이 약한 그룹의 희생하에 규제에 있어서 1인당 이해관계가 높은 비교적 소규모이고 잘 조직된 그룹을 선호하게 될 가능성이 높다는 것이다. 따라서 입안된 규제에 이해관계를 가진 그룹의 구성원들은 그 규제 대한 반대 또는 지지를 위하여 조직화하여야만 한다. 만약 규제가 많은 세금 혹은 보조금이 포함되어 있다면 그 규제에 대한 지지 또는 반대를 위하여 단체를 조직하여야 할 강한 유인을 갖게 된다. 세금과 보조금이 작다면 단체를 조직하는 유인이 떨어지게 된다. 동시에 그룹이 크면 클수록 조직화에 들어가는 비용은 더욱 커지고 따라서 그룹이 효과적으로 조직화될 가능성은 낮다.

3) 포획이론

포획이론(the capture theory of regulation)에 의하면 규제자들은 규제를 받고 있는 산업에 의하여 때때로 포획이 된다. 규제자들은 초점을 잃고 소비자보다는 규제를 받는 산업의 성공에 관하여 더 많은 관심을 가진다. 이 이론의 지지자들은 규제자들이 규제를 받는 산업으로부터 나오는 것에 주목한다. 이 이론은 이해관계자의 지지를 필요로 하는 국가정책 결정자가 감독방안에 깊은 관심을 가진 소수 이익집단의 압력에 영향을 받아 동 집단에 유리한 감독정책을 행한다는 이론이다. 소수 이익집단은 감독정책에 깊은 관심을 가지고 적극적으로 참여함으로써 자신들에게 유리한 정책이 형성되도록 모든 노력을 기울이지만 일반 국민들은 그렇지 못하다. 따라서 금융 감독당국이 이익집단의 선택에 영향을 많이 받는다는 것을 암시하고 있는데, 이에 대해서는 이론(異論)의 여지가 많다.

(4) 보험산업의 규제에 대한 합리적 근거

규제는 경쟁이 실현 불가능하거나 독점적 경향 때문에 통제가 되어야 할 산업의 경우에 반독점의 대안으로서 채택되었다. 가령 자연독점은 특허를 받아야 하고 그들의 가격 결정은 소비자가 착취를 당하지 않도록 보호하기 위하여 통제된다. 또한 카르텔화된 산업은 동일한 이유로 규제를 받는다. 경쟁의 부족 때문에 규제가 필요하고 이러한 규제는 경쟁 산업에서 존재하는 것과 동일한 효과를 거두고자 한다. 보험업에 있어서 시장의 독점의 문제는 그렇게 심각하지 않다. 따라서 보험업의 규제의 합리적 근거는 독점화되거나 카르텔화된 산업의 규제 근거와는 다르다. 보험업에 있어서 잠재적 시장실패의 첫 번째는 보험회사의 운영의 신뢰성으로부터 출발한다. 그 다음은 보험의 가격 결정과정에 고유한 불안정성에서 발생한다.

(5) 보험감독의 목적

국가가 보험감독을 하는 이유는 첫째, 보험자의 지급능력을 확보하기 위해서이다. 즉, 보험제도는 예기치 못한 사건에 의해 생겨나는 경제적 불이익 내지 손실에 대비하여 자금을 비축하는 제도인데, 보험자가 보험료로 모아진 보험자산을 방만하게 관리·운영하면 결국 파산에 의하여 보험계약자가 손실을 입게 되기 때문이다. 둘째, 보험계약은 다양한 보험약관을 기초로 체결되는 부합계약적 성질을 가진 계약으로서 그 본질상 보험자와 보험계약자와의 사이에서 약관의 문언 등과 관련한 분쟁이 생기기 쉬우므로 이를 방지하기 위함이다. 셋째, 보험거래에 있어서는 보험모집 과정이 개입되는데, 모집과정에서 보험모집종사자 등이 부정한 행위를 하는 경우 보험계약자에게 예측할 수 없는 손해가 생길 수도 있기 때문이다.

그러나 이러한 보험감독의 목적도 보험시장의 자유로운 경쟁과 발전을 위하여 보충적인 관점에서 실현되어야 할 것이므로 감독목적의 실현을 강조하여 보험회사의 경영에 과다하게 개입하는 것은 자제되어야 한다. 따라서 보험회사 간에 활발한 경쟁을 통하여 보험계약자의 이익을 보호를 유도하고 보험업의 건전성 확보는 보험시장의 원활한 작동에 의하여 보험업의 효율화를 촉진하여야 할 것이다.

제2절 재무건전성 감독제도

1. 재무건전성 감독제도의 의의

보험업을 비롯한 금융업은 다수의 일반국민과 이해관계를 형성하여 유지되는 산업이므로 금융감독의 핵심은 금융기관의 건전성을 유지·제고하여 보험금청구권자의 보험금 청구에 적시에 응할 수 있는 충분한 지불능력을 갖추게 하는 것이다. 보험회사의 충분한 지급능력은 보험회사가 보유하고 있는 책임재산이 충분할 것을 요구한다. 그런데 보험회사가 보유하는 재산은 금리·환율, 주가 등 외생 경제변수에 따라 변동하며, 경우에 따라서는 보유자산이 부실화될 가능성도 상존한다. 이렇게 될 경우 보험계약자에 대한 채무를 제대로 이행하지 못하는 사태에 이를 수 있게 된다.

1980년대 후반 보험시장이 대외에 개방되기까지 보험업에 있어서 보험회사의 재무건전성은 그다지 중요한 이슈가 아니었다. 그때까지만 해도 보험회사의 파산에 대해 생각해본 적이 없고 설사 보험회사가 도산하더라도 정부가 책임을 부담해줄 것이라는 막연한 기대를 하고 있었다. 또한 경제가 성장하는 시기이고 금리 환율 등의 변수도 정부가 통제를 하고 있었기 때문에 기업에 대한 경영위험이 그다지 크게 부각되지 않은 것이 사실이었다.[2] 그러나 보험시장의 개방과 함께 보험회사의 수가 늘어나고 경쟁이 격화되고, 보험회사의 외형성장 추구로 재무구조가 취약해지는 등의 문제가 발생하였다.

2 성대규·안종민, 『한국보험업법』(개정2판), 두남, 2015, 537면.

2. 재무건전성 감독제도의 연혁

재무건전성제도는 1995년 경영의 건전화라는 조문 제목으로 등장하였다. 보험회사가 경영지도기준을 충족하지 못하는 경우 재무부 장관이 자본금 또는 기금의 증액을 권고하거나 명하는 등 필요한 조치를 할 수 있도록 규정하고 있었다. 이를 근거로 부실 보험회사에 대한 구조조정을 추진하였다. 그리고 2003년 보험업법 개정으로 정부가 취할 수 있는 조치가 주식 등 위험자산의 서유제한 등의 조치를 할 수 있도록 확대되었다.

3. 자기자본규제제도

(1) 자기자본의 의의

자본이란 재화와 용역의 생산에 사용되는 자산을 말한다. 자본은 자기자본과 타인자본으로 나눌 수 있고, 타인자본은 부채의 성격을 갖는다. 자기자본이란 기업의 자본 중에서 출자의 원천에 따라 출자자에 귀속되는 자본 부분을 말하고, 채권자에 귀속되는 타인자본에 상대되는 개념이다. 자기자본은 총 투하자본인 총자산에서 부채를 차감한 것이다. 재무제표상으로는 자본금·법정준비금·잉여금을 합계한 것이다. 일반적으로 자산에서 자기자본이 차지하는 비중이 높아야 건전한 기업으로 평가되며 자기자본은 종국적으로 채권자의 책임재산이 된다는 점에서 중요한 의의가 있다.

이미 앞에서 보았듯이 보험업법은 자기자본에 대하여 별도의 정의 규정을 두고 있는데, 자기자본이란 납입자본금·자본잉여금·이익잉여금, 그 밖에 이에 준하는 것(자본조정은 제외한다)으로서 대통령령으로 정하는 항목의 합계액에서 영업권, 그 밖에 이에 준하는 것으로서 대통령령으로 정하는 항목의 합계액을 뺀 것을 말한다고 한다(보험업법 제2조 제15호). 자기자본의 범위를 계산함에 있어 합산하여야 할 항목은 납입자본금, 자본잉여금 및 이익잉여금 등 보험회사의 자본 충실에 기여하거나 영업활동에서 발생하는 손실을 보전(補塡)할 수 있는 것이고 빼야 할 항목은 영업권 등 실질적으로 자본 충실에 기여하지 아니하는 것이다(시행령 제4조). 구체적인 범위는 금융위원회가 정하여 고시하도록 하고 있다.

(2) 자기자본규제제도의 의의

자기자본규제제도란 보험회사에 예상하지 못한 손실이 발생하더라도 이를 충당할 수 있는 자기자본을 보유하도록 하는 제도이다. 자기자본 규제제도는 손실흡수를 통해 개별 보험회사의 지급능력(solvency)을 보장하고, 나아가 금융시스템의 안정성을 확보하기 위한 가장 중요한 규제수단이다. 자기자본 규제제도는 일정한 방식에 의해 산출한 보험회사의 총 위험액 대비 일정비율을 자기자본으로 보유하도록 하는 제도이다.

보험회사에 있어 자기자본은 영업을 위한 기본적 자금을 공급하는 기능과 함께 예상하지 못한 손실에 대한 최종 안전판이라는 중요한 기능을 수행한다. 손실위험에 대한 안전판으로서의 기능을 수행하는 것으로는 자기자본과 준비금을 들 수 있는데, 양자는 대응되는 위험의 종류에 있어 각기 다른 특성을 갖는다. 대출·유가증권 등 수익성 있는 자산은 기본적으로 일정 정도의 손실위험을 내재하고 있는바, 이러한 '예상되는' 손실에 대해서 적립하는 예비자금이 준비금이며, 자기자본은 급격한 경제위기 등 예상치 못한 손실에 대비한 최종적인 예비자금으로서의 성격을 가진다.

일반적으로 자기자본비율이 높을수록 보험회사의 지급여력이 확충되고, 안정성이 제고될 것으로 생각할 수 있다. 그러나 개별 금융회사는 물론 금융시스템 전체의 입장에서도 자기자본비율이 높은 것이 바람직한 것만은 아니다. 개별 보험회사의 입장에서는 증자 등 자기자본을 증가시키기 위한 발행비용과 투자의 기회비용을 고려하여야 하고, 금융시스템의 측면에서도 자기자본을 과다하게 보유하는 경우에는 한정된 자원을 효율적으로 배분하는 금융산업 본연의 금융 중개기능이 위축될 소지가 있기 때문이다. 더욱이 금융회사의 주주는 자기자본의 투자규모가 과다한 경우에는 자본이익률(ROE)의 제고를 위해 고수익의 위험성이 높은 투자를 함으로써 오히려 당해 금융회사는 물론 금융시스템 전체를 위험에 빠뜨릴 우려가 있다.[3]

국내 금융기관의 경우 권역별 특성을 반영하여 별도의 자기자본 규제제도가 운영되고 있다. 보험권역은 보험리스크 및 자산운용리스크, 은행권역은 신용리스크, 금융투자권역은 시장리스크에 중점을 두고 있으며, 정밀한 리스크 반영을 위해 지속적으로 제도를 수정·개편하고 있다.[4]

3 금융감독원, 「보험회사 위험기준 자기자본(RBC)제도 해설서」, 2012. 10., 3면.

4 금융감독원, 앞의 책, 4면.

금융권역별 자기자본제도 현황

구분	보험	은행	금융투자		
			1종(증권사)	2종(자산운용사)	3종(신탁회사)
기준비율	지급여력비율	BIS 자기자본비율	순자본비율	최소영업자본액	영업용 순자본비율
산정방법	지급여력금액/지급여력기준금액	자기자본/위험가중자산	(영업용순자본－총위험액)/필요유지자기자본	법정최저 자기자본＋고객자산운용필요자본＋고유자산운용필요자본	영업용 순자본/총위험액
반영리스크	보험, 금리, 신용, 시장, 운영리스크	신용, 시장, 운영리스크	신용, 시장, 운영리스크	–	신용, 시장, 운영리스크
규제내용	100% 미달 시 적기시정조치	8% 미달 시 적기시정조치	100% 미달 시 적기시정조치	자기자본이 최소영업자본액 미달 시 적기지정조치	150% 미달 시 적기시정조치
도입 시기	1999('09년 RBC 제도 시행)	1992('08년 바젤II 시행)	1997년 ('16년 개편)	1997년 ('15년 개편)	1997년 ('09년 개편)

4. 지급여력제도

(1) 재무건전성 규제제도의 변화

1998년 외환위기 발생 이전까지는 생명보험회사의 경우 지급여력과 해약식 책임준비금을 비교하여 지급여력을 평가하거나 손해보험회사의 경우에는 보유 위험료가 보험계약자 잉여금의 일정 비율을 초과하지 못하도록 규제하였다. 그러던 중 1998년 외환위기 이후 각종 금융관행 및 경영행태와 금융회사에 대한 감독 수준을 국제기준에 부합되도록 개선할 필요가 있다는 반성과 IMF의 권고 등에 따라 1995년 5월부터 당시 EU에서 적용하고 있는 지급여력제도를 도입하여 운용하였다. 그 당시까지는 대부분의 선진국이 EU식 지급여력제도를 도입·운용하고 있는 점 등을 감안한 것이다.[5]

그러나 EU 방식 지급여력제도는 단순하여 운용의 편리성은 있으나 보험회사가 직면하는 다양한 리스크를 종합적으로 평가하여 필요한 자본금을 산출하지 못한다는 한계가 지적되었다. 이에 따라 미국, 캐나다, 호주, 일본 등은 지급여력제도를 EU 방식에서 위험기준 자기자본규제제도인 RBC(Risk Based Capital) 방식으로 전환하였다. 그리고 EU에서

5 금융감독원, 앞의 책, 5면.

도 리스크 인식방식 및 규제기준을 획기적으로 개선한 새로운 지급여력제도(solvency II)의 도입을 추진 중에 있다. 우리나라도 기존 EU 방식의 한계를 극복하고, 리스크 중심의 예방적·선제적 감독체계 도입의 일환으로 미국 등의 RBC 방식을 국내체계에 맞게 수정한 RBC 제도를 2009년 4월부터 2년간의 시범운영을 거쳐 2011년 4월부터 본격 시행하고 있다.[6]

EU 지급여력제도와 RBC 제도의 비교

구분	EU 방식	RBC 방식
적용 방법	• 준비금/보험금의 일정비율을 규제자본으로 설정	• 위험요인별로 계수를 설정하여 규제자본을 산출
산출 대상	• 보험리스크 • 자산운용리스크	• 보험리스크 • 자산운용리스크를 세분화 －금리리스크 －신용리스크 －시장리스크 • 운영리스크
장점	• 비율산출이 간편하고 예측이 용이	• 운용자산별로 리스크를 세분화함으로써 금융시장의 변동 등에 적절히 대응할 수 있고, 부실징후 지표로 활용이 가능
단점	• 세부 리스크 반영 불가 －자산운용에 대한 간접규제(리스크 관리) 곤란 • 회사별 특성이 반영 안 됨 • 산출근거가 명확하지 않음	• 경험데이터, 전산시스템 등 인프라 구축이 필요 • 모형이 복잡하고, 다양한 리스크 변수로 비율 예측, 관리가 어려움
적용 국가	• 영국(1973), EU 국가	• 미국(1993), 일본(1996) 등

한편 금융감독당국은 2021년까지 신지급여력제도를 도입한다는 목표하에 필드테스트를 실시하는 등 준비를 하고 있다. 신지급여력제도는 IFRS17 도입에 맞춰 현재 보험지급여력을 나타내는 RBC를 대체하는 지표인데, 해당 IFRS17는 보험사들이 자산과 부채를 시가로 평가하고 저축성보험을 매출에서 제외하는 것을 골자로 한다.

현재 사용되는 보험사의 자본건전성 지표인 RBC는 가용자본(지급여력금액)을 요구자본(1년간 최대손실예상액)을 나눠 산출되며, IFRS17이 도입되면 부채평가 기준이 달라지면서 보험사들은 대규모 자본 확충이 불가피할 것으로 보인다.

6 금융감독원, 앞의 책, 5-6면.

(2) 지급여력제도의 구분

지급여력제도는 지급여력기준금액 산출방법에 따라 고정비율방식(EU 방식), RBC 방식(risk-based capital), 시나리오방식(scenario approach), 확률론적 방식(probabilistic approach)으로 구분할 수 있다.[7]

지급여력제도의 구분

구분	산출방법	비고
고정비율 (EU) 방식	대차대조표상의 일부 부채항목인 대리변수에 일정비율을 곱하여 금액 산출	대리변수는 생명보험은 책임 준비금과 위험보험금, 손해 보험은 보험료와 보험금을 사용
RBC 방식	보험회사의 리스크를 세분화하고, 위험노출규모에 해당 위험계수를 곱하여 금액 산출	대차대조표 자산 및 부채항목을 모두 고려하는 동시에 리스크를 세분화함에 따라 고정비율방식보다 다양한 대리변수 활용
시나리오 방식	특정 변수가 보험회사의 전체 리스크에 미치는 영향을 분석하여 극단적인 상황하에서 계산된 결과치를 중심으로 금액 산출	시나리오는 보통 미래의 보험 사고율, 보험료, 손해진전, 대형 보험사고, 인플레이션, 금리, 자산수익률 등으로 구성
확률론적 방식	통계적 분포를 활용하여 리스크 산출 대상변수의 모든 가능성을 고려하는 방식으로 지급여력 악화 가능성과 리스크 간 상관관계를 고려하여 금액 산출	

(3) RBC 제도의 기본 구조

RBC 제도는 보험회사에 내재된 각종 리스크 총량을 산출하여 이에 상응하는 자본을 보유하도록 하는 제도로 '가용자본(available capital)' 및 '요구자본(required capital)'의 산출을 통하여 자본적정성을 평가하는 구조이다. 가용자본은 보험회사에 예상치 못한 손실 발생 시 이를 보전하여 지급능력을 유지할 수 있도록 하는 리스크버퍼(risk buffer)로서 자본금과 잉여금 등으로 구성된다. 요구자본은 해당 보험회사에 내재된 보험·금리·시장·신용·운용위험액의 규모를 측정하여 산출된 필요 자기자본을 의미한다. 그리고 가용자본을 요구자본으로 나눈 값으로 RBC비율을 산출하며, 적기시정조치 기준, 위험기준 경영실태평가제도(RAAS)의 평가지표 등으로 활용한다.[8]

7 금융감독원, 앞의 책, 138면.
8 금융감독원, 앞의 책, 7면

(구)지급여력비율과 RBC 비율 비교

구분	(구)지급여력비율	RBC 비율
분자	지급여력금액(①)	가용자본(①)
분모	지급여력기준금액(②) • 보험위험액 −(생보) 위험보험금× 0.3% 내외 −(손보) 보유보험료×17.8% 수준 • 자산운용위험액 −책임준비금 × 4%	요구자본(②)* • 보험위험액 • 금리위험액 • 신용위험액 • 시장위험액 • 운영위험액
산식	(①/②)×100	(①/②)×100

* $\sqrt{보험^2+(금리+신용)^2+시장^2}$ +운영위험액

(4) 재무건전성 기준의 내용 및 준수의무

보험회사의 재무상태표를 보면 왼쪽 부분은 자산, 오른쪽 부분은 부채와 자본항목으로 되어 있다. 보험회사의 재무상태가 튼튼하게 유지되려면 보험회사가 보유하는 자산이 부실화되지 않고, 가격경쟁력을 가지고 있어야 한다. 또한 부채의 구성도 조달이율이 저금리로 조달되고 부채의 만기도 비교적 장기간인 것일 것을 요한다. 나아가 자본도 충분하게 확보되어 있어야 한다. 이러한 점을 고려하여 보험회사의 재무건전성, 즉 보험금 지급능력과 경영의 건전성을 유지하기 위하여 보험업법은 (i) 자본의 적정성에 관한 사항, (ii) 자산의 건전성에 관한 사항, (iii) 그 밖에 경영건전성 확보에 필요한 사항에 관하여 대통령령에서 정하는 재무건전성 기준을 보험회사에게 준수하도록 요구하고 있다(보험업법 제123조 제1항). 그리고 만약 보험회사가 위와 같은 기준을 준수하지 아니하거나 못하여 경영건전성을 해칠 우려가 있다고 인정되는 경우에는 금융위원회는 대통령령으로 정하는 바에 따라 자본금 또는 기금의 증액명령, 주식 등 위험자산의 소유제한 등 필요한 조치를 할 수 있다(보험업법 제123조 제2항). 이하에서는 자본의 적정성, 자산의 건전성, 그 밖의 재무건전성 기준의 구체적인 내용을 살펴보도록 하자.

5. 자본의 적정성에 관한 재무건전성 기준

(1) 의의

보험회사의 재무건전성 기준을 어떻게 설정하고 운영하여야 할 것인지 여부가 문제되는데, 우리나라 보험업법은 지급여력비율을 측정 도구로 삼고 있다. 지급여력비율은

지급여력금액을 지급여력기준금액으로 나눈 비율로서 보험회사의 재무건전성을 측정하는 핵심지표가 된다.

(2) 자본의 적정성 기준

자본의 적정성에 관한 사항의 재무건전성 기준은 지급여력비율을 100분의 100 이상 유지하는 것이다(보험업법 제123조 제1항 및 시행령 제65조 제2항 제1호). 전술한 바와 같이 지급여력비율이란 지급여력금액을 지급여력기준금액으로 나눈 비율을 말하는데, 지급여력이란 보험계약자에 대한 보험금 지급의무의 이행능력에 필요한 자산 이외에 추가로 보유하고 있는 순자산를 말한다. 여기서 순자산은 예기치 않은 미래상황의 충격 흡수장치로서 기능을 수행한다. 지급여력금액은 자산에서 부채를 차감하고, 남은 순자산에 해당하는 것이다. 보험회사가 보험계약자에게 환급하여야 할 금액, 즉 책임준비금이상으로 보유하고 있는 잉여금 항목이다. 가령 자산이 100원이고 부채가 70원이라면 이 경우 지급여력금액은 30원이다.

지급여력기준금액은 시장리스크, 보험리스크 등 각종 리스크를 경험통계 및 위험도 등을 고려하여 합리적으로 산출한 금액이다. 다시 말하면 보험회사가 위험에 대비하기 위하여 보유하여야 할 적정잉여금 수준을 의미한다. 지급여력기준비율 100%가 뜻하는 바는 보험회사가 이를 충족하지 못할 때 바로 지불불능상태에 빠지는 것은 아니지만, 각종 리스크에 종합적으로 대비하여 보험계약자를 보호할 조치가 필요하게 된 상황을 의미한다.

(3) 지급여력금액

1) 의의

지급여력금액이란 자본금, 계약자배당을 위한 준비금, 대손충당금, 후순위차입금, 그 밖에 이에 준하는 것으로서 금융위원회가 정하여 고시하는 금액을 합산한 금액에서 미상각신계약비, 영업권, 그 밖에 이에 준하는 것으로서 금융위원회가 정하여 고시하는 금액을 뺀 금액을 말한다(시행령 제65조 제1항 제1호).

2) 합산금액

지급여력금액은 기본자본과 보완자본을 합산한다. 기본자본과 보완자본의 항목은 다음과 같다(보험업감독규정 제7-1조).

가. 기본자본

(i) 자본금(누적적우선주 및 신종자본증권 발행금액은 제외한다)

(ii) 자본잉여금(누적적우선주 및 신종자본증권 발행금액은 제외한다)

(iii) 이익잉여금(대손준비금과 한국채택국제회계기준 전환일에 이익잉여금으로 계상한 유형자산 및 투자부동산의 재평가차익 중 임의적립금으로 적립되지 않은 금액, 그 밖에 금융감독원장이 정하는 금액은 제외한다)

(iv) 기타포괄 손익 누계액

(v) 자본금에 준하는 경제적 기능(후순위성, 영구성 등)을 가진 것으로서 금융감독원장이 정하는 기준을 충족하는 신종자본증권 등 자본증권 발행금액 중 자기자본의 100분의 25 이내에 해당하는 금액

(vi) 순보험료식 보험료적립금에서 해약공제액(해약환급금 계산 시 공제하는 금액을 말한다)과 책임준비금 적정성 평가에 의해 추가로 적립된 금액을 차감한 금액을 초과하여 적립한 금액

(vii) 저축성 보험료 중 해지 시 환급될 금액을 초과하여 적립된 금액(책임준비금의 적정성 평가에 의해 추가로 적립된 금액은 제외한다)

(viii) (i)부터 (vii)까지의 항목 및 금액 이외에 손실보전에 사용될 수 있다고 금융감독원장이 인정하는 항목 및 금액

나. 보완자본

(i) 대손충당금 및 대손준비금(자산건전성 분류 결과 정상 및 요주의로 분류된 자산에 대하여 적립된 금액에 한하여 산입한다)

(ii) (v)에 따른 자본증권 발행금액 중 자기자본의 100분의 25를 초과하는 금액 및 후순위채무액 등 감독원장이 정하는 기준을 충족하는 자본증권의 합산액

(iii) 계약자이익배당준비금

(iv) 계약자배당안정화준비금

(v) 배당보험손실보전준비금

(vi) 비상위험준비금 관련 이연법인세부채(보험회사가 계상한 장부상 이연법인세부채 금액에 한하여 산입한다)

(vii) 자본성이 낮은 것으로 인정되는 항목 중 (i)부터 (vi)까지의 항목 및 금액 이외에 손실보전에 사용될 수 있다고 금융감독원장이 인정하는 항목 및 금액

3) 차감금액

(i) 미상각신계약비, 영업권, 이연법인세자산, 주식할인발행차금, 자기주식 등 보험회사의 예상하지 못한 위험으로 인한 손실보전에 사용될 수 없다고 금융감독원장이 인정하는 자산 또는 자본 항목 및 금액

(ii) 보험회사가 출자한 회사의 경우 출자액(장부가액)에서 해당 금융 관련 법령의 자본적정성 기준에 따라 자기자본금액으로 인정되는 금액 중 보험회사의 지분율 상당 금액을 차감한 금액으로서 차감방식 등 금융감독원장이 정하는 세부기준에 따라 산정한 금액

(4) 지급여력기준금액

1) 의의

지급여력기준금액이란 보험업을 경영함에 따라 발생하게 되는 위험을 금융위원회가 정하여 고시하는 방법에 의하여 금액으로 환산한 것을 말한다(보험업감독규정 제7-2조).

2) 산출 대상 위험액

보험업을 경영함에 따라 발생하게 되는 위험은 보험위험액, 금리위험액, 신용위험액, 시장위험액, 운영위험액을 산출 대상으로 한다(보험업감독규정 7-2조 제1항 제1호).

3) 보험위험액

보험위험(insurance risk)은 보험업에 있어 고유한 리스크임과 동시에 가장 중요한 리스크이다. 보험리스크는 일반적으로 보험회사의 고유 업무인 보험계약의 인수 및 보험금 지급과 관련하여 발생하는 위험을 통칭하는 용어이고, 보험위험액은 보험계약의 인수

및 보험금 지급과 관련하여 발생하는 위험이다. 보험위험액은 보험가격위험액과 준비금 위험액에 대해 산출한다. 다만 기업성 보험 등 사고심도가 높은 일반손해보험계약의 경우에는 별도의 위험액을 산출하여 보험위험액에 추가로 반영할 수 있다. 보험가격위험액은 보험회사의 모든 보험계약에 대하여 보험료(또는 위험보험료) 및 보험가입금액에 위험계수 등을 곱하여 산출한다. 또한 준비금위험액은 일반손해보험계약에 대하여 지급준비금에 위험계수 등을 곱하여 산출한다.

4) 금리위험액

금리위험이란 시장의 금리가 불리하게 변동함으로써 손실이 발생할 가능성을 의미한다. 일반적으로 금리리스크는 두 가지 관점에서 평가할 수 있다.[9] 첫째는 손익적 관점(earnings perspective)인데, 손익적 관점은 금리 변동이 회사의 당기순이익에 미치는 영향을 평가하는 방식으로서 전통적인 금리리스크 평가 방식이다. 금리 변동은 이자수익에서 이자비용을 뺀 순이자 마진과 금리에 민감한 여타 영업수익 및 비용의 변동을 통하여 회사의 이익에 영향을 미친다. 이와 같이 손익적 관점은 금리변동이 단기간(주로 1년)의 회계적 손익에 미치는 영향을 분석하는 데 중점을 두고 있다. 손익적 관점에 의한 금리리스크 관리 방법으로서는 금리 갭(repricing gap) 방식, 순이자이익 시뮬레이션, EaR(Earning at Risk) 분석 등을 들 수 있다.

둘째는 경제적 가치 관점(economic value perspective)인데, 경제적 가치 관점은 금리변동에 따라 금융회사의 경제적 가치, 즉 순자산가치(net asset)가 어떻게 영향을 받는지를 분석하는 방식이다. 여기에서 금융회사의 경제적 가치는 예상 순현금흐름의[10] 현재가치로 간주할 수 있다. 따라서 경제적 가치 관점은 자산, 부채, 부외거래로부터 발생하는 미래 현금흐름의 현재가치가 금리변동에 의해 어떻게 영향을 받는지를 분석하는 방식이라고 할 수 있다. 경제적 가치 관점은 금리변동이 미래 모든 현금흐름의 현재가치에 미치는 영향을 측정하기 때문에 손익적 관점에 비해 금리변동의 장기 효과를 포괄적으로 파악하는 장점이 있다. 경제적 가치 관점에 의한 금리리스크 관리 방법으로서는 듀레이

9 BCBS, "Principles for the management and Supervision of Interest Rate Risk", July 2004.

10 예상 순현금흐름은 자산으로부터 발생하는 예상 현금흐름에서 부채로부터 발생하는 예상 현금흐름을 차감하고, 부외거래로부터 발생하는 예상 순현금흐름을 더한 금액으로 정의된다.

션갭 분석, 순자산가치 시뮬레이션, VaR 분석 등을 들 수 있다.[11]

금리위험액은 미래 시장금리 변동 및 자산과 부채의 만기구조 차이로 인하여 발생하는 경제적 손실위험이다. 금리위험액은 금리부자산 금리민감액에서 보험부채 금리민감액을 차감한 금액의 절댓값에 금리변동계수를 곱하여 산출한 금액(최저금리위험액을 최저한도로 한다)에 금리역마진위험액을 가산하여 산출한다.

금리부자산 금리민감액은 금리부자산의 금리위험 노출금액과 금리민감도를 곱하여 산출한다. 보험부채 금리민감액은 보험부채의 금리위험 노출금액과 금리민감도를 곱하여 산출한다. 이러한 금리위험액은 생명보험회사 일반계정과 특별계정을 대상으로 산출하는데, 이에 해당하는 특별계정은 (i) 조세특례제한법 제86조의2의 규정에 의한 연금저축생명보험계약, 연금저축손해보험계약, (ii) 조세특례제한법 제86조의 규정에 의한 세제지원개인연금손해보험계약, (iii) 손해보험회사가 판매하는 장기손해보험계약, (iv) 자산연계형 보험계약(공시이율을 적용하는 보험계약은 제외)이다.

5) 신용위험액

신용위험이란 채무자의 부도, 거래상대방의 계약불이행 등 채무 불이행으로 발생할 수 있는 잠재적인 경제적 손실 위험을 의미한다. 신용위험액은 채무자의 부도, 거래상대방의 채무 불이행으로 발생할 수 있는 손실 중 예상손실을 초과하는 위험액이다. 예상손실(expected loss)에 대해서는 대손충당금 및 대손준비금을 적립하므로, 요구자본 산출을 위한 신용위험액은 미예상손실(unexpected loss)로 측정한다. 신용위험액은 단기매매증권을 제외한 자산, 장외 파생금융거래의 신용위험 노출금액에 위험계수를 곱하여 산출한다. 신용위험액 산출의 대상이 되는 계정은 일반계정과 특별계정을 대상으로 산출하고, 여기에 속한 특별계정은 (i) 조세특례제한법 제86조의2의 규정에 의한 연금저축생명보험계약, 연금저축손해보험계약, (ii) 조세특례제한법 제86조의 규정에 의한 세제지원개인연금손해보험계약, (iii) 손해보험회사가 판매하는 장기손해보험계약, (iv) 자산연계형 보험계약(공시이율을 적용하는 보험계약은 제외)이다.

11 금융감독원, 앞의 책, 52면.

6) 시장위험액

시장위험이란 주가, 금리, 환율 등 시장가격의 변동으로 자산의 가치가 하락함으로써 손실이 발생할 위험이다. 시장위험액은 일반시장위험액과 변액보험 보증위험액을 합산한 금액으로 한다. 일반시장위험액은 단기매매증권, 외국통화표시 자산, 외국통화표시 부채 및 파생금융거래의 시장위험 노출금액에 위험계수를 곱하여 산출한다. 변액보험 보증위험액은 변액보험계약을 대상으로 장래지출예상액에서 장래수입예상액을 차감한 금액에서 보증준비금을 차감하여 산출한다.

대상이 되는 계정은 일반계정 및 특별계정이고, 이에 속하는 특별계정에는 (i) 조세특례제한법 제86조의2의 규정에 의한 연금저축생명보험계약, 연금저축손해보험계약, (ii) 조세특례제한법 제86조의 규정에 의한 세제지원개인연금손해보험계약, (iii) 손해보험회사가 판매하는 장기손해보험계약, (iv) 자산연계형 보험계약(공시이율을 적용하는 보험계약은 제외)이다.

7) 운영위험액

운영위험이란 보험회사의 부적절한 내부절차, 인력, 시스템상의 문제 및 사고 발생으로 인한 손실위험이다. 이러한 운영위험액은 운영위험 노출금액과 위험계수를 곱하여 산출한다. 신용, 시장 등 여타 리스크와 달리 운영리스크는 익스포져를 구체적으로 파악하기가 매우 힘들고 계량화가 어려운 특성이 있다. 특히 운영리스크의 경우 과거 데이터가 부족한데다 측정방법의 개발이 상대적으로 늦어진 점도 측정을 어렵게 하는 원인이 되고 있다.

이에 따라 국제기구 또는 각국의 감독당국은 운영리스크에 대해서는 간편한 방법에 의해 요구자본을 산출하는 것을 허용하고 있다. 예컨대 바젤II에서는 은행 총이익의 일정비율(15%)을 운영리스크로 간주하도록 하고 있으며,[12] 국제보험감독기구(IAIS)가 2011년 10월에 발표한 보험감독핵심준칙(insurance core principle)은 리스크 익스포져에 대한 단순한 대용치(proxy)를 선정하여 운영리스크를 계량화하는 방안을 허용하고 있다. 또한 미국

12 바젤II에서는 운영리스크 측정방법으로 기초지표법, 운영표준방법, 고급측정법을 제시하고 있다. 이중 기초지표법과 운영표준방법은 은행 총이익의 일정비율을 운영리스크로 간주하고 있고, 고급측정법은 과거 손실자료에 의한 객관적인 손실추정치와 함께 영업환경 및 내부통제에 대한 질적인 평가도 고려하고 있다.

등 주요국의 보험감독당국은 수입보험료나 준비금의 일정비 여타 리스크의 일정 부분 등 단순한 형태로 운영리스크를 측정하고 있다. 이와 같은 사례를 감안하여 RBC 제도도 수입보험료의 일정비율로 운영위험액을 산출하도록 하고 있다.

주요국의 운영리스크 산출 대상·방법 비교

구분		산출 대상	리스크 계수
보험	미국 (생보)	사망보험과 연금보험 수입보험료	3.08%
		건강보험 수입보험료	0.77%
	일본	자산운용리스크+보험리스크+예정이율리스크	2~3%*
	SolvencyII	수입보험료 기준과 책임준비금 기준으로 산출한 금액 중 큰 금액	수입보험료 2~3% 책임준비금 0.2~2%
은행	BIS (기초지표법)	총이익(순이자이익+순비이자이익)	15%

* 당기손실이 발생한 회사는 3%, 나머지는 2% 적용

8) 산출모형

위험액과 관련하여 감독원장이 정하는 기준에 따라 위험액을 산출하는 표준모형 또는 보험회사의 자체 통계에 기초한 위험액을 산출하는 내부모형을 사용하여 산출할 수 있다. 이 경우 내부모형에 대한 세부 사항은 금융감독원장이 정하여 제시할 수 있다.

9) 지급여력기준금액 산출

지급여력기준금액은 산출한 위험액을 기초로 아래 수식을 적용하여 산출한다. 다만 각 위험액 간 상관관계를 나타내는 상관계수는 금융감독원장이 정한다.

$$\text{지급여력기준금액} = \sqrt{\text{보험}^2 + (\text{금리} + \text{신용})^2 + \text{시장}^2} + \text{운영위험액}$$

6. 자산의 건전성에 관한 재무건전성 기준

(1) 의의

보험회사는 자산의 건전성을 유지하고, 관리하기 위해서는 대출채권 등 일정한 보유자산의 건전성을 정기적으로 분류하고 대손충당금을 적립할 것이 요청된다. 금융기관이

자산운용하면서 부담하고 있는 신용리스크 정도에 대한 평가를 통해 부실자산의 발생을 사전에 예방하고 이미 발생한 부실자산의 조기정상화를 촉진함으로써 금융기관 자산운용의 건전화를 도모하기 위한 것이다.

(2) 자산의 건전성 분류(보험업감독규정 제7-3조)

1) 분류주기 및 분류단계

보험회사는 정기적으로 차주의 채무상환능력과 금융거래내용 등을 감안하여 보유자산의 건전성을 (i) 정상, (ii) 요주의, (iii) 고정, (iv) 회수의문, (v) 추정손실의 5단계로 분류하고, 적정한 수준의 대손충당금 및 대손준비금을 적립하여야 한다.

2) 분류 대상 자산

분류 대상 자산은 (i) 대출채권, (ii) 유가증권, (iii) 보험미수금, (iv) 미수금·미수수익·가지급금 및 받을어음·부도어음, (v) 그 밖에 보험회사가 건전성 분류가 필요하다고 인정하는 자산이다.

(3) 대손충당금 등 적립기준(보험업감독규정 제7-4조)

1) 적립기준

대손충당금은 (i) 정상분류 자산 금액의 0.5% 이상, (ii) 요주의분류 자산 금액의 2% 이상, (iii) 고정분류 자산 금액의 20% 이상, (iv) 회수의문분류 자산 금액의 50% 이상, (v) 추정손실분류 자산 금액의 100%이다.

2) 가계대출

가계대출채권이란 개인에 대한 생활자금 또는 주택자금 등 비영리용도의 대출과 사업자로 등록되지 아니한 개인에 대한 부업자금 대출 등을 말하는데, 이러한 가계대출의 적립기준은 (i) 정상분류 자산 금액의 1% 이상, (ii) 요주의분류 자산 금액의 10% 이상, (iii) 고정분류 자산 금액의 20% 이상, (iv) 회수의문 분류 자산 금액의 55% 이상, (v) 추정손실 분류 자산 금액의 100%이다.

3) 부동산프로젝트 파이낸싱 대출채권

(i) 정상 분류 자산 금액의 0.9% 이상, (ii) 요주의 분류 자산 금액의 7% 이상, (iii) 고정 분류 자산 금액의 20% 이상, (iv) 회수의문 분류 자산 금액의 50% 이상, (v) 추정손실 분류 자산 금액의 100%이다.

4) 대손준비금 적립방법

보험회사는 결산 시(분기별 임시결산을 포함한다) 보유자산에 대한 대손충당금 적립액이 위에서 정한 금액에 미달하는 경우 그 차액을 대손준비금으로 적립(분기별 임시결산 시로서 대손준비금 적립이 확정되지 않은 경우에는 적립예정금액을 산정하는 것을 말한다)하되, 이익잉여금에서 보험업법 및 다른 법률에 따라 적립한 적립금을 차감한 금액을 한도로 한다. 다만 미처리결손금이 있는 경우에는 미처리결손금이 처리된 때부터 대손준비금을 적립하며, 기존에 적립한 대손준비금이 결산일 현재 적립하여야 하는 대손준비금을 초과하는 경우에는 그 초과하는 금액을 환입할 수 있다.

7. 그 밖에 경영건전성 확보에 필요한 사항에 관한 재무건전성 기준

(1) 의의

자본의 적정성과 자산의 건전성에 관한 기준 외에 보험회사의 위험, 유동성 및 재보험의 관리에 관하여 금융위원회가 정하여 고시하는 기준을 충족할 것을 요한다.

(2) 유동성 관리기준

보험회사는 적정한 유동성을 유지하기 위하여 다음의 방법으로 차입할 수 있다. (i) 은행으로부터의 당좌차월, (ii) 환매조건부채권의 매도, (iii) 정부로부터의 국채인수 지원자금 차입, (iv) 후순위차입 또한 후순위채권 발행, (v) 본점으로부터의 차입(외국보험회사의 국내지점에 한한다), (vi) 채권의 발행, (vii) 기업어음의 발행, (viii) 만기의 영구성, 배당지급의 임의성, 기한부후순위채무보다 후순위인 특성을 갖는 자본증권(보험업감독규정 제7-9조).

(3) 재보험 관리

1) 보고

보험회사는 예상 투자수익을 감안하여 재보험료를 산정하거나 상당한 보험위험의 전가가 없는 재보험계약으로서 금융감독원장이 정하는 계약을 체결하거나 동 계약의 조건을 변경하는 경우에는 계약 체결 후 1개월 이내에 계약체결 내용을 금융감독원장에게 제출하여야 한다(보험업감독규정 제7-12조).

2) 회계처리

계약기간이 1년을 초과하는 재보험 계약에 대해서는 동 계약에 의해 발생하는 보험료, 보험금 및 수수료 등 수익과 비용은 그것이 발생한 기간에 정당하게 배분되도록 회계처리하여야 한다. 재보험의 책임준비금 요건(시행령 제63조 제2항)을 충족하지 아니하는 계약에 대해서는 예치금 또는 예수금으로 회계처리하여야 한다.

보험회사가 재보험자산을 감액하는 경우에는 이를 전액 감액하여야 한다. 다만 재보험자산에서 재보험을 받은 해당 보험회사가 가입한 보험계약의 책임준비금(지급준비금과 미경과 보험료적립금을 말한다)을 차감하여 감액할 수 있다(보험업감독규정 제7-13조).

(4) 자산의 무상양도 등에 관한 재무건전성 기준

1) 의의

보험회사는 대주주의 특수관계인에서 제외되는 자, 즉 공익법인 등에게 자산을 무상으로 양도하거나 일반적인 거래 조건에 비추어 그 보험회사에게 뚜렷하게 불리한 조건으로 자산에 대하여 매매·교환·신용공여 또는 재보험계약을 하는 경우 다음 사항을 준수하여야 한다(보험업감독규정 제7-13조의2).

2) 준수의무

(i) 자산의 무상양도 등을 하기 전에 이사회 의결을 거칠 것

(ii) 자산의 무상양도 등을 한 경우에 지체 없이 인터넷 홈페이지 등을 이용하여 공시할 것

(iii) 자산의 무상양도 등에 대한 적정성 점검 및 평가 절차 등을 포함한 내부통제기준을 운영할 것

(iv) 매년 자산의 무상양도 등에 대한 현황, 적정성 점검 및 평가 결과 등을 이사회에 보고할 것

(v) 공익법인 등의 설립근거 법률에 따른 목적사업에 사용하는 조건부로 자산의 무상양도 등을 하고 공익법인 등의 사업이 설립 근거법률에서 정하는 사업에 적합하지 않는 경우 자산의 무상양도 등을 중단할 것

(vi) 공익법인 등의 사업으로부터 보험회사(보험회사, 보험회사의 계열회사 및 그 임직원을 포함한다)가 우대를 받는 등 대가성이 있어서는 아니 되며, 대가성이 있는 경우 자산의 무상양도 등을 중단할 것

3) 보고의무

보험회사는 자산의 무상양도 등을 하는 경우 지체 없이 감독원장에게 보고하여야 하며, 연 1회 이상 해당 공익법인 등이 발행한 후원금의 수입 및 사용내역 명세서를 감독원장에게 제출하여야 한다.

8. 재무건전성 기준 준수 여부 평가

(1) 경영실태평가제도의 의의

경영실태평가란 보험회사의 경영실태를 리스크 중심으로 평가하여 대처함으로써 개별 금융회사의 재무건전성을 확보하기 위한 제도이다. 보험회사 경영실태평가는 경영관리·보험·금리·투자·유동성리스크, 자본적정성, 수익성 부문에 대한 회사의 실질적인 경영상태를 체계적·객관적으로 평가하여 등급을 부여하고, 그 결과에 따라 감독·검사의 수준을 차별적으로 적용하는 등 감독·검사업무의 효율성을 높이는 한편 궁극적으로는 보험회사의 책임경영체제 정착을 유도하는 데 그 의의가 있다. 또한 경영실태평가 결과 발견된 경영상 취약점 등 문제분야에 대해서는 적기시정조치(prompt corrective action) 등과 연계하여 시정하도록 한다.

(2) 평가제도의 변천

보험회사의 경영실태 및 위험을 평가하여 경영의 건전성 여부를 감독하여야 하는데, 2012년 9월 이전까지는 경영실태평가는 CAMEL 방식으로 실시하였다. 동 방식은 지급여력(capital adequacy), 자산건전성(asset quality), 경영관리(management), 수익성(earning), 유동성(liquidity)의 5개 부문별로 평가한다.

(3) 경영실태 및 위험의 평가

금융위원회는 보험회사의 재무건전성 확보를 위한 경영실태 및 위험에 대한 평가를 실시하여야 한다(시행령 제66조). 경영실태평가는 보험회사의 재무제표상 통계를 활용하여 자본적정성, 자산건전성, 경영관리, 수익성, 유동성 실태를 분석하는 것을 말한다. 경영실태평가 결과에 따라 부실보험회사에 대하여 적기시정조치를 취한다.

(4) 평가 부문

경영실태평가는 검사 등을 통하여 실시하며 평가 대상 보험회사의 경영실태 및 위험을 경영관리리스크·보험리스크·금리리스크·투자리스크·유동성리스크·자본적정성·수익성 부문으로 구분하여 평가한 후 각 부문별 평가 결과를 감안하여 종합평가한다.

부문별 계량평가항목과 비계량평가항목은 보험업감독규정 별표 13-2에 기술되어 있다. 검사 외의 기간 중에는 부문별 평가항목 중 계량평가가 가능한 항목에 대해서만 분기별(해외현지법인 및 해외지점은 반기별)로 경영실태평가를 실시함을 원칙으로 하되 금융감독원장이 필요하다고 인정하는 경우에는 수시로 실시할 수 있다(보험업감독규정 제7-14조).

(5) 평가 대상 및 등급

경영실태평가는 모든 보험회사와 보험회사의 해외현지법인 및 해외지점을 대상으로 하며 1등급(우수), 2등급(양호), 3등급(보통), 4등급(취약), 5등급(위험)의 5단계 등급으로 구분한다. 다만 영업 개시 후 만 2년이 경과하지 아니한 보험회사, 영업개시 후 만 5년이 경과하지 아니한 해외현지법인과 해외지점 및 소규모 또는 정리절차 진행 등으로 평가의 실익이 적다고 금융감독원장이 인정하는 경우는 평가 대상에서 제외할 수 있다.

(6) 경영개선협약 체결 등

경영실태평가 또는 위험평가 결과 지급여력비율이 악화될 우려가 있거나 경영상 취약부문이 있다고 판단되는 보험회사에 대하여 그 개선을 위한 계획 또는 약정서를 제출하도록 하거나 당해 보험회사와 경영개선협약을 체결할 수 있다. 다만 경영개선권고·경영개선요구 또는 경영개선명령을 받고 있는 보험회사의 경우에는 그러하지 아니하다(보험업감독규정 제7-16조).

9. 재무건전성 기준 준수의무 위반 시 효과

(1) 의의

금융위원회는 보험회사가 재무건전성 기준을 지키지 아니하여 경영건전성을 해칠 우려가 있다고 인정되는 경우에는 대통령령으로 정하는 바에 따라 자본금 또는 기금의 증액명령, 주식 등 위험자산의 소유 제한 등 필요한 조치를 할 수 있다(보험업법 제123조 제2항). 이에 따라 보험회사가 재무건전성에 관한 기준을 준수하지 못한 경우, 지급여력비율, 경영실태평가 등을 고려하여 경영개선권고, 경영개선요구, 경영개선명령 등 단계별 조치를 취할 수 있다.

보험회사 적기시정조치제도의 주요 내용

구분	경영개선권고	경영개선요구	경영개선명령
조치 기준	① 지급여력비율 100% 미만 ② 경영실태평가 종합평가등급 3등급 이상으로서 자본적정성 부문 평가등급 4등급 이하 ③ 경영실태평가 결과 종합평가등급이 3등급(보통) 이상으로서 보험리스크, 금리리스크 및 투자리스크 부문의 평가등급 중 2개 이상의 등급이 4등급(취약) 이하 ④ 거액금융사고 또는 부실채권발생으로 ①②③의 기준 미달 명백	① 지급여력비율 50% 미만 ② 경영실태평가 종합평가등급 4등급 이하 ③ 거액금융사고 또는 부실채권발생으로 ①②의 기준 미달 명백 ④ 경영개선권고에 따른 경영개선계획 불승인	① 지급여력비율 0% 미만 ② 부실금융기관 ③ 경영개선요구에 따른 경영개선계획 불승인
조치 내용	조직·인력 운영의 개선, 자본금의 증액 또는 감액, 신규업무진출 제한 등	점포 폐쇄 및 신설 제한, 임원진 교체 요구, 영업의 일부 정지 등	주식소각, 영업양도, 외부관리인 선임, 합병 및 계약이전 등

(2) 경영개선권고

1) 의의

보험회사의 지급여력비율이 100% 미만으로 떨어지는 등 경영상의 문제가 발견되는 경우 적기시정조치의 가장 낮은 단계인 경영개선권고 조치를 취하게 된다.

2) 요건

금융위원회는 보험회사가 다음의 하나에 해당하는 경우 필요한 조치를 이행하도록 권고하여야 한다(보험업감독규정 제7-17조).

(i) 지급여력비율이 50% 이상 100% 미만인 경우

(ii) 경영실태평가 결과 종합평가등급이 3등급(보통) 이상으로서 자본적정성 부문의 평가등급이 4등급(취약) 이하로 평가받은 경우

(iii) 경영실태평가결과 종합평가등급이 3등급(보통) 이상으로서 보험리스크, 금리리스크 및 투자리스크 부문의 평가등급 중 2개 이상의 등급이 4등급(취약) 이하로 평가받은 경우

(iv) 거액 금융사고 또는 부실채권 발생으로 제1호 내지 제3호의 기준에 해당될 것이 명백하다고 판단되는 경우

3) 조치내용

가. 회사에 대한 조치

(i) 자본금의 증액 또는 감액, (ii) 사업비의 감축, (iii) 점포관리의 효율화, (iv) 고정자산에 대한 투자 제한, (v) 부실자산의 처분, (vi) 인력 및 조직운영의 개선, (vii) 주주배당 또는 계약자배당의 제한, (viii) 신규업무 진출 및 신규출자의 제한 등의 조치를 할 수 있다. 손해보험회사에 대해서는 (i) 자기주식의 취득 금지, (ii) 요율의 조정 등의 조치를 할 수 있다.

나. 관련 임원에 대한 조치

금융위원회는 경영개선권고를 하는 경우 당해 보험회사 또는 관련 임원에 대하여 주의 또는 경고조치를 취할 수 있다.

(3) 경영개선요구

1) 의의

경영개선권고 후 더욱 재무상태가 악화되거나 지급여력비율이 상당 수준 낮은 경우 경영개선요구를 하게 된다.

2) 요건

보험회사가 다음의 하나에 해당하는 경우에는 당해 보험회사에 대하여 필요한 조치를 이행하도록 요구하여야 한다(보험업감독규정 제7-18조).

(i) 지급여력비율이 0% 이상 50% 미만인 경우

(ii) 경영실태평가 결과 종합평가등급을 4등급(취약) 이하로 평가받은 경우

(iii) 거액 금융사고 또는 부실채권 발생으로 (i) 또는 (ii)의 기준에 해당될 것이 명백하다고 판단되는 경우

3) 조치내용

경영개선권고에서 취할 수 있는 조치 외에 다음에 해당하는 조치의 일부 또는 전부를 단행할 수 있다.

(i) 점포의 폐쇄·통합 또는 신설 제한

(ii) 임원진 교체 요구

(iii) 보험업의 일부 정지

(iv) 인력 및 조직의 축소

(v) 합병, 금융지주회사법에 의한 금융지주회사의 자회사로의 편입(단독으로 또는 다른 금융기관과 공동으로 금융지주회사를 설립하여 그 자회사로 편입하는 경우를 포함한다), 제3자 인수, 영업의 전부 또는 일부의 양도 등에 관한 계획 수립

(vi) 위험자산의 보유제한 및 자산의 처분

(vii) 자회사의 정리

(viii) 재보험처리

(4) 경영개선명령

1) 의의

보험회사의 재무건전성 비율이 현저히 낮거나 부실금융기관에 해당하는 경우에는 적기시정조치 중 가장 강도 높은 경영개선 명령을 하게 된다.

2) 요건

보험회사가 다음 중 하나에 해당하는 경우에는 당해 보험회사에 대하여 필요한 조치를 이행하도록 명령하여야 한다(보험업감독규정 제7-19조).

(i) 금산법 제2조 제3호에서 정하는 부실금융기관에 해당하는 경우

(ii) 지급여력비율이 0% 미만인 경우

부실금융기관이라 함은 다음의 어느 하나에 해당하는 금융기관을 말한다.

(i) 경영상태를 실제 조사한 결과 부채가 자산을 초과하는 금융기관이나 거액의 금융사고 또는 부실채권의 발생으로 부채가 자산을 초과하여 정상적인 경영이 어려울 것이 명백한 금융기관으로서 금융위원회나 예금보험위원회가 결정한 금융기관을 말한다. 이 경우 부채와 자산의 평가 및 산정은 금융위원회가 미리 정하는 기준에 따른다.

(ii) 예금 등 채권의 지급이나 다른 금융기관으로부터의 차입금 상환이 정지된 금융기관

(iii) 외부로부터의 지원이나 별도의 차입이 없이는 예금 등 채권의 지급이나 차입금의 상환이 어렵다고 금융위원회나 예금보험위원회가 인정한 금융기관

3) 조치내용

경영 개선 요구 시에 할 수 있는 조치의 일부 또는 전부를 할 수 있음은 물론 다음에 해당하는 조치를 취할 수 있다.

(i) 주식의 일부 또는 전부 소각, (ii) 임원의 직무집행 정지 및 관리인의 선임, (iii) 6월 이내의 보험업 전부 정지, (iv) 계약의 전부 또는 일부의 이전, (v) 합병 또는 금융지주회사의 자회사로의 편입(단독으로 또는 다른 금융기관과 공동으로 금융지주회사를 설립하여 그 자회사로 편입하는 경우를 포함한다), (vi) 제3자에 의한 당해 보험업의 인수, (vii) 영업의 전부 또는 일부의 양도

그러나 주식의 전부 소각, 보험업의 전부 정지, 영업의 전부 양도, 계약의 전부 이전의

조치는 당해 보험회사가 부실금융기관이거나 지급여력비율이 0% 미만이고 건전한 보험거래질서나 보험가입자의 권익을 해할 우려가 현저하다고 인정되는 경우에 한한다. 가장 중한 조치를 위한 요건을 보다 엄격히 한 것으로 풀이된다.

제3절 공시규제

1. 서설

공시규제는 일찍이 투자자 및 유가증권시장의 공정성 또는 투명성을 확보하기 위하여 발달하였다. 공시규제는 시장참여자에 의한 자발적인 감시를 촉발하여 기업경영의 투명성과 공정성을 한층 고양시키는 데 기여하고 있다. 또한 기업감시를 위한 유효한 수단으로서 자본시장뿐만 아니라 다른 시장에도 급속히 확산되고 있다. 이에 따라 보험감독분야에서도 보험계약자 등을 보호하고, 보험회사 경영의 건전성을 제고하기 위하여 경영의 중요사항 및 보험상품에 대해서 보험계약자 등 이해관계자가 적시에 파악할 수 있도록 하여 시장참여자에 의한 감시 및 감독기능을 강화하기 위하여 공시에 의한 감독제도를 도입하였다. 보험회사의 공시제도는 1999년 2월에 신설되었고, 2003년 보험업법 개정 시에 대폭 수정되었다.

2. 즉시공시사항

보험회사는 보험계약자를 보호하기 위하여 필요한 사항으로서 대통령령으로 정하는 사항에 대해서는 금융위원회가 정하는 바에 따라 즉시 공시하여야 한다.

즉시공시사항으로는 (i) 재무 및 손익에 관한 사항, (ii) 자금의 조달 및 운용에 관한 사항, (iii) 재무건전성 미준수로 인한 조치를 받거나 금융위원회의 명령을 받은 경우, 금융위원회 또는 금융감독원으로부터 제재조치 및 금산법에 의하여 적기시정조치 또는 행정처분을 받은 경우 그 내용, (iv) 보험약관 및 사업방법서, 보험료 및 해약환급금, 공시이율 등 보험료 비교에 필요한 자료, (v) 그 밖에 보험계약자의 보호를 위하여 공시가 필요하다고 인정되는 사항으로서 금융위원회가 정하여 고시하는 사항이다(보험업법 제124조 제1항 및 시행령 제67조 제1항).

3. 보험상품 비교공시제도

(1) 의의

비교공시란 보험계약자의 상품선택의 자유를 보장하기 위하여 보험료, 보험금 등 보험상품에 대한 정보를 비교 공시하게 하는 제도이다.

(2) 공시사항

보험료·보험금 등 보험계약에 관한 사항으로서 대통령령으로 정하는 사항을 금융위원회가 정하는 바에 따라 비교공시할 수 있다(보험업법 제124조 제2항). 구체적인 비교공시사항은 (i) 보험료, 보험금, 보험기간, 보험계약에 따라 보장되는 위험, 보험회사의 면책사유, 공시이율 등 보험료 비교에 필요한 자료, (ii) 그 밖에 보험계약자 보호 및 보험계약 체결에 필요하다고 인정되는 사항으로 금융위원회가 정하여 고시하는 사항 등이다(시행령 제67조 제2항).

(3) 공시의 주체

공시 주체를 누구로 할 것이지 여부에 대해 논란을 있었으나 보험협회가 비교·공시를 하되, 보험소비자의 이해가 충분히 고려될 수 있도록 보험상품공시위원회를 설치하여 운영하고 소비자단체도 일정한 요건 하에 비교·공시할 수 있도록 허용되었다(보험업법 제124조 제5항).[13]

(4) 보험상품공시위원회

1) 기능

보험협회가 비교·공시를 하는 경우에는 대통령령으로 정하는 바에 따라 보험상품공시위원회를 구성하여야 한다(보험업법 제124조 제3항). 보험협회가 실시하는 보험상품의 비교·공시에 관한 중요 사항을 심의·의결한다(시행령 제68조 제1항).

---

13 성대규·안종민, 앞의 책, 553면.

2) 구성

위원회는 위원장 1명을 포함하여 9명의 위원으로 구성한다(시행령 제68조 제2항).

위원회의 위원장은 위원 중에서 호선하며, 위원회의 위원은 금융감독원 상품담당 부서장, 보험협회의 상품담당 임원, 보험요율산출기관의 상품담당 임원 및 보험협회의 장이 위촉하는 (i) 보험회사 상품담당 임원 또는 선임계리사 2명, (ii) 판사, 검사 또는 변호사의 자격이 있는 사람 1명, (iii) 소비자단체에서 추천하는 사람 2명, (iv) 보험에 관한 학식과 경험이 풍부한 사람 1명(시행령 제68조 제3항).

3) 임기

위원의 임기는 2년으로 한다. 다만 금융감독원 상품담당 부서장과 보험협회의 상품담당 임원 및 보험요율산출기관의 상품담당 임원인 위원의 임기는 해당 직에 재직하는 기간으로 한다.

4) 의사 및 의결 정족수

위원회의 회의는 재적위원 과반수의 출석으로 개의하고, 출석위원 과반수의 찬성으로 의결한다.

(5) 보험회사의 자료제공 의무

보험회사는 비교공시에 필요한 정보를 보험협회에 제공하여야 한다(보험업법 제124조 제4항).

제4절 공동행위규제

1. 서설

(1) 상호협정의 의의

상호협정이란 보험회사가 그 업무에 관한 공동행위를 하기 위하여 체결한 약정을 말한다. 상호협정의 법적 성격은 복수의 보험회사의 의사표시의 합치가 필요하다는 점에서 단독행위로 보기 어렵고, 계약 또는 합동행위의 일종으로 파악하는 것이 타당하다. 상호협정에 관한 규제는 보험업법 제정 시부터 있었다. 당시 규제내용은 상호협정을 체결하고자 하는 경우 재무부장관에게 신고하도록 하였다.

(2) 보험회사의 공동행위

다수의 보험회사로 하여금 공동행위를 하도록 허용할 경우 부당하게 보험가격을 결정·유지·변경하는 행위를 하거나 보험상품의 거래조건이나 그 대가 또는 지급조건을 정하는 행위, 거래지역 또는 거래상대방을 제한하는 행위 등을 할 우려가 있다. 이러한 보험회사 간의 부당한 공동행위는 공정거래법에 의하여 금지된다(공정거래법 제19조). 그러나 보험사업은 다른 사업과의 달리 다수의 보험계약자의 출연으로 보험자산이 구성되고 이를 바탕으로 보험자산을 운용하여 미래의 보험금 청구에 응하게 되는 등 계속적인 관계를 유지하여야 하므로 보험회사의 건전한 존속이 무엇보다도 우선시된다. 또한 보험회사의 파산의 경우 다수의 보험계약자에게 피해를 끼치게 되고 사회적인 불안을 야기할 수도 있다. 이러한 보험사업의 특성 때문에 공정거래법의 취지에 반하지 아니하는 범위 내에서 자율적인 규제가 필요한 경우가 있다. 이러한 보험사업의 특성을 감안하여 보험업법은 보험회사의 업무에 관한 상호협정을 허용하고, 금융위원회의 인가를 받도록 함으로써 상호협정의 적정한 운용을 도모하고 있다. 또한 공정거래법 제58조는 "이 법의 규정은 사업자 또는 사업자단체가 다른 법률 또는 그 법률에 의한 명령에 따라 행하는 정당한 행위에 대해서는 이를 적용하지 아니한다"라고 규정하고 있다. 따라서 금융위원회의 인가를 받은 보험회사의 상호협정 및 그에 따른 정당한 행위에 대해서는 공정거래법이 적용되지 않는다.

2. 보험업의 공정경쟁에 관한 규제

보험업법이 지향하는 목적은 보험업을 경영하는 자의 건전한 경영을 도모하고 보험계약자, 피보험자, 그 밖의 이해관계인의 권익을 보호함으로써 보험업의 건전한 육성과 국민경제의 균형 있는 발전에 기여하는 것이다. 따라서 보험업법이 보험업의 공정거래에 관하여 규제할 수 있는 것인지 하는 의문이 제기될 수 있다. 보험업법은 공정하고 자유로운 경쟁의 촉진을 직접적인 목적으로 하지 않지만 보험업의 건전한 육성을 위하여 필요한 경우에는 보충적으로 자유경쟁과 공정경쟁을 위한 규제를 얼마든지 할 수 있다고 생각한다.

공정거래법이 적용되기 전에는 보험업의 공정거래에 관한 통제를 보험업법에서 주로 담당하였으나 공정거래법이 제정되면서부터는 보험업에 있어서 경쟁법적 관점의 규제는 공정거래법이 우선 적용되고, 보험업법은 보충적 입장에서 고려된다. 그러나 때로는 동일 사항에 대하여 이중 규제가 발생할 소지도 있다. 보험 등 금융권역은 전통적으로 다른 산업에 비하여 보험소비자 보호 및 공정한 거래질서 유지를 위한 관점에서 금융감독기구의 엄격한 감독을 받고 있다. 따라서 금융 분야에 대한 공정거래위원회의 개입은 금융감독기관의 감독권과 중복되지 않은 범위 내에서 제한적으로 행사되어야 할 것이다.

3. 상호협정의 통제

보험회사는 그 업무에 관한 공동행위를 하기 위하여 다른 보험회사와 상호협정을 하고자 하는 경우에는 금융위원회의 인가를 받아야 한다. 이를 변경 또는 폐지하고자 하는 경우에도 또한 같다(보험업법 제125조 제1항). 상호협정이 허용되는 사업의 범위에 관하여 보험업법은 특별한 제한을 두고 있지 않다. 따라서 보험회사는 그의 업무 전반에 속하는 사항을 대상으로 협정을 체결할 수 있는 것으로 해석된다. 이에 비해 일본 보험업법은 항공보험사업, 원자력 보험사업, 자동차손해배상책임보험사업, 지진보험사업 등에 한정하여 대장대신의 인가를 받아 상호협정을 체결할 수 있는 것으로 규정하고 있다(일본 보험업법 제102조).

4. 상호협정의 인가절차

(1) 인가신청

보험회사가 상호협정을 체결하거나 변경 또는 폐지를 위하여 인가를 받고자 하는 경우에는 신청서와 상호협정서, 상호협정서 변경대비표, 그 밖에 상호협정의 내용을 설명하는 데 필요한 서류를 첨부하여 금융위원회에 제출하여야 한다. 이 경우 상호협정서 변경대비표는 상호협정을 변경하는 경우에 한하여 제출한다(시행령 제69조 제1항,

규칙 제32조). 상호협정을 체결하는 경우 신청서에는 당사자의 상호 또는 명칭과 본점 또는 주된 사무소의 소재지, 협정의 명칭과 그 내용, 협정의 효력의 발생시기와 기간, 협정을 하고자 하는 사유, 협정에 관한 사무를 총괄하는 점포 또는 사무소가 있는 경우에는 그 명칭과 소재지, 외국보험회사와의 협정에 있어서는 그 보험회사의 영업종류와 현재 영위 중인 사업의 개요 및 현황을 기재하고, 협정을 변경하는 경우에는 신청서에 당사자의 상호 또는 명칭과 본점 또는 주된 사무소의 소재지, 협정의 명칭과 그 내용, 변경될 협정의 효력의 발생시기와 기간, 협정을 변경하고자 하는 사유 및 변경내용을 기재하고, 협정을 폐지하고자 하는 경우에는 신청서에 폐지할 협정의 명칭, 협정 폐지의 효력 발생 시기, 협정을 폐지하고자 하는 사유를 기재하여야 한다(시행령 제69조 제1항).

(2) 인가심사

상호협정의 체결이나 변경 및 폐지인가의 신청이 있는 경우 금융위원회는 상호협정의 내용이 보험회사 간의 공정한 경쟁을 저해하는지 여부와 상호협정의 내용이 보험계약자의 이익을 침해하는지 여부를 심사하여 그 인가 여부를 결정하여야 한다(시행령 제69조 제2항).

5. 상호협정에 대한 변경명령 등

금융위원회는 공익 또는 보험업의 건전한 발전을 위하여 특히 필요하다고 인정하는 경우에는 보험회사에 대하여 상호협정의 변경이나 폐지 또는 새로운 협정의 체결을 명하거나 그 협정의 전부 또는 일부에 따를 것을 명할 수 있다(보험업법 제125조 제2항).

6. 공정거래위원회와 협의

금융위원회는 상호협정의 체결 또는 변경의 인가를 하거나 명령을 하고자 하는 경우에는 미리 공정거래위원회와 협의하여야 한다(보험업법 제125조 제3항).

7. 상호협정의 한계

공정거래법에 의하면 부당하게 경쟁을 제한하는 사업자간의 공동행위를 금지하고 있다(공정거래법 제19조). 따라서 상호협정이 부당하게 공정한 경쟁을 제한하는 내용을 담고 있으면 안 된다. 나아가 상호협정은 어디까지나 협정 당사 간에만 효력이 있는 자율규약으로서의 성격이 강하다. 따라서 협정의 당사자 이외의 자에 대해서 권리·의무를 제한하는 내용을 담고 있어서는 안 된다. 현재 보험업계에서 제정·운용되고 있는 상호협정을 보면 총 14개의 상호협정이 존재하는 것으로 파악되고 있다(생명보험 3개, 손해보험 11개).

그 운영내용을 보면 보험 관련 법규 위반사항을 자율적으로 준수하고자 하는 내용을 포함하고 있는 것이 대부분이어서 공정경쟁을 저해하는 내용은 없는 것으로 파악되고 있지만, 협정의 구체적인 운영과정에서 협정당사자 이외의 자에 대하여 권익을 침해하는 사례가 발생되고 있는 것으로 파악되고 있다. 협정당사자 이외의 자에 대하여 협정위반을 이유로 조사를 하거나 당사자 이외에 제3자에게 제재금을 부과하는 것은 협정의 한계를 벗어난 것으로 볼 수 있다.

8. 상호협정에 관한 규정 위반 시 효과

상호협정에 관한 보험업법 제125조에 관한 규정을 위반한 경우에는 5백만 원 이하의 과태료를 부과한다(법 제209조 제2항 제29호).

☞ 관련 심결례

1. 비전속대리점이 상호협정 제3조를 위반하여 보험모집행위를 하였을 경우에는 상호협정 제재처리기준 3-3) 및 동 협정 적용유의사항4.의 후단규정에 따라 피심인(손보협회)은 특별이익제공약속행위에 따라 모집된 보험을 인수한 손보사를 가려 해당 손보사에 제재금을 부과하여야 함에도 보험인수 여부와 관계없이 구성사업자 모두에게 제재금을 과하는 것은 구성사업자의 사업활동을 부당하게 제한하는 행위에 해당한다(1999. 2. 2. 공정위 의결, 9810공동1817).
2. 보험대리점이 상호협정을 위반하였을 경우 해당보험사의 장에게 제재를 권유하고 해당 손해보험사가 자체 감사권에 의거 자율적으로 제재의 정도를 결정하여야 함에도 피심인(손보협회)이 (주)한맥인스코에 대해 대리점계약을 일괄해지하기로 결의하고 동 결의 내용을 구성사업자에게 통지한 행위는 보험업법 또는 상호협정 등에 근거가 없는 것으로 법령에 따른 정당한 행위로 볼 수 없으므로 구성사업자의 사업내용 또는 활동을 부당하게 제한하는 행위이다(1998. 8. 28. 공정위 의결, 9806공동0953).
3. 부당하지 않은 보험사업자 간의 보험계약의 이전은 보험업법상 금지되는 사항이 아니며 이에 대해 피심인(손보협회)이 제재하는 행위는 보험업법에 근거가 없는 행위로서 법령상 정당한 행위로 인정될 수 없다(1996. 7. 29. 공정위 시정권고, 9605단체439).

제5절 기초서류 규제

1. 기초서류의 의의

기초서류라 함은 보험종목별 사업방법서, 보험약관, 보험료 및 책임준비금 산출방법서를 말한다(보험업법 제5조 제3호). 기초서류는 보험업을 영위하고자 하는 자가 보험업의 허가를 받고자 하는 경우에 허가 신청 시에 제출하는 서류 중의 하나이다. 특히 보험회사가 허가 시에 제출한 기초서류를 원시 기초서류라고 한다.

보험상품은 보험약관에 의하여 담보위험의 설정 및 그 보상내용이 결정되고, 그러한 담보위험 및 보상내용에 따라 보험료 및 책임준비금 산출방법서가 작성된다. 또한 사업방법서에는 보험상품을 판매하기 위한 여러 영업방침이 포함되어 있어 보험약관, 사업방법서, 보험료 및 책임준비금 산출방법서는 상호 밀접한 관련성을 가지고 있다. 특히 보험료 및 책임준비금 산출방법서는 보험가격을 결정하는 기초통계자료 및 구체적인 계산공식 등에 관한 사항이 포함되어 있고, 보험금 지급 등의 재원으로 사용되는 책임준비금의 산출기초가 작성되어 있는 서류이므로 중요한 감독 대상이 된다. 그런데 이러한 기초서류는 소비자의 이익에 직접적인 영향을 미치는 것임에도 그 내용이 전문적이고, 보험소비자의 이해가 곤란하다. 이러한 점이 고려되어 외국에서도 금융당국이 보험상품에 대한 허가, 인가제 및 신고제 등을 통하여 엄격한 감독을 한다. 특히 미국은 보험상품의 표준약관 및 관련 조항들이 법령에 위반하거나 불합리할 경우에는 해당 보험종목의 보험증권 양식 및 보험약관에 대해서 사전인가를 철회할 수 있도록 규정하고 있다.[14]

2. 보험약관

보험약관은 그 명칭이나 형태 또는 범위를 불문하고 계약의 일방 당사자가 다수의 상대방과 계약을 체결하기 위하여 일정한 형식에 의하여 미리 마련한 계약의 내용이 되는 것이다. 약관은 시장경제가 발전하여 대량생산, 대량거래, 대량소비의 경제가 발전되면서 나타난 법적 현상이다. 이러한 약관에 의한 거래는 시장경제, 전자상거래가 발전할수록 더욱더 확대되고 있다.

14 미국 뉴욕주 보험업 제3202조.

오늘날 행동경제학 등의 연구에 힘입어 합리적이고 이상적인 인간이 아닌 구체적 현실적 인간을 중심으로 한 경제이론이 발전하고 있고, 법학 분야에서도 계약자유보다 계약정의가 보다 강조되고 있는바, 특히 노동계약에서 노동자 보호, 생활필수품의 공급계약의 보장, 약관에 의한 계약에서 고객의 보호, 주택임대차보호법에서 임차인보호 등에서 이러한 정신을 엿볼 수 있다.[15] 보험업법에서도 계약정의에 입각하여 보험거래에서 상대적 약자인 보험계약자의 보호를 위하여 약관의 규제를 통한 소비자 보호에 힘쓰고 있다.

3. 사업방법서

사업방법서는 사업경영지역, 피보험자의 범위, 보험종목 등 사업경영일반에 관한사항, 보험계약의 체결절차, 보험료의 수금, 보험계약의 변경, 제지급금의 처리절차 등 보험사업운용에 필요한 핵심적인 사항을 기술해놓은 서류를 말한다. 다시 말하면 사업방법서는 보험자가 영위하고자 하는 보험사업의 종류에 관하여 그 사업운용에 관한 기본방침을 정한 서류라고 볼 수 있다. 이러한 사업방법서는 보험회사의 내부기관에 대해서는 구속력이 있으나 보험가입자에 대해서는 구속력이 없다.[16]

4. 보험료 및 책임준비금 산출방법서

보험료 및 책임준비금 산출방법서는 보험료의 산정의 기초가 되는 예정기초율과 보험료의 계산에 관한 사항 및 책임준비금의 계산에 관한 사항을 기술한 서류를 말한다. 이러한 보험료 및 책임준비금은 객관적이고 합리적인 통계자료를 기초로 적정하게 산정되어야 한다.

보험료 및 책임준비금 산출방법서의 작성목적은 주로 보험료의 감독과 책임준비금의 적정한 산정을 통한 책임재산의 확보차원에서 이러한 계산식을 명확히 하고자 한 것이다.

15 이은영, 『약관규제법』, 박영사, 1994, 11면
16 靑谷和夫, 24면

5. 기초서류 변경신고제도의 규제체계

기초서류의 규제체계는 원칙적으로 (i) 기초서류의 작성, (ii) 기초서류의 작성 및 변경신고, (iii) 기초서류의 사용, (iv) 기초서류의 제출, (v) 기초서류 기재사항 준수, (vi) 기초서류 변경권고, 등으로 이루어져 있다.

第6절 보험가격의 산정 원리

1. 개관

보험제도가 건전하게 운영·작동되기 위해서 필요한 기본원리는 (i) 보험등식, (ii) 확률과 대수법칙, (iii) 통계자료이다. 보험등식이란 보험제도의 운영상에 발생하는 자금의 수입과 지출을 동일하게 균형을 유지하는 것을 말하는데, 보험등식에서 자금의 수입을 구성하는 요소로는 보험료 수입, 투자수입, 기타수입이 있다. 이에 반하여 보험등식에서 지출부분을 구성하는 요소는 보험금 지급, 사업비 지출, 자본비용 및 기타 지출이 있다. 이러한 보험등식이 성립함으로써 보험경영이 장기적으로 안정적인 운용이 도모될 수 있다.[17] 아래의 내용은 이러한 보험등식 중 보험료 수입과 보험금 지출에 관한 기본원리를 설명한 것이다.

2. 전통적인 견해

보험의 가격결정원리는 관념적 단체인 보험단체를 구성하여 보험단체에 속하는 내부 구성원이 부담하는 순보험료의 합계가 일정한 보험사고로 지급되는 보험금의 합계와 동일하도록 하는 것이다.[18] 이를 수지상등원칙 내지 급부반대급부 균등의 원칙이라고 한다. 수지상등의 원칙(principle of equivalence)이란 위험집단 전체의 입장에서 수입과 지출이 서로 같아야 한다는 원칙이다. 위험집단 구성원 전체에 의하여 조성된 자금과

17 김창기, 『보험학원론』, 문우사, 2015, 88-94면 참조.

18 우리가 통상 말하는 보험료는 영업보험료를 말하고 영업보험료는 보험금 및 각종 환급금의 지급재원이 되는 순보험료와 인건비, 모집수수료, 홍보비 등의 사업비의 재원이 되는 부가보험료로 구성되어 있다.

사고로 손해를 입은 구성원에게 지급한 금액이 같아야 한다는 것이다. 수입측면에서 보면 위험집단 전체 구성원 수를 N, 구성원 1인당 평균분담금을 P라 가정하면 수입은 N×P이고, 지출 측면에서 보면 손해가 발생한 구성원 수를 R, 1사고당 평균지급액을 Z로 보면 지출은 R×Z이 된다. 수지상등원칙을 계산식으로 표현하면 N×P=R×Z이 된다. 이때 수입과 지출이 불균형한 결과를 초래하면 조정과정을 거쳐 균형을 유지하도록 한다.

한편 급부반대급부 균등의 원칙(equivalence principle of benefit and consideration)이란 위험집단에 속해 있는 구성원 각자가 부담하는 보험료는 1사고당 평균지급보험금에 사고발생확률을 곱한 금액과 같아지는 원리를 말한다. 수지상등의 원칙은 위험집단 전체의 입장에서 수입과 지출이 서로 같아야 한다는 원칙을 말하는데, 위험집단 전체의 분담금 총액(N×P)은 보험사고로 위험집단 구성원이 입은 손해액 총액(R×Z)과 같게 되고, 위험집단에 속해 있는 개별 구성원의 입장에서 보면 수지상등의 원칙상 N×P=R×Z는 P=R/N(사고발생확률)×Z이 된다. 즉, R/N을 W라 하면 P=W×Z이 된다.

3. 현대적 견해

금융공학의 및 통계 기법의 발전에 따라 기존의 전통적인 위험단체 이론의 재검토가 필요하다는 견해가 주장되고 있다. 현대 포트폴리오 이론에 근거한 자산 부채 최적 배분 개념이라고 하는 새로운 개념을 도입하여 위험과 기대 수익률 관리관점에서 위험단체의 이론을 수정하려는 시도가 전개되고 있다.

4. 규제연혁

2003년 이전까지는 판매전 신고 또는 판매 후 보고제도를 통하여 기초서류에 대한 규제가 이루어지고 있었다. 舊 보험업법에 의하면 보험상품을 신고상품과 제출상품으로 구분하고, 모든 상품에 대해 3단계의 심사절차를[19] 거치도록 함으로써 절차의 복잡 및 중복으로 인한 신속한 상품 개발을 저해한다는 비판이 제기되었다.[20] 또한 신고상품과

19 3단계 심사절차: 보험회사의 선임계리사 확인→보험개발원 확인→금융감독원의 심사, 즉 신고상품의 경우 3중 확인절차를 사전에 거친 후 판매하고 제출상품의 경우. ① 선임계리사 확인만 거친 후 판매하고 판매 후, ② 보험개발원 확인, ③ 금융감독원 심사 절차를 거친다.

제출상품 의 구분 기준이 포괄적·추상적으로 규정되어[21] 신고 또는 제출상품 해당 여부의 판단이 곤란하다는 문제점도 제기되었다. 이에 따라 개정 보험업법에서는 제출상품제도를 소비자 보호를 저해하지 않는 범위 내에서 자율적으로 개발하여 운용하는 자율상품제도로 전환하였다.[22] 아울러 신고상품 구분 기준을 명확히 설정하고 신고상품 이외 상품은 모두 자율상품화 하는 negative 방식으로 운영하는 것으로 개정하였다.

그러나 새로운 보험요율 체계를 도입하는 등 부실판매 가능성이 큰 상품에 대해서는 신고상품으로 분류하여 소비자 피해를 사전에 차단하고, 상품개발의 자율화에 대응하여 사후감독 강화하며, 감독당국이 부실판매 가능성이 높은 상품을 매분기 선정하여 심사하는 집중심사제도 도입하여 내실 있는 검증이 이루어지도록 하였다. 아울러 회사 내부에 보험상품 검증시스템을 구축하도록 함으로써 부실상품 개발을 방지하고, 부실판매 등에 따른 과징금제도를 신설하여 제재의 실효성을 제고하였다.[23]

5. 기초서류의 작성 및 신고

(1) 기초서류의 작성

보험회사는 취급하려는 보험상품에 관한 기초서류를 작성하여야 한다(보험업법 제127조 제1항).

(2) 기초서류의 작성 및 변경원칙

보험회사는 기초서류를 작성·변경할 경우 다음의 사항을 준수하여야 한다(보험업법 제128조의3 제1항). (i) 보험업법 또는 다른 법령에 위반되는 내용을 포함하지 아니할 것, (ii) 정당한 사유 없이 보험계약자의 권리 축소 또는 의무 확대 등 보험계약자에게 불리한 내용을 포함하지 아니할 것, (iii) 그 밖에 보험계약자 보호, 재무건전성 확보 등을 위하여 대통령령으로 정하는 바에 따라 금융위원회가 정하는 기준에 적합할 것 등이다.

---

20 종례 제출상품이 90%, 신고상품이 10%를 점하고 있었다.

21 보험계약자를 부당하게 차별하지 않을 것, 보험으로서의 효용가치가 미흡 하지 않을 것, 보장내용이 계약자의 도덕적 해이를 유발하지 않을 것 등.

22 즉, 신고상품 및 제출상품 규제체제에서 신고상품 및 자율상품 규제체계로 운영한다.

23 부실상품의 연간 수입보험료 일부(25%까지)를 과징금으로 부과한다.

보험회사가 기초서류를 작성·변경할 때 그 내용이 (i) 법령의 제정·개정에 따라 새로운 보험상품이 도입되거나 보험상품 가입이 의무화 되는 경우, (ii) 보험회사가 금융기관보험대리점 등을 통하여 모집하는 경우, (iii) 보험계약자 보호 등을 위하여 대통령령으로 정하는 경우 중 어느 하나에 해당하지 아니하면 기초서류 작성·변경원칙을 준수한 것으로 추정한다. 기초서류 작성 변경원칙을 위반하여 기초서류를 작성·변경한 경우에는 해당 보험계약의 연간 수입보험료의 100분의 50 이하의 범위에서 과징금을 부과한다(보험업법 제196조).

(3) 기초서류 작성 및 변경 신고

1) 작성 및 변경 신고 대상

기초서류를 작성하거나 변경하려는 경우 그 내용이 (i) 법령의 제정·개정에 따라 새로운 보험상품이 도입되거나 보험상품의 가입이 의무가 되는 경우, (ii) 보험계약자 보호 등을 위하여 대통령령으로 정하는 경우 등 어느 하나에 해당하는 경우에는 미리 금융위원회에 신고하여야 한다(보험업법 제127조 제2항).

보험회사가 기초서류를 작성하거나 변경하려는 경우 미리 금융위원회에 신고하여야 하는 사항은 다음과 같다. 다만 조문체제의 변경, 자구수정 등 보험회사가 이미 신고한 기초서류의 내용의 본래 취지를 벗어나지 아니하는 범위에서 기초서류를 변경하는 경우는 제외한다(시행령 제71조 제1항).

기초서류의 신고 대상

(i) 보험회사가 이미 신고 또는 판매되지 않는 위험을 보장하거나 새로운 위험구분단위 등을 적용하여 설계하는 경우. 다만 다른 보험회사가 이미 신고 또는 판매하고 있는 보험상품의 경우는 제외한다.
(ii) 법령에 따라 정부나 지방자치단체가 보험료의 일부를 지원하는 보험으로서 다음 각 목의 어느 하나에 해당하는 보험의 경우
  i) 「농어업재해보험법」에 따른 농작물재해보험, 임산물재해보험, 가축재해보험, 양식수산물재해보험
  ii) 「풍수해보험법」에 따른 풍수해보험
  ii) 「풍수해보험법」에 따른 풍수해보험
  iii) 「농어업인의 안전보험 및 안전재해예방에 관한 법률」에 따른 농업인안전보험 및 어업인안전보험
(iii) 위 (i) 및 (ii)에서 규정한 사항 외에 보험계약자 보호 등을 위하여 필요한 사항으로서 금융위원회가 정하여 고시하는 사항에 해당하는 경우

2) 신고사항의 확인

금융위원회는 보험회사가 기초서류를 신고할 때 금융감독원의 확인을 받도록 할 수 있다(보험업법 제128조 제1항).

3) 검증확인서의 첨부

금융위원회는 기초서류를 신고하는 경우 보험료 및 책임준비금 산출방법서에 대하여 보험요율산출기관 또는 대통령령으로 정하는 보험계리업자의 검증확인서를 첨부하도록 할 수 있다(보험업법 제128조 제2항).

4) 신고의 시기

보험회사는 기초서류를 신고하는 경우에는 판매개시일 30일 전까지 금융위원회가 정하여 고시하는 보험상품신고서에 선임계리사가 검증·확인한 기초서류, 보험료, 책임준비금 및 위험률 산출의 변경이 있는 경우에는 그 변경이 적절한지에 대한 보험요율산출기관 또는 독립계리업자의 검증확인서를 첨부하여 제출하여야 한다(시행령 제71조 제2항). 다만 기초서류의 변경권고에 따라 권고받은 사항을 반영하여 신고하는 경우에는 15일 전까지 제출하여야 한다.

한편 다른 법령의 개정에 따라 기초서류의 내용을 변경하는 경우 등 금융위원회가 정하여 고시하는 경우에는 금융위원회가 정하여 고시하는 기한까지 보험상품신고서를 제출할 수 있다.

5) 신고의 수리

금융위원회는 신고를 받은 경우 그 내용을 검토하여 이 법에 적합하면 신고를 수리하여야 한다(보험업법 제127조 제4항).

(4) 자료제출 요구

금융위원회는 보험계약자 보호 등을 위하여 필요하다고 인정되면 보험회사에 대하여 기초서류에 관한 자료의 제출을 요구할 수 있다(보험업법 제127조 제3항). 기초서류에 관한 자료의 제출 요구는 매 분기 종료일의 다음 달 말일까지 금융위원회가 정하여 고시하는 바에 따라 분기별 보험상품 판매 목록을 제출하게 할 수 있다(시행령 제71조 제4항). 또한 금융위원회는 보험계약자 보호 등을 위하여 확인이 필요하다고 인정되는 보험상품에 대해서는 그 사유를 적어 서면으로 선임계리사가 검증·확인한 기초서류를 제출하도록 요구할 수 있다(시행령 제71조 제5항).

이와 같이 확인한 보험상품에 대하여 보험료 및 책임준비금의 적절성 검증이 필요하다고 판단한 경우에는 그 사유를 적어 서면으로 보험요율산출기관 또는 독립계리업자의 검증확인서 및 보험상품신고서를 제출하도록 요구할 수 있다. 이 경우 보험회사는 제출 요구일부터 30일 이내에 검증확인서를 제출하여야 한다(시행령 제71조 제6항).

(5) 위반의 효과

보험회사가 신고의무를 위반한 경우, 또는 기초서류 작성의무를 위반한 경우에는 해당 보험계약의 연간 수입보험료의 100분의 50 이하의 범위에서 과징금을 부과한다(보험업법 제196조 제1항).

또한 기초서류의 작성 변경원칙을 위반하여 기초서류를 작성·변경한 경우에도 해당 보험계약의 연간 수입보험료의 100분의 50 이하의 범위에서 과징금을 부과한다(보험업법 제196조 제1항).

6. 기초서류 변경권고

(1) 기초서류 변경의 의의

기초서류는 보험업의 허가 시에 필수적으로 제출하는 서류이다. 이러한 기초서류는 영구불변의 것이 아니라 보험업의 영위과정에서 얼마든지 새로 제정되거나 변경이 되는데, 허가 이후 신규로 보험약관 등을 제정하거나 허가 시에 제출한 보험약관 등을 변경하는 경우를 포괄하여 기초서류의 변경이라고 한다. 보험업법은 기초서류의 변경이 있는 경우 미리 신고하게 하거나 사후에 감독당국에 제출하도록 규정하고 있다. 기초서류의 변경이란 명시적 변경과 묵시적 변경을 포함한다. 즉, 신고한 기초서류와 달리 운용한 것은 사실상 묵시적 변경이 이루어진 것으로 볼 수 있을 것이다.

(2) 기초서류 변경권고제도의 의의

기초서류를 사전에 신고받아 그 이상 유무를 곧바로 모두 걸러내는 것은 어려운 일이다. 또한 감독비용 측면에서도 이러한 방식의 규제는 바람직하지도 않다. 따라서 특별한 경우가 아니면 보험회사로 하여금 자유롭게 기초서류를 개발하고 운영할 수 있는 자율성을 최대한 부여하되, 문제가 되는 기초서류에 대해서는 감독수단을 동원하여 문제를 제거할 필요가 있다. 이에 따라 보험회사가 운용하는 기초서류의 내용이 법률에 위반되는 등 일정한 경우에는 사후적으로 해당 기초서류의 내용을 보험회사가 스스로 변경하도록 권고하는 제도를 마련하였다.

2010년 이전 구 보험업법은 보험회사의 업무 및 자산상황 그 밖의 사정변경으로 인하여 공익 또는 보험계약자 보호와 보험회사의 건전한 운영을 크게 해할 우려가 있거나 보험회사의 기초서류에 법령을 위반하거나 보험계약자에게 불리한 내용이 있다고 인정하는 경우 청문을 거쳐 기초서류의 변경 또는 그 사용의 정지를 명할 수 있었다.

개정 보험업법에서는 이와 같은 기초서류의 변경 및 정지 명령제도 외에 기초서류에 대한 즉시적인 대응과 탄력적인 운영을 도모하기 위하여 다소 완화된 제도로서 기초서류 변경권고제도를 신설하였다. 또한 기초서류 변경권고제도의 자의적인 운영을 방지하기 위하여 반드시 문서의 형식으로 제도를 운영하도록 규정하였다.

(3) 기초서류 변경권고 요건

보험회사가 신고한 기초서류의 내용 및 제출한 기초서류에 관한 자료의 내용이 기초서류 작성 및 변경원칙에 위반하거나 보험요율산출원칙에 반하여야 한다.

기초서류 작성 및 변경원칙은 (i) 보험업법 및 다른 법령에 위반되는 내용을 포함하지 아니할 것, (ii) 정당한 사유 없는 보험계약자의 권리 축소 또는 의무 확대 등 보험계약자에게 불리한 내용을 포함하지 아니할 것, (iii) 기타 보험계약자 보호, 재무건전성 확보 등을 위하여 대통령령으로 정하는 바에 따라 금융위원회가 정하는 기준에 적합할 것 등이다(보험업법 제128조의3).

보험요율산출원칙은 보험요율은 객관적이고 합리적인 통계자료를 기초로 대수의 법칙 및 통계신뢰도를 바탕으로 하여야 하며, (i) 보험요율이 보험금과 그 밖의 급부에 비하여 지나치게 높지 아니할 것, (ii) 보험요율이 보험회사의 재무건전성을 크게 해칠 정도로 낮지 아니할 것, (iii) 보험요율이 보험계약자 간에 부당하게 차별적이지 아니할 것 등이다(보험업법 제129조).

(4) 기초서류 변경 및 사용정지 명령과 비교

보험업법 제131조 제2항에 의한 기초서류 변경 및 사용정지 명령은 (i) 보험회사의 업무 및 자산상황 그 밖의 사정의 변경으로 공익 또는 보험계약자의 보호와 보험회사의 건전한 경영을 크게 해칠 우려가 있는 경우와 (ii) 보험회사의 기초서류에 법령을 위반하거나 보험계약자에게 불리한 내용이 있다고 인정되는 경우에 발령할 수 있고, 그 대상도 기초서류가 신고 대상 상품인지 여부를 불문하고 모든 기초서류를 대상으로 한다.

반면에 기초서류 변경권고는 그 대상을 신고한 기초서류에 한정하고 있고, 보험업법 기초서류 작성 및 변경원칙(보험업법 제128조의3)에 위반되거나 보험요율산출원칙(보험업법 제129조)을 위반한 경우를 변경권고 요건으로 하는 점에서 기초서류 변경 및 사용정지 명령과 차이가 있다.[24] 따라서 기초서류 변경 및 사용정지 명령이 기초서류변경권고에 비하여 발령요건이 보다 완화되어 있고 그 대상 또한 넓다고 볼 수 있다.

(5) 변경권고 형식

기초서류 변경권고는 그 내용 및 사유가 구체적으로 적힌 문서로 하여야 한다(보험업법 제127조의2 제2항).

(6) 변경권고 절차

금융위원회는 보험회사가 신고한 기초서류 및 제출한 기초서류의 내용이 보험업법 제128조의3(기초서류 기재사항 준수의무) 또는 제129조(보험요율 의 산출원칙)를 위반하는 경우에는 신고접수일 또는 제출접수일(검증확인서를 제출한 경우에는 검증확인서의 제출 일을 말한다)부터 20일(권고 받은 사항에 대하여 다시 변경을 권고하는 경우에는

24 보험업법 제131조 제2항: 금융위원회는 보험회사의 업무 및 자산상황, 그 밖의 사정의 변경으로 공익 또는 보험계약자의 보호와 보험회사의 건전한 경영을 크게 해칠 우려가 있거나 보험회사의 기초서류에 법령을 위반하거나 보험계약자에게 불리한 내용이 있다고 인정되는 경우에는 청문을 거쳐 기초서류의 변경 또는 그 사용의 정지를 명할 수 있다. 다만 대통령령으로 정하는 경미한 사항에 관하여 기초서류의 변경을 명하는 경우에는 청문을 하지 아니할 수 있다.

10일을 말한다) 이내에 그 기초서류의 변경을 권고할 수 있다.

(7) 해외 입법례

프랑스는 계약서류 등이 법규에 위반하는 경우에는 보험자문위원회의 동의를 얻어 철회하거나 정정명령이 가능하다.[25] 독일의 경우 보험약관 및 보험료 및 책임준비금 산출원칙 등을 포함하는 사업계획서에 대하여 신규보험계약이 체결되기 이전에 수정을 명할 수 있고, 보험계약자 보호를 위하여 필요시 기체결한 보험계약의 사업계획서의 변경 또는 폐지를 명할 수 있다.[26]

미국 뉴욕주는 기인가한 약관이라 하더라도 법규위반, 심사내용 위반 등이 발견될 경우 변경 및 인가 철회 명령이 가능하다.[27]

일본의 경우 감독당국은 신고상품 수리 후 90일 이내에 신고사항의 변경 및 신고철회 명령을 할 수 있다.[28] 또한 감독당국은 보험회사의 건전한 운영과 계약자보호를 위하여 필요한 경우 기초서류에 대하여 변경을 명령할 수 있는 일반변경명령권을 가지고 있다(보험업법 제131조).[29]

7. 기초서류 기재사항 준수의무

(1) 의의

보험회사는 기초서류에 기재된 사항을 준수하여야 한다(보험업법 제127조의3).

구 보험업법은 기초서류에 대한 신고의무만을 부과하고 신고의무를 위반한 경우 과태료에 처할 수 있도록 규정하고 있었지만 기초서류에 대한 준수의무를 규정하는 조항이 별도로 존재하지 아니하였다.

이에 따라 보험업법 제127조의 신고의무 조항을 폭넓게 해석하여 동 규정이 신고의무뿐만 아니라 기초서류 준수의무도 암묵적으로 부과하고 있는 것으로 해석하는 견해도

25 프랑스 보험법전 310-8.
26 독일 보험감독법 제81a조.
27 뉴욕주 보험법 제3202조.
28 일본 보험업법 제125조 제4항.
29 일본 보험업법 제131조.

있었다. 그런데 기초서류에서 정하고 있는 사항을 위반하여 보험금 수령자에게 지급하여야 할 제지급금을 고의로 지연하거나 은닉하는 사례가 종종 지적되어 이에 대한 제재 규정의 신설이 필요하였다.

이에 따라 개정 보험업법은 보험회사에 대해 기초서류 준수에 대한 의무를 부여하고, 고의적인 보험금 지급 지연 및 불지급 등 기초서류 준수의무 위반(unfair insurance practice)에 대해 과징금 부과 등 행정처분의 근거를 마련하게 된 것이다.

(2) 의무의 내용

기초서류란 보험종목별 사업방법서, 보험약관, 보험료 및 책임준비금산출방법서를 말하는데, 보험회사는 이와 같은 기초서류에 기재된 사항을 준수하여야 한다. 즉, 사업방법서가 정하고 있는 사항을 위반하거나 보험약관의 내용과 달리 운용하는 행위가 금지되고, 보험요율을 신고한 요율 또는 작성한 보험요율과 달리 적용하는 것이 금지된다.

준수의무위반 여부의 판단자료는 적법절차에 의하여 신고된 기초서류나 기작성된 기초서류가 된다. 나아가 사실상의 변경이 이루어진 경우에는 형식적인 기초서류를 기준으로 할 것인지 실질적인 기초서류를 기준으로 판단할 것인지 문제된다. 사실상 변경이 생긴 부분에 대해서는 기초서류 변경 작성 원칙 준수 여부 및 신고의무 위반 여부를 따져보아야 하고, 기초서류 준수 의무 위반 여부는 형식적인 기초서류가 아닌 실질적인 기초서류 위반 여부를 중심으로 판단하여야 할 것이다.

기초서류 준수 위반과 관련하여 검사에 지적된 대표적인 기초서류 위반사례는 사업방법서와 달리 공시이율을 계산한 경우, 보험약관의 대출이율을 잘못 적용한 사례 등이 있다.

(3) 위반의 효과

기초서류 준수의무를 위반한 경우에는 해당 보험계약의 연간 수입보험료의 100분의 50 이하의 범위에서 과징금을 부과할 수 있다(보험업법 제196조 제1항). 또한 보험회사가 기초서류 준수의무를 위반한 경우에는 2천만 원 이하의 과태료가 부과될 수 있다(보험업법 제209조 제4항 제33호).

☞ 금융분쟁조정위원회의 결정은 즉시연금으로 연금 지급 개시 시의 책임준비금에 공시이율을 곱한 이자 상당액을 연금으로 지급하여야 하는데, 보험회사가 보험약관과 달리 산출방법서에 따라 이자 상당액 중 만기보험금 지급 재원을 차감한 금액을 연금으로 지급한 것으로 결론을 내리고 있다. 이러한 점에서 보면 보험회사는 보험업법 제127조의3 소정의 기초서류 기재사항 준수의무를 위반한 것으로 볼 수 있다. 그러나 이 사건의 경우는 보험약관의 측면에서는 약관을 준수하지 않는 것이 되고, 기초서류의 하나인 보험료 및 산출방법서에 의하면 그 기재사항을 준수한 것이 된다. 결론적으로 이와 같이 모순되는 상황이 존재하는 경우에는 기초서류준수의무로 보기는 곤란하다.
또한 기초서류 준수의무 위반은 사법적 의무 이행을 공법적으로 강제하는 것이고 이에 대한 공법적 제재를 가하고 있는 것이며, 사법관계의 문제는 가급적 사법적 제도로 해결하여야 한다는 점에서 보면 기초서류 준수의무 위반으로 과징금 과태료를 부과하기 위해서는 고의적 위반이어야 하고 해석의 여지가 없는 명백한 규정 위반의 경우로 한정하여야 한다. 이러한 점에 비추어보면 이 사안의 경우에는 보험업법 제127조의3 소정의 기초서류 기재사항 준수의무를 위반한 것으로 볼 수 있다.

8. 기초서류의 관리기준

(1) 의의

기초서류 관리기준이란 기초서류를 작성하거나 변경할 때 지켜야 할 절차와 기준을 말한다. 보험회사는 기초서류 관리기준을 정하고 이를 지켜야 할 의무를 부담한다(보험업법 제128조의2 제1항).

(2) 기초서류 관리기준 포함사항

기초서류관리기준에는 (i) 기초서류 작성·변경의 절차 및 기준, (ii) 기초서류의 적정성에 대한 내부·외부 검증 절차 및 방법, (iii) 기초서류 작성 오류에 대한 통제 및 수정 방법, (iv) 기초서류 작성 및 관리과정을 감시·통제·평가하는 방법 및 관련 임직원 또는 선임계리사의 역할과 책임, (v) 그 밖에 기초서류관리기준의 제정·개정 절차 등 대통령령으로 정하는 사항을 포함하여야 한다(보험업법 제128조의2 제2항).

(3) 보고 및 변경 명령 등

보험회사는 기초서류관리기준을 제정 또는 개정하는 경우에는 금융위원회에 보고하여야 하며, 금융위원회는 해당 기준이나 그 운용이 부당하다고 판단되면 기준의 변경 또는 업무의 개선을 명할 수 있다(보험업법 제128조의2 제3항). 기초서류관리기준의 작성 및 운용 등에 필요한 사항은 대통령령으로 정한다(보험업법 제128조의2 제3항).

제7절 보험요율규제

1. 서설

(1) 보험요율의 의의

보험요율이란 보험가격을 보험단위에 대하여 나타낸 것으로 보험가격의 상대적 수준을 말한다. 보험료는 특정보험계약에 대하여 보험단위가격과 가입하는 보험금액을 함께 고려하여 보험계약자가 지불하는 금액을 말한다.[30] 보험요율의 산정은 기본적으로 보험제도를 통하여 집합된 피보험자의 손실통계에 기초하여 이루어지는데, 피보험자의 손실통계가 축적되지 않은 경우에는 일반적 손실통계 또는 다른 나라의 통계를 사용하기도 한다. 보험요율규제의 원시적 근거는 지급능력의 확보와 자기자본의 확충 필요성의 확인 등을 위해 필요하다. 보험회사는 약속은 이러한 약속을 이행하기 위하여 부과된 가격에 의존한다는 범위에서 이러한 요율은 정부의 통제를 받아야만 한다고 생각된다.

(2) 보험료 구성 및 보험요율의 결정

보험료는 보험사고에 대한 보험금으로 충당되는 순보험료와 보험회사가 보험회사를 경영하는 데 필요한 제반경비 등에 충당하는 부가보험료로 구성되며 순보험료와 부가보험료를 합하여 총 보험료가 된다. 따라서 순보험요율의 수준을 결정하는 중요요소는 근본적으로 피보험집단의 손실행태이다. 손실을 많이 발생시키면 요율이 올라가고 그렇지 않으면 순보험요율이 내려간다. 순보험요율에 비하여 부가보험료율의 수준은 절대적으로 보험자에 의하여 결정된다고 할 수 있다. 보험사업에 소요되는 일반경비는 보험자의 경영전략 및 정책 그리고 경영의 효율성과 생산성 등에 좌우되는 것이다.

30 이경룡, 『보험학원론』, 영지문화사, 2003, 257면.

(3) 보험요율

보험료가 구체적으로 산출되려면 예정위험률, 예정이율, 예정사업비율 등의 기초율이 필요한바, 이를 보험요율이라고 하고 위험보험료는 예정위험률을, 저축보험료는 예정이율을 기초로 산출되고, 부가보험료는 예정사업비를 토대로 산정이 된다. 예정위험률은 한 개인이 사망하거나 장해·질병에 걸리는 등의 일정한 보험사고가 발생할 확률을 대수의 법칙에 의해 가정한 것이 예정위험률이다. 예정사망률은 경험생명표를 사용하는데, 현재 각 보험회사는 자사의 실적 통계에 의한 예정위험률을 사용하고 있다.[31] 예정이율은 보험료 납입시점과 보험금 지급 시점의 시차에 따른 화폐가치 변동을 보상해주기 위한 할인율로서 높은 예정이율을 사용할 경우 보험료가 저렴해진다. 보험회사는 자사의 자산운용수익률과 시중의 지표금리를 정기적으로 반영하는 공시이율과 같은 금리연동형 예정이율이 대부분 사용되고 있다. 예정사업비율은 보험회사가 보험계약을 체결, 유지, 관리하기 위해서는 신계약비, 유지비, 수금비 등의 각종 비용이 소요되는데, 보험회사는 이러한 사업비를 미리 예상하고 보험금액 또는 보험료의 일정비율을 계산하여 보험료에 반영시키고 있다. 보험료 중 이러한 사업비의 구성비율을 예정사업비율이라 한다.

2. 보험료 산출원칙 및 준수사항

(1) 산출원칙

보험요율의 자율화 조치에 따라 보험료가 지나치게 높을 경우 보험가입자에게 피해를 줄 염려가 있고, 반대로 보험료가 지나치게 낮을 경우에는 보험회사의 재무건전성의 악화를 초래하고 보험회사가 파산할 우려가 있다. 또한 성별·장애 등을 이유로 부당하게 보험료를 차별할 경우 보험에 대한 신뢰 저하와 가입자 간의 차별의 문제가 발생할 수 있으므로 보험요율산출에 대한 원칙규정을 둘 필요가 있다. 이에 따라 보험요율은 지급능력의 확보의 관점에서 볼 때 충분하여야 하나 과도하지 말아야 할 것과 또한 보험단체 구성원 간에 차별적이지 않아야 한다. 보험요율의 충분성의 원칙은 요율규제의

31 경험생명표(experience life table)란 전체 국민을 대상으로 하는 국민생명보험표와는 달리 보험에 가입한 사람을 대상으로 성별, 연령별로 사망할 확률을 나타내는 사망률과 앞으로 얼마나 더 살 수 있느냐를 나타내는 여명(life expectancy)을 예측하여 수치로 나타낸 표를 말한다.

중요한 요소로서 투자로부터 얻은 이자소득과 합하여 요율은 발생한 손실 모두와 사업의 용역 및 상품의 생산과 관련하여 발생한 모든 비용을 지불할 수 있도록 충분하여야 한다.[32] 충분성이 되는 것에 추가하여 보험요율은 너무 과도하지 않을 것이 요청된다. 과도하게 지나친 요율은 보험소비자의 손실로 이어질 것이기 때문이다. 보험요율 산출원칙은 보험요율의 자유화에 대한 대응으로 보험회사의 재무건전성을 유지하고, 보험가입자를 보호하며 보험가입자 간의 형평성 유지를 위하여 필요하다.[33] 이에 따라 보험업법은 보험요율을 산출할 때 객관적이고 합리적인 통계자료를 기초로 대수의 법칙 및 통계신뢰도를 바탕으로 하여야 한다고 보험요율 산출원칙을 규정하고 있다(보험업법 제129조). 객관적이고 합리적인 통계자료라 함은 일반인이 보험료 산출의 기초가 되기에 충분하다고 신뢰할 수 있는 자료를 말한다. 대수의 법칙과 통계신뢰도는 합리적인 통계자료를 바탕으로 하는 과학적인 방법에 의하여 산출되는 것을 말한다.

(2) 준수사항

보험회사는 요율을 산출할 때 다음의 사항을 준수하여야 한다.

(i) 보험요율이 보험금과 그 밖의 급부(給付)에 비하여 지나치게 높지 아니하여야 한다. 이러한 준수사항은 보험료의 수입과 지출이 되는 보험금 등과의 균형성을 유지하여야 한다는 의미이다.

(ii) 보험요율이 보험회사의 재무건전성을 크게 해칠 정도로 낮지 않아야 한다. 보험회사가 보험가격을 지나치게 낮게 책정하여 보험상품을 판매하는 것은 보험회사의 재무구조에 나쁜 영향을 미칠 수 있다. 이러한 준수사항은 보험상품의 덤핑판매를 우려하여 둔 것이다.

(iii) 보험요율이 보험계약자 간에 부당하게 차별적이지 아니할 것을 요한다. 보험계약의 개별 계약성을 강조하기 보다는 보험의 단체성을 고려한 준수사항이다. 부당한 차별이 금지되므로 합리적 근거를 가진 차별은 정당화된다. 보험요율은 통계의 집단 간에 다양하게 구성될 수 있다. 이러한 원칙을 지나치게 강조하는 경우에는 다양한 보험요율의 산출을 억제할 소지가 있다.

---

32 EMMETT J. VAUGHAN, THERESE VAUGHAN, Fundamentals of Risk and Insurance, tenth editioin, p.111.
33 성대규·안종민, 앞의 책, 596면.

(iv) 자동차보험의 보험요율인 경우 보험금과 그 밖의 급부와 비교할 때 공정하고 합리적인 수준일 것을 요한다. 그동안 자동차보험은 손해율이 높음에도 불구하고 물가 수준을 고려하여 보험료의 인상이 억제되었다.

급부반대급부균등의 원칙을 엄격하게 적용하면 각 보험가입자의 위험을 정확하고 엄격하게 평가하여 보험료를 책정하여야 한다. 그러나 위험평가 자체에 비용이 들어가고 실제 보험사업 경영에서는 정해진 지표로 각 보험가입자의 위험을 구분하고 각각의 구분에 대한 보험요율을 정해 적용하고 있다. 그 결과 어느 특정 구분에 속한 보험가입자는 실제 당해보험가입자의 위험에 상응하는 높은 보험료를 지급할 수 있는 우려도 있다.

또한 보험요율에서 차등의 문제, 즉 자동차 보험의 지역별 요율의 적용문제, 연령에 의한 보험료의 차등, 남녀의 요율 차등, 유전자조사의 결과를 위험평가에 활용하는 것이 프라이버시나 차별 금지 등의 관점에서 허용되는지 등에 대한 검토가 필요하다.

(3) 기업성 보험요율의 특수 문제

1) 기업성 보험의 의의

기업성 보험이라 함은 주로 기업이 가지고 있는 기업 소유의 물건이나 기업운영과 관련하여 발생하는 위험을 보장하기 위한 보험을 말한다. 대체로 개인이나 가정의 위험을 담보하는 가계성 보험과 대비되는 개념이다. 기업성 보험에는 공장의 화재, 도난, 폭발, 기업휴지, 영업배상책임보험 등이 있다.

가계보험과 기업보험은 보험계약자 등의 법적 지위에 따라 구분되는 것이다. 가계보험은 보험자에 비해 열등한 경제적 지위에 있는 보험이고, 기업보험은 보험자와 대등한 경제적 지위에 있는 것으로 본다.

우리 상법은 상법 보험편의 규정은 당사자 간의 특약으로 보험계약자 또는 피보험자나 보험수익자의 불이익으로 변경하지 못한다. 그러나 재보험 및 해상보험 기타 이와 유사한 보험의 경우에는 그러하지 아니하다고 규정하고 있다(상법 제663조). 이 규정과 관련하여 가계성 보험은 본문의 내용에 따라 불이익변경금지원칙이 적용되고, 해상보험 기타 이와 유사한 보험에는 대체로 기업성 보험이 포함되므로 이러한 범위에서 위 불이익변경금지 규정은 기업성 보험에 적용되지 않는다.

한편 기업성 보험의 보험료 적용과 관련하여 법규에 세세하게 규정되어 있지 않아 보험회사별로 다르게 해석하는 등 보험료 산출·적용체계 운영과 관련하여 혼란이 발생한다.

2) 손해보험 보험료 산출 체계

손해보험의 통계는 통계요율과 비통계요율로 구분할 수 있고, 통계요율은 산출물의 소재에 따라 자사통계요율과 참조요율로 구분한다.

손해보험 보험료 분류 체계

구분	통계요율: 객관적 통계		非통계요율: 다양한 요소 결합	
	自社통계요율	참조요율	협의요율	판단요율
산출 주체	보험사 (내부 검증)	보험개발원 (금감원 신고)	재보험사 (내부통제 기준)	보험사 (내부통제 기준)
산출 방법	보험사가 자체적으로 수집·집적한 통계에 기초하여 보험료 산출	全보험사의 통계를 집적하고 통계기법에 따라 보험료 산출	재보험사가 공개되지 않는 내부기준 등에 따라 원수보험사에 제시하는 보험료	보험사의 내부기준에 따라 통계 및 보험인수경험 등을 종합·반영하여 보험료 산출

3) 손해보험요율의 적용

손해보험의 요율과 관련하여 몇 가지 문제에 대해 논의하면 다음과 같다.

우선 통계요율, 협의요율, 판단요율에 대한 우선순위 및 선택적 적용 가능 여부에 대해서는 기업성 보험에 대해 통계요율, 협의요율, 판단요율 간에는 우선순위, 변경기준 등에 대한 규제는 없으므로 보험회사가 선택 적용이 가능하다. 다만 보험업법 제129조에 비추어볼 때 동일물건에 대해서는 특별한 사정이 없는 한 요율적용의 일관성을 확보하고, 비통계 요율을 적용함에 있어 동질의 위험을 가진 보험계약자 간에 보험요율을 다르게 적용할 수는 없다.

둘째, 동질의 위험 판단기준은 보험회사가 자율적으로 정할 수 있는지 여부가 문제된다. 이에 대해 비통계요율 산출·활용 시 동질의 위험을 적용하는 구체적인 기준을 보험업감독규정 제7-79조의3 제2항에 따라 내부통제기준에 설정하고 자율적으로 운영이 가능하다.

셋째, 동질의 위험 판단·적용 시 법규위반 소지가 있는 사례는 어떠한 것이 존재하는 문제될 수 있는데, 동질의 위험을 판단하는 기준은 보험가액, 피보험 물건 규모 등 단순한 양적 기준으로 하여야 하는 것은 아니며, 보험회사가 계약자의 사고위험 관리 체계·노력 등을 고려하여 보험료를 차등화하는 별도의 정량·정성적 기준을 내부통제기준 등에 반영하면 자율적으로 운영이 가능하다. 다만 내부통제기준 등이 특별한 사유 없이 계약자를 부당하게 차별한 것이 명백한 경우, 보험요율 산출원칙에 위반되어 금융당국으로부터 보험업법 제127조의2 등에 따라 사후적으로 수정·변경 명령을 받을 가능성이 있다.

4) 기업성 보험의 동질의 위험 판단과 관련한 예시

☞ 사례 1: 건물가액이 동일한 경우 화재보험료 적용

건물가액이 동일한 A, B에 대하여 주변 인근시설과의 이격거리, 스프링클러 등 화재예방 설비 등이 동일하여 사고발생 확률 및 사고 발생 시 피해규모 등이 차이가 없는 경우 서로 다른 보험요율을 적용하는 것은 부당한 계약차별에 해당할 소지가 있다.

☞ 사례2: 중소기업 소유 건물(A)과 대기업 소유 건물(B)에 대한 화재보험료

동일한 설비에 대해 특별한 사정이 없음에도 불구하고 기업(또는 대기업)이 소유할 때는 협의요율을 적용하고, 개인(또는 중소기업)이 소유할 때는 참조요율을 적용하는 것은 부당한 계약자 차별에 해당할 소지가 있다. 다만 개인에 비해 기업이 사고발생 위험에 대한 내부 안전설비 등을 잘 갖추는 등 사고발생 위험 등에 명백한 차이가 있는 경우에 한하여 보험료를 다르게 적용할 수 있다.

☞ 사례 3: 톤수, 선박연령 등이 동일한 선박 A, B에 대한 선박보험료 적용

톤수, 선박연령 등 기본 특성이 동일한 선박이라고 하더라도 항로, 적재물 특성, 선박 내 안전설비 수준 등 사고발생 위험이 상이한 경우 A에는 참조요율, B에는 판단요율 또는 협의요율을 적용하는 것은 가능하다. 다만 항로, 적재물 특성 등에 따른 비통계요율 적용 기준은 사전에 내부통제기준에 반영되어 있어야 한다.

3. 보험상품의 가격

(1) 개관

보험가격은 책임준비금의 산출 및 배당금 지급액의 결정과 밀접한 관련을 갖고 있다. 따라서 보험료 구성에 대한 정확한 이해가 선행되어야 한다. 보험회사는 보험상품을 제조하여 적정한 보험상품의 가격, 즉 보험료를 책정하여 보험상품의 판매수입인 보험료 수입을 기초로 각 종 경비를 집행하고, 부채에 해당하는 책임준비금을 쌓고 이를 재원으로 보험금을 지급하기도 하며 보험료 수입과 보험금 지급의 차이로 인하여 쌓여진 자산

을 이용하여 재무활동을 전개한다.

(2) 보험가격의 특수성

보험가격은 일반상품의 가격의 결정구조와 많은 차이가 있다. 일반 상품의 가격은 상품이 제조되는 과정을 거치면서 원료비, 노무비, 각종 경비 등이 지출이 포함된 사전가격이 결정되나 보험가격은 일정한 통계적 기초하여 사전에 보험료를 수입하여 보험금 등으로 지급한 후에야 확정되므로 가격이 사후에 확정되는 특징이 있다. 가령 생명보험의 보험료는 사전적 가격요소로 예정위험률에 기초한 위험보험료, 예정이율에 기초한 저축보험료와 예정사업비에 기초한 부가보험료로 구성된다. 이러한 사전적 가격은 계약자 배당을 통하여 사후적으로 조정이 될 수 있다.

(3) 보험료의 결정원칙

보험이란 예정된 기초율에 따라 다수의 보험가입자가 납입한 보험료로 보험회사의 공동재산을 형성하고, 이것을 재원으로 일정한 보험사고가 발생하는 경우 보험금 지급에 충당하는 것이므로 보험가입자가 납입한 총 보험료와 보험회사가 지급하는 보험금 및 지출비용은 동일한 금액으로 되어야 한다. 즉, 보험회사의 수입과 지출이 같아지도록 보험료를 결정하게 되는데, 이를 수지상등의 원칙이라 한다.

4. 보험료

보험료란 보험계약을 체결할 때 보험회사가 보험계약자에게 부과하는 보험상품의 가격이며 순보험료와 부가보험료로 구성되고 순보험료와 부가보험료를 합쳐 영업보험료라고 한다. 저축성 보험의 경우 순보험료에는 위험보험료와 저축보험료가 있다. 위험보험료는 사망보험금, 장애급여금 등의 지급재원이 되는 보험료를 말하고, 저축보험료는 만기생존보험금, 해약환급금 등의 재원이 되는 보험료를 말한다. 순보험료는 장래 보험금 지급의 재원이 되는 보험료로서 예정위험률과 예정이율을 기초로 산정된다. 순보험료는 보험금 등에 사용될 부채를 말하며 이러한 순보험료는 급부 반대급부 균등의 원칙이 적용되는 부분이다. 보험을 원활하게 유지 운영하기 위해서는 일정한 운영비용의 지출이 불가피하게 발생하는데, 예를 들면 보험계약의 체결을 위해 계약인수 조사비용, 모집비용 등 보험료의 수금비용, 계약의 유지 관리비용, 자산운용비용, 보험사고가 발생한 경우 손해사정 등에 들어가는 비용 등이다. 이러한 비용을 충당하기 위해 필요한 보험료가 부가보험료이다. 부가보험료는 보험회사의 미래의 부채와 관련이 없이 사업비 등에 지출되는 것으로 보험회사가 임의적으로 처분 가능한 보험료이다.

5. 보험가격의 규제

(1) 가격규제의 의의

가격규제라 함은 보험가격, 즉 보험료의 산출에 대하여 국가가 일정한 간여를 하는 것을 말하는데, 보험요율의 수준 등을 직접적으로 규제하는 사전적 규제와 책임준비금의 적립방식을 통한 간접적 규제방식이 있다.

(2) 보험가격 규제의 내용

보험가격에 대하여 국가는 그동안 예정기초율 등을 통제하는 방식으로 규제하였으나 보험상품 개발의 자율성을 제고하기 위하여 2000년 4월부터는 예정기초율을 완전히 자유화 하였다. 다만 가격 자유화에 따른 과당경쟁과 보험회사의 재무건전성을 보장하기 위하여 표준준비금제도와 표준해약환급금제도를 도입하여 간접적으로 통제하는 방식을 취하고 있다. 표준책임준비금제도란 보험료를 산출하는 데 사용하는 예정기초율과 책임준비금 적립 시 적용하는 예정기초율을 이원화하여 보험료 산출 시 예정기초율은 자율화하되 책임준비금에 사용되는 예정기초율은 감독당국이 최고 또는 최저한도를 설정함으로써 책임준비금을 일정 수준 이상으로 적립하도록 하는 제도이다. 한편 표준해약환급금제도는 예정사업비, 특히 신계약비를 자유화함에 따라 모집수당 등 신계약비의 과다한 지출로 해약환급금이 작아질 우려가 있으므로 이에 대한 대책으로 예정사업비 최고한도를 규제함으로써 계약자에게 지급될 해약환급금의 최저한도를 보장하여 보험계약자를 보호하기 위한 제도이다.

6. 보험요율의 산출체계

보험가격산출체계란 보험료의 결정부터 책임준비금 및 해약환급금의 계산, 손익인식 등과 관련된 일련의 과정을 말한다. 보험회사의 계산은 이러한 보험료의 산출체계에 따라 이루어진다. 현행 보험료 산출체계는 예정위험률, 예정이율, 예정사업비율 등을 기초로 수지상등의 원칙에 따라 보험수리기법을 이용하여 보험료 및 책임준비금을 산출하고 있다.

이러한 보험료 산출방식을 3이원 방식이라고 하는데, 이 방식은 주어진 예정기초율을 기초로 보험료 및 준비금 등을 기계적으로 산출·적용하는 방식으로 보험상품의 판매규모, 자산운용수익률, 위험률의 변동에 따른 미래현금 흐름의 변동성을 반영하기 곤란하다. 그래서 미래현금흐름의 변동성을 적정하게 반영하여 적정 수준의 보험가격 결정이 이루어지도록 하기 위하여 미래의 투자수익률, 보험금의 지급규모, 판매경쟁력 및 판매규모, 유지율 추이 등 현금흐름의 변동성을 종합적으로 분석하여 실제 경험률에 근접한 가정치를 설정하고 이에 목표이익을 감안하여 보험계약의 가치를 평가하는 방식으로 보험가격의 산출체계를 변경하였다.[34]

현금흐름 보험료 산출체계는 과거 3이원방식이 체계가 단순하고 다양한 가격요소 반영이 곤란하여 상품개발 자율성 제한하는 문제점을 시정하고자 한 것이다.[35]

현금흐름방식은 3가지 가격요소 이외에 계약유지율, 판매량 등 다양한 가격요소를 반영할 수 있어 보험회사의 상품개발 자율성이 제고되고, 이로 인한 보험소비자 상품선택 폭의 확대가 가능하다.[36]

이에 따라 2010년 4월 현금흐름방식 보험료산출체계를 도입하였다. 제도 도입 후 3년간은 현금흐름방식과 3이원방식을 선택적으로 적용할 수 있도록 유예기간을 부여하였다.

34 강병호, 『금융기관론』(제14판), 박영사, 2008, 413면 참조.

35 3이원방식은 보험상품의 수입·지출(현금흐름)에 영향을 주는 가격요소들을 3가지(위험률, 이율, 사업비율)로 단순화하여 보험료를 산출한다.

36 해외에서도 아시아권을 제외하고는 대부분 현금흐름방식 보험료산출체계 사용한다.

국가	산출방식	비고
미국, 캐나다, 호주, EU	현금흐름방식	70년 전까지는 전산기술 한계로 3이원방식을 적용했으나 이후 전산기술 발달 등으로 현금흐름방식 주로 사용
대만, 일본	3이원방식	감독당국에 기초서류 제출 시 3이원방식으로 기술

3이원방식과 현금흐름방식 비교

구분	3이원방식	현금흐름방식
가격요소 종류	3 利源(위험률, 이자율, 사업비율)	多 利源(투자수익률, 계약유지율 등)
장점	보험료 산출과정 단순	가격요소의 다양성 반영
단점	가격요소의 지나친 단순화	보험료 산출과정 복잡
가격요소 결정방법	안정적(conservative) →기대이익 내재(implicit)	최적(best estimate, realistic) 기대이익 별도구분(explicit)
장점	가격요소 예측 부담 경감	상품개발時: 수익성분석 가능 상품판매後: 리스크관리 용이
단점	상품개발時: 수익성분석 곤란 상품판매後: 리스크관리 곤란	정교한 가격요소 예측 부담
보험료산출방법	단위당 보험료 이용	현금흐름 이용
장점	복잡한 전산기술 불필요	새로운 가격요소의 유연한 반영
단점	새로운 가격요소 반영 곤란	전산기술, 계리역량 등 필요
특징	단순함	정교함·수익성 중시
적용 대상 상품	상호회사·유배당상품에 적합 배당을 통한 사후적 가격 결정	주식회사, 무배당상품, 금리연동형 및 변액상품에 적합

제8절 보고제도

1. 서설

보험회사의 실질적인 감독을 위하여 보험회사의 중요 변동 사항에 대하여 보고하도록 하고 있다.

2. 정관변경 보고

보험회사는 정관을 변경한 경우에는 변경한 날부터 7일 이내에 금융위원회에 알려야 한다(보험업법 제126조).

3. 기타의 보고사항

보험회사는 (i) 상호나 명칭을 변경한 경우, (ii) 본점의 영업을 중지하거나 재개한 경우, (iii) 최대주주가 변경된 경우, (iv) 대주주가 소유하고 있는 주식 총수가 의결권 있는 발행주식 총수의 100분의 1 이상만큼 변동된 경우, (v) 그 밖에 해당 보험회사의 업무 수행에 중대한 영향을 미치는 경우로서 대통령령으로 정하는 경우에는 그 사유가 발생한 날부터 5일 이내에 금융위원회에 보고하여야 한다(보험업법 제130조).

4. 보고불이행에 대한 효과

정관의 변경사항을 제대로 보고하지 아니하거나 보고사항을 위반하면 2,000만 원 이하의 과태료를 부과한다(보험업법 제209조 제2항).

제9절 금융위원회 명령제도

1. 의의

금융위원회는 보험회사의 업무에 관하여 일정한 경우 작위 또는 부작위를 명할 수 있다. 이러한 형식의 행정행위를 하명이라고 하는데, 하명은 행정 주체의 일방적 의사표시인 독립적 행정행위이다. 종래 보험업법은 금융감독원장에게 일반 명령권을 부여하고 있었으나 이를 금융위원회의 명령권으로 흡수하여 일원화 하였다.[37] 그리고 2003년 개정법은 금융위원회의 명령권의 발동요건을 제한하고, 명령의 내용도 구체적화하였다.

2. 업무운영 및 자산에 관한 명령

(1) 의의

금융위원회는 보험회사의 업무운용이 적정하지 아니하거나 자산상황이 불량하여 보험계약자 및 피보험자 등의 권익을 해할 우려가 있다고 인정되는 경우에는 업무 및 자산에 관한 명령을 발할 수 있다(보험업법 제131조).

37 2003년 개정 전 보험업법 제181조는 "금융감독원장은 이 법이 정하는 업무를 수행함에 있어서 건전한 보험거래질서에 반하거나 보험계약자 및 피보험자 등의 권익을 크게 해할 우려가 있다고 인정되는 때는 보험사업자에 대하여 당해 행위의 중지 또는 시정 기타 감독상 필요한 명령을 할 수 있다"라고 규정하고 있다.

(2) 상대방

금융위원회의 업무 및 자산에 대한 명령의 상대방은 보험회사뿐만 아니라 국내사무소·보험대리점 또는 보험중개사도 그 대상이 될 수 있다(보험업법 제132조).

(3) 조치의 내용

금융위원회가 취할 수 있는 조치의 종류는 (i) 업무집행방법의 변경, (ii) 금융위원회가 지정하는 기관에의 자산 예탁, (iii) 자산의 장부가격 변경, (iv) 불건전한 자산에 대한 적립금의 보유, (v) 가치가 없다고 인정되는 자산의 손실처리, (vi) 그 밖에 대통령령으로 정하는 필요한 조치이다(보험업법 제131조 제1항). 금융위원회는 이러한 조치를 하나 이상 선택하여 조치할 수 있다.

(4) 명령위반의 효과

금융위원회로부터 과하여진 명령을 위반한 보험회사에 대해서는 5,000만 원 이하의 과태료에 처하며(보험업법 제209조 제1항), 보험회사의 발기인 등이 명령에 위반한 경우에는 2,000만 원 이하의 과태료에 처한다(보험업법 제209조 제2항). 국내사무소·보험대리점 또는 보험중개사가 명령에 위반한 경우에는 1,000만 원 이하의 과태료에 처한다(보험업법 제209조 제3항).

(5) 하자 있는 명령에 대한 구제

금융위원회의 위법 또는 부당한 명령에 의하여 권리·이익을 침해당한 자는 행정쟁송절차에 의하여 그 명령의 취소·변경을 구할 수 있다.

3. 기초서류의 변경 또는 사용 정지 명령

(1) 요건

기초서류의 변경 또는 사용 정지 명령은 보험회사의 업무 및 자산상황 그 밖의 사정의 변경으로 인하여 공익 또는 보험계약자의 보호와 보험회사의 건전한 경영을 크게 해할 우려가 있거나 보험회사의 기초서류에 법령을 위반한 내용이 존재하거나 보험계약자에게 불리한 내용이 있다고 인정되는 경우이다(보험업법 제131조 제2항).

(2) 청문의 실시

기초서류의 변경 또는 사용정지 명령의 사유가 있는 경우 금융위원회는 그 처분에 앞서 청문절차를 거쳐야 한다(보험업법 제131조 제2항) 다만 법령의 개정에 따라 기초서류의 변경이 필요한 사항에 관하여 기초서류의 변경을 명하는 경우에는 청문을 거치지 아니할 수 있다(보험업법 제131조 제2항 및 시행령 제73조 제2항).

(3) 효과

금융위원회는 기초서류의 변경 또는 사용정지 명령의 요건 사실이 있는 경우에는 기초서류의 변경 또는 그 사용의 정지를 명할 수 있다(보험업법 제131조 제2항). 또한 금융위원회는 기초서류의 변경을 명하는 경우에 보험계약자·피보험자 또는 보험금을 취득할 자의 이익을 보호하기 위하여 특히 필요하다고 인정하는 경우에는 이미 체결된 보험계약에 대하여도 장래에 향하여 그 변경의 효력이 미치게 할 수 있다(보험업법 제131조 제3항). 나아가 금융위원회는 변경명령을 받은 기초서류로 인하여 보험계약자·피보험자 또는 보험금을 취득할 자가 명백하게 부당한 불이익을 받는 것으로 인정하는 경우에는 이미 체결된 보험계약에 의하여 납입된 보험료의 일부를 환급하거나 보험금을 증액하도록 할 수 있다(보험업법 제131조 제4항).

(4) 공고

보험회사는 처분을 받은 때는 전국적으로 배포되는 2 이상의 일간신문에 각각 1회 이상 그 변경의 요지를 공고하여야 하며 금융위원회가 필요하다고 인정하는 경우에는 보험계약자 등에게 서면으로 안내하여야 한다(보험업법 제131조 제5항 및 시행령 제73조 제3항).

제10절 보험금 지급불능 조치

1. 의의

보험회사의 재무건전성이 취약하여 지급여력비율이 하락하는 등의 경우에는 보험회사에 적기 시정조치를 취함으로써 재무가 건전한 회사로 전환을 유도하는 것이 가능하다. 또한 보험회사의 지급불능 위험시에 보험계약자를 보호하기 위하여 보험계약의 체결 제한 등 보다 다양한 조치를 취할 수 있다.

2. 조치의 요건 및 내용

보험계약의 체결 제한 등 특별한 조치를 취할 수 있는 상황은 보험회사가 파산하거나 보험금 지급불능 우려 등 보험계약자의 이익을 크게 해칠 우려가 있다는 인정되는 경우여야 한다. 이 경우 금융위원회는 (i) 보험계약 체결 제한, (ii) 보험금 전부 또는 일부의 지급 정지, (iii) 그 밖에 필요한 조치를 명할 수 있다(보험업법 제131조의2).

제11절 검사 및 제재제도

1. 검사제도

(1) 의의

우리나라는 보험업에 대한 실질적 감독주의를 취하고 있다. 감독목적을 효과적으로 달성하기 위하여 다양한 감독수단을 통해 감독을 하고 있는데, 대표적인 감독수단으로 각종 행위에 대한 인허가, 정관변경 등의 보고제도, 기초서류 신고제도 등을 두고 있고, 각종의 준수의무를 부과하고 있다. 또한 법규상의 의무위반 여부, 감독정책 이행실태 등에 대하여 검사하게 하고, 위법행위 발견 시 제재조치를 할 수 있도록 하고 있다.

검사라 함은 보험회사의 업무전반 및 재산상황에 대하여 금융업 관련 법령의 위반과 부당행위 여부를 조사하는 사실행위를 말한다. 보험회사를 비롯한 금융기관에 대한 검사는 금융감독원이 행사한다(금융위원회의 설치 등에 관한 법률 제24조). 이러한 검사에는 그 범위 및 방법에 따라 종합검사와 부문검사, 서면검사와 현장검사 등으로 나누어진다.

(2) 검사업무의 흐름

검사업무의 개략적인 처리절차는 대략 다음과 같이 진행한다.

(i) 상시 감시 등을 통한 검사 정보 수집, (ii) 검사 사전 예고(검사착수 1주 전), (iii) 검사 착수 및 검사 실시, (iv) 검사 종료, (v) 금융감독원 내부처리 절차(검사서 작성→부서자체 심의→제재심의실 심사조정→조치예정내용 사전통지→의견수렴 및 제재심의위원회 심의, (vi) 금융위원회 상정 및 의결(1개월 내외), (vii) 검사 결과 통보(검사종료 후 1~5개월), (viii) 권리구제절차(이의신청, 행정심판, 행정소송)

(3) 검사의 구분 및 수단

1) 검사의 구분

검사는 종합검사와 부문검사로 구분되고 검사의 실시는 현장검사 또는 서면검사의 방법의 행한다(금융기관 검사 및 제재에 관한 규정(이하 '제재규정'이라 한다) 제8조).

2) 검사의 수단

금융위원회는 공익 또는 보험계약자 등의 보호를 위하여 보험회사에게 보험업법이 정하는 감독업무의 수행과 관련한 주주의 현황 그 밖에 사업에 관한 보고 또는 자료제출을 명할 수 있다(보험업법 제133조 제1항). 또한 금융감독원장은 검사를 할 때 필요하다고 인정하면 보험회사에 대하여 업무 또는 자산에 관한 보고, 자료의 제출, 관계인의 출석 및 의견의 진술을 요구할 수 있다(보험업법 제133조 제3항).

또한 금융감독원장은 주식회사의 외부감사에 관한 법률에 따라 보험회사가 선임한 외부감사인에게 그 보험회사를 감사한 결과 알게 된 정보나 그 밖에 경영건전성과 관련되는 자료의 제출을 요구할 수 있다(보험업법 제133조 제6항).

(4) 검사 결과 보고 및 조치

금융감독원장은 검사를 한 경우에는 그 결과에 따라 필요한 조치를 하고 그 내용을 금융위원회에 보고하여야 한다(보험업법 제133조 제5항).

2. 제재제도

(1) 제재의 의의

보험업법은 보험회사에 대하여 각종의 작위·의무를 부과하고, 이러한 의무 위반행위에 대하여 보험회사 및 임직원 등에 대하여 영업상 또는 신분상의 조치를 예정하고 있다. 행정상 제재처분이란 행정법상의 의무위반에 대하여 일반통치권에 의거하여 과하는 제재로서의 처분을 말한다. 즉, 행정제재처분이란 상대방이 행정법규를 위반하거나 불이행한 경우에 당해 행정법규의 실효성을 확보하기 위하여 법규위반자에 대하여 작위·부작위·급부·수인 등의 일정한 의무를 부과하거나 처벌하는 것을 말한다.

금융기관의 검사 및 제재에 관한 규정에서는 제재란 보험업법 등 금융업 관련 법령을 집행하는 금융감독기관이 보험회사 또는 그 임직원의 금융업 관련 법령[38] 위반행위에 대하여 내리는 영업상, 신분상, 금전상의 불이익한 조치를 말한다(금융기관의 검사 및 제재에 관한 규정 제3조 제18호). 이러한 제재조치의 발령에는 법치행정의 원리에 따라 법률적 근거가 필요하고 그 처분의 내용은 과잉금지 또는 비례의 원칙을 준수하여야 하는 제한이 따른다.

제재의 범위는 그 개념 정의에 따라 달라질 수 있는데, 보험업법 등 행정법규위반에 따른 형벌, 즉 행정형벌이 제재에 포함되는지 문제인바, 제재의 개념을 광의로 파악하면 행정형벌도 일종의 제재로 파악할 수 있으나 제재란 행정법규 위반에 대한 행정청이 행하는 행정제재만을 의미하는 것으로 보아야 한다.

(2) 보험업법 위반에 대한 제재 규정의 체계

1) 일반규정

보험업법 제134조는 보험업법 및 보험업법에 따른 규정·명령 또는 지시를 위반할 경우에 보험회사 및 그 소속 임직원, 국내사무소 및 그 소속 임직원, 보험대리점 및 보험중개사와 그 소속 임직원 등에 대하여 제재를 할 수 있는 일반적인 제재근거 조문이다. 또한 개별 규정 위반행위에 대해서 별도의 제재처분을 예정하고 있는 경우도 있다.

38 금융관련법령은 금융기관검사 및 제재에 관한 규정 제3조 제1호에 열거되어 있다. 대표적으로 은행법, 신탁업법, 자본시장법, 보험업법, 외국환거래법 등이 이에 속한다.

보험업법은 제12장에서 과징금 및 제13장에서 행정형벌 및 과태료에 처할 수 있는 행위를 규정하고 있다.

보험업법 제12장과 제13장 그리고 각 개별규정에서 제재를 가할 수 있도록 규정된 행위에 대해서는 각 규정에 따라 행정형벌, 과징금, 과태료, 등록취소 등의 조치를 할 수 있다. 각 개별규정에 의하여 작위 또는 부작위의무를 부과하고 이러한 의무위반에 대해 별도의 제재규정을 두고 있지 않은 경우에는 보험업법 제134조 제1항의 규정에 의하여 제재조치를 할 수 있다.

그런데 보험업법 제12장 및 제13장의 규정을 비롯하여 각 보험업법의 개별규정에서 별도로 제재조치를 규정하고 있는 경우에는 각 개별조항에서 정하고 있는 조치 외에 보험업법 제134조 제1항에 의한 제재조치를 취할 수 있는지 여부가 문제된다. 생각하건대 각 개별규정에 의한 행정형벌, 과태료, 과징금과 보험업법 제134조 제1항의 제재조치는 그 목적이 다르므로 제재조치를 병과하더라도 이중처벌금지원칙에 어긋나지 않는 것으로 보인다. 다만 각 개별규정 위반행위에 대하여 등록취소, 업무정지처분 등의 행정제재가 규정되어 있는 경우에는 중복되는 범위에서 각 개별규정의 조치가 우선 적용되고 일반규정인 제134조 제1항의 규정은 적용되지 아니한다.

2) 개별적인 제재근거 법규

보험업법은 제12장 및 제13장에서는 보험업법 위반행위에 대한 구체적인 제재규정을 두고 있다. 일반적으로 범죄와 형벌에 관한 사항을 하나의 규정에서 규정하고 있는 형법은 조문이 범죄에 관한 요건규정과 그 범죄에 대한 효과로서의 형벌규정이 하나의 규정에 통합하여 규정되어 있다. 그러나 보험업법 등 행정법의 경우 각종의 의무조항, 즉 실체적 구성요건 규정을 전제로 하여 벌칙 조항에서 각종 보험업법 의무 위반행위에 대하여 행정형벌 및 과태료, 과징금 규정을 부과할 수 있도록 처벌조항과 구성요건 조항을 분리하여 규정하는 태도를 취하고 있다. 범죄행위의 유형을 정하는 구성요건 규정과 제재규정인 처벌규정을 별도의 조항에서 정하고 있는 법규인 경우 처벌규정에서 범죄구성요건에 해당하는 당해 법률규정을 명시하는 것이 통상의 예이다.

그러나 처벌규정 자체에서 범죄구성요건을 규정하고 있는 것도 아니고 범죄구성요건에 해당하는 규정을 특정하지도 아니한 경우에는 죄형법정주의의 명확성의 원칙에 위배된다. 그리고 처벌조항 자체는 아무런 불명확한 점이 없더라도 구성요건 조항이 불명확하면 처벌조항까지 포함하여 전체가 명확성의 원칙에 위배된다.

헌법재판소는 이 법과 이법을 위반하는 행위를 하는 경우에 형사처벌한다는 새마을금고법 제66조 제1항 제2호가 죄형법정주의에 위반되는지 여부에 관한 사건에서 "범죄행위의 유형을 정하는 구성요건규정과 제재규정인 처벌규정을 별도의 조항에서 정하고 있는 법규인 경우, 처벌규정에서 범죄 구성요건에 해당하는 당해 법률규정을 명시하는 것이 통상의 예이고, 법규 수범자는 처벌규정에서 정한 당해 법조에 의해 자신의 어떠한 행위가 처벌받는지를 예측할 수 있게 되지만, 이 규정의 경우는 '이 법과 이 법에 의한 명령'이라고만 되어 있을 뿐 처벌규정에서 범죄구성요건에 해당하는 규정을 특정하지 아니하였을 뿐만 아니라 처벌규정 자체에서도 범죄구성요건을 정하고 있지 아니하여 금지하고자 하는 행위 유형의 실질을 파악할 수 없도록 하고 있으므로 죄형법정주의의 명확성 원칙에 위반된다"라고 결정하였다.[39]

(3) 개별적 제재 규정

보험업법은 제197조 이하에서 보험업법 위반에 따른 효과규정으로서 과징금, 형사벌칙 및 과태료 규정을 두고 그 대상이 되는 행위를 열거하고 있다. 보험업법의 대부분의 규정은 제재 실체적 요건 규정과 제재효과 규정을 별도로 분리하여 규정하는 체계를 취하고 있다. 가령 보험업법 제111조 제1항에서 보험회사의 대주주와의 불공정거래를 금지하고 있고 동 규정의 위반에 대한 효과규정은 보험업법 제196조에서 과징금을 부과할 수 있도록 따로 규정하고 있는 것이 그 예이다(보험업법 제196조). 이와 같이 각 보험업법의 개별규정에 대한 위반의 효과로서 과징금, 형사벌칙 및 과태료 규정이 있는 것이 통상적인데, 모든 규정 위반이 제재의 근거가 되는 효과규정을 갖고 있는 것은 아니고, 법에서는 금지나 의무를 부과하면서도 이를 위반한 경우 그에 따른 제재규정을 두지 않은 것도 있다. 법 규정 형식이 금지나 의무를 부과하고 있는 규정은 그 위반행위에 대한 효과 규정을 별도로 두는 것이 보통인데, 각 개별규정에서 위반행위에 대하여 제재효과를 부여하고 있는 조항이 있는가 하면 아무런 효과규정도 두고 있지 않은 규정도 있다.[40] 또한 어떤 행위에 대해서는 과징금도 부과할 수 있고 동시에 형사벌칙도 부과할

39 헌재 2001. 1. 18. 99헌바112, 판례집 제13권, 제1집, 85.

40 예컨대 보험업법 제105조는 보험회사에 대하여 설권규정 및 선언적 규정으로서 동법위반에 대한 별도의

수 있는 이중 제재를 예정하고 있는 규정도 존재한다.[41] 이러한 이중제재 규정은 과잉금지원칙 위반 문제가 제기될 수 있는데, 보험업법은 이러한 이중처벌의 논란을 입법적으로 해결하고 있다(보험업법 제206조).

(4) 제재 대상 행위

제재규정에 의하면 금융기관 또는 그 임직원이 금융관련법령을 위반하거나 그 이행을 태만히 하는 경우 등을 제재 대상 행위로 예시하고 있다(제재규정 제5조). 제재 대상 행위로 횡령 등 형법 위반에 대한 행위도 그 대상으로 하고 있으나 금융관련법령의 위반행위를 제재 대상으로 하는 것이 원칙이고 위법행위뿐만 아니라 부당행위도 포함하고 있는 점이 특징이다. 또 규정에 의하면 제재 대상자를 행위자, 감독자, 보조자, 지시자로 분류하여 각 행위 관련자의 역할에 따라 제재 수위를 달리 적용하고 있다.

(5) 제재 조치의 종류

보험업법 등 금융관련법령 위반행위에 대한 금융감독기관의 제재조치는 그 제재의 대상에 따라 보험회사 등 기관에 대한 제재와 그 임직원에 대한 제재 등으로 나누어지고 보험회사 등에 대한 기관제재로서 보험업의 허가취소·영업의 일부 또는 전부정지·시정명령·주의·경고 등이 있고, 임직원에 대한 제재로는 주의·경고·문책의 요구 등이 있다(보험업법 제134조). 보험업법은 보험회사의 임직원, 국내사무소, 보험대리점 및 보험중개사 등의 임직원을 그 제재 대상자로 하는 일반적 규정을 두고(보험업법 제134조 및 제136조), 보험설계사 등 보험모집종사자에 대해서는 별도의 제재근거와 제재의 종류를 마련해놓고 있다(보험업법 제86조, 제88조, 제90조). 보험설계사 등의 경우 모집 관련 규정 위반을 전제로 업무정지 또는 등록취소 조치가 가능한 것으로 규정하고 있으나 보험회사 임직원에 대하여 가할 수 있는 주의·경고·문책 등의 신분상의 제재조치 근거는 규정하고 있지 않다. 보험업법의 제재규정과 별도로 제재규정에서는 보험업법 등 개별 금융업 관련 법령에서 취할 수 있는 조치수단을 종합하여 규정하고 있는데, 기관에

조치가 예정되어 있지 않으며 동법에 근거하여 제재를 할 수 있는지 논란이 있다.

41 가령 보험업법 제111조의 대주주와 제한 규정을 위반한 경우 과징금과 벌칙이 별도로 부과될 수 있다(보험업법 제196조 및 제200조).

대한 조치로서 영업의 인가·허가 또는 등록의 취소, 영업·업무의 일부 또는 전부 정지, 영업점 영업의 전부 또는 일부 정지, 위법부당행위의 중지, 계약의 이전결정, 위법내용의 공표 또는 게시의 요구, 기관경고, 기관주의 등이 있고(제재규정 제17조), 임원에 대한 조치로는 해임권고, 업무집행의 전부 또는 일부의 정지, 문책경고, 주의적 경고, 주의 등이 있다(제재규정 제18조). 또 직원에 대한 조치로는 면직, 정직, 감봉, 견책 또는 주의 등의 조치가 있다(제재규정 제19조). 또한 제재의 내용에 따라 영업상, 신분상, 금전상의 제재로 구별할 수 있고 영업상의 제재에는 영업의 인가·허가 또는 등록의 취소, 신분상의 제재에는 해임권고(면직), 업무집행정지(정직), 문책경고(감봉), 주의적 경고(견책) 등이 있고, 금전상의 제재로서 과징금과 과태료가 있다.[42] 기타의 조치로서 변상요구, 업무방법 개선, 확약서 및 양해각서의 징구 등의 조치가 있다.[43]

보험회사 임직원 등의 제재조치 종류 및 근거

제재 대상	제재 대상 행위	제재의 종류	제재 근거	비고
임원	보험법령 위반	해임권고, 직무정지, 문책경고, 주의적 경고, 주의	§134	기관조치 병과
직원	보험법령 위반	면직, 정직, 감봉, 견책, 주의 등	§134	기관조치 병과
보험모집종사자	모집 관련 법령	업무정지, 등록취소	§86 등	기관조치 또는 조치 생략

(6) 보험업법 위반에 따른 제재조치의 대상자

1) 보험회사 및 그 소속 임직원

보험업법 또는 보험업법에 따른 규정·명령 또는 지시를 위반하여 건전한 경영을 해칠 우려가 있다고 인정되는 경우에는 보험회사 및 그 소속 임직원에 대하여 제재조치를 취할 수 있다(보험업법 제134조).

42 과징금이 부과되는 행위유형에는 특별이익제공 행위(보험업법 제98조), 대주주 및 자회사에 대한 신용공여한도 초과 행위(보험업법 제106조), 대주주와 거래제한(보험업법 제111조) 등이 있다. 과태료 부과 대상 행위는 다른 업무의 겸영 규정 위반행위(보험업법 제10조 및 제11조), 타인에 대한 모집위탁(보험업법 제99조) 등이 있다.

43 확약서는 경영관리상의 경미한 취약점과 위법사항에 대한 시정 및 재발 방지 목적으로 금융기관 대표자 등으로부터 징구한다. 양해각서는 리스크관리, 내부통제시스템, 자산건전성 등 경영관리상 심각한 취약점과 중대한 위법사항의 시정 및 재발방지 목적으로 금융기관 이사회 전원이 서명하여 체결한다.

2) 국내사무소, 보험대리점 및 보험중개사

국내사무소 및 그 소속 임직원도 보험업법상의 제재 대상자에 포함된다(보험업법 제136조). 보험대리점 및 보험중개사의 경우에는 개인사무소 및 법인 등 그 법인격 형태 여부를 불문하고, 보험업법 제136조에 의하여 보험업법 제133조 및 제134조를 준용하도록 규정하고 있으므로 이들에 대해서 기관 및 임직원에 대한 조치 등을 할 수 있다.

보험대리점 및 보험중개사의 경우 보험회사 및 그 임직원의 조치와 동일하게 조치가 될 수 있다. 특히 보험대리점 및 보험중개사의 경우 그 법적 형태가 법인인 경우에는 그 소속 임직원에 대해서도 제재조치가 가능하다. 그러나 대개 법인 보험대리점 및 보험중개사의 경우 그 소속 보험설계사를 제외한 순수한 임직원은 극소수에 불과하고 대부분이 보험설계사로 구성되어 있으므로 그 법인 소속 임직원 신분으로 조치를 받는 경우는 실무상 거의 없다. 보험대리점 등의 소속 보험설계사는 보험회사 소속 보험설계사와 마찬가지로 임직원에 해당되지 않을 것으로 보인다. 법인대리점이나 보험중개사의 조직 중 임직원은 보험업법 제136조에 의하여 그 소속 보험설계사는 각 개별 보험업법의 규정에 따라서 주로 보험업법 제4장 '모집'장의 규정에 의하여 조치되고 조치의 내용은 주로 등록취소나 업무정지 등의 조치가 취해질 수 있으며 보험회사나 법인 대리점 소속 임직원에 대하여 취할 수 있는 제재조치는 선택할 수 없다.

3) 자회사 및 업무수탁자

보험업법은 보험수리업무, 손해사정업무, 보험사고 및 보험계약 조사업무를 수행하는 자회사와 보험회사의 사옥관리업무, 보험수리업무, 손해사정업무, 보험대리업무 등 보험업법시행령 제59조 제1항 각호의 업무를 보험회사로부터 위탁받은 자는 금융감독원의 검사를 받아야 한다고 규정하고 있다(보험업법 제136조).[44] 그러나 검사 결과 이들의 위규행위가 적발되었을 경우에 대한 처리, 즉 제재조치에 관한 규정을 두고 있지 않다. 그러므로 이들은 제재조치의 대상자는 아니다. 그런데 이러한 자들이 보험업법의 규정을

44 그 밖에 보험사고 및 보험계약 조사업무, 보험에 관한 교육·연수·도서출판·금융리서치·경영컨설팅 업무, 보험업과 관련된 전산시스템·소프트웨어 등의 대여·판매 및 컨설팅 업무, 보험계약 및 대출 등과 관련된 상담업무, 보험에 관한 인터넷 정보서비스의 제공업무, 자동차와 관련된 긴급출동·차량관리·운행정보 등 부가서비스 업무, 보험계약자 등에 대한 위험관리 업무, 건강·장묘·장기간병·신체장애 등의 사회복지사업 및 이와 관련된 조사·분석·조언 업무 등을 위탁받은 자로 포함된다.

위반한 경우 제재적 처분이나 징계처분을 받지 않더라도 형사벌칙 위반에 대해서는 처벌이 가능하도록 하는 방안을 마련함이 타당하다.

4) 보험협회, 보험요율산출기관, 그 밖의 단체

보험협회, 보험요율산출기관 및 그 밖에 보험대리점협회 등은 금융감독원의 검사를 받으며 보험법령 위반 시 제재조치를 받을 수 있다(보험업법 제179조).

5) 손해사정사 및 보험계리사 등

손해사정사업자 및 보험계리업자는 금융감독원의 검사를 받는다. 또한 보험법령을 위반할 경우 등록취소 및 업무정지 처분을 받을 수 있고, 손해사정업자 및 보험계리업자 및 임직원에 대해서도 제재조치를 취할 수 있다(보험업법 제190조 및 제192조).

(7) 제재조치의 법적 성격

1) 문제의 소재

행정쟁송의 대상은 행정청의 처분을 그 대상으로 하는바, 금융감독기관의 제재조치에 대한 권리구제와 관련하여 우선 금융감독기관의 제재조치가 처분성을 가지고 있는지 문제된다. 처분성이 있다고 인정되면 행정쟁송을 통하여 권리구제를 받을 수 있으나 처분성이 부인될 경우에는 행정소송을 통하여 권리구제를 받을 수 없으므로 다른 법적 구제수단을 강구하여야 하기 때문이다. 따라서 금융감독기관의 제재조치의 법적 성격규명은 중요한 문제라고 볼 수 있다.

2) 행정처분의 개념

행정처분에 관하여 행정심판법 등에서 그에 관한 정의 규정을 두고 있다. 행정심판법은 처분이란 행정청이 행하는 구체적 사실에 관한 법집행으로서의 공권력의 행사 또는 그 거부, 그 밖에 이에 준하는 행정작용을 말한다고 규정하고 있고(행정심판법 제2조 제1호), 행정소송법은 처분 등이라 함은 행정청이 행하는 구체적 사실에 관한 법집행으로서의 공권력의 행사 또는 그 거부와 그 밖에 이에 준하는 행정작용 및 행정심판에 대한 재결을 말한다고 규정하고 있다(행정소송법 제2조 제1호). 행정절차법에 의하면 처분이라 함은 행정청이 행하는 구체적 사실에 관한 법집행으로서의 공권력의 행사 또는 그 거부와 기타 이에 준하는 행정작용을 말한다고 규정하고 있다(행정절차법 제2조 제2호). 판례에 의하면 항고소송의 대상이 되는 행정처분은 행정청의 공법상의 행위로서 특정 사항에 대하여 법규에 의한 권리의 설정 또는 의무의 부담을 명하거나 기타 법률상의 효과를 직접 발생하게 하는 등 국민의 구체적인 권리·의무에 직접 관계가 있는 행위를 말한다고 판시하고 있다.[45]

3) 제재조치의 행정처분성 인정 여부

가. 일반론

금융감독기관이 행하는 각종의 제재조치는 보험회사 등에 대하여 권리를 제한하거나 의무를 부과하는 측면에서 불이익한 처분이므로 침익적 행정작용에 속한다. 금융감독기관이 보험회사 등에 행하는 처분 중 과징금 또는 과태료 부과 조치는 금전상의 불이익을 부과하는 조치이므로 전술한 행정처분 개념에 의할 때 행정처분성을 인정하는데, 이론이 없다. 문제는 금융당국이 보험업법 제134조에 의하여 행하는 각종의 제재조치, 즉 보험회사에 대한 주의·경고, 보험회사 임직원에 대한 주의·경고·문책의 요구 등이 행정처분에 해당하는지 여부에 대해서는 다툼이 있다. 보험회사 임직원에 대한 주의·경고 또는 문책의 요구, 임원에 대한 해임권고, 직무정지의 요구 등의 제재조치는 직접적으로 제재 대상자에 대하여 권리의무의 변동을 초래하게 하는 것이 아니라 금융당국의 요구에 따라 보험회사의 내부적인 조치에 따라 제재가 이루어지므로 이러한 조치에 대하여 행정처분성을 인정할 것인지 여부가 문제된다.

금융당국의 제재조치와 관련하여 그동안의 법원의 판례태도를 종합하여 보면 보험회사에 대한 주의·경고, 시정명령, 영업의 일부 정지, 영업의 전부 정지 또는 보험업 허가의 취소 조치는 구체적 사실에 관한 법집행으로서의 공권력의 행사인 행정처분에 해당하는 것으로 볼 수 있다. 보험회사 임직원에 대한 신분상의 제재조치는 판례의 태도가 일관되어 있지 않으나 금융당국의 보험회사에 대한 조치요구에 대해서는 처분성을 인정하지 않는 것이 주류적 태도이다. 그러나 최근 행정처분 개념의 확대 및 권리구제의 강화라는 측면에서 금융당국의 각종 요구조치에 대해서는 처분성을 인정하려는 경향을 보이고

45 대법원 2004. 11. 26. 선고 2003두10251, 10268 판결.

있다. 항고소송의 대상이 되는 행정처분은 행정청의 공법상 행위로서 특정사항에 대하여 법규에 의한 권리의 설정 또는 의무의 부담을 명하거나 기타 법률상 효과를 발생하게 하는 등 국민의 권리의무에 직접 관계가 있는 행위를 가리키는 것이고, 행정권 내부에서의 행위나 알선·권유·사실상의 통지 등과 같이 상대방 또는 기타 관계자들의 법률상 지위에 직접적인 법률적 변동을 일으키지 아니하는 행위는 항고소송의 대상이 되는 행정처분이 아니라고 할 것이다.[46]

나. 개별적 검토

가) 처분성이 인정된 제재조치

처분성이 인정된 제재조치로는 문책경고,[47] 문책요구,[48] 정직요구,[49] 영업(업무)정지,[50] 임원의 개선요구,[51] 과징금 부과,[52] 보험설계사 등록취소[53] 등이 있다.

나) 처분성 부인된 제재조치

처분성이 부인된 것으로 해임권고 처분,[54] 해임권고(상당) 통보,[55] 면직요구,[56] 정직요구,[57] 견책요구,[58] 문책경고(상당) 통보[59] 등이 있다.

(8) 제재 절차

금융감독원은 제재조치의 적정을 위하여 금융감독원장의 자문기구로서 제재심의위

46 대법원 1996. 3. 22. 선고 96누433 판결; 대법원 2005. 2. 17. 선고 2003두10312 판결.
47 대법원 2005. 2. 17. 선고 2003두14765 판결.
48 서울행정법원 2005. 12. 8. 선고 2004구합36106 판결.
49 서울행정법원 2009. 9. 3. 선고 2009구합15944 판결.
50 서울행정법원 2002. 5. 22. 선고 99구36682 판결.
51 서울행정법원 2007. 3. 16. 선고 2005구합28249 판결.
52 서울행정법원 2005. 9. 30. 선고 2002구합11752 판결.
53 서울행정법원 2008. 10. 16. 선고 2008구합24453 판결.
54 서울행정법원 1999. 12. 21. 선고 99구22690 판결.
55 서울행정법원 2003. 5. 21. 선고 2003구합1332 판결; 2005구합39133 판결.
56 서울행정법원 2003. 9. 5. 선고 2003구합3093 판결; 2005구합32859 판결.
57 서울행정법원 2006. 5. 11. 선고 2005구합32514 판결.
58 서울행정법원 2003. 3. 20. 선고 2002구합34311 판결.
59 서울행정법원 2004. 2. 28. 선고 2004두381 판결.

원회를 설치하여 운용하고 있다(제재규정 제33조). 상시감시 및 제보 등을 통하여 금융회사의 위법·부당행위를 인지한 경우 검사담당 부서는 부문 및 종합검사를 시행하고 검사결과 위법·부당행위가 들어난 경우 검사의견서 등의 증거자료를 토대로 조치방안을 정하고 심의부서의 심사·조정 또는 제재심의위원회의 심의를 통하여 금융위원회에 제재를 건의하거나 금융감독원장이 조치를 시행한다. 제재조치는 당사자에게 커다란 불이익을 주는 조치이므로 당사자에게 통보되기까지 여러 단계의 내부적인 검증과정을 거쳐 이루어진다. 즉, (i) 검사 종료→(ii) 검사서 및 조치안 작성→(iii) 검사부서 자체심사→(iv) 제재심의실 심사·조정→(v) 제재심의위원회 심의→(vi) 금융위원회 부의·결정 등, 특히 금융위원회에 부의하는 사항은 금융위원회에 조치권한이 있는 제재에 한하며, 금융감독원장에게 조치권한이 있는 제재는 금융위원회에 사후보고만 한다.

(9) 제재의 효과

1) 기관제재

금융기관이 위법·부당한 행위를 함으로써 최근 3년 이내에 2회 이상 기관주의 이상의 제재를 받고도 다시 위법·부당행위를 하는 경우 제재를 1단계 가중할 수 있다. 다만 금융기관이 합병하는 경우에는 합병 대상 기관 중 제재를 더 많이 받았던 기관의 제재기록을 기준으로 가중할 수 있다(제재규정 제24조 제1항). 금융기관의 서로 관련 없는 위법·부당행위가 동일 검사에서 4개 이상 경합되는 경우에는 제재를 1단계 가중할 수 있다(제재규정 제24조 제2항).

2) 임원제재

금융기관의 임원이 해임권고, 업무집행의 전부 또는 일부의 정지, 문책경고의 조치를 받은 경우 금융업관련법령 및 이에 근거하여 각 감독 관련 규정이 정한 바에 따라 일정기간 임원선임 제한을 받게 된다(금융사지배구조법 제5조). 금융기관의 장은 기관에 대한 제재 또는 임원에 대한 제재사항에 대하여 감독원장이 정하는 바에 따라 이사회 앞 보고 또는 주주총회 부의 등 필요한 절차를 취하여야 한다(제재규정 제38조). 금융기관임원이 해임권고, 업무집행정지, 문책경고의 제재를 받은 경우에는 금융업관련법령 및 당해 금융기관의 각 감독 관련 규정이 정한 바에 따라 일정 기간 동안 임원선임의

자격제한을 받는다(제재규정 제22조). 또한 보험회사의 주요출자자로서 자격이 제한될 수 있다(시행령 제10조 제4항). 임원이 2회 이상의 주의조치를 받고도 3년 이내에 다시 주의조치에 해당하는 행위를 한 경우에는 제재가 가중될 수 있다(제재규정 제22조 제2항).

3) 직원에 대한 제재

직원에 대한 제재의 효과는 다음과 같다. 이 경우 금융기관은 인사상의 징계 이외에 근로기준법이 정하는 범위 내에서 급여상의 제재를 병과할 수 있다(제재규정 시행세칙 제47조 제1항).[60] 직원이 2회 이상의 주의조치를 받고도 3년 이내에 다시 주의조치에 해당하는 행위를 한 경우에는 제재가 가중될 수 있다(제재규정 제22조 제2항).

(10) 퇴직자에 대한 조치

실무상으로는 제재 대상자가 퇴직한 경우 퇴직당시의 직위를 기준으로 퇴직자 위법 부당사항으로 통보하고 있으며 퇴직자에 대해서는 처분 시 직위를 기준으로 조치하고 있다. 즉, 행위 당시에는 직원이었으나 처분 시 임원으로 신분 변동된 후 퇴직한 경우와 행위당시에는 임원이었으나 처분 시 직원으로 신분이 변동되어 퇴직한 경우 모두 퇴직 시 신분을 기준으로 제재의 종류를 선택하여 조치하고 있다.

3. 검사 및 제재에 대한 구제 수단 등

(1) 검사절차상 방어권

현장검사 과정에서 검사를 받는 금융기관 임직원은 문답서 및 확인서 작성 시 변호사 또는 기타 전문지식을 갖춘 사람으로서 감독원장이 정하는 사람의 조력을 받을 수 있다

60 제재의 효과(금융기관 검사 및 제재에 관한 규정 시행세칙 별표 4)

구분 \ 종류	면직	정직	감봉	견책
신분상 조치 근속기간	파면 –	정직기간+18월간 승격·승급불허 포함	감봉기간+12월간 승격·승급불허 포함	6월간 승격·승급불허 포함

* 승격·승급불허기간은 근로·고용계약 종료 후 계약연장 또는 재계약하는 경우(계약직으로서 사실상 임원신분으로 재고용하는 경우 포함)에도 적용

(금융기관검사 및 제재에 관한 규정 제8조의3 제1항).

검사원은 문답서 및 확인서 작성 시 검사를 받는 금융기관 임직원과 조력자의 주요 진술내용을 충분히 반영하여 작성하고, 검사 기록으로 관리하여야 한다(금융기관검사 및 제재에 관한 규정 제8조의3 제2항).

(2) 제재절차상 방어권

1) 사전통지 및 의견진술

금융감독원장이 제재조치를 하는 때는 위규행위사실, 관련 법규, 제재 예정내용 등을 제재 대상자에게 구체적으로 사전통지하고 상당한 기간을 정하여 구술 또는 서면에 의한 의견진술 기회를 주어야 한다. 다만 당해 처분의 성질상 의견청취가 현저히 곤란하거나 명백히 불필요하다고 인정될만한 상당한 이유가 있는 등 행정절차법 제21조에서 정한 사유가 있는 경우에는 사전통지를 아니할 수 있다(금융기관검사 및 제재에 관한 규정 제35조 제1항). 금융감독원장은 사전통지를 하는 때는 행정절차법 제21조에 따른 것임을 표시하여야 한다(금융기관검사 및 제재에 관한 규정 제35조 제2항). 금융업 관련 법 등에서 의견청취 방법을 청문 등으로 별도로 정하고 있는 때는 그 정한 바에 따른다(금융기관검사 및 제재에 관한 규정 제35조 제3항).

2) 의견진술 기회 보장

금융감독원장은 심의회 운영 등 제재절차에 있어 제재 대상자의 의견진술 기회를 충분히 보장하기 위해 노력하여야 한다(금융기관검사 및 제재에 관한 규정 제35조3 제1항).

3) 부의 예정안 등 열람권

사전통지를 받은 제재 대상자 및 조력자는 심의회 위원들에게 제출된 심의회 부의예정안 및 심의회에 제출될 서류를 열람할 수 있다(금융기관검사 및 제재에 관한 규정 제35조3 제2항).

금융감독원장은 금융시장의 안정, 수사의 밀행성 필요 또는 증거인멸 우려 등 관련 사안의 조사에 심각한 장애가 예상되는 등 열람을 허용하지 아니할 상당한 이유가 있다고 인정되는 경우 서류 등에 대하여 열람을 거부하거나 그 범위를 제한할 수 있다. 단,

이 경우 그 이유를 서면으로 제재 대상자에게 지체 없이 통지하여야 한다(금융기관검사 및 제재에 관한 규정 제35조3 제3항). 사전열람 시에 허용되는 열람권이 범위는 대략적인 양정사항 및 조치 대상 사실 및 근거 등에 관한 사항이고 구체적인 양정에 관한 사항을 실무상 허용하지 않고 있다.

(3) 제재조치 후 구제수단

1) 이의신청

금융위원회 또는 금융감독원장으로부터 제재를 받은 금융기관 또는 그 임직원은 당해 제재처분 또는 조치요구가 위법 또는 부당하다고 인정하는 경우에는 금융위원회 또는 금융감독원장에게 이의를 신청할 수 있다. 다만 과징금·과태료 등 금융 관련 법규에서 별도의 불복절차가 마련되어 있는 경우에는 그에 따른다(금융기관검사 및 제재에 관한 규정 제37조 제1항).

자율처리필요사항 통보와 관련하여 당해 금융기관의 장으로부터 특정한 조치가 예정된 직원은 당해 자율처리필요사항이 위법·부당하다고 인정하는 경우에는 당해 금융기관의 장을 통하여 금융위원회 또는 금융감독원장에게 이의를 신청할 수 있다(금융기관검사 및 제재에 관한 규정 제37조 제2항).

2) 이의신청에 대한 처리

금융감독원장은 금융기관 또는 그 임직원의 이의신청에 대하여 다음과 같이 처리한다(금융기관검사 및 제재에 관한 규정 제37조 제3항).

가. 금융위원회의 제재처분

금융위원회의 제재처분에 대하여 이의신청을 받은 경우에는 그 이의신청 내용을 금융위원회에 지체 없이 통보하고, 타당성 여부를 심사하여 당해 처분의 취소·변경 또는 이의신청의 기각을 금융위원회에 건의한다. 다만 이의신청이 이유 없다고 인정할 명백한 사유가 있는 경우에는 금융감독원장이 이의신청을 기각할 수 있다.

나. 금융감독원장의 제재처분

금융감독원장의 제재처분 또는 조치요구사항에 대해서는 이유가 없다고 인정하는 경우에는 이를 기각하고, 이유가 있다고 인정하는 경우에는 당해 처분을 취소 또는 변경한다.

다. 이의신청에 대한 재이의신청 불가

이의신청 처리 결과에 대해서는 다시 이의신청할 수 없다(금융기관검사 및 제재에 관한 규정 제37조 제4항).

3) 직권재심

금융감독원장은 증거서류의 오류·누락, 법원의 무죄판결 등으로 그 제재가 위법 또는 부당함을 발견하였을 때는 직권으로 재심하여 제3항 각호에서 정하는 조치를 취할 수 있다(금융기관검사 및 제재에 관한 규정 제37조 제5항).

(4) 행정심판 및 행정소송

금융위원회, 증권선물위원회 및 금융감독원이 내린 위법·부당한 처분으로 권리나 이익을 침해받은 자는 행정심판을 제기할 수 있다(금융위원회 설치 등에 관한 법률 제70조). 또한 동시에 행정소송을 제기할 수도 있다. 행정심판 또는 행정소송은 임의선택이 가능하다.

☞ 제재 관련 사례 연구

제재 대상자의 신분변동에 따른 제재조치

1. 문제의 소재

제재 대상자가 퇴직하거나 신분관계에 변동이 생긴 경우, 즉 검사 당시에는 임원이었으나 처분 당시에 직원으로 변경되거나 검사당시에는 직원이었는데, 처분 당시에 임원으로 신분이 변동된 경우에는 어떤 신분을 기준으로 처분을 할 것인지 여부에 대해 금융기관검사 및 제재에 관한 규정은 아무런 규정을 두고 있지 아니하여 논란이 되고 있다.

2. 견해의 대립

처분 당시의 제재 대상자의 신분이 위반행위 당시와 달리 변경된 경우 위반행위 당시의 신분에 따라 처벌하자는 견해가 주장되고 있는데, 이러한 주장은 형법의 죄형법정주의원칙을 충실하게 따르는 견해이다. 이에 비하여 처분 당시의 신분을 기준으로 조치하자는 견해가 있다. 이 견해는 처분 당시의 사실상태와 법적 상태를 기준으로 제재조치를 하는 것이 법치행정의 원칙에 부합하는 것이라고 주장한다. 이에 대하여 절충적 견해로서 위반행위 당시의 신분을 기준으로 제재수위를 결정하고 처분시점의 직위에 상응하는 제재의 종류를 선택하여 조치하자는 견해이다.

3. 검토

위반행위 당시를 기준으로 처벌법규 적용 여부를, 즉 구성요건 해당성 여부를 판단하고 다만 위법·부당행위에 대한 효과로서의 제재는 처분 당시의 신분을 고려하지 않을 수 없으므로 위반행위 당시의 행위를 기준으로 제재수위를 정하고 처분 당시의 신분에 상응하는 제재의 종류를 선택하여 조치하는 것이 타당하다고 생각한다. 실무상으로는 조치 대상자의 신분이 변동된 경우 위반행위 당시 신분을 기준으로 제재수위를 결정하고 처분시점의 직위에 상응하는 제재의 종류를 선택하여 조치하고 있다.

제8장

해산 및 청산

●●● 제8장

해산 및 청산

제1절 해 산

1. 의의

해산이란 회사의 법인격을 소멸시키는 원인이 되는 법률요건을 말한다. 주의할 것은 해산 자체가 법인격의 소멸이 아니라 법인격 소멸의 원인이 된다는 점이다. 따라서 회사는 해산사유가 발생하면 청산절차를 진행하여 법인격 소멸의 절차를 밟아야 한다. 해산에 의하여 영업능력을 상실하지만, 청산사무가 실질적으로 종결할 때까지 청산의 목적 범위 내에서 권리능력을 가진다(상법 제542조 제1항, 제245조). 보험회사의 해산 및 청산은 일반법인과는 달리 법원의 감독을 받지 아니하고 금융감독당국의 감독을 받는다는 점이 특징이다. 이와 같이 해산 및 청산 시에 금융감독당국의 감독을 받도록 한 것은 보험계약자 및 기타 이해관계자의 보호를 위하여 금융에 대한 전문적인 지식을 갖추고 있는 기관으로 하여금 해산 및 청산사무를 감독하도록 하는 것이 바람직하다는 입법자의 결단에 의한 것이다.

2. 청산 중 회사의 법적 성질

해산 후 존속하는 청산 중의 회사의 법적 성질은 해산전의 회사와 동일한 회사로서

다만 그 목적이 청산의 범위 내로 축소된 것이라고 보는 것이 통설이다.[1]

3. 해산규정의 체계

비영리법인의 해산에 관해서는 원칙적으로 민법이 적용되고, 상사법인의 해산에 관해서는 상법에서 규율하고 있다. 보험회사의 경우에는 보험업법에서 해산 및 청산에 관한 사항을 상세히 규정하고 있으므로 이러한 규정이 우선적으로 적용되고 보험업법이 정하지 아니한 사항은 상법의 규정을 준용한다.

4. 해산사유(보험업법 제137조 제1항)

(1) 존립기간의 만료, 그 밖에 정관으로 정하는 사유의 발생

이러한 해산 사유는 정관의 변경이 없는 한 당연한 회사의 해산사유이다.

(2) 주주총회 또는 사원총회의 결의

상호회사의 경우 사원총회에서의 해산결의는 사원 과반수의 출석과 그 의결권의 4분의 3 이상의 찬성으로 결의하고, 주식회사인 보험회사의 경우에는 출석한 주주의 의결권의 3분의 2 이상의 수와 발행주식 총수의 3분의 1 이상의 수로써 하여야 한다(보험업법 제138조).

(3) 회사의 합병

합병의 경우 존속회사를 제외하고 언제나 당사회사의 해산사유가 된다. 다만 이 경우에 회사는 청산절차를 밟지 않고 소멸된다.

(4) 보험계약의 전부이전

보험계약의 전부이전이 일어나면 보험회사의 존립기반이 상실되므로 보험계약을 전

1 정찬형, 『상법강의(상)』(제19판), 박영사, 2016, 529면.

부 이전한 보험회사는 해산하게 된다.

(5) 회사의 파산

회사의 지급불능에 의하여 법원의 파산선고가 있으면 해산사유가 된다. 다만 이 경우에는 청산절차가 아닌 파산절차를 밟게 된다.

(6) 보험업의 허가 취소

건전한 보험거래질서를 확립하기 위하여 행정처분에 의하여 회사를 해산시키는 것을 의미한다.

(7) 해산을 명하는 재판

해산명령은 공익상의 이유로 법원의 명령에 의하여 회사를 해산시키는 것을 의미하며(상법 제176조), 해산판결은 사원의 이익을 위하여 법원의 판결에 의하여 회사를 해산시키는 것을 의미한다(상법 제241조, 제269조, 제520조, 제613조 제1항). 해산명령은 설립목적이 불법인 경우 등에 있어서 이해관계인이나 검사의 청구 또는 법원의 직권으로 명하여지고, 해산판결은 사원의 이익을 보호하기 위하여 부득이한 사유, 회사업무의 정돈상태의 계속, 회사재산의 현저한 失當 등을 사유로 발행주식 총수의 100분의 10 이상의 주식을 주주의 청구에 의하여 법원의 판결에 의하여 이루어진다.[2]

5. 해산 절차

(1) 개관

통상적으로 보험회사가 주주총회 결의 등에 의하여 자발적으로 해산하는 경우에는 잔존 보험계약에 대해서는 보험계약의 이전절차를 밟게 된다. 따라서 해산절차와 보험계약의 이전절차가 동시에 병행하여 이루어지는 것이 일반적이다. 또한 자발적인 해산의 경우 사업의 폐지에 따른 정리계획서를 그 사업폐지 60일 전에 금융위원회에 제출하여야

2 이철송, 『회사법강의』(제23판), 박영사, 2015, 132-136면.

한다(보험업법 제155조).

실무상 보험계약의 이전 및 해산절차의 흐름은 ① 정리계획서의 제출(보험업법 제155조), ② 보험계약이전 및 해산에 대한 주총 특별결의(보험업법 제138조), ③ 이전받을 보험회사와 보험계약의 이전에 관한 계약체결(보험업법 제140조), ④ 계약이전 공고 및 이의제출 접수(보험업법 제141조), ⑤ 보험계약이전 및 해산 인가신청, ⑥ 보험계약의 이전 및 해산인가(보험업법 제139조), ⑦ 보험계약의 이전에 대한 공고(보험업법 제145조), ⑧ 주주에 대한 해산통지(상법 제521조), ⑨ 해산등기(상법 제521의2, 제228조), ⑩ 청산인 선임 등기(상법 제531조), ⑪ 법원에 청산인 신고(상법 제532조), ⑫ 채권자에 대한 최고(상법 제535조), ⑬ 청산보고서 주총승인(상법 제540조), ⑭청산종결 등기(상법 제542조 및 제264조) 절차 순으로 진행된다.

(2) 해산결의

보험회사가 해산 결의를 하고자 하는 때는 상호회사인 경우에는 사원 과반수의 출석과 그 의결권의 4분의 3 이상의 찬성으로 결의하여야 하고(보험업법 제39조 제2항), 주식회사인 경우에는 출석한 주주의 3분의 2 이상의 수와 발행주식 총수의 3분의 1 이상의 수로써 의결하여야 한다(상법 제434조).

(3) 해산결의 인가

해산의 결의는 금융위원회의 인가를 받아야 한다(보험업법 제139조). 일반회사와 달리 보험회사는 다수의 보험계약자 등의 이해관계에 영향을 미치기 때문에 금융감독기구의 인가를 받도록 한 것이다.

(4) 해산의 통지 및 공고

1) 주식회사

주식회사가 해산한 때는 파산의 경우 외에는 이사는 지체 없이 주주에 대하여 그 통지를 하고 무기명식의 주권을 발행한 경우에는 이를 공고하여야 한다(상법 제521조).

2) 상호회사

상호회사가 해산의 결의를 한 때는 금융위원회의 인가를 받은 날로부터 2주일 이내에 결의의 요지와 대차대조표를 공고하여야 한다(보험업법 제69조 제1항). 이때 상호회사의 사원총회대행기관에서 해산결의를 한 경우에 한하여 보험계약자로서 이의가 있는 자는 일정한 기간 내에 이의를 제출할 수 있다는 뜻을 부기하여야 한다. 이 경우 이의 제출기간은 1월 미만으로 하지 못한다. 이의를 제출한 보험계약자가 보험계약자 총수의 10분의 1을 초과하거나 그 보험금액이 보험금 총액의 10분의 1을 초과하는 경우에는 해산을 하지 못한다(보험업법 제69조 제2항). 상호회사의 사원총회에서 해산을 재결의하면 해산이 가능하다고 보아야 할 것이다.

(5) 해산등기

보험회사가 해산한 경우에는 합병과 파산의 경우를 제외하고 그 해산사유가 있는 날로부터 본점 소재지에서는 2주 내, 지점소재지에서는 3주 내에 해산등기를 하여야 한다(상법 제228조, 법 제70조). 상호회사는 해산등기 신청 시 사원총회 의사록, 해산공고 및 이의에 관한 서류와 해산의 인가를 증명하는 서류를 첨부하여야 한다(보험업법 제69조 제2항).

합병등기와 파산등기에 관해서는 상법 및 파산법에서 별도로 규정하고 있다. 상법 제233조(합병의 등기) 회사가 합병을 한 때는 본점소재지에서는 2주 내 지점소재지에서는 3주 내에 합병 후 존속하는 회사의 변경등기, 합병으로 인하여 소멸하는 회사의 해산등기, 합병으로 인하여 설립되는 회사의 설립등기를 하여야 한다. 파산법 제109조(법인의 파산등기) 법인에 대하여 파산선고를 한 때는 법원은 지체 없이 직권으로써 촉탁서에 파산결정서의 등본을 첨부하여 각 영업소 또는 각 영업사무소소재지의 등기소에 파산등기를 촉탁하여야 한다.

6. 해산의 효과

회사가 해산하면 회사의 권리능력은 청산의 목적 범위 내로 축소되고, 원칙적으로 해산절차가 개시된다. 그러나 합병과 파산이 해산사유인 경우에는 청산절차가 개시되지 않는다. 왜냐하면 합병의 경우에는 회사재산의 포괄승계가 있게 되고 파산은 파산절차로 이행되기 때문이다.

7. 해산 후 강제관리

금융위원회는 해산한 보험회사의 업무 및 자산상황으로 보아 필요하다고 인정하는 경우에는 업무와 자산의 관리를 명할 수 있다(보험업법 제161조 제1항). 금융위원회가 업무와 자산의 관리를 명한 경우에는 보험업법 제158조(해산 후의 보험금 지급)의 규정은 적용하지 아니한다(보험업법 제161조 제2항). 따라서 보험금을 지급할 사유가 해산한 날부터 3월을 경과하여 발생하였다고 하더라도 보험계약이 유효하게 존재하는 한 보험계약상의 책임을 지며 피보험자를 위하여 적립한 금액 또는 아직 경과하지 아니한 기간에 대한 보험료를 환급할 필요가 없다. 다만 보험계약자의 해지에 따른 환급금은 지급하여야 한다.

제2절 청 산

1. 청산의 의의

청산이란 회사가 해산 후 그 재산적 권리의무를 정리한 후 회사의 법인격을 소멸시키는 것을 말한다. 청산이 종료된 때 회사의 법인격은 소멸한다. 청산회사는 해산 전의 회사와 동일회사이다.

2. 청산의 효과

회사가 해산하면 청산의 목적 범위 내에서 존속하는 것으로 보므로(상법 제245조) 청산목적의 범위 내에서 권리와 의무가 있다고 보아야 한다. 청산회사는 해산 전의 회사와 동일성이 그대로 유지되므로 해산전의 기관은 그대로 존속하게 된다.

3. 청산인

(1) 지위

회사가 해산하면 종래의 업무집행사원에 갈음하여 청산인이 청산회사의 집행기관이 된다. 따라서 청산인은 청산 목적 범위 내에서 대외적으로 청산회사를 대표하고 대내적으로는 청산사무를 집행한다.

(2) 선임

1) 상법의 규정

회사가 해산한 때는 합병·분할·분할합병 또는 파산의 경우 외에는 정관에 다른 정함이 있거나 또는 주주총회에서 타인을 선임한 경우를 제외하고는 이사가 청산인이 된다(상법 제531조 제1항). 청산인이 없는 경우에는 법원은 이해관계인의 청구에 의하여 청산인을 선임한다(상법 제531조 제2항). 따라서 회사가 존립기간의 만료 기타 정관으로 정한 사유의 발생 또는 총사원의 동의에 의하여 해산하는 경우에는 청산인은 자율적으로 결정되는 것이 원칙이지만 사원이 1인으로 된 때, 합병·파산·법원의 명령 또는 판결 등의 사유로 해산한 경우에는 사원 기타 이해관계자나 검사의 청구에 의하여 또는 직권으로 법원이 청산인을 선임한다(상법 제252조).

2) 보험업법의 특칙

보험회사의 경우 회사가 존립기간의 만료 기타 정관으로 정한 사유의 발생 또는 총사원의 동의에 의하여 해산하는 경우에는 회사의 자율적인 결정에 따라 청산인이 선임되지만 법원이 청산인을 선임하는 예외적인 경우에는 법원을 대신하여 금융위원회가 청산인을 선임한다. 보험회사가 보험업의 허가의 취소로 인하여 해산한 때는 금융위원회가 청산인을 선임한다(보험업법 제156조 제1항). 이 경우 이해관계인의 청구 없이도 직권으로 선임할 수 있다(보험업법 제156조 제2항). 또한 설립무효 또는 취소판결, 사원이 1인으로 된 때 또는 법원의 명령 또는 판결로 인한 해산의 경우 청산인 및 청산인이 될 자가 없는 경우 청산인은 금융위원회가 이를 선임한다. 금융위원회가 수인의 청산인을 선임한 경우에는 회사가 대표할 자를 정하거나 수인이 공동하여 회사를 대표할 것을 정할 수 있다(보험업법 제156조 제3항 및 상법 제255조 제2항).

(3) 해임

1) 상법의 규정

주식회사의 경우 청산인은 법원이 선임한 경우 외에는 언제든지 주주총회의 결의로 이를 해임할 수 있다(상법 제539조 제1항). 그리고 청산인이 그 업무를 집행함에 현저하게 부적임하거나 중대한 임무에 위반한 행위가 있는 때는 발행주식 총수의 100분의 3 이상에 해당하는 주식을 가진 주주는 법원에 그 청산인의 해임을 청구할 수 있는 것으로 규정하고 있다(상법 제539조 제2항).

2) 보험업법의 특칙

보험회사는 금융위원회가 선임한 경우를 제외하고는 주주총회의 결의로 이를 해임할 수 있다. 금융위원회는 (i) 감사 또는 (ii) 3월 전부터 계속하여 자본금의 100분의 5 이상의 주식을 가진 주주 또는 (iii) 100분의 5 이상의 사원의 청구에 의하여 청산인을 해임할 수 있다(보험업법 제156조 제4항). 그러나 금융위원회는 중요한 사유가 있는 경우에 직권으로 청산인을 해임할 수도 있다(보험업법 제156조 제6항).

(4) 청산인의 직무권한

청산인의 직무는 (i) 현존사무의 종결, (ii) 채권의 추심과 채무의 변제, (iii) 재산의 환가처분, (iv) 잔여재산의 분배 등이다. 따라서 청산인은 직무에 관하여 재판상 재판외의 모든 행위를 할 권한이 있다(상법 제254조 제3항).

(5) 청산인의 의무

1) 신고의무

청산인은 취임한 날로부터 2주 내에 해산의 사유와 그 년, 월, 일, 청산인의 성명·주민등록번호 및 주소를 금융위원회에 신고하여야 한다(상법 제532조).

본 조에 의한 청산의 신고는 취임신고이므로 금융위원회가 선임한 청산인도 당연히 청산인 신고 대상에 포함된다.

2) 회사 재산조사 보고의무(상법 제533조)

청산인은 취임한 후 지체 없이 회사의 재산 상태를 조사하여 재산목록과 대차대조표를 작성하고 이를 주주총회에 제출하여 그 승인을 얻어야 한다. 청산인은 주총의 승인을 얻은 후 지체 없이 재산목과 대차대조표를 금융위원회에 보고하여야 한다.

3) 대차대조표 · 사무보고서 · 부속명세서의 제출 등(상법 제534조)

청산인은 정기총회 회일로부터 4주 전에 대차대조표 및 그 부속명세서를 작성하여 감사에게 제출하여야 한다. 감사는 정기총회 회일로부터 1주 전에 청산인이 제출한 서류에 대한 감사보고서를 청산인에게 제출하여야 한다. 청산인은 정기총회 회일 1주간 전부터 제출 서류 및 감사보고서를 본점에 비치하여야 한다. 주주와 회사채권자는 영업시간 내에 언제든지 비치서류를 열람할 수 있고 회사가 정한 비용을 지급하고 서류의 등본이나 초본의 교부를 청구할 수 있다. 또한 청산인은 대차대조표 및 사무보고서를 정기총회에 제출하여 그 승인을 요구하여야 한다.

(6) 파산선고의 신청의무

청산인은 회사가 파산 이외의 사유로 해산하여 청산절차를 진행하던 중에 채무를 완제할 수 없음이 분명하게 된 때는 청산인은 곧 파산선고를 신청하고 이를 공고하여야 한다(민법 제93조 제1항). 공고는 원칙적으로 신문에 하여야 한다(민법 제93조 제3항). 청산 중에 파산선고가 있으면 파산재단의 권리의무에 관해서는 파산관재인이 직무권한을 가지고 그 밖의 청산사무에 관해서는 여전히 청산인이 직무권한을 가지는 것으로 해석된다.[3] 청산인은 파산관재인에게 그 사무를 인계함으로써 그 임무가 종료한다(민법 제93조 제2항).

4. 청산사무

(1) 개관

청산인이 하여야 할 주된 청산사무는 현존하는 사무의 종결, 채권의 추심과 채무의 변제, 재산의 환가처분, 잔여재산의 분배 등이다(상법 제542조 제1항, 제254조 제1항). 청산의 절차에 관해서는 인적 회사는 당사자의 자치적인 방식으로 임의청산을 할 수 있지만, 인적 회사가 임의청산을 밟지 아니하는 경우 및 물적 회사의 경우에는 법정청산을 하여야만 한다. 법정청산을 하게 되면 회사채권자 및 사원을 보호하기 위한 엄격한

3 김준호, 『민법강의』(제22판), 법문사, 2016, 178면.

절차규정을 적용받게 된다(상법 제250조 이하, 제269조, 제531조 이하, 제613조 제1항).

(2) 현존사무의 종결

현존사무의 종결이란 해산 전부터 계속되고 있는 사무를 종결하는 것이다. 보험회사의 경우에는 보험계약의 모집 및 체결, 보험금의 지급 등 제지급금의 지급, 보험료의 수납 업무 등 적극적인 영업활동을 중지하고 현존하는 사무, 예컨대 필요한 사무원의 신규채용, 퇴직금의 지급, 해산일 이전에 지급결의가 된 제지급금의 지급, 장부의 정리 등의 업무를 하는 것을 말한다.

(3) 채권의 추심과 채무의 변제

1) 채권의 추심

청산절차는 채무의 변제와 더불어 채권자의 만족과 잔여재산의 확정을 중요한 목적으로 하기 때문에 단순한 채권의 추심뿐만 아니라 대물변제의 수령이나 상당한 대가를 받고 하는 채권양도, 화해계약의 체결 등도 이에 포함되는 것으로 해석된다. 그리고 변제기가 도래하지 않은 채권이나 또는 조건부 채권과 같이 추심하기가 곤란한 채권은 적당한 방법으로 환가하거나 잔여재산에 포함시키는 방법을 취할 수 있다.[4]

2) 채무의 변제

가. 채권신고의 공고 및 최고

청산인은 취임한 날로부터 2월 내에 회사채권자에 대하여 일정한 기간 내(2월 이상)에 그 채권을 신고할 것과 그 기간 내에 신고하지 않으면 청산에서 제외된다는 뜻을 2회 이상 공고로서 최고하여야 한다(상법 제535조). 청산인은 알고 있는 채권자에 대해서는 개별적으로 채권의 신고를 최고하여야 하며 그 채권자가 신고하지 아니한 경우에도 이를 청산에서 제외하지 못한다.

4 김준호, 앞의 책, 176면.

나. 채무의 변제

청산인은 채권신고기간 내에는 변제를 하지 못하는 것이 원칙이다. 이는 회사의 모든 채권자에 대해 공평한 변제를 하기 위함이다. 그러나 소액의 채권, 담보 있는 채권, 기타 변제로 인하여 다른 채권자를 해할 염려가 없는 채권에 대해서는 금융위원회의 허가를 얻어 이를 변제할 수 있다(보험업법 第159조). 소액의 채권의 기준에 대해서는 판례나 학설상의 논의를 찾을 수 없으나 그 판단기준은 다른 채권자를 해할 염려가 있는지 여부가 그 기준이 된다.

조세, 청산인 및 임직원들의 보수, 사무실 유지·보수·관리비용, 채권회수를 위한 추심·소송비용, 재산환가비용 등은 다른 채권자를 해할 염려가 없는 채권으로 인정될 수 있다. 청산인은 변제기에 이르지 아니한 회사 채무에 대하여도 이를 변제할 수 있다. 이 경우 중간이자를 공제하여야 한다.

(4) 잔여재산의 분배

비영리법인의 경우 해산한 법인의 잔여재산은 우선 정관에서 지정한 자에게 분배되고 이때 지정방법은 직접지정이든 간접지정이든 상관없다. 정관으로 귀속권리자를 지정하지 아니한 경우에는 주무관청의 허가를 얻어 유사한 목적을 위하여 그 재산을 처분할 수 있다. 그래도 남은 재산이 있는 경우에는 국고에 귀속함이 원칙이다(민법 제80조). 이에 비해 영리법인의 경우 청산인은 회사의 채무를 완제한 후 잔여재산을 분배할 수 있고(상법 제260조), 잔여재산은 각 주주가 가진 주식 수에 따라 주주에게 공평하게 분배한다. 그러나 잔여재산 분배에 관해 내용이 다른 주식을 발행한 경우에는 그에 따른다(상법 제538조).

(5) 해산한 보험회사의 보험금 지급채무 존속기간

보험회사는 주주총회 또는 사원총회의 결의, 보험업의 허가의 취소 및 해산을 명하는 재판으로 인하여 해산한 때는 보험금을 지급할 사유가 해산한 날로부터 3월 이내에 발생한 때 한하여 보험금을 지급하여야 한다(보험업법 제158조 제1항). 해산한 날로부터 3월이 경과한 후에는 피보험자를 위하여 적립한 금액 또는 아직 경과하지 아니한 기간에 대한 보험료를 환급하여야 한다(보험업법 제158조 제2항). 이때 해산한 날이라 함은 해산의 효력이 발생하는 날을 의미하며 보험회사의 해산의 효력은 금융위원회의 해산인가를 받아야 효력이 발생하므로 금융위원회의 해산 인가가 있고 그 해산인가서가 상대방에게 도달하는 시점을 의미하는 것으로 새겨야 한다.

본 조항은 보험회사가 해산한 경우 보험계약자와 보험회사의 보험계약관계에서 발생하는 보험금 지급의무의 존속기간을 규정한 것으로 보험업법에 존재하는 사법적 성격을 가진 대표적인 규정이라고 볼 수 있다. 파산의 경우에는 보험계약은 파산선고 후 3월을 경과한 때는 그 효력을 상실한다. 또한 보험계약자는 파산선고 후에 보험계약을 해지할 수 있음은 물론이다(상법 제654조). 보험계약의 전부이전, 회사의 합병으로 인한 해산의 경우에는 종전의 보험계약이 인수회사 및 합병 후 존속하는 보험회사에 승계되므로 보험계약상의 권리·의무관계는 인수회사 또는 합병 후 존속하는 회사에 존속하게 된다(상법 제654조).

5. 청산종결

청산이 종결되면 청산종결의 등기를 함이 원칙이다. 청산사무가 실제 종결되지 아니한 상태에서 청산종결의 등기를 하였다고 하더라도 회사의 법인격은 청산사무가 남아 있는 한도 내에서 존속하게 된다.

6. 청산인에 대한 보수

자치적인 절차에 의하여 선임된 청산인의 보수는 자율적으로 결정한다. 그러나 금융위원회가 청산인을 선임한 경우에는 청산중인 회사로 하여금 금융위원회가 정하는 보수를 지급하게 할 수 있다(보험업법 제157조).

7. 청산의 감독

금융위원회는 보험회사의 청산업무와 자산상황을 검사하고, 자산의 공탁을 명하며 그 밖에 청산의 감독상 필요한 명령을 할 수 있다(보험업법 제160조).

8. 상호회사의 청산

(1) 적용법규

상호회사가 해산한 경우에는 합병과 파산의 경우를 제외하고는 상호회사의 청산에 관한 규정(보험업법 제3장 제3절 제8호)이 적용된다(보험업법 제71조).

(2) 자산처분의 우선순위

상호회사의 청산인은 (i) 일반채무의 변제, (ii) 사원의 보험금액과 사원에게 환급할 금액의 지급, (iii) 기금의 상각의 순위에 따라 회사자산을 처분하여야 한다(보험업법 제72조 제1항). 그리고 잔여재산이 있는 경우 상호회사의 정관에 특별한 규정이 없는 경우에는 잉여금의 분배와 동일한 비율로 이를 사원에게 분배하여야 한다(보험업법 제72조 제2항).

(3) 상법의 규정 준용

상호회사의 청산에 관해서는 제56조, 제57조, 「금융회사의 지배구조에 관한 법률」 제33조와 「상법」 제245조, 제253조부터 제255조까지, 제259조, 제260조 단서, 제264조, 제328조, 제362조, 제367조, 제373조 제2항, 제376조, 제377조, 제382조 제2항, 제386조, 제388조, 제389조, 제394조, 제398조, 제399조 제1항, 제401조 제1항, 제407조, 제408조, 제411조, 제412조, 제412조의2부터 제412조의4까지, 제413조, 제414조 제3항, 제448조부터 제450조까지, 제531조부터 제537조까지, 제539조 제1항, 제540조 및 제541조를 준용한다(보험업법 제73조).

제3절 합 병

1. 서설

(1) 합병의 의의

합병이란 2개 이상의 보험회사가 보험업법 및 상법상의 절차에 의하여 일부 또는 전부 소멸의 방식으로 청산절차를 거치지 아니하고 소멸회사의 전 재산을 존속회사 또는 신설회사에게로 포괄적으로 승계하는 법률요건을 말한다. 일부만 소멸하는 방식을 흡수합병이라고 하고, 전부 소멸하는 방식을 신설합병이라 한다. 합병은 당사자의 자유로운 의사에 기한 임의합병과 당사자의 의사와 관계없이 강제로 이루어지는 강제합병으로 나눌 수 있다. 보험업법은 임의합병에 관한 사항을 규율하고 있고, 강제합병에 관해서는 금산법에서 규율하고 있다.

(2) 영업양도와 비교

합병과 영업양도는 기업결합방식의 일종으로서 일방 기업의 영업재산이 일괄하여 타방 기업으로 이전한다는 점, 즉 권리와 의무가 포괄적으로 이전된다는 점에서 공통성을 지닌다. 그러나 합병은 포괄승계로서 개별적인 권리의무의 이전절차가 필요하지 아니하나, 영업양도의 경우 특정승계로서 개별적인 권리의무의 이전절차를 요한다는 점에서 근본적 차이점을 지닌다.

(3) 합병의 본질

합병의 본질에 관해서는 합병이란 두 개의 회사가 하나의 회사로 합하여지는 것을 의미한다는 인격합일설과 합병이란 소멸회사가 영업재산의 전부를 존속회사 또는 신설회사에 현물을 출자함으로써 이루어지는 자본증가 또는 회사설립을 의미한다는 현물출자설로 견해가 나뉜다.[5]

전자는 사원지위의 승계 및 법인격의 소멸을 잘 설명할 수 있고, 후자는 자산의 이전과정을 잘 설명할 수 있다는 장점이 있다. 하지만 현물출자설은 합병에 의하여 법인격이 소멸하고, 사원지위가 승계되는 면을 잘 설명할 수 없다는 점에서 합병의 본질을 설명하기에는 부족하고, 자산의 이전은 인격합일의 결과로서 당연히 수반되어 일어나는 것이라는 점에서 인격합일설이 타당하다고 본다.

5 이철송, 앞의 책, 117-118면.

2. 합병의 자유와 제한

(1) 합병의 자유

상법 제174조에 의하면 "회사는 합병할 수 있다"라고 규정하고 있다. 합병할 수 있는 회사의 종류에는 제한이 없으며 목적이 다른 회사 간에도 합병할 수 있다. 그러나 합병에는 상법 및 보험업법 등에 의한 제한이 따른다.

(2) 상법상의 제한

상법에 의하면 종류가 다른 회사끼리도 합병할 수 있지만 합병 당사 회사 중 일방 또는 쌍방이 주식회사나 유한회사인 때는 합병 후 존속하는 회사 또는 신설되는 회사도 주식회사나 또는 유한회사이어야 한다(상법 제174조 제2항). 또한 유한회사와 주식회사가 합병할 경우 주식회사가 사채의 상환을 완료하지 않으면 유한회사를 존속회사나 신설회사로 하지 못한다(상법 제600조 제2항). 유한회사와 주식회사가 합병하여 주식회사가 존속 또는 신설회사로 될 때는 법원의 인가를 얻지 아니하면 합병의 효력이 없다(상법 제600조 제1항).

(3) 공정거래법상의 제한

기업독점을 억제하고 자유로운 경쟁을 촉진하기 위하여 일정한 거래 분야에서 경쟁을 실질적으로 제한하는 기업 간의 합병 등을 금지하고 있다(공정거래법 제7조 제1항 제3호).

(4) 보험업법상의 제한

보험업법은 보험회사의 합병에 관하여 특별한 제한을 두지 않고 있다. 따라서 보험회사의 합병은 원칙적으로 자유로이 할 수 있다고 본다. 보험회사의 합병형태는 주식회사와 주식회사의 합병, 주식회사와 상호회사의 합병, 상호회사 상호 간의 합병이 있을 수 있다.

보험업은 주식회사와 상호회사만이 영위할 수 있으므로 합병 후 존속하는 회사형태는 주식회사 또는 상호회사 형태이어야 하며, 또한 손해보험업과 생명보험업은 상호 겸영이 금지되어 있으므로 손해보험회사와 생명보험회사 간의 합병은 불가하다.

3. 합병절차

(1) 합병계약의 체결

보험회사 간의 합병에는 합병 당사회사의 대표자 사이에 합병계약이 체결되어야 한다. 합병계약은 원칙적으로 불요식계약이나, 상법은 존속회사 또는 신설회사가 물적회사인 경우에는 요식의 합병계약서를 작성하여야 한다(상법 제523조, 제524조, 제603조). 보험업법에서도 합병의 형태에 따라 합병계약서의 기재사항에 관하여 법정화하고 있다(시행령 제75조). 합병계약을 체결한 경우 합병의 효력이 곧바로 발생하는 것은 아니며 주주총회(사원총회)의 결의와 금융위원회의 인가를 받아야 한다(보험업법 제139조).

합병계약의 법적 성질에 관하여 견해의 대립이 있으나, 합병계약은 상호회사의 경우 일정 수 이상의 사원의 동의 또는 주식회사의 경우 주주총회의 합병결의와 금융위원회의 인가를 정지조건으로 하는 계약 또는 합병의 예약이라고 보는 것이 타당하다. 보험회사가 합병을 하는 경우에는 합병계약으로써 그 보험계약에 관한 계산의 기초 또는 계약조항의 변경을 정할 수 있다(보험업법 제152조 제1항).

이 경우 변경을 하고자 하는 보험회사는 주주총회 또는 사원총회의 결의가 있는 때부터 합병을 하거나 하지 않을 때까지 그 변경하고자 하는 보험계약과 동일한 보험계약을 체결하지 못하고, 자산을 처분하거나 채무를 부담하는 행위를 하지 못한다. 다만 보험업의 유지에 필요한 비용을 지출하는 경우 또는 자산의 보전 그 밖의 특별한 필요에 의하여 금융위원회의 허가를 받아 자산을 처분하는 것은 가능하다(보험업법 제152조 제2항). 합병형태별 합병계약서 기재사항을 보면 다음과 같다.

1) 주식회사와 주식회사의 합병

가. 흡수합병의 경우 계약서의 기재사항

합병할 회사의 일방이 합병 후 존속하는 경우에는 합병계약서에 존속하는 회사가 합병으로 인하여 그 발행할 주식의 총수를 증가하는 때는 그 증가할 주식의 총수, 종류와 수, 존속하는 회사의 증가할 자본과 준비금의 총액, 존속하는 회사가 합병 당시에 발행하는 신주의 총수, 종류와 수 및 합병으로 인하여 소멸하는 회사의 주주에 대한 신주의 배정에 관한 사항, 존속하는 회사가 합병으로 인하여 소멸하는 회사의 주주에게 지급할 금액을 정한 때는 그 규정, 각 회사에서 합병의 승인결의를 할 사원 또는 주주의 총회의 기일, 합병을 할 날, 존속하는 회사가 합병으로 인하여 정관을 변경하기로 정한 때는 그 규정, 각 회사가 합병으로 인하여 이익의 배당 또는 상법 제462조의3 제1항의 규정에 의하여 금전으로 이익배당을 할 때는 그 한도액, 합병으로 인하여 존속하는 회사에 취임할 이사와 감사 또는 감사위원회의 위원을 정한 때는 그 성명 및 주민등록번호를 기재하여야 한다(상법 제523조).

나. 신설합병의 경우 계약서 기재사항

신설합병의 경우 합병계약서에 설립되는 회사에 대하여 상법 제289조 제1항 제1호 내지 제4호에 게기한 사항과 수종의 주식을 발행할 때는 그 종류, 수와 본점소재지, 설립되는 회사가 합병 당시에 발행하는 주식의 총수와 종류, 수 및 각 회사의 주주에 대한 주식의 배정에 관한 사항, 설립되는 회사의 자본과 준비금의 총액, 각 회사의 주주에게 지급할 금액을 정한 때는 그 규정, 각 회사에서 합병의 승인결의를 할 사원 또는 주주의 총회의 기일, 합병을 할 날, 합병으로 인하여 설립되는 회사의 이사와 감사 또는 감사위원회의 위원을 정한 때는 그 성명 및 주민등록번호를 기재하여야 한다(상법 제524조).

2) 상호회사로 흡수합병

상호회사 간 및 상호회사와 주식회사 간의 합병에 있어서 합병 후 존속하는 회사가 상호회사인 경우에는 합병계약서에 존속하는 회사가 그 사원총회에서의 사원의 의결권을 증가할 것을 정한 때는 그 수, 합병으로 인하여 소멸되는 회사의 보험계약자 또는 사원이 존속하는 회사의 사원총회에서 가질 수 있는 권리에 관한 사항, 합병으로 인하여 소멸되는 회사의 주주 또는 기금 갹출자나 사원에게 지급할 금액을 정한 때는 그 규정, 각 회사에서 합병의 결의를 할 주주총회 또는 사원총회의 기일, 합병의 시기를 정한 때는 그 시기를 기재하여야 한다(시행령 제75조 제2항).

3) 상호회사로 신설합병

상호회사 간 또는 상호회사와 주식회사 간 합병으로 인하여 설립되는 회사가 상호회사인 경우에는 합병계약서에 명칭, 기금의 총액, 기금의 갹출자가 가질 권리, 기금과 설립비용의 상각방법과 주된 사무소의 소재지, 합병으로 인하여 설립되는 회사의 사원총회에서의 의결권의 수와 각 회사의 보험계약자 또는 사원에 대한 의결권의 배정에 관한 사항, 각 회사의 주주 또는 기금 갹출자나 사원에게 지급할 금액을 정한 때는 그 규정, 이전하여야 할 보험계약에 관한 책임준비금 그 밖에 준비금의 금액과 그 산출 방법, 이전하여야 할 재산의 총액과 그 종류별 수량 및 가격을 기재하여야 한다(시행령 제75조 제3항).

4) 주식회사와 상호회사의 합병

가. 주식회사로 흡수합병

주식회사와 상호회사가 합병하는 경우에 합병 후 존속하는 회사가 주식회사인 때는 합병계약서에 존속하는 회사가 자본을 증가시킬 것을 정한 때는 그 증가액, 존속하는 회사가 자본을 증가시킬 것을 정한 때는 존속하는 회사가 발행할 신주의 종류·수 및 납입금액과 신주의 배정에 관한 사항, 합병으로 인하여 소멸되는 회사의 주주 또는 기금 갹출자나 사원에게 지급할 금액을 정한 때는 그 규정, 각 회사에서 합병의 결의를 할 주주총회 또는 사원총회의 기일, 합병의 시기를 정한 때는 그 시기를 기재하여야 한다(시행령 제75조 제4항).

나. 주식회사로 신설합병

주식회사와 상호회사가 합병하는 경우에 합병으로 인하여 설립되는 회사가 주식회사인 때는 합병계약서에 설립되는 회사에 대하여 목적, 상호, 회사가 발행할 주식의 총수, 1주의 금액, 수종의 주식을 발행할 때는 그 종류, 수와 본점 소재지, 합병으로 인하여 설립되는 회사가 발행할 주식의 종류·수 및 납입금액과 주식의 배정에 관한 사항, 각 회사의 주주 또는 기금 갹출자나 사원에게 지급할 금액을 정한 때는 그 규정, 이전하여야 할 보험계약에 관한 책임준비금 그 밖에 준비금의 금액과 그 산출 방법, 이전하여야 할 재산의 총액과 그 종류별 수량 및 가격을 기재하여야 한다(시행령 제75조 제5항).

(2) 합병결의

보험회사가 합병에 관한 결의를 하고자 하는 때는 합병의 당사회사가 상호회사인 경우에는 사원 과반수의 출석과 그 의결권의 4분의 3 이상의 찬성으로 결의하여야 하고

(법 제39조 제2항), 주식회사인 경우에는 출석한 주주의 3분의 2 이상의 수와 발행주식총수의 3분의 1 이상의 수로써 의결하여야 한다(상법 제434조). 이는 합병의 절차 중에서 주주보호를 위한 가장 중요한 절차이므로 이러한 절차에 하자가 있는 경우 주주는 합병무효의 소를 제기할 수 있다고 할 것이다. 한편 간이합병(상법 제527조의2 제1항) 및 소규모합병(상법 제527조의3)에서는 주주총회의 승인을 이사회의 승인으로 갈음할 수 있는 특례가 인정되고 있다. 보험주식회사의 경우 합병 결의에 반대하는 주주는 주식매수청구권을 행사하여 자신의 지분을 환급받아 갈 수 있는데(상법 제522조의3), 이는 주주보호의 절차로서 중요한 의미를 가진다. 한편 합병으로 인하여 어느 종류의 주주에게 손해가 돌아가는 경우 별도로 종류주주총회 결의를 요한다(상법 제436조). 이러한 종류주주총회의 절차를 이행하지 아니하면 합병결의의 효력이 발생하지 아니하므로 합병무효사유가 된다.

(3) 합병결의의 공고

보험회사가 합병의 결의를 한 때는 그 결의를 한 날부터 2주일 이내에 합병계약의 요지와 각 보험회사의 대차대조표를 공고하여야 한다(보험업법 제151조 제1항).

(4) 보험계약자 및 채권자 보호절차

1) 내용

보험업법은 보험계약자의 특수한 지위를 인정하여 보험계약자에 대한 보호절차를 마련하여놓고 있다. 따라서 보험회사가 합병결의의 공고를 할 때는 보험계약자로서 이의가 있는 자는 일정한 기간 내에 이의를 제출할 수 있다는 뜻을 부기하여야 한다. 이 경우 이의제출기간은 1개월 이상으로 하여야 한다(보험업법 제151조 제2항). 보험회사의 합병은 보험계약자 이외에 보험회사의 일반채권자에게도 영향을 미치는 사안이므로 상법에서는 일정한 채권자보호 절차를 요구하고 있다. 회사는 채권자들에 이의를 제기할 수 있도록 공고 또는 통지를 하여야 한다(상법 제527조의5).

2) 이의제출의 효과

이의 출기간 내에 이의를 제출한 보험계약자가 이전될 보험계약자총수의 10분의 1을 초과하거나 그 보험금액이 이전될 보험금총액의 10분의 1을 초과하는 경우에는 보험계약의 이전을 하지 못한다. 보험업법 제143조에 의하여 계약조항의 변경을 정하는 경우에 이의를 제출한 보험계약자로서 그 변경을 받을 자가 변경을 받을 보험계약자총수의 10분의 1을 초과하거나 그 보험금액이 변경을 받을 보험계약자의 보험금총액의 10분의 1을 초과하는 경우에도 또한 같다(보험업법 제141조 제3항 및 제151조 제2항).

한편 채권자가 정하여진 기간 내에 이의를 제기하지 아니하면 합병을 승인한 것으로 의제된다(상법 제530조 제2항, 제232조 제2항). 그리고 채권자가 이의를 제출한 때는 회사는 그 채권자에게 변제하여주거나 상당한 담보를 제공하여야 한다(상법 제530조의 제2항, 제232조의 제3항). 사채권자가 이의를 제기하기 위해서는 사채권자집회의 결의가 있어야 한다(상법 제530조의 제2항, 제439조의 제3항). 이러한 채권자보호절차에 위반하면 합병을 승인하지 아니하는 채권자는 합병무효의 소를 제기할 수 있다(상법 제529조).

(5) 공시

합병의 당사회사는 합병총회의 2주간 전부터 합병기일로부터 6월이 경과하는 날까지 합병계약서, 합병신주 배정의 이유를 기재한 서면, 최종의 대차대조표와 손익계산서를 작성하여 본점에 비치하여야 한다(상법 제522조의2 제1항). 이는 주주 및 채권자와 같은 이해관계인들로 하여금 사전에 당사회사의 재무구조를 파악하게 하여 이해관계인의 절차적 권리를 보호하는 의미를 지니는 것이므로 주주 및 회사채권자는 영업시간 내에는 언제든지 공시된 서류를 열람할 수 있다(상법 제522조의2 제2항). 한편 위와 같은 사전공시와는 별개로 합병기일로부터 6월이 경과하는 날까지 채권자보호절차의 경과, 합병기일, 소멸회사로부터 승계한 재산의 가액 및 채무액, 기타 합병에 관한 사항을 기재한 서면을 본점에 비치하도록 하고 있다(상법 제527조의6).

(6) 합병의 인가

합병결의는 금융위원회의 인가를 받아야 한다(보험업법 제139조). 보험회사의 합병은 보험계약자 등의 이해관계에 중대한 영향을 미치는 사안이므로 금융위원회의 인가를 받도록 한 것이다. 금융위원회의 인가를 받지 아니하고 합병을 한 경우에는 합병의 효력이 발생하지 않는다.

(7) 합병기일 및 보고절차

합병 당사회사는 합병계약서에 정한 바대로 합병기일에 이르러 재산 및 관계서류 일체를 인도하고, 소멸회사의 주주는 합병신주를 배정 받게 된다. 흡수합병의 경우 존속회사의 이사는 보고총회를 소집하여 합병에 관한 사항을 보고하여야 한다(상법 제526조 제1항). 신설합병의 경우 각 당사회사가 합병결의와 동일한 방법으로 설립위원을 선임하게 되는데(상법 제175조), 신설회사의 설립위원은 창립총회를 소집하여 합병에 관한 사항을 보고한다(상법 제527조). 창립총회에서는 임원을 선임하고, 또한 정관을 변경할 수도 있다.

(8) 합병의 공고

보험회사는 합병을 한 경우에는 지체 없이 그 취지를 공고하여야 한다. 이전을 하지 아니하게 된 경우에도 또한 같다(보험업법 제145조 및 제151조 제2항).

(9) 합병등기

합병절차가 완료되면 본점과 지점의 소재지에서 존속회사는 변경등기, 소멸회사는 해산등기, 신설회사는 설립등기를 하여야 하는바, 이와 같은 합병등기는 합병의 효력 발생요건이 된다(상법 제234조, 제269조, 제530조 제2항, 제603조). 합병으로 인한 합병등기의 신청서에는 합병계약서, 각 보험회사의 주주총회 또는 사원총회의 의사록, 보험업법 제141조의 공고 및 이의에 관한 서류와 합병의 인가를 증명하는 서류를 첨부하여야 한다(보험업법 제149조).

(10) 합병의 효과

1) 상법상의 효과

(i) 보험회사의 합병으로 인하여 소멸하는 보험회사의 법인격은 소멸하고 신설되는 보험회사의 법인격은 창설된다. 이 경우 소멸 보험회사는 청산절차를 밟지 아니하고 법인격이 소멸된다. 존속 보험회사의 법인격에는 변동은 없으나 변경등기로 인하여 자본이 증가하고 정관이 변경되는 등 효력이 발생한다.

(ii) 존속 보험회사 또는 신설 보험회사는 소멸하는 보험회사의 모든 권리의무를 포괄적으로 승계한다(상법 제530조 제2항, 제235조). 따라서 합병등기만으로 소멸하는 보험회사의 모든 권리의무가 존속 보험회사 또는 신설 보험회사에 귀속되고, 소멸 보험회사의 사원은 합병계약에서 정하여진 합병비율에 의하여 존속 보험회사 또는 신설 보험회사의 사원이 된다. 단, 합병에 반대하는 보험주식회사의 주주는 주식매수청구권을 행사하여 자본단체에서 탈퇴할 수 있다.

(iii) 소멸회사의 기관 지위는 존속회사에 승계되지 아니한다. 반면, 존속회사의 기관 지위는 당연히 소멸되는 것은 아니나, 존속회사의 이사 및 감사로서 합병 전에 취임한 자는 합병계약서에 다른 정함이 있는 경우를 제외하고는 합병 후 최초로 도래하는 결산기의 정기총회가 종료하는 때 퇴임한다(상법 제527조 제1항).

2) 보험업법상의 효과

보험회사의 합병이 성립된 경우 이의를 제출한 보험계약자 그 밖에 보험계약으로 인하여 발생한 권리를 가진 자에 대하여도 그 효력이 미친다(보험업법 제151조 제3항). 그리고 상호회사와의 합병으로 존속 또는 신설되는 보험회사가 상호회사인 경우 합병으로 인하여 해산하는 보험회사의 보험계약자는 그 회사에 입사하고, 주식회사인 경우에는 상호회사의 사원은 그 지위를 상실한다. 다만 보험관계에 속하는 권리와 의무는 합병계약이 정하는 바에 따라 합병 후 존속하는 주식회사 또는 합병으로 인하여 설립된 주식회사가 이를 승계한다(보험업법 제154조 제1항). 또한 합병 후 존속하는 상호회사에 입사할 자는 상법 제526조 제1항의 규정에 의한 사원총회에서 사원과 동일한 권리를 가진다. 다만 합병계약에 따로 정한 것이 있는 경우에는 그러하지 아니하다(보험업법 제154조 제2항).

(11) 합병의 무효

1) 의의

합병은 장기간 절차가 진행되면서 수많은 법률관계가 형성되고 이로 인하여 다수의 이해관계인이 생기게 된다. 따라서 경미한 하자를 이유로 쉽게 무효로 할 수 없기 때문에 합병의 무효는 소만으로 주장할 수 있고 제소기간 및 제소권자에도 제한을 하고 있다(상법 제529조).

2) 합병무효의 원인

합병무효원인은 (i) 합병을 제한하는 법규정에 위반한 경우, (ii) 합병계약서가 법정요건을 결한 경우, (iii) 합병결의에 하자가 있는 경우, (iv) 채권자보호절차를 위반한 경우, (v) 합병비율이 현저하게 불공정한 경우 등이다.[6]

합병을 위한 주주총회의 결의에 하자가 있는 경우 이해관계인은 주주총회결의하자소송과 합병무효소송을 제기할 수 있는 것이 되는데, 논리적으로는 합병등기가 되기 이전이라면 전자만을 주장할 수 있고, 합병등기가 된 후라면 전자와 후자를 모두 주장할 수 있는 것이 된다. 그러나 합병등기가 된 이후에는 주주총회결의하자를 별개로 다툴 실익이 없고 주주총회결의하자는 합병과정의 하자로 흡수된다고 할 수 있으므로 합병무효소송으로만 다툴 수 있다고 보는 것이 타당하다.

3) 합병무효판결의 효력

합병무효판결의 효력은 대세효뿐만 아니라 비소급효를 지니는 것이어서(상법 제530조 제2항, 제240조, 제190조), 합병무효판결이 확정되기까지 합병회사는 사실상 회사의 형태로 존속하는 셈이 된다. 따라서 존속회사 또는 신설회사가 합병무효판결의 확정 전까지 한 모든 행위는 유효하다. 한편 합병무효 판결이 확정되게 되면 신설회사 또는 존속회사는 장래를 향하여 종전의 합병 당사회사로 환원되고, 신설회사 또는 존속회사가 부담하는 채무는 종전의 합병 당사회사의 연대채무로 되며, 신설회사 또는 존속회사가 취득한 재산은 종전의 합병 당사회사의 공유로 된다(상법 제239조 제1항, 제2항, 제269조, 제530조 제2항, 제603조).

제4절 영업의 양도

1. 영업의 의의

영업이란 주관적 의미에서의 영리활동과 객관적 의미에서의 유기적 일체로서의 영업

6 이철송, 앞의 책, 126면.

재산을 의미한다. 영업양도에서의 영업이란 객관적 의미로서 적극·소극의 영업용 재산 및 재산적 가치가 있는 사실관계를 의미한다.

2. 영업양도의 개념

(1) 의의

영업의 양도라 함은 회사의 사업목적을 위하여 조직화 되고 유기적 일체로서 기능하는 재산의 전부를 총체적으로 유상으로 이전함과 아울러 영업활동의 승계가 이루어지는 계약을 뜻한다.[7] 이러한 영업양도가 이루어진 경우에는 원칙적으로 해당 근로자들의 근로관계가 양수하는 기업에 포괄적으로 승계된다.

☞ 관련 판례

주주총회의 특별결의가 있어야 하는 상법 제374조 제1호 소정의 "영업의 전부 또는 중요한 일부의 양도"라 함은 일정한 영업목적을 위하여 조직되고, 유기적 일체로 기능하는 재산의 전부 또는 중요한 일부를 총체적으로 양도하는 것을 의미하는 것으로서, 이에는 양수회사에 의한 양도회사의 영업적 활동의 전부 또는 중요한 일부분의 승계가 수반되어야 하는 것이므로, 단순한 영업용 재산의 양도는 이에 해당하지 않는 것이고, 다만 영업용 재산의 처분으로 말미암아 회사 영업의 전부 또는 일부를 양도하거나 폐지하는 것과 같은 결과를 가져오는 경우에는 주주총회의 특별결의가 필요하다 할 것이다.[8]

(2) 영업양도의 법적 성질

영업양도의 대상을 파악함에 있어서 무엇에 중점을 두느냐에 따라 학설이 갈리고 있다. 물건, 권리, 사실관계를 포함하는 조직적 기능적 재산으로서의 영업재산 일체의 양도를 의미한다는 영업재산양도설, 영업자인 지위의 인계와 영업재산의 이전이라는 2개의 요소가 포함된 행위라는 절충설이 있다. 영업재산양도설에 따르면 영업양도란 영업의 동일성을 유지하면서 객관적의 의의의 영업의 이전을 목적으로 하는 채권계약으로 볼 수 있다.[9] 판례는 인적조직의 승계를 중시한다. 그리하여 영업상의 모든 권리를

7 이철송, 앞의 책, 563면.

8 대법원 1994. 5. 10. 선고 93다47615 판결; 대법원 1987. 6. 9. 선고 86다카2478 판결; 1992. 2. 14. 선고 91다36062 판결.

9 정찬형, 앞의 책, 164면.

승계하더라도 종업원 전원을 인수 대상에서 제외시키면 영업양도가 아니라고 한다.[10]

(3) 구별 개념

영업양도는 영업용 재산과 재산적 가치 있는 사실관계가 기능적으로 조화된 일체가 동일성을 유지하면서 이전하는 것이므로 개개의 영업용 재산 또는 단순한 영업용 재산의 전부의 양도와 구별된다. 그리고 영업양도는 영업을 이전하는 계약이므로 양도인은 영업의 주체로서 소유자이어야 하므로 영업의 소유관계에 변동을 가져온다.

따라서 영업양도는 영업의 소유관계에 변동을 가져오지 않고 경영관계에서만 변동을 가져오는 영업의 임대차나 경영위임과는 구별된다. 또한 영업양도는 양도인과 양수인간에 체결되는 계약에 의하여 효력이 발생하므로 상법의 특별규정에 의하여 효력이 발생하는 회사의 합병과는 근본적으로 구별된다.[11]

3. 영업의 일부양도 가능성

영업의 동일성만 유지된다면 지점과 같은 영업의 일부도 양도할 수 있으며(상법 제374조 제1호), 영업의 동일성만 인정되면 되므로 일부의 영업재산을 양도 대상에서 제외하는 것은 가능하다. 따라서 개별 채권 채무관계가 영업양도에 의하여 당연히 이전하는 것은 아니며, 별개의 채권양도나 채무인수의 합의가 없는 한 영업상의 채권자나 채무자도 양도인에 대하여만 법률관계를 갖는 것이 원칙이다.[12]

4. 영업양도의 절차

(1) 양도계약에 대한 의사결정

영업양도에 대한 양도계약의 당사자는 영업을 소유하고 있는 양도인과 양수인이다. 양도인이 개인인 경우에는 그 의사에 따라 자유롭게 양도계약을 체결할 수 있으나 양도인이 주식회사인 경우에는 이사회의 결의 외에 영업의 소유자 단체인 주주총회의 특별결

10 대법원 1995. 7. 25. 선고 95다7078 판결.

11 정찬형, 앞의 책, 169면.

12 임재철, 『상법요론』(제3판), 도서출판 에덴, 68-69면.

의를 요한다. 보험회사의 경우에는 영업양도의 결의에 관하여 특별한 규정을 두고 있지 않다. 따라서 주식회사인 보험회사의 경우에도 역시 주주총회의 특별결의를 요한다고 본다.

(2) 양도계약의 체결

양도계약은 주주총회의 특별결의를 거쳐 회사의 대표기관이 양도계약을 체결한다.

(3) 금융위원회의 인가

보험업법은 영업양도·양수에 대하여 보험회사로 하여금 금융위원회의 인가를 받도록 규정하고 있을 뿐 영업양도에 관한 특별 규정을 두고 있지 않다(보험업법 제150조). 양도인과 양수인 모두 영업양도에 대한 금융위원회의 인가를 받아야 하는 것으로 해석된다. 그러나 통상적으로 인가절차는 동시에 행하여진다. 일본은 영업의 양도·양수는 대장대신의 인가를 받도록 하고 있다(일본 보험업법 제142조).

(4) 반대주주의 주식매수청구권

영업양도는 주주 및 채권자의 이해에 중대한 영향을 미치기도 하므로 이에 대한 보호절차가 요구된다. 영업양도의 결의에 반대하는 주주는 주주총회 전에 회사에 대하여 서면으로 그 결의에 반대하는 의사를 통지한 경우에는 그 총회의 결의일로부터 20일 내에 주식의 종류와 수를 기재한 서면으로 회사에 대하여 자기가 소유하고 있는 주식의 매수를 청구할 수 있다(상법 제374조의2 제1항). 주식회사의 주주총회특별결의 및 주식매수청구제도는 소수파주주의 보호수단이 되는 것이므로 이러한 절차를 결한 영업양도는 무효사유가 된다.

5. 영업의 양도 여부에 대한 판단기준

영업양도가 이루어졌는가의 여부에 대하여 판례는 단지 어떠한 영업재산이 어느 정도로 이전되어 있는가에 의하여 결정되어야 하는 것이 아니고 거기에 종래의 영업조직이 유지되어 그 조직이 전부 또는 중요한 일부로서 기능할 수 있는가에 의하여 결정되어야 하므로 영업재산의 일부를 유보한 채 영업시설을 양도했어도 그 양도한 부분만으로도 종래의 조직이 유지되어 있다고 사회관념상 인정되면 그것을 영업의 양도라 볼 것이지만, 반면에 영업재산의 전부를 양도했어도 그 조직을 해체하여 양도했다면 영업의 양도로 볼 수 없다고 한다.[13]

6. 영업양도의 효과

영업양도 계약의 기본적 효과는 재산권이전 및 양도대가의 지급의무이다. 양도인은 개개의 재산을 별개로 이전하는 절차를 밟아야 하며, 그 결과 영업의 동일성이 유지되도록 기능적으로 조직화된 유기적 일체로서 이전하는 것이어야 한다. 영업양도계약에 기타 부수적 효력이 발생하는데, 통상 이를 영업양도의 효력이라고 하기도 한다. 그러한 것으로는 양도당사자 사이의 경업피지의무 및 제3자에 대한 관계에서의 채권자 및 채무자 보호규정을 들 수 있다.

제5절 보험계약의 이전

1. 의의

보험계약의 이전이라 함은 보험회사가 그의 자유로운 의사에 따라 책임준비금 산출의 기초가 동일한 보험계약 전부를 포괄하여 다른 보험회사에게 이전시키는 것을 말한다(보험업법 제140조 제1항). 책임준비금 산출의 기초가 동일한 보험계약 중 일부를 이전하는 것은 허용되지 않는다. 여기서 책임준비금의 산출기초가 동일하다는 의미는 경험생명표, 예정이율, 예정손해율 등 기초요율이 동일하다는 것을 의미한다. 책임준비금 산출의 기초가 동일하지 아니한 보험계약의 경우에는 남겨놓고 이전하지 않아도 된다.

2. 계약이전의 종류

종래 보험업법은 보험계약의 강제이전과 임의이전에 관하여 모두 규정하고 있었으나

13 대법원 2003. 5. 30. 선고 2002다23826 판결.

2003년 보험업법 개정으로 임의이전에 관한 규정만 남기고, 강제이전에 관한 조항은 삭제하였다. 보험계약의 강제이전은 금산법에서 별도로 규정하고 있다. 보험계약의 강제이전에 관해서는 후술하기로 하고 여기서는 보험업법상의 보험계약의 이전, 즉 임의이전에 관하여 설명한다.

3. 법적 성질

보험계약의 임의 이전의 법적 성질이 무엇인가 하는 점이 문제된다. 보험계약의 이전은 보험계약상의 지위의 양도와 채권·채무의 이전이 수반되는 점, 보험계약의 이전으로 보험계약상의 권리·의무가 승계되는 점, 보험계약자의 이의제기 절차를 거치게 한 점 등을 고려해볼 때 단순한 채권의 양도나 채무의 인수로 보기는 어렵고 민법상의 계약인수와 유사한 성격을 가진 것이라고 생각된다.

☞ 관련 판례

(i) 이른바 계약상 지위의 양도·양수, 계약인수 또는 계약가입 등은 민법상 명문의 규정이 없다고 하더라도 그 같은 계약이 인정되어야 할 것임은 계약 자유, 사법자치의 원칙에 비추어 당연한 귀결이나, 그 태양에 따라서 요건과 그 효과가 각기 다를 수 있어 이는 구체적 약관의 내용에 따라 해석하여야 한다.[14]

(ii) 계약 당사자로서의 지위 승계를 목적으로 하는 계약인수는 3면 계약으로 이루어지는 것이 통상적이나, 관계 당사자 중 2인의 합의와 나머지 당사자가 이를 동의 내지 승낙하는 방법으로도 가능하다.[15]

4. 절차

보험계약의 임의이전은 보험회사가 그 보험업의 전부 또는 일부를 폐지하면서 부수적으로 처리하여야 할 절차인데, 보험업의 전부 또는 일부를 폐지하고자 하는 보험회사는 사업폐지 60일 전에 사업폐지에 따른 정리계획서를 금융감독원에 제출하여야 하는 점은 이미 해산에서 설명한 바 있다(보험업법 제155조 및 영 제100조 제1항).

14 대법원 1996. 9. 24. 선고 96다25548 판결.

15 대법원 1996. 2. 27. 선고 95다21662 판결.

(1) 주주총회 특별결의

1) 의결정족수

보험계약의 이전에 관한 결의는 상호회사의 경우 사원 과반수의 출석과 그 의결권의 4분의 3 이상의 찬성이 있어야 하고 상호회사를 제외한 보험회사의 경우에는 출석한 주주의 의결권의 3분의 2 이상의 수와 발행주식 총수의 3분의 1 이상의 수로써 하여야 한다(보험업법 제138조).

2) 결의의 효과

보험계약의 이전에 관한 결의를 한 보험회사는 해산 및 청산의 절차를 거쳐야 할 불안한 지위에 있는 회사이다. 이러한 회사에 대하여 기존회사와 동일하게 보험영업을 하게 하는 것은 이해관계자의 이익을 침해할 소지가 있다. 따라서 보험업법은 보험계약 이전의 효과로서 신계약의 금지 등 여러 가지 제한 규정을 두고 있다.

가. 신계약의 금지

보험계약을 이전하려는 보험회사는 주주총회 등의 결의가 있었던 때부터 보험계약을 이전하거나 이전하지 아니하게 될 때까지 그 이전하려는 보험계약과 같은 종류의 보험계약을 하지 못한다. 다만 보험회사의 부실에 따라 보험계약을 이전하려는 경우가 아닌 경우로서 대통령령으로 정하는 경우, 즉 (i) 외국보험회사의 국내지점을 국내법인으로 전환함에 따라 국내지점의 보험계약을 국내법인으로 이전하려는 경우, (ii) 모회사에서 자회사인 보험회사를 합병함에 따라 자회사의 보험계약을 모회사로 이전하려는 경우, (iii) 그 밖에 금융위원회가 정하여 고시하는 경우에는 그러하지 아니하다(보험업법 제142조 및 시행령 제75조의3).

나. 자산처분의 금지

보험계약의 이전계약으로써 보험금액의 삭감을 정하는 경우에는 보험계약을 이전하고자 하는 보험회사는 주주총회 등의 결의가 있은 때부터 보험계약의 이전을 하거나 하지 않을 때까지 그 자산의 처분을 하거나 채무를 부담하려는 행위를 할 수 없다. 다만 보험업을 유지하기 위하여 필요한 비용을 지출하는 경우 또는 자산의 보전이나 그 밖의 특별한 필요에 의하여 금융위원회의 허가를 받아 자산을 처분하는 경우에는 그러하지 아니하다(보험업법 제144조 제1항). 보험계약이 이전된 경우에는 그 계약에 따라 발생한 채권으로서 자산처분의 금지 규정에 의하여 지급이 정지된 것에 관하여 이전계약에서 정한 보험금액 삭감의 비율에 따라 그 보험금액을 삭감하여 지급하여야 한다(보험업법 제144조 제2항). 계약조항의 변경을 정하는 경우에 그 변경을 하려는 보험회사에 대하여도 자산처분의 금지 등에 관한 규정을 적용한다. 다만 보험계약으로 발생한 채무를 변제하거나 금융위원회의 허가를 받아 그 변경과 관계없는 행위를 하는 경우에는 그러하지 아니하다(보험업법 제144조 제3항).

(2) 계약의 체결

보험회사는 계약의 방법으로 책임준비금 산출의 기초가 같은 보험계약의 전부를 포괄하여 다른 보험회사에 이전할 수 있다(보험업법 제140조 제1항). 이때 보험계약을 이전받은 보험회사는 보험계약자에 대한 채무를 부담하게 되는데, 부담하는 채무에 상응하는 자산의 이전이 있어야 거래가 성사될 수 있으므로 이전하려는 보험회사는 이전계약의 내용으로 회사자산을 이전할 것을 정할 수 있다. 다만 금융위원회가 그 보험회사의 채권자의 이익을 보호하기 위하여 필요하다고 인정하는 자산은 유보하여야 한다(보험업법 제140조 제2항). 보험회사는 보험계약의 전부를 이전하는 경우에 이전할 보험계약에 관하여 이전계약의 내용으로 (i) 계산의 기초의 변경, (ii) 보험금액의 삭감과 장래 보험료의 감액, (iii) 계약조항의 변경에 관한 사항을 정할 수 있다(보험업법 제143조).

(3) 공고 및 이의제출

1) 계약 이전의 공고

보험계약을 이전하려는 보험회사는 주주총회 등의 결의를 한 날부터 2주 이내에 계약 이전의 요지와 각 보험회사의 재무상태표를 공고하고, 대통령령으로 정하는 방법에 따라 보험계약자에게 통지하여야 한다.

이와 같은 공고 및 통지에는 이전될 보험계약의 보험계약자로서 이의가 있는 자는 일정한 기간 동안 이의를 제출할 수 있다는 뜻을 덧붙여야 한다. 다만 그 기간은 1개월 이상으로 하여야 한다(보험업법 제141조 제2항).

2) 이의제출의 효과

이의제출 기간에 이의를 제기한 보험계약자가 이전될 보험계약자 총수의 10분의 1을 초과하거나 그 보험금액이 이전될 보험금 총액의 10분의 1을 초과하는 경우에는 보험계약을 이전하지 못한다. 계약조항의 변경을 정하는 경우에 이의를 제기한 보험계약자로서 그 변경을 받을 자가 변경을 받을 보험계약자 총수의 10분의 1을 초과하거나 그 보험금액이 변경을 받을 보험계약자의 보험금 총액의 10분의 1을 초과하는 경우에도 마찬가지이다(보험업법 제141조 제3항).

3) 상호회사의 경우 특칙

상호회사가 사원총회 대행기관에 의하지 아니하고, 보험계약이전의 결의를 한 경우에는 공고 시 이의제출을 할 수 있다는 뜻의 부기 및 이의제출 절차는 적용하지 않는다(보험업법 제141조 제4항). 그 이유는 사원총회를 구성하는 자가 보험계약자로서의 지위를 동시에 지니고 있는 자이기 때문에 보험계약자에 대한 이의 제출 등의 절차는 불필요하다.

(4) 보험계약이전의 인가

보험계약의 이전은 금융위원회의 인가를 받아야 한다(보험업법 제139조). 보험계약의 이전에 금융위원회의 인가받도록 한 취지는 보험회사의 보험계약의 이전은 주주 및 사원, 보험계약자의 이해에 중대한 영향을 미치기 때문에 감독당국의 개입을 허용한 것이다.

(5) 보험계약이전에 대한 공고

보험회사는 보험계약의 이전을 한 경우에 지체 없이 그 취지를 공고하여야 한다. 이전을 하지 아니하게 된 경우에도 공고하여야 한다(보험업법 제145조).

(6) 해산 및 해산 등기

보험계약의 이전으로 인한 해산의 등기의 신청서에는 이전계약서, 각 보험회사 주주총회 등의 의사록, 공고 및 이의에 관한 서류, 보험계약이전의 인가를 증명하는 서류를 첨부하여야 한다(보험업법 제149조).

(7) 해산 후의 계약이전 결의

보험회사는 해산 후에 있어서도 3월 내에 한하여 보험계약이전의 결의를 할 수 있다(보험업법 제148조 제1항). 3월이 지나면 이전할 보험계약이 존재하지 않게 되므로 3월 내에 한하여 인정한 것이다. 해산 후 보험계약이전의 경우에는 해산 후 보험금 지급에 관한 보험업법 제158조의 규정은 적용하지 않는다. 다만 보험계약의 이전을 하지 아니하게 된 경우에는 그대로 적용된다(보험업법 제148조 제2항).

5. 보험계약이전의 효과

(1) 권리·의무의 승계

보험계약을 이전한 보험회사가 그 보험계약에 관하여 가진 권리와 의무는 보험계약을 이전받은 보험회사가 승계한다. 이전계약으로써 이전할 것을 정한 자산에 관하여도 이전받은 보험회사가 승계한다(보험업법 제146조 제1항). 보험계약이전의 결의를 한 후 이전할 보험계약에 관하여 발생한 수지나 그 밖에 이전할 보험계약 또는 자산에 관하여 발생한 변경은 이전을 받은 보험회사에 귀속된다(보험업법 제146조 제2항).

☞ 관련 판례

이른바 계약상의 지위의 양도, 양수, 계약인수 또는 계약 가입 등은 민법상 명문의 규정이 없다고 하더라도 그 같은 계약이 인정되어야 할 것임은 계약자유, 사법자치의 원칙에 비추어 당연한 귀결이나 그 태양에 따라서 요건에 있어 삼면계약일 경우와 상대방의 승인에 의하여 그 효력이 발생하는 경우 등을 예상할 수 있고, 그 효과와 계약에 따르는 취소권이나 해제권도 이전하는 경우와 단계적으로 그때그때 발생한 채권, 채무를 이전함에 그치는 경우 혹은 양도인의 채무가 면책적으로 이전하는 경우 면책적 인수와 병존적으로 이전하는 경우 병존적 계약인수 등이 있어 이는 구체적약관의 내용에 따라 해석하여야 한다.[16]

(2) 회사의 입사

보험계약이 이전된 경우에 이전을 받은 보험회사가 상호회사인 경우에는 그 보험계약자는 그 회사에 입사한다(보험업법 제147조).

16 대법원 1982. 10. 26. 선고 82다카 508 판결.

제9장

관계자에 대한 조사

●●● 제9장

관계자에 대한 조사

제1절 서 설

1. 정보 비대칭 시장 및 도덕적 위험

보험시장은 정보의 비대칭이 존재하는 시장이다. 또한 보험계약은 사행계약적 성격을 가지고 있다. 정보의 비대칭과 사행계약적 성질은 보험시장에서 도덕적 해이 또는 보험사기의 원인이 되기도 한다. 2020년 한 해 동안에 보험사기로 적발된 금액은 8,985억원이며 보험사기 적발인원은 98,826명에 이른다. 또한 보험사기 범죄의 형태는 과거에는 개인의 단독범행에 주로 국한되었으나, 최근에는 조직폭력배, 전문브로커 등에 의한 조직적인 범행이 증가하고 있다. 또한 가족이나 지인을 대상으로 하는 강력범죄가 발생할 정도로 보험범죄의 조직화, 흉포화로 인한 사회적 불안이 가중되고 있다. 보험사기로 인한 보험회사의 손실은 일차적으로 보험회사의 부담이 되겠지만 궁극적으로는 보험료의 인상으로 이어져 궁극적으로 보험가입자의 부담이 증가하게 되는 문제가 발생한다. 아울러 보험사기는 보험금 수취를 위한 살인·방화 등의 범죄를 유발하는 등 사회적으로도 큰 해약을 미치는 중대한 범죄행위로서 반드시 막아야 하는 병리적 현상이다. 이에 따라 보험사기를 예방하고 적발할 수 있는 사전적·사후적 시스템을 갖출 것이 요청되는데, 이하에서는 보험사기 방지에 관한 법제도를 중심으로 살펴본다.

2. 보험사기의 개념

보험사기방지특별법에 의하면 보험사기란 보험사기행위로 보험금을 취득하거나 제3자에게 보험금을 취득하게 하는 행위를 말한다(제8조). 보험사기 행위란 보험사고의 발생, 원인 또는 내용에 관하여 보험자를 기망하여 보험금을 청구하는 행위를 말한다(제2조 제1호).

사기죄는 타인을 기망하여 착오에 빠뜨리고 처분행위를 유발하여 재물을 교부받거나 재산상 이익을 얻음으로써 성립하는 것으로서, 기망·착오·재산적 처분행위 사이에 인과관계가 있어야 한다.[1]

사기죄의 요건으로서의 기망은 널리 재산상의 거래관계에 있어 서로 지켜야 할 신의와 성실의 의무를 저버리는 모든 적극적 또는 소극적 행위를 말하는 것이고, 이러한 소극적 행위로서의 부작위에 의한 기망은 법률상 고지의무 있는 자가 일정한 사실에 관하여 상대방이 착오에 빠져 있음을 알면서도 이를 고지하지 아니함을 말하는 것으로서, 특정 질병을 앓고 있는 사람이 보험회사가 정한 약관에 그 질병에 대한 고지의무를 규정하고 있음을 알면서도 이를 고지하지 아니한 채 그 사실을 모르는 보험회사와 그 질병을 담보하는 보험계약을 체결한 다음 바로 그 질병의 발병을 사유로 하여 보험금을 청구하였다면 특별한 사정이 없는 한 사기죄에 있어서의 기망행위 내지 편취의 범의를 인정할 수 있고, 보험회사가 그 사실을 알지 못한 데 과실이 있다거나 고지의무위반을 이유로 보험계약을 해제할 수 있다고 하여 사기죄의 성립에 영향이 생기는 것은 아니다.[2]

영미에서는 보험사기를 미국에서는 보험사기를 연성사기(soft fraud)와 경성사기(hard fraud)로 분류하나 우리나라에서는 이러한 분류의 실익은 없다.

적극적 보험사기(경성 보험사기, hard fraud)는 계획적으로 보험사고를 야기하여 보험금을 편취하는 것이라 할 수 있고, 소극적 보험사기(연성 보험사기, soft fraud)는 합법적인 보험사고의 일부만이 조작되거나 이미 발생한 보험사고를 매개로 하여 보다 많은 보험금을 수령하기 위해 보험사고를 과장하여 통고하고 보험금을 청구하는 것을 말한다. 소극적인 보험사기의 경우 많은 보험계약자는 자신이 사기행위를 실행하는 것으로 인식하지 않는 점에서 사회적 구성원의 도덕적 해이가 크게 문제되고 있다. 기록상으로 세계 최초

1 대법원 2011. 2. 24. 선고 2010도17512 판결.

2 대법원 2007. 4. 12. 선고 2007도967 판결.

의 보험사기는 영국에서 1762년에 발생한 생명보험 관련 사건(inness 사건)으로서 자신의 양녀를 피보험자로 하여 생명보험계약을 체결한 후 양녀를 살해하고 자신을 유산의 상속자로 하는 위조유서를 제출하여 보험금을 청구했다가 발각되어 사형에 처해진 사건이다. 과거 유럽의 일부 국가에서는 타인의 사망을 보험사고로 하는 생명보험계약에 대한 다발적 범죄로 인해 생명보험 자체를 전면적으로 금지시킨 적도 있었다. 한국에서는 1921년에 최초의 보험회사가 설립된 지 3년 후 최초의 보험사기가 발생한 것으로 기록되어 있다. 그 내용은 보험가입 후 허위로 사망신고를 하고 보험금을 편취한 사건이다. 국내에서 보험금을 목적으로 한 살인사건이 처음 발생한 것은 1975년의 박분례 사건으로 보험금 수령을 위해 언니, 형부, 조카, 시동생을 살해한 끔직한 사건이었다.

제2절 보험사기 방지 및 처벌법제

1. 서설

보험사기에 대한 정확한 정의는 존재하지 않으나 보험사기란 보험계약자 또는 피보험자 등이 보험회사를 기망하여 보험계약에 의한 급부를 제공받거나 제3자로 하여금 제공받게 하는 행위를 말한다고 볼 수 있다. 보험사기 유형으로는 (i) 고의로 보험사고를 유발하는 행위, (ii) 발생하지 않은 보험사고를 발생한 것으로 위장하는 행위, (iii) 보험사고가 발생한 후에 보험에 가입하는 행위, (iv) 발생한 손해보다 많은 금액을 보험금으로 청구하는 행위, (v) 사고 후 운전자 또는 차량 바꾸기 등이 있다. 이러한 보험사기에 대해 공·사법적 방지제도를 두고 있다.

2. 공법

(1) 형사법

보험사기를 처벌하는 법으로 형법과 특정경제범죄 가중 처벌에 관한 법률이 있다. 형법은 사람을 기망하여 재물의 교부를 받거나 재산상의 이익을 취득한 자는 10년 이하의 징역 또는 2천만 원 이하의 벌금에 처한다(형법 제347조 제1항). 사람을 기망하여 제삼자로 하여금 재물의 교부를 받게 하거나 재산상의 이익을 취득하게 한 때도 위와 동일하게 처벌한다(형법 제347조 제2항). 또한 컴퓨터 등 정보처리장치에 허위의 정보 또는 부정한 명령을 입력하거나 권한 없이 정보를 입력·변경하여 정보처리를 하게 함으로써 재산상의 이익을 취득하거나 제3자로 하여금 취득하게 한 자는 10년 이하의 징역 또는 2천만 원 이하의 벌금에 처한다(형법 제347조의2). 특정경제범죄 가중처벌 등에 관한 법률에 의하면 사기 등을 범하여 그 범죄행위로 인하여 취득하거나 제3자로 하여금 취득하게 한 재물 또는 재산상 이익의 가액이 5억 원 이상일 때는 다음과 같이 구분하여 가중 처벌한다(특정경제범죄 가중처벌 등에 관한 법률 제3조 제1항). (i) 이득액이 50억 원 이상일 때는 무기 또는 5년 이상의 징역, (ii) 이득액이 5억 원 이상 50억 원 미만일 때는 3년 이상의 유기징역.

(2) 보험업법 및 보험사기 방지 특별법

보험시장에서 발생하는 부정행위 등에 대한 조사와 관련하여 보험업법은 조사대상 및 방법, 보험조사협의회, 조사 관련 정보의 공표 등에 관한 사항을 규율하고 있다(보험업법 제162조~제164조). 이 밖에도 보험사기행위의 조사·방지·처벌에 관한 사항을 정함으로써 보험계약자, 피보험자, 그 밖의 이해관계인의 권익을 보호하고 보험업의 건전한 육성과 국민의 복리증진에 이바지함을 목적으로 보험사기방지특별법이 법률 제14123호(2016. 3. 29.)로 제정되었고, 2016년 9월 30일부터 시행되었다. 주요 내용을 보면 보험사기 행위를 보험사고의 발생, 원인 또는 내용에 관하여 보험자를 기망하여 보험금을 청구하는 행위를 말한다고 정의하고(보험사기방지특별법 제2조 제1호), 보험회사가 보험사기 혐의 건에 대해 금융위원회에 보고할 수 있는 근거를 마련하였다(보험사기방지특별법 제4조).

또한 보험사기조사과정에서 보험계약자 등의 개인정보의 침해방지 의무와 특별한 사정없이 보험사고 조사를 이유로 보험금 지급을 거절하거나 삭감지급하지 못하도록 규정하고 있다(보험사기방지특별법 제5조). 나아가 보험사기행위로 보험금을 취득하거나 제3자에게 보험금을 취득하게 한 자는 10년 이하의 징역 또는 5천만 원 이하의 벌금에 처하도록 규정한다(보험사기 방지 특별법 제8조). 보험사기죄를 범하거나 상습으로 보험사기를 범한 사람은 그 범죄행위로 인하여 취득하거나 제3자로 하여금 취득하게 한 보험금의 가액이 5억 원 이상일 때는 다음과 같이 구분하여 가중 처벌한다(보험사기방지

특별법 제11조). (i) 보험사기 이득액이 50억 원 이상일 때는 무기 또는 5년 이상의 징역, (ii) 보험사기 이득액이 5억 원 이상 50억 원 미만일 때는 3년 이상의 유기징역.

3. 민사법

(1) 민법

민법에 의하여 거래당사자의 사기의 경우에는 해당 계약을 취소할 수 있는 권리를 부여한다(민법 제110조).

(2) 상법

상법에서는 보험금액이 보험계약의 목적의 가액을 현저하게 초과한 때는 그 계약이 보험계약자의 사기로 인하여 체결된 때는 그 계약은 무효로 한다. 그러나 보험자는 그 사실을 안 때까지의 보험료를 청구할 수 있다(상법 제669조 제4항). 또한 동일한 보험계약의 목적과 동일한 사고에 관하여 수개의 보험계약이 동시에 또는 순차로 체결된 경우에 그 보험금액의 총액이 보험가액을 초과한 때는 그 계약이 보험계약자의 사기로 인하여 체결된 때는 그 계약은 무효로 한다. 그러나 보험자는 그 사실을 안 때까지의 보험료를 청구할 수 있다(상법 제672조 제3항).

제3절 조사대상 및 방법

1. 조사제도의 의의 및 연혁

관계자에 조사제도는 보험회사의 업무운용에 대한 검사와 달리 보험계약 관련자의 보험업법 및 보험사기 등 불건전 보험거래 행위를 조사하기 위한 것이다. 관계자 조사제도는 1988년 보험업법 개정으로 신설되었고, 2003년 보험업법 개정 시 관계자를 조사할 수 있는 주체가 종전 금융감독원에서 금융위원회로 변경되었다. 종전 규정에 의하여 조사대상이었던 '기타 관계자'가 '그 밖에 보험계약에 관하여 이해 관계자'로 범위가 한정되었다.

2. 조사대상

조사의 대상이 되는 사항은 (i) 보험업법 및 보험업법에 따른 명령 또는 조치를 위반한 사실이 있는 경우, (ii) 공익 또는 건전한 보험거래질서의 확립을 위하여 필요한 경우이다. 조사의 대상이 되는 상대방은 보험회사, 보험계약자, 피보험자, 보험금을 취득할 자, 그 밖에 보험계약에 관하여 이해관계가 있는 자이다(보험업법 제162조 제1항). 조사사항과 관련하여 (i)의 경우로서 중요한 의미를 갖는 것은 보험업법 제3조 보험계약의 체결제한 규정 등이다. 또한 공익 또는 건전한 보험거래질서의 확립을 위하여 필요한 경우란 어떠한 것인지 문제되나 보험사기에 조사가 대표적으로 이에 해당한다. 보험금을 취득할 자는 생명보험의 경우 보험수익자가 되며 손해보험의 경우 피보험자가 이에 해당한다. 보험금을 취득할 자는 보험계약의 효력에 의하여 직접 청구권을 가지는 자이며 보험금 청구권을 양수한 자는 해당하지 않고, 보험금 채권을 대위하거나 압류한 자도 이에 포함되지 않는다고 보아야 한다. 그 밖에 보험계약에 관하여 이해관계를 갖는 자가 누구인지 문제되나 보험계약에 관하여 직접적이거나 간접적 이해관계를 갖는 자 모두 포함한다고 보아야 할 것이다. 따라서 의사나 병원, 정비업체나 그 직원의 경우, 대리운전의 경우, 대리운전자 등이 이에 포함될 수 있다.

3. 조사방법

조사 당국은 조사에 필요한 경우 (i) 조사사항에 대한 사실과 상황에 대한 진술서의 제출, (ii) 조사에 필요한 장부, 서류, 그 밖의 물건의 제출을 요구할 수 있다(보험업법 제162조 제2항). 조사를 하는 자는 그 권한을 표시하는 증표를 지니고 이를 관계인에게 내보여야 한다(보험업법 제162조 제3항).

4. 관계자에 대한 조치 요구

관계자가 조사를 방해하거나 제출하는 자료를 거짓으로 작성하거나 그 제출을 게을리한 경우에는 관계자가 소속된 단체의 장에게 관계자에 대한 문책 등을 요구할 수 있다(보험업법 제162조 제4항). 허위자료의 제출 등에 대하여 문책함으로써 관계자의 성실한 자료 제출 및 조사협조를 담보하기 위한 제재장치이다.[3] 한편 자료제출 요구를 정당한 이유 없이 거부·방해 또는 기피한 자에 대해서는 1천만 원 이하의 과태료가 부과된다(보험업법 제209조 제3항 제17호).

제4절 보험조사협의회

1. 의의

관계자의 보험사기 등을 조사하기 위해서는 금융위원회뿐만 아니라 여러 기관들의 협력이 필수적이다. 조사대상 관계자의 보험가입 여부를 확인하기 위해서는 보험협회 및 보험개발원, 관계자의 보험금 이중청구를 확인하기 위해서는 국민건강보험관리공단·산재보험을 관리하는 기관[4] 등과의 협조가 필요하다. 예를 들어, 자동차 사고로 사람이 상해를 입은 경우 건강보험으로 치료받은 후 보험회사에 상해에 대한 치료비를 청구하는 것을 적발하기 위해서는 보험회사와 건강보험관리공단의 협력이 있어야 한다. 보험조사협의회는 보험조사에 이해관계가 있는 기관들이 상호 협력할 수 있는 장을 마련하여 보험조사가 보다 효과적으로 이루어질 수 있도록 하는 기구이다.[5] 보험조사협의회 설치 규정은 2003년 보험업법 개정에 의하여 신설되었다. 2010년 보험업법 개정으로 보험조사협의회의 구성기관으로 보건복지부가 추가되었고, 2014년 4월에는 경찰청이 보험조사협의회의 구성기관으로 추가되었다. 보험사기 조사를 집행하는 기구로 미국의 경우, 각 주 보험감독청 산하에 보험사기조사국(IFB, Insurance Fraud Bureau)이 설치되어 있고, 영국 역시 보험범죄사기방지국(CFPB, Crime & Fraud Prevention Bureau)이 마련되어 있다.

2. 보험조사협의회 구성 및 운영

보험조사협의회는 금융위원회가 임명하거나 위촉하는 15명 이내의 위원으로 구성할 수 있는데, 그 구성원은 금융위원회가 지정하는 소속 공무원 1명, 보건복지부장관이

3 국회 재정경제위원회, 「보험업법 개정법률안 심사보고서」, 2003, 87면.

4 2002년 재정경제부가 마련한 보험업법 개정 초안에는 협의회의 구성기관으로 경찰청이 포함되어 있었으나, 부처협의 과정에서 삭제되었다. 2014년 법 시행령 개정으로 경찰청이 구성기관으로 추가되었다.

5 성대규·안종민, 『한국보험업법』(개정2판), 두남, 2015, 677면.

지정하는 소속 공무원 1명, 경찰청장이 지정하는 소속 공무원 1명, 해양경찰청이 지정하는 소속 공무원 1명, 금융감독원장이 추천하는 사람 1명, 생명보험협회의 장, 손해보험협회의 장, 보험요율산출기관의 장이 추천하는 사람 각 1명, 보험사고의 조사를 위하여 필요하다고 금융위원회가 지정하는 보험 관련 기관 및 단체의 장이 추천하는 사람 등이다(시행령 제76조). 협의회 위원의 임기는 3년이며, 협의회의 의장은 위원 중에서 호선한다. 보험사기 조사와 대책 수립을 위해서는 수사기관의 협조가 필수적이다. 경찰청과 해양경찰청이 조사협의회에 참여하게 된 것은 이러한 이유 때문이다. 협의회는 (i) 조사업무의 효율적 수행을 위한 공동 대책의 수립 및 시행에 관한 사항, (ii) 조사한 정보의 교환에 관한 사항, (iii) 공동조사의 실시 등 관련 기관 간 협조에 관한 사항 등을 심의한다. 협의회의 회의는 협의회장이 필요하다고 인정하거나 재적위원 3분의 1 이상의 요구가 있는 때 협의회장이 소집한다(시행령 제77조 및 제78조).

제5절 조사 관련 정보의 공표

1. 의의

보험사기 등 보험거래질서를 문란하게 하는 행위의 유형과 실례를 정부당국이 공표함으로써 관계자의 위법행위를 예방하기 위해서는 관련 정보 및 자료의 공표가 필요하다. 공표할 수 있는 내용은 '관계자에 대한 조사실적·처리 결과, 그 밖에 관계자의 위법행위를 예방하는 데 필요한 정보 및 자료'이다. '관계자에 대한 조사실적'이라는 문구만을 놓고 볼 때 관계자에 대한 개인정보의 공표도 가능한 것으로 볼 수 있으나 개인의 식별할 수 있는 정보의 공표는 제한된다고 볼 것이다.[6]

2. 정보 및 자료의 공표 방법

정보 및 자료의 공표방법에 대해서는 대통령령으로 위임하고 있는데, 대통령령에 따르면 조사대상 행위의 유형 및 조사의 처리 결과에 관한 통계자료와 위법행위의 예방

6 성대규·안종민, 앞의 책, 680면.

이 필요한 홍보자료를 신문, 방송 또는 인터넷 홈페이지 등을 통하여 공표할 수 있다(시행령 제79조). 보험업법상으로는 개인정보의 공표도 가능한 것으로 보이나, 인권 침해의 소지를 우려하여 객관적인 정보와 자료만 공표할 수 있도록 하고 있는 것으로 해석된다.[7]

제6절 보험사기 주요 사례

1. 생명 · 장기보험

전국 20여 곳 병원을 투어하며 반복 입원하여 보험금 편취

1. 사건개요
갑 등 일가족 5명은 중복보장이 가능한 보장성 보험 154개(월납 보험료 400만 원)를 가입한 후 입원이 필요 없음에도 불구하고 무릎연골 이상, 허리디스크 돌출증 및 고혈압 등을 이유로 10년 동안 2,141일을 입원하여 보험회사로부터 8.5억 원 상당의 보험금을 편취하였다.

2. 특이사항
고액의 보험금을 수령하기 위해 입원이 용이한 병원을 찾아 울산, 부산, 김해, 서울, 경기, 대전 등 전국을 투어하며 반복 입원하였고, 보험사기를 통해 편취한 보험금은 생활비로 사용하거나 보험료를 납부하는 데 사용하였다.

기초생활수급자 월 160만 원 보험료 납부하며 3억 원 보험금 편취

1. 사건개요
기초생활수급자 A씨는 1개월 동안 입원 1일당 최고 73만 원을 수령할 수 있는 보험을 9개 보험회사에 가입한 후 질병 등의 정도를 과장하거나 허위통증을 호소하는 방법으로 장기 입원이 가능한 12개 병원에 952일간 입원하여 보험회사로부터 3.2억 원 의 보험금을 편취하였다.

2. 특이사항
A씨는 억대의 보험금 등을 타인 명의 계좌로 수령하면서 재산이 없고 병으로 경제활동을 할 수 없는 것처럼 가장하여 기초생활 수급자로 선정된 후 5천 7백만 원의 기초생활수급비를 부당하게 수령하였다.

7 국회 재정경제위원회, 앞의 보고서, 87-88면.

병원기록을 조작하여 성형수술비 등을 실손보험금으로 편취

1. 사건개요

비의료인 갑 등 2명은 속칭 '사무장병원'을 개설하고 병원 운영비용을 충당하기 위해 보험설계사 등을 통해 환자를 유치 후 입원치료가 불필요한 환자들에게 허위 진단서, 진료기록부, 입·퇴원확인서를 발급하였다.

환자 130여 명은 허위 병원서류를 근거로 보험회사로부터 7억 원 상당의 보험금을 편취하였으며, 사무장병원은 국민건강보험공단 요양급여 명목으로 6억 3천만 원 상당을 편취하였다.

2. 특이사항

보험설계사는 "성형수술이나 피부관리 비용을 실손보험금으로 지급받을 수 있게 해주겠다"라는 말로 고객을 유인하여 병원을 소개하고 병원으로부터 소개비를 수령하였고, 환자들은 상기 병원에서 직접 운영하는 피부관리실에서 '쌍꺼풀 수술, 피부관리 등'을 받은 후 병원에서 '요추, 경추 염좌 등'의 병명으로 발급해준 허위 병원서류를 바탕으로 보험금을 편취하였다.

2. 자동차보험

자동차 경주 중 발생한 사고를 일반사고로 위장하여 보험금 편취

1. 사건개요

고가의 경주용 차량을 보유한 갑 등 카레이싱 동호회 회원 9명은 자동차 경기장에서 사고가 발생한 차량을 견인기사와 공모한 후, 인적이 드문 일반 도로로 견인한 뒤 가드레일 등을 받아 사고가 발생한 것으로 위장하여 수리비 1.2억 원을 편취하였다.

2. 특이사항

갑 등은 경기장에서의 사고와 일반도로에서 발생한 교통사고가 구분하기 어렵다는 점을 노려 최대 수천만 원에 달하는 수리비를 충당하였다.

보험금으로 사채를 갚기 위해 고의사고를 일으켜 보험금 편취

1. 사건개요

갑은 25억 원 상당의 고가 외제차를 담보로 사채를 빌렸으나, 빚 독촉에 시달리게 되자 담보로 제공한 외제차를 이용하여 고의사고를 일으키고 이를 통해 수령한 보험금으로 사채를 상환하겠다고 사채업자에게 제안하였다. 갑은 을을 끌어들여 자신의 고가 외제차량을 을의 차량으로 고의 충돌 후 보험회사로부터 미수선수리비 명목으로 2억 1천만 원을 보험회사에 요구하여 6천만 원(렌트 비용 1천만 원 포함)을 편취하였다.

2. 특이사항
외제차는 부품조달이 용이하지 않는 등의 이유로 고액의 수리비용이 발생되므로 보험회사가 미수선수리비를 지급하고 합의하는 점을 악용한 것이다.

외제차량을 고의로 침수시켜 보험금 편취

1. 사건개요
갑 등 4명은 고가의 외제차를 침수시켜 자차보험금을 편취할 것을 모의하여 각자의 역할을 정한 후, 중고자동차 상사에서 고가의 외제차 1대를 할부로 구입하고, 갑은 펜션 앞 하천에 고의로 차량을 침수시키고 보험회사로부터 4천3백만 원 상당의 보험금을 편취하였다.

2. 특이사항
갑 등은 외제차량의 자차보험 가액이 시세보다 높게 책정된다는 점을 악용하여 범행을 공모한 것이다.

오토바이 허위·과장 수리비 견적서를 이용한 보험금 편취

1. 사건개요
오토바이 정비업체 대표인 A씨 등 30명은 사고 오토바이를 수리하면서 수리나 교환이 필요하지 않은 부속품을 수리비 견적서에 포함시켜 수리가격을 부풀리거나, 사고 오토바이 수리기간 동안 다른 오토바이를 대여하지 않았음에도 허위 임대차 계약서를 작성하여 렌트비를 수령하는 등 6.3억 원 상당의 보험금을 편취하였다.

2. 특이사항
갑 등은 오토바이 동호회 사무실 임대료 등을 지원하면서 오토바이를 소유한 동호회 회원들을 관리하였고 회원들의 고가 수입 오토바이 및 차량, 위장사고 유발 차량 등을 대상으로 허위·과다 수리하는 방법으로 보험금을 편취하였다.

제10장

손해보험계약의 제3자 보호

●●● 제10장

손해보험계약의 제3자 보호

제1절 서 설

1. 도입배경

보험회사가 파산 등의 사유로 보험계약자 등에게 보험금 등을 지급하지 못하게 되는 경우 해당 보험계약자에게 경제적 피해를 주는 것은 물론 보험제도의 신뢰성과 안정성에도 큰 타격을 주게 되어 보험업 전반에 악영향을 미치게 된다. 그래서 정부는 보험제도의 신뢰성을 제고하고, 보험업의 안정적인 운영을 도모하여 보험계약자 등의 보험금 지급을 보장하고자 1988년도 제5차 보험업법 개정 시에 보험보증기금제도를 도입하였다. 그 후 동 제도는 1997년도에 예금보험제도로 통합·흡수되었다. 예금보호제도는 금융기관이 지급불능에 빠지거나 파산하여 보험금을 지급받지 못하게 되는 보험계약자에게 일정 한도액 내에서 보장하는 제도이다.[1] 그러나 예금보호제도는 보험금 지급채무의 불확정성, 비정형성이라는 특수성과 보험회사의 파산 시 형성되는 복잡한 법률구조에서 파생되는 문제점을 포용할 수 없는 한계점을 가지고 있다. 예금보호제도는 기본적으로 금융기관과 거래한 상대방을 보호하기 위한 제도이나 보험은 보험회사의 거래상대방인 보험계

1 현재 예금보험금의 한도액은 5천만 원이다(예금자보호법시행령 제18조 제6항).

약자보다는 보험계약과는 무관한 제3자를 보호하는 성격도 가지고 있다. 이러한 특성으로 보험회사가 파산한 경우 그 보험회사에 가입되어 있는 자동차에 의해 피해를 입은 수많은 피해자들은 그 손해보상을 제대로 받을 수 없게 된다. 이러한 피해자에 보상문제는 보험회사의 파산처리를 어렵게 하는 주요한 요소로 작용하였고, 보험업의 효율적인 구조조정추진을 방해하는 요인이 되었다. 이에 따라 보험업의 사회적 안전망으로써의 역할을 제고하기 위하여 2003년 개정 예금자보험법상 보호한도를 초과하는 금액에 대해서도 일정한도까지 보험회사들이 공동으로 재원을 갹출하여 피해자에게 보험금을 지급할 수 있도록 손해보험계약의 제3자 보호제도를 도입하였다(보험업법 제165조).

2. 손해보험계약의 제3자 보호제도의 성격

자동차보험 사고가 발생한 경우 피해자인 제3자는 운행자 또는 보험회사에 손해배상을 청구할 수 있다.[2] 그런데 가해차량 보험회사의 파산으로 예금자보호법에 따른 보장금액을 초과하는 손해를 입은 경우에는 가해자가 배상자력이 충분한 경우를 제외하고는 손해배상을 받을 수 없게 된다. 파산한 보험회사에 가입한 가해자로서는 자신이 가입한 보험회사에서 피해자에게 완전한 보상을 기대하면서 보험계약을 체결한 것인데, 보험회사가 파산됨으로써 피해자에 대한 손해배상을 자신의 책임재산으로 직접 배상하게 되어 예상하지 못한 손해를 입게 된다. 결국 보험회사의 보험금 지급불능 사태는 보험제도 전반에 신뢰성을 저하시키고, 보험업의 신뢰를 떨어뜨리게 된다.

그리하여 보험회사의 파산 등으로 손해보험계약의 제3자에게 보험금을 지급하지 못한 결과가 초래되는 경우에 다른 손해보험회사들이 상호부조를 통하여 공동으로 책임을 분담하는 제도를 마련하였는데, 그러한 제도가 바로 손해보험계약의 제3자 보호제도이다. 이 제도는 보험업의 사회안전망으로서의 역할을 제고하고, 보험소비자를 보호하여 보험시장의 신뢰성을 확보하는 데 기여하게 된다. 또한 의무보험에 대한 피해자 보호를 충실하게 도모함으로써 지급불능에 빠진 손해보험회사의 청산 및 파산, 구조조정을 원활하게 수행할 수 있도록 한다. 그러나 동 제도는 부실보험회사의 책임을 우량보험회사에 전가하는 점, 궁극적으로 우량보험회사의 보험계약자의 기여에 따라 전보가 이루어진다

2 자동차손해배상보장법(제9조) 및 상법(제724조)은 피해자가 보험회사에 직접 보상을 청구할 수 있는 권리를 인정하고 있다. 이를 이른바 직접청구권이라고 한다.

는 점이 문제점으로 지적된다. 또한 보험회사의 경영에 있어 도덕적 해이를 조장할 수 있다는 문제점도 지적된다.

3. 손해보험계약의 제3자 보호의 적용 범위

(1) 보장 대상 보험계약

손해보험계약의 제3자 보호제도가 적용되는 보험계약은 법령에 따라 가입이 강제되는 손해보험계약으로서 대통령령으로 정하는 손해보험계약에만 적용한다. 자동차보험계약의 경우에는 법령에 따라 가입이 강제되지 아니하는 보험계약을 포함한다. 대통령령에서 적용 대상으로 규정하고 있는 손해보험계약은 책임보험계약, 신체손해 배상특약부 화재보험계약 등이다.[3]

(2) 적용 제외

보장 대상이 되는 보험계약 중 대통령령으로 정하는 법인을 계약자로 하는 손해보험계약에는 적용하지 아니한다. 여기서 '대통령령으로 정하는 법인'이란 「예금자보호법 시행령」 제3조 제4항 제1호에서 수입보험료가 예금 등의 범위에 포함되지 아니하는 보험계약의 보험계약자 및 보험납부자인 법인을 말한다.

---

3 1. 「자동차손해배상 보장법」 제5조에 따른 책임보험계약
2. 「화재로 인한 재해보상과 보험가입에 관한 법률」 제5조에 따른 신체손해배상특약부화재보험계약
3. 「도시가스사업법」 제43조, 「고압가스 안전관리법」 제25조 및 「액화석유가스의 안전관리 및 사업법」 제57조에 따라 가입이 강제되는 손해보험계약
4. 「선원법」 제98조에 따라 가입이 강제되는 손해보험계약
5. 「체육시설의 설치·이용에 관한 법률」 제26조에 따라 가입이 강제되는 손해보험계약
6. 「유선 및 도선사업법」 제33조에 따라 가입이 강제되는 손해보험계약
7. 「승강기시설 안전관리법」 제11조의3에 따라 가입이 강제되는 손해보험계약
8. 「수상레저안전법」 제34조 및 제44조에 따라 가입이 강제되는 손해보험계약
9. 「청소년활동 진흥법」 제25조에 따라 가입이 강제되는 손해보험계약
10. 「유류오염손해배상 보장법」 제14조에 따라 가입이 강제되는 유류오염 손해배상 보장계약
11. 「항공운송사업 진흥법」 제7조에 따라 가입이 강제되는 항공보험계약
12. 「낚시 관리 및 육성법」 제48조에 따라 가입이 강제되는 손해보험계약
13. 「도로교통법 시행령」 제63조 제1항, 제67조 제2항 및 별표 5 제9호에 따라 가입이 강제되는 손해보험계약
14. 「국가를 당사자로 하는 계약에 관한 법률 시행령」 제53조에 따라 가입이 강제되는 손해보험계약
15. 「야생생물 보호 및 관리에 관한 법률」 제51조에 따라 가입이 강제되는 손해보험계약
16. 「자동차손해배상 보장법」에 따라 가입이 강제되지 아니한 자동차보험계약
17. 제1호부터 제15호까지 외에 법령에 따라 가입이 강제되는 손해보험으로 총리령으로 정하는 보험계약

그런데 보험업법에서는 법인이 손해보험계약의 계약자인 일정한 경우를 전제로 그 적용 범위에서 제외하고자 하는 취지에서 하위 규정으로 법인의 범위를 규정하라는 의미로 위임한 것이나 위 예금자보호법시행령에서 말하는 법인의 경우 모든 법인을 의미하는 것으로 보이고, 그 범위가 어떠한 법인인지 매우 불분명하므로 보험업법시행령에서 보다 명확하게 규정하여야 한다. 어찌되었든 법인의 경우 개인에 비하여 지급능력과 보험회사의 선별능력이 인정되므로 법인 보험계약은 제3자의 보호 범위에서 제외하려는 취지인 것으로 이해된다.[4] 그러나 이와 같이 법인 보험계약을 제외하는 것은 동일한 피해자에 대하여 가입자가 법인이냐 개인이냐 여부에 따라 차별하는 것으로 그 합리성을 인정하기 어렵다.

보험계약자 및 보험회사의 모럴 가능성을 제거하고, 피해자 보호를 두텁게 하기 위해서는 궁극적으로 의무보험에서 손해배상책임을 부담하는 자와 보험회사가 그 책임을 부담하게 하여야 하며 이를 위해서 보장 대상 보험계약에서는 차별 없이 의무보험 모두를 그 대상으로 하되 구상권 행사를 개인의 경우와 법인의 경우를 구별하여 인정하는 방법 등을 통하여 보험거래의 건전성을 제고하고 자기책임원칙을 강조할 필요가 있다고 생각한다.

제2절 지급불능의 보고

1. 보고 사유

손해보험회사는 보험회사의 보험금 등 채권의 지급정지, 보험회사의 영업인가·허가의 취소, 해산결의 또는 파산선고의 사유로 손해보험계약의 제3자에게 보험금을 지급하지 못하게 된 경우에는 지체 없이 그 사실을 손해보험협회의 장에게 보고하여야 한다(보험업법 제167조 제1항, 예금자보호법 제2조 제8호).

4 성대규·안종민, 『한국보험업법』(개정2판), 두남, 2015, 686면.

2. 보험업 허가취소 후 보험사고의 보고

손해보험회사는 보험업 허가의 취소 등이 있은 날부터 3월 이내에 제3자에게 보험금을 지급하여야 할 사유가 발생한 때는 지체 없이 그 사실을 손해보험협회의 장에게 보고하여야 한다(보험업법 제167조 제2항). 보험업의 허가의 취소가 있는 경우 보험계약자 등의 보험금 청구권은 보험업법 제158조에 의거 해산한 날로부터 3개월 이내에 발생한 보험사고에 대하여 보험회사의 보험금 지급책임이 있기 때문에 보고하도록 한 것이다. 보험업의 허가 취소 등이 있는 날이라 함은 금융위원회의 허가취소 처분을 통보받은 날로 새기는 것이 타당하다.

제3절 보험금 지급보장을 위한 재원의 출연

1. 서설

제3자에 대한 보험금 지급보장을 위한 재원의 출연 방식은 사전출연방식, 사후출연방식 및 혼합방식이 있다. 보험업법은 예금자보호법에 의한 1인당 보장한도액을 초과하는 부분에 대하여 손해보험회사들이 사후에 출연하여 지급하는 방식을 채택하고 있다. 따라서 각 손해보험회사의 출연금을 확정하기 위해서는 파산 등으로 지급불능상태에 있는 보험회사가 보장 대상 보험계약에서 지급하여야 할 보장금액을 확정하는 작업이 선행되어야 한다. 이와 같이 손해보험회사가 보험금 등 채권의 지급 정지, 영업인가·허가의 취소, 해산결의 또는 파산선고의 사유로 손해보험계약의 제3자에게 보험금을 지급하지 못하게 된 경우 제3자에 대한 보험금 지급이 보장되는 보험계약에 의한 보험금 지급규모가 확정되면 각 손해보험회사별로 출연하여야 할 금액이 정해지게 된다. 이때 각 손해보험회사의 구체적인 분담금을 결정하기 위한 출연비율은 수입보험료와 책임준비금을 감안하여 결정한다(보험업법 제168조 제1항).

손해보험계약의 제3자 보호제도에 의하여 지급이 보장되는 금액은 보장 대상 보험계약에서 보험금을 지급받지 못한 자에게 지급되어야 할 보험금액을 기준으로 산출되며, 보장금액의 범위는 보호 대상 보험계약에서 피해자 등이 지급받을 수 있는 금액 전체를 보장하는 것이 아니라 일정한 한도로 제한되어 있다.

2. 손해보험회사의 출연금액

(1) 개요

각 손해보험회사의 출연금액은 지급불능상태에 빠진 손해보험회사가 지급하여야 할 보험금을 기준으로 손해보험계약의 제3자 보호제도에서 보장하여야 하는 보장금액의 규모가 결정되고 나면 이를 기초로 지급불능회사를 제외한 나머지 손해보험회사에서 출연하여야 할 구체적인 금액이 결정된다. 구체적인 출연금액은 손해보험회사의 형태에 따라 산정방법을 달리하고 있다.

(2) 손해보험회사

각 손해보험회사는 손해보험계약의 제3자에게 손해보험협회가 지급하여야 하는 금액에 출연비율을 곱한 금액을 손해보험협회에 출연하여야 한다(시행령 제81조 제1항). 이 경우 출연비율은 개별 손해보험회사의 수입보험료와 책임준비금의 산술평균액을 전체 손해보험회사의 수입보험료와 책임준비금의 산술평균액으로 나눈 비율을 말한다.[5] 다만 그 비율을 산정할 때 금융위원회가 정하여 고시하는 장기보험계약은 포함하지 않는다(시행령 제81조 제2항). 재보험과 보증보험을 전업으로 하는 손해보험회사는 출연대상 손해보험회사에서 제외되어 있다.

(3) 자동차 전업보험회사

자동차보험만을 취급하는 손해보험회사는 손해보험협회가 지급하여야 하는 금액에 출연비율을 곱하여 산정한 금액을 출연한다. 출연비율은 자동차보험계약의 수입보험료 및 책임준비금의 산술평균액을 전체 손해보험회사의 수입보험료와 책임준비금의 산술평균액으로 나눈 비율이 된다(시행령 제81조 제3항).

(4) 자동차보험을 취급하지 아니하는 보험회사

자동차보험을 취급하지 아니하는 손해보험회사는 손해보험협회가 지급하여야 하는

5 보험업법 제167조에 따른 지급불능의 보고가 있은 사업연도의 직전 사업연도 수입보험료를 말한다.

금액에 출연비율을 곱하여 산정한 금액을 출연한다. 이때 출연비율은 해당 보험계약의 수입보험료와 책임준비금의 산술평균액을 전체 손해보험회사의 수입보험료와 책임준비금의 산술평균액으로 나눈 비율이 된다(시행령 제81조 제3항).

3. 출연시기 및 방법

손해보험회사는 지급불능의 보고를 한 후 출연을 할 수 있다. 손해보험회사가 출연하여야 하는 출연금은 연도별로 분할하여 출연하되, 연간 출연금은 예금자보호법 시행령에 따른 보험료 금액의 범위에서 금융위원회가 정하여 고시한다(시행령 제81조 제4항).

4. 출연금의 납부

손해보험회사는 손해보험협회로부터 출연금 납부 통보를 받은 날부터 1개월 이내에 제1항에 따른 출연금을 손해보험협회에 내야 한다. 다만 경영상의 문제 등으로 인하여 출연금을 한꺼번에 내기 어렵다고 손해보험협회의 장이 인정하는 경우에는 6개월 이내의 범위에서 출연금의 납부를 유예할 수 있다(시행령 제81조 제5항). 납부기한까지 출연금을 내지 아니한 경우에는 내야 할 출연금에 대하여 손해보험회사의 일반자금 대출시의 연체이자율을 기준으로 손해보험협회의 장이 정하는 이자율을 곱한 금액을 지체기간에 따라 가산하여 출연하여야 한다(시행령 제81조 제5항).

제4절 보장금액의 지급

1. 의의

손해보험협회의 장은 지급불능의 보고를 받은 때는 금융위원회의 확인을 거쳐 손해보험계약의 제3자에게 대통령령으로 정하는 보험금을 지급하여야 한다(보험업법 제169조 제1항). 이것은 보장 대상 손해보험계약의 제3자에 대한 손해보험협회의 보장금액지급 의무를 규정한 조항이라고 볼 수 있다.

2. 보험업법 제165조 및 제169조의 법적 성격

보험업법 제169조 제1항과 별도로 보험업법 제165조는 "손해보험회사는 손해보험계약의 제3자가 보험사고로 입은 손해에 대한 보험금의 지급을 이 장이 정하는 바에 따라 보장하여야 한다"라고 규정하고 있다. 따라서 손해보험회사는 손해보험계약의 제3자가 보험사고로 입은 손해에 대한 보험금 지급을 보장할 의무를 부담한다. 이러한 보험금 지급보장은 어떠한 성격의 것인지 문제되는데, 손해보험회사가 제3자에게 보험금 지급의무를 부담하는 것은 파산 또는 지급 불능에 빠진 다른 손해보험회사가 지고 있는 보험금 지급책임을 법률의 규정에 의하여 보증하는 것으로 일종의 법률상의 보증책임에 해당한다고 볼 수 있다. 그렇다면 손해보험계약의 제3자는 손해보험회사에 대한 관계에서 이 법률규정을 근거로 법률상청구권을 가지게 된 것인지 아니면 손해보험회사의 보장의무에 따라 반사적 이익으로서 보장금액을 지급받는 것에 불과한 것인지 여부가 문제된다.

이에 관하여 보험업법 제165조에서 손해보험회사로 하여금 손해보험계약의 제3자의 손해에 대한 보험금의 지급을 보장할 의무를 부여하고 있으므로 제3자는 자신이 가입한 보험회사가 파산하여 보험금을 지급받지 못한 경우 법정 보증채무를 지고 있는 손해보험회사에 대하여 청구권을 행사할 수 있는 권리를 인정한 것이라고 볼 수도 있다. 그러나 각 손해보험계약의 제3자가 이와 같은 보증책임을 부담하고 있는 손해보험회사에 대해 구체적이고 직접적인 청구권을 행사할 수 있는 것으로 보기 어렵다. 왜냐하면 보험업법 제165조의 보장책임은 손해보험회사 간의 법정에 의한 상호 보증책임에 불과하고, 대외적으로 손해보험계약의 제3자에 대한 관계에서는 직접적인 보증책임을 부담한 것으로 보기 어렵기 때문이다.

한편 보험업법 제169조에 의하여 손해보험협회의 장은 지급불능의 보고를 받은 때는 금융위원회의 확인을 거쳐 손해보험계약의 제3자에게 보험금을 지급하여야 할 의무를 부담하는데, 이러한 규정에 따른 '제3자에 대한 보험금 지급의무는 진정한 보험금 지급의무인가?' 하는 점이 문제되는데, 보험업법 제169조에 의한 지급책임은 손해보험계약의 제3자 보호제도에 의하여 각 손해보험회사가 출연한 자금을 재원으로 제3자에 대해 보험금을 지급하여야 할 의무를 부담하는 것으로서 손해보험협회는 손해보험계약의 제3자 보호제도에 대한 사무를 처리하는 법정사무관리기구로서 단순히 보장금액의 지급

업무를 처리하고 있는 기관에 불과한 것으로 해석되고 손해보험계약의 제3자와의 직접적인 법률관계를 형성하고 있다고 보기 어렵다.

3. 지급할 보험금

손해보험협회의 장은 지급불능의 보고를 받은 때는 금융위원회의 확인을 거쳐 손해보험계약의 제3자에게 대통령령으로 정하는 보험금을 지급하여야 하는데, 대통령령으로 정하는 보험금이란 해당 보험계약의 근거가 되는 법령에서 보험금 한도를 별도로 정하고 있는지 여부에 따라 다음과 같이 경우를 나누어 정의할 수 있다.

(i) 손해보험계약 중 손해보험회사가 지급하여야 할 보험금액의 한도를 해당 법령에서 따로 정하고 있는 보험계약의 경우에는 해당 법령에서 정한 보험금액의 한도액에서 예금자보호법 시행령 제18조 제6항에 따른 보장금액을 뺀 금액을 말한다.

(ii) 손해보험계약 중 손해보험회사가 지급하여야 할 보험금액의 한도를 해당 법령에서 따로 정하고 있지 아니하는 보험계약의 경우에는 자동차손해배상보장법 시행령 제3조 제1항에 따른 금액에서 예금자보호법 시행령 제18조 제6항에 따른 보장금액을 뺀 금액을 말한다(시행령 제82조 제1항).

한편 손해보험의 제3자 보호제도가 적용되는 보험계약 중 유일하게 의무보험이 아닌 자동차 임의보험계약은 피해자 1인당 1억 원을 초과하지 아니하는 범위 안에서 피해를 입은 제3자의 신체손해에 대하여 지급하여야 하는 보험금의 100분의 80을 지급한다(시행령 제82조 제2항). 이 경우 제3자의 신체손해에 대하여 지급하여야 하는 보험금이 무엇을 의미하는지 명확하지 아니하나, 책임보험금의 한도액을 초과한 손해 다시 말하면 임의보험에서 지급하는 손해액이라고 보는 것이 타당하다.

4. 보험금 지급에 관한 공고 및 세부기준의 제정

손해보험협회의 장은 보험금을 지급하기 전에 보험금 지급 대상, 보험금 지급 신청기간, 보험금 지급 시기 및 방법 등을 전국적으로 배포되는 둘 이상의 일간신문에 1회 이상 공고하여야 한다(시행령 제82조 제3항).

손해보험협회의 장은 보험금의 지급 방법 및 절차 등에 관하여 필요한 세부 기준을 정할 수 있으며, 세부 기준을 정한 경우에는 그 내용을 지체 없이 금융위원회에 보고하여야 한다(시행령 제82조 제4항).

5. 보장금액의 인하·조정

금융위원회는 출연금의 납부로 인하여 여러 손해보험회사의 경영이 부실화되고 보험시장의 혼란이 초래될 수 있다고 판단되는 경우에는 지급보험금을 인하·조정할 수 있다(시행령 제82조 제5항).

6. 자료제출요구

손해보험협회의 장은 출연금을 산정하고 보험금을 지급하기 위하여 필요한 범위에서 손해보험회사의 업무 및 자산상황에 관한 자료 제출을 요구할 수 있다(보험업법 제170조).

제5절 자금의 차입 및 회계처리

1. 자금의 차입

손해보험협회는 손해보험계약의 제3자에게 보험금의 지급을 위하여 필요한 경우에는 정부, 예금보험공사, 그 밖에 대통령령으로 정하는 금융기관으로부터 금융위원회의 승인을 얻어 차입할 수 있다(보험업법 제171조 제1항). 손해보험회사는 그 손해보험회사가 출연하여야 하는 금액의 범위에서 손해보험협회의 차입에 대하여 보증할 수 있다(보험업법 제171조 제2항).

2. 출연금의 구분계리

손해보험협회는 출연금 및 차입금을 손해보험협회의 일반예산과 구분하여 계리하여야 한다(보험업법 제172조).

제6절 구상권의 행사 및 정산

1. 의의

손해보험협회는 손해보험계약의 제3자에 대하여 보험금을 지급한 때는 당해 손해보험회사에 대하여 구상권을 가진다(보험업법 제173조).

손해보험협회의 제3자에 대한 보험금 지급은 지급불능사태에 빠진 보험회사의 채무, 즉 타인의 채무의 변제 해당하므로 손해보험협회는 제3자에 대하여 본래 채무를 부담하는 당사자인 해당 보험회사에 대하여 구상권을 행사할 수 있도록 한 것이다. 실질적으로는 부담비율에 따라 보험금 지급재원을 출연한 다른 손해보험회사가 구상권을 행사하는 것이 타당하나 구상관계의 복잡성을 제거하고 제3자에 대한 보험금 지급사무를 집행하는 손해보험협회가 직접 해당 보험회사에 대하여 구상하도록 보험업법이 특별히 규정한 것으로 볼 수 있다.

2. 구상권의 범위

손해보험협회는 손해보험계약의 제3자에게 보험금을 지급한 경우에는 지급불능사태에 빠진 보험회사에 대하여 구상권을 가지게 된다. 이 경우 구상할 수 있는 대상을 보험회사로 한정하고, 보험계약자 등에 대한 구상은 따로 인정하지 않고 있다(보험업법 제173조). 따라서 본 장의 규정에 따라 제3자에게 보험금을 지급한 손해보험협회는 지급불능에 빠진 보험회사 이외에 보험사고의 배상책임주체인 가해자 등에 대하여 구상권을 행사할 수 없다고 해석하는 것이 타당하다.

또한 구상권의 범위는 민법의 일반원칙에 따라 보험금 및 보험금을 지급한 날 이후의 이자 등이 포함된다고 본다. 손해보험협회의 구상권의 근거는 보험업법 제169조 등에 근거한 법정위임관계라고 볼 수 있다. 보험업법은 제165조에 의하여 손해보험계약의 제3자에 대한 보장의무는 손해보험회사에 부담하도록 하면서 이에 따른 업무는 손해보험협회로 하여금 수행하도록 규정하고 있기 때문에 손해보험회사와 손해보험협회와의 관계는 법정 사무관리관계에 있다고 보아야 한다.

3. 채권자 대위권 행사 가능 여부

손해보험협회의 손해보험계약의 제3자에 대한 보험금 지급은 결국 가해자 및 해당 보험회사의 채무를 대신 이행한 것이므로 법적 성격으로는 법정사무관리에 해당하는 것으로 해석된다. 또한 손해보험협회 및 손해보상을 공동 부담한 손해보험회사들은 가해자의 보험회사가 아니므로 상법 제682조의 보험자 대위권은 발생하지 아니한 것으로 보이고 다만 민법 제399조의 손해배상자 대위 규정을 유추 적용할 수 있는지 여부가 문제되나, 구상권의 대상을 해당 보험회사에 한정하고 있는 점과 보험계약관계에 따라 보험사고에 따른 보험금 지급책임을 지고 있는 보험회사가 파산 등으로 채무불능상태에 빠진 경우 보험업을 영위하는 동업자들이 위험을 상호 전가 분담하여 보험시장의 공신력을 제고하고자 도입된 동 제도의 도입취지 등을 감안할 때 손해배상자 대위에 관한 민법의 규정도 유추적용하기 어려운 것으로 해석된다.

4. 정산

손해보험협회는 손해보험회사로부터 출연받은 금액으로 보험금을 지급하고 남은 금액이 있거나 부족한 금액이 있는 경우 또는 구상권의 행사로 인하여 수입한 금액이 있는 경우에는 이를 정산하여야 한다(보험업법 제174조).

제11장

보험관계단체 등

●●● 제11장

보험관계단체 등

제1절 보험협회

1. 의의

보험협회는 보험회사 상호 간의 업무질서를 유지하고 보험업의 건전한 발전에 기여하기 위하여 설립한 사업자 단체이다. 보험협회의 설립은 변호사협회, 의사협회와 같이 그 설립이 법에 의하여 강제되어 있는 것이 아니라 보험회사의 임의적인 의사에 따라 설립할 수 있다(보험업법 제175조 제1항). 다만 그 설립에 있어 주무관청인 금융위원회의 허가를 받아야 한다.

2. 법적 성격

보험협회는 그 법적 성격이 법인이어야 한다(보험업법 제175조 제2항). 법인은 영리성을 기준으로 영리법인과 비영리법인으로 구별되며, 그 실체가 사람이냐 재산이냐에 따라 사단법인과 재단법인, 상인성 여부에 따라 상사법인과 민사법인으로 나눌 수 있다. 보험협회는 비영리법인이며 사단법인이라고 볼 수 있다. 상사법인의 경우에는 상법의 규율을 받으며 비영리법인의 경우에는 민법의 규율을 받는다. 보험협회는 일반적인 사업자단체와는 달리 보험업법에 의하여 설립되는 임의단체로서 보험회사 간의 공동의 이익증진은 물론 보험업의 건전한 발전을 위하여 자율규제기구로서 역할을 수행하고 있는 것이 특징이다. 우리나라의 경우 현재 생명보험회사의 단체인 생명보험협회와 손해보험회사의 단체인 대한손해보험협회가 설립되어 있다.

3. 보험협회의 설립

보험협회는 비영리법인이므로 민법의 법인에 관한 규정의 적용을 받는다(보험업법 제180조). 따라서 설립요건으로 목적의 비영리성, 설립행위, 즉 정관작성, 주무관청의 허가, 설립등기의 4가지 요건을 갖추어야 한다.

(1) 목적의 비영리성

비영리사업이란 구성원의 경제적 이익을 추구하고 종국적으로 수익이 구성원들에게 분배되는 것이 아닌 사업을 말한다. 다만 그 사업을 운영하기 위하여 수익사업을 하는 것은 비영리의 목적에서 벗어나는 것은 아니다.

(2) 설립행위

1) 의의

사단법인을 설립하려면 설립자가 일정한 사항을 기재한 정관을 작성하여 기명날인하여야 한다. 민법은 설립자의 수에 관하여 제한 규정을 두고 있지 않으나 사단법인의 성질상 2인 이상이어야 한다. 보험협회는 일정 수 이사의 보험회사가 모여 정관을 작성하여 기명날인하는 설립행위는 하게 된다.

2) 설립행위의 성질

사단법인의 설립행위는 정관이라는 일정한 형식의 문서를 작성을 요하므로 요식행위에 해당하며 그 성질은 일정한 법인의 설립이라는 법률효과를 의욕하는 의사표시를 요소로 하는 법률행위에 해당한다.

4. 보험협회의 업무

2003년 개정법에서는 종래 보험협회가 수행하는 업무를 확대하여 구체적으로 명시하였고 자율규제기능을 수행할 수 있는 법적근거를 부여한 점이 가장 큰 특징이다. 보험협회는 (i) 보험회사 간의 건전한 업무질서의 유지 (ii) 보험회사 등이 지켜야 할 규약의 제정·개정, (iii) 보험상품의 비교·공시 업무, (iv) 정부로부터 위탁받은 업무, (v) 업무에 부수하는 업무, (vi) 그 밖에 대통령령으로 정하는 업무를 수행한다(보험업법 제175조 제3항).

5. 공정거래법의 적용

(1) 사업자단체의 의의

공정거래법은 사업자단체에 대하여 여러 가지 제한을 규정을 두고 있다. 공정거래법상 사업자단체는 그 형태여하를 불문하고 2 이상의 사업자가 공동의 이익을 증진할 목적으로 조직한 결합체 또는 그 연합체를 말한다(공정거래법 제2조 제4호). 보험협회 및 보험 관련 단체는 공정거래법의 적용을 받는 사업단체에 해당됨은 물론이다.

(2) 사업자단체의 금지행위

1) 배경

사업자단체는 구성사업자의 이익을 대변하는 역할을 담당할 뿐만 아니라 일정한 경우 법에 의해서 사업자단체에 일정한 권한을 부여하여 국가가 이들을 활용하여 행정지도의 창구로 활용하는 경우도 있다. 특히 보험단체는 각종 상호협정을 제정 운영하는 과정에서 구성사업자인 보험회사에 상당한 힘을 행사하고 있는 것이 현실이다. 공정거래법은 공정한 경쟁질서를 확립하기 위하여 사업자단체의 부당한 행위 또는 불공정행위를 규제하고 있다.

2) 금지행위 내용

사업단체는 (i) 부당하게 경쟁을 제한하는 행위, 대한약사회 및 서울특별시 지부가 전국의 약국을 무기한 폐문하기로 결의하고 이를 실행한 행위는 부당하게 경쟁을 제한하는 행위에 해당한다.[1] (ii) 일정한 거래 분야에 있어서 현재 또는 장래의 사업자수를 제한하는 행위, 조합으로부터 제명되는 경우 단체수의계약에 따른 물량배정의 대상과 정부조달물자의 구매 대상에서 제외되어 사업 활동에 있어서 큰 불이익을 입게 됨에도 불구하고 제명한 행위가 여기에 해당한다.[2] (iii) 구성사업자의 사업내용 또는 활동을 부당하게 제한하는 행위, 대한법무사회가 집단등기신청사건을 구성사업자가 임의로 수임하지 못하도록 하거나 집단등기사건의 보수액의 일부를 징수하여 공동 배분하도록 한 행위가 여기에 해당하고,[3] 대한약사회(사) 및 서울특별시지부가 약국을 집단 폐문하도록 결의하여 시행한 행위도 이에 포함되는 행위이다.[4] (iv) 사업자에게 불공정거래행위 또는 재판매가격유지행위를 하게 하거나 이를 방조하는 행위를 하지 못한다(공정거래법 제26조). (주)대한출판문화협회가 출판물의 재판매가격유지계약 체결권한을 위임하지 아니한 출판사들에 대하여 도서정가제가 더욱 공고히 확립될 수 있도록 최대한 협조하여줄 것을 요청하는 공문을 발송한 행위가 여기에 해당한다.[5]

(3) 시정조치 등

1) 사업자단체의 준수지침 제정 등

공정거래위원회는 사업자단체 금지행위에 위반하는 행위를 예방하기 위하여 필요한 경우 사업자단체가 준수하여야 할 지침을 제정·고시할 수 있다(공정거래법 제26조 제3항). 공정거래위원회는 지침을 제정하고자 할 경우에는 관계행정기관의 장의 의견을 들어야 한다(공정거래법 제26조 제4항).

2) 시정조치

공정거래위원회는 사업자단체의 금지행위의 규정에 위반하는 행위가 있을 때는 당해 사업자단체 또는 필요한 경우 관련 구성사업자에 대하여 당해 행위의 중지, 법위반사실

1 대법원 1995. 5. 12. 선고 94누13794 판결.
2 대법원 1991. 2. 12. 선고 90누6248 판결.
3 대법원 1997. 5. 16. 선고 96누150 판결.
4 대법원 1995. 5. 12. 선고 94누150 판결.
5 대법원 1997. 6. 13. 선고 96누5834 판결.

의 공표 기타 시정을 위한 필요한 조치를 명할 수 있다(공정거래법 제27조).

3) 과징금

공정거래위원회는 사업자단체의 금지행위의 규정에 위반하는 행위가 있을 때는 당해 사업자단체에 대하여 5억 원의 범위 안에서 과징금을 부과할 수 있다(공정거래법 제28조 제1항). 공정거래위원회는 사업자단체의 금지행위의 규정에 위반하는 행위에 참가한 사업자에 대해서는 대통령령이 정하는 매출액에 100분의 5를 곱한 금액을 초과하지 아니하는 범위 안에서 과징금을 부과할 수 있다. 다만 매출액이 없는 경우 등에는 5억 원을 초과하지 아니하는 범위 안에서 과징금을 부과할 수 있다(공정거래법 제28조 제2항).

(4) 관련 논점

보험업법에 의하면 국내에서 보험업을 영위하기 위해서는 보험종목별로 허가를 받아야 하고, 일정한 자본금을 납입하여야 하는 등 진입장벽이 존재한다. 이러한 진입장벽은 과당경쟁으로 인한 보험계약자 보호와 건전한 보험거래질서 확립이라는 공익적 목적에 의하여 규제하는 것으로 그 타당성이 인정된다. 그런데 보험회사가 보험업을 원활히 영위하기 위해서는 보험협회에도 가입하여야 하고 보험개발원의 사원사로 가입하여야 한다. 특히 자동차보험업을 진출하려면 보험개발원이 가지고 있는 통계 및 정보사용은 필수적이다. 왜냐하면 교통사고 정보 및 보험요율의 정보 등을 활용하여야 할 필요성이 있기 때문이다. 신설회사가 보험개발원의 사원으로 신규 가입하고자 할 경우 소정의 가입비를 받고 있다. 이때 가입비가 합리적 이유 없이 높게 책정되어 있을 경우에는 보이지 않는 진입장벽으로 작용할 수 있다. 보험개발원이 기존 보험회사를 사원으로 구성되어 있는 사단법인이므로 합리적 근거 없이 가입비를 높여 신규시장의 진입을 어렵게 하는 경우에는 공정거래법상의 부당한 공동행위 또는 사업자단체 금지행위에 해당될 가능성도 배제할 수 없다.

제2절 보험요율산출기관

1. 의의

보험요율산출기관은 보험금의 지급에 충당하는 보험료를 결정하기 위한 요율을 공정하고 합리적으로 산출하고 보험과 관련된 정보를 효율적인 관리·이용하기 위하여 보험회사에 의하여 설립된 기관이다(보험업법 제176조 제1항). 우리나라의 경우 보험요율산출기관으로 보험개발원이 설립되어 있다. 보험요율산출기관은 법인으로 한다(보험업법 제176조 제2항).

2. 설립

보험요율산출기관의 설립에는 보험협회의 설립과는 달리 인가주의를 취하고 있다 따라서 금융위원회의 인가를 받아야 한다(보험업법 제176조 제1항).

3. 보험요율산출기관의 업무

(1) 업무내용

보험요율산출기관은 정관이 정하는 바에 따라 (i) 순보험요율의 산출·검증 및 제공, (ii) 보험 관련 정보의 수집·제공 및 통계의 작성, (iii) 보험에 대한 조사·연구, (iv) 설립목적의 범위에서 정부기관, 보험회사, 그 밖의 보험 관계 단체로부터 위탁받은 업무, (v) (i)부터 (iii)까지의 업무에 딸린 업무, (iv) 그 밖에 대통령령으로 정하는 업무를 수행한다(보험업법 제176조 제3항).

(2) 순보험요율의 신고

보험요율산출기관은 보험회사가 적용할 수 있는 순보험요율을 산출하여 금융위원회에 신고할 수 있다. 이 경우 신고를 받은 금융위원회는 그 내용을 검토하여 이 법에 적합하면 신고를 수리하여야 한다(보험업법 제176조 제4항).

보험요율산출기관은 순보험요율 산출 등 업무 수행을 위하여 보험 관련 통계를 체계적으로 통합·집적하여야 하며 필요한 경우 보험회사에 자료의 제출을 요청할 수 있다.

이 경우 보험회사는 이에 따라야 한다(보험업법 제176조 제5항). 보험요율산출기관이 신고한 순보험요율을 적용하는 경우에는 순보험료에 대하여 보험업법 제127조 제2항 및 제3항에 따른 신고 또는 제출을 한 것으로 본다(보험업법 제176조 제6항).

(3) 참조순보험요율의 제시

보험요율산출기관의 장은 보험회사의 경험통계 등을 기초로 보험종목별·위험별 특성에 따른 위험률을 산출하거나 조정하여 금융위원회에 신고한 순보험요율(이하 '참조순보험요율'이라 한다)을 보험회사가 요청하는 경우에 제시할 수 있다(시행령 제87조 제1항). 보험회사가 참조순보험요율을 신고하는 경우에는 참조순보험요율의 시행 예정일의 90일 전까지 이를 신고하여야 한다(시행령 제87조 제2항).

(4) 참조순보험요율의 적정성 검증 및 보고

보험요율산출기관의 장은 참조순보험요율의 적정성 여부를 파악하고 참조순보험요율이 합리적인 수준을 유지할 수 있도록 매년 이에 대한 검증을 실시하고, 그 검증보고서를 사업연도가 끝난 후 6개월 이내에 금융위원회에 제출하여야 한다. 그러나 생명보험, 그 밖에 이와 유사한 보험상품으로서 금융위원회가 정하여 고시하는 보험상품은 5년마다 시행한다(시행령 제87조 제3항).

(5) 통계의 집적 및 관리

보험요율산출기관의 장은 경험생명표 등 참조순보험요율의 산출·검증을 위하여 연 1회에 한정하여 보험회사에 보험계약 정보의 제공을 요청할 수 있다. 이 경우 제공받은 보험계약 정보는 참조순보험요율을 산출하거나 검증하는 용도로만 활용하여야 한다. 그러나 자동차보험계약 정보의 경우 월 1회 요청할 수 있다(시행령 제88조 제1항).

(6) 자료의 공표

보험요율산출기관은 보험계약자의 권익을 보호하기 위하여 필요하다고 인정되는 경우에는 순보험요율산출에 관한 자료, 보험과 관련한 각종 조사연구 및 통계자료를 공표할 수 있다(보험업법 제176조 제9항).

(7) 수수료의 징수

보험요율산출기관은 그 업무와 관련하여 정관이 정하는 바에 따라 보험회사로부터 수수료를 받을 수 있다(보험업법 제176조 제8항).

4. 교통법규 및 질병에 관한 정보의 이용

(1) 의의

보험요율산출기관은 순보험요율을 산출하기 위하여 필요한 경우 또는 보험회사의 보험금 지급업무에 필요한 경우에는 음주운전 등 교통법규 위반 또는 운전면허의 효력에 관한 개인정보를 보유하고 있는 기관의 장으로부터 그 정보를 제공받아 보험회사가 보험계약자에게 적용할 순보험료의 산출 또는 보험금 지급업무에 이용하게 할 수 있다(보험업법 제176조 제10항).

(2) 교통법규위반에 관한 개인정보

1) 이용절차

가. 교통법규위반에 관한 개인정보 제공 요청

보험요율산출기관의 장은 교통법규 위반 또는 운전면허의 효력에 관한 개인정보를 보유하고 있는 기관의 장에게 교통법규 위반 또는 운전면허의 효력과 관련이 있는 다음의 개인정보의 제공을 요청할 수 있다(시행령 제89조 제1항).

(i) 교통법규 위반자의 성명·주민등록번호 및 운전면허번호

(ii) 교통법규의 위반 일시 및 위반 항목

(iii) 운전면허 취득자의 성명, 주민등록번호 및 운전면허번호

(iv) 운전면허의 범위, 정지·취소 여부 및 정지기간·취소일

나. 보험회사에 제공 및 열람

보험요율산출기관의 장은 제공받은 교통법규위반에 관한 개인정보를 기초로 하여 교통법규 위반자별로 보험요율을 산출하고 이를 보험회사에게 제공하거나 보험회사가 열람하도록 할 수 있다(시행령 제89조 제2항).

2) 이용 범위

보험요율산출기관의 장이 제공받은 교통법규 위반 또는 운전면허의 효력에 관한 개인정보는 다음의 어느 하나에 해당하는 경우에만 이용할 수 있다(시행령 제89조 제3항).

(i) 금융위원회 및 금융감독원장이 보험요율의 산출·적용에 관한 감독·검사를 위하여 이용하는 경우

(ii) 보험요율산출기관이 보험요율을 산출하기 위하여 이용하는 경우

(iii) 보험회사가 자동차보험계약의 체결·유지 및 관리를 위한 보험요율 적용 또는 보험금 지급업무에 이용하는 경우

(3) 질병에 관한 통계

1) 질병에 관한 정보의 이용

보험요율산출기관은 순보험요율을 산출하기 위하여 필요하면 질병에 관한 통계를 보유하고 있는 기관의 장으로부터 그 질병에 관한 통계를 제공받아 보험회사로 하여금 보험계약자에게 적용할 순보험료의 산출에 이용하게 할 수 있다(보험업법 제176조 제11항).

2) 이용절차

가. 자료제공요청

보험요율산출기관의 장은 질병에 관한 통계를 보유하고 있는 기관의 장에게 질병에 대한 다음의 자료의 제공을 요청할 수 있다(시행령 제90조 제1항).

(i) 질병의 종류 및 질병 발생자의 성·연령·직업, 그 밖에 보험요율 산출에 필요한 질병의 발생·진행·결과 및 치료비용 등에 관한 통계

(ii) 보험요율 산출에 필요한 질병의 관리실태에 관한 통계

나. 제공 및 열람

보험요율산출기관의 장은 제공받은 질병에 관한 통계자료를 기초로 하여 질병에 대한 보험요율을 산출하고 이를 보험회사에게 제공하거나 보험회사가 열람하도록 할 수 있다(시행령 제90조 제2항).

3) 이용 범위

보험요율산출기관의 장이 제공받은 질병에 관한 통계자료는 다음의 어느 하나에 해당하는 경우에만 이용할 수 있다(시행령 제90조 제3항).

(i) 금융위원회 및 금융감독원장이 보험요율의 산출·적용에 관한 감독·검사를 위하여 이용하는 경우

(ii) 보험요율산출기관이 보험요율을 산출하기 위하여 이용하는 경우

(iii) 보험회사가 해당 질병을 보장하는 보험계약의 체결·유지 및 관리를 위한 보험요율 적용에 이용하는 경우

5. 보험요율산출기관 보유정보의 타인 제공

(1) 개인정보의 타인 제공

보험요율산출기관은 이 법 또는 다른 법률에 따라 제공받아 보유하는 개인정보를 다음 의 어느 하나에 해당하는 경우 외에는 타인에게 제공할 수 없다(보험업법 제176조 제12항).

(i) 보험회사의 순보험료 산출에 필요한 경우

(ii) 보험요율산출기관은 순보험요율을 산출하기 위하여 필요한 경우 또는 보험회사의 보험금 지급업무에 필요한 경우에는 음주운전 등 교통법규 위반 또는 운전면허의 효력에 관한 개인정보를 보유하고 있는 기관의 장으로부터 그 정보를 제공받아 보험회사가 보험계약자에게 적용할 순보험료의 산출 또는 보험금 지급업무에 이용하게 할 수 있는데, 이러한 정보를 요율산출기관이 제공받은 목적대로 보험회사가 이용하게 하기 위하여 필요한 경우

(iii) 신용정보의 이용 및 보호에 관한 법률 제33조 제1항 제2호부터 제5호까지의 어느 하나에서 정하는 사유에 따른 경우

i) 해당 신용정보주체가 신청한 금융거래 등 상거래관계의 설정 및 유지 여부 등을 판단하기 위한 목적으로 이용하는 경우 외의 다른 목적으로 이용하는 것에 대하여 신용정보주체로부터 동의를 받은 경우

ii) 개인이 직접 제공한 개인신용정보(그 개인과의 상거래에서 생긴 신용정보를 포함한다)를 제공받은 목적으로 이용하는 경우(상품과 서비스를 소개하거나

그 구매를 권유할 목적으로 이용하는 경우는 제외한다)

iii) 신용정보회사 및 채권추심회사가 다른 신용정보회사 및 채권추심회사 또는 신용정보집중기관과 서로 집중관리·활용하기 위하여 제공하는 경우

iv) 신용정보의 처리를 위탁하기 위하여 제공하는 경우, 영업양도·분할·합병 등의 이유로 권리·의무의 전부 또는 일부를 이전하면서 그와 관련된 개인신용정보를 제공하는 경우

v) 채권추심(추심채권을 추심하는 경우만 해당한다), 인허가의 목적, 기업의 신용도 판단, 유가증권의 양수 등 대통령령으로 정하는 목적으로 사용하는 자에게 제공하는 경우, 법원의 제출명령 또는 법관이 발부한 영장에 따라 제공하는 경우

vi) 범죄 때문에 피해자의 생명이나 신체에 심각한 위험 발생이 예상되는 등 긴급한 상황에서 제5호에 따른 법관의 영장을 발부받을 시간적 여유가 없는 경우로서 검사 또는 사법경찰관의 요구에 따라 제공하는 경우. 이 경우 개인신용정보를 제공받은 검사는 지체 없이 법관에게 영장을 청구하여야 하고, 사법경찰관은 검사에게 신청하여 검사의 청구로 영장을 청구하여야 하며, 개인신용정보를 제공받은 때부터 36시간 이내에 영장을 발부받지 못하면 지체 없이 제공받은 개인신용정보를 폐기하여야 한다.

vii) 조세에 관한 법률에 따른 질문·검사 또는 조사를 위하여 관할 관서의 장이 서면으로 요구하거나 조세에 관한 법률에 따라 제출의무가 있는 과세자료의 제공을 요구함에 따라 제공하는 경우, 국제협약 등에 따라 외국의 금융감독기구에 금융회사가 가지고 있는 개인신용정보를 제공하는 경우

viii) 개인신용평가회사, 개인사업자신용평가회사, 기업신용등급제공업무·기술신용평가업무를 하는 기업신용조회회사 및 신용정보집중기관에 제공하거나 그로부터 제공받는 경우

ix) 통계작성, 연구, 공익적 기록보존 등을 위하여 가명정보를 제공하는 경우. 이 경우 통계작성에는 시장조사 등 상업적 목적의 통계작성을 포함하며, 연구에는 산업적 연구를 포함한다.

x) 정보집합물의 결합 목적으로 데이터전문기관에 개인신용정보를 제공하는 경우

xi) 다음의 요소를 고려하여 당초 수집한 목적과 상충되지 아니하는 목적으로 개인신용정보를 제공하는 경우

- 양 목적 간의 관련성
- 신용정보회사 등이 신용정보주체로부터 개인신용정보를 수집한 경위
- 해당 개인신용정보의 제공이 신용정보주체에게 미치는 영향
- 해당 개인신용정보에 대하여 가명처리를 하는 등 신용정보의 보안대책을 적절히 시행하였는지 여부

xii) 신용정보의 이용 및 보호에 관한 법 및 다른 법률에 따라 제공하는 경우, 그 밖에 대통령령으로 정하는 경우

xiii) 정부로부터 위탁받은 업무를 하기 위하여 필요한 경우

xiv) 보험업법에서 정하고 있는 보험요율산출기관의 업무를 하기 위하여 필요한 경우로서 대통령령으로 정하는 경우

(2) 타인제공 정보에 대한 기록관리

보험요율산출기관은 보유하고 있는 개인정보를 타인에게 제공한 경우에는 제공 대상자, 제공정보, 제공 목적, 그 밖에 금융위원회가 정하여 고시하는 사항을 기록·관리하여야 한다(시행령 제91조 제1항). 보험요율산출기관은 제공받거나 그 밖에 보유하고 있는 개인정보의 보안유지 및 관리를 위하여 필요한 규정을 정하여 운영하여야 한다(시행령 제91조 제2항). 보험요율산출기관이 보유하고 있는 개인정보의 취급자, 이용 절차 및 방법 등에 관한 세부 사항은 금융위원회가 정하여 고시한다(시행령 제91조 제3항).

(3) 개인정보 이용자의 의무

교통법규 위반 또는 운전면허의 효력에 관한 개인정보와 그 밖에 보험계약과 관련하여 보험계약자 등으로부터 제공받은 질병에 관한 개인정보를 이용하여 순보험료의 산출·적용 업무 또는 보험금 지급업무에 종사하거나 종사하였던 자는 그 업무상 알게 된 개인정보를 누설하거나 타인에게 이용하도록 제공하는 등 부당한 목적을 위하여 사용하여서는 아니 된다(보험업법 제177조).

(4) 개인정보 이용자의 의무에 위반한 경우 효과

직무상 알게 된 교통법규위반 정보 등 개인에 관한 정보를 누설하거나 타인의 이용에

제공하는 등 부당한 목적으로 사용한 자는 3년 이하의 징역 또는 2천만 원 이하의 벌금에 처한다(보험업법 제202조 제4호).

제3절 보험계리 및 손해사정

1. 보험계리제도

(1) 의의

보험계리란 책임준비금, 기타 보험계약에 관한 준비금 및 보험료와 보험계약에 의한 배당금의 계산이 정당한지 여부를 확인하는 기술적 과정을 말한다. 보험상품의 가격인 보험료는 정교한 수리적인 과정을 거쳐서 결정되고 보험상품의 판매가 이루어지면 보험수리적 계산에 따라 책임준비금 등이 계상되므로 보험계리는 회계처리와 밀접한 관련성을 가지고 있다. 보험계리사제도는 1962년 보험업법의 제정 시부터 규정되어 있었으나 생명보험회사에만 보험계리사의 선임의무를 부여하였고, 1977년 보험업법 개정 시 손해보험사에 확대·적용되었다.[6]

(2) 보험계리사

보험계리사란 보험계리에 관한 업무를 담당하는 전문가를 말한다. 보험계리사는 보험회사의 고용 여부에 따라 고용보험계리사, 독립보험계리사로 구분된다. 보험계리사가 되려는 자는 금융감독원장이 실시하는 시험에 합격하고 일정 기간의 실무수습을 마친 후 금융위원회에 등록하여야 한다(보험업법 제182조 제1항).

보험계리사의 시험 과목 및 시험 면제와 실무수습 기간 등에 관하여 필요한 사항은 총리령으로 정한다(보험업법 제182조 제2항).

---

6 노상봉, 『보험업법 해설』, 매일경제신문사, 1998, 577면.

(3) 보험계리업자

보험계리를 업으로 하려는 자는 금융위원회에 등록하여야 한다(보험업법 제183조 제1항).

보험계리를 업으로 하려는 법인은 대통령령으로 정하는 수 이상의 보험계리사를 두어야 한다(보험업법 제183조 제2항). 보험계리업을 등록하고자 하는 자는 총리령으로 정하는 수수료를 내야 한다(보험업법 제183조 제3항). 그 밖에 보험계리업의 등록 및 영업기준 등에 관하여 필요한 사항은 대통령령으로 정한다(보험업법 제183조 제4항).

(4) 보험계리업무의 위탁

보험회사는 보험계리에 관한 업무를 보험계리사를 고용하여 담당하게 하거나 보험계리를 업으로 하는 자에게 위탁하여야 한다(보험업법 제181조 제1항).

(5) 선임계리사

1) 의의

선임계리사라 함은 보험계리에 관한 업무를 최종적으로 검증하고 확인하는 보험계리사를 말한다(법 제181조 제2항). 종래의 대표계리사제도가 보험계약자보호에 제대로 기능하지 못한 점과 상품개발 및 자산운용에 대한 규제완화로 인하여 상품개발에 대한 책임과 책임준비금 적립의 적정성 여부에 대한 사전 검증기능의 필요성이 증대됨에 따라 보험회사의 자율규제를 강화할 수 있도록 선임계리사제도를 도입하였다. 보험회사는 보험계리에 관한 업무를 검증하고 확인하는 보험계리사를 선임하여야 한다(보험업법 제181조 제1항).

2) 선임계리사의 의무 등

가. 검증 확인 의무

선임계리사는 기초서류의 내용 및 보험계약에 따른 배당금의 계산 등이 정당한지 여부를 검증하고 확인하여야 한다(보험업법 제184조 제1항).

나. 조사 보고 의무

선임계리사는 보험회사가 기초서류관리기준을 지키는지를 점검하고 이를 위반하는 경우에는 조사하여 그 결과를 이사회에 보고하여야 하며, 기초서류에 법령을 위반한 내용이 있다고 판단하는 경우에는 금융위원회에 보고하여야 한다(보험업법 제184조 제2항).

다. 업무상 의무

선임계리사, 보험계리사 또는 보험계리업자는 그 업무를 할 때 다음의 행위를 할 수 없다(보험업법 제184조 제3항).

(i) 고의로 진실을 숨기거나 거짓으로 보험계리를 하는 행위

(ii) 업무상 알게 된 비밀을 누설하는 행위

(iii) 타인으로 하여금 자기의 명의로 보험계리업무를 하게 하는 행위

(iv) 그 밖에 공정한 보험계리업무의 수행을 해치는 행위로서 대통령령으로 정하는 행위

3) 선임계리사의 신분보장

가. 의의

선임계리사는 보험계약자의 이해관계에 직접적으로 영향을 미치는 기초서류의 내용 및 보험계약에 의한 배당금의 계산의 적정성 여부에 관한 최종적인 검증책임을 지고 있는 자로서 그 업무 수행의 독립성과 공공성이 요구된다. 따라서 보험회사의 이해관계로부터 영향을 배제하고 보다 독립적인 업무수행이 가능하도록 신분보장이 필요하다.

나. 내용

보험회사가 선임계리사를 선임한 경우에는 그 선임일이 속한 사업연도의 다음 사업연도부터 연속하는 3개 사업연도가 끝나는 날까지 그 선임계리사를 해임할 수 없다. 다만 다음의 어느 하나에 해당하는 경우에는 해임할 수 있다(보험업법 제184조 제4항).

(i) 선임계리사가 회사의 기밀을 누설한 경우

(ii) 선임계리사가 그 업무를 게을리하여 회사에 손해를 발생하게 한 경우

(iii) 선임계리사가 계리업무와 관련하여 부당한 요구를 하거나 압력을 행사한 경우

(iv) 금융위원회의 해임 요구가 있는 경우

4) 선임계리사의 독립성 보장 등

선임계리사의 요건 및 권한과 업무 수행의 독립성 보장에 관하여 필요한 사항은 대통령령으로 정한다(보험업법 제184조 제5항). 금융위원회는 선임계리사에게 그 업무 범위에 속하는 사항에 관하여 의견을 제출하게 할 수 있다(보험업법 제184조 제6항).

2. 손해사정제도

(1) 의의

보험계약이 유효하게 존재하는 상황에서 보험약관에서 정하고 있는 소정의 보험사고가 발생하고, 그에 따라 보험금 청구권자가 보험금을 청구하게 되면 보험회사는 보험금 지급 여부와 얼마의 보험금을 지급할 것인지 여부를 판단하게 된다. 물론 이때 보험계약상의 하자가 존재하는지 여부도 따져 만약 보험계약이 무효가 되는 경우에는 보험금 지급을 거절하게 되고, 나아가 당해 보험사고 약관상 면책하는 손해인 경우에도 보험금 지급을 거절하게 된다. 그러나 보험계약이 유효하게 존재하고, 보험계약상의 다른 항변사유가 없는 한 보험회사는 구체적인 보험금 사정에 돌입하여 보험금을 어느 정도 지급하여야 하는지 여부를 심사하게 되는데, 보통 생명보험 등 정액보험의 경우에는 보험금 지급의 전제가 되는 사실, 즉 장애등급 및 질병의 진단 사실, 입원사실 등의 판단이 선행되므로 이러한 사실은 중요한 의미를 갖고 있다.

그러나 손해보험의 경우에는 특별한 경우가 아니면 보험금이 사전에 정해진 것은 아니고 보험목적물에 발생한 손해에 따라 보험금 지급액수가 달라진다. 따라서 정액보험보다는 손해보험에서 손해사정의 역할이 보다 중요한 의미를 갖는다. 이와 같이 손해사정이란 보험사고가 발생한 경우에 그 손해액을 평가 결정하고 지급보험금을 계산하는 일련의 업무를 총칭한다. 보험사고에 따른 손해의 발생 형태는 매우 다양하고 복잡하기 때문에 전문적이고 기술적인 지식이 요구된다. 이에 따라 일정한 자격을 가진 자로 하여금 손해사정업무를 담당하도록 하여 보험계약자 등의 권익을 보호하기 위하여 1977년 보험업법 개정 시 손해사정사제도를 도입하였다.

보험약관에서 정하고 있는 소정의 보험사고가 발생하여 보험금 청구권자가 보험금을 청구하게 되면 보험회사는 보험금 지급 여부와 얼마의 보험금을 지급할 것인지 여부를 판단하게 된다. 보험금 지급 여부에 대한 심사 및 결정업무는 보험의 인수 여부에 대한 심사 업무 등과 더불어 보험업의 본질적 요소에 속하는 업무로서 중요한 보험회사의 업무에 속한다. 또한 보험금 지급 여부의 문제는 피보험자 또는 보험금 청구권자 등의 권리 실현에 대한 것으로 그 중요성은 더욱 증대된다. 만약 보험회사가 보험금 지급에 관한 약관규정을 자의적으로 해석하여 보험금 지급을 거절하거나 정당한 보험금을 제대로 지급하지 아니한 경우에는 보험금 청구권자의 권리 보호에 막대한 구멍이 생기게 된다. 이에 따라 보험금 지급 여부와 관련하여 분쟁이 발생하는 경우, 보험금 청구권자 측의 입장에서 조언을 해줄 수 있는 전문가가 필요하다. 우리나라는 보험금 청구 및 보상 과정에서 보험계약자 등의 권익을 보호하기 위하여 1977년에 손해사정사제도를 신설하였고, 1998년부터 본격으로 시행되었다.

(2) 손해사정사의 고용의무

1) 의의

손해사정사란 보험사고로 인한 손해액 및 보험금의 사정에 관한 업무를 담당하는 자를 말한다. 보험사고가 발생하면 보험계약자 등은 보험금을 청구하게 되는데, 보험금이 손해액을 기준으로 산정되는 경우 정당한 보험금을 지급받고자 하는 입장에서는 적정한 손해액의 산정은 매우 중요한 의미를 가진다. 이에 따라 보험업법은 대통령령으로 정하는 보험회사는 손해사정사를 고용하여 보험사고에 따른 손해액 및 보험금의 사정에 관한 업무를 담당하게 하거나 손해사정사 또는 손해사정을 업으로 하는 자를 선임하여 그 업무를 위탁하도록 하고 있다. 다만 보험사고가 외국에서 발생하거나 보험계약자 등이 금융위원회가 정하는 기준에 따라 손해사정사를 따로 선임한 경우에는 예외를 인정해주고 있다(보험업법 제185조).

2) 연혁

손해사정사의 고용의무에 관한 조문은 손해사정사제도가 보험업법에 도입된 1977년도부터 존재하던 규정이다. 2010년 이후에 손해사정사의 고용의무는 손해보험회사에서 제3보험업자로 확대되었다. 제3보험의 경우도 정액보험이 아닌 손해보험적 성격을 가진 보험이 있기 때문이다.

3) 손해사정사의 고용 및 선임의무 대상

2010년 개정 보험업법에서는 손해사정사를 고용하거나 선임하여야 할 의무를 지는 보험회사의 범위를 대통령령에 위임하고 있다. 시행령에 의하면 손해사정사의 고용 의무 등을 부담하는 회사를 보증보험계약을 제외한 손해보험상품을 판매하는 회사와 제3보험상품을 판매하는 회사로 규정하고 있다(보험업법 제185조 및 시행령 제96조의2).

(3) 손해사정사의 자격 요건

손해사정사가 되고자 하는 자는 금융감독원장이 실시하는 시험에 합격하여야 한다(법 제186조 제1항). 손해사정사의 등록, 시험 과목 및 시험 면제와 실무수습 기간 등에 관하여 필요한 사항은 총리령으로 정한다(보험업법 제186조 제2항). 손해사정사는 금융위원회가 정하는 바에 따라 업무와 관련된 보조인을 둘 수 있다(보험업법 제186조 제2항).

(4) 손해사정업

손해사정을 업으로 하려는 자는 금융위원회에 등록하여야 한다(보험업법 제187조 제1항). 손해사정을 업으로 하려는 법인은 대통령령으로 정하는 수 이상의 손해사정사를 두어야 한다(보험업법 제187조 제2항). 손해사정업 등록을 하려는 자는 총리령으로 정하는 수수료를 내야 한다(보험업법 제187조 제3항). 그 밖에 손해사정업의 등록 및 영업기준 등에 관하여 필요한 사항은 대통령령으로 정한다(보험업법 제187조 제4항).

(5) 손해사정사 등의 업무

손해사정사 또는 손해사정업자의 업무는 다음과 같다(보험업법 제188조).

(i) 손해 발생 사실의 확인

(ii) 보험약관 및 관계 법규 적용의 적정성 판단

(iii) 손해액 및 보험금의 사정

(iv) 기타 손해사정 업무와 관련된 서류의 작성·제출의 대행

(v) 손해사정 업무 수행과 관련된 보험회사에 대한 의견의 진술

손해사정사가 피해자를 대신하여 보험회사와 접촉하거나, 피해자와 보험회사 간의

화해에 관여하고 합의금의 일부를 수수료로 지급받는 행위는 변호사법 위반행위로서 그 업무의 범위에 포함하지 아니한다.[7]

(6) 손해사정사 등의 의무 등

1) 손해사정서 교부 및 알릴 의무

보험회사로부터 손해사정업무를 위탁받은 손해사정사 또는 손해사정업자는 손해사정업무를 수행한 후 손해사정서를 작성한 경우에 지체 없이 대통령령으로 정하는 방법에 따라 보험회사, 보험계약자, 피보험자 및 보험금청구권자에게 손해사정서를 내어주고, 그 중요한 내용을 알려주어야 한다(보험업법 제189조 제1항).

한편 보험계약자 등이 선임한 손해사정사 또는 손해사정업자는 손해사정업무를 수행한 후 지체 없이 보험회사 및 보험계약자 등에 대하여 손해사정서를 내어주고, 그 중요한 내용을 알려주어야 한다(보험업법 제189조 제2항).

2) 손해사정사 등의 금지행위

가. 의의

손해사정사 또는 손해사정업자는 손해의 산정 및 평가를 함에 있어 양심에 따라 공정한 입장에서 손해를 평가하여야 한다. 손해사정사가 손해액을 불공정하게 평가를 할 경우 보험계약자 등의 이익을 크게 침해할 우려가 있다. 따라서 보험업법은 손해사정과정에서 보험계약자 등의 부당한 이익의 침해를 방지하기 위하여 손해사정사 등에게 여러 가지 행위를 금지하고 있다.

나. 금지행위의 유형

손해사정사 또는 손해사정업자는 손해사정업무를 수행할 때 보험계약자, 그 밖의 이해관계자들의 이익을 부당하게 침해하여서는 아니 되며 다음과 같은 행위가 금지된다.

(i) 고의로 진실을 숨기거나 거짓으로 손해사정을 하는 행위

(ii) 업무상 알게 된 보험계약자 등에 관한 개인정보를 누설하는 행위

7 대법원 1994. 5. 10. 선고 94도563 판결.

(iii) 타인으로 하여금 자기의 명의로 손해사정업무를 하게 하는 행위

(iv) 정당한 사유 없이 손해사정업무를 지연하거나 충분한 조사를 하지 아니하고 손해액 또는 보험금을 산정하는 행위

(v) 보험회사 및 보험계약자 등에 대하여 이미 제출받은 서류와 중복되는 서류나 손해사정과 관련이 없는 서류 또는 정보를 요청함으로써 손해사정을 지연하는 행위

(vi) 보험금 지급을 요건으로 합의서를 작성하거나 합의를 요구하는 행위

(vii) 그 밖에 공정한 손해사정업무의 수행을 해치는 행위로서 대통령령으로 정하는 행위

다. 금지행위위반의 효과

손해사정사가 고의로 진실을 숨기거나 거짓으로 손해사정을 하는 행위를 하면 1년 이하의 징역 또는 1천만 원 이하의 벌금에 처하도록 하고 있다(보험업법 제204조 제1항).

3. 등록의 취소 등

보험계리사·선임계리사·보험계리업자·손해사정사 및 손해사정업자에 관해서는 제86조를 준용한다(보험업법 제190조).

4. 손해배상의 보장

금융위원회는 보험계리업자 또는 손해사정업자가 그 업무를 할 때 고의 또는 과실로 타인에게 손해를 발생하게 한 경우 그 손해의 배상을 보장하기 위하여 보험계리업자 또는 손해사정업자에게 금융위원회가 지정하는 기관에의 자산 예탁, 보험 가입, 그 밖에 필요한 조치를 하게 할 수 있다(보험업법 제191조).

5. 감독 및 조치

금융위원회는 보험계리사, 선임계리사, 보험계리업자, 손해사정사 또는 손해사정업자가 그 직무를 게을리하거나 직무를 수행하면서 부적절한 행위를 하였다고 인정되는 경우에는 6개월 이내의 기간을 정하여 업무의 정지를 명하거나 해임하게 할 수 있다(보험업법 제192조 제1항).

제12장

보 칙

●●● 제12장
보 칙

제1절 유사보험 감독제도

1. 서설

우리나라 보험시장은 민간보험시장, 국민건강보험 등 공공보험시장, 화물공제, 우체국보험 등 중간영역의 시장이 존재한다. 공제사업은 사망이나 재해 등 예측할 수 없는 사고가 발생한 경우 조합원이나 유족에게 경제적인 안정을 도모하기 위하여 조합원이 사전에 일정금액을 갹출하여 공동재산을 형성하고 공제사고가 발생한 때 공제금을 지급하는 사업이다. 이와 같은 공제는 운영 주체, 준거법률, 가입 대상 등에서 보험과 차이가[1] 있지만 다수의 경제주체가 갹출금을 부담하고 경제적 피해를 제거 또는 경감하는 집단적 위험분산 기능을 가지고 있다는 점에서 보험과 실질적으로 같은 성질을 가지고 있다.[2] 특히 농업공제, 수협공제, 새마을 금고 공제, 신협공제, 우체국보험은 보험가입에 있어 조합원 이외에도 일반인의 가입이 자유롭고 자산의 규모도 상당한 수준에 이르고 있는 등 민간보험회사의 보험시장을 점차 잠식하고 있다.

1 대법원 1989. 5. 9. 선고 88도1288 판결(보험사업의 범위는 그 사업의 명칭이므로 보험사업과 구별할 공제사업은 그 제도의 목적이나 기능, 그 규모나 조직, 운영방법 및 지급금액의 한도, 보험료 등을 종합적으로 보아 보험사업의 폐해방지라는 목적에 비추어 실체를 파악하여야 한다).

2 대법원 1996. 12. 10. 선고 96다37848 판결.

2. 공제사업에 대한 감독실태 및 과제

국내 공제기관들은 보험업과 동일한 사업을 영위하고 있음에도 보험업법의 적용이 배제되어 민간 보험회사와 비교해 철저한 감독을 받지 않고 있는 실정이다. 공제기관들에 대한 이러한 차별적인 우대 규제는 국내 진출 외국보험회사의 불만을 초래하고 대외압력의 빌미가 되고 있다. 그러므로 공제가입자 보호와 민간보험회사와의 공정한 경쟁을 위해서는 최소한 불특정 다수인을 가입 대상으로 하는 공제사업은 보험업법의 적용을 받도록 하여야 하고 금융감독당국의 엄격한 감독을 받도록 함이 바람직할 것으로 보인다.

3. 공제에 대한 협의요구권

보험업법에 유일한 공제 관련 규정은 공제업 영위자에 대한 기초서류 관련 협의요구권 조항이다. 동 조항에 의하면 금융위원회는 법률에 의하여 운영되는 공제업과 보험업과의 균형 있는 발전을 위하여 필요하다고 인정되는 때는 그 공제업을 영위하는 자에 대하여 기초서류에 해당하는 사항에 관한 협의를 요구할 수 있고, 그 요구를 받은 자는 정당한 이유가 없는 한 이에 응하여 할 의무가 있다(보험업법 제193조).

제2절 업무의 위임 및 위탁

1. 서설

(1) 행정권한의 위임 및 위탁

행정기관은 법령이 정하는 바에 의하여 그 소관사무의 일부를 보조기관 또는 하급행정기관에 위임하거나 다른 행정기관이나 지방자치단체 또는 그 기관에 위탁 또는 위임할 수 있다. 이 경우 위임 또는 위탁을 받은 기관은 특히 필요한 때는 법령이 정하는 바에 의하여 위임 또는 위탁을 받은 사무의 일부를 보조기관 또는 하급행정기관에 재위임할 수 있다(정부조직법 제6조).

(2) 위임과 위탁 구별

행정법관계에서는 통상적으로 위임이라 함은 각종 법률에 규정된 행정기관의 장의 권한 중 일부를 그 보조기관 또는 하급행정기관의 장이나 지방자치단체의 장에게 맡겨 그의 권한과 책임하에 행사하도록 하는 것을 말하고, 위탁이라 함은 각종 법률에 규정된 행정기관의 장의 권한 중 일부를 다른 행정기관의 장에게 맡겨 그의 권한과 책임하에 행사하도록 하는 것을 말한다(행정권한의 위임 및 위탁에 관한 규정 제2조 제1호 및 제2호). 위임과 위탁의 차이는 위임 등의 상대방이 누구냐 여부에 의하여 생긴다. 사법관계에서 위임이라 함은 민법상의 전형계약의 일종을 말한다. 그런데 행정법관계에서는 민법상의 위임과는 다른 의미로 사용되는 것으로 해석된다. 위임의 형식은 법령의 형식에 의하여 또는 지시나 지침 등을 통하여 할 수 있다. 또한 여기서의 위임·위탁은 입법의 위임과 구별되는 개념이다.

(3) 배상책임

수임 및 수탁기관의 업무처리에 위법 부당한 점이 있는 경우 그 업무처리에 관한 책임을 누가 지는지 여부가 문제될 수 있다. 수임 및 수탁사무의 처리에 관한 책임은 원칙적으로 수임기관 및 수탁기관에 있고 위임기관 및 위탁기관 장은 감독책임을 진다(행정권한의 위임 및 위탁에 관한 규정 제8조 제1항). 또한 수임 및 수탁사무에 관한 권한의 행사는 수임기관 및 수탁기관의 명의로 시행한다(행정권한의 위임 및 위탁에 관한 규정 제8조 제2항).

2. 금융감독원장에 대한 업무 위탁

(1) 의의

위임 및 위탁에 관한 보험업법의 규정을 보면 금융감독원과 보험 관련 단체를 구별하지 않고 모두 위탁이라는 표현을 사용하고 있다. 그러나 이러한 용어사용법은 행정권한의 위임 및 위탁에 관한 규정취지에 어긋나는 것이라고 할 수 있다. 금융감독원은 금융위원회의 보좌 기관 내지 보조 기관으로 볼 수 있으므로 업무의 위임이라고 하는 것이 타당하다고 생각된다.

(2) 위탁업무의 내용

1) 직접 위탁업무

보험업법에 따라 금융감독원장에게 위탁된 업무는 다음과 같은 것들이 있다(보험업법 제194조 제2항). (i) 보험중개사의 등록업무, (ii) 보험계리사의 등록업무, (iii) 보험계리를 업으로 하려는 자의 등록업무, (iv) 손해사정사의 등록업무, (v) 손해사정을 업으로 하려는 자의 등록업무.

2) 간접위탁 업무

또한 금융위원회는 보험업법에 따른 업무의 일부를 대통령령으로 정하는 바에 따라 금융감독원장에게 위탁할 수 있다(보험업법 제194조 제3항).

(3) 금융감독원장의 업무의 재위탁

금융감독원장은 업무의 일부를 대통령령으로 정하는 바에 따라 보험협회의 장, 보험요율산출기관의 장 또는 보험 관계 단체의 장, 자격검정 등을 목적으로 설립된 기관에 위탁할 수 있다(보험업법 제194조 제4항).

3. 보험협회장 등에 대한 업무 위탁

보험업법에 의하여 직접 보험협회에 위탁된 업무는 보험설계사의 등록업무, 보험대리점의 등록업무이다(보험업법 제194조 제1항).

4. 허가 등의 공고

(1) 허가 등 공고

금융위원회는 허가를 내주거나 허가를 취소한 경우에는 지체없이 그 내용을 관보에 공고하고 인터넷 홈페이지 등을 이용하여 일반인에게 알려야 한다(보험업법 제195조 제1항).

(2) 허가받은 보험회사 등 고지

금융위원회는 허가받은 보험회사, 국내사무소, 인가된 상호협정 등을 인터넷 홈페이지 등을 이용하여 일반인에게 알려야 한다(보험업법 제195조 제2항). 이러한 고지의무 규정을 둔 이유는 보험계약자 등 이해관계자로 하여금 보험회사 등이 적법하게 허가를 받아 영업을 하고 있는지 여부는 이해관계자의 중요한 관심사항이라고 볼 수 있다. 따라서 이러한 사항에 대하여 이해관계자가 용이하게 확인할 수 있는 방안이 마련되어야 한다. 이리하여 이해관계자는 보험회사 등과의 거래관계 등에 참고하고자 하는 취지에서 둔 규정이다.

(3) 등록된 보험중개사 등의 고지

금융감독원장은 등록된 보험중개사, 보험계리사 및 보험계리업자, 손해사정사 및 손해사정업자를 인터넷 홈페이지 등을 이용하여 일반인에게 알려야 한다(보험업법 제195조 제3항).

또한 보험협회는 등록된 보험대리점을 인터넷 홈페이지 등을 이용하여 일반인에게 알려야 한다(보험업법 제195조 제4항).

제3절 과징금

1. 서설

(1) 과징금의 의의

과징금이란 행정법규 위반이나 행정법상의 의무위반으로 경제상의 이익을 얻게 되는 경우에 당해 위반으로 인한 경제적 이익을 박탈하기 위하여 그 이익액에 따라 행정기관이 과하는 행정상 제재금을 말한다.[3] 판례도 과징금에 대해 원칙적으로 행정법상의 의무를 위반한 자에 대하여 당해 위반행위로 얻게 된 경제적 이익을 박탈하기 위한 목적으로

3 박균성, 『행정법론(상)』(제6판), 박영사, 2007, 502면.

부과하는 금전적인 제재라고 보고 있다.[4]

오늘날 이러한 과징금제도는 당초 도입취지를 벗어나 인가나 허가사업에 관한 법률에 의한 의무위반을 이유로 하여 당연히 당해 인가나 허가사업을 정지시켜야 할 경우에도 여러 가지 사정을 고려하여 이러한 처분을 내리지 아니하고 사업을 계속할 수 있게 하되 이에 갈음하여 사업을 계속함으로써 얻은 이익을 박탈하는 이른바 변형된 형태의 과징금을 운용하고 있다.[5] 보험업법상의 각종 과징금도 변형된 과징금으로서 성격을 가지고 있는 것들이 다수 있다.

(2) 법적 성질

과징금은 금전적 제재라는 점에서 형사벌로서의 벌금이나 행정벌로서의 과태료와 다를 바 없다. 그러나 과징금은 행정법상 의무위반 및 의무불이행에 대해 가해지는 것인 점에서 형사벌과 다르고, 행정법상 의무위반 내지 의무불이행에 대해 가해지더라도 그것은 성질상 처벌은 아니며 부당이득환수 또는 영업정지처분에 갈음하는 금전의 납부 등의 불이익의 부과라는 점에서 행정벌과 구별된다.[6] 과태료는 의무위반에 대한 벌이며 과징금은 의무이행확보수단이고, 부과 주체를 보면 과태료는 원칙적으로 법원이나 과징금은 행정기관이며 과태료는 대상 행위의 가벌성의 정도에 따라 부과 금액에 차이가 있고, 과징금은 주로 의무위반·불이행 시 예상수익 등이 고려된다. 그리고 부과처분 후 납부의무자가 불복하는 경우 과태료는 비송사건절차법, 과징금은 행정쟁송법에 의하여 절차가 진행된다.

(3) 도입연혁

우리나라에서 과징금제도는 공정거래법(1980. 12. 31. 제정 법률 제3320호)에서 최초로 도입되었다. 이러한 과징금제도는 여신전문금융업법(1998) 및 증권거래법(1999), 금융지주회사법(2000), 은행법(2002) 등 금융업 관련 법령에서도 도입되었고, 보험업법에서는 2003년 보험업법 개정 시 도입하였다. 2003년도 개정 보험업법에서는 과징금의 부과

4 대법원 2002. 5. 28. 선고 2000두6121 판결.

5 홍정선, 『행정법원론(상)』(제24판), 박영사, 2016, 714면.

6 홍정선, 앞의 책, 714면.

대상이 되는 행위는 특별이익제공행위(보험업법 제98조), 신용공여한도 초과행위(보험업법 제106조 제1항 제1호 내지 제3·5호), 채권 또는 주식의 소유한도 초과행위(보험업법 제106조 제1항 제1호 내지 제3·6호), 대주주와 거래제한 행위(보험업법 제111조 제1항) 등으로 제한되어 있었다. 그러나 2010년 개정 보험업법에서는 종래 과징금 부과 대상 행위를 포함하여 모집광고 관련 준수사항 위반행위(보험업법 제95조의4), 무자격자에 대한 모집위탁 행위(보험업법 제99조 제1항), 기초서류 변경신고 위반행위(보험업법 제127조) 등으로 확대하였다.

구체적인 과징금의 부과기준은 제재규정에서 정하고 있었으나 기초서류 관련 규제 위반의 경우에는 보험업감독규정에서 따로 규정하고 있다. 이와 같이 기초서류 관련 위반행위에 대하여 별도의 부과기준을 둔 이유는 종래의 기준에 따르면 위법행위의 정도에 비추어 과도한 과징금이 부과될 우려가 있는 점이 고려되어 위반행위자의 주관적 사정 및 위법행위의 정도, 책임 등에 상응하는 적정한 과징금이 부과될 수 있도록 한 것이다.

2. 과징금 부과 대상 행위

과징금을 부과할 수 위반행위를 위반행위의 주체에 따라 구분하면 다음과 같다(보험업법 제196조 제1항 및 제2항).

(1) 위반행위의 주체가 보험회사인 경우

(i) 제98조를 위반하여 특별이익을 제공하거나 제공하기로 약속하는 경우: 특별이익의 제공 대상이 된 해당 보험계약의 연간 수입보험료 이하

(ii) 제99조 제1항을 위반하여 모집을 할 수 있는 자 이외의 자에게 모집을 위탁한 경우: 해당 보험계약의 수입보험료의 100분의 50 이하

(iii) 업무용 부동산이 아닌 부동산(저당권 등 담보권의 실행으로 취득하는 부동산은 제외한다)을 소유하는 경우: 업무용이 아닌 부동산 취득가액의 100분의 30 이하

(iv) 제106조 제1항 제1호부터 제3호까지의 규정에 따른 신용공여 등의 한도를 초과한 경우: 초과한 신용공여액 등의 100분의 30 이하

(v) 제106조 제1항 제5호에 따른 신용공여 한도를 초과한 경우: 초과한 신용공여액 이하

(vi) 제106조 제1항 제6호에 따른 채권 또는 주식의 소유한도를 초과한 경우: 초과 소유한 채권 또는 주식의 장부가액 합계액 이하

(vii) 제110조 제1항을 위반하여 자금지원 관련 금지행위를 하는 경우: 해당 신용공여액 또는 주식의 장부가액 합계액의 100분의 30 이하

(viii) 제111조 제1항을 위반하여 신용공여를 하거나 자산의 매매 또는 교환 등을 한 경우: 해당 신용공여액 또는 해당 자산의 장부가액 이하

(ix) 제127조를 위반한 경우: 해당 보험계약의 연간 수입보험료의 100분의 50 이하

(x) 제127조의3을 위반한 경우: 해당 보험계약의 연간 수입보험료의 100분의 50 이하

(xi) 제128조의3을 위반하여 기초서류를 작성·변경한 경우: 해당 보험계약의 연간 수입보험료의 100분의 50 이하

(xii) 제131조 제2항 및 제4항에 따라 금융위원회로부터 기초서류의 변경·사용 중지 명령 또는 보험료환급·보험금증액 명령을 받은 경우: 해당 보험계약의 연간 수입보험료의 100분의 50 이하

(2) 위반행위의 주체가 소속 임직원 또는 소속 보험설계사인 경우

보험업법 제95조의2, 제96조 제1·97조 제1항을 위반한 경우에는 그 보험회사에 대하여 해당 보험계약의 수입보험료의 100분의 50 이하의 범위에서 과징금을 부과할 수 있다. 다만 보험회사가 그 위반행위를 막기 위하여 해당 업무에 관하여 상당한 주의와 감독을 게을리하지 아니한 경우에는 그러하지 아니하다(보험업법 제196조 제2항).

3. 벌칙과 과징금의 병과

보험업법 과징금 위반행위를 한 자에 대해 정상에 따라 벌칙과 과징금을 병과할 수 있도록 규정한다(보험업법 제196조 제3항). 벌칙과 과징금의 병과에 대하여 입법적 근거를 마련한 조항이다. 헌법재판소는 형사처벌 외에 과징금을 부과를 예정하고 있는 이러한 형식의 법률조항에 대한 위헌법률심판에서 합헌이라고 선언하였다. 즉, 공정거래위원회로 하여금 부당내부거래를 한 사업자에 대하여 그 매출액의 2% 범위 내에서 과징금을 부과할 수 있도록 한 것이 이중처벌금지원칙, 적법절차원칙, 비례성원칙 등에 위반되는지 여부에 대하여 소극적인 태도를 취하였다.[7]

☞ 관련 판례

(i) 자동차운수규칙 [별표 1]의 각 준수사항은 구 자동차운수사업법 제31조 제1항의 '이 법에 의거한 명령' 및 같은 법시행령 제3조 제1항 [별표 1] 제10호 (다)목 소정의 '명령'에 해당한다고 할 것이고 버스전용차로위반행위는 구 자동차운수규칙 [별표 1] 제2호 소정의 차선위반에 해당하므로 운송사업자의 전세버스가 버스전용차로를 위반하였다면 운송사업자에게 과징금을 부과할 수 있다고 할 것이고 도로교통법에서 버스전용차로를 위반한 운전자에게 범칙금을 부과하도록 규정되어 있는 것과 양립할 수 없는 것은 아니다.[8]

(ii) 자동차운수사업면허조건 등을 위반한 사업자에 대하여 행정청이 행정제재수단으로 사업 정지를 명할 것인지, 과징금을 부과할 것인지, 과징금을 부과키로 한다면 그 금액은 얼마로 할 것인지에 관하여 재량권이 부여되었다 할 것이므로 과징금부과처분이 법이 정한 한도액을 초과하여 위법할 경우 법원으로서는 그 전부를 취소할 수밖에 없고, 그 한도액을 초과한 부분이나 법원이 적정하다고 인정되는 부분을 초과한 부분만을 취소할 수 없다.[9]

(iii) 어느 동일한 행위에 대하여 구 보험업법 제111조 제1항 제2호, 제196조 제1항 제5호와 구 공정거래법 제23조 제1항 제7호, 제24조의2를 중첩적으로 적용하여 과징금을 각각 부과할 수 있다.[10]

4. 과징금 부과 및 징수절차

(1) 과징금 부과방법

보험업법 196조 제1항 내지 제3항에서 정한 위반금액의 규모에 따라 법정최고부과비율을 곱하여 법정부과한도액을 산정하고, 여기에 위반금액 규모별 기본부과율을 곱하여 기본과징금을 산정한다. 상세한 과징금 부과기준은 제재규정에서 정하고 있다(보험업법 제20조).

(2) 부과 주체

과징금은 금융위원회가 부과한다. 금융위원회의 과징금 부과처분의 법적 성질이 재량행위인지 아니면 기속행위인지 여부가 문제되나, 공정거래법 위반행위에 대한 공정거래위원회의 과징금 부과처분의 성격을 재량행위로 보고 있는 점과 비교해볼 때 금융위원회의 과징금 부과처분도 재량행위로 봄이 타당하다.[11]

7 헌법재판소 2003. 7. 24. 2001헌가25.
8 대법원 2000. 2. 8. 선고 97누3767 판결.
9 대법원 1998. 4. 10. 선고 98두2270 판결.
10 대법원 2015. 10. 29. 선고 2013두23935 판결.

(3) 과징금 부과 시 의무적 참작사유

과징금을 부과하고자 하는 경우에는 위반행위의 내용 및 정도, 위반행위의 기간 및 횟수, 위반행위로 인하여 취득한 이익의 규모를 참작하여야 한다(보험업법 제196조 제5항, 은행법 제65조의4 제1항).

☞ 관련 판례

구 독점규제및공정거래에관한법률(1999. 2. 5. 법률 제5813호로 개정되기 전의 것) 제55조의3 제1항은 공정거래위원회가 같은 법의 규정에 의한 과징금을 부과함에 있어서는 ① 위반행위의 내용 및 정도, ② 위반행위의 기간 및 회수, ③ 위반행위로 인해 취득한 이익의 규모 등을 참작하도록 하고 있으며, 그 제3항은 과징금의 부과에 관하여 필요한 사항은 대통령령으로 정하도록 하고 있으나, 같은 법 시행령(1999. 3. 31. 대통령령 제16221호로 개정되기 전의 것)은 그 부과기준에 대해서는 규정하고 있지 아니한데, 공정거래위원회는 같은 법에서 정한 과징금의 구체적인 부과액수의 산정을 위하여 내부적으로 '과징금 산정방법 및 부과지침(이하 '지침'이라 한다)'을 제정하여 시행하고 있으므로, 위 지침이 비록 공정거래위원회 내부의 사무처리준칙에 불과한 것이라고 하더라도 이는 같은 법에서 정한 금액의 범위 내에서 적정한 과징금 선정 기준을 마련하기 위하여 제정된 것임에 비추어 공정거래위원회로서는 과징금액을 산출함에 있어서 위 지침상의 기준 및 같은 법에서 정한 참작사유를 고려한 적절한 액수로 정하여야 할 것이고, 이러한 과징금 부과의 재량행사에 있어서 사실오인, 비례·평등의 원칙위배, 당해 행위의 목적위반이나 동기의 부정 등의 사유가 있다면 이는 재량권의 일탈·남용으로서 위법하다.[12]

(4) 의견 제출 기회 부여

금융위원회는 과징금을 부과하기 전에 미리 당사자 또는 이해관계인 등에게 의견을 제출할 기회를 주어야 하고, 이때 당사자 또는 이해관계인 등은 금융위원회의 회의에 출석하여 의견을 진술하거나 필요한 자료를 제출할 수 있다(보험업법 제196조 제3항, 은행법 제65조의5).

(5) 부과통지

금융위원회는 과징금을 부과하고자 하는 때는 그 위반행위의 종별과 당해 과징금의

11 대법원 2002. 9. 24. 선고 2000두1713 판결.
12 대법원 2002. 9. 24. 선고 2000두1713 판결.

금액을 명시하여 이를 납부할 것을 서면으로 통지하여야 한다(보험업법 제196조 제3항, 은행법 제65조의4 제1항, 동 시행령 제26조의2 제1항).

(6) 납부기한

과징금의 납부통지를 받은 자는 통지가 있은 날부터 60일 이내에 금융위원회가 정하는 수납기관에 과징금을 납부하여야 한다(보험업법 제196조 제3항, 은행법 제65조의4 제1항, 동 시행령 제26조의2 제2항).

5. 가산금의 징수

(1) 요건

과징금납부의무자가 납부기한 내에 과징금을 납부하지 아니한 경우에는 가산금을 징수한다(보험업법 제196조 제3항, 은행법 제65조의8 제1항).

(2) 가산금 산정기간

가산금 산정기간은 납부기한의 다음 날부터 납부한 날의 전일까지의 기간이다(보험업법 제196조 제3항, 은행법 제65조의8 제1항).

(3) 가산금

가산금은 체납된 과징금액에 연 100분의 6을 적용하여 계산한 금액이다(보험업법 제196조 제3항, 은행법 제65조의8 제1항, 동시행령 제26조의4).

(4) 독촉 및 징수

과징금납부의무자가 납부기한 내에 과징금을 납부하지 아니하는 때는 납부기한 경과 후 15일 이내에 독촉장 발부일로부터 10일 이내의 기간을 정하여 독촉을 하고, 그 지정한 기간 이내에 과징금 및 가산금을 납부하지 아니하는 때는 국세체납처분의 예에 따라 이를 징수할 수 있다(보험업법 제196조 제3항, 은행법 제65조의8 제2항, 동시행령 제26조의5).

(5) 업무위탁

금융위원회는 과징금 및 가산금의 징수 또는 체납처분에 관한 업무를 국세청장에게 위탁할 수 있다(보험업법 제196조 제3항, 은행법 제65조의8 제3항). 이때 금융위원회는 ① 금융위원회의 의결서, ② 세입징수결의서 및 고지서, ③ 납부독촉장을 첨부하여 서면으로 하여야 한다(보험업법 제196조 제3항, 은행법 제65조의8 제3항, 동 시행령 제26조의6 제1항). 국세청장은 체납처분 업무를 위탁받은 경우에는 그 사유가 발생한 날부터 30일 이내에 체납처분에 관한 업무가 종료한 경우에는 그 업무 종료의 일시 기타 필요한 사항 또는 금융위원회로부터 진행 상황에 대한 통보요청이 있는 경우에는 그 진행 상황을 금융위원회에 서면으로 통보하여야 한다(보험업법 제196조 제3항, 은행법 제65조의8 제3항, 동 시행령 제26조의6 제2항).

6. 과징금의 납부기한 연장 및 분할 납부

(1) 요건

과징금 납부의무자가 과징금의 전액을 일시에 납부하기 어렵다고 인정되는 경우이다. 구체적인 사유는 다음과 같다(보험업법 제196조 제3항, 은행법 제65조의7 제1항).

(i) 재해 등으로 인하여 재산에 현저한 손실을 입은 경우

(ii) 사업여건의 악화로 사업이 중대한 위기에 처한 경우

(iii) 과징금의 일시납부에 따라 자금사정에 현저한 어려움이 예상되는 경우

(2) 신청기한

과징금납부의무자는 과징금납부기한의 연장을 받거나 분할납부를 하고자 하는 경우에는 그 납부기한의 10일 전까지 금융위원회에 신청하여야 한다(보험업법 제196조 제3항, 은행법 제65조의7 제2항).

(3) 납부기한 연장 및 분할납부의 한계

납부기한의 연장은 그 납부기한의 다음 날부터 1년을 초과할 수 없고(보험업법 제196조 제3항, 은행법 제65조의7 제1항, 동 시행령 제26조의3 제1항), 각 분할된 납부기한간의

간격은 6월 이내로 하고, 분할횟수는 3회 이내로 한다(보험업법 제196조 제3항, 은행법 제65조의7 제1항, 동 시행령 제26조의3 제2항).

(4) 납부기한 연장 및 분할납부 결정의 취소

1) 사유(은행법제 65조의7 제3항)

(i) 분할납부 결정된 과징금을 그 납부기한 내에 납부하지 아니한 때

(ii) 담보의 변경 그 밖에 담보보전에 필요한 금융위원회의 명령을 이행하지 아니한 때

(iii) 강제집행, 경매의 개시, 파산선고, 법인의 해산, 국세 또는 지방세의 체납처분을 받는 등 과징금의 전부 또는 잔여분을 징수할 수 없다고 인정되는 때

(iv) 그 밖에 (i) 내지 (iii)에 준하는 경우로서 대통령령이 정하는 사유가 있는 때

2) 취소결정의 효과

금융위원회가 납부연장 및 분할납부 취소결정을 한 때는 과징금을 일시에 징수할 수 있다(보험업법 제196조 제3항, 은행법 제65조의7 제3항).

7. 과징금 부과처분에 대한 이의신청

금융위원회의 과징금 부과처분에 대하여 불복이 있는 자는 그 처분의 고지를 받은 날부터 30일 이내에 그 사유를 갖추어 금융위원회에 이의를 신청할 수 있다(보험업법 제196조 제3항, 은행법 제65조의6 제1항). 금융위원회는 이의신청에 대하여 30일 이내에 결정을 하여야 한다. 다만 부득이한 사정으로 그 기간 이내에 결정을 할 수 없을 경우에는 30일의 범위 내에서 그 기간을 연장할 수 있다(보험업법 제196조 제3항, 은행법 제65조의6 제2항). 이의신청에 대한 금융위원회의 결정에 대하여 불복이 있는 자는 행정심판을 청구할 수 있다(보험업법 제196조 제3항, 은행법 제65조의6 제3항). 이때 이의신청을 거치지 아니하고 곧바로 행정심판을 청구할 수 있는지 여부와 행정심판을 거치지 아니하고 곧바로 행정소송을 제기할 수 있는지 여부가 문제된다. 이의신청절차는 임의적 전치절차에 불과한 것으로 해석되고, 따라서 이의신청절차를 거치지 아니하고 행정심판이나 행정소송을 제기할 수 있다고 본다.

☞ 관련 판례

(i) 헌법재판소의 헌법불합치 결정으로 개정될 때까지 그 적용이 중지된 '구 부동산실권리자명의등기에관한법률'(2002. 3. 30. 법률 제6683호로 개정되기 전의 것) 제5조 제1항이 2002. 3. 30. 법률 제6683호로 개정된 경우, 신법 부칙 제2항 단서는 신법 제5조 제1항, 제3항을 종전의 규정에 의하여 부과된 과징금처분으로서 행정소송이 제기된 것에 대하여도 적용하도록 규정하고 있으므로, 개정된 신법 시행일 전에 구법의 규정에 의하여 부과된 과징금처분으로서 행정소송이 제기된 것에 대해서는 신법 부칙 제2항 단서에 의하여 신법과 그 시행령의 각 규정이 적용된다.[13]

(ii) 과징금을 부과할 때 법정한도액을 넘어 부과한 경우 한도초과부분만이 위법하게 되는 것이 아니라 과징금 납부명령 자체가 위법이 되어 무효가 된다.[14]

(iii) 과징금납부명령 시 새로운 자료가 나올 경우 과징금액이 변경될 수 있다고 유보한다든지 실제로 추후 새로운 자료가 나왔다고 하여 새로운 부과처분을 할 수 없다.[15]

(iv) 상법은 회사분할에 있어서 분할되는 회사의 채권자를 보호하기 위하여, 분할로 인하여 설립되는 신설회사와 존속회사는 분할 전의 회사채무에 관하여 연대책임을 지는 것을 원칙으로 하고 있으나(제530조의9 제1항), 한편으로는 회사분할에 있어서 당사자들의 회사분할 목적에 따른 자산 및 채무 배정의 자유를 보장하기 위하여 소정의 특별의결 정족수에 따른 결의를 거친 경우에는 신설회사가 분할되는 회사의 채무 중에서 출자한 재산에 관한 채무만을 부담할 것을 정할 수 있다고 규정하고 있고(제530조의9 제2항), 신설회사 또는 존속회사는 분할하는 회사의 권리와 의무를 분할계획서가 정하는 바에 따라서 승계하도록 규정하고 있다(제530조의10). 그런데 이때 신설회사 또는 존속회사가 승계하는 것은 분할하는 회사의 권리와 의무라 할 것인바, 분할하는 회사의 분할 전 법 위반행위를 이유로 과징금이 부과되기 전까지는 단순한 사실행위만 존재할 뿐 그 과징금과 관련하여 분할하는 회사에게 승계의 대상이 되는 어떠한 의무가 있다고 할 수 없고, 특별한 규정이 없는 한 신설회사에 대하여 분할하는 회사의 분할 전 법 위반행위를 이유로 과징금을 부과하는 것은 허용되지 않는다.[16]

(v) 구 보험업법(2010. 7. 23. 법률 제10394호로 개정되기 전의 것, 이하 '보험업법'이라고 한다) 제111조 제1항 제2호, 제196조 제1항 제5호(이하 '과징금 조항들'이라고 한다), 구 독점규제 및 공정거래에 관한 법률(2013. 8. 13. 법률 제12095호로 개정되기 전의 것, 이하 '공정거래법'이라고 한다) 제23조 제1항 제7호, 제24조의2의 체계와 내용, 위 법률들의 입법 취지와 목적, 대주주에 대한 일정한 자산거래 또는 신용공여를 금지하는 보험업법 규정과 특수관계인에 대한 부당지원행위를 금지하는 공정거래법 규정의 각 보호법익 등을 종합하면, 어느 동일한 행위에 대하여 과징금 조항들과 공정거래법 규정을 중첩적으로 적용하여 과징금을 각각 부과할 수 있다.[17]

13 대법원 2003. 2. 11. 선고 2001두4771 판결.
14 대법원 1998. 4. 10. 선고 98도2270 판결.
15 대법원 1995. 5. 28. 선고 99두1571 판결.
16 대법원 2007. 11. 29. 선고 2006두18928.
17 대법원 2015. 10. 29. 선고 2013두23935 판결.

제13장

벌 칙

●●● 제13장

벌 칙

제1절 서 설

보험업법은 조문구조를 보면 각 개별 조문에서 보험회사 등에 대하여 일정한 작위·부작위의무를 부과하고 있으나 그 의무 위반에 대한 효과규정은 별도로 규정하고 있지 않다. 별도의 벌칙규정에서 개별 법규 위반행위에 대한 형사처벌 등 제재규정을 두고 있다. 벌칙규정은 보험업법에서 부과하고 있는 각종의 작위의무 및 부작위 의무 위반행위에 대하여 일정한 형사적·행정적 불이익 처분을 예고하고, 처벌함으로써 행정목적을 효과적으로 달성하고자 한 것이다. 보험업법은 위반행위에 대하여 그에 대한 법률효과로서 형벌 또는 과태료를 부과할 수 있도록 규정하고 있다. 따라서 이하에서는 어떠한 보험업법 위반행위가 형벌에 해당하고, 어떠한 행위가 과태료 부과 대상 행위인지 살펴보기로 한다.

제2절 보험업법상의 형사벌칙

1. 서설

보험업법 위반행위에 대한 가장 강력한 제재수단으로 형사벌칙이 존재한다. 형사벌은 보충성의 원칙에 따라 가장 최후적 제재수단이므로 위법성의 정도가 중한 보험업법 위반행위에 대하여 가해진다.

2. 형사처벌 대상 행위

보험업법 위반행위를 불법성의 정도 및 비난가능성 등 책임의 크기 등에 따라 (i) 10년 이하의 징역 또는 5천만 원 이하의 벌금, (ii) 7년 이하의 징역 또는 4천만 원 이하의 벌금, (iii) 5년 이하의 징역 또는 3천만 원 이하의 벌금, (iv) 3년 이하의 징역 또는 2천만 원 이하의 벌금, (v) 1년 이하의 징역 또는 1천만 원 이하의 벌금 등 형량을 달리하여 규정하고 있다. 구체적으로 어떠한 행위가 형사처벌의 대상이고, 구체적인 처벌의 형량이 어떻게 되는지 여부는 보험업법 제197조에서부터 제204조의 규정에서 정하고 있다.

3. 미수범

(1) 의의

미수범이란 범죄의 실행에 착수하여 행위를 종료하지 못하였거나 행위의 결과가 발행하지 아니하여 범죄를 완성하지 못한 것을 말한다(형법 제25조). 범죄의 실현단계를 보면 범죄의사의 결정, 범죄의 실현을 위한 계획 또는 준비, 실행의 착수, 범죄의 종료 등의 절차를 거치게 된다. 미수범의 종류는 범죄의 실행에 착수한 자가 그 범죄가 완성되기 전에 자의로 이를 중지하거나 결과의 발생을 방지한 중지미수, 실행의 수단 또는 대상의 착오로 인하여 결과의 발생이 불가능하나 위험성이 있어 처벌되는 불능미수, 행위자의 의사에 반하여 범죄를 완성하지 못한 장애미수가 있다.

(2) 미수범의 처벌

미수범은 일반적으로 모두 처벌되는 것이 아니라 개별적으로 처벌규정을 둔 경우에 한하여 처벌할 수 있다. 미수범은 범죄를 완성한 기수범과 관계에서 그 처벌 범위가 문제되는데, 장애미수의 경우에는 임의적으로 감경하며, 중지미수의 형은 감경 또는 면제한다.[1] 또한 불능미수의 경우에는 임의적 감면사유에 해당한다.[2]

(3) 보험업법의 미수범 처벌조항

보험업법 제197조 및 제198조의 미수범은 이를 처벌한다(보험업법 제205조). 따라서 법 제197조 및 제198조 이외의 범죄에 대해서는 미수범은 처벌이 불가하고 기수범만이 처벌가능하다.

4. 몰수

(1) 의의

몰수는 범죄반복의 방지나 범죄에 의한 이득의 금지를 목적으로 범죄행위와 관련된 재산을 박탈하는 것을 내용으로 하는 재산형이다. 원칙적으로 다른 형에 부가하여 과하는 부가형이다.[3]

(2) 몰수의 대상

몰수의 대상은 (i) 범죄행위에 제공하였거나 제공하려고 한 물건, (ii) 범죄행위로 인하여 생하였거나 이로 인하여 취득한 물건, (iii) 범죄행위에 제공하였거나 제공하려고 한 물건, (iv) 범죄행위로 인하여 생하였거나 이로 인하여 취득한 물건의 대가로 취득한 물건의 전부 또는 일부이다.

(3) 몰수의 요건

몰수를 하기 위해서는 몰수의 대상이 범인 이외의 자의 소유에 속하지 아니하거나 범죄 후 범인 이외의 자가 정을 알면서 취득한 물건임을 요한다.

(4) 추징

몰수의 대상인 물건을 몰수하기 불가능한 때는 그 가액을 추징하고(형법 제48조 제2

1 이재상, 『형법총론』, 박영사, 2003, 382면.
2 이재상, 앞의 책, 398면.
3 이재상, 앞의 책, 560면.

항), 문서·도화·전자기록 등 특수매체기록 또는 유가증권의 일부가 몰수에 해당하는 때는 그 부분을 폐기한다(형법 제48조 제3항).

(5) 보험업법상 몰수형

보험업법 제201조 및 제203조의 경우에 법인이 수수하였거나 공여하고자 한 이익은 이를 몰수한다. 그 전부 또는 일부를 몰수할 수 없는 때는 그 가액을 추징한다(보험업법 제207조).

5. 형벌의 병과

보험업법 제197조 내지 제205조의 죄를 범한 자에게는 정상에 따라 징역과 벌금을 병과할 수 있다(보험업법 제206조).

6. 양벌규정

(1) 양벌규정의 구조

보험업법은 법인의 대표자나 법인 또는 개인의 대리인, 사용인, 그 밖의 종업원이 그 법인 또는 개인의 업무에 관하여 제200조, 제202조 또는 제204조의 어느 하나에 해당하는 위반행위를 하면 그 행위자를 벌하는 외에 그 법인 또는 개인에게도 해당 조문의 벌금형을 과한다. 다만 법인 또는 개인이 그 위반행위를 방지하기 위하여 해당 업무에 관하여 상당한 주의와 감독을 게을리하지 아니한 경우에는 그러하지 아니하다고 규정하고 있다(보험업법 제208조 제1항).

이와 같은 양벌규정은 법인이 행위자에 대한 감독의무를 고의 또는 과실로 불이행한 경우 이에 대하여 벌금형을 받을 수 있다고 규정하고 있다. 행위자인 임직원의 경우에는 고의로 보험업법 제200조, 제202조 및 제204조의 규정의 어느 하나에 해당하는 행위를 하면 각 조문에 따라 처벌된다.

(2) 양벌규정에 관한 헌법재판소 판례

단순히 법인이 고용한 종업원 등이 업무에 관하여 범죄행위를 하였다는 이유만으로 법인에 대하여 형사처벌을 과하고 있는 법률 조항에 대하여 위헌논란이 제기되어 이에 대하여 헌법재판소가 판단한 내용의 핵심내용을 보면 다음과 같다.

1) 책임주의의 선언

헌법재판소는 "책임 없는 자에게 형벌을 부과할 수 없다"라고 선언함으로써 책임주의는 형사법의 기본원리로서 헌법상 법치국가의 원리에 내재하는 원리인 동시에 국민 누구나 인간으로서 존엄과 가치를 가지고 스스로의 책임에 따라 자신의 행동을 결정할 것을 보장하고 있는 헌법 제10조의 취지로부터 도출되는 당연한 원리임을 강조하였다.[4]

2) 사용인부분과 책임주의

'종업원' 관련 부분은 법인이 고용한 종업원 등의 범죄행위에 관하여 비난할 근거가 되는 법인의 의사결정 및 행위구조, 즉 종업원 등이 저지른 행위의 결과에 대한 법인의 독자적인 책임에 관하여 전혀 규정하지 않은 채, 단순히 법인이 고용한 종업원 등이 업무에 관하여 범죄행위를 하였다는 이유만으로 법인에 대하여 형사처벌을 과하고 있는 바, 이는 다른 사람의 범죄에 대하여 그 책임 유무를 묻지 않고 형벌을 부과함으로써 법치국가의 원리 및 죄형법정주의로부터 도출되는 책임주의원칙에 반한다.

법인의 경영방침이나 주요의사를 결정하거나 그 법인의 전체 업무를 관리·감독할 수 있는 지위에 있는 기관이나 종업원 혹은 그와 같은 지위에 있는 자로부터 전권을 위임받은 대리인이 그의 권한 범위 내에서 한 행위는 그 법인의 행위와 동일시할 수 있을 것이고, 그와 같은 지위에 있는 자가 법인의 업무에 관하여 한 범법행위에 대하여 법인에게 형사책임을 귀속시키더라도 책임주의에 반한다고 볼 수 없을 것이다.

따라서 이 사건 법률조항 중 '대표자' 관련 부분과 이 사건 법률조항 소정의 대리인·사용인 기타의 종업원 중 위와 같은 자 관련 부분은 헌법에 위반되지 아니하나, 그 이외의 대리인·사용인 기타의 종업원 관련 부분은 '책임 없는 형벌 없다'는 책임원칙에 위반된다.[5]

헌법재판소는 사업주가 비난받아야 할 것인지 여부를 판단하는 기준으로 (i) 사업주가 사용인의 범죄행위에 실질적으로 가담하였거나 지시 또는 도움을 주었는가, (ii) 사업주

4 2007. 11. 29. 2005헌가10, 판례집, 제19권, 2집, 520.
5 2010. 7. 29. 2009헌가25·29·36, 2010헌가6·25(병합).

가 사업주의 업무와 관련한 사용인의 행위를 지도하고 감독하는 노력을 게을리하였는가를 제시하였다.[6]

3) 법인의 대표자 부분과 책임주의

헌법재판소는 책임주의에 근거하면서도 법인의 대표자와 관련된 양벌규정의 부분에 대해서는 법인의 면책가능성을 규정하지 않더라도 헌법위반이 아니라고 판단하고 있다. 즉, 법인은 기관을 통하여 행위하므로 법인이 대표자를 선임한 이상 그의 행위로 인한 법률효과는 법인에게 귀속되어야 하고 법인 대표자의 범죄행위에 대해서는 법인 자신이 자신의 행위에 대한 책임을 부담하여야 하는바, 법인 대표자의 법규위반행위에 대한 법인의 책임은 법인 자신의 법규위반행위로 평가될 수 있는 행위에 대한 법인의 직접책임으로서, 대표자의 고의에 의한 위반행위에 대해서는 법인 자신의 고의에 의한 책임을 대표자의 과실에 의한 위반행위에 대해서는 법인 자신의 과실에 의한 책임을 부담하는 것이다. 따라서 법인의 '대표자' 관련 부분은 대표자의 책임을 요건으로 하여 법인을 처벌하므로 책임주의원칙에 반하지 아니한다고 한다.[7]

(3) 양벌규정의 요건

1) 양벌규정의 행위 주체

가. 사용인

양벌규정에는 이익귀속의 주체와 직접행위자라는 두 사람의 행위 주체가 등장한다. 이 가운데 주된 행위 주체는 어디까지나 자연인인 직접행위자이다. 법인 또는 개인의 대표자, 대리인, 사용인 기타 종업원 등 자연인이 구성요건의 행위 주체이다. 이 경우 직접행위자를 통칭하여 사용인 또는 종업원이라고 한다. 사용인의 범위에는 사업주와 정식고용계약이 체결되어 근무하는 자뿐만 아니라 그 법인의 업무를 직접 또는 간접으로 수행하면서 사업주의 통제·감독하에 있는 자도 포함된다.[8]

6 2007. 11. 29. 2005헌가10.

7 구 농산물품질관리법 제37조 위헌제청 등, 2010. 7. 29. 2009헌가25·29·36, 2010헌가6·25(병합).

8 신동운, 『형법총론』(제9판), 법문사, 2015, 111면; 대법원 2006. 2. 24. 선고 2003도4966 판결.

나. 법인의 대표자

양벌규정의 사용인 가운데 법인의 대표자는 그 밖의 대리인, 사용인 기타 종업원과 구별되는 특수한 위치에 있다. 법인의 행위는 법인을 대표하는 자연인인 대표기관의 의사결정에 따른 행위에 의하여 실현된다. 그러므로 자연인인 대표기관의 의사결정 및 행위에 따라 법인의 책임 유무를 판단할 수 있다. 즉, 법인은 기관을 통하여 행위하기 때문에 법인이 대표자를 선임한 이상 대표자의 행위로 인한 법률효과는 법인에게 귀속된다. 그리하여 법인 대표자의 범죄행위에 대해서는 법인자신이 자신의 행위에 대한 책임을 부담하게 된다.[9] 법인의 대표자에는 그 명칭 여하를 불문하고 당해 법인을 실질적으로 경영하면서 사실상 대표하고 있는 자도 포함된다.[10]

다. 사업주

양벌규정에서 또 하나의 행위 주체는 위법행위로 인한 이익의 귀속 주체인 법인 또는 개인이다. 이 경우 이익의 귀속 주체를 통칭하여 사업주 또는 사용주라고 한다. 국가는 양벌규정의 사업주 또는 사용주에 해당하지 않는다.[11] 형벌부과의 주체인 국가가 동시에 형벌부과의 대상이 될 수 없기 때문이다. 그러나 지방자치단체는 형벌부과의 주체가 아니므로 양벌규정의 적용 대상이 된다. 양벌규정에서 이익귀속의 주체인 법인 또는 개인은 직접행위자인 사용인에게 범죄가 인정될 때 비로소 처벌된다. 다만 직접행위자인 사용인에게 존재하는 책임조각사유들은 사업주의 형사처벌에 영향을 미치지 못한다. 책임조각사유는 구체적인 행위자를 놓고 그 사람에 대한 비난가능성을 배제하는 사유이기 때문이다.[12]

2) 업무 관련성

양벌규정이 있다고 하여 사용인의 범죄행위를 이유로 사업주를 무조건 처벌하는 것은 아니다. 양벌규정은 사용인이 사업주의 업무에 관하여 행위를 할 때 비로소 적용된다. 사용인의 행위가 사업주의 업무에 관하여 행한 것으로 보기 위해서는 객관적으로 사업주

9 2010. 7. 29. 2009헌가25 등, 판례집, 제22권, 2집, 상, 183.

10 대법원 1997. 6. 13. 선고 96도1703 판결.

11 대법원 2009. 6. 11. 선고 2008도6530 판결.

12 신동운, 앞의 책, 111-112면.

의 업무를 위하여 하는 것으로 인정할 수 있는 행위가 있어야 하고 주관적으로 사용인이 사업주의 업무를 위하여 한다는 의사를 가지고 행위를 하여야 한다.[13] 사용인이 개인적인 목적으로 위법행위를 한 경우에 그 사용인을 양벌규정을 매개로 처벌하는 것은 허용되지 않는다. 양벌규정을 매개로 사용인의 개인적인 행위까지 사업주 처벌조항으로 처벌하게 된다면 양벌규정은 단순히 당해 처벌조항의 주체를 확장시키는 정도를 넘어 전혀 다른 새로운 구성요건을 창출하는 것이 되어 죄형법정주의에 위반되기 때문이다.[14]

7. 보험회사 등 법인의 형사처벌

범죄행위의 주체와 관련하여 법인의 범죄능력이 문제된다. 형법에서 행위의 주체는 원칙적으로 자연인에 한한다. 우리나라의 경우 법인의 범죄능력을 인정할 것인지 여부에 관하여 학설이 대립되어 있는데, 법인의 범죄능력을 부정하는 것이 통설[15] 및 판례[16]가 취하고 있는 태도이다. 형벌은 범죄행위를 한 자에게 그 행위에 대한 효과로서 제재를 가하는 것이기 때문에 범죄능력과 형벌능력은 일치할 것을 요한다. 그런데 각종의 행정형법에서는 행위자 이외에 법인을 처벌하는 규정을 두고 있다.

형사처벌의 대상인 행위가 그 법규에서 직접 개인에게 의무를 부여하고 이러한 의무를 이행하지 아니함을 이유로 그 개인에게 형사처벌을 하는 경우에는 벌칙적용상에 문제는 거의 발생하지 않는다. 그런데 형사처벌이 법인에게 부여된 의무를 법인의 피용자가 위반한 경우에 피용자를 벌하는 외에 그 법인도 처벌을 하는 경우가 있는데, 이에 관하여 규정하고 있는 것이 양벌규정에 관한 것이다. 형사벌칙에 해당하는 행위가 발견되면 검사가 인지하여 수사하거나 제3자의 고발에 의하여 수사를 개시하게 된다. 금융감독원은 검사 시 형사처벌 대상 행위를 적발한 경우 모두 예외 없이 고발하는 것은 아니며 사안의 경중에 따라 형사고발을 한다. 형사벌칙에 해당하는 행위가 발견되면 형사고발 조치 외에 관련자에 대하여 보험업법 제134조에 따라 보험회사 및 관련 임직원에 대해 문책 등의 징계조치가 가능하고, 보험모집종사자의 경우에는 그 경중에 따라 등록취소

13 대법원 1997. 2. 14. 선고 96도2699 판결.
14 신동운, 앞의 책, 112면.
15 이재상, 앞의 책, 93면.
16 대법원 1984. 10. 10. 선고 82도2595 판결.

처분 등이 가능하다. 회사의 합병의 경우 합병으로 인하여 소멸한 법인이 그 종업원 등의 위법행위에 대해 양벌규정에 따라 부담하던 형사책임은 합병으로 인하여 존속하는 법인에 승계되는가? 이와 관련하여 대법원은 회사합병이 있는 경우 피합병회사의 권리·의무는 사법상의 관계나 공법상의 관계를 불문하고 모두 합병으로 인하여 존속하는 회사에 승계되는 것이 원칙이지만 그 성질상 이전을 허용하지 않는 것은 승계의 대상에서 제외되어야 할 것인바, 양벌규정에 의한 법인의 처벌은 어디까지나 형벌의 일종으로서 행정적 제재처분이나 민사상 불법행위책임과는 성격을 달리하는 점, 형사소송법 제328조가 '피고인인 법인이 존속하지 아니하게 되었을 때'를 공소기각결정의 사유로 규정하고 있는 것은 형사책임이 승계되지 않음을 전제로 한 것이라고 볼 수 있는 점 등에 비추어보면 합병으로 인하여 소멸한 법인이 그 종업원 등의 위법행위에 대해 양벌규정에 따라 부담하던 형사책임은 그 성질상 이전을 허용하지 않는 것으로 합병으로 인하여 존속하는 법인에 승계되지 않는다.[17]

법인간의 공범 성립 여부에 관하여 양벌규정에 의하여 법인이 처벌받는 경우에 법인의 사용인들이 범죄행위를 공모한 후 일방 법인의 사용인은 실행행위에 직접 가담하지 아니하고, 다른 공모자인 다른 법인의 사용인만이 분담 실행한 경우에도 그 법인은 공동정범의 죄책을 면할 수 없다.[18]

법인격 없는 사단에 대하여서도 양벌규정을 적용할 것인가에 관해서는 아무런 명문의 규정을 두고 있지 아니하므로 죄형법정주의 원칙상 법인격 없는 사단에 대해서는 처벌할 수 없고 나아가 법인격 없는 사단에 고용된 사람이 유상운송행위를 하였다 하여 법인격 없는 사단의 구성원 개개인이 개인의 지위에 있다 하여 처벌할 수도 없다.[19]

법인은 기관을 통하여 행위하므로 법인이 대표자를 선임한 이상 그의 행위로 인한 법률효과는 법인에게 귀속되어야 하고, 법인 대표자의 범죄행위에 대해서는 법인 자신이 책임을 져야 하는바, 법인 대표자의 법규 위반행위에 대한 법인의 책임은 법인 자신의 법규 위반행위로 평가될 수 있는 행위에 대한 법인의 직접 책임으로서 대표자의 고의에 의한 위반행위에 대해서는 법인 자신의 고의에 의한 책임을 대표자의 과실에 의한 위반행위에 대해서는 법인 자신의 과실에 의한 책임을 지는 것이다.[20]

17 대법원 2007. 8. 23. 선고 2005도4471 판결.
18 대법원 1983. 3. 22. 선고 81도2545 판결.
19 대법원 1995. 7. 28. 선고 94도3325 판결.

8. 형사처벌 사례

(1) 보험회사의 1인 주주가 회사의 재산을 부당히 감소시킨 경우, 구 보험업법 위반(배임)죄의 성부와 관련하여 1인 주주의 회사라 할지라도 법인격을 가진 영리법인과 그 이윤귀속 주체인 주주와를 동일시할 수 없을 뿐 아니라 특히 보험회사에 관해서는 보험계약자, 피보험자 기타 이해관계인의 이익을 보호하기 위하여 자본금의 법정최저한도, 재무부장관의 보험회사에 대한 업무 기타 재산상태 심사권, 이익배당의 제한 등 보험업법상 일정한 법적규제를 가하고 있는 점 등에 비추어 보험회사의 부당한 재산 감소를 그 1인주주 자신의 재산 감소와 동일한 것으로 볼 수 없으므로 위 1인주주의 회사재산 부당감소 행위는 구 보험업법(1971. 1. 19. 법률 제2288호) 위반(배임)죄에 해당한다.[21]

(2) 보험업을 영위하는 상법상 회사의 임원 등이 구 보험업법(1971. 1. 19. 법률 제2288호) 제130조 제1항 소정의 배임죄의 주체가 될 수 있는지 여부에 대해 구 보험업법(1971. 1. 19. 법률 제2288호) 제130조 제1항의 규정을 보면 동조 소정의 배임죄의 주체는 상법상 회사가 아닌 보험관리인, 보험계리인, 상호회사의 발기인, 이사 기타 임원 등임을 명시하고 있으므로 보험업을 영위하는 상법상 회사의 임원 등은 상법 제622조 소정의 특별배임죄의 주체가 됨은 별론으로 하고 위 법 제130조 제1항 소정의 배임죄의 주체가 될 수는 없다.[22]

(3) 재무부 보험과장이 보험회사 주식인수 등에 대한 노력의 대가의 취지로 금원을 수취한 경우 직무에 관하여 뇌물을 수수한 경우에의 해당 여부에 대해 보험회사의 감독관청인 재무부의 보험과장으로서 보험회사의 감독에 관한 실무책임을 지고 있던 피고인이 상피고인이 보험회사의 주식 등을 금 2억 5천만 원으로 인수할 수 있도록 많은 노력을 기울여준 데 대한 대가의 취지와 앞으로도 동 보험회사의 운영과정에서 감독관청의 실무책임자로서 계속적인 선처를 바란다는 취지에서 위 상피고인이 제공하는 금원을 수취하였다면 피고인은 그 직무에 관하여 뇌물을 수수한 경우에 해당한다.[23]

---

20 대법원 2010. 9. 30. 선고 2009도3876 판결.

21 서울고법 1983. 2. 2. 선고 74노211 제1형사부 판결.

22 대법원 1984. 7. 24. 선고 83도830 판결.

(4) 보험업법 위반 여부에 대하여 처벌사례를 보면 무허가 보험업을 영위한 것에 대한 처벌사례들이 다수가 발견된다. 몇 가지 판례를 보면 다음과 같다.

1) 교통범칙금 보상업의 보험업 해당 여부: 유사수신 행위의 규제에 관한 법률의 입법취지, 같은 법 제2조 제4호 규정의 입법의도 및 규정형식 등을 종합하여보면, 같은 법 제2조 제4호 소정의 '유사수신행위'라 함은 "보험업법 제5조 제1항의 규정에 의한 금융감독위원회의 허가를 받지 아니하고 실질적으로 보험사업을 하여 회비 등의 명목으로 금전을 수입함으로써 불특정다수인으로부터 자금을 조달하는 것을 업으로 하는 행위"를 말한다. 또한 보험사업이라 함은 같은 위험에 놓여 있는 다수의 보험가입자로부터 위험을 인수하여 그 대가로서 위험률에 따른 보험료를 받아 이를 관리·운영하고, 그 가입자에게 불확정한 사고가 생길 때는 일정한 보험금액 기타의 급여를 지급하는 것을 내용으로 하는 사업으로서, 보험사업의 범위는 그 사업의 명칭이나 법률적 구성형식에 구애됨이 없이 그의 실체 내지 경제적 성질을 실질적으로 고찰하여 판단하여야 한다. 따라서 교통범칙금 상당액을 보상해주기로 약정하고 연회비를 납부받은 영업행위가 실질적으로 무허가 보험사업으로 유사수신 행위의 규제에 관한 법률 제2조 제4호 소정의 '유사수신행위'에 해당한다.[24]

2) 상조회의 보험업 해당 여부: 상조회의 상조사업은 동질적인 경제상의 위험에 놓여 있는 다수 회원이 사망이라는 우연한 사고가 발생한 경우의 재산상의 수요를 충족시키기 위하여 입회비, 상조회비라는 명목으로 일정한 금액을 출연시키고 사고가 발생한 때 일정한 금액을 지급한다는 점에서 실질적으로는 보험사업을 영위한 것이다. 따라서 허가 없이 대한종합복지상조회를 조직하여 상조사업을 영위한 것을 보험업법 위반행위에 해당한다.[25] 또한 보험사업을 규제하는 보험업법의 정신에 비추어볼 때 보험사업의 범위는 그 사업의 명칭이나 법률적 구성형식에 구애됨이 없이 그의 실체 내지 경제적 성질을 실질적으로 고찰하여 해석하여야 할 것인바, 피고인이 운영한 이 사건 상조사업은 실질적인 면에서 고찰할 때 동질적인 경제상의 위험에 놓여 있는 다수의 회원이 사망이라는 우연한 사고가 발생한 경우의 재산상의 수요를 충족시키기 위하여 가입회비, 상조비라는 명목으로 일정한 금액

23 대법원 1984. 7. 24. 선고 83도830 판결.
24 대법원 2001. 12. 24. 선고 2001도205 판결.
25 대법원 1993. 3. 9. 선고 92도3417 판결.

을 출연하고 사고가 발생할 때 상조부의금의 명목으로 일정한 금액을 지급한다는 점에서 그 사업명칭이나 출연 또는 지급금의 명칭에 불구하고 보험사업을 영위한 것이라고 하여야 할 것이므로 피고인이 허가 없이 위 상조사업을 영위한 것은 보험업법 위반행위에 해당한다고 할 것이라고 판시하였다.[26]

제3절 과태료 부과제도

1. 서설

(1) 의의

행정질서벌이란 행정법규 위반에 대하여 과태료가 과하여지는 행정벌이다. 행정질서벌인 과태료는 형벌과는 그 성질을 달리한다. 일반적으로 행정형벌은 행정목적을 직접적으로 침해하는 행위에 대하여 과하여지고 행정질서벌은 정보제공적 신고의무 위반과 같이 행정목적을 간접적으로 침해하는 행위에 대하여 과하여진다.[27] 과태료는 일종의 금전벌인 점에서 실질적으로는 형법상의 형벌인 벌금 및 과료와 같으나 형식적으로는 형벌이 아닌 점에서 이들과 구별되며 형벌이 아니기 때문에 형법총칙의 적용을 받지 않는다.[28] 또한 행정질서벌의 경우 행위자가 행정질서벌을 위반하는 행위를 함에 있어 고의·과실을 요하지 않는다. 판례도 과태료와 같은 행정질서벌은 행정질서유지를 위한 의무의 위반이라는 객관적 사실에 대하여 과하는 제재이므로 반드시 현실적인 행위자가 아니라도 법령상 책임자로 규정된 자에게 부과되고, 원칙적으로 위반자의 고의·과실을 요하지 아니하나, 위반자가 그 의무를 알지 못하는 것이 무리가 아니었다고 할 수 있어 그것을 정당시할 수 있는 사정이 있을 때 또는 그 의무의 이행을 그 당사자에게 기대하는 것이 무리라고 하는 사정이 있을 때 등 그 의무 해태를 탓할 수 없는 정당한 사유가 있는 때는 이를 부과할 수 없다고 하여 동일한 태도를 취하고 있다.[29]

26 대법원 1990. 6. 26. 선고 89도2537 판결.
27 박균성, 『행정법론(상)』(제9판), 박영사, 2010, 538면.
28 박윤흔, 『행정법강의(상)』, 박영사, 1999, 625면.
29 대법원 2000. 5. 26. 선고 98두5972 판결

(2) 형법총칙의 적용문제

보험업법에서는 동법 제197조부터 제205조까지에 규정된 죄를 범한 자에게는 정상에 따라 징역과 벌금을 병과할 수 있다고 직접적으로 규정하고 있으나(보험업법 제206조), 행정형벌과 과태료의 병과에 관해서는 특별한 규정을 두고 있지 않다. 이에 관하여 판례는 행정형벌과 행정질서벌의 병과가능성 관련하여 피고인이 행형법에 의한 징벌을 받아 그 집행을 종료하였다고 하더라도 행형법상의 징벌은 수형자의 교도소 내의 준수사항 위반에 대하여 과하는 행정상의 질서벌의 일종으로서 형법 법령에 위반한 행위에 대한 형사책임과는 그 목적, 성격을 달리하는 것이므로 징벌을 받은 뒤에 형사처벌을 한다고 하여 일사부재리의 원칙에 반하는 것은 아니라고 보았다.[30]

(3) 형벌과 과태료

형벌법규가 초래하는 전과자의 양산을 우려하여 근래에는 형벌법규를 비형벌법규로 대체하려는 움직임이 활발하다. 형벌법규의 비범죄화에 있어서 크게 주목되는 것은 과태료 규정의 활용이다. 과태료는 행정기관이 규범위반자에게 가하는 금전적 제재이다. 과태료는 상대방에게 금전적 불이익을 부과하는 것이지만 형벌의 일종인 벌금 자체는 아니다. 이 점에서 과태료납부자는 수형자가 아니며 따라서 전과자로도 되지 않는다. 과태료는 형벌의 일종인 벌금과 엄밀히 구별된다. 과태료는 어디까지나 행정상의 제재처분이기 때문이다. 그러나 금전적 불이익을 과한다는 점에서는 형사처벌과 유사한 점이 적지 않다. 과태료의 이러한 특징을 고려하여 2008년부터 질서위반행위규제법이 시행되고 있다.

2. 과태료 부과 대상 행위

보험업법은 위법행위의 정도와 사회적 비난 가능성 등에 비례하여 (i) 5천만 원 이하의 과태료, (ii) 2천만 원 이하의 과태료, (iii) 1천만 원 이하의 과태료, (iv) 5백만 원 이하의 과태료 등으로 차등화 하여 규정하고 있다. 구체적인 과태료 부과 대상 행위 및 부과금액은 보험업법 제209조에서 규정하고 있다.

30 대법원 2000. 10. 27. 선고 2000도3874 판결.

3. 과태료 부과

(1) 의의

과태료는 행정질서의 유지를 위하여 행정법규위반이라는 객관적 사실에 대하여 과하는 제재로서 행정질서벌의 일종이다. 과태료도 일종의 처벌이므로 법률이 정하는 절차에 따라 과하여야 함은 당연하다.[31] 보험업법 위반에 따른 과징금은 금융위원회가 부과 징수한다(보험업법 제209조 제5항).

(2) 법적용의 시간적 적용 범위

질서위반행위의 성립과 과태료의 처벌은 행위 시의 법률에 따른다고 규정함으로써 죄형법정주의 한 원칙인 행위시법주의를 명문화해놓고 있다(질서위반행위규제법 제3조 제1항). 또한 속인주의와 속지주의 원칙에 따라 대한민국 영역 밖에서 우리 국민이 질서위반행위를 한 경우에도 적용되며 대한민국 영역 밖의 선박 또는 항기 안에서 질서위반 행위에 대해서도 적용된다(질서위반행위규제법 제3조 제2항 및 제3항).

(3) 과태료 부과 요건

1) 고의 또는 과실에 의한 위반행위

종래 판례에서는 과태료 위반행위에 대하여 고의 또는 과실이 필요한지 여부와 관련하여 과태료와 같은 행정질서벌은 행정질서 유지를 위하여 행정법규 위반이라는 객관적 사실에 대하여 과하는 제재이므로 반드시 현실적인 행위자가 아니라도 법령상 책임자로 규정된 자에게 부과되고 또한 특별한 규정이 없는 한 원칙적으로 위반자의 고의·과실을 요하지 아니한다.[32] 과태료는 원칙적으로 위반자의 고의·과실을 요하지 아니하나, 위반자가 그 의무를 알지 못하는 것이 무리가 아니었다고 할 수 있어 그것을 정당시할 수 있는 사정이 있을 때 또는 그 의무의 이행을 그 당사자에게 기대하는 것이 무리라고 하는 사정이 있을 때 등 그 의무 해태를 탓할 수 없는 정당한 사유가 있는 때는 이를

31 박윤흔, 앞의 책, 625면.

32 대법원 1994. 8. 26. 선고 94누6949 판결.

부과할 수 없다.[33] 그러나 이러한 판결이 있은 후 2007. 12. 21. 법률 제8725호로 제정된 질서위반행위규제법에서는 과태료의 부과를 위해서는 고의 또는 과실이 필요하다고 규정하고 있는바(질서위반행위규제법 제7조), 동 규정의 제정에 따라 앞으로 판례의 변경이 예상된다.

2) 위법성의 인식

질서위반행위가 성립하려면 자신의 행위가 위법하다고 인식하여야 한다. 즉, 위법성이 인식이 있어야 한다. 만약 자신의 행위가 위법하지 않다고 오인하고 행한 질서위반행위는 그 오인에 정당한 사유가 있는 경우에 과태료를 부과하지 않는다(질서위반행위규제법 제8조).

3) 책임능력 등

형사처벌과 마찬가지로 질서위반행위에 있어서도 14세가 되지 아니한 자의 행위에 대해서 과태료를 부과하지 않는다(질서위반행위규제법 제9조). 또한 심신장애로 인하여 행위의 시비를 판단할 능력이 없거나 그 판단에 따른 행위를 할 능력이 없는 자도 과태료를 부과하지 않는다(질서위반행위규제법 제10조 제1항). 심신장애로 인하여 시비를 판단할 능력이 미약한 자에 대해서는 과태료를 감경한다(질서위반행위규제법 제10조 제2항). 다만 형법상의 원인에 있어서의 자유로운 행위와 같이 행위자가 스스로 심신장애상태를 야기하여 질서위반행위를 한 경우에는 과태료 부과를 면제하거나 감경하지 않는다(질서위반행위규제법 제10조 제3항).

(4) 과태료부과 제척기간

질서위반행위가 종료된 날로부터 5년이 경과한 경우에는 질서위반행위에 대하여 과태료를 부과할 수 없다(질서위반행위규제법 제19조 제1항). 과태료의 부과에 따른 법원의 결정이 있는 경우에는 그 결정이 확정된 날부터 1년이 경과하기 전까지는 과태료를 정정부과 하는 등 해당결정에 따른 필요한 처분을 할 수 있다(질서위반행위규제법 제19

33 대법원 2000. 5. 26. 선고 98두5972 판결.

조 제2항). 종래 판례는 과태료의 제재는 범죄에 대한 형벌이 아니므로 그 성질상 처음부터 공소시효(형사소송법 제249조)나 형의 시효(형법 제78조)에 상당하는 것은 있을 수 없고, 이에 상당하는 규정도 없으므로 일단 한번 과태료에 처해질 위반행위를 한 자는 그 처벌을 면할 수 없는 것이며, 예산회계법 제96조 제1항은 "금전의 급부를 목적으로 하는 국가의 권리로서 시효에 관하여 다른 법률에 규정이 없는 것은 5년간 행사하지 아니할 때는 시효로 인하여 소멸한다"라고 규정하고 있으므로 과태료 결정 후 징수의 시효, 즉 과태료 재판의 효력이 소멸하는 시효에 관해서는 국가의 금전채권으로서 예산회계법에 의하여 그 기간은 5년이라고 할 것이지만, 위반행위자에 대한 과태료의 처벌권을 국가의 금전채권과 동일하게 볼 수는 없으므로 예산회계법 제96조에서 정해진 국가의 금전채권에 관한 소멸시효의 규정이 과태료의 처벌권에 적용되거나 준용되지는 않는다고 판시하고 있었다.[34]

(5) 수개의 질서위반행위의 처리

하나의 행위가 둘 이상의 질서위반행위에 해당하는 경우에는 각 질서위반행위에 대하여 정한 과태료 중 가장 중한 과태료를 부과한다(질서위반행위규제법 제13조 제1항). 그러나 두 개 이상의 질서위반행위가 경합하는 경우에는 각 질서위반행위에 대하여 정한 과태료를 각각 부과한다. 다만 다른 법령에 특별한 규정이 있는 경우에는 그 법령에 따른다(질서위반행위규제법 제13조 제1항).

(6) 과태료 부과 대상자

법인의 대표자, 법인 또는 개인의 대리인·사용인 및 그 밖의 종업원이 업무에 관하여 법인 또는 그 개인에게 부과된 법률상의 의무를 위반한 때는 법인 또는 그 개인에게 과태료를 부과한다(질서위반행위규제법 제11조 제1항). 또한 2인 이상이 질서위반행위에 가담한 때는 각자가 질서위반행위를 한 것으로 본다(질서위반행위규제법 제12조 제1항). 신분에 의하여 성립하는 질서위반행위에 신분이 없는 자가 가담한 때는 신분이 없는 자에 대하여도 질서위반행위가 성립한다(질서위반행위규제법 제12조 제2항). 신분

34 대법원 2000. 8. 24. 2000마1350 결정.

에 의하여 과태료를 감경 또는 가중하거나 과태료를 부과하지 아니하는 때는 그 신분의 효과는 신분이 없는 자에게는 미치지 아니한다(질서위반행위규제법 제12조 제3항).

(7) 과태료의 산정

행정청 및 법원은 과태료를 정함에 있어 질서위반행위의 동기·목적·방법·결과, 질서위반행위 이후의 당사자의 태도와 정황, 질서위반행위자의 연령·재산상태·환경, 그 밖에 과태료의 산정에 필요하다고 인정되는 사유 등을 참작하여야 한다(질서위반행위규제법 제14조). 과태료의 액수를 정하는 것은 역시 그것이 의무위반행위와 그에 대한 책임이 현저하게 균형을 잃게 되고 이로 인하여 다른 행정법규 위반자와의 사이에서 헌법상의 평등의 원리에 위반하게 된다거나 그 목적을 달성함에 있어 필요한 정도를 일탈함으로써 헌법 제37조 제2항으로부터 파생되는 비례의 원칙 혹은 과잉금지의 원칙에 위반하는 것으로 평가되는 등 헌법재판소가 관여할 정도로 입법재량을 현저히 불합리하게 또는 자의적으로 행사한 것이라 단정할 정도로 높지 않은 한 입법재량에 속하는 문제이다.[35]

과태료는 행정목적을 간접적으로 침해하는 행위에 대해 제재를 통한 억지가 그 주된 목적이고, 국민에게 불이익을 주는 제재수단이므로 구체적인 과태료 금액은 헌법상의 자기책임의 원리 및 과잉금지의 원칙에 비추어 위반행위의 불법성과 위반행위자의 책임성 및 일반예방 및 특별예방필요에 비례적으로 정해져야 한다. 대법원도 과태료 액수를 정함에 있어 제재수단으로 달성하려는 행정목적을 저해하는 정도를 구체적으로 고려하여 과태료의 액수가 정해져야 한다고 판시하였다.[36]

과태료의 액수가 제공받은 금액 또는 음식물·물품 가액의 '50배'에 상당하는 금액으로서 그와 같은 액수의 과태료가 일반 유권자들에게 소액의 경미한 제재로 받아들여질

35 헌법재판소 1998. 5. 28. 96헌바83, 판례집 10-1, 624, 636; 헌법재판소 2004. 2. 26. 2002헌바97, 판례집 16-1, 272, 281.

36 법 제36조 제5항이 불출석 또는 증언거부를 한 증인에 대하여 과태료를 부과하도록 한 목적은 증인의 지방의회에의 자발적인 출석과 증언을 유도함과 동시에 불출석하거나 증언을 거부한 증인에 대하여 제재를 가함으로써 지방의회의 조사 및 감사활동의 원활한 수행을 도모하기 위한 데 있다 할 것이므로, 과태료의 액수는 출석과 증언을 요구하게 된 당해 조사 및 감사활동의 중요성, 그 조사 및 감사활동에 있어서 그 증인이 차지하는 비중 및 관련의 정도, 불출석과 증언거부가 지방의회의 조사 및 감사활동에 지장을 초래한 정도, 그 불출석의 횟수나 증언 거부의 정도 등에 의하여 구체적으로 양정되어야 할 것이고, 단순히 불출석하거나 증언을 거부한 자의 신분이나 지위가 높다는 사실만으로 일률적으로 보다 무거운 과태료의 제재를 가하여야 할 합리적인 근거는 없다고 할 것이다(대법원 1997. 4. 1.(31), 956).

수도 없고, 소액의 기부행위를 효과적·실질적으로 근절하기 위하여 형사처벌 조항인 공직선거법 제257조 제2항에 비하여 경미한 사안에 대하여 적용되는 것이라 할 것인데, 공직선거법 제257조 제2항에서 정한 법정형 중 벌금형의 상한이 500만 원인 데 반하여 이보다 경미한 사안, 예컨대 제공받은 금액 또는 음식물·물품 가액이 100만 원인 경우에는 과태료의 액수가 벌금형의 상한인 500만 원의 10배에 해당하는 5천만 원이 되므로 이러한 차이는 행정형벌과 행정질서벌이라는 본질적 차이를 고려하더라도 쉽게 정당화될 수 없다.[37]

(8) 과태료 부과 및 징수

과태료의 부과 징수 절차는 사전통지 및 의견제출(질서위반행위규제법 제16조), 과징금 부과(질서위반행위규제법 제16조), 이의제기(질서위반행위규제법 제16조), 법원에 통보(질서위반행위규제법 제16조), 행정청에 통보사실 통보(질서위반행위규제법 제16조), 심문(질서위반행위규제법 제16조), 과태료 결정 재판(질서위반행위규제법 제16조) 등의 절차로 진행된다.

(9) 과태료 처분에 대한 불복 절차

1) 이의제기

과태료 부과통지를 받은 날로부터 60일 이내에 해당 기관에, 즉 금융위원회에 서면으로 이의제기를 할 수 있다(질서위반행위규제법 제20조 제1항). 이의 제기가 있으면 행정청의 과태료 부과처분은 그 효력을 상실한다(질서위반행위규제법 제20조 제2항). 이의제기에 따른 통지를 받기 전에는 당사자는 서면으로 이의제기를 철회할 수 있다(질서위반행위규제법 제20조 제3항).

2) 통보

이의제기를 받은 행정청은 이의제기를 받은 날로부터 14일 이내에 이에 대한 의견 및 증빙서류를 첨부하여 관한 법원에 통보하여야 한다(질서위반행위규제법 제21조 제1

37 헌법재판소 2009. 3. 26. 2007헌가22 전원재판부.

항). 그리고 이러한 사실을 당사자에게 통지하여야 한다(질서위반행위규제법 제21조 제3항).

3) 심문

법원은 심문기일을 열어 당사자의 진술을 들어야 한다(질서위반행위규제법 제31조 제1항). 법원은 검사의 의견을 구하여야 하고, 검사는 심문에 참여하여 의견을 진술하거나 서면으로 의견을 제출하여야 한다(질서위반행위규제법 제31조 제2항). 법원은 당사자 및 검사에게 심문기일을 통지하여야 한다(질서위반행위규제법 제31조 제3항).

4) 재판

과태료 재판은 이유를 붙인 결정으로써 한다(질서위반행위규제법 제36조 제1항). 결정서의 원본에는 판사가 서명 날인하여야 한다. 다만 이의제기서 또는 조서에 재판에 관한 사항을 기재하고 판사가 이에 서명 날인함으로써 원본에 갈음할 수 있다(질서위반행위규제법 제36조 제2항).

5) 결정의 고지

결정은 당사자와 검사에게 고지함으로써 효력이 생긴다(질서위반행위규제법 제37조 제1항). 결정의 고지는 법원이 적당하다고 인정하는 방법으로 한다. 다만 공시송달을 하는 경우에는 민사소송법에 따라야 한다(질서위반행위규제법 제37조 제2항). 법원사무관 등은 고지의 방법·장소와 연월일을 결정서의 원본에 부기하고 이에 날인하여야 한다(질서위반행위규제법 제37조 제3항).

6) 항고

당사자와 검사는 과태료 재판에 대하여 즉시 항고를 할 수 있다. 이 경우 항고는 집행정지의 효력이 있다(질서위반행위규제법 제38조 제1항).

7) 집행

과태료 재판은 검사의 명령으로써 집행한다. 이 경우 그 명령은 집행력 있는 집행권원과 동일한 효력이 있다(질서위반행위규제법 제42조 제1항). 검사는 과태료를 최초 부과한 행정청에 대하여 과태료 재판의 집행을 위탁할 수 있고, 위탁을 받은 행정청은 국세 또는 지방세 체납처분의 예에 따라 집행한다(질서위반행위규제법 제43조 제1항).

(10) 과태료 부과사례

1) 기초서류 변경신고의무 위반

(i) 2006년 12월 31일~2008년 12월 1일 기간 중 □□전자(주) 및 △△생명보험(주)와 각각 생산물종합보험 및 회사금융종합보험 계약 총 7건을 체결하면서 해당 기초서류에 없는 보험료환급조항(no claim bonus)을 추가하고도 금융감독원에 기초서류 변경내용을 제출하지 아니하였다.[38] 이에 대해 금융위원회는 ○○화재의 2개 상품의 기초서류 변경신고의무 위반과 관련하여 최근 금융위원회(2010. 11. 19.)에서 상품별로 1개의 위반행위로 보아 과태료 부과하였다(7.5백만 원×2건=15백만 원). 특히 본 건의 경우 시기(2006. 12. 및 2007. 12.)를 달리하여 각각 별개의 보험상품에 동 특약을 추가하고 이러한 변경사실을 제출하지 아니한 것인바, 신고의무의 발생시기가 서로 다르고 변경내용의 밀접한 관련성도 인정하기 곤란하여 각 개별 상품단위별로 위반행위의 수를 산정하였다.

(ii) 2006년 3월 17일 (무)□□보험에 대한 기초서류를 변경 신고하면서, 동 상품의 최초 신고 시(2002. 4. 18.) 금융감독원의 요구로 사업방법서에 기재된 사항(중대한 질병 및 수술 발생률은 3년마다 재산출하여 신계약에 적용함 등)을 사업방법서에서 삭제하고도 보험상품신고서상에는 변경사항이 없는 것으로 하여 신고하는 등 기초서류 변경에 따른 신고의무를 이행하지 아니 하였다. 이에 대해 금융위원회는 보험업법 제127조에 따른 기초서류 변경 사전 신고의무를 미이행한 책임을 물어 과태료 1,000만 원을 부과하였다. 이 건의 경우 관련 보험상품이 하나의 상품으로서 전형적인 1개의 위반행위에 해당한다.

2) 모집 관련 준수사항 위반

(i) 갱신계약 시 보험료가 인상될 수 있다는 보험계약의 중요내용을 표준상품설명대본

38 우량단체환급특약(손해율에 따라 보험계약자에게 환급), 동 특약은 다른 상품에 일괄하여 영향을 미치는 변경사항이 아니며 보험회사가 원하는 상품에 덧붙여 사용할 수 있는 특약이다.

(상품설명대본 및 청약녹취대본)에 기재하지 않은 채 실제보험계약 체결 시 계약자에게 동 내용을 제대로 안내하지 않음에 따라 이와 관련한 다수 민원발생을 초래하였고 관련 계약 193,447건 중 894건의 청약 녹취내용을 확인해본 결과, 갱신보험료의 변동 또는 인상가능성에 대해 제대로 알리지 아니한 불완전판매계약이 769건(86.0%)에 달하고 있다.[39] 이에 대해 보험업법 제97조 위반으로 보험모집종사자에게 과태료를 부과하여야 하나 보험회사의 관리자에게 감독책임을 물어서 견책 조치 등을 취하였다.

(ii) 암발생 증가 추세[40] 및 갱신 시 나이 증가 등에 따라 갱신보험료 인상을 예상할 수 있었음에도 상품안내장에 가입당시의 최초 보험료만 예시하고 갱신보험료 인상 가능성에 대해 명확하게 기재하지 않았다.[41] 이에 대해 보험업법 제95조 위반에 해당하여 과태료 부과 대상이나 경미한 사항으로 보아 과태료 부과는 생략하였고, 행위자에 대하여 주의 조치하였다.

39 갱신보험료에 대해 전혀 설명하지 않은 경우가 148건(16.6%), 갱신보험료가 변동하지 않는다고 설명한 경우가 3건(0.3%), 특정금액을 언급하며 소액 인상된다고 설명하거나 혹은 약간 인상될 수 있다고 설명한 경우가 29건(3.3%), 갱신보험료가 인상될 수 있다는 구체적인 설명 없이 변동된다고만 설명한 경우가 589건(65.9%)이다.

40 암으로 인한 사망률(인구 10만 명당): 110.8명(1995) → 134.5명(2005)

41 "갱신 시에는 갱신 시 나이에 해당하는 보험요율을 갱신 시점에 새로 산출하여 적용하므로 납입보험료 및 해약환급금이 변경된다"라고만 기재, 2005. 12. 1. 제작 이후 2006. 5. 29. 수정 조치하였다.

참고문헌

강병호, 『금융기관론』(제14판), 박영사, 2008.

곽윤직, 『채권각론』(제6판), 박영사, 2000.

김건식 · 정순섭, 『자본시장법』(제2판), 두성사, 2010.

김동희, 『행정법 I』(제22판), 박영사, 2016.

김삼수, 『한국사회경제사연구』, 박영사, 1964.

김준호, 『민법강의』(제22판), 법문사, 2016.

김창기, 『보험학원론』, 문우사, 2015.

노상봉, 『보험업법해설』, 매일경제신문사, 1998.

박균성, 『행정법론(상)』(제6판), 박영사, 2007.

박균성, 『행정법론(상)』(제9판), 박영사, 2010.

박세민, 『보험법』, 박영사, 2011.

박윤흔, 『행정법강의(상)』, 박영사, 1999.

성대규, 『보험업법』(개정판), 두남, 2012.

성대규 · 안종민, 『한국보험업법』(개정2판), 두남, 2015.

송덕수, 『신민법강의』(제4판), 박영사, 2011.

송덕수, 『신민법강의』(제9판), 박영사, 2016.

송옥열, 『상법강의』(제2판), 홍문사, 2012.

송옥열, 『상법강의』(제5판), 홍문사, 2015.

신동운, 『형법총론』(제9판), 법문사, 2015, 111면

양승규, 『보험법의 법리』, 삼지원, 2000.

양승규, 『보험법』(제5판), 삼지원, 2004.

양승규 · 장덕조, 『보험법의 쟁점』, 법문사, 2000.

오준근, 『행정절차법』, 삼지원, 1998.

유관우 · 이현열, 『인보험약관해석』, 엘림 G&P, 2006.

이경룡, 『보험학원론』, 영지문화사, 2003.

이용석, 『최신보험업법』, 두남, 2011.

이은영, 『약관규제론』, 박영사, 1984.

이재상, 『형법총론』, 박영사, 2003.
이철송, 『회사법강의』(제18판), 박영사, 2010.
이철송, 『회사법강의』(제23판), 박영사, 2015.
이철송, 『회사법강의』(제28판), 박영사, 2020.
임재연, 『미국증권법』, 박영사, 2009.
임재연, 『자본시장법』, 박영사, 2012.
장덕조, 『보험법』, 법문사, 2011.
장태주, 『행정법개론(신정판)』, 현암사, 2004.
정경영, 『주석 금융법(II)』(보험업법2), 한국사법행정학회, 2007.
정동윤, 『상법(하)』(제3판), 법문사, 2008.
정찬형, 『상법강의(상)』(제19판), 박영사, 2016.
정찬형, 『상법강의(하)』(제18판), 박영사, 2016.
정찬형, 『상법상의(상)』(제19판), 박영사, 2016.
정회철, 『기본강의 헌법』(개정5판), 도서출판 여산, 2010.
정희철, 『상법학(하)』, 박영사, 1990.
지원림, 『민법강의』(제14판), 홍문사, 2016.
채이식, 『상법강의(상)』(개정판), 박영사, 1999.
최기원, 『보험법』(제3판), 박영사, 2002.
최준선, 『보험법 · 해상법』(제6판), 삼영사, 2012.
한기정, 『보험업법』, 박영사, 2019.
홍정선, 『행정법원론(상)』(제24판), 박영사, 2016.

국가인권위원회, 장애인 보험차별 개선을 위한 정책토론회 자료: 발간등록번호(11-1620000-01), 2012. 5. 9.
국회 재정경제위원회, 「보험업법 개정법률안 심사보고서」, 2003.
금융감독원, 「금융감독 관련 질의 회신집」.
금융감독원, 「보험회계해설서」.
금융감독원, 「보험회사 위험기준 자기자본(RBC)제도 해설서」, 2012. 10.
김동훈, "한국과 중국의 보험계약법 비교", 「비교법학연구」, 제1집, 2002. 12.
김만홍, "2009년 개정 중국보험법의 특색", 「중국법연구」, 제15집, 한중법학회, 2011.
김선정, '무허가 보험업의 판단기준 - 대법원 2014. 5. 29. 선고 2013도10457 판결', 월간생명보험,

2015. 12.
김선정, “약관의 해석에 있어서 작성자 불이익 원칙”, 「비교법연구」, 제11권, 제3호, 2011. 12.
김선정, “일본의 보험법개정과 시사점 – 총론과 공통규정을 중심으로 – ”, 「상사법연구」, 제28권, 제4호, 한국상사법학회, 2010.
김영국, “보험중개사의 법적 지위에 관한 고찰”, 「한양법학」, 제18집, 2005. 12.
김은경, “독일 보험계약법상 소비자의 정보제공의무 등에 관한 고찰”, 「기업법연구」, 한국기업법학회, 제23권, 제2호, 2009.
김은경, “상법상 보험약관 교부 및 설명의무와 독일 보험계약법 개정안의 소비자정보제공 등의 의무에 관한 고찰”, 「외법논집」, 제25집, 2007. 2.
김은경, “일본 보험법”, 「외법논집」, 제33권, 제2호, 한국외국어대학교, 2009. 5.
김재완, “계약체결상의 과실과 불완전이행의 책임체계 구성에 관한 연구”, 경상대학교 박사학위논문, 2010.
박설아, “약관에서 불명확조항의 해석”, 「법조」, Vol.710, 2015. 11., 167-232면 참조.
박세민, “현행자동차보험약관상무면허, 음주운전면책약관의해석론”, 「경영법률」, 한국경영법률학회, 제13권, 제1호, 2002.
박영준, “자동차보험의 무면허 운전 · 음주운전 면책약관에 관한 연구,” 「경영법률」, 한국경영법률학회, 제22권, 제2호, 2012.
보험연구소, 「일본보험업사(상권)」, 1980.
송오식, “소비자계약에서 정보제공의무”, 「법학논총」, 전남대학교 법률행정연구소, 제29권, 제1호, 2009, 111면.
송윤아, “보험모집종사자의 보험사기 적발현황”, KIRI WEEKLY 포커스, 보험연구원, 2011. 11. 24.
신수식, “한국보험전사의연구학설”, 「보험학회지」, 제4집, 1968.
안수현, “금융소비자 보호와 자본시장법의 과제”, 「기업법연구」, 한국기업법학회, 제22권, 제4호, 2008, 79면.
양승규, “보통보험약관의 구속력”, 「서울대학교 법학」(서울대학교), 제27권, 제4호, 1986, 163면.
양승규, “보험계약의 성립과 약관의 교부 · 명시의무”, 「사법행정」, 한국사법행정학회, 제377호, 1992. 5., 69면.
양승규, “보험법의 원리와 개정의 문제,” 한국상사법학회 추계학술대회 발표자료, 2009. 10. 30., 8면 참조.
위계찬, “계약체결과정에서 설명의무의 근거”, 「원광법학」, 원광대학교 법학연구소, 제23권, 제2호, 2009.
이성남, “자동차보험 면책약관 규정에 대한 내용통제 및 급부조정의 법리에 관한 연구”, 「상사판례연구」, 한국상사판례학회, 제28권, 제3호, 2015.

이유봉, "공법과 사법 간의 갈등에 대한 분석 연구", 법학박사학위논문, 서울대, 2008. 2.

이형규, "보험중개인의 법적 지위", 「법학논총」, 한양대학교 법학연구소, 제15집, 1998. 10.

이홍구, "중국보험법의 체계와 특성", 「기업법연구」, 제12집, 2003.

장경환, "보험약관의 교부 · 설명의무 – 입법취지와 성격을 중심으로", 「보험학회집」, 한국보험학회, 제46집, 1995. 10.

장경환, "약관의 내용통제의 방식과 체계", 「경희법학」, 경희대학교 법학연구소, 제30권, 1995.

장덕조, "보험계약에 관한 보험법제 및 보험약관의 연구", 법무부 연구용역과제보고서, 2011.

정순섭, "일본의 금융기관 설명의무 입법에 대한 연구", 「홍익법학」, 홍익대학교 법학연구소, 제18권, 제1호, 2007.

최병규, "보험자의 정보제공의무 도입방안에 관한 연구", 「상사판례연구」, 한국상사판례학회, 제24집, 제3권, 2011.

최상호, "계약상의 정보제공의무에 관한 연구 – 사기와 착오법리의 적용관계를 중심으로", 「법학논고」, 경북대학교 법학연구소, 제9권, 1993.

한기정, "보험업의 개념에 관한 연구", 보험법연구, 제9권, 제2호, 2015.

한창희, "보험약관상의 실효조항과 무면허 · 음주운전면책조항의 효력", 「상사법연구」, 한국상사법학회, 제18권, 제2호, 1999.

황진자, "금융상품의 불완전판매와 소비자보호 – 사법적 규율을 중심으로", 고려대학교 박사학위논문, 2010. 12.

American Law Institute, "The Scope of Contractual Obligations," Restatement (Second) of Contracts 2. St. Paul, Minnesota: American Law Institute Publishers, 1981.

BCBS, "Principles for the management and Supervision of Interest Rate Risk", July 2004.

Dudi Schwartz, INTERPRETATION AND DISCLOSURE IN INSURANCE CONTRACTS, LOYOLA CONSUMER LAW REVIEW(Vol. 21:2), 2008.

EMMETT J. VAUGHAN, THERESE VAUGHAN, Fundamentals of Risk and Insurance, tenth editioin.

Howard B. Epstein and Theodore A. Keyes, Contra Proferentum: Sophisticated Entities Negotiating, New York Law Journal, Vol.236, No.42, wednesday, august 30, 2006.

J. Robert Renner, Ambiguity and the interpretation of insurance policies in California, Daily Journal(LOS ANGELES), Thursday, May 17, 2012.

John Birds, Modern Insurance Law, 1997.

John Henry Merryman, "On the Convergence(and Divergence) of the Civil Law and the Common Law", 17 Stan. J. Int'l L. 357, 1981.

Life Assurance Directive(Directive 2002/83/EC) Article 18 1-2.

MacGillivray · Parkington, Insurance Law, Sweet & Maxwell, 1975.

Non-Life Insurance Directive(73/239/EEC) Aricle 1, Annex.

Recommendation of the Council concerning a Common Classification of the Classes of Insurance Recognised by the Supervisory Authorities of the Member Countries (C(83)178/Final).

Robert H, Jerry, Douglas R. Richmond, Understanding Insurance Law, 5th ed., LexisNexis, 2012.

Robert H. Jerry, II, Douglas R. Richmond, Understanding Insurance Law, fourth edition, LexisNexis.

Skipper Harold D., Financial Services Integration Worldwide: Premises and Pitfalls, Policy Issues in Insurance, OECD, 2001.

The Financial Services and Markets Act 2000(Regulated Activities) Order 2001, Article 3(1), Schedule 1.

Vaughan, Emmett J. & Therese Vaughan, Fundamentals of Risk and Insurance, 9th ed, New York: John Wiley & Sons, Inc., 2003.

山下友信, 竹濱 修, 洲崎博史, 山本哲生, 「保険法」, 第3版補訂版, 有斐閣.

山下友信, 『保険法』, 有斐閣, 2005.

山下友信 · 米山高生, 『保険法解説』, 有斐閣, 2010.

石田 満, 『保険業法의 研究I』, 文眞堂. 1989.

石田 満, 『保険業法』, 文眞堂, 2000.

石田 満, 『保険業法』, 文眞堂, 2015.

小川 宏幸, "保険業規制の対象, 目的および公共性 - 銀行業規制および証券業規制との比較 - ", 「生命保険論集第 177 号」.

安居孝啓, 「最新 保険業法の 解說」, 大成出版社, 2010.

野津 務, 「相互保険の研究」, 有斐閣, 1935.

찾아보기

*ㅅ

저자 소개

이성남 교수

고려대학교에서 법학 석사 및 박사 학위를 취득하였다. 현재 국립목포대학교 경영대학 금융보험학과 교수로 재직하고 있다. 학계에 입문하기 전에 금융감독원에서 금융감독 정책, 검사 및 제재, 분쟁조정, 보험사기 조사 업무 등 다양한 실무 경험을 쌓았다. 법무팀장을 끝으로 금융감독원을 퇴사하고 우리나라 최대 법률사무소인 김앤장 법률사무소, 법무법인 태평양에서 금융보험 분야 전문위원으로 근무하였다. 저자는 금융법의 해석 및 적용 등에 관한 풍부한 실무 경험을 바탕으로 금융회사에 대해 금융정책, 분쟁, 검사 및 제재 관련 자문을 하고 있으며, 『보험업법』, 『보험모집규제론』, 『핀테크와 법』, 『금융법 II』 등을 집필하였다.

현재 저자는 제4차 혁명의 핵심 기술인 블록체인, 인공지능, 빅테이터 등과 금융법의 접목을 위하여 매진하고 있으며, 법 경영학적 관점에서 상법 및 금융법 등의 연구에 매진하고 있다. 공인회계사, 손해사정사 및 보험계리사 시험 출제위원으로 활동하고 있으며 한국보험법학회 감사, 한국기업법학회 부회장, 금융법학회 연구이사로서 학술봉사 활동도 열심히 하고 있다. 또한 금융감독원 금융분쟁조정위원과 한국은행 목포본부 자문교수, 서민금융진흥원 자문교수로서 사회봉사 활동을 통해 금융법학의 이론 및 실무적 지평을 확대하고 있다.

Insurance Business Law

보험업법

초판인쇄 2022년 1월 17일
초판발행 2022년 1월 24일

저　　자 이성남
펴 낸 이 김성배
펴 낸 곳 도서출판 씨아이알

책임편집 박영지
디 자 인 윤현경, 박진아
제작책임 김문갑

등록번호 제2-3285호
등 록 일 2001년 3월 19일
주　　소 (04626) 서울특별시 중구 필동로8길 43(예장동 1-151)
전화번호 02-2275-8603(대표)
팩스번호 02-2265-9394
홈페이지 www.circom.co.kr

I S B N 979-11-6856-014-7 (93360)
정　　가 45,000원